21世纪高等院校教材——生物科学系列

现代分子生物学教程

潘学峰　编著

科学出版社
北京

内 容 简 介

解析核酸、蛋白质、糖类等生物分子的结构和功能，并在亚细胞、细胞水平上阐释各自的生物学意义是传统分子生物学研究的内容。而现代分子生物学则在继承传统的基础上，又更加注重了对生物大分子在DNA复制、损伤修复、基因重组、转录、翻译、多肽折叠、基因表达调控、信号转导、细胞周期调控等主要分子过程中所具有的功能及其彼此之间相互作用的研究，标志着现代分子生物学已经进入到整合分子生物学时代。不仅如此，现代分子生物学的研究领域也在不断扩展，从原先对少数基因功能的研究扩展到对整个基因组内众多基因表达调控的研究；从对单一或少数蛋白质分子结构与功能的研究拓展到对整个细胞内蛋白质表达与功能的研究，而且，已有的研究范围逐步得到升级，并因此催生了现代基因组学、转录组学、蛋白质组学、代谢组学等，使现代分子生物学研究逐步进入到系统分子生物学阶段。本书沿着分子生物学的发展历程，对分子生物学研究的主要内容进行了系统的归纳总结，以此期望为学生提供“一站到位”的教学服务。

本书不仅适合作为不同层次大学和科研机构有关专业学生的专业教材，同时，也可以作为相关专业学生分子生物学基础课教材。

图书在版编目(CIP)数据

现代分子生物学教程/潘学峰编著. —北京：科学出版社，2009

21世纪高等院校教材——生物科学系列

ISBN 978-7-03-022082-0

Ⅰ.现… Ⅱ.潘… Ⅲ.分子生物学-高等学校-教材 Ⅳ.Q7

中国版本图书馆CIP数据核字(2008)第136457号

责任编辑：王玉时 / 责任校对：包志虹

责任印制：张 伟 / 封面设计：耕者设计工作室

科学出版社 出版

北京东黄城根北街16号

邮政编码：100717

http://www.sciencep.com

北京凌奇印刷有限责任公司 印刷

科学出版社发行 各地新华书店经销

*

2009年1月第一版 开本：B5(720×1000)

2022年8月第六次印刷 印张：27

字数：516 000

定价：78.00元

(如有印装质量问题，我社负责调换)

前　言

分子生物学不仅是现代生命科学的重要基础学科，同时也是与细胞生物学、神经科学并驾齐驱的三大前沿学科之一。分子生物学作为一门独立的学科始于二十世纪五六十年代。由许许多多的物理学家、化学家和遗传学家围绕生命的核心问题——基因，以及基因的结构和功能等展开了系统的探究。1953 年，英国剑桥大学的沃森和克里克共同提出了 DNA 的双螺旋模型，标志着分子生物学开始成为一门独立的学科。

自此之后历经五十多年的积累，分子生物学作为生命科学领域的主力学科得到了长足的发展，已经成为现代生命科学体系的领军学科。同时，分子生物学的发展也直接催生了现代生物技术，并使之成为一个颇具发展潜力的新兴高新技术行业。

鉴于此，在国内、外的高等学校和科研机构里，分子生物学的教学和研究都非常注重对学生进行系统的分子生物学理论和实验技能的培训。特别是在欧美的高等学校里，为本科生和研究生开设的分子生物学都必须受到严格的行业标准规范。

《现代分子生物学教程》在写作过程中，参照了国际上其他院校相关分子生物学授课内容和授课标准，努力尝试做到在顾及分子生物学知识体系的系统性和全面性的同时，又在一个学期的时间内为学生系统地讲授分子生物学的主要知识。为此，本书尝试把基因的结构与功能等传统分子生物学教学内容和其他生物大分子的结构生物学，以及应用分子生物学（生物工程技术）等内容加以重新梳理，力争做到既突出相关领域的核心内容和重点内容，又要打好基础，然后直达前沿，尽可能地为学生提供“一站到位”式的教学服务。我应该感到侥幸的是，我本人的学术阅历在这种尝试中帮了不少忙。回想从最初接触分子生物学到成就本书，我已经在有关领域内摸爬滚打了二十余载，在这相对漫长的学习、科研和教学工作过程中，我几乎涉足了分子生物学的各个主要领域，也曾经历了国内外诸多单位的转换。从中国科学院遗传所实验室到大西洋东岸爱丁堡校园，曾经的历程依然历历在目！

在本书公开出版之际，我要特别感谢北京理工大学生命科学学院的本科生、研究生们在学习过程中和我进行的许多有益的交流，曾经来自他们的肯定、鼓励和支持一直是我远离海外家人、只身在京工作的动力源泉。特别是当我十几年国内外科研资料不幸被盗丢失殆尽的时刻，正是来自他们的爱坚定了我继续留下工作的信心！我更要感谢北京理工大学生命技术教学中心的唐力老师、刘芳老师在分子生物学实验教学过程中所给予的宝贵协助。我的研究生廖玲妮同学参与了本书的复校并编制了全书的索引，对此深表感激。同时，我真诚地感谢科学出版社周辉老师为本书的付梓所做的辛勤工作。

潘学峰（BSc，MSc，Ph. D）

2007 年 8 月 3 日于北京理工大学

目　　录

第四篇 DNA 活体内代谢

第五篇 DNA 重组及重排

第六篇　基因的表达

第七篇　细胞周期、细胞凋亡及其控制

第一篇 分子生物学起源

第一章 分子生物学简史

尽管分子生物学已经占据现代生命科学的主要位置，但它却是一门相对年轻的学科。分子生物学起源于二十世纪的三四十年代，在此后的五六十年代才真正成为一门独立的学科。在这一章里，我们将分别对分子生物学的起源、分子生物学经典问题，以及分子生物学的发展方向加以介绍。

一、分子生物学的起源

1866 年，奥地利博物学者、修道士孟德尔在《布鲁恩自然科学研究学会学报》（*Proceedings of the Brunn Society for Natural History*）上发表了他通过豌豆杂交实验而得出的两个遗传学定律，并推断生物体内存在决定性状的“遗传因子”。但遗憾的是，由于这一工作没能得到内格里（K. Naegeli）等“权威”人士的认同，所以没有引起人们的注意。

通过连续观察豌豆豆荚、花色等特定性状在亲代和子代之间的出现、消失和重新出现的演变，孟德尔总结出了一套控制这些遗传性状的遗传法则，即经典遗传学独立分配定律和自由组合定律（遗传的连锁定律是由美国遗传学家摩尔根通过对果蝇的研究提出的）。同时，他也推断，生物遗传性状是由彼此独立分散的“遗传单位”（unit of heredity）决定的，这些遗传单位可以在世代间传递，即使有些“遗传单位”并不能每一代中都以可见的性状加以表达。实际上，孟德尔所提出的这种遗传单位就是我们今天了解到的“基因”。可表达的遗传性状，即为“显性”性状；不表达的性状则为“隐性”性状。

二、分子生物学的萌芽期

在 20 世纪早期，孟德尔的分离定律和独立分配定律引导着遗传学的研究。但是，在这个时期，人们对于基因的繁殖、突变和基因表达的真正分子机制尚缺乏认识。

根据史实记载，分子生物学的诞生应该归功于遗传学家、物理学家和结构化学家对基因和基因的结构和功能的协作研究。

当时，比较著名的研究者包括摩尔根（Thomas Hunt Morgan）、穆勒（Müller）、德尔布吕克（Max Delbrueck）、鲍林（Linus Pauling）等。摩尔根及其同事以果蝇为模型，对遗传过程中的“基因”和染色体的相关性问题开展了深入研究，并因此最终发现了遗传过程中基因的连锁和交换定律。在这个研究团队中，摩尔根的学生穆勒曾经在英国爱丁堡大学利用 X 射线处理果蝇，并因此发现了 X 射线对果蝇细胞的致突变效应。穆勒的发现进一步促进了经典遗传学研究向基因结构研究的转向。

在当时的爱丁堡大学，穆勒利用 X 射线对果蝇进行照射处理，发现了 X 射线（电离）辐射对果蝇的作用。于是，穆勒利用这一工具开始试图探索基因的大小和基因的本质。尽管 X 射线（电离）辐射可以导致果蝇的突变，但是，作为遗传学家的穆勒不得不承认，对于基因结构和基本性质的研究，单凭遗传学的手段是无能为力的。为此，穆勒曾在 1936 年发表的文章中写到：“对于上述问题的研究，单凭遗传学家自身是无能为力的，对于该问题的深入研究必须有物理学家和化学家的参与。但谁又自愿加入到这个行列之中呢?”（The geneticist himself is helpless to analyse these properties further. Here the physicist, as well as the chemist, must step in. Who will volunteer to do so?）

穆勒的呼唤很快得到了反应。在接下来的十几年里，确实有几位比较著名的物理学家把他们各自的研究兴趣转向了有关遗传物质的本质上来。其中，包括量子力学的奠基者薛定谔、波尔，以及德尔布吕克、克里克等在内的一批物理学家首先进入到分子生物学领域。

1944 年，著名物理学家、量子力学的奠基人埃尔温·薛定谔（Erwin Schroedinger）把他为英国（现为爱尔兰）都柏林大学开设自然哲学的讲义以《生命是什么?》的书名由剑桥大学出版社公开出版发行。在这本书中，薛定谔提出了一种设想，他估计量子物理学的原则可能适用于基因所表现出的稳定性和突变性。据薛定谔推测，所谓生物的“基因”可能只不过是存在于生物细胞中的一种无规则但又有周期性的“晶体”。这种“晶体”在遗传编码和解析过程中起作用。薛定谔认为，有关“基因”本质问题的研究应该由物理学家承担主要责任，而相关的生物学研究应该全部归到物理学的研究范畴中。

薛定谔的《生命是什么?》在当时影响了许多年轻的物理学家和生物学家对于“基因”本质的思考，并因此在一定程度上改变了当时有关“基因”研究的策略。而这样的改变同时也为当时不景气的物理学研究指出了一个可能的方向。

但是，物理学对于分子生物学诞生的真正促进却来自同为量子物理学家的波尔（Niels Bohr）和他的学生德尔布吕克（Max Delbrueck）——在当时只有他们真正以物理手段研究生物学问题。这个故事应该回溯到 1933 年的一天，当德尔布吕克听过波尔的一次利用量子物理解释“基因”本质的讲座之后，便转而对生物学中"基因"的本质产生了兴趣。与薛定谔不同，波尔在他的讲座中试图揭示物理学和生物学的"互补"性，而并不试图把生物学纳入到物理学的研究领域。波尔主张应该利用物理学的手段对遗传现象进行研究。因为在他看来，这两个学科之间存在着某种程度的互补关系。在此基本思路的引导下，德尔布吕克率先开始寻找使生物学成为独立学科的方法。为此，德尔布吕克曾于 1937 年亲自参观了摩尔根在加州的果蝇实验室。但是，德尔布吕克最终并没有和摩尔根一样利用果蝇作为自己的研究材料。因为在他看来，即使是果蝇，如果用于揭示生命现象的本质"基因"的特征之一——自我繁殖，也显得过于复杂。于是，德尔布吕克最终选择了利用噬菌体作为研究材料，并在加利福尼亚理工学院成立了"噬菌体"研究组。

"噬菌体"研究组的成立最终成了分子生物学的发祥地之一。该噬菌体研究组的研究人员以物理学出身的生物学家卢拉和德尔布吕克等人为主。在他们的带领下，研究组成员利用物理学方法对基因的本质进行了卓有成效的研究。

三、分子生物学的经典时期

(一) 基因究竟是什么？

——DNA 而不是蛋白质才是遗传物质的载体。

1952 年，美国加州理工学院噬菌体小组的 Alfred Hershey 和 Martha Chase 利用同位素标记技术追踪噬菌体进入细菌的化学组分，利用这项技术，Hershey 和 Chase 为 1928 年 Griffse 和 1944 年 Oswald Avery 等人的早期试验提供了进一步的证据，并和前面的工作一道，共同揭示了生物的遗传物质是 DNA，而并不是为大多数科学家所想当然的蛋白质（有关内容见第四章）。

(二) DNA 的结构

有些遗憾的是，德尔布吕克在促进了物理学家和生物学家合作的同时，却忽视了能够达成这种跨学科合作的另一门学科——化学。

在这一点上，德尔布吕克和同为加州理工学院的同事鲍林大相径庭。在德尔布吕克利用物理方法研究噬菌体繁殖的同时，琳纳斯·鲍林（Linus Pauling）也开始利用结构化学的方法研究生物大分子的结构。鲍林的工作对分子生物学的发展起到了极大的促进作用。一方面，鲍林的共价键理论为人们理解化学键的本质起到了帮助，这些理论随后为进一步理解生物大分子的稳定力提供了思路（见第三章）。

毋庸置疑，如果研究生物大分子的结构，就必须首先理解维持包括蛋白质和核酸在内的生物大分子的稳定性的化学基础。与以往的生物化学家不同，鲍林从研究氢键等弱化学键形式入手研究维持生物大分子稳定的因素。事实表明，鲍林所研究的弱化学作用对于维持生物大分子的三维结构起着十分重要的作用。与此同时，在鲍林的实验室里还进行着利用 X 射线衍射法研究生物大分子结构的实验研究工作。众所周知，X 射线衍射是研究生物大分子结构的常用而有效的手段。利用这一实验手段，加上建立缩微模型，鲍林首次发现了存在于蛋白质结构中的 α 螺旋结构；后来，在此基础上转而研究 DNA 的结构。

分子生物学的里程碑通常被认为始于 1953 年，以沃森和克里克发现 DNA 双螺旋为标志。

据传，沃森曾经是加州理工学院噬菌体实验室“掌班”卢拉的学生，曾在加州理工了解到利用晶体研究结构的方式方法，并认识到利用该方法解析 DNA 晶体结构的必要性。而他的“搭档”克里克则深受薛定谔《生命是什么?》思想的影响，从物理学学习转向生物学学习。当时，年轻的沃森是英国剑桥大学卡文迪许实验室的博士后，而克里克则是那里的一名博士研究生。最终沃森和克里克发现他们对 DNA 的结构具有同样的兴趣。

有一个广为流传的说法是沃森和克里克一道构建了 DNA 双螺旋模型。这个双螺旋的典型特征是 DNA 的两条链之间通过氢键的形成而彼此连接。实际上，在这个 DNA 双螺旋构建过程中，沃森和克里克大量采用了英国伦敦大学国王学院韦尔金斯和富兰克林对于 DNA 结构的晶体学研究成果，并同时借鉴了美国加州理工学院鲍林建立生物大分子模型的相关技术。

有一点必须肯定，DNA 双螺旋模型的提出，直接推动了分子生物学向研究遗传物质复制和功能的方向转化。有了 DNA 双螺旋模型，分子生物学可以据此研究遗传物质的复制和功能的分子机制。而这些对于理解“基因”在遗传过程中的作用十分关键。

（三）DNA 中的遗传信息

人们对 DNA 是生物信息分子给予重新重视。其后的研究表明，基因是遗传信息分子。位于线形 DNA 链上的碱基排列顺序负责蛋白质中氨基酸的排列顺序。随后发现这些遗传密码是由三个碱基为单位决定的。三个连续的碱基组成一个遗传密码，并对应着 20 种氨基酸中的一种。在遗传密码的确定过程中，遗传学家和生物化学家各显身手，最终在 1961 年取得了突破性进展。美国国立卫生研究院（NIH）的生物化学家 Marshall Nirenberg 和 J. Heinrich Matthaei 发现特定的核酸序列决定特定的氨基酸产物。

随着遗传密码的破译及基因和蛋白质产物关系的阐释，在 20 世纪 60 年代后期，关于基因的结构和功能的研究似乎已经得到了清晰的阐释。人们普遍认为细胞内负责蛋白质合成的“机器”核糖体负责把“线性 DNA”编码的遗传信息解读为蛋白质分子中线性排列的氨基酸序列。但是，这种认识随着“重叠基因”的发现并没有维持多久。

到了20世纪70年代末期，来自分子生物学家的系列发现改变了人们对基因和蛋白质产物之间那种单一的、连续的DNA序列之间的对应关系的看法。在这个时期，发现了重叠基因（overlapping gene）。重叠基因是指两种或几种毫不相同的氨基酸序列可以由同一段DNA序列编码，只是在翻译过程中，不同的氨基酸序列可以通过从同一DNA序列的不同位点起始而加以解读。几乎与此同时，有人又发现了“分裂基因”现象。分裂基因是一个基因被分成几段，其间有不编码产物的DNA序列插入。

与基因编码蛋白质的共线性观点相比，分裂基因的发现表明在基因内编码序列之间并不一定是连续的。于是，人们把负责基因的编码序列称为“外显子”（exon），而不编码的序列则称为“内含子”（intron）。

在当时，已有种种迹象表明，外显子之间的内含子曾一度被认为是“垃圾DNA”的一种，但在1978年发现了内含子可以采取不同方式被“剪切”。随后，一系列的外显子可以采取不同的组合加以再连接，并可能因此产生众多的基因产物（见第五篇）。类似重叠基因、分裂基因，不同方式拼接等分子生物学现象的发现，使得分子生物学家们开始重新思考这样一个问题：究竟是什么因素把一个“基因”搞成了基因？

到了20世纪的70年代，分子生物学家发展了大量用于操作遗传物质的技术。一类在特定位点对DNA进行特异性切割的限制性内切核酸酶和连接酶的发现，为进行不同物种之间DNA的重组创造了可能。这些发现标志着一个物种的DNA片段是可以在体外被重新加工的。人们可以把一种物种的DNA和其他物种的DNA进行拼接。这项分子生物学技术的出现，一方面极大地促进了分子生物学理论研究的发展，同时，也催化了现代生物技术基因工程的诞生，并进一步促进了转基因技术在现代医疗和农业等领域的普及应用。

四、从“基因”扩展到其他的生物分子

（一）分子生物学与发育生物学和神经生物学

分子生物学从最初关注“基因”问题进一步拓展到对其他生物分子的研究始于20世纪的60年代初期。在1963年，英国剑桥大学的分子生物学家伯伦纳（曾任教剑桥大学，现为新加坡细胞与分子生物学研究所名誉所长）曾写信给同在剑桥工作的著名生物化学家佩鲁兹（Max Perutz），表达了对分子生物学将来需要进行“智力”移动的看法。在伯伦纳看来，当时“基因”这一分子生物学领域内的经典问题已经基本得到解决。而其他与基因有关的问题则会在今后的10

多年间得到解决。鉴于这种情况，他感觉到分子生物学的发展未来需要向其他生物学领域延伸，特别是向发育生物学和神经生物学等领域延伸。

和伯伦纳一样，在 20 世纪的 60 年代末期到 70 年代早期这一段时间里，很多当时领先的分子生物家开始重新规划他们的研究议程，并开始利用分子生物学技术研究其他领域内悬而未决的问题。

其中，在 1961 年，法国巴黎巴斯德研究所的雅各布（Francois Jacob）、莫诺（Jacques Monod）及其同仁们率先对基因的表达调控问题进行了研究，并首次发现细菌中存在基因之间的协同调控现象。这一发现在一定程度上促进了描述胚胎学向分子发育生物学的转化。雅各布和莫诺等人发现大肠杆菌中三个不同的基因协同控制乳糖的体内代谢。

我们知道，在通常的情况下，大肠杆菌并不总是制造与牛奶中乳糖代谢有关的酶，只有当乳糖是培养基中唯一碳源的时候，大肠杆菌才可以被这些乳糖诱导产生与之代谢有关的一系列酶。这项工作清楚地表明，与乳糖代谢相关的基因平时是被“抑制”着的，而只有在“诱导者”存在的情况下才能被活化，并开启相关基因的表达。在这个过程中，起着“抑制者”（repressor）作用的分子是一种蛋白质，由一个基因编码。抑制者能够阻止与乳糖代谢有关的基因转录出 mRNA分子。雅各布等人把上述具有协同控制的一组基因及与它们有关的调解基因位点一起称作操纵子（operon）（见第五篇）。这一发现在当时被人们理解为有可能适用于胚胎发育过程中的基因表达模式的控制。但后来的研究发现表明，胚胎发育并不只是通过“阻遏”这种手段进行的。尽管如此，分子生物学还是促进了胚胎学向分子发育生物学的转化，使得胚胎学家开始着眼于胚胎发育过程中的基因表达调控方面的研究。

在促进分子发育生物学发展的同时，有关行为和神经系统机制的研究也吸引了许多分子生物学家的注意。在这方面，寻找合适的模型生物开展相关研究曾使分子生物学家们大伤脑筋。一开始，人们还是习惯性地采用果蝇为材料，本泽（Seymour Benzer）曾经建立了果蝇的行为异常突变体，并以此为手段开展了基因与行为相关性的研究。

在此之后，英国剑桥大学的伯伦纳发展了神经系统和行为遗传学研究的线虫模型。他们的工作后来被授予诺贝尔奖。在美国，尼伦伯格则建立了成神经细胞瘤模型，并展开了对神经组织发育方面的研究。

简言之，分子生物学技术在当时已经帮助了众多的生物学科不断向分子水平深入。这方面比较突出的例子有分子生物学促进了细胞学向分子细胞生物学的转化，使得当时的细胞学研究开始从对细胞形态和结构“描述性”的研究转向分子水平的研究，并催生了分子细胞生物学的诞生；此外，分子生物学还使得分子进化学采取了通过比较不同物种基因 DNA 序列，乃至整个基因组 DNA 序列进行比对的研究方法，以及促进了人们重新在分子水平上研究抗体和抗原分子之间的相互作用关系；促生了癌基因的研究，并催生了分子医学。

（二）分子生物学与生物化学

克里克自认为他至少算是一位“生物化学家”。正如著名的生物哲学家米歇尔·莫朗热（Michel Morange）所说的那样，分子生物学的产生是遗传学遇到生物化学的结果。遗传学和生物化学这个学科在20世纪初期几乎是分子生物学家和生物化学家共同工作的领域。在这个领域，主要研究几乎完全相同，如对于蛋白质的合成机制的研究。然而事实上，分子生物学和生物化学的发展却各自有着自己的历史轨迹。在生物化学和分子生物学研究的早期，生物化学的研究侧重于对生命营养问题的研究，或者更为广义地讲是对生命所表现出的“代谢”现象的研究；而分子生物学则更多地承接了经典遗传学的研究思路和研究内容，主要着眼于研究生命的遗传本质。这一特点在某种程度上符合哲学家亚里士多德的生命观，即生命体现“代谢”和“遗传”或“生殖”两大特征。此外，从学科出现的时间看，生物化学出现于20世纪之前，远早于分子生物学的出现。

生物化学承接于19世纪的动物化学和医药化学。生物化学家的研究视野主要在于对蛋白质和酶的研究；而分子生物学则最先源于对生物遗传物质本质的研究，而“基因”的本质问题并没有引起生物化学家们的关注和兴趣。在生物化学家眼里，基因只有可能是蛋白质，不大可能是核酸！直到20世纪的四五十年代出现了倾向于遗传物质是核酸，而不是蛋白质的实验证据。而在1953年以前的生物化学教科书里，核酸，包括DNA和RNA等内容通常只不过占据着可有可无的位置。在20世纪早期，生物化学的主要成果是对20种氨基酸的发现，以及它们是如何形成蛋白质的研究内容。这个时期，生物化学家们最感兴趣的问题是诸如共价键、酶的催化运动和化学反应过程中能量的变化等问题。

1953年沃森和克里克发表了DNA的双螺旋结构之后，生物化学的研究一下子转向了对核酸等生物大分子的研究上来。

（三）分子生物学与分子遗传学

分子生物学向其他领域的拓展及其把相关领域推向分子水平成了区分分子生物学和分子遗传学的标志之一。在过去相当长的一个时期，人们总是难以区分“分子遗传学”和“分子生物学”之间的差异。总习惯地认为“分子遗传学”只不过是经典分子生物学的“代名词”而已。或者总以为，分子遗传学只是意味着通过杂交所得到变异体所产生的杂交物种，只是孟德尔遗传学理论和技术在细菌遗传操作方面的一种延伸。其他人则认为在分子水平上研究遗传学就是分子遗传学，也就是对基因的任何分子生物学研究，如在一种新基因上的研究等。实际上，分子生物学研究和分子遗传学研究两者并不相同，分子生物学在关心遗传本质的同时更在意遗传物质的结构与功能之间的关系，更加注重于对遗传物质作用的分子机制的研究，并因此推动了一大批生物学科进入到分子水平。

五、走向系统和整合分子生物学——基因组、转录组、蛋白质组、代谢组、作用组

在 20 世纪 70 年代，许多领先的分子生物学家开始向其他领域转移自己的研究兴趣。分子生物学本身也开始向“基因组学”转变。因为“基因”似乎已经变得清晰，而且基因并不单个地发挥作用。它们通常彼此相互作用，表现出“表观”效应（epistasis）；同时，基因功能的发挥也离不开细胞内其他组分。因此，在较大的基因组内基因之间相互作用的研究显得非常有必要。我们通常所说的基因组指的是一种生物细胞内所有核酸所携带的碱基对的总和。我们注意到，不同物种细胞内的碱基对数目相差有时非常明显。例如，能够造成人们患流感的流感病毒（*Haemophilus influenzae*）约有 180 万碱基对，而患感冒的灵长类的基因组则含有 30 亿以上的碱基对。

在 20 世纪 80 年代，因为有了 DNA 测序技术，美国国家能源部组织了“人类基因组计划”。这个计划的原意是希望对经受广岛和长崎核爆之后，辐射对人类基因组的影响的一部分。最终，人类基因组计划纳入美国能源部和美国国立卫生研究院（NIH）的共同管理之下，利用现有 DNA 测序技术，以及与此有关的新技术对人类的基因组中 DNA 序列进行了全面的解析。

英国剑桥大学的桑格（Frederick Sanger）是基因组计划的“播种者”。桑格曾经发展了蛋白质测序技术，并在 20 世纪的 50 年代中期，率先解析了胰岛素的氨基酸排列顺序，并因此获得他的第一次诺贝尔奖。到了 1962 年，桑格开始转向对核酸序列的解析研究。这项工作在 20 世纪 70 年代出现了重大突破，并建立了 DNA 序列分析的“双脱氧测序”技术，再度获得诺贝尔奖。与此同时，美国哈佛大学的阿兰·麦克默木和沃尔特·吉尔伯特发展了“DNA 测序的化学法”。实际上，后者与桑格的方法比较显得效率较低。受桑格 DNA 测序技术的启发，卡瑞穆利斯（Kary Mullis）博士发展了 DNA 聚合酶链反应方法，并因此获得诺贝尔奖。

现在比较著名的争论来自官方的国际测序中心和私营的塞莱拉（Celera）公司。这两方面的研究人员在人类基因组测序方面的竞赛极大地促进了基因组测序的顺利进行。现存的问题是，这两支测序队伍所采用的测序策略和测序手段并不完全相同。所得到的人类基因组 DNA 序列的结果的准确性还尚未经过系统地比对。

迄今，基因组测序计划已经引发了公众普遍的关注。类似的基因组测序也已经针对其他基因组不断拓展开来。据美国国家人类基因组研究所的初步估计，现在已经有至少1000种生物的基因组的序列得到了测定。目前，可以利用这些已经测序的物种进行功能基因组分析、比较基因组学分析，以及结构基因组学分析。而这些研究却总是苦于社会伦理学的“绞缠”，很多为大家关心的问题由于涉及人类社会伦理而不能直接在人类中进行。与此同时，基因组学和微阵、芯片和质谱等分子生物学技术的发展也催生了转录组学、蛋白质组学、代谢组学、作用组学的出现和发展。同时，相应地也带动了行为遗传学、发育生物学、细胞生物学、进化学等的发展。现在基因组学已经成为许多大学的教学内容，并被写入有关基因组方面的教科书。与此类似，系统生物学也逐渐开始走进了大学课堂。当今，国际国内也出现了专门报道基因组学、转录组学、蛋白质组学、作用组学等研究成果的杂志，并出现了数十个专门收集基因组信息、储藏和加工处理有关的各种数据的数据库。

附：分子生物学主要大事年表

- 1865年门德尔遗传学（Medelian Inheritance）
- 1869年米歇尔首次分离出DNA
- 1927年Müller发现突变可以遗传

Müller首次证实X射线引发的基因突变可以在世代间传递。

- 1928年Griffith发现了两种肺炎链球菌之间存在转化现象

Griffith无意间发现了“转化”现象，揭示了生活状态的有机体可以摄取遗传物质的现象（详细过程参见第三章）。

- 1941年毕督和泰楚姆提出“一个基因一个酶”假说

Beadle和Tatum联合发表了以紫外线照射灰色链霉菌（*Neurospora crassa*）可以诱发一种与基础代谢物合成有关的基因突变，而且这种遗传缺陷符合孟德尔遗传学定律。这些发现最终导致现代生物学中“一个基因一个酶”概念的出现。为此，Beadle、Tatum和Lederberg一起获得了1958年诺贝尔医学或生理学奖。后来，“一个基因一个酶”的概念逐渐被“一个基因一个多肽”的概念所取代，因为人们发现很多酶是由多个多肽所组成的。现在有迹象表明，这一概念将会被“一个基因可能不止编码一个多肽”的概念所取代。

- 1943年发现了随机突变现象（random mutation）

Luria和Delbruck在美国加州理工学院“噬菌体实验室”首次揭示了突变可以在细菌接触诱变剂之前随机发生。而细菌所表现出的遗传性状则取决于自然选择。为此，Delbruck、Luria和Hershey共同分享了1969年的诺贝尔医学或生理学奖。

• 1944 年发现 DNA 转移可以提供细菌“毒力”现象（DNA transfer confers virulence）

在 Griffith 工作的基础上，Avery、MacLeod 和 McCarty 进一步发现是 DNA 的转移导致无毒力肺炎链球菌获得毒力表型。

• 1945 年发现了自发突变现象（spontaneous mutation）

Luria 和 Hershey 揭示了噬菌体的自发突变现象，暗示其他病毒，如感冒病毒等也会发生类似的自发突变。

• 1946 年发现了细菌具有有性生殖行为（bacterial sex）

Lederberg 和 Tatum 揭示了细菌间通过有性生殖方式交换遗传物质的现象。

• 1950 年发现了转座子（transposon）

McKlintock 发表了玉米基因组中存在可移动的遗传因子（转座子）的发现，为此她获得 1983 年的诺贝尔奖。

• 1952 年发现了病毒的复制（viral replication）

Lederberg 和 Zinder 发现了通过病毒转移遗传物质的所谓“转导”（transduction）现象。

几乎与此同时，Dulbecco 发现单个动物病毒可以产生细胞裂解区，即噬菌斑现象。为此他和 Baltimore、Temin 分享了 1975 年的诺贝尔医学或生理学奖。

Hershey 和 Chase 发表了 T2 噬菌体的复制只需要 DNA 的数据。

Luria 和 Human 以及 Weigle 分别独立发现了噬菌体中存在不受宿主遗传决定的修饰系统，该发现不仅促进了对细菌系统中存在的“限制-修饰”机制的深入研究，同时，也直接导致了限制性内切核酸酶的发现，为 20 世纪 70 年代后出现的基因重组和现代基因工程的发展奠定了理论基础。

• 1953 年提出了 DNA 双螺旋模型（DNA double helix model）

Crick、Wilkins 和 Watson 提出了 DNA 双螺旋结构模型。这个模型的提出基于富兰克林对 DNA 所进行的 X 射线衍射分析结果。为此，Crick、Wilkins 和 Watson 被授予 1962 年的诺贝尔医学或生理学奖。

• 1957 年发现了重组（recombination）现象

Benzer 通过对 T4 噬菌体 *r*Ⅱ基因的突变分析发现了基因内的重组现象。他发现在同一基因内部的突变位点之间可以发生重组。基因含有线性分布的“亚单位”，这些“亚单位”之间可以发生改变。

在同一年，Jacob 和 Wollman 证明了大肠杆菌基因组是环状的。他们通过阻断结合中的细菌的方法，提出大肠杆菌的基因组是环状的证据。

也是在这一年，Kornberg 发现了 DNA 聚合酶。Kornberg 利用细菌的无细胞抽提液进行新 DNA 分子的合成，随后他发现了抽提液中存在一种依赖于 DNA 的 DNA 聚合酶。

• 1958 年发现了 DNA 复制的机制（DNA replication mechanism）

Meselson 和 Stahl 利用密度梯度离心方法揭示了双链 DNA 分子在复制过程中被打开成单链，并分别与新合成的子链形成双链 DNA。这一发现印证了 Watson 和 Crick 所设想的 DNA 复制模型。

• 1959 年发现抗生素抗性和基因表达调控现象（antibiotic resistance & control of gene expression）

Sawada 等人发现，细菌之间可以转移抗药性，沙门氏菌的抗药性可以通过质粒的转移转到大肠杆菌中，而这种抗药性的转移与转化和转导无关。

Pardee、Jacob 和 Monod 提出了基因表达的操纵子学说，他们通过改变大肠杆菌的培养条件成功诱导 β-半乳糖苷酶基因的表达。该实验的发现激发了人们对基因表达调控机制的研究兴趣。

• 1960 年发现了大肠杆菌 lac 操纵子（lac operon）

Jacob、Perrin、Sanchez 和 Monod 提出了细菌基因调控的操纵子（operon）概念。其后，Jacob 和 Monod 进一步完善了“操纵子”的作用机制。他们认为在细菌细胞内存在一种“蛋白质阻遏”一个特定操纵子中一套基因的转录。以乳糖操纵子为例，环境中的乳糖是诱导基因转录的诱导子，乳糖和细胞内的阻遏蛋白结合可以通过改变阻遏蛋白的构象破坏它与基因的结合，从而促进基因的转录。

• 1961 年阐释了蛋白质的合成和 RNA 的作用

Hall 和 Speigleman 发现从单链噬菌体 T2 感染过的大肠杆菌细胞内分离到 RNA 分子可以和 T2 噬菌体 DNA 中特定区段形成杂交体，这一发现为随后的 DNA-DNA（Southern）、DNA-RNA（Northern）等分子生物学关键杂交分析技术的发展奠定了基础。

Crick 和 Brenner 及其同事揭示了转移 RNA 的存在。他们提议细胞内存在一种“转移”RNA 分子，这种分子可以利用三个碱基组成的遗传密码直接参与蛋白质的生物合成。

Nirenberg 和 Matthaei 利用多聚核苷酸 poly U 合成出由多聚苯丙氨酸组成的蛋白质，他们据此得出结论，三联体 UUU 编码苯丙氨酸。这个实验是全面揭示遗传密码的开始。遗传密码的破译使 Nirenberg、Holley 和 Khorana 获得了 1968 年的诺贝尔医学或生理学奖。

Brenner、Jacob 和 Meselson 揭示了核糖体是蛋白质合成的场所，并进一步确定了信使 RNA 的存在。

• 1966 年发现了移动基因和遗传密码（moving genes & the genetic code）

Beckwith 和 Signer 成功地把大肠杆菌染色体上的 lac 区域转移到其他微生物细胞中，首次揭示了染色体重建以及移动基因的可行性。

Nirenberg、Ochoa 和 Khorana 阐释了遗传密码。

• 1967 年发现有义链（sense strand）

Gilbert 等人首次成功分离出负责抑制 Jacob 和 Monod 等提出的 lac 操纵子的基因转录阻遏蛋白，同时，Ptashne 成功地从 λ 噬菌体感染后的大肠杆菌细胞内分离到 λ 噬菌体基因转录的阻遏蛋白。

Szybalski 和 Summers 揭示了 RNA 转录只利用 DNA 双链之中的一条链作为模板的事实。他们称这条可被转录的 DNA 链为有义链。

• 1970 年发现了限制性内切核酸酶和反转录酶（restriction enzymes and reverse transcriptase）

Smith 和 Wilcox 报道了他们对于限制性内切核酸酶的鉴定结果。限制性内切核酸酶是细菌中存在的一种可以避免外源 DNA 伤害的一类 DNA 限制酶。他们的结果表明，限制性内切核酸酶可以在特定的 DNA 位点对 DNA 进行切割，表明限制性内切核酸酶具有 DNA 序列特异性。

Temin 和 Baltimore 各自独立发现了 RNA 病毒中存在“反转录”酶，可以利用单链 RNA 为模板“反向”转录出与模板 RNA 链碱基互补的单链 DNA。这一发现暗示遗传信息的传递有可能会从 RNA 传递给 DNA。为此，Temin、Baltimore 和 Dulbecco 分享了 1975 年的诺贝尔医学或生理学奖。

• 1972 年对 DNA 进行拼接和重组（DNA splicing and recombinant）

Mertz 和 Davis 进一步确定了来自大肠杆菌的 *Eco*R Ⅰ 限制性内切核酸酶可以在特定的位点对 DNA 进行切割。而且，被相同限制性内切核酸酶切割得到的 DNA 末端彼此互补。这一发现为实现不同来源的 DNA 序列的相互切割和拼接奠定了基础。同时，也预示着重组 DNA 技术即将成为可能。果不其然，随后 Berg 报道了利用病毒 DNA 和细菌 DNA 序列构建重组 DNA 的实验。为此，他和 Gilbert、Sanger 等共同荣获 1980 年度诺贝尔化学奖。

• 1973 年质粒作为表达载体（plasmids as vector）

Cohen、Chang、Helling 以及 Boyer 首次发现，利用一种限制性内切核酸酶制备的 DNA 片段可以和利用同样限制性内切核酸酶切割过的质粒片段连接在一起，所得到的重组质粒依然能够在细菌细胞中进行复制，且能够表现相应的生物学活性。这一发现为质粒作为载体体内繁殖外源 DNA 提供了分子生物学证据。同时，也标志着现代生物技术和现代遗传工程的核心技术——重组 DNA 技术的诞生。

• 1975 年 Southern 杂交（Southern blotting）

Southern 描述了一种可以通过毛细管虹吸现象转移把凝胶中被限制性内切核酸酶切割过的 DNA 片段转移到硝酸纤维膜上的技术。从而实现了从凝胶转移 DNA 到膜上的操作。然后，可以利用被同位素标记的特定的探针对转移后的 DNA 进行杂交分析。其后利用放射自显影技术可以分析与探针互补的 DNA 序列信息。

• 1977年发现了“内含子”和DNA测序技术（intron and DNA sequencing）

Chow和Roberts以及Sharp分别发现真核生物基因是不连续的，在编码结构基因内部含有成串的、分散的不编码DNA序列。他们把这种真核基因内不编码蛋白质的DNA序列定名为“内含子”（intron）。为此，Roberts和Sharp分享了1993年诺贝尔医学或生理学奖。

Gilbert和Sanger各自发展了精确测定大DNA序列中核苷酸排列顺序的方法。Sanger及其同事利用他们自己的测序法首次测定了噬菌体fX174的全部核苷酸序列。为此，Sanger、Berg、Gilbert一道分享了1980年的诺贝尔化学奖。

Nester、Gordon和Dell-Chilton发现了土壤农杆菌（发根农杆菌）质粒有向被感染的植物细胞中转移“基因”的现象。这个发现揭开了现代转基因植物技术用于作物品种改良的新时代。

20世纪80年代，基于现代分子生物的生物技术开始进入商业化阶段，在这个时期，分子生物学试剂盒的开发和成功上市标志着应用分子生物学的兴起。

• 1981年用于治疗糖尿病的人重组胰岛素获美国FDA审批（Humulin）

Eli Lilly得到美国药品与食品管理局的授权，开始首次把用于治疗糖尿病的重组胰岛素推向市场。

• 1988年PCR技术的建立

Mullis建立了一种新的可用于从少量DNA样品进行大量扩增特异性DNA片段的“DNA聚合酶链反应”（DNA polymerase chain reaction，PCR）技术。在此方法中，他利用设计寡核苷酸引物的方法确定欲扩增的目的DNA片段的位置，并使用一种耐热细菌的DNA聚合酶催化特异性DNA片段的扩增，并最终实现了靶DNA片段的扩增。PCR技术的发明标志现代分子生物学的一场革命性进步。该技术很快就在法医学、临床诊断以及基因表达分析等领域内得到了普遍应用。为此，Mullis获得了1993年诺贝尔化学奖。

• 1989年连锁分析（linkage analysis）

Collins发现了与纤维化囊肿（cystic fibrosis）有关的基因。

• 1990年人类基因组计划（Human Genome Project）人类基因组DNA序列测序计划正式宣告启动。该计划预期15年完成。结果由于技术进步，以及包括英、美、日、意、中等多国科学家的共同努力而提前至2003年完成。人类基因组计划旨在揭示人体内染色体上的所有基因，并进一步确定各自的生物化学和分子生物学本质。

• 1990年基因治疗技术取得初步成效

世界上首例“基因治疗”病例取得了部分成功。首次将免疫球蛋白基因插入分离到的白细胞基因组内，再植入到人体之后表现出某种程度的免疫力恢复现象。

• 1992年发表了酵母菌（*S. cerevisiae*）16条染色体中一条完整染色体DNA序列信息，该染色体含有315 000个碱基的核苷酸序列

• 1995年Craig Venter、Smith Fraser及其同事等发表了人流感病毒（*Haemophilus influenza*）基因组测序结果，实现了首例非病毒生物的基因组全序列分析

• 1996年酵母基因组测序完成（Yeast Genome Sequenced）

通过国际协作完成了酵母菌基因组的序列测定。

• 1997年“多利”羊（Dolly，the lamb）被克隆成功

英国爱丁堡罗斯林研究所成功克隆出“多利”羊。这是首次利用成年哺乳动物的体细胞进行的“生殖”克隆，暗示此法可被用于人类的类似生殖克隆。但是由于此法的较低成功率和可能引发的社会伦理灾难，各国都纷纷通过法律明文禁止进行“人类克隆”。

• 1999年首次测定了一条人类染色体的DNA序列

参与人类基因组计划的研究者首次宣布完成了对人类第22号染色体的全DNA序列测定。

• 2000年人类基因组“草图”制定完成（human genome “draft” completed）

人类基因组计划的领导者们宣布人类基因组DNA序列的工作草图（“working draft”）得到成功建立，标志着现代生命科学开始进入到“后基因组时代”（the post-genomic era）。

• 2003年人类基因组测序计划宣告结束，标志着现代生命科学已经进入“后基因组”时代（the post-genome era）

• 2006年RNA干扰技术（iRNA）

第二章　分子生物学主干知识体系

一、分子生物学是一门什么样的学问？

在第一章我们已经对分子生物学研究的发展历程进行了简单的综述，并给出了与分子生物学发展直接有关的主要历史事件的总结。通过第一章的分析不难看出，理论分子生物学实际上主要是对基因的研究，包括基因的结构、功能、所负载的遗传信息、遗传信息的表达和调节控制等内容；而这些知识的应用延伸则是以生产实践为目的的基因克隆、基因表达，也就是我们常说的"基因工程"或"遗传工程"。近年来，随着分子生物学研究的日益深入，特别是人类基因组计划的顺利实施，以及由此所引发的基因组测序技术的日益完善，以及诸多生物基因组序列的测定，使分子生物学的内涵得到了进一步延伸。当今的分子生物学已经成为综合遗传学、生物化学、结构生物学、细胞生物学等诸多学科核心内容的一门新兴交叉学科，并在此基础上快速转向整合分子生物学和系统分子生物学的发展阶段。

二、"分子生物学"名词的出现

关于"分子生物学"名词的出现主要流传着两种不同版本的传说，一是在分子生物研究的早期，由于物理学家和化学家的加入，物理学和结构化学的手段在基因本质问题研究过程中得到了广泛的使用。因此，当时的生物学研究越来越类似于物理学和结构化学对于"分子"的研究。鉴于此，美国洛克菲洛基金会自然科学部主任 Warren Weaver 在 1938 年写给该基金会的一份研究报告中首次使用了"分子生物学"这个术语。自此之后，"分子生物学"这个名词就成了一门新兴的科学的名称。与此同时，分子生物学研究也逐渐开始了对于组成活细胞的基本单位、生物大分子及亚细胞组织的研究。在分子生物学研究过程中，现代科学技术在从未涉及过的生命体的最小单位，及其反应过程的水平上得到了广泛的采用。

"分子生物学"名称的出现还存在着另一种说法。很多人认为"分子生物学"名称的由来和佛朗西斯・克里克解释他为什么称自己是一名"分子生物学家"有关。克里克曾对人讲自己是一名分子生物学家。他说："当一些喜欢打听事情的神职人员问自己都在做些什么的时候，我总是被迫称自己是一位'分子生物学家'。因为我已经厌烦了对他们解释我的工作，既是一名晶体制备和分析者，又是一位生物物理学家，还是一位生物化学家，还是一位遗传学家……这种解释对于他们来讲是无论如何也难得要领的”。

三、分子生物学的一些重要概念

分子生物学学科中的重要概念主要包括机制（mechanism）、信息（information）、基因（gene）等。这些概念在很大程度上体现了分子生物学的学科特点和研究内容。为此，分子生物学家摩润之（Michael Morange）曾讲过这样一句话：分子生物学的核心是理解细胞内遗传信息交换的分子机制。

当雅各布和莫诺发布发现信使 RNA 之际，他们曾解释说，细胞内可能存在着一种寿命很短，但可以把遗传信息转移到蛋白质的核酸分子，即信使 RNA 分子。他们认为 mRNA 分子作为一种不稳定的中间体分子的发现是对分子生物学所关心的遗传信息传递所遵循的“中心法则”的一种极好的肯定。信使 RNA 分子的发现导致了遗传信息传递机制中一个崭新的概念的产生，即 DNA 负责携带遗传信息，而遗传信息需要信使 RNA 作为中间体加以解读。其中，核糖体是蛋白质的合成中心。核糖体可以根据来自基因，并经信使 RNA 传递的信息不具特异性地合成不同的蛋白质（参见第十三章）。

（一）分子生物学知识体系中的“机制”

很多科学哲学家都对“机制”(mechanism) 在分子生物学中的重要性进行过讨论和思考。但对于真正的分子生物学家们而言，他们当中的很多人却总认为自己的工作是通过揭示分子“机制”来解释生物学“现象”的。理查德·博润（Richard Burian）曾说过：分子生物学主要是揭示生物的“机制”。而斯图亚特·格兰（Stuart Glennan）则把对“机制”的探讨理解为把整体加以“分解”并研究各部分的相互作用的过程。在他看来，对于任何一种生物“行为”而言，它所隐含的“机制”基础是一个复杂系统通过其各个部分之间相互的作用所能表现出的特定行为。而该系统不同组分之间的相互作用可以直接地通过归纳而得到。除此之外，彼得·马哈莫（Peter Machamer）、林兹·达的恩（Lindley Darden）以及卡尔·科拉若（Carl Craver）等人则对分子生物学中的“机制”做出了另外的解释。他们认为所谓分子生物学中的“机制”主要是由一些精细组织的实体和一系列的活性组成的。这些实体和活性可以容许一些事件从头到尾进行一系列常规性的改变，从而使整个反应得以顺利完成。在分子生物学知识体系中，类似的“机制”包括蛋白质、核酸的作用机制，同时也包括 DNA 和 RNA 等分子的作用机制，以及亚细胞结构，如核糖体的结构和功能等。

分子生物学对于上述生物大分子的“机制”的研究主要体现在研究其各自的几何结构和相对应的机械活性。例如，通过对蛋白酶结构和功能的研究得出了蛋白酶催化过程中的“锁-匙”机制（模型)。在这个过程中，分子生物学更为关心的是结构与功能的关系。或者说，更在乎的是蛋白酶的催化活性所依附的分子结构基础。类似的机制问题还包括生物大分子中各种化学键的活性问题（见第三章)。例如，对生物分子之间相互作用过程中强共价键的形成和相对较弱的氢键的形成等。事实上，现有的分子生物学研究成果已经在一定程度上表明，任何生物大分子所能拥有的性能都需要特定的空间结构作为基础。尽管细胞内生物分子反应非常复杂，但到目前为止尚未发现任何违背结构决定功能原则的生物大分子运动。

因此，所谓的分子生物学机制主要是用于解释一个分子生物学反应是如何实现的。这个实现过程需要解释该反应是如何开始的，又经过了什么样的中间步骤，最后又是如何结束的等有关问题。例如，在阐释DNA复制的分子机制及其过程时，我们就必须要首先回答DNA双链构象结构是如何打开的？(DNA复制需要经过双链的解开，参见第七章）如何使DNA双链中具有弱电性的碱基得以暴露？又是如何实现DNA模板与新掺入的碱基通过互补配对形成氢键，然后再形成双链DNA分子的？事实上，现在这个过程的大部分细节都已经被解析清楚了（参见第七章)。我们知道，存在于DNA链上的碱基可以形成氢键，原因在于碱基的几何构型和它们所带有的弱电荷可以容许它们彼此之间形成氢键。通过类似的结论可见，分子生物学知识体系中的机制主要在乎的是分子生物现象所隐含的结构实体（structural entity）是如何发挥其潜在的运动的，而这种运动是我们术语中所讲的“活性”（activity)。因此，分子生物学知识的一个显著特点集中体现在它总是希望从分子水平解释一些生物学现象出现的原因，总是习惯性地追求对生物学现象所隐含的原因加以解释。在这个过程中，我们首先必须明确的是参加一种特定分子生物学反应的各种实体究竟包括哪些分子，首先需要对可能存在于一种特定分子生物学反应过程中的实体进行定位；需要对其各自的结构、分布和所能显现出的生物学活性进行一系列的研究。然后基于上述研究过程试图得到一套完整的信息，包括对参加反应过程中的成员在整个反应过程中出现的时间顺序、反应效率和“停留”（参与反应）的时间等加以表述。

在通常的情况下，分子生物家对于特定机制的描述往往忽略机制的细节。他们通常习惯上用示意图对一种可能的分子生物学机制进行示意性的表述。这个过程就是常见于分子生物学研究活动中的建立“作用机制模型”。事实上，目前所被人接受的所有分子生物学的作用机制模型都隐含了许许多多的分子作用细节。例如，分子生物学知识体系中比较有名的DNA双螺旋模型，以及克里克提出的“中心法则”——从DNA、RNA再到蛋白质，即分子生物学中的“中心法则”。

在上述例子中，从DNA、RNA到蛋白质是“中心法则”一种示意性的表述，带有高度的抽象性。正如克里克自己所说过的那样，“中心法则”的提出目的旨在于阐述蛋白质合成机制的方向和路线。其中包含了许许多多细节问题，如DNA合成过程中的碱基排列、碱基配对（沃森-克里克配对原则），以及双链互补等细节，更包括其后的基因转录，以及基因转录过程中的诸多细节（见第五篇）。分子生物学知识体系中的基因转录是指依赖DNA模板合成RNA分子的过程，它与DNA合成（DNA复制）最为显著的差异在于基因转录是制造RNA（RNA-making）的过程（第十四章、第十五章），而不是像DNA复制那样制造与DNA模板互补的双链DNA分子（第三章）。等到RNA分子经过可能的“加工”成为“翻译”的模板，并被用于蛋白质合成时，情况就变得更为复杂。这个过程不仅需要大量的其他蛋白质的协助，更需要经过一系列复杂的反应才能把mRNA所携带的遗传信息转化到相应的氨基酸排列顺序上。鉴于这些情况的复杂性，“中心法则”也就忽略细节而只是阐释遗传信息的传递方向了。

通过上面的分析可知，分子生物学中的“机制图”只是试图描述一个或一系列分子生物学反应的过程，并不尝试描述其中单独反应的细节。在分子生物学知识框架中，我们会发现经常使用的“机制图”主要有两种表述方式，一种是“机制计划图”（mechanism schema），另一种是“机制草图”（mechanism sketch）。前者通常针对一种特定的反应分子作用机制使用，其中参与反应的成员已经得以明确；而后者通常在一种反应过程中含有尚未明确的参与组分的情况下使用。它用于指导研究者对特定反应过程中的参与组分进行发掘。实际上，现有分子生物学知识体系既包含了许多机制计划图，更不乏大量的机制草图。例如，已有的关于DNA复制、损伤修复、蛋白质合成以及基因的表达调控等的知识点中就有许许多多的反应“机制计划图”。有关内容将会在本教程的后续章节中进行详细介绍。

（二）分子生物学中的“信息”

另一个需要明确的分子生物学范畴是“信息”。在今后的学习过程中，我们会发现“信息”这个词几乎被分子生物学家到处使用。例如，分子生物学家们通常认为基因是负责编码遗传“信息”的线性DNA分子。遗传“信息”从DNA转录成信使RNA，然后再传递到蛋白质。最后，蛋白质经过适当地折叠形成特定的三维空间结构。其中，蛋白质折叠规律依然是目前这条信息链悬而未决的一环。

据文献记载，直到1950年，分子生物学界在描述遗传机制时还很少使用“信息”这个术语。当时的分子生物学家们习惯使用“特异性”这个名词。直到沃森和克里克在《自然》杂志发表了一篇讨论其所建立的DNA双螺旋模型所隐含的遗传学意义之后，“信息”这个词才开始逐渐取代“特异性”这个名词。在这个讨论中，DNA双螺旋被视为“密码”和“信息”的载体。其中的“密码”携带遗传信息。

例如，“DNA经过复制并传递给子代”这个问题，分子生物学家们通常习惯性地把它描述为“遗传信息”从亲代传到了子代。在1958年，当克里克利用“信息”阐释分子生物学中“中心法则”的时候，克里克曾写道：一旦遗传信息被传给蛋白质之后，遗传信息便不能再被重新得到。换言之，“信息”从核酸传递到核酸，或者从核酸传递到蛋白质都是可能的，但是“信息”却不能由蛋白质传给蛋白质，或者由蛋白质传递给核酸。克里克所讲的“信息”实际上是指核酸中碱基的排列顺序，或者蛋白质中的氨基酸排列顺序。

正如克里克所表述的那样，遗传信息并不是静态的。事实上，遗传信息本应该是动态的。遗传信息的维护和传递也需要一种分子生物学机制对之加以运作。但需要注意的是，生命运动并不只包括信息的传递，同时也包括着“物质流”和“能量流”，但是，这两者似乎并不是分子生物家特别感兴趣的研究领域。

作为一名分子生物学家，克里克曾经明白无误地把他的注意力集中到“信息”上来，而不是关注于生命过程中的物质和能量的流动过程。他清楚地认识到，对于物质和能量流动的研究应该属于生物化学家，而不应该属于分子生物学家。这种思想体现了分子生物学和生物化学的一个最主要的区别，即前者注重对生命信息及其传递机制，以及它们在蛋白质翻译过程中的作用的研究，而后者应该注重于对生命过程中“物质”和“能量”流动过程的研究。克里克指出，遗传信息是由核酸负载的，因此，核酸的序列决定了蛋白质中氨基酸的序列，而不是相反。事实上，直到1958年，有关蛋白质合成和核酸的合成过程尚属于一些公开的未解之谜。克里克所描述的中心法则否定了遗传信息的流向，以及氨基酸序列决定核酸序列的可能性。因此，遗传信息流动的“中心法则”是单向的，是由核酸流向蛋白质，而不能反转过来。

上述“中心法则”直到1970年的几十年间从未遇到过挑战。但在1970年，英国的《自然》杂志发表了一篇题为《中心法则逆转了》（*Central Dogma Reversed*）的匿名文章。文章根据DNA反转录酶的发现对克里克提出的“中心法则”的适应性问题展开了讨论。因为当时Baltimore、Temin和Mizutani等人发现了某些病毒的遗传物质是RNA，而不是DNA的这一事实。这些病毒的遗传物质是RNA，而且可以利用反转录酶把自身携带的RNA分子反转录为DNA，然后有可能把这样的DNA分子整合到宿主的基因组中。这一现象的发现在一定程度上确实是对当时分子生物学的“中心法则”的一种挑战。当时的“中心法则”认为生物的遗传信息由DNA携带，而且这些遗传信息只能从DNA传到RNA，再到蛋白质，呈现一个单向流动过程。为此，克里克认为，他所提出的“中心法则”目的只是强调遗传信息从一类生物大分子流向另一类生物大分子的转移过程中所能够表现出的一般规律，并没有否定遗传信息不能从RNA逆向传递给DNA分子这一步。因此，反转录现象的发现并不能就说是对分子生物学

“中心法则”的挑战。克里克同时指出，即使通过反转录可以把 RNA 转变成互补的 DNA 分子，但是，这并没有改变遗传信息不能由蛋白质传递给核酸（包括 DNA 和 RNA）的事实。也正是经历这场争论之后，在人们表述遗传信息传递所遵循的中心法则时就开始在 DNA 到 RNA 之间架上了一个逆向箭头。

（三）遗传密码不同于遗传信息

分子生物学的知识体系中有两个概念很容易被人们混淆，这就是“遗传密码”和“遗传信息”。很多人会想当然地认为“遗传信息”就是指的“遗传密码”。实际上，两者之间存在着很大的差别。分子生物学知识体系中的“遗传密码”是指 DNA 分子中“三个连续碱基决定一个氨基酸”的排列关系。在 DNA 分子上，彼此相邻的三个碱基组成一个“遗传密码”对应 20 种氨基酸中的一种；同时，也有很多时候是由多个类似的三联体密码共同决定一种氨基酸。三联体碱基和它们所对应的氨基酸构成了一个“遗传密码表”（见第十三章）。这样，存在于 DNA 分子上的四种碱基所能形成的三联体密码数量应该为 64 种，它们对应着组成生物蛋白质分子的 20 种氨基酸。而分子生物学所指的“遗传信息”是线性 DNA 分子上遗传密码的线性排列顺序，这样的排列顺序需要经过“基因转录”传递给 mRNA 分子，之后被进一步翻译成（或转换成）蛋白质分子上不同氨基酸的线性排列顺序（蛋白质的一级结构，见第三章的有关内容）。在 DNA 分子遗传密码的线性排列顺序和蛋白质分子氨基酸的线性排列顺序之间往往并不单纯地呈现线性关系。例如，现在已经发现的“分裂基因”和“重叠基因”等就不体现上述线性关系。但尽管如此，这些 DNA 分子上的“遗传密码”却依然呈线性排列。

因此，分子生物学知识体系中的“遗传信息”既不像数学体系中的“信息”，也不同于认知科学体系中的“信息”。对于分子生物学的“遗传信息”而言，前者过于机械，而后者则过于不确定。实际上，分子生物学的“信息”到目前为止尚未被我们真正理解，还存在着许多不确定性。例如，在通常的情况下，我们倾向于认为生物的遗传信息存在于 DNA 或 RNA 分子上，其他的生物分子并不能携带遗传信息。但是，随着研究的不断深入，现在分子生物学家已经陆续认可了“组蛋白密码”和“蛋白质折叠密码”等学说。前者指染色质中组蛋白的化学修饰可以呈现出“表观遗传学”现象；后者则强调蛋白质的空间折叠信息取决于其氨基酸的排列顺序。那么，这些“遗传密码”所对应的“遗传信息”究竟是不是来自 DNA 和 RNA 分子所携带的遗传信息呢？

（四）分子生物学知识体系中的“基因”

“基因”这个概念是经典遗传学和现代分子生物学共享的一个概念。我们在学习经典遗传学时经常提到“基因”，同样，我们在学习分子生物学时也会经常提到“基因”。那么遗传学中的“基因”和分子生物学中的“基因”究竟是不是同一个概念？

如果是的话，那么经典遗传学和现代分子生物学究竟是一种什么样的关系？

在“遗传学”和“基因”分别作为学科和遗传学科中一个核心概念提出的早期，“基因”只是被看作决定遗传性状的一种可能存在（见第二篇第四章）。或者说，在当时的情况下，“基因”的实体并不明确。遗传学者们通常认为每一个可以遗传的性状的背后都隐含着一个“基因”，这样的“基因”可能是一个可以被最终明确的实体，也可能只是一种生物反应过程。依据现代自然科学的还原论认识观点，“基因”被当做了生物性状的内在决定因素。这就是大家已经熟悉的“基因型”决定性状的“表现型”观点的形成原因。随着遗传学研究的进一步深入，特别是当摩尔根等人提出“遗传性状的染色质决定理论”之后，“基因”的实体就被模糊地定位在染色质上。在此之后的若干年间，遗传学研究和分子生物学研究的领域产生了更多的“重叠”，很多工作都是围绕染色质和基因之间的可能相互关系进行的。这期间所取得的最重要的成果就是直接明确了生物的遗传性状与染色质上的DNA序列有关，但却忽略了染色质中的蛋白质组分在基因表达过程中的作用。但自此之后，我们可以认为“基因”的实体在某种程度上得到了明确。但是，“基因”的表达、调控，以及“基因”之间的可能相互作用关系却依然知之甚少。鉴于此，我们可以认为“基因”是染色质中一条连续的DNA分子的观点只能依据“还原论”的思维模式才能成立。

随着“重叠基因”、“分裂基因”，以及RNA前体的选择性拼接等生物学现象的发现，“基因”只是一段连续的DNA的观点显得过于简略。问题是，如果“基因”只是一段连续的DNA分子，那么又如何理解基因表达的分子机制所表现出的复杂性？如何阐释基因在表达调控过程中基因之间的可能相互作用？如何看待当细胞内的某个基因被敲除之后，其他基因之间的可能作用关系？因此，很显然，如果对“基因”进行定义就不得不考虑上述问题。那么，对于一名分子生物学的学习者而言，我们究竟需要如何理解分子生物学知识体系中的“基因”？

现在，对于分子生物学中的“基因”内涵的认识主要存在着两种观点，一种观点认为“基因”是一段连续的DNA分子的观点需要进一步充实。一个完整的“基因”的概念不仅需要考虑基因的结构实体，更应该充分容纳“基因”的功能和作用。另一种观点则认为，在定义“基因”概念时，既要考虑其结构实体，也要考虑其功能实体，更要考虑“基因”所表现出的复杂性，如需要考虑生物进化过程中，不同物种之间基因的演化关系。

在2000年，生物哲学家凯勒（Keller）和莫斯（Moss）建议对“基因”概念进行进一步的区分。他们建议把“基因”概念分成基因的“结构”实体和基因的“功能”实体两个方面的内容。在他们看来，所谓基因的结构实体是指“基因”由亲代传到子代过程中利用分子“机器”加以维护的机制；而基因的“功能”实体则是基于基因在发育过程中所表现出的复杂性，即基因表达的复杂性。

其中，基因的“结构”实体过程只是其“功能”实体过程的一部分；另一种观点则主张对现有的基因概念进行重新定义。新定义的“基因”概念需要覆盖发育过程中分子作用的复杂性。按照这个思路，有人曾尝试把“基因”定义为一种可再现的，主要负责对一种特定多肽产物产生具有时间和空间调节及表达能力的反应过程。

究竟什么才算得上是一个基因？虽然早在 1986 年就有科学哲学家 Falk (1986) 对此提出过质疑，但遗憾的是，直到目前为止，无论是分子生物学家，还是对分子生物学感兴趣的自然哲学家或生物史学家，都不能对这个概念进行更为准确的解释。相互之间都给不出彼此都能接受的答案。对于“基因”概念的热衷之一是导致了各界多方面的反应。我们不得不承认，当前有关“基因”的概念依然十分混乱，亟须给出更为精准的定义。

主要参考文献

Anonymous. 1970. Central dogma reversed. Nature, 226: 1198～1199

Avery O T, MacLeod C M, McCarty M. 1944. Studies on the chemical nature of the substance inducing transformation of pneumococcal types. J Experim Med, 79: 137～158

Baltimore D. 1970. Viral RNA-dependent DNA polymerase. Nature, 226: 1209～1211

Barrell B G, Air G M, Hutchison III C A. 1976. Overlapping genes in bacteriophage PhiX174. Nature, 264: 34～41

Benzer S. 1968. Genes and behavior. Engineering and Science, 32: 50～52

Berk A J, Sharp P A. 1978. Spliced early mRNAs of simian virus 40. Proc Natl Acad Sci USA, 75 (3): 1274～1278

Bohr N. 1933. Light and life. Nature, 131: 421～423

Brenner S. 1963. Letter to Perutz. *In*: Wood W B. The Community of *C. elegans* Researchers (1998). The Nematode *Caenorhabditis elegans*. Cold Spring Harbor, NY: Cold Spring Harbor Laboratory Press

Brenner S, Jacob F, Meselson F. 1961. An unstable intermediate carrying information from genes to ribosomes for protein synthesis. Nature, 190: 576～581

Brenner S. 1973. The genetics of behavior. British Medical Bulletin, 29: 269～271

Carlson E A. 1981. Genes, Radiation and Society: the Life and Work of H. J. Muller. Ithaca, New York: Cornell University Press

Cohen S. 1984. The biochemical origins of molecular biology. Trends in Biochemical Sciences, 9: 334～336

Crick F. 1958. On protein synthesis. Symposium of the Society of Experimental Biology, 12: 138～163

Crick F. 1970. Central dogma of molecular biology. Nature, 227: 561～563

Crick F. 1988. What Mad Pursuit: a Personal View of Scientific Discovery. New York: Basic Books

Crick F. 1996. The impact of linus pauling on molecular biology. *In*: Krishnamurthy R S. The Pauling Symposium：a Discourse on the Art of Biography. Corvallis，Oregon：Oregon State University Libraries Special Collections. 1～18

Crick F，Barnett L，Brenner S et al. 1961. General nature of the genetic code for proteins. Nature，192：1227～1232

Crick F H C. 1974. The double helix：a personal view. Nature，248：766～769

Culp S，Kitcher P. 1989. Theory structure and theory change in contemporary molecular biology. British J Phil Sci，40：459～483

Darden L. 2002. Strategies for discovering mechanisms：schema instantiation，modular subassembly，forward/backward chaining. Philo Sci，69 (Sup)：S354～S365

Davis B D. 1980. Frontiers of the biological sciences. Science，209：78～89

Echols H. 2001. Operators and Promoters：the Story of Molecular Biology and its Creators. Berkeley，CA：University of California Press

Fischer E P，Lipson C. 1988. Thinking about Science：Max Delbrueck and the Origins of Molecular Biology. New York：W. W. Norton

Falk R. 1986. What is a gene? Studies in History and Philosophy of Science，17：133～173

Fleischmann R D，Adams M D，White O et al. 1995. Whole-genome random sequencing and assembly of haemophilus influenzae. Science，269：496～512

Hershey A D，Chase M. 1952. Independent functions of viral protein and nucleic acid in growth of bacteriophage. J Gen Physiol，36：39～56

Inducing transformation of pneumococcal types. J. Experim. Med.，79：137～158

International Human Genome Sequencing Consortium. 2001. Initial sequencing and analysis of the human genome. Nature，409：860～921

Jacob F，Monod J. 1961. Genetic regulatory mechanisms in the synthesis of proteins. J Mol Biol，3：318～356

Kendrew J. 1967. How molecular biology started. *In*：Cairns J，Stent G，Watson J. Phage and the Origins of Molecular Biology. Scientific American，216：141～144

Maddox B. 2002. Rosalind Franklin：the Dark Lady of DNA. New York：Harper Collins

Maxam A M，Gilbert W. 1997. A new method for sequencing DNA. Proc Nat Acad Sci (USA)，74：560～564

Nirenberg M W，Matthaei J H. 1961. The dependence of cell-free protein synthesis in *E. coli* upon naturally occurring or synthetic polyribonucleotides. Proc Nat Acad Sci (USA)，47：1588～1602

Pauling L，Corey R B，Branson H R. 1951. The structure of proteins：two hydrogen-bonded helical configurations of the polypeptide chain. Proc Nat Acad Sci (USA)，37：205～211

Pauling L. 1939. The Nature of the Chemical Bond. Ithaca，NY：Cornell University Press

Pauling L，Corey R B. 1953. A proposed structure for the nucleic acids. Proc Nat Acad Sci (USA)，39：84～97

Pearson H. 2006. What is a gene? Nature，1441：399～401

Sanger F. 1988. Sequences，sequences and sequences. Ann Rev Biochem，57：1～28

Schroedinger E. 1944. What is Life? Cambridge，UK：Cambridge University Press

Temin H，Mizutani S. 1970. RNA-dependent DNA polymerase in virions of *Rous Sarcoma* Virus. Nature，226：1211～1213

Watson J D. 1965. Molecular Biology of the Gene. New York：W. A. Benjamin

Watson J D，Crick F H C. 1953a. Molecular structure of nucleic acid：A structure for deoxyribose nucleic acid. Nature，737～738

Watson J D，Crick F H C. 1953b. Genetical implications of the structure of deoxyribonucleic acid. Nature，171：964～967

Witkin E M. 1964. Pure clones of lactose-negative mutants obtained *in Escherichia coli* after treatment with 5-bromouracil. J Mol Biol，8：610～613

Yarus M，Caporaso J G，Knight R. 2005. Origins of the genetic code：the escaped triplet theory. Annu Rev Biochem，74：179～198

第二篇　生物大分子的结构和性质

第三章　DNA、RNA和蛋白质分子的组成、结构与功能

第一节　生命元素及其化学性质

一、组成生物分子的6种元素

组成生物的化学元素都是哪些？在迄今发现的一百多种元素中，只有碳（C）、氢（H）、氧（O）、氮（N）、磷（P）和硫（S）这6种占据生命体内元素组成的99%以上，因此，我们称上述6种元素为“生命元素”。

二、生命元素的化学

生命为什么选择上述6种元素来构建自我？理由很简单，因为它们是组成地球上物质的主要元素，并且含量相对丰富，而且生命元素大多具有形成多种强相互作用力的能力。作为主要元素，别无他选；含量丰富使得原料不至缺乏；具有多种强相互作用能力，使得生命元素可以形成稳定的、复杂的分子。

三、生物分子中存在的相互作用力

一个事实是生物大分子是由生命元素组成不同功能基团之后形成的，因此，生物大分子中既存在着强相互作用，也存在着弱相互作用。而且，生物大分子中的强相互作用通常担负连接所在生物大分子的结构单元的使命，而弱相互作用往往负责维系生物大分子所能呈现的特定三维构象。原因很简单，生物大分子所肩负的生物学活性决定了生物大分子自身空间结构的柔性和可变性。生物大分子中的强相互作用通常不能满足上述要求，而弱相互作用由于自身所特有的化学性质可以很好地适应生命运动所需。下面我们将分别叙述生物大分子中出现的强相互作用和弱相互作用的基本情况。

（一）强相互作用力

生命分子中经常可见的强相互作用包括残基之间所能形成的离子键、共价键等化学键作用。

1. 离子键

离子键的形成是由于分子内带电粒子之间的彼此吸引。离子键的形成需要原子之间进行电子的转移，这种电子在原子之间的转移使得失去电子的原子成为带正电荷的离子，而获得电子的原子则成为带负电荷的离子。粒子之间通过正负电荷之间的相互吸引就形成了离子键（图 3.1）。例如，当钠原子转移一个外层成键电子给氯原子之后，钠原子则成为带一个正电荷的钠离子，而获得一个电子的氯原子则成为带一个负电荷的氯离子。钠离子与氯离子之间通过正负电荷的相互吸引就形成氯化钠分子。钠离子与氯离子之间所形成的化学键就是离子键。一般情况下，离子键的键能为 4～7kcal/mol。形成离子键的两个原子之间的电负性相差要大于 2 。必须明确的是，通常情况下出现在诸如氯化钠等小分子中的离子键在水性环境中并不稳定，往往被溶解而遭破坏。但是，大分子蛋白质或核酸中的带电残基却可以和所识别的底物（substrate）或其他带相反电荷的分子形成相对稳定的离子键。

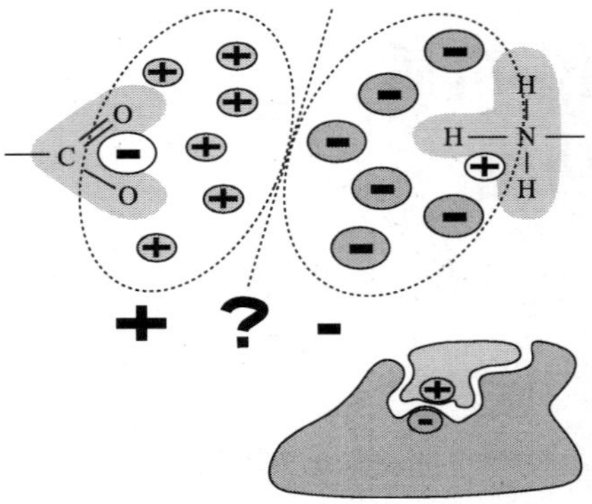

图 3.1　生物大分子中带电残基之间可以形成相对稳定的离子键

2. 共价键

分子内原子之间不发生电子从一个原子向另一个原子之间的转移，而是彼此之间通过共用电子所形成的连接就是共价键，但是，原子之间具有共用电子的能力并不一定均等。共用电子因此会更靠近其中的一个原子，而远离另一个原子。因此，共价键也可以表现出离子键的部分性质。我们称这种情况为极性共价键。出现极性共价键的原因主要是分子内某些原子对电子的吸引力大于另外一些原子对电子的吸引；或者，由于共用电子在原子间的分布不对称，有些原子的附近带有比较多的电子。通常情况下，出现极性共价键要求两个原子之间的电负性值差别小于 2。例如，生物分子中常见的 C—H 键是相对极性较小的共价键；而 C—O、C—X 则通常为极性共价键。成键电子通常偏向于电负性高的原子，如在 C—O 键中，碳原子带部分正电荷，而氧原子则带部分负电荷，这是因为和碳相比氧有更多的吸引电子的能力。由于分子内存在着不同极性键的叠合和孤对电子，因此，在通常的情况下大多数分子本身属于极性分子。如果一种分子表现出较强的极性，那么由它组成的物质可以溶于水等极性溶剂中；而非极性分子一般都不溶于水等极性溶剂。这就是典型的相似相溶原则（like attracts like）。

1）生命元素可能形成共价键的极性

H—O（生命科学中常见的极性最强的共价键）＞H—N＞C ═O＞H—S＞S—C（稍微有极性）＞C—H（几乎为非极性）＞C—C（完全缺乏极性）

2）生命元素所形成的共价键键参数

表征一种化学键的键参数包括键长、键角和键能。大多数情况下，C—C共价键的键长为1.54Å，键能为85kcal/mol。

3. 偶极距

共用电子在原子之间的不对称分布，导致电荷在整个分子上的不对称分布。通常可用"偶极矩"（dipole moment）来表征一种共价键的极性分布。因此，偶极矩（μ）可以定义为分布在两极端电荷的量乘以两种电荷之间的距离，即 $\mu=Q\times r$，其中单位为德拜（debyes，D），1D＝3.336×10^{-30}库伦米（coulomb meter，共价键的一种平均键长），则偶极矩（dipole moment）为1.60×10^{-29} C·m，或4.80D。

（二）弱相互作用力

弱相互作用主要负责生物大分子的空间结构维持，是DNA、RNA、蛋白质等分子空间结构形成与维持的主要因素。存在于生物大分子之中的弱相互作用包括盐键、氢键、疏水键和范德华力等相互作用（图3.2）。

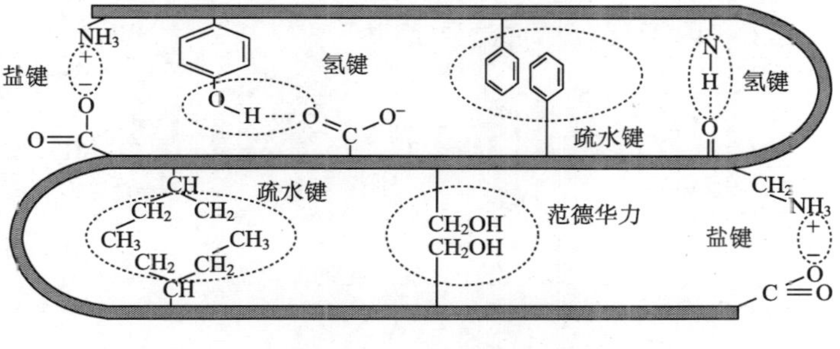

图3.2 蛋白质空间结构稳定所需的非共价相互作用

1. 范德华力

范德华力（Van der Waals）是出现在生物分子中的一种非常小的弱相互作用，一般键能不超过1.0kcal/mol。范德华作用体现的是非极性分子或极性分子的非极性部分之间的相互作用。在生命分子中的范德华作用主要是一个C—H键所具有的瞬时电偶诱导另一个 C—H 键出现电偶，从而彼此之间出现微弱的相互作用。简言之，范德华力产生的基础是电荷在原子周围的不对称性分布造成的。原子中电子轨道经过发生同步化分布，以便使相邻分子上的电子彼此分布得尽可能远。而相邻分子上电子的这种分布使得分子间在很短的距离内表现出相互吸引的作用力，这就是范德华引力（图 3.3）。通常情况下，范德华引力的大小只相当于一个共价键的 1%，平均能量为 0.5～1.0kcal/mol。

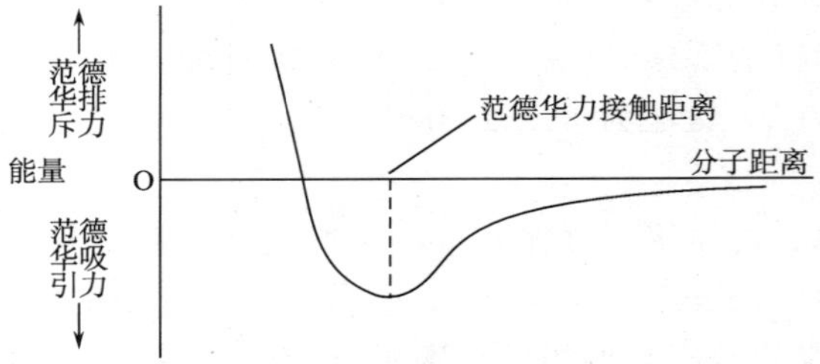

图 3.3　范德华力产生的原因

2. 静电力

静电力（electrostatic）是发生在正负电荷之间的相互吸引力，以及相同电荷之间的排斥力。在蛋白质分子中，带电荷基团通常分布于外部，它们有可能和其他带有相反电荷的化学基团发生静电相互作用（图 3.4）。一般而言，静电力的大小依赖特定基团的解离程度，也和所在环境中的电解质浓度有关。

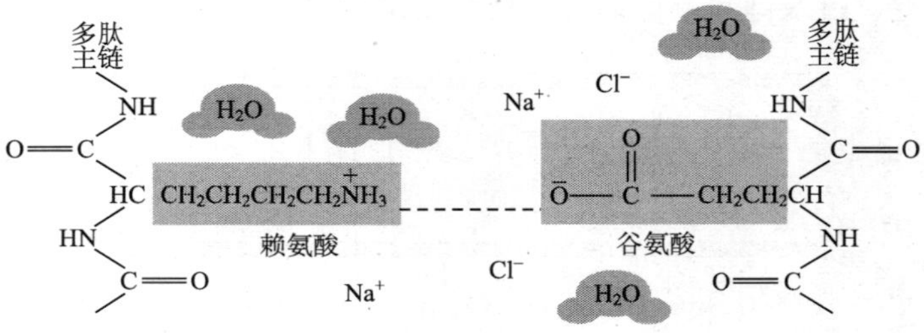

图 3.4　分子之间产生的静电力

3. 氢键

氢键（hydrogen bonding）是一种非共价键，通常出现在一种高度负电性原子（如 O 或 N）和一种高负电性原子（如氧原子和氮原子）形成共价键的氢原子之间。在形成氢键的过程中，能够提供氢原子的称为氢键供体，而能够接受氢的则称为氢键受体。一种氢键所具有的键能大小通常与参与氢键形成的两个原子之间的取向关系密切。通常，如果两个原子之间以“直线”（180°角）相互作用，那么这样的氢键要强于以其他角度所形成的氢键（图 3.5）。

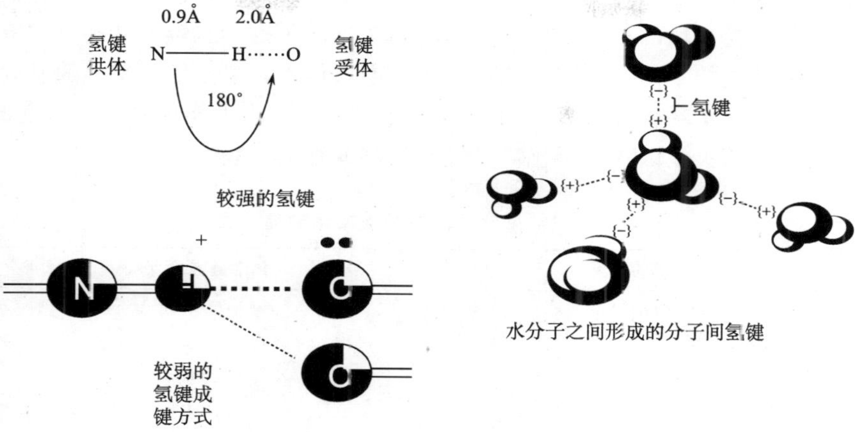

图 3.5　氢键的形成及空间构象

4. 疏水相互作用（hydrophobic interaction）

非极性分子不能和水分子形成氢键，并因此使得非极性分子通常不溶于极性水分子环境中。于是，我们习惯上把非极性分子统称为疏水分子（hydrophobic-water hating）。疏水分子与亲水分子明显的不同是，疏水分子不能和环境中的水分子通过形成氢键发生相互作用，它们在水环境中习惯于“凝集”，以尽可能地逃避水分子。疏水分子与疏水分子之间的凝集以及水分子对它们产生的排斥力统称为疏水力（hydrophobic force）（图 3.6）。

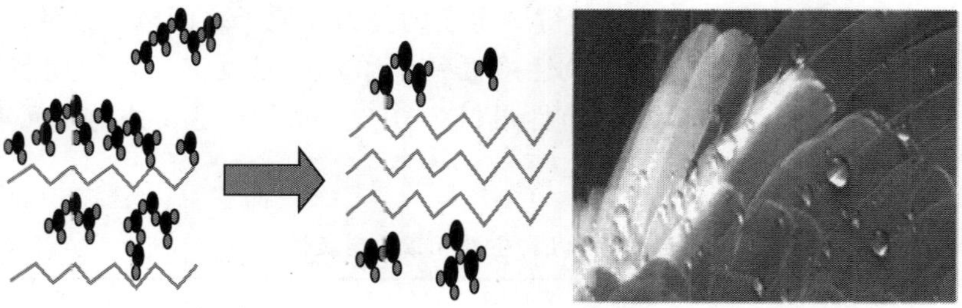

图 3.6　疏水相互作用

（三）几种分子作用的比较

分子所处环境和化学键的属性直接影响着生命元素之间所能出现的各种相互作用力的大小。一般而言，共价键、范德华力等化学作用力的键参数不随环境变化发生明显的变化。因为共价键的形成是通过电子在两个原子之间的分享，而范德华力的出现受原子之间的相互距离的大小决定。因此，相比较而言，它们的键参数不大可能受环境的影响；但与此不同的是，离子键和氢键所能拥有的键能却依分子所处环境的不同而不同。例如，在真空条件下，离子键的键能通常要远远大于同一分子在水环境中所具有的键能，同样，氢键的键能也具有类似的现象。可见，环境中的极性因素会干扰离子键和氢键的强度（表 3.1）。

表 3.1 常见分子作用类型及化学键强度

化学键的类型	化学键强度/(kcal/mol)
1. 共价键（covalent bond）	－100～－50
2. 离子键（ionic bond）	－80～－1
3. 氢键	－6～－0.5
4. 范德华力	－1～－0.5
5. 疏水力	－3～－0.5

注：1cal＝4.18J；1mol＝$N_{Avogadro}$＝6.022×10^{23} molecule。

四、分子中电荷的分布

电荷在生物分子中的分布不外乎四种主要形式：①电负性（electronegativity）；②亲水性 hydrophilic（polar）；③疏水性 hydrophobic（nonpolar）；④两亲性（amphipathic）（分子中的一部分为亲水基团，而另外的部分含有疏水基团）。

（一）电负性

电负性是指原子吸引位于共价键中电子的能力。原子之间电负性的差异是共价键出现极性的原因。原子的电负性遵循一个给定的量度。元素周期表中 F 的电负性最大，为 4.0；而 Cs 的电负性最低为 0.7。对于上述 6 种生命元素而言，氧和氮的电负性最高（表 3.2）。

表 3.2 几种主要元素的电负性

+1*	+4	+5	+6	+7
H	C	N	O	F
2.2	2.5	3.0	3.5	4.0
	Si	P	S	Cl
	1.9	2.2	2.5	3.0

注：* +1、+4、+5、+6、+7 分别为相应元素在元素周期表中的族号。

（二）亲水性

亲水性又可称为极性，是基于电荷分布的不均一性所表现出的一种性质。极性分子往往是由于组成分子的原子之间的负电性差别明显所致的（图 3.7）。

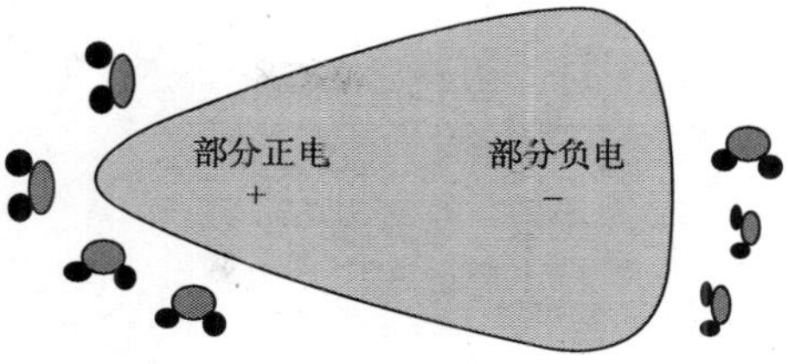

图 3.7　亲水性的电子分布基础

（三）疏水性

疏水性是疏水分子之间或分子上疏水部分为了逃避环境中的水分子而彼此之间产生的吸引力。

（四）两亲性

分子中一部分具有亲水性，而另外一部分具有疏水性，这样的分子通常被称为两亲分子。

五、单体、寡聚体和大分子

生物高分子是由重复单位（单体）通过共价键彼此连接形成的大分子，如核酸分子是由脱氧核糖核苷酸或核糖核苷酸通过磷氧之间形成的共价键彼此连接而成的；而蛋白质则是通过不同氨基酸残基之间形成肽键（酰胺键）而成的大分子。我们把组成生物大分子的基本单位称为单体。

第二节　核酸分子的化学性质

一、核糖核酸和脱氧核糖核酸

生物中的核酸分子有两种，一种是脱氧核糖核酸（DNA），另一种是不脱氧的核糖核酸（RNA）。这两种核酸分子的主要差别分别体现在碱基和戊糖环第二位碳原子上。脱氧核糖核酸的碱基有 A、G、C、T；戊糖环第二位碳原子与氢相连。而核糖核酸所含有的碱基分别为 A、G、C、U；戊糖环第二位碳原子与羟基相连。在核酸分子中，DNA 分子中一分子脱氧核糖核苷酸通过其 5′端的磷酸和另一个脱氧核糖核苷酸 3′戊糖环上的羟基缩合，脱去一分子的水，形成磷酸二酯键，以此类推，形成分子质量不等的大 DNA 分子。RNA 分子则是由核糖核酸通过形成 5′→3′的磷酸二酯键而形成的大分子。因此，RNA 的单体是核糖核苷酸；而 DNA 的单体则是脱氧核糖核苷酸（图 3.8）。

核酸中的碱基通常在两种互变异构体（tautomeric state）形式之间相互转

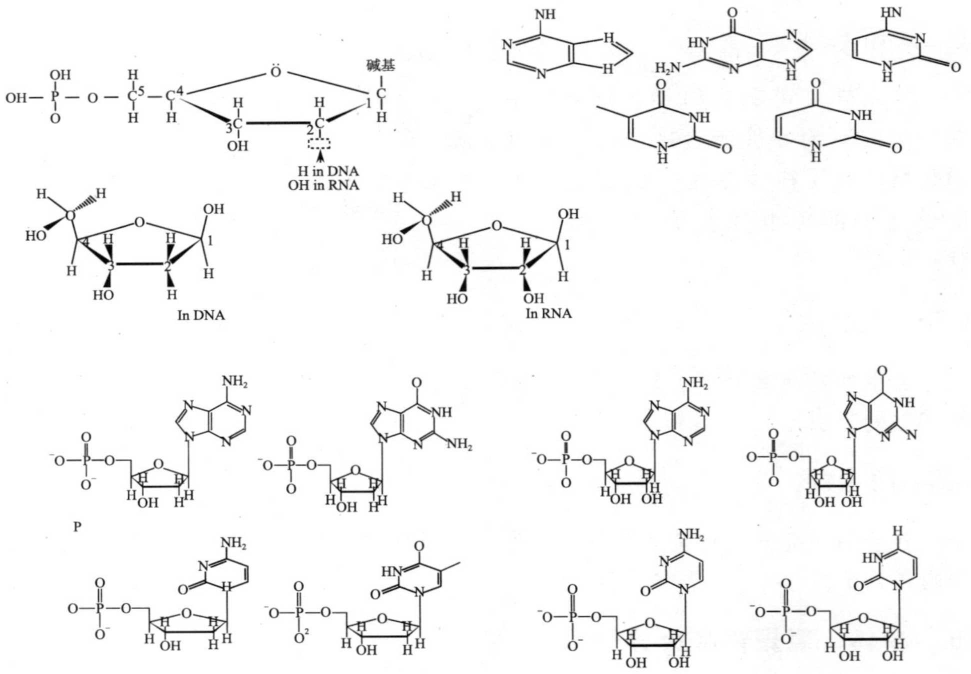

图 3.8　核苷酸的化学组成

换，对于嘌呤而言则分别是腺嘌呤和鸟嘌呤芳香环与氨基（amino form）相连，此氨基也可以转变为亚氨基（imino），但主要以氨基形式存在。这一点对于腺嘌呤和鸟嘌呤形成沃森-克里克氢键配对非常重要；同样，与鸟嘌呤和胸腺嘧啶芳香环上连接的氧（oxygen atom）主要以酮基（keto form）形式存在，而很少以烯醇形式存在。通常，氨基转换为亚氨基或酮基转换为烯醇基往往会引起非沃森-克里克碱基配对，并因此被细胞看作错误的碱基配对（见第八章）。

Watch Out

欧文·查加夫（Erwin Chargaff）及 Chargaff 规则（Rule）

欧文·查加夫利用分析化学技术对来自不同生物细胞内的 DNA 分子的化学组成进行了分析，发现所有的 DNA 分子均含有三种化学成分：一分子五碳糖（pentose sugar），此糖的第二位碳呈脱氧状态（deoxyribose）；一分子磷酸基团；一分子含氮碱基，分别为腺嘌呤（adenine，A）、鸟嘌呤（guanine，G）、胸腺嘧啶（thymine，T）和胞嘧啶（cytosine，C）。据此，1947 年查加夫指出，尽管不同生物物种的 DNA 含量不尽相同（例如，人类 DNA 中腺嘌呤的含量为 30%；而大肠杆菌 DNA 中腺嘌呤的含量为 26%），但是对于任何一个物种而言，腺嘌呤和胸腺嘧啶的含量等于鸟嘌呤和胞嘧啶的含量。这就是著名的查加夫规则。

二、DNA 分子中负电荷的分布

组成核酸链的骨架含有磷酸链，因此，DNA 和 RNA 分子的“骨架”表现负电性。携带负电荷的 DNA 分子和携带碱性氨基酸的组蛋白形成核小体。正电荷和负电荷之间的相互吸引是维持两者相互作用的作用力。

组蛋白含有许多的碱性氨基酸，如精氨酸和赖氨酸，这些碱性氨基酸在细胞核内电离之后带正电荷。因此，容许 DNA 分子和组蛋白缠绕形成核小体结构。核小体的形成有利于 DNA 大分子在相对较小的细胞核内的储藏，但是，也正是组蛋白和 DNA 分子间的静电作用不利于 RNA 聚合酶转录通过。因此，我们常说核小体结构不利于基因转录。

三、DNA 分子中的氢键

在 DNA 分子中，氢键的形成主要出现在与戊糖环相连的碱基上。组成核酸的碱基有两大类，一类是嘌呤碱基，另一类是嘧啶碱基。嘌呤碱基和嘧啶碱基上的氢供体和氢受体之间形成氢键。嘌呤碱基有腺嘌呤和鸟嘌呤，嘧啶碱基在 DNA 中为胞嘧啶和胸腺嘧啶，而在 RNA 中则为胞嘧啶和尿嘧啶。通常 DNA 分子中的腺嘌呤和胸腺嘧啶之间形成两个氢键，而鸟嘌呤和胞嘧啶之间形成三个氢键。能够在碱基之间形成氢键是 DNA 分子形成双螺旋的重要分子基础。如果氢键形成于分子之间，那么 DNA 分子有可能形成双链、三链、四链形式。这就是我们已经了解到的 DNA 的双螺旋结构、三链结构和四链结构 DNA 的碱基成键规则。显然，碱基之间氢键的形成会增加 DNA 分子的热力学稳定性。尽管如此，由于 DNA 分子通常位于水环境中，环境中的水分子会更容易抵消碱基之间形成氢键的能力，因此，碱基之间在水环境中形成氢键似乎是比较困难的事情。一般认为，一种位于水相中的有机分子形成氢键的能力会被水分子得到满足，但是这种与水分子形成的氢键不稳定，当碱基之间形成氢键时，需要首先摆脱和水分子形成的氢键，这会在两条 DNA 链上碱基氢键形成后相应增加水分子的“混乱度”(熵)，因此碱基之间形成氢键对于形成 DNA 双螺旋具有稳定作用。需要说明的是，碱基之间氢键的形成绝不是 DNA 双螺旋稳定的唯一原因。其实，碱基之间所表现出的碱基堆积对 DNA 双螺旋有着更为重要的贡献。由于碱基呈平面构型，而且碱基相对而言具有较强的疏水性，因此当它们位于水相环境中时，可以彼此之间以近似垂直于 DNA 双螺旋轴的形式相互堆积，这种碱基堆积可以使碱基芳香环上的大 π 键进行相互作用，这种电子云之间的相互作用可以极大地增进 DNA 双螺旋的稳定性。

碱基之间氢键的形成对碱基配对的类型的特异性具有重要决定作用。以腺嘌呤和胞嘧啶之间的配对为例，如果两者试图配对，那么腺嘌呤 N1 这个氢受体将会和胞嘧啶 N3 氢受体呈相对排布，而此种排布不能容许水分子来满足两个氢受体对氢原子的要求。同样，腺嘌呤上与第六位碳原子连接的氨基“NH_2”作为氢原子的供体将会与胞嘧啶第四位碳原子上的氢受体氨基彼此相对分布，这种情况也不能容许两者之间形成氢键，因此，形成 A∶C 碱基对将会因为水分子干扰氢键的形成而非常不稳定。而只有形成 A∶T、G∶C 碱基对才会相对稳定。这就是为什么在 DNA 双链中通常形成 A∶T、G∶C 碱基对的原因。因此我们通常把 AT 与 GC 所形成的碱基对称为沃森-克里克配对（图 3.9），而把除此之外所形成的其他类型的碱基配对称为胡古斯汀碱基对（Hoogsteen pairing）。形成沃森-克里克碱基对是 DNA 复制过程中“碱基选择”（base selection）的目的（见第七章 DNA 复制）。

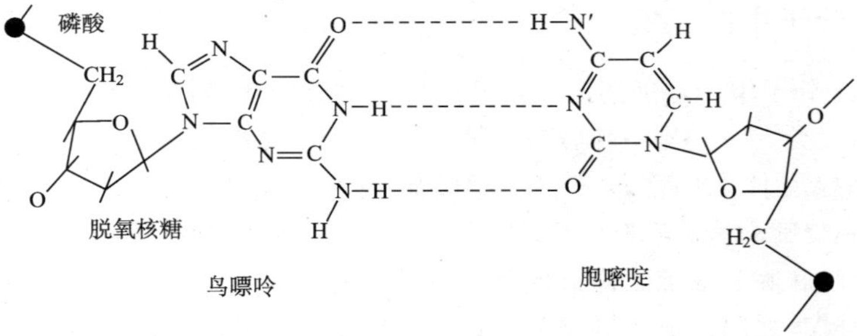

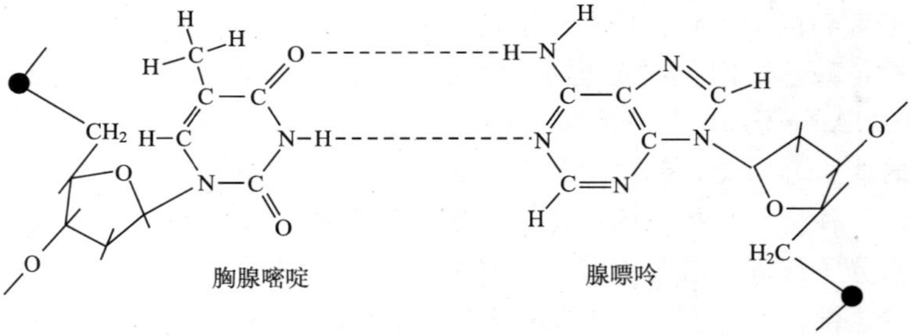

图 3.9　碱基之间所能形成的氢键

四、DNA 分子的构象

DNA 分子在细胞内所具有的结构或所采取的构象形式决定了它自身所能发挥的生物学功能。这一规律不仅可以体现在 DNA 分子的复制、遗传信息的转录和翻译等方面，还可以体现在 DNA 分子和组蛋白、非组蛋白之间的相互作用，以及在此基础上形成染色质和染色体的能力上。DNA 分子的构象决定了它是否能够和组蛋白和非组蛋白发生可能的相互作用，能否形成可以满足细胞分裂过程中所需要的正常的染色体。而这些 DNA 构象的规律性改变贯穿于遗传信息维护和传递的各个环节，是核小体、染色质、染色体的代谢，DNA 分子的复制、转录、DNA 损伤和修复、基因重组等的重要分子基础。

因此，DNA 的构象本身就是基因维护的重要内容，而对于 DNA 分子构象的研究相应地成了受关注的领域。当前，我们通常习惯上把 DNA 的构象分为 B 型构象和非 B 型构象两大类。其中，前者就是沃森和克里克在 1953 年提出的 DNA 双螺旋构象，而 DNA 的非 B 型构象则主要包括 A 型、Z 型、发夹结构、三链结构和四链结构等。

（一）DNA 的 B 型构象

通过前面的分析知道，自然状态的 DNA 分子通常是两条单链 DNA 分子以反向平行的方式排列，在两条链之间通过腺嘌呤和胸腺嘧啶、鸟嘌呤和胞嘧啶彼此形成氢键而形成碱基对。这样的双链分子可以进一步自动获得特定的构象，即 B 型构象。这也是我们通常所说的 DNA 的天然构象。

处于天然 B 型构象的双螺旋 DNA 呈右手双螺旋（right handed），除了双螺旋内部碱基形成氢键提供稳定之外，范德华引力和碱基之间的堆积力是维持 DNA B 型构象的主要作用力因素。B 型 DNA 的戊糖和磷酸以骨架形式位于双螺旋之外，呈反向平行。这个模型即 1953 年沃森和克里克提出的 DNA 双螺旋结构（图 3.10）。

Watch Out

沃森-克里克的逻辑

嘌呤（A 和 G）形成氢键时两个碱基形成的氢键约相当于两个嘧啶碱基（C 和 T）间形成氢键宽度的 2 倍，而 X 射线得到的数据是两条链之间的宽度为 2nm（图 3.10）。

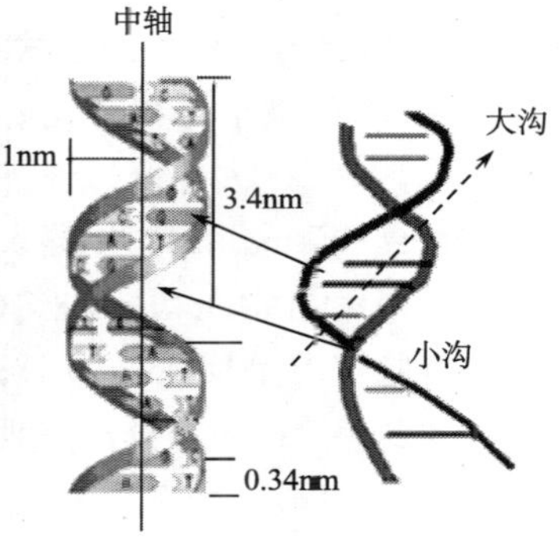

图 3.10 DNA 双螺旋模型的提出

（二）DNA 的非 B 型构象

1. 简单非 B 型构象

现在已经知道，双链形式的 DNA 可以形成一系列能互相转化的构象形式。体外的研究表明，DNA 能够采取的构象包括 A 型、A′型、B 型、B′型、C 型等右手螺旋形式和一个左手螺旋形式 Z 型。沃森和克里克所推导出来的 DNA 结构实际上属于 B 型。这种 B 型 DNA 构象在生物学研究中有深远意义。他们是以在生理盐溶液中抽出的 DNA 纤维在 92% 相对温度下进行 X 射线衍射图谱为据进行推设的。在这一条件下得出的 DNA 呈 B 型构象。实际上在溶液中的 DNA 主要呈这一构象，这也是其在细胞内的主要构象形式。在DNA的复制部分里，我们还要强调只有B型构象的DNA模板才能够被主要的DNA聚合酶利用，并完成DNA的复制过程。在此同时，除了B型构象之外，DNA分子也能够形成其他的构象形式。研究发现，DNA的这种构象多样性主要由其所处溶液的物理化学因素决定。现在的一个观点是，DNA大分子的结构是一个动态的过程。在以钠、钾或铯作反离子，相对湿度为75%时，DNA分子的X射线衍射图呈A型构象。这一构象不仅出现于脱水DNA中，还出现在DNA-RNA杂交分子中。如果以锂作反离子，相对湿度进一步降为66%，则DNA是C型构象。但是这一构象仅在实验室中观察到，还未在生物体中出现过。一般情况下，这些DNA分子中GC碱基对较少，这些分子将取D型和E型构象。这些研究表明DNA的分子结构不是一成不变的，在不同理化条件下可以拥有不同的空间结构。这一点符合其他生物大分子的理化共性。但是在发挥其生物功能时，DNA的构象通常是有要求的。例如，在DNA的合成过程中，B型构象为DNA聚合酶的最适底物。其他形式的构象一般不利于反应的高效进行。同样在DNA损伤和修复过程中，B型DNA也是必需的。迄今为止，除Z型DNA是左手螺旋之外，其他形式的双链DNA都是右手双螺旋。DNA两条链之间通过碱基上的官能团形成氢键，并进而把两条单链DNA以反向平行的方式连接起来，形成两条反向平行的核苷酸链。

2. DNA双螺旋的左手构象形式——Z型DNA

Z型DNA最早是在研究d(CG)*n*的圆二色行为时首次发现的，在高盐溶液的环境中，d(CG)*n*的圆二色光谱呈现出一个近乎倒置的钟形。这种异常的圆二色行为直到Wang和Rich等人在利用X射线研究人工合成的CGCGCG单晶的图谱时才揭示出它是由一种d(CG)*n*形成的左手构象形式。在这种Z型DNA中，脱氧胞嘧啶呈反式（anti）构象，而脱氧鸟嘌呤呈现一种反常的顺式（syn）构象。因此整个DNA分子呈现“Z”形状，因此叫它Z构象（或稀有构象）（英文字Zigzag的第一个字母）。

在Z型DNA构象中没有大沟的存在。Z-DNA可以在高盐环境中由B型DNA转换生成。在这个过程中，DNA单链中的嘌呤需要“倒转”呈顺式；而嘧啶依然呈反式。这种碱基排列方式会造成核苷酸的糖苷的顺式和反式构象的交替存在。之后发现，DNA的负超螺旋也可以促使B-DNA向Z-DNA的转换。因为和B-DNA比较，Z-DNA是一种含有较多内能的构象形式，因此负超螺旋可以诱导形成Z-DNA。同时也发现这种因DNA负超螺旋形成的Z-DNA构象并不只限于嘧啶和嘌呤交替排列的DNA序列，如d(CG)*n*、d(TG)*n*、d(GC)*n*和d(TA)*n*都可以形成Z-DNA。一般认为，B型和Z型DNA连接区的形成是一个需要能量的过程。

一般的情况是，嘌呤糖苷酸键可成顺式的，也可成反式的。而在Z-DNA中，嘌呤碱是顺式的。这样，在Z-DNA中嘧啶的糖苷链离开小沟向外挑出，而嘌呤上的糖苷键则弯向小沟（图3.11）。嘌呤与嘧啶的交替排列就使得糖苷键也是顺式与反式交替排列，从而使Z-DNA主链呈锯齿状或"Z"形（图3.11）。值得注意的是，Z型DNA没有大沟，它是一种密度比较大的DNA构象形式。Z-DNA的构象对于基因表达调控具有十分重要的作用。

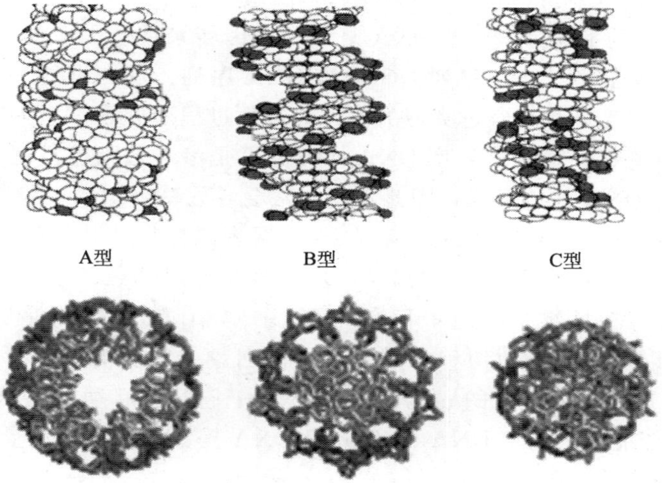

图3.11　A、B、C型DNA的三维结构

表3.3列出了常见DNA构象的各种参数。

表3.3　A-DNA、B-DNA、C-DNA、D-DNA、Z-DNA和RNA-DNA的比较

构象名称	A-DNA	B-DNA	C-DNA	D-DNA	Z-DNA	RNA-DNA
螺旋手性	右旋	右旋	右旋	右旋	左旋	右旋
螺旋周期的核苷酸数目	11	10	9.33	8	12	11
螺旋直径	20	30.9	−1.8	18	—	—
碱基平面的间距	0.256nm	0.34nm	0.331nm	0.303nm	0.37nm	0.255nm
螺距	2.8nm	3.4nm	−2.43nm	—	4.5nm	2.8nm
相邻碱基对间的转角	20	36	−8	45	60	
轴心与碱基的关系	过碱基对	过碱基对	过碱基对	过碱基对	不过碱基对	?

3. 比较复杂的非 B 型构象

1）三链和四链 DNA 结构

比较复杂的 DNA 非 B 型构象的形成一般都需要经过变性和复性过程。一旦双链 DNA 分子经过变性成为单链的形式，那么再复性时就有相当数量的分子发生链内或链间的成键反应。这部分 DNA 分子不能完全恢复到最初的成键状态，于是导致 DNA 分子形成各种各样的非 B 型 DNA 分子，引发 DNA 的错误折叠。这种 DNA 错误折叠可以引发基因突变和基因组不稳定。而这种折叠常见于含有重复 DNA 序列的 DNA 分子在 DNA 复制、基因转录或基因重组过程中折叠呈非 B 型构象，如镜像 DNA 序列、G 丰富 DNA 序列、反向重复 DNA 序列、三核苷酸重复序列等，都会经过类似的变性和复性过程形成非 B 型 DNA 构象。

现在已经清楚，这些非 B 型 DNA 构象并不是参与基因组复制的 DNA 聚合酶所能利用的 DNA 构象形式，因此它们常常会导致基因组的不稳定性增加，或者直接引发 DNA 突变或重排或影响 DNA 和组蛋白与非组蛋白之间的相互作用。而有些由重复 DNA 序列所形成的非 B-DNA 构象又对基因的表达调控具有重要意义。例如，真核生物基因组中存在的 CpG 二核苷酸重复序列可能形成的 Z-DNA 构象，以及在某些动物和人类癌基因的启动子区含有能够形成非 B-DNA 构象的 DNA 序列，如小鼠的 cK-*ras*、人类 *myc* 癌基因启动子区出现的 G 丰富 DNA 序列可能能够采取 Z-DNA 构象或 H-DNA 构象，或通过折叠成 G-四柱体调节该基因的表达（图 3.12）。

2）DNA 分子的变性和复性

变性（denaturation）和复性（renaturation）是核酸分子生物学比较常提及的两个概念。核酸的变性是指通过物理或化学的手段改变 DNA 二级以上结构的过程，主要是破坏两条 DNA 链之间的氢键等过程。而与之对应的复性则是指通过改变变性之后核酸所在的环境中的物理或化学环境使处于单链状态的 DNA 链形成双链的过程。因此，变性和复性过程是可逆的。能够变性和复性是核酸分子的一个重要物理特性。

变性和复性过程可以在双链 DNA、RNA 的双链区、DNA-RNA 杂种双链（hybrid-duplex）以及其他异源双链核酸分子（heteroduplex）中进行。在体内 DNA 代谢过程中，类似的变性和复性可以出现在 DNA 复制、基因转录、基因重组、DNA 损伤修复等众多过程中。

但是我们一般不会称这样的开链和闭链为变性和复性。在基因的复制和转录过程中，双链变成单链有赖于 DNA 解旋酶的催化。

（1）DNA 的变性

凡能破坏双螺旋稳定性的因素都可以成为 DNA 变性的条件，包括加热、极端的 pH、有机试剂，如甲醇、乙醇、尿素及甲酰胺等，均可破坏双螺旋结构中

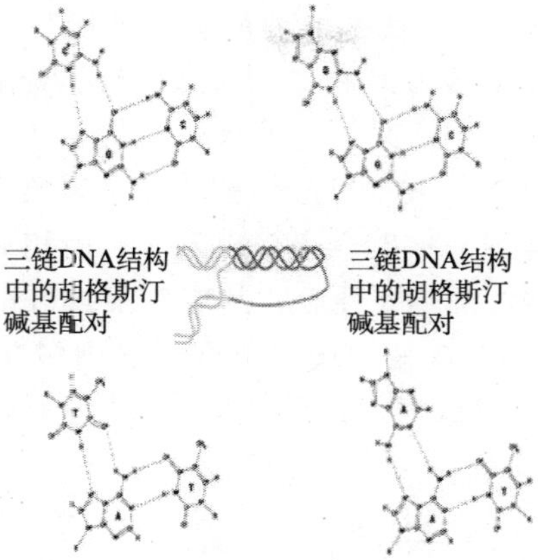

H-DNA

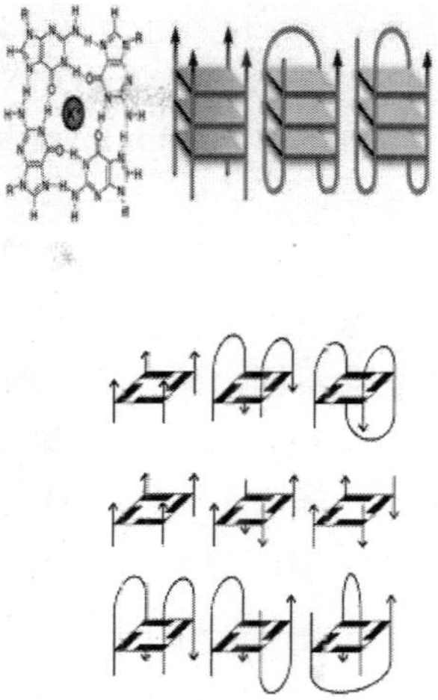
四链DNA(四柱体)

名　称	序列特征	序　列	构　象
H-DNA结构	镜像重复序列	AAGAGG GGAGAA TTCTCC CCTCTT	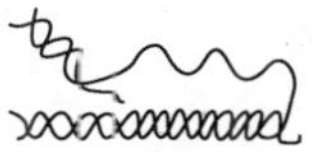
G-DNA四链结构	寡聚$(G)_n$序列	$AG_3(T_2AG_3)_3$ 单链	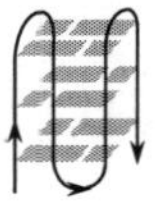
DNA发卡结构	同向重复序列	TCGGTTCGGT AGCCAAGCCA	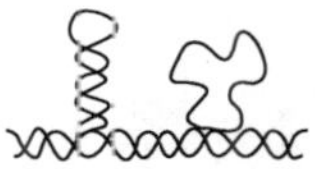
DNA十字形结构	反向重复序列	TCGGTACCGA AGCCATGGCT	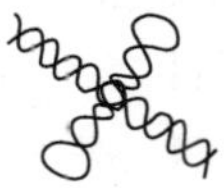
Z型DNA	$(YR\text{-}YR)_n$	CGCGTGCGTGT GCGCACGCACA	B-Z接头 B-Z接头 

图 3.12　DNA 非 B 二级结构

的氢键，从而使双链核酸分子变成部分或全部单链形式。DNA 的变性会伴随一系列理化及生物学性质的变化，包括以下方面。①DNA 溶液黏度降低。DNA 双螺旋一般具有一定的刚性，而变性后则会变得“柔软”，由双链变成松散的单链，可使 DNA 溶液的黏度明显降低。②溶液旋光性发生改变。DNA 变性后会改变原有 DNA 分子的对称性，会使 DNA 溶液的旋光性发生改变。通常会体现出“增色效应”，即其紫外吸收作用增强。这是因为双螺旋结构中的DNA分子中的碱基呈有序的堆积，故它们吸收紫外线的能力处于“潜伏”状态。而变性之后会在250～280nm波长的紫外光吸收增强，其最大吸收峰值出现在260nm处。

在自然界中，不同物种基因组中的DNA碱基组成和核苷酸排列顺序存在差异。因此，这些DNA分子的变性和复性行为一般会表现出差异，而相应的“增色效应”也会不同。例如，大肠杆菌DNA加热变性后，其溶液在260nm的光密度值可增加40%以上，而其他来源的DNA溶液的增值范围一般则多在20%～30%。因此，选定某一特定的变性温度就可以通过比较DNA的增色效应来区别DNA的来源（图3.13）。

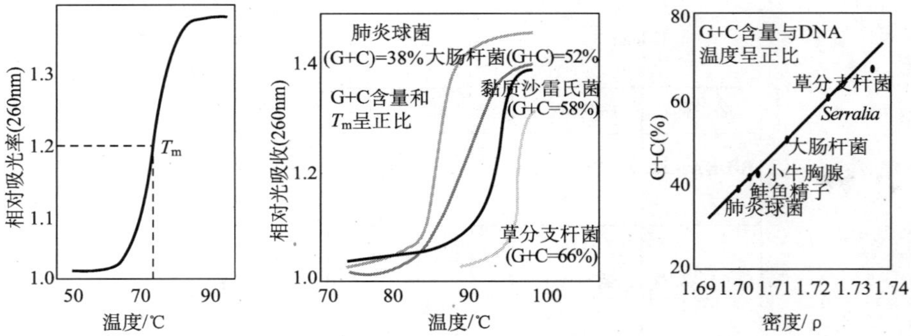

图3.13 DNA的变性动力学

需要强调的是，DNA的“增色效应”与所采取的变性条件有密切的关系。DNA变性之后所依附的环境条件也会对紫外线的吸收改变有影响。以大DNA的热变性为例，变性之后所能表现出的增色效应往往与变性温度有关系。

在众多引发DNA变性的因素中，DNA双链分子的热变性由于方法简单而被广泛使用。由于不同来源的DNA分子中的碱基组成和排列顺序并不相同，因此它们在热变性过程中所需要的能量也各不相同，反映在变性温度上就会各不相同。在具体操作过程中，通过热变性使溶液中半数DNA分子双链解开所需的温度常被称为熔解温度（temperature，T_m）。若以温度对DNA溶液的紫外吸光率作图，经过热变性所得出的变性曲线应该为S形。该S形曲线表现为下方平坦，因为处于该阶段的DNA分子所含有的氢键尚未完全打开，随着温度的进一步升高，DNA分子双链所含有的氢键会呈指数级被打开，表现为相应溶液的紫外吸收值呈指数上升（图3.13）。在此之后，DNA分子中的氢键已基本被全部打开，于是S形曲线又会表现出平坦。对应增色效应上升一半时的温度值即为T_m值。研究发现，一种DNA溶液的变性温度会受该溶液中离子强度的影响。因此

DNA 处于一定的溶液环境中，T_m 值之间的差异体现两种含义。首先，T_m 值体现特定 DNA 分子碱基组成的均一性，一种 DNA 分子中所含有的碱基越均一，所表现出的 T_m 值范围越窄。此种 DNA 分子中的氢键被打开表现出协同性。其次，体现溶液中 DNA 分子种类的均一性，如果溶液中含有均一的 DNA 分子，那么溶液所反映出的 T_m 值范围也会较窄，若混杂有其他来源的 DNA，则 T_m 值范围增宽（图 3.13）。

T_m 与（G＋C）含量（X）之间的相互关系可以用 $T_m = X\%/2.44 + 69.3$（此时的溶液为 0.2mol/L 的氯化钠溶液）进行表征。同时，如果只对 T_m 值加以大致估计，则可用 GC 数的 4 倍和 AT 碱基对数目的 2 倍进行求解。即 $T_m = 4 \times (G+C) + 2 \times (A+T)$。

（2）DNA 的复性

一种 DNA 溶液的复性是其变性的可逆过程。因为当除去引发 DNA 变性的条件时，单链状态的 DNA 分子会重新全部或部分恢复到天然双螺旋结构状态。以热变性为例，降低体系温度可以使单链状态的 DNA 分子缓慢复性成双链状态。这种现象通常又称为“退火”（annealing）。DNA 复性反应遵循一般的物理化学性质，更和 DNA 的碱基组成和排列顺序等因素有关。

如果复性体系温度大于 DNA 分子的 T_m 值，那么复性反应就不容易进行。如果体系温度比变性 DNA 溶液的 T_m 低，那么就有可能启动复性反应。当体系温度低于复性 DNA 分子的 T_m 值 25℃以下，复性反应会非常容易进行。复性反应也和其他反应一样需要一定的反应时间，尽管体系温度比 DNA 分子的 T_m 值低，但如果复性反应时间不能满足，那么这些参与复性反应的 DNA 分子也不会发生复性。如在超过 T_m 的温度下迅速冷却至低温，复性反应也几乎是不可能发生的。因此在核酸实验中常用此法保持 DNA 的变性（单链）状态。另一方面，受 DNA 分子热运动的影响，并不是体系温度越低就越有利于复性，因为如果体系温度远远低于复性反应的 T_m 时（或远远小于 25℃），分子自身的热运动能力显著减弱也不利于其中互补链之间氢键的形成，所以复性反应的合适温度为低于 T_m 值 25℃左右的温度。

除了复性反应体系温度之外，参与复性反应的 DNA 的浓度和它们的复杂程度也是复性反应的两个关键的因素。因为复性反应首先需要两个单链分子之间通过碰撞作用“成核”。而这一过程的反应动力学速度与 DNA 浓度的平方呈正比，即溶液中 DNA 分子越多，相互碰撞结合“成核”的机会就越大。所以复性反应还需要一定的浓度（分子数）要求。

参与复性反应的 DNA 越复杂，复性过程中分子之间的相互识别越困难，彼此之间形成氢键的机会就越少。而对于简单序列 DNA 分子来讲，分子之间发生识别和接触的难度相对比较小，因此互补碱基之间形成氢键就相对容易得多。这就是为什么重复 DNA 序列要比单拷贝 DNA 序列复性快的原因。对于某特定 DNA 分子而言，复杂序列通过复性形成氢键的速度要比简单重复 DNA 序列之间形成氢键的速度慢得多。鉴于 DNA 复性和 DNA 分子的复杂程度之间的关系，在核酸和基因组分类研究过程中，常采用 C_0t 来定量表征不同基因组中 DNA 的差异。其中 C_0 为单链 DNA 的起始浓度，而 t 则定义为复性反应时间，通常以秒为单位。C_0t 可以表征一种 DNA 分子复性速度与 DNA 序列复杂性的相关性。当测定体系中的温度、溶剂离子强度、核酸片段大小等为固定量时，一种 DNA 分子的复性速度就和这种 DNA 分子的序列复杂程度呈正相关。因此，比较 C_0t 的对数值可以比较不同 DNA 分子之间序列的复杂程度。

（3）DNA 分子的拓扑学特征

a. 拓扑学结构

尽管 DNA 分子碱基平面和氢键平面具有一定的刚性，但作为大分子的 DNA 却可以拥有结构上的柔韧性（flexible structure）。它的分子参量由环境中的离子以及与之作用的蛋白质共同决定。大多数情况下，线性 DNA 分子可以通过自由旋转取向，因此其相互缠绕数可变。对于共价闭合环状 DNA 分子而言，如果两条磷酸骨架没有断裂，那么两条链的绝对缠绕数不能改变。因此，我们通常称封闭共价环状 DNA 分子为拓扑学受限的分子形式（topologically constrained）。即使是线性的 DNA，如果分子过长或受染色质结构的限制或与其他细胞组分发生作用等，也会表现出拓扑学限制，如真核生物染色体中 DNA 分子。尽管有上述拓扑学限制，细胞内的 DNA 分子依然可以在拓扑异构酶的催化下进行无数的代谢过程。例如，DNA 复制、转录等代谢过程中都需要拓扑异构酶负责处理 DNA 分子的拓扑学参数，因此在分子生物学学习过程中掌握 DNA 拓扑学结构的变化有助于正确理解 DNA 在细胞内的储存、复制、转录以及相应的染色体重排，如 DNA 位点特异性重组等的分子机制。

对于一个共价闭合环状 DNA 分子而言，其所含有的连接数（linking number）是一个不变量，能够体现该分子的拓扑学性质。在一个 cccDNA 分子中，相互缠绕的两条链之间没有间断，除非打开其中一条链，否则两条链之间的缠绕不能分开。如果在不断开其中一条链的情况下试图打开相互绞缠的两条链，那么我们需要不断地把处于绞缠中的一条链反复绕开另一条链，为了最终拆开两条处于绞缠的链所需引入缠绕的次数就是该分子所含有的连接数。该连接数通常是一个整数（integer），体现共价超螺旋环状 DNA 分子的拓扑学性质，连接数并不受 DNA 分子形态的扭曲（distortion）影响。

DNA 拓扑学中的连接数是该 DNA 分子所含有的扭曲数（twist）和旋转数（writhe）之和。其中，扭曲数其实就是螺旋中两条链之间相互缠绕的圈数，是一条链完全包裹另一条链的次数。对于一个位于平面中的共价超螺旋的 DNA (cccDNA) 分子而言，其连接数就等于其扭曲数。而旋转数实际上是指螺旋的交叉数 (helical crossover)。对于一个右手螺旋而言，旋转数被定为正值，因此，其连接数将为正值。但是，通常情况下，cccDNA 分子并不位于一个平面之中，通常会因扭曲力的存在而迫使双链 DNA 分子之间彼此反复缠绕。这个过程称为缠绕 (writhe)。这种缠绕可以用两端固定的线绳在不断引入旋转力 (overtwisted) 的情况下引发的相互缠绕进行直观的演示。一般常见的 DNA 缠绕有两种形式，一种是 DNA 分子交互式盘绕 (interwound 或 plectonemic writhe)，另一种则是缠绕在蛋白质上的限制性缠绕 (图 3.14)。共价闭合环状 DNA 分子 (cccDNA) 中的盘旋数 (writhing number, Wr) 等于交互式盘绕的次数或限制性缠绕的次数。扭曲数 (twist) 和盘旋数可以相互转换。对于一个共价闭合环状分子而言，其所携带的扭曲和缠绕可以在不打断 DNA 链的情况下，仅通过形态变化进行一定程度的相互转化。这个过程的唯一限制条件是扭曲数 (Tw) 和缠绕数 (Wr) 之和等于连接数 (Lk)。因此，连接数和扭曲数以及旋转数的关系可以由方程式 Lk＝Tw＋Wr 加以表述。

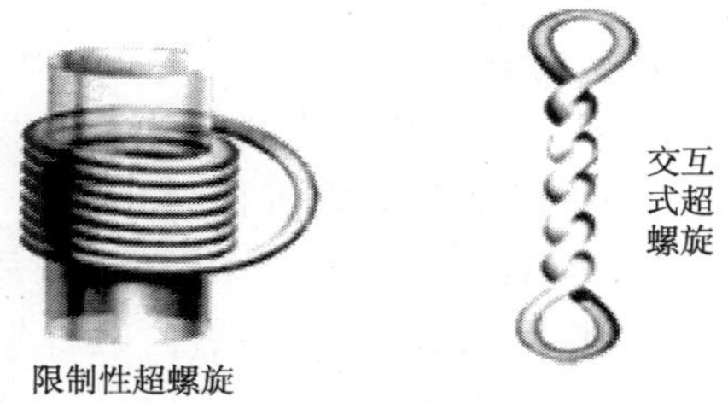

图 3.14 生物细胞内 DNA 的两种超螺旋形式

b. 拓扑异构酶

活体中的双链 DNA 分子绝大多数情况下呈负超螺旋形式存在。因此，自然状态下的 DNA 分子的连接数 (Lk) 通常是负数，整个分子则呈现分支套环状构象。在 DNA 代谢过程中，上述拓扑学构象需要不断地改变。DNA 的拓扑学特征的维持需要拓扑异构酶的催化，DNA 拓扑异构酶是一类可以改变一个封闭环状 DNA 分子的连接数 (Lk) 的蛋白质。

在细菌细胞中，DNA 拓扑异构酶Ⅱ (旋转酶 gyrase) 负责向 DNA 分子内部引入负性超螺旋，以保证 DNA 分子的连接数 Lk 数为负值。对小分子质量质粒 DNA 的体内构象分析发现，DNA 分子确实以负性超螺旋形式存在。而且这个过程可以通过噬菌体的整合酶 Int 在体外的条件下进行模拟 (参见第十章第一节)。

我们已经了解到，一个封闭的环状 DNA 的 Lk 是恒定不变的。除非通过打开 DNA 分子的一条或两条链才能改变 Lk，因此拓扑异构酶必须可以暂时切开 DNA 双螺旋的一条链或两条链，然后再把它们连接起来。事实上，在生物细胞中发现的 DNA 拓扑异构酶也正是以这种方式对 DNA 拓扑学性质进行维护的。

现在已经发现了两大类 DNA 拓扑异构酶。根据它们在催化 DNA 拓扑结构中的开链方式，可以分为两大类，一类可以打开 DNA 分子的一条链，然后加以再连接；另一类是先后切断 DNA 分子的两条链，然后再把断开的双链分别加以连接。通过切开一条链调节拓扑构象的拓扑异构酶为Ⅰ型拓扑异构酶，或拓扑异构酶Ⅰ；而把通过打开双链调解拓扑学结构的酶定名为Ⅱ型拓扑异构酶，或拓扑异构酶Ⅱ。

拓扑异构酶Ⅰ一般只含有单个的亚基，又可以根据其作用方式分为ⅠA 和ⅠB 拓扑异构酶。ⅠA 类拓扑异构酶在打开 DNA 一条链的过程中，本身和断链的 5′端通过共价键连接，其 3′端则可以以非共价键和异构酶形成 DNA 和蛋白质复合体。因此，ⅠA 类拓扑异构酶每作用一次，只减少一个 Lk。与此不同，ⅠB类拓扑异构酶在打开 DNA 单链之后本身和 DNA 3′端通过共价键相互连接，并同时迫使另一断端发生旋转，这种作用方式可以在一次催化过程中除去整个 DNA 分子上的多个超螺旋，可以一次改变多个 Lk 数值。现在在高温微生物中发现了一种可以在 ATP 提供能量的前提下向 DNA 中引入正超螺旋的Ⅰ型拓扑异构酶，该酶现称为反向旋转酶（reverse gyrase）。

Ⅱ型 DNA 拓扑异构酶通常是由两个亚基组成的。它们可以瞬时打开 DNA 双链，然后再把这样的断端连接起来。和拓扑异构酶Ⅰ命名不同的方面是，尽管拓扑异构酶Ⅱ现在也被分为两个亚类，但是这种分类是根据它们在催化过程中表现出来的底物特异性的不同而命名的。现在发现的Ⅱ型拓扑异构酶绝大部分属于ⅡA 亚型，而ⅡB 亚型则常见于古细菌中，而且这一亚类的Ⅱ型酶表现出催化底物的特异性。在本书后续章节中出现的 DNA 旋转酶，本质上属于Ⅱ型 DNA 拓扑异构酶，但它负责在 ATP 存在的情况下向 DNA 分子内引入负性超螺旋。此酶仅见于微生物中，是一种微生物来源的 DNAⅡ型拓扑异构酶，并不存在于真核生物之中。现在发现的大多数Ⅱ型拓扑异构酶是通过打开 DNA 双链释放 DNA 分子所负载的超螺旋。在现实应用过程中，我们通常把类似于Ⅰ型 DNA 拓扑异构酶作用方式的 DNA 拓扑异构酶用罗马数字的奇数命名，而类似于Ⅱ型 DNA 拓扑异构酶作用方式的 DNA 拓扑异构酶用罗马数字的偶数命名。

DNA 的螺旋和超螺旋形式是生物活性 DNA 分子所必不可缺的构象形式，因为生命活动中的 DNA 并不是散在地、无秩序地分布于细胞内，它们需要和自身形成特定的构象形式，并通过和蛋白质的相互作用形成 DNA-蛋白质复合体（病毒）、核小体、染色质等，以便有效地储存相对较大的 DNA 分子，以满足特定生命形式所需要的遗传信息的承载。同时 DNA 自身，以及 DNA 和蛋白质所形成的复合体还必须满足能够进行遗传信息传递和维护的要求，如 DNA 的复制、基因转录、DNA 在各种情况下损伤修复、重组等，都需要 DNA 分子具有合适的拓扑学构象。为此，细胞内拥有与这些 DNA 拓扑学结构控制有关的拓扑异构酶。通过拓扑异构酶的催化来保证生命活性 DNA 采取合适的拓扑学构象。

在研究中发现，某些发生在编码拓扑异构酶基因上的突变会引起致死性问题。造成这种致死现象的原因就是体内 DNA 拓扑学结构失去了控制，以致影响到 DNA 所负载的遗传信息的表达或 DNA 本身的维护。针对这一情况，在药物研发过程中，可以针对拓扑异构酶设计用于治疗肿瘤和恶性传染病等疾病的药物。

第三节 RNA 世界：细胞内的 RNA 分子

一、RNA 分子的种类

出现于细胞内的 RNA 分子总体可分为两大类，一类是负责编码蛋白质分子的信使 RNA；另一大类则可视为结构 RNA 或功能 RNA 分子，包括参与基因转录和翻译的 microRNA、负责向核糖体转移氨基酸的 tRNA、与核糖体结构和活性有关的 rRNA、与 RNA 拼接有关的拼接体 snRNP 中的 snRNA、与 rRNA 成熟有关的 snoRNA（small nucleolar RNA），以及与细胞之内蛋白质转运相关的 scRNA 等（图 3.15）。根据上述 RNA 分子在细胞内的分布，又可以把它们分为核内 RNA 和细胞质 RNA。位于细胞核内的 RNA 分子包括 hnRNA（mRNA 前体）、rRNA、tRNA、snRNA 以及 snoRNA 等；而位于细胞质内的 RNA 分子则主要是 mRNA、tRNA 和 rRNA 三大类。下面将对它们的基本属性加以简单介绍。

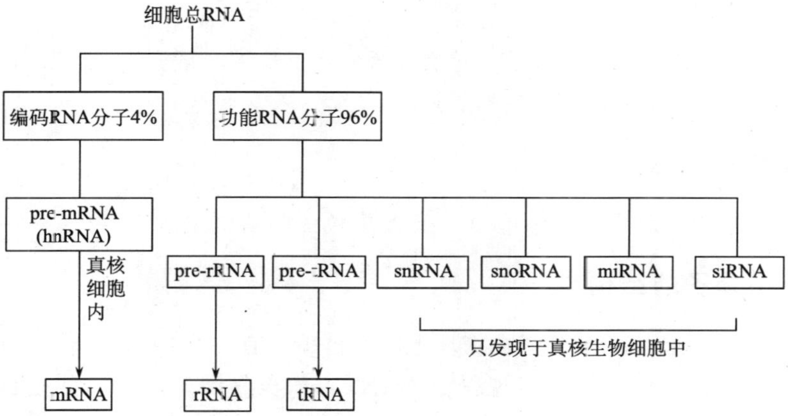

图 3.15 RNA 的种类

（一）小分子核内 RNA（snRNA）

在哺乳类生物基因组中，有十几个基因负责 snRNA 基因的编码。每一个 snRNA 基因都含有多个拷贝。snRNA 主要参与其他类型 RNA 分子的加工和处理。例如，mRNA、rRNA 和 tRNA 分子都是以各自前体的形式（初级转录物的形式）被转录，之后，前体分子必须在细胞核内经过加工才能成为功能分子，被输送到细胞质中，而 snRNA 分子与此过程有关。例如，有些 snRNA 参与拼接体的形成，负责内含子的剪切，参与 pre-mRNA 转化到 mRNA 的过程。

（二）小分子核仁 RNA（snoRNA）

小分子核仁 RNA 通常是一些含有 60～300nt 的 RNA 分子。这些小分子 RNA 主要分布于核仁内，主要表现出如下一些功能：①负责切割 28S、18S 和 5.8S 前体 rRNA 分子成为各自单体形式，后者则与核糖体的形成有关；②参与对 rRNA、tRNA 以及 snRNA 等分子进行化学修饰过程；③参与 pre-mRNA 的不同拼接，形成其他可能的成熟信使 RNA（mRNA）。其中，与真核生物端粒逆向合成的模板 RNA 也是 snoRNA 的一种。

（三）scRNA

scRNA 与细胞内蛋白质转运有关。

（四）miRNA

miRNA（microRNA）分子。这类 RNA 分子长度一般只有约 22nt，主要负责调节信使 RNA 分子在细胞内的表达。

（五）XIST RNA

参与脊椎动物雌性个体细胞内一条 X 染色体的随机失活。

二、RNA 分子的结构

与 DNA 不同，RNA 分子戊糖环上第 2 位碳上有一个羟基官能团（—OH），因此，与 DNA 相比，RNA 表现得更为活跃，如极易被碱水解。截至目前，出现在细胞内的 RNA 分子大多数为单链形式，可以表现出很高的构象可变性（图 3.16）。与此同时，一些 RNA 分子具有催化活性，并因此被称为核酶（ribozyme）。

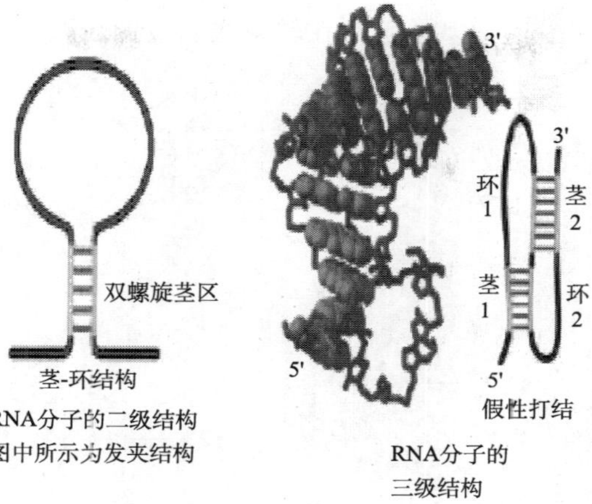

图 3.16 RNA 分子的二级结构及三级结构

(一) tRNA 的结构

tRNA 一般为含有 73～93 个核苷酸残基的短链 RNA。它所拥有的三维空间结构一般起因于它所含有的链内碱基互补配对。通常见到 tRNA 的二维空间结构呈“四叶苜蓿叶”构型，含有 4 个较短的双螺旋区域，其中 4 个各自连接有环状结构，因此看上去形同四叶苜蓿草叶；在此基础上，环间碱基进一步形成额外的 5 个碱基对，使得 tRNA 的三维空间结构呈倒置的“L”形（图 3.17）。

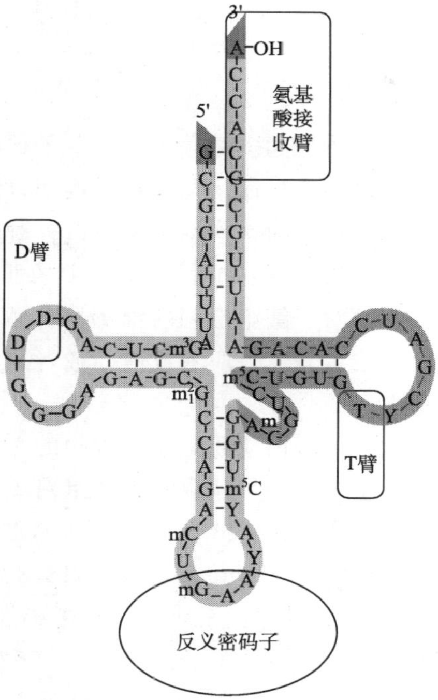

图 3.17 tRNA 的二级结构

(二) rRNA 的三维空间结构

作为核糖体组分的 rRNA 分子可以形成非常复杂的三维空间结构（图 3.18）。这样复杂的三维空间结构的形成也有赖于 rRNA 分子内碱基之间所形成的碱基配对。必须明确的是，核糖体内的 rRNA 既体现维持核糖体三维空间结构的作用，同时，也表现出酶学活性——具有催化活性，是核糖体结构和功能的贡献者。rRNA 分子内含有许多修饰核苷酸残基，这些修饰过的核苷酸残基一般是在转录之后被加工形成的。

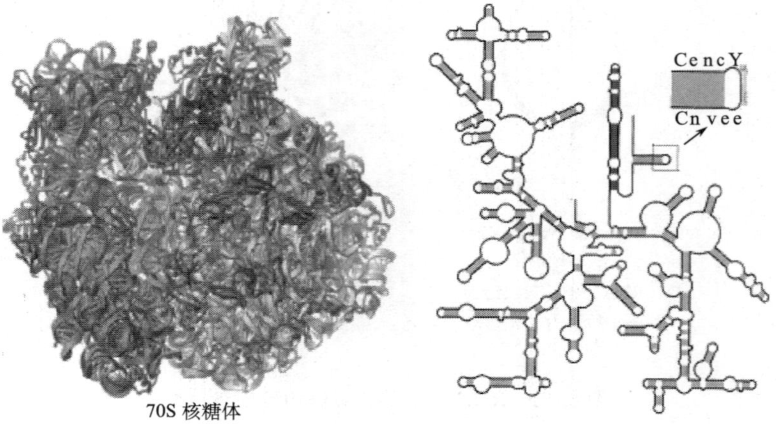

图 3.18　rRNA 的空间结构

第四节　蛋白质分子

一、概论

如同核酸和多糖等生物大分子那样，蛋白质是生物的基本组成单位，参与细胞内的每一个生命运动过程。例如，许多蛋白质可以作为催化剂催化一系列的生化反应过程，而这些生化反应过程对于生命现象至关重要。此外，蛋白质分子还具有结构或机械功能，如肌肉中的肌球蛋白和肌动蛋白、细胞骨架中的蛋白质等，它们对于细胞形态的维持具有必不可少的作用；一些蛋白质负责细胞的信号转导，或参与免疫应答反应，或者与细胞附着和细胞周期调节控制有关（见第十五章）。

此外，蛋白质还是动物食物的必需组分。以人体为例，人类自身不能合成所有的氨基酸，必须从食物中的蛋白质中获得所需的 8 种必需氨基酸。

蛋白质“protein”最早源于希腊语“πρώτα”＝“prota”，意思是“最重要的”（of primary importance）。1838 年，瑞典化学家贝塞流斯（Jöns Jakob Berzelius）首次对“蛋白质”进行了描述。但是，蛋白质在活体生物中的关键作用直到 1926 年才得以充分认识。在 1926 年，James B. Sumner 首次发现脲酶是一种蛋白质。随后，Sanger（Frederick Sanger）等人又对胰岛素的氨基酸序列进行了测定，并因此获得了 1958 年的诺贝尔化学奖。在此前后，英国剑桥大学卡文迪许实验室的 Max Perutz 和 John Cowdery Kendrew 爵士先后利用 X 射线晶体衍射技术解析了血红蛋白和肌血红蛋白的空间结构，并借此获得了 1962 年的诺贝尔化学奖。从那以后，蛋白质分子生物学或结构生物学研究得到了突飞猛进的进展，体现在蛋白质分离纯化技术不断完善和便捷化，利用遗传工程技术生产特定的蛋白质，在促进蛋白质化学发展的同时，也催生了蛋白质组和蛋白质组学研究（见第十四章）。

二、氨基酸与肽

组成蛋白质的单体是氨基酸，在自然界中，绝大多数的蛋白质是由 20 种 L-(α)-氨基酸中的几种组成的（图 3.19）。

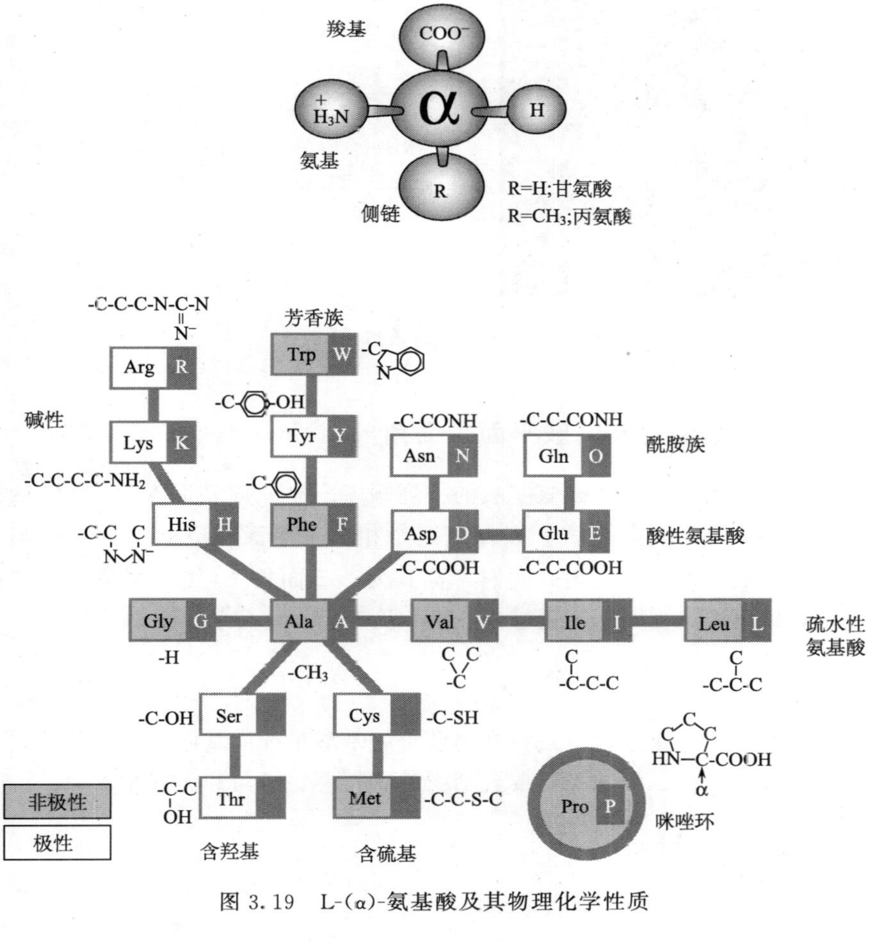

图 3.19　L-(α)-氨基酸及其物理化学性质

1902 年，Emil Fischer 和 Franz Hofmeister 正确地描述了氨基酸残基之间的肽键。每形成 1 个肽键，就有 1 分子水从反应物中脱去。氨基酸的羧基和另一个氨基酸上的氨基之间发生缩合反应，脱去一个水分子形成酰胺键。由于这种酰胺键出现在蛋白质的肽中，因此，称为“肽键”。

在肽键中含有相邻两个氨基酸的 Cα 之间的酰胺键，共 5 个原子。其中，酮基中的氧原子、碳原子和来自另一个氨基酸残基的氮原子之间发生共轭现象，形成 sp2 杂化轨道。因此它们位于同一个平面中。由于该酰胺键中的氮原子也发生了 sp2 杂化，与它相连的氢原子和 Cα2 也位于上述平面之中，因此，肽键位于一个平面中（图 3.20）。

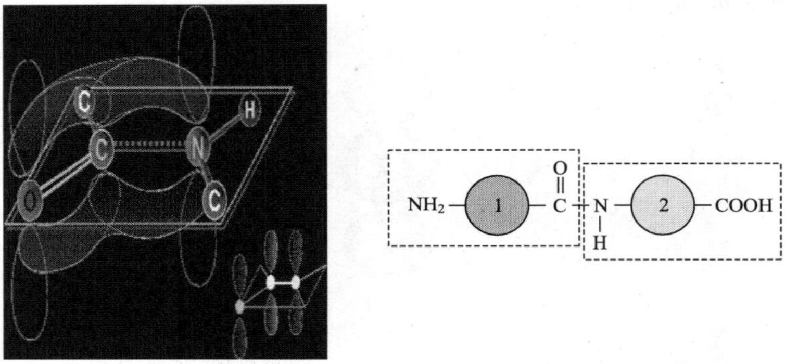

图 3.20　肽键平面

三、蛋白质一级结构及酰胺平面二面角

蛋白质的一级结构指的是氨基酸的排列顺序。在一条多肽链上，两个肽键平面在空间上采取一个构象形式，以保证两个相邻肽平面在空间中分布适当。因此，两个肽平面所形成的夹角，我们常称其为“二面角”。受二面角空间“拥挤度”决定，以下的二面角分布是被禁止的（图 3.21）。

四、蛋白质的二级结构元素

所谓蛋白质的二级结构，是指在多肽链氨基酸排列的基础上，氨基酸残基在较小范围内的作用。二级结构主要包括螺旋、折叠、转角和无规则卷曲。

（一）蛋白质中的螺旋

Watch Out

α 螺旋在 1948 年首次为鲍林所提出（图 3-22）。

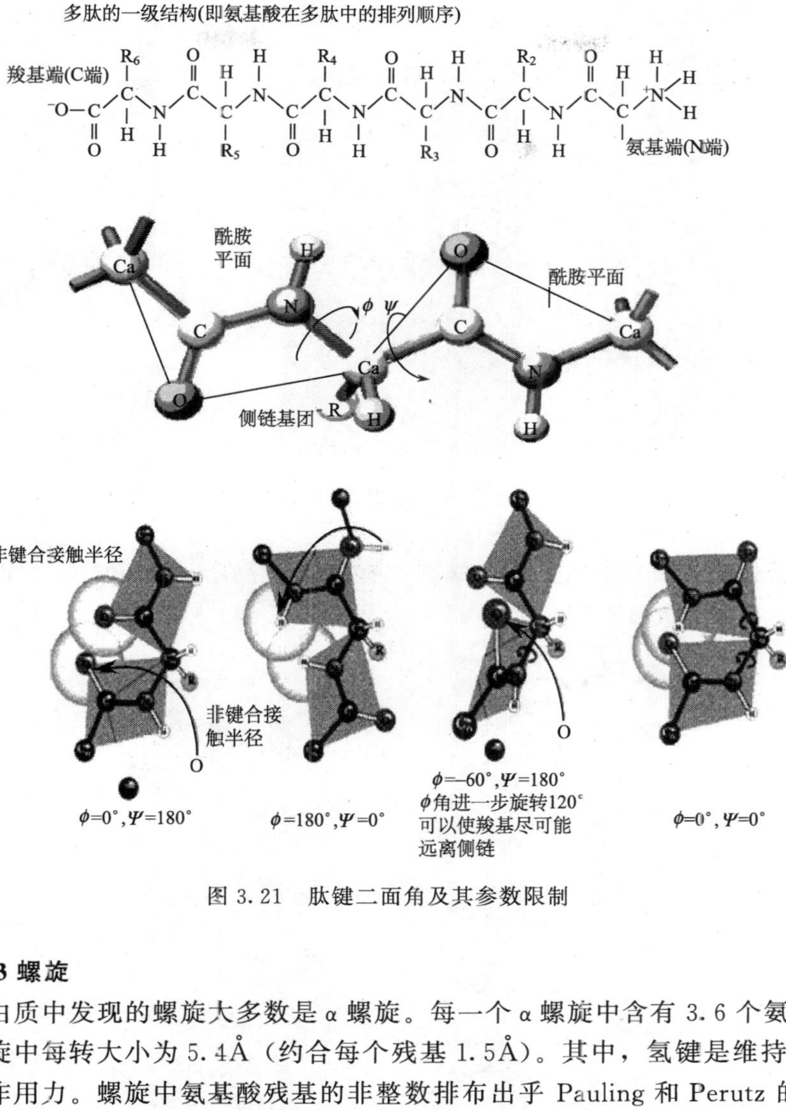

图 3.21 肽键二面角及其参数限制

1. 3.613 螺旋

蛋白质中发现的螺旋大多数是α螺旋。每一个α螺旋中含有3.6个氨基酸残基。螺旋中每转大小为5.4Å（约合每个残基1.5Å）。其中，氢键是维持α螺旋的主要作用力。螺旋中氨基酸残基的非整数排布出乎Pauling和Perutz的意料，他们在最初研究这种螺旋结构时认为包含在每个螺旋中的氨基酸残基数应该是整数，而不是如3.6是个非整数。

在α螺旋中，沿着肽骨架，每一转内含有13个原子。这种标准的螺旋构象称为3.613螺旋。

如果忽视氨基酸残基，螺旋直径近乎6Å。α螺旋氨基酸残基侧链基团拥有j=－45°～－50°，和 f ＝ －60°，这种角度的组合可以防止侧链基团的空间斥力。

鲍林等人提出了每转含有3.7个氨基酸残基（图3.23右）和每转含有5.1

图 3.22　鲍林及其蛋白质 α 螺旋

个氨基酸残基（图 3.23 左）的 α 螺旋。前者普遍存在于蛋白质中，而后者迄今为止尚未在任何蛋白质中得以发现。

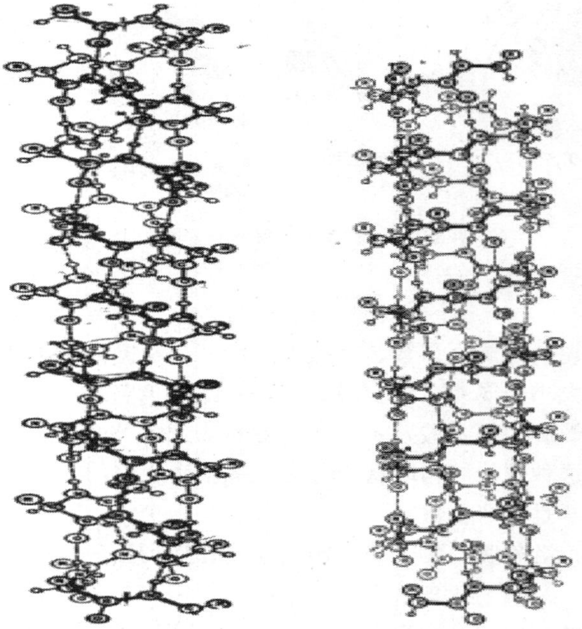

每转含3.7个氨基酸残基α螺旋　　每转含5.1个氨基酸残基α螺旋

图 3.23　蛋白质中的两种螺旋结构

2. 310 螺旋

除了 3.613 螺旋之外，还有其他类型的 α 螺旋。其中，较常见的是 310 螺旋。310 螺旋表示螺旋中每转含有 3 个氨基酸残基，共 10 个肽骨架原子。图 3.24是出现于核酸酶中由 54～60 位氨基酸残基形成的 310 螺旋，该螺旋紧随一个典型的 α 螺旋之后，在这个 310 螺旋中，*i* 和 *i*＋3 残基所形成的氢键比 α 螺旋中所出现的氢键要差，C═O 基团趋向螺旋外侧。

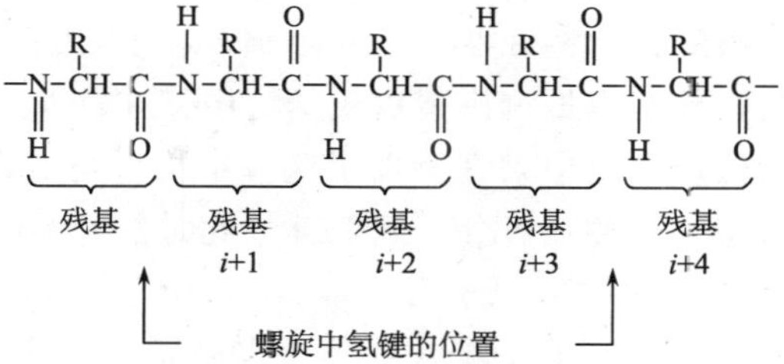

图 3.24　310 螺旋中的氢键

3. α 螺旋的手性（handedness）

研究发现，所有由 L-氨基酸组成的螺旋都是右手螺旋（right-handed helix）；而所有由 D-氨基酸组成的螺旋都是左手螺旋（left-handed helix）；由 L-氨基酸和 D-氨基酸混合不能形成 α 螺旋构象。

若确定一个 α 螺旋的手性，大拇指向上握住自己的左手或右手。如果螺旋旋转方向和右手其余四指的闭合方向一致，那么该螺旋的手性是右手螺旋；如果螺旋旋转方向和左手闭合四指的旋转方向一致，那么该螺旋为左手螺旋。对于一个典型的 α 螺旋而言，它一般会含有 *n* 个氨基酸残基和 *n*－4 个氢键。而前 4 个氨基中的氢原子和最后 4 个羧基上的氢原子不能形成位于螺旋中的氢键。这是因为螺旋内部的每一个羧基都和肽键中沿螺旋上升的第 4 位氨基上的质子形成了氢键。对于位于螺旋骨架上的氨基质子和羧基而言，它们并不参与螺旋内氢键的形成，它们往往被来自氨基酸侧链上的可形成氢键的原子所遮盖。

4. 螺旋的稳定性问题

多肽折叠形成螺旋的能力取决于肽链侧基的性质。利用多聚氨基酸 poly L、poly K、poly A、poly D 等研究发现，侧基上所带电荷对于该肽链能否形成螺旋具有决定作用。在上述多聚氨基酸中，poly L 和 poly A 最容易形成螺旋，而 poly D 和 poly E 则在 pH 7.0 时由于羧酸电荷的排斥而倾向于形成无序结构，但在较低 pH 溶液中则倾向于形成螺旋。有意思的是，poly K 只有在 pH11 以上才能够形成螺旋构象，之所以如此，是因为其侧基呈中性。在通常的情况下，脯氨酸残基沿 Cα—N—C 转动受限制，因此能够对 α 螺旋结构表现为强烈的去稳定效果，因此脯氨酸是螺旋的破坏者。与此类似，由于甘氨酸缺少侧基，甘氨酸所形成的肽键可以自由旋转，增加了其构象的可变性，并导致甘氨酸附近的螺旋结构刚性较低，从而破坏螺旋的连续性。因此，甘氨酸也很少出现于多肽所形成的 α 螺旋结构。

（二）蛋白质中的折叠片层

蛋白质中出现的折叠片层是 β 折叠片层。它是氨基酸序列平行或反平行排列形成的一种蛋白质二级结构（图 3.25）。1951 年，在 Pauling 和 Corey 发现了多肽的螺旋结构的同时，他们也推测出蛋白质结构中存在着 α 螺旋之外的 β 折叠片层。随后，有人在天然蛋白质中果真发现了这一结构。与 α 螺旋不同，β 折叠片层中肽骨架呈伸展状态，只存在着分子间氢键（此时位于不同肽链骨架上酰胺键上的质子依然可以和羧基上的氧原子形成氢键）。由于 α 碳原子呈四面体构型，而肽键则为平面结构，这决定了片层以褶皱形式伸展。在这种褶皱伸展形式中，氨基酸侧基垂直于肽骨架所形成的平面。

反平行折叠片层

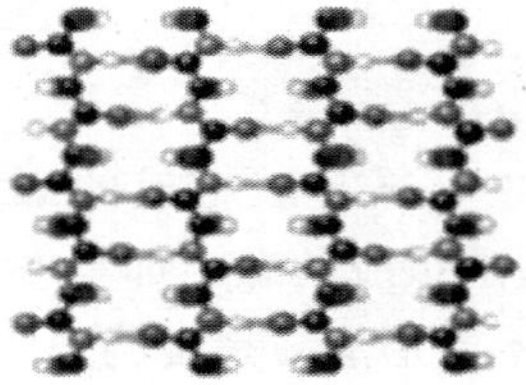

平行折叠片层

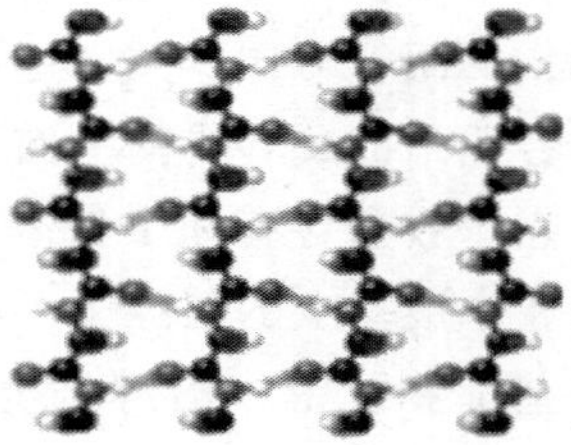

图 3.25　蛋白质分子中的折叠片层（反向平行和平行折叠）

1. 反平行 β 折叠片层

参与氢键形成的链反向排列。其中，一条链以 C 端到 N 端方向排列，而另一条则以 N 端到 C 端方向排列。在这样的反平行折叠层中，侧基之间的距离为 0.347nm。

2. 平行 β 折叠片层

在平行 β 折叠片层中，参与氢键形成的两条链呈平行分布。两条链或以 C 端到 N 端，或以 N 端到 C 端排列。平行走向的 β 折叠片层之间形成的氢键不如出现在反向平行β折叠片层中的氢键垂直。因此，影响了平行β折叠片层热力学稳定性。通常情况下，位于平行折叠片层中的残基相互之间的距离为0.325nm，比位于反向平行的β折叠片层中的残基之间的距离要短。这种差异是因为在平行β折叠片层中的氨基酸链发生轻微弯曲所造成的，而出现轻微的弯曲有利于增加所形成氢键的强度。由于平行β折叠片层中的f和y角具有更严格的空间限制，因此导致平行折叠片层比反向平行折叠片层具有更加固定的结构特征。

（三）蛋白质中的转角

蛋白质中的螺旋和β折叠结构都是呈单一走向的二级结构（图3.25）。但对于形成球形蛋白则需要经常地出现拐角。球形蛋白中的这种“拐角”是通过使用β转角实现的。球形蛋白中的β转角是通过肽骨架上的羧基氧原子和相隔三个残基上的氨基上的氢质子形成氢键所形成的一个紧密的环状结构。β转角可以使肽链走向出现180°回转（图3.26）。脯氨酸和甘氨酸经常出现在β转角中。经常可

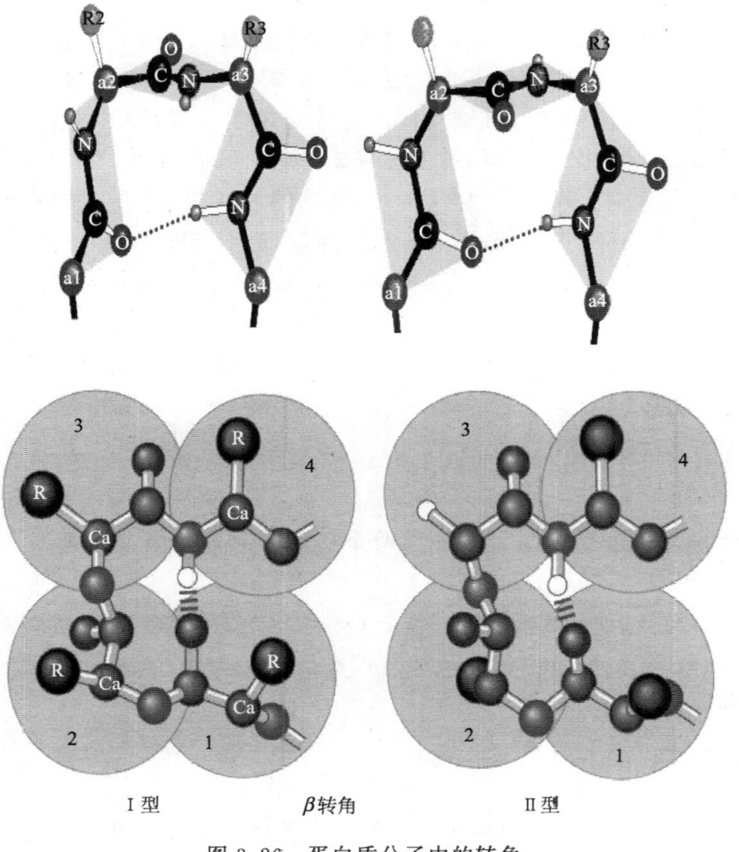

图3.26 蛋白质分子中的转角

见的β转角有两种类型，分别为1型和2型转角。其中，2型转角的第三位氨基酸通常是甘氨酸。由于脯氨酸含有固定的f角，因此它可以促进β转角的形成，有利于形成反向平行的肽链。而甘氨酸由于缺乏侧链，因此可以很容易出现在许多不同的结构中。

（四）无规则卷曲

顾名思义，蛋白质分子中的无规则卷曲则是区别于螺旋、折叠片层、转角之外的一种二级结构形式。在大部分的教科书和专著中，此种二级结构形式通常被略去不加介绍。原因是无规则卷曲不像其他二级结构那样具有相对固定的可描述的结构特征。

五、位于二级结构和三级结构之间的结构单元

蛋白质分子的超二级结构

蛋白质分子的超二级结构又被称为蛋白质的基序（motif）。它们是经常出现在多种蛋白质分子中的螺旋、折叠片层、转角和环状结构不同比例的组合体（图3.27）。因此，蛋白质的超二级结构可以看作是位于二级结构之上、三级结构之下的结构层次。由于超二级结构的上述组成特点，可以想到，蛋白质分子的超二级结构的种类在理论上可以有很多。一般常见的包括与DNA或钙离子结合的螺旋-环-螺旋基序（helix-loop-helix）、卷曲的卷曲（coiled-coil）、螺旋束（helix bundle）、βαβ基序（βαβ unit）、发夹β基序（hairpin）、β卷曲基序、希腊钥匙基序、β夹心基序等。

Watch Out

一些常见的基序结构

（a）螺旋-环-螺旋（helix-loop-helix）　由两个螺旋经一个转角相连形成的基序。

（b）卷曲的卷曲（coiled-coil）　两个双亲螺旋经过各自的疏水侧面彼此平行作用形成的基序。

（c）螺旋束（helix bundle）　几个α螺旋以反向平行的方式形成的螺旋束。

（d）βαβ单位（βαβ unit）　两条平行的β片层被一个螺旋和两侧的环状结构组成的单位隔开所形成的结构。

（e）发夹结构（hairpin）　由一个β回转连接两个相邻的反向平行的β链组成 。

（f）β徘徊（弯曲）（meander）　由环或回转连接的反向平行排列的折叠片层组成的折叠结构 。

(g) 希腊钥匙 (greek key) 由4条反向平行的β链组成的结构 (其中链1、2位于中间，链3、4位于外部边缘)。

(h) β夹心 (sandwich) 由β链或片层堆积而成的结构。

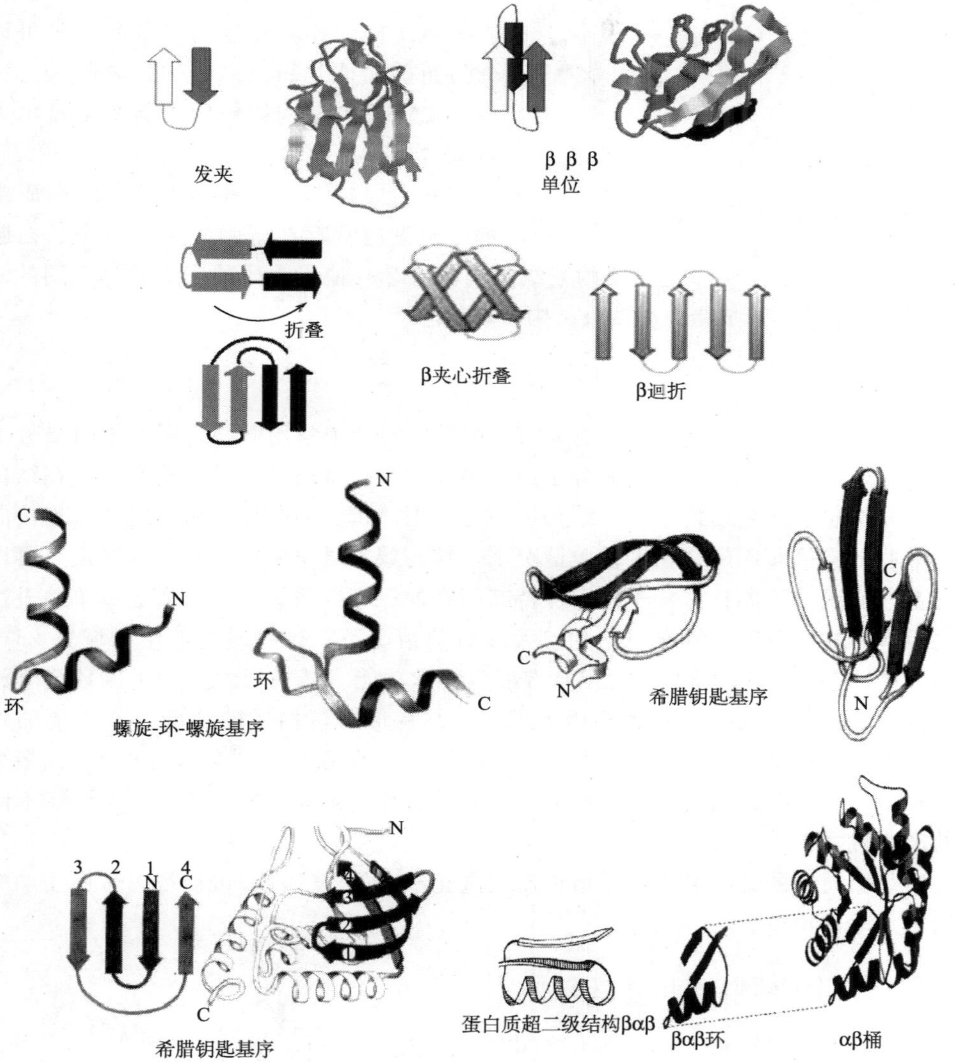

图 3.27 二级结构组成的超二级结构

六、蛋白质分子的三级结构

所谓蛋白质的三级结构 (tertiary structure) 是指通过多肽链上彼此不相邻

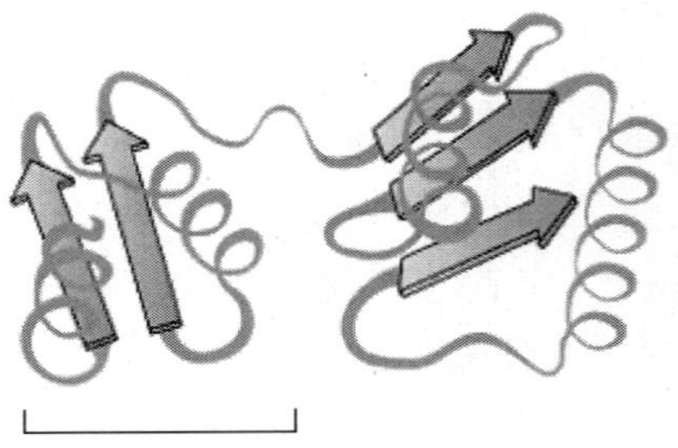

图 3.28　蛋白质的三级结构

的氨基酸侧基之间的相互作用加以稳定的多肽链的完全折叠，是一种具有致密三维空间结构的产物（图 3.28）。蛋白质的三级结构通常含有一个以上的结构域，而且在一级结构中相距较远的氨基酸残基可以通过折叠而彼此靠近。必须强调的是，稳定蛋白质三级结构的作用力通常是疏水力等非共价作用力。

只有二硫键是一种共价键。蛋白质中的二硫键通常存在于胞外蛋白质中，在胞内蛋白质中较为罕见。蛋白质的三级结构具有和其他蛋白质的三级结构作用的潜力，这种潜力是形成蛋白质四级结构的基础。

（一）蛋白质分子中的结构域

结构域（domain）是蛋白质分子生物学中的一个常用概念。所谓蛋白质分子中的结构域是指存在于蛋白质分子内的可以独立折叠的致密的结构单位。在结构上，通常位于三级结构之下。结构域不是单独的蛋白质分子，由通过共价连接的松散肽链连接而成的。在大多数情况下，结构域本身呈紧密包装相对稳定，可以在蛋白酶水解脱离整体分子之后保持其固有的三维空间结构，或者通过单独表达之后获得其应有的三维空间结构。大多数的情况下，蛋白质内的结构域含 25～300 个氨基酸残基，通常表现出特有的生物学功能。结构域之间通常以环或者经过氨基酸残基之间的弱相互作用力维持。结构域对蛋白质的功能起着重要的作用，在含有多个结构域的蛋白质中，其活性中心或功能部位通常位于两个或多个结构域的界面上；而对于多底物的酶而言，往往是不同的底物结合位点位于不同的结构域之中。

蛋白质中的结构域表明了蛋白质在进化学上的保守性，可被视为蛋白质功能和进化上的单位。

（二）蛋白质结构域的类型

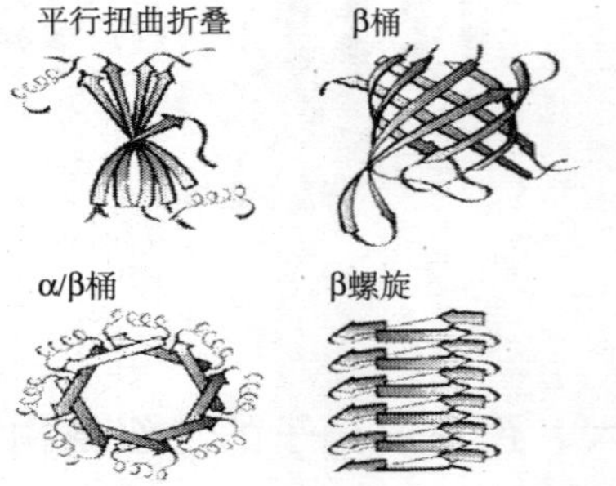

图 3.29　几种典型的蛋白质结构域

在已知的蛋白质三维空间结构中，已经发现了四种类型的结构域（图 3.29）：①全 α 结构域，这种结构域几乎全部由 α 螺旋和环（loop）组成；②全 β 结构域，这种结构域只含有 β 折叠片层（sheet）和类似 β 片层（strand）的非重复结构；③α/β 混合型结构域，此类结构

域中含有类似 αβα 的基序，其中，α 螺旋区和 β 片层交互出现；④α+β 型结构域，此类结构域中含有彼此分开的 α 螺旋簇和 β 折叠片（sheet）。

（三）蛋白质结构中的“折叠”

所谓蛋白质中的“折叠”是指蛋白质结构域核心中所含二级结构的混合体，是多肽链中彼此毗邻的区域发生折叠所形成的蛋白质结构元素。蛋白质折叠属于四种主要的结构范畴之一。而结构域可以根据所含“折叠”类型的主要特征加以区分。有些蛋白质结构域主要含有单一的“折叠”，而又有很多蛋白质结构域含有较为复杂的“折叠”。

（四）蛋白质中的氢键

蛋白质分子中存在着大量的氢键（图 3.30）。这些氢键对于维持特定蛋白质的空间构象起着至关重要的作用。在蛋白质一级结构、其氨基酸排列顺序之上的二级、超二级结构、三级结构和四级结构中，大部分结构的维持与氢键的形成有关。

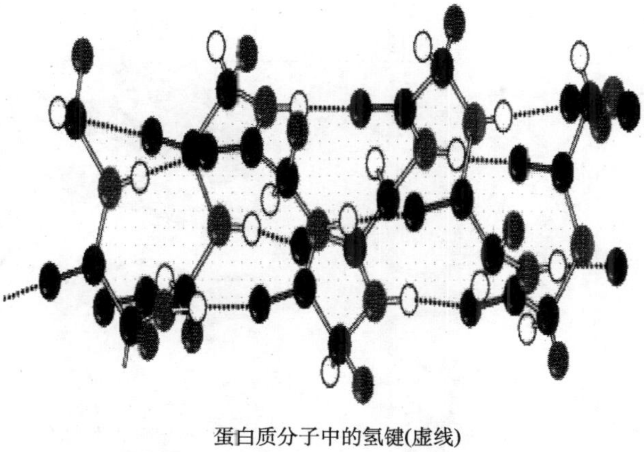

图 3.30　蛋白质分子中的氢键

（五）蛋白质中的水分子

在具有三维空间结构的天然蛋白质分子中含有大量的水分子（图 3.31）。这些水分子往往对蛋白质三维空间结构的维持具有特定的贡献，应该被视作蛋白质分子三维空间结构的一部分。

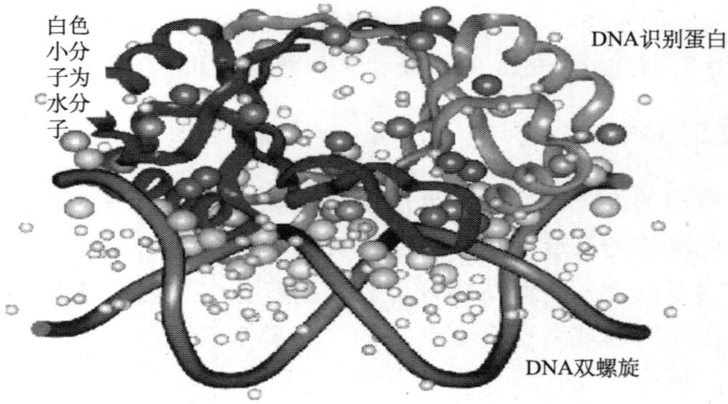

图 3.31　蛋白质分子中的水分子

七、蛋白质的四级结构

蛋白质的四级结构（quaternary structure）主要是指含有两个以上亚基的寡聚蛋白质中不同亚基之间的组织和安排，其中的亚基是单独的多肽链（图 3.32）。

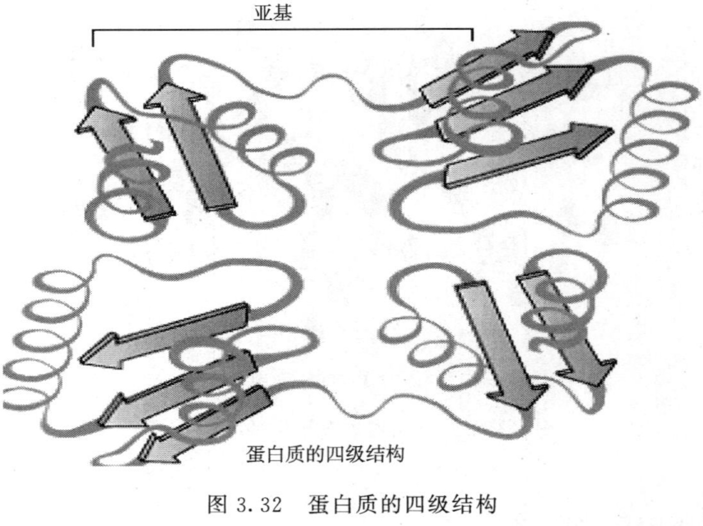

图 3.32　蛋白质的四级结构

八、蛋白质空间结构的形成——蛋白质折叠概论

蛋白质在空间结构形成过程中遵从分步（stepwise）而有秩序的（hierarchical）过程。首先，在局部（相邻的部位）形成蛋白质的二级结构，包括螺旋、片层、转角等，使得氨基酸序列得到初步“压缩”。然后，原先彼此相距较远的

残基发生各种弱相互作用，通过形成氢键、盐键、疏水核心（疏水作用力）以及范德华力形成超二级结构，即螺旋-环-螺旋基序、卷曲的卷曲、螺旋束、βαβ 基序、发夹 β 基序、β 卷曲基序、希腊钥匙基序、β 夹心基序等（请将此部分内容与第十三章蛋白质折叠结合在一起使用）。

融球态作为折叠的中间体（molten globule state as folding intermediate）

至少在某些蛋白质的空间结构形成过程中，最初可以表现出由杂乱而柔性很强的多肽转化为部分有序的球状体的过程，通常我们把这种部分有序的球状体结构称为“融球态”（molten globule）（图 3.33）。形成融球态是一个快反应过程，所形成的融球态结构中含有绝大多数可出现在天然蛋白质结构中的蛋白质二级结构组分。其中，有些 α 螺旋和 β 折叠所出现的位置就是它们能够在蛋白质天然状态中出现的位置。与蛋白质的天然构象相比，融球态的结构并不紧缩（less compact），此时，蛋白质内部区域的适当包埋尚没有进行。因此，位于融球态内部的氨基酸侧链相对于天然状态中的侧链具有更多的柔性。除此之外，位于融球态表面的环状结构等结构组分所具有的构象和天然构象中不同。因此，融球态可以被看成是蛋白质空间结构形成过程中所经历的“中间体”（图 3.34）。在形成融球态之后，折叠反应随即进入慢反应阶段，一般情况下，这个阶段的反应速率为秒级。此时蛋白质折叠的任务主要是形成蛋白质四级结构所出现的结构元素，形成亚结构域等，但这个时期的亚结构域并不完全等同于天然蛋白质中的亚结构域，折叠反应过程中依然存在着多种类型的折叠产物，而且这些折叠产物依然可以朝着天然蛋白质所具有的三维空间结构进行折叠。因此，它们依然属于不同的折叠中间体。蛋白质折叠的最后阶段主要涉及一些天然相互作用的形成，引入疏水堆积，以及对位于分子表面的环状结构加以固定。

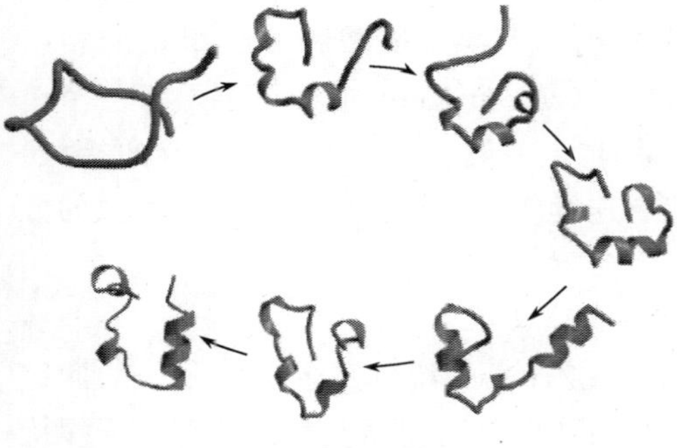

图 3.33 蛋白质折叠过程

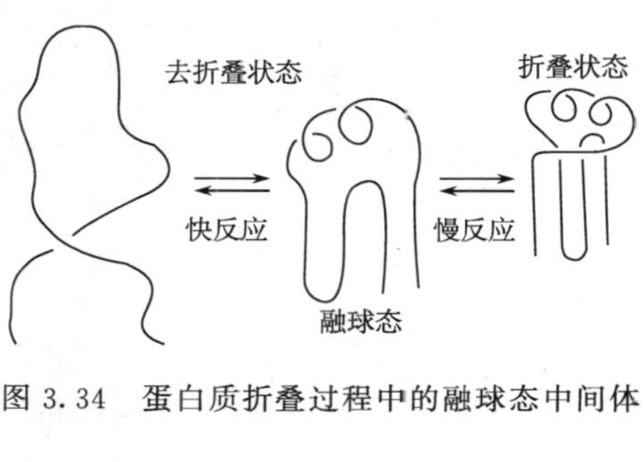

图 3.34 蛋白质折叠过程中的融球态中间体

九、蛋白质分子的功能

(一) 蛋白质与核酸之间的相互作用

生命运动过程离不开生物大分子蛋白质和核酸之间的相互作用。就某种意义而言，大分子核酸更多的是作为遗传信息载体，而真正体现特定生物性状的大分子无可置疑地应该是蛋白质。蛋白质不但参与构建生命的形态，也参与整个生命运动的主要过程，包括大DNA复制、遗传信息的转录、翻译等。因此，这就涉及蛋白质分子和核酸分子之间的相互识别和相互作用的问题。我们在此则主要论述两者之间相互作用的结构基础。

1. 蛋白质和DNA相互作用与基因的表达调控

转录调控的实质在于蛋白质与DNA、蛋白质与蛋白质之间的相互作用，构象的变化正是蛋白质和核酸“活”的表现。但对生物大分子间的辨认、相互作用、结构上的变化及其在生命活动中的意义，人们的认识和研究还只在起步阶段。

1）螺旋-转角-螺旋及螺旋-环-螺旋

螺旋-转角-螺旋（helix-turn-helix，HTH）及螺旋-环-螺旋（helix-loop-helix，HLH）一般含有两个α螺旋，其间由短肽段形成的转角或环连接彼此相连。具有活性的螺旋-转角-螺旋（HTH）及螺旋-环-螺旋（HLH）至少含有两个单体，其基序结构以二聚体形式相连，距离正好相当于DNA的一个螺距（3.4nm）。因此，两个α螺旋刚好分别嵌入DNA的深沟。

2）锌指

其结构如图3.35所示，每个重复的“指”状结构约由23个氨基酸残基组成。其中，锌以4个配价键与4个半胱氨酸或2个半胱氨酸和2个组氨酸相结合。整个蛋白质分子可有2～9个这样的锌指（zinc finger）重复单位。每一个单位可以其“指部”探入DNA双螺旋的“深沟”，一般与5个左右的核苷酸接触。例如，与GC盒结合的转录因子SP1中就有连续的3个锌指重复结构以类似的方式与DNA发生作用。

3）碱性-亮氨酸拉链

碱性-亮氨酸拉链（basic leucine zipper，bZIP）的特点是蛋白质分子的肽链上每隔6个氨基酸就有一个亮氨酸残基，结果就导致这些亮氨酸残基都在α螺旋的同一个方向。两个相同结构的两排亮氨酸残基彼此能够形成疏水区（键），因此可以形成“二聚体”。该二聚体的另一端的肽段富含带正电荷的碱性氨基酸残基，其中的正电荷正好可与DNA磷酸骨架上的负电磷酸基团发生静电作用。人类肝脏、小肠上皮、脂肪细胞中存在着一类C/EBP家族蛋白质，这些蛋白质就

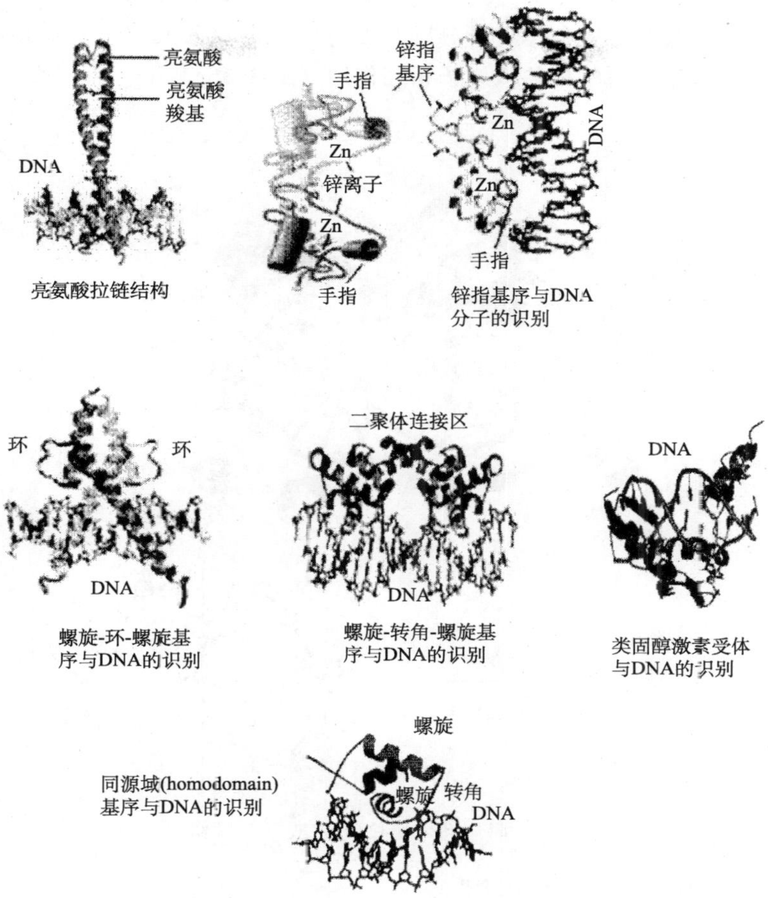

图 3.35　参与 DNA 识别的蛋白质基序

是通过形成碱性-亮氨酸拉链二聚体与 CAAT 盒或“增强子”（enhancer）结合的。

2. 蛋白质对 DNA 的位点特异性切割

当前已经发现，生物细胞内所有的Ⅱ型 DNA 限制性内切核酸酶的催化核心都在进化过程中保留有相似的结构，其活性所在结构域均含有一个由 5 条 β 折叠组成的链状结构，两端分别与两个 α 螺旋连接。这样的结构特征可以使这类酶催化中心所必需的三个带电基团彼此靠近，包括两个酸性基团和一个赖氨酸残基组成催化中心的电子传递中心。

以大肠杆菌细胞中的限制性内切核酸酶 *Eco*RⅤ为例。*Eco*RⅤ能够催化双链 DNA 分子 5′-GATATC-3′位点处的水解反应。它可以从“TA”碱基的中间在

5′-GATATC-3′处制造出双链钝端。*Eco*RⅤ通常以二聚体形式存在，每个二聚体结合有2分子Mg^{2+}。每个镁离子分别和2分子天冬氨酸残基、3个水分子，以及DNA磷酸骨架上磷酸内的氧原子相互作用（图3.36）。

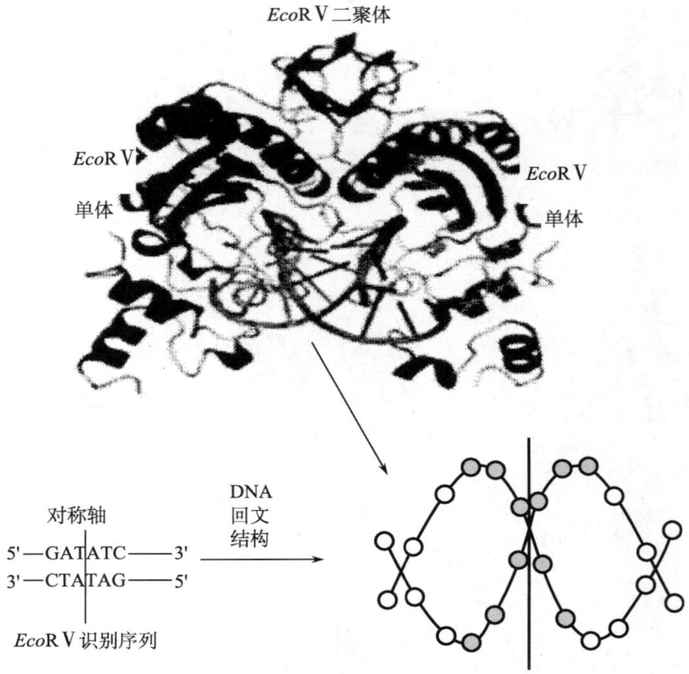

图3.36　限制性内切核酸酶*Eco*RⅤ的结构

（二）蛋白质作为"生物性状"分子

蛋白质是细胞内的主要分子，具有众多的生物功能，与细胞内众多生命运动形式密不可分（图3.37）。有数据表明，一个大肠杆菌细胞的干重的一半为蛋白质分子，而DNA和RNA分子则只分别占细胞干重的3%和20%左右。在分子生命运动过程中，蛋白质分子主要负责"体现"基因编码的遗传信息和所赋予的生物性状。因此，蛋白质分子本质上属于"生物性状分子"。在细胞生命运动中，除了一些类型的RNA分子之外，能够与蛋白

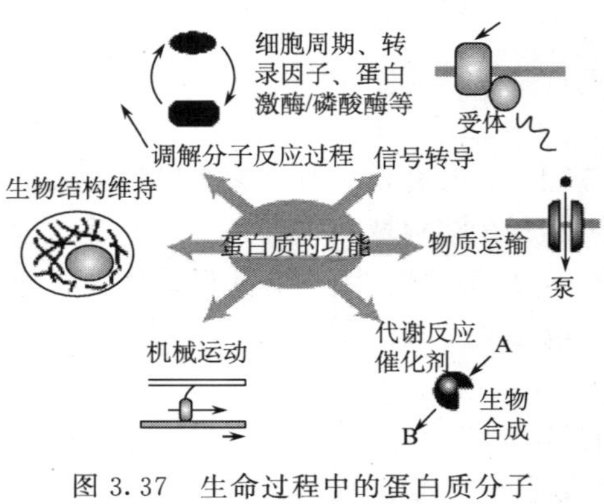

图3.37　生命过程中的蛋白质分子

质发生作用的其他绝大多数生物分子都属于相对“惰性”的分子。现在，我们习惯上把一种特定细胞或一种特定细胞类型所能表达的一整套蛋白质分子称为蛋白质组，相关内容将在第十四章中加以介绍。

蛋白质分子可以发挥多样化生物功能的分子特征是因为它具有与其他分子特异性和牢固性结合的能力。蛋白质分子上能够与其他分子结合的部位通常被称作“结合位点”（binding site）。这些结合位点在一般情况下往往是位于蛋白质分子表面上的一个“下陷处”（depression）或一个“口袋”（pocket）。蛋白质与其他分子的结合能力一般基于其特有的三级结构（tertiary structure）。三级结构决定了该蛋白质的结合位点，处于该位点的“口袋”则由其周围氨基酸侧链的化学性质所决定。蛋白质结合通常可以表现出极高的特异性和牢固性。例如，核糖核酸抑制蛋白质和人类血管紧张素（human angiogenin）的结合可以在低于飞摩尔（femtomolar）的情况下进行，结合后的解离常数为$<10^{-15}$ mol/L，但是，该蛋白质却不能和两栖类生物的同源蛋白 onconase（$>$1mol/L）结合。大量的数据表明，蛋白质分子或底物分子上的极小的化学改变往往会从根本上破坏蛋白质与底物的结合能力，如对底物分子的甲基化修饰，都会从根本上改变它与特定蛋白质的结合。例如，在第十三章蛋白质翻译过程中，氨酰 tRNA 合成酶就可以非常特异性地“分辨”结构十分相似的缬氨酸（valine）和异亮氨酸（isoleucine），以保证合成特异性的 aa-tRNA 分子参与蛋白质翻译（见第十三章）。

蛋白质既可以和其他蛋白质结合，也可以和小分子底物结合。当一种蛋白质的几个“拷贝”发生特异性结合时，称为“聚合”。这种蛋白质的聚合可以形成纤维状蛋白质，常见于形成结构蛋白的过程中。在这个过程中，球状单体经过“自我结交”（self-associate）形成刚性纤维。蛋白质-蛋白质之间的相互作用既常见于细胞周期控制的酶活性调节过程中（见第十五章）；也参与较大蛋白质复合体的形成。这些蛋白质复合体的形成有利于对相同生物功能的许多相似的化学反应加以偶联。蛋白质还可以和细胞膜结合或整合入细胞膜中。同时，蛋白质与其他分子的结合能力，以及被所结合分子诱导发生构象变化的能力通常是蛋白质介导的信号转导网络的分子基础（见第八章、第十五章和第十六章等相关内容）。

1. 蛋白质作为生物催化剂——酶

蛋白质具有酶活性。酶作为一种高效而特异的生物催化剂是细胞内蛋白质最为熟知的功能之一。酶是一类特异性非常高的生物催化剂，一种酶只能催化一种或少数几种化学反应。现在已经了解到，肌体内发生的绝大多数的合成和分解反应、DNA 的复制、修复（第七章和第八章），以及 RNA 分子的合成等都需要酶的催化（第十一章）。同时，有些蛋白酶还可以在其他蛋白质翻译后对之进行修饰（第十三章）。目前已经了解到生命过程中约有 4000 种反应需要酶的催化。酶催化反应效率非常高，催化反应和非催化反应效率可以相差千倍甚至上万倍。

2. 蛋白质参与细胞信号和配体运输

许多蛋白质参与细胞信号产生和转导过程，在上述过程中分别扮演受体、生长因子、细胞因子或激素等角色。其中，有些（如激素或生长因子等）属于胞外蛋白，可以把某些特定的信号传递给其他细胞，如胰岛素分子等。有些则为膜蛋白，起着受体作用。这些蛋白质分子与特定的信号分子识别，诱导细胞内特定的生化反应。许多受体在细胞表面均有暴露的信号结合位点，同时，在细胞内又具有一个效应子结构域，这个结构域或者有酶活性，或者可以进行构象变化再与其他蛋白质发生作用。抗体是负责与抗原结合的蛋白质分子，参与获得性免疫应答过程，可以特异地与侵入到肌体内的外源物质发生识别，并最终导致外源物质被破坏。抗体分子既可以被分泌到细胞外环境，也可以存在处于分化状态的 B 细胞（浆细胞）表面。与酶分子与其底物的结合的催化功能不同，抗体与抗原的结合不会发生“催化”作用。抗体和其靶分子的结合可以表现出极高的特异性。

许多配体运输蛋白可以与特定的小分子物质结合，并把这些分子转运到多细胞生物身体的其他部位。这些蛋白质往往可以随着配体的浓度变化而表现出可以改变的结合能力。当配体浓度高时，其结合能力会相应较高，而等到靶组织配体浓度较低时，它们可以随即释放出与之结合的配体。这方面最典型的例子是血红蛋白携带并运输氧气分子的过程。血红蛋白分子可以把进入肺脏中的氧运输到身体其他各器官或组织部位。

此外，跨膜蛋白也具有配体运输能力，因此可以改变细胞膜对小分子和离子物质的通透性，并协助这些物质的运输。因为细胞膜本身含有疏水内核，而极性或带电分子自身并不能通过简单扩散（simple diffusion）跨过细胞膜。膜蛋白含有这些分子和离子通过的“内部”通道，可以协助它们出入细胞。许多离子通道蛋白具有高度的特异性，只能用于一种离子出入细胞。例如，钠钾泵工作时就可以特异性选择两种离子中的一种出入细胞。

3. 结构蛋白

结构蛋白是维护细胞刚性的重要生物大分子。大多数的结构蛋白均为纤维蛋白，如肌动蛋白（actin）和微管蛋白（tubulin）。这些蛋白质的单体是球状、可溶性的蛋白质，但当成为多聚体之后则为长形、刚性的纤维分子。这些纤维分子是细胞骨架的成分，对细胞的形态和大小具有维护作用。此外，胶原（collagen）和弹性蛋白（elastin）则可作为结缔组织的主要组分，如软骨（cartilage）和角蛋白（keratin）、毛发、趾甲等都属于类似的结构蛋白。

其他结构蛋白还包括运动蛋白，如肌球蛋白（myosin）、运动机能蛋白（kinesin）、动力蛋白（dynein）等，这些蛋白质可以产生机械力，对于单细胞的运动，以及多细胞生殖过程中的精子细胞的运动至关重要，同时，也负责肌肉的收缩运动等。

主要参考文献

Bacolla A, Wojciechowska M, Kosmider B et al. 2006. The involvement of non-B DNA structures in gross chromosomal rearrangements. *In*: Lieber M. DNA Repair. 5 (9-10), 1161～1170

Brahmachari S K, Meera G, Sarkar P S et al. 1995. Simple repetitive sequences in the genome: structure and functional significance. Electrophoresis, 16 (9): 1705～1714

Den D, Gilbert W. 1988. Formation of parallel four-stranded complexes by guanine-rich motifs in DNA and its implications for meiosis. Nature, 334: 364～366

Dickeron R E, Ng H-L. 2001. DNA structure from A to B. Proc Natl Acad Sci (USA), 98: 6986～6988

Dobi A, v Agoston D. 1998. Submillimolar levels of calcium regulates DNA structure at the dinucleotide repeat $(TG/AC)_n$. Proc Natl Acad Sci U S A, 95 (11): 5981～5986

Goodman M F. 1997. Hydrogen bonding revisited: geometric selection as a principal determinant of DNA replication fidelity, Proc. Natl. Acad. Sci. USA, 94: 10493～10495

Herrert A, Rich A. 1996. The biology of left-handed Z-DNA. J Biological Chem, 17: 11595～11598

Hold K V, Zlatanova J. 1994. Unusual DNA structures, chromatin and transcription. BioEssays, 16 (1): 59～68

Kohwi-Shigematsu T, Kohwi Y. 1991. Detection of triple-helix related structures adopted by poly (dG) - poly (dC) sequences in supercoiled plasmid DNA. Nucleic Acids Res, 19 (15): 4267～4671

Kohwi Y, Malkhosyan S R, Kohwi-Shigematsu T. 1992. Intramolecular dG. dG. dC triplex detected in *Escherichia coli* cells. J Mol Biol, 223 (4): 817～822

Neidle S. 2003. Beyomd the double helix. Nature, 42: 310～414

Pauling L, Corey R B, Branson H R. 1951. The structure of proteins: two hydrogen bonded helical configurations of the polypeptide chain. Proc Nat Acad Sci (USA), 37 (4): 205～210

Pauling L. 1939. The Nature of the Chemical Bond. Ithaca, NY: Cornell University Press

Pauling L, Corey R B. 1950. Two hydrogen-bonded spiral configurations of the polypeptide chain. J Amer Chem Society, 72: 5349

Pauling L, Corey R B. 1953. A proposed structure for the nucleic acids. Proc Nati Acad Sci (USA), 39: 84～97

Rich A. 2004. The excitement of discovery. Annu Rev Biochem, 73: 1～37

Storz G, Altuvia S, Karen M. 2005. An abundance of RNA regulators. Annu Rev Biochem, 74: 199～217

van Holde K, Zlatanova J. 1994. Unusual DNA structures, chromatin and transcription. Bioessays, 16 (1):59～68

Watson J D, Crick F H C. 1953. A structure for deoxyribose nucleic acid. Nature, 171: 737～738

Wells R D. 2007. Non-B DNA conformations, mutagenesis and disease. Trends in Biochemical Sciences, 32 (6):271～278

Wilkins M. 2003. The Third Man of the Double Helix: the Autobiography of Maurice Wilkins. New York: Oxford University Press

第三篇 核酸、基因、核小体、染色体、基因组和基因组学

第四章 核酸与基因

一、遗传信息携带所需要的条件

面对着自然界中形形色色、生生不息的动植物，可能你会禁不住问：究竟是什么东西负责把亲代的性状传递给下一代？而且可以一代一代地传递下去？实际上，这个问题很早就引起了生物学家的关注。基于人类早期对遗传现象的观察，生物学家通常喜欢假定遗传物质肯定是存在的，而且可以肯定生物体内必然存在一种物质负责把亲代的性状传递到子代中去。而且是代代相传的。那么，生物体内负责遗传的物质究竟会是什么？

首先，如果一种物质可以作为“遗传物质”，那么根据自然界中生物繁衍所表现出的“遗传”和“变异”现象，这种物质就必须首先能够足够稳定，以便于使所携带的“遗传信息”得到稳定的、长久地储存；而且，这样的遗传物质必须能够“复制”自我，否则如何能够一代一代地传递？不仅如此，作为遗传物质，它还需要能够发生改变，以便于获取有利于生物生存的新性状。但遗憾的是，在人类文明的长河里，很长时间却没有人知道什么是生物的遗传物质。

到 1869 年，在瑞典图宾根工作的化学家 Friedrick Miescher 在患者的脓液中首次发现了一种明显不同于蛋白质的弱酸性物质，首先，这种物质含有大量的磷，而不含有硫；其次，该物质抗蛋白酶水解。经过深入的研究，他进一步发现这种新物质只存在于脓细胞的细胞核中，故此，他将其称为“核素”。米歇尔很快发现，核素并不只出现在脓细胞中，实际上，它普遍存在于其他细胞中。组成核素的化学元素除碳、氧、氮和氢之外，也同时含有大量的磷。随后，他把这项发现向他的老师霍普赛勒（Hoppe-Seyler）进行了汇报，再经过霍普赛勒验证后于 1871 年正式发表。

但遗憾的是，米歇尔的发现也经历了类似于孟德尔的试验工作的命运，“核酸”这一物质的发现并没有立即引起人们的关注。直到 20 多年后，当人们可以

轻易地提取核酸之后才引起大家的注意。到了 1889 年，Richard Altman 正式把“核素”改名为“核酸”。

Watch out

寻找基因的旅程——从孟德尔的“遗传因子”到“基因”。

在 1873 年之后，人类对生物遗传所依附的规律的认识从来就没有间断过。对染色体在细胞有丝分裂、减数分裂以及在受精过程中的生物学行为的观察，并结合孟德尔的遗传理论，萨顿（Sutton）、鲁克斯（Roux）和博韦里（Boveri）提出生物遗传的染色体理论。

但是，在 1900 年前后，虽然人们已经认识了真核生物的染色体，认识到染色体是遗传信息的载体，也认识到了染色体中含有 DNA 和蛋白质，但是究竟是染色体上的核酸还是蛋白质才是遗传信息的携带者？在当时，绝大多数科学家倾向于认为染色体中的蛋白质是遗传信息分子。理由很简单，蛋白质的组成呈现多样化；组成蛋白质的 20 种氨基酸（当时只发现了 20 种氨基酸）可以组合出形形色色的生物大分子。而这些恰好可以解释遗传性状的多样性现象；而核酸只有少数几种。如果核酸是遗传物质，那么如何才能对应生物如此复杂的遗传表型？因此，人们普遍相信，核酸分子不大可能能够担负此责，不可能承担得了遗传性状的复杂多样性。

但是，不论如何，既然染色体与遗传有关，而染色体中既含有蛋白质也含有核酸，那么可以凭逻辑推测：染色体中与遗传有关的物质如果不是蛋白质，那肯定就是核酸。本来，根据现代生命科学“还原论”的思维习惯，如果希望阐释基因的本质，那么，理应是去确定基因的化学成分。最好的办法则是通过分离纯化的手段先把基因物质分离纯化出来，然后对之进行化学和遗传学分析，以解析其具有的生物功能。但是，在当时，分子生物学家们似乎根本就没有想到这样做会有助于解析基因。即使有人偶然想到这个策略，也通常是觉得无从下手。颇具讽刺意味的是，对上述问题的研究却被几位并不标榜自己是分子生物学家的生命科学家在一个极其偶然的机会完成。这几位研究者可能从来都没有在意过“什么是基因？”，当然也不会在乎基因的成分究竟会是什么这样的问题。

二、核酸才是遗传物质？

根据自然界中不同生物个体所体现出的共性，它们所能携带的遗传物质必须具备以下 4 种要素。

（1）生物中的遗传物质必须能够忠实地复制自我。

（2）生物中的遗传物质必须具备储存遗传信息的能力。

（3）生物中的遗传信息必须能够被细胞内存在的大分子实体解析。

（4）生物中的遗传物质必须体现可变性。

那么什么物质才能满足上述 4 个方面的要求？正如前面所介绍的，在历时一个相当长的历史时期内，蛋白质的复杂性、多样性和功能的精确性一直为生命学者所关注。蛋白质的种类、化学组成等课题曾是那个时代生命科学家们所热衷的研究内容。因此，蛋白质的化学和生物学属性已经给当时的生命科学家们留下了极其深刻的印象。于是，相关的知识也慢慢地占据并左右着科学家们的观念。当时，人们习惯性地认为，存在于细胞内的蛋白质，无论从种类还是从数量上看都非常丰富，而且往往表现出非常精细的运动。而对于核酸分子而言，它们之间则彼此大同小异。因此，核酸分子让人看上去不大可能会有希望肩负遗传的重任。理由是核酸分子的化学组成相对简单；通常只不过是由几种核苷酸相互串接而形成的。这种情况如何让分子生物学家们轻易地想到核酸会是遗传信息的承载物质呢？鉴于这样的原因，在 20 世纪四五十年代以前，科学家们普遍倾向于认同蛋白质有可能才是真正的遗传物质。但事实却是核酸，而并不是蛋白质是遗传信息的承载者。这确实很出乎当时人们的意料。

（一）DNA 作为遗传物质的证据

在 1944 年以前，人们非常难以确定究竟是染色体中的核酸，还是蛋白质才能体现前文所述遗传物质的四要素。

相关问题的阐述应该首先追溯回 1928 年。在 1928 年，Frederick Griffith 利用肺炎链球菌（*Streptococcus pneumoniae*）不经意间观察到了细菌的转化现象。众所周知，通常的情况下，肺炎球菌细胞外部有一层黏稠的多糖荚膜，使得细菌菌落表面“光滑”，故此称为 S 型菌。而这种荚膜也正是肺炎球菌致病所必需的。同时，Griffith 获得了一种丧失多糖荚膜的肺炎球菌菌株，这样的菌株不致病，形成粗糙的菌落，故被称为 R 型肺炎球菌。当他用 R 型菌，或用热致死的 S 型菌感染小鼠时，都不能使小鼠出现肺炎；但是，如果把两者混合同时注射到小鼠体内，则会使小鼠因肺炎致死（图 4.1）。而且，Griffith 可以从患病小鼠体内分离到 S 型致病菌。后来，他甚至可以在体外利用无细胞抽提液完成同样的转化。因此，Griffith 得出结论：热致死的 S 型菌把一种耐热成分转化给了 R 型菌，并使 R 型菌变成了 S 型菌。

当时，Griffith 把实验中的那种可转化因子称为“转化准则”（transforming principle)，但是，Griffith 始终也没有搞清楚这种所谓的“转化准则”究竟是一种什么物质，更不清楚它究竟是如何工作的。

直到 16 年之后的 1944 年，Avery、MacLeod 和 McCarty 等对 Griffith 的发现重新开展了较为深入的研究，并发表了对于存在于肺炎球菌中的“转化准则”的文章。他们利用“还原论”方式对肺炎球菌死亡细胞中的蛋白质、核酸等组分加以分离，最终确定了能够把 R 型肺炎球菌转化成 S 型菌的物质。他们发现，

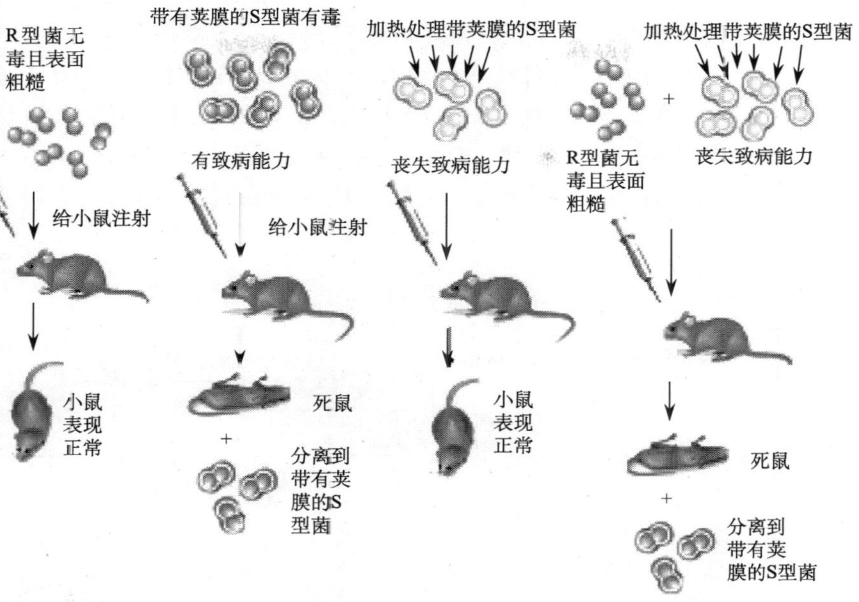

图 4.1　Griffith 的细菌转化试验

只有其中的核酸部分可以转化 R 型细菌成为 S 型菌。但这样的结果并不为人所接受，当时有人认为他们所用的核酸组分已经被蛋白质污染。于是，他们反过来分别利用 RNase 或蛋白酶处理所得到的核酸组分，结果依然能够把 R 型菌转化。但是，当用 DNase 处理所得核酸组分之后，则会丧失转化能力。这些实验清楚地表明，DNA 就是 Griffith 所说的“转化准则”。

尽管如此，这个实验结果所揭示的重要生物学意义并没有立即得到人们的认可。很多人认为试验过程中所使用的 DNA 材料可能具有诱变剂的作用，可以使 R 型菌获得热致死 S 型菌的致病性状，并不一定意味着基因本身含有 DNA。

DNA 是遗传物质，是遗传信息的携带者这一认识在 9 年之后又进一步得到了补充和强化。

到了 1953 年，在美国加州理工学院噬菌体组工作的 Alfred Hershey 和 Martha Chase 利用噬菌体 T2 感染大肠杆菌，进一步为 DNA 是遗传物质的观点提供了更多的证据。

因为噬菌体 DNA 含磷而不含硫，而外壳蛋白又含硫不含磷，在实验过程中，他们把噬菌体培养在含有 ^{35}S 和 ^{32}P 的培养基中培养，实现了用同位素 ^{35}S 标记 T2 噬菌体的外壳蛋白，而用 ^{32}P 标记 T2 噬菌体的 DNA。之后，利用这种不同标记的噬菌体感染大肠杆菌，经过短暂培养之后，吸附在大肠杆菌菌体表面的噬菌体把其 DNA 注射入大肠杆菌细胞内。之后，收集菌体，并利用厨房常用的匀浆器使菌体表面的噬菌体衣壳剥落，再经过离心沉于离心管管底。之后对同位素标记进行定位分析。他们发现，含有^{35}S标记的噬菌体蛋白位于被感染的大肠杆菌细胞外部，而经过^{32}P标记的 DNA 则进入被感染的细胞内部(图 4.2)。这个实验清楚地表明，DNA 是携带着噬菌体感染大肠杆菌细胞所需要信息的物质。Hershey 和 Chase 的实验极大地促进了人们对 DNA 作为遗传物质的认识。

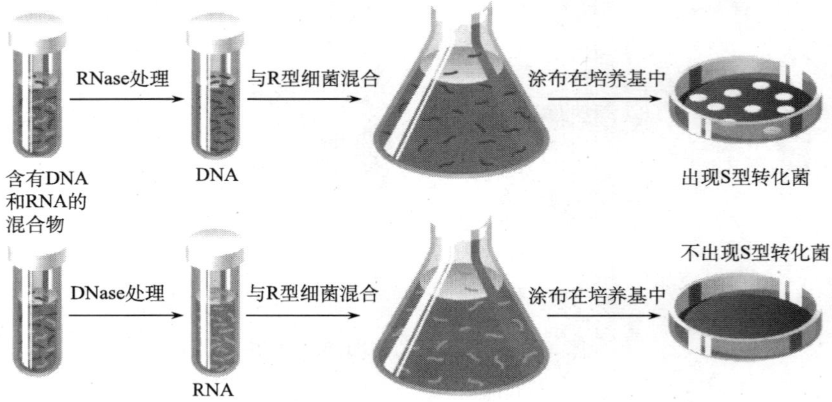

图 4.2　病毒转化试验

也正是 Griffith、Avery、MacLeod、McCarty、Alfred Hershey 和 Martha Chase 等人的实验帮助人们改变了以往认为蛋白质是遗传信息载体的错误认知，并极大地促进了人们对遗传物质是 DNA，而不是蛋白质的接受和认可。

(二) RNA 作为遗传物质

除了 DNA 之外，对于某些病毒或噬菌体而言，RNA 也可以担当遗传信息载体的重任。RNA 作为遗传物质的发现最早来自对烟草花叶病毒的研究。1956 年，A. Gierer 和 G. Schramm 利用纯化后的烟草花叶病毒的 RNA 感染健康烟草，发现被感染的烟草出现了典型的花叶病症状。但是，当利用 RNase 处理过的 RNA 感染健康的烟草时，却没有发现明显的花叶病症状。在 1957 年，Heinz Fraenkel-Conrat 和 B. Singer 利用一种花叶病毒的 RNA 和另一种花叶病毒的衣壳蛋白组建了“杂种”花叶病毒，然后，用这样的“杂种”病毒感染健康的烟草。从出现花叶病的烟草中分离出的溶原病毒的是 RNA 分子，而不是蛋白质。自此，人们认识到，除了 DNA 之外，至少在某些病毒中 RNA 也可以是遗传物质。

与此同时，Pace 和 Spiegelman 等分别在 1965 和 1966 年以噬菌体 Qb 为材料，分离纯化了 RNA 复制酶，这种酶可以在体外复制噬菌体 Qb 的染色体，而且这个过程不涉及任何 DNA 分子。另外，诸如艾滋病病毒、SARS 病毒等也是利用 RNA 分子作为各自的遗传信息载体的。这些 RNA 病毒通常携带有反转录酶，可以把 RNA 基因组转化为 DNA 基因组，然后在宿主 DNA 染色体的特定位点进行整合。

三、“基因”名字的诞生

1905 年，时任英国 John Innes 研究所首任所长的 William Bateson（1861～1926）写信给剑桥大学教授 Adam Sedgewick。Bateson 在信中首次使用了遗传学“genetics”这个术语。Bateson 认为，现在的生命科学研究主要集中在对生物遗传和变异的规律方面，因此亟须寻求一个新的学科术语来表述遗传和变异研究工作，他认为唯有“遗传学”可担此重任。但是“遗传学”这个名词并没有立即被人们采用。直到 Wilhelm Johannsen 用“基因”来指代孟德尔的“遗传因子”之后才被人们普遍接受和认同。

1904 年，William Bateson 率先对基因连锁现象进行了描述。他认为生物个体的任何单一性状都可能是由多个“遗传因子”决定的。这些“遗传因子”共同起作用才可能决定一个生物性状。例如，孟德尔遗传分析过程中所采用的豌豆种子的形状、子叶的颜色以及豆荚的颜色等遗传因子，是可以用“基因”作为单位加以表述的。

受 Bateson 的启发，丹麦植物学家 Wilhelm Johannsen 在 1909 年首创了“基因”(gene) 这个概念，希望借此解释孟德尔的遗传基本单位——“遗传因子”(hereditary factor)。从词源来看，“gene”源于希腊语“genos”，本意是“出生”(birth)。与此同时，Johannsen 还首次描述了“表型”和“基因型”等概念，并对这些概念进行了区别和表述。

四、基因在核酸分子上的定位

按照学科逻辑，既然已经证实了核酸才是负责决定生物性状的遗传物质，那么接下来的问题将是：基因与核酸究竟会呈现怎样的关系？基因的结构基础是什么？或者说什么样的核酸特征才是一个基因？

(一) 什么是基因？

什么是基因？这个设问包括两个方面的内容，一个是什么是基因的结构基础，另一个是什么是基因的功能基础。实际上，正如我们在第一篇中所讨论的那样，“什么是基因？”这个问题一直以来就是分子生物学研究的核心问题。也正是对“基因”本质问题的探讨催生了分子生物学。同时，也正是有关基因方面的研究促进了分子生物学的研究内容从以蛋白质为主转型到以核酸为主，使生命科学研究由以往以生物化学家研究蛋白质结构和功能为中心，转向研究DNA、基因、遗传信息表达等方面的研究。

尽管现在关于基因的定义在分子生物家和哲学家们之间尚未达成彼此可以接受的协议，但是，我们依然可以只从分子生物家的角度来考察究竟什么才是基因这个问题。

首先让我们回顾一下分子生物学关于基因问题的研究。围绕着什么是基因这个问题，分子生物学家的研究可以大致分为两个阶段。第一个阶段大约集中在20世纪六七十年代及以前。在这个阶段，如同德尔布吕克那样，分子生物学家们总是喜欢使用较为简单的原核模型生物作为自己的研究材料。因此，这个阶段的主要研究成果就是形成了一个共识，即基因是染色体上的一段具有生物功能的DNA片段。在这之后，许多分子生物学家纷纷把自己的兴趣转向更为广阔的研究领域，所使用的研究材料也由相对简单的原核生物转向更为复杂的真核生物。在历经40多年的研究积累之后，人们发现，单纯地把基因理解为染色体上的一段DNA序列是不充分的。现有的结果表明，基因不仅是一种功能实体，它更是一种结构实体。特别是在真核生物细胞中，基因实际上是由DNA序列、RNA干扰、组蛋白结构修饰和DNA甲基化系统组成的一个表观遗传修饰网络。这个复杂的表观遗传网络既是基因的功能实体，也是基因的结构实体。一个基因无论是在结构上，还是在功能上都离不开它们之间的协作。上述表观遗传网络赋予一段DNA序列基因功能，并能动地调控着具有组织和细胞特异性的基因表达模式。

（二）“基因是染色体上的一个片段”——原核生物的“基因”

在孟德尔遗传定律历经36年之后的1902年，Hugode Vries、Carl Correns和Erichvon Tschermak通过各自的研究，分别独立地重新发现了孟德尔关于豌豆杂交试验结论的正确性。

孟德尔遗传现象的重新发现标志着遗传学的基础已经奠定，遗传学成了一门独立的学科。在此基础上，Sutton和Boveri通过对染色体的研究，提出了染色体是孟德尔所言的“遗传因子”的携带者的观点。为此，摩尔根（Thomas Hunt Morgan）和他的学生斯图特瓦特（Alfred Sturtevant）开始利用果蝇为材料对生物的遗传规律进行研究。他们于1910年提出了遗传因子定位于染色体上的观点。在此之后的两年间，他们又发现了多个伴性基因，并借此发现了基因的连锁（linkage）和交换（crossing-over）规律。那么究竟什么算是原核生物的“基因”？

1941 年，Beadle 和 Tatum 报道了利用红色面包酶（*Neurospora crassa*）的研究结果。根据实验结果，他们提出“一个基因一个酶”假说。该假说的基本思想有两层含义：一层是所谓的“基因”控制特异性“酶”的形成；另一层是基因和特异性酶的控制是一对一的关系。至此，人们对基因的理解基本上可以概括为以下几点：①基因是遗传的基本单位，它不能通过交换而分开，交换只能发生在基因之间，而不是基因之内；②基因是遗传突变的基本单位。基因作为一个整体可以通过突变发生等位基因之间的互换；③基因是功能单位，基因和特定的生物表型体现对应关系；④基因位于染色体上，染色体在细胞分裂过程中所表现出的行为有利于等位基因的分离，以及非等位基因之间的重新组合。

上述基因观念的改变发生在发现基因内重组现象之后。1957 年，Benzer 通过对 T4 噬菌体 *r*Ⅱ基因的突变进行互补分析发现，重组或交换可以发生在基因内。他发现，同一基因内部的不同突变位点之间可以发生重新组合，而不像先前认为的基因交换只能出现在基因之间。同时，Benzer 的发现也进一步证实了先前人们普遍理解的基因还可以细分出更小的结构单位的现象。Benzer 一改过去经典遗传学关于基因是突变、重组、决定遗传性状差别的“三位一体”的概念。

基因含有线性分布的亚单位，这些亚单位之间可以发生改变。通过 Benzer 对 *r*Ⅱ基因区的遗传学分析，人们对基因本质的认识发生了转变。人们相信基因是一个功能单位——顺反子，一个顺反子内含有许许多多的突变子。所谓的突变子对应任何核苷酸的改变，而突变子是核苷酸改变之后能够出现表型的基本单位。在一个顺反子内部可以出现交换和重组。不能通过重组分开的最小单位称为重组子，而重组可以发生在任何两个核苷酸之间。

到了 1960 年，法国科学家 Jacob 和 Monod 等人通过大肠杆菌对乳糖的利用的实验首次提出了原核生物基因的操纵子学说，并建立了原核生物基因的操纵子模型（第十二章）。原核生物基因的操纵子模型进一步印证了原核生物基因是一有组织的 DNA 片段的理解。

（三）现代基因概念的转变——从操纵子到基因表达模式

对真核生物基因结构和功能的研究发现，真核生物的基因结构和功能实体远比原核生物基因的结构和功能实体来得复杂。一方面，真核生物细胞内的 DNA 需要和组蛋白形成核小体完成遗传物质 DNA 的初级包装，之后，再经过包装形成染色质纤维形式或更为致密的染色体形式。这些染色质形式可以进一步容许在 DNA 序列和（或）组蛋白 N 端尾部结构域上发生诸多形式的共价修饰，包括甲基化/去甲基化、乙酰基化和去乙酰基化等在内的一系列共价修饰，或者以较为松散的常染色质形式用于基因转录，或者在经过上述共价修饰后，进一步和其他非组蛋白和 RNA 分子（在染色质水平上的 RNA 干扰）等结合形成更为致密的异染色质（相关内容我们将在第十二章讲述）；与此同时，位于真核生物基因 DNA 序列 5′端的 CpG 二核苷酸，以及可以长达 1kb 的 CpG 二核苷酸所形成的"CpG 岛"（ CpG island）之中的胞嘧啶甲基化和去甲基化修饰等也会对基因的功能实体具有重要贡献。因此，对于真核生物的功能基因而言，单纯 DNA 序列并不能充分满足基因的功能实体的需要。但是，在原核生物细胞中，由于这些细胞不具典型的细胞核结构，遗传物质 DNA 分子在很大程度上呈裸露状态，在这种情况下，参与基因转录的反式作用因子（trans-acting element）可以更容易地和特定的 DNA 基序结合。简言之，现有的研究进展表明，在自然界中，尽管不同的生物都可能在共享由 DNA 所组成的遗传物质载体的基因库，但是涉及原核生物和真核生物的基因实体和功能实体而言，可能两者差别会非常显著。

就目前我们已经了解到的原核生物和真核生物基因功能实体和结构实体的研究状况而言，基因表达的操纵子模式可能更适合于原核生物的基因结构及其功能控制；而相比较而言，真核细胞的基因可能更适合于用基因表达模式（gene expression pattern）来描述。真核生物基因组上的几个单独的基因区或一簇相关的基因通常被组织成一个个的"域"（domain)。每个域内的基因或基因簇体现不同的表达模式（patterns of expression)。真核生物基因组上的基因域具有如下形态特征：①可以根据其中基因是否表达分为活性域（actively transcribed domain）或不活性域（inactive domain)；②根据各自对 DNase Ⅰ 是否敏感分为 DNase Ⅰ敏感域或 DNase Ⅰ不敏感域（DNase Ⅰ-resistant domain)；③根据组蛋白的表观遗传学修饰情况或是否含有特定组蛋白变体分子或非组蛋白分子的具体情况而划分成不同的域。由于真核生物基因组染色体的高级结构形式中含有许许多多的基于拓扑学限制而形成的"环"（loop)，于是有人推测，真核生物基因域有可能就是由染色体上一个个的环组成的。基因及其有关的调节组件分布在环状域中，可以形成一个个分隔良好的基因域（图 4.3)。其中基因之间可以通过特定的 DNA 序列、绝缘子元件彼此分隔开来。位于不同域的基因受各自域内的基因调控元件调节，域与域之间的表达调节由分割域的特定 DNA 序列屏蔽，互不影响（图 4.3)。目前相关的实验研究已经取得了长足的进展。位于上述真核生物基因组不同域内的基因表达体现特定的模式，即所谓的基因表达模式（gene expression pattern)。所谓真核生物的基因表达模式是指真核生物基因是一个由 RNA 干扰、组蛋白结构修饰和 DNA 甲基化系统组成的一个表观遗传修饰网络（ 第十二章)。这个表观遗传修饰网络能动地调控着具有组织和细胞特异性的基因表达模式。

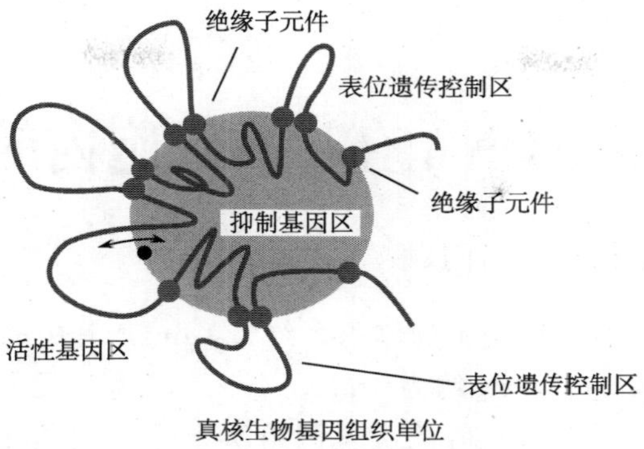

图 4.3　真核生物基因的组织单位

主要参考文献

Avery O T, MacLeod C M, McCarty M. 1944. Studies on the chemical nature of the substance inducing transformation of pneumococcal types. J Exp Med, 98, 451～460

Griffith F. 1928. The significance of pneuomococcal types. J Hyg, 27: 113～159

Hershey A D, Chase M. 1952. Independent functions of viral protein and nucleic acid in growth of bacteriophage. J Gen Physiol, 36: 39～56

Kosak S T, Groudine M. 2004. Form follows function: the genomic organization of cellular differentiation. Genes Dev, 18: 1371～1384

McEachern M J, Haber J E. 2006. Break-Induced replication and recombinational telomere elongation in yeast. Annu Rev Biochem, 75: 111～135

Sproul D, Gilbert N, Bickmore W A. 2005. The role of chromatin structure in regulating the expression of clustered genes. Nat Rev Genet, 6: 775～781

West A G, Gaszner M, Felsenfeld G. 2002. Insulators: many functions, many mechanisms. Genes Dev, 16: 271～288

Zhao K, Hart C M, Laemmli U K. 1995. Visualization of chromosomal domains with boundary element-associated factor BEAF-32. Cell, 81: 879～889

第五章 DNA 在生物细胞内的存储

一、生物 DNA 细胞内存储问题

一般情况下，大肠杆菌细胞的体积大约为 $1\mu m^3$，其中的类核约为 $0.2\mu m^3$，而大肠杆菌的环状染色体全长约为 1mm。那么，究竟它是如何被放入其中的？再以人类体细胞染色体为例，在人类基因组所含的 46 条染色体中，所含 DNA 约为 7pg，大约合 30 亿个碱基。其中，最短的一条含有 4.6×10^7 bp（相当于 10 个大肠杆菌细胞所含 DNA 的总长），长度近 1.4cm。最长的一条含有近 3×10^8 个碱基对。这样长度的 DNA 如果以 B 型构象形式存在，那么相当于 10cm 长（$3\times10^8\,bp\times3.4Å/bp\times1m/10^{10}\,Å=10\times10^{-2}\,m=10cm$）。而一个典型的细胞大小为 $10\mu m$，仅相当于 $10\times10^{-6}\,m$。因此，10cm 长的 DNA 分子如果存储于细胞核内就需要折叠近 1 万倍。这种情形就相当于把一条 11 英里的绳子装入一个只有 6 英尺的盒子中。而实际上一个细胞核内需要同时容纳 46 条长短不同的染色体，其所携带的 DNA 长度加和约为 2m。那么，细胞是如何把这样长的 DNA 装进细胞核的？

二、DNA 在体内的折叠

（一）原核 DNA 的包装

与原核生物 DNA 拟核内包装有关的因素包括 DNA 所具有的超螺旋性质、拓扑异构酶Ⅱ的活性（topoisomerase Ⅱ）、利用 RNA 和蛋白质分子锁定 DNA 所形成的环状结构（平均为 40kb）、和某些蛋白质形成复合体。因为 DNA 分子带有大量的负电荷，而诸如 H-NS、HU、P & SMC 等蛋白质以及多聚胺［精胺（spermine）和亚精胺（spermidine）］等带有大量的正电荷，正负电荷之间的相互作用有助于 DNA 和蛋白质分子形成复合体，从而有助于 DNA 分子在细胞拟核内的折叠［注：亚精胺：NH_2-（CH_2）$_3$-NH-（CH_2）$_4$-NH_2，精胺：NH_2-（CH_2）$_3$-NH-（CH_2）$_4$-NH-（CH_2）$_3$-NH_2］。图 5.1 是大肠杆菌环状染色质的组织情况。其中，大肠杆菌基因组染色质通常被组织成类似风车一样的环形结构。每一个 DNA 环约含有 40kb DNA 分子，其基部和相当于真核生物组蛋白的 Hu 蛋白等蛋白质缠绕。大肠杆菌的基因组约为 4.6×10^7 个碱基对，长度约为 1mm，通过缠绕储存在约 $0.2\mu m^3$ 的拟核中。

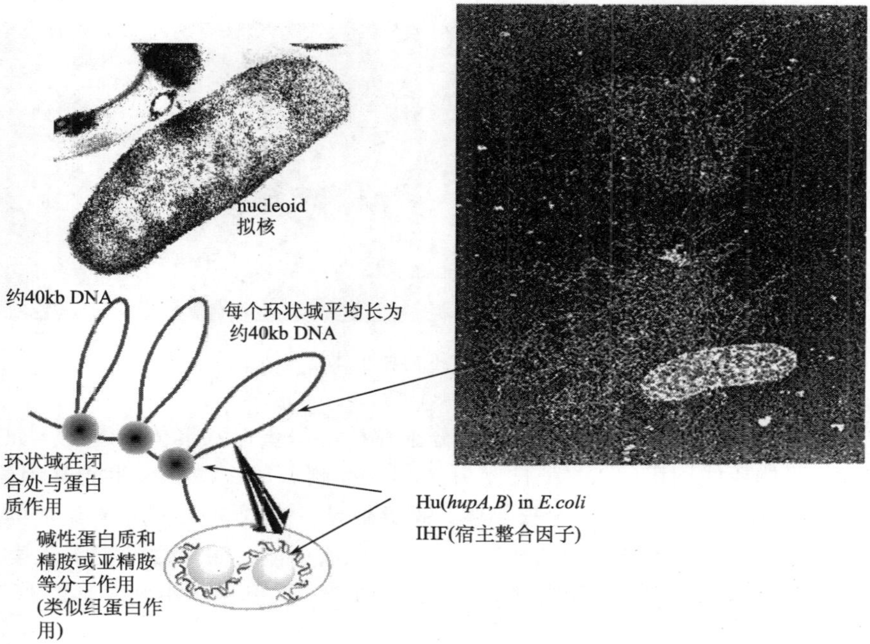

图 5.1　大肠杆菌基因组 DNA 分子在细胞内的组织

（二）真核 DNA 的包装

1. 核小体的发现

如果利用超速离心分离真核生物的细胞核，然后，利用 DNase Ⅰ（一种非特异性的 DNA 内切酶专门切割裸露 DNA 序列）或小球菌核酸酶消化所得到的真核生物的染色质制品，对所得到的细胞核进行部分消化，之后，把消化产物用琼脂糖电泳解析。发现琼脂糖凝胶电泳图谱呈 150～200bp 的梯度。据此得出结论，细胞核内的 DNA 被保护着。进一步对上述产物进行 DNase Ⅰ消化，然后利用聚丙烯酰胺凝胶电泳解析，发现电泳图谱呈近 10bp 的梯度。因此，得出结论，DNA 缠绕在组蛋白所组成的核小体的外部（图 5.2）。

2. 组蛋白与非组蛋白

1）组蛋白

负责 DNA 体内保护有关的蛋白质被称为组蛋白（histone）。对这些组蛋白的蛋白质化学分析发现可以分做 5 种，分别为组蛋白 H1、H2A、H2B、H3 和 H4。组蛋白中富含碱性氨基酸，如精氨酸、赖氨酸等（表 5.1），这些碱性氨基酸在细胞内环境中通常带有正电荷。这些正电荷可以和 DNA 双螺旋分子上的负

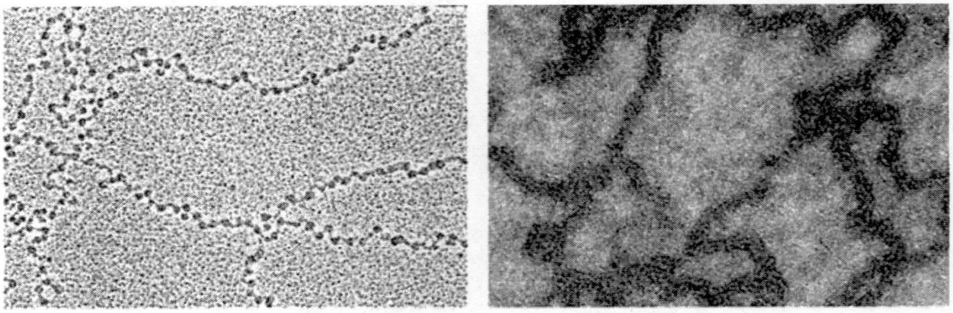

图 5.2　电镜下的核小体结构

电荷产生静电作用，从而有利于 DNA 分子在核心组蛋白八聚体上缠绕。如果根据单个核小体所能利用的 DNA 长度为 200bp 推测，那么在真核生物基因组中，每一万个碱基对应该对应 50 个核小体。据此估计，人的 30 亿碱基对组成的基因组将会使每个人类细胞核内大约含有 1500 万个核小体，而通常情况下人类体细胞核是由两套基因组组成（即二倍体），那么每个人类基因组中则含有近 3000 万个核小体（图 5.2）。

表 5.1　组蛋白的一般情况

组蛋白种类	所含氨基酸类型	所含氨基酸残基数	所含碱性残基/%
H1	富含赖氨酸	213	30
H2A	富含赖氨酸和精氨酸	129	23
H2B	赖氨酸含量偏多	125	24
H3	富含精氨酸	135	24
H4	富含精氨酸和甘氨酸	102	27

2）非组蛋白

非组蛋白是一类能够与 DNA 分子发生作用的蛋白质的统称。目前已经对至少 30 种的非组蛋白的作用进行过研究。除了少数具有结构贡献之外，其他大部分参与基因的表达调控。因此我们可以把非组蛋白简单总结为：非组蛋白数量相对庞大，在这类能与 DNA 作用的蛋白质中，有些起着结构功能，而有些非组蛋白只是瞬间与 DNA 分子结合。不同细胞内的非组蛋白组分不同，甚至同一生物体内的不同细胞中的非组蛋白成分也会彼此不同。初步看来，大多数非组蛋白在细胞内带有负电荷，一般均能和组蛋白结合。例如，HMG（高泳动蛋白，high mobility group）就是研究比较多的非组蛋白的代表。

3. 核小体的空间结构

卡洛林·鲁戈尔等人对核小体内的组蛋白进行了空间结构分析，发现组蛋白所组成的核小体含有各 2 分子的 H2A、H2B、H3 和 H4 组蛋白（图 5.3）。这些组蛋白一般均含有两个 N 端“尾巴”结构域和 C 端“头状”结构域。因此，每一个组蛋白看上去都含有类似蝌蚪样体形。在形成核心组蛋白时，位于 C 端的“头”彼此靠拢，而尾部结构域则倾向性分布于外部。

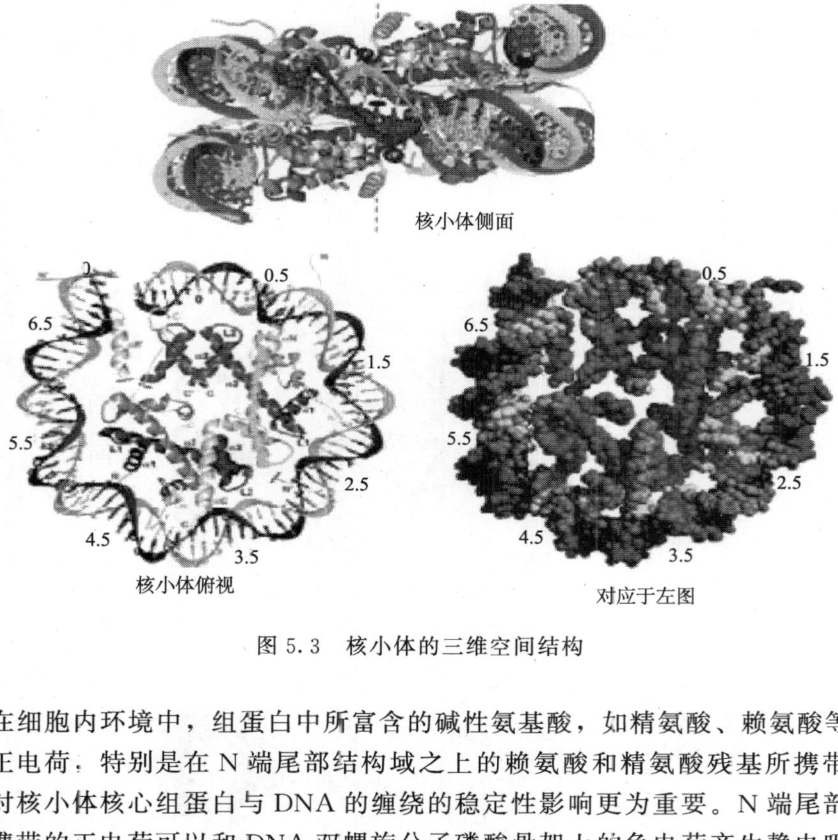

图 5.3 核小体的三维空间结构

在细胞内环境中，组蛋白中所富含的碱性氨基酸，如精氨酸、赖氨酸等一般带有正电荷，特别是在 N 端尾部结构域之上的赖氨酸和精氨酸残基所携带的正电荷对核小体核心组蛋白与 DNA 的缠绕的稳定性影响更为重要。N 端尾部结构域所携带的正电荷可以和 DNA 双螺旋分子磷酸骨架上的负电荷产生静电吸引作用，从而容许并有利于 DNA 分子在核心组蛋白八聚体上缠绕（图 5.3）。

4. 核小体组蛋白的组装

在 DNA 复制、基因转录过程中需要核小体“从头合成”（de novo 或 ab intio）。在这些过程中，往往涉及核心组蛋白八聚体的重新形成（图 5.4）；此外，在某些特定环境因素，如紫外辐射、粒子辐射等的影响下，染色体上的核小体可能会遭到一定程度的破坏，也需要核小体的重新形成。这两种情况分别需要核心组蛋白八聚体的重新形成。现有的研究结果表明，在上述形成核小体组蛋白八聚体核心的过程中，首先需要位于细胞质内的一种组蛋白乙酰基转移酶催化，对 H3 和 H4 组蛋白的各自 N 端尾部结构域上的赖氨酸或精氨酸残基侧链进行乙酰基化修饰，这种化学修饰可能有利于 H3-H4 组蛋白形成 H3-H4 二聚体，然后这两个二聚体进一步聚合形成 H3-H4/H3-H4 四聚体；这样的四聚体进一步和 H2A/H2B 四聚体形成组蛋白核心八聚体（图 5.4）。值得强调的是，在这个过程中，需要对组蛋白 N 端尾部结构域进行乙酰基化修饰，而且这种乙酰基化修饰需要在细胞质和细胞核内分别进行。在整个过程中，DNA 双链分子需要缠绕在组蛋白八聚体核心之外，并最终形成核小体。

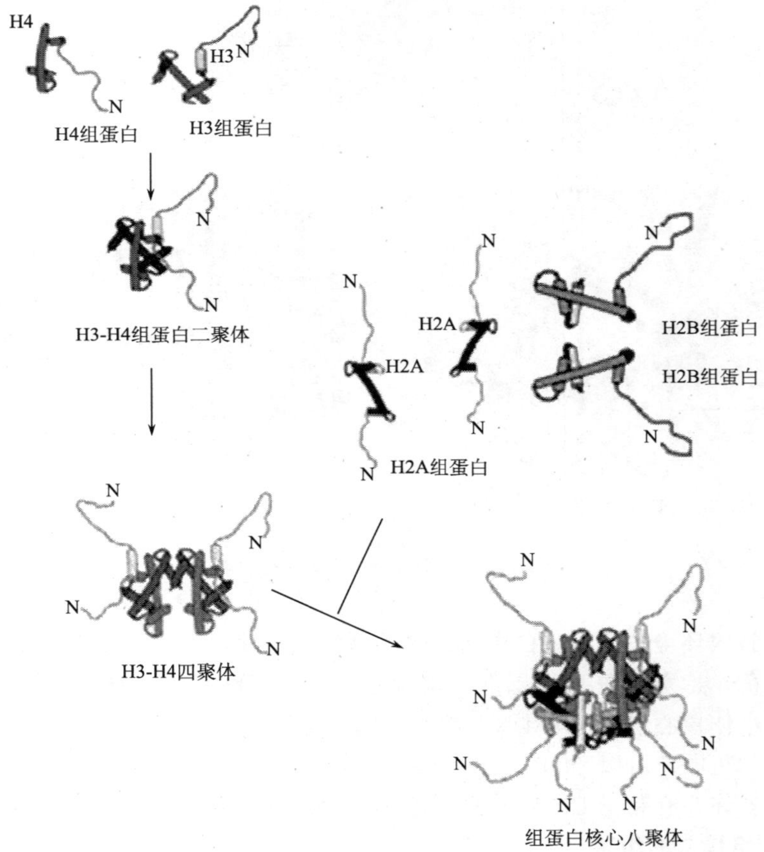

图 5.4　核小体核心组蛋白八聚体的组装

5. 核小体核心组蛋白“尾巴”结构域的化学修饰及“组蛋白密码”假说

1996 年，Allis 及其同事从四膜虫中克隆到一种组蛋白乙酰基转移酶的基因（histone acetyltransferase，HAT）。该基因和酵母菌细胞中的一种转录促进因子 Gcn5 具有很高的序列同源性，甚至在某些结构域中两者相同性高达 80%。在此基础上，他们发现通过基因重组技术表达的酵母菌 Gcn5 蛋白也具有组蛋白乙酰基化转移酶活性。几乎与此同时，Schreiber 及其同事则通过亲和层析技术纯化了哺乳细胞的组蛋白去乙酰基化酶（histone deacetylase）。之后利用序列分析发现，他们所得到的组蛋白去乙酰基化酶和酵母细胞内的一种转录抑制因子 Rpd3 具有高达 60%的相同之处。在酵母细胞内，Gcn5 和 Rpd3 表现出相反的基因转录调节功能，而且分别具有乙酰基转移酶和去乙酰基化酶的活性。这些清楚地表明，组蛋白的乙酰基化修饰可能会促进基因的转录，而去乙酰基化则抑制有关基因的转录。

在此之后，Felsenfeld 和 Groudine 等发现，在核小体核心组蛋白的“尾巴”结构域的特定氨基酸残基上能够发生众多的化学修饰反应。这样的化学修饰包括对组蛋白 N 端结构域（特别是对 H3、H4 组蛋白 N 端结构域）的乙酰基化修饰、H2 组蛋白的泛酸基化修饰、组蛋白的甲基化修饰、组蛋白的 ADP 核糖基化修饰和组蛋白的磷酸化修饰等（图 5.5）。此外，和上述化学修饰功能相似的策略还包括合成组蛋白的变体，以及增加 H1 组蛋白的不均一性。

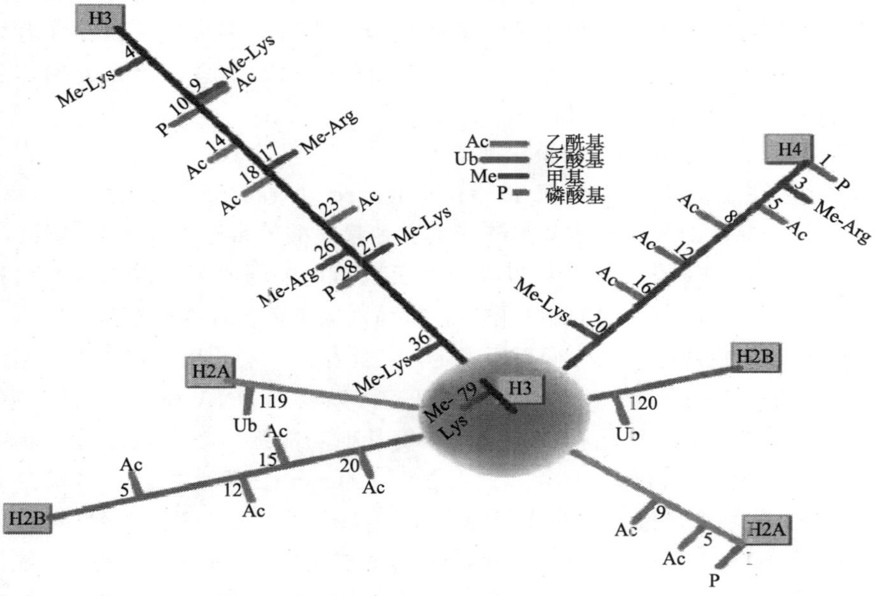

图 5.5 核小体核心组蛋白成员 N 端结构域氨基酸序列及其化学修饰情况

6. “组蛋白密码”及组蛋白密码假说

组蛋白密码（histone code）这个概念是随着组蛋白化学修饰，以及组蛋白化学修饰对基因表达调节控制的研究过程而逐渐发展起来的一个概念。在过去相当长的一个历史时期内，我们通常认为遗传密码只是由 A、G、T 和 C 四种碱基，以三联体的形式通过不同的排列组合而形成的。实际上，细胞内还存在着一种可通过改变染色质活跃状态，以影响基因转录状态的“组蛋白密码”（histone code）。因此，组蛋白密码是指发生在组蛋白 N 端结构域的不同化学修饰类型的不同组合，可以为不同类型的染色质结合蛋白提供不同的“指令”（readout）；或简述为：组蛋白 N 端尾部结构域经过不同方式的翻译后修饰可以成为某些特异性蛋白质的结合位点，从而决定该区域内的基因活跃状态。

这种认识已经得到了含有“bromo”和“chromo”结构域的组蛋白结合蛋白工作机制的支持。但是，现在看来，这样的“组蛋白密码”语言可能会非常复杂，还需要长时间的研究才能最终得以破解。很多迹象表明，组蛋白密码可能更多地与环境应答有关。组蛋白密码可能更多地用于保证在特定环境下，对特定细胞的遗传密码的功能输出起着调节作用。

现在已经了解的组蛋白密码创建手段主要包括对组蛋白 N 端尾部结构域的乙酰基化修饰（包括单个、双乙酰基化和三乙酰基化等）、甲基化修饰、磷酸化修饰、泛酸化修饰等。上述化学修饰可以在每个组蛋白 N 端尾部结构域内的多个部位（氨基酸残基上的侧链上）进行。同时也发现，多种组蛋白存在着异构体，如组蛋白 H3.3、macroH2A、H2A.X、H1.C 等。这些组蛋白异构体可能也参与组蛋白密码的编码作用。

7. H3/H4 组蛋白所体现的“组蛋白密码”

通过组蛋白乙酰基转移酶 HAT（histone acetyl transferase）对各自 N 端结构域中的特定部位的氨基酸残基侧链（主要是赖氨酸等带正电荷的氨基酸残基）（图 5.6）进行乙酰基化修饰，可以因引入负电荷而削弱原来出现在组蛋白和核酸骨架之间的正负电荷之间的相互作用，从而削弱染色质纤维中核酸和组蛋白的结合强度，使染色质纤维结构变得不稳定。与此相反，利用组蛋白去乙酰基化酶（histone deacetylase，HDAC）去除乙酰基，可以增进 DNA 和组蛋白的结合强度，从而增进染色质纤维结构的稳定性，使其他功能蛋白较难接触染色质中的 DNA，使其所携带的遗传信息得以“沉默”（silence）。除此之外，出现在 H3/H4 组蛋白上的修饰还包括甲基化修饰（methylation）/去甲基化修饰（demethylation）、磷酸化修饰（phosphorylation）和泛酸化修饰（ubiquination）等。其中，有些修饰的功能意义已经得到确认。例如，H3-lys9 甲基化通常可以作为异染色质的特征性标记；而同样在 H3-Lys36、H3-Lys79 的甲基化修饰则与形成常染色体和基因转录有关。磷酸化修饰则通常出现在细胞行使有丝分裂的过程之中。总体而言，我们可以把上述修饰分为两大类：①与染色体活化和可触及性有关的化学修饰，包括组蛋白 H3 上 K9、K14 乙酰基化修饰、组蛋白 H3 上 K4 的甲基化和双甲基化修饰（di-Methylation）；②与染色体活性抑制的修饰，包括组蛋白 H4 的乙酰化修饰与染色质压缩和失活有关的化学修饰，如 H4-Lys20 的甲基化修饰；组蛋白 H3 尾部结构域上 K4（H3- Lys4）、K9（H3-Lys9）的甲基化修饰；组蛋白 H3 蛋白尾部结构域上 K9（H3-Lys9）的双甲基化修饰、K27（H3-Lys27）的三甲基化修饰等与 X 染色体的灭活有关。组蛋白尾部结构域上 K9 的三甲基化修饰和 K27 的单甲基化修饰与中心粒周边的异染色质形成有关。

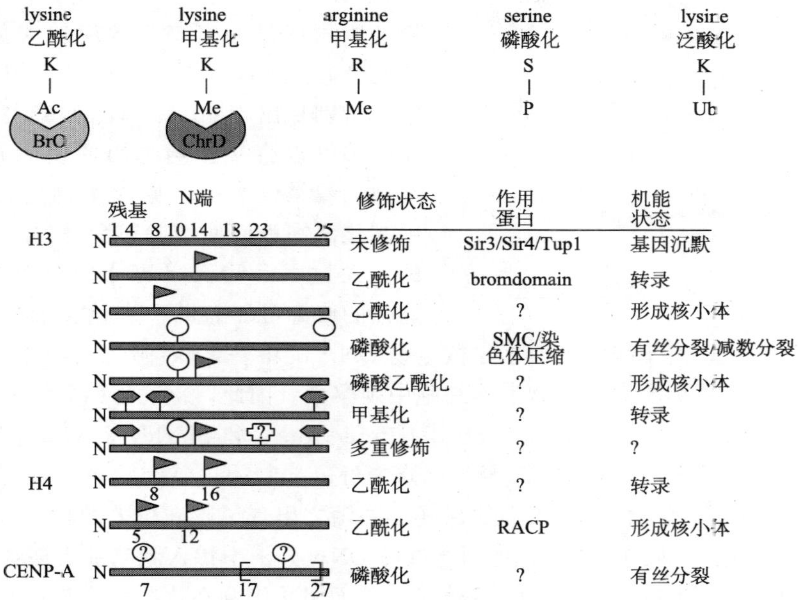

图 5.6 组蛋白密码

8. 表观遗传学概念

表观遗传学（epigenetics）研究的是除 DNA 序列决定的遗传信息之外，染色质活跃状态对基因表达（转录）状态的决定机制。首先，需要明确，表观遗传机制主要关注染色质空间状态与基因表达的关系，而并不强调 DNA 序列中碱基布局和排列顺序对特定蛋白质氨基酸所负载的影响的遗传现象。表观遗传主要体现在多细胞生物基因表达类型的建立过程中，赋予细胞分化的潜能。大量的研究结果表明，至少真核生物基因的表达在很大程度上受“表观遗传”的控制。而我们将要讲述的表观遗传学控制的手段则主要包括对 DNA 分子、组蛋白等组分的化学修饰。例如，甲基化、去甲基化、乙酰化、去乙酰化等。

DNA 甲基化修饰抑制基因的表达

真核生物表现出发育分化现象。在种种分化过程中，已经分化的细胞并不自动丢弃细胞内处于“沉默”状态的其他基因。因此，真核生物分化实际上属于一种基因组内基因的差异表达问题。那么真核细胞基因是如何在分化过程中得以稳定而可逆地控制的？已有的研究积累表明，DNA 序列的甲基化修饰可以抑制基因表达，并可以把经过沉默修饰的基因传递给子代细胞（图 5.7）。早在 1975 年，Arthur Riggs、Robin Holliday 和 John Pugh 等人曾系统回顾了细菌 DNA 甲基化修饰所表现出的生物学效应的大量研究。在此基础上，他们提出 DNA 的甲基化修饰，特别是出现在一条 DNA 链上的甲基化修饰可以直接影响基因的表达的观点。在他们看来，类似于原核生物的 DNA 的甲基化修饰可以使细胞避免通过基因突变的方式建立一些稳定的分化类型。因此，这样的修饰可能有助于真核多细胞生物发育分化。但是，由于当时类似于原核生物 DNA 的甲基化修饰现象尚没有在包括酵母、线虫、果蝇等真核模型生物细胞中观察到。因此，上述思路并没有被当时的研究者加以认真对待。直到 1980 年，Peter Jones 和 Shirley Taylor 首次发表了一篇有关真核生物细胞 DNA 甲基化修饰可以抑制相关基因转录的报道。自那以后，有关的研究很快引起人们的兴趣，并随之出现了越来越多的相关报道。在 Jones 和 Taylor 等人的实验中，他们通过向 DNA 分子中掺入胞嘧啶类似物 5′叠氮胞嘧啶的方法替换 DNA 分子内的胞嘧啶，从而阻止细胞在这些胞嘧啶碱基部位进行甲基化修饰。他们发现，DNA 分子内掺入胞嘧啶碱基类似物可以相应改变该 DNA 分子的甲基化修饰类型，并因此改变了细胞的分化类型。5′叠氮胞嘧啶是细胞内 DNA 甲基化修饰的强力抑制剂，经常被用于解除被甲基化引起的沉默基因。在临床上，它已被用于临床试用阶段（用于对 myelodysplastic 综合征的治疗）。

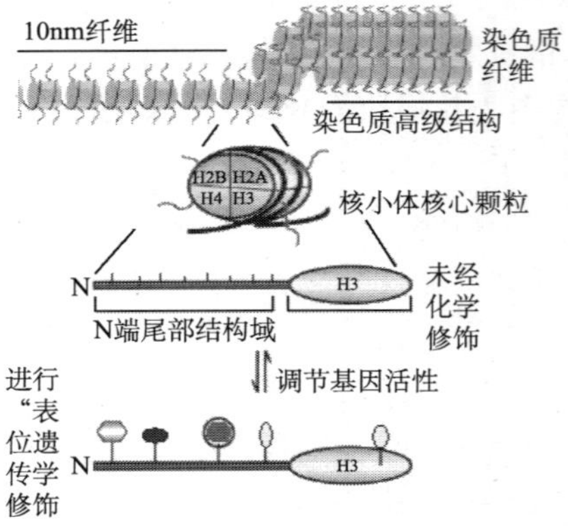

图 5.7　染色体沉默的记忆

在 Jones 和 Taylor 之后，英国爱丁堡大学的 Adrian Bird 实验室发现了甲基化修饰影响基因表达的进一步的证据。在 1985 年，Bird 实验室首次确定了位于小鼠基因组上一些可以被甲基化敏感的限制性内切核酸酶切割的 DNA 序列特征。他们发现这些 DNA 序列全部是富含 CpG 二核苷酸的序列。这就是“CpG 岛”（CpG island）的发现。CpG 岛通常分布于真核生物基因的 5′端。Bird 等发现“CpG 岛”中的 DNA 经过甲基化修饰可以抑制下游基因的表达，而不经甲基化修饰的“CpG 岛”才有利于下游基因的表达。

尽管大量的研究都表明 DNA 甲基化修饰可以作为基因表达的调节手段，以及 Riggs 等人很早就认识到 DNA 甲基化修饰可能会通过影响 DNA 序列特异性的蛋白质的结合而影响基因转录。但是，甲基化修饰对基因表达调控所隐含的分子机制直到 20 世纪 90 年代才真正得以阐明。1998 年，英国 Bird 实验室和美国

Alan Wolffe 实验室在这方面做了大量的工作。他们发现，早先发现的一种能够和甲基化修饰过的 DNA 结合，并可引发基因表达的蛋白质 Mecp2 可以通过招集一种可以影响染色质结构的组蛋白去乙酰基化酶复合体发挥作用。尽管上述研究依然属于进行之中的课题，但显然揭示了 DNA 甲基化修饰在基因转录抑制过程中的重要性。

（三）染色质的进一步折叠——染色体的形成

在一个细胞周期内的近 95%的时间里，染色质处于较低水平折叠状态，呈 30nm 纤维丝状存在（图 5.8），而在剩下的分裂时间里（约占细胞周期的 5%），未经高度折叠的染色质需要进一步折叠形成更加致密的染色体结构（图 5.8）。

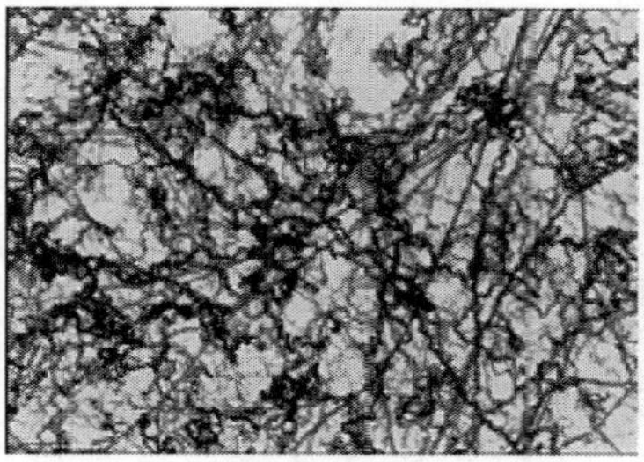

大多数细胞间期染色质为30nm螺线管

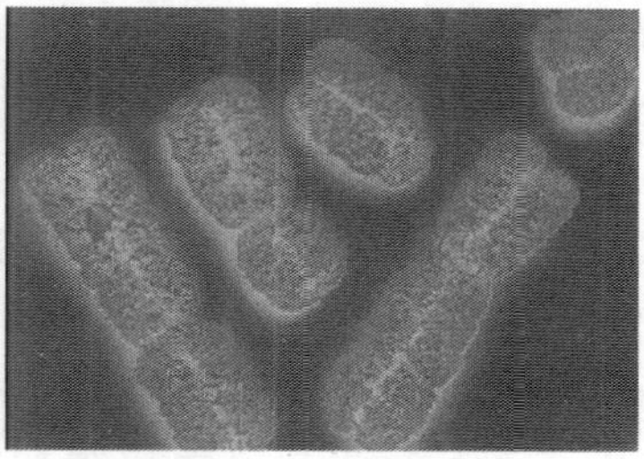

有丝分裂中期的染色体

图 5.8 细胞质期间期和有丝分裂期的染色体

目前，尚不清楚在有丝分裂期间是什么因子启动染色质进一步折叠形成更加致密的染色体。但已经清楚的是，相对比较致密的染色体有利于把遗传物质“干净”地分配到两个子代细胞中。如果不进一步折叠，在如此小的细胞空间内，染色质很难被完整地分配到两个子细胞中。

那么，染色质是如何进一步折叠成为染色体的？

DNA 合成并与组蛋白八聚体形成核小体，再由核小体在 H1 组蛋白的帮助下进一步包装成螺线管（图 5.9）。这个过程使 DNA 分子的长度压缩了近 40 倍，包括 2nm 的 DNA 绕组蛋白形成直径 11nm 的核小体“串珠”结构，其中，每碱基对沿螺旋中轴上升距离为 0.34nm 计，那么 200bp DNA 的伸展长度则为 68nm，而形成核小体后仅为 11nm（核小体直径），故其长度被压缩了 6 或 7 倍。之后，在 H1 组蛋白的帮助下进一步形成由 6 个核小体组成的 30nm 螺旋管，则又压缩了 6 倍，故两者折叠把 DNA 分子压缩了近 40 倍。大多数细胞间期染色质为 30nm 螺线管。需要指出的是，有时人们习惯把一个缠绕有 DNA 的核小体和 H1 组蛋白合称作“chromatosome”。

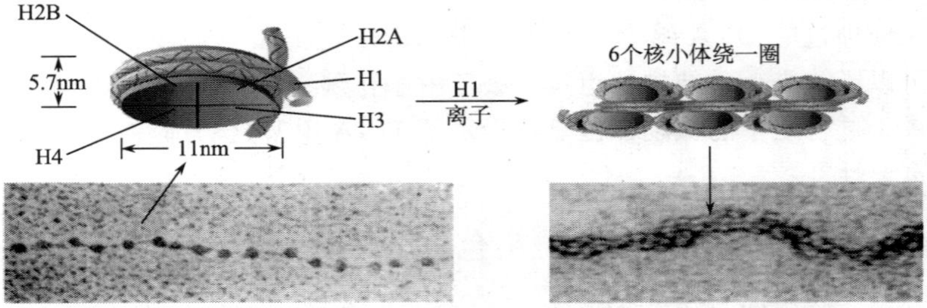

图 5.9　核小体与螺线管

但是螺线管纤维还需要进一步包装成更高一级的染色体。虽然目前这个过程的细节尚不十分清楚。但早在 1977 年，Paulson 和 Laemmli 就指出螺线管的进一步折叠形式可能是“风车”结构。他们发现，螺线管结构可以以纤维环的形式和一些非组蛋白缠绕形成“风车”结构。其中，非组蛋白构成“风车”的中心轴骨架。螺线管纤维在每隔一定间距之后就被“拉拢”固定在非组蛋白形成的中心轴上。这样，从外观看上去好像一个个的风车叶轮。这种组织形式可能对应着真核生物基因单位的组织（图 5.10）。每一个“风车的叶轮”可能代表着一组具有相近调控模式的真核生物基因（第四章）。进一步研究发现，这种风车结构的“基座”中含有两种非组蛋白，一种是分子质量为 170kDa 的 DNA 拓扑异构酶Ⅱ(Sc1)，而另一种则是 135kDa 的 Sc2。其中，Sc1（拓扑异构酶Ⅱ）突变体可导致酵母有丝分裂过程中姐妹染色单体之间不可分开。这样的突变体细胞含有不能被正常压缩的松散染色体结构。类似的现象已经在海胆卵细胞提取物体系中得到了印证。

这些环状结构域被认为是真核生物基因的组织蛋白，在染色体环间分布有特定“绝缘子”(insulator) 区，可以把真核生物基因的调节控制限定在特定的染色体环区（第四章）。

在间期细胞核内的染色质通常被看作组织成如图 5.10 所示意的结构，在细胞核基质处分布有和 DNA 环状结构结合形成的一个一个的分区结构。

染色体中的拓扑异构酶Ⅱ（topoisomerase Ⅱ）SMC 蛋白（染色体结构维护蛋白）参与染色质的结合受“压缩”蛋白亚基的磷酸化修饰的调节。其中，“压缩”蛋白具有 DNA 超螺旋酶活性，参与有丝分裂过程中染色体的压缩（图 5.11）。

从螺线管纤维环到包装形成染色体，应该是 DNA 压缩程度最高的阶段，估计在 200～240 倍（图 5.12）。

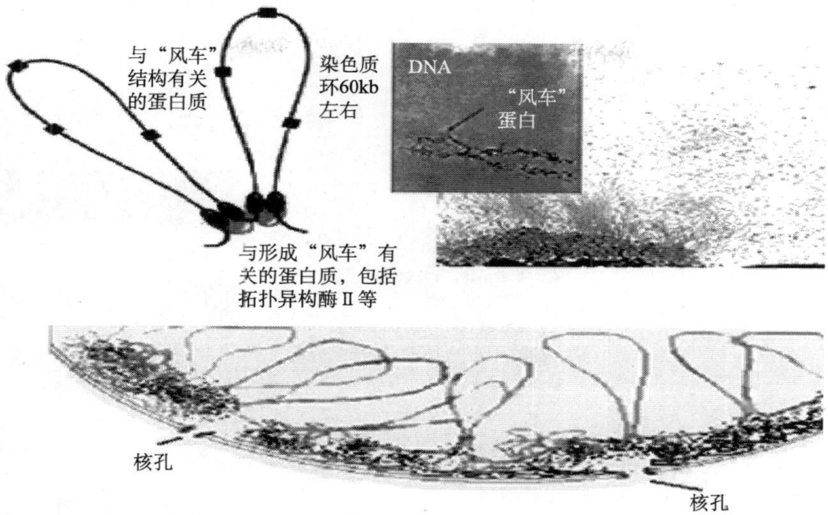

图 5.10 染色体环状结构域

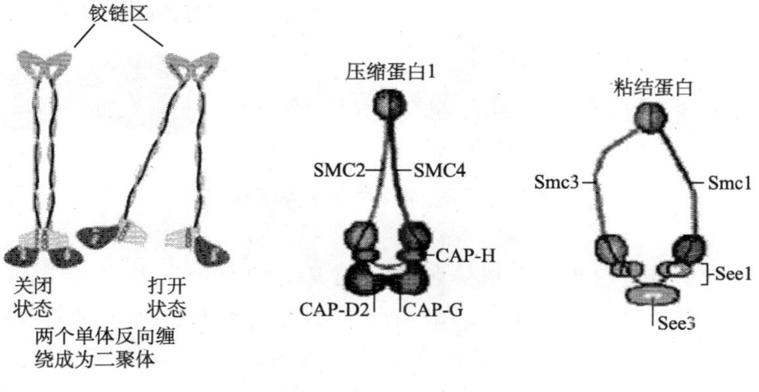

图 5.11 SMC 蛋白的结构

(四) 组蛋白 N 端尾部结合蛋白调节染色质的结构

一直以来，生物学家对于多细胞生物利用一套基因组建立不同细胞内的不同基因表达类型的机制匪夷所思。我们知道，多细胞生物在个体生长发育过程中可以形成多种不同的细胞类型。而且发现，这些细胞类型的差异和基因组本身的组成改变无关，而和这些细胞内基因表达类型的差异有关。那么在分化过程中，细胞是如何建立一种类型的基因表达的？我们知道，多细胞生物细胞内的 DNA 需

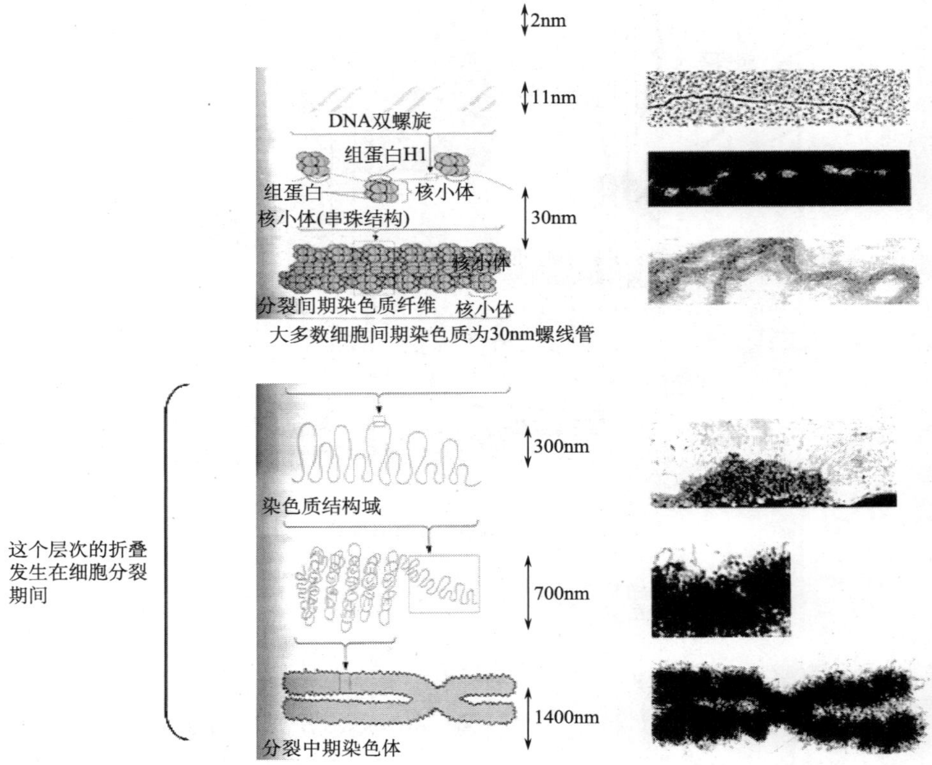

图 5.12　从 DNA 到染色体的折叠

要和组蛋白、非组蛋白作用形成染色质，而其中的组蛋白 N 端结构域可以被多种形式共价修饰，包括甲基化、乙酰基化等，这些我们已经在前文进行了介绍。发生在组蛋白 N 端结构域上的共价修饰可以为参与基因表达调节有关的蛋白质提供结合位点，这种作用就可以促进一个细胞内的相应基因表达类型的建立。

到 20 世纪 90 年代中期，人们已经了解到发生在组蛋白 N 端结构域内的化学修饰和染色质重塑可以调节基因表达，但对它们的工作机制尚无深入了解。到了 1995 年，来自 Michael Grunstein 实验室的系列报道表明，酵母细胞可以通过组蛋白和一类基因表达阻遏蛋白结合，使相应染色质高度压缩，不能被转录因子识别转录的异染色质，包括 SIR3 和 SIR4 等。这类能与组蛋白结合促进相应染色质异染色质化的阻遏蛋白定名为“沉默信息调节子”（silent information regulator）。他们发现，组蛋白 H3 和 H4 的 N 端结构域可以和 SIR 蛋白结合。而且，它们之间的结合受 N 端结构域的共价修饰类型的影响。其中，H4 的 N 端结构域的乙酰基化修饰可以阻止与 SIR3 的结合。1999 年，Ming-Ming Zhou 实验室对普遍存在于辅助基因转录的促进蛋白质中的 bromo 结构域进行了结构解析，发现在组蛋白 N 端赖氨酸侧链上的乙酰基修饰是 bromo 结构域的必需识别起点。Grunstein 和 Zhou 等人的研究首次揭示了组蛋白乙酰基化修饰在促进基因转录和防止其染色质形成过程中所表现出的重要性。随后，相关研究在更大范围内得到推广。到了 2001 年，来自 Thomas Jenuwein、Tony Kouzarides 以及 Shiv Grewal 等实验室的工作表明，果蝇细胞内参与异染色质形成的异染色质蛋白 1（heterochromatin protein-1，HP1）中的“chromo”（染色质结合）结构域只能和在 N 端第 9 位赖氨酸残基甲基化修饰之后的组蛋白 H3 结合，而在相应位点经乙酰基化修饰后的 H3 组蛋白则不能与之结合。同样，酵母中和 HP1 对应的 Swi6 蛋白也表现出相同的现象。众多的研究现已表明，H3K9 甲基化修饰只能出现在异染色质中，其中，HP1 蛋白在该位点与组蛋白 H3 结合可以阻止该区域内的基因转录，从而使该区呈“基因沉默”状态。

三、常染色质和异染色质

1928 年，Heitz 把处于细胞有丝分裂间期的染色体进行染色处理，发现这些染色体上的有些区域表现很致密，颜色很深，而其他一些区域则颜色相对较浅。他把那些颜色深的染色质区称为“异染色质”（heterochromatin，HC），而把那些颜色较浅的区域称为“常染色质”（euchromatin，或真正的染色质“True” chromatin）（图 5.13）。

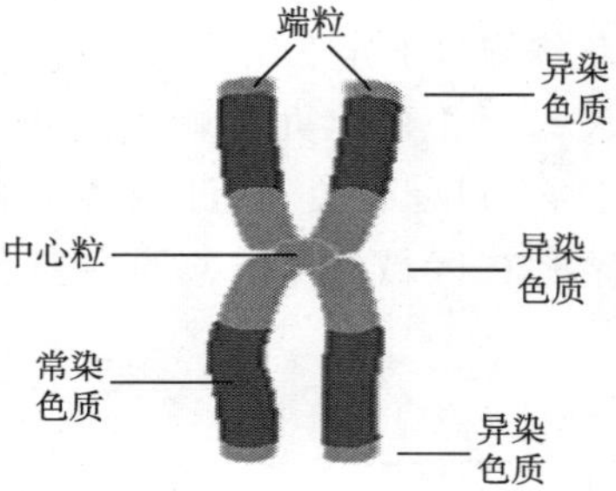

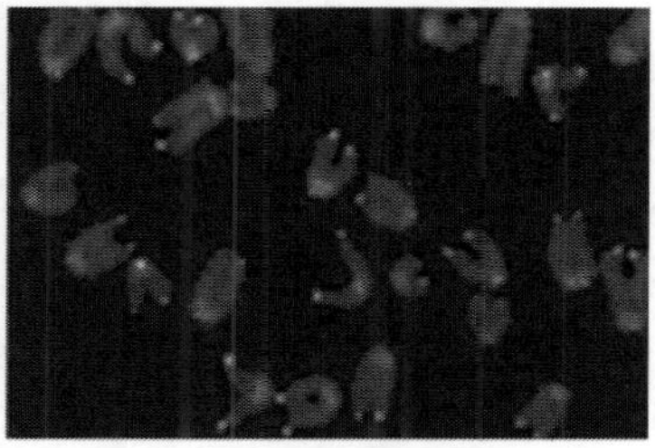

染色体上的端粒

图 5.13　常染色质和异染色质

在此之后相当长的一段时期里，人们习惯上忽略染色体上出现的异染色质区的分子生物学意义。因为这些染色质区通常处于高度压缩状态，而且通常表现滞后复制和缺乏基因转录现象。许多证据表明，异染色质的出现可以伴随着基因转录沉默（transcriptional silencing），同时，染色质上处于“基因沉默”的部位一般会在染色质水平上表现为异染色质。但是其中的分子机制一直以来都不明确。

在此之后的进一步研究发现，常染色质的活性区通常由直径不超过 10～11nm 的纤维丝组成，而且全部只由核小体的串珠形式组成。而常染色质的非活性部分则富含 H1 组蛋白，这些 H1 组蛋白把两个彼此相邻的核小体连接在一起，并进一步形成直径为 30nm 的螺线管结构。这种螺线管结构可以通过和一些非组蛋白作用形成直径为 200nm 左右的环状结构，和异染色质比较，这些结构相对松散，而异染色质则要和一些非组蛋白进一步形成更加致密的染色质结构（参见异染色质形成机制部分）。这个过程需要许多其他非组蛋白的协助，如异染色质结合蛋白 HP1 等。现在已经知道，异染色质又可分为组成型异染色质（constitutive heterochromatin）和功能型异染色质（facultative heterochromatin）两大类型。前者主要有相对简单的重复 DNA 序列，如卫星 DNA，在一种生物的所有细胞内都呈高度浓缩状态，而且在细胞周期的间期依然呈高度压缩状态，不容易被“放松”。组成型异染色质主要分布在真核生物染色体的中心粒和端粒附近。与组成型异染色质不同，功能型异染色质主要分布在一种生物的部分细胞内，不含大量的重复 DNA 序列，并且在有丝分裂期和其他染色体在染色特征上不表现出明显的差异。

除此之外，异染色质还具有如下一些明确的特征。

（1）异染色质通常在 DNA 复制的晚期进行复制。

（2）异染色质 DNA 通常处于甲基化修饰状态。因此异染色质的形成需要在某些 DNA 序列上进行甲基化修饰，通常见到的是 CpG 岛序列。

（3）与异染色质结合的组蛋白一般处于较低水平的乙酰化。组蛋白的乙酰化修饰可以降低组蛋白和 DNA 的相互作用，因此它不利于形成更为复杂的 DNA 蛋白质复合体结构。所以组蛋白上低水平的乙酰化修饰对于异染色质的形成有利。

（4）异染色质中的 H3 组蛋白通常会在 N 端尾上的第九位赖氨酸残基上被甲基化修饰。组蛋白甲基转移酶 SUV39H1 与这个过程有关。而且组蛋白的甲基化修饰以及 SUV391 的作用可以进一步诱导所在区域的 DNA 的甲基化修饰过程。

（5）异染色质不参与基因重组。

（6）异染色质区通常在有丝分裂过程中趋向“凝聚”。

四、染色体成带技术

1923 年，TheophilusPainter 发表了人类染色体的草图，首次报道人细胞中含有 48 条染色体。1951 年，出现了低盐溶液处理细胞的方法，可以使细胞内的染色体分散得更好。在此基础上，1959 年发现了首批染色体异常病例——21 三体综合征，又称唐氏综合征，或先天愚型。其后又发现了只含有一条 X 染色体的女性个体——特纳综合征，和拥有两条 X 染色体的男性，也就是 Klinefelter

综合征。在这个阶段，由于染色体分辨技术上的问题，遗传学家很难观察到更细琐的染色体的畸形。直到1967年，4号染色体缺失导致的先天性智力障碍还一直被认为是属于“B”组染色体紊乱。20世纪70年代，瑞典科学家发明了一套可以特异性染上染色体中AT或GC丰富区域的染料。利用这些染料，他们把人的染色体染出许多区带。有了这些技术上的发展，科学家能够观察更多的染色体畸变，如缺失、重复、倒位和易位等。并且发现这些染色体异常通常都会伴随许多病症的发生。

到20世纪70年代，染色体成带技术出现了新的突破。美国明尼苏达大学的JorgeYunis发明了染色体高分辨技术。这个技术要求首先把人的白血球进行同步化处理，使所有的细胞在生长和分裂上保持一致。然后收集有丝分裂早期的染色体，并对之进行染色。在此之后发展了一系列的染色新技术，主要包括使用荧光染料形成的Q成带，利用吉姆萨（Giemsa）试剂染色形成的G成带，以及由G成带技术衍生出的R成带技术等。其中，进行Q成带所用的荧光染料通常是氮芥喹丫因，而吉姆萨成带所使用的是吉姆萨染料（图5.14）。

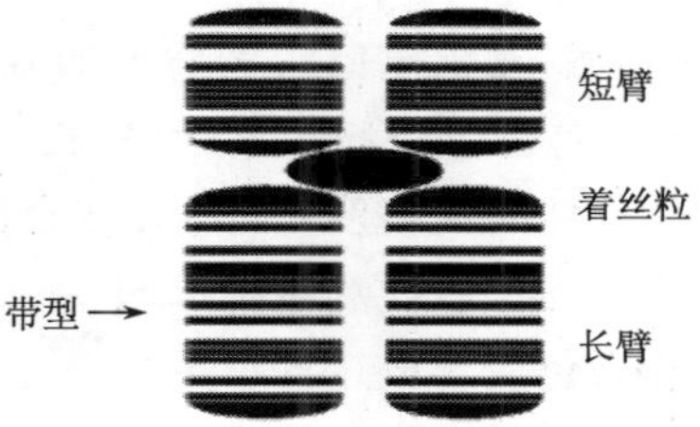

图5.14 染色体高分辨技术

五、异染色质形成的分子机制

在真核生物染色体上的异染色质分为组成型异染色质和功能型异染色质。前者在一个特定真核生物个体细胞内呈永久性存在，而后者则是一种动态的、可逆的异染色质形式。组成型异染色质通常出现在染色体上的端粒部位、中心粒部位；而功能型异染色质则是伴随着发育过程而形成的，如哺乳类雌性细胞内的X染色体的灭活等。特别需要提醒大家的是，功能型异染色质是可逆转的。

有关异染色质的形成机制在相当长的时期里是分子生物学中的一个不解之谜。异染色质形成的机制是通过对果蝇体色基因的位置效应（pcsition-effect of variegation，PEV）、中心粒（centromere）的形成机制，以及酵母基因组中与交配型（mating-type）有关基因区域的分子生物学研究才逐渐得以揭示的。

1930年，英国爱丁堡大学的Hermann Muller首次对果蝇的PEV效应（一种可遗传的基因激活和失活现象）进行了描述。自此之后的进一步深入研究发现，与PEV有关的基因的失活只有当相关基因被转移至异染色质区之后才能出现。Sarah Elgin及其同事发现，与异染色质形成有关的异染色质蛋白1（HP1）可以作为PEV效应的主要抑制者，这首次表明了HP1蛋白在维护正常染色质结构中的作用。5年之后，同一实验室又进一步报道了果蝇PEV现象中伴随着相应插入区域内的染色质包装改变的现象。他们利用果蝇的一种转座子把一种分子标记分别插入到果蝇基因组上的不同部位，之后发现 PEV 效应通常只能出现在当该标记被插入到染色体的中心粒附近，或者是端粒部位，或者是插入到第Ⅳ号染色体（该染色体在果蝇细胞中呈异染色质状态）上的时候。对上述转基因果蝇的基因表达和染色质结构分析发现，PEV 所体现出的位置失活效应通常伴随着该区域内核小体序列的改变，以及限制性内切核酸酶不能接近标记基因的启动子区。因此他们得出结论，果蝇的 PEV 效应需要经过染色质构象的变化才能实现。几年之后，对裂殖酵母染色质中心粒周边区域的研究表明，缺失参与 RNA 干扰（RNAi）复合体形成的有关基因可以引发位于中心粒区与异染色质形成有关的重复 DNA 序列的“互补”转录物的大量表达。在这样的突变体中，向中心粒位置转基因可以得到有效表达，与此同时，作为一染色质标志的相应组蛋白 H3K9 位不能进行甲基化修饰。

这些研究表明，RNAi 复合体可以引导特定异染色质区域内的组蛋白化学修饰。随后，有人利用酵母菌Ⅲ号染色体上与酵母交配型控制有关的基因的表达，对异染色质形成过程中可能存在的顺式因子的影响进行了研究，发现 DNA 重复序列本身具有形成异染色质的趋势。结合来自 PEV 的研究结果，发现异染色质状态可以向其相邻的基因区“扩散”，并因此造成有关区域内的基因失活。在上述过程中，一种和中心粒区重复 DNA 序列同源的 cenH 足以引发异染色质区形成异染色质 ectopic site。而且发现，这种异染色质的形成不仅伴随着组蛋白 H3K9 的甲基化修饰，同时也需要和酵母 HP1 蛋白功能相当的 Swi6 蛋白的作用，以及 RNAi 复合体（machinery）的作用。

至此，基因组中的这些灰色地带形成的分子机制才被人们逐渐加以阐明。最近的研究进展表明，异染色质形成的分子机制在包括裂殖酵母、果蝇以及人类基因组在内的物种中表现出高度的保守性。利用上述模型生物所得结果表明，异染色质的形成与基因组中重复 DNA 序列位点上所发生的表观遗传学修饰（化学修饰）、RNA 干扰（RNAi）等因素有密切的关系（图 5.15）。同时，异染色质的形成又是基因沉默的一种重要手段（第五篇基因的表达调控）。

现在已经清楚地知道，基因组中相应的永久性异染色体的形成是通过蛋白质和核小体之间的相互作用实现的。这个过程不仅和组蛋白 N 端尾部结构域的去乙酰化修饰、甲基化修饰所需要的组蛋白去乙酰基转移酶（HDAC）和组蛋白甲基转移酶（HMTase）的催化有关，更与一组负责“基因沉默”（sliencing factor）的蛋白质——Sir2、Sir3、Sir4 有关。其中，Sir2 就是一种组蛋白去乙酰基转移酶（HDAC），而 Sir3、Sir4 需要与核小体中的组蛋白 H3、H4N 端的“尾”部结构域发生直接作用。

Sir3 和 Sir4 与组蛋白 H3 和 H4 相互作用与否要看 H4 组蛋白的赖氨酸 16 乙

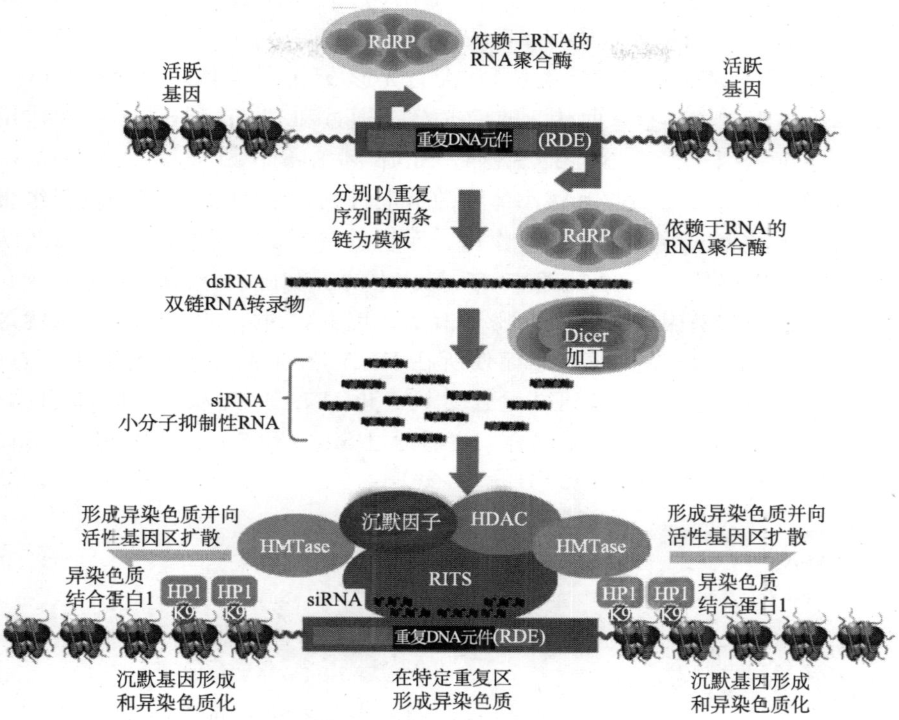

图 5.15　RNAi 与异染色质形成的分子机制

HMTase，组蛋白甲基转移酶；HDAC，组蛋白去乙酰基酶

酰化的具体情况，乙酰化 H4 组蛋白不能和 Sir3 结合，因此不能形成异染色质。Sir2、Sir3、Sir4 之后可以和 H4 组蛋白结合形成异固缩状态的异染色质。因此，组蛋白 H4 上第 16 位赖氨酸乙酰化常被看作区别常染色质和异染色质的分子标记。有研究结果表明，酵母中催化组蛋白乙酰基化修饰的乙酰基转移酶 Sas2p 主要负责对 H4 组蛋白 N 端结构域中的 K16 实施乙酰基化修饰，而当进行基因沉默处理时则需要 Sir2p 对之进行去乙酰化处理，之后才能与 Sir3、Sir4 等结合，开始整个区域的基因沉默，形成沉默域。

六、端粒的异染色质化和基因沉默

端粒是真核生物染色体复制和稳定所必需的。一般而言，几乎所有真核生物染色体的端粒区毫无例外地由异染色质组成。所有的端粒几乎均可相互作用，并同时与核膜结合。同一物种染色体端粒的 DNA 序列组分均相同。除果蝇的端粒含有转座子序列之外，绝大多数端粒序列是由具有物种特异性的较短的正相重复 DNA 序列组成的，如四膜虫的端粒序列为 5′-TTGGGG-3′，而人的是 5′-

TTAGGG-3′。现在人们倾向于认为端粒DNA形成一种Dt环（loop）结构，而不是原先认为的G四柱体结构（G-tetraplex）。

据端粒的Dt环结构模型，端粒DNA首先形成Dt环结构，然后和Rap1p结合，之后会被后者诱导呈弯曲状。随后Rap1p通过和Sir3p及Sir4p直接作用的方式，召集沉默因子蛋白Sir2p、Sir3p、Sir4p到Rap1p端粒DNA的一侧，其中，Sir3p和Sir4p能够直接和核小体中的组蛋白H4的R1结构域（位于组蛋白H4尾16～19位氨基酸残基）发生作用，而组蛋白H4中尾端的R1和R2结构域（位于组蛋白尾部21～29位氨基酸残基）中的正电荷，以及赖氨酸5、8、12位的乙酰化修饰与基因转录的沉默密切有关。因此，Sir3p和Sir4p可能就是通过和组蛋白H4的R1结构域作用而使所在DNA序列呈现异染色质化状态的。端粒DNA的异染色质化过程可能是通过核心化DNA序列和Rap1p蛋白结合，然后Rap1p再与Sir3p和Sir4p结合，之后通过Sir3p和Sir2p形成Sir2p/Sir3p/Sir4p沉默因子复合体的（图5.16）。

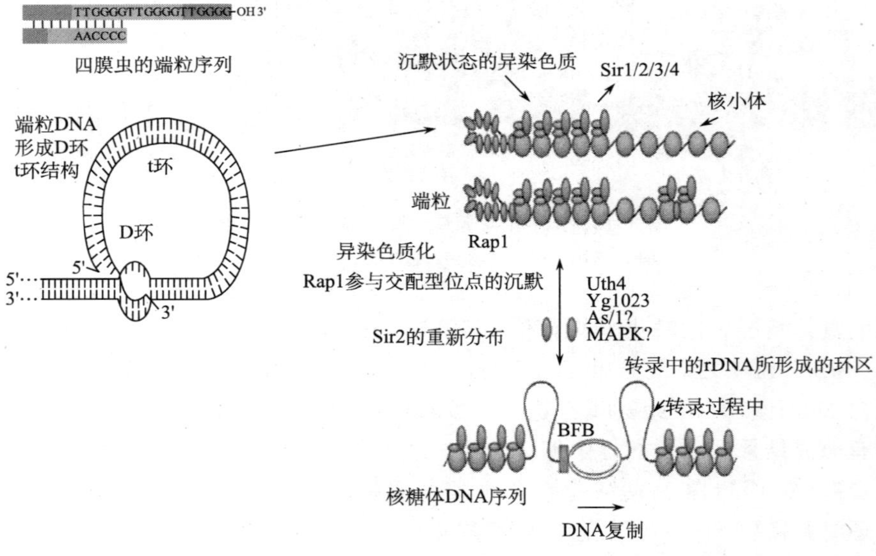

图5.16　染色体端粒结构与端粒区异染色质形成的分子过程

七、着丝粒的异染色质化

着丝粒（centromere，直译为：中心粒）是形成动体（kinetochore）的位点。在减数分裂和有丝分裂时，纺锤丝纤维与之结合形成动体，有助于把染色单体准确地分配到子细胞内。目前，研究得最多的是酵母（*Saccharomyces cerevi-*

siae）的着丝粒。酵母染色体着丝粒区又被称为CEN区（region），酵母染色体之间位于该区的DNA序列和组织大多相似，但绝非相同。一般而言，不同物种的染色体上的着丝粒DNA序列存在物种差异，但是，着丝粒的功能在所有物种中又高度保守。因此，着丝粒的功能和其DNA序列关系不大（图5.17）。

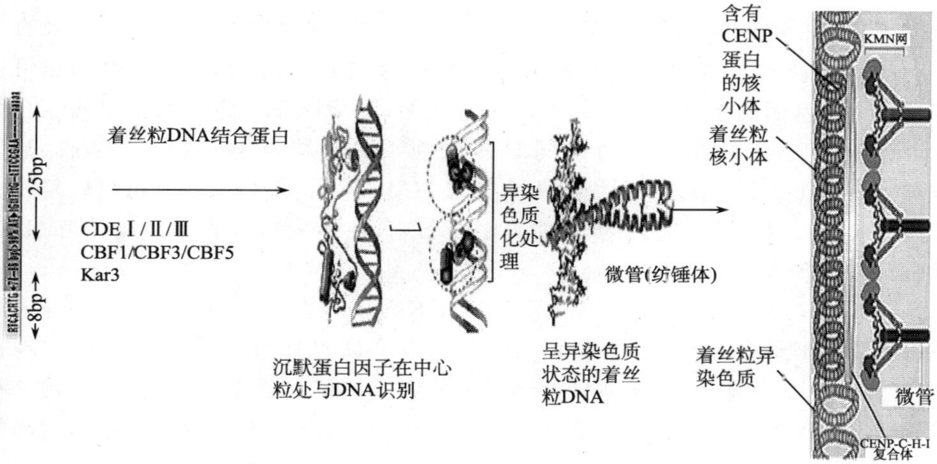

图5.17　着丝粒与异染色质形成

八、核小体的再塑和调整

所谓核小体的再塑和调整是指在特定条件下，染色体中核小体结构遭到破坏或改变之后重新形成核小体或重新调整核小体之间的相对位置和布局的过程。

20世纪80年代及90年代早期的研究表明，活跃基因部位和沉默基因部位的染色质结构并不相同。这种现象可以很容易地通过电泳分析看到。一般的情况是，位于活跃状态基因位点之内的核小体的位置往往会发生一定程度的结构和分布上的改变。紧接着，这种位于转录活跃基因区中的核小体位置的改变的生物学意义就被一系列研究得到了解析。在1992～1995年的三四年间，人们逐渐了解到位于染色质活跃区的核小体的结构和分布上的变化与基因转录有关，发生在这些位点的核小体需要在核小体再塑因子的催化下发生改变，以利于相应位点处基因的转录激活。

在酵母中发现，*swi*（switch，SWI）和*snf*（sucrose non-fermenting，SNF）基因产物影响酵母菌参与交配型转型的基因*HO*（编码一种核酸酶）及与蔗糖发酵有关的*SUC2*、*ADH1*、*ADH2*、*GAL1*、*GAL2*和*GAL4*等一大类基因的转录。Fred Winston等人的研究发现，SWI和SNF可以促进上述基因转录，

在 *swi* 和 *snf* 基因突变体中，酵母菌交配型转型和蔗糖发酵的能力受到抑制。当缺乏 SWI 或 SNF 蛋白时，*GAL4* 基因的转录水平至少下降了 10～30 倍。但是，SWI 和 SNF 蛋白并不属于基础转录蛋白因子。Winston 实验室的结果进一步表明，同时缺失 *swi/snf*（引入 *swi2*、*snf5* 基因突变）和编码组蛋白 H2A 和 H2B 基因可以恢复 *SUC2* 基因的表达水平。表明在体内，SWI/SNF 是通过和组蛋白 H2A/H2B 之间的相互作用而影响染色质结构，并借此影响 *SUC2* 基因转录的。

与此类似，在缺乏 SWI/SNF 的情况下，缺失组蛋白 H3 和 H4 基因也可以恢复 *SUC2* 基因的转录。这些结果清楚地表明，SWI/SNF 组成的蛋白质复合体可以改变核小体的结构。与此同时还发现，同时缺失 *swi/snf* 和 *sin1* 基因（switch-independent，SIN，编码一个类似 HMG1/2 的蛋白质）也可以恢复有关基因的表达。这个发现进一步表明，SWI/SNF 在体内可以克服组蛋白和 SIN1 蛋白对基因转录的抑制作用。

1994 年，来自 Craig Peterson、Robert Kingston 以及 Michael Green 等人的报道表明，酵母菌和人类细胞中的 Swi/Snf 复合体含有 10 个不同的亚基（现在有说法为 11 个亚基），分子质量达 2MDa 左右。该蛋白质复合体能够在 ATP 存在的情况下促进 *GAL4* 基因转录因子和核小体 DNA 的结合效率，表现出明确的依赖 ATP 螺旋酶活性（这其实就是我们现在了解到的“染色质重塑”）。Swi/Snf 复合体可以直接和核小体 DNA 发生作用，并因此改变该处核小体对 DNase 的敏感性，并同时改变相应部位 DNA 的拓扑学结构。因此，有人建议 Swi/Snf 复合体可能和转录激活因子定位到相应染色体部位有关。Swi/Snf 复合体和转录激活因子一起可以改变核小体和 DNA 的结合状态，并因此增加其他转录因子和 DNA 的作用机会。

在随后的几年里又发现了 SIN2/3/4 等蛋白质与 SWI/SNF 蛋白质复合体的作用有关。其中，SIN1 类似 HMG1/2，SIN2 可能是组蛋白 H3 或 H4，SIN3 是一个分子质量为 175kDa 的蛋白质，SIN4 则是一个分子质量为 111kDa 的蛋白质，它们参与基因的转录抑制。

1994 年，Carl Wu 实验室建立了一套模拟活跃基因启动子处染色质结构变化的体外分析系统。该系统所使用的启动子区结合有核小体。当向系统中加入 GAGA 转录因子之后，启动子区段的染色质结构会变得更有利于 DNase 敏感，表明该位点的染色质构象更趋于开放（松散）。有意思的是，这种体外研究的结果非常类似体内有关 GAGA 依赖的核小体重新定位，而且这个反应需要 ATP 的存在。但是，GAGA 转录因子本身并不带有 ATPase 结构域。因此，反应过程中所表现出的 ATP 依赖性可能和所使用的 GAGA 转录因子制品不纯有关。

在此发现的基础之上，1995 年，Toshio Tsukiyama 和 Carl Wu 等人进一步纯化 GAGA 介导的核小体终止（终结）反应体系中的依赖 ATP 的反应因子，并因此发现了含有 4 个亚基的核小体重塑因子 NURF。对 NURF 的进一步研究发现，NURF 本身在较高浓度下就可以对核小体进行重新调整，但这个过程需要在一定剂量的 GAGA 存在的条件下才能进行。Tsukiyama 和 Carl Wu 等的发现进一步丰富了人们对细胞内染色质重塑现象的认识，揭示了细胞内存在有多种蛋白质复合体可以对核小体进行重新调整的事实。Wu 及其同事的后续工作表明，位于 NURF 复合体中的 140kDa 的亚基 ISWI 上的 ATPase 活性和 SWI/SNF2 蛋白上的 ATPase 结构域具有非常大的相似性。因此，暗示 NURF 和 SNF2 作为核小体再塑因子的作用机制可能具有保守性。

随后，人们又陆续发现了许许多多的核小体再塑因子，如果蝇中的 Nbrahma（URF/CHRAC）（chromatin-accessibility-complex）、利用 ATP 的核小体组装和调节因子 ACF（ATP-utilizing-nucleosome-assembly-and-remodeling-factor），以及 1999 年在酵母中发现的另一组与 SWI/SNF 功能相似的蛋白质 RSC（SWI/SNF-related complex：RSC，又被称为 Sth1）。同时，在人体中也发现和 SWI/SNF、NRD、NuRD、E-RCI 等功能相似的染色质重塑蛋白因子。

对这些不同来源的核小体再塑因子的功能研究发现，上述来自不同生物中的蛋白质复合体并不一定表现完全相同的功能。表 5.2 列出了这些蛋白质复合体的一些基本情况。

表 5.2　与核小体重新布局有关的蛋白质组分

蛋白质复合体	生物来源	ATPase	分子质量/MDa	亚基数目	作用
SWI/SNF 家族					对特定基因激活或抵制有关
SWI/SNF	酵母	Swi2/Snf2	2	11	
RSC	酵母	Sth1	1	15	
Brahma	果蝇	Brahma	2	ND	
HSwi/Snf	人类	Hbrm	2	约 10	
HSwi/Snf	人类	BRG1	2	约 10	
NRD	人类	CHO4	1.5	18	
Mi-2/CHD 家族					
Mi-2	线虫	Mi-2/CHD	?	6	
NuRD	人类	Mi-2/CHD	?	≥7	
ISWI 家族					
ISW1	酵母	ISW1	0.4	4	
ISW2	酵母	ISW1	0.3	2	
NuRF	果蝇	ISW1	0.5	4	
CHRAC	果蝇	ISW1	0.7	5	
ACF	果蝇	ISW1	0.2	4（2）	
RSF	人类	HSNF2h	0.5	2	

注：ND，不确定。

但是，这些染色质中对核小体结构重新调整的蛋白质复合体均可以在不同程度上促进 DNaseⅠ和其他核酸酶和核小体中 DNA 的接触能力，表明它们可以影响 DNA 和组蛋白八聚体的缠绕强度。其中最能说明这个过程的是 RSC 蛋白质复合体对组蛋白八聚体和其上 DNA 缠绕的调节作用。因为 RSC 在催化 DNA 和组蛋白八聚体核心解缠绕过程中需要经过一个包括 RSC、DNA 和组蛋白八聚体的中间体阶段，如果此时除去反应体系中的 RSC，那么就可以观察到原先核小体中的 DNA 和组蛋白八聚体核心的改变程度。在这个过程中发现，被 RSC 改变了的核小体通常以双核小体的形式结合在一起，这样的双核小体形式含有两个完整的组蛋白八聚体。目前尚不清楚这样的双核小体结构形式是染色质重新调整过程中所必须经过的中间体步骤，还是实验过程中出现的假象。一种可能的情况是，染色质重新调整的作用方式本身就需要从改变邻近核小体中的组蛋白八聚体的构象来影响邻近的核小体中组蛋白八聚体和其上 DNA 的缠绕，或者一个核小体内的组蛋白八聚体和其中 DNA 的调整始于一个核小体的连接子 DNA 末端，因此对一个核小体进行重新调整的时候需要其邻近的核小体与其配合反应。支持后一种可能作用方式的实验证据是，RSC 蛋白质复合体可以催化一个核小体中的组蛋白八聚体向一段裸露 DNA 上转移，从而使后者形成核小体结构。这样的发现可以进一步解释为什么这些染色质重新调整蛋白质复合体可以催化核小体沿着 DNA 移动，并因此促进某些 DNA 结合蛋白与某些 DNA 结合的现象。

根据染色质重新调整蛋白质复合体的这种可能的作用机制，有人推测它们对于基因转录的促进作用的可能过程如下：①染色质重新调整蛋白质复合体，通过促进转录激活蛋白因子或转录结合蛋白和各自能够识别的 DNA 序列结合；②转录促进因子先于染色质重新调整蛋白质复合体和各自的 DNA 识别序列结合，然后再协助这些染色质重新调整蛋白质复合体和染色质的结合，并调节邻近核小体中组蛋白八聚体和 DNA 的缠绕强度；③染色质重新调整蛋白质复合体，可以通过促进核小体的移动来暴露可以和转录蛋白结合的 DNA 位点；④染色质重新调整蛋白质复合体，通过拮抗和 DNA 结合的转录抑制因子蛋白而促进基因转录。支持第二种可能作用形式的证据来自酵母菌细胞中与基因转录有关的激活因子，以及 RNA 聚合酶Ⅱ和哺乳类细胞中的 DNA 聚合酶Ⅱ全酶可以通过和 SWI/SNF 直接作用协助它和基因启动子区的结合。SWI/SNF 中的亚基 Swi2/Snf2、Swi3、Snf5 和 Snf11 可以和 RNA 聚合酶Ⅱ羧端结构域进行高强度的结合。但是有报道表明，这种发生在 SWI/SNF 和 RNA 聚合酶Ⅱ之间的结合可以引起转录激活因子依赖的 RNA 聚合酶和其 DNA 结合位点的解离。简言之，目前关于染色质重新调整蛋白质复合体的具体作用方式尚不能最后确定。除了参与基因转录过程之外，染色质重新调整蛋白质复合体在 DNA 复制过程中的核小体定位和 DNA 损伤之后导致无核小体或核小体分布不均一时也发挥作用。图 5.18 给出了染色质重新调整蛋白质复合体在 DNA 复制之后或 DNA 损伤导致无核小体或核小体分布不均一时依赖 ATP 提供能量所可能发挥的作用。这种作用是基于染色质重新调整蛋白质复合体所表现出的催化核小体移动的能力的基础之上的。

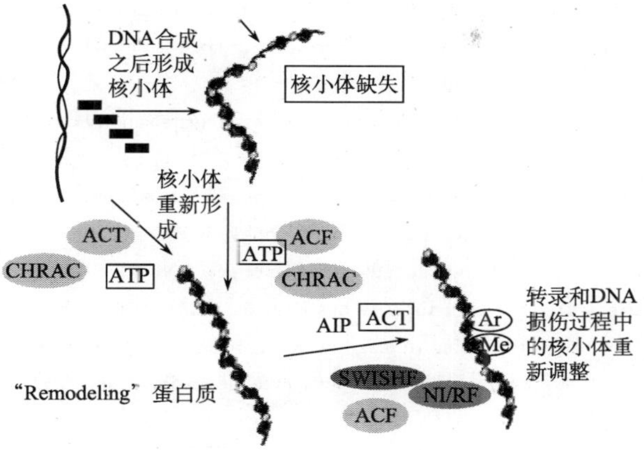

图 5.18　核小体重新调整蛋白质复合体的工作模型

核小体在核小体重新调整蛋白和 ATP 的作用下形成分布均匀有序的串珠状结构，这一维护机制保证核小体在 DNA 合成之后及 DNA 损伤修复之后能够保持一种稳定的存在形式。同时在基因转录过程中，这种核小体的重新布局也具有重要作用

主要参考文献

Bannister A J et al. 2001. Selective recognition of methylated lysine 9 on histone H3 by the HP1 chromo domain. Nature, 410: 120～124

Bird A, Taggart M, Frommer M et al. 1985. A fraction of the mouse genome that is derived from islands of nonmethylated, CpG-rich DNA. Cell, 40: 91～99

Côté J, Quinn J, Workman J L et al. 1994. Stimulation of GAL4 derivative binding to nucleosomal DNA by the yeast SWI/SNF complex. Science, 265: 53～60

Davey C A, Sargent D F, Luger K et al. 2002. Solvent mediated interactions in the structure of the nucleosome core particle at 1.9Å resolution. J Mol Biol, 319: 1097～1113

Dhalluin C et al. 1999. Structure and ligand of a histone acetyltransferase bromodomain. Nature, 399: 491～496

Durrin L K, Mann R K, Kayne P S et al. 1991. Yeast histone H4-N-terminal sequence is required for promoter activation *in vivo*. Cell, 65: 1023～1031

Eissenberg J C et al. 1990. Mutation in a heterochromatin-specific chromosomal protein associated with suppression of position effect variegation in *Drosophila melanogaster*. Proc Natl Acad Sci USA, 87: 9923～9927

Finch J T et al. 1997. Structure of the nucleosome core particles of chromatin. Nature, 269: 29～36

Han M, Grunstein M. 1998. Nucleosome loss activates yeast downstream promoters *in vivo*. Cell, 55:

1137～1145

Hall I M et al. 2002. Establishment and maintenance of a heterochromatin domain. Science, 297: 2232～2237

Hecht A, Laroche T, Strahl-Bolsinger S et al. 1995. Histone H3 and H4 N-termini interact with SIR3 and SIR4 proteins: a molecular model for the formation of heterochromatin in yeast. Cell, 80: 583～592

Hecht A, Strahl-Bolsinger S, Grunstein M. 1996. Spreading of transcriptional repressor SIR3 from telomeric heterochromatin. Nature, 383: 92～96

Holliday R, Pugh J E. 1975. DNA modification mechanisms and gene activity during development. Science, 187: 226～232

Hewish D R, Burgoyne L A. 1973. Chromatin sub-structure. The digestion of chromatin DNA at regularly spaced sites by a nuclear deoxyribonuclease. Biochem Biophys Res Comm, 52: 504～510

Hirschhorn J N, Brown S A, Clark C D et al. 1992. Evidence that SNF2/SWI2 and SNF5 activate transcription in yeast by altering chromatin structure. Genes Dev, 6: 2288～2298

Jenuwein T, Allis C D. 2001. Translating the histone code. Science, 293: 1074～1080

Jones P A, Taylor S M. 1980. Cellular differentiation, cytidine analogs, and DNA methylation. Cell, 20: 85～93

Jones P L et al. 1998. Methylated DNA and Me CP2 recruit histone deacetylase to repress transcription. Nat Genet, 19: 187～191

Jones P A, Laird P W. 1999. Cancer epigenetics comes of age. Nat Genet, 21: 163～167

Kayne P S et al. 1988. Extremely conserved histone H4 N-terminus is dispensable for growth but essential for repressing the silent mating loci in yeast. Cell, 55: 27～39

Kornberg R D. 1974. Chromatin structure: a repeating unit of histones and DNA. Science, 184: 868～871

Kornberg R D, Thomas J O. 1974. Chromatin structure: oligomers of the histones. Science, 184: 865～868

Kwon H, Imbalzano A N, Khavari P A et al. 1994. Nucleosome disruption and enhancement of activator binding by a human SWI/SNF complex. Nature, 370: 477～481

Lachner M, O'Carroll D, Rea S et al. 2001. Methylation of histone H3 lysine 9 creates a binding site for HP1 proteins. Nature, 410: 116～120

Li E, Bestor T H, Jaenisch R. 1992. Targeted mutation of the DNA methyl-transferase gene results in embryonic lethality. Cell, 69: 915～926

Luger K, Mäder A W, Richmond K R et al. 1997. Crystal structure of the nucleosome core particle at 2.8Å resolution. Nature, 389: 251～260

Lorch Y, LaPointe J W, Kornberg R D. 1987. Nucleosomes inhibit the initiation of transcription but allow chain elongation with displacement of histones. Cell, 49: 203～210

Matzke M A, Birchler J A. 2005. RNAi-mediated pathways in the nucleus. Nature Rev Genet, 6: 24～35

Nakayama J, Rice J C, Strahl B D et al. 2001. Role of histone H3 lysine 9 methylation in epigenetic control of heterochromatin assembly. Science, 292: 110～113

Nan X et al. 1998. Transcriptional repression by the methyl-CpG-binding protein MeCP2 involves a histone deacetylase complex. Nature, 393: 386～389

Olins A L, Olins D E. 1974. Spheroid chromatin units. Science, 183: 330～332

Raisner R M, Madhani H D. 2006. Patterning chromatin: form and function for H2A. Z variant nucleosomes. Curr Opin Genet Dev, 16: 119～124

Riggs A D. 1975. X inactivation, differentiation, and DNA methylation. Cytogenet Cell Genet, 14: 9～25

Scott K C, Merrett S L, Willard H F. 2006. A heterochromatin barrier partitions the fission yeast centromere into discrete chromatin domains. Curr Biol, 16: 119～129

Spies M, Kowalczykowski S C. 2005. In the Bacterial Chromosome. Washington, D C: ASM Press. 389～403

Suka N, Luo K, Grunstein M. 2002. Sir2p and Sas2p opposingly regulate acetylation of yeast histone H4 lysine16 and spreading of heterochromatin. Nat Genet, 32: 378～383

Tsukiyama T, Becker P B, Wu C. 1994. ATP-dependent nucleosome disruption at a heat-shock promoter mediated by binding of GAGA transcription factor. Nature, 367: 525～532

Tsukiyama T, Wu C. 1995. Purification and properties of an ATP-dependent nucleosome remodeling factor. Cell, 83: 1011～1020

Tsukiyama T, Daniel C, Tamkun J et al. 1995. ISW1, a member of the SWI2/SNF2 ATPase family, encodes the 140 kD subunit of the nucleosome remodeling factor. Cell, 83: 1021～1026

Verdel A, Moazed D. 2005. RNAi-directed assembly of heterochromatin in fission yeast. FEBS Lett, 579: 5872～5878

Volpe V A et al. 2002. Regulation of heterochromatic silencing and histone H3 lysine-9 methylation by RNAi. Science, 297: 1833～1837

Woodcock C L, Safer J P, Stanchfield J E. 1976. Structural repeating units in chromatin. I. Evidence for their general occurrence. Exp Cell Res, 97: 101～110

Wallrath L L, Elgin S C R. 1995. Position effect variegation in *Drosophila* is associated with an altered chromatin structure. Genes Dev, 9: 1263～1277

Wolf S F, Migeon B R. 1985. Clusters of CpG dinucleotides implicated by nuclease hyper-sensitivity as control elements of housekeeping genes. Nature, 314: 467～469

第六章　基因组和基因组学

第一节　基　因　组

一、什么是基因组？

基因组（genome）是针对一个物种的必需基因所对应的DNA序列。例如，大肠杆菌的环状DNA含有4600个左右的基因，那么用于编码这些基因的DNA序列的总和则被称为大肠杆菌的基因组。再例如，人类含有46条染色体，总共含有约3亿个碱基对。这些DNA分子，以及细胞内的线粒体中用于编码三十几个基因的DNA序列统称为人类基因组。但是，我们不会把诸如细菌中的质粒这样的DNA分子称为“质粒基因组”，主要原因就是这些分子并不能独立地决定一个物种所需要的所有遗传信息。

据不完全统计，到2005年7月已经有1496种生物的基因组已经或正在进行基因组测序。其中有274种生物的基因组已经被测定了序列，包括36种真核生物基因组，如人类、鼠、拟南芥、水稻、放线菌、出芽酵母、裂殖酵母等。其他的则多为微生物基因组，如枯草杆菌、大肠杆菌（图6.1）等基因组，以及病毒基因组、质粒、细胞器等。现在已有近1300种生物的基因组序列测定正在进行中，其中包括728种原核生物基因组和494种真核生物基因组。

因此，我们现在已经拥有了许多关于基因组的信息。我们在此主要介绍人类基因组内那些看起来和基因组稳定性关系密切的成分。同时，鉴于当前分子医学的研究状况，我们也会介绍一些在分子生物学研究过程中比较常用的模型生物基因组的一些信息，包括大肠杆菌基因组、小鼠基因组、两种酵母菌（出芽酵母和裂殖酵母）基因组等。同时，讨论一些基因组研究与人类疾病病理研究（遗传病和癌症及肿瘤）的相互关系问题。

二、基因组中有多少基因？

一般情况下，物种所含有的基因数目随着phylogenetic复杂度的增加而增加。例如，有数据表明，在胞外寄生的细菌的基因组中一般含有500个基因，而能够自由生长的细菌基因组一般应有1500个基因；而单细胞真核生物基因组则应该含有5000个左右的基因（酵母基因组中含有6034个基因）；多细胞真核生物基因组中一般则含有13 000个左右的基因；高等植物基因组应该含有

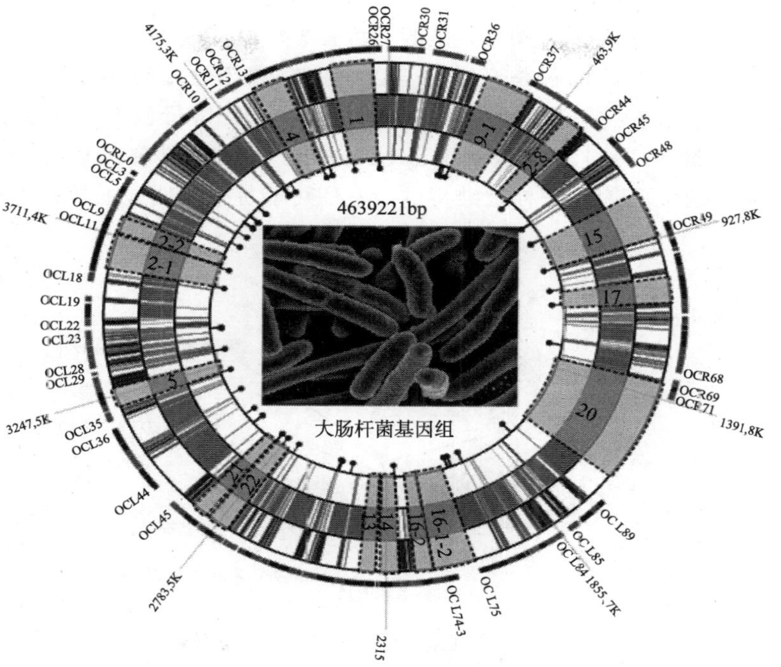

图 6.1　大肠杆菌及大肠杆菌的基因组

25 000个左右的基因；哺乳类动物基因组则估计应该含有 40 000 个左右的基因(表 6.1)。

表 6.1　一些常用模型生物基因组大小及基因数量

物种	基因组大小/Mb	基因数量	DNA/基因
流感病毒（*Haemophilus influenzae*）	1.8	约 1700	约 1kb
大肠杆菌（*Escherichia coli*）	4.6	约 4288	约 1kb
酵母菌（*S. cerevisiae*）	1.35	约 6034	约 2kb
线虫（*Caenorhabditis elegans*）	97	约 19 099	约 5.4kb
果蝇（*Drosophila melanogaster*）	165	约 13 601	约 1.4kb
人类（*Homo sapiens*）	3000	约 35 000	约 86kb
阿拉伯芥（*Arabidopsis thaliana*）	100	约 25 000	约 4kb

应该明确的是，基因组上并不是所有的基因都能表达，许多高等真核生物的组织中被表达的基因数为 10 000～20 000。在丰富的种类中，基因表达确实有所不同，可通过不同组织间的比较得出。例如，在肝脏和输卵管中有大约 75％被表达

的序列是相同的，也就是说，大约有 12 000 个基因在肝脏和输卵管细胞中均有表达，另外还有约 5000 种基因的表达是肝脏特有的，约 3000 种是输卵管特有的。

可能不是所有的基因都是必需的（以突变时破坏效应的存在来定义致死基因）。非必要基因与必要基因的数目应该是相当的。在酵母菌中，仅仅 60%的基因是必要的（图 6.2）；在果蝇（*D. melanogaster*）中，必要基因数小于 5000。我们不明白非必要基因是怎样被维持的，它们可能提供不明显的选择优势。

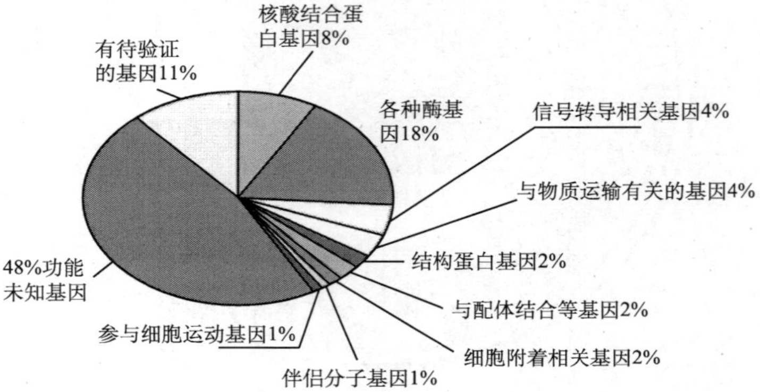

图 6.2 果蝇基因组内各类基因的分布

与此同时，我们还需要明确在一个特定物种（species）中，其基因组所含有基因的多少几乎与所含有 DNA 的量并不表现出明确的相关性（C-value paradox）。同时，一个物种基因组内所含 DNA 的量也不能反映该物种可能体现出的进化复杂性（evolutionary complexity）。但是，一个物种基因组中非编码蛋白质区的多少却和该物种的进化复杂性成正相关。基因组中非蛋白质编码的区域越多，其进化复杂性越高。表 6.1 列出了一些常见物种基因组大小、基因数量和基因长度的一般情况。

三、真核生物基因组与原核生物基因组

原核生物的 DNA 绝大多数是被转录的，或者说，组成原核生物基因组的 DNA 绝大多数是“有用的”。原核生物基因组中仅含有很少没有明确用途的 DNA 序列；与此不同，真核生物基因组中有多达 97% 的 DNA 序列看上去是多余的。似乎这些 DNA 序列存在的唯一目的只是为了无休止地复制自我。为此，1980 年，Doolittle、Sapienza、Oregel 以及 Crick 等人把这些“无用”的 DNA 序列定名为“自私 DNA”或“寄生 DNA”(parasite DNA)。

总体来看，真核生物基因组与原核生物基因组比较具有以下特点。

(1) 真核生物基因组 DNA 需要与蛋白质（组蛋白和非组蛋白）结合形成染

色体，储存于细胞核内，除配子细胞外，体细胞内的基因组是双份的（双倍体基因组，diploid），即每个真核生物的体细胞内含有两份彼此同源的基因组。

（2）真核生物基因组中存在大量的重复 DNA 序列，这些 DNA 重复次数可达百万次以上。

（3）真核生物基因组中不编码的区域多于编码区域，体现 C 值佯谬现象。所谓 C 值佯谬是指基因含量和基因组中 DNA 含量并不呈正相关。

（4）真核生物基因组中，绝大部分基因含有内含子（除一些多基因家族和酵母基因之外），因此，基因是不连续的。

（5）人类基因组 DNA 含量大约是目前所测定基因组 DNA 序列总和的 8 倍，远远大于原核生物的基因组，具有许多复制起点，而每个复制子的长度较小。

（一）原核生物基因组的一般特征

现在已经清楚地知道细菌基因组和真核生物基因组的组织结构具有显著的差异。这些差异主要表现在以下几个方面。

细菌基因组通常在一个细胞中含有一条封闭环状呈超螺旋状态的 DNA 分子，这条 DNA 分子通常聚集成一种类似细胞核的结构，又被称为拟核。但这种拟核并无膜结构使之与细胞质分开。拟核的中部含有 RNA 和骨架蛋白组分，而拟核的外围则是 DNA 分子的超螺旋。细菌基因组中的 DNA 在许多地方和细胞质膜有接触，这些接触部位以及接触的多少通常随生长状况和生活周期而发生改变。一般情况下，与 DNA 复制、转录有关的 DNA 区段最常与细胞质膜结合，如复制起点（oriC）、复制终点（TerC）等部位都需要和细菌质膜结合。而真核生物细胞中的 DNA 则在绝大多数物种中是由几条至几十条分开的 DNA 分子通过和组蛋白和非组蛋白以及 RNA 分子形成染色质。它们之中的 DNA 分子的一级结构和化学组成没有差别。这些相同点和不同点决定了 DNA 复制、遗传重组、DNA 损伤和修复等诸多方面存在着相似性和不同（见第七、八、九和十章）。例如，由于细菌基因组是一条环状的分子，而真核生物基因组中则是线型 DNA 分子，所以在 DNA 复制时，细菌基因组不会遇到 DNA 末端复制的问题。而且现在也发现在 DNA 复制起始时两者也存在着明显的差别（见第七章）。

细菌基因组和真核生物基因组上的基因组织结构差别也很大。细菌基因组中的基因密度通常较高，基因与基因之间的间隔序列通常较短，而且在基因组中缺乏较长的重复 DNA 序列。在大多数情况下，结构基因在细菌基因组中均呈单拷贝，但编码 rRNA 的基因则往往是多拷贝的。细菌基因多以操纵子形式存在，其中的结构基因为多顺反子，即数个功能相关的结构基因串联在一起，受同一个调节元件的调节控制。而且一组功能相关的基因还可以进一步形成“Regulon”，如大肠杆菌参与SOS反应的基因，以及枯草杆菌中与感受态、生芽孢等有关的基因都可以组成“Regulon”等（见第十一、十二和十三章）。

（二）真核生物基因组中的简单重复序列

1. 单纯DNA序列

所有真核生物都至少包含一种以上的单纯DNA序列（simple sequence DNA）。这些单纯重复序列的重复单位通常为5～10bp，同时，也包括一些短至2bp、长至200bp的单纯重复序列。重复单位之间以头尾串接，长度不等。有些只由几百个碱基对组成，而有些则包含长达数百万个碱基对。目前已知最长的单纯重复序列是人类的alphoid DNA，含有近500万碱基对。大多数单纯重复序列分布于异染色质区，一般散在于各个染色体的异染色质区，特别是在染色体的中心粒和端粒部位更是常见单纯重复序列。

1）卫星DNA

卫星DNA（satellite DNA）是真核生物中特有的一类高度重复序列，这类重复顺序的重复单位一般由7～10bp组成，彼此首尾成串排列。由于这类序列的碱基组成不同于其他部分，通常含有较多的GC碱基，很容易通过密度梯度离心法将其与主体DNA分开，因而称为卫星DNA或随体DNA。实际上，所谓的卫星DNA是指所有能够和主要DNA分开的DNA混合体。它们占人基因组DNA总量的5%～6%。人基因组中的卫星DNA可以根据各自表观浮力密度分为5类，其中有4类（Ⅰ、Ⅱ、Ⅲ、Ⅳ）是由GGAAT或类似DNA序列重复形成的，这种重复的长度一般要小于100bp，而第五类，也就是α卫星DNA则是由171bp的重复序列组成的，而且这种卫星DNA富含AT碱基。这种重复顺序为灵长类所独有。通常出现在染色体的中心粒DNA序列之中。用限制性内切核酸酶*Hind*Ⅲ消化非洲绿猴DNA，可以得到重复单位为172bp的高度重复顺序，这种顺序大部分由交替变化的嘌呤和嘧啶组成。

2）小卫星DNA

一般把少于10个碱基对作为重复单位形成的重复DNA序列称为小卫星DNA。或者根据卫星DNA长度的不同，分别把它们归属于卫星DNA（satellite DNA），长度在10万～1000万碱基对；小卫星（minisatellite DNA），长度为100～10万碱基对；微卫星（microsatellite DNA），长度一般为10～100碱基对。

某些简单重复序列家族可以作为DNA指纹图谱（fingerprinting）的基础，称为“小卫星”DNA（minisatellite）。小卫星DNA通常由含有15～100bp的重复单位组成，重复序列长度一般为0.5～30kb。

3）微卫星 DNA

微卫星 DNA（microsatellite DNA）与小卫星 DNA 的差别在于微卫星 DNA 的重复单位一般少于 5bp。例如，二核苷酸重复序列（TG)$_n$ 或三核苷酸重复序列（AAT)$_n$ 等就属于微卫星 DNA。一般情况下，微卫星 DNA 重复序列的长度呈高度的多态性（polymorphic)。因此，微卫星 DNA 重复序列通常可以用作法医鉴定分析的标志，同时，也可以用于研究一组人群中有关个体的相互关系。

由于每个基因位点上的微卫星 DNA 的长度总体上比相应的小卫星长度短得多，因此，微卫星比小卫星更适合进行 PCR 分析。由于长度相对较短，因此有利于在高度降解的 DNA 制品中保持完整长度，可用于进行法医学分析。

现在发现，包括三核苷酸重复序列在内的许多小卫星 DNA 的稳定性和人类遗传性疾病有关。

2. 内含子

大多数真核结构基因中含有内含子（intron)，或者又被称为“间隔序列”(intervening sequence）或“不编码序列”（non-coding sequence)。这些内含子可以被转录，但需要经加工从初级转录物中精确去除。除去内含子是功能 RNA“成熟”的关键一步。因为习惯上把真核生物基因的编码部分称“外显子”(exon)，因此把上述不编码间隔序列称为“内含子”。通常情况下，真核生物基因所含有的内含子序列要比其外显子序列长，且占基因组的比例更多。从整体来看，真核基因所含内含子的数目、位置和长度不尽相同，如鸡卵清蛋白基因的外显子被 7 个内含子隔开，而鸡卵伴清蛋白基因则含有多达 17 个内含子，卵黏蛋白基因有 6 个内含子，而 α-珠蛋白基因则只含 2 个内含子（有关内含子的加工机制可参见第十一章)。

3. 基因家族

何谓多基因家族（gene families)？在基因组中发现的，以相同或相似的多个基因的形式存在的基因被称为“基因家族”。以多基因家族形式存在的基因一般均为“持家基因”，如编码真核生物 rRNA 的基因就是以多基因家族形式存在于核仁组织者中的。含有相同基因的基因家族有利于细胞在较短时间内获得大量的相应基因产物，如上面讲到的 rRNA，有利于形成足量的核糖体参与蛋白质的翻译。而含有不完全相同的基因组成的基因家族，如血红蛋白基因家族，则有利于在发育的不同阶段进行转换。

4. 转座子和反转座子及其衍生物

转座子（transposon）普遍存在于原核与真核生物基因组中。在原核生物中主要是插入序列和两端含有插入序列的组成型转座子，在真核生物中，除了真正的转座子之外，还有通过 RNA 分子为中介、经反转录转座的反转座子（retro-transposon)，反转录病毒样长末端重复 DNA 序列（LTR）和转座子衍生的重复序列。其中，只有真正的转座子及其衍生的重复序列可以 DNA 的形式进行转座。

反转录转座子（retrotransposon 或 retroposon）则需要经转录为 RNA，再把这样的 RNA 分子反向转录成 DNA 后进行转座。反转录只出现在真核生物，包括能自由地感染宿主细胞的反转录病毒，以及通过以 RNA 为中介进行转座的 DNA 序列。除反转录病毒之外，反转座子又可分为两类：一类是病毒超家族（viral superfamily），其自身编码的反转录酶或整合酶（integrase）能自主地进行转录，转座机制与反转录病毒相似，只是不能像反转录病毒那样独立感染进行传播；另一类则是自身不具有编码转座酶或整合酶，必须依靠所在细胞的酶系催化转座的非病毒超家族（nonviral superfamily）。病毒超家族和非病毒超家族之间存在着明显的组织结构差异，病毒超家族 DNA 分子两端具有“长末端重复序列”（LTR），而非病毒超家族的成员则缺乏这样的 LTR 结构。除此之外，病毒超家族成员能制造转座酶或整合酶，所以能实施自主转座，而非病毒超家族成员不能进行自主转座。反转录转座子通常会在其插入位点上制造短的正向重复序列。

转座子衍生物是源自转座因子的一类重复序列，与真正的转座子非常相似。转座子衍生物在人体基因组中约占重复序列的 45%。它们又常被称为分散的重复序列（interspersed repeat）。根据所含重复单元的大小和组织特征，又可分为长分散重复序列（long interspersed repeat segment）和短分散重复序列（short interspersed repeat segment）。

5. 假基因

真核生物基因组中还存在着一类被称为“假基因”的 DNA 序列，这些假基因与基因组中某些具有明确功能的基因具有很多的相似性。因此一种可能的解释是这些“假基因”源于一些“真”基因突变的产物。在没有发生突变之前可能也是真正的基因，可能也具有明确的功能。但是基因损伤或者基因突变使这些基因的功能丧失了。

从 DNA 序列上来看，假基因与“真”基因相比通常缺少内含子序列，而在其两端又往往含有正向重复序列。因此，有人提出假基因可能源于某些基因转录出的 mRNA。这些 mRNA 分子经反转录产生 cDNA，然后再整合到染色体基因组中去就有可能产生“假基因”。

一般而言，假基因都是些不能表达的 DNA 序列。

（三）基因组在世代间的改变（alteration of genome）

有些生物个体细胞内基因组含量可以在一个世代的不同时期出现改变。这种改变包括基因扩增（gene amplification）、基因的选择性丢失（selective gene loss)，以及基因组内的重排（rearrangements in genome)。这些改变经常出现在该个体的体细胞基因组内，而不影响配子基因组的含量。

四、细胞器中的 DNA

（一）线粒体 DNA

在真核细胞中，除细胞核含有 DNA 外，位于细胞质中的线粒体和叶绿体自身也具有编码不同于核中遗传物质的 DNA。以人为例，人的每一个体细胞内平均含有 100～500 个线粒体，每个线粒体内含有 1～15 个线粒体 DNA 分子。成熟的精子细胞含有 50～80 个的线粒体，而卵子细胞中则要含有 10 万个以上的线粒体。

受精卵中的线粒体主要来自母亲，因此，线粒体 DNA 的遗传表现为“母系遗传”现象。线粒体 DNA 分子呈闭合环状，大小为 16.5kb（一般为16 569bp)。线粒体 DNA 分子通常编码 13 个与细胞氧化呼吸链有关的蛋白质、22 个 tRNA 和 2 个 rRNA 分子。这些基因在线粒体 DNA 分子上连续分布，除在置换环(D-loop)处有一段 1122bp（起始于 16 023 位，终止于 576 位）与线粒体 DNA 复制起始和终止有关的 DNA 序列之外，线粒体 DNA 上的基因彼此没有间隔。线粒体 DNA 分子两条链在碱基组成上具有不对称性，一条链富含 G 碱基（重链或 H 链)，负责 28 个线粒体基因的编码，包括 12S 和 16S rRNA 基因以及 12 条多肽链的基因。与 H 链互补的另一条链则含 G 碱基较少，因此称之为轻链或 L 链。

线粒体 DNA 分子不能与组蛋白作用形成染色质，而是同原核生物的 DNA 分子那样呈“裸露”状态。由于线粒体是氧化磷酸化的场所，可以产生大量的活性氧，容易对线粒体 DNA 造成氧化损伤。因此，线粒体 DNA 经常可见点突变、插入/缺失突变以及移码突变等。线粒体自身缺乏 DNA 突变预防机制。对活性氧所造成的 DNA 损伤的修复能力有限。线粒体 DNA 突变与人类衰老和疾病（如结肠癌、乳腺癌、肠道肿瘤、肾癌、睾丸癌）都表现出相关性。线粒体 DNA 分子在 1981 年被首次确定，1991 年完成了序列测定。

（二）叶绿体 DNA

叶绿体 DNA（ctDNA）和线粒体基因组一样为环状双链分子，大小为120～160kb。很多植物叶绿体基因组的 ctDNA 分子中有两段反向重复的核苷酸序列，通常可作为植物 ctDNA 共有特征。这种反向重复 DNA 序列大小为 6～76kb。不同植物的 ctDNA 大小差异主要由反向重复序列大小差异加以体现。但一些植物，如蚕豆、豌豆等叶绿体内并未发现类似的反向重复序列，而眼虫藻叶绿体基因组中却含有 3 段正向重复序列。

烟草、地钱、水稻的 ctDNA 的全序列显示，ctDNA 含有编码自身的 rRNA 和 tRNA 的基因和 100 个左右的蛋白质结构基因。同时也发现，在大多数植物叶绿体的 ctDNA 上都含有 2 个 rDNA 拷贝，而眼虫藻中却有 3 个彼此相邻的 rDNA 分子，但在豌豆和蚕豆却只含一个 rDNA 拷贝。因此，一般倾向于认为 rDNA 存在于 ctDNA 反向重复序列中。有人发现，豌豆叶绿体中核糖体的 60 种不同蛋白质组分有 1/3 归叶绿体 ctDNA 编码。叶绿体所含蛋白质中约有 30% 是 ctDNA 编码的（如光合作用反应中心的蛋白质等），其余 70%的蛋白质则由核基因组编码（如类囊体膜的某些蛋白质等），此外，某些功能性寡聚蛋白质是分别由叶绿体 ctDNA 和基因组 DNA 共同编码的，如叶绿体中的可溶性蛋白 Rubisco 的大亚基就是由叶绿体自身基因组编码的，而小亚基则由核基因组编码。但是，有证据表明，灰藻、红藻叶绿体内的“Rubisco”大、小亚基全是由叶绿体自身基因组编码的，且大、小亚基的基因位于同一个“操纵子”内。有意思的是，有人在衣藻 23S rDNA 中发现有一个内含子（intron），首次表明 ctDNA 也许同其他真核生物核基因那样属于“断裂基因”。随后，在玉米 ctDNA 中也发现了内含子。需要特别说明的是，高等植物的叶绿体 DNA 内含子常见于 tRNA 基因中，很少存在于蛋白质结构基因中。但绿藻中却发现许多的蛋白质结构基因其实也存在着内含子。此外，在眼虫藻的叶绿体基因组 16S rDNA 的先导序列中存在着一个额外的“假”tRNA Ile 基因，类似的假基因则在单子叶植物叶绿体基因组中至少发现了 5 个。

第二节　人类基因组计划和人类基因组

一、人类基因组计划

1986 年，美国能源部（department of energy，DOE）同时开展了一系列的研究计划，包括建立已知染色体位点 DNA 的有序片段排列顺序；开发可用于分析遗传图谱和 DNA 序列数据的新型计算机算法；开发可用于 DNA 探测和序列分析的新技术、新设备和新方法。这一系列的研究计划标志着人类基因组计划（Human Genome Project）已经开始启动。随后美国能源部与国立卫生研究院共同组织和领导了人类基因组计划。人类基因组计划的前期准备花了 4 年的时间，之后于 1990 年正式全面展开。这个计划原先准备用 15 年的时间对人类基因组 DNA 中约 3 亿个碱基对的排列顺序进行全部测定；并在此基础上确定 2 万～2.5 万个可能的人类基因，建立人类基因组信息数据库。结果只花了 13 年的时间就胜利完成。

二、人类基因组的组织特征

从已经完成的人类基因组 DNA 序列来看，人类基因组中的核甘酸总数为 3 亿（3000Mb），其中，与基因或基因有关的序列约占 900Mb，这其中编码序列约占 90Mb，而非编码序列则占 810Mb。人类基因组中的非编码 DNA 序列包括：①假基因；②基因片段；③内含子以及结构基因的前导和后随序列。除此之外，剩下的大约 2100Mb 的 DNA 序列与基因的编码没有明确的关系，似乎属于所谓的“垃圾 DNA”（这个概念现在看来已经过时，我们在后面做出解释），其中各种类型的重复 DNA 序列约占 420Mb，单一或低拷贝数 DNA 序列则占 1680Mb。在重复序列中，反向重复序列、正向重复序列（含卫星 DNA 等），以及在基因组范围内分布的重复 DNA 序列，LTR、LINES、SINES 和 DNA 转座子等占了很大的比重（图 6.3）。

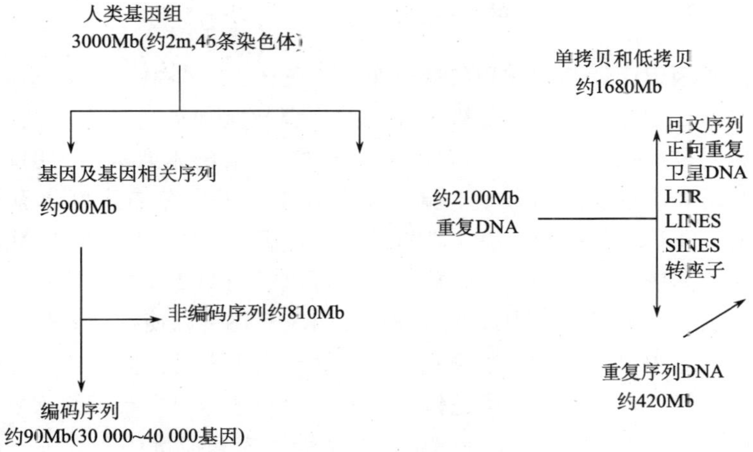

图 6.3 人类基因组中的垃圾 DNA

通过对人类基因组中已知 DNA 序列分析，我们可以发现如下的一些特征。

（1）人的基因组含有 3 万～4 万个蛋白质编码 DNA 序列，远远少于原先估计的 10 万个左右的基因，只相当于果蝇和线虫的 2 倍左右，暗示人类基因活动可能并不像我们当初想象的那样是一个基因、一条多肽链的对应关系，而可能是一个基因编码多条多肽链。这种过程不排除基因的拼接。

（2）蛋白质组分远远比无脊椎动物复杂。

（3）成百的基因看上去和细菌的基因相似，有数十个基因似乎来自可移动因子或是可移动因子的衍生物。

（4）尽管有半数左右的人类基因来自可移动因子，这些 DNA 在人体中似乎并不活跃。很多看上去完全丧失了转座的能力。

(5) 在染色体的中心粒附近和端粒附近区域存在 DNA 重复序列群，模块式的重复似乎比在果蝇或线虫中来得频繁。

(6) Alu 序列比较倾向于 GC 丰富区域，而且这种“自私 DNA”（或垃圾 DNA）的分布可能有利于基因组的稳定。

(7) 在男性（雄性）减数分裂过程中表现出较高的突变率，和女性（雌性）比较约有 2 倍的差异。

(8) 染色体上 GC 含量少的区域通常形成吉姆萨染色中的 G 带核型的“暗带”。

(9) 人类基因中发生的遗传重组倾向于发生在远距离之间，大约相隔 20Mb，这样的间隔比短区域重组的频率要高很多。在每一次减数分裂过程中，每条染色体至少要产生一个交叉（crossover）。

三、基因在人类染色体上的分布特点

在人类基因组中，基因非均匀地分布在染色体上。其中一些染色体上含有的基因要多些，如 17、19 和 22 号染色体的基因要比其他染色体上的基因要多些，基因密度相对较高；而 4、8、13、18 和男性的 Y 染色体上基因密度相对要低，所含基因相对要少些。更有甚者，同一染色体上的基因分布密度也有较大的差异，含有 GC 碱基多的区域基因含量相对要高，而富含 AT 碱基的区域基因含量则相对较少，基因密度要低。在人群中通常可以见到的 13、18 和 21 三体的常染色体只含有很少量的基因，因此这些染色体出现三体可以使携带者存活下来，这就是为什么人群中可以见到这些染色体三体综合征患者的原因。值得特别说明的是，人类的基因并不全都位于染色体上，有三十几个基因分布于细胞质中线粒体中的 DNA 上。这些位于线粒体 DNA 上的基因主要和能量代谢有关。由于卵细胞中含有相对较多的线粒体，而精子细胞中则含有少数的线粒体，因此人类的细胞内的线粒体主要源于母亲，体现母性遗传规律。据此可知，有关人类线粒体基因突变以及所引发的相关疾病表现为母系传递方式，这种遗传方式有别于核内基因的遗传。

四、人类基因组中的变异

（一）基因突变的类型

基因突变可以源于 DNA 序列上的碱基顺序发生改变，它可以表现为一个或多个碱基的变化。同时，DNA 链的断裂，包括单链断裂和双链断裂也可以导致 DNA 序列的重新排列。一个或多个核苷酸残基也可能会发生改变，如插入、丢失等都可以是基因突变的原因。在染色体水平上，上述变化通常被称为多型性或插入和缺失。

除了上述的经典突变类型之外，最近一些年又发现在重复DNA序列之处的多种类型的改变，这些突变类型包括三核苷酸序列的扩增和缺失。同时在这些位点也会出现更为严重的染色体移位突变，这样的移位突变可以一次性使一段DNA序列加以转移。需要说明的是，移位突变和许多肿瘤的发生有关。

基因突变类型的分类方法有许多种，有些是根据导致基因突变的原因进行分类，有些则是根据基因突变后所造成的影响进行分类。如果从突变的原因来看，DNA序列上的单个碱基的变化是最为常见的突变类型，这种类型的突变被称为点突变。点突变又包含如下几种：一类是点突变导致基因编码发生改变，这类突变被称为错义突变；另一类点突变可以造成基因的终止，这种基因突变被称为“无义突变”，无义突变使得一个能编码氨基酸的密码变成了终止密码，因此在蛋白质翻译过程中可以造成大幅度的缺失；还有一类点突变是移码突变，这种类型的点突变源于碱基的插入和缺失，以至于最终从突变位点处改变了基因原有的编码顺序，这类点突变可以造成不成熟的终止密码的出现。

如果只考虑突变的效应而不管其机制的话，那么在人类基因组中的许多变异缺乏明确的表型改变。很多的基因突变呈现沉默突变。例如，尽管发生了基因突变，但是突变之后的DNA密码依然编码和原来相同的氨基酸、而有的却可以编码在化学性质上相似的氨基酸；前一类型的基因突变称为沉默突变，而后者则称为保守突变。沉默基因突变并不改变蛋白质的一级结构序列和空间结构，而保守基因突变对蛋白质功能的影响微乎其微。

由于非保守基因突变改变了原来蛋白质的一级结构，并相应地改变了所编码蛋白质的生物学功能，因此能够影响到有关的表型。在人群中，尽管基因突变可以通过多种形式导致疾病的出现，但是一般而言，绝大多数的人类遗传病是因为基因突变导致相应蛋白质功能的丧失所致的。这种类型的基因突变既可以从量上影响蛋白质的功能，也可以根本上改变有关蛋白质的功能。例如，位于人类X染色体上的6-磷酸葡萄糖脱氢酶基因突变一般可以降低该酶的生物学功能，因此如果一个男人携带相关的基因突变，就会在接触过某些药物之后出现急性溶血性贫血症，如磺胺类药物、伯氨喹等。因为在人基因组中并不存在专门用于药物代谢的基因，因此一些能够严重影响葡萄糖-6-磷酸脱氢酶功能的基因突变也可以使男性携带者在食用蚕豆之后出现溶血性贫血，只因为蚕豆中的成分需要6-磷酸葡萄糖脱氢酶进行降解。

此外，某些基因突变也可以通过重新获得某种生物学功能而导致携带者出现有关疾病。这些新获得的生物学功能可能只是一种生物毒性，而这种生物毒性可以成为疾病发生的原因。例如，人类基因组中存在的三核苷酸重复序列CAG·

CTG 可以在某些基因位点发生原因不明的特异性扩增，而这种扩增和亨廷顿疾病及多种小脑共济失调综合征的发病有关。这些扩增了的 CAG 重复 DNA 序列编码相应增长了一段谷氨酰胺重复序列，而这种重复序列可以是上述疾病所表现出的神经病理异常的原因（图 6.4）。这种由于 CAG 重复 DNA 序列的扩增而导致所编码蛋白质赢得了多余的生物学功能可以在人群中以显性方式遗传。

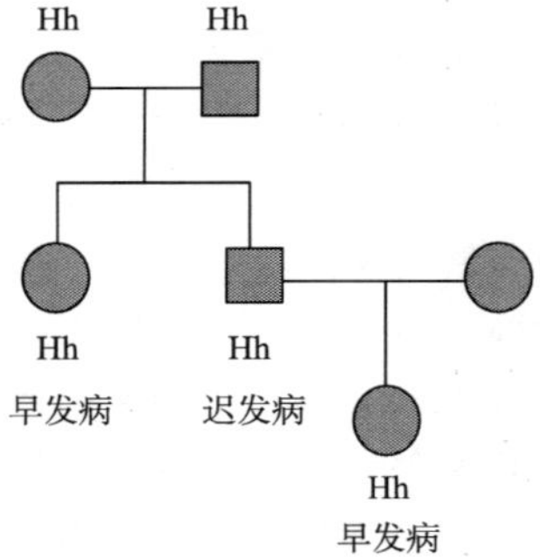

亨廷顿舞蹈病(HD)的家族遗传

亨廷顿(Huntington's disease,HD)舞蹈病

亨廷顿舞蹈病是一种常染色体显性遗传病，临床主要表现为慢性进行性舞蹈样动作和痴呆。HD基因的5'侧含有CAG三核苷酸重复序列，它可出现原因不明的扩增，扩增之后的$(CAG)_n$重复序可达50个左右，而正常人群$(CAG)_n$拷贝数为11~34个。三核苷酸重复序列扩增而导致的疾病有脆性X染色体综合征、强直性肌营养不良综合征、球-脊肌萎缩、齿状核-红核-苍白球-丘脑底核萎缩、Ⅰ型脊髓小脑共济失调、少年脊髓型遗传性共济失调等15类以上的人类疾病

图 6.4　基因组不稳定可以导致人类疾病

如果基因突变出现在基因组的非编码区，一般情况下并不表现出遗传效应。但是如果这些基因突变出现在某些基因的调节元件中，很多时候也会由于影响该基因的表达而使携带者出现病理改变。例如，出现在调节区的基因突变可能导致有关基因不能表达；或者改变相关基因表达的组织特异性；或者使得有关基因的表达时间提早或推迟等，这些都会影响肌体的生理状态。这方面的例子有脆性 X 染色体综合征、Ⅰ型糖尿病（胰岛素基因的侧翼区出现突变）、Ⅱ型糖尿病（calpain-10 基因位于内含子内的调节位点出现基因突变）、骨质疏松（位于Ⅰ型胶原蛋白基因的调节区发生突变）等。

基因突变有时还可以降低罹患某些疾病的风险。研究表明人群中携带有存在于一个趋化受体因子 CCR5 基因内的 32 个碱基的移码突变有利于抵抗艾滋病病毒亚型Ⅰ的感染，如果该个体基因组中含有两份相同的含有移码突变的基因的话，那么他们几乎完全可以避免上述艾滋病病毒的感染。造成这种情况的原因是因为艾滋病病毒对免疫细胞的入侵需要 CCR5 受体，而一旦该受体由于基因突变而丧失了功能就可以抵御病毒的入侵了。

随着人类基因组序列分析的逐步完善，人们发现人与人基因组中 DNA 序列之间存在着的差异微乎其微。组成人类基因组的 32 亿碱基中，任何两个人仅存在 0.1%左右的差别，其余的 99.9%左右是完全相同的。这种 0.1%的差异相当

于几百万碱基的差异，而正是这些差异决定了一个人的特有性状。例如，为什么一个人长相不同于其他的人、他/她的最终发育是否对某些疾病易感等。

（二）基因突变的效应

1. 变异不一定导致基因改变

在人类基因组中，大量的突变出现在DNA之中的非编码区（不携带可表达的遗传信息基因），因此，我们目前很难通过遗传学手段确定这些位点改变的生物学意义。所以对于此类突变的具体功能和意义尚不清楚。同时，有些出现在基因编码区和基因表达调节区的基因突变也不一定要表现出功能上的变化，因此我们称这类基因突变为“沉默基因突变”。

2. 变异导致无害突变（中性突变）

有些基因突变出现在基因编码区和表达调节区，但是这些基因突变总体上并不带给人体不良的影响，但却能够使携带者出现表型变化，如某些基因突变可以改变一个人的容貌，或者是肤色、发色等。但是这些基因突变的携带者并不是通常所说的遗传病患者，如我们常见的所谓白色人种、黄色人种和黑色人种等，大多和这种基因突变有关。同时，这样的基因突变也可能是人群中长相和外貌差异的分子基础，如在同一种人群之中，有些人是圆脸，而有些人又可能是四方脸或长脸等。这样的基因突变虽然出现在编码区，但是它们并不会带给携带者有害的表型。从分子生物学的观点来分析，这些基因突变并没有改变所编码蛋白质的功能。

3. 变异导致有害改变

有一类出现在DNA编码区的基因突变可以使携带者出现有害的表型。这也就是我们常讲的遗传病。这类基因之所以能够导致携带者出现典型的遗传病，是因为它们的改变可以进一步改变所编码蛋白质的结构和功能，如糖尿病、肿瘤、心脏病、血友病和亨廷顿疾病等，莫不与此有关。

对于某些单基因遗传病而言，某个特定基因的改变足以导致人体出现相应的疾病。人群中比较常见的血友病就是典型的单基因遗传病。与此相对照的是，某些人类疾病源于多基因的突变，如癌症就和多种基因突变有关。

4. 基因突变导致潜在的变化

有些基因变异可以导致潜在的遗传效应。这些改变通常出现于基因的编码区和与基因表达有关的调节区。尽管如此，出现在该基因上的突变并不总会影响它自身编码产物的功能，只是在特定的条件下才有可能出现遗传效应。但是这种类型的基因突变却有可能是人群中某些个体罹患肿瘤的原因。当这些基因突变携带者接触过某些环境因素时就有可能使他们罹患肿瘤。同时，这种类型的基因突变可能也和人群中客观存在的对药物疗效的差异有关。

第三节　基因组中的单核苷多态性（SNP）

一般而言，人群之中两个不相关的个体基因组之间在DNA序列上约有99.9%的序列相同，彼此之间相差仅为0.1%左右。但是由于人类基因组含有3亿个碱基，那么这0.1%的差异就相当于几百万个碱基的差别。因此，如此众多的差异有可能决定不同个体所能够表现出的差异，即所谓的个体差异。现在，已经在世界范围内对人类基因组中的这种SNP现象进行研究，主要还是希望搞清楚SNP和人类健康之间的可能相互关系。

事实上，现在已经发现了一些人类疾病和人群中存在的SNP现象有关，但是就目前的状态而言，这些发现还远远不能为医疗提供得力的帮助。目前，SNP只是更多地被用于生物多样化的分子标记而已，如利用它进行法医鉴定等。可以说，SNP和更多人类疾病相关性的研究刚刚开始。

根据人类非洲起源的“出非洲”假说，现在我们人类所拥有的基因是人类非洲的共同祖先的基因经历了大约五千代的传递之后形成的，但是，在这个过程中，SNP位点和其他基因之间的重新组合的频率却并不高，因此，SNP和某些特定基因之间的连锁关系相对固定，并有可能使之成为目前常用的基因分子标记。

一、人群中基因多态性是如何形成的

据人类起源的“出非洲”假说，我们现在的人类源于出现在非洲的共同祖先。而我们的遗传物质已经历了五千代左右的传递。在这个过程中，基因的变异和基因大幅度的重组在体现人类进化的同时，也使得人群中出现了同一基因的多态性现象。举例而言，人们发现特定人群中6号染色体在若干代前存在多种不同的版本。例如，一个和血色素生成有关的基因突变HFE起源于同时携带有主要组织兼容性抗原HLA-A3和DR4基因座的祖先染色体。在经历若干代之后，几乎所有携带有HFE基因突变的个体都同时含有HLA-A3和DR4基因座。这表明，随着时间的推移，出现在HFE和HLA-A基因座之间的重组频率非常低，因此在现有的人群中依然可见两个基因相关联。但是，由于HLA-DR位点距离HFE位点相对较远，出现在它们之间的重组频率相对就较高，以至于有45%的HFE基因突变和HLA-DR4呈现连锁（一起进行）。尽管如此，在该人群中HLA-DR4位点也只有正常染色体重组频率的25%。因此，我们说HFE突变和HLA-A3具有很强的连锁非平衡，但是和HLA-DR4的连锁相对较弱。

除了同卵双生子之外，每个人的基因组都是唯一的。医保从业人员需要尽快懂得遗传变异的概念，以及人类疾病过程中遗传和环境之间的相互作用在疾病发生过程中的意义。在此基础之上，医保人员就可以在实践过程中自觉考虑这些因素在疾病预防、治疗和转归过程中的可能利用价值。随着人类基因组 DNA 序列测定的完成，我们现在已经走到一个能够根据患者独特的遗传背景而进行独特医保的新时代的交叉道口。

二、SNP 是最常见的一类基因变异

在人类基因组内，单核苷酸多态性（single-nucleotide-polymorphism，SNP）是一种很普遍的遗传变异形式（图 6.5）。现在研究过程中经常使用单倍体细胞为材料，如精子和卵子这样的生殖细胞就属于单倍体细胞。对于一个单倍体细胞而言，其中的核苷酸平均包含 25 000 个碱基的差异，发现通常表现为一个单核苷酸变异。

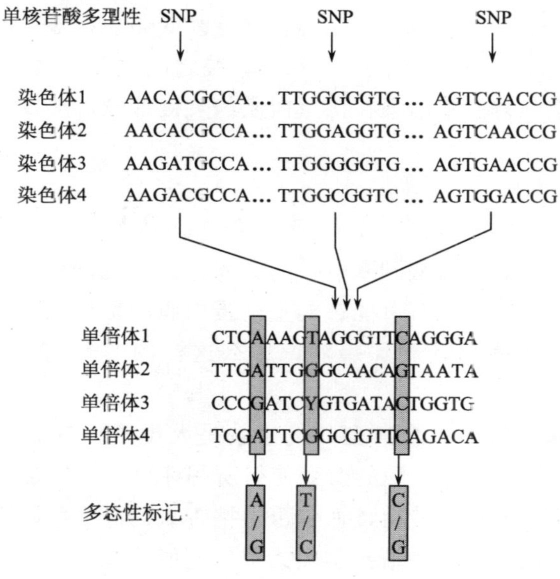

图 6.5　单核苷酸多态性

SNP 是指不同种族之间，或相同种族不同个体之间相对应基因的 DNA 序列中单个核苷酸之间的相同或不同程度。科学家通过对来自不同个体相同基因的 DNA 序列比较发现了大量的差异，他们相信，这些单个核苷酸之间的差异可能与人群中存在的个体差异有关。

将来自不同个体相同基因的 DNA 序列进行列队比较就会发现单核苷酸多态性。

三、人类基因组中 SNP 的生物学功能

（一）编码区内的 SNP 类型

1. 不影响蛋白质功能

出现 SNP 现象并不意味着它必然会导致蛋白质功能的改变。当一段 DNA 序列中的 GAC 变成 GAG 时，通过转录之后所产生的 mRNA 就会出现由 CUG 到 CUC 的改变。根据遗传密码子的规则，这样的改变编码相同的氨基酸（亮氨酸），因此当翻译成蛋白质之后并没有发生任何改变。因此，我们通常把这样的 DNA 变异称为“沉默突变”。

2. 轻微影响或危害不大

出现在 DNA 序列之中的有些 SNP 可能会导致其所编码蛋白质的微小变化。例如，当 GAU 通过 SNP 变成 GAG 时，这种改变体现在氨基酸水平上就是由谷氨酸取代原先的天冬氨酸。由于这两种氨基酸之间主要表现为侧链大小上的差异，因此如果这样的替换不出现在该蛋白质的关键部位，那么就不会引起明显的改变。

3. 引发突变

假如当基因之中的 GUA 变成 GUU，那么在转录和翻译之后，其产物蛋白质中就会相应地出现天冬氨酸到缬氨酸的突变。由于这两种氨基酸残基的理化性质相差悬殊，这样的突变就有可能影响整个蛋白质的折叠或热力学稳定性。一旦这样的影响导致携带者出现相关疾病，那么这样的 SNP 通常就被称为基因突变了。

SNP 导致人类疾病的一个典型的例子就是人类镰状贫血症。患者细胞内编码血红蛋白 β 链中的一个核苷酸的改变使得所翻译出的血红蛋白 β 链 N 端第 6 位的谷氨酸为缬氨酸所取代，使得该血红蛋白携带氧的能力急剧降低，而根本原因是这样的血红蛋白的空间结构遭到了较大程度上的改变。

（二）非编码区的 SNP 可以作为该基因的标记

SNP 散布于整个基因组中，是一类普遍存在的基因变异类型。这些 SNP 通常表现得很稳定，因此比较容易被确认。由于它们是一类相对稳定的基因变异，因此可以在亲代和子代间稳定传递。这种情况使得 SNP 变异可以作为很好的基因标记。如果某一个 SNP 位点总是位于某个基因附近，那么这个 SNP 位点和相邻的基因总要在亲代和子代之间进行传递。这使得科学家们相信，如果在一群人的基因组中发现有相同的 SNP，那么这样的人群基因组中应该携带有相同的基因，这样 SNP 就可以作为基因定位的标记。

四、SNP 图谱

当前，国内外的科学家们正在试图定位人类基因组中所有的 SNP 。利用 DNA 重新测序的方法，在人群中勘查相同基因所出现的 DNA 差异。之后，把这些 SNP 数据存储在计算机中，并期望最终阐明人类基因组中所有的 SNP，制成 SNP 图谱。

五、个体 SNP 谱

每个人的基因组中都含有独特的 SNP 谱。相信随着研究数据的不断积累，科学家最终会把人们根据 SNP 谱的差异划分成不同的类群。

六、SNP 和肿瘤研究

利用 SNP 数据，研究者可以进一步筛选人群中含有可能罹患癌症的 SNP 个体，分析这些人的 SNP 和癌症出现之前的相关性，以及他们对某一类化疗药物的反应特异性。但是，必须说明的是，探索 SNP 和疾病发病风险的相关性以及特定 SNP 和药物的反应对应关系的研究在当前还只是刚刚开始，需要进行的工作还很多，可谓任重道远。但是相信有关工作会对人类的医保实践产生促进作用。

（一）SNP 和罹患肿瘤的风险

如何利用 SNP 的研究成果进行癌症风险评估？假如在一个相当大的人群样本中，有 80%的个体携带一种 SNP 类型，如果 SNPA，则另外的 20%携带 SNPB。与此同时，对某一类肿瘤患者的 SNP 类型进行分析，如果这一类患者是肝癌患者，其中有 70%的患者的 SNP 型属于 SNPA 型，而其余的 30%则为 SNPB 型。再如肝癌和 SNPA、SNPB 都没有直接的关系。那么临床医师就可以根据这些数据推断携带有 SNPB 型的个体相对 SNPA 型个体具有较高的肝癌发病风险。

（二）SNP 谱可以帮助确定某些癌基因

由于 SNP 位点可以作为基因的遗传标记，因此 SNP 谱可以帮助人们确定某些复杂人类疾病发生和发展所涉及的所有相关基因。例如，肿瘤和老年性人类疾病等就可以进行这样的研究。在这些疾病的研究过程中，科学家们可以尽可能多地分析人群中的 SNP 谱，最终就有可能从大量的 SNP 谱中确定一部分基因的 SNP 可能和某种疾病的发生和发展有一定的关系。一旦这种关系得到确定，那么这些 SNP 谱就可以称为某一类疾病的遗传标记。凡是含有相同或近似 SNP 谱的个体就可能是该疾病的高发个体。

（三）致癌物产生蛋白质基因中的 SNP

由于 SNP 现象的存在，人群中某些个体细胞内能够表达具有较高效率的致癌物生产相关的蛋白质，或者产生一些效率相对很低的蛋白质，或者产生一些活力居中的蛋白质。对于那些具有较高催化效率的蛋白质而言，它们能够把更多的致癌物前体转化成致癌物。这样，在特定个体的体内就会出现较多致癌物质的积累，一旦它们造成细胞内 DNA 的损伤，那么就相应增加了出现癌症的风险。与此相反，如果相应蛋白质的催化效率不高，那么由于细胞面临致癌物的威胁较少，也就相应降低了癌症的发病风险。对于吸烟人而言，拥有较高催化效率的蛋白质的个体罹患肺癌的风险就会增加。

（四）在解毒蛋白基因中的 SNP

在人体中存在着一大类能够“解毒”的蛋白质，它们的基因可能会出现 SNP。在人体中，这些“解毒”蛋白主要负责转化那些致癌物前体，把它们排出体外。如果在编码这些解毒蛋白的基因上出现某些 SNP 变异，可以增加所编码解毒蛋白的催化效率，那么可以想象，外界毒素就会被尽快排出体外，从而降低它们对机体的毒害作用。

七、SNP 和药物作用

在人体中，药物的运输、被组织吸收，以及经过代谢处理成为更为有效的成分或被转化成具有毒性的副产物，以及相应的毒副产物被排除体外等过程需要众多的蛋白质和酶的协助，如果一个人基因组中含有能够影响这些反应的 SNP 突变，就有可能影响到所使用药物的代谢过程，使得这些人要么表现出对某些药物没有反应，或者表现出较高的毒副作用等现象。

临床医师们希望通过 SNP 谱的研究，最终能够搞明白不同个体 SNP 谱和人群之中存在的对特定药物的反应差异联系起来。在乳腺癌治疗的早期，曾经发现同样是乳腺癌患者，有些人对某种药物表现出效果，而有些人则对该药物不起任何或很少起反应。希望将来能够发现某些药物适应良好的人群携带有某些 SNP 特征，而那些对某些药物不见效果的人群的基因组中含有另外形式的 SNP。临床医师们期望，在不久的将来 SNP 图谱可以帮助他们预先知道哪些人属于乳腺癌的易发病个体，什么样的药物对这些人所出现的乳腺癌具有良好的治疗效果。同时，可以通过什么样的预防手段降低这些人罹患乳腺癌的风险。

第四节　基因组学

一、什么是基因组学

基因组学（genomics）本质上应该被列为系统生物学（system biology）或整合生物学（integrated biology）的一部分。它与转录组学（transcriptomics）、蛋白组学（proteomics）、代谢组学（metabolomics）、作用组学（interactomics），乃至基因的作用网络（network of gene interaction）等同属系统生物学或整合生物学研究的内容。但是，从现有基因组学研究的主要内容来看，基因组学又和经典分子生物学所注重研究的“基因”、“信息”和“机制”一脉相承。因此，我们又可以视其为现代分子生物学研究的一个新分支。

基因组学是继 DNA 测序、分子生物学进入基因组时代之后，特别是人类基因组计划顺利完成之后所衍生的一个崭新的分子生物学分支。基因组学的诞生顺应基因组测序到试图搞清楚基因组中“基因”的功能机制的逻辑的转型。它是后基因组时代分子生物学研究的重要领域之一。因此，开展相关的基因组学研究既可以帮助我们了解不同生物基因组的工作机制，把基因组内基因的表达与细胞生理状态、细胞病理状态联系在一起，而且在一定程度上可以直接促进相关药物的研发。

二、基因组学研究的主要任务

基因组学研究肩负着如下几个方面的任务：在 DNA 水平上研究 DNA 序列、基因的组织、分布以及所可能发生的各种类型的改变；研究细胞内遗传信息的传递过程和传递细节；探索疾病基因的改变及活动规律；探索细胞类型、阶段特异性、疾病相关和有助于治疗的基因表达类型，为临床诊断、疾病发生预测提供理论支持；基因相互作用的网络/途径，探索细胞活动过程中不同基因所发挥的功能作用，以及可能的基因调节和基因之间的相互作用。根据研究内容的侧重点，我们可以把现有的基因组学研究分为三个亚类，即结构基因组学、功能基因组学和比较基因组学。

（一）结构基因组学

结构基因组学主要着眼于基因组内 DNA 序列的组织结构分析，主要包括对有关的基因进行定位，对特定基因表达所需要的 DNA 结构特征进行分类总结等，从而制定基因的分布图谱和对特定的基因组加以注解。目前结构基因组学研究的重点是对已经测序过的基因组中的基因进行定位。但是，目前对于基因的确定还面临着不少的困难。主要体现在，有些低丰度的基因产物非常难以分离纯化，有关这些基因的蛋白质序列或 RNA 序列很难在现有的数据库中找到。另外，即使对于通常丰度的基因而言，由于比较普遍地存在着一个基因多种转录物和不同方式的拼接问题（alternative splicing），也非常难以确定一个实质意义上的具体位置。另外，当前的各种生物数据库信息量尚有待充实，即使是一个进行了很好注释的数据库，也不能为一个基因或一个生物分子提供全部的相关信息。

（二）功能基因组学

利用结构基因组学所提供的信息和条件，在基因组范围内对所有基因功能的估价方法。

功能基因组学的主要研究内容是通过比较和分析基因调节区序列的共有特征来推测它们所能发挥的生物学功能，如所属的基因表达类型、基因表达调控序列的比较、基因变体的同源性关系，以及可变的表现型等。当前，功能基因组学有关“基因组内基因的差异表达”的研究进行得最多。所谓基因组内基因的差异表达研究就是基因表达具有细胞特异性（cell type specific）。例如，有些基因只能在特定的细胞类型中进行表达，如皮肤细胞和脑细胞所拥有的基因表达谱会有明显的差异；基因表达表现发育阶段性，随着发育过程的改变，基因表达谱也会出现转变，如同为皮肤细胞，胚胎期皮肤细胞与成年期皮肤细胞会有不同的基因表达。疾病状态和健康状态的同一型的细胞会表现出基因表达上的差异，如正常皮肤细胞和皮肤癌变后的细胞内基因表达谱会有差异；环境特异性表达，利用药物治疗和未经药物治疗的同一类细胞会具有基因表达方面的差异。

（三）比较基因组学

比较基因组学是通过对不同物种的基因组进行全基因组比较、分析，从而得出物种进化相关性之间的关系；对相关物种基因组间的基因组组分进行分析。

三、基因组学研究手段

现代基因组学常用的研究手段既包括计算生物学方法和手段，也包括实验方法和手段。在这里我们将主要对现有基因组学所采用的实验研究方法加以介绍。

用于高通量基因表达分析技术

基因组学中经常使用的高通量基因表达分析技术包括 DNA 微阵技术或基因芯片技术（microarray or gene chip）、过滤阵（filter array）、差异显示技术（differential display）和 SAGE 技术。基因微阵列（gene array）有许多不同的名字，如 biochip、DNA chip、genechip（Affymetrix 公司注册商标）、DNA array、microarray 和 macroarray 等。通常 DNA chip、genechip、microarray 多指点阵密集度很高的玻片基质的微阵列（microarray 有时也用来指点阵密集度很高的胶膜芯片），而 macroarray 则多指点阵密集度较低的尼龙膜基因微阵列，这是由于膜和上面的每个点的面积相对较大的缘故。

1. DNA 微阵技术

DNA 微阵技术（microarray）出现于 20 世纪 90 年代中期。在此之前，人们还只能对一个或少数几个基因的表达情况进行研究，但自微阵技术出现之后，人们可以开始同时对数百上千的基因的表达情况进行同步研究。1995 年，美国加州斯坦福大学的 Patrick Brown 和同事曾尝试利用自动分析技术对转印在玻璃片上的 45 种 *Arabidopsis thaliana* 的 cDNA 进行杂交分析。在这个实验过程中，他们首先提取一个组织样品的总 mRNA，然后利用反转录酶获得其互补 cDNA 混合物，之后对这些 cDNA 进行荧光标记，然后利用这些探针进行杂交。在杂交之后，对各自的荧光强度进行了定量分析，以标定各种基因的实际表达情况（“表达量”）。但是，这项技术发表之后并没有立即引起人们的注意。直到 1998 年，有人采取类似的技术对酵母细胞周期不同时相内的 800 个基因的表达情况进行了分析。该研究结果表明，DNA 微阵技术可以用于对同一细胞不同生长时期内的总体基因表达类型进行精细的分析和解析。而且，这样的分析是其他方法所不能替代的。

到了 2000 年，有人又利用该技术对 65 个人类乳腺肿瘤细胞系中多达 80 000 个基因的表达情况进行了分析研究。这个研究的结果表明，DNA 微阵分析技术可以很容易地显现不同类型乳腺肿瘤之间的基因表达差异。而这种基因表达差异可以用于乳腺肿瘤类型的分类。与此同时，利用 DNA 微阵技术，研究者还同时发现了两种利用其他方法所不能发现的表达类型。在此基础上，他们还利用 DNA 微阵技术观察化疗之后患者细胞的基因表达类型，并对有关的治疗效果进行了前瞻性预测。简言之，DNA 微阵分析为疾病的准确分类和精确诊断提供了有效的手段。

DNA 微阵技术是基于碱基配对规则，利用已知 DNA 比对未知 DNA 样品，并把识别未知样品 DNA 自动化的一项技术创新。进行 DNA 微阵操作需要把成百上千的不同 DNA 序列进行杂交分析，利用其中已知的 DNA 序列和有待确认的 DNA 序列进行分子杂交（彼此之间形成氢键）来确定未知 DNA 序列，并通过自动分析手段对未知 DNA 加以确认。

2. DNA 微阵分析流程

首先是准备好芯片和待检测样品。如果是检测表达谱，就需要从待检测样品 mRNA 或者总 RNA 中制备 cDNA 探针，与芯片杂交。如果是 SNP 检测，则需要从待检测样品 genomic DNA 中通过 PCR 制备探针。芯片杂交属于固-液相杂交，与常规的 Southern 杂交相似。经过高严谨度的洗涤后进行结果检测。我们需要根据探针标记分子的种类和芯片的规格来选择检测方法。对于 macroarray 一类的胶膜芯片，可选择同位素标记、化学发光法标记，检测时需要 X 射线片压片曝光→显影→扫描记录，再选用相应的软件进行数据分析。条件较好的实验室也可以选用磷屏成像系统代替 X 射线片，直接成像并进行定量分析。通过比较芯片上相同位置上的基因（即同一基因）在不同样品的杂交信号，就可以得到这一基因在不同样品中的表达信息（图 6.6）。对于 microarray 一类的玻璃片基芯片，通常使用的标记方法是荧光标记，通过特殊的芯片扫描仪扫描和相应的软件进行数据分析。

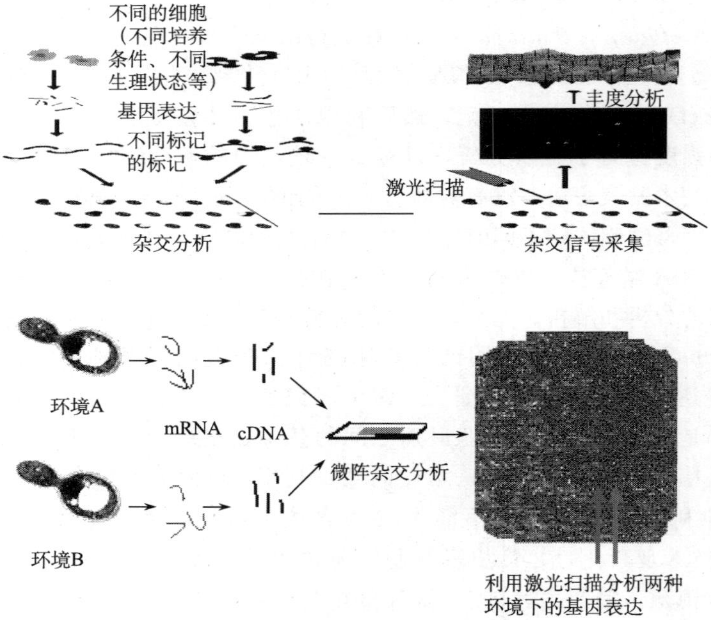

图 6.6　DNA 微阵分析流程

（1）首先把成百上千的不同 DNA 序列加样于玻璃质显微玻片上（载玻片）制成模板 DNA 微阵（template DNA microarray）。

（2）通过与模板 DNA 微阵杂交，比较两套不同条件下表达的基因序列。

（3）微阵法可以同时分析成千基因的表达，可以确定哪些基因得到了表达及基因表达的强度（相对表达强度）。

3. microarray 和 macroarray 的比较

microarray 通常指点阵密集度较高、样品点的直径较小的微阵列（array），而 macroarray 则通常指样品点阵密集度偏低、样品点直径却较大的一类 array（表 6.2）。现有的玻片基芯片是 microarray 的代表，而尼龙膜基 array 可以作为

macroarray 类型的代表。尼龙膜基本身为多孔结构，点样之后核酸溶液因为扩散而使样品点面积较大，因此一定面积的尼龙膜上所载有的点阵密集度不能过大。由于这种多孔结构在杂交时容易产生非特异吸附而造成背景偏高，所以在杂交过后需要反复洗涤。与此相反，玻片基芯片不会存在类似的问题。因此在玻片上可以承载很高的样品点。于是一张玻片可以容许更多基因的杂交。但是这样较高点密度，需要使用特殊的芯片扫描仪检测杂交结果。而尼龙膜基的 array 却并不一定需要类似的特殊仪器和分析技术。尼龙膜片基的 array 一般使用同位素标记（^{32}P 或者^{33}P）。其中，在曝光时间相同的条件下，使用^{32}P 所得到的信号强度要比^{33}P 高几倍（约 4 倍）。由于较长时间的曝光可以得到较高的灵敏度，但却有可能引起“信号点”发散，所以一般只能用于 macroarray 分析。与此不同，玻璃芯片则可以有更多选择，既可以用荧光标记，也可以用同位素标记。但是，荧光标记可能比同位素标记产生的杂交信号弱些。但荧光标记使检测速度加快，因为可以进行即时分析，因而被普遍应用于大规模高通量分析检测过程。同时，也可以采用双色/多色荧光标记法，使两个以上的样品在同一张片上加以检测分析。

表 6.2　常见微阵类型

微阵类型	点样密度/cm^{-2}	探针	杂交靶序列	所用标记物
尼龙“大”微阵	少于 100	cDNA	RNA	放射性同位素
尼龙微阵	少于 5000	cDNA	mRNA	放射性/荧光
玻璃微阵	少于 10 000	cDNA	mRNA	荧光标记
寡聚核苷酸芯片	少于 250 000	寡聚核苷酸	mRNA	荧光标记

四、基因组学对医学的促进

基因组学对医学的冲击可能会集中体现在以下几个方面：有助于确定新的疾病类型；有助于研发新的治疗手段；使治疗更具个体化；容许我们根据不同的患者制定更具针对性的治疗方案。

基因组学与新型药物研发

1. 遗传学和药物基因组学

所谓的药物遗传学研究的是人体中一到几个基因产物和药物代谢之间的相互关系，目的是发现基因编码产物与药物体内代谢的详细机制及药物利用效率；而药物基因组学则是研究人类基因组中所有可能影响药物代谢的基因的活动。两者之间只具有研究策略方面的明确差异。在临床实践过程中，人们可能会经常遇到如下的情况：某种药物对有些患者表现出高于其他患者的副作用，而这种药物对有些患者而言，效果非常明确，副作用也很小，而这种药物又对有些患者而言根本就起不到治疗效果，甚至会表现出较高的药物毒性。这种情况就是我们常讲的药物作用在人群中所体现的个体差异。其实这种情况很早就被临床医师们注意到了，只是在很长的时期里临床医师们对此种差异的分子基础莫名其理而已。到了20世纪90年代末，随着人类基因组计划的顺利进行，生物医学科学家们开始注意到人群之中的不同个体间，相同基因的DNA序列上具有众多单个的核苷酸差异的事实。根据分子遗传学的中心法则，这种差异有可能经过基因转录出现在信使RNA分子上。如果这些信使RNA分子携带有相关基因所编码的遗传信息，那么则可以被用作特定蛋白质翻译的信息模板。因此，个体之间在相同基因DNA序列上所表现出的单个核苷酸的差异有可能通过转录和翻译而最终体现为蛋白质分子的氨基酸残基的不同。这种带有氨基酸残基差异的蛋白质有可能会表现出不完全相同的生物活性。假如它们参与特定药物代谢的话，那么就会使该药物在人群之中表现出上述个体差异。因此，有些研究者相信，存在于人群之中的某些与药物代谢有关的基因的多态性可能与人群之中个体间所可能表现出的个体差异有密切的关系。因此，人群之中普遍存在的这种基因水平上的多态性及其对药物研发和临床使用的影响不容忽视。因此，相关内容就成了药物基因组学和药物遗传学的研究内容之一。从2004年开始，英国卫生部和剑桥大学等单位就启动了有关的研究计划，目的是帮助政府针对基因组后所可能出现的医疗保健模式的变革制定有关的应对措施。据笔者了解，在我国，类似的工作已经初步展开。

2. 普通疾病中的基因因素——疾病的易感性和个体差异

基因组学研究对人类医保实践的贡献之一是帮助我们了解一些常见的比较复杂的疾病的发病原因，如高血压、糖尿病、关节炎等普遍存在于人群之中的几大类疾病。由于我们对这些疾病的发病原因尚不是十分清楚，所以当前并不能对这些疾病进行根治。但是，不容否认，上述疾病在一定程度上和患者基因组中的基因变异有关。一个现象是绝大多数导致常见病的基因突变都表现出明确的遗传倾向，这也就是说，大多数携带相关基因的个体都很有可能最终罹患相关的疾病。例如，携带有*BRCA1*和*BRCA2*基因缺陷的女性罹患乳腺癌和卵巢癌的风险比这些基因正常的女性要高许多；同样，人群之中携带有*HNPCC*基因缺陷的个体患遗传性结肠癌的风险也会很高；而*MODY1*、*MODY2*和*MODY3*基因缺陷又会使携带者出现糖尿病。上述人类疾病在一定程度上表现出类似孟德尔遗传的现象。如果人群中的某个个体携带有相关基因突变，那么该个体极有可能最终会罹患相应的疾病。事实上，从基因变异对人类健康的影响的角度来看，那些遗传力相对较小但却极易使人们出现疾病的基因突变，相对这些虽然表现出较强的遗传性但发病概率相对较小的基因突变更值得关注。属于这类基因突变的有导致人类结肠癌的基因*APC*和导致血栓形成的基因*Leiden*因子Ⅴ的变异等。这些基因变异所表现出的遗传倾向相对较小，但是相关疾病在人群中的发病率却要高得多。这方面的一个更为典型的事例就是阿尔茨海默病。发生在 presenilin1、presenilin2 或淀粉样蛋白前体蛋白基因上的稀有突变具有较强的遗传穿透性，并可以引起该疾病的早期发病率升高。但是在老年痴呆症患者中，真正携带有相关基因突变的个体却少于 1%，因此它们实际上并不是现实中该病发生的真正原因。与此不同的是一种脂蛋白基因突变——apolipoprotein E 4 同样可以轻微促进老年痴呆疾病的晚期出现频率和动脉粥样硬化（动脉硬化）的发病率。来自芬兰人的一份调查表明，在 70～80 岁出现老年痴呆疾病的个体中，约有 8%的个体基因组中的 4 个基因位点呈杂合状态；而高达 21%的个体相应 4 个基因位点是纯合状态，而不具这 4 个基因位点的个体只占 3%。在美国，大约有 26%的人口在 4 个基因位点处呈杂合状态，而只有 2%左右的个体是纯合状态。该基因可以在许多老年痴呆疾病中发挥影响，比 presenilin 1、presenilin 2 和淀粉样蛋白前体蛋白基因等基因变异的总和还要高。

五、基因组医学面临的问题及今后的发展方向

现在已经知道，在人类基因中只有不足 2%的 DNA 序列被用来编码蛋白质，但却有 90%以上的 DNA 属于不同类型的重复 DNA 序列。这些重复 DNA 序列的具体生物学意义尚不十分明了。先前曾一度称它们为“垃圾 DNA”（junk DNA），但实际上这些 DNA 可能具有十分重要的生物进化方面的内涵。同时，它们对于人类群体遗传学和医学遗传学可能具有重要的研究价值。

对于基因表达而言，现在已经发现了多种形式的调节控制模式，包括经典的操纵子模式、信使 RNA 分子的加工、利用 DNA 的甲基化和去甲基化修饰、组蛋白的各种化学修饰等，都可以作为基因表达的调节手段。这些调节模式可以改变一个基因的遗传效应，再加上一系列复杂的信号转导控制，可以使基因在特定细胞和特定组织内得到表达，表现出细胞和组织的特异性。

（一）倾向于计算基因功能的医学

基因组学、实验机器人和操作微量化是现代分子生物学研究的主要特征。这些技术的应用可以在一次实验之后得到大量的实验数据，如 DNA 芯片蛋白质质谱分析和大范围的蛋白质和蛋白质之间的相互作用。利用酵母细胞所进行的 DNA 芯片对于一个特定基因而言，每次实验可以得到 6000 个左右的数据点。而且，不久的将来通过“微阵”技术会使这样的数据增加 1 倍，基本上代表了人类的大多数基因。这些大量数据的分析和处理离不开计算机的应用。

现在的计算机技术已经能够用于管理和存储大量的实验数据。例如，在基因组学实验过程中，如果一个实验机器人每天操作 40 个 DNA 芯片分析，而每一个芯片包含 25 000 个基因，那么每年所产出的原始实验图片数据只有 1 万兆。

甚至对于患者大范围基因型普查所得出的数据，也不会多到不能管理的地步。假如每个人需要存储 100 个左右的临床相关基因型数据，那么 1 亿个人的数据就要占用 10 万亿兆的磁盘空间，相当于 1000 张 DVD 光盘。

真正需要考虑数据管理的实验来自那些大范围的基因组学实验研究。如果研究生命过程的特异性和复杂性变化，所得的数据就会是海量。而这些实验数据的管理和分析是一个着重要着手解决的问题。

目前，已经在酵母中进行了与其细胞周期调节控制有关基因表达谱的分析。与此类似，一些与某些肿瘤细胞分类有关的标记基因的表达谱也在培养的肿瘤细胞中进行了尝试，并据此对这些肿瘤进行了分类。对于这类研究，目前面临的问题是如何解释相关基因表达谱和细胞所表现出的生物学效应之间的相关性问题。也就是说，为什么这样的基因表达谱会出现在具有某种特征的细胞内。

对于大量基因的生物学功能的计算分析，需要重新定义基因功能的概念，需要从生物化学到细胞生物学，再到遗传学等不同层面理解特定基因的功能。在不久的将来，对于特定基因所表现的功能就可以利用其表达谱来加以表征，而这需要大量的实验数据的收集和整理。高效能计算机的使用，可以使我们对基因功能进行分析计算，而这是以前所难以进行的。相关方面的研究可以帮助我们理解，在众多的基因中，哪些会表现出相似的功能，或者，对于某一套特定的基因而言，哪些实验数据和一种特定的实验数据相吻合。

（二）倾向于电子计算机对细胞行为的模拟

基因组技术对生物医学的冲击主要来自利用计算机对生命过程进行模拟的可能性。现在已经有人尝试利用计算机模拟细胞内的基因及其产物是如何相互协调、相互作用并表现出生命现象，以及组织中的细胞是如何相互作用和相互协调而表现出一定的生物功能的。可以预见，如果定量地对上述生物学课题加以计算机预测，那势必会相应替补实验生物学的研究。现在日本的科学家已经开始了类似的研究。他们称这样的研究为“电子细胞”研究。

（三）倾向于个性化用药和药物研发

由于人群中存在着基因多态性现象，而这种基因多态性会影响到个体对药物的代谢效果，因此，今后的药物发展就不得不考虑人群中的这种个体差异，开展更具针对性的药物研发。

当前，在药物研发过程中，最终通过临床验证而真正能够应用到临床上的药物的失败率非常高。大量的投入被浪费掉。因此，如果降低研发成本就必须增加药物研发的目的性，使研发活动具有明确的目标。这方面的难度主要决定于临床应用药物多重性质的满足。所研发的药物除能够和其靶体有效结合和作用外，还涉及诸如药物吸收、药物在体内的分布、药物的代谢方式和代谢效率，以及尽可能地避免这些药物的毒副作用等。因此，研发过程不仅需要大量的细胞学数据，更离不开基因组信息和可靠的计算机预测，只有这样才能进一步明确所研发药物的目的性和针对性，从而保证它被应用于临床治疗的可能性。例如，已知毒性物质的药物价值可以通过测定细胞培养物中的基因表达谱进行初步确定，从而对该药物的一些背景加以了解；而对一种新的化学物质可以参照基因组表达谱而对之加以分类，看是否属于已知的毒性物质。这些方法可以避免使用试验动物和临床验证而增加的高成本，从而使药物研发的成本大大降低。现在已经有人试图把数据库和计算机预测从实验室外推到药物研发过程中，在药物吸收研究过程中就已经尝试利用功能基因组学知识对那些不具药物应用潜能的物质加以提前排除。现有的临床验证既费时，成本又高。为了尽快使用基因组技术加速对药物治疗的临床效果的评价，目前需要做的是建立详尽而准确的关于分子模型和临床效果的相关性。患者的治疗过程及所表现出的疗效可以通过分子遗传学中的基因表达、基因转录、蛋白质修饰等众多指标加以监测。

（四）向个性化医学模式发展

基因组医学及其相关技术对医保的影响首先出现在对疾病的预测和诊断方面。因为相对于临床治疗而言，疾病预测及诊断容易得到卫生行政部门的批准，而众所周知，对药物的审批相对周期要长很多。再加上公众对于自身的健康状况信息越来越感兴趣，而且随着互联网技术的普及，相关信息也越来越容易加以管理和使用。而且，就目前而言，一些类似的信息也已经开始得到应用。例如，一些遗传疾病诊断所使用的遗传标记等都可以很容易地查到。就这种情况来看，今后的基因组医学不仅会在医药领域得到发展，而且也会在医疗保健的管理和运作模式上得到充分的体现。可以预见的是，这样的医保模式势必会改变人们的现有社会经济关系，因此，与之配套的相关立法就显得越来越迫切。首先，必须保证一个人的遗传信息只能用于医保，而不能被用于其他方面。而且这些遗传资料必须视为一个人的高度隐私。因此，相关保密技术和管理规则需要相应加以建立和发展。同时，随着基因组医学的发展，我们的社会经济关系也会出现一些目前尚不能准确预测的改变，而这些必须得到重视。

尽管基因组药物在临床上得以应用尚需时日，但这并不妨碍人们在不久的将来享受基因组医学模式的好处，如得到相对简单而准确得多的有关个人疾病的预测和诊断信息等。

主要参考文献

潘学峰．2004．基因的自身维护与疾病的发生．北京：科学出版社

潘学峰 . 2007. 每个人的医学 . 北京：化学工业出版社

Ames B N. 1999. Cancer prevention and diet：help from single nucleotide polymorphisms. Proc Natl Sci Acad USA，12216～12218

Blattner F R et al. 1997. The complete genome sequence of *Escherichia coli* K-12. Science，277：1453～1474

Bissler J J. 1998. DNA inverted repeats and human disease. Frontier in Bioscience，3：408～418

Bzymek M，Lovett S. 2001. Instability of repetitive DNA sequences：the role of replication in multiple mechanisms. Proc Natl Acad Sci USA，98：8319～8325

Collins F S，McKusick V A. 2001. Implications of the human genome project for medical science. JAMA，285（5）：540～544

Doolittle W F，Sapienza C. 1980. Selfish genes，the phenotype paradigm and genome evolution. Nature，105：601～603

Green E D，Chakravarti A. 2001. The Human genome sequence expedition：views from the "base camp". Genome Research，11：645～651

Kunst F N et al. 1997. The complete genome sequence of the gram-positive bacterium *Bacillus subtilis*. Nature，390：249～256

Mewes H W et al. 1997. Overview of the yeast genome. Nature，384：7，8

Michaud C M，Murray C J L，Bloom B R. 2001. Burden of disease——implications for future research. JAMA，285（5）：535～539

Nathan D G，Fontanarosa P B，Wilson J D. 2001. Opportunities for medical research in the 21st Century. JAMA，285（5）：533～534

Orgel L E，Crick F H C. 1980. Selfish DNA：the ultimate parasite. Nature，284：604～607

Sander C. 2006. Genomic medicine and the future of health care. Science，287（5460）：1977～1978

Schena M，Shalon D，Davis R W et al. 1995. Quantitative monitoring of gene expression patterns with a complementary DNA microarray. Science，270：467～470

Spellman P T et al. 1998. Comprehensive identification of cell cycle-regulated genes of the yeast *Saccharomyces cerevisiae* by microarray hybridization. Mol Biol Cell，9：3273～3297

van't Veer L J et al. 2002. Gene expression profiling predicts clinical outcome of breast cancer. Nature，415：530～536

Yeramian E，Buc H. 1999. Tandem repeats in complete bacterial genome sequences：sequence and structural analyses for comparative studies. Res Microbiol，150：745～754

第四篇 DNA 活体内代谢

第七章 DNA 复 制

第一节 DNA 复制的一般过程

一、双链 DNA 自我复制的理论推演

克里克在其发表的一篇文章中曾经这样写道：遗传材料必须能够进行自我复制，必须在复制之后能够以特异的途径控制细胞的发育。那么，作为遗传物质的 DNA 分子又是如何进行自我复制的？

1953 年 4 月 25 日发表在英国《自然》杂志上的 DNA 双螺旋模型的文章中，沃森和克里克就认为："我们所推测的（DNA 双螺旋中）特异性碱基配对就暗示着遗传物质（DNA）复制的一种可能机制 [It has not escaped our notice that the specific (base) pairing we have postulated immediately suggests a possible copying mechanism for the genetic material]。"在那篇文章中，沃森和克里克所建议的 DNA 复制机制是指双链 DNA 分子被打开形成两条单链，其后，再分别按照 A-T、G-C 的碱基成对规则重新合成两条双链 DNA 分子的过程。

尽管如此，在理论上如果依据 A-T、G-C 的碱基对形成规则进行自我复制，DNA 复制也可能存在至少如下三种模型。①半保留复制（semiconservative model）：如果双链 DNA 分子依据这种方式进行自我复制，那么，所合成的子代 DNA 分子中则含有一条亲代 DNA 链和一条新合成的链；②保留复制（conservative model）：在这种 DNA 复制方式中，亲代 DNA 双链借助一种中间体承载信息，然后利用中间体所附载的信息再次合成新的双链 DNA，而亲代双链 DNA 分子得以保留；③分散复制（dispersive model）：亲代双链 DNA 分子被分割成段，各段经过独立复制后再组装成为两个新的双链 DNA 分子，这样的双链 DNA 分子是新旧两种 DNA 双链的混合体。上述三种 DNA 复制的可能性见图 7.1。

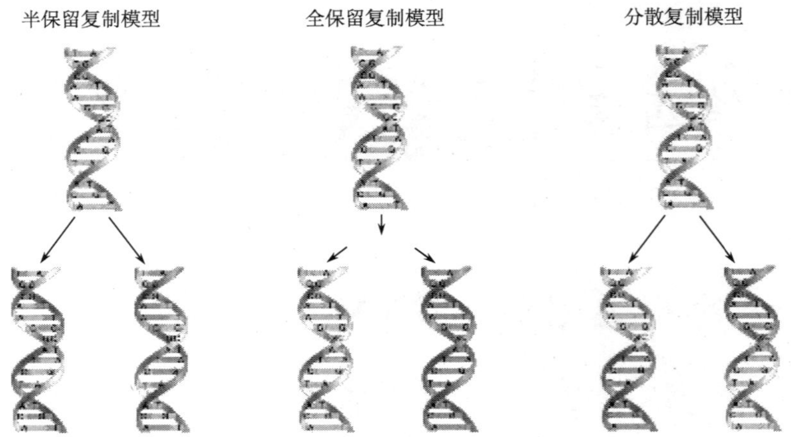

图 7.1 双链 DNA 自我复制的三种可能工作方式

二、DNA 复制方式的实验确定

（一）半保留复制的确定

1958 年，美国人 Matthew Meselson 和 Franklin Stahl 设计了一套实验，对 DNA 分子体内复制的可能工作方式进行了研究。在实验过程中，他们首先在含有 ^{15}N 同位素的培养基中培养大肠杆菌，使大肠杆菌 DNA 分子都标记有 ^{15}N。经过一段时间培养，离心收集菌体。把所得到的大肠杆菌转移到含有 ^{14}N 的培养基中继续培养。同时，对细胞不同繁殖时期的 DNA 合成情况进行分析。他们对繁殖一代、二代、三代……的 DNA 进行分离，并用氯化铯密度梯度超速离心区分各自的浮力密度（图 7.2），发现大肠杆菌在繁殖一代后，细胞中的 DNA 浮力密度与出发菌 DNA 的浮力密度相比明显降低。在氯化铯密度梯度离心管中所出现的 DNA 条带的位置比出发菌株所含 DNA 形成的条带位置明显上移；经过两代繁殖的细胞中则出现除与繁殖一代的 DNA 相同位置的一条带之外，在逆浮力密度梯度的方向又出现了一条 DNA 新条带。而经过三代繁殖之后，其上方的条带含量增加，表明在大肠杆菌繁殖一代时，细胞内所含有的双链 DNA 分子是一种类型，因此可以排除 DNA 全保留复制模型的可行性；而经过两代繁殖之后，经氯化铯密度梯度离心出现不同于亲代和经两代繁殖之后的 DNA 条带，表明此时合成出了全新的双链 DNA 分子。而出现这种全新的 DNA 双链分子并不是在子一代，而是要经过两次繁殖才会出现，进一步表明子一代 DNA 双链分子中，一条链含有 ^{15}N，而另一条含有 ^{14}N。在后续繁殖过程中，其中含有 ^{15}N 的链依然合成一条含有 ^{15}N、一条含有 ^{14}N 的双链 DNA 分子，而含有 ^{14}N 的链只能合成两条都含有^{14}N的双链DNA分子。因此，可以出现区别于子一代的DNA条带。而经过三代繁殖出现的额外条带含量增加，则进一步表明含有^{14}N双链的DNA分子数目的增加只是一种“量”的增加，而不是“质”的增加。这个实验清楚地表明在大肠杆菌细胞内，DNA的复制是利用DNA双链之中的两条单链分别作为复制模板进行的。这就是所谓的DNA复制的“半保留复制机制”（semi-conservative mechanism of DNA replication）。

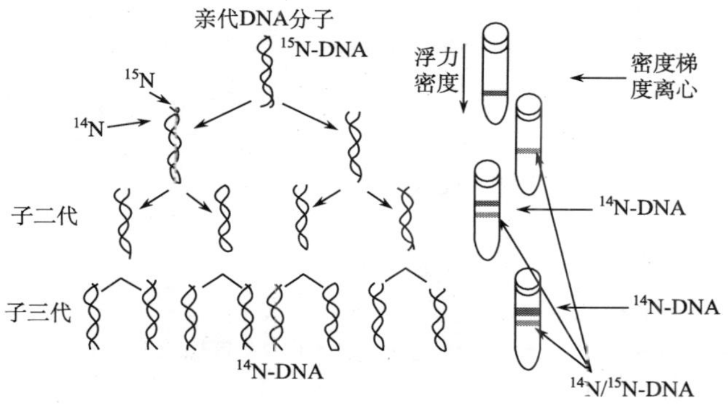

图 7.2　DNA双螺旋半保留复制的实验确定

对于一个生长中的细胞而言，丧失DNA复制能力就意味着死亡，因此，所有与DNA复制有关的基因突变都只有在条件致死的前提下才能获得。这些条件致死型突变体可以在许可的条件下进行DNA复制（通常的情况下，这样的突变体一般都是温度敏感突变体）。但在非许可的条件下则表现为相关基因的突变[如某些温度敏感突变体在较高的温度下（如42℃）表现为突变体]。利用建立类似条件敏感突变体的方法，首先在大肠杆菌中分离到一套*dna*基因突变体。这些突变体在处于非许可条件下培养时，表现出两种明显的DNA复制阶段。

（二）双向复制的确定

为了进一步研究体内DNA复制的特征，Cairns设计了一个同位素示踪试验（图7.3）。首先，他把大肠杆菌培养在加有少量^{3}H-胸腺嘧啶（thymidine）的培养基中培养数代，借此向新合成的大肠杆菌基因组中掺入少量的^{3}H-胸腺嘧啶。然后，人为增加培养基中^{3}H-胸腺嘧啶的浓度，并把大肠杆菌继续培养一定的时间。

借此，他期望在新合成的DNA中掺入大剂量的^{3}H-胸腺嘧啶。在这个过程之后，Cairns用极其温和的方法裂解细胞，分离染色体复制中间体，把这些染色体复制中间体放置于电镜用网架上，用X射线片曝光两个月。他发现，复制中的大肠杆菌环状染色体上同时存在着两个复制叉。这是首次发现大肠杆菌染色体复制是双向的（图 7.3）。

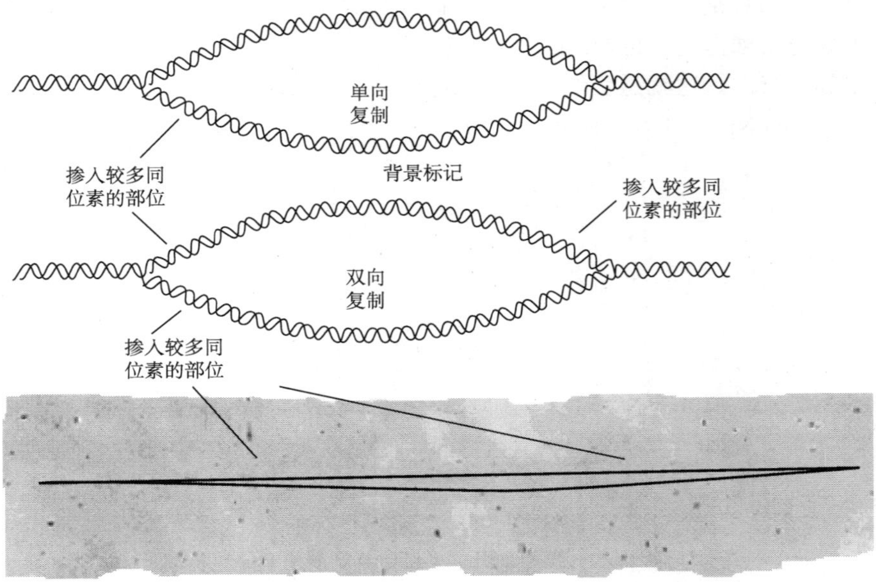

图 7.3　大肠杆菌基因组双向复制的同位素示踪

（三）DNA 复制不连续性的发现

1968 年，冈崎（Okazaki）利用大肠杆菌发现了半不连续复制模型。他首先把大肠杆菌细胞培养至对数期，此时细胞内的 DNA 正处于快速复制期。然后向培养基中加入^{3}H-胸腺嘧啶培养几秒钟后，用普通胸腺嘧啶培养基进行大量稀释，之后，使细胞内 DNA 继续复制，在不同时间取样制备染色体 DNA，然后用碱变性法拆分 DNA 双链。通过放射性分析发现，含有^{3}H-胸腺嘧啶的 DNA 片段分大小两种，其中，分子质量较大的片段可以被理解为连续合成的产物，而分子质量较小的片段则似乎为“断断续续”合成的产物（图 7.4），联系到 DNA 复制有两条模板链，而且 DNA 聚合酶只能从 5′→3′合成新生 DNA 链，因此断定分子质量大的新生链为前导链合成的 DNA 产物，而分子质量小的小片段则为后随链合成的 DNA 产物。

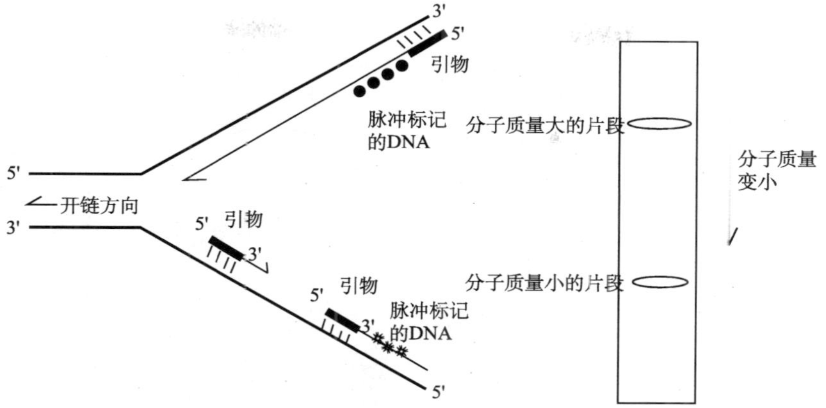

图 7.4 冈崎片段的发现

在历经近 10 年的研究之后，以大肠杆菌为材料发现了 DNA 复制的三个主要基本特征：①半保留复制；②双向复制；③半不连续性复制。但是，对于 DNA 半不连续性复制目前存在着争议。已有许多遗传学证据表明，可能体内 DNA 复制不论前导链还是后随链都是不连续的（我们将在后续章节加以描述）。

三、大肠杆菌 DNA 的复制

大肠杆菌（*E. coli*）细胞内的一条环状基因组为 4.6×10^6 bp。而大肠杆菌 DNA Pol Ⅲ的合成速率约为 900nt/s。因此，大肠杆菌基因组合成所需要的时间约为 42min（$4.6\times10^6/900/60/2=42$min）。实验结果表明，大肠杆菌基因组合成时间约为 40min，分裂过程需要约 20min，因此，一个大肠杆菌繁殖一代需要历时 60min 左右。

但在实验室培养时，大肠杆菌繁殖需时仅为 25min，这究竟是为什么？有一种观点认为这主要是由 DNA 复制起始频率决定的。在特定的生长环境中，如营养丰富、通风条件较好的培养条件下，大肠杆菌基因组 DNA 能够在上一轮 DNA 未复制完成之前就会从复制起点处重新开始新一轮的 DNA 复制，因此，可以缩短合成时间，使大肠杆菌处于快速生长状态（图 7.5）。但是，由于大肠杆菌基因组 DNA 复制起始受分布在两条 DNA 链上的 GATC 序列中 A^6 甲基化修饰状态的影响，第一轮 DNA 复制结束之后形成的双链只有模板链被甲基化，那么这样的状态通常被认为不会重新进行复制起始，但是这样的双链 DNA 存在时间只有 1min 左右，之后就会容许 DNA 复制起始重新进行。因此，可能的情况是在相对良好的生长环境中，新合成的 DNA 链有可能会更有利于被甲基化修饰。因此，有可能在第一轮 DNA 合成尚未完全结束时就在此开始了 DNA 复制的起始。

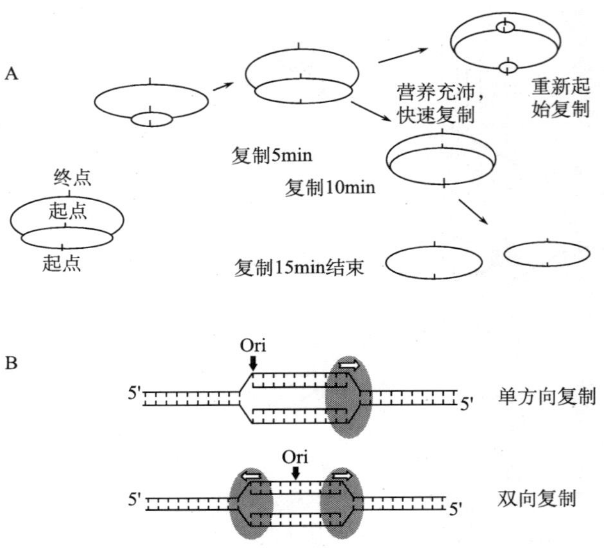

图 7.5　大肠杆菌基因组 DNA 复制和起始一般情况

大肠杆菌 DNA 复制所需要的酶和蛋白质

当前，在大肠杆菌中已经发现了至少 5 种不同的 DNA 聚合酶，分别为主要参与 DNA 复制和修复的 DNA 聚合酶Ⅰ；与 DNA 修复有关的 DNA 聚合酶Ⅱ；主要负责大肠杆菌基因组 DNA 复制的 DNA 聚合酶Ⅲ；还有参与 DNA 跨缺刻合成的 DNA 聚合酶Ⅳ和Ⅴ。

1. DNA 聚合酶的发现

1957 年，Arthur Kornberg 首次发现了大肠杆菌细胞中存在一种 DNA 聚合酶（DNA polymerase），该酶被定名为 DNA 聚合酶Ⅰ。Kornberg 通过建立体外 DNA 合成分析体系的方法对 DNA 复制问题展开了研究。他把来自大肠杆菌的蛋白质抽提物加入含有模板与引物 DNA 的反应体系之中，并向该体系中加入四种 dNTP、二价镁离子、ATP（作为能源分子）。经过一段时间的保温后，他发现了大肠杆菌蛋白质抽提物中含有能利用引物 DNA 3′端延伸 DNA 链的现象。除此之外，Kornberg 还利用他所建立的大 DNA 合成体系观察到，作为合成底物的 dNTP 只能沿引物的 3′端加入到新合成的 DNA 分子中。

紧接着，他们对这种蛋白质抽提物中的蛋白质组分进行了鉴定，并因此发现了 DNA 聚合酶Ⅰ。现在知道，DNA 聚合酶Ⅰ只是一条含有三种不同酶活性的多肽链组成的蛋白质。它除含有 5′→3′DNA 聚合活性之外，还同时具有 3′→5′和 5′→3′外切核酸酶活性。DNA 聚合酶Ⅰ的发现，使人们认识到细胞内 DNA

复制是一个酶促反应过程。接下来的问题是 Kornberg 所发现的 DNA 聚合酶究竟是否是细胞内 DNA 复制所需要的主要承担者。

在 1969 年，John Cairns 和 Paula deLucia 首次分离到一株只含有 DNA 聚合酶Ⅰ活力 1%的大肠杆菌突变株 pclA。该菌株除表现极高的紫外线敏感之外，其他性状基本和野生型无异。能够正常地进行细胞分裂。显而易见，该突变株能够进行 DNA 复制。因此，他们得出结论：DNA 聚合酶Ⅰ并不是大肠杆菌体内 DNA 复制的主要承担者。

对于大肠杆菌 DNA 聚合酶Ⅰ的体外研究也发现，DNA 聚合酶Ⅰ所拥有的 dNTP 掺入效率过低，每分钟只能加入 600 个左右的 dNTP。因此，假定用它合成大肠杆菌基因组，那么每合成一次至少耗时 100h，而不可能如同试验观测的那样，只需要 40min 左右。接下来的研究也发现，Kornberg 所发现的大肠杆菌 DNA 聚合酶Ⅰ并不具有很强的“推进力”（processivity）（推进力被定义为每次 DNA 聚合酶与模板脱离之后所加入的 dNTP 的数量）。这些进一步表明，大肠杆菌基因组 DNA 的体内合成必须有其他的 DNA 聚合酶参与。

经过系统的研究发现，大肠杆菌 DNA 聚合酶Ⅰ主要参与较短 DNA 的合成反应过程。正如 Cairns-deLucia 所发现的突变体对紫外线极度敏感那样，DNA 聚合酶Ⅰ主要参与 DNA 的损伤修复过程；除此之外，它在 DNA 复制过程中的作用主要与去除 DNA 合成引物，以及填补该过程所产生的单链 DNA 空缺有关。在上述过程中，大肠杆菌 DNA 聚合酶Ⅰ主要依赖其所能表现出的“缺口平移”（nick-translation）活性（图 7.6）。

既然 DNA 聚合酶Ⅰ不是大肠杆菌细胞内 DNA 合成的主要承担者，那么，大肠杆菌究竟如何使用 DNA 聚合酶Ⅰ的？

2. 大肠杆菌 DNA 复制酶

大肠杆菌 DNA 聚合酶Ⅲ是负责大肠杆菌细胞内基因组 DNA 复制的主要承担者。DNA 聚合酶Ⅲ负责基因组 DNA 的复制合成。因此，现在通常把 DNA 聚合酶Ⅲ称为大肠杆菌的 DNA 复制酶（replicative polymerase）。DNA 聚合酶Ⅲ具有比较强的合成推进力，每次与模板脱离之前可以掺入多于 50 万个 dNTP 分子；可以表现出很快的合成速度。每个酶分子最多可以每秒钟掺入 1000 个 dNTP 分子；此外，DNA 聚合酶Ⅲ合成的出错率约为 10^{-7}dNTP，由于该酶本身携带有“校对”（proofreading）活性，最终可以使大肠杆菌基因组 DNA 复制出错率降低到 10^{-10}的水平，相当于每复制 1000 个大肠杆菌会出现一个只含有一个碱基错误的大肠杆菌细胞个体。

DNA 聚合酶Ⅲ全酶至少由 10 种不同的蛋白质组成，现在已经发现有 12 个亚基（图 7.7）。其中，β 亚基、τ 亚基均为同源二聚体。β 亚基二聚体与 DNA 聚合酶Ⅲ全酶推进力有关（见前文）；而 τ 亚基形成的二聚体可以把前导链和后随

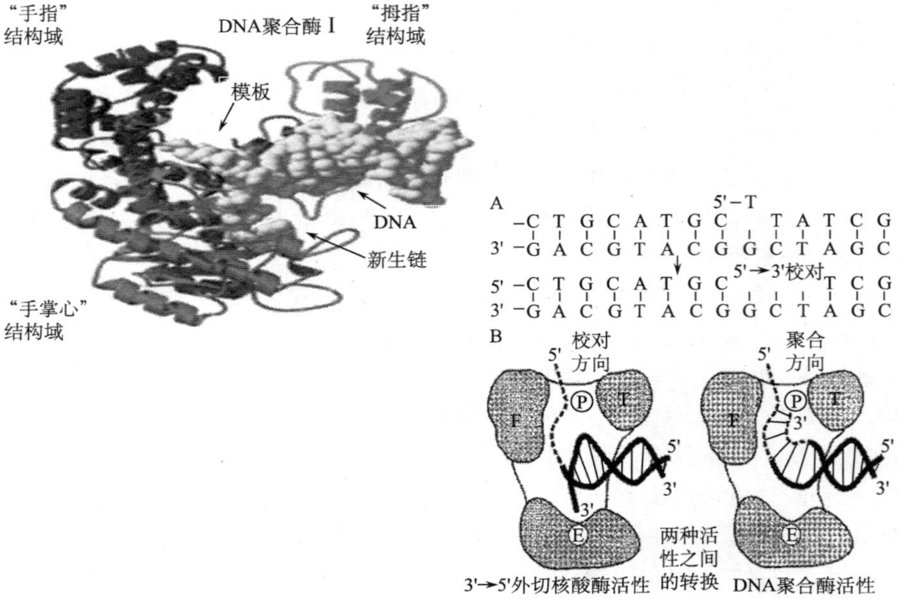

图 7.6　大肠杆菌 DNA 聚合酶Ⅰ的三维空间结构及三种酶活性

链 DNA 的合成偶联在一起，从而保证前导链和后随链上的 DNA 聚合酶Ⅲ能够沿双链 DNA 解旋的方向移动，避免在后随链合成中出现比较长的单链 DNA 区。

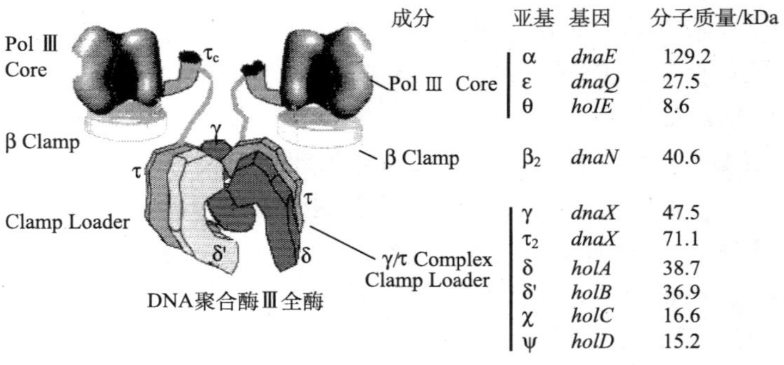

图 7.7　大肠杆菌 DNA 复制酶全酶的组分和结构参数

3. 大肠杆菌备份 DNA 聚合酶

除了 DNA 聚合酶Ⅰ和Ⅲ为大肠杆菌基因组 DNA 复制所必需之外，在大肠杆菌基因组中至少还存在 DNA 聚合酶Ⅱ、Ⅳ和Ⅴ。这些 DNA 聚合酶在正常生长情况下不是大肠杆菌基因组 DNA 复制所必需的 DNA 聚合酶，但在特定环境中却可发挥“备份”（back-up）DNA 聚合酶活性的作用。

1）DNA 聚合酶Ⅱ

目前对大肠杆菌 DNA 聚合酶Ⅱ的了解并不多。有研究表明，它通常需要受 SOS 控制，可能主要负责 DNA 复制的重新起始。

2）DNA 聚合酶Ⅳ（DinB）

大肠杆菌细胞中的 DNA 聚合酶Ⅳ原先被称为 DinP/B。该 DNA 聚合酶的表达在正常生长情况下很低，但当出现 SOS 反应之后则会出现较高水平的表达。DNA 聚合酶Ⅳ复制忠实性较差，不具有 3′→5′的外切核酸酶活性，不具备校对功能。在 DNA 复制过程中经常引发移码突变。此酶的推进力通常很低，利用此酶进行一段 DNA 合成之后，其余 DNA 合成依然依赖 DNA 聚合酶Ⅲ完成。

3）DNA 聚合酶Ⅴ（UmuC）

在大肠杆菌中，DNA 聚合酶Ⅴ就是早先发现的 UmuC。在微生物遗传学中已经介绍过，UmuC 和 UmuD 形成蛋白质复合体，参与 DNA 损伤的跨缺刻合成。该 DNA 聚合酶和 DNA 聚合酶Ⅳ一样受 SOS 诱导控制。

迄今发现，在大肠杆菌细胞中 DNA 聚合酶Ⅳ（DinB）、DNA 聚合酶Ⅴ（UmuC）以及 DNA 聚合酶Ⅱ的基因表达需要受 SOS 诱导控制。也就是在通常的情况下，这三种 DNA 聚合酶表达量都处于低水平，而只有当细胞遭遇逆境的情况下，通过启动 SOS 反应，才能增加这些聚合酶的表达水平。

4. 参与 DNA 复制的其他酶和蛋白质

在大肠杆菌细胞中，负责 DNA 聚合酶在引物 3′端组装的蛋白质是 γ 蛋白质复合体，而负责“托起”DNA 聚合酶的蛋白质则是 β 蛋白质复合体。γ 蛋白质复合体含有 5 个亚基，包括三个亚基的 γ 蛋白和一个 δ 亚基和一个 δ′亚基。具有结合 β 蛋白质复合体的结构域，负责 β 蛋白质复合体在引物 3′端模板 DNA 上的组装。因此，我们通常称 γ 蛋白质复合体为 β 蛋白质复合体“组装者”（loader）（图 7.8）。需要明确的是，γ 蛋白质复合体组装 β 蛋白质复合体的过程需要 ATP 的辅助，但是有研究表明，参与该反应过程的 ATP 并不作为能量分子。

5. 与 DNA 复制有关的解旋酶

DNA 复制过程需要使用相关的解旋酶把处于双链状态的 DNA 的两条链打开成为两条单链（图 7.9）。解旋酶可以和单链 DNA 结合，并且与 ATP 结合，利用 ATP 分解成 ADP 产生的能量沿 DNA 链向前运动，促使 DNA 双链打开。现在已经在大肠杆菌中发现了至少 12 种以上的 DNA 解旋酶，如 Rep、PriA、DnaB、RecBC、RecQ、UvrD（解旋酶Ⅱ）、HelD（解旋酶Ⅳ）、UvrAB、RuvAB、RecG 等。其中的 DnaB、PriA 和 Rep 三种解旋酶可以参与 DNA 的复制过程。其中，DnaB 和 PriA 和 DNA 结合之后沿 5′→3′方向运动；而 Rep 则主要负责与前导链模板 DNA 结合，并沿 3′→5′方向运动。Rep 蛋白的作用据推测主要是清除 DNA 模板链上的蛋白质。该基因的突变体会相应增加 DNA 聚合酶复制

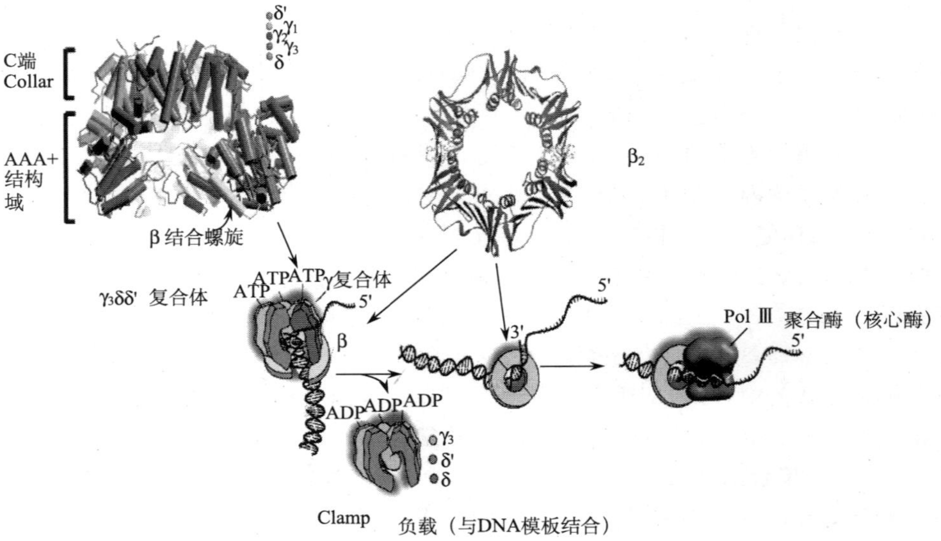

图 7.8　大肠杆菌 DNA 复制叉的组装及其组分的功能

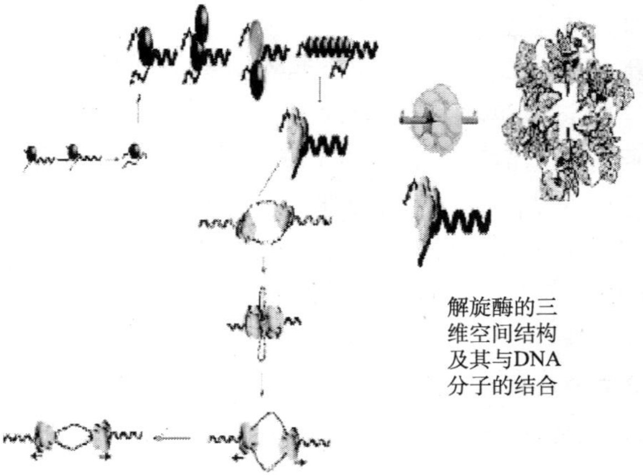

图 7.9　大肠杆菌 DNA 解旋酶的结构及其作用机制

过程中的停止，促进 DNA 双链断裂的生成。而其他的 DNA 解旋酶则大多参与 DNA 损伤修复和基因的重组过程。

6. 与 DNA 复制有关的引物酶（primase）**和 RNA 聚合酶**（RNA polymerase）

大肠杆菌的引物酶由 *dnaG* 基因编码，它是 DNA 复制所必需的一种酶。初步估计，在每个大肠杆菌细胞中含有 50～100 个分子的引物酶。这些引物酶全部由一条多肽链组成，分子质量约为 60kDa。引物酶主要负责催化合成一个大小为 10bp 左右的 RNA 引物。但是，与其他 RNA 聚合酶不同的是，引物酶所表现出的 RNA 聚合酶活性不受雷米封等药物的抑制。

除此之外，引物酶不但能够合成 RNA 引物，也能够利用脱氧核糖核苷酸作为引物。而负责基因转录的 RNA 聚合酶不能利用脱氧核糖核苷酸，而只能利用核糖核苷酸。同时，从整体使用情况来看，引物酶只在复制起点处合成 RNA 引物，主要目的是引导 DNA 分子的复制，而其他的 RNA 聚合酶则是启动依赖于 DNA 的 RNA 转录，主要负责遗传信息的解读。尽管如此，在单链噬菌体 M13 DNA 和质粒 Co1E1 DNA 复制时，DNA 复制所需要的 RNA 引物的合成则不是由特异的引物酶而是由 RNA 聚合酶催化合成。与此相类似，大肠杆菌细胞中存在的稳定性 DNA 合成途径之一也和 RNA 转录过程有密切的关系。RNA 聚合酶所合成的 RNA 分子可以转而用于引导 DNA 的复制。

7. 单链 DNA 结合蛋白（SSB）

解旋酶的作用可以解开 DNA 双螺旋，并产生 DNA 单链。但是，单链状态的 DNA 比较容易发生折叠，形成 DNA 非 B 型构象。而非 B 型构象并不能被 DNA 复制型聚合酶识别为复制模板，并因此导致聚合酶的停止，从而增加 DNA 单链断裂机会。

为了防止这种情况的发生，单链 DNA 一般会和单链结合蛋白（SSB）结合。单链 DNA 结合蛋白以四聚体的形式与长于 30bp 的单链 DNA 结合，避免其重新配对形成双链 DNA 或被核酸酶降解。

大肠杆菌细胞中的 SSB 是含有 177 个氨基酸残基的多肽，与 DNA 结合时，一个 SSB 四聚体一般和 32 个核苷酸结合，因此，SSB 结合的最低限应为 30bp 左右的单链 DNA。SSB 与单链 DNA 结合时表现协同效应，即一个 SSB 四聚体的结合可以促进其他 SSB 四聚体与相邻的单链 DNA 结合。

SSB 的结合可以使单链 DNA 呈伸展状态。不出现弯曲和结节，从而利于作为复制模板。细胞中的 SSB 可以重复使用，当新生的 DNA 链合成到某一位置时，该处的 SSB 便会从单链 DNA 上脱落，并被重复利用。

8. DNA 连接酶（DNA ligase）

1）大肠杆菌 DNA 连接酶

1967 年，有三家实验室几乎同时发现了大肠杆菌和 T4 噬菌体 DNA 连接酶。DNA 连接酶可以封闭 DNA 链上缺口，通过借助 ATP 或 NAD 水解提供的能量催化 DNA 链上 5′-PO_4 和另一链上的 3′-OH 生成磷酸二酯键。这种连接需要两条 DNA 链上含有彼此互补的末端，而且需要被连接的两个断端已经彼此靠近。与此不同，T4 噬菌体的 DNA 连接酶也能够对两个 DNA 分子“钝端”加以连接。

大肠杆菌细胞内的 DNA 连接酶是一条多肽链，分子质量为 75kDa。每个大肠杆菌细胞含有 300 个左右的连接酶分子。大肠杆菌的 DNA 连接酶可以通过胰蛋白酶降解为大小两片段。其中，小片段有连接活性。小片段依然和 NAD 形成 AMP 中间体，但丧失了继续催化 AMP 到 DNA 上的转移反应。

在正常生理状态下，DNA 连接酶主要负责 DNA 双链缺口的连接，在 DNA 复制、修复和重组等过程中广泛使用。因此，连接酶缺陷突变可以影响 DNA 复制、修复和重组等。

2）T4 噬菌体 DNA 连接酶

T4 噬菌体连接酶是一个分子质量为 60kDa 的蛋白质，连接功能需 ATP 分子辅助。其连接活性可以被 0.2mol/L 的 KCl 和精胺抑制。

T4 噬菌体来源的 DNA 连接酶不但可以催化 DNA-DNA 的连接，还可以催化 DNA-RNA、RNA-RNA 和双链 DNA 黏性末端或平头末端的连接。

四、真核生物的 DNA 聚合酶

目前，在真核生物中发现了至少 17 种以上的 DNA 聚合酶。分别是 Polα、Polβ、Polγ、Polδ、Polγ^2、Polg1、Polg2、Polε、Polε2、Polζ、Polη、Polθ、Polι、Polκ、Polλ、Polμ 和 Rev1 等。

其中有 4 种 DNA 聚合酶参与真核细胞基因组 DNA 的复制，其中，Polα、Polβ 和 Polε 负责染色质 DNA 复制，而 Polγ 则负责细胞内线粒体 DNA 的复制，其余的 DNA 聚合酶则主要参与 DNA 损伤之后的修复过程，如 Polβ、Polμ，或者参与类似于原核生物中的逆境情况下的 DNA 合成，如 Polη、Polζ、Polι、Polκ、Rev1 等。

由于近几年发现了许多的真核生物 DNA 聚合酶，为了方便区分，现在已经根据大肠杆菌、真细菌等 DNA 聚合酶和所发现的真核生物 DNA 聚合酶的进化关系对这些 DNA 聚合酶进行了重新分类、命名（表 7.1）。现在，把与大肠杆菌 DNA 聚合酶Ⅰ具有进化相似性的真核生物 DNA 聚合酶归为 A 类 DNA 聚合酶。属于这类 DNA 聚合酶的有聚合酶 γ 和 θ；A 类 DNA 聚合酶主要负责线粒体 DNA 的合成和染色质 DNA 链内交联等损伤的修复；与此类似，和大肠杆菌 DNA 聚合酶Ⅱ相似的真核生物 DNA 聚合酶归为 B 类，主要包括 α、β、ε 和 ζ。这些 DNA 聚合酶分别参与细胞核内 DNA 的复制、DNA 跨缺刻合成（ζ）等。在三维空间结构上，B 类 DNA 聚合酶均含有相似的 DNA 聚合结构域和 6 个保守的 DNA 序列基序（motif）。其中，有些具有外切酶活性，含有锌指结构和同源的 N 端；与大肠杆菌 DNA 聚合酶Ⅲ相似的 DNA 聚合酶定名为 C 类；而把真细菌和古细菌的 DNA 聚合酶Ⅱ定名为 D 类；人类的 DNA 聚合酶 β、λ、σ 定名为 X 类；大肠杆菌 DNA 聚合酶Ⅳ和Ⅴ以及真核生物来源的 Rad30 和人类干皮病变种 DNA 聚合酶 η、κ、ι 和 Rev1 等被归为 Y 类。但目前尚未发现属于 C 类和 D 类的真核生物 DNA 聚合酶。下面我们将着重介绍真核生物基因组 DNA 复制所需要的 DNA 聚合酶和负责 DNA 损伤情况下修复的 Y 类 DNA 聚合酶。

表 7.1 真核生物来源的 DNA 聚合酶的新分类

希腊名	新命名	类别	别名	功能
α	PolA	B	Pol1	DNA 复制
β	PolB	X		碱基切除
γ	PolG	A	MIP1	线粒体 DNA 复制
δ	PolD1	B	Pol3	DNA 复制
ε	PolE	B	Pol2	DNA 复制
ζ	PolZ	B	REV3	跨缺刻合成
η	PolH	Y	RAD30、XPV	跨缺刻合成
θ	PolQ	A	mus308、eta	DNA 修复
τ	PolI	Y	RAD30B	跨缺刻合成
κ	PolK	Y	DinB1、theta	跨缺刻合成
λ	PolL	X	Pol4、beta2	碱基切除修复
μ	PolM	X		非同源末端连接

(一) DNA 聚合酶 α

DNA 聚合酶 α 是含有 4 个亚基的寡聚体。各亚基分子质量分别为 165～180kDa、70kDa (或 86kDa 酵母)、49kDa 和 58kDa。其中，DNA 聚合活性由 165kDa 亚基携带，此亚基需要经过经磷酸化和糖基化修饰，之后分子质量为 180kDa。而 49kDa 和 58kDa 两个亚基则具有引物酶活性，能够合成 RNA 引物。和原核生物大肠杆菌的 DNA 聚合酶Ⅲ明显不同的是，DNA 聚合酶 α 的 165kDa 和 70kDa 亚基在细胞周期过程中要经过磷酸化和糖基化修饰，而且，这种修饰对聚合酶活性具有调节作用。真核生物 DNA 聚合酶 α 缺乏 $3'\rightarrow5'$ 或 $5'\rightarrow3'$ 外切核酸酶活性。但其所表现出的聚合反应与原核生物的一样。利用 SV40 DNA 体外合成系统发现，DNA 聚合酶 α 主要负责 DNA 合成起始阶段的引物 RNA 分子，它可以在复制叉的前导链和后随链上合成可作为引物的 RNA 分子，因此，DNA 聚合酶 α 被认为是“引物酶”。在 DNA 聚合酶合成引物之后，DNA 聚合酶 δ 对之加以置换，用于催化新生 DNA 链的生长。遗传学研究表明，在酵母菌 DNA 聚合酶 α 引物酶的温度敏感突变体细胞中依然可以进行 DNA 的复制，但是这样的突变体通常会表现出 DNA 复制延迟、有丝分裂时期重组频率增加、容易出现基因倒位（gene-conversion）、反向重复DNA序列不稳定性增加、对烷基化试剂敏感、染色体端粒变长、出现多倍体细胞等多种表型特征。

（二）DNA 聚合酶 δ

真核生物细胞中的 DNA 聚合酶 δ 的亚基数目在不同的生物中数目不尽相同。例如，出芽酵母菌细胞中的 DNA 聚合酶 δ 含有分子质量分别为 125kDa、55kDa 和 50kDa 的三个亚基，它们分别由 *pol3/CDC2*、*pol31/HYS2* 和 *pol32* 基因编码。其中，*pol3/CDC2*、*pol31/HYS2* 基因为细胞生长所必需，但 *pol32* 基因却不是细胞生长所必需的基因，但 Δpol32 细胞在温度较高的情况下出现缺陷并对 DNA 损伤试剂敏感。

DNA 聚合酶 δ 的聚合活性位于 125kDa 的亚基之上，在该亚基的 N 端存在与 PCNA 结合的位点。因此该酶聚合活性可以受 PCNA 激活。这种激活作用尤见于催化较长的单链 DNA 模板。

DNA 聚合酶 δ 在 DNA 合成过程中负责前导链的催化合成，具有较高的 DNA 聚合酶活性。DNA 聚合酶 δ 的表达高峰位于 G_1/S 交界处，可能需要磷酸化修饰。

与出芽酵母不同，裂殖酵母细胞中的 DNA 聚合酶 δ 则含有 4 个亚基，分别是 Pol3p、Cdc1p、Cdc27p 和 Cdm1p。其中，Cdc27p 和出芽酵母 DNA 聚合酶 δ 的 Pol32p 同源，是裂殖酵母细胞生长所必需的。

此外，也在兔的骨髓细胞质中分离到一种新的 DNA 聚合酶，具有 3′→5′外切核酸酶活性。另外，从原虫等低等真核生物中分离到一些 DNA 聚合酶。一般来说，这些低等生物都没有低分子质量的 DNA 聚合酶 δ，而且与原核生物的 DNA 聚合酶相似，有 3′→5′外切核酸酶活性。

（三）DNA 聚合酶 ε

DNA 聚合酶 ε 最初是从出芽酵母中得到分离纯化的。在 1985 年之后，此酶在哺乳类在内的其他生物细胞中也相继得到分离纯化。酵母来源的 DNA 聚合酶 ε 含有 5 个亚基，分子质量分别为 256kDa、79kDa、34kDa、30kDa 和 29kDa。它们以 1∶1∶4∶1∶4 的比例组成 DNA 聚合酶 ε 全酶。其中 256kDa 亚基中含有 DNA 聚合酶催化活性和 3′→5′外切核酸酶活性。这几个亚基分别由 *pol2*（256kDa 亚基）、*dpb2*（79kDa 亚基）、*dpb3*（34kDa 亚基，及它的蛋白质水解产物 30kDa 亚基）和 *dpb4*（29kDa 亚基）编码。*pol2* 和 *dpb2* 基因是 DNA 合成所必需的，这个基因的突变体表现致死效应。其中，256kDa 亚基的 N 端表现 DNA 聚合酶活性和外切核酸酶活性；而 C 端则含有与细胞周期检查点有关的结构域。这表明 DNA 聚合酶 ε 可能具有感知 DNA 损伤的能力，并借此诱导其他与DNA损伤修复有关的基因表达。研究发现，DNA聚合酶ε256kDa亚基的C端结构域可能和79kDa亚基的相互作用有关。79kDa亚基自身能够形成二聚体蛋白质，这可能与DNA聚合酶ζ全酶二聚体有关。34kDa、30kDa和29kDa三个亚基可以形成致密的三聚体，这个三聚体同256kDa和79kDa亚基形成中等强度的结合。

哺乳类生物来源的DNA聚合酶ε由两个亚基组成，分子质量分别为215kDa和55kDa，主要参与DNA损伤修复过程中的NER和MMR。此外，在小牛胸腺细胞中只发现了该酶的一个140kDa的亚基（DNA聚合酶形式），而在人类胎盘中则只分离到该酶的170kDa亚基。这些亚基均是215kDa亚基的水解产物，具有聚合酶活性。最近陆续确定了该酶的其他亚基，发现相当于酵母菌34kDa的亚基可能为CHARC17；而相当于29kDa的亚基则初步发现和CHRAC15相似。

来自小牛胸腺的140kDa蛋白质则和PCNA结合，并受PCNA的激活。此外也发现了该酶能和RPA、PCNA、RFC、FEN1、连接酶Ⅰ、解旋酶E、poly-ADP-核糖聚合酶等多种参与DNA复制、DNA损伤修复、重组、细胞周期有关的蛋白质相互作用。DNA聚合酶ε既含有3′→5′外切核酸酶活性，也含有5′→3′外切核酸酶活性。同时它还有较高的DNA聚合酶活性。这些性质使得DNA聚合酶ε很像大肠杆菌中的DNA聚合酶Ⅲ。此外，DNA聚合酶ε的活力也不受PCNA的影响，它的表达和DNA聚合酶ζ类似，高峰期在G_1/S交界，目前不知道它是否受修饰。

（四）Y类DNA聚合酶η、κ、ι和Rev1

真核生物DNA聚合酶主要参与各种情况下的DNA跨缺刻合成（translesion synthesis）。它们在功能上和大肠杆菌中的DNA聚合酶Ⅳ和Ⅴ类似。人类细胞中的DNA聚合酶η由6号染色体6p12.2-p21.1上的*polH*基因编码，它和一种着色性干皮病变体（xeroderma-pigmentosum-variant，XPV）的发病有关。DNA聚合酶η是一个含有713个氨基酸残基的蛋白质，可以催化含顺反式环丁烷二聚体的DNA的跨缺刻复制。常见复制型DNA聚合酶不能跨越含有顺反-环丁烷二聚体的DNA的模板区，而DNA聚合酶η却能顺利地跨过这样的DNA损伤。除此之外，这个DNA聚合酶还能够跨越其他一些类型的DNA损伤，特别是那些改变DNA B型构象的DNA损伤。但是在通常情况下，催化效率要低于跨越顺反-环丁烷二聚体的DNA的模板区。DNA聚合酶η不具有3′→5′外切核酸酶活性，因此没有复制后的校对功能。DNA聚合酶κ由位于5q13处*polK*基因编码，蛋白质含有870个氨基酸残基，与DNA聚合酶η一样，不具有3′→5′的校对功能。DNA聚合酶κ也可以催化含有不同类型DNA损伤的模板的复制，但是它不能像DNA聚合酶η那样跨越含有顺反-环丁烷二聚体的DNA的模板区，DNA 聚合酶 κ 的催化效率要高于 DNA 聚合酶 η，但忠实性要比 DNA 聚合酶 η 低。可能它主要用于催化那些由多环芳香碳水化合物所引起的 DNA 损伤，因为这个 DNA 聚合酶的表达受烷基碳水化合物受体的调控。DNA 聚合酶 ι 的编码基因位于 18q21.1（该基因原来被称为 RAD30B）含有 715 个氨基酸残基，也不具有 $3'\rightarrow5'$的外切核酸酶活性。这个 DNA 聚合酶只能在损伤的 DNA 对位插入少数碱基，因此它不能利用具有引物/模板形式的底物。

DNA 聚合酶 η，分子质量为 80kDa，参与 DNA 的跨缺刻合成，但具有很高的忠实性，受 PCNA 的激活。

DNA 聚合酶 κ，分子质量为 99kDa，参与 DNA 的跨缺刻合成。

DNA 聚合酶 τ，分子质量为 78kDa，参与 DNA 的跨缺刻合成，复制过程中忠实性很差，受 PCNA 的激活。

DNA 聚合酶 Rev1，分子质量为 138kDa，参与 DNA 的跨缺刻合成。现有的三维结构数据表明，Y 类 DNA 聚合酶可能类似 T7 DNA 聚合酶和大肠杆菌 DNA 聚合酶 Ⅰ，都具有典型的“手掌心”结构域、手指结构域、拇指结构域和手掌心结构域等（图 7.10）。

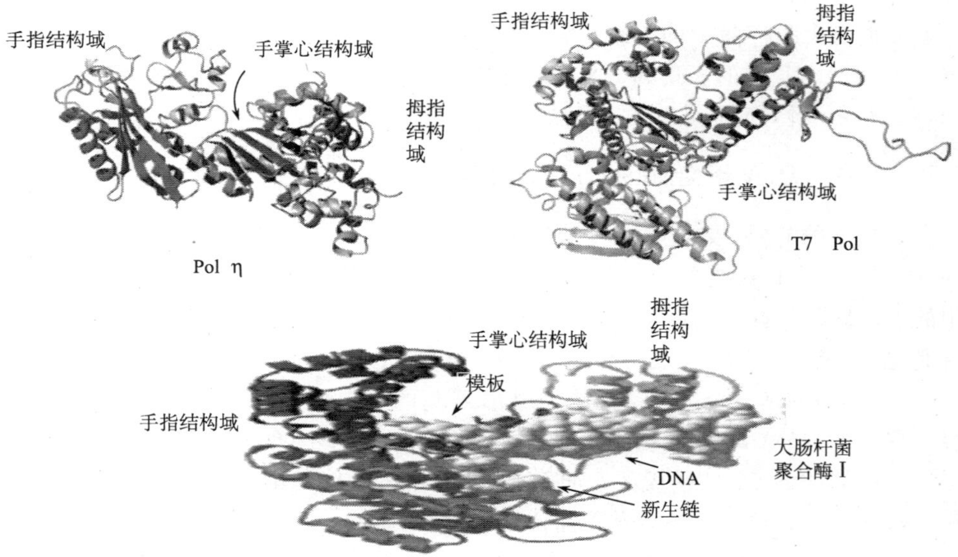

图 7.10　真核生物 Y 类 DNA 聚合酶具有和 T7 噬菌体及大肠杆菌 DNA 聚合酶 Ⅰ 相同的结构相似性

五、古细菌（archaeal）、细菌和真核生物 DNA 复制组分的比较

在上面论述的基础上，我们比较一下古细菌、真细菌和真核生物 DNA 复制组分的相互对应关系，这些结果列入表 7.2。从表 7.2 中可知，在古细菌和真核生物中的 DNA 复制组分彼此更具有相似性，而它们和真细菌对应组分的差别要大一些。

表 7.2 三种生物 DNA 复制组分功能对应性比较

古细菌	细菌	真核生物	功能
Orc1/Cdc6 样蛋白	DnaA	6 种复制起始位点识别蛋白 ORC	DNA 复制起始位点的识别
Dna2 样、MCM 样	DnaB	Dna2，6 种 MCM 蛋白	螺旋酶
RPA 样蛋白	SSB	RPA（三个亚基）	单链 DNA 结合蛋白
类似真核生物引物酶	DnaG	DNA 聚合酶 α	引物合成
RFC 样蛋白	γ 复合体	RFC	Clamp 安装
PCNA 样蛋白	Pol Ⅲ β 亚基	PCNA	复制延伸因子（Clamp）
B 家族 DNA 聚合酶 D 家族 DNA 聚合酶	Pol Ⅲ	DNA 聚合酶 αδε	DNA 链合成
依赖于 ATP 的 DNA 连接酶	依赖于 NAD 的 DNA 连接酶	依赖于 ATP 的 DNA 连接酶	后随链 DNA 连接
FEN1、RNaseH	Pol Ⅰ、RNaseH	FEN1、RNaseH	复制引物的去除

第二节 原核生物 DNA 复制

一、DNA 复制的过程

（一）DNA 复制的起始

1963 年，John Cairns 发现大肠杆菌 DNA 复制起始开始解旋的位点通常位于其环状基因组上的特定区域，对此，他称之为“origin”即“起始位点”，并简写为“ori”。现已确定，大肠杆菌基因组 DNA 复制的起始位点区大约由 245bp 组成，含有富含 AT 碱基的 3 个 13mer 的“GATCTNTTNTTTT”的正向重复序列，以及 4 个 9mer 的“TTATNCANA”重复序列。其中，后者是 DNA 复制起始蛋白因子的结合部位（图 7.11）。

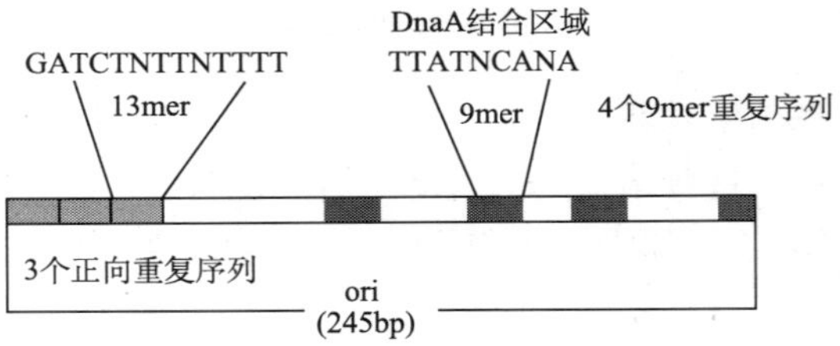

图 7.11 大肠杆菌基因组 DNA 复制起点（ori）区的组织结构特征

1. 大肠杆菌 DNA 复制起始

与大肠杆菌基因组 DNA 复制起始有关的第一个蛋白质因子是 DnaA。DnaA 含有微弱的解旋酶活性。在起始阶段，有 20～40 个 DnaA 蛋白单体与起始位点处含有 9bp 重复区的 DNA 结合。结合区 DNA 序列环形缠绕在 DnaA 复合体上，在 ATP 的帮助下，DnaA 所含有的解旋酶活性使该区 DNA“融化”成单链区（图 7.12）。在这个过程中，发现有大肠杆菌 Hu 蛋白的协助。但是，由于 DnaA 的解旋酶活性过于微弱，并不能大幅打开 DNA 双链，接下来需要更为强力的解旋酶 DnaB，DnaB 的结合需要 DnaC 的协助。通常情况下，DnaC 是 DnaB 的组装因子。这个过程需要 ATP 分子发挥作用，但此时的 ATP 分子不是能量的提供者。DnaB 的强力解旋酶活性可以接替 DnaA 进一步双向打开 DNA 双链。这个过程就是 DNA 复制的起始。

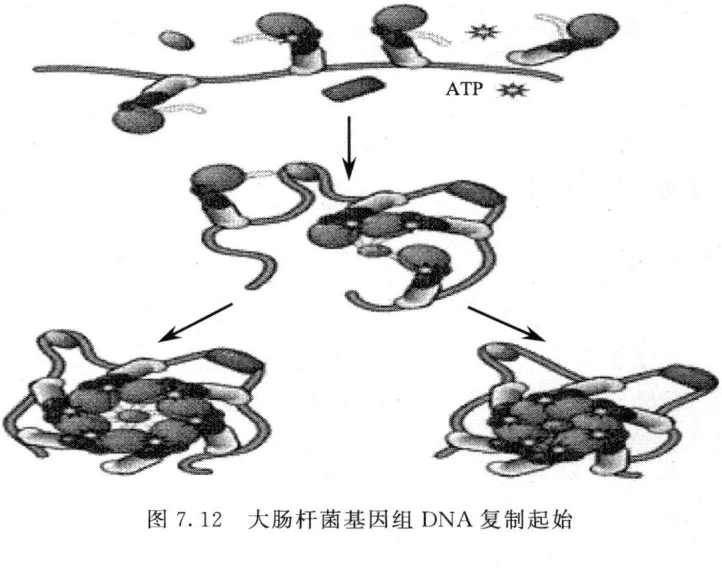

图 7.12 大肠杆菌基因组 DNA 复制起始

2. 细胞内 ATP 水平决定了 DNA 复制起始

来自大肠杆菌的有关研究表明 DNA 复制的起始依赖细胞内 ATP 分子的水平。ATP 含量的高低取决于细胞内的能库状态，而相对较高的能库状态的保持需要大肠杆菌生长在一种相对富营养的环境。在这种特定的富营养环境中，大肠杆菌细胞可以通过中间代谢合成较高水平的 ATP。而这些 ATP 分子的作用之一就是启动细胞的基因组 DNA 复制，促进细胞分裂，表现出旺盛的生长现象。这种情况就是为什么旺盛的生长总是出现在富营养的培养阶段的分子基础。

3. DNA 合成过程中 RNA 引物的合成

大肠杆菌 DNA 合成过程中 RNA 引物的合成是由引物酶 DnaG 完成的。DnaG 与 DnaBC 作用，替换掉其中的 DnaC 形成 DnaBG 复合体。DnaBG 则同时表现出 DNA 解旋酶活性和 RNA 引物合成活性。DnaBG 可以在对双链 DNA 解旋的同时，每隔一段合成一个 10 个碱基左右大小的 RNA 引物，该引物即 DNA 复制的引物。最近有研究结果表明，至少在噬菌体 M13 感染大肠杆菌的过程中，常规 RNA 聚合酶催化的基因转录可以作为 DNA 复制过程中的引物，这究竟是不是一种普遍的生理现象尚有待于进一步研究（图 7.13）。

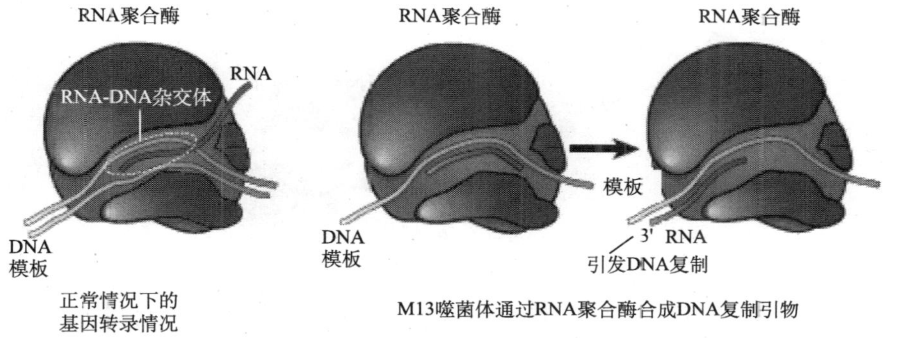

图 7.13 大肠杆菌基因组 DNA 复制过程中引物的合成

4. 复制过程中 DNA 聚合酶的装载

DnaG 合成的 RNA 引物与模板 DNA 形成 RNA-DNA 杂交体。之后，γ3δδ′复合体（简称 γ 复合体）则开始在这样的杂交体的 3′端组装 β 夹子（β-clamp）。大肠杆菌的 β 夹子是由两个同源三聚体组成的环形结构，可以在消耗 ATP 的同时，沿着 DNA 单链模板滑行。β 夹子组装复合体——γ3δδ′复合体在 ATP 的存在下可以将 β 夹子装载到 RNA-DNA 杂交体的 3′端，形成 DNA 聚合酶的“基座”。接下来，大肠杆菌 DNA 聚合酶Ⅲ核心酶就被装载到这个基座上，并在 β 夹子的推动下沿 3′端开始 DNA 的合成（图 7.14）。

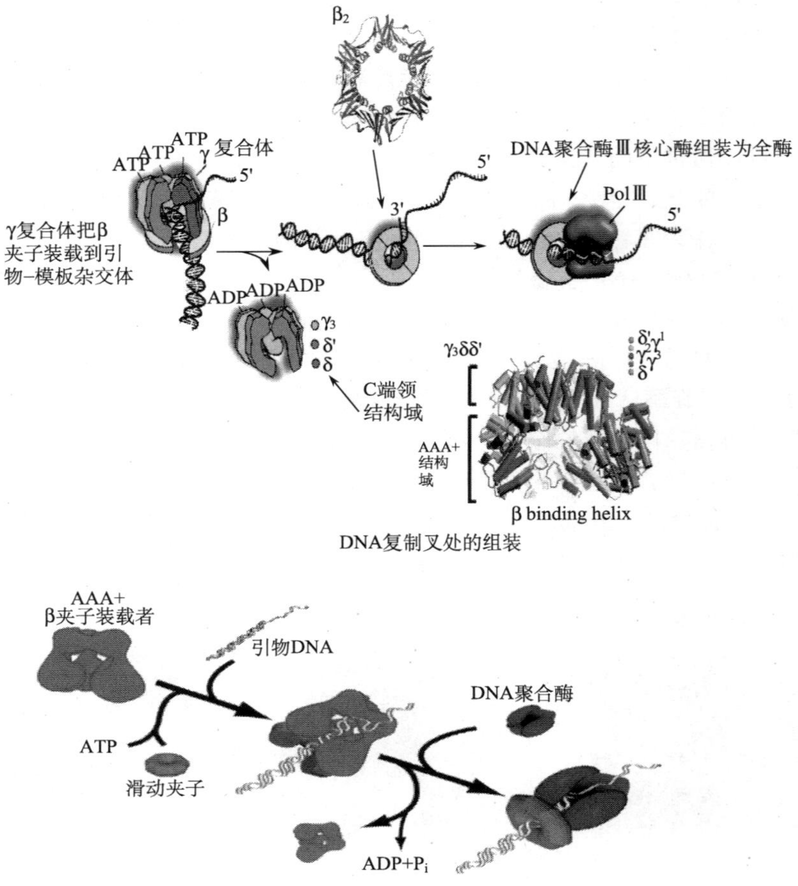

图 7.14 大肠杆菌基因组 DNA 复制体的组装

（二）DNA 复制的延伸

在复制起始之后，DNA 合成就进入了延伸阶段，这是 DNA 复制的第二个阶段。DNA 复制的延伸（extension）首先需要作为合成底物的 4 种脱氧核糖核苷酸分子依据 DNA 模板上的碱基排列顺序，按照沃森-克里克碱基配对规则进行有“选择”地配对。能否形成正确碱基对的关键一点是看所掺入的碱基能否基本上保证形成碱基对后不影响双链 DNA 的 B 型构象。同时，为了保证 DNA 聚合酶能顺利催化 5′→3′磷酸二酯键的形成。需要满足引物-模板- DNA 聚合酶-所掺入的脱氧核糖核苷酸四部分共平面（图 7.15）。DNA 复制过程中所表现出的这种几何结构方面的要求就是“碱基选择”（base selection）。

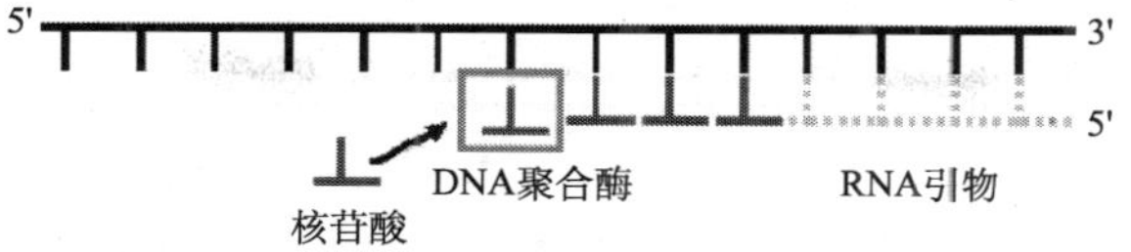

图 7.15 大肠杆菌基因组 DNA 复制过程中碱基配对的形成和磷酸二酯键的形成

1. 前导链与后随链的合成

前面已经介绍了双链 DNA 体内复制的半保留合成机制。在这种 DNA 合成模式中，DNA 的两条链都是合成的模板。我们知道双链 DNA 的两条链是反向平行排列的，其中一条链呈 3′→5′走向，以其作为模板合成其互补链的方向恰好与 DNA 聚合酶所拥有的 5′→3′的聚合活性方向一致（图 7.16）。因此，预计在这个方向的合成可以连续进行下去。体外研究结果也确实能够证明这一点。而双螺旋中另一条以 5′→3′走向的模板链，其互补链的合成则应该与前面 3′→5′走向的模板链的互补链合成方向相反。事实上，在 DNA 双链的体内合成中，只发现一条链的合成是沿着 5′→3′方向连续合成的，而与之互补的模板链上的合成虽然也是沿 5′→3′方向合成，但是它的合成是逆着 DNA 复制叉的前进方向一段段合成的。其中，每一段的合成都需要引物酶 DnaG 合成的 RNA 引物，而合成的每一段产物则被称为一个"冈崎片段"(Okazaki fragment)。后随链上所合成的冈崎片段的大小与模板 DNA 的碱基排列顺序有关。通常由 A、T、G 和 C 随机排列的 DNA 模板上的合成长度平均为 2000nt 左右；而在某些较难复制的序列区，能够合成的冈崎片段会相应地变短。这种情况一方面与 DNA 聚合酶与模板 DNA 的反复解离和重新组装有关，同时，也和 DnaG 在上述后随链区频繁合成 RNA 引物有关。后随链上的 DNA 合成的是一段段 DNA 片段。之后，作为引物的 RNA 分子被 RNaseHA/RNaseHB 或 DNA 聚合酶 Ⅰ 的 5′→3′外切核酸酶活性去除，生成的单链 DNA 空缺再通过 DNA 聚合酶 Ⅰ 的聚合酶活性填充，并最后被 DNA 连接酶连接成一条完整的 DNA 分子链。最近的研究结果表明，负责合成 RNA 引物的 DnaG 的引物酶活性不受常规的 RNA 聚合酶抑制剂的影响。

2. 体内 DNA 复制过程中复制叉的组装

通过关于前导链与后随链上 DNA 合成的情况的介绍可知，前导链上 DNA 的合成是顺着 DNA 双链打开的方向沿 5′→3′方向合成的；而后随链上的合成则需要逆着 DNA 双链打开的方向，以 5′→3′方向一段一段地不连续合成。我们可以想见，由于后随链需要反复地合成 RNA 引物，需要反复地形成 DNA 复制复合体，因此，势必会被前导链方向的合成远远地甩在后面，而此时负责打开 DNA 双链的解旋酶 DnaB 会不断地增加后随链单链 DNA 的长度，这样最终导致在后随链方向出现过长的单链区，而这会人为地增加 DNA 单链断裂或折叠形成

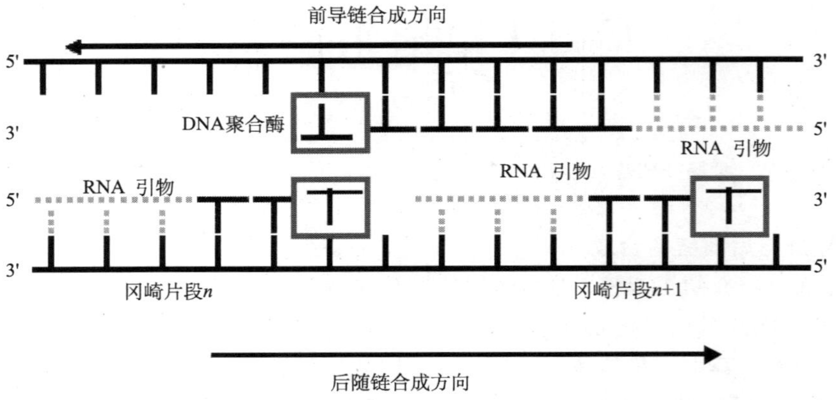

图 7.16　大肠杆菌基因组 DNA 复制过程中前导链和后随链的复制

非 B 构象的概率，导致基因组的不稳定性风险。为了避免上述情况发生，在大肠杆菌体内 DNA 复制过程中，负责前导链 DNA 合成的 DNA 聚合酶Ⅲ与负责后随链 DNA 合成的 DNA 聚合酶Ⅲ会通过两个 τ 蛋白亚基加以偶联，形成分布于前导链和后随链上的 DNA 聚合酶Ⅲ的二聚体。这样的二聚体的形成使前导链和后随链上的 DNA 聚合酶Ⅲ只能沿着双链 DNA 解链的方向进行 DNA 的合成。而一旦满足这种合成方式，就需要后随链模板“掉头”回折，在后随链形成一个环形（loop）结构（图 7.17）。

3. DNA 延伸经过复杂模板区

这里所讲的 DNA 复杂模板区是指 DNA 聚合酶难于复制的 DNA 区段，主要包括携带有碱基、核苷等损伤，或在该模板区内 DNA 上碱基排列不利于 DNA B 型构象的维持，从而使 DNA 聚合酶难于通过模板区域。在通常情况下，DNA 聚合酶催化 DNA 聚合延伸至该区域可以出现三种情况：①出现复制错误；②引起 DNA 聚合酶“停顿”（stalling 或 pausing）或与模板 DNA 解离；③该区段 DNA 序列不能合成。

现在知道，细胞内针对上述复杂 DNA 模板区，DNA 合成延伸至少可以采取三种策略，包括：①使用 Y 类 DNA 聚合酶替换通常的 DNA 聚合酶跨越复杂 DNA 模板区，即通常所讲的 DNA 跨缺刻合成；②重组依赖的 DNA 复制；③复制的重新起始。

1）*DNA 跨缺刻合成*

DNA 跨缺刻合成又称 DNA 复制的“备份”途径（back-up pathway）。是指在 DNA 复制过程中，由于 DNA 损伤出现双链断裂，直接或间接导致细胞内出现一定数量的单链 DNA 的情况下，这些单链 DNA 和 RecA 聚合成为具有蛋白

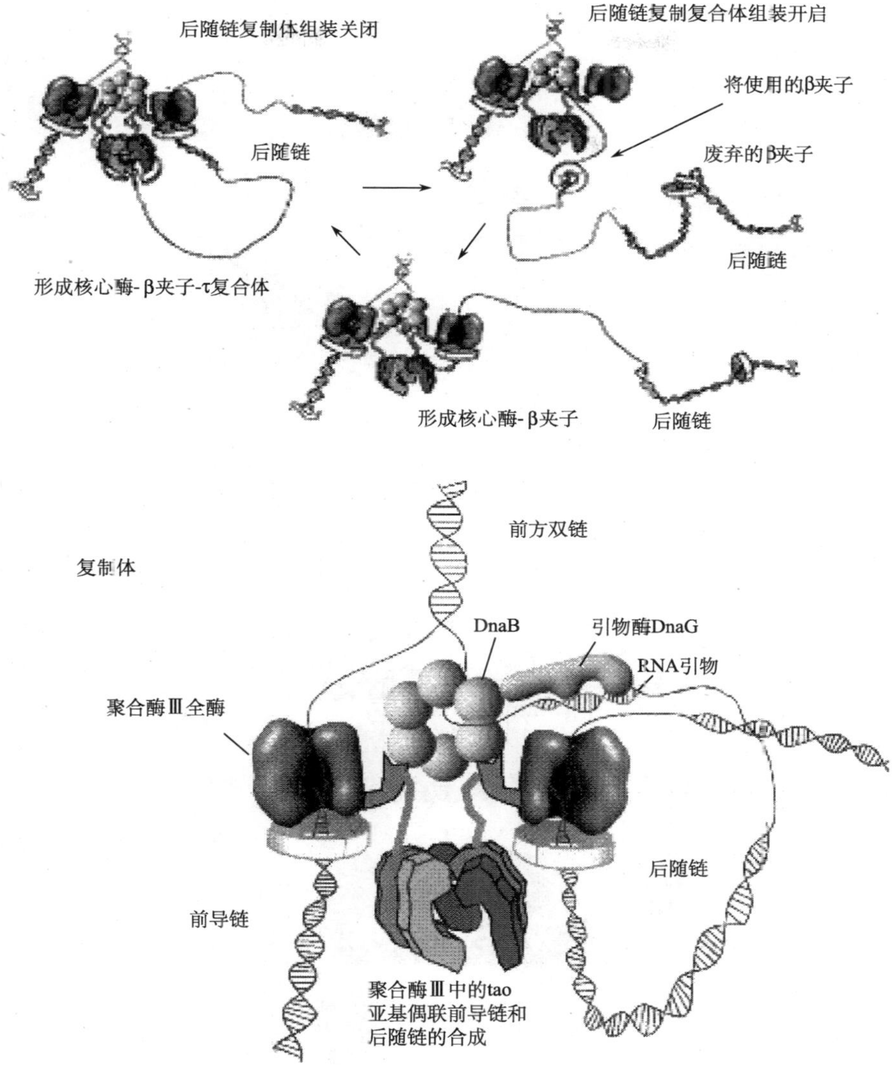

图 7.17　大肠杆菌基因组 DNA 复制过程中前导链和后随链的偶联复制

质水解酶活性的 RecA*。RecA* 的蛋白质水解活性可以转而水解 LexA，解除 LexA 对一组基因的阻遏控制，从而启动 SOS 反应（SOS response），诱导出至少 50 几种基因的表达。其中，属于 Y 类 DNA 聚合酶的大肠杆菌 DNA 聚合酶Ⅳ和Ⅴ也在其列。DNA 聚合酶Ⅳ或 DNA 聚合酶Ⅴ水平的提高，使它们有机会取代 DNA 聚合酶Ⅲ，催化复杂模板区的 DNA 合成。通常情况下，Y 类 DNA 聚合酶的“推进力”都不大，而且缺乏校对能力，因此它们所合成的 DNA 的忠实性较低，合成距离有限，只能合成少数 DNA 序列（图 7.18）。接下来的 DNA 合成还需要 DNA 聚合酶Ⅲ催化完成。

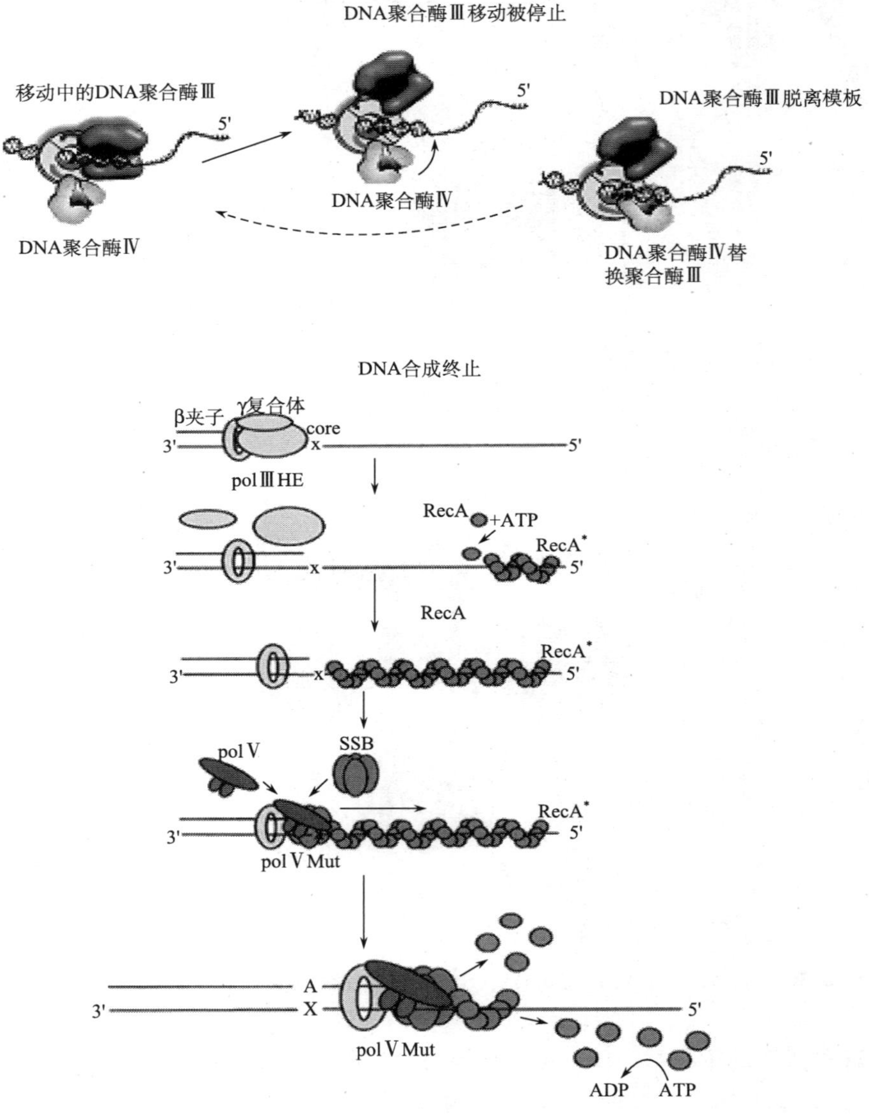

图 7.18　含有损伤的大肠杆菌基因组 DNA 的跨缺刻复制

2）重组依赖的 DNA 复制

重组依赖的 DNA 合成现象是在 2000 年之后发展并逐步完善起来的。重组依赖的 DNA 合成发生在负责前导链或后随链 DNA 合成的 DNA 聚合酶Ⅲ被停止，或者其中的一条链的合成遇到未曾修复的单链断裂，并因此转化出一个双链断端之后。在前一种情况下，已经被解旋酶 DnaB 打开的 DNA 模板双链重新返回双链 DNA 状态，以容许 DNA 修复蛋白对出现的可能损伤加以修复。在这个过程中，前导链和后随链上相对彼此靠近的新合成的 DNA 互补链的 3′端和 5′端分别与各自模板分离，并相互配对，使整个 DNA 复制叉形成“鸡爪”结构(chicken foot structure)，这种“鸡爪”结构是同源重组中间体“十字叉”结构(holliday structure）的变体，可以参与同源重组的蛋白质组分，如 RecBCD、RuvABC 等形成新的 DNA 复制叉；而在后一种情况下，参与同源重组的蛋白质组分（如 RecBCD、RecA 等），以及参与 DNA 复制叉重新建立的解旋酶 PriA/B 等可以把所出现的 DNA 断端借助其姐妹 DNA 双链重新建立复制叉，从而起始 DNA 的合成（图 7.19）。

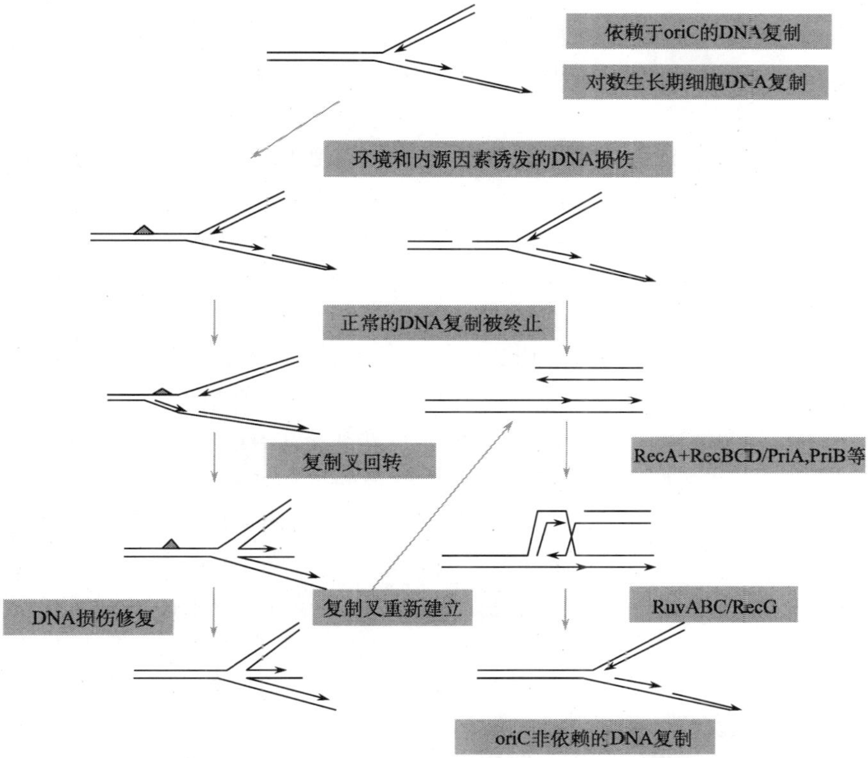

图 7.19 复制叉回转延伸和同源重组依赖的 DNA 复制

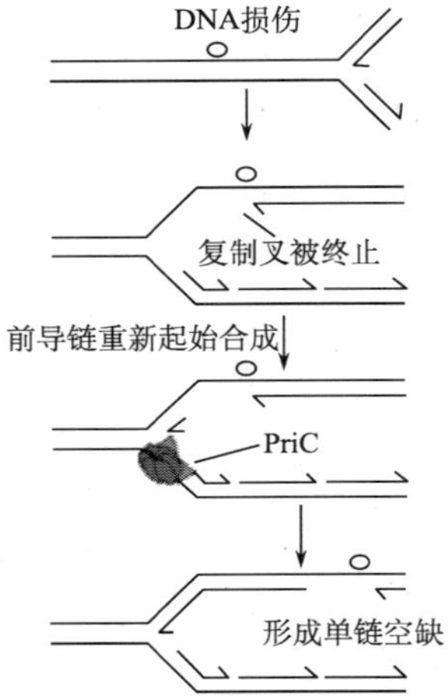

图 7.20　复制叉的重新形成

3）DNA 合成重新开始

当 DNA 合成过程中前导链合成受阻时，可以利用依赖于 PriA 的 DNA 合成重新起始机制。最近发现，一个依赖于 PriC 的 DnaB 装载/重新起始系统可以作用于能够在阻挡前导链 DNA 合成的前方对应的后随链上，重新形成 DnaB/ DnaG 解旋酶-引物酶复合体，该复合体可以同时在前导链和后随链上重新起始 DNA 的合成（图 7.20）。

（三）DNA 合成的终止

DNA 合成的终止是 DNA 复制的最后一个阶段。这个阶段一个关键的分子生物学问题是线性染色质的末端合成问题。但是，对于原核生物的环状染色体 DNA 而言，并不存在末端合成问题。对于线性染色体而言，DNA 复制到一个 DNA 分子的末端之后，由于空间的限制，这种 DNA 末端的合成将很难顺利进行下去。如果不能采取特殊的策略，会导致每一次 DNA 末端合成之后丢失一段 DNA 序列。研究发现，在生物的进化过程中，许多种针对线性 DNA 末端合成的有效策略已逐渐形成，我们把迄今发现的线性 DNA 末端合成的策略总结如下，主要包括：①把 DNA 末端变换成发夹结构；②利用和 DNA 末端结合的蛋白质所含有的氨基酸羟基侧链“—OH”作为“生长点”引导 DNA 的合成；③如同原核生物那样，把线性 DNA 转化成环状 DNA 分子进行复制，避免末端合成问题；④利用端粒酶的合成策略对线性 DNA 进行末端合成；⑤利用同源重组辅助策略进行末端合成等。

在上述五大类 DNA 末端合成策略中，能够使 DNA 末端形成发夹结构加以合成的策略常见于某些细菌细胞中的质粒分子以及某些真核生物细胞中的线粒体 DNA 分子和某些动物病毒 DNA 分子等。这些双链 DNA 分子在末端彼此连接，从整体看上去，它实际上类似于一个完全键合的单链环状分子。因此，在 DNA 复制过程中就可以顺利地合成整个 DNA 分子，从而避免出现末端复制问题。但是，在 DNA 复制之后，形成的子代 DNA 分子必须彼此分开，成为两个等同的 DNA 分子。有两种方法可以实现这个目的：一是 DNA 分子的末端区形成十字叉或双发夹结构，这样的 DNA 分子可以被细胞中存在的有关酶分子加以正确“拆分”，从而生成两个完全相同的 DNA 分子；另一个办法就是利用某些 DNA 内切酶在末端重复序列附近制造“缺刻”，并生成两个带有相同黏性末端的 DNA 分子，之后，这样的黏性末端自我复制，并通过 DNA 连接酶重新生成末端连接的双链线性 DNA 分子。

1. 利用和 DNA 末端结合的蛋白质中的—OH 引导 DNA 合成

这种蛋白质引导的 DNA 合成常见于腺病毒、噬菌体 29、PRD1 和 Cp-1 等。能够提供—OH 的蛋白质以共价键的形式和 DNA 末端连接。DNA 起始蛋白首先和 DNA 复制起始位点形成 DNA 蛋白质复合体，随后，DNA 双链被 DNA 起始蛋白分开成单链，并形成 DNA 复制复合体。此时，有一分子的单磷酸核苷和末端结合蛋白之中的—OH 形成共价连接物，然后这样的分子可以作为 DNA 合成的引物，在 DNA 聚合酶的催化下进行 DNA 末端的合成。

2. 把线性 DNA 转化成环形 DNA 分子

尽管这种 DNA 末端合成策略可见于微生物细胞，以及某些微生物（如噬菌体）中，但是这种 DNA 末端合成通常会引发 DNA 重组，导致畸形 DNA 分子的形成。这种问题可以被诸如大肠杆菌等微生物所克服，因为在大肠杆菌细胞中存在一种位点特异性重组机制，可以把环形 DNA 分子复制之后所出现的多聚基因组在特定的位点准确地分开，这就是大肠杆菌中的 XerC-Dif 位点特异重组机制（见第十章）。但遗憾的是，在真核生物细胞中，类似 XerC-Dif 的位点特异性重组机制并不存在。因此，通过环形 DNA 来合成真核生物 DNA 的策略通常只出现在非正常的情况下。而且，这种 DNA 合成方式会导致双着丝粒染色体的出现，形成环形染色体。而这些畸形的染色体在有丝分裂过程中可以成为出现非整倍体基因组的原因。所以在正常的情况下，真核生物细胞并不利用这种方式合成末端 DNA。

3. 大肠杆菌基因组 DNA 合成终止的分子生物学描述

现在已经清楚地了解到，大肠杆菌基因组是一条环形 DNA 分子。而且在前面我们也已经对大肠杆菌 DNA 复制起始、延伸等过程中的各个环节进行了详细的介绍。现在我们将对大肠杆菌基因组 DNA 合成终止的分子生物学过程加以描述。

Ter 位点和 DNA 合成的终止

大肠杆菌基因组 DNA 合成的终止位于 Ter 区域（DNA synthesis termination region），换言之，Ter 区域是复制大肠杆菌基因组的两个复制叉“相遇”的地方。位于大肠杆菌 Ter 区域的 DNA 是含基因最少的一段基因组区域，主要含有大量的重复 DNA 序列，包括转座子、插入 DNA 序列及正向和倒置重复序列。其中，与 DNA 复制终止密切相关的 DNA 重复序列被称为 TerA 和 TerB 反向重复序列。当大肠杆菌基因组复制接近尾声，一般是“逆时针”（CW）复制的 DNA 复制复合体先行遇到 TerB，而沿“顺时针”（CCW）复制的 DNA 聚合酶复合体尚未遇到 TerA。此时，负责逆时针复制的 DNA 复制复合体跨过 TerB，在 TerA 重复区合成速度减缓；随后，负责顺时针复制的 DNA 聚合酶复合体进入 TerA 区，遇到呈缓慢合成状态的逆时针 DNA 聚合酶复合体后“彼此无路可走”。因而，整个基因组 DNA 的复制宣告终止（图 7.21）。

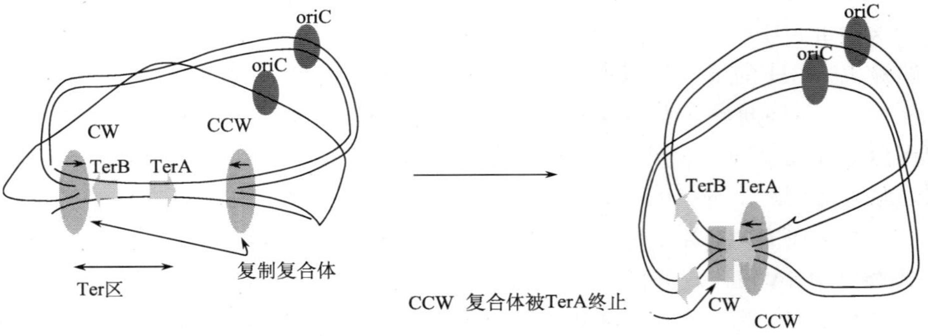

图 7.21　大肠杆菌基因组 DNA 复制的终止

二、DNA 体内复制忠实性的维护策略

DNA 复制的忠实性维护总体而言体现在以下四个主要的层面。①新生 DNA 链和 DNA 模板之间形成碱基配对过程需要经过“碱基选择”这一关。因为只有当 A 和 T、G 和 C 之间形成碱基配对时才能保证复制叉位置的引物-模板-DNA 聚合酶Ⅲ-新掺入的碱基对位于同一平面之内，才能满足 B 型构象。而只有这种 B 型构象才能被 DNA 聚合酶Ⅲ催化形成磷酸二酯键，并使最终合成的 DNA 双链具有 B 型构象。尽管如此，在 DNA 复制的这个阶段，依然有 $1/10^4 \sim 1/10^5$ 的 dNTP 分子可能被错误掺入。②DNA 聚合酶Ⅲ全酶所具有的 3′→5′外切核酸酶（exonuclease）校对活性可以继续从新生 DNA 链的 3′端去除错误掺入的碱基（错配对碱基），并因此提高复制忠实性 100～1000 倍。③大肠杆菌细胞中存在的甲基化依赖的碱基错配对修复可以进一步提高复制的总体忠实性 40～200 倍。④后随链 DNA 复制采取不连续合成也可以进一步提高 DNA 复制的忠实性。这样，对于大肠杆菌基因组而言，基因组复制的错误率为 $10^{-9} \sim 10^{-10}$。

第三节　真核生物 DNA 复制

真核生物 DNA 合成的起始

真核生物 DNA 复制的起始控制是最近几年来 DNA 复制研究中一个热点领域。我们知道真核生物的基因组相对原核生物基因组而言更为庞大，其中的 DNA 分子只有在细胞周期的 S 时相复制。以分子生物学实验中经常用到的模型生物果蝇为例，果蝇细胞内最大的染色体含有近 6.5×10^7 个核苷酸分子，比一个大肠杆菌基因组（4.6×10^6 核苷酸分子）还要大几十倍。但是如此巨大的染色体的复制只需要 3～4min 就可完成（真核生物 DNA 复制速度约为 2600nt/min）。如果按照大肠杆菌 DNA 的复制模型，以每分钟 2600 个核苷酸分子的合成速度对上述果蝇的这条染色体进行复制，那么估计最少得需要 8.5 天的时间才能完成。但实际上，该染色体中 DNA 的复制只需要 3～4min 即可完成，因此推算上述大小的染色体上至少含有 7000 个复制起始位点（origin of replication）。

后来也发现真核生物 DNA 的复制确实可以从多个位点同时进行。也就是说，真核生物 DNA 分子复制时可以同时含有多个复制子或复制单位。

那么，真核生物染色体上如此众多的 DNA 复制起始是如何进行确定的？它们又是如何被控制的？细胞又是如何区别哪些 DNA 复制起始位点是可以使用，哪些复制位点是已经被使用的？

（一）真核生物 DNA 复制起始的许可机制

研究发现，在酵母、中国仓鼠卵母细胞以及爪蟾卵子等真核生物细胞中的 DNA 上，那些可以进行 DNA 复制起始的位点都必须和一些 DNA 复制起始位点结合蛋白形成复合体（origin recognition complex of protein，ORC）结合。这种 DNA-蛋白质的结合形式被称为前复制复合体。只有和复制起点结合蛋白形成前复制复合体的复制起始位点才具有引导 DNA 复制的功能。

1. 真核细胞 DNA 复制许可因子

能够起 DNA 复制起始许可因子的蛋白质有很多种，除了 Orc1、Orc2、Orc3、Orc4、Orc5 和 Orc6 之外，还包括最先于出芽酵母菌细胞中发现的与酵母细胞小染色体的维持有关的 MCM2、MCM3、MCM4、MCM6、MCM7 和 Cdc46/MCM5，以及裂殖酵母细胞中的 NDA1、NDA4 和 CDC21，人类细胞中的 Cdc21、Cdc46、Cdc47、P1/MCM3 和骨髓 P1 蛋白。在出芽酵母中，MCM 蛋白质复合体对于维持酵母小染色体的复制是必需的。MCM 出现在细胞有丝分裂完成之后，通过 G_1 期，直到 S 期的早期消失。

能够和 DNA 复制起始位点结合的蛋白质含有 6 个亚基，包括 Cdc6、Cdc7 和 MCM 等。这些蛋白质存在于整个细胞周期中，其中的有些组分可以在 DNA 复制起始前后受到某种程度的调节。因此，细胞可以通过调节这种 ORC 蛋白质复合体和 DNA 复制起始位点的结合来控制 DNA 合成的起始。有研究表明，酵母和果蝇中的 ORC 复合体中的亚基可以和乙酰化酶和脱乙酰化酶发生直接作用，暗示乙酰化和去乙酰化修饰可能是调节 ORC 和 DNA 起始位点结合的一个手段。

真核生物细胞中的 ORC 蛋白质复合体主要由一些被称为“许可因子”的辅助蛋白质组成，在酵母细胞中已经发现了 6 种蛋白质是组成 ORC 复合体的必需组分。这些 ORC 蛋白在整个细胞周期过程中和 DNA 复制起始位点中的 DNA 序列进行结合和解离。在细胞周期的 G_1 期，和 DNA 复制起始位点结合的 ORC 又可以进一步和其他一些蛋白质形成更大的复合体，其中包括 Cdc6、Cdc7、MCM 和 Cdt 等蛋白质组分。在这个过程中，Cdc7 对 Cdc45p 和 Cdc46p/Mcm5p 形成的蛋白质复合体进行磷酸化修饰，之后，Cdc45p 和 RPA、DNA 聚合酶等组装 DNA 复制前体，参与微染色体的维护和 DNA 的复制。

其中 Cdc45p 负责把 DNA 复制聚合酶召集到复制起始位点。这种结合表现出一定的顺序性，在细胞周期 G_1 期，首先是 Cdc6 和 Cdt 等在细胞核中积累，这些蛋白质可以和 DNA 复制起始位点识别蛋白质复合体（ORC）结合，然后它们再进一步和 MCM 作用，MCM 可以包被 DNA，而只有被 MCM 包被的 DNA 才能被复制。当细胞周期从 G_1 期进入到 S 期之后，这个与 DNA 复制起始位点结合的蛋白质复合体可以被包括细胞周期素依赖的蛋白质激酶在内的一些蛋白因子激活。

现已发现 G_1-Cdk 和 Dbf4/Cdc7 激酶可以和 Cdc6、Cdc45、RPA、MCM2 等发生直接作用。Cdk 和 Dbf4/Cdc7 激酶可以对 Cdc6 等进行磷酸化修饰。Cdc6 是真核生物基因复制前复制体形成的调节因子之一。当细胞处于 G_1 期时，Cdc6 含量得到累积，表现瞬间升高现象。Cdc6 本身可以和 DNA 上的潜在 ORC 结合，在 ATP 供能下，同时可以促进 6 个亚单位构成的 MCM 复合体和其他一些蛋白质结合到 ORC 上，形成前复制复合体（pre-replicative complex，pre-RC）（图 7.22）。

之后就开始 DNA 复制。在 S 期的 DNA 复制进行过程中，位于起始位点处的蛋白质复合体内的 Cdc6 和 Cdt 会逐步从 DNA 复制起始位点识别蛋白质复合体中分离出去，而此时的 MCM 蛋白质复合体则会离开 DNA 复制叉的前方，从而容许 DNA 进行复制。鉴于不同真核生物 DNA 复制起始位点处的 DNA 序列和参与真核生物细胞中 DNA 复制的蛋白质组分彼此之间具有很大的相似性，因此，上述基于酵母菌 DNA 复制调控的模型曾经被广泛用于解释其他真核生物 DNA 复制的调节控制。但是最近有资料表明，至少哺乳类生物细胞中的 ORC 并不总和 DNA 复制起始位点处的 DNA 序列结合成复合体，而是在细胞周期过程中发生部分解离。如果把中国仓鼠卵母细胞（CHO）G_1 期早期的细胞核转移到处于 S 期的爪蟾细胞提取液中，那么可以看到中国仓鼠基因组中的二氢叶酸还原酶（DHFR）位点可以出现 DNA 复制。而且这种 DNA 复制并不表现出明确的复制起始位点偏好性。而分离自有丝分裂中期之后 3～4h 的细胞核中的 DHFR 基因的复制却会从一个特定的起始位点处开始，这表明 CHO 中的 DHFR 基因的复制起始点是在 G_1 期被确定的。也就是说，在细胞周期的 G_1 期存在着一个“复制起始位点决定点”（origin decision point，ODP）（图 7.22）。

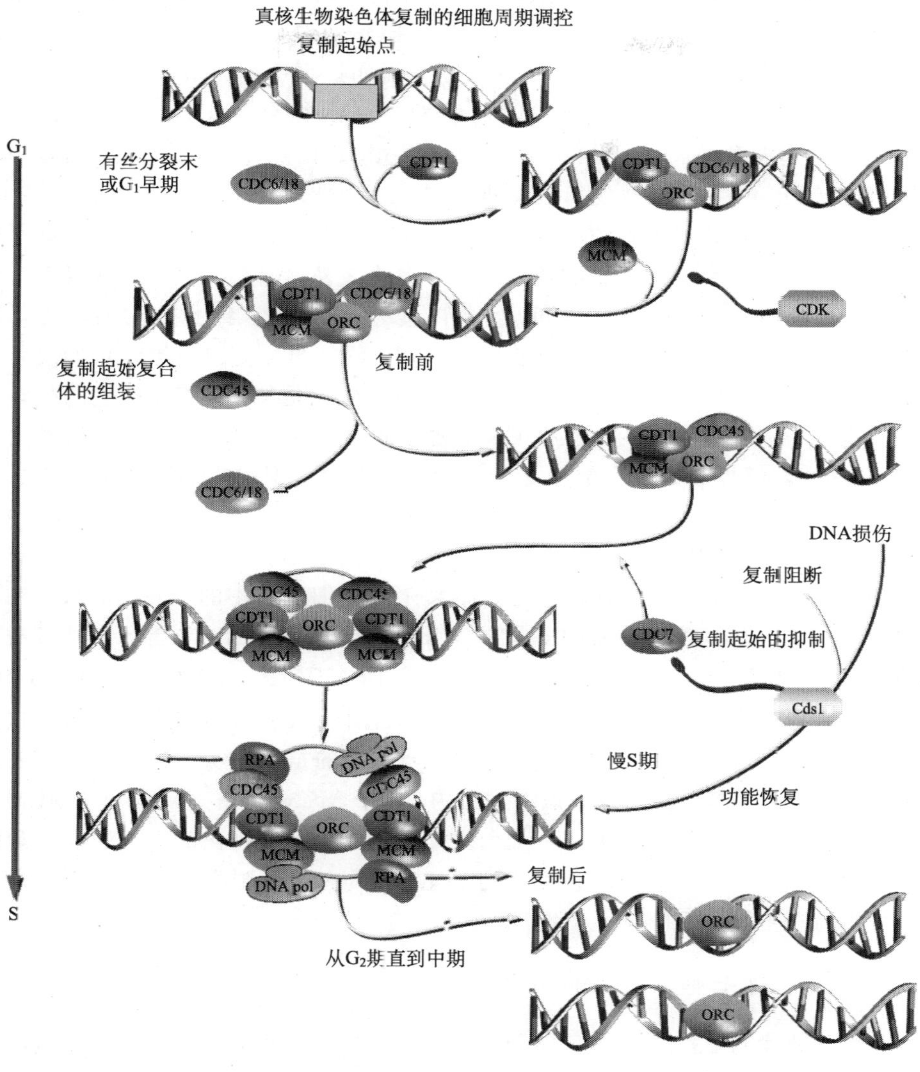

图 7.22　真核生物 DNA 复制起点的确定及与细胞周期的偶联

进一步的研究表明，CHO 中的 ODP 机制的维持与 ORC 蛋白质复合体中的 Orc1 和其他 ORC 蛋白的结合和解离密切相关。在细胞周期过程中，至少 Orc1 和 Orc2 的表达水平并不出现明显的周期性改变，其中 Orc2 蛋白始终和起始位点结合，而 Orc1 蛋白却只有在细胞周期的 G_1 期的早期和 G_1 期中期能够和起始位点高度结合。只有 Orc1 蛋白和起始位点结合才能够行使 DNA 复制的正调控机制。

现在看来，类似的DNA复制起始位点决定机制可能也存在于其他包括人在内的哺乳细胞中。Kreitz等发现，人类细胞中Orc1和Orc2的活性和CHO细胞中的行为颇为相似，其中，Orc2在整个细胞周期过程中始终和染色质结合，而Orc1却在每个细胞周期中只能和染色质发生一次结合。此外，也有人发现，Cdc6可以在酵母细胞周期中始终和DNA复制起始位点结合，而人类细胞中的Cdc6却表现出和Orc1类似的行为，即只能在细胞周期的G_1期和染色质结合。这些发现表明，哺乳类细胞的DNA复制起始位点的决定机制并不完全等同于酵母细胞的DNA复制起始位点的调节控制。除此之外，真核生物细胞的DNA复制起始位点的决定也和核膜、染色质的结构以及染色体在细胞核内的位置等有关。最近来自果蝇细胞的有关研究表明，可能一个DNA复制起始位点的决定有赖于该段DNA的拓扑学构象性质。一种可能的情况是特定DNA区段的拓扑学构象决定了该区域是否为潜在的DNA复制起始位点。总而言之，真核生物DNA复制的调解控制是一个十分复杂的过程，更为详细的机制尚有待于进一步研究。

2. MCM蛋白质复合体

现在已经发现的MCM蛋白组分包括裂殖酵母细胞核中的Cdc21，爪蟾细胞核内的Cdc21，人类细胞核内的Cdc21、Cdc45、Cdc46、Cdc47等。其中Cdc45与前DNA复制起始复合体的组装直接有关。而MCM10和MCM27对于DNA复制的起始也有贡献。它们可以促进DNA复制因子从复制起点释放出来。这些MCM蛋白作为DNA复制起始位点识别复合体中的重要组分，主要与DNA的包被有关，而在DNA起始位点识别过程中，6个MCM蛋白（MCM2～MCM7）至少在体外实验过程中可以形成一个六聚体环状结构，表现出$3' \rightarrow 5'$的螺旋酶活性。因此，只有被这些蛋白质包被了的DNA才具有被复制的能力，因为上述蛋白质可以打开DNA复制时的双链DNA。

（二）真核生物细胞DNA的负调控机制

关于真核生物基因复制的负向调节目前似乎存在两种表述方式。一是细胞中存在S-Cdk，此S-Cdk可以触发pre-RC的启动，但同时又可相应地阻止DNA重新起始复制。在促进pre-RC启动的过程中，S-Cdk需要将Cdc6进行磷酸化修饰，使其和ORC脱离，磷酸化的Cdc6随后被SCF加以泛素化修饰，并因此在S期被降解；与此同时，S-Cdk还可以将某些MCM磷酸化，使其离开细胞核（图7.23）。此外，其他一些Cdk也参与阻止pre-RC的再次形成，如在处于G_2期的细胞中，发现了一种被称为Geminin的蛋白质可以阻止MCM蛋白质复合体在新生DNA链上的组装。而当细胞有丝分裂完成之后，两个子细胞中的Geminin即被降解掉，于是，子代细胞中的DNA分子可以重新和DNA复制起始容许因子等作用，这样可以保证在第二个细胞周期的S期进行受调控的DNA复制。

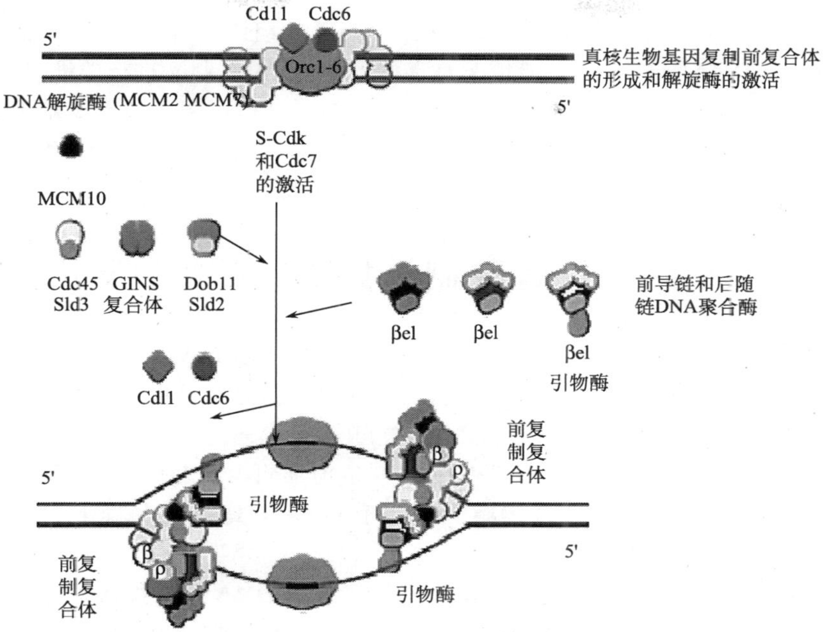

图 7.23　真核生物 DNA 复制前复制复合体的形成

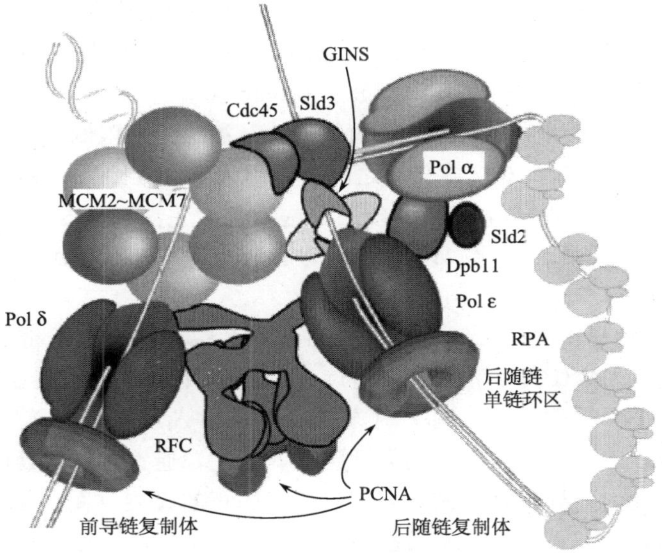

图 7.24　真核生物 DNA 复制叉（根据大肠杆菌基因组复制叉构建）

（三）真核生物 DNA 复制叉

到目前为止尚不清楚真核生物 DNA 复制叉的组织情况，图 7.24 情形是根据大肠杆菌 DNA 复制叉的一般情况对真核生物 DNA 复制叉进行的推想。但是，鉴于真核生物 DNA 复制的多位点起始特点，有人设想可能真核生物基因的复制叉并不尽然雷同于大肠杆菌的复制叉，而看上去可能会更像一些翩翩起舞的蝴蝶。

第四节　DNA 复制过程中的拓扑学变化

线状双链 DNA 通常是拓扑学松弛状态，这样的 DNA 不具有生物学意义，甚至在活体状态下不能进行正常的复制、转录、损伤修复、重组等诸多过程。只有当它们具备了一定的拓扑学特征之后才能够参与上述过程。

现在已经清楚地了解到，几乎所有已知生物细胞内的 DNA 双链都是右手负超螺旋的形式存在。所谓“超螺旋”是基于 DNA 双螺旋的基础上的“螺旋”，即通常所说的“螺旋的螺旋”。

超螺旋又被称为负超拧旋，或超级螺旋。由于 DNA 可以按沃森·克里克成键原则形成双螺旋，当这样的分子以首尾相连的环状双螺旋出现时，可以同时引入一种“旋力”。这种“旋力”促使闭环的双螺旋进一步形成螺旋，也就是螺旋的螺旋。

DNA 双螺旋分子在生物细胞内主要以两种双螺旋形式存在。其中之一是双螺旋和蛋白质等缠绕而形成的“螺旋的螺旋”，如与核小体核心组蛋白缠绕所形成的染色质核小体结构；另一种则是处于双螺旋状态的 DNA 分子自身所形成的超螺旋形式。前者因为是在蛋白质上的缠绕，又被称为“限制性”超螺旋；而后一种超螺旋发生在 DNA 双螺旋分子之间，故称为“交互式”超螺旋。有关限制性超螺旋可结合核小体部分加以体会，在这里我们主要对“交互式”超螺旋在 DNA 复制过程中的动态变化，以及这种动态变化对 DNA 复制及其产物形式的影响加以简要解释。

DNA 复制首先需要通过解旋酶活性对呈右手螺旋状态的双链进行开链。这个过程需要向 DNA 双螺旋中引入正向旋力（和原先的右手螺旋方向相反），随着 DNA 复制的不断进行，复制叉前方需要不断引入这种“开链”旋力，DNA 复制的速度越快，引入正向旋力的力度越大，因此，通常会导致复制叉前方因引入过多的正向旋力而导致复制叉前方积累过多的正超螺旋（图 7.25）。这种正超螺旋的不断积累不但不能把复制叉前方的双链打开呈单链，相反却可以使复制叉前方因积累过多的正超螺旋力而导致 DNA 复制叉的停滞。此时，这种不断积累起来的正向超螺旋需要两种途径加以消解。一种是正向超螺旋力向复制叉后方转移，在复制叉后方转换成为负超螺旋。这种超螺旋力在复制叉前后方的传输，导致双链 DNA 两条模板上的复制复合体呈“旋转”状态。而这种旋转可以造成新合成的两个 DNA 双链分子产生“绞缠”。另一种消解复制叉前方正超螺旋力的方法是利用拓扑异构酶对越拧越紧的 DNA 分子进行处理，以释放过度积累的正超螺旋。

图 7.25　DNA 复制过程中的拓扑学改变

现已经发现有两大类 DNA 拓扑异构酶会参与 DNA 拓扑异构方面的改变。根据作用方式这些拓扑异构酶分为两大类。一类被称为Ⅰ型拓扑异构酶，该类拓扑异构酶在催化过程中需要首先打开 DNA 双链分子中的一条链，然后再加以连接；另一类被称为拓扑异构酶Ⅱ，该类拓扑异构酶则需要在催化过程中瞬时切断 DNA 分子的两条链，然后再把断开的双链分别加以连接。

已经发现的Ⅰ型拓扑异构酶大部分为一个单亚基蛋白质。该类拓扑异构酶又分为两亚类，分别为ⅠA 型和ⅠB 型。ⅠA 型拓扑异构酶在打开 DNA 的一条链之后，本身需要与断链的 5′端通过共价键连接，而游离的 3′端则以非共价的形式与酶自身形成复合体。因此，ⅠA 型拓扑异构酶一般只能在打开 DNA 一条链之后，减少一个 Lk 数（螺旋数）。与此不同，ⅠB 型拓扑异构酶在打开 DNA 单链之后则和 DNA 断端的 3′端形成共价连接。而另一端则可以随意旋转（自由断端），因此，ⅠA 型拓扑异构酶可以在一次反应之后除去 DNA 分子中的多个超螺旋，改变不止一个 Lk 数。

现在，已经从耐高温微生物中发现了一种可以依赖 ATP 提供能量、向 DNA 分子中引入正超螺旋的Ⅰ型拓扑异构酶，该拓扑异构酶现已经被称为“反向旋转酶”（reverse gyrase）。Ⅱ型 DNA 拓扑异构酶通常含有两个亚基，在催化过程中需要瞬时打开 DNA 双链的两条链，然后再把这样的断端分别连接在一起。拓扑异构酶Ⅱ也像拓扑异构酶Ⅰ那样被分为两类，但是，与拓扑异构酶Ⅰ的分类不同，拓扑异构酶Ⅱ的分类是基于其可能表现出的底物特异性差异。按照这个分类标准，现存的Ⅱ型拓扑异构酶绝大部分应该属于ⅡA 亚型，而古细菌细胞中的

Ⅱ型拓扑异构酶则属于ⅡB亚型。需要强调的是，大肠杆菌细胞中的旋转酶(gyrase)本质上应该属于Ⅱ型DNA拓扑异构酶。该酶主要负责在ATP存在时向DNA分子内引入负性超螺旋。此酶仅见于微生物中，是一种微生物来源的DNAⅡ型拓扑异构酶，并不存在于真核生物之中。

主要参考文献

Atlung T，Clausen E S，Hansen F G. 1985. Autoregulation of the dnaA gene of *Escherichia coli* K12. Mol Gen Genet，200：442～450

Atlung T，Hansen F G. 1993. Three distinct chromosome replication states are induced by increasing concentrations of DnaA protein in *Escherichia coli*. J Bacteriol，175：6537～6545

Atlung T，Lobner-Olesen A，Hansen F G. 1987. Overproduction of DnaA protein stimulates initiation of chromosome and minichromosome replication in *Escherichia coli*. Mol Gen Genet，206：51～59

Baker T A，Funnell B E，Kornberg A. 1987. Helicase action of dnaB protein during replication from the *Escherichia coli* chromosomal origin *in vitro*. J Biol Chem，262：6877～6885

Becherel O J，Fuchs R P，Wagner J. 2002. Pivotal role of the beta-clamp in translesion DNA synthesis and mutagenesis in *E. coli* cells. DNA Repair，1：703～708

Braun R E，O'Day K，Wright A. 1985. Autoregulation of the DNA replication gene dnaA in *E. coli* K-12. Cell，40：159～169

Cleary J M，Smith D W，Harding N E et al. 1982. Primary structure of the chromosomal origins (oriC) of *Enterobacter aerogenes* and *Klebsiella pneumoniae*：comparisons and evolutionary relationships. J Bacteriol，150：1467～1471

Davey M J，Fang L，McInerney P et al，2002. The DnaC helicase loader is a dual ATP/ADP switch protein. EMBO J，21：3148～3159

Fujii S，Fuchs R P. 2004. Defining the position of the switches between replicative and bypass DNA polymerases. EMBO J，23：4342～4352

Fuller R S，Funnell B E，Kornberg A. 1984. The dnaA protein complex with the *E. coli* chromosomal replication origin (oriC) and other DNA sites. Cell，38：889～900

Glover B P，McHenry C S. 2001. The DNA polymerase Ⅲ holoenzyme. An asymmetric dimeric replicative complex with leading and lagging strand polymerases. Cell，105：925～934

Heller R C，Marians K J. 2006. Replication fork reactivation downstream of a blocked nascent leading strand. Nature，439：557～562

Jeruzalmi D，O'Donnell M，Kuriyan J. 2002. Clamp loaders and sliding clamps. Curr Opin Struct Biol，12：217～224

Jeruzalmi D，Yurieva O，Zhao Y et al. 2001. Mechanism of processivity clamp opening by the delta subunit wrench of the clamp loader complex of *E. coli* DNA polymerase Ⅲ. Cell，106：417～428

Kaguni J M. 2004. Chromosomal replication：initiation at the bacterial origin. *In*：Lennarz W J，Lane M D. Encyclopedia of Biological Chemistry. Amsterdam/Boston：Academic. pp. 761～766

Kaguni J M. 2006. DnaA：controlling the initiation of bacterial DNA replication and more. Annu Rev Microbiol，60：351～371

Kang S, Lee H, Han J S et al. 1999. Interaction of SeqA and Dam methylase on the hemimethylated origin of *Escherichia* coli chromosomal DNA replication. J Biol Chem, 274: 11463～11468

Katayama T, Kubota T, Kurokawa K et al. 1998. The initiator function of DnaA protein is negatively regulated by the sliding clamp of the *E. coli* chromosomal replicase. Cell, 94: 61～71

Kawakami H, Keyamura K, Katayama T. 2005. Formation of an ATP-DnaA-specific initiation complex requires DnaA arginine 285, a conserved motif in the AAA protein family. J Biol Chem, 280: 27420～27430

Kogoma T. 1996. Recombination by replication. Cell, 85: 625～627

Kogoma T. 1997. Stable DNA replication: interplay between DNA replication, homologous recombination, and transcription. Microbiol Mol Biol Rev, 61: 212～238

Kunkel T A, Pavlov Y I, Bebenek K. 2003. Functions of human DNA polymerases eta, kappa and iota suggested by their properties, including fidelity with undamaged DNA templates. DNA Repair, 2: 135～149

Kurokawa K, Nishida S, Emoto A et al. 1999. Replication cycle coordinated change of the adenine nucleotide-bound forms of DnaA protein in *Escherichia coli*. EMBO J, 18: 6642～6652

Landoulsi A, Hughes P, Kern R et al. 1989. Dam methylation and the initiation of DNA replication on oriC plasmids. Mol Gen Genet, 216: 217～223

Lau I F, Filipe S R, Soballe B et al. 2003. Spatial and temporal organization of replicating *Escherichia coli* chromosomes. Mol Microbiol, 49: 731～743

Learn B A, Um S J, Huang L et al. 1997. Cryptic single-stranded-DNA binding activities of the phage lambda P and *Escherichia coli* DnaC replication initiation proteins facilitate the transfer of *E. coli* DnaB helicase onto DNA. Proc Natl Acad Sci USA, 94: 1154～1159

LeBowitz J H, McMacken R. 1986. The *Escherichia coli* dnaB replication protein is a DNA helicase. J Biol Chem, 261: 4738～4748

Lemon K P, Grossman A D. 1998. Localization of bacterial DNA polymerase: evidence for a factory model of replication. Science, 282: 1516～1519

Lenne-Samuel N, Wagner J, Etienne H et al. 2002. The processivity factor beta controls DNA polymerase IV traffic during spontaneous mutagenesis and translesion synthesis *in vivo*. EMBO Rep, 3: 45～49

Liu J, Marians K J. 1999. PriA-directed assembly of a primosome on D loop DNA. J Biol Chem, 274: 25033～25041

Lobner-Olesen A, Skarstad K, Hansen F G et al. 1989. The DnaA protein determines the initiation mass of *Escherichia coli* K-12. Cell, 57: 881～889

Lopez de Saro F J, O'Donnell M. 2001. Interaction of the beta sliding clamp with MutS, ligase, and DNA polymerase I. Proc Natl Acad Sci USA, 98: 8376～8380

McGlynn P, Lloyd R G. 2000. Modulation of RNA polymerase by (p) ppGpp reveals a RecG-dependent mechanism for replication fork progression. Cell, 101: 35～45

Messer W, Bellekes U, Lother H. 1985. Effect of dam methylation on the activity of the *E. coli* replication origin, oriC. EMBO J, 4: 1327～1332

Messer W. 2002. The bacterial replication initiator DnaA. DnaA and oriC, the bacterial mode to initiate DNA replication. FEMS Microbiol. Rev, 26: 355～374

Michel B, Grompone G, Flores M J, et al. 2004. Multiple pathways process stalled replication forks. Proc Natl Acad Sci USA, 101: 12783～12788

Modrich P, Lahue R. 1996. Mismatch repair in replication fidelity, genetic recombination, and cancer biology. Annu Rev Biochem, 65: 101～133

Prakash S, Johnson R E, Prakash L. 2005. Eukaryotic translesion synthesis DNA polymerases: specificity of structure and function. Annu Rev Biochem, 74: 317～353

Pérals K, Capiaux H, Vincourt J B et al. 2001. Interplay between recombination, cell division and chromosome structure during chromosome dimer resolution in *Escherichia coli*. Mol Microbiol, 39 (4): 904～913

Rattray A J, Strathern J N. 2003. Error-prone DNA polymerases: when making a mistake is the only way to get ahead. Annu Rev Genet, 37: 31～66

Rothstein R, Michel B, Gangloff S. 2000. Replication fork pausing and recombination or "gimme a break." Genes Dev, 14: 1～10

Simmons L A, Breier A M, Cozzarelli N R et al. 2004. Hyperinitiation of DNA replication in *Escherichia coli* leads to replication fork collapse and inviability. Mol Microbiol, 51: 349～358

Singleton M R, Scaife S, Wigley D B. 2001. Structural analysis of DNA replication fork reversal by RecG. Cell, 107: 79～89

Smith D W, Garland A M, Herman G et al. 1985. Importance of state of methylation of oriC GATC sites in initiation of DNA replication in *Escherichia coli*. EMBO J, 4: 1319～1326

Tippin B, Pham P, Goodman M F. 2004. Error-prone replication for better or worse. Trends Microbiol, 12: 288～295

Velankar S S, Soultanas P, Dillingham M S et al. 1999. Crystal structures of complexes of PcrA DNA helicase with a DNA substrate indicate an inchworm mechanism. Cell, 97: 75～84

Wang J C. 2002. Cellular roles of DNA topoisomerases: a molecular perspective. Nat Rev Mol Cell Biol, 3: 430～440

Watts F Z. 2006. Sumoylation of PCNA: wrestling with recombination at stalled replication forks. DNA Repair. (Amst.), 5: 399～403

Wijffels G, Dalrymple B, Kongsuwan K et al. 2005. Conservation of eubacterial replicases. IUBMB Life, 57: 413～419

Wu L, Hickson I D. 2006. DNA helicases required for homologous recombination and repair of damaged replication forks . Annu Rev Genet, 40: 279～306

第八章　损伤与修复

第一节　DNA 的损伤及遗传效应

一、能够损伤 DNA 的环境因素

任何生物的生存都需要依赖一定的环境条件。而环境中通常存在着无以计数的可以造成 DNA 分子形形色色损伤的因子。在第二章中，我们已经对 DNA 分子的理化性质进行了简要介绍。通过介绍可知，组成 DNA 分子的基本单位是核苷酸，而核苷酸分子则是分别由磷酸、脱氧戊糖和 A、G、C、T 四种碱基之一所构成。这些分子也像其他化学分子一样，具有活跃的反应活性，可以和环境中形形色色的生物的、化学的以及物理因素发生作用，从而有可能导致 DNA 分子的损伤。

二、DNA 损伤的原因

现在看来可以造成 DNA 损伤的原因多种多样，但从损伤原因的来源来分有内源性和外源性损伤两种。其中，内源性的 DNA 损伤有可能起因于细胞内的正常代谢所形成的微环境的改变，如酸碱性的改变、代谢废物的累积、细胞在有氧代谢时产生的活性氧游离基等。这一类原因导致的 DNA 损伤通常被称为内源性 DNA 损伤（endogenous DNA damage)。DNA 的内源性损伤往往是需氧生物所不能回避的安全问题。内源性 DND 损伤也可能起因于 DNA 复制过程中发生的错误，以及修复、遗传重组等过程中造成的 DNA 链的断裂损伤等。而 DNA 的外源性损伤因素则通常是生物所在外界环境中的各种物理辐射，化学物质和组成 DNA 的碱基、五碳糖骨架等化学反应等。这些发生在染色体或基因之上的变异能够改变一个生物个体基因组的稳定性，引起众多的遗传效应。

三、DNA 损伤的类型

（一）DNA 分子的自发性损伤

1. DNA 复制中的错误

尽管 DNA 聚合酶催化的 DNA 复制具有很高的忠实性，但是也不是完全不发生错误的（第七章）。自然情况下的 DNA 复制错误率为 10^{-10} 左右，即每复制 10^{10} 个核苷酸大概会有一个碱基的错误（见第七章）。研究发现，DNA 复制过程中经常出现的错误类型为碱基错配对。所谓碱基错配对是指在模板 DNA 与新合

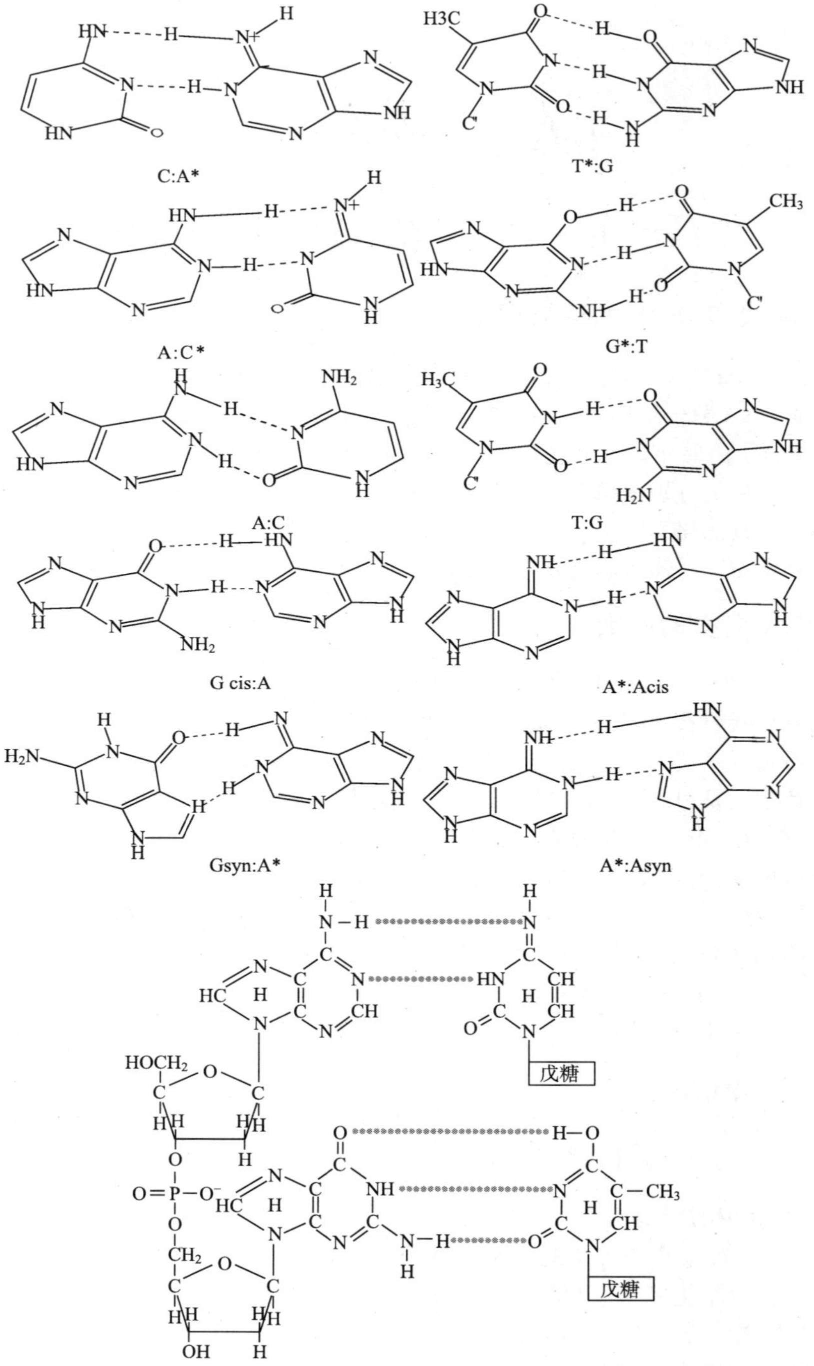

图 8.1 不改变双链 DNA 的螺旋构象的非沃森-克里克碱基配对

成的 DNA 链之间出现了不符合“沃森-克里克规则”的碱基配对，或换言之，在两者之间形成了胡格斯汀碱基配对（图 8.1）。从构象上看，复制过程中出现的碱基错配很多并不会破坏 DNA 的 B 型构象形式，只有 C∶C 错配对是一个明确的例外。但尽管如此，由于碱基错配会直接改变 DNA 遗传信息的解读，因此，最直接的影响往往会体现在对生物遗传效应方面，即常说的引发基因突变。

2. DNA 的自发性化学改变

属于这一类的 DNA 损伤主要包括以下几种类型：碱基异构化、碱基脱氨基、掺入尿嘧啶、脱嘌呤或脱嘧啶。

1）*碱基异构化*（tautomeric shift）

DNA 分子中所含有的碱基均含有羰基和氨基等官能团。这些官能团中的氧和氮原子可以和芳杂环共用孤对电子形成共轭大 π 键。形成共轭大 π 键是碱基能够发生异构体间相互转化的原因（如烯醇式与酮式）。发生碱基异构化可导致碱基之间的错配，如 AT 变 AC、CG 变 TG、胸腺嘧啶能配上鸟嘌呤等（图 8.2）。当碱基异构化发生在 DNA 模板上，那么 DNA 复制之后会转化为 DNA 突变。初步估计在 DNA 复制和校正过程中，每条新生 DNA 链上这种由碱基异构化所导致的突变率在 $10^{-8}\sim10^{-10}$。

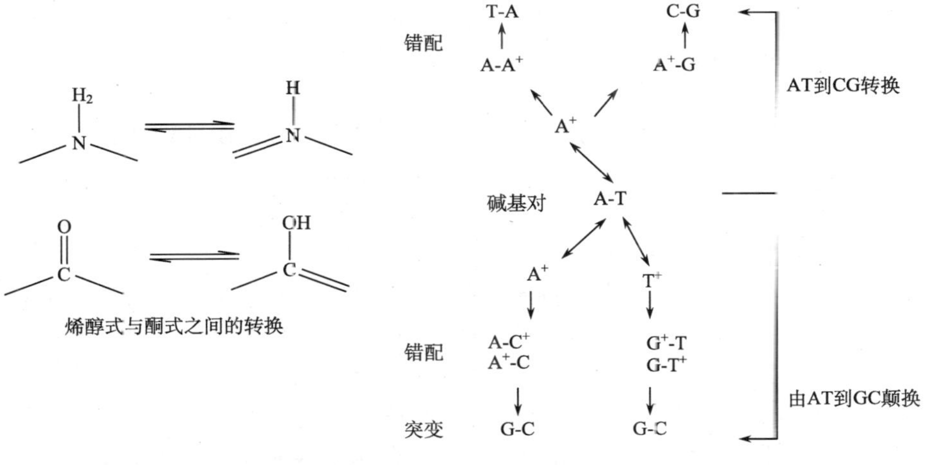

图 8.2　碱基异构化引发的 DNA 碱基之间的错配对

2）*碱基的脱氨基*

在 DNA 分子所含有的胞嘧啶（5′-甲基胞嘧啶）、鸟嘌呤和腺嘌呤中含有环外氨基（图 8.3），可以在合适的 pH 和温度等条件下发生自发脱落，从而使胞嘧啶变尿嘧啶（U）、腺嘌呤变次黄嘌呤（H）、鸟嘌呤变黄嘌呤（X）。当 DNA 复制时，U 则会与 A 配对、H 和 X 与 C 配对。据估计，胞嘧啶自发脱氨基的频率为每个细胞每天 200 个左右。

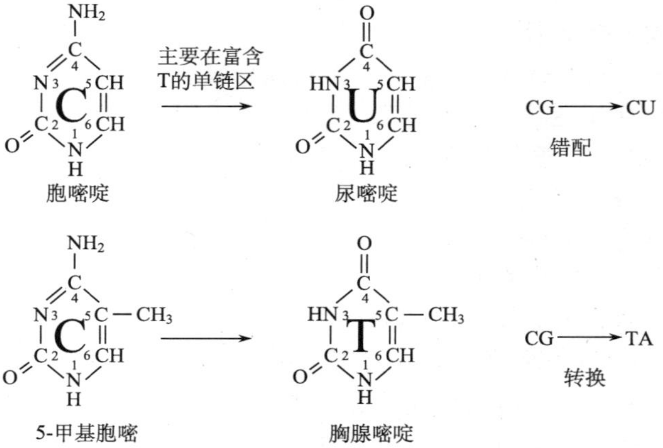

图 8.3　胞嘧啶脱氨基形成尿嘧啶和 5-甲基胞嘧啶脱氨基生成胸腺嘧啶

3）脱嘌呤和脱嘧啶

DNA 的脱嘌呤与脱嘧啶可以在酸性、中性和碱性环境中发生，但发生频率最高的是酸性环境。DNA 的脱嘌呤和脱嘧啶可使嘌呤碱基和嘧啶碱基脱离 DNA 分子的核糖磷酸骨架，造成无嘌呤或无嘧啶位点。

4）掺尿嘧啶

在 DNA 复制或 DNA 损伤修复过程中，如果在对应胸腺嘧啶的位点处掺入尿嘧啶会造成复制错误。正常情况下，DNA 中并不含有 U，只有 RNA 中才含有 U。因此，掺入到 DNA 分子中的 U 需要被切除掉（将在后面章节论述）。

3. DNA 的氧化损伤

在正常生理条件下，氧作为细胞呼吸过程中的电子受体，伴随细胞呼吸会产生 O_2^-、过氧化氢（H_2O_2）和羟基游离基（OH^-）等活性氧。这些活性氧以及与此有关的副产物过氧化物游离基等可以直接导致细胞内 DNA 出现损伤，包括 DNA 链的断裂、碱基缺失、芳杂环破坏等多种类型的损伤。例如，$HO^·$ 可以与胸腺嘧啶芳杂环中的 $C_5—C_6$ 双键反应形成 6-羟基胸腺嘧啶游离基中间体，然后进一步和氧反应生成胸腺嘧啶甘油醇（胸腺嘧啶乙二醇）、羟甲基尿嘧啶等碱基修饰物。这些碱基修饰物可以导致 DNA 复制终止。除此之外，活性氧游离基还可以在腺嘌呤和鸟嘌呤芳杂环上的第 8 位碳原子进行反应，分别生成 4，6-二氨基-5-甲酰氨基嘧啶和 2，6-二氨基-4-羟基-5 甲酰氨基嘧啶。据估测，一个哺乳类生物细胞中每天出现 DNA 单链断裂的频率可高达近 5 万次，而其中的 2 万次可起因于活性氧游离基的作用。活性氧游离基具有多种生物效应，除导致 DNA 损伤之外，也可以作为细胞信号转导的第二信使。例如，细胞质膜氧化酶就可针对生长因子和细胞激动素进行应答，产生活性氧游离。因此，在某些生理条件下所产生的活性氧游离基参与细胞的信号转导和基因表达的调节控制。

1）胸腺嘧啶甘油醇

一般认为，人体的正常细胞代谢可造成每个基因组每日平均产生约320个胸腺嘧啶甘油醇分子。胸腺嘧啶甘油醇分子可以和腺嘌呤配对，该碱基对采取类似CC配对的构象，暴露于DNA双螺旋之外。引物延伸实验表明，对应于胸腺嘧啶甘油醇的地方常可掺入腺嘌呤，之后延伸反应会被终止。因此，胸腺嘧啶甘油醇可以影响DNA复制，属于“致死性”DNA损伤位点。但是，在某些DNA序列中，对应于胸腺嘧啶甘油醇的位置可以掺入鸟嘌呤，导致DNA突变。研究发现，胸腺嘧啶甘油醇对DNA复制的终止效应可能与其5′位置上的羟基引发的甲基准轴心趋向排布有关，因为这种影响可以改变与胸腺嘧啶甘油醇相邻的5′端的DNA构象。

2）5-羟甲基尿嘧啶

5-羟甲基尿嘧啶（5-HMU）是另一类常见的胸腺嘧啶氧化物。它一般能和腺嘌呤（A）形成氢键，不改变DNA的B型构象。除此之外，它还可以在酸性和中性pH环境中和鸟嘌呤（G）形成氢键。总体而言，5-HMU损伤所体现的生物效应要相对较弱。

3）8-氧化嘌呤

8-氧化嘌呤是一类源自氧化的DNA损伤，主要包括7，8-二羟基-8-氧-鸟嘌呤（8-oxoG）和7，8-二羟基-8-氧腺嘌呤（8-oxoA）。

在正常生理情况下，细胞中出现的8-oxoG和8-oxcA需要经过碱基切除机制加以修复，这个过程需要经过损伤碱基的切除、形成无碱基位点和进行DNA链骨架的切除，然后，经过末端DNA片段的清理，利用DNA聚合酶填充有关的DNA单链空缺，并利用DNA连接酶进行连接。详细过程将在DNA修复一节介绍。

4）脲

胸腺嘧啶的氧化产物之一可以是脲，DNA分子上携带有脲后结构类似于一个脱嘌呤位点。但脲依然具有氢键形成能力，如脲的反式异构体就可以和胸腺嘧啶通过两个氢键进行配对。有意思的是，这样的配对并不影响DNA原有双螺旋构象。同样，脲的反式异构体也可以与鸟嘌呤通过氢键配对。有研究表明，含脲DNA位点因可终止DNA复制而属于“致死性”DNA损伤。体外研究表明，对应脲位点常可掺入嘌呤碱基。

（二）外源性因素导致的 DNA 损伤

1. 物理因素引起的 DNA 损伤

物理因素引起的 DNA 损伤主要源自生活环境中存在的众多辐射源，包括紫外线、电离辐射等两大类。紫外线辐射、电离辐射等会对 DNA 分子造成多种多样的损伤。

1）紫外线引起的 DNA 损伤

紫外线对细胞内 DNA 的损伤往往依其波长有所不同，波长为 320～400nm 的被分在 A 组，称为 UVA；而波长在 280～320nm 的为 UVB，波长为 200～280nm 分为 UVC。其中，对 DNA 损伤最为严重的是 UVC。

经 UVB、UVC 处理过的 DNA 分子会出现约 12 种不同的“光聚合物”，其中最容易形成的是环丁基嘧啶二聚体（CPDS）和嘧啶酮（6-、4-PDS）（图 8.4）。CPDS 和 6、4-PDS 分别占所有损伤类型的 75％和 25％左右。DNA 分子对紫外线的最适吸收波长为 260nm，利用此波段的紫外线长时间照射 DNA 可以造成同一 DNA 链上相邻的嘧啶共价交联，或在嘧啶碱基之间发生环丁基化反应，形成环丁基环，并使两个嘧啶碱基连成二聚体。其中，最常见的是胸腺嘧啶二聚体（TT 二聚体）。有数据表明，人的暴露皮肤因受紫外线照射而形成二聚体的频率可达每小时 5×10^4 细胞，但只局限在皮肤中，因紫外线不能穿透皮肤。

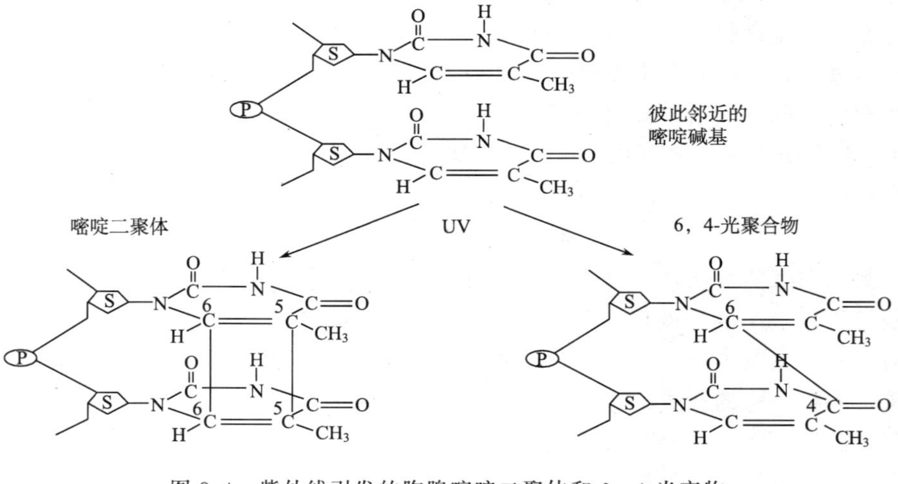

图 8.4　紫外线引发的胸腺嘧啶二聚体和 6，4-光产物

2）电离辐射引发的 DNA 损伤

电离辐射（又被称为离子辐射）可以通过直接和间接两种方式对 DNA 分子造成损伤。所谓的直接方式是 DNA 分子直接吸收射线能量而遭损伤；而间接方

式的损伤则指细胞内的其他分子（如水分子）吸收离子射线，经过电离产生活性自由基，再反过来对 DNA 分子造成损伤。

电离辐射所产生的活性氧自由基和细胞有氧代谢所产生的活性氧自由基种类相同（图 8.5），但过程不同。当细胞遭遇电离辐射时，细胞内的水分子先是失去电子形成正离子水，这种正离子水可以引发其他水分子发生游离基反应，生成一个分子的羟基游离基和另一个 H_3O^+ 中间体。两个羟基游离基结合生成过氧化氢（H_2O_2）。电离过程中还同时生成氧游离基（图 8.5）。

1. $H_2O \xrightarrow{\text{电离}} H_3O^- + e^-$　细胞内水分子电离
2. $O_2 + e^- \longrightarrow O_2^-$　氧分子和自由电子形成氧负离子
3. $H_2O^+ + H_2O \longrightarrow H_3O^- + HO^-$　自由基
4. $HO^- + HO^- \longrightarrow H_2O_2$　形成过氧化氢
5. $2O_2^- + 2H^+ \longrightarrow H_2O_2 - O_2$

图 8.5　水和氧分子通过电离引发的游离基反应

（1）碱基变化

碱基改变主要包括碱基氧化修饰、过氧化物的形成、碱基环的破坏和脱落等。一般嘧啶比嘌呤敏感。常见的嘌呤氧化衍生物包括 7，8-二羟基-8-氧鸟嘌呤（8-oxoG）和 7，8-二羟基-8-氧-腺嘌呤（8-oxoA）；常见的嘧啶氧化衍生物包括胸腺嘧啶甘油（Tg）、脲毒、5-羟甲基脲等。

（2）脱氧核糖变化

脱氧核糖上的每个碳原子和羟基上的氢都能与 OH 反应，造成脱氧核糖分解，并导致 DNA 链断裂。

（3）DNA 链断裂

DNA 链断裂又分为 DNA 单链断裂和双链断裂。DNA 分子中只有一条链断裂时称为单链断裂（single strand break，SSB），如果两条链均断裂（可以在同一处，也可以在彼此相近处断裂）则称为双链断裂（double strand break，DSB）。一般而言，细胞内可能出现的 DNA 断链分子的数量和所受电离辐射的剂量呈正相关。单链断裂发生频率为双链断裂的 10～20 倍。对于单倍体细胞（如细菌）而言，DNA 分子上任何位点出现双链断裂都会是致死事件。

（4）DNA 的交联

除了可以造成碱基、核糖改变和 DNA 单链和双联断裂之外，电离辐射还可以引发 DNA 分子之间或 DNA、蛋白质分子之间的交联损伤，结果导致同一条 DNA 链或两条 DNA 链之间的碱基之间通过共价键结合在一起。此外，经历电离辐射的细胞内的 DNA 分子和蛋白质分子之间，如与组蛋白分子、非组蛋白分子等都可以发生共价交联。

2. 化学因素引起的 DNA 损伤

根据国际癌症研究机构（IARC）和美国环保署（EPA）的研究，很多种类的化学物质都可以对 DNA 造成明确的损伤，包括烷化剂（如芥子气等）、金属元素（如镍、铬、砷等）、某些药物和激素、某些抗癌药物等。

1）烷化剂对 DNA 的损伤

从化学性质来看，烷化剂是一类亲电子的化合物，极易和 DNA 分子上的亲核位点发生亲核（或反之，亲电）反应，可以造成 DNA 分子的碱基烷基化、脱碱基、链断裂和交联等多种类型的损伤。

（1）碱基烷基化损伤

烷化剂会把烷基加到 DNA 分子的嘌呤或嘧啶碱基上的 N 或 O 上，其中，鸟嘌呤的 N7 和腺嘌呤的 N3 是常见的反应位点。经过烷基化修饰的嘌呤碱基会因此改变形成碱基对的能力。例如，烷基化的鸟嘌呤不能与胞嘧啶配对，却可以和胸腺嘧啶配对，出现 GC 向 AT 的转换突变。常见的烷基化试剂有磺酸二甲酯、甲基硝胺、甲基亚硝胺等。除此之外，细胞内的 S-腺苷-L-蛋氨酸也会对碱基进行甲基化修饰，但这种甲基化修饰却与基因的表达调控等有关（见第五章相关内容）。

（2）脱碱基损伤

被烷基化修饰过的鸟嘌呤的糖苷键变得不稳定，很容易从 DNA 分子上脱落，使之变成无碱基位点。在 DNA 复制过程中，该无碱基位点处可插入任何核苷酸，导致 DNA 碱基序列变化。

（3）DNA 断链

位于 DNA 链上的磷酸二酯键中的氧原子也是被烷基化修饰的位点，在此处的烷基化修饰可形成不稳定的磷酸三酯键，使糖和磷酸发生水解，导致 DNA 链断裂损伤。

（4）交联

有些烷化剂分子上含有一个以上的活性基团，因此，可以在一个以上的亲核位点发生烷基化修饰作用，因此，有可能把不同的生物大分子彼此交联，如 DNA 分子和蛋白质分子交联、同一 DNA 链内不同位点间的交联、DNA 链间的交联、蛋白质与蛋白质分子之间，以及同一蛋白质分子不同残基之间的交联。因此这类烷基化试剂可以造成更为复杂的损伤。属于这类烷化剂的有某些抗癌剂，如环磷酰胺、苯丁酸氮芥、丝裂霉素等，以及某些致癌物质，如二乙基亚硝胺等。

2）碱基类似物对 DNA 的损伤

许多人工合成的碱基类似物常被用作抗癌药物，如 5-溴尿嘧啶（5-BrU）、5-氟嘧啶（5-FU）、2-氨基腺嘌呤（2-AP）等。这些药物的分子结构和天然碱基十分相似，因此，它们在 DNA 复制过程中可替代正常的碱基掺入到 DNA 链中，以干扰 DNA 复制合成。例如，5-BrU 的结构类似于胸腺嘧啶，其酮式结构可与腺嘌呤配对，而其烯醇式结构可与鸟嘌呤配对，从而促进 A-T 向 G-C 的转换。

3）碱基修饰剂对 DNA 的损伤

有一些人工合成或环境中存在的化学物质能专一修饰 DNA 链上的碱基或通过影响 DNA 复制而改变碱基序列。例如，亚硝酸盐能使 C 脱氨变成 U，经过复制就可使 DNA 上的 G-C 变成 A-T 对；羟胺能使 T 变成 C，结果可使 A-T 变成 C-G；黄曲霉素 B1 也能特异性攻击 DNA 上的碱基，导致序列的变化。这些都是诱发突变的化学物质或致癌剂。

（三）其他来源的 DNA 损伤

1. DNA 损伤修复过程中产生的 DNA 损伤

除了上述原因可造成 DNA 损伤之外，不正常的 DNA 代谢过程，如受干扰的 DNA 复制、受干扰的遗传重组和 DNA 损伤修复过程都有可能转化为 DNA 损伤。这类损伤可包括 DNA 双链断裂、单链空缺等。有关内容将在接下来的 DNA 损伤修复和遗传重组中论述。上述 DNA 代谢过程中可能出现的 DNA 损伤之间的相互关系可参见图 8.6。

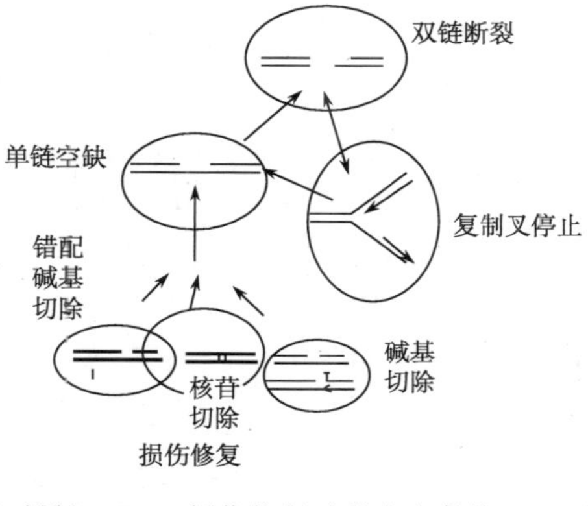

图 8.6　在 DNA 复制、DNA 损伤修复过程中出现的 DNA 单链空缺（gap）和 DNA 双链断裂之间的相互关系

2. DNA 非 B 型折叠

基因组中的某些 DNA 序列可以在单链或双链的情况下发生折叠，形成非 B 型结构。一旦出现在 DNA 合成、修复或重组过程中就可以导致 DNA 突变，这类突变被称为“结构依赖的 DNA 突变”（structure-directed mutagenesis）。常见的突变类型是 DNA 的缺失和重复。尽管这些 DNA 的突变并不是起因于可见的 DNA 损伤，但它们表现出的突变效应却和那些起因于 DNA 损伤的突变效应相同。习惯上，我们也称这类 DNA 序列为具有基因毒性的 DNA 分子或 DNA 序列。

四、DNA 损伤的生物学效应

（一）DNA 损伤和基因突变

DNA 损伤往往是造成基因突变（mutation）的诱因。常见的 DNA 突变包括点突变（point mutation）、缺失（deletion）、插入（insertion）、倒位和移位（inversion and translocation）等几种。

1. 点突变

点突变（point mutation）是指 DNA 分子上发生了单个碱基的改变。它可以是嘌呤替代嘌呤，如 A 与 G 之间的替换，也可以是嘧啶替代嘧啶，如 C 和 T 之间的替代。这类点突变又被称为转换（transition）；同时，也可以是嘌呤与嘧啶或嘧啶与嘌呤之间的替换，这类替换被称为颠换（transversion）；也可以表现为碱基脱落，形成无碱基位点（AP）。后经修复可以插入任意碱基。

2. 缺失

缺失突变（deletion）是指 DNA 链上的多于一个以上的核苷酸序列丢失的一类突变。

3. 插入

插入突变（insertion）是指一个或一串核苷酸插入到一个 DNA 分子的某个位点的序列改变。当所插入的核苷酸数目不符合 3 的整数倍时，往往会严重影响靶 DNA 分子所编码的蛋白质序列，造成蛋白质分子的读框移动（frameshift），使插入位点之后的氨基酸序列全部改变。习惯上，把这种类型的突变称为移码突变（frame-shift mutation）。

4. 倒位或移位（transposition）

DNA 双链经重组（位点特异性重组或非同源 DNA 末端连接等，参见第九章和第十章）会造成自身一段核苷酸链方向倒置，或迁移到基因组中的其他 DNA 分子中，前者被称为倒位突变，而后者则被称为转位突变或移位突变。移位突变也常被称为“易位”突变（translocation）。

（二）染色体结构改变

在真核生物细胞中，染色体是 DNA 分子的存在形式（参见第五章有关内容）。因此，发生在 DNA 分子上的某些类型的突变可以直接反映在染色体结构上的变化，如 DNA 序列较大幅度的缺失、重复或外源 DNA 序列（如转座子等）的插入等，就会通过相应染色体的缺失、重复或插入等结构性改变得到反映。同样，染色体上的某一区段易位到其他染色体上，则会出现相应的染色体的易位（移位）改变（图 8.7）。染色体所能出现的上述结构改变可参见图 8.7。

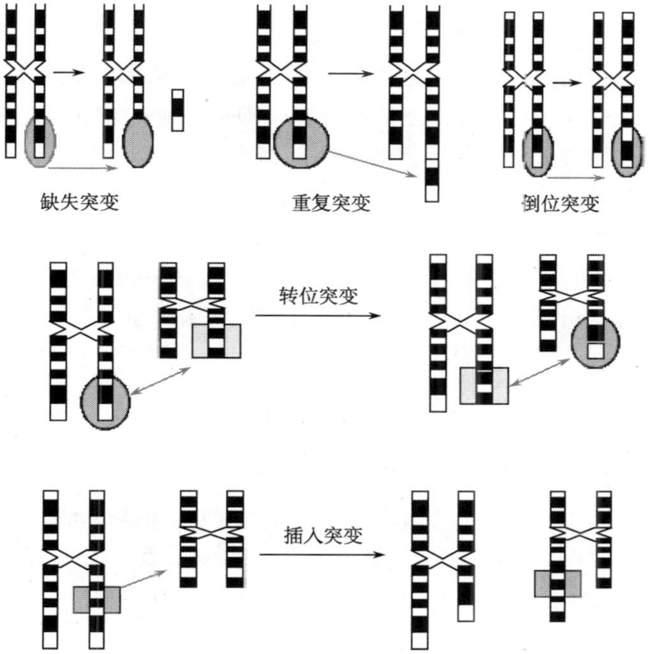

图 8.7　常见的染色体结构性改变

（三）DNA 突变导致的生物学效应

DNA 损伤有可能造成 DNA 突变。DNA 突变的常见生物学效应可以归纳为以下 4 种类型。

1. 致死性基因突变

致死性基因突变类型有许多种。例如，出现于原核生物细胞中的 DNA 双链断裂就是一类致死性基因突变。在原核生物细胞中，当 DNA 双链断裂出现之后，即有可能被细胞内丰富的 DNA 内切核酸酶和外切核酸酶进一步水解，出现致死性生物学效应；与此类似，一些能够和 DNA 分子产生加合反应的化学试剂，或者 DNA 分子上出现的嘧啶二聚体或 6，4-光产物等损伤因可以干扰 DNA 复制而呈现致死性。

2. 丧失部分功能

细胞内出现的某些 DNA 损伤是 DNA 分子的部分缺失或部分重复等突变。这些突变可能与基因表达有关，也可能由于处于结构基因的关键部位，如蛋白质分子活性中心（负责催化或与底物结合等）等原因，影响到一条 DNA 分子所编码的蛋白质或 RNA 产物，使其丧失原有功能。这种 DNA 突变影响面较窄，其体现的生物学效应往往只和单个功能分子缺失有关。

3. 隐性突变

隐性 DNA 突变通常又被称为“无义”突变。尽管 DNA 突变确已发生，但由于基因并不完全等同于 DNA 分子，所以，即使在某些部位确已存在突变却有可能不影响所编码的基因产物。因此，这类突变只改变基因型（genotype）而不改变表现型（phenotype）。

4. 有益突变

这类基因突变的出现有利于生物的生存。例如，某些生物为了适应逆境而发生的适应性突变（adptive mutation）。甚至某些致病微生物所出现的抗性突变对于其自身而言也是一种有益突变。

（四）突变的生物学效应与携带突变的细胞类型有关

DNA 突变的效应最终需要从个体的表现型上反映出来，体细胞和生殖细胞致突变物对机体的作用是不完全相同的。当突变靶细胞是体细胞而不是生殖细胞时，其影响仅能在直接接触该物质的亲代身上表现出来，而不可能遗传到子代；只有靶细胞为生殖细胞时，其影响才有可能遗传到子代。

1. 体细胞突变（somatic mutation）

体细胞突变与包括肿瘤和癌症在内的许多人类疾病的发生有关。其中，最受关注的是致癌问题（见分子医学部分）。其次，胚胎时期发生的体细胞突变也有可能导致畸胎或者流产。据认为人类妊娠过程最初三个月发生的流产很多与染色体畸变（结构性改变）有关。而这种情况在某种程度上可能起因于母体中的致突变物质通过胎盘影响了胚胎的细胞。因此，妊娠期的饮食和环境是需要注意的。

2. 生殖细胞突变（germline mutation）

发生在生殖细胞中的基因突变可以对后代产生致死性和非致死性两种影响。其中，致死性影响又有两种可能的类型，即显性致死和隐性致死。显性致死只需要父母一方的生殖细胞带有致死性基因突变就能发生，而且通常出现在胚胎发育的早期；隐性致死需要父母双方的生殖细胞携带有同样的基因突变，也就是说，只有当受精卵中某些基因突变呈现纯合子状态或者半合子才能出现死亡效应。另一方面，如果生殖细胞突变并不导致致死性，表现为非致死性表型时，那么这样的基因突变就可能使后代出现这样或那样的显性或隐性遗传病，包括先天性畸形等一大类疾病。而当人群中遗传性疾病出现的频率和种类因为某些原因而增加时，那么基因突变和染色体变异将会增加人类基因库负荷。这里的基因库是指一个物种的群体内生殖细胞中所有能传给后代的基因总和；而遗传负荷（genetic-load）则是指一个物种群体中每一个体携带的可遗传给后代的有害基因的水平。

第二节　DNA 损伤的修复

一、概论

DNA 修复泛指在 DNA 损伤时，细胞对损伤的反应。DNA 损伤修复的最终结果取决于 DNA 所遭受损伤的类型，有些类型的 DNA 损伤可以被完全修复，有些可以部分修复，而有些则不能被修复。对于能够被全部修复的 DNA 损伤而言，它们并不引起任何可见的健康问题；那些不能修复的 DNA 损伤，也由于通常要导致细胞的自杀过程，不会对机体造成严重伤害。只有那些可被部分修复或者是不完全修复的 DNA 损伤最有可能侥幸存活下来，导致衰老、癌症或生殖细胞内基因突变等效应。DNA 突变经过细胞拥有的 DNA 修复手段加以“矫正”，并依此维护基因自身的稳定性。应该说，细胞中存在的这些 DNA 修复机制对于基因组稳定性的维持具有十分重要的意义。

在细胞内 DNA 遭到损害之后，细胞为了维护基因组的完整性和遗传信息的稳定性，一般要对这些 DNA 损伤进行应答，即细胞对 DNA 损伤的应激。DNA 修复（DNA repair）是细胞对 DNA 受损伤的一种直接反应，这种反应使受损伤的 DNA 结构得以校正，并恢复到损伤以前的程度，以保证 DNA 原先所负载的遗传信息不发生改变，或者避免因剧烈的 DNA 损伤而使细胞死亡，只是使细胞能够耐受这 DNA 的损伤而继续生存。也许未能完全修复而存留下来的损伤会在适合的条件下显示出来，如细胞的癌变等。对不同的 DNA 损伤，细胞可以有不同的修复策略。可以针对不同的损伤启动相应的修复机制。一般而言，DNA 修复的结果有三种，一种是把损伤完全恢复，另一种是只能进行部分修复，最后一种不修复。

通常可根据修复效果将其分为三大类。

（1）DNA 损伤的逆转

这一类反应是指 DNA 损伤直接恢复到原来的状态，类似于化学反应中的可逆反应。主要包括光依赖的酶修复、O_6-烷基胸腺嘧啶和烷基磷酸三酯等烷基化的修复以及 DNA 链断裂重接。

（2）DNA 损伤的切除修复

这一类反应是利用内切核酸酶和外切核酸酶活性，切除含有损伤的 DNA 组分，之后利用 DNA 聚合酶和脱氧核糖核苷酸重新合成切除的部分。主要包括碱基的切除（BER）、核苷切除（NER）和错配对碱基修复（这是一种特殊形式的碱基切除修复）。

（3）DNA 损伤的容忍

这一类反应是不直接修复 DNA 损伤，而是在 DNA 合成过程中，形成空缺，而后利用重组的机制修复空缺。原先所含有的 DNA 损伤依然被保留。这种修复不是经典意义上的修复，而是“冲淡”损伤。此外，DNA 合成也属于此类，这是一种“容错”的修复机制。

二、DNA 损伤的逆转

回复修复是较简单的修复方式，一般都能将 DNA 修复到原样。常见的回复修复包括以下几种类型。

（一）光修复

1. 光修复现象的发现

在 1940 年左右，克莱纳（A. Kelner）以黑色链霉菌为材料对光依赖的修复进行了系统的研究。他发现，受到紫外线辐射的孢子在有光的条件下培养，比在黑暗中培养具有更高的存活率，初步发现了可见光可能是导致高存活率的一个因素。他把这一现象告诉德尔布吕克，德尔布吕克利用大肠杆菌 T 噬菌体重复了这个发现。但直到 1949 年，才在大肠杆菌和酵母中分别发现了这种在可见光条件下提高紫外线辐射过的细胞或孢子存活率的原因，即一个蛋白酶催化的过程。

2. 光解酶

光解酶（photolyase）首先从细菌中发现，它可以在有光的情况下直接修复某些类型的 DNA 损伤。光解酶又称胸腺嘧啶二聚体光解酶或光激活酶。它广泛存在于从微生物到动物的细胞中。这步反应不需要光；结合后如受 300～600nm 波长的光照射，光解酶活性中心的 FAD 就被激活，接受邻近 Trp 提供的电子，形成完全还原状态的 FADH，这一过程在体外实验中需要还原性物质的存在，如 DTT 和 2-甲基硫醇。FADH 随后把获得的电子传递给胸腺嘧啶二聚体，打开二聚体的环丁基环，使二聚体分解为两个正常的嘧啶单体，DNA 恢复正常结构。之后，FAD 重新接受二聚体提供的一个电子，整个过程如图 8.8 所示。后来发现类似的修复酶广泛存在于脊椎动物、某些植物中。目前尚不确定是否类似的光解酶也存在于包括人在内的胎生哺乳动物基因组中。但有工作表明，转有光解酶基因的小鼠可以对胸腺嘧啶二聚体体现明确修复作用，并因此提高了小鼠抗紫外线能力。

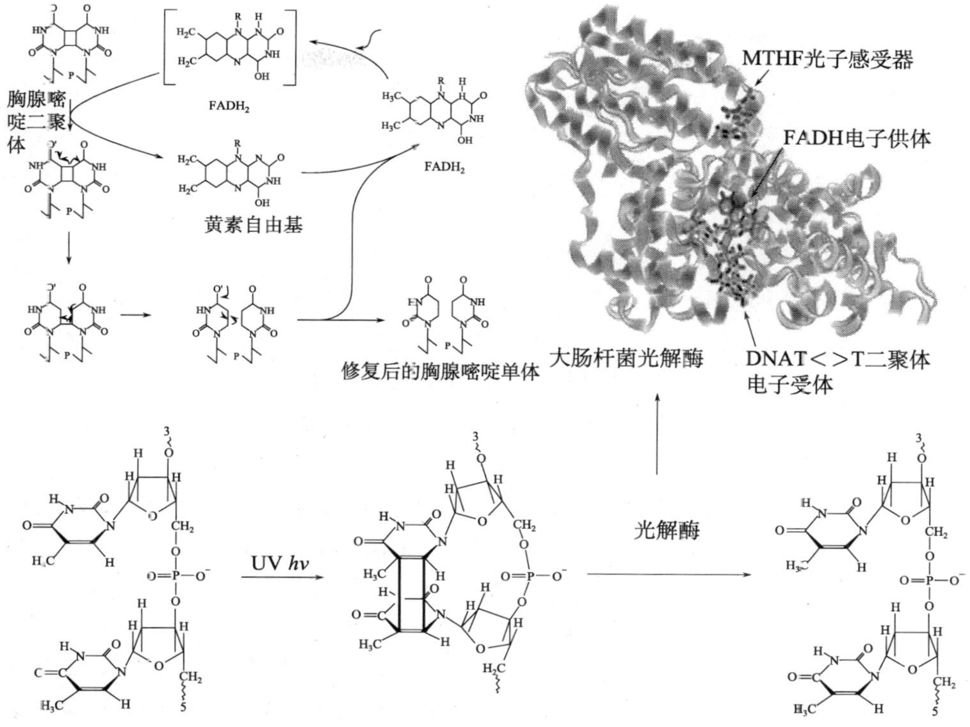

图 8.8 光修复机制示意图

(二) 碱基的直接插入

DNA 链上嘌呤的脱落造成无嘌呤位点，能被 DNA 嘌呤插入酶（insertase）识别，并在 ATP 分子存在的条件下，催化游离嘌呤或脱氧嘌呤核苷插入生成糖苷键，且催化插入的碱基有高度专一性，与另一条链上的碱基严格配对，使 DNA 完全恢复。

(三) 烷基的转移

在人类基因组中也存在着几种与 DNA 损伤回复修复的酶，其中研究得比较清楚的是 MGMT（O^6-meG 烷基转移酶），编码此酶的基因位于人类染色体 10q26。MGMT 可以特异性除去 DNA 上鸟嘌呤 O^6 位的甲基基团和一些分子质量较小的烷基基团。具有这种回复能力的基因在大肠杆菌中共发现了两个，一个是 Ada，另一个是 Ogt。其中人类基因组中的 MGMT 和 Ada 的—COOH 端半分子相似，而 Ada 的 NH_2 端可以除去 DNA 骨架磷酸残基上的甲基基团，但这种功能尚未在人类中发现。

三、DNA 单链断裂修复

DNA 单链断裂是常见的损伤，其中一部分可仅由 DNA 连接酶（ligase）重新连接，而有些则可以通过重组修复。现在已经十分清楚的是，任何与 DNA 损伤修复有关的机制发生改变都势必导致人类遗传病的发生。因此，基因的自身维护的重要意义显而易见。

最近，这种趋势变得越来越明确。在众多类型的 DNA 损伤之中，有一种类型的 DNA 损伤出现得十分频繁，那就是 DNA 的单链断裂。能够造成 DNA 单链断裂的原因不但包括外源性的各种辐射，也包括内源性的氧自由基等，而且各种类型的碱基切除修复这样的正常情况下也必然要经历 DNA 单链断裂这样的中间体。可以说，DNA 单链断裂是所有 DNA 损伤单链修复机制的共同途径。

DNA 的单链断裂修复大致可以分成四个步骤。

（1）在单链修复过程中产生的单链 DNA 断裂在通常情况下会被蛋白质保护，不能以游离地 DNA 单链断裂形式出现于细胞之中；而因外源因素所形成的 DNA 单链断裂一般会游离地出现在细胞中。对于这些游离状态的 DNA 单链断裂的感知需要多聚 ADP-核糖聚合酶——ARP-1 或 PARP-2 等分子。PARP 可以在 DNA 单链断裂位点处起着多种多样的作用，如产生 DNA 连接酶需要的 ATP 分子、调节断裂位点局部的染色体构象、抑制同源重组、协助与 DNA 单链断裂修复有关的蛋白质和断裂 DNA 的识别。

（2）单链 DNA 断裂修复的第二个阶段是对断裂的 3′端和 5′端加以处理，以产生可以连接的 DNA 末端。在这个过程中，脱碱基内切核酸酶所产生的 DNA 单链断裂通常有 5′脱氧核糖磷酸存在，它转而被 DNA 聚合酶 β 中的 5′dRP 水解酶切除。而由于外源因素造成的 DNA 单链断裂则常含有 3′磷酸或 3′蔗糖片段，可以被 APE1 切除。这个过程可能需要 XRCC1 的协助。XRCC1 还可以激活多聚核苷激酶，它同时含有 3′DNA 磷酸酶和 5′DNA 激酶活性，可以对 3′端和 5′端加以修复。

（3）DNA 单链断裂修复的第三步就是 DNA 空缺的填充。大多数的 DNA 单链断裂处都有一个碱基的空缺。这个空缺需要 DNA 聚合酶的聚合活性。DNA 聚合酶 β 可以通过两种方式填充核苷空缺，一种是只在空缺处插入一个碱基；或者从空缺处开始形成一个 2～15 个核苷的空缺，然后再通过聚合酶将之填充。这个过程中可能形成的单链 DNA “flap” 结构可以通过 FEN1 修复。

（4）接下来的步骤就是通过 DNA 连接酶把断裂的单链的 3′端和 5′端加以连接。这个过程其实非常类似于 DNA 的碱基和核苷切除修复过程（图 8.9）。

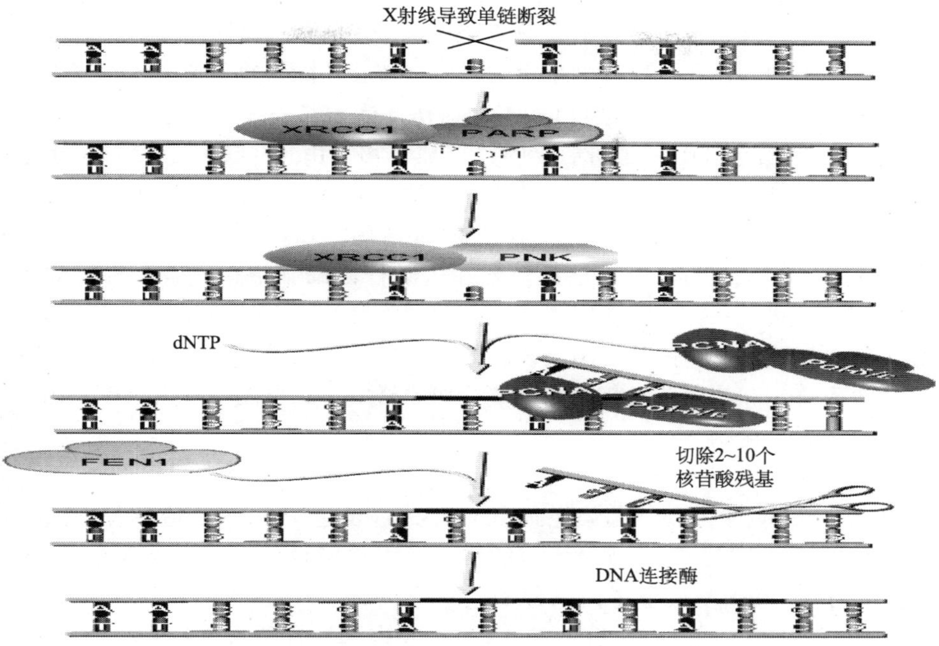

图 8.9　单链 DNA 损伤的连接

四、切除修复（excision repair）

当 DNA 损伤出现在一条 DNA 链时，采取切除修复的策略是细胞的一种重要的 DNA 损伤修复机制。总体而言，迄今已经发现了三大类的切除修复途径，它们是核苷切除修复、碱基切除修复，在碱基切除修复中又包括大肠杆菌细胞中甲基化指导的错配对碱基的切除修复和存在于真核生物（包括哺乳类和人类）细胞中与之类似的错配对碱基切除修复。由于到目前为止尚没有完全搞清楚真核生物细胞中的碱基错配对修复的详细机制，所以在这里我们只能称之为类似于大肠杆菌甲基化指导的错配对碱基切除修复。

（一）核苷切除修复

核苷切除修复是修复 DNA 损伤最为普遍的方式之一，对多种 DNA 损伤包括碱基脱落形成的无碱基位点、嘧啶二体、碱基烷基化、单链断裂等都能起修复作用。这种修复方式相对复杂，需要一系列基因产物的参与。因此在下面的部分着重阐述。

1. 原核生物细胞内的核苷切除修复机制

核苷切除修复是一个在所有生物细胞中保守的DNA损伤修复机制。它存在于从大肠杆菌到人体几乎所有的生物细胞中。核苷切除修复主要负责由于物理射线以及大分子的加合物所引起的DNA的损伤，诸如紫外线辐射造成的嘧啶二聚体和黄曲霉素B1和DNA之间形成的共价加合物都由这条途径修复。由于这条修复途径最初是在大肠杆菌针对紫外线辐射的研究过程中发现的，所以在最初确定大肠杆菌细胞中的有关基因及其产物通常用“UVR”来命名，如UvrA、UvrB、UvrC、UvrD等。目前已经清楚在大肠杆菌细胞中存在着两种形式的核苷切除修复模式，一种负责基因组范围内的切除修复，而另一种是和基因转录偶联在一起的切除修复。而且这两类核苷切除修复在原核和真核生物细胞中是保守的。比较而言，和基因转录相偶联的核苷切除修复模式可能比基因组范围内的核苷切除修复更为活跃。

1）*UvrA基因及其产物*

UvrA基因位于大肠杆菌染色体92min处，表达受SOS反应调控。这个基因的操纵子区和DNA单链结合蛋白的结构基因在染色体上相隔253个碱基对。UvrA编码一个DNA结合蛋白，分子质量大约为103.9kDa。UvrA具有DNA非依赖的ATP酶活性。和大多数DNA结合蛋白那样含有两个DNA结合区，或者是WALKERA，或者是WALKERB（图8.10）。

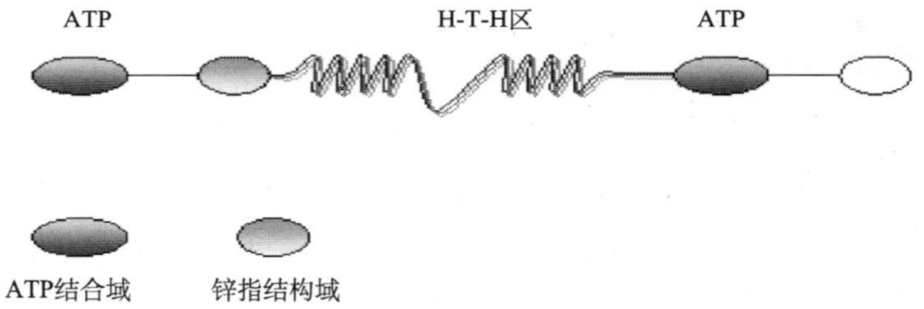

图8.10　UvrA蛋白的组织结构示意图

UvrA的组织结构是一类DNA结合蛋白的代表，其中含有锌指结构域

UvrA蛋白所有WALKERA结构域可以与DNA链上的嘌呤碱基结合，并同时利用ATP酶和GTP酶水解ATP和GTP来获取能量。在核苷切除修复过程中，2分子的UvrA蛋白相互作用形成二聚体。此二聚体可以识别多种DNA损伤，包括脱嘌呤位点、嘧啶二体等，可以在较大程度上改变DNA双螺旋构象的损伤和异构体。

2）*UvrB基因及其产物*

UvrB基因位于大肠杆菌染色体17min处，由单一操纵元组成。此基因的表达调控比 UvrA 复杂。它既可以受 SOS 和 DNA 损伤诱导，又能在常规情况下表达。在该基因的5′上游区已经确定了各自的启动子顺序，被命名为P1和P2。P1是一个不受 SOS 控制的启动子，而 P2 是一个由 SOS 调节的启动子。也有人认为 P1 启动子同时控制两种情况下的基因表达。随后又在这个基因中发现了第三个启动子序列 P3。P3 与 DNA 复制 OriC 都含有 DnaA 结合序列，这表明该基因的表达也可能与 DNA 复制有关。UvrB 基因编码一个含有 673 个氨基酸残基的多肽，表观分子质量约为 76.6kDa。同时，在 UvrB 上还含有一个类似烷基转移酶Ⅰ的水解位点，其生理功能尚不明确。在核苷切除修复过程中，2 分子的 UvrA 和 1 分子的 UvrB 形成 $UvrA_2B$ 三聚体，此复合体和损伤的 DNA 位点结合形成 $UvrA_2B$-DNA 复合体。$UvrA_2B$ 具有中等强度的 DNA 螺旋酶活性，可以从 3′→5′把带有损伤的 DNA 双螺旋区打开呈两条变性的单链。$UvrA_2B$ 复合体的形成需要 ATP 分子提供能量。因此它并不是一个简单的蛋白质相互作用。ATP 分子的水解可以促使 $UvrA_2B$ 复合体的生成。利用 ATP 的类似物 ATPγS 并不能促使 $UvrA_2B$ 复合体的形成。在实际的修复过程中，UvrA 的主要作用是把 UvrB 输送到受损伤的 DNA 区域，然后 UvrA 可以自行从蛋白质-DNA 复合体中解离出去。最近的研究进展表明，可能在形成 UvrAB 复合体时需要 2 分子的 UvrB，而不是先前认为的只有 1 分子的 UvrB 参与形成 UvrAB 蛋白质复合体。总之，这个步骤尚需要进一步澄清。在此之后形成比较稳定的 UvrB-DNA 复合体。UvrB-DNA 复合体随后和 UvrC 相结合形成另一种形式的蛋白质-DNA 复合体。UvrBC 的结合是“核苷切除”的关键一步。UvrC 的内切核酸酶活性可以使受损伤的 DNA 序列的 3′端和 5′端分别产生切割。这一过程是大肠杆菌核苷切除修复所特有的一种策略。在其他的生物细胞内，这一步需要两个不同的内切核酸酶分别切开 3′端和 5′端，如下文述及的哺乳类细胞就是由两个内切核酸酶分别负责的。经过 UvrC 切开带有损伤的 DNA 链的两端之后，解旋酶Ⅱ UvrD 进一步把双链打开，并根本上除去含有 DNA 损伤的单链，UvrD 可能需要和 UvrB 直接作用以参与上述反应过程。这一过程和下文述及的甲基化指导的错配对碱基的切除修复过程使用同一种螺旋酶。因此，这两种修复途径在这以后的步骤基本上相同。经过上述的一系列反应，最终形成一个带有空缺的 DNA 底物。该底物中的 DNA 空缺可被 DNA 聚合酶Ⅰ、Ⅱ、Ⅳ等催化、填充，并利用 DNA 连接酶最终催化形成完整的双链 DNA 分子。应该强调的是，虽然 DNA 聚合酶Ⅰ、Ⅱ、Ⅳ都可以用来填充切除后产生的 DNA 单链空缺，但是比较常用的还是 DNA 聚合酶Ⅰ，原因不明确。最后还要强调的是，大肠杆菌中的核苷切除修复受 SOS 调节控制。有关步骤如图 8.11 所示。

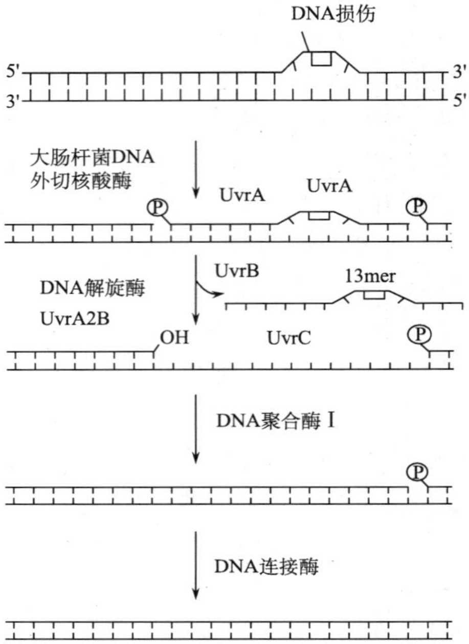

图 8. 11 大肠杆菌中典型的核苷切除修复胸腺嘧啶二聚体的分子机制

2. 大肠杆菌细胞中的基因转录偶联的核苷切除修复（transcription-coupled repair，TCR）

大肠杆菌细胞中的 TCR 是通过一个修复偶联因子 Mfd 蛋白来实现的。Mfd 是一个分子质量为 130kDa 的蛋白质，具有螺旋酶主旨结构，但并不具有螺旋酶活性。Mfd 识别转录过程中被 DNA 损伤终止的 RNA 聚合酶，同时它又能和 UvrA 蛋白发生直接的作用。Mfd 从被终止的转录泡中释放出 RNA 聚合酶，之后把 UvrA 召集到 RNA 分子的生长端。在一般情况下，UvrA 可以以 2∶1 的比例和 UvrB 蛋白形成 DNA 损伤识别复合体（见上文），因此 UvrA 可以把 UvrB 召集到 DNA 损伤的部位，之后 UvrA 和 Mfd 被分离出去，并形成 UvrB-DNA 损伤复合体。在此之后，UvrC 和 UvrB 进一步形成复合体，并在 UvrD 的协助下使含有损伤的 DNA 链得到打开。UvrC 分别在损伤 DNA 位点的 3′端和 5′端切开 DNA 单链，并使之被除去。最后，UvrB 被 DNA 聚合酶 Ⅰ 取代，填充 DNA 单链空缺，并最终利用 DNA 连接酶把新合成的 DNA 片段和原先的 DNA 末端连接在一起。从而完成基因转录偶联过程中的核苷切除修复。需要指出的是，已经有人发现在大肠杆菌细胞中的这种基因转录偶联的核苷切除修复机制不仅需要 Mfd 蛋白，同时也需要参与甲基化指导的碱基错配对修复蛋白 MutS 和

MutL 等发挥作用。简而言之，核苷酸残基切除修复和甲基化指导的错配碱基修复一样是两条十分重要的错误修复途经。这两条途径似乎对于某些 DNA 损伤的修复具有协同性。不仅如此，随着研究的不断深入，现在已经有迹象表明，至少大肠杆菌中的 UvrA、UvrB、UvrD 可能参与 DNA 的体内复制，而 UvrAB 所体现出的 3′→5′DNA 螺旋酶活性，能够和 RecQ 的 5′→3′螺旋酶活性负责某些非常规重组的发生。

3. 哺乳类细胞内核苷切除修复系统

与原核生物和低等真核生物的核苷切除修复相对应的哺乳类的核苷切除修复系统的主要组分也得到了很好的研究。在过去的 10 多年里，参与哺乳类核苷切除修复的蛋白质组分的基因都得到了克隆。而且这些基因产物被纯化之后可以在体外重组核苷切除修复的过程。到目前为止，已经肯定的参与哺乳类细胞核苷切除修复的蛋白质组分包括 XPA、XPB、XPC-hHR23B、XPD、XPG、XPF-ERCC1、TFⅡH、RPA 等。这些蛋白质和大肠杆菌以及酵母菌中的同工蛋白质组分的比较参见表 8.1。同时发现在哺乳类细胞中也同时存在着两种形式的核苷切除修复机制，一种是基因组范围内的核苷切除修复；另一种是和转录相偶联的核苷切除修复。前一种通常又被简称为 GG-NER，而后者则被称为 TC-NER。

表 8.1　真核和原核生物细胞中参与核苷切除修复的基因组分

NER	哺乳类	酵母菌	大肠杆菌	功能
识别	XPA	Rad14	UvrA	损伤 DNA 识别
	RPA	Rpa	Ssb	单链 DNA 结合
	XPC	Rad4	UvrB	与损伤识别复合体形成
	hHR23A′	Rad23	—	有关
	B（CGGNER）			
开链	XPB	Rad25（Ssl2）	UvrD	解旋酶活性
TFⅡHComplex	XPD	Rad3	（$UvrA_2B$）	打开损伤的双链 DNA
	P62	Tfb1	—	
	P52	Tfb2	—	
	P44	Tfb3	—	
	P34	Ssl1	—	
	Mat1	Tfb4	—	
	Cdk7	Kin28	—	
	CyclinH	CCL1	—	
内切	XPG	Rad2	UvrC	结构特异性内切核酸酶
	ERCC1	Rad10		
	XPF	Rad1		

1）GG-NER 及其蛋白质组分

除 XPC-hHR23B 之外的上述蛋白质组分都是 GG-NER 修复所必需的。因此，GG-NER 修复的蛋白质组分包括 XPA、XPB、XPD、XPF-ERCC1、TFⅡH 和 RPA 等。

2）XPA 基因及其蛋白质产物

XPA 的基因位于人染色体 9q22.3。XPA 蛋白作用于哺乳类细胞两类核苷切除修复过程的早期，参与识别 DNA 损伤过程。XPA 是一个含有锌指结构的 DNA 结合蛋白，能够和引起 DNA 双螺旋构象改变的 DNA 损伤结合。对于紫外线诱发的胸腺嘧啶二聚体和 6,4-光聚合物具有很高的结合活性。除此之外，XPA 还能够和多种参与核苷切除修复的蛋白质组分形成蛋白质聚合体，如和 ERCC1、XPF、TFⅡH 以及 RPA 中的 p32 和 p70 亚基等都能形成蛋白质复合体。但 XPA 并不参与 DNA 损伤的识别，这个过程可能需要 XPC-Hhr23B 的帮助，或者它作用于 XPC-hHR23B 之后。

3）TFⅡH、XPB 和 XPD

TFⅡH 是一个由 9 个亚基组成的蛋白质聚合体。由 XPB（XRCC3，3′→5′ DNA 螺旋酶，基因位于 2q21）、XPD（XRCC2，5′→3′螺旋酶，基因位于 19q13.2～q13.3）、p34（GTF2H3，TFⅡH 核心组分，基因位于 12q）、p44（GTF2H2，TFⅡH 核心组分，基因位于 5q12.2～q13.3）、p52（GTH2F4，TFⅡH核心组分，基因位于 6p21.3）、p62（GTF2H1，TFⅡH 核心组分）、Mat1（MNAT1，TFⅡH 激酶亚基，基因位于 14q23）、Cdk7（CDK7，TFⅡH 复合体中的激酶亚基，基因 2p15）和细胞周期素 H（CCNH，TFⅡH 复合体中激酶亚基，基因位于 5q13.3～q14）组成。TFⅡH 参与 RNA 聚合酶Ⅱ的转录起始，同时也参与真核细胞的核苷切除修复，可能还和细胞周期的调节有关。目前，这个蛋白质复合体的空间结构已经得到解析。

TFⅡH 参与 NER 中的两类修复形式。其中的 XPB 和 XPD 具有 DNA 依赖的 ATP 酶活性和解旋酶活性，但 XPB 和 XPD 的解旋酶活性方向相反，前者以 3′→5′的方向催化 DNA 的解螺旋，而后者则以 5′→3′方向解开 DNA 双链。在核苷切除修复过程中，这些解旋酶活性为打开 DNA 双链所必需，因此这些基因突变体可以表现出典型的核苷切除修复有关的人类疾病。在 TFⅡH 蛋白质聚合体中的蛋白质亚基 Cdk7、细胞周期素 H 以及 Mat1 可以表现出 CDK 激活的蛋白激酶活性，它们可以对多种细胞周期依赖的蛋白激酶进行磷酸化修饰。显然，TFⅡH这种独特的组织形式可以将 DNA 损伤过程中的核苷切除修复、基因的转录和细胞周期的调节控制联系在一起，可以使细胞更好地协调 DNA 修复、转录和细胞繁殖之间的关系。从这个意义上讲，TFⅡH 在细胞中的作用至关重要。

必须指出的是，细胞中的TFⅡH可以有多种不同的形式，并不是9个亚基总在一个蛋白质聚合体中。其中的核心蛋白质包括p34、p52、p44、p62和XPB。而与细胞周期调节有关的亚基可以独立形成三聚体，也可以和核心蛋白质聚合体组成含有9个亚基的TFⅡH，而XPD则既可以和核心蛋白质聚合体结合，也可以和调节细胞周期的三聚体结合。研究表明，参与细胞周期调节控制的三个蛋白质亚基组成的三聚体更多地和RNA聚合酶在转录过程中的磷酸化修饰有关，而对于核苷切除修复的关系似乎并不特别密切。

4）XPG和ERCC1-XPF

XPG和ERCC1-XPF分别是两个DNA内切核酸酶，它们在核苷切除修复中所起的作用和大肠杆菌中的UvrC，以及酵母细胞中的Rad2、Rad1和Rad10的作用相当（表8.1）。XPG是一个结构特异性的DNA内切核酸酶，可以对诸如单链环、茎环结构等多种DNA的二级结构进行切割。XPG对应的是酵母菌中的Rad2，它通常识别损伤DNA 3′端的双链和单链结合部位，并在此处切开含有损伤的DNA单链。XPG识别的单链环至少需要含有5个核苷酸残基。在核苷切除修复过程中，这种发生在3′端的DNA切割总是先与5′端的切割。此外，XPG在核苷切除修复中的作用可能并不只限于它的内切核酸酶活性，可能在某种程度上具有结构方面的贡献 。

ERCC1-XPF是由一个33kDa的ERCC1和一个103kDa的XPF组成的稳定的异二聚体。它和XPG一样也是一个结构特异性的DNA内切核酸酶。ERCC1-XPF对应酵母细胞中的Rad1-Rad10复合体，可以特异地在损伤DNA的5′端的双链和单链DNA的结合部位切开含有损伤的DNA单链。ERCC1-XPF可能在核苷切除修复过程中只贡献其内切核酸酶活性，而不像XPG那样可能具有结构上的贡献。

5）XPC-hHR23B

这个蛋白质复合体对于TC-NER并不是必需的，而对于基因组范围内的核苷切除修复则是必不可少的。XPC是一个125kDa的蛋白质，而hHR23B则是一个58kDa的蛋白质，两者可以形成蛋白质复合体。体外研究表明hHR23B可以促进XPC的活性，这种激活作用主要是通过Hhr23B上的一段含有54个氨基酸残基的结构域来进行的，该结构域可以和XPC结合。在细胞内含有较多的游离状态的hHR23A和Hhr23B蛋白。在体外，hHR23A可以替代hHR23B和XPC结合。这种结合的具体意义并不清楚。同样，在很长一段时间里，XPC-hHR23B在基因组范围内的核苷切除过程中的作用并不清楚。XPC和XPC-hHR23B对单链和双链DNA都具有很高的亲合活性，对于紫外线损伤的DNA表现出更高的亲合力。它参与基因组范围内核苷切除过程中的双向切割和损伤DNA的单链化。更重要的是，XPC可以和TFⅡH相互作用，而TFⅡH中的

DNA 解旋酶活性又为打开 DNA 损伤的打开所必需。种种迹象表明，XPC-hHR23B 可能在损伤 DNA 的识别以及打开含有损伤的 DNA 双链过程中起着重要的作用。有一些研究结果甚至表明 XPC-hHR23B 可能是参与基因组范围内核苷切除修复的第一个蛋白质复合体。

6）与哺乳类细胞核苷切除修复有关的其他辅助蛋白

（1）XPE

体外研究表明，XPE 并不是哺乳细胞核苷切除修复所必需的。但是在体内的核苷切除修复似乎需要这个蛋白质。因为 XPE 患者表现出和 XP 患者相似的皮肤症状，并伴随着核苷切除修复功能的降低（约降低为正常人的一半）。XPE 在核苷切除修复中的作用可能需要一个被称为 DDB 的蛋白质复合体的协助。DDB 是一个由 127kDa 和 48kDa 组成的异二聚体蛋白质复合体。XPE 患者所表现出的核苷切除修复功能的降低可能与 48kDa 蛋白质的缺失有关。

（2）IF7

IF7 是一个尚未发现的基因所编码的产物，它在某些紫外线诱发的 DNA 的损伤修复过程中具有作用。同时，IF7 对 DNA 中顺铂的修复具有促进作用。

（3）p53 及其效应物

在哺乳细胞核苷切除修复过程中，p53 以及它的下游效应物可能也参与修复过程。p53 突变的纤维母细胞瘤只表现出一半左右的核苷切除能力。有研究表明，p53 可能对修复早期染色质的构象调节有贡献。同时，p53 还可以和 TFⅡH 发生直接的作用（参见第九章细胞周期和细胞周期调控）。

7）哺乳细胞核苷切除修复的过程

由于 DNA 损伤可能出现在碱基、核糖等部位，因此可以造成碱基、DNA 糖骨架等多种形式的损伤。为此，细胞在进化过程中获得了可针对这些 DNA 损伤加以修复的多种形式的 DNA 损伤修复机制。接下来要叙述的人类细胞中的核苷切除修复机制就是一种十分重要的 DNA 损伤修复机制。它和人群中出现的着色性干皮病（xeroderma-pigmentosum）、Cockayne 综合征、TTD（trichothiodystrophy，TTD）的发病直接有关。和其他生物一样，人类细胞中也存在着两类核苷切除修复途径。一类负责基因组范围内的核苷切除修复（global-genomic-repair，GGR）；另一类主要参与基因转录过程中的核苷切除修复，即基因转录偶联的核苷切除修复（transcription coupled repair，TCR）。

（1）基因组范围内的碱基切除修复（GGR）

依据 DNA 所出现的损伤类型和所在的 DNA 序列的特征，GGR 通常可以把一段含有 DNA 损伤的、长 24～32 个碱基的核苷酸片段切除出去。在这个过程中，XPC-hHR23B 复合体首先识别那些需要被 GGR 修复的 DNA 损伤。XPC-hHR23B 蛋白质复合体可以和多种类型的 DNA 损伤识别和结合，其中包括紫外线引起的聚嘧啶二聚体和 6，4-光产物、肿瘤治疗药物顺铂等引起的 DNA 链交联，以及人工强致癌剂 AAF（*N*-acetyltoxyaminofluorene，AAF）。到目前为止，尚不清除 XPC-hHR23B 蛋白质复合体是如何识别这些 DNA 损伤的。同时也发现 XPA 对于某些类型的 DNA 损伤具有识别能力，UV-DDB 对于紫外线引起的嘧啶二聚体的识别也具有促进作用。简言之，GGR 过程中 DNA 损伤的感知或识别是一个尚待进一步研究的问题，目前了解得并不清楚。

在 XPC-hHR23B 和 DNA 损伤结合之后，该蛋白质复合体可以进一步促进一个参与基因转录的 TFⅡH 蛋白质复合体和 DNA 损伤部位的结合。TFⅡH 可以在进一步打开损伤部位的 DNA 双链的同时协助 XPA 和 DNA 单链结合蛋白 RPA 形成更大的 DNA-蛋白质 DNA 损伤修复复合体。含有 XPA、RPA、TFⅡH、XPC-hHR23B 和损伤 DNA 所形成的复合体需要 XPG 蛋白的稳定。有研究表明，XPC-hHR23B 和 TFⅡH 与 GGR 开始时的一小段 DNA 双链区的打开密切有关，这样的区段通常在小于 10 个核苷酸残基的范围。当 XPA、RPA 和 XPG 与之结合之后，可以使 DNA 双链打开至约含有 25 个核苷酸残基大小的范围。利用纯化的上述蛋白质在体外重组 GGR 过程时发现，XPA、RPA、TFⅡH、XPC-hHR23B 均需要参与一段 10～20 个核苷酸片段的打开，而 GGR 过程中所需要的单链 DNA 区只有伴随着双侧内切之后才能最终出现。在这个过程中，TFⅡH 蛋白质复合体中的螺旋酶 XPB 和 XPD 负责 DNA 损伤所在部位的双链 DNA 的解开，同时 TFⅡH 蛋白质复合体可能也具有结构方面的贡献。XPA 可以和 TFⅡH、RPA 以及 DNA 加合物进行识别和相互作用，所以 XPA 可能与 GGR 修复复合体在 DNA 损伤部位的定位有关。而 RPA 能够和单链 DNA 结合，避免单链 DNA 发生折叠。

在上述蛋白质的作用之后，两组结构特异性的内切核酸酶 XPG 和 ERCC1-XPF 分别在损伤 DNA 的 3′端 2～8 个核苷酸和 5′端 15～24 个核苷酸的地方非对称地切断含有损伤的 DNA 单链。这两组内切核酸酶的确切切割部位可以依据 DNA 损伤的类型而有不同。切割首先在 3′端进行，然后在 5′端进行。但是这两次切割时间间隔非常短，几乎是同时进行的。内切核酸酶对含有损伤的一条链而不是完好的链的特异性切割似乎和 RPA 的引导有关。同时，XPA 也和 RPA、ERCC-XPF 进行作用。因此，这可能与 ERCC1-XPF 定位在 5′端且特异性切割含有损伤的 DNA 单链有关。与此类似，RPA 可能在 XPG 的定位过程中也有作用。但是，XPG 的作用似乎和 RPA 的这种定位作用关系并不大。XPG 的定位似乎受 TFⅡH 蛋白质复合体的影响。当这种切除反应完成之后，在原来 DNA 损伤的部位就形成了一段含有空缺的 DNA 分子（单链空缺 DNA 分子）。这样的 DNA 分子可以在 DNA 聚合酶的催化下，以完整的互补链为模板，按 5′→3′方向填补切除的空隙。之后再由 DNA 连接酶将新合成的 DNA 片段与原来的 DNA 断链连接起来，使 DNA 分子恢复到原来所有的结构（图 8.12）。

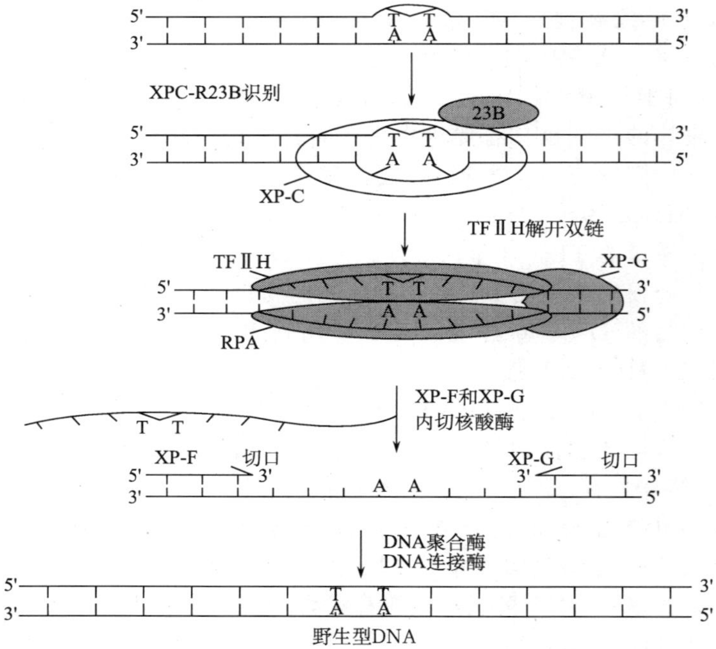

图 8.12　哺乳类生物细胞核苷切除修复工作原理

(2) 转录偶联的核苷切除修复（TCR）

在基因转录过程中，RNA 聚合酶Ⅱ以 3′→5′的方向沿着单链 DNA 模板移动。在这个过程中时常会遇到含有导致 RNA 聚合酶终止的 DNA 损伤，这种能够引起转录终止的 DNA 损伤可能多种多样，需要多种多样的 DNA 修复机制加以修复。但是其中有一类 DNA 损伤需要 TCR 机制加以修复。现在发现，TCR 修复过程需要 CSA 和 CSA 产物的参与。CSA 和 CSB 基因突变与人群中的 Cockayne 综合征的发生有关。CSA 和 CSB 突变体细胞丧失了在转录过程中遇到的 DNA 损伤的修复能力。CSA 和 CSB 的分子质量分别为 44kDa 和 168kDa，可能参与基因的基础转录。其中，CSB 具有和 Swi/Snf 家族相同的蛋白质主旨结构，因此可能与转录过程中核小体的重新调整有关。这两个蛋白质可能与转录修复过程中修复蛋白和 DNA 损伤的识别和形成修复复合体有关。有一种观点认为 CSA 和 CSB 的作用类似于大肠杆菌细胞中的 Mfd 蛋白，可以把转录和核苷切除修复联系在一起。CSA 和 CSB 蛋白可以直接和 RNA 聚合酶Ⅱ发生直接和间接的作用。当细胞中缺乏 CSA 和 CSB 蛋白时，通常在紫外线辐射情况下的 RNA 聚合酶催化亚基的泛酸修饰现象消失。同时，在体外实验中发现 CSA 可以和 TFⅡH亚基发生作用，XPG 可以和 CSB 发生作用。一种可能是 CSA 和 CSB 可以在基因转录过程中发现因 DNA 损伤被终止的 RNA 聚合酶Ⅱ，然后它们再把

TFⅡH和XPG召集到DNA损伤部位。TFⅡH中的XPD和XPB螺旋酶可能会进一步打开含有DNA损伤的DNA双链，并同时召集其他参与核苷切除修复的蛋白质组分，包括XPA、XPC、XPE、XPF、XPG，以及ERCC1等进行切除修复反应。之后，RNA转录继续进行下去（图8.12）。

（二）利用糖苷水解酶催化的碱基损伤或错配碱基的切除修复机制

1. 碱基切除修复

碱基切除修复（base excisional repair）机制也是广泛存在于从原核到真核生物细胞中的一种DNA损伤修复的保守形式。它的作用模式主要是利用具有特异性的DNA糖苷水解酶切除含有损伤或修饰的碱基位点两侧的糖苷键，并以此产生一个脱碱基空隙（apyrimidinic site，AP）。这样的AP位点可以进一步为AP水解酶降解（这种AP水解酶活性可以是原来的糖苷水解酶所具备的，也可以是不同的AP水解酶）。经AP水解酶处理之后的DNA可以通过两种模式加以修复，根据AP水解的程度把其后的修复分为“短补丁修复”（short patch）和“长补丁修复”（long patch）。短补丁修复只涉及单个被切除的碱基的补充，而长补丁修复则通常涉及2～8个的核苷。一个事实是似乎在所有的细胞中都含有多种多样的DNA糖苷水解酶，而且这些水解酶通常具有很高的特异性，主要针对氧化剂、烷化剂对DNA的损伤，以及与脱氨基碱基损伤的修复有关。这类DNA损伤修复不对大幅度的DNA损伤具有修复能力。

1）DNA糖苷水解酶及碱基切除修复的一般过程

DNA糖基水解酶是一类小分子质量蛋白质，大多数的分子质量小于30kDa，而且多是由一条多肽链组成，不含有辅助因子，但少部分含有金属离子。这类水解酶可以识别带有损伤的DNA碱基，然后通过其自身的水解酶活性把这些具有损伤的核苷酸整个除去，这样产生一个DNA单链空隙，然后利用DNA聚合酶填补留下来的空隙，最后利用DNA连接酶形成完整的DNA双链分子。关于利用糖苷水解酶催化的碱基损伤或错配碱基的切除修复机制参见图8.13 。

在DNA损伤出现之后（更多的情况是碱基错配对，有时是脱碱基位点或碱基的损伤），糖基水解酶可以特异地和这些DNA损伤识别并催化带有损伤的碱基的切除，并形成单链DNA缺刻。这个单链DNA缺刻可以随后被DNA聚合酶Ⅰ或Ⅱ催化填充，并随后在DNA连接酶的催化下形成完整的DNA链。

迄今为止已经在原核生物和真核生物细胞中确定了许多DNA糖苷水解酶。例如，在DNA合成或某些条件下通过5-甲基胞嘧啶和胞嘧啶脱氨基生成的尿嘧啶碱基的切除修复就是由特异性的尿-糖苷水解酶加以识别和切除的，包括广泛存在于不同物种之中的TDG和UDG/UNG，以及高等真核生物特异的SMUG1以及MED1/MBD4DNA糖苷水解酶加以识别和切除（表8.2）。其中TDG和MED1还可以修复T/G错配对，这种修复可以避免在DNA合成之后出现AT

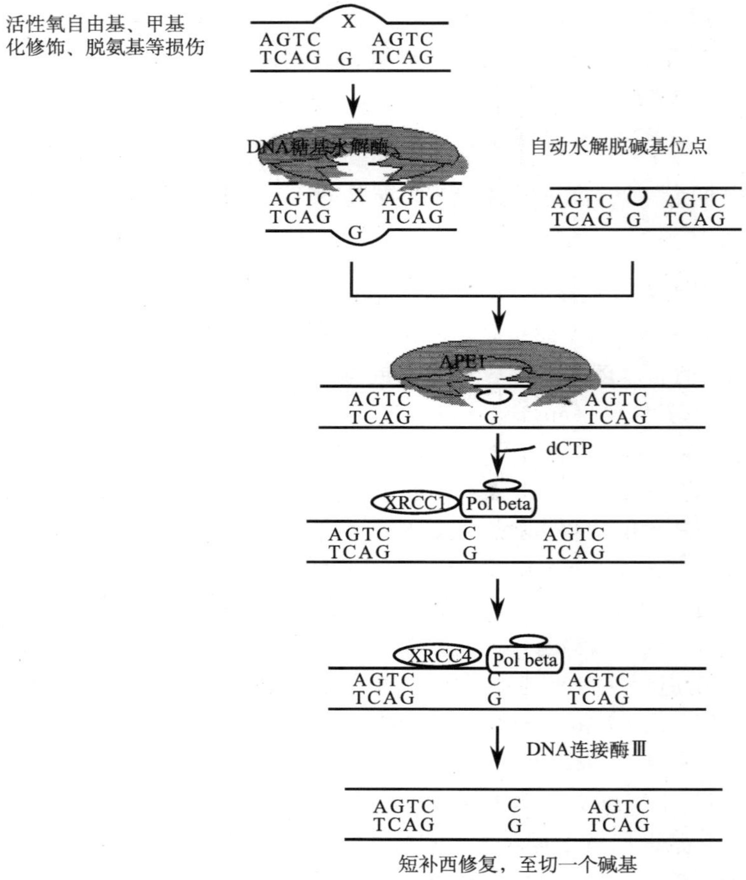

图 8.13　利用糖苷水解酶催化的碱基损伤或错配碱基的切除修复机制

到 CG 之间的转换突变。在哺乳类生物细胞中，MED1 识别的 T/G 错配对通常出现在 CpG 岛序列之中，而这样的 CpG 岛可以被甲基转移酶加以甲基化修饰。通过前面的介绍可知，CpG 岛的这种甲基化修饰是基因“表位遗传”控制的一种方式。因此，出现在 CpG 岛中的 T/G 或 U/G 错配对势必会影响基因的表达调节，MED1 对这些错配对碱基的切除是必要的。有研究表明，MED1 可以和参与 MMR 的 MLH1 蛋白相互作用，这暗示 BER 和 MMR 在某种方式上可能具有协同性。此外，真核生物由于经受离子辐射或正常情况下的氧化磷酸化，可以产生大量的活性氧自由基，可以生成 8-oxoG 和 8-oxoA，这些碱基氧化损伤也是通过碱基切除机制修复的。人类细胞中负责这些碱基氧化产物切除修复的产物由 *OGG1* 基因编码。大肠杆菌中的 MutY 对 A/G 错配对之中 A 碱基的切除是一个研究得比较多的例子。MutY 糖苷水解酶似乎对 A/G 错配对的修复效率要比

A/C错配对的修复效率高得多。真核生物细胞中的MutY被称为MYH，这个水解酶的底物特异性和大肠杆菌中的MutY类似，只是发现真核生物中的这个MYH可以和PCNA形成蛋白质复合体，因此，一种可能是它参与DNA复制过程中的碱基错配对的切除修复，从这个意义上讲，MYH可能起着一种“校对”的作用。与BER修复有关的一些糖基水解酶及其底物特异性可见表8.2。

表8.2　常见的DNA糖基水解酶的底物专一性和所生成的产物

DNA糖基水解酶	催化底物	产物
大肠杆菌基因		
尿-DNA糖基水解酶	尿嘧啶模板	尿嘧啶+脱嘌呤DNA
HmeU-DNA糖基水解酶	羟甲基尿嘧啶	羟甲基尿嘧啶+脱嘌呤DNA
5meC-DNA糖基水解酶	5-甲基胞嘧啶	5-甲基胞嘧啶+脱嘌呤DNA
HX-DNA糖基水解酶	次黄嘌呤	次黄嘌呤+脱嘌呤DNA
G·T-糖基水解酶	G·T错配对	胸腺嘧啶+脱嘌呤DNA
Vsr-糖基水解酶	T·G错配对	C到T；CG到TA
MutY-糖基水解酶	G·A错配对	腺嘌呤+脱嘌呤DNA
MutM-糖基水解酶	C·C错配对	胞嘧啶+脱嘧啶DNA
MutT-糖基水解酶	G·O错配对	3-甲基腺嘌呤+脱嘌呤DNA
3-meA-DNA糖基水解酶Ⅰ	A·O错配对	3-甲基腺嘌呤+脱嘌呤DNA
3-meA-DNA糖基水解酶Ⅱ	3-甲基腺嘌呤	7-甲基鸟嘌呤+脱嘌呤DNA
	3-甲基腺嘌呤	3-甲基鸟嘌呤+脱嘌呤DNA
	7-甲基鸟嘌呤	胸腺嘧啶二聚体+脱二嘧啶DNA
CPD-糖基水解酶	3-甲基鸟嘌呤	
ATE-拓扑异构酶	胸腺嘧啶二聚体	
	所有错配碱基对	
人类基因		
尿-DNA糖基水解酶		
UNG（位于12q23～q24.1）	尿嘧啶模板	尿嘧啶+脱嘌呤DNA
SMUG1（位于12q13.1～q14）	尿嘧啶模板	尿嘧啶+脱嘌呤DNA
MBD4（位于3q21～q22）	CpG序列中对应于G的U或T	
TDG（位于12q24.1）	和G错配的U/T/烯醇C	
OGG1（位于3p26.2）	和C错配的8-oxoG	
MYH（位于1p34.3～p32.1）	和8-oxoG错配的A	
NTH1（位于16p13.3～p13.2）	处于饱和环内的T	
MPG（位于16p11.3）	未知（待确定）	
NEIL1（位于15q22～24）	3-meA，次黄嘌呤等	
NEIL2（位于8p23）	类似NTH1；可以修复fapyA、5S、6R、Tg异构体以及8-oxoG	
NEIL3（位于4q34.2）	待确定	

（三）错配碱基对（mismatch repair）的修复

碱基错配对修复从所修复的碱基本质上应该属于一种特殊类型的 BER 修复。只是这条修复途径所需要修复的碱基是错配对，而并不一定是实质上的碱基损伤。碱基错配对修复机制普遍存在于所有的细胞生命体内，因此意味着该修复机制所承载的修复功能意义十分重大。但是，这条途径又会在不同的生物中表现出不同的工作方式，甚至可能同属于原核生物的大肠杆菌和芽孢杆菌细胞中的工作方式存在差异，特别是真核生物细胞中，碱基错配对修复又和原核生物大肠杆菌细胞内的工作方式。

1. 甲基化基因及其产物（DAM 基因及其产物）

在大肠杆菌中，复制起点大约在整个细胞周期中有 1/3 的时间呈现半甲基化状态，这可以有效地防止在一轮 DNA 复制完成之前，进行新一轮的 DNA 复制（见第七章）。同时，DNA 甲基化作用可以保证 DNA 合成的同步启动。通常情况下，DNA 甲基化修饰发生在 DNA 合成完成之后。因此在一定的时期，染色体 DNA 只有亲代链是甲基化的，而新合成的子链是非甲基化的。大肠杆菌中的 DAM 甲基转移酶能够把 S-腺苷蛋氨酸上的甲基转移到基因组中的 GATC 序列中的 A 碱基上，并通过这种办法标识亲代链和子链。

在前面我们介绍了 DNA 体内合成过程中会由于 DNA 上碱基的异构化导致在子代和亲代 DNA 链之间出现非沃森-克里克配对。由于通常情况下由碱基异构化造成的错配碱基对并不影响 DNA 的 B 型构象，所以它们很容易逃过“碱基选择”这个机制，被 DNA 聚合酶当成是正确的碱基对掺入 DNA 新生链中。之后，DNA 聚合酶的校对功能对之加以修正，但是一旦这些错配的碱基对逃过这种校正功能，那么就有可能形成 DNA 突变位点，影响 DNA 所负载的遗传信息的传递，在 DNA 的转录和翻译过程中出现错误，引发基因突变。为了避免这样的错配碱基对（或者说是非生物学意义的碱基对），在 DNA 复制过程中，甲基化和非甲基化的亲代 DNA 链和子代 DNA 链之间的可能错误配对，可以利用依赖甲基化指导的碱基错配系统进行复制后的校正。由于这一系统在修复过程中具有识别 DNA 甲基化状态的能力，通常是按照甲基化了的模板链信息改正新合成的子链，因此称为甲基化指导的错配碱基修复，或者甲基依赖的错配修复。甲基化指导的错配修复可以使 DNA 合成错误率降低 20～400 倍。

2. 大肠杆菌甲基化指导的错配碱基对的修复

大肠杆菌甲基化指导的错配碱基对修复需要 MutS 形成同源二聚体，在另外一个 MutL 同源二聚体的协助下与错配碱基对识别，形成 DNA-$MutS_2MutL_2$ 复合体。此过程需要 ATP 的帮助。但是，在这个反应中的 ATP 不促进 $MutS_2MutL_2$ 复合体在 DNA 上移动。$MutS_2MutL_2$ 复合体双向拉动 DNA 双链，

形成一个类似 Ω 环状的中间体，直到接近最近的“GATC”甲基化位点为止。

此时的 DNA 双链分别由亲代 DNA 单链和新合成的子代 DNA 链组成，其中亲代 DNA 链在 GATC 位点是甲基化的，而新合成的子链还没有被甲基化，MutH 内切核酸酶可以识别这样的序列，并切开没有被甲基化的子代 DNA 链。此后，解旋酶 UvrD 把两条链分开，分开的子链可以被 DNA 单链水解酶切除，然后通过 DNA 聚合酶Ⅲ重新合成。需要强调的是，大肠杆菌中甲基化指导的错配碱基切除修复机制中的甲基化依赖性是由 MutH 内切核酸酶的甲基识别决定的。

1）参与甲基化指导碱基错配对修复的组分

现已经发现，大肠杆菌甲基化指导的 DNA 碱基错配对修复机制所拥有的蛋白质组分在其他生物中具有保守性。在大肠杆菌中，与甲基化指导的错配碱基对修复成员是 Dam、MutS、MutL、MutH 等专用蛋白质和 3′→5′以及 5′→3′外切核酸酶和相应的 DNA 螺旋酶，如 UvrD 等。MutS、MutL 负责错配对碱基的识别，以及形成 DNA 蛋白质复合体。此外，就错配碱基对修复而言，DNA 聚合酶Ⅲ、SSB 以及 DNA 连接酶也算必需的组分（见 DNA 复制）。

（1）*mutS* 基因及其产物

大肠杆菌的 *mutS* 基因编码一个 97kDa 的多肽链。此多肽链含有一个核苷结合区，称为 WALKERA，它与错配碱基对的识别有关，在这个结构域中含有 ATP 水解酶活力，发生在这个区域内的突变一般都会影响它与错配对碱基的识别。在 ATP 存在时，WALKERA 叠成一个 ε 状的环状结构，此结构可能与修复反应过程形成 MutS 二聚体有关，它的晶体结构表明 MutS 蛋白质含有 5 个结构域，分别是结构域Ⅰ，和错配碱基对的识别有关；结构域Ⅱ，和二聚体的形成有关，所以结构域Ⅱ又被称为连接子结构域；核心结构域Ⅲ；“lever clamp”结构域Ⅳ；和 ATPase 有关的结构域Ⅴ。其中，DNA 分子被包裹在两个 MutS 单体形成的二聚体之内。二聚体的顶部和尾部彼此接触，中央区则形成一个空洞，这个空洞的具体功能并不明确，一种可能性是它可能参与 DNA 同源重组过程中的“编辑”活动。

两个 MutS 单体通过连接子结构域（connector domain）形成二聚体，在这个二聚体上有核心结构域（core domain）、ATPase 结构域和螺旋回转螺旋结构域。与 DNA 结合需要位于 N 端的错配对碱基识别结构域和一个 Clamp 结构域，但是只有 N 端的错配碱基对识别结构域与 DNA 中含有的错配对碱基进行识别（图 8.14）。ATPase 结构域又被称为第Ⅴ结构域，这个结构域中催化 ATP 水解的位点的氨基酸残基分别由两个单体提供，它们组成 6 个基序（motif）结构，负责一个 ATP 分子的催化。ADP 和 MutS 二聚体结合错配对碱基可以稳定二聚体和含有 DNA 所形成的复合体，而当 ATP 和 ADP 交换之后则可以使 MutS 从错配碱基对位点处解离。这种由 ADP 和 ATP 调节的 MutS 和错配对碱基的识别机制可能就是 MutS 工作的分子基础。现有 MutS 的工作模型有两种。一种认为 MutS 在 ATP 的存在下沿着 DNA 滑行，并寻找其中含有错配对碱基的 DNA 位点，这个模型被称为 MutS 转位模型（translocation model）；另一种则认为 MutS 和 DNA 上错配碱基对的识别和解离受 ADP 和 ATP 结合的调节，如上文所述，当 ADP 和 MutS 结构域Ⅴ结合时可以促进它和错配对碱基的结合，而 ATP 取代 ADP 和 MutS 结合则会使 MutS 和错配碱基对解离。这两种模型各有所长，但是由于转位模型是基于显微镜观察所得出的实验模型，因此它获得了比较广泛的接受。这个模型的详细情况将在下文进一步加以阐述。

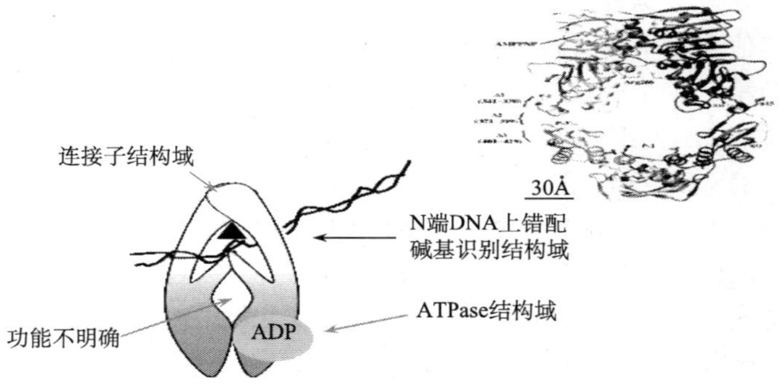

图 8. 14　MutS 二聚体组织结构

（2）*mutL* 基因及其产物

MutL 是一个分子质量约 70kDa 的蛋白质，和 MutS 类似，通常以二聚体的形式存在于溶液中。ATP 存在时，MutL 二聚体可以和两个 MutS 形成四聚体。在这个过程中，MutL 的构象可通过与 ATP 的结合及水解发生变化。同时，MutL 还同时和 MutH 以及 UvrD 进行蛋白质-蛋白质相互作用，形成多聚体。MutL 可以促进 MutS 和错配对碱基的亲合力（通常在 6 倍左右）。纯化后的 MutL 蛋白具有 ssDNA 和 dsDNA 结合活力。但这种作用一般被认为是修复过程非必需的。

（3）*mutH* 基因及其产物

mutH 基因编码一个和镁离子具有较弱亲合力的 28kDa 的多肽，具有依赖于 Mg^{2+} 的内切核酸酶活性。它的特异性底物 DNA 序列为单链或双链中非甲基化的 GATC 位点。它自身所拥有的内切核酸酶活性很弱，但可以在 ATP、MutL、MutS 存在下表现出最大的水解活力，可以特异地在 GATC 的 5′端进行水解。此外，该酶不能作用于完全甲基化的“GATC”序列。对于非甲基化的序列的水解，表现出两条链相同的水解活性。因此在甲基化相关的突变体中，它又可以造成 DNA 的双链断裂。总之，MutH 这种受甲基化调解的底物识别和水解机制是

甲基化指导的错配对碱基修复的分子基础。

在 DNA 复制过程中，错配碱基或小于 4 个核苷酸的环状结构可以被 MutS 二聚体识别。在此过程中，两分子的 MutL 和 MutS 二聚体所形成的四聚体可以促进识别反应的进行。ATP 分子在 MutH 和 GATC 序列的识别过程中不需要水解，只要结合就能促进 MutH 和 GATC 的结合。而 MutS 对 MutH 与 GATC 序列结合的促进作用需要 MutL 水解 ATP。

到目前为止，只在革兰氏阴性细菌中发现有 MutH 的同源蛋白质，暗示大肠杆菌中甲基化指导的错配对碱基的切除修复可能不是特别保守的一种修复方式，在其他生物细胞中，可能存在其他的类似于大肠杆菌甲基化指导的错配对碱基的修复模式。通过蛋白质序列同源性比较，MutH 蛋白和Ⅱ型限制性内切核酸酶表现出较大程度的相似性。

(4) 螺旋酶 UvrD

UvrD 又称螺旋酶Ⅱ，在大肠杆菌甲基化指导的错配对碱基切除修复过程中具有作用。其实这个螺旋酶也在大肠杆菌的核苷切除修复过程中起作用（见前文）。在 MMR 修复过程中，MutL 可以促进 UvrD 在被 MutH 切割的 DNA 位点的结合，然后从此开始打开 DNA 的双链。MutL 可以保证 UvrD 的识别，并且有助于它利用其 3′→5′的螺旋酶活性打开 DNA 双链。而在 NER 过程中，UvrD 的参与需要 UvrB 的协助。

2) 含有错配碱基的单链 DNA 的切除

当 MutH 切割的 GATC 位于错配对碱基的 5′端时，经切割和 UvrD 打开的单链 DNA 含有 5′端。在大肠杆菌中，这样的 5′端可以被外切核酸酶 *Exo* Ⅶ或 *Rec*J 切除；反之，如果切割的 GATC 位于错配碱基对的 3′端，则用外切核酸酶 *Exo* Ⅰ和 *Exo* Ⅹ进行切除。同时缺失上述 4 种外切核酸酶的大肠杆菌细胞丧失了 MMR 的修复能力，表现对紫外线敏感；而缺少 1～3 种外切核酸酶的突变体既不表现出突变率的增加，也不表现出对紫外线敏感的性状，这表明这些核酸酶之间具有互补性。同时也发现上述 4 种外切核酸酶突变体细胞表现出对低温的敏感性，而且对 2-嘌呤敏感。这些表型改变可以通过引入 mutS、mutL、mutH 或 uvrD 突变消除。值得注意的是，缺失 4 种外切核酸酶的大肠杆菌细胞表现出增加了致死率和染色体不稳定性。这可能就是这种多重突变体不增加突变率的可能原因。

3) 大肠杆菌细胞中的依赖甲基化指导的错配对碱基切除修复机制

当 DNA 在合成之中或之后出现碱基错配对时，2 分子的 MutS 在 ATP 的存在下和错配碱基对结合，这个过程中 2 分子的 MutL 蛋白可以促进 $MutS_2$ 和错配对碱基的识别，这种错配对碱基的识别不同于在第六章中介绍的 DNA 聚合酶Ⅰ的 3′和 5′校对活性和 DNA 聚合酶Ⅲ的 mutD（DnaQ）的校对功能。在 MMR

碱基错配对识别时，通常是由于DNA复制过程中出现了过量的碱基错配对，以至于DNA聚合酶Ⅲ的MutD校对已经饱和，大量的DNA错配逃脱了MutD的校对能力，就需要MMR加以校对。必须说明的是，由于目前尚不清楚MutS蛋白究竟是如何发现DNA复制之后的错配对的细节，因此在这里我们给出了DNA复制过程之中和DNA复制之后的MMR修复的两种情形。图8.15是一个典型的复制后修复过程。此时，MMR中的错配对碱基识别蛋白MutS以两个单体组成一个“祈祷手”的结构在2分子的MutL的协助下识别双链DNA区段中的碱基错配对（图中的错配对以T：G代表）。在这个过程中，MutL的作用被认为只是起着促进MutS和错配碱基对识别的作用。同时，MutL蛋白可能还和MutH蛋白发生类似的作用，把MutH召集到GATC位点。之后组成的修复复合体中的MutS二聚体在ATP分子的存在下（这里的ATP并不提供能量，而是起着修复分子的作用），通过移位作用把含有碱基错配对的区段“拉”成一个“Ω”样的修复中间体（图8.15），此时，MutH在尚未被甲基化修饰的GATC一侧切开新合成的单链DNA。之后，MutL把UvrD召集到MutH所制造的切口，接下来，UvrD和外切核酸酶一起把含有配错碱基的新链除去，形成的单链空缺由DNA聚合酶Ⅲ填充空缺。这个模型的问题是如何理解修复所产生的单链空缺需要使用DNA聚合酶Ⅲ，而不是像其他碱基切除修复和核苷切除修复那样使用其他的不参与基因组DNA复制的DNA聚合酶。这个现象可能暗示至少大肠杆菌等革兰氏阴性细菌细胞中的MMR更多地在DNA复制过程中发挥作用，而并不完全类似于其他的碱基切除修复那样和基因组DNA的复制没有必然的关系。

4）*胞嘧啶碱基错配对的修复问题*

大肠杆菌中的MMR对错配对中的碱基的识别具有构象要求。MMR一般只识不影响DNA双螺旋的B型构象的错配碱基对，而对两个胞嘧啶形成的碱基对只有很微弱的识别能力。C/C碱基对通常位于DNA B型双螺旋之外，因此，甲基化指导错配碱基修复系统不能修复C：C。最近发现，大肠杆菌基因组中的C：C碱基对的修复与MutM和核苷切除修复有关，而在裂殖酵母细胞中则似乎与CMB1和CMB2有关。

3. DCM甲基化依赖的切除修复

在大肠杆菌细胞中存在一种CCA/TGG序列可以被甲基化修饰。与这种DNA序列甲基化有关的甲基转移酶“DCM”。因为在GATC序列上甲基化修饰在A上进行，而CCA/TGG上的甲基化则是在第二个C上。有意思的是，DCM甲基化标志都被用于DNA修复。DCM甲基化切除修复是通过一个序列特异性的内切核酸酶Vsr（very short patch repair，Vsr）来进行的。当在“CCA/TGG”序列中出现T/G错配碱基对时，Vsr内切核酸酶可以在T/G中T碱基的

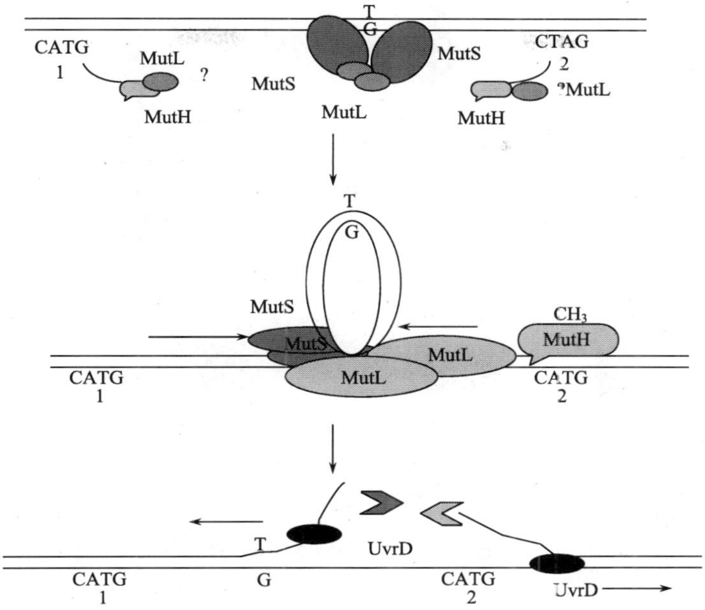

图 8.15　大肠杆菌细胞中甲基化指导的错配对碱基切除修复工作流线图

5′端制造一个缺口，并遵循 C∶G 配对的原则，利用 DNA 聚合酶Ⅰ和 DNA 连接酶使之矫正为 C∶G 碱基对。在这个过程中，MutL 蛋白可以协助 Vsr 和T/G 的结合。此时，MutL 的作用类似于它在 MMR 过程中的作用（图 8.16），从而启动 DCM 甲基化修复途径。从 Vsr 识别的错配对碱基的类型来看，似乎它更多的是防止 CCA/TGG 序列中的甲基化修饰之后的胞嘧啶通过脱氨基发生 C 到 T 的突变。一个有意思的解释是大肠杆菌利用 CCA/TGG 的甲基化修饰来达到某种“目的”，但是这种甲基化之后的胞嘧啶又容易发生脱氨基反应，并会因此引发 C 到 T 的突变，所以大肠杆菌细胞又使用 Vsr 修复机制来防止这种突变的发生。从本质上讲，Vsr 修复应该属于 BER 修复。但是 Vsr 识别错配对碱基的方式和 BER 很不同。与 BER 修复有关的糖苷水解酶和碱基结合之后可以造成该碱基的“翻转”（flipping），而 Vsr 却把 T/G 错配对当作一个碱基对一同识别。更有意思的是 Vsr 和 T/G 的识别过程可以得到 MutL 蛋白的协助，体现了细胞内不同的 DNA 修复机制之间的某种协同性。

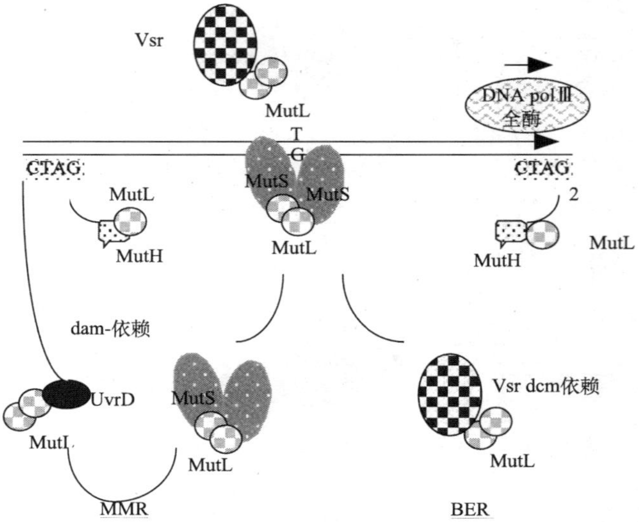

图 8.16　DAM 和 DCM 指导的碱基错配对修复的作用机制

4. 真核生物 DNA 复制和错配对碱基的修复

类似于大肠杆菌 DAM 甲基化指导的碱基错配对修复的蛋白质组分也存在于酵母菌［出芽酵母（*S. cerevisiae*）和裂殖酵母（*S. pombe*）］、线虫（*C. elegans*）、果蝇（*D. melanogaster*）、拟南芥（*A. thaliana*）和包括人在内的哺乳类生物细胞中。现在知道真核生物细胞中的类似于大肠杆菌中的 MutS 和 MutL 蛋白组分要更为复杂。目前已经在真核细胞中发现了与大肠杆菌 MutS 蛋白同源的蛋白质就至少有 6 种之多，命名为 MSH1～MSH6。其中，MSH2、MSH3、MSH6 等参与修复，而 MSH4 和 MSH5 并不参与 MMR，而是和减数分裂过程中的 DNA 重组及染色体分裂有关，具有减数分裂特异性。而与 MutL 同源的蛋白质也至少有 4 种，分别是 MLH1～MLH3 和 PMS1。它们之间的对应关系如表 8.3 所示。

表 8.3　大肠杆菌中和真核生物细胞中参与碱基错配修复的蛋白质组分

大肠杆菌	真核生物细胞
MutS	MSH2-MSH3、MSH1、MSH5、MSH2-MSH6、MSH4
MutL	MLH1-PMS1、MLH3、MLH2（酵母） PMS2（人）

真核生物细胞中的 MSH1、MSH2、MSH3、MSH4、MSH5、MSH6 和拟

南芥中的 MSH7 等蛋白质组分可以形成一系列的蛋白质复合体，包括 MSH2-MSH6、MSH2-MSH3、MSH2-MSH7（拟南芥）、MSH4-MSH5。其中，MSH2-MSH6 又被称为 MutSα，MSH2-MSH3 复合体则被称为 MutSβ。这两个蛋白质复合体负责识别 DNA 中的错配碱基和能够导致 I/D 突变的小于 8 个碱基的非配对结构。有证据表明，MSH2-MSH3、MSH2-MSH6 和拟南芥中的 MSH2-MSH7 复合体都能识别碱基错配，但只有 MSH2-MSH3 可以识别小于 8 个碱基的非配对 DNA 结构，而 MSH2-MSH6 不能；MSH4-MSH5 形成的蛋白质复合体和同源重组过程中的交叉的控制有关（图 8.17）。

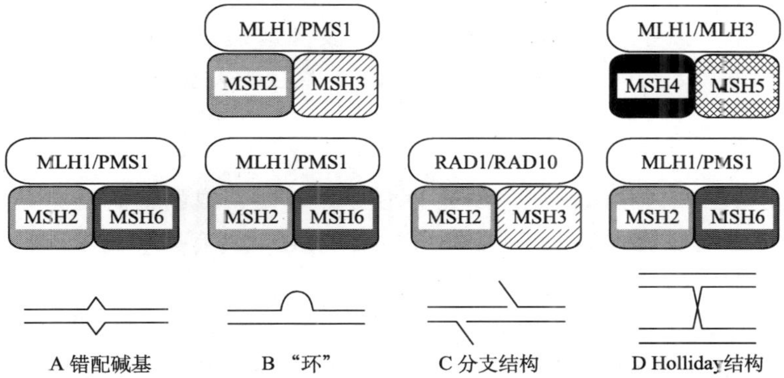

图 8.17　真核生物 MMR 蛋白的相互作用及底物识别类型

这些蛋白质复合体的形成是识别不同结构底物所必需的。与此类似，MLH1～MLH3和 PMS1（2）也可以分别形成蛋白质复合体。存在于大多数真核生物细胞中的 MLH1-PMS1 形成的蛋白质复合体称为 MutLα，MLH1-MLH3 形成的蛋白质复合体则相应被称为 MutLβ。此外，出芽酵母细胞中 MLH1-MLH2 也可以形成蛋白质复合体。人类细胞除含有 MutLα 和 MutLβ 蛋白质复合体之外，还含有 MLH1-PMS2 蛋白质复合体。

5. 真核生物细胞的碱基错配的分子机制

近几年的研究表明，真核生物细胞内的碱基错配修复的方式可能和大肠杆菌细胞内的甲基化指导错配碱基对修复方式表现出较大的差异。有报道表明，真核生物来源的 MutLα 可以像大肠杆菌 MutL 促进 MutS 与含有错配对 DNA 结合那样促进 MutSα 和 MutSβ 与各自识别的底物 DNA 进行结合。而且是 MutSα-MutLα-DNA 复合体，而不是 MutSβ-MutLβ-DNA 复合体需要依赖 ATP 的结合。同样，ATP 的结合也可以改变 MutLα 的构象。与此同时，也发现真核生物中 MutSα-MutLα-DNA 复合体要比大肠杆菌 MMR 过程中形成的 MutS-MutL-DNA 复合体要稳定得多。通过前文介绍可知，大肠杆菌中 MutS-MutL-DNA 可以受

ATP 促进其转位速度，而真核生物的 MutSα-MutLβ-DNA 复合体可能只是一个中间体，必须和其他蛋白质结合之后才能进行转位运动。除了 MutSα、MutSβ，以及 MutLα 和 MutLβ 之外，真核生物的 MMR 修复同时需要 PCNA、外切核酸酶 *Exo* Ⅰ（5′→3′核酸酶活性）、DNA 聚合酶 δ 和 ε 的 3′→5′外切核酸酶活性等组分。而且已经发现 PCNA 和 MSH3、MSH6 在靠近各自氨基端具有结合位点，但 MSH2 并不含有类似的结合位点。现在已经发现在 MMR 修复过程中，PCNA 可以把 MSH2-MSH6 蛋白质复合体转移到错配对部位，使之与欲修复的错配对碱基进行识别。因此，PCNA 在真核生物的 MMR 修复过程中可能既参与错配对碱基的识别、结合，又和其后的 DNA 空缺的填充合成有关。在人群中，这条修复途径缺陷可以导致遗传性结肠癌。最近发现这条修复机制中的 MSH2 基因表达水平低下和人类软组织瘤的低存活率也有直接的关系。

（四）切除修复的基本框架

无论是 NER、MMR，还是单纯的 BER，其所采取的策略具有某些共同的地方。这些修复手段的共性可见图 8.13，总结起来具有如下的特点：具有多样化的损伤识别蛋白组分。这些多样化的蛋白质可以识别不同类型的 DNA 损伤，如组成大肠杆菌甲基化指导的错配对碱基修复途径中的错配对碱基识别蛋白，它主要辨认那些不影响 DNA B 型构象的碱基错配对。而对 C∶C 这样可以引起 DNA B 型构象变化的错配碱基对的识别效率却很低。通常情况下，C∶C 碱基对的修复需要经过核苷切除修复途径，或者利用其他的碱基切除修复手段。这些 DNA 损伤切除修复的共有途径基本上是一致的，那就是通过一定的 DNA-蛋白质相互作用之后，产生单链 DNA 空隙，然后再利用细胞内参与 DNA 合成或修复合成中的 DNA 聚合酶，以另一条完整链为模板，重新合成不含错误的 DNA 互补链，最后在 DNA 连接酶的帮助下完成 DNA 损伤的修复。

五、重组修复

DNA 损伤的重组修复（recombinational repair）是存在于所有生物细胞中的一种十分重要的 DNA 修复机制，它主要参与修复 DNA 单链空缺和 DNA 双链断裂损伤，特别是 DNA 的双链断裂损伤，通常都会给生物造成致命的危害。鉴于这种 DNA 损伤修复的重要性，我们将在第九章和第十章中对有关内容加以详细介绍。在此我们只讨论一下重组修复对 DNA 单链缺口损伤的修复过程。也就是重组机制在 DNA 单链损伤情况下的作用机制。上述的切除修复在切除损伤段落后以原来正确的互补链为模板来合成一段新的 DNA 链。DNA 复制进行时发生 DNA 损伤，此时 DNA 两条链已经分开，其修复可用图 8.18 所示的 DNA 重组方式：①损伤的 DNA 链复制时，产生的子代 DNA 在损伤的对应部位出现缺口；②完整的另一条母链 DNA 与有缺口的子链 DNA 进行重组交换，将母链 DNA 上相应的片段填补子链缺口处，而母链 DNA 出现缺口；③以另一条子链 DNA 模板，经 DNA 聚合酶催化合成一新 DNA 片段填补母链 DNA 的缺口，最后由 DNA 连接酶加以连接。重组修复不能完全去除损伤，损伤的 DNA 段落仍然保留在亲代 DNA 链上，只是重组修复后合成的 DNA 分子是不带有损伤的，但经多次复制后，损伤就被“冲淡”了，在子代细胞中只有原来一个带有损伤的 DNA 分子（图 8.19）。

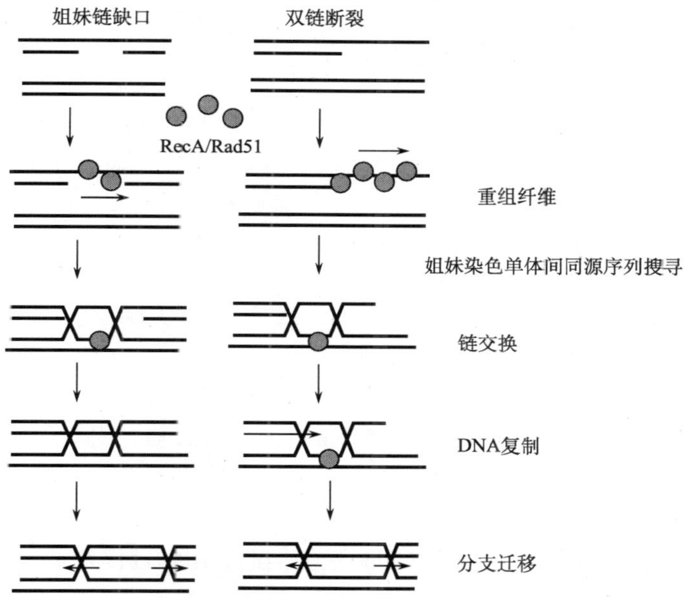

图 8.18　利用同源重组修复 DNA 单链缺刻和双链断裂

含有 TT 二聚体的 DNA 分子导致 DNA 合成的终止，出现单链 DNA 空隙，然后利用同源染色体（姐妹染色体单中的同源 DNA）序列进行 DNA 的重组修复。重组修复之后的 DNA 分子一条含有 TT 二聚体，而另一条则不含有 TT 二聚体，这样反复复制的结果就是含有 TT 二聚体的 DNA 链逐渐在子代中被“冲淡”，结果只有一个细胞带有 TT 二聚体。

六、DNA 修复途径之间的协同作用问题

现在越来越多的研究者相信，在细胞内各种各样的修复途径是相互协同的，如在大肠杆菌中发现，甲基化指导的错配对碱基的切除修复（MMR）和核苷切除修复（NER）的蛋白质组分在 DNA 转录偶联的核苷切除修复过程中是相互依

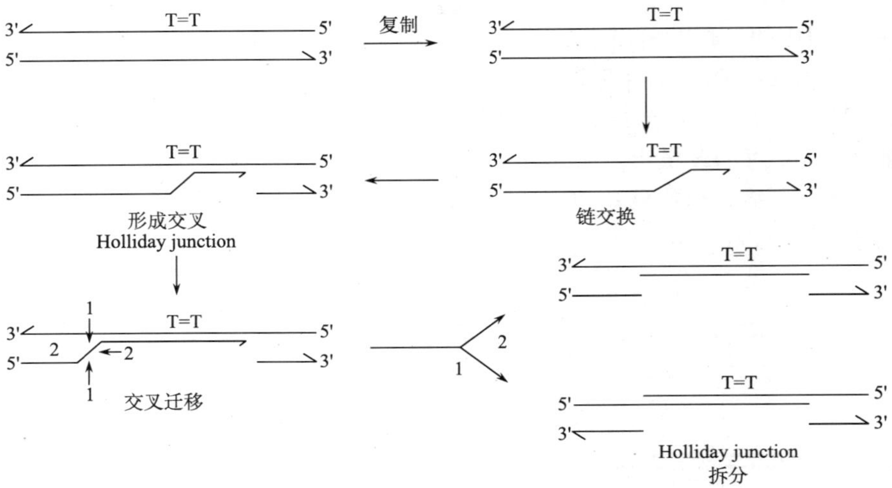

图 8.19　胸腺嘧啶二聚体导致的单链 DNA 空缺的重组修复示意图

赖的。不仅如此，在 UvrA 突变体中，紫外线诱导的 DNA 重组需要 MMR，同时也发现 MMR 和 NER 蛋白质组分在同源重组中具有一定的作用。事实上，MMR 和 NER 都可以识别多种类型的 DNA 非 B 构象。在 DNA 重组过程中的各个阶段都会出现一些可以被 MMR 或者 NER 识别的底物。因此，MMR 和 NER 在同源重组过程中的作用可以影响 DNA 重组的结果。这一过程通常被称为 MMR 和 NER 对同源重组的“编辑”。

现在一个明确的例子就是 MMR 可以改变同源重组的进行方向。它可以把一种交互（reciprocal）的重组变成非交互（nonreciprocal）的重组（基因转换）。不仅如此，MMR 还可以影响同源重组的频率，MMR 蛋白质组分可以在不同的反应步骤中对同源重组产生影响，而且这种影响普遍存在于原核和真核生物细胞中。进一步研究表明，MMR 对同源重组的影响主要体现在 DNA 分子之间形成联会复合体的早期和中期，在早期主要影响末端 DNA 在同源区侵入和 D 环的形成，而之后主要影响杂交分子之间所形成的交叉的迁移。而且这种影响在具有非配对碱基序列之间的重组中特别明显。有证据表明，MMR 突变体可以表现出增强了的同源重组频率。

在哺乳类和大肠杆菌细胞中都已经发现，MMR 突变体可不同程度地增加 UV 的敏感性。原因是 MMR 的某些蛋白质组分在 TCR 过程中是必需的。在大肠杆菌的 MMR 突变体中，除了表现为 MMR 缺陷表型之外，TCR 修复也随之丧失。同样的影响可以在人类细胞系的 hMLH1 或 hMSH2 突变体中见到，而且现在已经探测到在人类细胞内的 TCR 修复过程中，NER 和 MMR 蛋白质组分之间的直接相互作用。但有意思的是，这种依赖于 MMR 的 TCR 似乎在酵母中并不存在。

事实上酵母中的 NER 突变体可以因引入 *msh2* 基因突变增加对 UV 的敏感性。蛋白质相互作用研究表明，Msh2p 和 Rad1p、Rad10p（两种内切核酸酶）Rad2p、Rad3p、Rad14p、Rad25p（和其他功能有关）彼此相互作用。在同源重组过程中，有证据表明 Msh2p/Msh3p 和 Rad1p/Rad10p 参与重组中间体的单链 DNA 复性过程。同时，Msh2p/Msh3p 和 Rad1p/Rad10p 又可以阻止"准同源"DNA 之间的重组。

(一) DNA 复制和 DNA 损伤修复的协调

DNA 复制和 DNA 损伤修复之间的协调关系是一个颇令人感兴趣的问题。因为基因组中的 DNA 损伤并不尽是由 DNA 的复制错误而引起的，它可以在 DNA 复制的前后发生。细胞所处的环境中，以及细胞在代谢过程中产生的一些物质可以导致 DNA 损伤。这里以紫外线辐射所造成的嘧啶二聚体为例对 DNA 复制和 DNA 损伤修复的协调关系加以简单介绍。紫外线可以导致 DNA 上出现嘧啶二聚体，而这些嘧啶二聚体并不会总被全部修复。造成这种情况的原因可能与基因组过于庞大，负责修复这些嘧啶二聚体的 GGR（见前文）不能及时发现它们有关。因此，DNA 复制会时常遇到这些可以引起 DNA 复制中断的未被修复的嘧啶二聚体。当这样的情况出现之后，DNA 复制被终止，终止之后的 DNA 复制叉中前导链和后随链上新合成出的子链之间可以发生回转，并在终止的复制叉的部位形成一个"鸡爪"（chicken foot）样结构（图 8.20）。这种结构由于和同源重组过程中出现的 Holliday 交叉很相似，因此能够被负责其拆分的螺旋酶识别（RuvA B、RecG 等）。这些螺旋酶可以进一步促进两条新合成的 DNA 子链的回转，并使原先的亲代模板链重新复性成双链状态。这种作用可以把嘧啶二聚体重新带回到双链 DNA 中，之后被核苷切除修复机制修复，随后 DNA 复制继续进行下去（图 8.20）。这个过程体现了 DNA 复制和 DNA 损伤修复的协调策略。

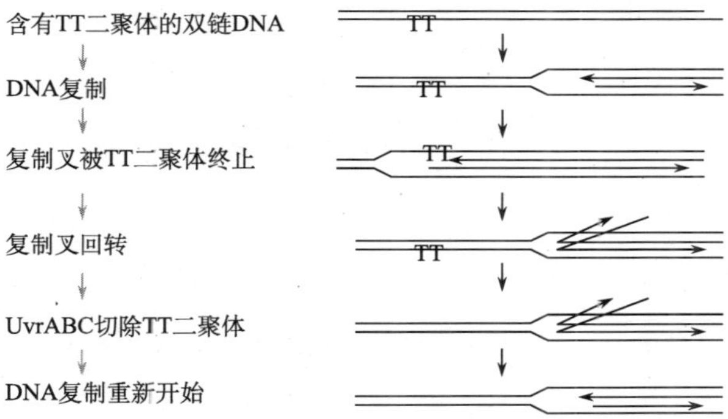

图 8.20　DNA 损伤修复和 DNA 复制的相互协调

（二）SOS 应答

1. 原核生物细胞的 SOS 应答

准确地说，所谓的 SOS 修复应该包括两个过程，一个是 SOS 反应（SOS-reponse），另一个是 SOS 诱导的 DNA 合成（SOS-mutagenesis）。在 DNA 损伤修复手段中，SOS 修复是位于细胞死亡（凋亡）之前的最后“挣扎”。这个修复的启动意味着细胞内的 DNA 损伤已经到了“生死存亡”的时候，已经不能被任何一条修复途径单独或协同对细胞内的 DNA 损伤加以修复了。通过总结大肠杆菌细胞 SOS 反应的不同时期确实可以发现这样的规律（图 8.21），从图 8.21 中可以看出，一个大肠杆菌细胞的 SOS 反应可以被分为 5 个阶段，也就是细胞不出现 SOS 应答的时候的 0 期和随着 SOS 反应程度不断加深的 1、2、3、4 期。从 1 期所诱导的修复蛋白组分上来看主要是参与核苷切除修复的（NER）；而在 0 期出现的修复蛋白质组分则主要是和甲基化指导的错配对碱基切除修复有关的 MMR 蛋白。这种情况表明，NER 所修复的 DNA 损伤比 MMR 修复的碱基错配对对细胞内 DNA 的忠实性的影响来得严重。而到了 SOS 反应的第 2 期，则出现了同源重组修复有关的蛋白质组分，而且这些组分似乎主要是针对 DNA 双链断裂的修复。而跨过这个时期的第 3 期，细胞所需要通过 SOS 诱导的修复手段就只有 SOS 诱导的 DNA 合成了。

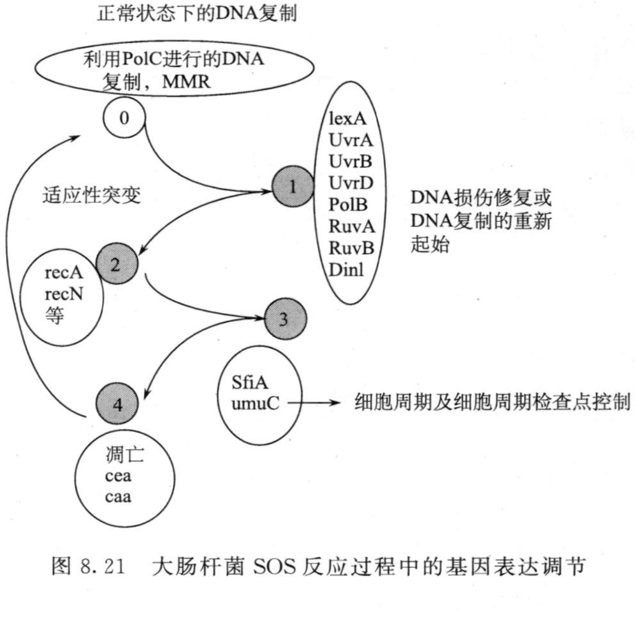

图 8.21 大肠杆菌 SOS 反应过程中的基因表达调节

从 SOS 反应的第三个阶段开始，细胞中出现的 DNA 损伤程度已经越过了 DNA 复制过程中的修复机制，也越过了碱基切除修复和 DNA 的同源重组修复机制（图 8.21 中的“0～2”期）。一旦 SOS 修复失败，细胞就不得已启动“自杀”机制，导致整个细胞的死亡。

从上述分析可见，所谓的 SOS 修复主要是指 SOS 诱导的 DNA 合成，这就是通常讲的 DNA 跨缺刻复制（SOS mutagenesis 或 translesion synthesis）方式。这种 DNA 损伤的修复结果只是能维持基因组的完整性，提高细胞的生成率，但通常都会出现比较多的 DNA 错误，故又称为错误倾向修复（error prone repair）。使细胞有较高的突变率。当 DNA 两条链的损伤邻近时，损伤不能被切除修复或重组修复，这时内切核酸酶、外切核酸酶的作用造成损伤处的 DNA 链空缺，再由损伤诱导产生一整套的特殊 DNA 聚合酶——SOS 修复酶类，催化空缺部位 DNA 的合成，这时补上去的核苷酸几乎是随机的，仍然保持了 DNA 双链的完整性，使细胞得以生存。但这种修复带给细胞很高的突变率。

2. 真核生物逆境条件下的反应

现在已经发现，如同原核生物细胞那样，真核生物细胞中也存在着一种类似的 SOS 反应机制。真核细胞基因组中有不少于 40 种基因的表达受环境因素的影响。在逆境情况下，这些基因可以被启动表达，然后进一步参与 DNA 损伤的修复、细胞周期控制以及细胞凋亡控制等有关的一系列过程（表 8.4）。实际上，真核生物细胞中的这种逆境应答极其类似于原核生物的 SOS 应答反应，而且从反应范围和作用方式上来看，要比原核生物的 SOS 应答复杂。首先，在真核生物细胞中存在着一个属于 PI3 家族的逆境信号识别家族，包括 ATM、ATR 和 DNA-PK 等。这些蛋白质可以感知、识别能够威胁到基因组稳定的内源和外源信号，如 DNA 的单链和双链断裂、离子辐射、紫外线辐射、活性氧游离基等，并经过一系列的传导途径启动有关基因的表达。如图 8.22 所示，DNA 损伤可以被 ATR、P53 以及 Rad3 等蛋白质感知，ATR 可以进一步把这种 DNA 损伤信号经 RFC2-5 传给 Rad9，然后经 Chk1 活化 Cdc25，Cdc25 转而对细胞周期素依赖的蛋白质激酶进行水解，并以此抑制细胞周期。与此同时，p53 也可以通过活化细胞周期抑制蛋白 p21 等抑制细胞周期依赖的蛋白质激酶，从而抑制细胞周期的运行。不只如此，p53 还可以控制不下 20 种的基因的转录控制，这些基因产物或者参与细胞凋亡途径，包括 PUMA、NOXA、SCOTIN、PIDD、PERP、Fas、DR5、Bax、P53AIP 等；或者参与 DNA 的损伤修复，包括 P53R2、GADD45、P21CIP1、14-3-3 等；或者与细胞的生长繁殖密切相关，包括细胞周期素 G、PCNA、IGFBP-3、MCK、蛋白质激酶 C、TGF-α、p53 自身以及原癌基因 C-fos、C-Jun、C-Myc 等。现在已经把真核生物细胞中这种针对逆境环境所做出的应答反应网络看作 SOS 样应答。在此需要指出的是，与原核生物 SOS 跨缺刻DNA合成的DNA聚合酶（如大肠杆菌细胞中的DNA聚合酶Ⅳ和Ⅴ等）的转录是受SOS应答调节控制的。但是目前尚不知道真核生物中参与跨缺刻DNA复制的Y类DNA聚合酶的转录是否也受SOS样模式调节控制。这是一个值得研究的问题。

表 8.4　SOS 反应在其他生物体系中的研究概论

哺乳类（人）	酵母	功能
ATM	Tel1P（*S. cerevisiae*）	核内磷酸激酶 蛋白激酶
ATR	rad3p（*S. pomb*） esr1/mec1（*S. cerevisiae*）	核内磷酸激酶 蛋白激酶
FRAP	Tor1p（*S. cerevisiae*） Tor2p（*S. cerevisiae*）	催化亚基
DNA-PKC3 KU70	Hdf1p/ku70（*S. cerevisiae*）	和DNA-PK结合，与K形成复合体
KU86	ku80（*S. cerevisiae*）	和DNA-PK结合，与K形成复合体

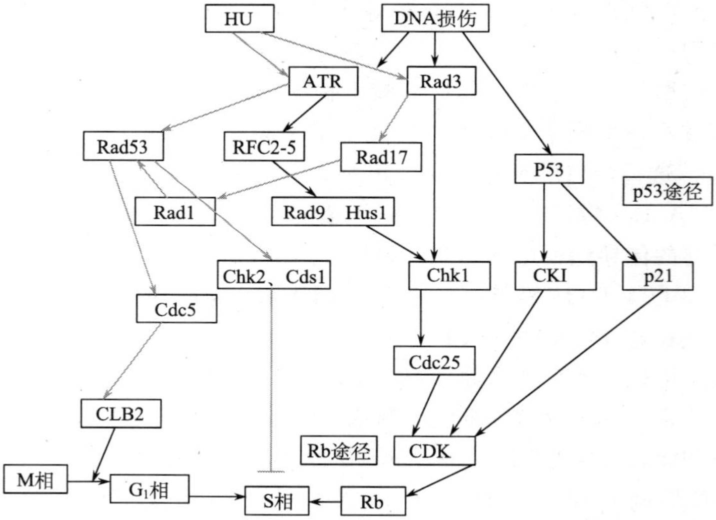

图 8.22　真核生物逆境条件下的反应

七、DNA 修复过程与染色体结构变化

（一）核小体结构和 DNA 损伤

和原核生物不同的是，真核生物的 DNA 以染色体的形式存在于细胞核内。现在已经知道，染色体的形成和真核生物 DNA 的复制是同时进行的，也就是说，在 DNA 合成过程中，组蛋白也同时合成，并借染色体组装因子的协助与新合成出的 DNA 分子形成核小体（见第五章）。核小体可以进一步折叠形成染色体。因此，真核生物 DNA 修复可以在两个时期进行。一个是在核小体的水平上进行修复，另一个是在染色体的水平上进行修复。可想而知，核小体结构可能会对某些 DNA 损伤的形成乃至这些 DNA 损伤的最终修复具有影响。研究表明，核小体结构对细胞中存在的不同类型的 DNA 损伤修复具有不同的影响。一些并不复杂的 DNA 损伤修复过程可能并不需要改变核小体的结构。例如，DNA 单链断裂的连接修复就不需要改变 DNA 和组蛋白八聚体的结合。不仅如此，在这类 DNA 单链连接修复过程中，DNA 和组蛋白的结合可能还会促进修复的效率。但是核小体的组织形式确实对 NER 修复具有明确的影响，处于核小体形式的 DNA 上出现的损伤不容易被 NER 途径中的蛋白质组分所接近和识别，因此导致 NER 很难修复所出现的 DNA 损伤。类似的影响也见于真核细胞中对 DNA 双链断裂损伤的修复过程和碱基错配的修复过程。

（二）在核小体水平上的 DNA 修复

在第五章中介绍了核小体的结构和组装过程。在此需要介绍的是核小体在 DNA 修复过程中的重新配置（remodeling）。研究发现，核小体结构可以限制某些 DNA 结合因子和其中的 DNA 结合位点的识别和结合。而位于核小体中的 DNA 又是高度弯曲的，约有 150bp 以 1.75 圈缠绕在核小体八聚体上。尽管这样的核小体结构中的 DNA 分子并不难被小分子物质接触到，但是，对于那些大分子或者大分子聚合体而言却很难能够触及核小体中的 DNA 分子。因此，当核小体中的 DNA 分子因紫外辐射、离子辐射以及某些化学和生物来源的 DNA 损伤因素而导致 DNA 损伤时，就会出现一个问题，那就是那些参与 DNA 损伤的蛋白质是如何和那些待修复的 DNA 损伤进行识别的呢？研究发现，某些类型的 DNA 损伤主要发生在核小体之间的 DNA 连接区，如电离辐射、交联剂等引起的 DNA 损伤。而有些则可以导致连接区和缠绕在组蛋白八聚体上的 DNA 的随机损伤。这一类主要有紫外线辐射、小分子的甲基化试剂，如 DMS 和 MMS 等。这些 DNA 损伤可以不同程度地影响核小体的结构，包括核小体分布的均一性受到破坏，引起核小体的不均匀分布，出现核小体“拥挤”或“疏离”；改变组蛋

白和 DNA 的结合等（图 8.23）。

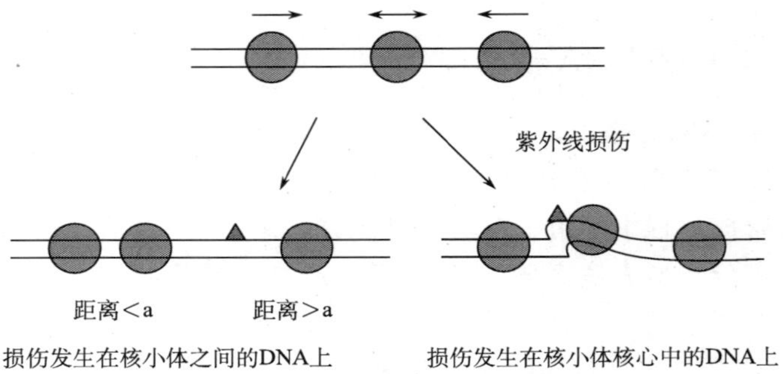

图 8.23　紫外线对 DNA 的损伤对核小体空间布局的影响

这些结构的变化可以进一步导致核小体以上染色体结构的改变，其中最常见的是染色体的“解压缩”（decondensation）。这种变化可以很容易地通过光学显微镜观察到。值得指出是，这种染色体的解压缩现象的本质并不十分清楚，有一种观点认为它是 DNA 损伤的结果，而另一种观点则认为，这种解压缩是 DNA 修复的结果。

DNA 损伤的修复效果与一种 DNA 损伤所在的部位关系很大。同一类型的 DNA 损伤，如紫外辐射形成的 6，4-胸腺嘧啶二聚体和环腺嘧啶二聚体，如果它们分布在核小体之间的连接区，则可以得到比较高效的修复。而如果分布于核心区，那么需要较长的时间才能得到修复，而且修复效率通常很低。研究发现，出现这种差别的原因在于参与修复的蛋白质识别 DNA 损伤的能力和效率可以因损伤出现的部位不同而不同。处于核小体核心区的 DNA 损伤比较难于被 DNA 损伤修复蛋白识别。类似的识别问题也会出现在转录活跃的基因区和不表达的基因区之间。这就是所谓的细胞是如何调节染色质的构象以便 DNA 修复蛋白和 DNA 损伤的接近和识别。以核苷切除修复为例（NER），NER 途径对 DNA 上出现的较大的 DNA 损伤具有修复能力，在研究哺乳类生物细胞 NER 的切除修复过程时发现，紫外处理之后的 NER 途径中的核酸酶及蛋白质和 DNA 的接触是一个受调节的过程。体外研究表明，与 NER 起始有关的 XPA、RPA 和 XPC-hHR23B 并不能有效地和位于两个核小体之间的 DNA6，4-光产物识别，但能够有效地识别位于裸露 DNA 上的 6，4-光产物，两者之间的差别可以有 5 倍之多。这表明核小体确实对 NER 识别其中 DNA 所携带的 DNA 损伤具有抑制作用。进一步研究发现，XPA、RPA 和 XPC-hHR23B 与位于核小体中的 DNA 损伤的有效识别需要与染色质重新调整，以及组蛋白修饰相关的蛋白因子的参与。其中一种属于依赖 ATP 分子的 SNF2 家族中的核小体重新调整因子 ACF（参见第五章），可以促进 XPA、RPA 和 XPC-hHR23B 的识别。ACF 蛋白质复合体可以催化核小体的运动，解除核小体对 NER 途径中蛋白质组分识别 DNA 损伤的抑制作用。同样，这种 SNF2 家族的核小体重新调整因子还可以参与转录过程中的 NER 过程（transcription coupled repair，TCR）。原先以为在转录过程中的核苷切除修复可能已经不再需要进一步对染色质结构进行重新调节，因为在转录开始的时候这个过程就已经实现了。但是对于 Cockayne 综合征患者细胞中的 CSB 蛋白的研究发现，它具有进一步对欲修复位置的染色质结构具有再调整的作用，而 CSB 本质上也是 SNF2 家族中的成员之一。最近又发现 CSB 蛋白可以在体外影响核小体纤维的水解位置，从而证实了 CSB 蛋白具有重新调整核小体构象的能力。此外，一些和核小体中组蛋白的共价修饰有关的酶及结合蛋白，如组蛋白 H3 乙酰基转移酶、组蛋白乙酰基转移酶 hGCN5、p300 组蛋白乙酰转移酶，以及 CREB 结合蛋白都可以和 XPE 中的一个小亚基 DDB 发生相互作用。同时也发现人类细胞中的 STAGA 复合体（SPT3-TAFⅡ31-GCN5L 乙酰化酶）也可以和 DDB 中的大亚基发生相互作用。根据这些发现可以推测，可能乙酰基转移酶和 DDB 之间的相互作用是细胞调节出现损伤的 DNA 位点染色质构象的重要手段之一。应该指出的是，除了上述参与核小体中组蛋白的共价修饰有关的酶及结合蛋白之外，还发现 PCNA、p53 可以和组蛋白乙酰转移酶（HAT）p300 形成蛋白质复合体，而且可以促进 p300 和染色体的结合，促进组蛋白的乙酰化。这个过程可能还需要参与核小体重新分布的蛋白质复合体的协助。

此外，有研究表明，HMGN 蛋白（原先又被称为 HMG-14/17，见第五章）等也参与 DNA 损伤修复过程中的染色质构象的重新调整过程。现在知道，当 DNA 损伤被修复之后，原先的染色质结构需要重新形成。有迹象表明，这种核小体结构的再形成可能与 CAF-1 的作用有关系。在第五章中我们已经介绍了核小体在 DNA 合成过程中的从头形成过程，它和在这里所介绍的核小体在 DNA 损伤修复之后的重新形成是不完全相同的。从前面的介绍可知，CAF-1 可以和 PCNA 发生直接相互作用，而且在紫外线所导致的 DNA 损伤修复过程中也发现了这样的相互作用。因此，CAF-1 和 PCNA 在修复之后的 DNA 位点可能发挥和 DNA 合成过程中核小体从头合成大致相似的作用。在这个过程中，CAF-1 可以和已经乙酰化修饰的组蛋白 H3 和 H4 作用，使这些组蛋白重新和经过修复之后的 DNA 形成核小体结构。之后，这些被乙酰化修饰的组蛋白之中的乙酰基旋即被去除。

类似于核小体或染色质结构对 NER 修复的影响可能也存在于错配碱基对的切除修复和 DNA 双链断裂损伤的同源重组修复过程中。有来自对酵母 MMR 的研究表明，在 MMR 修复过程中，RAD5 和 RAD6 基因产物对这条 DNA 修复途径具有促进作用。RAD6 可以对组蛋白进行泛酸化修饰，参与端粒 DNA 的沉默。而 RAD5 则是一个属于 SNF2 家族的 ATP 依赖的染色质重新调整因子。这种情况表明可能类似于 NER 过程中的核小体的重新调整也存在于 MMR 修复过程中。同样也发现在 DNA 双链断裂的同源重组修复和非同源末端连接修复过程中，H2AX 磷酸修饰是先于 DNA 双链断裂损伤修复的必需步骤。这可能表明在这条修复途径中也存在着核小体和染色质的重新调整问题。与此相一致的是，现在已经发现一种被定名为 TIP60 的多亚基蛋白质复合体具有明确的螺旋酶活性和乙酰基转移酶活性。有意思的是，在 TIP60 蛋白质复合体内的两个亚基具有和 RuvB 类似的活性（RuvB，见第九章同源重组）。更重要的是缺失了乙酰基转移酶的 TIP60（TBP interacting protein）突变体严重影响 HeLa 细胞中 DNA 双链断裂损伤的修复能力。而且同时使这样的 HeLa 细胞失去启动细胞凋亡的能力（癌细胞的永生）。类似于 TIP60 的多亚基蛋白质复合体也发现于果蝇中。有研究表明，在这个过程中，除了需要 CAF-1 之外，酵母中的一种能够和 CAF-1 一起作用的蛋白质 ASF1 可能也参与这个过程。总之，到目前为止我们尚不清楚这个过程是如何进行的。

DNA 在损伤之后构象发生改变，这会影响到其与核小体中组蛋白的结合能力，导致组蛋白和 DNA 脱离，或者出现构象变化，这种发生在核小体水平上的改变会影响修复蛋白和损伤 DNA 的接触能力，并最终影响这些 DNA 损伤的修复效率。通常的情况是，细胞在修复蛋白和 DNA 损伤识别之前要涉及核小体的重新调整（remodeling）。图 8.24 给出了在 NER 和 HRR 修复过程中所涉及的一些能够对核小体布局进行调整的蛋白质组分，但到目前为止，这些过程的详细分子机制尚不十分清楚。

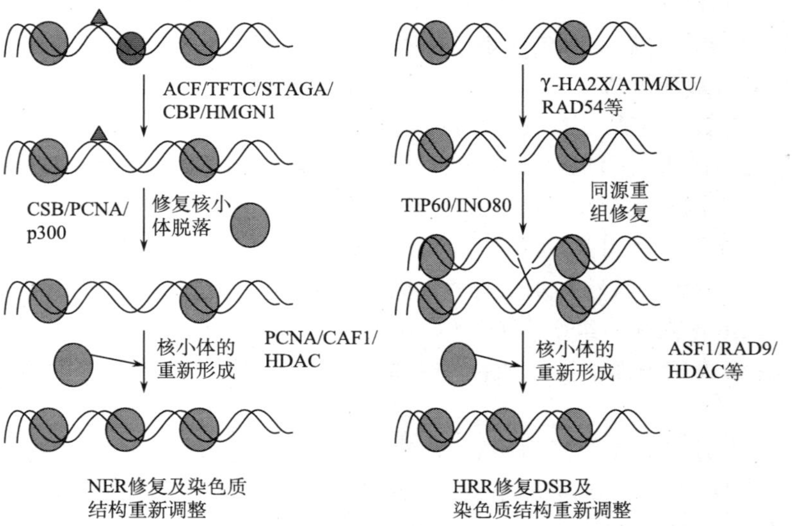

图 8.24　DNA 损伤修复过程中核小体的重新分布

主要参考文献

潘学峰．2004. 基因的自身维护与疾病的发生．北京：科学出版社，403

Arai T，Kelly V P，Komoro K et al. 2003. Cell proliferation in liver of Mmh/Ogg1-deficient mice enhances mutation frequency because of the presence of 8-hydroxyguanine in DNA. Cancer Res，63：4287～4292

Barnes D E，Lindahl T. 2004. Repair and genetic consequences of endogenous DNA base damage in mammalian cells. Annu Rev Genet，38：445～476

Birrell G W，Giaever G，Chu A M et al. 2001. A genome-wide screen in *Saccharomyces cerevisiae* for genes affecting UV radiation sensitivity. Proc Natl Acad Sci USA，98：12608～12613

Brent R，Ptashne M. 1981. Mechanism of action of the lexA gene product. Proc Natl Acad Sci USA，78：4204～4208

Courcelle J，Khodursky A，Peter B et al. 2001. Comparative gene expression profiles following UV exposure in wild type and SOS deficient *Escherichia coli*. Genetics，158：41～64

Delmas S，Matic I. 2006. Interplay between replication and recombination in *Escherichia coli*：impact of the alternative DNA polymerases. PNAS，103：4564～4569

Elledge S J，Walker G C. 1983. Proteins required for ultraviolet light and chemical mutagenesis. Identification of the products of the umuC locus of *Escherichia coli*. J Mol Biol，164（2）：175～192

Fry R C，Begley T J，Samson L D. 2005. Genome-wide responses to DNA-damaging agents. Annu Rev Microbiol，59：357～377

Goosen N，Moolenaar G F. 2008. Repair of UV damage in bacteria. DNA Repair（Amst），7（3）：353～379

Harrison J，Haber J E. 2006. Surviving the break up：the DNA damage checkpoint. Annu Rev Genet，40：209～235

Kalluri S R. 2007. Mechanisms of disease：DNA repair defects and neurological disease. Nature，3（4）：162～172

Kao Y T，Saxena C，Wang L et al. 2005. Direct observation of thymine dimer repair in DNA by photolyase. Proc Natl Acad Sci USA，102（45）：16128～16132

Kenyon C J，Walker G C. 1980. DNA-damaging agents stimulate gene expression at specific loci in *Escherichia coli*. Proc Natl Acad Sci USA，77：2819～2823

Lau P J，Kolodner R D. 2003. Transfer of the MSH2. MSH6 complex from proliferating cell nuclear antigen to mispaired bases in DNA. J Biol Chem，278（1）：14～17

Lindahl T，Karran P，Wood R D. 1999. DNA excision repair pathways. Curr Opin Genet Dev，7：158～169

López de Saro F J，Marinus M G，Modrich P et al. 2006. The sliding clamp binds to multiple sites within MutL and MutS. J Biol Chem，281：14340～14349

Maul R W，Sutton M D. 2005. Roles of the escherichia coli RecA protein and the global SOS response in effecting DNA polymerase selection *in vivo*. J Bacteriol，187（22）：7607～7618

McEachern M J，Haber J E. 2006. Break-Induced replication and recombinational telomere elongation in yeast. Annu Rev Biochem，75：111～135

Medvedev D，Stuchebrukhov A A. 2001. DNA repair mechanism by photolyase：electron transfer path from the photolyase catalytic cofactor FADH（-）to DNA thymine dimer. J Theor Biol，210（2）：237～248

Moolenaar G F，Moorman C，Goosen N. 2000. Role of the *Escherichia coli* nucleotide excision repair proteins in DNA replication. J Bacteriol，182：5706～5714

O'Neil L L, Grossfield A, Wiest O. 2007. Base flipping of the thymine dimer in duplex DNA. J Phys Chem B, 111 (40): 11843～11849

Prytkova T R, Beratan D N, Skourtis S S. 2007. Photo selected electron transfer pathways in DNA photolyase. Proc Natl Acad Sci USA, 104 (3): 802～807

Qiu J F, Pan X. 2008. The linkage of DNA replication, repair and recombination in *E. coli*. Progr Biochem and Biophy, 35 (7): 751～756

Radman M. 1975. SOS repair hypothesis: phenomenology of an inducible DNA repair which is accompanied by mutagenesis. Basic Life Sci, 5A: 355～367

Schlacher K, Cox M M, Woodgate R et al. 2006. RecA acts in trans to allow replication of damaged DNA by DNA polymerase V. Nature, 442 (7105): 883～887

Schul W, Jans J, Rijksen Y M A et al. 2002. Horst Enhanced repair of cyclobutane pyrimidine dimers and improved UV resistance in photolyase transgenic mice. The EMBO Journal, 21: 4719～4729

Song Q H, Tang W J, Ji X B et al. 2007. Do photolyases need to provide considerable activation energy for the splitting of cyclobutane pyrimidine dimer radical anions? Chemistry, 13 (27): 7762～7770

Sutton M D, Walker G C. 2001. Managing DNA polymerases: coordinating DNA replication, DNA repair, and DNA recombination. Proc Natl Acad Sci USA, 98: 8342～8349

Su T T. 2006. Cellular responses to DNA damage: one signal , multiple choices annu. Rev Genet, 40: 187～208

Szostak J W, Orr-Weaver T L, Rothstein R J et al. 1983. The double-strand-break repair model for recombination. Cell, 33: 25～35

Witkin E M. 1975. Elevated mutability of polA derivatives of *Escherichia coli* B/r at sublethal doses of ultraviolet light: evidence for an inducible error-prone repair system ("SOS repair") and its anomalous expression in these strains. Genetics, 79 (Suppl.): 199～213

Yamamoto A, Hirouchi T, Mori T et al. 2007. Biochemical and biological properties of DNA photolyases derived from ultraviolet-sensitive rice cultivars. Genes Genet Syst, 82 (4): 311～319

第五篇 DNA 重组及重排

第九章 同源重组

一、同源重组概论

同源重组（homologous recombination）是指发生在具有“同源性”的 DNA 序列之间的重新组合。同源重组过程中的“同源性”有别于分子生物学其他领域中的“不同程度的同源性”，如生物信息领域常见的“同源性比较”或进化学上的“保守性”分析等。同源重组过程中的同源性是特指重组 DNA 之间的“相同性”。因此，同源重组过程中的“同源性”实际上强调的是能够发生同源重组 DNA 序列之间的“一致性”。在 1965 年，Clark 和 Margulies 利用化学诱变剂处理大肠杆菌细胞，首次获得了一些丧失高频转导能力（conjugation）的 F′细菌。其中，所获突变体和野生型细菌比较，其重组能力降低了 5 万多倍。随后，对这些突变体进行基因定位发现了首个与同源重组有关的基因——*recA*，其中的 *rec* 是英文“recombination”的前三个字母，*A* 则指该基因是第一个与同源重组有关的基因。*recA* 基因的发现促进了同源重组分子机制的深入研究。此后，运用类似的细菌遗传学突变技术，在大肠杆菌中又先后发现了 20 个以上的与同源重组过程有关的基因，包括 *recA*、*recB*、*recC*、*recD*、*recE*、*recF*、*recG*、*recJ*、*recN*、*recO*、*recQ*、*recR*、*recT*、*ruvA*、*ruvB*、*ruvC*、*sbcC*、*sbcD*、*ssb*、*sbcB*、*sbcA* 等（表 9.1a）。与此同时，在酵母 *S. cerevisiae*、人类细胞系等真核生物细胞基因组中也相继发现有关同源重组基因，包括 rad*50*、rad*51*、rad*52*、rad*53*、rad*54*、rad*55*、radD*56*、rad*57*、mre*11*、xrs*2*（酵母细胞）或 nbs1（人类组胞）、DMC*1*、TID*1*（RDH*54*）、brcA*1* 和 brcA*2* 等（表 9.1*b*）。在真核生物细胞中，与同源重组有关的基因突变体通常表现出对诸如 *X* 射线等在内的离子射线敏感，而对诸如紫外线在内的非离子射线辐射并不敏感。因此，习惯上把真核生物的同源重组基因用“*radiation*”的前三个字母“*rad*”标定。同时，随着研究的不断深入，也出现了有关基因的不同命名方法。

表 9.1a　大肠杆菌参与同源重组过程的蛋白质及其功能

原核生物（大肠杆菌）	在同源重组中的功能
RecA	DNA 链交换，重新退火依赖于 DNA 的 ATPase，依赖于 DNA 和 ATP 的辅蛋白酶
RecBCD	DNA 解旋酶，依赖于 ATP 的双链 DNA 和单链 DNA 外切核酸酶，ATP 激发的单链 DNA 内切核酸酶，受 χ 序列控制和 RecD 形成复合体
RecBC	DNA 解旋酶，沿 3′→5′打开双链
RecE	外切核酸酶Ⅷ，5′→3′双链外切核酸酶
RecF	具有 dsDNA 和 ssDNA 结合活性，需要与 ATP 结合
RecG	DNA 解旋酶，RNA 解旋酶
RecJ	5′→3′ssDNA 外切核酸酶
RecN	功能尚不完全明确，与 DNA 双链断裂修复有关
RecO	与 RecR 或 RecF 作用
RecQ	DNA 解旋酶
RecR	与 RecO 或 RecF 作用
RecT	DNA 退火有关
RuvA	fourway junction 结合蛋白
RuvB	与 RuvA 结合，具有解旋酶活性，参与重组中分支迁移
RuvC	重组过程中的 Holliday 结构拆分
SbcB	外切核酸酶Ⅰ，3′→5′DNA 磷酸二酯酶
SbcCD	结构特异 dsDNA 和 ssDNA 核酸酶
SSB	ssDNA 结合蛋白
DNA 拓扑异构酶Ⅰ	DNA 拓扑异构酶Ⅰ
DNA 旋转酶（拓扑异构酶Ⅱ gyrA，gyrB）	DNA 解旋酶（拓扑异构酶Ⅱ gyrA、gyrB）
DNA 连接酶	DNA 连接酶
DNA 聚合酶	DNA 聚合酶
螺旋酶Ⅱ（UvrD）	解旋酶Ⅱ（UvrD）
螺旋酶Ⅳ（helD）	解旋酶Ⅳ（helD）

表 9.1b　酵母和人类参与同源重组过程的蛋白质及其功能

酵母	人类	生化功能	显著特征
yRad51	hRad51	与 ssDNA 结合形成 Rad51-ssDNA 纤维	负责有丝分裂重组；与 RecA 一致
yRad50	hRad50	与 DNA 结合；依赖于 DNA 的 ATPase	属于 SMC 蛋白家族，和 MRE11 及 NBS1 等形成复合体；负责 DSB 末端切除；与 DNA 损伤关卡有关
yMre11	hMre11	DNA 结构特异性内切核酸酶；3′→5′外切核酸酶	与 Rad50 和 Nbs1 作用 负责 DSB 末端切除　与 DNA 损伤关卡有关
Xrs2	Nbs1	与 DNA 结合	与 Rad50 和 Mre11 作用 负责 DSB 末端切除　与 DNA 损伤关卡有关
yRad52	hRad52	ssDNA 结合和退火； 重组调停者	与 Rad51、RPA 作用
yRad54	hRad54、hRad54B	依赖于 dsDNA 的 ATPase；dsDNA 移位酶（translocase）；诱导 dsDNA 超螺旋逆境；促进 Rad51 介导的 D 环形成；属于染色质重塑者	SWI2/SNF2 蛋白家族成员；和 Rad51 作用；酵母 yRad54 可以去除与 dsDNA 结合的 Rad51
Rdh54/Tid1	hRad54、hRad54B	依赖于 dsDNA 的 ATPase；dsDNA 移位酶；诱导 dsDNA 超螺旋逆境；促进 Rad51 介导的 D 环形成	SWI2/SNF2 蛋白家族成员；和 Rad51 作用
Rad55-Rad57	XRCC2、XRCC3、Rad51B、Rad51C、Rad51D	与 ssDNA 结合；Rad55-Rad57 和 Rad51B-Rad51C 复合体具有重组调停者作用	可能稳定 presynaptic 纤维；与 Rad51 作用；人类 hRad51C 参与 Holliday 交叉拆分酶活性
Rad59	未知	ssDNA 结合和退火	与 Rad52 同源；并与 Rad52 作用
Mer3	未知	依赖于 ssDNA 的 ATPase；3′→5′ DNA 解旋酶活性 展开 Holliday junction	延展 Rad51 催化的 DNA 结合点；类似于大肠杆菌 RuvAB
yDMC1	hDMC1	与 ssDNA 结合形成 DMC1-ssDNA 纤维	负责减数分裂重组；与 Rad51 和 RecA 功能相似
Mei5-Sae3	未知	可能的重组调停者	与 DMC1 作用

续表

酵母	人类	生化功能	显著特征
Hop2-Mnd1	HOP2-MND1	与 ssDNA 和 dsDNA 作用；促进 DMC1 介导的 D 环形成	与 DMC1 作用
Rdh54/Tid1	hRad54、hRad54B	依赖于 dsDNA 的 ATPase；dsDNA 移位酶；诱导 dsDNA 超螺旋逆境；促进 DMC1 介导的 D 环形成；人类的 hRad54B 促进 DMC1 介导的 D 环形成	Rdh54 可以和 Dmc1 作用；人类的 hRad54B 和 DMC1 作用

根据不同基因在同源重组过程中所表现出的表型差异可以把与真核生物同源重组有关的基因分成 4 大组，第一组包括 *rad51*、*rad54*、*rad55* 和 *rad57*，这些基因突变后其表型在酵母中颇为相似；第二组含有 *rad50*、*mre11*、*xrs2*（酵母）或 *nbs1*（人类），这些基因突变体也表现出相似的表型；第三组为 *rad53* 基因，尽管该基因突变也表现出对离子辐射敏感，但后来发现它并不参与同源重组过程，它主要与细胞周期“关卡”控制有关（参见第十五章）；第四组基因目前只发现了 *rad56* 基因，尚不清楚该组中是否还有其他基因。现在发现原先认为与人类乳腺癌、宫颈癌以及 Fanconi 贫血症等有关的 *brca1*（位于 17q21）、*brca2*（位于 13q12.3）基因也参与真核生物同源重组过程。上述基因产物可能参与重组中间体“交叉结构”的拆分。需要强调的是，在真核生物细胞中还存在着一些基因负责减数分裂过程中同源重组，包括 *dcm1*、*rad59* 和 *tid1*/*rdh54* 等。其中 *dcm1* 和 *rad51*，以及大肠杆菌细胞中的 *recA* 基因属于一组功能极其相似的基因。

原则上，同源重组经常发生在彼此“同源”的姐妹染色单体上的某些区段，这些姐妹染色单体区段所含有的 DNA 序列通常完全一致；或者发生在真核生物基因组中的重复 DNA 序列区。本质上，同源重组既参与维持细胞内基因组稳定，针对细胞内经常出现的各种各样的 DNA 损伤或改变，特别是 DNA 的双链断裂，姐妹染色单体 DNA 上的单链缺口等进行修复；同时更被用于细胞繁殖过程中染色体到子代细胞正确分配过程。因此，发生在有丝分裂和减数分裂过程中的同源重组与染色体的稳定、配子的形成有密切的关系，参与染色体整列（pairing）、联会体的拆分、遗传物质的交换等一系列过程。从这个意义而言，除了与 DNA 损伤修复有关外，同源重组更与细胞的正常生理活动有关。

二、同源重组的三个阶段及参与者

现在已经基本肯定，包括噬菌体、酵母、人类细胞在内普遍存在着同源重组现象，而且彼此之间呈现高度保守性。同源重组主要以以下三种方式参与DNA代谢过程：①负责修复DNA复制过程中可能出现的DNA单链缺口（间隙）和DNA双链断裂；②在特殊生理条件下负责重建被终止的DNA复制叉，协助逆境条件下的DNA复制；③参与细胞减数分裂过程中的染色体交换，促进配子遗传多样性的产生。

与DNA同源配对有关的蛋白质

负责DNA同源配对的蛋白质在*E. coli*中是RecA，在枯草杆菌中最初定为RecE（后效法*E. coli*重定名为RecA）；在T4噬菌体中为UvsX；在酵母中为yRAD51（yRAD52）；在人等哺乳类生物细胞中则为hRAD51。研究发现，包括人在内的哺乳类生物细胞中的hRAD51和酵母细胞中的yRAD51在氨基酸序列上具有70%的同源性。不过在哺乳类中，除位于15q15.1的hRAD51外，还存在着另外至少三种类似于hRAD51的蛋白质，包括hRAD51B（基因位于14q23-14q24）、hRAD51C（基因位于17q11-17qter）和hRAD51D（基因位于17q11）。除此之外，位于7q36.1的XRCC2、位于14q32.3的XRCC3，以及IRS1/IRS1SF等似乎也对hRAD51的功能有贡献。因此，一般认为真核生物细胞存在着至少6种RAD51衍生物，即RAD51、RAD51B/RAD51L1、RAD51C/RAD51L2、RAD51D/RAD51L3、XRCC2、XRCC3。这些蛋白质之间具有20%～30%的序列同源性，推测它们来源于基因扩增（gene duplication），因此，彼此互为“副本”（paralog）。另外，真核生物细胞中的DMC1蛋白，其功能与RAD51相似。但是，在酵母细胞内目前只发现了两种RAD51的衍生物，分别是RAD55和RAD57，它们最有可能是作为RAD51的辅助蛋白参与同源重组过程。在真核生物细胞中，除RAD51之外，还存在着一个RAD52家族，它们是哺乳类细胞中的RAD52（位于12p13-12p12.2）、RAD54（RAD54L，位于1p32）、RAD54B（位于8q21.3-8q22）和RAD50（在人类位于5q31）-MRE11（位于5q31）-NBS1（位于8q21-8q24）。这些蛋白质在同源重组过程中的作用类似*E. coli*中的RecF、RecO和RecR。但这些功能相似的蛋白质之间缺乏明确的氨基酸序列同源性。酵母细胞中的RAD52蛋白家族和哺乳类中的很相似，包括RAD50-MRE11-Xrs2、RAD52、RAD54、RAD57、RAD59等（图9.1）。这些蛋白质在*E. coli*和酵母细胞中的功能对应关系可见图9.1所示。其中，人类和其他哺乳类细胞中的NBS1蛋白含有754个氨基酸残基，分子质量为95kDa，与酵母中的Xrs2具有比较少的同源性。需要在此说明的是，人类细胞中*nbs1*基因的突变可以导致人群出现染色体不稳定综合征（Nijmegen breakage syndrome），于是 NBS1 得名即源于这种疾病名称的缩写。在 NBS1 蛋白的 N 端含有“叉头相关”（fork-head-associated，FHA）结构域和一个经常出现在 BrcA1（BRCA1）蛋白 C 端的结构域（BRCT），表明 NBS1 与真核生物的细胞周期调控和 DNA 的损伤修复都有关系。

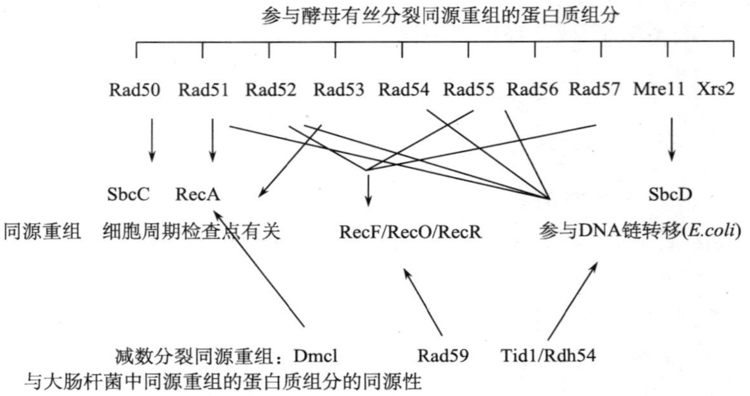

图 9.1　大肠杆菌和酵母细胞内同源重组相关蛋白质组分的对应关系

三、同源重组的过程

同源重组过程通常可分为三个阶段：①联会复合体形成前期或联会前期；②联会复合体的形成，交叉的出现，及交叉在 DNA 链上的移动；③交叉的分开并最终形成各自独立且忠实于原来 DNA 分子的完整 DNA 分子等。

（一）联会前期

1. 参与同源重组联会前期反应的蛋白质

能够参与同源重组联会前期的蛋白质为数众多，它们在大肠杆菌中分别是 RecB、RecC、RecD、RecE、RecJ、RecQ、RecT 等。同源重组联会体形成前期的主要任务是“制造”可重组的单链 DNA 分子区域，以保证 DNA 分子与 RecA 形成 RecA-ssDNA（大肠杆菌）、与 Rad51 形成 Rad51-ssDNA（酵母有丝分裂时期的同源重组）或与 Dmc1 形成 Dmc1-ssDNA（酵母减数分裂时期的同源重组）。这些 ssDNA-蛋白质复合体可以寻找 DNA 之间的同源序列，并在适当的同源区开始形成联会体。

在大肠杆菌细胞中，可以促成 RecA-ssDNA 复合体的途径至少有以下三条，分别称为同源重组的 RecBCD 途径、RecQ/RecJ 途径（通常被称为 RecF 途径）

和 RecT-RecE 途径。上述途径在蛋白质使用上体现出一个共同的特点，即总是一个解旋酶和一种或两种外切核酸酶活性相互配合。例如，在 RecBCD 途径中，RecB 和 RecC 通常形成具有解旋酶活性的蛋白质复合体，与具有外切核酸酶活性的 RecD（核酸酶 V-exoV）形成 RecBCD 蛋白质复合体。其中，RecD 外切核酸酶活性的方向性受一段被称为 χ 序列的八聚脱氧核苷酸的调节，在未遇到 χ 序列之前主要是 3′→5′的外切核酸酶活性，而遇到 χ 序列之后，这一活性被抑制，而其 5′→3′水解酶活性则被激活。而 RecF 途径中的 RecJ 和 RecQ 则分别是 5′→3′的单链外切核酸酶和 3′→5′的解旋酶。它们相互配合，共同组成同源重组联会体形成的 RecF 途径。除此之外，RecE 和 RecT 也分别是一种解旋酶和一种核酸酶，这两者相互配合负责质粒 DNA 的同源重组过程。

需要说明的是，RecT-RecE 途径在大肠杆菌细胞中由其附带的隐性噬菌体 Rac 编码。而 RecBCD 途径才是大肠杆菌同源重组联会前期反应的一种主要的途径。只有当在 *recBCD* 基因突变体中，灭活 *sbcA* 或 *sbcB* 基因之后，同源重组才主要依赖 RecF 途径。而通过隐性噬菌体 Rac 编码的 RecT-RecE 途径可能需要在特定条件下才被使用。最近有研究表明，RecBCD 途径和 RecF 途径中的许多蛋白质可能在一定程度上彼此协调。RecBCD 可以特异性识别 DNA 的平齐断端，而 RecQ 和 RecJ 可以作用于具有 5′凸出的断端，同时，RecQ 还可以和 SbcA/B 一起作用于具有 3′凸出的断端。与此类似，RecE 是一个双链 DNA 特异的外切核酸酶，可以选择性地降解双链 DNA 中的 5′端，并产生一个具有 3′端的单链 DNA 区。此单链 DNA 区域可以与 SSB 蛋白形成复合体，之后，SSB 的结合可以进一步激活外切核酸酶Ⅰ（3′→5′DNA 外切核酸酶）对结合有 SSB 的 DNA 单链的水解。RecT 蛋白可以和 SSB 竞争单链 DNA，有利于避免出现较大程度的 DNA 缺失。

在酵母细胞中，与大肠杆菌 RecBCD 功能类似的蛋白质复合体是 RAD50-Mre11-Xrs2，而在人等哺乳类细胞中则为 Rad50-Mre11-Nbs1 和三个分子质量各为 95kDa 200kDa 和 400kDa 的蛋白质。有证据表明，哺乳类生物细胞的 RAD50-Mre11-Nbs1 和 BrcA2 共同负责“可重组”的单链 DNA 的制备。在这个过程中，BrcA2 参与 RAD51 和单链 DNA 形成 RAD51-ssDNA 的过程。

真核生物细胞内也存在着与大肠杆菌细胞中类似的 RecQ 的蛋白质组分，这种蛋白质在酵母中为 Sgs，在人等哺乳类生物细胞中则分别是 BLM、WRN、RecQL4 等几种。与大肠杆菌同源重组过程中形成 RecA-ssDNA 单一形式不同的是，在真核生物细胞中存在着两大类的同源重组，分别是有丝分裂时期的同源重组和减数分裂过程中的同源重组，前者在此过程中形成的蛋白质复合体为 Rad51-ssDNA，后者在这个过程中形成 Dmc1-ssDNA 复合体。显然，真核生物细胞内的这两类同源重组是分别由两套蛋白质组分分别催化。

在上述催化反应过程中，RecBCD 首先沿着 3′→5′的方向识别断裂的平齐末端，并在 ATP 供能的情况下沿着 DNA 双螺旋向前推进。在这个过程中，RecD 的 3′→5′外切核酸酶活性把所出现的单链 DNA 一段段地从 3′端开始切除（图 9.2）。当遇到“GCTGGTGG”时，RecD 的 5′→3′外切核酸酶活性得到激活。RecD 由原先优先水解 3′→5′DNA 链变成优先水解 5′→3′的链（图 9.2）。于是便在 chi 序列之后产生一段 3′凸出的单链 DNA。这种单链 DNA 分子随即和 RecA 结合形成 RecA-ssDNA 复合体。在这个过程中，由于 RecBCD 本身具有“召集”RecA 和单链 DNA 反应的能力，因此，在形成 RecA-ssDNA 时不会有 SSB 的竞争问题。

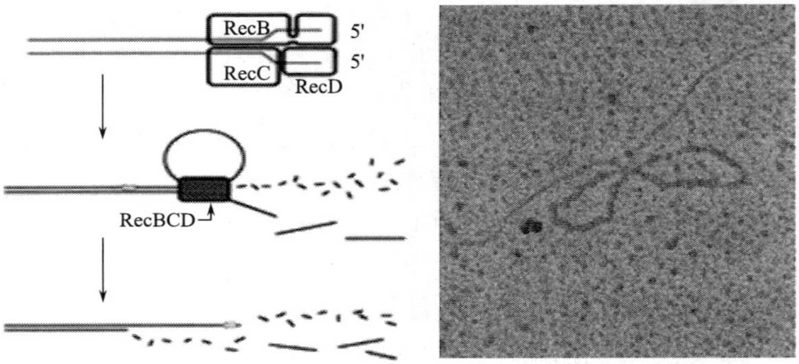

图 9.2　大肠杆菌细胞 RecBCD（外切核酸酶Ⅴ）的作用机制

RecBCD 的外切核酸酶活性受高浓度的钙离子抑制。细胞内较高水平的钙离子浓度可以抑制 RecBCD 的催化活性。RecBCD 催化的 3′单链 DNA 凸出所引发的遗传学效应不同于 RecF 途径中的 RecQ-RecJ。RecQ 和 RecJ 协同作用可以从 5′→3′方向制造 3′单链，它和 RecBCD 途径的作用机制并不相同。RecBCD 途径需要水解一段 DNA 之后才能制造出具有重组能力的 3′DNA 单链，因此它可以影响 DNA 3′端的长度，而 RecQ-RecJ 作用并不影响 3′端 DNA 的长度，所以有人发现 RecQ-RecJ 途径可以影响重组之后 DNA 的交换。RecQ 家族的螺旋酶都是既依赖于 ATP，也依赖于 Mg^{2+} 的 DNA 螺旋酶。这类螺旋酶依照 3′→5′的方向（依照螺旋酶和 DNA 双链结合的方向）打开 DNA 双链。不同来源的 RecQ 家族螺旋酶所作用底物的特异性并不完全相同。但其共性是可以作用于非 B 型 DNA 结构，如有报道表明大肠杆菌来源的 RecQ 螺旋酶可以打开 G 四柱体结构（见第三章）以及 Holliday 结构，后者类似于 RuvA、RuvB。通过上述 DNA 解旋酶和外切核酸酶的作用，在 DNA 双链断端产生一段单链 DNA 可以和 RecA（大肠杆菌、枯草杆菌）或 RAD51（从酵母到人类），形成 RecA/RAD51-ssDNA 复合体。这个复合体可以催化寻找同源序列的搜索。所搜寻的范围根据 DNA 当时的状态而不同。这一点在原核生物和真核生物中表现出一定的差异。

在真核生物有丝分裂细胞中（体细胞），类似于 RecBCD 的反应可能更多地与 RAD50-Mre11 和三个其他蛋白质（分子质量分别为 95kDa、200kDa、400kDa）的作用有关。研究表明 95kDa 蛋白的突变在人类中与 NIJIN（染色体不稳定综合征）的发病有关，而 200kDa 和 400kDa 蛋白的具体功能尚不清楚。只知道 200kDa 蛋白可能是一个脂肪酸合成酶，究竟它在这个过程中有没有作用还有待于进一步明确。

Rad50/Mre11 在大肠杆菌中的同源物是 SbcC（Rad50）和 SbcD（Mre11）。它们和大肠杆菌中的 SbcCD 在生物化学性质上十分相似，都有 DNA 单链内切核酸酶活性和 5′→3′DNA 外切核酸酶活性。只是大肠杆菌中的 SbcCD 没有发现明确的解旋酶活性，它主要表现为结构特异性识别末端 DNA，包括某些 DNA 序列所形成的发夹结构等。但是 SbcCD 并不能替代 RecBCD 来直接负责 3′DNA 的处理。这一点和现在发现的真核生物中的 RAD50/Mre11 是不同的。

RecBC 的解旋酶活性把双链 DNA 解开呈单链状态，然后 RecD 的 3′→5′外切核酸酶活性把其中的一条链从 3′端一段段地切除。当这个过程中遇到 DNA 的一段八聚体“GCTGGTGG”时，这一段 DNA 序列可以和 RecD 发生作用，使 RecD 的 5′→3′外切核酸酶活性得到激活，这样 RecD 在遇到 kai 序列之后就由原先的 3′→5′外切核酸酶活性转变成 5′→3′的外切核酸酶活性，结果是在 chi 之后产生了一段 3′单链 DNA。它随即和 RecA 结合形成 RecA-ssDNA 复合体。必须指出的是 chi 在这个过程中起着关键作用，否则 RecBCD 会一直沿着双链 DNA 作用下去，直到把整段 DNA 全部水解掉。

2. RecF 途径及 RecF、RecR、RecO 蛋白质组分的作用

在大肠杆菌中，DNA 单链空隙除了可以通过 DNA 跨缺刻合成之外，也可以通过同源重组机制加以修复。但是，由于 DNA 单链空隙不存在游离的 DNA 断端，所以这样的 DNA 损伤并不能通过 RecBCD 途径起始同源重组。事实上单链空隙的修复需要 RecQ-RecJ 的作用，首先对 DNA 空隙进行处理，形成一个比较大的空隙。之所以这条途径被称为是 RecF 途径，完全是由于 *RecF* 是这条途径发现过程中的第一个基因。后来发现与 *RecF* 功能相似的还有 *RecO* 和*RecR*，这三个基因的突变体表现出一致的性状。RecF、RecR、RecO 蛋白质在真核生物细胞中具有功能同源体，分别是酵母中的 RAD52、RAD54、RAD54B、RAD57 等，以及哺乳类生物细胞中的 RAD52、RAD54 和 RAD54B 等。这些蛋白质之间具体的彼此对应关系尚不十分清楚，只发现 RAD52 似乎更类似于 RecO。这些蛋白质参与同源重组过程中形成 RecA/RAD51-ssDNA 的反应过程。从大肠杆菌的研究结果来看，在单链空隙出现之后，SSB 首先和这样的单链 DNA 形成 SSB-ssDNA 复合体，以防止单链 DNA 进行折叠，出现二级结构。

RecO 和 RecR 可以形成 RecRO 复合体，该复合体通过和 SSB 结合的 ssDNA 相互作用帮助 RecA 和裸露的 ssDNA 形成 RecA-ssDNA 复合体。这样的 RecA-ssDNA复合体就可以和姐妹染色单体上的同源区形成杂交 DNA 分子，并开始重组修复。大肠杆菌细胞中的 RecF 蛋白的分子质量为 40kDa，在缺乏二价阳离子和核苷辅助因子的情况下可以和 ssDNA 结合，这种结合偏向于 ssDNA 的末端，而在镁离子和 ATP 存在下则既可以和 ssDNA 结合，也可以和 dsDNA 结合。在这个过程中似乎并不消耗 ATP；RecR 则是一个分子质量为 22kDa 的蛋白质，本身不具有 DNA 结合能力，但是它却能够和 RecF 蛋白结合成 RecFR 二聚体蛋白；同时 RecR 蛋白也可以和 RecO 蛋白形成 RecOR 蛋白质复合体。大肠杆菌的 RecO 蛋白分子质量为 26kDa，在镁离子的存在下，既可以和 ssDNA 结合，也可以和 dsDNA 结合。RecO 具有两种不同的活性，一种可以催化单链 DNA 之间的复性，同时又可以通过和 RecR 形成 RecOR 蛋白质复合体和与 ssDNA结合的 SSB 相互作用。最近的研究表明，大肠杆菌细胞中的 RecBCD 重组途径和 RecF 重组途径在某些基因突变体中可表现出彼此替代的能力，表明这两条重组途径并不是完全独立的，见图 9.3。

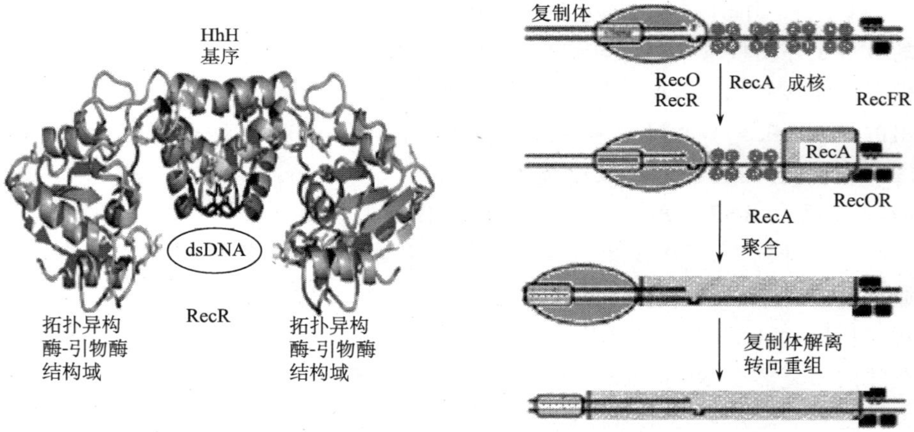

图 9.3　大肠杆菌同源重组修复 DNA 单链空隙过程中 RecF/RecR/RecO 蛋白对形成 RecA-ssDNA 复合体的作用

图中分子结构为 RecR 与 DNA 的作用

除了参与 RecA-ssDNA 的形成之外，最近发现 RecF 途径中的三个组分 RecF、RecO 和 RecR 也参与 DNA 复制过程。当大肠杆菌细胞经过紫外线处理之后，只有这三个蛋白质组分存在的情况下才能重新起始 DNA 复制。目前尚不清楚这三个蛋白质组分究竟在 DNA 复制重新起始过程中的确切作用，一种可能是 RecF 蛋白和 PriA 蛋白具有重叠的功能，而且这种重叠可能需要 DNA 复制蛋白组分 DnaC 或者 RdgC 来实现。支持这种观点的实验证据是发现在紫外线处理之后 DNA 复制重新起始的过程中，除了需要 RecFOR 蛋白之外，尚需要 DNA 聚合酶Ⅱ、Ⅲ和Ⅴ，同时在这个过程中也需要 PriA 和 RecA，其中，DNA 聚合酶Ⅱ和Ⅴ需要经过 SOS 诱导表达，从 RecFOR 影响 SOS 反应的事实来看，它在这个过程中可能和 RecA 共同控制 SOS 反应，而 SOS 反应又能诱导与 DNA 跨缺刻合成和 DNA 重新合成起始有关的 DNA 聚合酶的表达。

3. RecET 途径

在大肠杆菌 *sbcA*（exc Ⅰ）突变体中，隐性原噬菌体 Rac 的表达被激活。同时，与同源重组有关的两个蛋白质 RecT 和 RecE 也会得到表达。RecT 类似 RecA或 RecO 具有催化互补单链 DNA 分子彼此复性反应，同时，也能够像 RecA那样催化三链 DNA 分子的分支迁移反应；RecE 是一个双链 DNA 特异性的外切核酸酶，可以选择性地对双链 DNA 中的 5′链进行降解，并制造出突出 3 单链 DNA 片段。这样的 3′单链 DNA 分子可以和 SSB 反应形成 DNA-蛋白质复合体，可以被外切核酸酶Ⅰ降解（*sbcA* 编码）。在 RecT 存在的情况下，RecT 可以和 SSB 竞争结合 RecE 制造出的 3′单链 DNA 分子，并对该单链 DNA 分子区起到保护作用。随后，与 RecT 结合的 3′DNA 单链 DNA 启动同源重组。因为催化此种同源重组途径的第一个功能基因是 *RecE*，因此通常把这条同源重组途径称为 RecE 途径或 RecET 途径。

（二）联会体的形成

催化同源重组联会体形成的分子分别是大肠杆菌细胞中的 RecA，真核生物细胞中的 Rad51 和 Dmc1。其中 Rad51 负责真核生物细胞有丝分裂时期的同源重组联会体的形成，而 Dmc1 则主要和减数分裂时期的同源重组联会体的形成有关。这三类与同源重组联会体形成有关的蛋白质之间既表现出某种程度上的功能相似性，同时彼此之间也表现出一定的差异。其中，RecA 的分子质量为 37.842kDa，六聚体是其活性形式，对于单链 DNA 亲合力要远远大于双链 DNA，以 5′→3′的方向和单链 DNA 结合形成核蛋白纤维丝，每个 RecA 单体大约结合 3 个核苷酸，RecA 和单链 DNA 的结合需要消耗 ATP 提供能量，每分钟约消耗 30 个 ATP 分子，催化 DNA 链转移的速率为每秒 2～10 个碱基对，可以在大于 6kb 的范围内进行。同时 RecA 和单链 DNA 的结合受单链结合蛋白的促进。大肠杆菌细胞内通常被认为存在一个 RecA 蛋白分子库（约含 10 000 万个 RecA），此外，RecO 在某种程度上也可以催化单链 DNA 的复性，但是 RecO 的功能发挥不需要消耗 ATP 分子，而 RecA 蛋白所催化的反应过程中需要 ATP 分子。在真核生物细胞中，Rad51 和 Dmc1 分别和大肠杆菌细胞中的 RecA 功能相似，它们分别与有丝分裂同源重组和减数分裂过程中的同源重组有关。在真核生物有丝分裂时期的同源重组过程中，Rad51 的活性形式也是环状多聚体，单体的分子质量为 36.966kDa，和单链 DNA 的亲合力大于和双链 DNA 的亲合力，和 RecA 不同的是它以 3′→5′的方向和单链 DNA 形成核蛋白纤维丝，每一个 Rad51 单体约和 3 个核苷酸残基结合，反应过程中 ATP 的消耗速率约为每分钟 0.16 个 ATP。链转移速度相对较低，只能在小于 1.5kb 的范围内进行。在减数分裂同源重组联会体形成有关的 Dmc1 的活性形式是环形八聚体，每个单体的分子质量约为 37.707kDa，和 RecA 和 Rad51 一样对于单链 DNA 的亲合力要高于对双链 DNA 的亲合力。但和单链 DNA 所形成的最终产物呈环形，而且催化链转移的效率很低。它和单链 DNA 的结合方向与 RecA 相反，但与 Rad51 相同，是从 3′→5′。在形成 RecA/RAD51-ssDNA 和发现能与其中 ssDNA 配对的同源序列区时，RecA 或 RAD51 可以随即启动 DNA 链交换反应（strand exchange），使 RecA 携带的单链 DNA 与同源 DNA 双链之一进行互补配对。链交换反应需要经过一个“三链 DNA”中间体阶段，也是同源重组过程中的标志性反应。

原核生物 *E. coli* 及 T4 噬菌体，真核生物如酵母、小鼠、人等所使用的联会体形成模式（mode）和策略基本相同。所不同的是，大肠杆菌细胞内的 RecA-ssDNA 还具有启动 SOS 应答的能力，以及负责催化特定情况下 DNA 复制叉的回转，并参与 DNA 聚合酶Ⅴ催化的 DNA 跨缺刻合成（见第七章、第八章有关介绍），以及发挥一种目前尚不完全清楚的作用；而在真核生物细胞中，Rad51 和 Dmc1 的催化可能与双亲同源染色体彼此形成 SC 复合体有关（图 9.4）。

图 9.5 给出了 RecA 和 Rad51 与单链 DNA 形成 RecA-ssDNA/Rad51-ssDNA的基本反应过程。在 RecA-ssDNA 分子中，六聚体 RecA 蛋白可被视为一个基本结构单位，但该六聚体单位是在 RecA 和 ssDNA 形成 RecA-ssDNA 过程中逐步形成的。在整个 RecA-ssDNA 分子形成过程中 RecA 蛋白之间可以表现出协同效应，即已经与 ssDNA 结合的 RecA 可以促进其他 RecA 分子反应（图 9.5）。需要注意的是，RecA 六聚体和单链 DNA 的结合是从 5′→3′的方向进行，而 Rad51 与 ssDNA 的结合则是沿着 ssDNA 的 3′→5′进行。

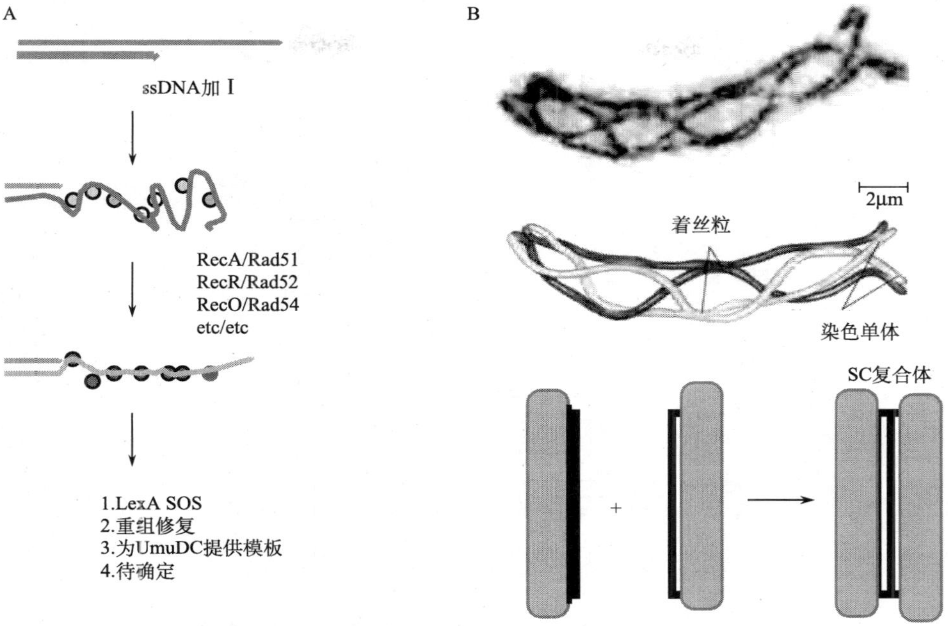

图 9.4 RecA-ssDNA、Rad52-ssDNA、Dmc1-ssDNA 纤维的形成及它的可能功用

A. 大肠杆菌细胞中在 DNA 断裂末端形成 RecA-ssDNA 纤维，这样的 DNA 蛋白纤维可以起始 SOS 应答、DNA 断裂的重组修复和 DNA 跨缺刻合成；B. Rad51 和 Dmc1 在同源染色体整列时形成 SC 复合体

每个 RecA 蛋白亚基约和 3 个核苷酸长的单链结合，反应需要消耗 ATP。同时，存在于细胞内不同重组途径中的联会体形成前期的反应细节并不相同。在 RecBCD 途径中，RecA 可以在 3′凸出单链 DNA 形成之后随即和它结合，其中的 RecA 分子与 RecBCD 蛋白异聚体中的 RecB 亚基结合在一起，并随 RecBCD 移动。因此，RecBCD 制造出的“可重组的”单链 DNA 区没有较多的机会暴露给 SSB 蛋白；而在 RecF 途径中，RecA 和单链 DNA 的结合必须 RecOR 蛋白质复合体协助，RecOR 负责去除与 ssDNA 结合的 SSB，避免它对 RecA 的竞争性抑制。如前面所述，SSB 与 DNA 结合可以避免 ssDNA 分子发生折叠，而 RecA 则止于催化同源重组联会体的形成，与避免 ssDNA 的折叠关系不大。因此，RecA 不能“破坏”ssDNA 分子中已经折叠的结构（图 9.5C）。

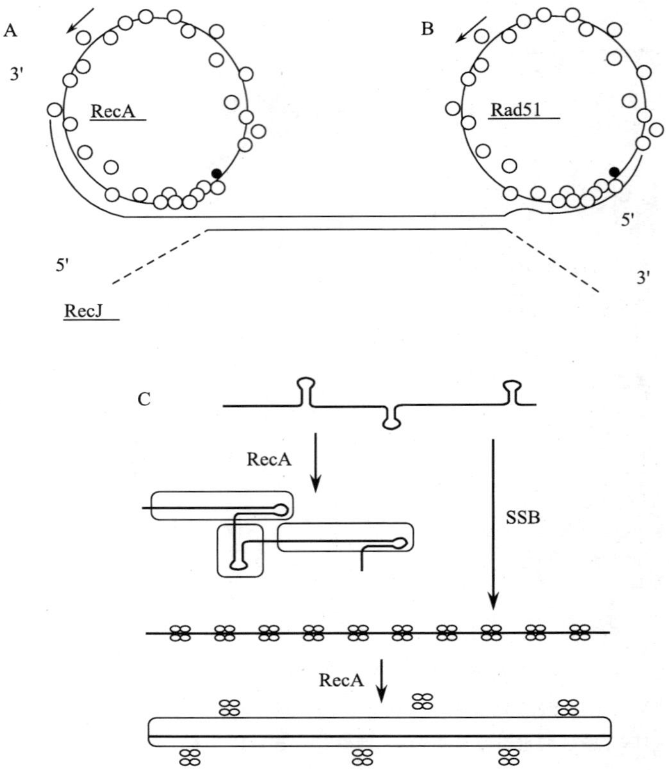

图 9.5　原核生物 RecA 和真核生物 Rad51 形成 RecA/Rad51-ssDNA 的过程

原核生物 RecA 和真核生物 Rad51 形成 RecA/Rad51-ssDNA 的形成表现方向上的不同［(A) 和 (B)］。体外研究表明，RecA 是沿着 5′→3′的方向和单链 DNA 形成复合体；而 Rad51 则是沿着 3′→5′的方向和单链 DNA 形成复合体。同时，RecA 和 SSB 与单链 DNA 结合能力也表现出明确不同 (C)，前者只能在单链 DNA 区段形成蛋白质-DNA 复合体，而 SSB 可以和整个单链 DNA 结合。因此，SSB 具有阻止单链 DNA 重新折叠的功能

所形成的 RecA-ssDNA 中，RecA 蛋白可能含有除与 DNA 单链结合之外的第二个 DNA 结合位点。这个位点可以把与 RecA 结合的单链 DNA 带到双链 DNA 区。之后，RecA 蛋白即被活化可将双螺旋解旋和分离，同时将它结合的单链 DNA 与被解旋区域复性。这个反应可以一直进行到找到同源序列为止。然后 RecA-ssDNA 和同源的双链 DNA 之间形成一个“三链”DNA 中间体，并开始催化进行联会体的形成。之后，RecA 蛋白可以从原来的单链掉下来，也有可能不掉下来。RecA 蛋白在开始仅将一条单链转移入一条 DNA 螺旋中，但紧随其后通常会出现第二个交换，但是这个过程的分子机制尚未能阐明。RecA 蛋白在 DNA 双链断裂和单链空缺 DNA 分子修复过程中的作用机制可参见第八章和

本章的有关部分。

（三）RecA-ssDNA 形成的正负调节控制

最近的研究进展表明，大肠杆菌 RecA 蛋白和单链 DNA 形成蛋白质-DNA 复合体时需要在不同层级上加以调节控制。因为从本质上而言，RecA 蛋白的催化特性并不高，因此，有必要通过调节控制来约束 RecA 的催化活性。首先，RecA 的转录需要接受 SOS 应答机制的调节。在正常生长的大肠杆菌细胞中，粗略估计约有 10 000 个 RecA 分子，但在 SOS 应答反应过程中，RecA 的水平会成倍增加；其次，RecA 蛋白活性可以受其 C 端的自身调节；同时，其他蛋白质，包括 RecF、RecO、RecR、DinI、RecX、RdgC、PsiB，以及 UvrD 等众多蛋白质，可对其活性产生影响。除此之外，单链结合蛋白 SSB 也可以通过竞争单链 DNA 而间接影响 RecA 蛋白的活性。在前文我们实际上已经介绍了 RecO、RecR、RecF 等蛋白质对 RecA 蛋白与 SSB 占据的 ssDNA 形成 RecA-ssDNA 复合体的促进作月。在此，我们将着重介绍包括 DinI、RecX、RdgC、PsiB、UvrD 在内的蛋白质对 RecA 催化活性的调节作用。

大量的体外和部分遗传学研究表明，RecX 蛋白对 RecA 催化活性的调节主要作用于 RecA-ssDNA 复合体形成过程中。在上述过程中，已经有体外证据表明 RecX 蛋白可以和 RecF 蛋白形成复合体，并因此阻断 RecA-ssDNA 纤维丝的延伸，同时，RecX 蛋白也会通过影响 RecA 的其他活性而对之加以施行调节控制（图 9.6）；与此不同，DinI 蛋白作为一种可以调节 SOS 反应强度的蛋白质似乎只会对 RecA-ssDNA 纤维丝的稳定性有促进作用。而 RdgC 蛋白则主要负责和单链 DNA 附近的 dsDNA 结合，并因此防止 RecA 蛋白在催化 RecA-ssDNA 形成过程中延伸至侧翼 dsDNA 区。PsiB 蛋白是由大肠杆菌 F 质粒编码的一种蛋白质，现在尚未最后鉴定，但已有证据表明，该蛋白质可能抑制 RecA 活性。UvrD 蛋白本身含有 DNA 解旋酶活性，主要参与甲基化指导的错配对碱基切除和核苷切除修复等过程。很早就发现，UvrD 可以表现出抗同源重组活性，现已有生物化学证据表明，UvrD 的这种抗同源重组活性与其破坏 RecA-ssDNA 纤维丝有关。越来越多的迹象表明，上述能够影响 RecA 活性的众多蛋白质极有可能在大肠杆菌细胞内以“网络”形式发挥作用，通过它们之间的系统作用对 RecA 蛋白的作用场所和作用方式加以调控（图 9.6）。目前尚不清楚类似的调控网络是否也存在于其他种类的同源重组过程中。

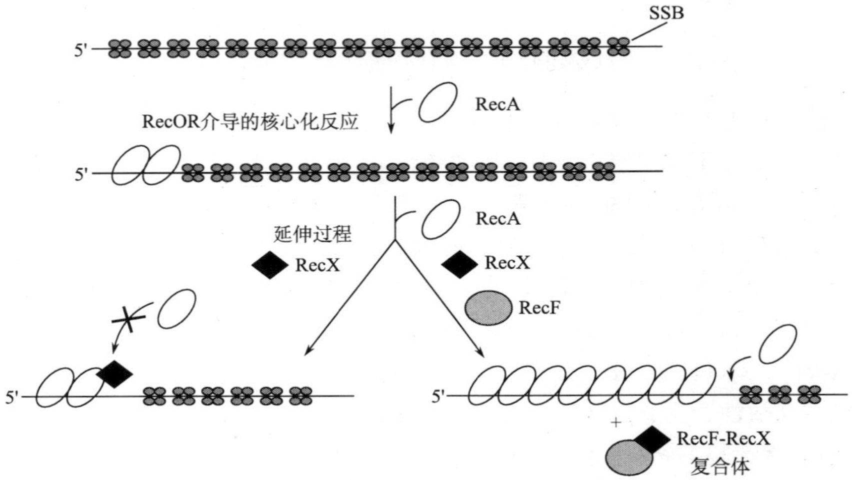

图 9.6　RecO、RecR、RecF、RecX 等蛋白质对 RecA 催化形成 RecA-ssDNA 纤维的影响

（四）同源重组的后期——Holliday junction 结构的拆分

按照上述，单链 DNA 要和双螺旋 DNA 中的一条互补链进行配对（RecA 蛋白促进此反应）时，该双螺旋的两条链必须首先解旋和分离，并在双螺旋的周围，与之对齐。和 RecA 蛋白结合的单链同样可以在双螺旋 DNA 分子的大沟中与后者的一条链相接触，从而能从“外部”来认识是否有互补顺序。这种“三螺旋”显然有利于找到同源顺序，因为在找到同源顺序之前不需要螺旋分子进行交叉重组，则将形成一个“四螺旋”作为中间物。这样的中间物的存在是 R. Holliday 在 20 世纪 60 年代首先提出来的，被称为 Holliday 结构或交叉结构。因此可以想象，在重组部位每个双链中均有一段 DNA 链来自另一个双链中的对链。这个部分就称为异源双链（hetero duplex），或称杂种 DNA。在重组 DNA 分子的异源双链中，两条链完全互补时，通常称为“homologous”重组，而两条链不完全互补时，则称为“hemologous”重组。但这种“hemologous”重组的效率要小于“homologous”重组，原因是甲基化指导的错配碱基对修复系统中的组分对这样一个不完全互补的 DNA 形成的错配碱基对具有“编辑”校对的功能。例如，噬菌体 fd 和 M13 二者的 DNA 有 7%是同源的，在一起时即可进行重组。但它们之间的重组频率在甲基化指导的错配碱基对修复系统突变体中最高，几乎接近同源重组的频率。据此推论，甲基化指导的错配碱基对修复系统至少在原核生物细胞中可以作为物种之间 DNA 重组的一个“屏蔽”。由于 DNA 主

链是可以自由旋转的，因此，同源重组所形成的交叉具有可以相互转换的不同结构形式。通常的情况是，处于交叉中的单链 DNA 可以旋转，从而形成的交叉可以处于“伸展”状态，也可以使交叉处于“紧密”状态。这种构象的转变在交叉的分开过程中，对解开酶的作用会有一定的影响（图 9.7）。

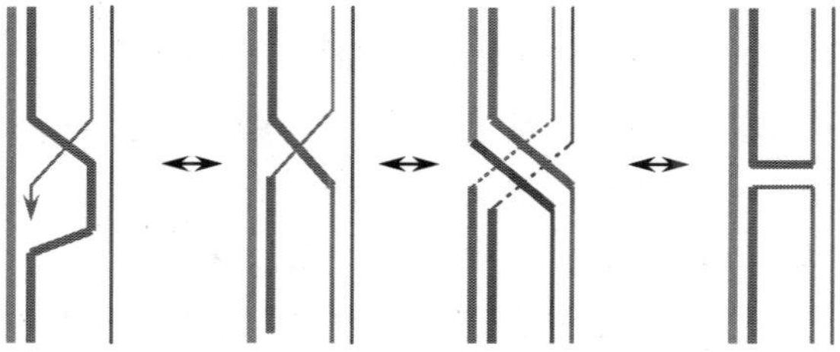

图 9.7 重组过程中形成 Holliday 结构的过程及其 Holliday 异构体之间的转换

RuvABC 和 RecG 参与大肠杆菌重组过程中交叉的分开。在大肠杆菌同源重组过程中，当 RecA 蛋白催化的不同 DNA 链之间形成杂交分子之后，就会出现 DNA 的交叉，这种交叉可以沿着 DNA 的主链向两端移动，这个过程就是“分支迁移”。RecA 蛋白可以催化交叉向有利于形成稳定交叉的方向迁移。在此之后，大肠杆菌中的两类蛋白质分子RuvAB和 RecG 可以进行后继的迁移。有迹象表明，在哺乳类细胞中类似于大肠杆菌细胞中由 RuvAB 和 RecG 螺旋酶催化的同源重组过程中的分支迁移反应是由本属于 RecQ 家族的螺旋酶 BLM 和 WRN 担当的。体外研究表明，纯化的 BLM 和 WRN 可以像 RuvAB 那样催化 RecA 形成的 Holliday 交叉结构的分支迁移。而且这两种螺旋酶催化的分支迁移反应可以发生在数 kb 之间。在酵母细胞中，与 BLM 和 WRN 相当的是 Rqh1，而与大肠杆菌中 Holliday 结构拆分酶具有互补效应的是 Mus81。Rqh1 和 Mus81 都可以被细胞周期 S 期内检查点中的 Cds1/CHK2（RAD53）等激酶进行磷酸化修饰。而且有证据表明 Rqh1 和 Mus81 处于一个彼此平行的位置，因为同时缺失 Rqh1 和 Mus81 的细胞是致死的。纯化后的 Mus81 蛋白需要和一个亚基结合成二聚体（此亚基在裂殖酵母中是 Eme1，在出芽酵母中是 Mms4）。这样的蛋白质二聚体可以在体外对具有分支的双链 DNA 进行降解。但是，到目前为止有关 Mus81 对 Holliday 结构的拆分并不像已经得到很好研究的大肠杆菌细胞的 RuvABC 那样清楚。鉴于这种情况，在后面我们只能以大肠杆菌同源重组过程中交叉中间体的拆分来加以论述了。

1. RuvAB 蛋白质复合体

RuvAB 蛋白质复合体是由 4 个 RuvA 分子组成的四聚体和两个具有解旋酶活性的 RuvB 分子形成的二聚体组成的。一般认为 RuvA 四聚体首先识别 DNA 同源重组过程形成的“十字叉”结构，其后协助 RuvB 二聚体和“十字叉”结构中的两个相对的“臂”结合，从而形成 RuvAB DNA“十字叉”复合体。RuvAB 具有转位酶活性，可以“拉动”另外两个“臂”上的 DNA 链向 RuvB 所在“臂”的方向运动，这样就起到了分支迁移的作用。一般认为在 RuvB 二聚体和“十字叉”结构中任何两个相对的“臂”都可以结合，所以 RuvAB 蛋白质复合体催化的交叉的迁移可以具有两种方式。一种是结合方式和 RecA 蛋白催化杂交 DNA 双链形成的方向相同，因此有利于形成稳定的“十字叉”结构，这种作用在总体上可以促进同源重组的进行；而另一种结合则和 RecA 蛋白移动的方向相反，所以 RuvAB 蛋白所催化的分支迁移可以破坏“十字叉”结构，从而起到抗同源重组的作用。迄今为止，RuvAB 蛋白质复合体的这种抗同源重组的作用只在体外实验中得到了观察，尚没有可靠的遗传学证据（图 9.8）。

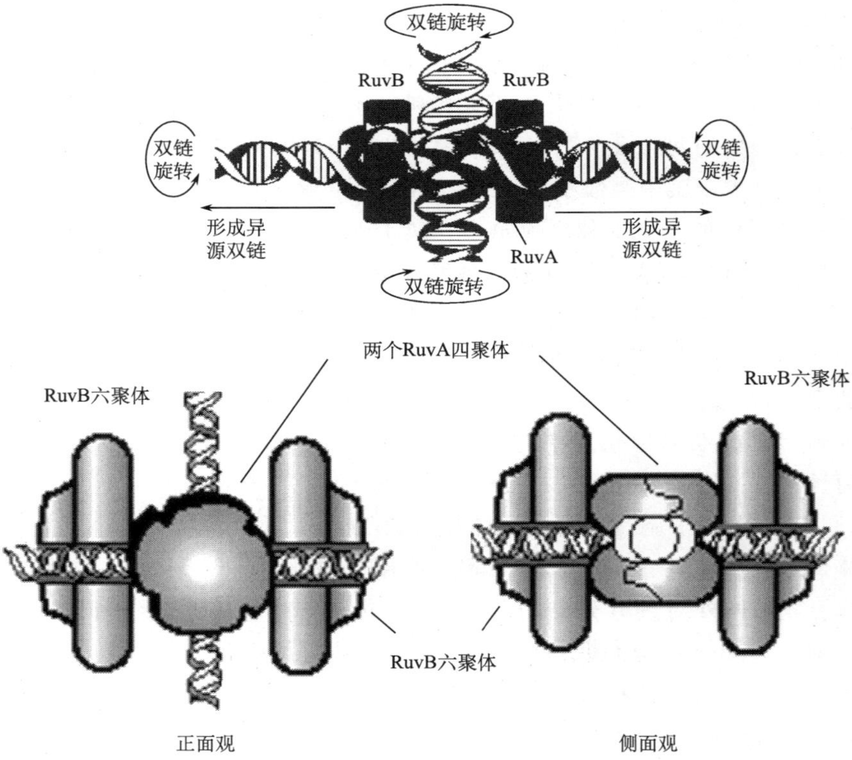

图 9.8　大肠杆菌细胞内负责 Holliday 结构拆分的 RuvAB 蛋白质复合体与 Holliday 结构的作用

2. RecG 螺旋酶

在大肠杆菌 RuvAB 突变体中，同源重组效率只受到轻微的影响。这暗示，可能存在着和 RuvAB 功能相似的蛋白质成分可以替补 RuvAB 在同源重组中的作用。但当 RuvAB 突变体中缺失 RecG 之后，这种混合突变体菌株表现出严重的同源重组缺陷。RuvAB 和 RecG 在同源重组中的“协同效应”表明，RecG 可能起着和 RuvAB 相似的作用。大肠杆菌中的 RecG 蛋白具有螺旋酶活性，它可以催化 DNA-DNA 形成 D 环结构，同时也可以催化 DNA-RNA 形成 R 环结构。一个事实是在同源重组过程中，RecA 蛋白在和游离的单链 DNA 形成 RecA-ss-DNA 的同时，可以和同源染色体的 DNA 形成 D 环（图 9. 9）。

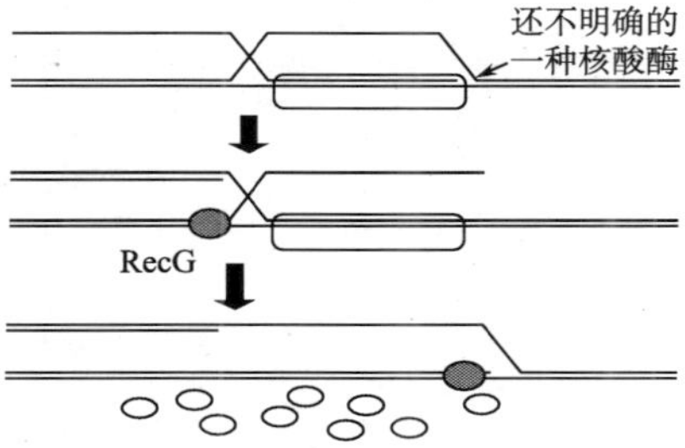

图 9. 9　RecG 螺旋酶在同源重组过程中的可能作用方式。RecG 是一个可以识别 D 环和 R 环的螺旋酶

3. Holliday 结构

Holliday 结构的另一个重要性质是能够发生立体异构现象。这种异构转变是一种在空间范围的重排（rearrangement），使得作为“桥”的链（resolution）最后完成重组。Holliday 结构实际上是具有四个“臂”的交叉结构，最早是由 Holliday 于 1964 年提出，所以以其姓氏加以命名。通常这样的结构又常被称为“十字路口”结构（four-way junction）。这个结构的形成就是同源重组导致 DNA 交换的原因。因此大肠杆菌细胞内具有一套蛋白质组分负责把这样的结构解开（图 9. 10）。

四、同源重组的作用

（一）同源重组是真核生物细胞进行正常有丝分裂和减数分裂所必需的

在真核生物细胞的有丝分裂和减数分裂过程中，来自双亲的同源染色体需要在分裂的前期进行配对，来自双亲的两条具有相同遗传学意义的染色体彼此需要

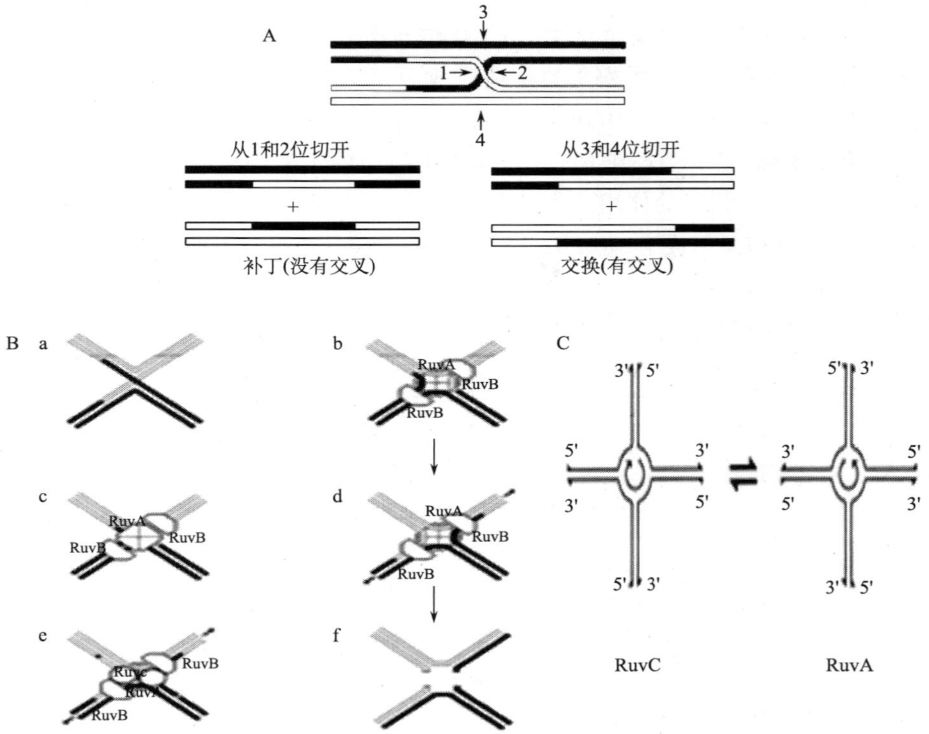

图 9.10　Holliday 结构拆分的两种方式

A. 这两种方式决定了在重组之后，姐妹 DNA 之间是否会引入交叉。而一旦交叉形成就会最终导致形成 DNA 二聚体或多聚体。交叉对于真核细胞染色体的分离，乃至于基因组的倍数都有重要影响。B. 拆分复合体 RuvABC 的组装。C. RuvA、RuvC 对 Holliday 结构的作用

找到对方并形成一对。这个过程是如何实现的尚不明确。原先以为和同源重组过程有关，但现在看来可能同源染色体之间的同源重组要位于这个事件之后，而不是之前。有证据表明同源染色体在有丝分裂和减数分裂过程中的整列可以促进同源重组在这些染色体之间的同源 DNA 序列进行重组。但是在真核细胞有丝分裂和减数分裂过程中经常会在染色体的一些部位出现 DNA 分子的双链断裂。这种 DNA 双链断裂并不是所谓的 DNA 损伤，而是有丝分裂和减数分裂过程所必需的。这些 DNA 双链断裂在处于细胞分裂过程中的染色体上以动态形式出现和消失，可以导致细胞学上可以分辨的形态变化，如在减数分裂细线期（leptoene）出现的 DNA 分子双链断裂可以在染色体上形成可以识别的小结，这种小结被称为早期小结（early nodule）。然后在偶线期这些 DNA 分子上的双链断裂消失，而在粗线期又可以出现双 Holliday 交叉，而到了双线期（diplotene）就形成了

成熟的重组子，在这个时期出现的小结被称为晚期小结（late nodule）。这个过程反映了在细胞的减数分裂过程中伴随着DNA分子的双链断裂和DNA双链断裂修复这个事实（图9.11）。但是迄今为止，这种伴随细胞减数分裂特异性DNA双链断裂只在出芽酵母细胞中被观察到。但是有理由相信在其他真核生物细胞的减数分裂过程中也存在着类似的现象。因为与这个过程有关的基因，如*SPO11*和*MRE11*的同源基因也存在于其他真核生物基因组中。如在裂殖酵母细胞的*rec12*和*rad32*就分别是出芽酵母的*SPO11*和*MRE11*的对应基因。

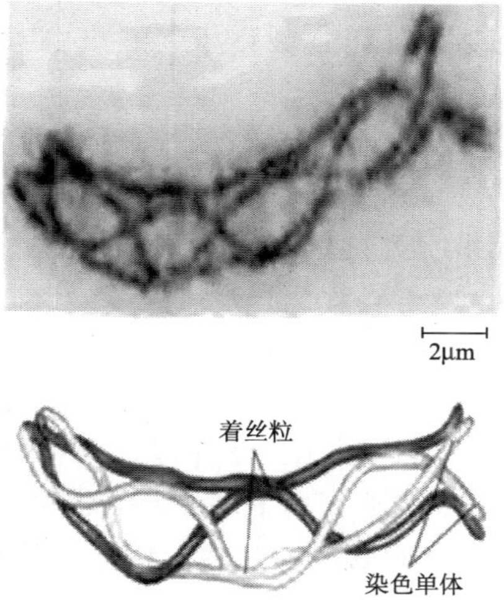

图9.11 真核生物细胞内发生在染色体有丝分裂和减数分裂过程中的同源重组

在减数分裂过程中出现的与同源重组有关的小结的数目和分布位置通常和染色体之间形成的交叉相对应。因此有人猜测这些小结可能是由多种蛋白质组成的复合体，而且这种蛋白质复合体可能与染色体之间进行的交叉控制有关。如果比较减数分裂过程中染色体上出现的早期小结和晚期小结的分布和数量就会发现，早期小结一般比较多，而且有时还会出现形态学上的差异，这些早期小结可能是DNA同源重组的链交换中间体，而晚期小结反映的是那些已经完成了同源重组过程的链交换反应，准备加以拆分的同源重组交叉中间体。支持这种推测的证据来自对Rad51和Dmc1蛋白质的体内示踪研究（Rad51的突变体是致死的，所以不能利用通常的遗传学研究策略）。利用胶体金标记的Rad51和Dmc1抗体可以出现在早期小结中，而且这些可以在电子显微镜下观察到。而利用类似的手段对晚期小结的研究发现，MSH4蛋白（与大肠杆菌中的MutS的同源，见第八章）会出现在这些晚期小结中。MSH4蛋白并不参与碱基错配对修复，而主要与同源重组过程中的交叉控制有关（见第八章）。但是在这些晚期小结中同时也发现了能够参与碱基错配对切除修复所需要的 Mlh1，以及另一个主要和同源重组有关的 MSH5，遗传学研究表明上述三种蛋白质组分作用在相同的步骤。其中 Mlh1 可能主要和交叉形成过程中的错配对碱基的识别或修复有关。与此类似，在小鼠细胞的有细胞减数分裂过程中也发现 Mlh1 蛋白出现在晚期小结中的现象。这进一步暗示可能上述机制在真核生物细胞的减数分裂过程中是保守的。

在真核细胞进行有丝分裂和减数分裂时，细胞内的同源染色体之间在每一代都会在某些 DNA 节段之间形成交叉。因此可以断定这种与 DNA 同源重组有关的染色体之间的交叉可能是真核生物有丝分裂和减数分裂过程所必需的。

（二）单链 DNA 空缺修复和同源重组

同源重组是从原核生物到真核生物细胞中保守的一种 DNA 维护机制。它既参与真核生物细胞有丝分裂和减数分裂过程中染色体的维护，同时也可以对 DNA 单链空缺和 DNA 双链断裂加以修复。同源重组在 DNA 单链断裂修复过程中的工作模型见图 9.12 或图 8.18，DNA 单链空缺处可以被 RecA（大肠杆菌）或 Rad51（真核细胞）在 RecFOR（大肠杆菌）或它们的功能类似物 Rad52、Rad54、Rad55 和 Rad57 等的各自帮助下形成 RecA* 和 Rad51*，这些分子可以侵入到姐妹染色单体上的具有同源性的区域，并随后形成交叉分子（图 9.12 或图 8.18），这些交叉的数目可以根据侵入的方式而不同，既可以形成一个交叉，也可以形成两个交叉。随后交叉内的 DNA 3′端可以被 DNA 聚合酶识别，并被其催化进行 DNA 的延伸合成。最后所形成的 DNA 交叉结构被交叉拆分酶分开，并最终完成整个的同源重组修复过程。

在这里需要强调的是，由于发现的大肠杆菌的交叉拆分酶可以以两种不同的形式拆分这种同源重组中出现的交叉（Holliday 交叉），所以经过这样两种形式的拆分可以发生姐妹染色单体间 DNA 交换，这样的重组产物被称为 crossing over产物；同时拆分也可以不形成姐妹染色单体上 DNA 交换的产物。利用大肠杆菌的研究结果表明，上述类型的单链 DNA 空缺的同源重组修复通常趋向于不形成 crossing over 产物，同样在真核生物细胞中也发现了类似的现象，但是据报道这种出现在大肠杆菌细胞中的趋向避免形成 crossing over 产物的同源重组可能与拆分酶 RuvABC 的作用方式有关；而出现于真核生物，如酵母中的类似现象可能与同源重组的发生过程有关。总之这个问题仍然有待于进一步深入研究。

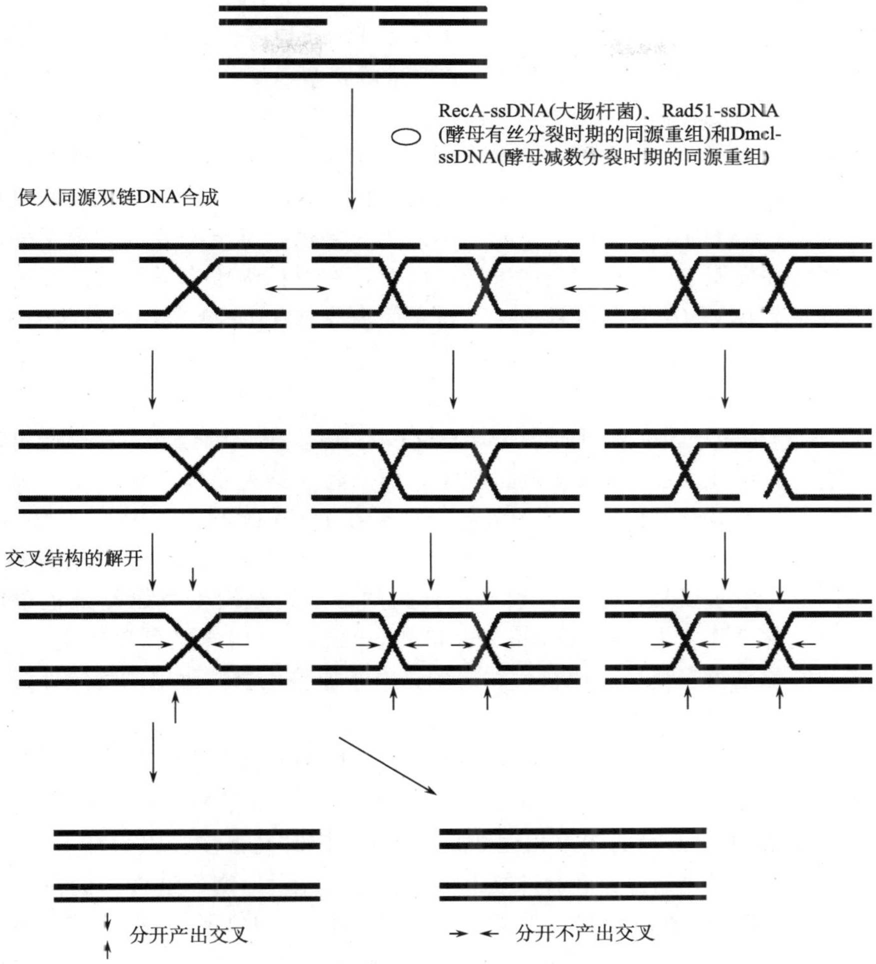

图 9.12 同源重组修复单链 DNA 空缺

(三) 同源重组与 DNA 双链断裂的修复

同源重组机制除了参与上述两大类基因的维护以外，还负责细胞内由于内源和环境中的活性氧游离基、离子辐射和化学试剂所诱发的 DNA 双链断裂的修复。在第八章中我们介绍了活性氧游离基、离子辐射和某些类似离子辐射效应的化学药物可以导致细胞内的 DNA 分子出现双链断裂，同时在真核和原核生物组胞的一些生理过程中，如出现于酵母细胞中的交配型转型（mating-switch）以及包括人在内的哺乳类抗体分子和 T 细胞表面受体的产生过程中所要发生 V

(D) J 重排，普遍存在于原核和真核生物基因组中转座因子的转座，DNA 复制过程中出现的 DNA 链断裂都需要经过 DNA 双链断裂过程或可以最终导致 DNA 双链断裂的出现。DNA 双链断裂是一类严重威胁基因组稳定性的 DNA 损伤。

对于诸如大肠杆菌这样原核生物而言，其营养细胞通常只是单倍体基因组，每个基因只有一个单一的拷贝。基因组为一闭环形 DNA 分子。这样的基因组上任何地方出现的 DNA 双链断裂一般都是致死的。因此，利用同源重组修复可能出现的 DNA 双链断裂对于原核生物细胞的生长繁殖是十分必要的。由于同源重组过程只能在同源 DNA 分子之间进行，因此，在原核细胞中进行的同源重组应该较多地发生在 DNA 复制过程之中，这是因为只有在 DNA 复制过程没有完成，细胞尚未分裂时，原核细胞内才会存在同源的 DNA 序列。在这个时期的细胞内可以很容易地找到姐妹染色单体 DNA 的同源区。因为姐妹染色体 DNA 是由同一 DNA 双链通过 DNA 复制而来（第五章），实际上等于十分忠实地制造出额外的一个自己。因此，在 DNA 复制过程中，两个姐妹染色单体尚未完全分离的时候就会在空间上有利于同源重组的进行。如果在 DNA 复制过程中，因为一条单链上存在着缺刻（nick），那么由于这种单链断裂所转化成的 DNA 双链断裂就可以利用同源重组手段加以修复。由于这样的同源重组是发生在姐妹染色单体之间，所以通常又称之为“sister chromatid exchange”（姐妹染色单体交换）。这种形式的同源重组广泛见于原核生物之中，对于原核生物基因组的稳定性维护具有十分重要的意义。

与此类似的是，同源重组机制多出现于真核细胞细胞周期的 S 晚期到 G_2 期，因为此时细胞内的 DNA 复制已经完成，因此，细胞利用同源重组机制对 DNA 双链断裂加以修复的频率相比细胞处于 G_1 期时高得多。因为在 S 期到 G_2 期的细胞内可以通过姐妹染色体来提供同源区。而在 G_1 期，这样的同源区只能在重复 DNA 序列范围内找到。需要指出的是，在 G_1 期出现的 DNA 双链断裂的修复主要是同过非同源末端双链断裂连接来实现的（见本章第四节“非常规重组”），此时利用同源重组机制对 DNA 损伤加以修复具有一定的风险。

到目前为止，已经提出了两种同源重组的工作模型。这两种工作模型的主要差别在于参与重组过程的侵入链是一条还是两条。Szostak 提出在重组过程中有两个 3′单链末端，同源重组对单链 DNA 空缺和 DNA 双链断裂使用的途径具有差别，单链 DNA 空缺的修复，在大肠杆菌中需要 RecF 途径（图 9.13）。而 DNA 双链断裂的修复主要使用的是 RecBCD 途径，同时也可以根据 DNA 双链断裂末端的具体情况使用 RecF 途径。造成这种使用上差异的主要是由参与同源重组途径中蛋白质底物特异性决定的。RecF/RecR 可以识别单链空缺 DNA 上的双链和单链 DNA 的结合部位，然后通过 RecF、RecR 和 RecO 的协同作用，形成 RecA*；类似的过程在真核生物细胞中是由 Rad52、Rad55、Rad57 等蛋白质和 Rad51 一道形成的 Rad51*，然后再利用姐妹染色体上的同源 DNA 序列加以修复。而双链 DNA 断裂后所产生的双链断端可以是平齐断端，也可能是“黏性”末端。RecBCD 识别平齐断端，并可以通过酶切制造出可重组的 3′凸 RecB 所携带的 RecA，随即和 ssDNA 形成 RecA*，之后进行同源重组（图 9.13）。当断裂之后的末端是“黏性”末端时，通常可以由具有 3′→5′解旋酶活性的 RecQ 和一种 DNA 外切核酸酶一起制造具有重组能力的 RecA*，而RecQ解旋酶通常被归为 RecF 同源重组途径，而在这个途径中 RecA* 的形成需要 RecFOR 等蛋白质的辅助，因此这种同源重组修复途径又被称为 RecF 途径（见前文）。

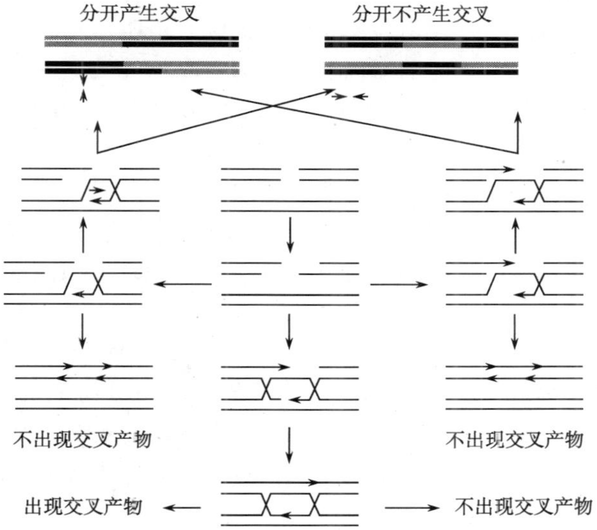

图 9.13 同源重组途径的多种可能性

五、同源重组修复 DNA 双链断裂的策略

（一）同源重组主要用于修复细胞内自主的和受外界环境作用所产生的 DNA 双链断裂

这种 DNA 双链断裂（DNA double strand break，DSB）对于原核生物来讲是致死的，因为原核生物的基因组通常是一个线性的环状大分子，含有两条 DNA 链。对于这样的基因组织结构来讲，一旦在某处发生断裂，那么 DNA 的复制就不再能够顺利地在进行下去了。

在真核生物中，双链断裂的修复有两种主要途径，一种是上面所谈的同源重组；另一种则为 NHEJ，即非同源末端连接。在同源重组时又可以分为三大类，一类发生在姐妹染色单体之间（这个策略通常见于原核生物之中），一般在 DNA 复制过程中进行；还有就是一般意义上同源序列之间进行重组；另外重组也可以在具有比较大的非同源性位点处进行。但是在进行同源重组时，最常见的是发生在姐妹染色单体之间的同源重组。对于真核生物来讲，由于其细胞要经过单倍体和二倍体之间的交替，因此，当细胞处于单倍体时期，或者当细胞内 DNA 处于复制间期，DNA 双链断裂损伤修复一般就不能通过同源重组来进行，这时的 DNA 双链断裂修复一般要使用非同源末端连接机制。当细胞处于二倍体，或者细胞内的 DNA 在复制过程中出现 DNA 的双链断裂，这个时候细胞就可以利用其同源重组机制对所出现的 DNA 双链断裂加以修复。因此 DNA 双链断裂对细胞的影响要视具体情况而定。但与原核生物细胞一个明显不同的地方是这种双链断裂往往会成为基因移位突变的原因。这个过程就是通常说的“断裂-融合-桥”的循环。对于单倍体的真核生物细胞，如生殖细胞，双链断裂也会造成上述突变。但区别于原核生物的地方是它不会导致整个细胞的死亡。而在诸如大肠杆菌细胞，同源重组是修复这些断裂的主要途径之一。

在离子射线或其他能够引起 DNA 损伤的环境中，细胞中的同源重组机制对于 DNA 损伤特别是 DNA 双链断裂损伤的修复至关重要。细胞对双链断裂 DNA 的识别，在 *E. coli* 中，这种识别是由 SOS 反应来实现的。在真核生物中这种识别是通过细胞周期的 S/G_2 检查点（checkpoint）来实现的。这是一个复杂的过程，它是一个由 P53、P21、ATM、ATR 等蛋白质组分组成的类似于原核生物中的 SOS 反应的过程。与 SOS 不同的是这个过程更加类似于细胞的第二信使传递，是通过磷酸化和去磷酸化修饰来实现，本身体现级联放大效应。

（二）同源性的要求

在同源重组过程中，*E. coli* 和枯草杆菌的同源性序列大小一般为 70bp，而在人等哺乳动物细胞中这要看具体情况而定，由于双链断裂诱导的同源重组可能需要大约 69bp 的同源序列，但在其他情况下，这种同源区的要求可能高达 700bp。

（三）同源重组与 DNA 复制的偶联

同源重组合 DNA 复制的偶联具有两方面的含义，一是在 DNA 重组过程中往往必须 DNA 的合成，即依赖于 DNA 复制的重组（DNA replication dependent recombination）；另一方面在 DNA 复制过程中同时需要同源重组机制维护，即一种依赖于 DNA 同源重组机制的 DNA 复制（recombination dependent DNA replication）。我们这里强调的同源重组和 DNA 复制的偶联主要指广泛存在于原核和真核生物细胞中的一种依赖同源重组的 DNA 复制过程。

六、参与同源重组过程的蛋白质也参与其他 DNA 损伤修复和细胞周期控制过程

在原核和真核生物中，同源重组除与 DNA 损伤修复有关之外，在正常的细胞周期过程中也发挥至关重要的作用。在 DNA 复制完成之后，通常在两条 DNA 分子之间引入交叉，这种交叉（crossing over），通常发生在两条姐妹染色体之间，可以形成二聚体基因组。多聚体基因组不能使染色体正常的分配到子代细胞中，因此细胞分裂之后通常在一个子细胞中含有二聚体，而另一个子细胞中则不含有染色体。这个过程对遗传物质的传递不利，可以导致细胞通过分裂出现多倍体、单体、三体等非整倍体基因组。而这对于人而言是非常有害的。

七、同源重组研究动向

（一）Holliday 中间体在同源重组过程中的作用

同源重组导致的 DNA 之间的交换和基因转换（gene conversion）是如何形成的？在同源重组机制研究的早期，Holliday 提出了一个假说，即在同源重组过程中，参与重组的两个分子之间需要形成一个中间体，这个中间体类似于一种十字交叉样结构，后来这样的重组中间体就用 Holliday 的名字加以命名，这就是现在常用的 Holliday 中间体的由来。Holliday 在提出这种重组中间体时，曾经试图解释基因交换和基因转换的形成机制。他认为基因转换可能源于重组中间体中的错配对碱基，而基因交换则源于重组中间体的最后拆分。现在看来这样的解释过于简单了。现在有报道表明，可能重组导致的基因交换和基因转换的途径并不相同。至少有来自酵母和其他低等真核生物的研究已经对 Holliday 的解释提出了挑战。有报道表明，在酵母中同源重组所导致的基因交换和基因转换是经过两种不同的途径实现的，同时也有人在其他生物中发现重组过程中 Holliday 中间体通常会表现出依赖所出现位置而出现干扰，这也就是现常说的交叉干扰现象(crossing over interference)。

（二）基因转换不仅能够维护遗传信息的稳定而且也能够产生遗传多样性

同源重组过程中的基因转换途径在原核和真核生物细胞中可以被用来修复基因组中出现的 DNA 双链断裂。这个反应体现的是同源重组在维护遗传信息稳定过程中的重要性。原先以为这个过程主要是发生在 DNA 损伤形成双链断裂或者在 DNA 复制过程中出现单链空隙之后的一种重要的修复手段，现在看来甚至在细菌的自然生长过程中，这种 DNA 修复可以导致适应性突变，也就是说处于静止状态的细胞依然可以根据环境逆境信号（如某种抗生素环境中）发生定向突

变，使细胞能够适应所在的环境，有意思的是这种获得性突变是可以稳定遗传的。同时也有报道表明当细菌和某些低等真核生物细胞处于生长逆境，如在对数后期细胞密度增大，环境中营养水平下降的情况下，细胞内的同源重组反应会变得活跃。因为这个时期细胞内的遗传物质会发生比较多的双链断裂，而同源重组试图修复这些 DNA 双链断裂，并可能促进遗传物质的重排(rearrangment)。

在真核生物细胞进行减数分裂形成配子的过程中，发生在同源染色体之间的基因交换又可以导致遗传物质多样性的出现。因为在一个细胞内通过有性交配而形成的基因组中含有两份分别来自双亲的同源染色体，它们之间发生的遗传物质的交换可以导致在所形成的配子之中遗传物质的多样性。同样，发生在非等位基因之间的基因转换也可以导致遗传物质的重新排列，导致遗传物质的多样性。一个典型的例子就是在鸡和某些哺乳类生物细胞中产生抗体的机制（见第十章相关内容）。

（三）发生在同源染色体和姐妹染色体之间的 DNA 重组是必需的

研究发现与真核生物细胞减数分裂有关的基因突变往往会导致染色体之间的不能分开（non-disjunction），也就是说有些姐妹染色体之间出现由 DNA 交叉所造成的两条染色体不能随微管的运动向两个子细胞中分配。在已经分离到的相关突变体中，有些基因突变导致 DNA 交换缺陷，但不影响 DNA 之间的转换，而在这些突变体中依然可以出现姐妹染色体之间的“nondisjunction”（不能分开交叉）。这样的发现不仅进一步表明重组过程中的基因交换和基因转换是经由两种不同的途径来实现的事实，而且也证明了出现 DNA 不能分开交叉的原因只与同源重组过程中的 DNA 交换有关，而和基因转换关系不大。目前越来越多的证据表明，同源重组对于所有生物细胞的繁殖、生长和发育起着至关重要的作用。

（四）同源重组可能与真核生物细胞中线粒体基因组的维持密切相关

现在发现在健康的真核生物细胞内，线粒体中通常都带有成百上千的线粒体 DNA 分子，这些 DNA 分子通常应该是完全一致的。但是在某些情况下，有些线粒体 DNA 分子发生了改变，这种情况通常被称为“异质化”，常见于某些疾病细胞中。这个过程可能与同源重组有关的基因突变有关。

（五）同源重组的分子机制得到了进一步研究

原先发现在大肠杆菌 RecA 和单链 DNA 形成 RecA-ssDNA 纤维丝，以及随后进行的 DNA 链转移过程中需要消耗 ATP 分子。现在已经发现在生物细胞中，类似的反应可以被其他蛋白质催化，而且后者并不需要消耗 ATP 分子。如大肠杆菌细胞中的 RecT 和 RecO 蛋白就可以催化和 RecA 催化的类似反应，但它们并不依赖消耗 ATP 分子。

主要参考文献

Anderson D G, Kowalczykowski S C. 1997a. The translocating RecBCD enzyme stimulates recombination by directing RecA protein onto ssDNA in a chi-regulated manner. Cell, 90: 77～86

Anderson D G, Kowalczykowski S C. 1997b. The recombination hot spot chi is a regulatory element that switches the polarity of DNA degradation by the RecBCD enzyme. Genes Dev, 11: 571～581

Bianco P R, Kowalczykowski S C. 1997. The recombination hotspot Chi is recognized by the translocating RecBCD enzyme as the single strand of DNA containing the sequence 59-GCTGGTGG-39. Proc Natl Acad Sci USA, 94: 6706～6711

Chaudhury A M, Smith G R. 1984. A new class of *Escherichia coli* recBC mutants: implications for the role of RecBC enzyme in homologous recombination. Proc Natl Acad Sci USA, 81: 7850～7854

Chen H, Ruan W B, Yu M et al. 1997. The RecD subunit of the RecBCD enzyme from *Escherichia coli* is a single-stranded DNA-dependent ATPase. J Biol Chem, 272: 10072～10079

Churchill J J, Anderson D G, Kowalczykowski S C. 1997. The RecBC enzyme loads RecA protein onto ssDNA asymmetrically and independently of X, resulting in constitutive recombination activation. Genes Dev, 13: 901～911

Cromie G A, Leach D R. 2000. Control of crossing over. Mol Cell, 6: 815～826

Davies A A, West S C. 1998. Formation of RuvABC-Holliday junction complexes *in vitro*. Curr Biol, 8: 725～727

Dennis C, Fedorov A, Käs E et al. 2004. RuvAB-directed branch migration of individual Holliday junctions is impeded by sequence heterology. EMBO J, 23: 2413～2422

Dillingham M S, Webb M R, Kowalczykowski S C. 2005. Bipolar DNA translocation contributes to highly processive DNA unwinding by RecBCD enzyme. J Biol Chem, 280: 37069～37077

Dixon D A, Kowalczykowski S C. 1991. Homologous pairing *in vitro* stimulated by the recombination hotspot. Chi Cell, 66: 361～371

Dixon D A, Kowalczykowski S C. 1993. The recombination hotspot chi is a regulatory sequence that acts by attenuating the nuclease activity of the *E. coli* RecBCD enzyme. Cell, 73: 87～96

Gibson F P, Leach D R F, Lloyd R G. 1992. Identification of sbcD mutations as cosuppressors of recBC that allow propagation of DNA palindromes in *Escherichia coli* K-12. J Bacteriol, 174: 1222～1228

Heyer W D. 2004. Recombination: Holliday junction resolution and crossover formation. Curr Biol, 14: R56～R58

Hegde S S, Sandler J, Clark A J et al. 1995. RecO and recR mutations delay induction of the SOS response in *Escherichia coli*. Mol Gen Genet, 246: 254～258

Hegde S P, Qin M, Li X et al. 1996. Interactions of RecF protein with RecO, RecR, and single-stranded DNA binding proteins reveal roles for the RecFRecO-RecR complex in DNA repair and recombination. Proc Natl Acad Sci USA, 93: 14468～14473

Hegde S P, Rajagopalan M, Madiraju M V V S. 1996. Preferential binding of *Escherichia coli* RecF protein to gapped DNA in the presence of adenosine (g-thio) triphosphate. J Bacteriol, 178: 184～190

Hiom K, West S C. 1995. Branch migration during homologous recombination: assembly of a RuvAB-Holliday junction complex *in vitro*. Cell, 80: 787～793

Iwasaki H, Takahaghi M, Nakata A et al. 1992. *Escherichia coli* RuvA and RuvB proteins specifically interact with Holliday junctions and promote branch migration. Genes Dev, 6: 2214～2220

Iwasaki H, Takahaghi M, Shiba T et al. 1991. *Escherichia coli* RuvC protein is an endonuclease that resolves the Holliday structure. EMBO J, 10: 4381～4389

Khakhar R R, Cobb J A, Bjergbaek L et al. 2003. RecQ helicases: multiple roles in genome maintenance. Trends Cell Biol, 13: 493～501

Liu J, Marians K J. 1999. PriA-directed assembly of a primosome on Dloop DNA. J Biol Chem, 274: 25033～25041

Liu J, Xu L, Sandler S J et al. 1999. Replication fork assembly at recombination intermediates is required for bacterial growth. Proc Natl Acad Sci USA, 96: 3552～3555

Lloyd R G. 1991. Conjugational recombination in resolvase-deficient ruvC mutants of *Escherichia coli* K-12 depends on recG. J Bacteriol, 173: 5414～5418

Lloyd R G, Buckman C. 1991. Genetic analysis of the recG locus of *Escherichia coli* K-12 and of its role in recombination and DNA repair. J Bacteriol, 173: 1004～1011

Lusetti S L, Cox M M. 2002. The bacterial RecA protein and the recombinational DNA repair of stalled replication forks. Annu Rev Biochem, 71: 71～100

McGlynn P, Lloyd R G. 2000. Modulation of RNA polymerase by (p) ppGpp reveals a RecG-dependent mechanism for replication fork progression. Cell, 101: 35～45

McGlynn P, Lloyd R G. 2002. Genomestability and the processing of damaged replication forks by RecG. Trends Genet, 18: 413～419

Meddows T R, Savory A P, Lloyd R G. 2004. RecG helicase promotes DNA double-strand break repair. Mol Microbiol, 52: 119～132

Nakayama H. 2005. *Escherichia coli* RecQ helicase: a player in thymineless death. Mutat Res, 577: 228～236

Raynard S, Bussen W, Sung P. 2006. A double holliday hunction dissolvasome comprising BLM, topoisomerase Ⅲ {alpha}, and BLAP75. J Biol Chem, 281: 13861～13864

Roman L J, Kowalczykowski S C. 1989. Characterization of the helicase activity of the *Escherichia coli* RecBCD enzyme using a novel helicase assay. Biochemistry, 28: 2863～2873

Seigneur M V, Ehrlich B S D, Michel B. 1998. RuvAB acts at arrested replication forks. Cell, 95: 419～430

Schiestl R H, Prakash S, Prakash L. 1990. The SRS2 suppressor of rad6 mutations of *Saccharomyces cerevisiae* acts by channeling DNA lesions into the RAD52 DNA repair pathway. Genetics, 124: 817～831

Sun H, Bennett R J, Maizels N. 1999. The *Saccharomyces cerevisiae* Sgs1 helicase efficiently unwinds G-G paired DNAs. Nucleic Acids Res, 27: 1978～1984

Sung P, Krejci L, Van Komen S et al. 2003. Rad51 recombinase and recombination mediators. J Biol Chem, 278: 42729～42732

Sung P, Klein H. 2006. Mechanism of homologous recombination: mediators and helicases take on regulatory functions. Nature Rev Mol Cell Biol, 7: 739～750

Taylor A F, Smith G R. 1995. Monomeric RecBCD enzyme binds and unwinds DNA. J Biol Chem, 270: 24451～24458

Taylor A F, Smith G R. 2003. RecBCD enzyme is a DNA helicase with fast and slow motors of opposite polarity. Nature, 423: 889～893

Tuteja N, Tuteja R. 2004. Prokaryotic and eukaryotic DNA helicases. Essential molecular motor proteins for cellular machinery. Eur J Biochem, 271: 1835～1848

Tuteja N, Tuteja R. 2004. Unraveling DNA helicases. Motif, structure, mechanism and function. Eur J Biochem, 271: 1849～1863

Veaute X, Delmas S, Selva M et al. 2005. UvrD helicase, unlike Rep helicase, dismantles RecA nucleoprotein filaments in *Escherichia coli*. EMBO J, 24: 180～189

Veaute X, Jeusset J, Soustelle C et al. 2003. The Srs2 helicase prevents recombination by disrupting Rad51 nucleoprotein filaments. Nature, 423: 309～312

Whitby M C, Lloyd R G. 1998. Targeting holliday junctions by the RecG branch migration protein of *Escherichia coli*. J Biol Chem, 273: 19729～19739

Wu L, Hickson I D. 2003. The Bloom's syndrome helicase suppresses crossing over during homologous recombination. Nature, 426: 870～874

Xu L, Marians K J. 2003. PriA mediates DNA replication pathway choice at recombination intermediates. Mol Cell, 11: 817～826

第十章　其他形式的重排

第一节　位点特异性重组

一、位点特异重组概论

同源重组多用于对发生在染色体之内的 DNA 损伤进行修复，主要体现忠实的特点。我们接下来论述的位点特异性重组（site-specific recombination）却经常发生在额外 DNA 序列和染色体 DNA 序列之间，重组的结果通常导致 DNA 片段的相对位置发生改变，并导致 DNA 序列发生重排。顾名思义，位点特异性重组需要特异的 DNA 位点，它受一些特定的重组蛋白的催化，在特定 DNA 位点上进行的相互交换过程。位点特异性重组一般不会导致 DNA 的缺失，也不需要 DNA 的合成，两个 DNA 分子之间进行的交换是通过一个简单的 DNA 断裂和重接机制实现的。

一般而言，位点特异重组可能导致三种可能的分子重排产物，如果是发生在一个 DNA 分子之内的位点特异性重组，通常导致 DNA 分子的切除或倒位，而如果是发生在 DNA 分子之间，那么通常导致两个 DNA 分子之间的整合。因此，位点特异重组在反应机制上不同于同源重组。同源重组需要单链 DNA 和 RecA/Rad51/Dmc1 等蛋白质纤维状复合体，并在这些蛋白质的帮助下由一个 DNA 序列识别另一个 DNA 序列。位点特异性重组虽然也需要 DNA 序列之间的同源性，但同源性并不决定 DNA 分子之间的识别。也就是说，位点特异重组并不紧密依赖于 DNA 顺序的同源性，它主要依赖于底物和产物的拓扑学性质。

据此看来，位点特异重组是生物在进化过程中获得的一种依赖于具有 DNA 拓扑异构酶Ⅱ活性，发生在特定的蛋白酶和 DNA 分子之间的拓扑学性质，在特定的 DNA 位点之间进行的 DNA 重排事件。在 DNA 分子重排过程中，特定的蛋白酶可以特异地催化重组 DNA 分子之间双链的瞬时断裂和其后的重新连接。

二、位点特异重组的过程

λ 噬菌体 DNA 同大肠杆菌染色体 DNA 的整合和分离就是典型的位点特异重组。大肠杆菌 λ 噬菌体的基因组是一种线性双螺旋。它在大肠杆菌之中的繁殖可以有两种形式，一种是以游离的噬菌体形式存在于细胞质中，另一种是 λ 噬菌体的基因组通过位于噬菌体基因组上的 attP 和位于大肠杆菌染色体上的 attB 位点整合到大肠杆菌染色体中形成溶原噬菌体（图 10.1）。λ 噬菌体 DNA 能通过重组作用整合进 *E. coli* 染色体的特异位点，成为溶原噬菌体（prophage）。

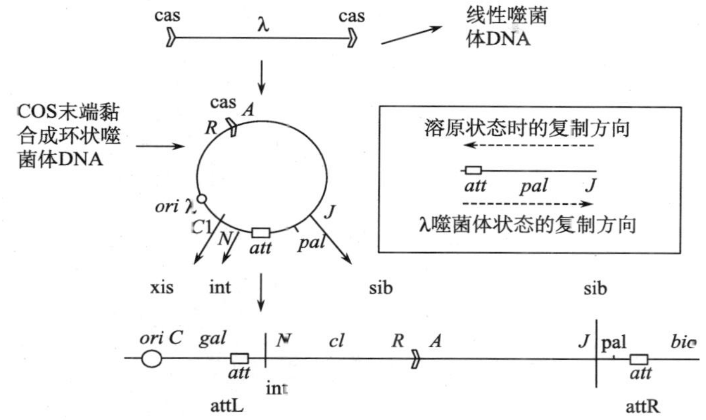

图 10.1　λ 噬菌体基因组织结构（其中 *sib* 基因在线性噬菌体时和 *int* 基因相邻，而在溶原状态时两者分开）

（一）λ 噬菌体的整合（integration）

λ 噬菌体和大肠杆菌染色体之间的位点特异性重组在反应机制上明显不同于同源重组。这个过程发生在噬菌体和染色体上的“接触位点”（attachment site）之间，同时还需要多种蛋白质参与催化（图 10.2）。

1. *int* 基因及其产物

在 λ 噬菌体基因上，紧邻 attP 位点有一个 *int* 基因，编码 λ 整合酶（integrase）（图 10.2）。此基因突变体可以导致 λ 噬菌体整合能力的丧失。因此这个基因突变体不能形成溶原噬菌体。Int 具有和 attP 结合的能力。纯化的 Int 具有Ⅰ型拓扑异构酶活力，可以作用于超螺旋 DNA。Int 可以在噬菌体的 attP 和大肠杆菌染色体上的 attB 处分别切割，将两个环状 DNA 分子变成一个大环。在噬菌体感染的早期即有大量整合酶产生，故几乎所有被感染的细胞都发生整合作用。这种作用现在已经可以用体外模型来进行离体操作，成了 λ 噬菌体分子生物学操作的常规方法。

2. 宿主整合因子

大肠杆菌中与 λ 噬菌体的整合有关的细胞因子是一种辅助蛋白，称为整合作用宿主因子（integration host factor，IHF），属于真细菌细胞内的 DNA 弯折蛋白家族成员。这种整合因子包括 HimA 和 HimD 两个蛋白质组分，分子质量为

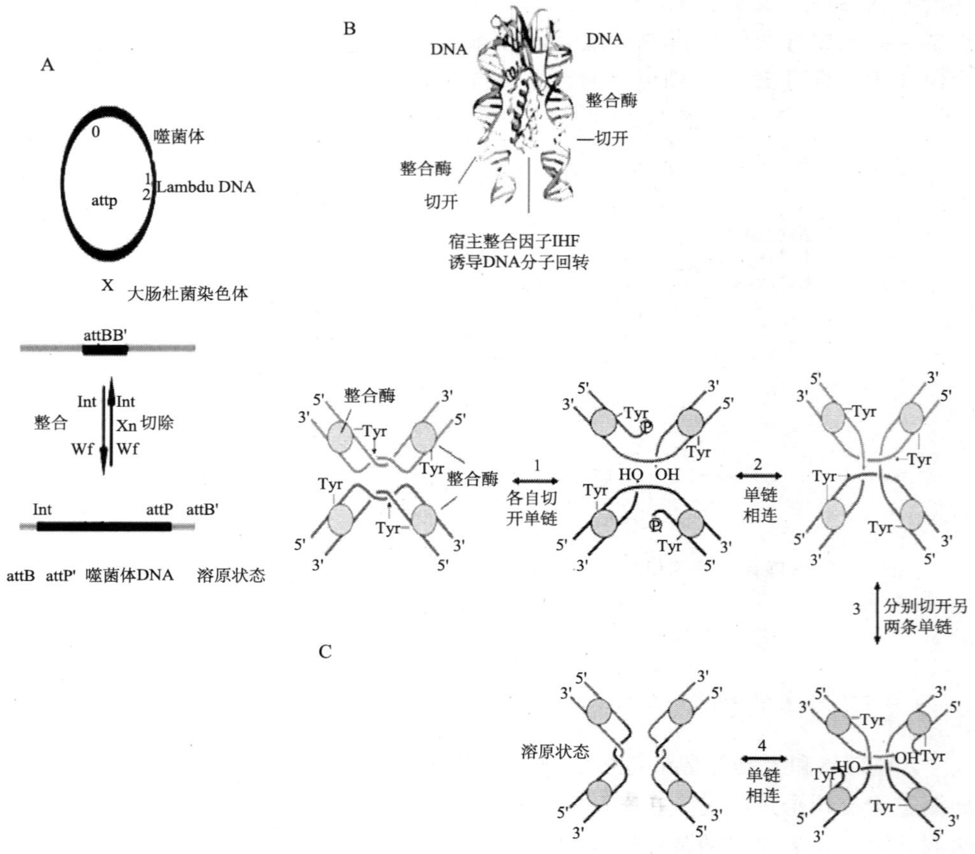

图 10.2 λ噬菌体整合入宿主基因组的位点特异性重组过程

22kDa。IHF 蛋白可以把λ噬菌体 DNA 进行"U 回转"(U-turn),并借此促进 attB 和 attP 之间的识别和配对(图 10.2)。

3. Xis 蛋白

Xis 蛋白特异性地催化溶原状态的噬菌体左右臂 attL 和 attR 之间的重组反应,主要负责催化溶原噬菌体从大肠杆菌染色体上切除(图 10.2)。

(二)λ噬菌体的整合位点特异性重组的机制

大肠杆菌染色体上具有 attB 位点。它由 BOB′三个 DNA 序列组成,而相对应的噬菌体上的 attP 则由 POP′组成。O 被称为核心序列,在 attB 和 attP 都有。而 O 两侧的序列 B,B′和 P,P′则被称为"臂",各位于基因组和λ噬菌体 DNA 分子之上。尽管λ噬菌体 DNA 是双链线性的,但在向染色体整合时却以环状

DNA 的形式进行。λ 噬菌体基因组上的 POP′序列和染色体上的 BOB′序列相互识别，此过程需要 IHF 和 Int 的协助。Int 的拓扑异构酶活性使 POP′和 BOB′分别形成两个线性分子，并彼此在 B′P 和 BP′端连接，形成一个大的环状分子。此过程中没有发现稳定的中间体产物，也不需要 ATP 提供能量。完全依赖整合酶的拓扑异构酶活性（图 10.2）。整合酶和 IHF 在 att 上都有特定的结合位点，体外实验发现这两种蛋白质结合在 att DNA 的特定位点上。需要20～40 个整合酶分子和约 70 个 IHF 分子。这种数量上的要求可能表明这两种蛋白质除了发挥催化作用之外同时对 DNA 的构象具有贡献。在每次重组中都要形成某种复合物结构。通过缺失实验发现，整合过程 attP 至少需要 250bp 大小，在这个区域有核心序列（core）在内的约 23bp。这个 250bp 的区域，以及整个 attP 可绕在整合酶分子的周围，形成类似核小体的结构。其中含有约 8 个整合酶的单体，每个的分子质量约为 40kDa。attB 和 attP 中有相同的 15bp 的核心序列是彼此相互识别的关键部位，其中任何一方面发生改变都会影响整合效率。但是如果两者变化一致那么整合反应可以得到恢复。

λ 噬菌体通过重组被整合入细菌染色体中，之后再次成为线性序列。整合之后的噬菌体的两侧重新形成两个新的杂种 att 位点，左侧称为 attL，由 BOP′组成，而右侧为 attR，由 POB′组成。这种整合在大肠杆菌染色体上的 λ 噬菌体可以通过紫外线的处理重新发生可逆的解离。此时 λ 噬菌体可以重新与染色体分开，使细菌和噬菌体 DNA 恢复至整合前的状态。这个过程受一种称为切除酶（excisionase）的蛋白质催化（图 10.2）。在这个过程中，切除酶要求识别 attL 和 attR。因此，重组位点的识别就决定了位点专一性。由此可见，λ 噬菌体向染色体上的整合和可逆性解离是分别受整合酶和切除酶在特定的 DNA 位点（attP 和 attB）处进行的可逆性重组过程。特异性重组的方向是双向的，可以整合也可以切除。这个过程中整合酶和 IHF 对整合和切除都是必需的（图 10.1，图 10.2）。切除酶在控制反应方向上起着重要作用，它对切除是必需的，但能抑制整合。有意思的是，在 λ 噬菌体切除的环化过程中有时会出现切除错误。

从图 10.1 可知，λ 噬菌体在大肠杆菌基因组上的整合位点两侧分别有 *bio* 和 *gal* 基因。有时候当 λ 噬菌体被从基因组中切出时会携带有两侧的基因序列，从而使宿主表现出 bio^- 或 gal^- 表型，使这些大肠杆菌成为 *bio* 或 *gal* 的缺失突变体。而新生成的 λ 噬菌体的基因组中则带有 *bio* 或 *gal* 的基因片段，分别称为 λbio（λdbio）或 λgal（λdgal）噬菌体。当 λgal 或 λbio 噬菌体再次转染新的大肠杆菌宿主时，就会把原先菌株的 *gal* 或 *bio* 基因带到新的大肠杆菌宿主中去。因此 λ 噬菌体所表现出的类似过程又被称为 λ 噬菌体的转导。在这种转导过程中伴随有某些基因的重组，包括原先宿主的相关基因的缺失和后继宿主的相关基因的获得或重复。类似于 λ 噬菌体的转导能力的还有大肠杆菌的 P1 噬菌体，但是 P1

噬菌体的转导并不是体现的位点特异重组机制，它是通过同源重组，依赖噬菌体和宿主基因组之间所拥有的DNA序列的同源性进行的。

三、位点特异性重组与染色体二聚体的拆分

位点特异性重组的另一个例子是大肠杆菌中的XerCD-Dif系统。在大肠杆菌染色体DNA复制过程中，通过两条链之间发生的交换可以形成交叉（见同源重组），这种交叉的结果可以在DNA合成完成之后形成含有两个姐妹染色单体的二聚体DNA分子。二聚体的形成可以在随后的细胞分裂过程中造成没有染色体的子代细胞和含有聚合体染色体的子代细胞。因此，二聚体染色体需要在细胞分裂之前拆分成两个染色体单体。XerCD-dif系统就负责这个过程。从图10.3中可见，当细菌染色体复制起始之后，新生的两个姐妹DNA双链分子之间会出现交叉，交叉的数目可以是奇数，也可以是偶数。由于在偶数交叉之间可以最终抵消交叉，所以不会形成染色单体二聚体；但是奇数交叉却可以造成两个姐妹DNA分子之间不能分开，并形成染色体二聚体。细胞为了消除这样的染色体二聚体，通常需要在一个特定的位点Dif进行位点特异性重组。首先，位于两个新合成出的姐妹染色单体上的Dfi-DNA序列进行配对，之后在XerCD的催化下“释放”出可以导致染色体二聚体形成的交叉。这个过程不仅和细菌染色体复制有关，而且可能和真核生物线粒体DNA复制也有关系。最近的研究表明，在上述反应过程中，FtsK可以促进在dif位点处进行的联会反应。FtsK蛋白沿DNA双链“滑动”并依次促进两个姐妹染色单体通过各自的Dif位点进行联会。然后，FtsK-XerCD形成复合体完成染色体二聚体向染色体单体的转化。

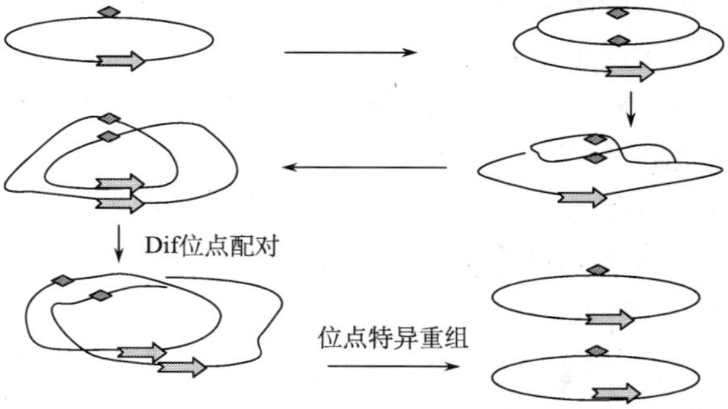

图10.3　位点特异性重组与染色体二聚体的拆分

四、位点特异性重组的一些生物学效应

在原核生物中发现许许多多的生物反应过程是通过位点特异性重组实现的，

如许多噬菌体繁殖过程中和宿主 DNA 之间的整合和分离；对于两种相互抵触的基因表达的控制；细胞质中质粒分子稳定性的维持；以及某些转座子的活动。下面对位点特异性重组和基因表达的调控加以简要论述。

现在知道参与位点特异性重组的酶类可以总体上分为两大类，一类以 λ 噬菌体的 Int 整合酶为代表；另一类则以转座子 Tn3 家族所编码的拆分酶（resolvase）为代表。λ 噬菌体整合酶 Int 的功能已在上文进行了阐述，它主要催化噬菌体 DNA 向宿主染色体上的整合，实际上催化的是两个 DNA 分子之间的反应。而拆分酶（resolvase）则主要是催化同一分子内不同 DNA 位点之间的重组。这样的分子内位点特异性重组可以导致底物 DNA 片段的倒位或缺失（解离）。有些生物能够利用这种重组倒置来控制两个“互不相容”的基因的表达。如自沙门氏菌的 Hin、噬菌体 Mu 的 Gin、P1 噬菌体的 Cin，以及来自大肠杆菌中的 Pin 等。Hin 催化的 DNA 片段倒位负责控制沙门氏菌鞭毛蛋白之间的位相转换。在沙门氏细菌中存在两种鞭毛蛋白质 *H1* 和 *H2* 基因，这两个基因从不同时表达，在某一个时期，细菌只表达其中的一种，要么 *H1*，要么 *H2*。研究发现负责鞭毛 *H2* 基因转录的启动子位于 *hin* 基因一侧，两者组成一个单元。在这个基因单元的两侧分别有一个 14bp 的反向重复序列。这两个反向重复 DNA 序列就是 Hin 识别的靶位点（图 10.4）。

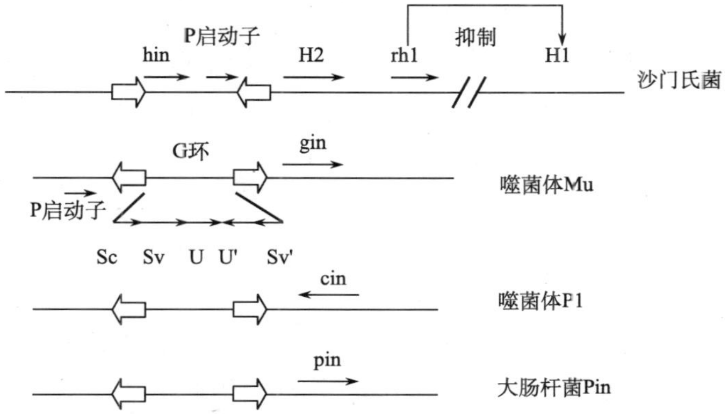

图 10.4　由倒位酶（invertase）催化的 DNA 倒位和基因表达的调节控制

当位于两个 14bp 反向重复 DNA 序列之间的 DNA 片段被 Hin 催化发生倒位时，有一种情况是负责 *H2* 基因转录的启动子正好处于 *H2* 结构基因的上游，因此能够启动 *H2* 基因的转录。当 *H2* 基因被转录之后，在其下游有一个 *rh1* 基因，该基因编码的产物是位于远处的 *H1* 基因的阻抑蛋白，能够抑制 *H1* 基因的表达。而且 *H2* 和 *rh1* 处于同一转录单位之中，也就是说当 *H2* 转录时，*rh1* 也同时被转录，故可以导致 *H2* 表达而 *H1* 不表达。与此相反，另一种情况是倒位使得 *H2* 启动子远离 *H2* 结构基因，由于此时 *H2* 缺乏启动子结构故不能被转录，同时 *H1* 的阻抑蛋白也不能被转录，故 *H1* 此时是可以表达的。

与沙门氏菌鞭毛蛋白基因转录控制相类似的另一个例子是噬菌体 Mu 表面与细菌细胞吸附有关的一组蛋白质，分别定名为：S（56kDa）、U（21kDa）、S′（48kDa）和U′（26kDa）。从图 10.4 中可见，在噬菌体 Mu 基因组中，这一个区域位于一个长约 3kb 的 G 环（G-loop 或 G-segment）内。有意思的是，这个 G 环区可以发生类似于沙门氏菌中 hin 的倒位现象。当 G 节段的方向处于 gin 一方时，我们称之为 G（+），此时基因 S 和 U 表达，故噬菌体 Mu 可以感染 *E. coli* K12，感染是溶菌体的。而当处于 G（−）时，基因 S′和 U′表达，此时的 Mu 噬菌体可吸附在 *E. coli* C 上，故可以感染包括 Citrobacter、Shigella、Serratia、Enterobacter 等一些宿主。研究发现，在 G 环一侧的 *gin* 基因编码一个类似于沙门氏菌 Hin 的倒位酶，对 G 环的方向转换是必需的。同样在噬菌体 P1 中也有一个类似的 *cin* 基因，对其 C 片段的反向反应是必需的。在大肠杆菌中也发现了一个类似的但功能不清楚的调节控制机制（图 10.4）。大肠杆菌中的 *pin* 基因产物能促使与其相邻的一个约 7.8kb 的 DNA 片段发生倒置。同时该倒置片段的两端各有一个 29bp 长的反向重复序列。目前尚不清楚该片段倒置的生物学意义何在。除此之外，最近在大肠杆菌细胞中发现了一类与含有短的反向重复 DNA 序列的倒置重组反应有关的机制，初步研究表明这样的重组可能和 SbcC 及其相关基因产物的活性有关。最后需要强调的是，迄今发现的位点特异性重组过程都和参与反应的 DNA 的拓扑学性质密切相关。

第二节　转 位 重 组

一、转位重组概论

顾名思义转位重组或者又被称为转座重组（这种称呼上的差异主要和中文翻译有关，在英文文献中是一个字：transposition，因此从字面直翻可能翻译成转位重组更合适）是与可转位因子活动有关的一类重组。这些可转位因子包括原核和真核生物来源的转座子，以及常见于真核生物细胞中的反转录转座子、反转录因子、某些假基因和某些类型的内含子 DNA 序列等。从这些可转位 DNA 因子的组织结构、DNA 序列和转位机制来看，它们大体上可被分为两大类群。Ⅰ类可转位因子包括反转录子和反转录转座子。这类可转位因子通常需要 RNA 作为转位的中间体，其中反转录子的 RNA 和信使 RNA 结构极其相似，而反转录转座子的 RNA 中间体序列则更像反转录病毒的 RNA，它们和反转录病毒一样具有长末端重复 DNA 序列（long terminal repeat，LTR），因此很多人认为它们可能就是来源于反转录病毒。Ⅱ类可转位因子包括原核生物细胞中的插入 DNA 序列（insertion DNA sequence，IS）和那些通过 DNA 中间体而又受转座酶催化的“真正”的转座子。和Ⅰ类可转位因子不同的是，Ⅱ类可转位因子的 DNA 两个末端含有 20～200bp 的反向重复 DNA 序列（terminal inverted DNA repeat，TIR），值得说明的是，这两个反向重复 DNA 序列可以表现出不同。转位重组和同源重组相比并不十分依赖于 DNA 之间的同源序列。基本上是一种不依靠同源性的 DNA 重组机制。转位重组可以在染色体上广泛进行，而并不只局限于某些特定的 DNA 位点。研究发现这种转位重组通常是存在于细胞内染色体或质粒上的一种可以移动的 DNA 片段，因为可以在整个基因组范围内变换位置，所以称其为转位因子（transposable element）。现在已经知道，转位因子广泛存在于从微生物到人类细胞中。

二、微生物中的插入序列和组成型转座子

迄今为止，在原核生物中发现的可转位因子基本是Ⅰ类可转位因子。这些微生物中的转位因子有一类结构相对简单，只负载与转位有关的转位酶基因。我们通常把这一类转位因子称为“插入序列”（insertion sequence，IS）。被称为插入序列的转位因子大小一般在 750～40 000bp，其组织结构基本上是由两端的倒置重复序列加一个编码和转位有关的转位酶的结构基因组成（图 10.5）。而且很多的时候，该转位酶基因的启动子序列就位于两端的倒置重复序列之中，如 IS1 所编码的转位酶的启动子就位于其两端的反向重复 DNA 序列之中。另一类则较复杂，称为转位子或转座子（transposon，Tn），这类转位因子除了编码自身转位所需要的转位酶之外通常还携带额外的与抗性有关的基因，如抗药性或抗重金属的基因等。原核生物来源的这两类可转位因子的组织结构可参考图 10.5 和图 10.6。

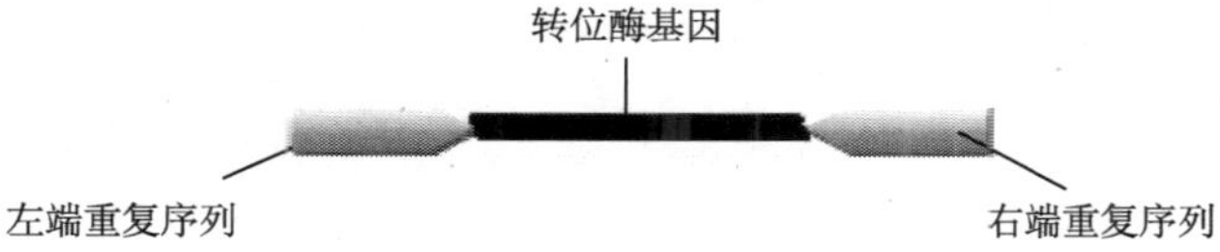

1. 末端具有倒置重复序列
2. 几乎总寄附于染色体或质粒DNA中，很少游离存在
3. 所在位置的宿主DNA序列可以表现出较大的差异
4. 转位过程中伴随着宿主DNA识别序列的重复
5. 转位过程中通常伴随着多种形式的DNA突变

图 10.5 原核生物来源的“插入 DNA 序列”的组织结构

图 10.6　组成型转座子的组织结构

微生物中的插入因子组织结构具有如下一些特征

这些插入 DNA 序列在转位过程中可引起多种形式的生物学效应。包括基因的重复、缺失、倒位和相互之间的移位突变。不仅如此，由于很多 IS 因子中可含有启动子序列，因此当这种 IS 插入到一个基因的内部或邻近区域，可以作为 RNA 聚合酶起始转录的位点，并使其相邻的基因开始表达。大肠杆菌 *Bgl* 基因的激活就可以凭借 IS1 插入到 CAP 蛋白结合位点上游大约 50 个碱基的地方。大肠杆菌的 *Bgl* 基因编码和环境中含有的芳香环侧基的葡糖苷的水解有关的一种蛋白质。在通常的情况下该基因的转录水平很低。但是某些基因的突变体却可以提高这个基因的表达水平。研究发现这些基因突变体和 IS 的插入或许有关系。

IS 可能是所有可移动因子的最小单位，这是因为在迄今发现的另一类可移动因子转座子的组织结构中，其两端通常含有相同或不同的 IS 或 IS 的一部分。这表明转位因子可以被看作 IS 的一种新的组织形式。后来装置就能像 IS 一样移动，而两端的 IS 却反而成了转座子之中的一部分了。有关组成型转座子的组织结构见图 10.6。常见的原核生物的插入因子和组成型转座子见表 10.1 和表 10.2。

表 10.1　一些较常见的原核生物中的插入 DNA 序列

插入序列	靶位点重复	插入序列两端反向重复	插入序列全长	插入位点特异性
IS1	9bp	23bp	768bp	随机
IS2	5bp	41bp	1327bp	热点
IS4	11～13bp	18bp	1428bp	AAAN20TTT
IS5	4bp	16bp	1195bp	热点
IS10R	9bp	22bp	1329bp	NGCTNAGCN
IS50R	9bp	9bp	1531bp	热点
IS903	9bp	18bp	1057bp	随机

表 10.2 一些较常见的原核生物中的组成型转座因子

组成型转座子	左末端	抗性标记	右末端	末端重复序列类型	序列全长	转座机制
Tn3	38bpIR	青霉素等含内酰胺类抗生素	38bpIR	倒置重复	4957bp	通过复制进行分子间转座
Tn5	IS50L（失活状态）	卡那霉素抗性	IS50L（有功能）	倒置重复	5820bp	Cut-paste 机制
Tn9	IS1（有功能）	氯霉素抗性	IS1（有功能）	正向重复	2650bp	通过复制进行
Tn10	IS10L（失活）	四环素抗性	IS10R（有功能）	倒置重复	9300bp	Cut-paste 机制
Tn903	IS903（有功能）	卡那霉素抗性	IS903（有功能	倒置重复	3094bp	Cut-paste 机制

三、真核生物中的转座子

真核生物的转座子最早是 Mclintock（Barbara Mclintock）于 20 世纪 40 年代从玉米中发现的。她最早发现了玉米中的不稳定突变和染色体断裂与转座子的活动有关。自她之后在几乎所有的真核生物中都发现了转座子。真核生物中发现的转座子可根据各自的组织结构和转座行为分为两大类（图 10.7），即Ⅰ类和Ⅱ类。Ⅰ类转位因子的中间体是 RNA 分子，需要反转录酶的催化；包括①自主反向转座的 DNA 因子，如含有长末端倒置重复序列的反转座子（long terminal inverted repeat containing retrotransposon，LTR containing）和不含有长末端倒置重复序列的反转座子（non LTR retrotransposon）；②非自主反向转座因子序列，包括 Alu 重复序列和假基因序列等。Ⅰ类转座子的组织结构和转座行为有些类似于反转录病毒，而有些又明显不同于反转录病毒。根据这个标准又把Ⅰ类

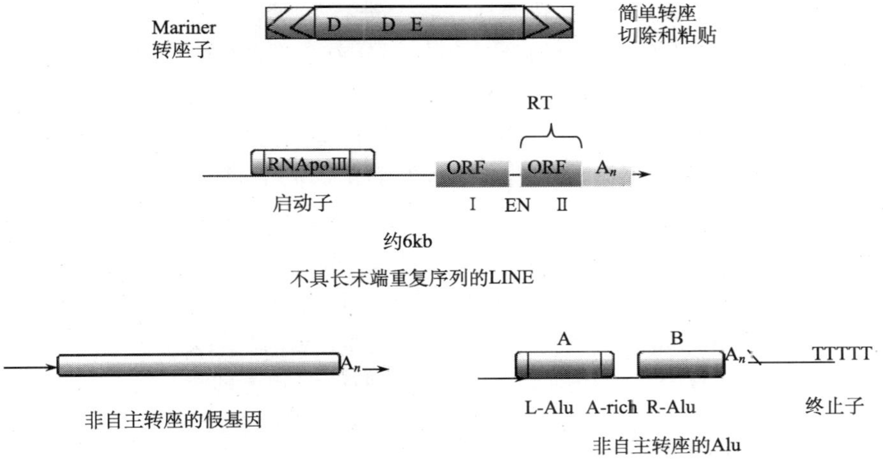

图 10.7 以 RNA 为中间体的真核生物转座子

转座子分为病毒类和非病毒类转座子两大类。类似反转录病毒类转座子到包括酵母中的 Ty 因子、果蝇中的 copia 和玉米中的 Bs1 等；此外，属于这类转座子的还有人和哺乳类生物细胞中的 LINE，果蝇中的 I，以及玉米中的 Cin4 等。属于Ⅰ类转座子但又不同于反转录病毒的真核转座子包括 SINE 和假基因等。Ⅱ类转座子的转座是从 DNA 到 DNA，其间不经过 RNA 中间体。这类转座子从组织结构和转座行为上和原核生物的转座子类似。如玉米中的 Ac/Ds、果蝇中的 P、Tam3、hobo 和 Mariner 因子等。

以人类基因组为例，在近 3 亿碱基对的基因组中，转座子 DNA 序列和转座子衍生的 DNA 序列约占整个基因组的 1/3。这些转座子广泛分布于整个基因组的不同部位。其中，绝大多数是带有缺陷的转座子和类似转座子的其他可移动因子。这些 DNA 通常可以引起 DNA 序列之间的错配，诱发 DNA 序列之间的不等交换，从而会引起所罹患基因的重复或缺失，导致疾病的发生。如家族性高胆固醇血症的发病原因之一可能就和低密度脂蛋白受体（low density lipoprotein receptor，LDLR）结构基因中的 Alu 因子所介导的不等交换有关。此外，类似的案例也见于 LINE 介导的（LINE-1）转座和人类的血友病等。

四、转位作用的分子机制

RNA 作为中间体的转位过程

经过 RNA 分子作为中间体进行转位的转座子就是我们在前文中论述的真核生物Ⅰ类转座子。这类转座子的转座类似于反转录病毒，只是它们不需要像反转录病毒那样首先需要感染宿主，因为它们已经位于宿主的染色体上，所以只需要宿主细胞中的 RNA 聚合酶对转座子 DNA 进行转录，产生 RNA 分子。这些 RNA 分子编码类似于反转录病毒所编码的部分或全部产物，其中必不可少的是反转录酶和整合酶（integrase）。反转录酶用于催化 RNA 分子成为 cDNA，然后 cDNA 经整合酶的协助以随机的方式插入到宿主基因组中。

常转座子并不在转座过程中失去自身的 DNA 序列，同样也不会把一个位点的宿主 DNA 序列携带到另外一个位点。这是因为转座过程密切依赖于转位酶的催化，是一个酶促反应，故具有很高的精确性。与此相匹配的是转座子在组织结构上通常具有相同的末端，往往是反向重复 DNA 序列（见第六章），而且通常在转座酶识别的区段完全相同。此外一个非常有意思的事实是，尽管在转座子末端的 DNA 序列具有一定的序列要求，但是它们能够转座的靶位点则通常只表现出“松散”的 DNA 一级序列或二级结构的要求。有些转座子偏好 GC 丰富区，有些则偏好 AT 丰富区，而有些又似乎偏好那些具有形成二级结构的 DNA 区段。除此之外似乎绝大多数转座子并不表现出靶位点 DNA 一级序列的特异性。

自转座子首次在玉米和细菌中发现之后，研究者就一直试图搞清楚这些转座子的转座机制。自 1979 年以来，人们曾经提出过各种各样的转座模型。这些转座模型总体上可以为两大类，一类是保守性的转座，也就是说转座过程中转座子没有发生质和量上的改变，只是从一个位点移动到另外一个新的位点；另一类转座则经过了转座子的再复制，因此又把这一类转座称为复制型转座。在这一类转座过程中，又可以根据起始转座子 DNA 复制是由一端还是由两端进行的差异分为“非对性转座”和“对称性转座”两大类。非对称性转座利用重组/复制来解释转座过程，这类模型认为转座过程始于转座子上的一端和靶位点进行重组和复制，由于这种模型只涉及转座子的一个末端，因此被称为“非对称”转座模型(asymmetric)；而对称性转座模型则是建议转座过程始于转座子两个末端同时参与转座过程，转座过程中转座子的两个末端都必须和靶位点发生作用，因此把这类模型称为“对称”转座模型（symmetric)。前一类以 Grindley 和 Sherratt 等人的模型为代表，而后一类则以 Shapiro 的模型为代表。这两类模型之间的主要区别还在于各自预期的转座结果不完全相同。根据非对称转座模型，转座可以形成“简单”转座产物，也可以形成“共联体”(cointegrate)，究竟生成什么样的转座产物要看转座反应是如何结束的。而对称转座模型预测转座过程会经过“共联体”结构。这两类模型分别以细菌的转座子 Tn3 和 Mu 噬菌体的转座为基础。

我们在下文介绍的转座模型实际上是在早期对称转座模型和非对称转座模型基础上经过多人的改进的模型。这些模型主要基于转座过程中转座子 DNA 是否经过再复制而分为非复制型转座和复制型转座两种不同形式。

1. 非复制型转位（nonreplicative transposition)

转座过程的非复制模型具有两个不同的版本，一种是“切除-粘贴”模型(cut and past model)。这个模型主张转座过程是由于转座子所在的供体 DNA 在转座子两端产生双链切割，之后再插入到受体 DNA 上。在这个过程中，供体 DNA 由于出现了双链断裂可能因此会被水解破坏。因此这个转座模型可预计的转座结果是转座子简单地从一个地方转移到另外一个新的地方。但实际中发现，许多转座子的转座并不能用这样简单的模型加以解释。1981 年 Ohtsubo 等人提出了非复制型转座的一个新的模型。这个模型提议实际上所谓的“切除-粘贴”转座可以源于在转座子 DNA 和靶位点处 DNA 结合之后是否重新拷贝了转座子本身，以及提供转座子的 DNA 是否被随后切断。这个过程可以如图 10.8 和图 10.9 所示意，当转座子的两个末端和被转位酶打开的受体 DNA 形成过渡结构的时候，如果紧跟其后的 DNA 复制并不经过转座子自身，而是只简单地添补受体 DNA 和转座子 DNA 所形成的缺口，那么这就是一个可以达到“切除-粘贴”模型所预期的转座产物，在这个模型中，DNA 的复制只是为了填充转座过程中在转座子靶位点 DNA 之间所出现的缺口，随后，原来宿主 DNA 的断裂可以完成整个转座过程。这个模型成立的前提条件是转座子的3′端一定要和靶位点DNA的5′端进行复性。之后的DNA复制从转座子的3′端开始。而DNA复制又可以使转座子两端形成正向重复序列。因此这个模型所谓的“非复制”转座是指转座子DNA自身未经复制，而不是指在转座过程中根本不需要DNA复制。

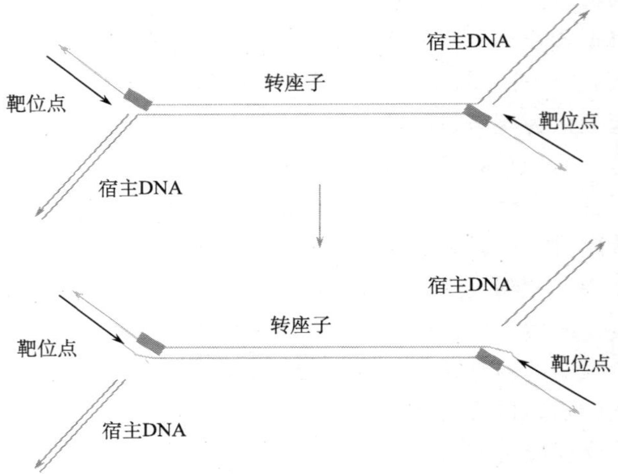

图 10.8　非复制型转座过程

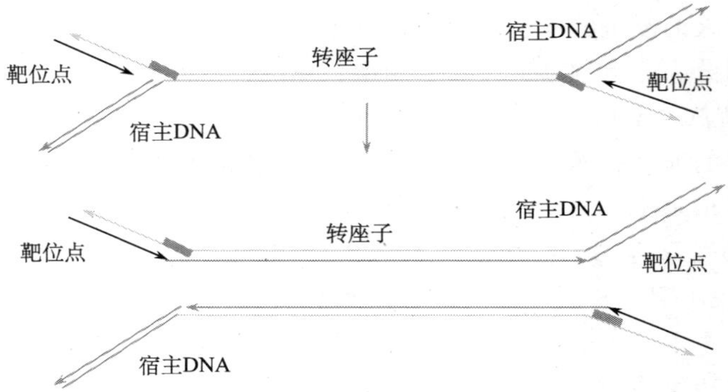

图 10.9　复制型转座

2. 复制转座作用

复制转座作用（replicative transposition）是指在转座过程中转座子DNA自身经过了再复制，因此这种转座过程可以使原来的转座子的拷贝数增加。这个过程见图10.8，当转座子的两个末端和已经被转座酶切开的靶位点DNA形成转座前体时，随后的DNA复制跨过了转座子DNA自身，而且和提供转座子的DNA依然保持连接。这样经过DNA复制，原来的转座子DNA又增加了一个拷贝，也就是一个拷贝转移到了靶位点，而另一拷贝依然保留在原来的位置。

和非复制型转座模型比较，两者可以起源于相同的转座前体，这很容易从图 10.9 和图 10.10 上看出。两者不同的地方在于，复制型转座不在原来的宿主 DNA 上产生第二次切割，而是在第一次切割之后由 DNA 聚合酶起始复制整个的转座子 DNA 序列。这种需要转座子 DNA 复制的转座可以形成转座中间体——共联体（cointegrate）（图 10.10）。因此判断这种复制型转座的关键就是是否在转座过程中出现共联体。

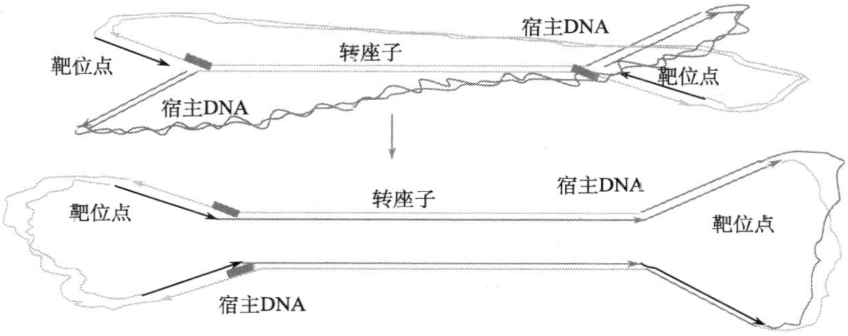

图 10.10　通过复制转座可以形成共联体

一个事实是具有不同组织结构的转座子的转座行为和转座机制似乎并不完全相同，有些甚至差别很大。对于原核生物来源的插入因子和组成型转座子而言，这两大类可移动因子的转座得到了较多的认识。而对于真核生物来源的转座因子的转座机制则并没有完全搞清楚。在真核来源的可移动因子中，只有一类具有类似原核生物组成型转座子的组织结构，即转座子 DNA 两个末端具有 10～200bp 长的反向重复 DNA 序列，这两个反向重复 DNA 序列是转座子自身编码的转座酶的识别位点，转座过程也和原核生物来源的转座子的过程相似，即首先经过转座子末端和靶位点 DNA 处的转酯反应，然后经过图 10.9 和图 10.10 所描述的机制完成转座过程。因此我们通常把这一类真核生物可移动因子称为经典的转座子。但是在真核生物中还存在着其他三种类型的可移动因子。

如图 10.7 所示的 Line，Alu 和假基因等，它们的转座过程大多数和逆转录病毒 DNA 向染色体 DNA 上的整合过程类似，这些可移动因子的转座中间步骤需要 RNA 分子中介，与经典转座子的转座机制差异较大。

五、转位作用的遗传效应

（一）DNA 突变

转位作用有时会对靶基因序列产生突变效应。这些突变包括靶 DNA 序列的重排、缺失、倒位、交互移位（reciprocal translocation）（图 10.11）。当转位因子插入到一个结构基因内部时一般会使该基因失去活性（图 10.11A1），有时类似的插入还会对某些基因的表达具有调节控制作用。此外，当转座因子插入到一个特定的基因区域，还会导致该基因的全部缺失（图 10.11A2），这种情况是当转位因子以顺向插入靶 DNA 位点之后，通过解离生成两个 DNA 分子，其中只有一个含有复制起点（位于在转位过程中产生的整合体 a 和 d）而另一 DNA 分子则不含复制起始点，所以不能复制，将随细胞分裂而丢失。剩下有复制起始点的 DNA 分子则缺失了 b 和 c。当转位作用发生在同一段 DNA 分子的内部时，如果转位子以反向顺序插入靶顺序，则经过位点特异性重组过程导致相邻基因之间发生倒位（图 10.11A3）。同时两个不同的 DNA 片段如果携带同一类转座因子，那么就有可能在它们之间发生交互移位突变（图 10.11B）。这一类突变还常见于真核生物基因组之间的相同重复 DNA 序列之间。

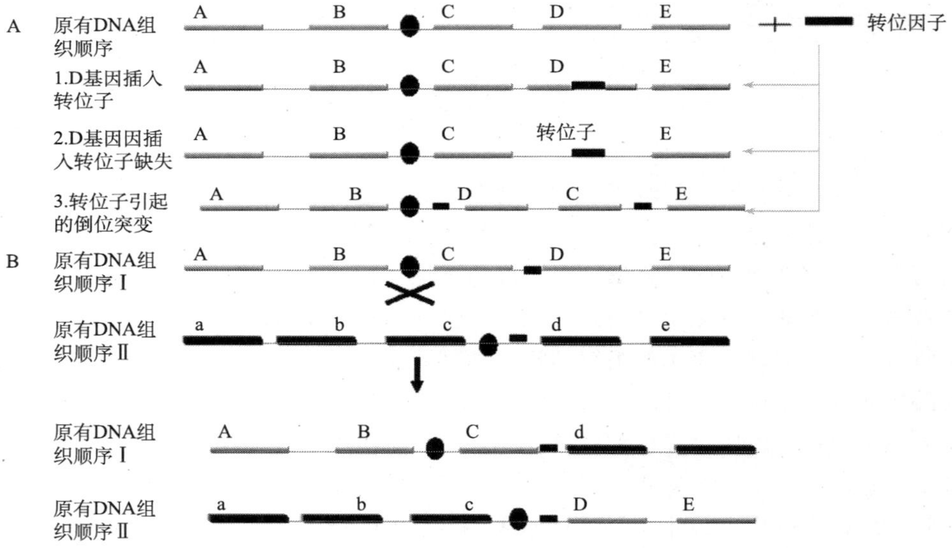

图 10.11　转位因子在 DNA 序列中造成的重排。包括插入失活（A1）、缺失（A2）、倒位（A3）和交互移位突变（B）等

（二）控制基因表达

除此之外，由于大多数的转位因子自身通常具有和基因转录有关的启动子和增强子序列，因此接受了转位因子或插入序列的 DNA 的邻近基因往往可以受到影响。在大肠杆菌基因组中有两个基因位点的活性调节是借助这种转位因子的插

入和切除来调节基因表达的。一个是 *lamB* 基因，另一个是 *Bgl* 基因。*Bgl* 基因编码一个和环境中芳香环侧基底物降解有关的 β-葡糖苷基水解酶。在通常的情况下，*Bgl* 基因的表达水平很低，而在某些突变体细菌中，如 gyrA 和 gyrB（拓扑异构酶Ⅱ，旋转酶）hus；bglJ 或 cAMP 结合区的启动子上游 50 碱基左右内插入转位因子 IS1，Mu 则可见明显的激活 *Bgl* 基因转录的能力。研究发现这是 IS1 和 Mu 中的启动子序列的作用结果。

这种情况同样也存在于真核生物细胞中，在真核生物的可移动因子中，一些具有 LTR 和 non-LTR 的反转座因子通常带有启动子和增强子 DNA 序列，当这些反转座因子进行转位时，势必会影响所在基因的转录。如人类免疫球蛋白 IgE 受体的表达就是通过插入在 *FcεRI-γ* 基因上游的一段 Alu 因子进行调节的。在 *FcεRI-γ* 基因上游具有两个 Alu 因子，其中远离 *FcεRI-γ* 结构基因的 Alu 可以对嗜碱性和 T 细胞中对 *FcεRI-γ* 基因的表达起着促进作用。而距离 *FcεRI-γ* 结构基因约 600nt 的 Alu 因子则只在 T 细胞中对 *FcεRI-γ* 基因的表达起着促进作用。而在嗜碱性细胞中起负调节作用。有人对现有人类基因组中具有活性的 2004 个 ORF 的启动子区进行分析发现，其中有 475 个 ORF 序列的 5′端启动子区含有转座子衍生的 DNA 序列，约为所分析 ORF 的 24%，其中很多是已经经过试验确定了的顺式调节因子。这些转座因子序列广泛涉及 LINE、SINE 和 LTR 可移动因子。

（三）针对环境产生抗性

自然环境中的微生物包括许多临床致病微生物可以通过转座因子获得针对环境选择压力的多种多样的抗性，包括抗药性、抗重金属等。这些是微生物适应环境的一种手段，但是发生在临床上的病原菌抗药性往往又会对治疗造成麻烦。如发现在天然存在的质粒 R1 能抗氯霉素、卡那霉素、链霉素磺胺和氨苄青霉素。在 R1 中这 5 个抗药性基因都装配在一起形成抗性决定子，抗性决定子再和有 DNA 复制功能的 DNA 片段连在一起组成整个质粒。这样的组织使得抗药性基因得到增殖，同时也在细菌间进行转移。在传递过程中又可以衍生出许多不同型的质粒，不论在自然界中或在实验室均是如此。

此外也发现某些属于 SINE 家族的重复 DNA 序列可以是细胞正常生理功能所必需的。如插入在小牛前列腺素 E2（prostaglandin-E2）受体中的 EP3 亚型基因中的 CHR-1 因子就属于这种情况。EP3 信使 RNA 有 4 种不同的拼接方式，其中有两种拼接方式可以使 CHR-1 序列保留在成熟之后的 RNA 中。因此产生的 4 种类型的蛋白质可以和 4 种类型的 G 蛋白进行识别，从而激活不同的信号转导途径。因此这里的 CHR-1 重复序列就起着促进一种正常的生理功能。现在已经在脊椎动物中发现了很多类似的例子。

（四）促进生物进化

转座子在基因组内的活动可以引起多种 DNA 的突变效应。除上文描述的多种 DNA 突变之外，它可能和真核生物基因组中众多的重复 DNA 序列的形成有关。从这个意义上讲，转座子的活动可能对于真核生物基因组的大小有贡献。现在有一种很流行的观点是转座子的转座可能是生物进化的动力之一。

1. 通过同源重组增加基因的再组合

基因重组可以利用已经存在着的 DNA 片段进行重新排列，因此它和点突变比较能够更快地促进基因组的进化。现在已经知道，真核生物基因组中的重复 DNA 序列之间可以进行非对称同源重组，导致 DNA 片段的缺失或重复。同时这种重组的结果还可以把本来距离较远的 DNA 片段拼接在一起，从而形成新的基因组合。尽管现在看来发生在重复 DNA 序列之间的绝大多数的非对称同源重组通常会导致人类疾病，但是有些这样的重组也可以为人类带来益处。如人基因组中的 Glycophorin 基因家族的形成就可以用上述非对称重组加以解释，其中所使用的重复 DNA 序列是 Alu 因子。同时发生在重复 DNA 序列之间的错误排列而引发的重组还可以促进本来相距较远的 DNA 片段之间的重新拼接，如人类 17 号染色体上的一个 30kb 的重复序列就是通过两个 Mariner 因子介导的。

2. 改变多聚 A 信号序列

在真核生物的信使 RNA（mRNA）前体的 3′端通常含有一个“A（A/U）UAAA”序列，此序列又称为多聚 A 信号。在此信号序列之后 10～20 个核苷酸之后的序列通常会在 RNA 成熟过程中被除去。因为许多反转座因子也含有一个多聚 A 的尾巴，一旦在这样的多聚 A 尾序列中发生一个点突变，那么它就有可能成为多聚 A 的信号。如果这样的反转座因子位于一个结构基因之中，那么就会导致由此结构基因产生的 mRNA 在经点突变的反转座子上的多聚 A 处进行多聚 A 的加工。如 Lagomorpha C 重复序列通常会发生这种情况。大约有 10%的 C 重复序列含有多聚 A 信号序列。一旦这样的重复序列位于一个结构基因之内，那么它就会改变原来结构基因的转录产物。在人类基因组中，THE-1 转座子，以及 Alu 因子都会造成类似的影响。

3. 插入到蛋白质编码序列之中改变原有基因的结构

通过对人类基因组中编码蛋白质 DNA 的序列分析发现它们含有转座子序列。转座因子插入到蛋白质编码序列之后通常导致两种后果，一是使该基因失去活性，或者改变所转录出 RNA 的拼接。只有少数例子会对基因所编码的产物的多样性有贡献。

六、转位作用的调节控制

几十年的研究结果表明，转座子在生物细胞中的活跃程度主要和其自身的DNA组织结构、所编码的转座酶和切除酶，以及宿主的DNA复制有关的蛋白质组分的表达调控有关。大量的研究表明只要是转座子DNA上与转座有关的序列发生缺失或其他突变，都会影响该转座子的活跃程度，不管有没有转座酶的存在都一样。同样尽管一个转座子DNA的组织结构完整无缺，但是如果缺乏催化转座反应的转座酶的话，那么这样的转座子也不能进行转座。第三方面的研究结果是，如果宿主细胞与DNA复制有关的基因功能出现缺陷时，那其中的转座子的活跃程度也会大打折扣。可见转座作用的调节控制主要依赖于转座子自身组织结构的完整，同时环境中存在着转座反应所需要的转座酶和宿主细胞能够提供一套DNA复制和修复的蛋白质。

以细菌组成型转座子Tn10的转座过程来看，它通常只能产生很少的转座酶分子（每分子在每一代中平均仅产生少于1分子）。在如此低水平的转座酶的环境中，Tn10的转座频率也自然会非常低（约为10^{-7}/拷贝）。相当于在1000万个细胞中发生一种可能的Tn10转位。但是当通过反式人为增加Tn10转座所需要的转座酶的水平，则Tn10的转位频率可提高1000倍。这表明转座活动直接受转座酶的水平调节。Tn10有关的转座酶基因的表达与其启动子区GATC甲基化水平密切相关。大肠杆菌中的dam甲基化酶可以将这样的GATC中的A加以甲基化修饰。当这样的5′GATC3′序列处于全甲基化修饰时，转座酶所使用的启动子的活性极低。但是，在DNA复制过程中，新生的子链中GATC中的A在1min之内是非甲基化的。这种处于半甲基化修饰的GATC却能够被作为有效的启动子。因此在细菌的每一代都会有一个很短的时间段产生出一定数量的转位酶。同时，Tn10的转位酶所作用的位点也含有可被甲基化修饰的GATC位点，而且这个位点的甲基化状态直接和转位酶的活性有关。处于半甲基化的GATC可以被Tn10的转座酶加以识别。因此DNA甲基化修饰就成了Tn10转座调节的一种方式。

另一种在转录水平上调节转座酶基因转录的例子是大肠杆菌中的Tn3和Tn1000。它们除具有编码转座酶的基因之外，还含有编码解离酶的基因tnpR。TnpR不仅是一个解离酶，它同时还是它本身基因和转座酶基因转录的阻抑蛋白(repressor)。TnpR通常与自身的转座酶基因的转录调控区结合，以使这两种转座子自身编码的酶基因处于抑制状态，从而使转座酶和解离酶同时处于较低的水平。TnpR的一级序列和鼠伤寒沙门氏菌中的Hin蛋白具有相似性，因此可能TnpR的作用机制也类似Hin蛋白（图10.4）。

第三节 非常规重组

非常规重组是区别于同源重组、位点特异性重组、转座重组之外的一类DNA重组形式。非常规重组的一个显著特征就是在重组过程中对DNA序列的同源性要求比较低，和位点特异性重组比较，它并不一定发生在特定的位点，而且并不严格依赖DNA拓扑学性质。因此在英文文献里这类重组又被称为“非法重组”（illegitimate recombination）。常见的非常规重组包括在真核生物细胞中的非同源DNA末端连接（nonhomologous end joining，NHEJ）、淋巴B细胞产生抗体分子和T细胞产生表面受体，以及可见于原核和真核生物细胞中的DNA“slippage”合成等。

一、非同源DNA末端连接

非同源DNA末端连接（NHEJ）是除同源重组之外的可以被真核生物细胞用于修复细胞内DNA双链断裂损伤的另一个重要的手段。在细胞周期的不同时相，细胞内DNA需要处于不同的代谢状态，所以有些时相出现的DNA双链断裂并不能够利用同源重组的方式加以忠实的修复，如当DNA双链断裂出现在细胞周期的G_1期，由于缺少姐妹染色单体而不能利用同源重组修复，而只能利用非同源DNA末端连接方式对出现的DNA双链断裂加以修复（图7.24）。而在细胞周期的S和G_2期，由于DNA已经或正在复制，那么对DNA双链断裂的修复就既可以利用同源重组方式，也可以利用非同源DNA末端连接方式来进行修复。需要说明的是非同源末端连接对DNA双链断裂的修复要比同源重组方式修复在忠实性上来得差。当利用非同源DNA末端连接修复DNA双链断裂时通常都会在断端附近20个左右的碱基范围内出现突变。

此外，非同源DNA末端连接和同源重组比较，非同源DNA末端连接并不严格依赖于DNA分子之间的同源性，非同源DNA末端连接不仅用于DNA双链断裂修复，而且也被用于免疫应答过程的V(D)J重排。当利用NHEJ对两个断裂DNA分子的末端进行连接时，首先一般需要经过某些DNA末端识别蛋白和DNA外切或内切核酸酶，或解旋酶对末端进行加工处理，使它们先产生一小段互补序列，并借此形成杂交分子。这样的杂交分子可以在DNA连接酶的催化下形成一个DNA分子。这种重组在某些突变体中可以导致DNA缺失突变。

（一）NHEJ 的一般过程及参与 NHEJ 有关的蛋白质

哺乳类动物细胞的 Ku 蛋白，包括 Ku70 和 Ku86 两种蛋白质，分别由 *XRCC6* 和 *XRCC5* 基因编码。这两种 Ku 蛋白可以特异识别细胞内游离（暴露）的 DNA 末端。在此之后，DNA-PKC 是一个分子质量为 460kDa 的依赖于 DNA 的蛋白激酶和 Ku70、Ku86 亚基形成复合体。而在酵母中则分别是 Ku70（Hdf1p）、Ku80（Hdf2p），没有发现 DNA-PKC 蛋白。

哺乳细胞和酵母细胞来源的 Ku 蛋白对平齐末端、发夹末端以及黏性末端都具有很高的亲合力。因此，它可能是 DNA 损伤之后的感知因子。在 DNA 受到离子射线照射产生双链断裂之后，Ku 蛋白就和这些受损伤之后的 DNA 分子的末端形成 DNA-Ku 复合体。哺乳类细胞中，DNA-PKC 在此基础上进一步与之形成复合体。研究表明，Ku 蛋白和 DNA 末端形成的复合体比 DNA-DNA-PKC 复合体更稳定。因此 Ku 可能还具有稳定 DNA-DNA-PKC 的作用。其后，哺乳类细胞中的 DNA 连接酶Ⅳ和 XRCC4 形成复合体［在酵母中则是由 Lif1p 和 DNA 连接酶Ⅳ（Lig4p/Dnl4p）］，然后和形成 Ku-DNA-PKC-XRCC4-DNA 连接酶Ⅳ修复复合体（图 10.12 和图 10.13）。此外在 NHEJ 修复中 Rad50-Mre11-NBS1（Xrs2p）＋?? 也起着不可或缺的作用，这个蛋白质复合体可能与 NHEJ 过程中断端之间形成单链之后复性有关，也可能和两个断端的连接有关，还可能与断端的结合蛋白的切除有关（图 10.12、图 10.13）。总之它们也起着关键的作用。XRCC4 是一个由 334 个氨基酸残基形成的磷蛋白，它通过 DNA 连接酶Ⅳ参与修复复合体的形成。在这个修复过程中，各组蛋白质对修复的影响略有差异。在 Rad50p-Mre11p 或 Xrs2 突变体中，DNA 双链修复效率降低，但经修复的产物具有完好的忠实性，不产生突变；而在 Ku70 或 Ku80 突变体中，DNA 双链断裂的修复，除表现出修复效率低下外，而且经修复的产物往往带有突变；在 DNA 连接酶Ⅳ突变体中，已经修复的产物含有突变的修复和忠实修复的混合物。

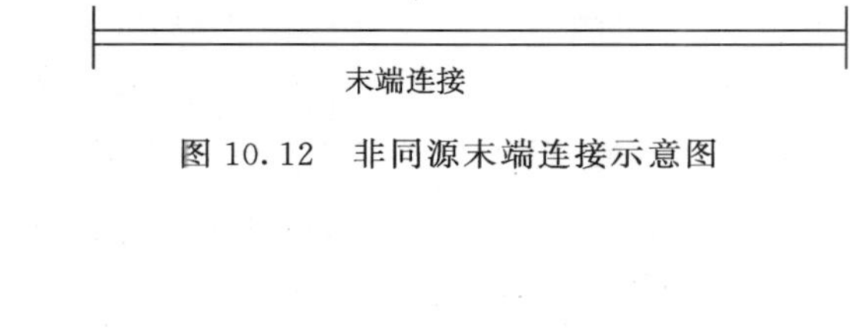

图 10.12 非同源末端连接示意图

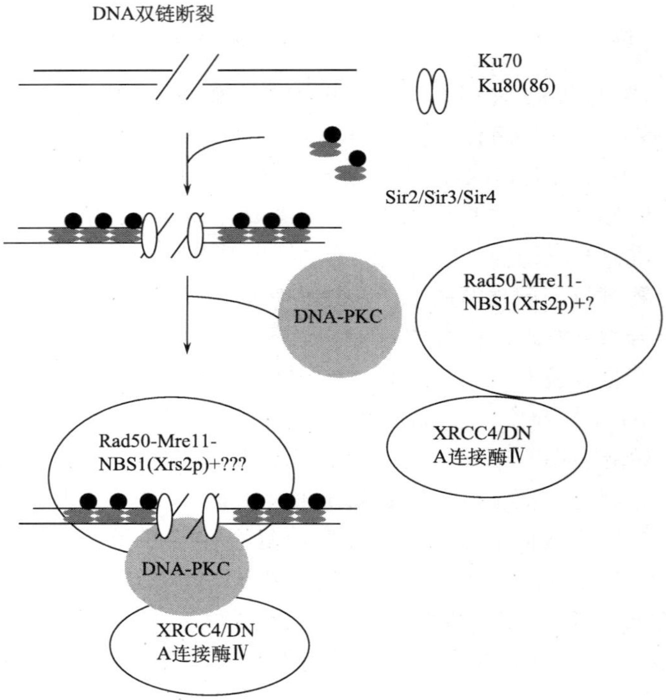

图 10.13　DNA 双链断裂的 NEHJ 修复

非同源末端连接过程中的依赖于 DNA 的蛋白激酶 K 除参与修复断端之外，还可以对 p53 蛋白进行磷酸化修饰，这种磷酸化修饰可以出现在 p53 蛋白上的第 15 位和第 37 位丝氨酸残基的侧链上。同时，依赖于 DNA 的蛋白激酶 K 可以对 p53 抑制蛋白 MDM2 进行磷酸化修饰，从而抑制其与 p53 蛋白的结合。这有利于在 DNA 双链断裂情况下的细胞周期检查点的控制。

（二）非同源末端连接（NHEJ）和人类抗体分子的产生

人体具有免疫能力，这在中医体系里被称为“营卫”和“正”。现代医学研究确定了人体的免疫力是由免疫系统完成的。免疫系统由淋巴组织胸腺和淋巴细胞等组成。淋巴细胞分 T 淋巴细胞和 B 淋巴细胞两大类。这是因为这两类细胞的形成过程、功能各不相同。T 细胞主要在人的胸腺内生成，由于英语中的胸腺为 Thy，所以用“T”表示；同理 B 细胞主要是由骨髓中形成，所以用 bone 的第一个字母“B”来代替。在绝大多数的 T 细胞表面有一种被称为 T 细胞抗原受体的分子，一般是由 αβ 两条多肽链通过二硫键连接，而小部分的 T 细胞则由 γδ 组成。TCR-αβ 和 TCR-γδ 负责识别和人类主要组织相容性抗原形成复合体的抗原片段。而B细胞表面上的抗原受体则是一种免疫球蛋白 Ig 分子，主要识别可溶性抗原。这些分子是免疫识别的开始。免疫细胞在上述的表面标记形成之后，就可以识别外界的抗原，并针对这些抗原产生成熟的，能够起到免疫能力的抗体分子。另一类为巨噬细胞，通过胞饮的方式吞噬入侵的抗原。淋巴系统的存在和正常地行使功能，一方面会把入侵到人体的微生物抗原清除，使人体免受外界微生物的侵袭；另一方面它本身还负责监管和清除人体内癌变的细胞，这一功能又被称为免疫监管作用。

1. 抗体的产生机制

B淋巴细胞可以产生抗体。抗体具有非常特异的和抗原识别的能力。因此，无数的抗原需要有无数类型的抗体予以制衡，那么肌体是如何制造出如此大量的特异性抗体的呢？在 1970 年前后，Tonegawa 发现产生如此巨大数量的抗体的基因是源于基因组中数量相对较少的基因在淋巴细胞分化过程中的重组。现在知道，在生殖细胞基因组中，编码具有抗原活性的免疫球蛋白和 T 细胞表面受体的基因并不存在。这些功能分子的产生是在 B 淋巴细胞和 T 淋巴细胞分化过程中通过一种被称为 V(D)J 重组的机制而生成的。对一个典型的抗体分子而言，通常含有 4 条多肽链，包括 2 条轻链（L）和 2 条重链（H），其中的轻链和重链分别各自是相同的。在重链和重链、轻链和轻链之间通过二硫键相互连接。对于一种特定的抗体分子，可以根据轻链和重链上一些区域的功能及其氨基酸序列的保守程度分为高变区和不变区。高变区负责抗体和抗原识别，通常用 V（variable）表示；而另外的区域则在不同独特型抗体之间表现比较稳定，因此它们被称为 C 区，是不变（constant）的意思。这就是说在同一个体中相同类型的抗体的 C 区是相同的。这样的 C 区在轻链上有两种类型，一种是 κ（kappa）；一种是 λ（lambda），而对于重链来讲有 5 种类型（α、γ、δ、μ、ε）（图 10.14）。重链上的这些不变区的类型决定了抗体分子的种类，如果重链的 C 区是 γ，那么把决定了这种抗体分子应该是 IgG，同样如果是 α 型，则这种抗体分子是 IgA，依此类推，如果是 δ 型，则为 IgD，而 ε 为 IgE，μ 为 IgM。抗体和抗原识别的部位是 V 区，在基因组织上含有 3 个功能区，V 区为可变区（variable），D 区为多样性相关区域（diversity）以及连接区 J 区（joining）。在抗体基因重排过程中，VDJ 三个区域可以受 RAG1、RAG2 和至少一种非组蛋白（HMG1 或 HMG2）作用形成两个 DNA 双链断裂，这个断裂主要由 RAG1 和 RAG2 切割。然后，Ku/DNA-PKC/连接酶Ⅳ/XRCC4 等蛋白质组分进行非同源 DNA 末端连接反应，从而形成一种功能抗体基因。在体内，抗体产生有关的 V(D)J 重排机制可能受到染色体构象的影响。有报道表明，HMG1/HMG2 可以抑制 RAG1、RAG2 和重排所需要的识别信号序列的结合过程；同时也发现这种抑制作用可以通过组蛋白 H3 的乙酰基化修饰来得到解除。此外，与染色体重新调整有关的蛋白质复合体 Swi/Snf 等也会对这一重排反应产生影响。抗体产生过程中的 V(D)J 重排过程可见图 10.14 所示。

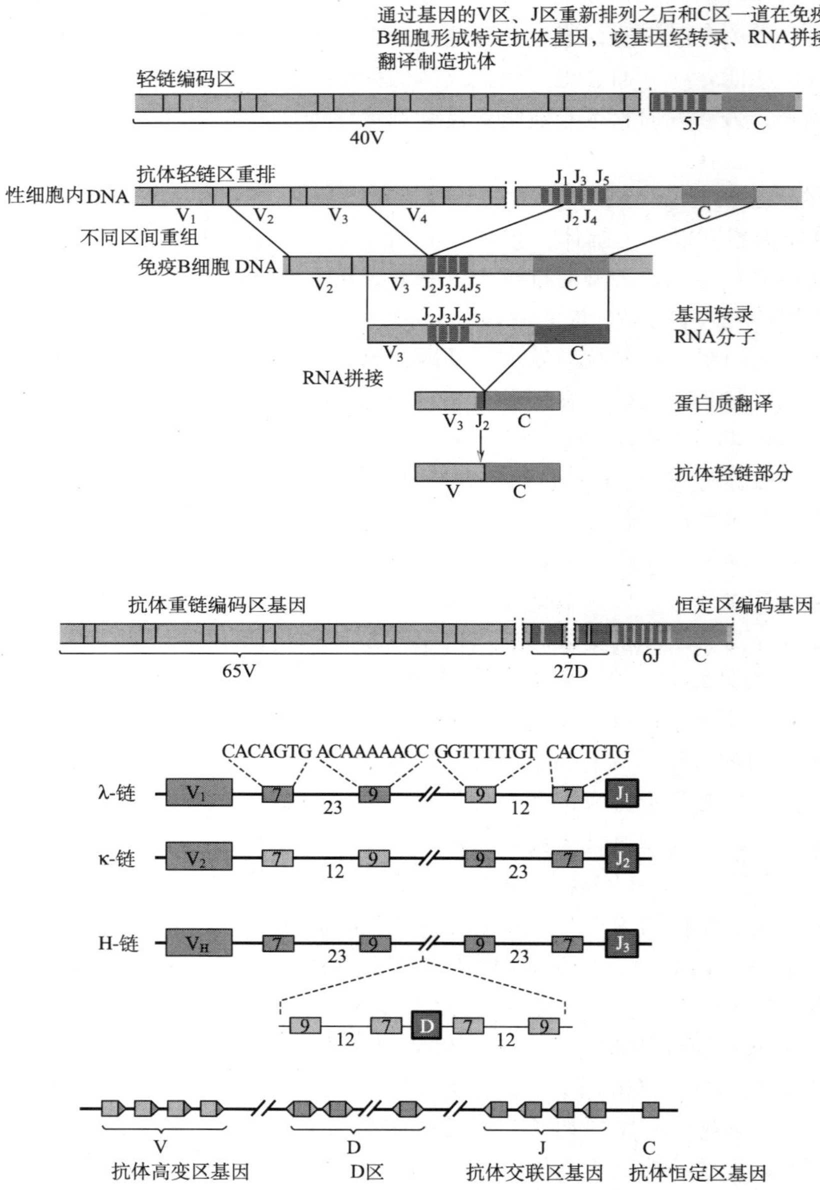

图 10.14　抗体基因通过 V(D)J 重排产生抗体分子

2. 与 V(D)J 重排有关的免疫系统疾病

抗体产生过程中的 V(D)J 重排本质上是非同源 DNA 末端连接。因此在这个过程中会不可避免地发生重排错误。在某些情况下，由重排而产生的错误可以被肌体当作进一步增加抗体分子多样性的手段。但是，只有那些不影响重排之后基因表达的错误才对抗体分子多样性具有贡献。一旦重排产生的错误影响到抗体基因的表达，那么带有这些基因的 B 细胞就必须经过分化过程的选择。肌体通常是根据经过分化之后的淋巴细胞能否产生抗体这个标准对之加以选择的。那些不能产生功能抗体的细胞需要在这个过程中被淘汰掉，否则它们就有可能发生恶性生长。但有些情况下，由于重组错误会激活癌基因的转录，有时也会使那些对癌症具有抑制作用的基因表达失去机会，那么这就会使淋巴细胞向癌细胞转化，最终导致许多血液有关的疾病。

除此之外，在 V(D)J 重排过程中所经过的 DNA 双链断裂，有可能引发染色体之间的移位、倒位、缺失等多种类型的突变。我们知道 V(D)J 重排过程中的 DNA 双链断裂是由 RAG1 和 RAG2 在其识别 DNA 序列（RSS）处制造出来的。这些蛋白质在抗体基因的特定位点把基因切断之后，如果在人染色体的其他区段之中存在着 RAG1 和 RAG2 可以识别的序列，那么它们也可以在这些地方切断 DNA 序列（图 10.15）。有的时候细胞的修复机制可以把这些不应该连接到一起的 DNA 错误地连接在一起，这样的结果就产生了移位突变。同样即使这种情况发生了，但是由于这种连接之后，细胞并不能产生有效的抗体，因此一般会被选择而除去。但是如果这种错误的连接发生在一个原癌基因之内就有可能使得错误被保留下来，因为一般原癌基因所负责的是基因的繁殖和分化，可能改变细胞的生长和分化速度或能力。一旦当细胞选择机制被突破之后，这些错误的细胞可以得到大量繁殖，这样就出现癌症了。

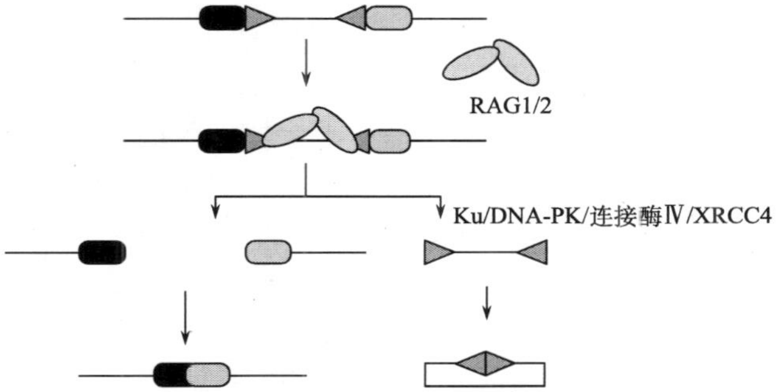

图 10.15　RAG1/2 与 V(D)J 重排反应

（三）DNA 重复序列介导的滑脱 DNA 合成

另一类常见的非特异重组是由 DNA 重复序列介导的滑脱 DNA 合成（图 10.16）。在已经发现的与 DNA 复制有关的 DNA 聚合酶能够对 B 型构象的 DNA 进行比较忠实的合成。但是在基因组中通常含有大量的重复 DNA 序列（见第六章基因组），包括反向重复 DNA 序列、正向重复 DNA 序列、镜像 DNA 序列等。类似这样的重复 DNA 序列可以在单链甚至双链状态下进行 DNA 折叠。例如，反向重复序列可以在 DNA 合成过程中形成发夹或回文结构，特别是在 DNA 合成过程中，后随链通常有相当于一个冈崎片段长度的 DNA 单链模板区，如果这种重复序列处于这样的单链状态之中，往往会折叠成发夹结构。这种发夹结构的形成破坏了 DNA 聚合酶所依赖的 DNA 的 B 型构象，从而导致 DNA 合成的终止。体外的研究表明，某些 DNA 聚合酶在遇到这样的发夹结构时可以利用其含有的 DNA 双链置换能力延伸入发夹颈之中，但是 DNA 聚合酶的置换活性一般不会通过一个很稳定的发夹颈，通常会停止在其中的某些位点。在这样的情况下，如果 DNA 聚合酶停止在一段其下游模板相同的短重复序列之后，那么这种停止之后的新生 DNA 链的末端可以设法和下游的重复序列发生错误配对，从而重新起始 DNA 的合成（图 10.16）。这种合成通常会导致 DNA 的缺失。同理，如果这种发夹结构是新生 DNA 链形成的，那么在接下来的 DNA 合成就会在子代 DNA 中造成重复（图 10.16）。这就是 DNA 的“滑脱”合成。DNA 的滑脱合成常见于基因组中 DNA 重复序列区，特别是在卫星 DNA 序列的合成过程中更是一种相对普遍的现象。特别是在回文或发夹 DNA 序列区更为常见。近些年来研究发现，在人体内某些染色体区域含有大量的简单重复 DNA 序列，如单核苷、二核苷和三核苷重复序列，这些 DNA 重复序列可以在体内繁殖过程中

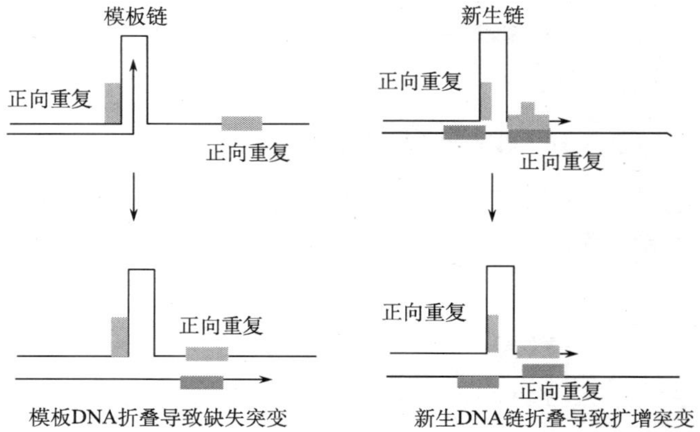

图 10.16　三核苷酸重复序列合成过程中出现的 DNA 不稳定性

出现 DNA 的扩增，这种重复 DNA 序列的扩增突变和至少十几种肌肉神经发育有关的人类遗传病和肿瘤有关（图 10.16）。如 CGG 三核苷序列的扩增和人类脆性 X 染色体综合征具有相关性；CAG 和 CTG 三核苷酸重复序列的类似不稳定性和亨廷顿疾病、进行性重症肌无力等许多种人类疾病有关。尽管现在依然不清楚这些三核苷酸扩增的真正机制，但根据大量的来自体外和模型生物的研究结果来看，造成这些重复 DNA 扩增的原因肯定和 DNA 滑脱合成有关（图 10.16）。

主要参考文献

Agrawal A，Eastman Q M，Schatz D G. 1998. Transposition mediated by RAG1 and RAG2 and its implications for the evolution of the immune system. Nature，394：744～751

Atsumi S，Little J W. 2006. Role of the lytic repressor in prophage induction of phage λ as analyzed by a module-replacement approach. Proc Natl Acad Sci USA，103：4558～4563

Aussel L，Barre F X，Aroyo M et al. 2002. FtsK Is a DNA motor protein that activates chromosome dimer resolution by switching the catalytic state of the XerC and XerD recombinases. Cell，103（2）：195～205

Bichara M，Wagner J，Lambert I B. 2006. Mechanisms of tandem repeat instability in bacteria. Mutat Res，598（1，2）：144～163

Brandström M，Ellegren H. 2007. The genomic landscape of short insertion and deletion polymorphisms in the chicken（*Gallus gallus*）Genome：a high frequency of deletions in tandem duplicates. Genetics，176（3）:1691～1701

Cann K L，Hicks G G. 2007. Regulation of the cellular DNA double-strand break response Biochem Cell Biol，85（6）：663～674

Emery P T，Robinson T E，Duddington R et al. 1999. What is the impact of transposable elements on host genome variability? Proc Biol Sci，266（1429）：1677～1683

Friedman D I，Gottesman M. 1983. Lytic mode of λ development. *In*：Hendrix R W，Roberts J W，Stahl F W et al. Lambda Ⅱ. New York，NY：Cold Spring Harbor Laboratory Press，Cold Spring Harbor Laboratory. 21～51

Gellert M. 1992. Molecular analysis of VDJ recombination. Annu Rev Genet，26：425～446

Grainge I，Bregu M，Vazquez M et al. 2007. Unlinking chromosome catenanes in vivo by site-specific recombination. EMBO J，26（19）：4228～4238

Hartl D L，Lozovskaya E R，Lawrence J G. 1992. Nonautonomous transposable elements in prokaryotes and eukaryotes. Genetica，86（1～3）：47～53

Haniford D B. 2006. Transpososome dynamics and regulation in Tn10 transposition. Crit Rev Biochem Mol Biol，41（6）：407～424

Herskowitz I，Hagen D. 1980. The lysis-lysogeny decision of phage λ：explicit programming and responsiveness. Annu Rev Genet，14：399～445

Khrapunov S，Brenowitz M，Rice P A et al. 2006. Binding then bending：a mechanism for wrapping DNA. Proc Natl Acad Sci U S A，103（51）：19217～19218

Hiom K，Melek M，Gellert M. 1998. DNA transposition by the RAG1 and RAG2 proteins：a possible source of oncogenic translocations. Cell，94：463～470

Ip S C，Bregu M，Barre F X et al. 2003. Decatenation of DNA circles by FtsK-dependent Xer site-specific recombination. EMBO J, 22 (23): 6399～6407

Kahmann R, Rudt F, Koch C et al. 1985. Inversion in bacteriophage Mu DNA is stimulated by a site within the invertase gene and a host factor. Cell, 41 (3): 771～780

Kazazian H H Jr. 1998. Mobile elements and disease. Curr Opin Genet Dev, 8: 343～350

Kazazian H H Jr, Goodier J L. 2002. LINE drive: retrotransposition and genome instability. Cell, 110: 277～280

Karlsson K H, Stenerlow B. 2007. Extensive ssDNA end formation at DNA double-strand breaks in non-homologous end-joining deficient cells during the S phase. BMC Mol Biol, 26; 8 (1): 97

Kourilsky P, Knapp A. 1974. Lysogenization by bacteriophage λ. Ⅲ. Multiplicity dependent phenomena occurring upon infection by λ. Biochimie, 56: 1517～1523

Le Rouzic A, Boutin T S, Capy P. 2007. Long-term evolution of transposable elements. Proc Natl Acad Sci U S A, 104 (49): 19375～19380

Mertens G, Klippel A, Fuss H et al. 1988. Site-specific recombination in bacteriophage Mu: characterization of binding sites for the DNA invertase Gin. EMBO J, 7 (4): 1219～1227

Miller H I, Abraham J, Benedik M et al. 1981. Regulation of the integration-excision reaction by bacteriophage λ. Cold Spring Harbor Symp Quant Biol, 45: 439～445

Nishihara H, Smit A F, Okada N. 2006. Functional noncoding sequences derived from SINEs in the mammalian genome. Genome Res, 16 (7): 864～874

Pan X, Leach D R. 2000. The roles of mutS, sbcCD and recA in the propagation of TGG repeats in *Escherichia coli*. Nucleic Acid Res, 28 (16): 3178～3184

Pan X. 2004a. Determination of the reopening temperature of a DNA hairpin structure *in vitro*. Eur J Biochem, 271 (18): 3665～3670

Pan X. 2004b. Two-triplet CGA repeats impede DNA replication in bacteriophage M13 in *Escherichia coli*. Microbiol Res, 159: 97～102

Pan X. 2006. Mechanism of trinucleotide repeats instabilities: the necessities of repeat non-B secondary structure formation and the roles of cellular trans-acting factors. JGG (Acta Genetica Sinica), 33 (1): 1～11

Plasterk R H, Brinkman A, van de Putte P. 1983. DNA inversions in the chromosome of *Escherichia coli* and in bacteriophage Mu: relationship to other site-specific recombination systems. Proc Natl Acad Sci U S A, 80 (17): 5355～5358

Plasterk R H, van de Putte P. 1984. Inversion of DNA *in vivo* and *in vitro* by gin and pin proteins. Cold Spring Harb Symp Quant Biol, 49: 295～300

Sandmeier H, Iida S, Arber W. 1992. DNA inversion regions Min of plasmid p15B and Cin of bacteriophage P1: evolution of bacteriophage tail fiber genes. J Bacteriol, 174 (12): 3936～3944

Schatz D G, Oettinger M A, Schlissel M S. 1992. VDJ recombination: molecular biology and regulation. Annu Rev Immunol, 10: 359～383

Schindler D, Echols H. 1981. Retroregulation of the int gene of bacteriophage λ: control of translation completion. Proc Natl Acad Sci USA, 78: 4475～4479

Stern B, Kamp D. 1989. Evolution of the DNA invertase Gin of phage Mu and related site-specific recombination proteins. Protein Seq Data Anal, 2 (2): 87～91

Sun F J, Fleurdépine S, Bousquet-Antonelli C et al. 2007. Common evolutionary trends for SINE RNA structures. Trends Genet Jan, 23 (1): 26～33

Tavakoli N P, Derbyshire K M. 2001. Tipping the balance between replicative and simple transposition. EMBO J, 20 (11): 2923～2930

Tsai C L, Drejer A H, Drejer A H. 2002. Evidence of a critical architectural function for the RAG proteins in end processing, protection, and joining in V(D)J recombination. Genes Dev, 16: 1934～1949

Turlan C, Chandler M. 1995. IS1-mediated intramolecular rearrangements: formation of excised transposon circles and replicative deletions. EMBO J, 14 (21): 5410～5421

Twiss E, Coros A M, Tavakoli N P et al. 2005. Transposition is modulated by a diverse set of host factors in *Escherichia coli* and is stimulated by nutritional stress. Mol Microbiol, 57 (6): 1593～1607

van der Burg M, Verkaik N S, den Dekker A T et al. 2007. Defective artemis nuclease is characterized by coding joints with microhomology in long palindromic-nucleotide stretches. Eur J Immunol, 37 (12): 3522～3528

第六篇　基因的表达

第十一章　基因的表达和调控

第一节　基 因 转 录

一、基因转录概论

从前面的描述可知，基因表达实质上是遗传信息解读为可遗传的生物性状或生物性状的组件的过程，而这个过程的第一步就是基因转录。那么究竟什么是基因转录呢？

所谓基因转录（gene transcription）通常是指细胞利用自身合成出的一种可依赖于DNA模板的RNA聚合酶，对DNA模板上的碱基排列顺序进行复制，在复制过程中，依据沃森-克里克碱基配对原则，把其中的碱基排列转换成为中介分子——RNA的过程。这个过程其实就是生物细胞“制造RNA”的过程（图11.1）。

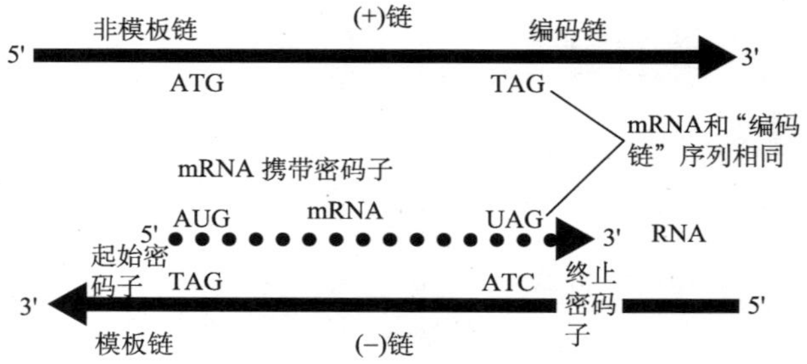

图 11.1　基因转录的框架

基因转录的研究开始于20世纪五六十年代。迄今已有50年的历史。在那之前，分子生物学家的研究兴趣主要集中在对DNA分子的理化性质和生物学性质方面。直到20世纪50年代后期，在分子生物学家们已经充分认识到DNA分子与遗传有关之后，才转而对基因表达的机制展开了研究。这个时候，DNA的双螺旋模型已经建立，但是，DNA 分子上“基因”的功能是如何发挥的依然一无所知。

在 1957 年，佛农·英格拉姆（Vernon Ingram）首次发现人类镰刀型血红蛋白贫血症的发生与基因突变有关。这也是第一个有关基因决定蛋白质的分子生物学证据。英格拉姆的发现促使人们把兴趣转移到对 DNA 分子所负载的遗传信息的生物解读问题的研究。其间，人们最为关心的问题是：生物信息究竟是如何被转移到蛋白质分子上的?

在当时，已有很多迹象表明，DNA 分子上的遗传信息不大可能会直接转移给蛋白质分子，而必须经过“中介”的帮助。这方面最为直接的证据来自对去细胞核的细胞中蛋白质翻译的观察。人们发现，即使在已经去掉细胞核的细胞内依然能够进行蛋白质的合成。因此，有人猜测，在生物细胞中必然存在着一种“短命的中间体”分子能够充当遗传信息的中介者。也正是这些中介者分子才能把 DNA 上的遗传信息从细胞核内运输到能够制造蛋白质的细胞质中，并最终完成蛋白质分子的翻译。由于当时已经发现了 RNA 分子，而且很多方面的证据都表明 RNA 分子能担当此任。而且，后续的研究确实也发现 RNA 分子既可以存在于细胞核内，也可以出现在细胞质中。而且在多数情况下，这些 RNA 分子主要分布在细胞质内蛋白质合成比较活跃的区域。

为了进一步验证 RNA 分子的遗传信息中介者的身份。塞姆尔·维斯（Samuel B. Weiss）及其助手罗纳德·格莱斯顿（Leonard Gladstone）率先采用同位素标记技术开展了相关研究。非常幸运的是，在此前后 RNA 聚合酶已经被几家实验室先后予以报道。这些聚合酶可以催化 RNA 分子链的“延伸”反应。当时的研究结果表明，RNA 聚合酶可以在一个 RNA 分子的末端接上多个核糖核苷酸，使原来的 RNA 分子链得以延长。但是，在当时，尚没有证据表明这些 RNA 聚合酶可以合成全长的 RNA 分子。为此，维斯等人开始了基因转录的离体研究。在实验过程中，他们首先制备富含细胞核的小鼠肝脏粗提液，然后把经过同位素标记的三核苷胞嘧啶与所制备的肝脏抽提液混合温育。一段时间之后，他们果真发现该系统合成了含有掺入放射性同位素的 RNA 分子。进一步对所得到的 RNA 分子进行分析发现，所合成出的 RNA 除含有同位素标记的胞嘧啶核苷之外，也同时含有其他类型的核糖核苷。这表明，他们所建立的 RNA 合成体系需要反应体系中含有全部的 4 种核糖核苷酸底物，并且整个合成过程需要 DNA 分子的存在。

维斯等人的实验首次表明，细胞内 RNA 分子的合成需要 DNA 模板的参与，本质上是一个依赖于 DNA 分子的 RNA 合成过程。通过对所获得的 RNA 分子进行水解分析，维斯等人发现，每个标记有放射性同位素的单体核糖核苷酸是在其他三种核糖核苷酸存在的前提下依次被掺入到 RNA 分子中的。至此，维斯等人的工作首次揭示了 DNA 指导的由 RNA 聚合酶催化的 RNA 分子的体内合成过程。在此之后的几个月间，类似的现象也在大肠杆菌细胞中得到发现，进一步表明，DNA 指导的、RNA 聚合酶催化的 RNA 分子的合成过程普遍存在于真核生物和原核生物细胞中。

需要说明的是，我们接下来要展开讨论的 RNA 分子的合成，既包括信使 RNA（mRNA）的合成，也可以是 tRNA 分子，或者是其他功能 RNA 分子的合成。但不管哪一类 RNA 的合成，我们都称之为“基因转录”。而且，综合现有知识来看，RNA 分子的体内合成过程总体上类似于细胞内存在的其他分子生物学聚合反应，如 DNA 复制等的过程，一般也可以划分为转录的起始、产物 RNA 链的延伸和转录的终止三个明确的阶段。

二、基因转录的过程

（一）RNA 转录的起始

对 RNA 转录起始机制的研究最早源于 Scaife 和 Beckwith 等人的工作。Scaife 和 Beckwith 认为基因转录过程需要从染色体上的特定位点开始，而且这样的染色体位点也同时控制 RNA 的转录。或者说，染色体上的上述位点具有促进基因转录起始和限制基因转录起始的功能。为了验证这个假说，他们利用经典遗传学中的基因突变手段对可能控制基因转录的突变体进行了筛选。最终，Scaife 和 Beckwith 得到了能有效降低或完全抑制 *lac* 操纵子表达的突变体。对这些突变体的进一步分析发现，所得到的突变体全部可以同时影响 *lac* 操纵子所有的三个结构基因的转录水平，而且突变全部是以顺式显性（*cis*-dominant）遗传的方式起作用。也就是说，在这些突变的基础上引入任何其他部位的突变均不能逆转上述突变所表现出的遗传效应。利用抑制基因突变分析发现，他们所得到的突变体可以根据遗传效应划分为两个大类，即“抑制”和“操作”（repressor-operator system）两大类型。对所得突变体的基因突变定位分析发现，上述突变体中的突变位点似乎全部位于 *lacI* 或 *lacO* 基因外侧。

上述发现在 1961 年被 Ippen 及其同事们得到了进一步确认。Ippen 等人利用同源重组手段对能够促进 *lac* 操纵子转录的突变位点进行了更为详细的定位。他们发现，突变体中所有的有效突变无一例外地位于 *lac* 操纵子的开始部位。基于这些发现，Ippen 等人重新把 *lac* 操纵子的突变区定名为“启动子”（promoter）。

接下来的问题是，究竟启动子区负责控制基因的转录还是直接控制蛋白质的翻译？对此，Ippen 及其同事推测“启动子”只是影响基因转录，并不影响蛋白质的翻译。他们随后发现，*lac* 操纵子基因转录必须在启动子区开始。由于在当时人们对 *lacO* 区域是否已经翻译尚无清楚认识，于是 Ippen 等人推断，*lac* 操纵子的翻译可能只会从 *lacO* 基因的下游开始，而不能在该基因之前进行。

对 *lac* 操纵子转录工作机制的进一步阐释是由 Eron 和 Block 等人完成的。在 1971 年，Eron 和 Block 等人利用体外转录实验对 *lac* 操纵子基因转录过程进行了更为细致的研究。他们发现，存在于 *lac* 操纵子启动子区的基因突变确实可以直接影响 *lac* 操纵子基因转录的起始。在这个过程中，出现在启动子区的转录起始也需要一种蛋白质因子——σ 因子的辅助。除此之外，他们还发现，*lac* 阻遏子蛋白（repressor）对转录起始具有负调控作用；而环状 AMP（cAMP）和它的结合蛋白对 *lac* 操纵子的基因转录起始具有促进作用。

需要强调的是，Eron 和 Block 等人的工作不仅进一步验证了 Beckwith 等人关于 *lac* 启动子由两个区域组成的结论，其中，一个区域与基因转录起始有关，一个区域负责对所进行的基因转录进行正调控。到了 20 世纪 70 年代早期，有关基因表达中的启动子概念已经悄然浮出水面。

（二）基因启动子的结构特征

1. 原核生物基因启动子区的特征

RNA 的转录起始需要在特定的位点处开始。在分子生物学中，我们通常把负责 RNA 转录起始的 DNA 序列区称为启动子区（promoter region）。利用比较统计的方法发现，基因上典型启动子区一般由位于结构基因上游（3′端）几段相对保守的 DNA 序列组成。包括－10 位的“TATA ”区、－35 位的“TTGACA”区，以及－10～－35 位的间隔区。其中，－10 区的“TATA”和－35 区的“TTGACA”是 RNA 聚合酶的结合部位。除此之外，通常在结构基因内的＋10 位含有核糖体结合位点——Shine-Dalgarno 序列，该序列是核糖体结合起始蛋白质翻译的位点（图 11.2）。

2. 真核生物基因启动子特征

真核生物蛋白质编码基因的启动子是通过直接的突变分析和与已知启动子 DNA 序列比较分析确定的。通过对 900 多种真核生物基因蛋白质编码序列（结构基因）上游序列保守性的分析发现，真核生物蛋白质编码序列基因的启动子主要含有两类保守序列，一类是分布在转录起始位点附近的核心启动子区，一类则是分布于更上游的启动子区。前者通常是一段富含嘧啶且跨过转录起始位点的起始子序列，或者和原核生物基因启动子－10 位的保守序列一样，是一个 TATA 盒（又称 TATA 元件/因子 或 Goldberg-Hogness 盒），但与原核生物不同，此 TATA 盒一般分布在转录起始点上游－30 位处，通常是一段 TATAAAA 序列。由于 TATAAAA 主要含 A 和 T 碱基，因此有利于变性成为单链区。并可通过此位点进一步确定转录的起始位点。在此 TATA 序列与转录起始点之间引入系列点突变，对下游结构基因的转录几乎没有明显的影响，但是当把该区间缩短

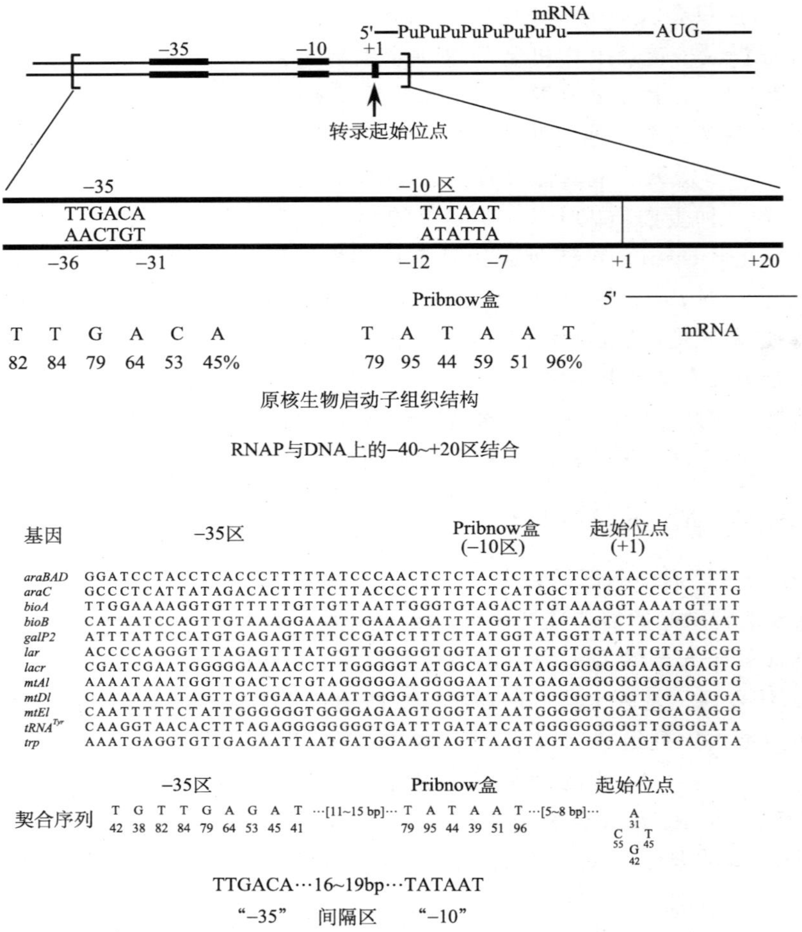

图 11.2　原核生物基因的启动子结构

时，却会使转录起始位点相应下移，表明真核生物基因的 TATA 与转录起始点之间保留 30 个碱基左右的距离是必要的（图 11.3）。

位于更上游的启动子保守序列一般在−50～−200。如在−100 和−200 区分别存在着“CCAAT”和“GGGCGG”保守序列，在−75 位存在 CAAT 盒，在−90 位则存在 GC 盒（GGGCGG），这些区域通常与促进转录的蛋白质激活子（activator）结合，主要负责其下游基因的增强型转录。位于上述位点的保守序列通常可以双向发挥功能。此外，在−200 以上通常含有 20～50nt 的 CpG 岛序列，以及分布在更远的增强子（enhancer）或衰减子（silencer）。其中，有些增强子内含有类似启动子中的 DNA 序列，与特定基因的最大转录有关。这些调控

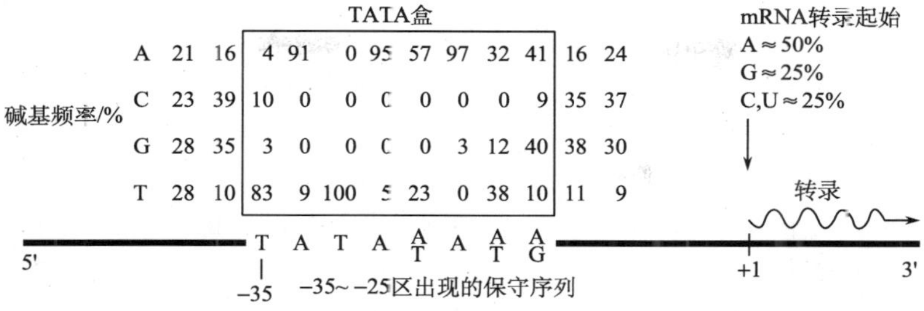

900种真核生物蛋白质编码基因启动子区的保守性分析

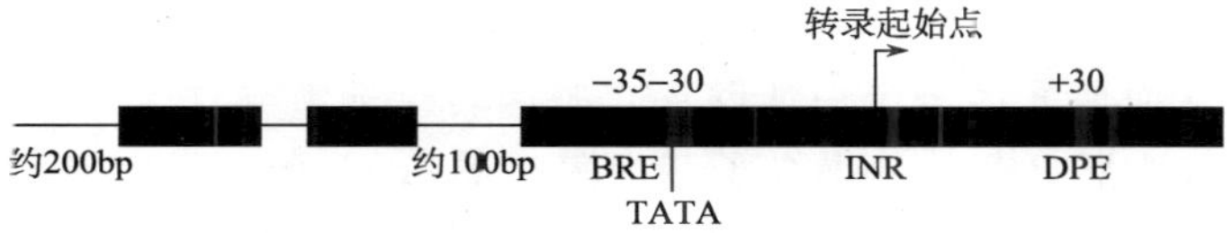

启动子组件	发现的保守序列	所结合的转录因子
BRE	G/C G/C G/A C G C C	TFⅡB
TATA	T A T A A/T A A/T	TBP
INR	C/T C/T A N T/A C/T C/T	TFⅡD
DPE	A/G G A/T C G T G	TFⅡD

图 11.3　真核生物基因的启动子组织及转录因子识别部位

元件有时可离启动子区 50kb 以上。

研究发现，真核生物蛋白质编码基因启动子中，位于转录起始位点处的 TATA 盒可以和更上游的不同形式的远端的保守序列组合，其中，位于更上游的保守序列在基因表达过程中起关键的作用。一般情况下，上游保守序列决定基因转录的特异性。例如，在所有真核生物细胞内的“持家基因”(housekeeping)的启动子，如肌动蛋白（actin）和 6-磷酸葡萄糖脱氢酶的启动子中，在该区都含有相同的保守序列。

当前，有关真核生物基因中的“启动子”的生物功能的认识有待进一步加以澄清。原先大家普遍认为位于启动子中的 DNA 序列负责与转录起始因子直接相互作用而起到转录的“启动”作用。但是，最近一些研究表明，某些负责基因转录的蛋白质因子似乎需要首先和经过“表观遗传”修饰过的组蛋白结合才能起到基因转录的“起始”作用。例如，现在人们已经认为核小体核心组蛋白中的 H3 N 端尾部结构域中第 4 位赖氨酸残基的三价甲基化修饰（H3K4me3）是人类基因组中活跃基因具有的状态，最近的某些工作表明，基础转录因子 TFⅡD 需要直接和 H3K4me3 作用才能发挥转录起始作用。而 H3R2 二价甲基化修饰则抑制

TFⅡD 与 H3K4me3 的结合，H3K9 和 H3K14 的乙酰化修饰则促进 TFIID 与 H3K4me3 的作用。显然，位于真核生物基因启动子区的核心组蛋白中组蛋白的修饰状态也会直接影响到转录因子所能发挥的基因转录功能。

3. 与基因启动子区作用的蛋白质

无论是在原核生物细胞内，还是在真核生物细胞核内都存在着与各自基因启动子区结合的蛋白质（图 11.4）。这些能够与 DNA 结合的蛋白质基本上都含有螺旋-转角-螺旋基序、螺旋-环-螺旋基序、锌指结构基序、亮氨酸拉链基序、类固醇受体结构和 Homedomain 结构等 6 种基序（motif）中的一种或几种（结合第三章了解）。例如，能够识别原核生物基因启动子－10 区的 σ 因子蛋白就含有螺旋-环-螺旋基序，该基序使得 σ 因子蛋白能够和启动子区双螺旋 DNA 的小沟发生识别，从而使 σ 因子蛋白能够决定基因转录的特异性（图 11.4 A）；再例如，负责关闭大肠杆菌乳糖操纵子基因表达的 LacI 蛋白与启动子区内“O 区”的结合（图 11.4 B）（乳糖操纵子的工作机制将在第十二章阐述）。

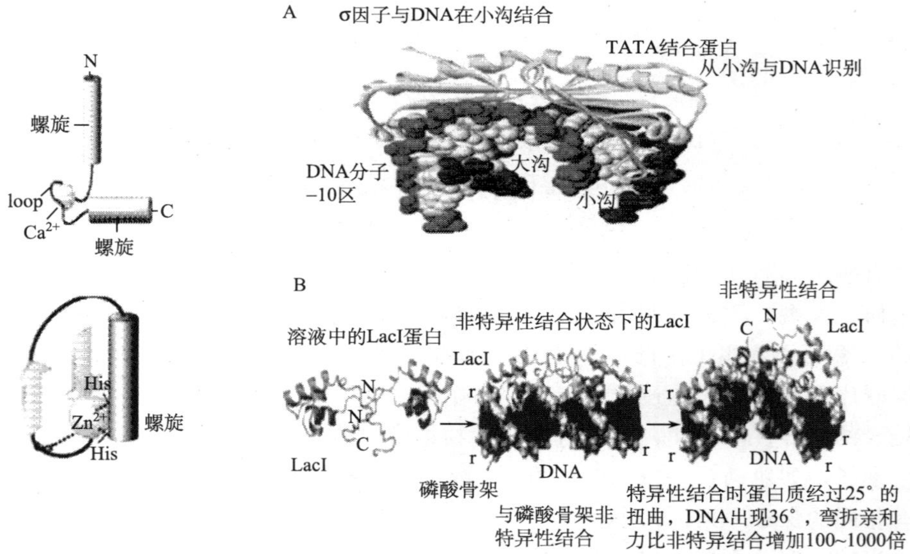

图 11.4　启动子区蛋白质和 DNA 的相互作用

A. σ 因子与 TATA 盒处的结合；B. LacI 与启动子的 Operator 结合

（三）RNA 聚合酶

1. 原核生物细胞内只含有一种类型的 RNA 聚合酶

原核生物细胞内只有一种 RNA 聚合酶，负责对所有的 mRNA、rRNA 和

tRNA 进行转录。原核生物的 RNA 聚合酶是由多亚基组成的寡聚蛋白质复合体。通常含有两个分子的 α 亚基，该亚基由 *rpoA* 基因编码，分子质量为 40kDa；一个分子的 β 亚基，此亚基由 *rpoB* 基因编码，分子质量为 155kDa；一个分子的 β′亚基，该亚基由 *rpoC* 基因编码，分子质量为 160kDa。上述 4 种亚基组合形成 RNA 聚合酶核心酶，核心酶与一种特定的 σ 因子（由 *rpcD* 基因编码，分子质量在 30～90kDa）组成原核生物 RNA 聚合酶全酶（holoenzyme）。其中，α 亚基与核心酶寡聚体的形成以及与某些激活因子结合有关；而 ββ′则含有聚合酶的催化中心，与 RNA 转录直接有关；σ 因子则负责聚合酶与启动子区结合的特异性和转录强度。

2. 真核生物细胞内含有三类 RNA 聚合酶

在 1969 年后半年，Roeder 和 Rutter 利用色谱分离手段首次发现真核生物海胆胚细胞内存在着 3 种可辨识的 RNA 聚合酶（RNA 聚合酶Ⅰ、Ⅱ和Ⅲ），而在小鼠肝脏细胞内则有 2 种 RNA 聚合酶（RNA 聚合酶Ⅰ和Ⅱ）。上述 RNA 聚合酶的最大聚合活性因盐离子浓度不同而不同。其中，来自海胆胚细胞的 RNA 聚合酶Ⅰ和Ⅱ与来自小鼠肝脏细胞的 RNA 聚合酶Ⅰ和Ⅱ对盐离子浓度表现类似的依赖性。Roeder 和 Rutter 等人认为，RNA 聚合酶Ⅰ和Ⅱ分别主要分布于细胞核的核仁区和核质内，而且分别与海胆卵原肠胚形成过程中 rRNA 的转录有关。但是，在当时并不清楚 Roeder 和 Rutter 等人发现的 3 种 RNA 聚合酶形式是由 3 个不同的基因编码产物，还是由同一个基因表达的 3 种不同类型的功能分子。来自 Chambon 实验室的有关工作为这个问题提供了答案。

在 Roeder 和 Rutter 等人工作发表之后的几个月的时间里，Chambon 等人从小牛胸腺细胞内中分离纯化了 RNA 聚合酶 A 和 B（Ⅰ和Ⅱ），他们利用鹅膏素碱［羊肚菌（toadstool）毒素］对所得到的 RNA 聚合酶活性的抑制进行了比较研究。他们发现所得到的 RNA 聚合酶 A 对鹅膏素碱不敏感；与之相反，RNA 聚合酶 B 的活性则受鹅膏素碱的抑制。他们的工作更进一步表明，鹅膏素碱对 RNA 聚合酶的抑制作用主要出现在 RNA 链的延伸阶段。

随后，其他人的工作进一步发现，真核生物细胞中所含有的 RNA 聚合酶也是多亚基寡聚蛋白质复合体组成。目前发现有三种 RNA 聚合酶，分别为 RNA 聚合酶Ⅰ、RNA 聚合酶Ⅱ、RNA 聚合酶Ⅲ。其中，RNA 聚合酶Ⅰ分布于核仁区，负责 rRNA 基因和大部分细胞内 RNA 转录，此酶活性不受鹅膏素碱的影响；RNA 聚合酶Ⅱ作为主要的 RNA 聚合酶则分布于核质中，负责与蛋白质编码的信使 RNA 前体（hnRNA，premRNA）的转录。此酶对鹅膏素碱敏感，低水平的鹅膏素碱就可以明显抑制该酶的活性；RNA 聚合酶Ⅲ，是一种拥有较低聚合活性的 RNA 聚合酶，此酶主要分布在核质中，负责 tRNA、5S rRNA 和其他小分子 RNA 的转录。动物来源的 RNA 聚合酶Ⅲ对较高水平的鹅膏素碱敏感，但酵母和昆虫来源的该酶对鹅膏素碱并不敏感。而且，真核生物的 RNA 聚合酶活性可以被鹅膏素碱抑制，而原核生物大肠杆菌细胞内的 RNA 聚合酶却对该毒素具有拮抗作用。

三、基因转录的一般过程

无论是原核生物还是真核生物基因的转录都可以被人为分成三个阶段：起始、延伸和终止。其中，原核生物和真核生物的基因转录延伸表现出高度保守性，只有在起始和终止阶段两类生物中表现出差异（图 11.5）。

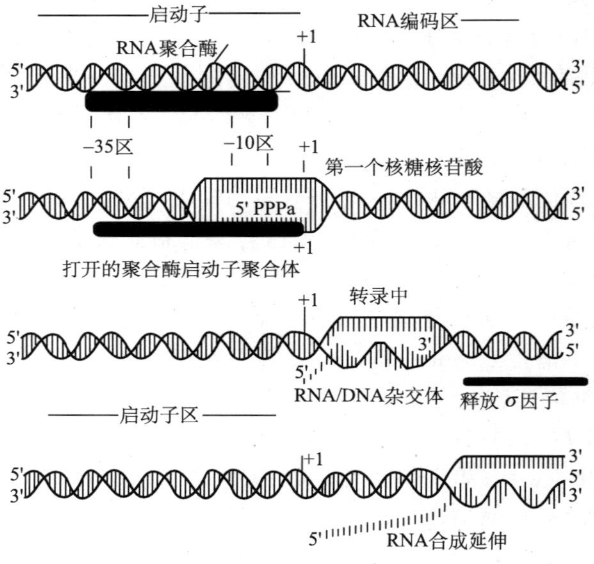

图 11.5　RNA 转录的过程

（一）基因转录的起始

原核生物基因的转录起始

一个原核生物的基因本质上就是其染色体上的一段 DNA 序列。但是，真正可以作为基因的 DNA 片段一般必须含有启动子区、RNA 编码区和终止区等三个功能区域。其中，启动子区是 RNA 聚合酶识别部位，而 RNA 编码区则携带有真正的遗传信息。终止区一般位于 RNA 编码区的下游，决定转录终止部位。

以大肠杆菌为例，绝大多数基因内的启动子区一般含有两个保守序列，分别位于转录起始位点上游－35bp 和－10bp 为中心的区域。其中，－35 区的保守序列为 5′-TTGACA-3′，而－10 区的保守序列 5′-TATAAT-3′（原先被称为 Pribnow 盒）。基因的转录起始过程就是使 RNA 聚合酶全酶和基因启动子区的识别与结合。在这个过程中，RNA 聚合酶全酶中的 σ 因子决定 RNA 聚合酶核心组分与启动子区的特异性结合。在缺乏该因子时，RNA 聚合酶与 DNA 的结合是随机的，并不能有效地实施基因转录。原核生物 RNA 聚合酶全酶与启动子的结合可以分为两个步骤，首先是全酶和－35 区保守序列的识别与结合，种种迹象表明，这种结合相对松散；其次，RNA 聚合酶全酶和－10 区紧密结合。后一结合伴随着－10 位点以及转录起始位点处大约 17bp 的 DNA 去扭曲（untwisted），这种 DNA 拓扑学构象改变有利于向双链 DNA 负超螺旋中引入正超螺旋，以打开双链 DNA 开始进行基因转录。

在原核生物基因中的启动子区内的保守序列存在着差异，这直接影响到 σ 因子与这些保守序列的结合能力，从而影响到这些启动子下游的编码基因的转录强度。在大肠杆菌细胞内发现存在着至少 7 种 σ 因子，这些 σ 因子对大肠杆菌不同基因的表达调控起着重要的作用。在大肠杆菌 RNA 聚合酶全酶中，σ 因子决定了该酶与基因转录的特异性。大肠杆菌中含量最多的 σ 因子应该是 σ70。该 σ 因子参与大肠杆菌的主要生长繁殖基因的转录，而其他的 σ 因子则多与生长环境改变的适应有关的基因转录有关。现在已经明确，大肠杆菌中的 σ70 识别位于－35 位的“TTGACA”和－10 位的“TATAAT”；而 σ32 则对－39 位的“CCCCC”和－15 位的“TATAAATA”进行识别。在大肠杆菌中，σ32 主要参与热激或其他逆境基因的转录。与此类似，σ54 则识别－26 位的“GTGGC”和－14 位的“TTGCA”。而 σ23 则识别位于－15 位的“TATAATA”，σ23 因子仅见于受 T4 噬菌体感染过的大肠杆菌细胞中。除此之外，大肠杆菌可能还存在着其他类型的 σ 因子。与此类似，枯草芽孢杆菌细胞内也存在着至少 9 种以上的不同类型的 σ 因子；而第一个全部测序的病原菌 *P. aeruginosa* 也含有 7 种以上的 σ 因子。

（二）σ 因子参与转录起始的发现

在 1969 年前后，有关基因转录的研究几乎全部是利用分离纯化大肠杆菌的 RNA 聚合酶和噬菌体 DNA 模板在体外进行的。这样的研究所得出的结果通常会表现出一定程度上的相互矛盾，而且似乎这种矛盾主要与研究者所使用的 RNA 聚合酶的分离纯化手段有关。因此，解决这类分歧的有效办法就是寻找一种稳定、可重复的纯化具有活性的 RNA 聚合酶的方法，首先得到 RNA 聚合酶的所有组分，然后再具体研究每一种组分各自的功能。为此，美国哈佛大学的 Richard Burgess 和 Andrew Travers，以及罗杰斯大学的 John Dunn 和 Ekkehard Bautz 率先开始了这类研究。他们首先利用磷酸纤维素柱层析纯化了大肠杆菌细胞内的 RNA 聚合酶全酶。之后，他们期望通过分步收集不同的组分后对所得到的组分对 RNA 聚合酶核心酶催化活性的可能影响进行系统的研究。在整个研究过程中，他们还使用了 SDS 聚丙烯凝胶电泳对所得到的 RNA 聚合酶全酶进行分离，经过这一系列的分离纯化和性质鉴定，他们最终发现了一种蛋白质可以促进转录起始复合体形成，这种蛋白质就是他们定名的 σ 蛋白。接下来的问题是，σ 蛋白对转录起始复合体的促进作用是特异的还是非特异？在作用过程中 σ 蛋白又是如何与起始复合体中其他蛋白质发挥作用的？

Travers、Burgess、Dunn 和 Baut 等人的工作表明，σ 蛋白其实只是作用于 RNA 合成过程中第 1 个磷酸二酯键形成之前，主要参与基因转录起始复合体的形成过程。或换言之，σ 因子负责参与 RNA 聚合酶与 DNA 启动子区的特异性结合。一旦 σ 因子完成促进基因转录起始复合体形成的作用之后，RNA 聚合酶会把 σ 蛋白释放出来，使得 σ 蛋白重新与环境中其他的 RNA 聚合酶结合，并参与下一轮的基因起始复合体的形成。上述发现很快就被 Joseph Krakow 及其同事在固氮菌（*Azotobacter vinelandii*）中得到印证，Krakow 等人发现，在这种固氮菌中也存在着类似 σ 蛋白的蛋白质，这种蛋白质具有和 σ 蛋白一样的生物学功能。

（三）RNA 链的延伸

当基因转录起始完成之后，RNA 的合成也随即开始。在合成 8～9 NTP 之后，RNA 聚合酶全酶中的 σ 因子随之脱离，并可用于其他基因的转录起始过程中。剩下来的 RNA 聚合酶核心酶负责之后的基因转录，直到完成一个基因的转录。在这个过程中，RNA 核心酶在前进过程中不断打开所到之处的 DNA 双链，以容许游离状态的核糖核苷酸在合成中的 RNA 分子的 3′端前方和模板链上的碱基进行配对，之后 RNA 聚合酶核心酶催化游离核糖核酸和 RNA 分子 3′端形成磷酸二酯键，形成含有 $N+1$ 的 RNA 分子。依次进行直到转录结束。需要强调的是：在基因转录过程中 RNA 催化的 RNA 的合成只是利用一个基因双链 DNA 中的一条链做模板，而且这种模板专一性对于一个给定基因而言是一贯的。所合成的 RNA 分子和 DNA 非转录模板的序列完全相同，只是其中的胸腺嘧啶被尿嘧啶替代，其中的戊糖是核糖，而不是脱氧核糖。其中作为转录的模板是 3′→5′ 方向，RNA 分子的合成则相应为 5′→3′方向。

对于一般的 DNA 模板而言，RNA 聚合酶核心酶合成 RNA 的速度为每秒 30～50nt。一般情况下，新合成的 RNA 分子和模板 DNA 形成杂交体。但是，绝大多数的 RNA 分子会在 DNA 双链重新形成的过程被置换下来，与 DNA 脱离。

RNA 聚合酶拥有两类校错机制（proofreading），一类类似于 DNA 聚合酶所拥有的“编辑”能力，在 RNA 合成过程中所掺入的错误核糖核苷酸可以通过合成的逆转而除去；另一类，RNA 聚合酶可以反向移动一到几个核苷酸，然后错误 RNA 链被切去，之后，RNA 核心酶重新沿正向合成 RNA。

（四）RNA 链的终止

基因内位于编码区的终止子 DNA 序列负责基因转录的终止。原核生物基因内的终止子序列目前发现两种主要的类型，一种终止子是不依赖于 Rho 因子（Rho-independent，ρ-independent）的终止子序列，又称为Ⅰ型终止子。Ⅰ型终止子含有二重对称的回文 DNA 序列（palindrome），可以通过折叠形成一个茎环结构（hairpin）。被转录成 RNA 之后，在相应的回文序列之后有 4～8 个尿嘧啶残基［poly（U）］，它们和回文结构一起具有终止转录的作用。这种 RNA 结构可能更有利于快速折叠成发夹结构，而这种发夹折叠可以影响到 RNA-DNA 杂交体分子的稳定性（图 11.6）。需要补充说明的是，形成特定发夹结构对基因转录进行有效的终止已经作为一种比较普遍的“终止”基因转录的方式被广泛应用，而且，目前看来这种终止转录机制可能和一种被称为“核糖核酸开关”（riboswtich）的调节方式具有进化上的一致性。有关内容我们将在基因表达调控部分加以介绍。另一类终止子是依赖于 Rho 的终止子序列（ρ-dependent），此类终止子结构又被称为Ⅱ型终止子。与Ⅰ型终止子不同，Ⅱ型终止子缺乏 poly（U）区，有许多Ⅱ型终止子也同时缺乏回文结构。在这种情况下，RNA 的转录终止需要 ρ 蛋白的参与。ρ 蛋白含有一个与 RNA 结合的结构域和一个与 ATP 结合的结构域。在转录过程中，ρ 蛋白可以利用 ATP 水解所释放的能量沿着 RNA 转录物移动，并可最终造成 RNA-DNA 杂交体分子的不稳定，使转录终止。

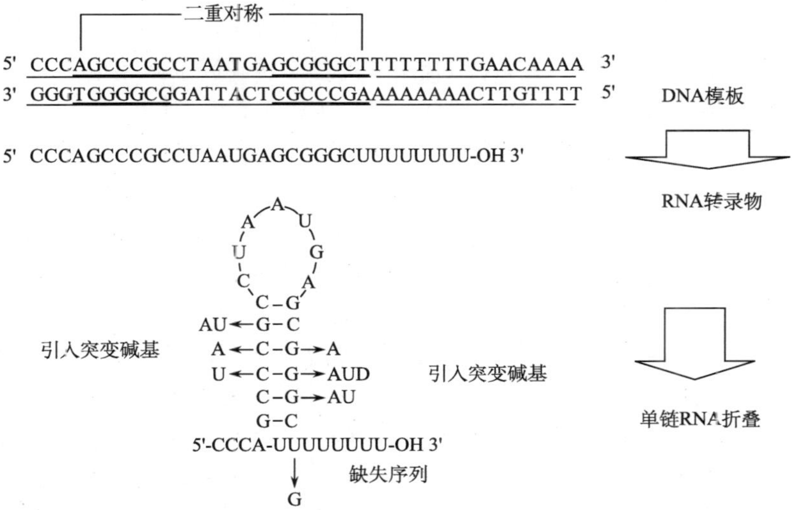

图 11.6　RNA 转录的终止子结构特征

四、基因转录的一些基本特征

综合而论，基因转录具有如下一些需要牢记的特征：①基因转录具有非对称性。转录一般只能用DNA双链中的一条链作为模板，而不能同时利用DNA双链作为模板。因此，用于基因转录的DNA链为“模板链”（template strand），与之互补的DNA链称为“非模板链”（nontemplate strand）。基因转录初始产物的碱基除“T”变“U”之外，其排列顺序和非模板链相同。原因是基因转录过程中的碱基配对依然遵循沃森-克里克碱基配对原则。②具有明确的转录方向。RNA分子的合成方向只能按照5′→3′方向进行，因为只有3′端含有羟基，是链延伸的生长点。以此类推，基因转录模板链的解读方向则为3′→5′。③其中转录过程中的模板链实际上属于“非编码链”（non-coding strand），此链因此又被称为“反义链”（antisense）。而与之互补的非模板链因为其碱基排列顺序与所得RNA产物的一致，因此非模板链又被称为“编码链”或“有义链”（sense）。

五、真核生物蛋白质编码序列的转录

与原核生物基因转录不同的是，真核生物蛋白质编码序列的转录由RNA聚合酶Ⅱ负责。最初，真核蛋白质编码mRNA是以前体的形式被转录出来的，即首先合成的是pre-mRNA。这样的pre-mRNA分子需要进一步的加工修饰才能最终成为成熟的信使RNA分子（mRNA）。

真核生物蛋白质编码基因的转录起始首先需要RNA聚合酶Ⅱ和普通转录因子（general transcription factor，GTF）和启动子的核心区形成转录起始复合体。需要注意的是普通转录因子的命名是和真核生物细胞核内的RNA聚合酶编号相对应的。例如，对应于RNA聚合酶Ⅰ的普通转录因子则相应定名为TFⅠ，以此类推，对应于RNA聚合酶Ⅱ的普通转录因子则称为TFⅡ，对应于RNA聚合酶Ⅲ的普通转录因子则被称为普通转录因子TFⅢ。各类普通转录因子中的亚类编号则依据其各自被发现的次序。如TFⅡB则是第2个被发现的TFⅡ类普通转录因子。到目前为止，普通转录因子与启动子区的结合顺序尚未最后确定。特别是在细胞核内，有人认为普通转录因子可能事先形成蛋白质复合体之后再与启动子区和RNA聚合酶结合形成起始转录复合体。但是，来自体外的研究发现，至少在蛋白质编码基因转录过程中，转录起始复合体是依据一定的次序在启动子区组装成转录复合体的（图11.7）。同时，在转录起始复合体形成过程中，染色体上的核小体也会对起始复合体的形成有影响。这使得真核基因转录起始过程比原核基因转录起始要相对复杂得多。近一两年的研究表明，至少真核生物pre-mRNA的基础转录复合体组装过程中，需要TFⅡD与经过三价甲基化修饰的H3K4me3直接结合，之后才能依次形成转录起始复合体。而H3R2非对称二价甲基化修饰则对 TFⅡD 与 H3K4me3 的结合具有选择抑制作用，但 H3K9 和 H3K14 的乙酰化修饰则反过来促进 TFⅡD 与 H3K4me3 的作用。这些研究进展对于认识真核生物细胞内 RNA 聚合酶Ⅱ介导的转录起始具有重要意义。

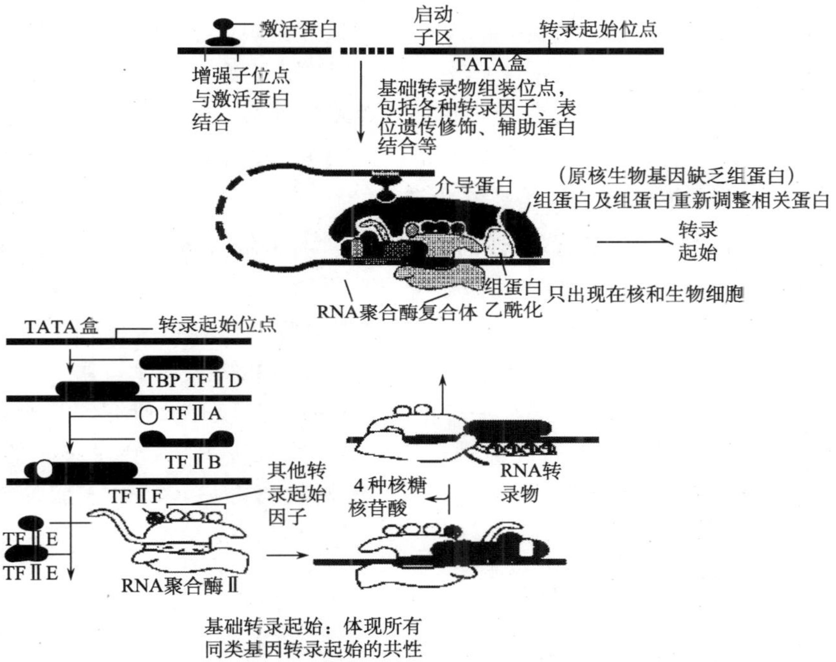

图 11.7 真核生物基因转录（基础转录和特异性转录）

六、真核生物信使 RNA 转录校正与转录终止

1973 年，Natori 及其同事发现 SII 蛋白可以在体外转录过程表现出促进 RNA 聚合酶Ⅱ延伸效率。但是，该蛋白质的确切工作机制直到 1992 年才被三组科学家进一步加以阐释。Reines、Izban 和 Luse 等人发现，在转录过程中加入 SII 蛋白可以首先加速 RNA 聚合酶Ⅱ的延伸的终止，使 RNA 聚合酶Ⅱ合成较短的 RNA 分子。他们发现 SII 蛋白可以使 RNA 聚合酶Ⅱ复合体拥有核酸酶活性，这种核酸酶活性可以在 3′端切除新合成的 RNA 分子。非常有意思的是，RNA 聚合酶Ⅱ和 SII 结合所表现出的核酸酶活性虽然可以在 3′端切除新合成的 RNA 分子，但并不促进 RNA 聚合酶的解离，相反，RNA 聚合酶依然可以继续催化 RNA 的合成，而且合成效率大为提高。显然，SII 蛋白对 RNA 聚合酶Ⅱ的作用可能是帮助它跨过某些能够阻止 RNA 聚合酶Ⅱ通过的 DNA 模板位点（见第六

章和第七章)，因此 SII 蛋白可以表现出促进 RNA 合成过程中延伸的能力。

在此需要提醒大家的是，RNA 转录终止的时候也需要这种 3′核酸酶活性。但是，如何理解 RNA 链延伸终止时需要 3′端加工这一现象？后继的研究表明，RNA 转录终止之所以需要在新合成的 RNA 分子的 3′端加工是因为在所转录的 DNA 模板的 3′端存在一段特定 DNA 序列。该序列其实是真核生物信使 RNA “加尾”的信号序列。根据 Logan、Connelly、Manley 等人的工作发现，新合成的真核生物信使 RNA 的 3′端需要进行多聚腺嘌呤修饰，而这种修饰位点的确定是由 DNA 模板上的一段 DNA 序列决定的。当 RNA 转录延伸至该位点时，表明整个基因已经被转录完成，需要终止转录。在这一点有些类似于大肠杆菌同源重组过程中 χ 序列对 RecBCD 活性的调节作用。有关细节将在下文详加论述。

迄今为止，已经有两种模型可以解释真核生物信使 RNA 分子转录的校正和终止。一种模型认为，RNA 分子上出现的多聚腺嘌呤修饰信号序列本身就可以通过改变转录因子和 RNA 聚合酶的相互作用，并借此终止转录；第二个模型则认为，RNA 分子的 3′端切除是转录终止所必需的。据现有的研究现状来看，上述两个模型都能获得实验支持。但是，如果不考虑促进 RNA 转录终止的过程，那么可以想到只有 RNA 聚合酶Ⅱ与 DNA 模板脱离之后，转录才能最终得到终止。

七、真核生物信使 RNA 分子

真核生物 mRNA 分子含有 3 个主要的部件，一是位于 5′引导（leader）序列或称为 5′端非翻译区（5′untranslated region，5′UTR)。这个区域在不同真核生物 mRNA 分子上表现不同的长度差异；另一区域则是蛋白质的编码区，该区将被最终用于翻译特定的蛋白质。这个区间可以根据所编码蛋白质多肽链的大小表现出较大的长度差异；真核生物 mRNA 分子的第三个区域则是位于 3′端的非翻译区（3′untranslated region，3′UTR）或者称为“托尾”区，该区对于特定 mRNA 分子的稳定性具有重要的影响。

真核生物 mRNA 转录与原核生物 mRNA 的转录表现出很多方面的不同。首先真核生物的 mRNA 分子是以前体的形式被转录出来的，然后经过一系列的加工和修饰；与此不同，原核生物 DNA 直接转录出成熟的 mRNA，不需要额外加工和修饰。除此之外，原核生物的转录和翻译是相互偶联在一起的，即 RNA 的转录和多肽的翻译是同时在细胞质中进行的。原核生物的信使 RNA 分子一般多呈多顺反子（polycistronic）形式存在。与此不同，真核生物的信使 RNA 分子一般是单顺反子（monocistronic)，需要在细胞核内进行加工，之后再经过细胞核膜上的核膜孔转移到细胞质中进行多肽链的翻译。

八、其他基因的转录

除了蛋白质编码基因需要被转录之外，其他不编码蛋白质的基因也需要进行相关的转录，如编码 rRNA、tRNA 和 snRNA 等的基因都需要依赖 DNA 模板的 RNA 转录过程。以 rRNA 基因转录为例，在基因组中，负责编码 rRNA 的基因通常被称作核糖体 DNA（ribosomal DNA，rDNA）或被称为 rRNA 转录单位。在原核生物大肠杆菌基因组中，负责 rRNA 编码的基因称为 *rrn* 基因，这样的基因在整个大肠杆菌基因组中共有 7 处。其中。每一个 *rrn* 基因均含有一套按 16S-23S-5S 排列的核糖体 RNA，在这些基因的间隔区往往含有 tRNA 序列。

在真核生物基因组中，与原核生物 rRNA 同工的三种 rRNA 基因分别是 18S rRNA、5.8S rRNA 和 28S rRNA。与原核生物比较，真核生物一般有许多拷贝的 rRNA 基因，其中，在真核生物基因组中，上述三个基因以 18Sr-5.8S-28S 的排列顺序正向重复 100～1000 次，形成 rDNA 重复单位。而 5S rRNA 基因则分散于基因组的其他部位。

rDNA 的启动子的分布位置有以下几种情形，外部转录的序列（external transcribed sequence，ETS）通常位于 18S 的上游、28S 的下游；内部转录的间隔子（internal transcribed spacer，ITS）位于每一个 5.8S 的一侧；不进行转录的间隔子（nontranscribed spacer，NTS）序列则位于每一个 rDNA 重复单位之间，并同时包含相应的启动子。

在真核生物染色体上，每一个 rDNA 重复单位形成一个单独的核仁组织者，然后多个核仁组织者进一步融合成为一个核仁区。核仁区是形成核糖体亚基的场所，在此所经转录出的 18S rRNA、5.8S rRNA 和 28S rRNA 和来自染色体其他位点的 5S rRNA 和核糖体蛋白一道组装成核糖体亚基。

rRNA 转录由 RNA 聚合酶Ⅰ（RNA polymerase Ⅰ）负责，其催化的转录起始过程同样需要类似 σ 因子的 GTF 蛋白的参与（GTF 蛋白是真核生物细胞内所有三类 RNA 聚合酶起始基因转录所必需的）。在转录过程中，RNA 聚合酶Ⅰ通常把整个 rDNA 重复单位转录成一条 pre-rRNA 分子，其中的 18S、5.8S 和 28S rRNA 之间含有间隔序列。之后 pre-rRNA 分子经过 RNase 的拆分释放出 18S、5.8S 和 28S rRNA 分子。需要特别强调的是，上述 RNase 拆分是在 pre-rRNA、5S rRNA 和核糖体蛋白形成复合体之后进行的，经过 RNase 的拆分之后这样的复合体即可分别形成具有功能的 40S 和 60S 核糖体亚基。这样的核糖体亚基旋即被输送到细胞质中，参与蛋白质的翻译。

九、RNA 聚合酶Ⅲ转录的基因

RNA 聚合酶Ⅲ参与的基因转录主要包括如下三种 RNA 形式：①真核生物

核糖体 60S 大亚基中的 5S rRNA（120nt）（这种 5S rRNA 在原核生物核糖体中不具有相对应的组分，因此仅见于真核生物核糖体中）。能够被 RNA 聚合酶Ⅲ识别的启动子位于 5S rDNA 序列之中。在转录过程中，RNA 聚合酶Ⅲ依照 5S rDNA 模板直接合成出成熟的 5S rRNA，不需要任何形式的加工处理；②真核生物细胞基因组内的 tRNA（一般含有 75～90nt）。真核生物的 tRNA 一般也以多拷贝重复的形式存在基因组中，其中每个 tRNA 分子的 DNA 序列都不尽相同，但其各自的启动子序列一般位于结构基因内。当 tRNA 转录之后，需要一系列的加工才能成为成熟的 tRNA 分子。包括在转录之后都需要在其 3′端加入“CCA”序列。同时，在所转录出的所有 tRNA 分子上需要进行大量的化学修饰；③除了上述两类 RNA 分子之外，某些 snRNA 也需要利用 RNA 聚合酶Ⅲ进行转录，能够被 RNA 聚合酶Ⅲ识别的 snRNA 基因序列的启动子一般均位于该基因的上游（除利用 RNA 聚合酶Ⅲ转录 snRNA 之外，其他类型的 snRNA 则需要利用 RNA 聚合酶Ⅱ催化转录）。

第二节　基因转录物的加工和修饰

真核生物基因转录所得到的 mRNA 需要经过一系列的加工才能最终成为功能分子。现在已经明确的加工包括：信使 RNA 5′端的“戴帽”（capping）、3′端的“加尾”，内含子的切除等主要过程。

一、5′帽子的合成

真核生物信使 RNA 5′端加帽是指在新转录出的信使 RNA 分子的 5′端进行 7-甲基化鸟嘌呤的修饰过程。这个过程是一个酶催化过程。在酶的催化下，一个 7-甲基化鸟嘌呤以 5′-5′取向通过三个磷酸连接到信使 RNA 分子的 5′端。同时，紧邻“帽子”的两个核苷酸分子上的戊糖也被甲基化修饰。真核生物信使 RNA 5′端的“帽子”是真核生物信使 RNA 转录起始时核糖体的识别和组装位点。同时，经过 5′加帽修饰的信使 RNA 会表现出更高的稳定性。真核生物信使 RNA 5′端的加帽过程如图 11.8 所示。

二、3′多聚 A 的合成

除在 5′加帽修饰之外，真核生物信使 RNA 分子 3′端还需要进行“加尾”修饰。所谓 3′端的“加尾”修饰是进行多聚 A 的修饰过程［poly（A）尾］。当基因转录通过一段 AAUAAA 序列之后，即开始加尾过程。这个过程包括几种蛋白质对 RNA 分子的识别与切除，其中切除和聚腺苷酸化特异性蛋白因子 CPSF（cleavage and polyadenylation specificity factor）和切除促进因子 CstF（cleavage

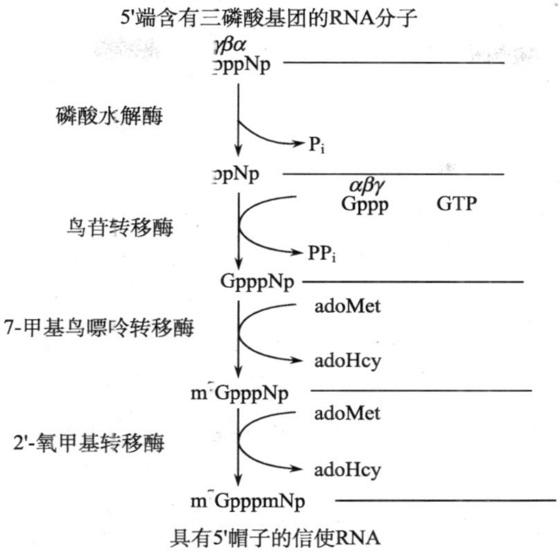

图 11.8 真核生物 mRNA 的加帽过程

stimulation factor)，以及两种切除因子蛋白 CFⅠ和 CFⅡ是 RNA 切除所必需的。经过这些蛋白质的作用，多聚腺嘌呤［poly（A)］聚合酶（PAP）就开始以不依赖于模板的形式把 ATP 上的腺嘌呤连接在 RNA 分子的 3′端上。在这个过程中，多聚腺嘌呤聚合酶与切除多聚腺嘌呤核苷酸催化特异性蛋白因子结合，并由此决定整个催化过程的特异性。同时，多聚 A 结合蛋白Ⅱ［poly(A) binding proteinⅡ，PABⅡ］与 poly（A）尾部结合。必须说明的是，并不是所有的真核生物信使 RNA 分子都有 3′多聚 A 尾巴。整个加尾过程如图 11.9 所示。

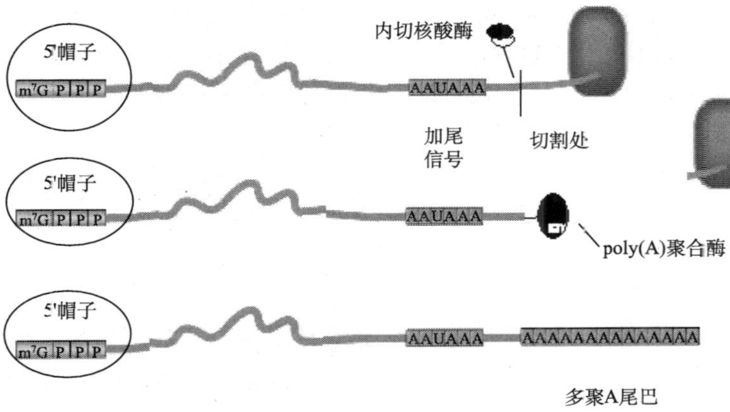

图 11.9 3′端加尾

多聚腺苷酸聚合酶（polyadenylate polymerase）可以以 ATP 为底物在经过切除过的 mRNA 分子的 3′端加入 80～250 个核苷酸，该酶需要利用切割过的 mRNA 分子的 3′羟基为引物，在整个聚合过程中不需要模板；而且只能利用 ATP 为底物。多聚 A 的形成可以增加 mRNA 的稳定性。

三、内含子的加工

真核生物基因中存在“内含子”的现象是由 Richard Roberts、Philip Sharp 和 Susan Berger 等在 1977 年率先发现的。1978 年，Philip Leder 实验室首次发现小鼠 β 球蛋白基因所转录出的前体信使 RNA 分子（pre-mRNA）和所编码该信使 RNA 分子的基因长度呈正相关。但是，真正可被用于转录的模板 β 球蛋白 mRNA 要比相应的基因短。研究发现，刚刚被转录出的信使 RNA 比真正用于翻译模板的 RNA 多出一个“内含子”序列。该序列在 RNA 加工过程中被除去了！后来进一步发现，内含子现象在大多数真核生物基因中普遍存在，甚至在某些噬菌体基因中也存在着内含子。

真核生物前体 RNA（pre-RNA）分子中含有可表达的区段和不表达的区段。其中，可表达的区段称为外显子（exon）。在外显子之间通常含有不表达的 RNA 区段，称为内含子（intron）。很多迹象表明，真核生物这种前体 RNA 分子中的内含子似乎只是一段插入的 RNA 序列，不具编码意义，需要在 RNA 加工过程中除去。为此，分子生物家通常把内含子的切除事件称为内含子的“拼接”（splicing）。需要指出的是，内含子的拼接既可以出现在 pre-mRNA 分子上，同时也见于 rRNA 和 tRNA 前体分子的加工过程中。对于 pre-mRNA 而言，其中内含子拼接的场所是细胞核。

真核生物信使 RNA 前体（pre-mRNA）分子中的内含子序列必须在细胞核内被拼接除去，之后，mRNA 分子才有可能经过核孔进入到细胞质中。因此，内含子的拼接是信使 RNA 成熟过程所必须经过的加工步骤。研究发现，内含子的拼接位点通常含有特定的“GU-AG”规律，即通常的情况下，内含子的 5′边界会是“GU”，而在 3′边界则为“AG”。这一规则已经被分子生物学家称为“GU-AG”规则（GU-AG rule）（图 11.10）。在拼接过程中 snRNP 形成一个被称为“拼接体”（spliceosome）的功能单位。

（一）拼接体

出现在 pre-mRNA 的内含子通常以 5′端 GU 开始，以 3′端的 AG 结束，但在 mRNA 拼接时这些边界标志通常不足以满足拼接，必须依赖于其他拼接信号序列。如需要拼接体参与 pre-mRNA 拼接。所谓拼接体是细胞核内一种含有核糖核酸和蛋白质的小颗粒，简称 snRNP。拼接体中常见的 snRNP 为 U1、U2、

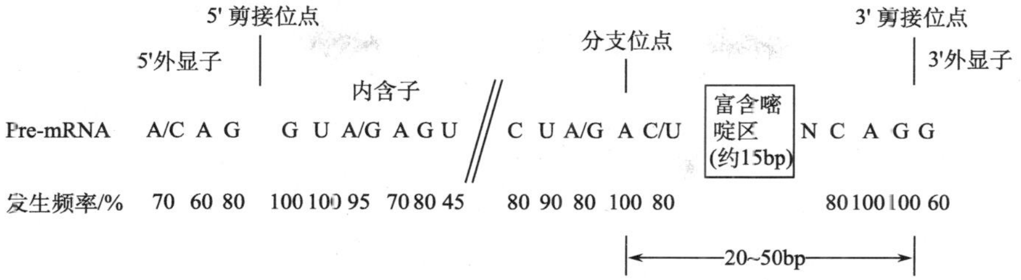

图 11.10　内含子组织结构示意图

U4、U5 和 U6。上述每一个 snRNA 都和数个蛋白质结合，形成核酸-蛋白质复合体，其中，U4 和 U6 共同形成一种 snRNP，而剩余其他的 snRNA 可以单独出现在自己与蛋白质形成的 snRNP 中。在一个细胞核内，每一类型的 snRNP 含量都不少于 105 个分子。其中，U1 含有 165nt，所形成的 snRNP 通过和内含子 RNA 序列形成正确的碱基配对，首先和欲切去内含子的 5′拼接边界结合，然后和其 3′边界结合；U2 则含有 185nt，和位于内含子 3′上游中部分支点的 RNA 序列结合，形成活性拼接体的催化中心的一部分；U4/U6，分别含有 116nt 和 106nt，其中 U4 主要是暂时遮盖 U6 上所携带的催化中心部位，其所形成的 snRNP 和 U5（含有 145nt）所形成的 snRNP 一道与位于 5′边界的 U1 和 U2 所形成的 snRNP 作用，这种作用可以造成内含子弯折呈环状。之后，U4 snRNP 从该复合体中解离出去，打开 U6 snRNP 的催化中心，于是，剩下的复合体变成了具有催化活性的拼接体（图 11.11）。在整个内含子的拼接过程中，活性拼接体首先从外显子和内含子相连的 5′边界处切开，暴露出游离的 5′内含子端。该游离 5′端随即与位于分支点处的一个核苷酸（通常是 A）形成共价键，形成拼接中间体。上述拼接体的中间体形态上类似一个“套马索结构”（lariat）。之后，活性拼接体便切断内含子与下一个外显子相连的 3′边界，使内含子 RNA 套马索环状分子得以除去，随后，拼接体负责把外显子 n 和 $n+1$ 相连，形成一段没有内含子的 mRNA 分子。由于此时拼接体已经找不到结合位点序列也随之解离。

除此之外，一些 tRNA 基因转录物中也含有内含子，如在酵母细胞内的 400 个 tRNA 基因中，约有 1/10 的 tRNA 基因内含有内含子。这些内含子通常位于反义密码子的 5′端。这样的内含子通常需要一种特异的内切核酸酶切除，再通过 RNA 连接酶连接完成内含子的拼接。

（二）内含子的自拼接

内含子的自拼接（self-splicing of intron）现象主要见于 rRNA 转录产物。事实上，绝大多数物种的 rRNA 基因并不含有内含子结构。但某些原生生物如

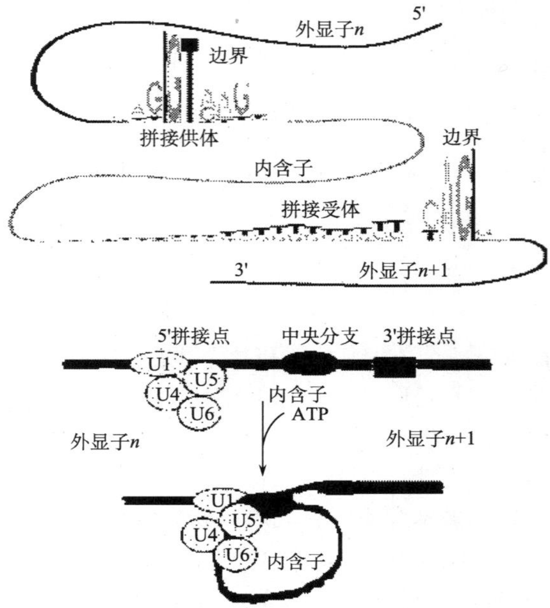

图 11.11 内含子的拼接机制

四膜虫的 28S rRNA 基因中却含有一个 413bp 的内含子（Ⅰ类内含子）。1982 年，Cech 等人发现，该内含子（Ⅰ类内含子）的去除并不像 pre-mRNA 中的内含子拼接一样需要蛋白质的参与，而是需要该内含子自身折叠出特定的二级结构，之后自行拼接。这一过程的发现标志着 RNA 分子本身具有“酶”活性。这就是我们常说的“ribozyme”（催化 RNA）的发现过程。需要说明的是，Ⅰ类内含子的拼接显然不是一个典型的酶催化过程，理由是参与反应的 RNA 分子不会在拼接之后重新回到拼接前的状态。

正如我们所强调的，Ⅰ类内含子在物种间的分布范围相对狭窄，除见于某些物种的核仁区的 rRNA 基因内之外，也只是见于某些线粒体 mRNA 基因以及某些噬菌体的 tRNA 和 mRNA 基因中。

四膜虫所含有的Ⅰ类内含子的拼接大致分为三个过程：①首先是在 pre-rRNA 内含子 5′端边界处进行切割，之后在内含子 5′端加入一个鸟嘌呤；②再后是在内含子的 3′端边界进行切割；③相邻的两个外显子彼此连接，被切除的内含子形成一个类似“套马索”的结构，然后通过切割形成一个环状的 RNA 和一个小分子的线性 RNA。

四、RNA 编辑

分子生物学所说的 RNA 编辑（RNA editing）是指当基因转录出 pre-mRNA 之后，通过采取向该分子中加入或删除核苷酸的方法，或者对其中的某些碱基进行化学修饰等手段改变原有 mRNA 的蛋白质编码序列的过程。迄今为止，已经在多种生物中发现有 RNA 编辑现象。例如，在一种能够导致昏睡病（sleeping sickness）的原生动物锥虫（*Trypanosome brucei*）细胞内发现，其线粒体内编码细胞色素氧化酶亚基Ⅲ的基因初始转录物和用于翻译蛋白质序列的 mRNA 之间并不对应，两者之间的差异主要体现在尿嘧啶碱基的含量的不同。这是因为当该基因转录出 mRNA 之后需要经过一系列的掺入和去除尿嘧啶的“编辑”处理。超过 50％的成熟 mRNA 含有转录后掺入的尿嘧啶。研究发现，这种转录后掺入尿嘧啶的编辑过程需要一种 RNA 分子的“指导”。首先是负责“指导”的 RNA（gRNA）分子和初始转录 mRNA 配对，之后对初始转录 mRNA 分子的掺入尿嘧啶位点进行切割、掺入尿嘧啶和连接等一系列的加工处理。除此之外，RNA 编辑还常见于其他生物细胞中，例如，在一种黏菌中（*Physarum polycephalum*），其多个线粒体基因 mRNA 初始转录物中需要经过编辑掺入单个的胞嘧啶。同样，在某些高等植物细胞中，很多线粒体和叶绿体内的基因初始转录物则需要进行 CtoU 编辑。甚至高等植物叶绿体中的某些 mRNA 中的起始密码子“AUG”也是通过 RNA 编辑产生的。在哺乳类生物细胞内，CtoU 编辑也见于阿普脂蛋白 B（apolipoprotein）mRNA 加工过程，这种 RNA 编辑加工是该基因产生组织特异性终止密码突变的原因。除此之外，在哺乳类生物细胞中还存在着 AtoG 编辑。其中，谷氨酸受体蛋白的 mRNA 就存在着 AtoG 编辑。在某些 tRNA 分子中则需要对其中的嘧啶碱基进行编辑。

主要参考文献

Beckwith J, Grodzicker T, Arditti R. 1972. Evidence for two sites in the *lac* promoter region. J Mol Biol, 69: 155～160

Berg D, Barrett K, Hinkle D et al. 1969. A subunit of RNA polymerase involved in chain initiation. Fed Proc, 28: 659

Birse C E, Minvielle-Sebastia L, Lee B A et al. 1998. Coupling termination of transcription to messenger RNA maturation in yeast. Science, 280: 298～301

Burgess R, Travers A A, Dunn J J et al. 1969. Factor stimulating transcription by RNA polymerase. Nature, 221: 43～46

Connelly S, Manley J L. 1998. A functional mRNA polyadenylation signal is required for transcription termination by RNA polymerase Ⅱ. Genes Dev, 2: 440～452

Cormack B P, Struhl K. 1992. The TATA-binding protein is required for transcription by all three nuclear RNA polymerases in yeast cells. Cell, 69: 685～696

Dickson R, Abelson J, Barnes W et al. 1975. Genetic regulation: the *lac* control region. Science, 187: 27～35

Dunn J, Bautz E. 1969. DNA-dependent RNA polymerase from *E. coli*: studies on the role of sigma in chain initiation. Biochem Biophys Res Commun, 36: 925～930

Eron L, Block R. 1971. Mechanism of initiation and repression of *in vitro* transcription of the *lac* operon of *Escherichia coli*. Proc Natl Acad Sci USA, 68: 1828～1832

Gilbert W, Maizels N, Maxam A. 1974. Sequences of controlling regions of the lactose operon. Cold Spring Harbor Symp Quant Biol, 38: 845～855

Ippen K, Miller J H, Scaife J et al. 1968. New controlling element in the *lac* operon of *E. coli*. Nature, 217: 825～827

Izban M G, Luse D S. 1992. The RNA polymerase Ⅱ ternary complex cleaves the nascent transcript in a 3′→5′ direction in the presence of elongation factor SII. Genes Dev, 6: 1342～1356

Kedinger C, Gniazdowski M, Mandel J et al. 1970. Amanitin: a specific inhibitor of one of two DNA-dependent RNA polymerase activities from calf thymus. Biochem Biophys Res Commun, 38: 165～171

Krakow J S, Daley K, Karstadt M. 1969. *Azotobacter vinelandii* RNA polymerase. Ⅶ. Enzyme transitions during unprimed r [I-C] synthesis. Proc Natl Acad Sci USA, 62: 432～437

Logan J, Falck-Pedersen E, Darnell J E Jr et al. 1987. A poly (A) addition site and a downstream termination region are required for efficient cessation of transcription by RNA polymerase Ⅱ in the mouse maj-globin gene. Proc Natl Acad Sci USA, 84: 8306～8310

Natori S, Takeuchi K, Mizuno D. 1973. DNA-dependent RNA polymerase from Ehrlich ascites tumor cells. J Biochem, 74: 1177～1182

Reines D. 1992. Elongation factor-dependent transcript shortening by template-engaged RNA polymerase Ⅱ. J Biol Chem, 267: 3795～3800

Roeder R G, Rutter W J. 1969. Multiple forms of DNA-dependent RNA polymerase in eukaryotic organisms. Nature, 224: 234～237

Scaife J, Beckwith J R. 1966. Mutational alteration of the maximal level of *lac* operon expression. Cold Spring Harbor Symp Quant Biol, 31: 403～408

Schultz M C, Reeder R H, Hahn S. 1992. Variants of the TATA-binding protein can distinguish subsets of RNA polymerase Ⅰ, Ⅱ, and Ⅲ promoters. Cell, 69: 697～702

Sethi V S, Zillig W, Bauer H. 1970. Dissociation and reconstitution of active DNA-dependent RNA-polymerase from *E. coli*. FEBS Lett, 8: 236～239

Stevens A. 1960. Incorporation of the adenine ribonucleotide into RNA by cell fractions from *E. coli* B. Biochem Biophys Res Commun, 3: 92～96

Travers A, Burgess R. 1969. Cyclic re-use of the RNA polymerase sigma factor. Nature, 222: 537～540

Vermeulen M, Mulder K W, Denissov S et al. 2007. Selective anchoring of TFIID to nucleosomes by trimethylation of histone H3 lysine 4. Cell, 131: 58～69

Wang D, Hawley D K. 1993. Identification of a 3′→5′, exonuclease activity associated with human RNA polymerase Ⅱ. Proc Natl Acad Sci USA, 90: 843～847

Weiss S, Gladstone L. 1959. A mammalian system for the incorporation of cytidine triphosphate into ribonucleic acid. J Am Chem Soc, 81: 4118～4119

第十二章　基因表达的调节控制

第一节　基因表达调节控制概论

现在，我们已经清楚地认识到基因的表达控制是一个非常复杂的过程。但是，这丝毫没有影响到对遗传信息传递基本规律认识的正确性。在20世纪，当Crick提出遗传信息的中心法则之后，许多人对此曾持怀疑的态度（见第一章）。而到了现在，“中心法则”已经成为生物遗传信息传递方向的普遍规则。但是，尽管如此，我们目前对似乎越来越复杂的基因表达调控更为深入的了解尚无实质性的改观。希望可能会随着系统生物学方法的不断成熟而取得突破。

实际上早在20世纪70年代，人们就已经了解到细胞内蛋白质的表达往往受特定的“信号”调节。人们经常发现，一种类型的“信号”可以诱发一种或几种蛋白质的表达。但是，对这个过程的反应细节，或者说，对于细胞内外环境中信号究竟如何发挥调节控制作用却知之甚少。究竟环境信号是如何调节蛋白质表达的？虽然现在我们已经了解到基因表达调控主要依赖于DNA序列特异性的反式作用转录因子（*trans*-acting sequence-specific transcription factor）和顺式调节DNA序列（*cis*-regulatory DNA sequence）之间的相互作用，并由此调节RNA聚合酶Ⅰ、Ⅱ或Ⅲ等催化的基因转录实现的。但是对于这个过程的细节的了解却经历了相当长的一段时期。经过大量的研究积累，现在已经明确，遗传信息传递过程中的基因表达调控的第一层次是在基因转录水平上进行的，而且这样的基因转录调节方式几乎被所有生物所采用。

通常被人们公认的事实是，对于原核生物基因表达调控的研究要早于对真核生物基因表达调控的研究。而有关原核生物基因表达调节控制的研究最早开始于1959～1960年，当时，Pardee、Jacob和Monod一起提出了基因表达的操纵子学说。他们所提出的原核生物基因表达调控的操纵子学说是通过成功诱导改变培养条件的大肠杆菌细胞利用乳糖的遗传学试验发现的。Pardee、Jacob和Monod等在利用乳糖培养大肠杆菌的实验中，首次成功地通过底物“诱导”出β半乳糖苷酶的表达，因此他们提出了编码β半乳糖苷酶的基因平时呈“阻遏”状态的假说。这一发现在当时极大地激发了人们对于基因表达调控机制的研究兴趣。在这个时期，Jacob、Perrin、Sanchez和Monod等人提出了细菌基因表达调控的操纵子（operon）概念，其后，Jacob和Monod又进一步提出细胞内存在着一种蛋白质，该蛋白质可以“抑制”（repressor）一套基因转录的现象，直到一种诱导物（inducer）与负责抑制基因转录的蛋白质结合，通过改变阻遏蛋白质的构象，使之失去与“操纵子”结合的能力，以此促进有关的基因转录。这一发现既可看作原核基因表达调控研究的开始，同时，也理所当然地是原核生物基因表达调控研究的一次突破。

一、基因表达调控的层次

与原核生物基因表达调控研究相比，真核生物基因表达调控的相关研究却可谓姗姗来迟。一方面，真核生物基因转录过程中并不存在着典型的“操纵子”结构，而且，真核生物基因的初级转录物总比最终用于蛋白质翻译的模板要长；表明，真核生物基因的 mRNA 需要在细胞核内经过系列的“加工”之后才能被用于蛋白质翻译的模板（图 12.1）。因此，真核生物基因的初级转录物经过加工成为蛋白质翻译模板的过程本身也是一种基因表达调控的手段；人倾向于认为原核生物基因表达调控和真核生物基因表达调控总体指导原则依然是在 mRNA 转录速率上进行调节控制最为有效。

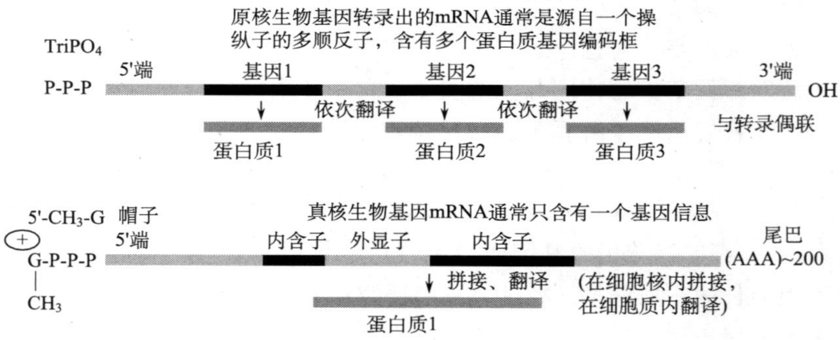

图 12.1 真核生物和原核生物 mRNA 的差异

同时，真核生物细胞具有界限分明的细胞核和细胞质结构，在细胞核内的基因转录物，需要经过加工之后，通过细胞核上的“核膜孔”转移到细胞质内才能被用于蛋白质翻译的模板。这个过程本身也可以起到基因表达的调节控制作用。而到了细胞质之后，mRNA 分子的稳定性和使用频率（翻译频率）也具有明确的调节控制功用。尽管如此，目前依然有许多基因转录的调节控制在原核生物细胞中和真核生物细胞中表现出明显的不同。一般而言，原核生物基因表达的调节主要在转录起始阶段上进行；而对于真核生物基因表达的调节则可以在众多层次上进行（图 12.2）。

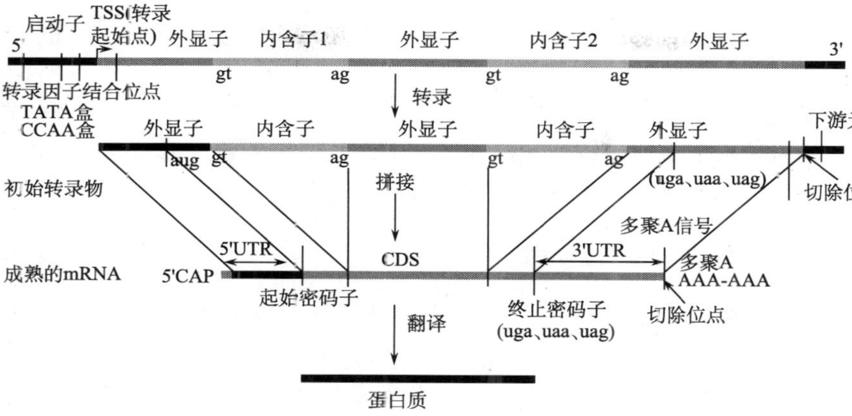

图 12.2　真核生物蛋白质编码 RNA 的表达流程

二、真核生物的基因组织结构及表达

基因在真核生物基因组中的组织与原核生物中的明显不同之处在于，原核生物基因一般呈连续分布，基因内一般没有插入 DNA 序列；而真核生物基因则大部分含有插入 DNA 序列。其中，插入序列通常不负责蛋白质中氨基酸序列的编码，因此被称为“内含子”（intron），而参与氨基酸序列编码的 DNA 区段则被称为“外显子”（exon）（图 12.2），有关信息也可参见第六章。

真核生物基因转录大致存在着两种策略。一种是通过和 DNA 复制偶联的方式进行基因转录；另一种则是通过对染色质结构的重新调整进行基因转录。由于后者并不依赖于 DNA 复制过程，所以有时又被称为不依赖于 DNA 复制的基因转录。所谓 DNA 复制偶联的基因转录通常是发生在 DNA 复制之后和染色质形成之前的一段时间。因为在这个时间段，DNA 并不和组蛋白形成核小体结构。因此，参与基因转录的蛋白质因子可以和这种裸露的 DNA 上的各自的 DNA 识别序列进行识别，并最终组装成转录起始复合体。

在 1995 年，Barton 和 Emerson 发现，鸡细胞中的 β-珠蛋白基因位点中 β^A 基因转录就是采用的 DNA 复制偶联的基因转录策略。他们发现该基因在 DNA 复制之后和核小体形成之前，β^A 基因的启动子区和增强子区就已经被 GATA-1 和 NF-E4 结合，并已经开始了该基因的转录。类似的基因转录调节常见于那些需要组成型表达的“持家基因”（housekeeping gene）的启动子区间。基因转录的另一种控制策略是在染色质形成之后通过对染色质中核小体结构的重新调整来进行转录。这个过程所涉及的手段包括对核小体中的组蛋白进行各种化学修饰，以及利用核小体重新调节蛋白质因子，对核小体的布局进行重新调节。

第二节　原核生物基因在转录水平上调节控制

与真核生物复杂的调节方式不同，原核生物基因表达主要（绝大多数情况下）是在基因转录水平加以调节和控制的。下面我们将着重对原核生物基因转录水平上的调节控制类型加以代表性介绍。

一、原核生物基因的组织特点

在原核生物系统中，“基因”通常可以被理解为可以编码一种可扩散产物的DNA序列。这些基因或者编码一条或几条多肽（在绝大多数情况下），或者编码一种RNA分子［tRNA或rRNA或其他小分子功能RNA（见第三章相关内容)］。其中的典型特征是经过基因所得到的产物需要“扩散”到其他位点发挥作用（图12.3)。任何基因产物在与靶DNA位点结合之后不再进一步扩散时则称之为该DNA位点的反式作用因子。而与之对应的顺式作用序列则是指任何一段不能被转化成其他形式的DNA序列，但却具有在原位发挥功能的DNA序列，这种作用只影响与其相连的DNA序列。

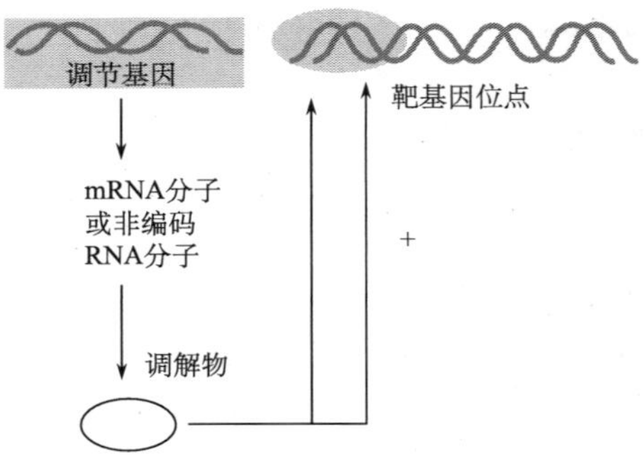

图12.3　操纵子作为原核生物基因的调节单位

在原核生物基因组中，功能相似的基因通常被组织成基因簇，这些基因可以被共同转录在一条mRNA分子中，称为多顺反子（polycistron)。原核生物基因的转录单位具有明确的操纵子结构，表现为一组结构基因组织在一起，共用一套启动子和调控元件。

1961年，Jacob和Monod对DNA序列上的两种类型的序列进行了区分，其中，一种DNA序列编码反式作用产物（*trans*-acting product)；另一种DNA序列负责顺式作用（*cis*-acting sequence)。这两种DNA序列普遍存在于基因组DNA分子中，而基因活性则通过反式作用因子和顺式作用元件之间的相互作用加以调节控制。

操纵子

操纵子（operon）是原核生物基因表达的单位，通常由负责一条特定生物合成途径中的一个或几个结构基因、控制元件和调节基因组成。其中，控制元件为诸如操纵子序列，可以被调控基因产物识别，从而使结构基因表达，表现出协同调控的特征。

1. 乳糖操纵子

原核生物大肠杆菌可以有条件地利用乳糖作为碳源。但是，参与乳糖碳源利用的酶在含有葡萄糖的生长环境中总是很低水平的表达，而只有当乳糖为其生长的唯一碳源时才会出现较高水平的表达。

在1961年Jacob和Monod首次提出了一种关于细菌基因表达调控的模型。这种模型认为在细菌基因组中存在着一种由非结构基因编码的阻遏因子（repressor）。这些阻遏因子可以控制一个或一组基因的转录。而这些阻遏因子自身却需要受细胞中代谢产物或来自环境中的某些因子的调节控制。这些调节物具有促进或拮抗阻遏因子的功能。在调节过程中，阻遏因子通过和基因上的顺式操纵子（operator）作用发挥对基因转录的调控作用（图12.4）。

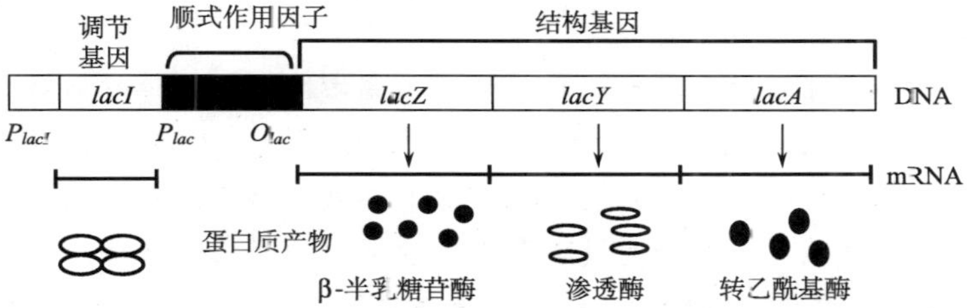

图12.4　乳糖操纵子的组织特征

这些近乎推测的假说很快激发了研究者对基因表达调控的研究兴趣。使得许多生物学家转而去分离纯化那些“阻遏物”。在1966年，Gilbert和Müller Hill最终利用对IPTG诱导高度敏感的大肠杆菌突变株成功分离纯化了与IPTG结合的阻遏物，生化分析表明该蛋白质的分子质量为15～20kDa。该阻遏物在体内可以和位于*lac*操纵子中的操纵位点（operator site）O_{lac}结合，而O_{lac}正处于启动子3′端−5和+21的位置。因此，阻遏物在上述位置的结合可以“阻挡”其上游RNA聚合酶的通过，导致其下游的结构基因不能被正常转录。需要指出的是，在基因转录过程中，位于*lac*操纵子中的*lacZ*、*lacY*和*lacA*基因通常开始于P_{lac}启动子，而下游的3个基因同时被转录成一条mRNA分子，称为多顺反子（polycistron）。

在大肠杆菌细胞中，*lac*操纵子阻遏物是由*lacI*基因编码，活性形式是一个同源四聚体蛋白质复合体，它可以和位于操纵区内的一段28bp回文DNA重复序列特异性结合。可以在缺乏诱导物的条件下阻断*lacZ*、*lacY*、*lacA*基因的转录。在实际操作过程中，阻遏物和RNA聚合酶分别同时与启动子区和操纵区结合。有意思的是，阻遏物与操纵区的结合可以在很大程度上促进 RNA 聚合酶和启动子区的结合。因此，在这种情况下 RNA 聚合酶可以比较牢固地和启动子区结合，但是却不能转录通过阻遏物和操纵区形成的“路障”。当环境中出现“诱导物”时，阻遏物可以和相应的诱导物结合，而其自身的构象也会相应发生改变，以至于不能和操纵区中的回文 DNA 重复结合。在这种情况下，与启动子区结合着的 RNA 聚合酶便可“顺利”对 *lacZ*、*lacY*、*lacA* 基因加以转录。这一过程就是通常所说的“诱导”转录。而当缺乏“诱导物”时，阻遏物依然可以和操纵区结合，在这种情况下，只有极低水平的 *lacZ*、*lacY*、*lacA* 基因被转录。这就是常说的“基础转录”（basal transcription）。当环境中存在乳糖时（lactose），由基础转录制造出的“渗透酶”可以被用于乳糖的摄入，而β-半乳糖苷酶（galactosidase）则可以把一些摄入的乳糖转化为异乳糖（allolactose）。经上述过程制造出的异乳糖可以作为诱导物与阻遏物结合，并由此对阻遏物的活性进行灭活。被失活的阻遏物随即从操纵区处解离，从而容许 RNA 聚合酶对下游 *lacZ*、*lacY*、*lacA* 进行增强型转录。

Jacob 和 Monod 所提出的细菌基因的阻遏调控模型可以很好地解释那些不依赖于激活因子（activator）基因的表达调控。例如，大肠杆菌的乳糖代谢系统相关基因的表达［lactose（*lac*）system］以及与λ噬菌体 DNA 溶原和裂解状态的基因表达调节控制就可以完全通过阻遏调控模型得到有效的解释。

2. λ噬菌体 DNA 溶原和裂解状态的基因表达调节

λ噬菌体本身属于一类比较温和的细菌病毒。它主要以大肠杆菌为寄生对象。当它感染大肠杆菌细胞之后，既可以呈溶原状态（lysogenic state），也可以呈裂解状态（lytic state）。所谓的溶原状态是指λ噬菌体 DNA 上的大多数基因的表达被关闭，并整合到大肠杆菌基因组上的一种“休眠”状态。而裂解状态则是通过开启被关闭的基因表达，并因此导致大肠杆菌细胞裂解，释放数以百计的λ噬菌体的一种生长状态。

当λ噬菌体呈溶原状态时，位于大肠杆菌宿主基因组中噬菌体 DNA 上的大多数基因的表达被抑制。但是，环境中的紫外线辐射可以激活抑制状态的基因表达，并同时促使噬菌体 DNA 从大肠杆菌基因组中游离出来，使噬菌体进入游离状态（裂解状态）。与此类似，大肠杆菌细胞中参与乳糖代谢的操纵子可以被环境中的乳糖或β-半乳糖苷（β-galactoside）类似物 IPTG（isopropyl-β-D-thiogalactoside）诱导进行基因转录。根据 Jacob 和 Monod 阻遏调控模型，在上述两种情景下，紫外线和乳糖或半乳糖苷诱导物可以“抑制”λ噬菌体 DNA 或 *lac* 操纵子上的“阻遏物”（repressor）的活性，从而解除阻遏物对有关基因表达的抑制作用。

几乎与此同时，在 1967 年前后，Ptashne 分离到一株既能够导致大多数λ噬菌体基因关闭，同时又抑制宿主大肠杆菌蛋白质合成的噬菌体突变体。在此基础上，他利用解除阻遏的突变体噬菌体和野生型噬菌体分别感染大肠杆菌细胞，然后通过彼此作为对照，成功地从被上述两种噬菌体感染的细菌细胞中分离到了λ噬菌体的阻遏蛋白，经过分析表明能够抑制溶原态λ噬菌体基因表达的蛋白质的分子质量为30kDa。这些发现极大地促进了基因表达阻遏调节控制的分子机制研究。随后的工作进一步表明，λ噬菌体阻遏物和 *lac* 操纵子阻遏物均能够分别与λ噬菌体和大肠杆菌基因组 DNA 上的特定位点结合。而且也发现，IPTG 可以抑制 *lac* 操纵子阻遏物与特定 DNA 位点的结合。

实际上，基因转录的调节控制要比单纯的阻遏调节复杂得多。很多基因除了利用阻遏调节控制之外，还需要促进物（activator）促进基因的转录。尽管如此，Jacob 和 Monod 的早期工作为研究基因在转录水平上的调节勾勒出了清晰的轮廓，就是基因转录水平的调节控制需要来自基因之外的反式作用因子与负责基因转录的 DNA 序列（顺式作用序列）之间加以相互作用，并借此控制转录事件。

二、基因在转录水平的促进控制

基因转录的促进控制最早是在 20 世纪 80 年代初由 Ptashne 及其同事发现的。Ptashne 等人在研究λ噬菌体的阻遏调控时发现，λ噬菌体与溶原状态有关的基因表达既可以受阻遏物的抑制，同时也可以受促进物的促进（图 12.5）。他们发现，在λ噬菌体 DNA 上存在两类启动子序列，分别是 P_R、P_L 启动子和 P_{RRM}（P_{RM}）启动子。其中，P_R、P_L 启动子是阻遏物 CI 和 Cro 能够识别的启动子，阻遏物与该启动子中操纵子区的结合后抑制其下游结构基因的转录，相反，P_{RRM}启动子则能够和促进物结合，并有效地促进基因转录（图 12.5）。在 1982 年和 1983 年两年间，Ptashne 等人通过突变的手段得到了一些丧失了可被诱导激活的阻遏物λ突变体，在这些突变体中，阻遏物依然可以和噬菌体 DNA 上的启动子区结合，但是这种结合却不能通过使用诱导物使之与所结合的 DNA 解离。因此，该突变体丧失了通过诱导进行基因表达的能力。经过突变定位分析发现，所有的突变全部位于阻遏物表面暴露面的一个小结构域内，这个小的表面区域可能与结合在启动子位置上的 RNA 聚合酶靠得最近。

从在 P_{RRM}（P_{RM}）启动子上的结合情形来看，两者几乎是比肩排列。鉴于此，Ptashne 等人认为发生在 P_{RRM}（P_{RM}）启动子区的促进调节反应有赖于阻遏物与 RNA 聚合酶之间发生的蛋白质-蛋白质之间的相互作用。同时，他们还认为，他们分离到的突变体可能直接影响到了这种蛋白质-蛋白质之间的相互作用。后来，这一观点得到了实验证实。在 1994 年，Susskind 及其同事利用分离上述阻遏突变的抑制突变体的方法——“抑制遗传学”（suppression genetics）成功

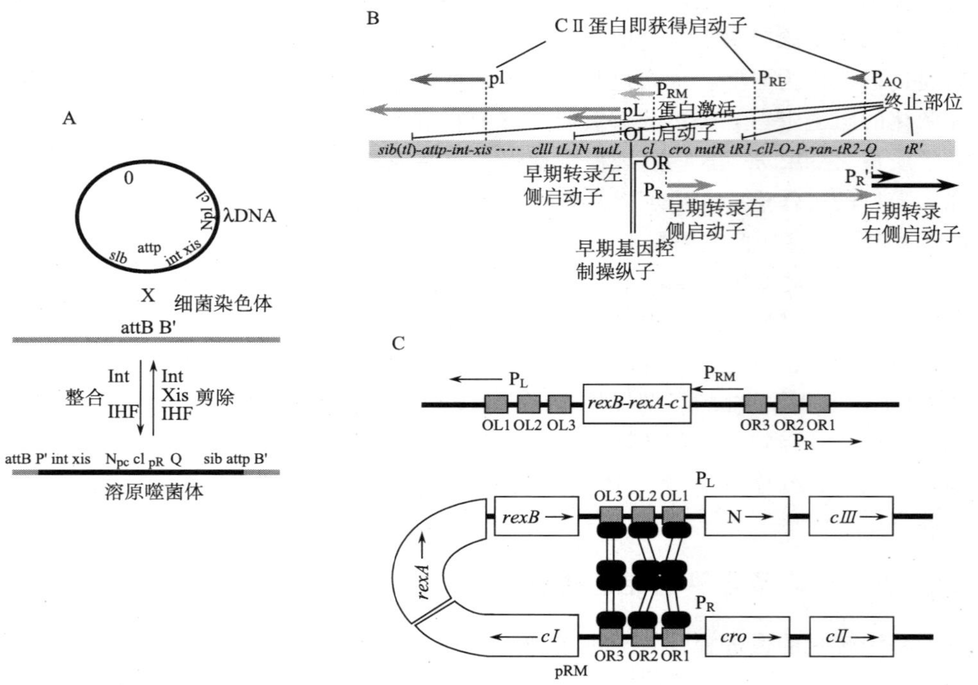

图 12.5　λ 噬菌体的整合和分离以及基因表达调控

揭示了存在于阻遏物与 RNA 聚合酶之间的相互作用。并且他们把阻遏物与 RNA 聚合酶之间的相互作用精细定位在 RNA 聚合酶全酶的 σ 亚基上。

后来，类似的促进机制也发现存在于大肠杆菌 *lac* 启动子区。在大肠杆菌细胞内，一种可以被乳糖代谢产物激活的蛋白（catabolite gene-activator protein，CAP），或者又称为环腺苷受体蛋白（cyclic-AMP-receptor protein，CRP）能够和 *lac* 启动子结合，这种结合可以促进乳糖操纵子结构基因的转录。CRP 是一种可以被 cAMP 激活的转录促进因子。但是这种转录促进因子的活性只有在结合了 cAMP 之后才能体现出来。而细胞内的 cAMP 水平又受葡萄糖的控制，因此，CRP 又可以作为一种依据细胞内葡萄糖水平而发挥作用的总体调控促进因子“global regulator”。当细胞处于葡萄糖供应充足的情况下，相应的细胞内 cAMP 水平较低，而不能够与 CRP 结合（此时 CRP 以二聚体形式存在）调节基因转录；当环境中的葡萄糖供应不足时，细胞内的 cAMP 增高，可以和 CRP 结合，在这种情况下，CRP-cAMP 复合体可以在乳糖操纵子的启动子与 RNA 聚合酶结合的位点之前与乳糖操纵子的启动子结合，使局部 DNA 发生 90°的弯曲，以此促进 RNA 聚合酶和启动子结合。研究结果表明，这种促进作用可以高达 50 倍。

在 1993 年，Richard Ebright 及其同事成功地分离到一种能够与启动子 DNA 结合，但却不能促进乳糖操纵子结构基因转录的 CAP 缺陷突变体，发现这种缺陷突变恰好出现在 CAP 蛋白表面暴露的一个小结构域内。而且，这个部位也被认为可能与 RNA 聚合酶离得最近，两者之间可能存在着蛋白质-蛋白质之间的相互作用关系。在 1994 年，Ebright 实验室利用蛋白质紫外交联技术捕获到“CAP-RNA 聚合酶-lac DNA”复合体中 CAP 和 RNA 聚合酶相互作用的证据。他们发现，CAP 转录促进作用依赖于它和 RNA 聚合酶全酶中 λ 亚基的羧基端结构域通过蛋白质-蛋白质之间的直接相互作用发挥功能。

对 λ 噬菌体和 *lac* 操纵子基因表达的研究发现，原核基因在转录起始水平上存在着“正”和“负”两种作用机制。正调节可以促进基因的转录，而负调节可以关闭基因的转录。

一种规律性的发现是，如果一个操纵子与分解代谢有关，那么当所需分解底物存在时，它可以作为“诱导子”（inducer）和处于活性状态的“阻遏物”结合形成复合体，并使该阻遏物失活，脱离调节区，并容许 RNA 聚合酶对下游结构基因进行转录；与此相反，如果一个操纵子与合成代谢有关，那么当所需要合成的产物丰富时，该产物会转而和一种处于失活状态的“阻遏”蛋白结合，并激活该阻遏蛋白使之与调节区 DNA 结合，以此“阻挡”RNA 聚合酶对下游结构基因的转录。

色氨酸操纵子的结构与阻遏蛋白的负性调控

合成色氨酸所需要酶类的基因 *E*、*D*、*C*、*B*、*A* 等头尾相接串联排列组成结构基因群，受其上游的启动子 P_{trp} 和操纵子 O 的调控，调控基因 *trpR* 的位置远离 P-O 结构基因群，在其自身的启动子作用下，以组成型方式低水平表达，trpR 产物的分子质量为 47kDa，称为调控蛋白 R。刚刚翻译出的调控蛋白 R 并不和基因调节区中的 O 区结合，只有当环境中存在足够浓度的色氨酸时，R 蛋白才需要与色氨酸结合，通过构象变化而被活化，活化后的 R 蛋白就能够与 O 特异性亲和结合，阻遏结构基因的转录（图 12.6）。因此看来，色氨酸操纵子属于一种负性调控的、可阻遏的操纵子（repressible operon）。

色氨酸操纵子通常呈开放转录状态。有效应物（色氨酸为阻遏剂）作用时则阻遏关闭转录。细菌中不少生物合成系统的操纵子都属于这种类型，其调控可使细菌处在生存繁殖最经济最节省的状态。

当色氨酸达到一定浓度、但还没有高到能够活化 R 使其起阻遏作用的程度时，产生色氨酸合成酶类的量已经明显降低，而且产生的酶量与色氨酸浓度呈负相关。这是为什么？

经过仔细研究发现，这种调控现象与色氨酸操纵子的特殊结构有关。在色氨酸操纵子 P_{trp}-O 与第一个结构基因 *trpE* 之间有 162bp 的一段先导序列（leading

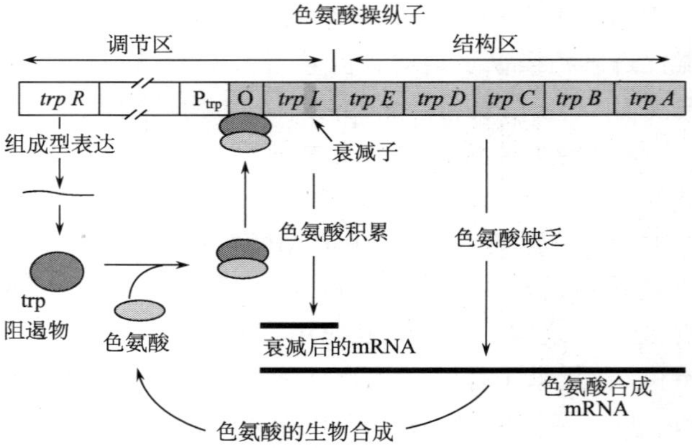

图 12.6　枯草芽孢杆菌色氨酸操纵子的组织结构及基因转录调控

sequence，L)，实验证明，当色氨酸达到一定浓度时，RNA 聚合酶的转录会终止在这里。这段序列中含有编码由 14 个氨基酸组成的短肽的可读框，其序列中有 2 个色氨酸相连，在此可读框前有核糖体识别结合位点（RBS）序列，提示这段短可读框在转录后是能被翻译的。在先导序列的后半段含有 2 对反向重复序列（图 12.7 中序列 1、序列 2、序列 3 和序列 4)，在被转录生成 mRNA 时都能够形成发夹结构，但由于 2 的序列分别与 1 和 3 重叠，所以如果 2 形成发夹结构，1 和 4 都不能再形成发夹结构；相反，当 1 形成发夹结构时，3 就不能形成发夹结构，却有利于 4 生成发夹结构。4 后面紧跟一串 A（转录成 RNA 就是一串 U)，4 实际上是一个终止子，如果转录成 mRNA 时它形成发夹结构，就能使 RNA 聚合酶停止转录而从 mRNA 上脱离下来。

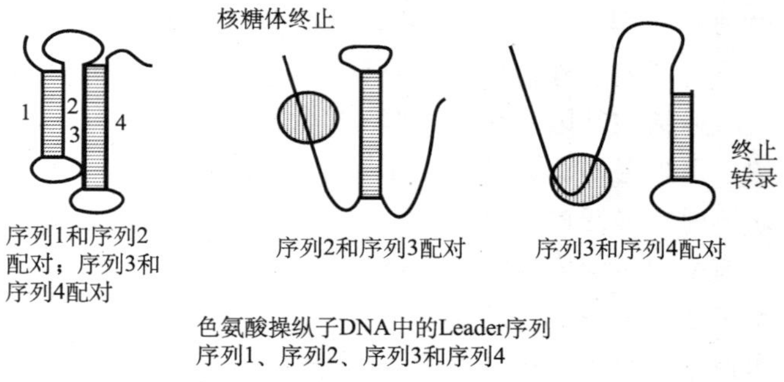

图 12.7　色氨酸操纵子中的先导 DNA 序列及其折叠

在色氨酸浓度未达到能起阻遏作用时，从 P_{trp} 起始转录，RNA 聚合酶沿 DNA 转录合成 mRNA。同时，核糖体就结合到新生成的 mRNA 核糖体结合位点上开始翻译。当色氨酸浓度低时，生成的 $tRNA_{trp}$ 色氨酸量就少，能扩散到核糖体-mRNA 形成的翻译复合体中供给合成短肽的概率低，使核糖体沿 mRNA 翻译移动的速度慢，赶不上 RNA 聚合酶沿 DNA 移动转录的速度，这时核糖体占据短可读框的机会较多，使 A 不能生成发夹结构，于是 B 就形成发夹结构，阻止了 C 生成终止信号的结构，RNA 聚合酶得以沿 DNA 前进，继续去转录其后 *trpE* 等基因，trp 操纵子就处于开放状态。当色氨酸浓度增高时，$tRNA_{trp}$ 色氨酸浓度随之升高，核糖体沿 mRNA 翻译移动的速度加快，占据到 B 段的机会增加，B 生成发夹结构的机会减少，C 形成终止结构的机会增多，RNA 聚合酶终止转录的概率增加，于是转录减弱。如果当其他氨基酸短缺（注意：短可读框编码的 14 肽中多数氨基酸能由环境充分供应的机会是不多的）或所有的氨基酸都不足时，核糖体翻译移动的速度就更慢，甚至不能占据 A 的序列，结果有利于 A 和 C 发夹结构的形成，于是 RNA 聚合酶停止转录，等于告诉细菌："整个氨基酸都不足，即使合成色氨酸也不能合成蛋白质，不如不合成以节省能量"。

一般而言，原核生物基因表达的正负调控是根据特定操纵子在没有调节蛋白存在的情况下的活性状态定义的。正负调控实际上彼此互为"镜像"，属于负调控的基因在通常的情况下处于活跃的表达状态，直到调节蛋白对之加以关闭；与此相反，正调控的基因表达必须调节蛋白对之加以"促进"才能表达。

不管是属于正调控还是负调控的基因表达都有利用合适的小分子诱导物（inducer）或共阻遏物（corepressor）与负责调节的蛋白质相互作用而行使"诱导"和"阻遏"调解的能力。

一种负调控的机制可以通过一种反式作用阻遏物（trans-acting repressor）和 DNA 结合阻止 RNA 聚合酶的转录起始（抑制转录），或与 mRNA 结合阻止核糖体参与的翻译起始。在原核生物中，多种基因可以通过阻遏物与操纵子位点（operator site）作用，在基因转录水平上对有关基因的表达实施协同调控，如前面我们介绍的 lac 和 trp 阻遏物（repressor）的调节。而在正调控中，反式作用激活子必须和顺式位点结合之后才能促使 RNA 聚合酶与启动子结合实施基因转录，在这一点上正负调控正好相反。如 CRP 激活子（activator）促进转录。类似的正调控机制可常见于原核生物基因的表达调控过程中。

三、其他形式的基因表达调控

（一）通过交换使用 σ 因子在转录水平的调控

许多细菌可以通过产生不同的 σ 因子来满足细菌在正常和极端环境条件下不同基因的表达调节。例如，大肠杆菌饥饿有关的基因表达（图 12.8）、热激基因的表达，枯草芽孢杆菌生孢基因的表达，以及某些噬菌体基因的表达等都属于这种情况。

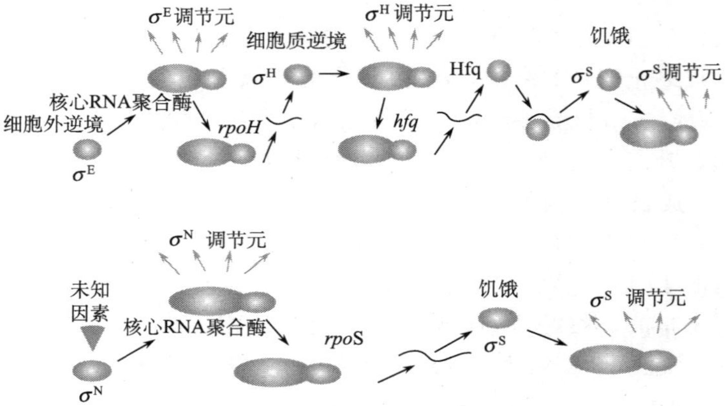

图 12.8　σ 因子级联表达举例

不同的 σ 因子和相同的 RNA 聚合酶结合形成 RNA 聚合酶全酶，表现出不同的启动子识别特异性。这种策略可常见于细菌细胞从基础转录（basic transcription）转向特异性基因转录的过程中。如大肠杆菌热激相关的基因转录就是如此。在正常的情况下，σ70 是大肠杆菌正常生长状态下使用最多的 σ 因子，而当热激状态下，热激基因转录使用 σ32。当大肠杆菌生长环境温度高于 37℃时，大约有 17 个蛋白质在热激状态下进行特异性表达。当从 37℃ 升高到 42℃需要瞬时表达这 17 个热激蛋白，当温度升高至 50℃。热激蛋白就成为仅有用于维持大肠杆菌生存的蛋白质。热激蛋白基因的转录使用的是 *rhoH* 基因编码的 σ32 和 RNA 聚合酶。σ32 识别一套特定的启动子保守序列（见基因转录部分）。

1. 枯草芽孢杆菌的生孢过程

在非理想环境条件下，枯草芽孢杆菌细胞就会形成孢子。芽孢杆菌细胞生孢是一个基本的发育过程，需要细胞分化成母细胞（mother cell）和前孢子（forespore）两个部分。孢子的形成过程需要细菌进行不对称细胞分裂，分别形成前孢子和母细胞两个区隔空间。前孢子最后形成孢子，而母细胞会最终被弃去。需要强调的是，处于营养生长状态下的枯草芽孢杆菌基因转录使用自己一套多样化的 σ 因子，而在生孢过程中则由一套专门转录孢子相关基因的 σ 因子。这些不同的 σ 因子分别对母细胞和前孢子基因转录中得到应用，彼此体现交互方式对各自基因的转录进行调节。这种交互式调节（cross-regulation）有利于前孢子和母细胞分化的密切协同。

2. 噬菌体 σ 因子

当噬菌体感染细菌宿主后，为了表达自身所携带的基因，许多噬菌体需要合成自己的 σ 因子。这些 σ 因子和宿主的 RNA 聚合酶结合形成全酶，并获得了转录噬菌体基因的特异性。例如，枯草芽孢杆菌噬菌体 SPO1 就可以合成一套自身的 σ 因子，这些 σ 因子依次被转录、翻译出来，然后用于噬菌体不同基因的依次表达。例如，被用于正常生长状态的 RNA 聚合酶全酶可以转录噬菌体的 σ28，然后这个 σ 因子转而用于表达噬菌体繁殖的中期基因 34 和基因 33。而这些基因产物又是新的 σ 因子，用于对噬菌体后期基因的转录。

（二）核糖核苷开关

1. 基因表达调节的 riboswitch 机制

“核糖核酸开关”（riboswitch）是一类重要的基因表达调控机制。现已经发现，在枯草芽孢杆菌基因组中近 2%的基因的表达受“核糖核酸开关”机制的调节控制。在绝大多数的情况下，“核糖核苷酸开关”（riboswitch）一般位于 mRNA分子的 5′UTR。“核糖核苷酸开关”的存在使基因表达可以和细胞内小分子代谢物（small molecule metabolite）的水平进行偶联，并针对小分子代谢物的水平对基因表达加以调节控制。

判断一段非翻译 mRNA 序列是否可以作为“riboswitch”的标准主要有两个方面：一方面看这段非翻译 mRNA 是否和小分子代谢物直接结合，在结合过程中不需要蛋白质的辅助；另一方面它是否可以表现出依赖于代谢物的基因表达调控作用。

2. 典型的 riboswitch 调控

在原核生物基因转录的开始阶段，受 riboswitch 控制的基因需要首先转录出一段 5′端非编码的 mRNA，这段 RNA 分子内含有一些彼此碱基互补的区段，整个 riboswitch RNA 可以通过这些碱基互补区段随即发生分子内折叠，折叠出可以终止转录的 riboswitch（图 12.9）。如果此时细胞内缺乏相应的小分子代谢物，或者特定的小分子代谢物的浓度过低，那么所折叠出的 riboswitch 不会稳定存在，因此不能终止正在进行中的基因转录。基因转录正常进行下去，得到可供翻译的 mRNA 分子。该 mRNA 编码一种生物合成所需要的酶或运输蛋白，可以提高细胞内小分子代谢物的水平；当细胞内存在一定量的特定小分子代谢物时，这些小分子代谢物可以和所折叠出的 riboswitch 结合，并形成稳定的终止子 riboswitch。于是基因转录被迫终止（图 12.9）。

3. 与 riboswitch 结合的细胞内小分子代谢物

现在已经确定了至少 8 种可与“核糖核苷酸开关”保守区结合的小分子代谢物。这些小分子代谢物具有多种多样的化学和生物化学属性，包括辅酶、氨基

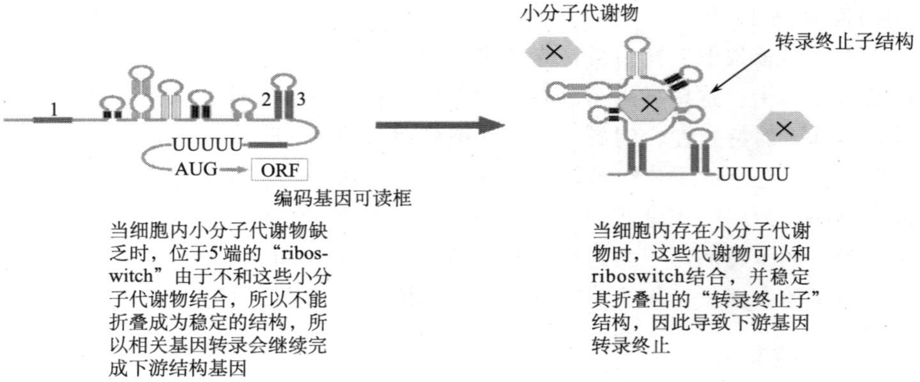

图 12.9　基因表达调控过程中的 riboswitch 机制

酸、鸟嘌呤和腺嘌呤、S-腺苷蛋氨酸等都可以作为与“核糖核苷酸开关”结合的小分子代谢物（图 12.10）

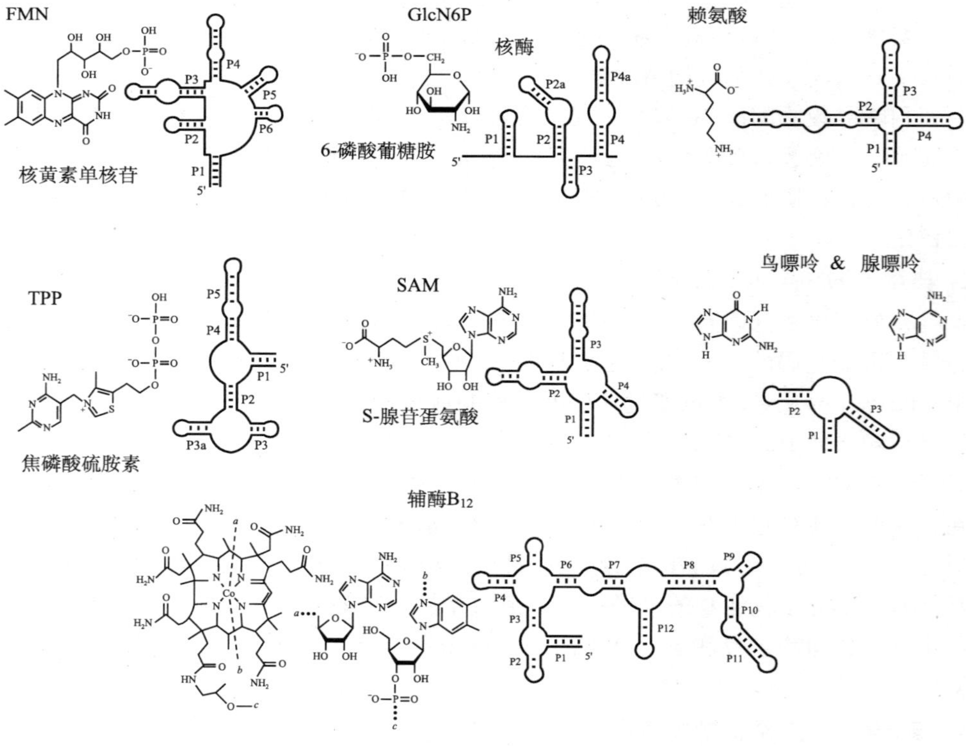

图 12.10　可以与“核糖核苷酸开关”结合的小分子代谢物

4. “核糖核苷酸开关”机制的延伸

随着基因表达调控研究机制的不断丰富，越来越多的证据表明“riboswitch”结构可以分为两个元件的组合。一种是能够和小分子代谢物结合的 RNA 折叠结构，这一结构具有相对的保守性；另一种是与这一保守结构组合的基因调节平台。由于“核糖核苷酸开关”的这种可组合性，因而不同的 mRNA 保守结构和不同的基因表达调控平台的组合可以表现出调节的多样性（图 12.11），可以体

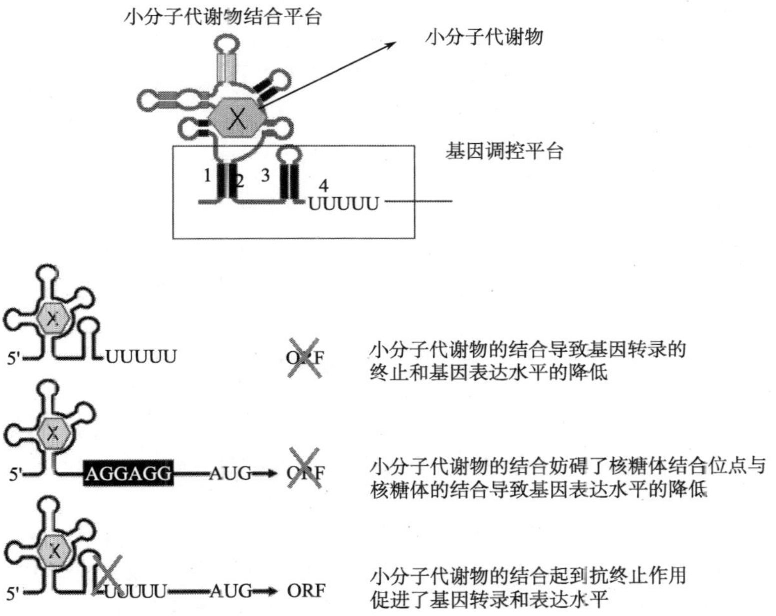

图 12.11　riboswitch 作为基因表达平台所引发的效应

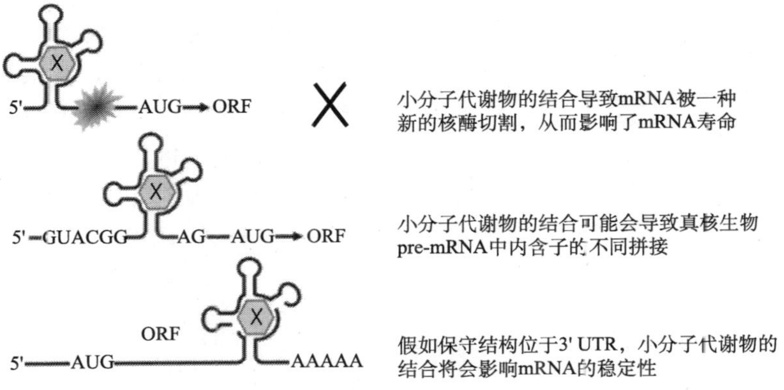

图 12.12　riboswitch 机制的延伸

现出“riboswitch”机制对基因表达调控效果的可变性。例如，当“核糖核苷酸开关”影响到核糖体与 mRNA 上的 RBS 序列结合时，将会降低该 mRNA 的翻译使用效率，因而影响到基因的表达水平；与此不同，如果“核糖核苷酸开关”的形成起到“抗终止”作用，那么则会相应提高基因的转录效率。据此推论，如果“核糖核苷酸开关”出现在 mRNA 的 3′UTR，那么它与小分子代谢物的结合就有可能影响到该 mRNA 分子的稳定性；或者，“核糖核苷酸开关”出现在真核生物 pre-mRNA 的特定内含子内则有可能影响到它的拼接等（图 12.12）。

第三节　真核生物基因表达调控

一、真核生物基因表达调控概论

与原核生物基因表达调控的不同主要是在基因转录起始阶段进行的工作机制不同。真核生物基因转录调节可以在染色质水平上进行，也可以在基因转录、RNA 加工、运输、稳定性修饰等多种层面进行（图 12.13）。

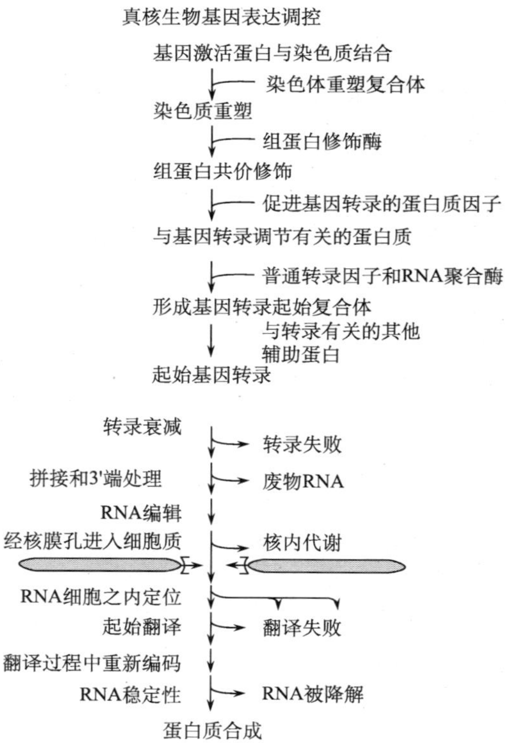

图 12.13　真核生物基因表达在不同层次上的调节

二、染色体的压缩影响基因转录

在真核生物染色体上，呈高度压缩状态的区域一般都是基因转录不活跃区；而基因转录的活跃区的染色质一般均呈伸展状态（通常表现为对 DNA 酶高度敏感，其中的 DNA 能比较容易地和有关的识别因子发生作用）。现在已经清楚，真核生物染色体上的高压缩区和伸展区是可以通过对相应染色质区内的 DNA 和组蛋白进行化学修饰进行调节控制的。细胞可以利用包括甲基化修饰在内的多种手段调节一段染色质区的结构状态。

有关真核生物在染色质水平的调节控制已经在第五章进行了比较详细地介绍。在第五章中我们已经讲述了真核生物染色体中的组蛋白 N 端尾部结构域可以进行包括乙酰基化和甲基化修饰在内的“表观遗传学修饰”。在此，我们将对有关研究的历史进行简明介绍。早在 20 世纪 60 年代，Allfrey、Faulkner 和 Mirsky 等人发现组蛋白经过乙酰基化修饰之后可以减弱它对基因转录的抑制作用。他们曾推测上述修饰可能是一个动态的、可逆的过程，而且这个过程完全可用于真核生物基因转录的调节控制。在随后的几十年间，能够对组蛋白进行乙酰基化修饰的酶也得到了分离纯化，其相应的基因也被克隆。但是，这些乙酰化有关的酶所催化的组蛋白修饰对于基因表达调控的重要性却一直被人们所忽视。

1996 年，在间隔不到一个月的时间里，分别有两篇文章报道了先前发现的组蛋白乙酰基化转移酶和去乙酰基酶实际上也属于当时正研究的热火朝天的基因转录调节因子（见第五章的有关介绍）。一篇是 Allis 及其同事们发现四膜虫细胞内的组蛋白乙酰基化酶实际上和酵母菌细胞内的基因转录调节因子 Gcn5 在某些结构域内的序列有 80％的同源性，并且和这种较高的序列同源性相一致，重组的 Gcn5 蛋白确实在体外表现组蛋白乙酰基化修饰的活性（HAT activity）。另一项来自 Schreiber 及其同事的文章表明，纯化的哺乳类生物细胞内的组蛋白去乙酰基化酶和酵母细胞内的一种基因转录抑制因子 Rpd3 拥有 60％ 的序列同源性。上述工作直接表明，组蛋白乙酰基转移酶实际上可以促进基因转录，而去乙酰基化酶可以抑制基因转录，同时，也表明了染色质的构象状态直接影响基因转录。

进一步的分子生物学研究表明，组蛋白的乙酰化修饰可以促进染色质呈松散状态，有利于转录因子和其中的基因启动子区结合形成转录起始复合体。因此，在真核生物基因转录过程中，乙酰化酶是充分转录所必需的。事实上早就发现，转录中的基因通常位于伸展或松弛的染色质区，常常表现出对核酸酶敏感；与此相反，位于压缩染色体的基因是不活跃的。这样的染色体对核酸酶不敏感。转录所需的反式作用因子不能和 DNA 序列结合。因此，染色质结构状态可以调节基因的转录（图 12.14）。

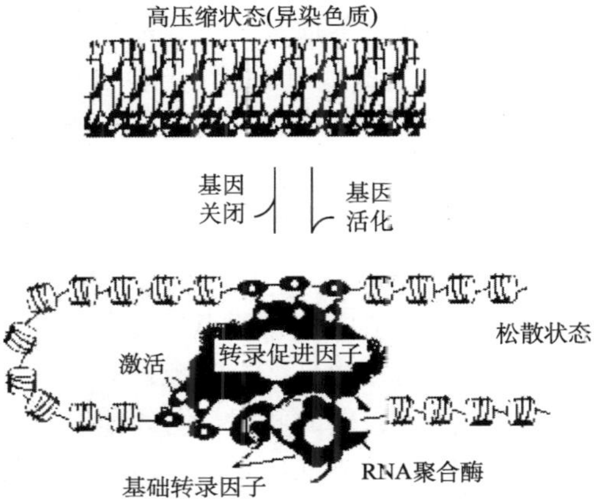

图 12.14　真核生物基因表达在染色体水平上的调节控制

三、DNA 甲基化修饰对基因表达的影响

真核 DNA 中的胞嘧啶约有 5%被甲基化为 5-甲基胞嘧啶（5-methylcytidine，mC），而活跃转录的 DNA 片段中胞嘧啶甲基化程度常较低。这种甲基化最常发生在某些基因 5′端的 CpG 序列中，实验表明这段序列甲基化可使其后的基因不能转录，甲基化可能阻碍转录因子与 DNA 特定部位的结合从而影响转录。如果用基因打靶的方法除去主要的 DNA 甲基化酶，小鼠的胚胎就不能正常发育而死亡，可见 DNA 的甲基化对基因表达调控是重要的。

现在已经明确，多细胞真核生物在分化过程中一般并不采取丢弃基因组内那些非表达基因的策略，而是在保持基因组的完整性的前提下，采取关闭那些不必要的基因，而容许所需基因表达的办法进行分化。因此，多细胞真核生物的分化实质上属于“基因的差异表达”。那么，多细胞真核生物是如何实现这种“基因差异表达”的呢？历经三十多年的研究，人们发现多细胞真核生物在发育过程中的“差异”表达主要与 DNA 和组蛋白的甲基化修饰有关。

在 2000 年以前，通过遗传学手段，人们已经发现了负责果蝇体色遗传基因表达的抑制子 Su(var)3-9 蛋白与异染色质的形成有密切的关系；同样，在裂殖酵母细胞内也发现 clr4 蛋白与异染色质的形成有关。到了 2000 年，Jenuwein 及其同事发现哺乳动物细胞内的果蝇 Su(var)3-9 同源蛋白实际上是一种组蛋白赖氨酸甲基转移酶。该酶可特异性地在 H3 组蛋白 N 端尾部结构域第 9 位赖氨酸残基上进行甲基化修饰。这一发现表明，异染色质的形成与组蛋白甲基化修饰有直接的关系。通过前面有关章节的介绍可知，异染色质的形成是基因沉默的一种手段。因此，通过对组蛋白特定位点的甲基化修饰，可以直接导致异染色质的形成，并相应造成其中的有关基因沉默（图 12.15）。有关的内容我们已经在第四章里进行了介绍。在此，我们需要强调的是，通过甲基化修饰影响染色质的压缩状态，并从而对基因表达加以调控需要 DNA 和蛋白质的共同参与（图 12.15C）。一般而言，单纯地对 DNA 的甲基化修饰本身不足以“沉默”一个特定基因，而一般需要被甲基化修饰的 DNA 序列和能够与甲基化 DNA 结合的蛋白质相互作用才能最终有效地进行。这些蛋白质包括脱乙酰基酶等修饰核小体组蛋白的酶类，它们的共同参与才能对一个特定的基因施行“沉默”。在特定的状态下，可能尚需要维持基因“沉默”状态的一类蛋白质。在这个过程中，DNA 结合蛋白发挥“阻遏物”（repressor）作用抑制相应的基因转录（图 12.15C）。例如，当一个阻遏物与负责基因转录的启动子区结合之后，就会阻止相应 RNA 聚合酶全酶与启动子区的结合，并因此抑制基因转录。

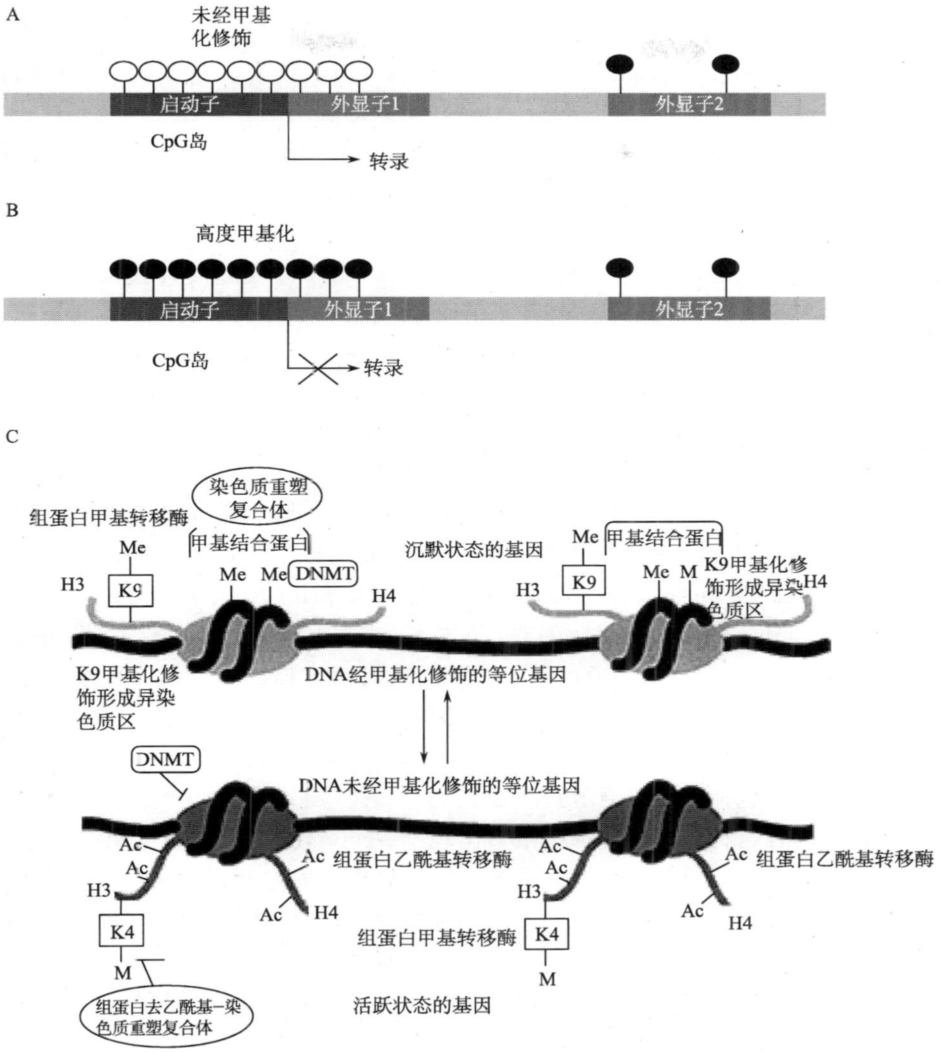

图 12.15　真核生物基因在 DNA 水平上的调控

(一) 基因组印迹现象

基因组印迹（genomic imprinting）是指通过 DNA 甲基化修饰、反义 RNA、组蛋白差异性化学修饰等手段对体细胞基因组中的某些基因进行标识的一种现象。在真核生物细胞中，基因组印迹也是基因表达调控的一种重要机制。

基因组印迹通常表现为在发育过程中选择性地暂时或永久灭活双亲一方的特

定基因或染色体特定区段的现象。基因印迹会造成来自父母双亲的等位基因之间具有表达上的差异。基因组印迹的存在证据最早来自对单亲胚胎的细胞核移植实验（nuclear transfer experiment），以及某些表现为亲缘关系的肿瘤的发病情况；同时，对发育早期基因的敲除（knockout）试验也表明某些来自父母双亲的一对等位基因具有不同的遗传学效应（可能对应经典遗传学中的“显性”和“隐性”形状），同时，许多人类疾病的非孟德尔遗传现象都直接或间接地表明存在着基因组遗传印迹现象。

迄今为止，已经在人类基因组中发现了100～200个受遗传印迹加以调控的基因。这些基因大多数与胎儿的发育和胎盘的生长有关。而且大多数均含有可被甲基化修饰的CpG岛序列。在这些基因的CpG岛序列附近或其内部多含有正向重复序列簇（clusters of direct repeat）。同时，这些可被“印迹”的基因也多以“基因簇”的形式集中分布（见第六章）。在大多数情况下，3～11个需要印迹的基因会组成一个“基因簇”。位于基因簇中的基因大多数属于编码蛋白质的基因。同时，也发现有些需要“印迹”控制的基因会编码“非编码”RNA分子（ncRNA）。这些“基因簇”的表达一般受一个顺式作用元件控制，称为“印迹中心”（imprinting center，IC）、印迹控制元件（imprint control element，ICE）、印迹控制区（imprint control region，ICR），或差异甲基化修饰（differeutial methylation region，DMR）染色质区。一旦缺失掉这样的调控区，则会导致整个基因簇均不能进行“遗传印迹”修饰。因此，“印迹中心”可能通过影响其他顺式作用调节因子（*cis*-acting regulator）而发挥作用。

位于双亲染色体上的一对等位基因上的“印迹中心”倾向于被“差异性”甲基化修饰，而且这种甲基化修饰一般只出现于一个亲代的染色体上，甲基化修饰类型也会有多种多样的表现，有些甲基化修饰可以出现在所有的细胞中，而有些又表现出一定程度上的组织特异性；更有意思的是，甲基化修饰既可以在活性等位基因位点上进行，也可以在不具活性的等位基因位点上进行。因此，甲基化修饰本身与基因的活性并不一定体现因果关系。在需要被甲基化修饰的区域，其所含的组蛋白修饰类型、染色质结构也同时具有明显的差异。这些差异通常会影响到相应染色质区的DNA复制（见第四章）。在大多数情况下，经过甲基化修饰的亲代基因会丧失转录能力。因此，其所携带的遗传信息不能最终体现为任何生物性状。研究发现，如果被“印迹”失活的是父亲的基因，那么来自母亲染色体上的相同等位基因的表达常常抑制胎儿生长，与此相反，如果父亲的基因表达，则常可促进胎儿的生长。这就是通常所讲的双亲等位基因的“遗传冲突”。因此，有人因此把“印迹”失活现象理解为避免双亲等位基因发生遗传冲突（genetic conflict）的手段。

以下将以胰岛素样生长因子Ⅱ（IGF2，insulin growth factor Ⅱ）基因表达控制为例，对遗传印迹对基因表达调节的机制加以介绍。IGF2R 受体是第一个被克隆的受遗传印迹控制的基因。该基因位于小鼠第 17 号染色体上，其产物由母亲染色体上等位基因表达，而父亲染色体上的等位基因被“印迹”失活。而与之识别的胰岛素样生长因子Ⅱ则源自父亲等位基因的表达，研究表明，IGF2 也受印迹控制（敲除实验）。胰岛素样生长因子Ⅱ主要作用于胚胎发育阶段，具有促进胚胎生长的作用。胰岛素样生长因子Ⅱ主要的活动场所是胎盘，主要负责促进胎盘生长，协助胎盘内营养素的扩散。除此之外，这些可被“印迹”修饰的基因也会表现出现多效性，在影响胎儿和胎盘的生长（fetal and placental growth）的同时，也对细胞繁殖、胎儿的脑发育和其成年后的神经行为（adult behaviour）有影响。研究结果表明，敲除 *IGF2* 的小鼠往往会导致小胎盘的出现（约为野生型的 65%），突变体个体所产幼崽体形也相应较小（约为野生型的 60%）。在人类个体中，*Igf2*（insulin-like growth factor）不能被“印迹”标识的突变体可表现出 Beckwith-Wiedermann 综合征（BWS）症状。有意思的是，与 *IGF2* 基因敲除所表现出的遗传效应相反，*IGF2R* 基因的敲除可以增大胎盘的体积（约为野生型的 140%），并可以促进胎儿过度生长。

（二）遗传印迹有关的基因表达调节机制

1. 绝缘子介导的 *Igf2* 基因的关闭

Igf2 和 *H19* 同在一个“基因簇”内，两者相距约 90kb（图 12.16）。*Igf2* 基因和 *H19* 基因交互表达，在母系和父系细胞内的“印迹”情况相反。父系的等位基因 *Igf2* 需要被“印迹”标识，而在母系中，*H19* 基因需要被“印迹”标识，而 *Igf2* 基因并不需要。

H19 编码一段非编码 RNA（non-coding RNA），该段 DNA 的完全敲除并不表现出可辨识的表型变化。*H19* 的序列在小鼠和人中有 77% 的保守性。负责调解 *Igf2* 和 *H19* 基因表达的 IC 区可以依据甲基化修饰与否起到绝缘子（insulator）的作用。没有被甲基化修饰的（unmethylated）IC 表现出染色质绝缘子（chromatin insulator）活性。这样的绝缘子可以在胚胎的内皮层（endoderm）细胞中与 CCCTC 结合因子 CTCF 结合（图 12.16）。另一方面，CTCF 的结合也可以避免 IC 区被甲基化修饰。使绝缘子处于活性状态。活性状态的绝缘子可以阻止增强子（enhancer）对 *Igf2* 启动子的增强作用，因而使 *Igf2* 基因不表达（图 12.16）；但是，如果利用试验手段缺失掉 IC 区，那么则会容许增强子与 *H19* 启动子的作用。当 IC 区被甲基化修饰之后，甲基化修饰过的 IC 区不利于与 CTCF 因子结合，并相应灭活其中的绝缘子，于是 *H19* 启动子也随即被“沉默”失活。根据这种调控模式，Murrell 等人提出了 *Igf2* 基因表达的“绝缘子-染色质环”（Chromatin-loop）模型（图 12.16）。该模型认为，当未甲基化的 IC

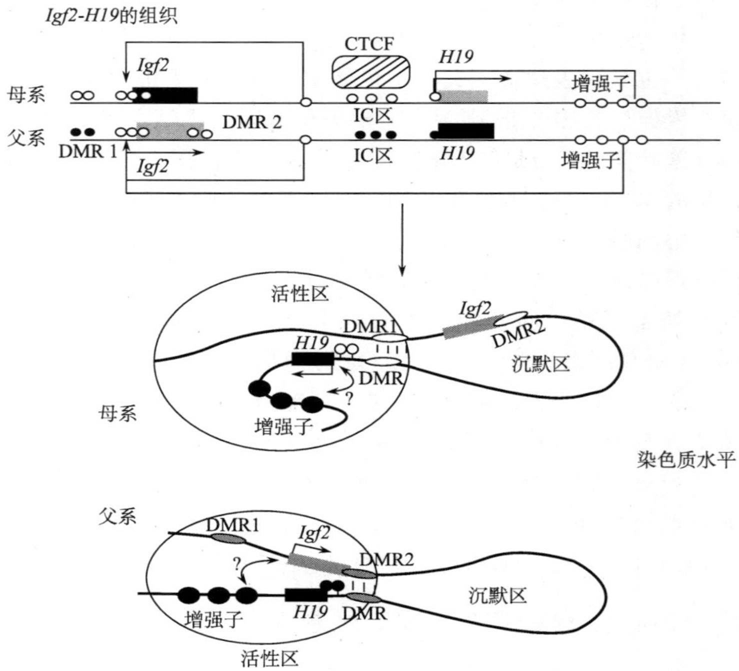

图 12.16　*Igf2* 基因表达的“绝缘子-染色质环”模型

和 IC1（DMR1）作用时，可使母系染色体上的 *Igf2* 位于沉默区；与此相反，在父系染色体上，甲基化的 IC（DMR）与 IC2（DMR2）作用，使得 *Igf2* 基因位于活性区，且靠近增强子，因此能够表达（图 12.16）。

2. *Igf2R* 基因的表达与 *Air* 基因的作用

Igf2R 基因表达也受“印迹”修饰。该基因所在的 ICE 需要在母系细胞内被“印迹”修饰。*Igf2R* 基因和一个称为 *Air* 的基因位于同一基因簇内。负责调控该基因组的 ICE 位于 *Igf2r* 基因的第 2 个内含子中，此位点恰好位于 *Air* 基因启动子内。在小鼠中，基因 *Air* 转录物和 *Igf2R* 基因转录物部分重叠，因此，ICE“印迹”修饰与否与 *Air* 所编码的 ncRNA 的表达密切相关（图 12.17）。与 *H19* 基因类似，*Air* 也编码一段“非编码”RNA（ncRNA）。*Air* ncRNA，不

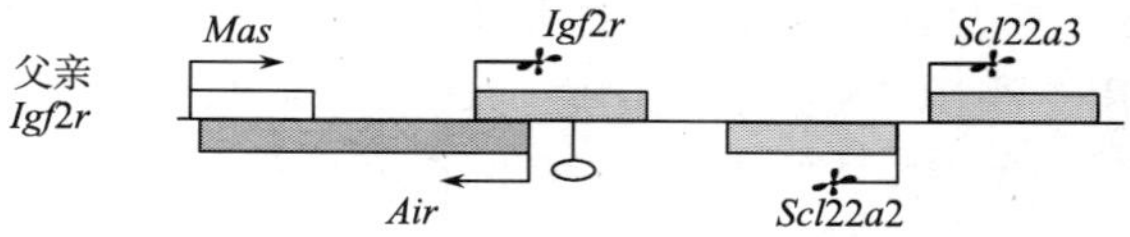

图 12.17　*Igf2r* 基因的表达调控

但具有抑制父系 *Igf2R* 基因表达的能力，而且还可以对远端的 *Scl22a3* 和 *Slc22a2* 基因表达有抑制能力。当父系细胞内该等位基因没有被甲基化修饰时，那么可以表达父系的 *nc*RNA（*Air*）以及父系基因组上的重叠基因（overlapping）和远端基因。

如果该 ICE（DMR）缺失，则不能转录 *Air*，因此也不能进行“印迹”修饰。*Air* 编码的 ncRNA 可以直接以顺式方式抑制位于同一基因簇中的 mRNA 转录（位于同一基因域，见第三章）。尽管 ncRNA 在上述反应过程中主要起反义 RNA（antisense）的作用，但是在所引发的基因沉默过程中并不一定需要 *Air* ncRNA 和所沉默的基因发生重叠。因此，这就不难理解为什么 *Air* ncRNA 能够表现顺式影响，在灭活 *Igf2R* 基因的同时也会对 *Scl22a3* 和 *Slc22a2* 等基因实施灭活。这种情况表明，*Air* 对 *Igf2R* 基因转录的抑制并不一定是单纯的竞争 *Igf2R* 基因启动子或发挥 RNAi 作用。值得注意的是，*Air* ncRNA 对其他基因的“沉默”需要其自身的完整（完整的 *Air* 转录物），而在促进“印迹”标识的过程中，只需要部分 *Air* 转录物即可。在 *Air* ncRNA 介导的基因沉默过程中，*Air* ncRNA 可能需要与其邻近的 DNA 序列结合才行。*Air* ncRNA 的结合会进一步召集异染色质形成因子，如 HMT、HDAC 和阻遏物等使相应的染色质成为异染色质。

在人类中，尽管 *Igf2* 基因簇中也存在与小鼠类似的 ICE 区，但该区缺乏组蛋白的差异修饰（DMR），因此，人类基因组中的 *Igf2* 基因簇并不能表达类似于小鼠的 *Air* ncRNA，人类基因组内的 *Igf2/M6pr* 两个等位基因都会表达。

四、真核基因转录有关的调控元件

在真核生物细胞中，其所含的 RNA 聚合酶对位于基因组上靶基因上的启动子的亲和力往往很低。因此，基本上不能单独靠 RNA 聚合酶来起始基因转录。现有的研究表明，真核生物基因转录的起始需要多种激活蛋白（activator）的协同作用。因此，真核生物基因在转录起始阶段的调控多属于正调控。

虽然在真核基因调控中也发现有负性调控元件，但它们并不普遍存在于基因的调控区。与原核生物基因转录调控类似，真核基因转录表达的调控蛋白也能起“阻遏”或“激活”作用或兼有两种作用。但是，似乎真核生物基因转录调控总是以激活蛋白的作用为主。简言之，多数真核生物基因在缺乏调控蛋白作用的情况下一般不会被转录。如果需要表达，则必须要有激活蛋白来促进转录。概言之，真核基因表达以正调控为主导。

（一）真核基因和基因表达调节元件

结构基因是用于编码包括代谢、结构和生物合成等过程的蛋白质或 RNA 分子；调节基因主要编码影响基因转录或影响基因翻译的蛋白质或 RNA，其中，所编码的蛋白质大部分属于 DNA 结合蛋白。

（二）顺式作用元件（*cis*-acting element）

真核基因的顺式调控元件是基因周围能与特异转录因子结合而影响转录的 DNA 序列。其中主要是起正性调控作用的顺式作用元件，包括启动子（promoter）、增强子（enhancer）；近年又发现起负性调控作用的元件——沉默子（silencer）。

1. 启动子

有关真核生物启动子的组织结构的一般情况请参见第十一章。

2. 增强子

真核生物中的增强子（enhancer）是一种能够提高转录效率的顺式调控元件。增强子作为一种真核生物基因的调控元件最早是在 SV40 病毒中发现的。在 SV40 基因组中存在着一段长约 200bp 的 DNA 序列，该序列可使其旁侧的有关基因转录强度提高近 100 倍左右。随后，类似的调控元件在多种真核生物、甚至在原核生物中都有发现。现在看来，增强子通常含有 100～200bp 核苷酸序列，其组织结构类似于启动子，由若干组件构成。增强子的基本核心组件一般为 8～12bp，既可以单拷贝形式存在，也可以呈多拷贝串联形式存在。

增强子的作用可以归纳出如下特征：①一般可以“顺式”增加同一条 DNA 链上基因的转录效率。增强子既可以在远距 1～4kb 处起促进作用，也可以在受控基因的上、下游起作用。在极个别的情况下，增强子能够在 30kb 之外对所调控基因发挥作用。②增强子的作用不依赖方向。增强子对受控基因转录的增强作用与增强子序列与受控基因的方向无关。不论正向还是倒置都会起促进作用。但是，对于基因的启动子而言，一旦与结构基因反接就不再具有启动子作用。可见增强子并不同于启动子。③增强子对基因转录的增强作用必须依附有活性的启动子。如果缺乏启动子序列，则增强子并不能促进任何基因的转录。但是，增强子并不需要特定的启动子，它可以促进任何启动子起始转录的效率。④增强子一般会表现出组织或细胞特异性。许多增强子只能在特定的细胞或组织中有活性，因为增强子必须与特定的蛋白质因子结合后才能发挥转录增强作用，因此增强子所表现出的细胞或组织特异性极有可能是因为相应的细胞或组织中含有能与增强子作用的特异性蛋白质因子的缘故。

3. 沉默子

沉默子（silencer）最早于酵母细胞内被发现。随后在 T 淋巴细胞的 T 抗原受体基因的转录和重排过程中也发现了这种真核生物基因的负调控顺式元件。目前，有关方面的信息并不是很多，但从已有的例子可见，沉默子的负调控作用有些类似增强子，其抑制转录的效果也不受序列方向的影响，也能在较远的距离起作用，而且可以对异源基因的表达起抑制作用。

（三）反式作用元件（trans-acting factor）

真核生物基因细胞中，以反式作用影响转录的因子被统称为转录因子（transcription factor，TF）。RNA 聚合酶是一种反式作用于转录的蛋白质因子。但是，在真核细胞中仅凭 RNA 聚合酶通常不能单独发挥转录作用，只有在其他转录因子的协助下才能形成转录起始复合体。这些转录因子分别与 RNA 聚合酶Ⅰ、Ⅱ、Ⅲ对应，被定名为 TFⅠ、TFⅡ、TFⅢ。其中，对 TFⅡ类转录因子的作用研究得最多（见第十一章图 11.7）。

先前认为，能够与真核生物基因调节区（—35）位的“TATA”盒结合的蛋白质因子应该是 TFⅡD。但是，后来发现 TFⅡD 实际是由两个亚基组成的，其中能够与“TATA”盒结合的蛋白质是 TBP（TATA box binding protein）。TBF 是唯一能识别 TATA 盒并与其结合的转录因子。而且 TBF 同时是细胞内三种 RNA 聚合酶转录所必需的；其他称为 TBP 相关因子（TBP associated factor，TAF），至少发现了 8 种。它们与 TBP 紧密结合。在基因转录开始之前，首先是 TFⅡD 与启动子内的 TATA 盒结合；然后，TFⅡB 以其 C 端与 TBP-DNA 复合体结合；而其 N 端则与 RNA 聚合酶Ⅱ结合。接下来就是由两个亚基组成的 TFⅡF 加入装配。TFⅡF 不仅能与 RNA 聚合酶形成复合体，还同时拥有依赖于 ATP 的 DNA 解旋酶活性，能在一定程度上打开 DNA 双螺旋，在转录链延伸中起作用。于是启动子序列就与 TFⅡD、B、F 及 RNA 聚合酶Ⅱ结合形成一个“最低限度”能有转录功能基础的转录前起始复合物（pre-initiation complex，PIC）。这个转录复合体可以转录出 mRNA（见第十一章图 11.7）。

TFⅡH 是一个含有大约 11 个亚基的蛋白质复合体，具有依赖于 ATP 供给能量的 DNA 解旋酶活性，在转录链延伸中发挥作用（见第五章）；TFⅡE 是两个亚基组成的四聚体，不能直接与 DNA 结合而能与 TFⅡB 联系，能提高 ATP 酶的活性；TFⅡE 和 TFⅡH 的加入就形成完整的转录复合体（图 12.15），能转录延伸生成长链 RNA，TFⅡA 能稳定 TFⅡD 与 TATA 盒的结合，提高转录效率，但不是转录复合体必需的。

以上所述的是比较典型的启动子形成转录复合体的情况。但是，有的真核生物基因启动子中不存在 TATA 盒或转录并不依赖于 TATA 盒。例如，一些不具 TATA 盒的启动子可以靠着 TFⅡI 和 TFⅡD 所形成的转录起始复合体开始转录。由此可以看到真核转录起始的复杂性。

不同基因由不同的上游启动子元件组成，能与不同的转录因子结合，这些转录因子通过与基础的转录复合体作用而影响转录的效率。现在已经发现有许许多多不同的转录因子。这些转录因子有时可以共同识别一段 DNA 序列；能直接结合 DNA 序列的蛋白质因子是少数，但不同的蛋白质因子间可以相互作用，因而多数转录因子是通过蛋白质-蛋白质间作用与 DNA 序列联系并影响转录效率的。转录因子之间或转录因子与 DNA 的结合都会引起构象的变化，从而影响转录的效率。如图 12.18 所示，作为蛋白质的转录因子从功能上分析其结构可包含有不同区域：①DNA 结合域（DNA binding domain），多由 60～100 个氨基酸残基组织的几个亚区组成；②转录激活域（activating domain），常由 30～100 氨基酸残基组成，这结构域有富含酸性氨基酸、谷氨酰胺、脯氨酸等不同种类，以酸性结构域最多见；③连结子区，即连接上述两个结构域的部分。不与 DNA 直接结合的转录因子没有 DNA 结合域，但能通过转录激活域直接或间接作用于转录复合体而影响转录效率。

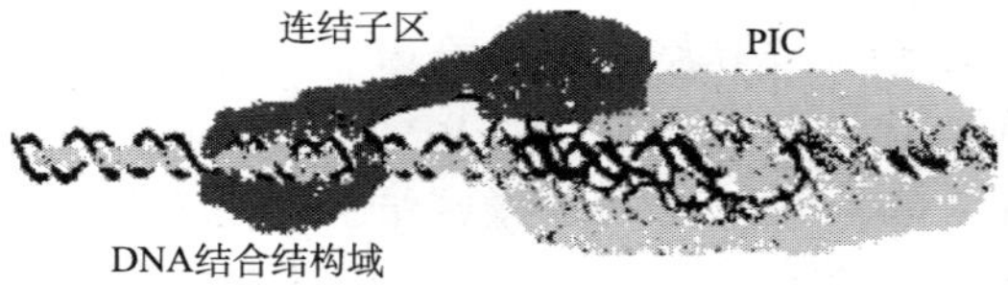

图 12.18　真核生物基因在 DNA 水平上的调控

主要参考文献

Allfrey V, Faulkner R, Mirsky A. 1964. Acetylation and methylation of histones and their possible role in the regulation of RNA synthesis. Proc Natl Acad Sci USA, 51: 786～794

Benoff B et al. 2002. Structural basis of transcription activation: the CAP-alpha CTD-DNA complex. Science, 297: 1562～1566

Blatter E E, Ross W, Tang H et al. 1994. Domain organization of RNA polymerase alpha subunit: C-terminal 85 amino acids constitute a domain capable of dimerization and DNA binding. Cell, 78: 889～896

Brent R, Ptashne M. 1985. A eukaryotic transcriptional activator bearing the DNA specificity of a prokaryotic repressor. Cell, 43: 729～736

Brownell J E et al. 1996. *Tetrahymena* histone acetyltransferase A: a homolog to yeast Gcn5p linking histone acetylation to gene activation. Cell, 84: 843～851

Chen Y, Ebright Y W, Ebright R H. 1994. Identification of the target of a transcription activator protein by protein-protein photocrosslinking. Science, 265: 90～92

Guarente L, Nye J S, Hochschild A et al. 1982. Mutant lambda phage repressor with a specific defect in its positive control function. Proc Natl Acad Sci USA, 79: 2236～2239

Gilbert W, Müller-Hill B. 1966. Isolation of the *lac* repressor. Proc Natl Acad Sci USA, 56: 1891～1898

Gilbert W, Müller-Hill B. 1967. The *lac* operator is DNA. Proc Natl Acad Sci USA, 58: 2415～2421

Hebbes T R, Thorne A W, Crane-Robinson C. 1998. A direct link between core histone acetylation and transcriptionally active chromatin. EMBO J, 5: 1395～1402

Hochschild A, Irwin N, Ptashne M. 1983. Repressor structure and the mechanism of positive control. Cell, 32: 319～325

Igarashi K, Ishihama A. 1991. Bipartite functional map of the *E. coli* RNA polymerase alpha subunit: involvement of the C-terminal region in transcription activation by cAMP-CRP. Cell, 65: 1015～1022

Jacob F, Perrin D, Sanchéz C et al. 1960. L'opéron: groupe de génes à expression coordonnée par un opérateur. C R Acad Sci Paris, 250: 1727～1729

Jacob F, Monod J. 1961. Genetic regulatory mechanisms in the synthesis of proteins. J Mol Biol, 3: 318～356

Jain D, Nickels B E, Sun L et al. 2004. Structure of a ternary transcription activation complex. Mol Cell, 13: 45～53

Keegan L, Gill G, Ptashne M. 1986. Separation of DNA binding from the transcription-activating function of a eukaryotic regulatory protein. Science, 231: 699～704

Kleff S, Andrulis E D, Anderson C W et al. 1995. Identification of a gene encoding a yeast histone H4 acetyltransferase. J Biol Chem, 270: 24674～24677

Li M, Moyle H, Susskind M M. 1994. Target of the transcriptional activation function of phage lambda cI protein. Science, 263: 75～77

Murrell A et al. 2004. Interaction between differently methylated regions partitions the imprinted genes Igf2 and H19 into parentspecific chromatin loops. Nat Genet, 36: 889～893

Müller-Hill B. 1996. The Lac Operon: A Short History of a Genetic Paradigm. Cold Spring Harborpress. de Gruyter, Berlin, New York

Ptashne M. 1967a. Specific binding of the lambda phage repressor to lambda DNA. Nature, 214: 232～234

Ptashne M. 1967b. Isolation of the lambda phage repressor. Proc Natl Acad Sci USA, 57: 306～313

Rea S et al. 2000. Regulation of chromatin structure by site-specific histone H3 methyltransferases. Nature, 406: 593～599

Ruiz-Carillo A, Wangh L J, Allfrey V G. 1975. Processing of newly synthesized histone molecules. Science, 190: 117～128

Sipos L, Gyurkovics H. 2005. Long-distance interactions between enhancers and promoters. FEBS J, 272: 3253～3259

Sproul D, Gilbert N, Bickmore W A. 2005. The role of chromatin structure in regulating the expression of clustered genes. Nat Rev Genet, 6: 775～781

Taunton J, Hassig C A, Schreiber S L. 1996. A mammalian histone deacetylase related to the yeast transcriptional regulator Rpd3p. Science, 272: 408～411

Zhou Y, Zhang X, Ebright R H. 1993. Identification of the activating region of catabolite gene activator protein (CAP): isolation and characterization of mutants of CAP specifically defective in transcription activation. Proc Natl Acad Sci USA, 90: 6081～6085

第十三章　蛋白质的合成

第一节　核糖体是蛋白质翻译的机器

一、蛋白质的翻译概论

（一）核糖体是蛋白质翻译器

在细胞内蛋白质翻译的场所是细胞质，而翻译器则是核糖体。细胞质中的核糖体含有 rRNA 和蛋白质。真核生物中细胞中的核糖体内的 rRNA 分子有 4 种，分别是 28S、18S、5.8S 和 5S；原核细胞核糖体内缺乏 5.8S rRNA 分子（图 13.1）。

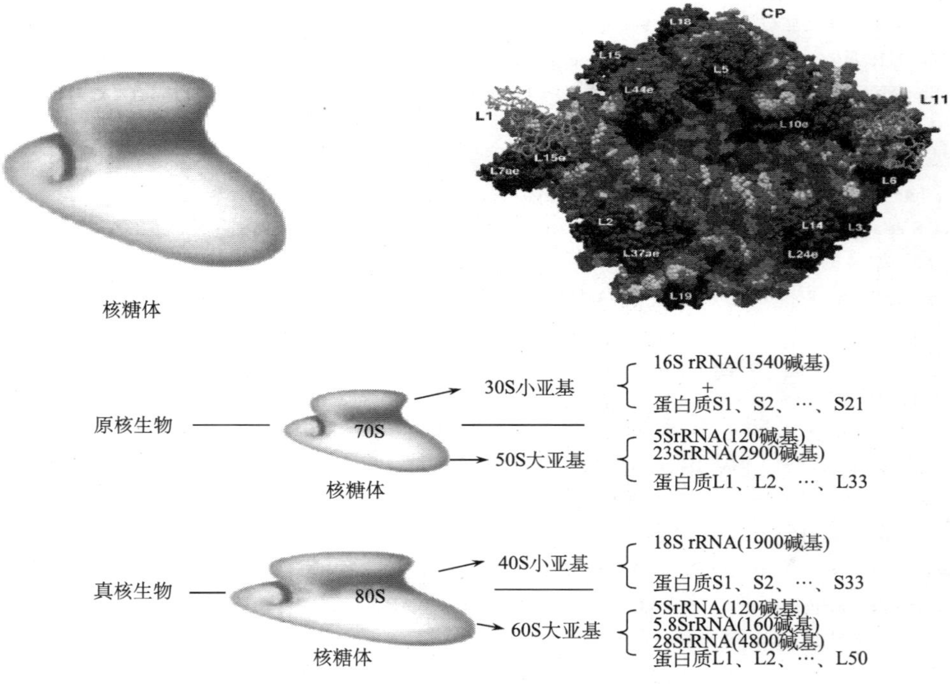

图 13.1　原核生物和真核生物的核糖体

核糖体由大、小两个亚基组成。原核生物的核糖体的小亚基大小为 30S，是由一条含有 1540 个碱基的 16S rRNA 和 21 个蛋白质亚基（命名为：S1、S2、

S3、…、S21）组成的蛋白质复合体；大亚基则为50S，是由一条含有2900个碱基的23S rRNA和一条含有120碱基的5S rRNA和33个蛋白质亚基（命名为：L1、L2、L3、…、L33）等组成的蛋白质复合体。真核生物核糖体的小亚基为40S，是由18S（含有1900个碱基）和33个蛋白质亚基（命名为：S1、S2、…、S33）组成的蛋白质复合体；大亚基为60S，是由28S（4800碱基）、5.8S（160碱基）和5S（120碱基）和50个蛋白质亚基（命名为：L1、L2、L3、…、L50）组成的蛋白质复合体。核糖体上直接与mRNA翻译有关的位点有3个，分别是氨酰-tRNA进入核糖体的A位点（氨基位点，amino site）、多肽形成的P位点（多肽位点，polypeptide site），以及tRNA离开核糖体的E位点（出口位点，exit site）。这三个位点构成了多肽合成的生产线（图13.2）。

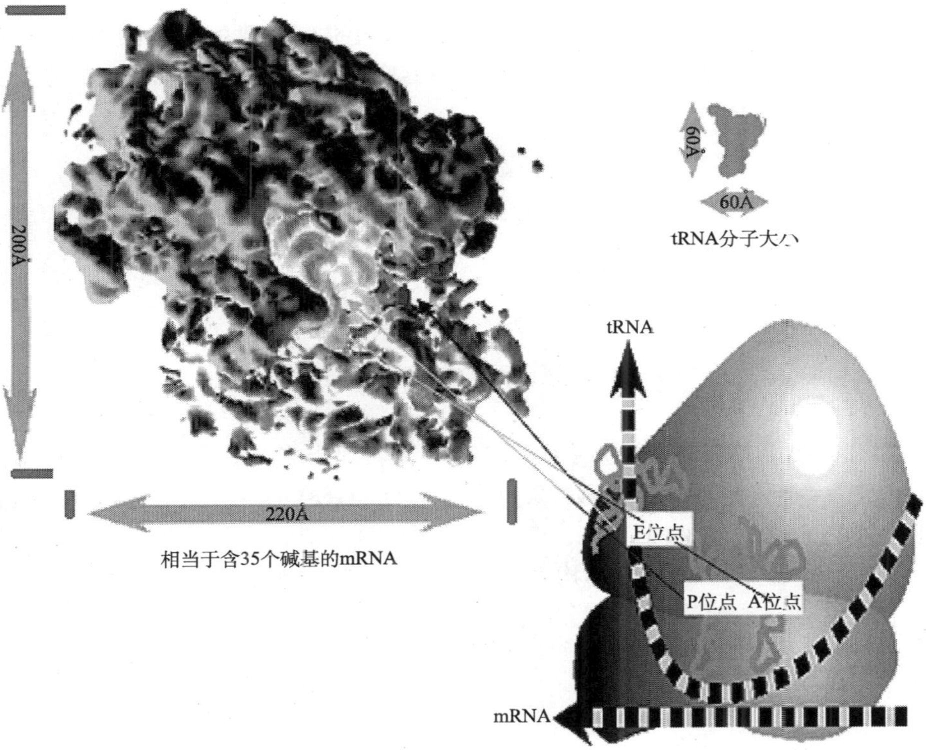

图13.2 核糖体上与蛋白质合成密切相关的位点

基因转录产生的mRNA在核糖体上被翻译成蛋白质，在这个过程中需要利用转移RNA（tRNA）作为中介分子。参与多肽合成的许多蛋白质因子属于GTP结合蛋白或者是与GDP/GTP转换和GTPase有关的蛋白质。

（二）细菌蛋白质翻译的分子机制

一种 GTP 结合蛋白可以根据其与 GTP 或 GDP 结合而表现出不同的构象。通常情况下，与 GTP 结合可以稳定该 GTP 结合蛋白的活性构象，而 GTP 水解呈 GDP 和 Pi 之后使该蛋白质呈非活性构象形式。该蛋白质的激活需要 GTP 重新取代 GDP。小分子质量 GTP 结合蛋白通常需要其他的辅助蛋白质进行 GDP/GTP 的转换，或者促进 GTP 水解。

鸟苷酸交换因子（guanine nucleotide exchange factor，GEF）可以通过诱导 GTP 结合蛋白的构象转变，使与之结合的 GTP 更接近于水相，并促进 GTP 的结合和 GDP 的释放。GTPase 激活蛋白（GTP activating protein，GAP）促进 GTP 结合蛋白水解与之结合的 GTP，产生 GDP 和 Pi。GTP 水解的活性部位位于 GTP 结合蛋白上，但 GAP 可能为该活性部位提供必要的氨基酸侧基。GEF 和 GAP 可能被分别调节，但往往是唯一的 GEF 和 GAP 与不同的 GTP 结合蛋白进行作用（图 13.3）。

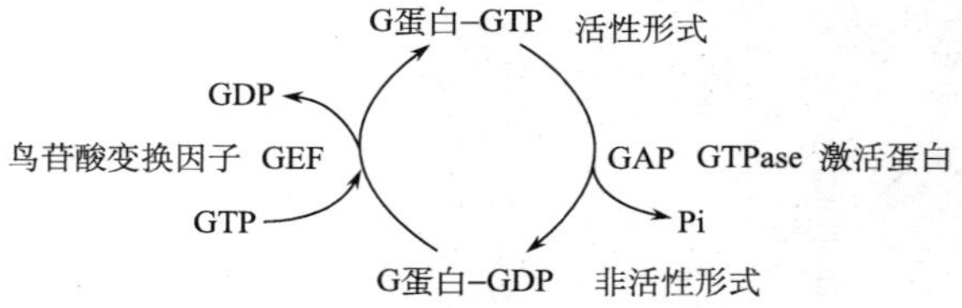

图 13.3 蛋白质合成过程中的 G 蛋白

小分子质量 GTP 结合蛋白家族成员功能表现出多样性特点。在某些情况下，由于这些 GTP 结合蛋白的构象可因 GTP 或 GDP 的结合而不同，因此这种受调节的蛋白质构象的改变可以起到一种“分子开关”（molecular switch）的作用。同时，这种受 GTP 调节的构象改变还可以直接影响到 GTP 蛋白与细胞膜的结合能力，这在细胞的第二信号转导过程中起着十分重要的作用。

二、原核生物蛋白质的翻译

（一）蛋白质翻译起始

以大肠杆菌为例。大肠杆菌蛋白质的翻译起始需要起始因子 IF-1、IF-2 和 IF-3。其中，IF-2 属于一种小分子质量 GTP 结合蛋白（见下文介绍）；IF-3 和 30S 核糖体亚基结合，促使其与 50S 亚基分开，成为游离状态的 30S 小亚基。在这个过程中，起始因子 IF-1 对 IF-3 和 30S 核糖体小亚基的结合具有促进作用。同时，起始因子 IF-1 还负责“堵塞”核糖体小亚基上的“A”位点，以确保翻译的第一个氨酰-tRNA ——fMet-tRNAfMet 只能进入到“P”位点，而且，在翻译起始阶段阻止其他氨酰-tRNA 进入“A”位点。在此之后，起始因子 IF-2 和翻译起始 fMet-tRNAfMet 结合，促进它和核糖体小亚基的结合。当 mRNA 和核糖体小亚基结合之后，IF-3 有助于促进 tRNAfMet 通过碱基配对和 mRNA 的起始密码子 AUG 结合。此时，位于 mRNA 起始密码子上游的核糖体结合序列，Shine-Dalgarno 序列和核糖体小亚基中的 16S rRNA 的 3′端结合，从而可以把 30S 核糖体亚基放置在 mRNA 起始密码子附近（图 13.4）。

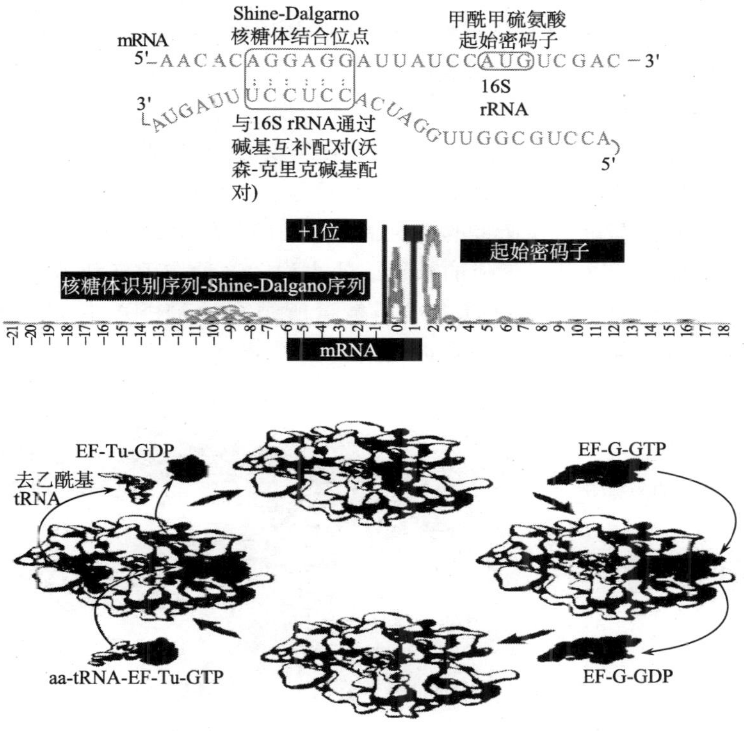

图 13.4 翻译起始复合体的形成

当核糖体的大亚基和小亚基结合形成完整的核糖体之后，与 IF-2 结合的 GTP 被水解，使得 IF-2-GDP 和 IF-1 解离。其中，核糖体大亚基中的一个结构域具有 IF-2 的 GAP（GTPase activating protein）活性。当核糖体的两个亚基结合形成 70S 核糖体之后，作为多肽翻译的 mRNA 是在“绕行”位于 30S 小亚基“颈部”的一条曲行通道内被解读的。

（二）蛋白质翻译的延伸

蛋白质翻译的延伸（elongation cycle）需要延伸因子的参与。在原核生物细胞中，参与蛋白质翻译延伸过程的蛋白质因子包括：EF-Tu（EF1A）、EF-Ts（EF1B）、EF-G（EF2）。其中，EF-Tu 和 EF-G 是两个小分子质量的 GTP 结合蛋白质。

多肽链的延伸首先需要 EF-Tu-GTP 与氨酰-tRNA 结合，并把它移送到核糖体的 A 位点上。EF-Tu 识别所有的氨酰-tRNA，其识别效率几乎相同。在进化过程中，tRNA 识别不同的氨基酸可能需要使用略微不同的结构变化，并借此满足对携带不同侧基氨基酸的识别效率所具有的差异，因此，使 EF-Tu 和所有氨酰-tRNA 表现出大致相同的亲和效率。需要说明一点，当 EF-Tu 把特定的氨酰-tRNA 移送到核糖体上之后，tRNA 构象需要发生扭曲。这种扭曲有利于 tRNA 通过“反义密码子”（anticodon）与位于 A 位点处的 mRNA 之上的密码子形成正确的碱基配对。在通常的情况下，16S rRNA 上保守的碱基识别反义密码子和密码子前两个碱基对形成的双螺旋的小沟。这种作用有利于稳定核糖体的特定构象。这种构象要求又可以进一步衡量所结合的 tRNA 是否正确。因此，这本身会对蛋白质翻译的忠实性有贡献（图 13.5）。

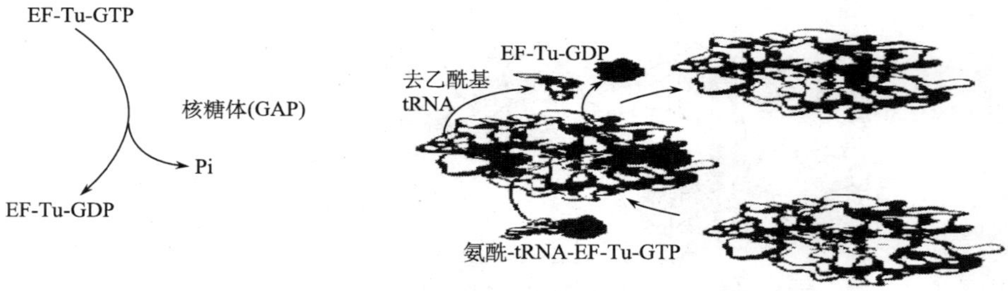

图 13.5　翻译的延伸过程中 tRNA 进入核糖体 A 位点

蛋白质翻译延伸过程中的校对机制与上述构象要求有关。如果与密码子所结合的氨酰-tRNA 不能满足 16S rRNA 的识别，那么这种氨酰-tRNA 就不正确，必须在形成肽键之前去除。

伴随着正确的密码子和反义密码子复合体的形成，所获得的核糖体构象可以进一步诱导所结合的 EF-Tu 活性位点处氨基酸残基的位置发生改变，这种改变是激活 EF-Tu-GTPase 活力所必需的。此时的核糖体表现出 EF-Tu 的 GAP 作用。当 EF-Tu-GTP 中的 GTP 被水解为 1 分子的 GDP 和 1 分子的无机磷酸（Pi）之后，EF-Tu 的构象会发生较大的改变，并因此和以核糖体为中心的复合体脱离。与 EF-Tu 分开的 tRNA 扭曲构象相应得到恢复，与氨基酸的结合进一步促进 tRNA 分子形成有利于肽键形成的构象。这个过程通常被称为氨酰-tRNA 的“入位”（accommodation）。在此过程中需要占据在核糖体 A 位点上的tRNA 的3′单链末端的氨基酸接受茎发生一定程度的旋转，这种旋转可以把位于核糖体大亚基上的肽基转移酶活性中心一分为二。之后，进入 A 位点的氨酰-tRNA 可以把所携带的氨基酸放置在肽基转移酶的活性中心内，使之靠近位于核糖体 P 位点上的 tRNA 的 3′端，和新生多肽离开核糖体通道比邻。EF-Ts 具有鸟苷酸交换因子（GEF）作用，它可以用于对 EF-Tu 的重新激活。在这个过程中，EF-Ts 主要是通过促进EF-Tu 和GDP 的分离实现对 EF-Tu 的重新激活。当 EF-Ts 和 EF-Tu 分开之后，EF-Tu 转而和细胞质中的 GTP 结合，重新形成 EF-Tu-GTP。EF-Tu 的构象可以依据 GDP 或 GTP 与其核苷酸结合位点的结合而不同。图 13.6 中 GDPNP 是一种不能被水解的 GTP 类似物，它和 EF-Tu 结合之后不能进一步被水解。因此，GDPNP 常被用于和 GTP 水解有关的酶促反应机制的研究中。

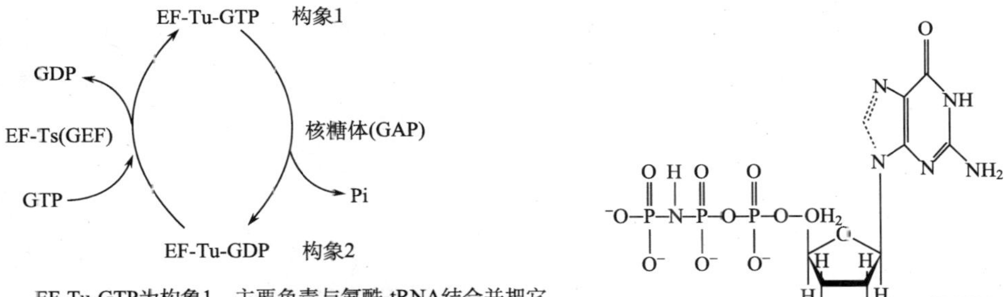

EF-Tu-GTP为构象1，主要负责与氨酰-tRNA结合并把它送到核糖体的A位点，EF-Tu-GDP为构象2，主要参与自身从翻译复合体中的解离

图 13.6　EF-Tu 与 GTP 代谢

（三）转肽反应

蛋白质合成过程中的转肽作用实际上就是蛋白质翻译过程中肽键的形成反应（transpeptidation，peptide bond formation）。这个过程需要核糖体大亚基中 23S rRNA 中具有高度保守性的腺嘌呤发生酸碱转换。结构研究表明，在该腺嘌呤位点处没有任何核糖体蛋白与之相邻。因此，核糖体大亚基中的 23S rRNA 可以被看作是一个“核酶”（ribozyme）。在肽键合成过程中，原先已经位于核糖体 P 位点上，并使携带有肽链的氨基酸羧基 C（和新生肽链向接触）和位于核糖体 A 位点上的转移 tRNA 末端腺嘌呤上 2′或 3′上的羟基（OH）端结合。随后位于核糖体 A 位点上的氨酰-tRNA 3′端的腺嘌呤与位于核糖体 P 位点上依然携带有新生肽的 tRNA 的氨基酸的羧基反应。在这个过程中具有催化活性的腺嘌呤芳杂环中的一个 N 原子可以通过从参与肽键形成的氨基酸的亚氨基上夺去一个质

子（H^+）的方式促进转肽反应的效率。之后，该 H^+ 又转而转移给位于核糖体 P 位点处的 tRNA 的羟基上，而此时的新生肽链已经转移给新掺入的 tRNA 上。之后，被加上一个氨基酸残基的新生多肽链位于核糖体 A 位点上的 tRNA 上。与此同时，转位反应已经部分开始，因为在形成肽键之前，位于核糖体 A 位点上的 tRNA 的 3′端已经出现了向 P 位点旋转的结果。位于核糖体 A 位点上的 tRNA 的3′端向 P 位点的转动同时把新生肽链置于 A 位点和 P 位点中间的 E 位点的入口处。此时，位于 P 位点的 tRNA 分子已经卸载，需要转移至 E 位点，准备离开核糖体。

核糖体相对于模板 mRNA 的转位需要 EF-G 的协助。EF-G 是一个 GTP 结合蛋白，其大小和形态类似于 EF-Tu 和一个氨酰-tRNA 所形成的复合体（图 13.7）。结构生物学和分子动力学研究发现，EF-G-GTP 结合在核糖体 A 位点附近。它的结合可以导致核糖体小亚基依大亚基发生倒向运动。在这个过程中，氨酰-tRNA-EF-Tu-GTP 与核糖体之间的作用可以导致 EF-G 被活化，使其中的 GTP 水解为 1 分子的 GDP 和 1 分子的无机磷酸。随后，EF-G-GDP 从核糖体上解离出去。EF-G 本身的一个结构域具有鸟苷酸交换因子活性，可以自动催化 EF-G-GTP 的再生。

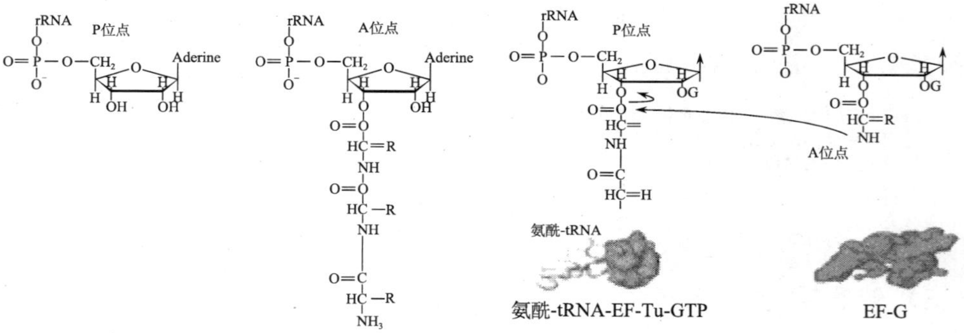

图 13.7　蛋白质合成过程中的转肽反应

负载新生多肽的 tRNA 从核糖体的 A 位点进入到 P 位点。而已经卸载的 tRNA 相应地从核糖体的 P 位点移向 E 位点。因为此时的 tRNA 通过密码子-反义密码子配对和 mRNA 结合，tRNA 的移动使得 mRNA 相对于核糖体发生了移动。关于翻译过程中的移位尚有一种自动转位的解释。这一观点认为，当肽键形成之后，在核糖体 P 位点的去乙酰基化的 tRNA 对 E 位点具有更高的亲和力；而位于核糖体 A 位点的肽基-tRNA 对于核糖体 P 位点具有较高的亲和力。因此，翻译过程中所表现出的“移位”可由这种亲和力差异催动自发进行（图 13.8）。

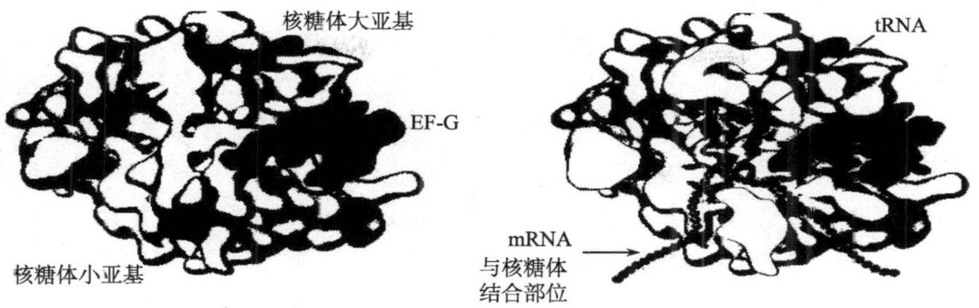

图 13.8　核糖体蛋白质翻译中心

(四) 多肽链合成的终止

在原核生物细胞中，多肽链合成的终止需要释放因子 RF-1、RF-2 和 RF-3 的参与。其中，RF-3 是一个较小的 GTP 结合蛋白。RF-1 和 RF-2 识别并与终止密码子结合。而 RF-3-GTP 可以促进 RF-1 或 RF-2 与核糖体的结合。当释放因子占据核糖体 A 位点后，肽基转移酶转而催化肽基和水分子的反应，使之发生水解。与 RF-3 结合的 GTP 的水解可以导致 RF-3 的构象改变，这种构象改变反过来促进释放因子与核糖体的解离。在此之后，核糖体再循环因子（RRF）、EF-G-GTP 以及 IF-3 一起负责从核糖体的 P 位点把没有携带氨基酸的 tRNA 释放出去。同时，还负责通过分开核糖体的大小亚基使 mRNA 分子与核糖体分离。

三、真核生物细胞内的蛋白质翻译

与原核生物细胞蛋白质翻译机制相比，真核生物细胞内参与蛋白质合成的蛋白质因子种类繁多。在原核生物中类似的调控通常只出现在转录水平上，但在真核多细胞生物的细胞中，mRNA 的翻译往往需要高度的调节。与此同时，真核生物的蛋白质合成过程尚需要许多种“整体调节”，如针对细胞周期的调节、针对饥饿逆境状态下的蛋白质合成调节、针对细胞内质网内变性蛋白增多的调节等。这些调节的手段多种多样，包括：在外界信号刺激下对蛋白质合成起始因子和延伸因子的磷酸化和去磷酸化修饰；利用小分子单链 RNA、miRNA 分子与 mRNA 3′UTR形成碱基配对而对蛋白质翻译的调节。这些调节机制总体都属于真核生物基因表达调节的手段。特别是利用小分子单链 RNA 和 miRNA 分子对 mRNA 翻译的调节更是近年来所取得的重要进展之一。

在蛋白质翻译过程中，某些蛋白质因子在所有生物中表现高度保守。例如，真核生物细胞内的延伸因子 eEF1A 在结构和功能上都与原核生物细胞中的 EF-TU（EF1A）极其相似；而 eEF1B，对应于真核生物中的鸟苷酸交换因子 EF-Ts

则相对复杂。e EF1B 含有多种亚基，而且其生物活性受磷酸化的调解。

真核生物细胞中的蛋白质合成起始相对于原核生物蛋白质合成起始要复杂得多。起始本身需要大量的蛋白质因子的参与。某些真核生物蛋白质翻译起始因子（如 eIF3 和 eIF4G 等）可以起到支架作用，这些蛋白质因子含有多个结构域，在蛋白质翻译起始复合体组装过程中可以和其他蛋白质结合。真核生物蛋白质翻译起始一般需要形成前起始复合体（pre-initiation complex），包括几种起始因子，核糖体小亚基、起始 tRNA 装载者、Met-tRNAiMet 等。然后。这样的前起始复合体和另外一个含有 mRNA 起始因子，以及识别 5′甲基鸟嘌呤帽子（5′-methylguanosine cap）和 3′poly-A 尾巴结合的起始蛋白因子等在内的复合体结合形成完整的翻译器（图 13.9）。在这个翻译器内，mRNA 分子通过与 5′帽子和 3′尾巴结合的蛋白质因子的相互作用而呈环存在（图 13.10）。

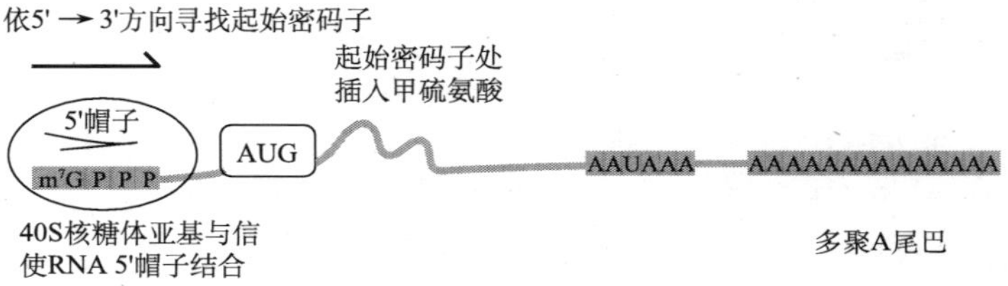

图 13.9　真核生物成熟 mRNA 分子的组织结构

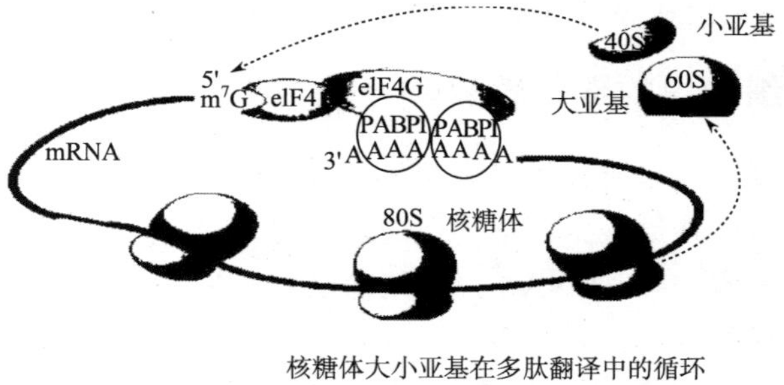

图 13.10　翻译中的真核生物 mRNA 需要和核糖体及起始蛋白因子形成环状结构

在蛋白质翻译起始复合体形成之后，核糖体沿 mRNA 分子移位的过程被称为“扫描”（scanning），这种扫描直到发现起始密码子为止。扫描过程需要真核生物起始因子 eIF4A 的协助，其中，eIF4A 是一种依赖 ATP 的螺旋酶（helicase），可以去除与 mRNA 模板结合的蛋白质，从而有利于解开 mRNA 分子中可能出现的二级结构。与起始密码子 AUG 相邻的一小段序列可能有助于核糖体对翻译起始位点的识别，通常称之为核糖体结合序列（ribosome binding sequence）。当核糖体小亚基发现起始密码子之后，起始因子就可以在 GTP 分子水解的同时被释放出去。等到与核糖体大亚基一起形成翻译复合体之后，肽链延伸旋即开始。

一些真核生物的 mRNA 在远离 5′帽子端含有一段核糖体进入位点（internal ribosome entry site，IRES），这样的 mRNA 分子可以借 IRES 起始翻译，从而逃过扫描过程。

第二节　蛋白质合成过程中氨基酸排列顺序的确定——遗传密码

一、遗传密码概论

在蛋白质翻译过程中，信使 RNA 序列是以三个碱基为单位进行解读的，这样的碱基三联体称为“密码子”。

1954 年，物理学家 George Gamov 根据在 DNA 中存在 4 种核苷酸，在蛋白质中存在 20 种氨基酸的对应关系，做出如下数学推理：如果每一个核苷酸为一个氨基酸编码，只能决定 4 种氨基酸（$4^1=4$）；如果每 2 个核苷酸为一个氨基酸编码，可决定 16 种氨基酸（$4^2=16$）。上述两种情况编码的氨基酸数小于 20 种氨基酸，显然是不可能的。那么如果 3 个核苷酸为一个氨基酸编码的，可编码 64 种氨基酸（$4^3=64$）；若 4 个核苷酸编码一个氨基酸，可编码 256 种氨基酸（$4^4=256$），以此类推。Gamov 认为只有 $4^3=64$ 这种关系是理想的，因为在有 4 种核苷酸条件下，64 是能满足于 20 种氨基酸编码的最小数。而 $4^4=256$，虽能保证 20 种氨基酸编码，但不符合生物体在亿万年进化过程中形成和遵循的经济原则，因此认为 4 个以上核苷酸决定一个氨基酸也是不可能的。1961 年，Brenner 和 Grick 根据 DNA 链与蛋白质链的共线性（colinearity），首先肯定了三个核苷酸决定的推理。随后的实验研究证明上述假想是正确的。

现在发现，生物界中蛋白质至少由 20 种不同的氨基酸组成，而其中的每一个氨基酸均对应一到数个密码子。由于 DNA 中含有 4 种不同的碱基，而编码氨基酸的密码子含有其中任意的 3 个碱基，于是，共有 64 种可能的密码子负责编码 20 种不同的氨基酸（有时蛋白质中也会出现硒代半胱氨酸）。需要注意的是，上面述及的 64 种密码子几乎通用于所有的生物，除了起始和终止密码子之外，一般的情况下 mRNA 中的密码子都是连续的。

二、遗传密码的破解

1960 年，Nirenberg 利用蛋白质体外合成体系对生物界中的遗传密码进行了研究。他利用多核苷酸磷酸化酶合成了多聚核苷酸作为 mRNA。在正常的细胞代谢过程中，多聚核苷酸磷酸化酶倾向于把 RNA 降解为核苷二磷酸。而在体外高浓度情况下，核苷酸磷酸化酶则可以促进 3′→5′磷酸二酯键的生成，从而可以在不需要模板的情况下合成 RNA 分子。Nirenberg 利用核苷酸磷酸化酶合成了第一个有活性的蛋白质体外翻译的模板——polyU（图 13.11）。

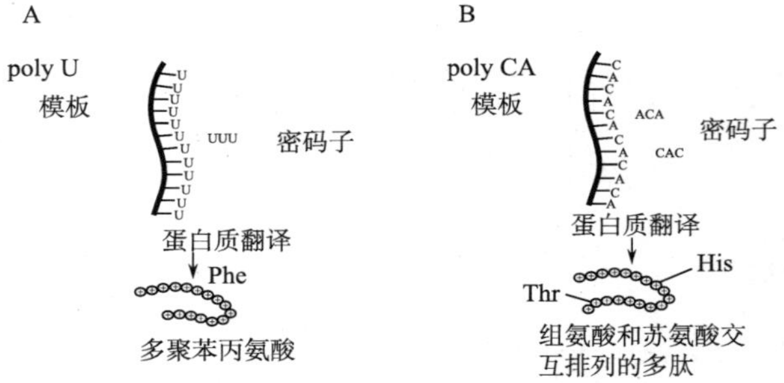

图 13.11　利用寡居核糖核苷酸序列破译氨基酸密码

三、遗传密码的编码特点

遗传密码体现“充裕性”和“确定性”。61 种密码子组合对应 20 种氨基酸的编码（图 13.12）。其中，存在着多组密码子编码一种特定氨基酸的情况，即存在着密码子的“同义”现象。对于“同义”密码子之间其主要差别体现在第三

第一个碱基	第二个碱基 U	第二个碱基 C	第二个碱基 A	第二个碱基 G	第三个碱基
U	UUU Phe	UCU Ser	UAU Tyr	UGU Cys	U
	UUC	UCC	UAC	UGC	C
	UUA Leu	UCA	UAA Stop	UGA Stop	A
	UUG	UCG	UAG Stop	UGG trp	G
C	CUU Leu	CCU Pro	CAU His	CGU Arg	U
	CUC	CCC	CAC	CGC	C
	CUA	CCA	CAA Gln	CGA	A
	CUG	CCG	CAG	CGG	G
A	AUU Ile	ACU Thr	AAU Asn	AGU Ser	U
	AUC	ACC	AAC	AGC	C
	AUA	ACA	AAA Lys	AGA Arg	A
	AUG met (start)	ACG	AAG	AGG	G
G	GUU Val	GCU Ala	GAU Asp	GGU Gly	U
	GUC	GCC	GAC	GGC	C
	GUA	GCA	GAA Glu	GGA	A
	GUG	GCG	GAG	GGG	G

四类碱基所能组成的三联体密码子及其各自的使用情况

图 13.12　密码子表

位碱基上的差异。但是，这种编码形式是确定的，任何一种密码子只对应一种特定的氨基酸。而且，密码子对于自然界中的绝大多数生物而言都是适用的。也就是说，如果我们知道了一组密码子，我们就可以明确地知道这组密码子所编码的氨基酸，但是，对应一种氨基酸却可以有几种密码子对之编码。

（一）简并性和变偶性

遗传密码是由三个连续的碱基组成的三联体。因此，核酸中的 4 种碱基组合可以有 $4^3=64$ 种。其中 61 种密码子对应 20 种不同的氨基酸，为有意义密码子。其中，AUG、GUG 和 UUG 的使用具有“位置”性。它们依据所在位置既可以作为普通的密码子使用，也可以作为起始密码子使用。而剩下的三组密码子 UAG、UAA 和 UGA 是终止密码子。上述情况表明密码子具有简并性。

（二）有些 tRNA 上的反义密码子可以识别多种密码子

目前发现有 41 种 tRNA，而有意义密码子多达 61 种。在密码子的第 3 位和反义密码子的第 1 位碱基之间形成碱基对体现“变偶”现象，即在该位碱基配对并不十分严格，如可以发生 A∶U 配对，也可以形成 G∶C、G∶U、Inosine (modified A)∶U，C，A 等之间配对；位于 tRNA 反义密码子的第 3 位碱基和密码子上的碱基配对选择性较差，因此，反义密码子上的这个位置又被称为“摇摆位置”（wobble position）。

（三）氨基酸的理化性质与密码子

统计学分析发现，氨基酸的物理化学性质和密码子中的第 2 位碱基的种类具有一定的对应关系。或换言之，密码子中的第 2 位碱基决定了一种氨基酸在蛋白质中的空间位置。具体表现为，如果密码子中的第 2 位碱基为 U，那么该密码子对应的氨基酸将会是非极性氨基酸，且属于螺旋和折叠的形成者；如果第 2 位碱基是 C，那么则对应非极性或中性氨基酸，一般会位于蛋白质的疏水区，且是螺旋和折叠的形成者或者是较弱的形成者或破坏者；如果第 2 位碱基是 A 或 G，那么密码子将会对应极性氨基酸，且分布于蛋白质分子的表面。

（四）密码子的通用性

密码子具有通用性特点，即不论是在体内还是在体外，不管是病毒还是原核生物或真核生物均基本上使用大致相同的一套密码子。但是，这并不是说不同的密码子在不同的生物中的使用情况完全相同。如在原核生物 *Mycoplasma capricolum* 中存在着两类 Trp-tRNA，其中的反义密码子为 3′UCA5′和3′CCA5′，可以分别和 UGA 和 UGG 配对，因此 UGA 并不作为终止密码子使用，而用于编码色氨酸，而终止密码子 UGG 也很少用作终止密码子。与此类似，一些纤毛虫使用 UAA 和 UAG 编码谷氨酸，也不用作终止密码子。如四膜虫含有三类 tRNAGlu，其中之一识别 CAA 和 CAG，一种则识别 UAA 和 UAG。与此不同，在其他一些纤毛虫细胞中，UGA 密码子被用于编码半胱氨酸，只有 UAA 可为终止密码子，而且似乎并不存在 UAG 终止密码子。

（五）基因与产物多肽链的相关性

在蛋白质生物合成过程中，信使 RNA 的阅读方向是 $5'\rightarrow3'$，对应的多肽方向则从 N 端到 C 端。与这种阅读方向一致，密码子的阅读方向也是 $5'\rightarrow3'$。而且在通常的情况下，编码一种蛋白质分子的密码子之间彼此不能重叠，表现为线性、无“标点”的信息编码形式。

（六）可读框的确定

mRNA 分子所承载的遗传信息需要从一个“合适”的起始位点处加以解读。这就涉及遗传信息解读过程中“可读框（reading frame)”的确定问题。现在看来，这种可读框的确定与核糖体与 mRNA 的结合部位有关。在原核生物信使 RNA 翻译时，核糖体的小亚基一般会和其上的核糖体结合序列（ribosome binding sequence，RBS，通常由 4～7nt 组成）作用。核糖体在 RBS 处的结合有利于识别起始密码子 AUG（甲硫氨酸密码子）。但需要注意的是，并不是所有的起始密码子都是甲硫氨酸。

（七）密码子使用的偏好性

通过统计分析表明，不同物种基因中密码子的使用频率不是平均分布的，表现为某些密码子会以较高的频率使用，而另一些则较少使用。即使同种生物不同蛋白质使用密码子情况也并不相同。通常的情况下，一种氨基酸对应着多个密码子，但在使用这些密码子的时候不是平均使用，而是有选择地使用。这就是“密码子偏好性”（codon bias)。例如，对于包括 RNA 聚合酶 2274 个密码子、核糖体的 1108 个密码子等在内大肠杆菌含量最多的 13 种蛋白质密码子的使用情况分析发现，对于以 C 或 U 结尾的密码子，其前两个碱基为 A、U，第 3 个碱基一般会使用 C，而不选择 U；但是，如果前两个碱基为 C 或 G，那么第 3 个碱基一般是 U 而不是 C。造成这种密码子偏好性的分子基础可能与密码子和反密码子进行碱基配对时所表现出的“缔合能”的大小有关。所谓密码子和反义密码子的“缔合能”是指密码子和反义密码子形成沃森-克里克配对和非沃森-克里克碱基配对后稳定性的一种表征。只有在密码子-反义密码子之间达致一种“最佳缔合能”状态，那么才能进行正常的蛋白质翻译。通常的情况下，密码子-反义密码子的缔合能受密码子中第2位碱基决定，第2位碱基相同的密码子在与反义密码子配对时具有基本相同的“缔合能”，此外，密码子中第1位的碱基也会有较小的贡献，但这种贡献远远大于第3位碱基的贡献，因此第3位碱基的缔合能贡献常常被忽略不计。这种情况使得任何密码子的第3位碱基可以在U、C、A和G间任意“摆动”，同理，由于密码子中第1位碱基的缔合能贡献也较低，因此，即使第1位的碱基出现类似的摆动也不会在很大程度上改变密码子-反义密码子之间的缔合能。通常，我们把密码子中第3位碱基的任意摆动现象称为“密码子的摆动”，而把包括第1位碱基在内的摆动称为“密码子的广义摆动”。广义摆动现象直接导致了遗传密码的“广义编码”的现象，使之成为对应于标准编码之外的一种编码形式。表13.1中列出了人类基因组中不同密码子使用频率，从中我们可以发现不同氨基酸对应的密码子具有明确的偏好性特点。

表13.1　人基因组中密码子的使用频率

	U		C		A		G	
U	UUU Phe	57	UCU Ser	16	UAU Tyr	58	UGU Cys	45
	UUC Phe	43	UCC Ser	15	UAC Tyr	42	UGC Cys	55
	UUA Leu	13	UCA Ser	13	UAA Stp	62	UGA Stp	30
	UUG Leu	13	UCG Ser	15	UAG Stp	8	UGG Trp	100
C	CUU Leu	11	CCU Pro	17	CAU His	57	CGU Arg	37
	CUC Leu	10	CCC Pro	17	CAC His	43	CGC Arg	38
	CUA Leu	4	CCA Pro	20	CAA Gln	45	CGA Arg	7
	CUG Leu	49	CCG Pro	51	CAG Gln	66	CGG Arg	10
A	AUU Ile	50	ACU Thr	18	AAU Asn	46	AGU Ser	15
	AUC Ile	41	ACC Thr	42	AAC Asn	54	AGC Ser	26
	AUA Ile	9	ACA Thr	15	AAA Lys	75	AGA Arg	5
	AUG Met	100	ACG Thr	26	AAG Lys	25	AGG Arg	3
G	GUU Val	27	GCU Ala	17	GAU Asp	63	GGU Gly	34
	GUC Val	21	GCC Ala	27	GAC Asp	37	GGC Gly	39
	GUA Val	16	GCA Ala	22	GAA Glu	68	GGA Gly	12
	GUG Val	36	GCG Ala	34	GAG Glu	32	GGG Gly	15

（八）硒代半胱氨酸的编码问题

有些蛋白质中可见硒代半胱氨酸残基（selenocysteine）。这个氨基酸残基是由UGA编码的。我们知道，UGA同时是一个终止密码子。那么两者是如何区别的？研究发现，能够编码硒代半胱氨酸残基的UGA密码子在原核生物mRNA中经常位于一个茎环结构的上游；而在真核生物细胞中，则通常位于真正具有终止作用的终止密码子之后 3′非翻译区。只有出现在上述部位的 UGA 才具有编码硒代半胱氨酸的能力，而不被用作终止密码子。

四、蛋白质翻译过程的保真机制

蛋白质翻译过程中可能存在着“保真”机制。因为在绝大多数的蛋白质分子中都不存在明显的改变，都会忠实于 mRNA 分子所携带的遗传指令。但是，在所合成的蛋白质多肽序列中也发现有一个氨基酸残基被另一种氨基酸残基取代的问题。分析认为，蛋白质翻译过程中，可能有如下两个阶段引入蛋白质合成错误：①在合成氨酰-tRNA 的过程中；②在形成密码子和反义密码子正确配对的过程中。

在保证蛋白质合成忠实性的过程中，形成正确的氨酰-tRNA 是维护蛋白质合成忠实性的关键步骤。这个反应依赖于氨酰-tRNA 合成酶的催化。如果该酶催化错误就有可能最终导致蛋白质合成出现错误。一般的情况下，由氨酰-tRNA 合成酶引入的错误率$<1/10^5$ 氨基酰化反应。除此之外，蛋白质合成过程中，密码子和反义密码子之间的正确识别也是维护蛋白质合成忠实性的关键步骤之一。

（一）蛋白质合成错误

尽管细胞内 tRNA 上反密码子和密码子的结合常数彼此不尽相同，但是密码子和反密码子相互结合的特异性通常远低于 10^5。在溶液状态下，tRNA 上的反义密码子和各自的密码子之间的结合能力通常都很弱。但采取容错识别的方式却可大大提高反义密码子和密码子之间的结合效率。这种情况表明，tRNA 上的反义密码子和密码子之间的识别具有较大的出现错误的倾向。因此，密码子和反密码子之间的识别过程中会增加蛋白质翻译的出错概率。在这个过程中，核糖体本身所具有的功能可能在某种程度上会影响反义密码子和密码子的特异性的结合。一般认为，错误结合的反义密码子和密码子不能被核糖体有效接纳。因此，就这个意义而言，核糖体的功能本身也参与翻译过程中校正的作用。除此之外，参与翻译起始的一些蛋白质因子，以及已经和核糖体结合的氨酰-tRNA 也会起到矫正反义密码子和密码子之间错配对的作用。例如，在酵母中发现，当 *HIS4* 基因上的起始密码子 AUG 经突变变成 UUG 时，该基因相关的蛋白质合成只有在延伸因子 eIF2 中的 α 和 β 亚基发生抑制突变之后才能进行。现在已经清楚，eIF2 中的 α 和 β 亚基和 Met-tRNA 识别并引导其进入核糖体上 P 位点有关。而出现在 eIFβ2 上的抑制突变可以影响 eIF2 与蛋白质翻译复合体中核酸的识别有关。eIF2 可能负责识别蛋白质翻译复合体中 mRNA 上的翻译起始核酸序列或者负责密码子和 $tRNA_i^{Met}$ 上的反义密码子之间的相互识别。与此类似，EF-Tu 也可能会有助于蛋白质翻译的准确性。

（二）核糖体参与蛋白质翻译过程中错误校正的证据

核糖体可能参与蛋白质翻译错误的矫正的证据最初源于对链霉素抗性突变体的研究。研究发现，链霉素可以和核糖体小亚基中的16S rRNA结合，并由此抑制EF-G催化的转位反应。除此之外，链霉素还可以增加模板中尿嘧啶和胞嘧啶的错读机会，降低核糖体对模板中U和C碱基的识别效率。链霉素可以直接和核糖体小亚基中的S12蛋白发生作用。在链霉素抗性突变体中，S12蛋白的氨基酸序列发生了改变。但是，出现在S12上的氨基酸序列改变却可以提高蛋白质翻译的忠实性。S12蛋白可以稳定与链霉素结合的16S rRNA位点的结构。而核糖体上P/A位点可以影响蛋白质翻译的准确性。同时，16S rRNA结构的改变也可以影响蛋白质翻译的精确性。核糖体在蛋白质翻译过程中发挥错误校对的机制可能是“延迟”进入到A位点处的氨酰-tRNA的停留时间实现的。可以想到，只有携带有正确的氨基酸的氨酰-tRNA可能更有利于“促进”肽键的形成。而携带有不正确的氨基酸的氨酰-tRNA会因为难于形成肽键而最终脱离A位点。据推测，蛋白质翻译过程中的“校对”作用可能需要消耗能量。有证据表明，细胞内多肽的合成可能需要消耗更多的GTP。在这个过程中，每进行一个氨基酸校对可能需要一个额外的GTP的水解（第3个GTP分子的水解）。

第三节　多肽的折叠和修饰

一、多肽链的折叠

多肽的折叠有两个含义，一是指一条新合成的多肽链经过一系列的过程形成具有既定生物功能的天然构象过程，即新生肽链的折叠；或者，从一种变性状态经过一系列的过程重新形成具有特定生物功能的天然构象的过程，即肽链的再折叠（refolding）。自然界中的某些蛋白质具有自发获得其各自天然构象的能力，这种折叠被称为“自组装”（self-assembly）。但是，在大多数情况下，蛋白质折叠需要特定的环境，一般依赖于多肽链所处环境的溶剂、离子强度、环境温度、酸碱度等。

多肽链折叠通过所拥有的活性界面之间的相互反应进行。这样的活性界面一般是氨基酸的疏水侧链在极性环境中的暴露面。疏水侧链之间彼此相互作用形成疏水核心。多肽链折叠的这种启动过程暗示，在不加任何保护或控制的情况下，多肽链的折叠极有可能出现错误。

20世纪70年代，Anfinsen曾通过对链球菌核酸酶变性再折叠（复性）处理发现能够发生“自组装”的蛋白质可以在包括体内环境下从其他构象形式重新折叠或再折叠回其所拥有的活性构象形式。表明，多肽链的折叠动力来自内部的相互作用。因此，Anfinsen 提出蛋白质的一级结构决定其空间结构的假设。

Watch Out

由美国国立卫生研究院的 Christian Anfinsen、Frederick White、Michael Sela 和 Edgar Haber 等完成的经典的实验证明："蛋白质的三维构象由其一维序列所决定"。

牛胰核糖核酸酶 A 的变性-自折叠试验：

牛胰核糖核酸酶 A 是含有 124 个氨基酸组成的多肽，分子质量 13 700Da。其一级序列约有 37%的 β 折叠束，有 23%的 α 螺旋，而剩下是无规卷曲。牛胰岛素分子中含 8 个半胱氨酸残基，N-Cys_{26}-Cys_{40}-Cys_{58}-Cys_{65}-Cys_{72}-Cys_{84}-Cys_{95}-Cys_{110}-COOH。可以分别形成 4 对二硫键。其中，26-84 二硫键位于β折叠束和α螺旋之间；40-95 二硫键在连接β折叠束的环之间；58-110 二硫键分布于α螺旋和β折叠束之间，位于折叠片的末端；而 65-72 残基所形成的一对二硫键则位于环到β折叠束之间。

自折叠条件：

1mg/ml 核糖核酸酶在 0.01mol/L 磷酸盐缓冲液，pH7～8，保温 68h 以上使之变性，然后在室温放置，发现约有 12%～19%的核糖核酸酶 A 恢复了酶活力。pH8.5 的情况下，8mol/L 的脲和 0.285mol/L 的巯基乙醇，吹氮气 15min，然后放置在室温，在密闭的试管中保育 4h。发现变性的核糖核酸酶 A 无活性。当用丙酮共沉淀以去除脲、巯基乙醇之后，进行氧化处理（溶解成 2mg/ml，添加 0.02mol/L Na_2HPO_4，并用 NaOH 调 pH 为 8.0。然后在 250 ml 的量筒中进行氧化，从塑料管中通入空气，每 2～5s 产生一个气泡），发现又得到了具有活性的核糖核酸酶。因此可得出结论：完全被还原且完全失活的酶（1mg/ml）在室温下被空气氧化时，经过 68h，在 0.01mol/L 磷酸盐缓冲液，pH7～8 的情况下，核糖核酸酶的活力又恢复到为原来的 12%～19%。

但是，这种情况也有很多例外。有些蛋白质并不具有"自组装"能力，不能自发获得其应有的活性构象形式。这种情况表明，在该蛋白质折叠过程中存在着其他的相互作用，可以导致该蛋白质出现错误折叠。而一旦这种错误折叠过程中能够获得稳定的构象中间体，那么整个折叠就不能朝着正确的折叠进行。属于这种情况的蛋白质不具有"自组装"能力，它们获得天然活性构象需要一种称为"伴侣"分子的协助。

二、蛋白质折叠的 Anfinsen 热力学决定原则

（1）蛋白质折叠是热力学决定的（Anfinsen 蛋白质折叠的热力学原则）：蛋白质和环境（protein ＋ environment）。

（2）蛋白质折叠是有其他分子参与的反应（蛋白质折叠过程中的分子相互作

用原则）：蛋白质、伴侣分子和其他与蛋白质折叠有关的因素（protein＋chaperonins ＋…）。

许多途径导向蛋白质折叠的最低能量状态，就是蛋白质的天然三维结构状态（图 13.13）。

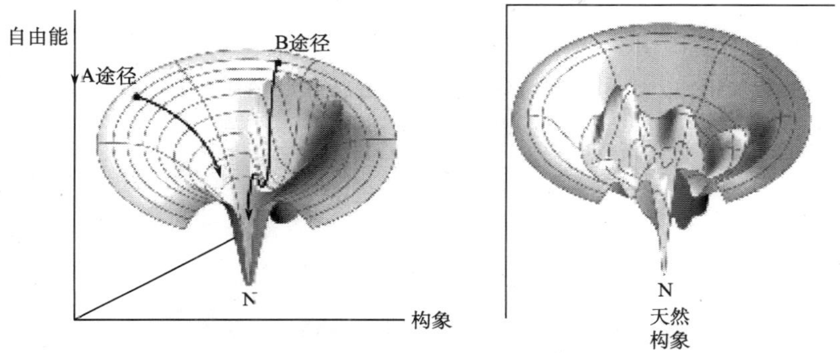

图 13.13　蛋白质折叠过程中自由能的改变

三、蛋白质折叠过程中的伴侣分子

伴侣分子是一类蛋白质家族，它们可以在细胞内帮助蛋白质折叠。通常的情况下，可以在蛋白质转运的过程中，保持蛋白质的去折叠状态；而在受胁迫的细胞内帮助蛋白质进行正确的折叠，并以此阻止形成错误的折叠，抑制聚沉；同时，伴侣分子还可以为执行校验功能进行再折叠。

为了防止降解使蛋白质去折叠，或选择蛋白质使其降解，伴侣分子可以选择性地辅助蛋白质折叠成一种特定的构象形式。在蛋白质特定构象形成过程中，伴侣分子通常可以识别暂时暴露在靶蛋白分子表面上的一些活性部位，这些活性部位往往是该蛋白质与其他蛋白质分子发生作用的位点。伴侣分子对这些活性部位具有“保护”作用，避免靶蛋白和其他蛋白质发生作用。需要注意的是，在上述过程中，伴侣分子是以阻止蛋白质形成错误构象的方式起作用的，伴侣分子不能促进任何蛋白质正确结构的形成。但可以增加新生多肽链正确折叠的速率；有助于多亚基蛋白质的组装；并且可以保护蛋白质免受诸如热激在内的逆境诱导的蛋白质损伤。

（一）分子伴侣

随着蛋白质新生肽链的延长，一些疏水氨基酸可能因暴露于极性溶剂环境中而使新生肽链产生聚集，导致错误折叠。在这个特定的情景下，蛋白质分子伴侣可以和上述蛋白质的疏水区结合以防止新生肽链的聚集。需要说明的是，最初伴侣分子是在研究热激过程中被人们认识到的，所以对它们的命名通常采用“heat shock protein”英文单字的首三个字母“Hsp”表示。在现有发现的众多分子伴侣蛋白分子中，Hsp70 是第一个被发现的伴侣分子。Hsp70 广泛存在原核生物的细胞质内，以及真核生物的细胞质、内质网、线粒体和叶绿体中。

Hsp70 含有两个有用的位点，一个是 ATP 结合位点；另一个是和肽链中疏水区结合的位点。目前，尚缺乏 Hsp70 的相关结构生物学信息。但是，同为 *E. coli* 伴侣分子的 GroEL（Hsp60）和 GroES（Hsp10）的结构已经得到了很好的研究。这些蛋白质因子一般以复合体形式发生作用，并被统称为分子伴侣（chaperonin）（图 13.14）。

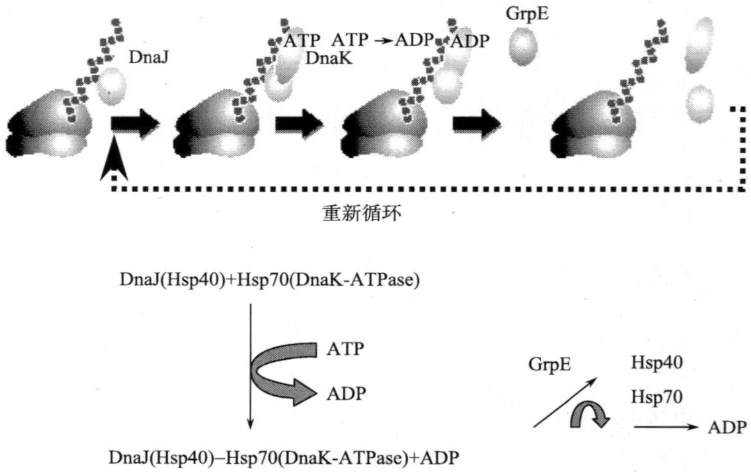

图 13.14　新生肽链的折叠

在 Hsp70 分子伴侣家族中，不同类型的成员可以分布在细胞内的不同部位，使得它们可以特异性地作用于不同类型的靶蛋白分子。一般而言，位于细胞质内的 Hsp70 伴侣分子通常又被称之为 Hsc70 蛋白，主要作用于与核糖体结合着的新生肽链；位于酵母（*S. cerevisiae*）细胞内质网的 Hsp70 分子伴侣则被称为 Kar2，除此之外其他大多数真核生物细胞内质网内的 Hsp70 分子伴侣则被称为 BiP 或 Grp78。这些分子伴侣的主要任务是协助不同类型的蛋白质分子跨过细胞内的包括线粒体、叶绿体和内质网在内的各种内膜屏障，从而促使蛋白质分子进入到这些内膜系统的内部。

（二）多肽链折叠途径

1. 小分子质量的多肽折叠途径

小分子质量蛋白质一般含有 150 个左右的氨基酸残基。小分子蛋白质的折叠在动力学以及平衡测定中表现出高度协同性，一般折叠反应的速率在 10～100s^{-1}。通常情况下，小分子质量蛋白质的折叠是由成核反应控制的，如高铁血红素和鸡卵清溶菌酶的折叠。

2. 大分子质量蛋白质的折叠途径

大分子质量蛋白质一般是指含有 300 个氨基酸残基以上的蛋白质。这些蛋白质的折叠并不完全类似于小分子质量蛋白质的折叠，而是含有一个非常缓慢的折叠步骤。随着蛋白质分子质量的增加，蛋白质内部结构会越来越复杂，因此在折叠过程中可能会出现更多的天然态、中间体和去折叠状态。因此，大分子质量蛋白质的折叠途径会因此变得异常复杂。

3. 寡聚蛋白的折叠途径

寡聚蛋白质是指由不同亚基组成的蛋白质复合体。这些蛋白质的折叠以亚基为单位，而每一亚基的折叠又会经过众多的折叠中间体，之后，亚基之间彼此诱导逐渐接近于天然蛋白质构象，最后经过构象重排形成有活性的天然构象。

4. 同源蛋白的折叠途径

同源蛋白往往表现为氨基酸顺序相似，三维结构相似，但其物理化学性质不同的蛋白质。如溶菌酶和乳清蛋白酶就属于这样的同源蛋白。根据蛋白质折叠的一级序列决定三级结构的原则，溶菌酶和乳清蛋白酶应该表现出相似的折叠途径。对这两种蛋白酶折叠动力学的比较研究表明，它们在折叠的早期确实拥有相似的折叠中间体，这些中间体含有一定数量的二级结构单位，表明这些相似折叠中间体起因于其各自一级氨基酸序列相似性，这些折叠中间体决定了整个蛋白质的折叠途径，表明同源蛋白质的折叠具有类似的规律性。但是，在研究过程中也发现，有些蛋白质具有相似的三维结构，但其各自的氨基酸序列差异却可高达 80%，有些甚至缺乏必要的氨基酸序列的同源性（如第九章中的 RecRFO 蛋白和真核生物的 Rad52 等），表明氨基酸序列的变化可能比三级空间结构的变化会更快速。尽管如此，许多的研究依然表明，同源蛋白的折叠途径依然十分相似。

四、多肽链折叠的酶学

（一）肽基-脯氨酰异构酶

延续过程中的肽骨架中肽键可以呈顺式也可以呈反式（图 13.15）。一般情况下顺式比反式构象稳定性要小得多。但对于脯氨酸而言顺式构象则比反式构象的稳定性低 4 倍左右。肽链中脯氨酸通常位于转角处。在天然蛋白质中，脯氨酸的顺式构象的稳定性由维持蛋白质四级结构的能量维持。当蛋白质变性失去四级结构时，由于维持脯氨酸顺式构象的能量丢失，使得脯氨酸处于顺式和反式平衡状态中。在体外蛋白质折叠过程中，脯氨酸残基的顺反异构化是一个极缓慢的限速反应过程，必须肽基-脯氨酰异构酶的催化。

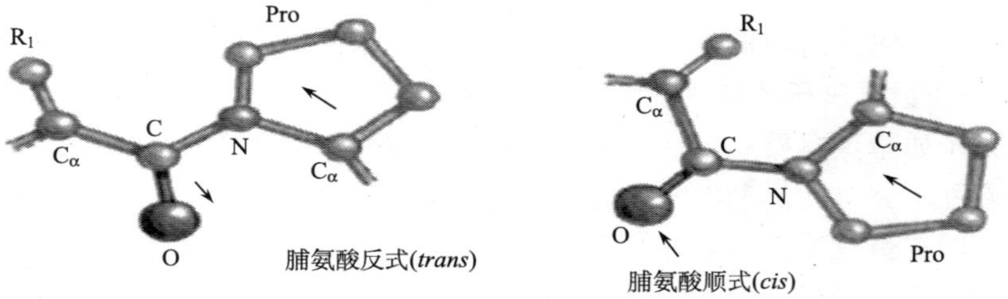

图 13.15　脯氨酸顺反异构体

（二）蛋白质二硫键异构酶

二硫键只存在位于胞外或周质腔中的蛋白质中。因为细胞内通常是一个还原环境，而只有细胞周质腔或胞外是氧化环境。在细菌中，二硫键由二硫键异构酶（Dsb）催化形成；而在真核生物中，则由蛋白质二硫键异构酶（protein disulfide isomerase，PDI）催化形成。对于牛胰蛋白酶抑制剂（BPTI）折叠研究发现，二硫键的正确形成对于蛋白质折叠的重要性。牛胰蛋白酶抑制剂含有 58 个氨基酸残基，其中有 6 个半胱氨酸。天然状态下含有 30-51、14-38 和 5-55 三对二硫键，在重新折叠过程中，首先形成的二硫键分别是 30-15（60%）、5-30（30%），这些二硫键对牛胰蛋白酶抑制剂的折叠起着十分重要的作用（图 13.16）。有关的研究表明，完全变性的牛胰蛋白酶抑制剂（BPTI）只有在通过氧化手段形成上述二硫键之后才能开始折叠出正确的构象。

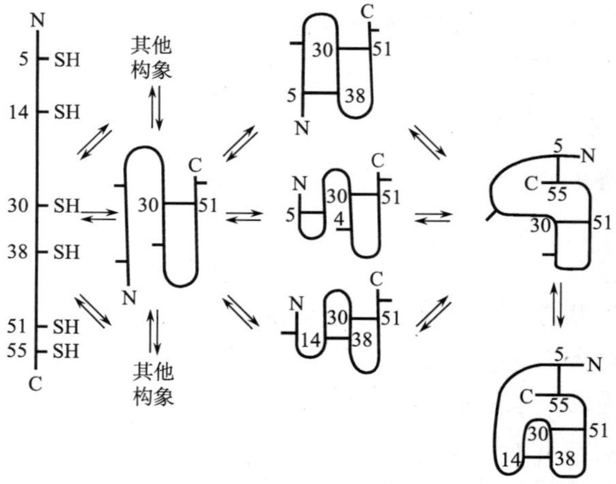

图 13.16　牛胰蛋白酶抑制剂（BPTI）的再折叠研究

五、多肽链的修饰

新生肽链在细胞质、细胞质中的内质网或高尔基复合体中被一系列的修饰酶进行修饰。这些修饰包括，糖基化修饰（glycosylation）、磷酸化修饰、乙酰基化修饰、蛋白酶对蛋白质分子进行部分酶解等。

蛋白质的翻译后修饰

1. 磷酸化修饰

磷酸化修饰是指向一个特定蛋白质或一种小分子，如丝氨酸、酪氨酸、苏氨酸或组氨酸侧链上加入磷酸基的修饰。蛋白质的磷酸化修饰可能是真核生物在蛋白质水平上进行调节的一种最为重要的手段。真核细胞内许许多多的酶和受体的活性均通过磷酸化和去磷酸化等手段加以调节。蛋白质的磷酸化修饰是由众多的特异性蛋白激酶催化进行的，与之相反，去磷酸化修饰则是由相应的磷酸水解酶催化进行的。

2. 乙酰基化修饰

蛋白质乙酰基化修饰（acetylation）通常是指在一种蛋白质的 N 端加入乙酰基的修饰。有关例子可以见第二篇的有关内容。

3. 泛酸基化修饰

泛酸基化修饰（farnesylation）是指向蛋白质中氨基酸残基侧链上加入泛酸基的修饰。

4. 糖基化修饰

糖基化修饰是指在蛋白质的特定氨基酸残基侧链上加入糖基从而形成糖蛋白的过程。通常见到的糖基化修饰位点包括：天门冬素（asparagine）、羟基赖氨酸（hydroxylysine）、丝氨酸（serine）或苏氨酸等侧基上。

在大多数情况下，在一条蛋白质肽链上加上一个复杂的寡聚糖链可以在很大程度上改变该蛋白质的性质。对于一种糖蛋白而言，其分子质量也通常与其所含有寡聚多糖的数量呈正相关。

5. 蛋白质糖基化修饰的生物学意义

蛋白质糖基化修饰具有如下一些重要意义：糖基分子与蛋白质分子的空间结构形成和稳定有关。研究发现，位于细胞表面的某些蛋白质分子上的糖基与细胞黏附有关；同时，也发现某些掺入到蛋白质中的糖基可能促进该蛋白折叠成特定的构象。另外，某些蛋白质分子上的糖基还与分子识别有关，如某些蛋白质分子中含有 6-磷酸甘露糖，这些糖分子通常可以作为某些分子的识别靶位点。

本质上，细胞中所有经过细胞分泌细胞器（包括粗面内质网、高尔基体等）的新生蛋白质都会被进行糖基化修饰。根据糖基化修饰在蛋白质侧基中的位置差异，可以把糖基化修饰分为两大类型，一类通常位于天冬酰胺的NH_2基团，发生在该位点的糖基化修饰通常又被称为*N*-糖基化修饰（*N*-linked glycosylation）。该类糖基化修饰靶位点的天冬酰胺残基通常位于Asn-X-Ser或Asn-X-Thr中，其中的X可以是除脯氨酸之外的任何氨基酸残基；另一类则会在丝氨酸、苏氨酸或羟基赖氨酸的羟基（—OH group）上进行糖基化修饰，这类糖基化修饰又被称作*O*-糖基化修饰（*O*-linked glycosylation）。*N*-糖基化修饰始于内质网而在高尔基复合体中最终被修饰完成；而*O*-糖基化修饰则单独在高尔基复合体进行（图13.17）。

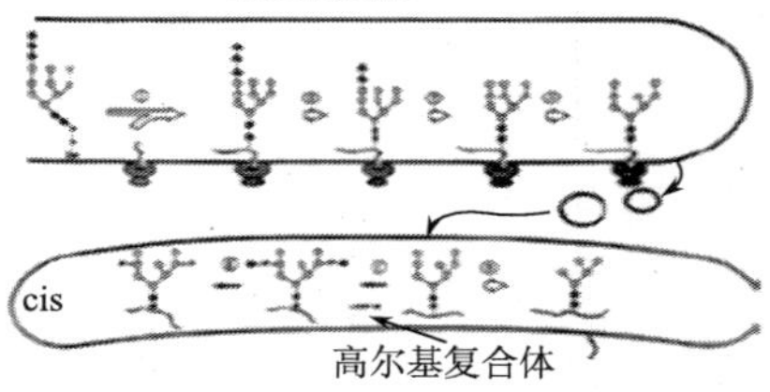

图13.17　粗面内质网和高尔基复合体与糖基化修饰

新生蛋白质的这种糖基化修饰需要在内质网内进行（ER），而相关的分子识别可能发生蛋白质靶序列刚刚进入到内质网内腔（lumen）之际。蛋白质在内质网中经过糖基化修饰之后，一般还需要在高尔基复合体中进行进一步的修剪加工（trimming）。经过加工，以及内质网和高尔基复合体的运输，最终可以根据寡聚糖链中的甘露糖的处理情况而把糖基化蛋白质分为两类。甘露糖残基只能在内质网中掺入蛋白质侧基上，而且可以在后继过程中被进一步加工处理。

1）高甘露糖寡聚糖基化修饰

高甘露糖寡聚糖基化修饰（high mannose oligosaccharide）一般被认为在内质网中进行。几乎在寡聚糖刚刚被加入之后，其中3个葡萄糖残基会立即被葡糖苷酶Ⅰ和Ⅱ除去。一般对于定位于内质网中的蛋白质而言，经过甘露糖基化修饰之后还要经过一定程度的去甘露糖基加工。在这个过程中需要一种甘露糖酶进行催化。这种甘露糖酶可以把寡聚糖基上的一些甘露糖经过水解除去，并最后形成所要携带的寡聚糖基的结构。在催化过程中，位于内质网内腔中的甘露糖酶对第1个甘露糖的水解效率最高，之后所进行的甘露糖水解效率要低很多。而经过甘露糖酶水解除去的甘露糖残基数量并不固定，可以依据蛋白质的不同而表现出差异。

2）比较复杂的寡糖

蛋白质分子中比较复杂的寡糖（complex oligosaccharide）切除和加工需要在高尔基复合体中依次有条不紊的进行。在高尔基复合体中加工的第一步是利用其中的甘露糖酶Ⅰ对甘露糖残基进行进一步的加工处理，随后，在*N*-乙酰-葡糖胺转移酶的催化下在相应部位加入1分子的糖基。之后，高尔基复合体内的甘露糖酶Ⅱ再次对其他的甘露糖残基进行剪除。这种对甘露糖的加工流程可以最终形成一种“内核”（inner core）结构，在这个结构中含有NAc-Glc和NAc-Glc Man_3序列。到了这一步，蛋白质侧基上所携带的寡聚糖侧基会获得抗内糖苷酶

（endoglycosidase H-Endo H）水解的能力。因此，细胞保留了利用内糖苷酶 H 的敏感性作为检测糖蛋白质离开内质网的时间。向甘露糖形成的“内核”（inner core）结构加入糖基可以导致终止区的形成（terminal region）。复杂糖基化修饰的残基通常包括：氨基葡萄糖（*N*-acetyl-glucosamine）、半乳糖（galactose）和硅酸（sialic acid-*N*-acetyl-neuraminic acid）等。这种糖基化修饰和加工的途径是高度有序的。两类反应分散进行，一个糖基的加入可能需要事先把另一个糖残基去除。例如，当去除甘露糖残基之前需要向蛋白质中加入氨基葡萄糖（*N*-acetyl-glucosamine）等。

六、蛋白质在细胞内的输送和定位

蛋白质在细胞内的输送和定位通常借助信号肽和前导肽（leader peptide）进行。

信号肽（signal sequence）通常是指能够在蛋白质翻译过程中把新合成出的蛋白质引导插入到内质网膜内的一个蛋白质区段，该区段通常位于该蛋白质分子的氨基端（N-terminal）。

在原核生物中，所有的核糖体都位于细胞质内，因此不存在把蛋白质导入到内质网膜内的问题；但是，即使是原核细胞，其细胞质内也会存在多个不同的传输隔室，包括：多肽链→细胞质；多肽链→内膜；多肽链→细胞器（如鞭毛）；多肽链→跨膜到外周胞质；多肽链→穿过膜和外周胞质到外膜；多肽链→分泌到外面的细胞。这种情况是因为多肽链往往具有一段引导序列，能够识别一个引导肽酶，从而引导新制造的蛋白质到达蛋白质通道。在上述识别过程中，引导序列的剪切与转运过程彼此相偶联。

在真核细胞中，细胞质内新合成的蛋白质则需要通过内质网输出到高尔基复合体。然后，引导入线粒体或叶绿体（植物细胞），或转移到细胞核，或插入到膜内，以及其他的细胞器中（如溶酶体）。

主要参考文献

Anfinsen C B, Haber E. 1960. Studies on the reduction and re-formation of protein disulfide bonds. J Biol Chem, 236: 1361～1363

Anfinsen C B, Haber E, Sela M et al. The kinetics of formation of native ribonuclease during oxidation of the reduced polypeptide chain. Proc Natl Acadm Sci, 47: 1309～1314

Anfinsen C B. 1973. Principles that govern the folding of protein chains. Science, 181: 223～230

Moore S, Stein W H. 1973. Chemical structures of pancreatic ribonuclease and deoxyribonuclease. Science, 180: 458～464

Sela M, White Jr F H, Anfinsen C B. 1957. Reductive cleavage of disulfide bridges in ribonuclease. Science, 125: 691～692

White F H. 1961. Regeneration of native secondary and tertiary structures by air oxidation of reduced ribonuclease. J Biol Chem, 236: 1353～1360

第十四章　转录组、蛋白质组和蛋白质组学

第一节　转录组、转录组学、蛋白质组和蛋白质组学

一、基因的动态转录

通过对第五章基因组和基因组学部分的学习我们可以了解到，一个生物的基因组中含有为数众多的基因，这些基因的转录体现严格的时间和空间控制。这些基因的转录顺序需要严格的调节控制。

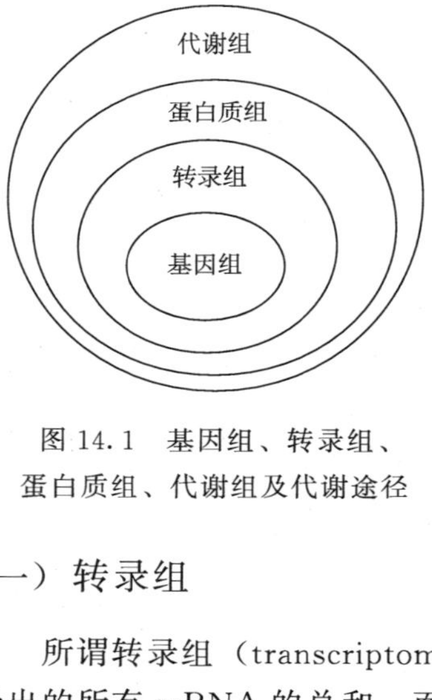

图 14.1　基因组、转录组、蛋白质组、代谢组及代谢途径

二、转录组和转录组学

有关原核和真核生物基因转录的一般情况已经在第十章和第十一章中进行了介绍。通过这些章节的学习我们可以了解基因转录均需要表现出特定的时间（time）、空间（space）和丰度(abundance）等方面表现出差异。因此，不同的条件下，细胞所能转录的基因种类、数量和强度均会表现出不同。因此，有必要针对特定的条件对一个基因组所能转录的一套信使 RNA 分子的种类、数量和强度加以分析（图 14.1）。

（一）转录组

所谓转录组（transcriptome）是指一种细胞、组织、器官或生物体所可能转录出的所有 mRNA 的总和。而转录组学（transcriptomic）则是在 RNA 水平对基因表达进行全局研究。

对于一个特定转录组而言，它可能包含的 RNA 分子种类和数量会根据特定的细胞类型、时间和空间等差异而表现出数和量的不同。因此，转录组数据通常都会表现出高度的可变性，可以在不同个体、不同时间、不同环境条件下表现出非常大的差异。在这一点上转录组有别于基因组。以人体为例，在大多数情况下，肌体中的细胞内都含有相同的基因组（成熟的红细胞除外），而且各自的基因组组成不因细胞类型、发育阶段和环境条件而改变。与此截然不同的是，转录组数据会根据细胞类型、发育阶段和细胞所处环境条件的改变而表现出非常明确

的差异。

(二) 转录组学研究类型

当前，有关转录组学研究的主要内容主要是针对不同的环境条件变化之下的基因的表达方式的表征。有关转录组学的研究通常都具有综合性（comprehensive）特点。是通过把“时间”作为唯一变量，那么，进行转录组学研究通常会得到非常可靠的基因转录数据。而且，这些数据通常也能得到很好的重复。但是，就目前的情况来看，转录组学研究的成本会较其他类型的研究体现相对低廉的特点。

尽管如此，当前的基因转录组学研究依然存在着一些明显的问题。例如，尽管一个蛋白质对于一个特定生物学过程十分重要，但是如果该基因并不在基因转录水平上加以调节，那么就不能利用转录组学方法对该基因的表达加以研究。与此同时，在很多的时候，基因的转录调节并不一定对应于细胞内特定的蛋白质水平。到目前为止，尚缺乏明确的证据表明我们想研究的一种由特定基因编码的蛋白质是否肯定会直接与一种细胞过程有关。以芽孢生成过程的转录组学研究为例，即使我们真的发现一个基因的转录是在芽孢形成过程中表现出较为活跃的现象，但并不能因此就肯定该蛋白质一定会参与孢子形成过程等。

三、从转录组到蛋白质组

蛋白质组（proteome）一词，源于蛋白质（protein）与基因组（genome）两个词的杂合，意指“一种基因组所表达的全套蛋白质”，即包括一种细胞乃至一种生物所表达的全部蛋白质。正如探索染色体上基因的结构、功能及其表达的时空关系是基因组学研究的内容（见第六章）；蛋白质组学则主要是对蛋白质分子在整个基因组范围内依据细胞类型、发育阶段以及细胞所处内、外环境等因素所能表达的种类、数量，及彼此之间可能存在的相互作用关系和各个蛋白质的生活周期动态变化。

在过去相当长的时期内，人们普遍认为在一个物种的基因组中每一个基因负责编码一个特定的蛋白质。但是，随着基因组学研究的不断深入，以往这种基因与蛋白质间的单一对应关系的认识开始面临挑战！过去人们总认为人类基因组可编码的蛋白质数量为 100 000 个左右，但当人类基因组测序完成之后，才发现如此巨大的人类基因组可编码的蛋白质也只有 30 000～40 000 个，不到原来估计的 50%。显然，人类基因组的这种编码情况与人类性状的复杂性难求一致。鉴于此，目前越来越多的人倾向于认为基因组内的一个基因只编码一种蛋白质的观点已经过时（图 14.2）。如果希望最终弄清楚类似的问题，除了进行蛋白质组学研究之外别无他途。事实上，蛋白质组学的诞生和基因组学一道，已经标志着现代分子生物学开始进入到系统和整合分子生物学研究的新阶段。

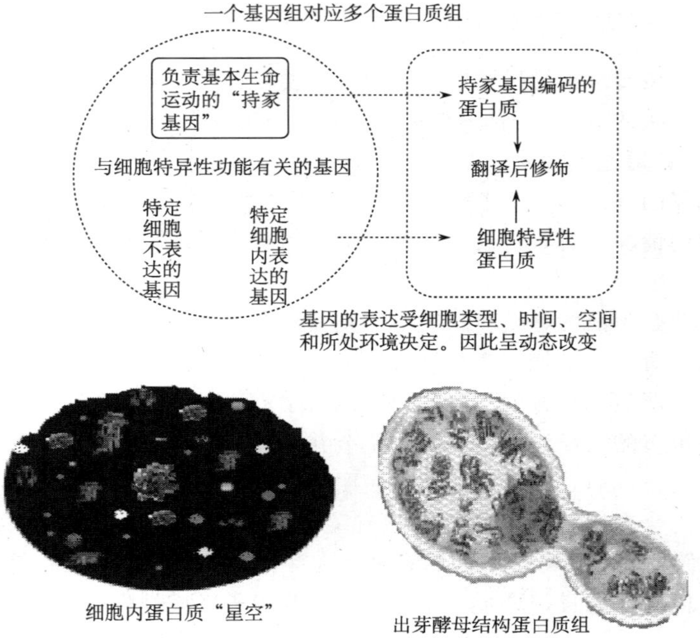

图 14.2 基因组和蛋白质组

四、蛋白质组学

“蛋白质组学”是 Wilkins 于 1995 年首次创造使用的一个名词。Wilkins 认为蛋白质组学应该视为对一个细胞系、组织或者个体所表达的所有蛋白质的情况进行大范围鉴定的分子生物学分支。蛋白质组学研究目的是通过获得一个细胞所有蛋白质的信息，从而从整体上获得全面的整合生物学视野。在蛋白质组学刚刚诞生之际，它的主要研究局限在于对细胞内所有蛋白质的大范围分析。时至今日，蛋白质组学研究范围已经慢慢地和基因组学研究加以融合，扩展到除对基因组内所有蛋白质研究之外，也同时包括对诸如 mRNA 等在内的遗传信息分子进行系统研究的分子生物学分支。在这里我们将着重分析介绍蛋白质组学研究的基本流程和常用手段。

正如前面所说的那样，蛋白质组学旨在研究整个基因组或某个特定的细胞或组织类型所能表达的蛋白质数的总和，期望进一步清晰地诠释基因组内基因与蛋白质之间的真正对应关系、蛋白质表达的时空特征、蛋白质的功能、蛋白质翻译后修饰、蛋白质在细胞内的定位、区域化，以及蛋白质与蛋白质之间的相互作用关系等。根据研究的侧重点，我们通常把蛋白质组学研究进一步细分为三大种类，即表达蛋白质组学、结构蛋白质组学和功能蛋白质组学。

蛋白质组学是一门新兴的分子生物学分支学科，代表了现代分子生物向整合生物学和系统生物学领域的迈进。目前，蛋白质组学研究还只是刚刚开始，依然对所依附的技术和理念进行多方面的协调发展。就目前的研究而论，蛋白质组学研究涉及的技术方法主要包括：蛋白质的二维电泳（2-D electrophoresis）和质谱分析。前者主要用于对复杂蛋白质混合物进行分离，而质谱则常用于对蛋白质结构进行确定。

五、为什么要进行蛋白质学分析

过去的蛋白质化学研究，以及与之密切关联的分子生物学研究都表明，可能以往靠 DNA 分子推导出的许多蛋白质中氨基酸的排列顺序与通过翻译得到的蛋白质氨基酸排列序列之间可能存在差异。可能一个真实的蛋白质序列被完全丢失；可能得到的是一个不完全的蛋白质或一个蛋白质的一部分；一个基因在表达过程中可能会发生错误拼接；编码不同蛋白质的基因可能有重叠现象；可能某些基因的外显子会在不同的组织中具有不同的组装方式；蛋白质会出现翻译后修饰，而修饰后的蛋白质和翻译出来的蛋白质之间具有比较大的差异；在很多情形下，蛋白质翻译后修饰对于蛋白质所能具有的功能之间意义十分重要，因此需要搞清修饰前后两者之间的差异；蛋白质的翻译后修饰包括配体的加合、糖基化修饰、甲基化修饰、某些肽段的切除等；在某些情况下，信使 RNA 分子在翻译之前需要进行“编辑”，导入氨基酸序列改变，而这些改变不能简单地通过检索基因和蛋白质氨基酸序列的对应关系（密码子表）得到了解；受现有研究水平的决定，许多蛋白质的存在是通过基因组序列推测而来，这些蛋白质是否真的存在需要试验验证。鉴于以上诸多方面的问题，因此有必要开展蛋白质学研究。

六、蛋白质组学的种类

一个细胞组的成分取决于特定的细胞类型、细胞的发育时期和生长或培养条件等。如果把一个细胞内的蛋白质看作一个“宇宙”中的星辰，当我们仰望这样的“星空”的时候，我们还会不会情不自禁地数起那里的星星？当前，蛋白质组的研究依然停留在对不同细胞和组织，或者在有限的条件变量下“基础蛋白质组”的分析（其工作流程见图 14.3）。而目前所使用的技术手段则只能对含量相对丰富的蛋白质进行分析。我们可以根据蛋白质组学研究的目的把当前的蛋白质组学研究分为主要的三类，包括蛋白质表达蛋白质组学、结构蛋白质组学和功能蛋白质组学。

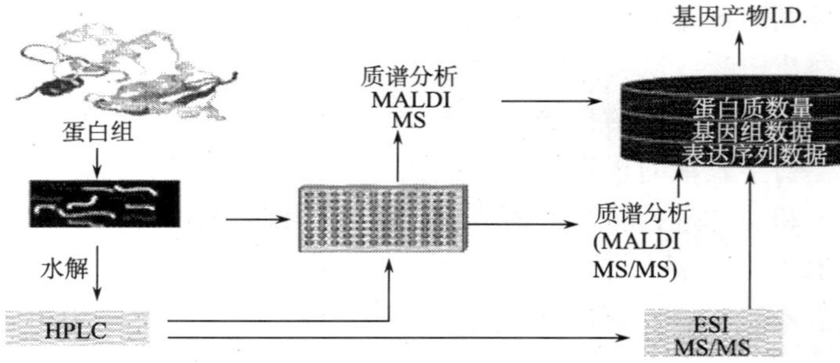

图 14.3　蛋白质组学研究工作流程

（一）蛋白质表达（protein expression）

表达蛋白质组学（expression proteomics）又被称为差异蛋白质组学（differential proteomics），主要利用 2D 电泳和质谱技术确定蛋白质的表达差异，并通过质谱法确定两者之间差异组分的分子内涵。主要用于定量描述不同条件下蛋白质的表达量和表达差异。

（二）结构蛋白质组学（structural proteomics）

利用高通量蛋白质结构确定技术，如蛋白质晶体 X 射线衍射、核磁共振，以及比较分子建模等，解析细胞内所有蛋白质的三维空间结构为结构蛋白质组学。

（三）功能蛋白质组学（functional proteomics）

功能蛋白质组学也称相互作用蛋白质组学（interaction proteomics），主要是

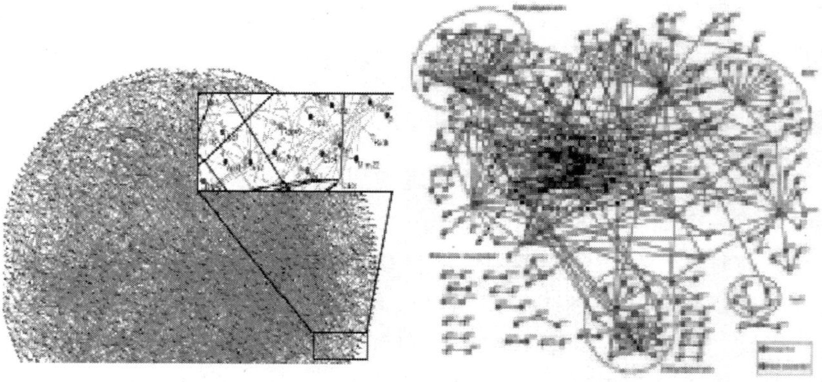

一个酵母细胞内蛋白质作用图谱　　大肠杆菌细胞内蛋白质相互作用图谱

图 14.4　蛋白质组学中的蛋白质相互作用

通过研究蛋白质-蛋白质之间的相互作用、蛋白质的三维空间结构，以及它们在细胞内的定位等来搞清整套蛋白质组的生理功能。换言之，功能蛋白质组学就是研究细胞内的蛋白质究竟都作了些什么？图 14.4 是有关酵母和大肠杆菌细胞内蛋白质之间的相互作用关系研究。图中试图标定出酵母细胞内近 6000 种蛋白质的可能相互作用，图中线条表示可能的作用，斑点则代表酵母和大肠杆菌细胞内的不同蛋白质。

第二节　蛋白质组学研究常用技术和方法简介

一、蛋白质组常用技术概论

蛋白质组学研究领域的常用技术主要包括了两大方面的内容，一类技术主要用于蛋白质的分离和纯化；一类则是对纯化后的蛋白质的氨基酸序列和空间结构进行解析。当前，可用于蛋白质分离纯化的技术主要包括：①蛋白质的电泳分离，如蛋白质的一维（1D）聚丙烯酰胺凝胶电泳（通常为 SDS-PAGE 电泳）、二维（2D）聚丙烯酰胺凝胶电泳（利用分子质量和电荷性质），以及毛细管电泳等；②各种色谱分离技术，包括 HPLC、离子交换色谱、凝胶过滤、亲和层析谱（主要用于确定蛋白质-蛋白质相互作用）等。这些技术经常可见于蛋白质组学有关的资料文献中，是一些路线成熟、方法可靠的技术；③杂合技术，包括二维色谱（2D-LC）、二维毛细管电泳（2D-CE）、液相色谱-毛细管电泳（LC-CE）等新型分离技术。这些技术属于新发展起来的技术有补充和取代双向凝胶电泳技术的趋势。

当一种蛋白质被分离纯化之后，接下来的工作通常将会是对其氨基酸序列和空间结构加以确定和解析。有关这个方面的方法和技术主要包括：X 射线晶体衍射分析（crystallography）、核磁共振谱（nuclear magnetic resonance，NMR）和质谱（mass spectrometry）等。其中，X 射线晶体衍射分析（crystallography）属于蛋白质和其他生物大分子空间结构解析的传统技术，历史相对久远，技术路线也非常成熟、稳定。但 X 射线晶体衍射分析（crystallography）法需要大量的、有序的蛋白质结晶，而且对蛋白质样品的纯度要求很高，这对许多蛋白质来说近乎苛求，对复杂的膜蛋白而言几乎是不可能。因此该法不太适用于蛋白质组学研究所经常需要进行的高通量、高灵敏度、高准确、系统化特点的要求。

二、核磁共振与蛋白质结构分析

核磁共振技术（NMR）是一种研究蛋白质结构的方法，它是蛋白质组学研究中的核心技术之一。NMR 可以在溶液状态下对蛋白质的结构加以研究，所得到的蛋白质分子在溶液中的结构会更接近于其在生物细胞中的自然状态。另外，在研究过程中也可以通过改变溶液的性质，模拟生物细胞内生理环境，来观察环境改变对蛋白质分子空间结构的可能影响。就现有的研究结果来看，NMR所得蛋白质结构体现与自然环境中类似的运动行为。甚至可以观察到蛋白质分子表面的一些松散链段的运动。实际上，蛋白质分子中多含有的“活性部位”（active site）通常就是位于分子结构的表面，因此，NMR方法可以作为研究蛋白质-蛋白质、蛋白质-底物或小分子相互作用的一种手段。自1985年以来，已经利用NMR确定了几百种蛋白质的空间结构，约占已被确定的蛋白质空间结构20%。其中，有些蛋白质也已经过NMR和X射线晶体衍射分别测定，所得溶液结构和晶体结构体现总体相同的特点。但分子表面区域因为所处环境一个为溶液，一个为晶体而差异明显。可以理解的是处于溶液中的蛋白质分子具有更大的活动能力，而晶体状态的蛋白质分子其原子之间会呈现紧密地堆积。但是，NMR也有着明显的局限性，它更有利于对小的、可溶性蛋白质或者蛋白质片段进行结构分析，而不太适用于对大的、位于膜中的蛋白质分子进行结构分析。

三、质谱技术与蛋白质结构分析

质谱技术是通过测定蛋白质的质量来判别蛋白质的种类，已经发展成当前蛋白质组研究中发展最快，也最具活力和潜力的技术。对于蛋白质鉴定而言，高通量、高灵敏度和高精度是关键指标。自1886年古德斯坦（Goldstein）发明了质谱仪器常用离子源之后，直到1942年首台单聚焦质谱仪商品化。在这段时间里，质谱技术基本上都是处于发展理论状态。直到其后出现了电离技术和分析技术上的发展和完善，质谱技术才很快被应用于制药、有机化学、环境化学甚至是地质、空间研究等领域。但是，在很长一段时期，质谱技术运用往往受离子源技术的制约。但即使等离子体解吸（plasma desorption，PD）和快原子轰击（fast atom bombardment，FAB）等软电离质谱技术出现以后，它也只能对分子质量为几千左右的分子加以分析。直到20世纪80年代中期“电喷雾电离”（electrospray ionization，ESI）和“基质辅助激光解吸电离”（matrix-assisted laser desorption ionization，MALDI）出现以后，情形才被改观。电喷雾电离和基质辅助激光解吸电离所具有的高灵敏度和高质量检测范围，使得质谱技术在fmol（10^{-15}）乃至amol（10^{-18}）水平检测相对分子质量高达几十万的生物大分子成为可能，从而开拓了生物质谱学这个崭新的领域，并极大促进了质谱技术在生命科学领域中的应用。

质谱分析的基本原理可见图14.5。它是根据不同分子被离子化之后所具质量和所带电荷之间的比值（m/z）的差异来区分不同分子质量的化学组分的。

图中混合物经过离子化处理后使其中的每一类组分都带有一定数量的电荷，

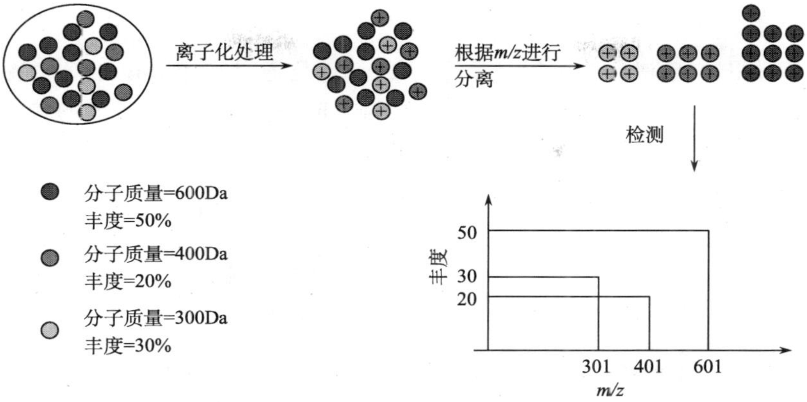

图 14.5 质谱技术的工作原理示意

这样每个组分中的每个分子都获得一定的 m/z，之后依据 m/z 的不同区分各组分。

在蛋白质组学研究的初期，质谱作为蛋白质组研究的核心技术往往需要和分离技术联用。如质谱和 2D 凝胶电泳的联用，即所谓的“双向凝胶电泳-质谱技术”（即通过双向凝胶电泳将蛋白质分离，然后利用质谱对蛋白质逐一进行鉴定）。但是，一般的质谱技术很难“三者”联用。最近发展的一些质谱技术已经达到以上三个要求，从而实现对蛋白质准确和大规模的鉴定。

目前，常用的蛋白质组学研究常见的技术和方法有：①同位素亲和标签（isotope-coded affinity tag，ICAT）技术（或称稳定同位素标签技术）；②基质辅助激光解吸电离（matrix-assisted laser desorption ionization，MALDI）技术；③鸟枪质谱（shotgun proteomics），如液相色谱-质谱联用（LC-MS/MS）；④电喷雾电离-质谱；⑤基质辅助激光解吸电离飞行时间质谱仪（MALDI-TOF-MS）/表面加强激光解析离子化飞行时间质谱（surface enhanced laser desorption-ionization timeof-flight mass spectrometry，SELDI-TOF-MS）等。其中，电喷雾电离质谱与基质辅助激光解吸电离质谱最为研究者热衷。

（一）同位素亲和标签技术

同位素亲和标签（isotope-codedaffinity tag，ICAT）技术是最近发展起来的一种用于蛋白质分离分析的新技术。它采用了一种全新的化学试剂——ICAT，并结合了液相色谱和串联质谱等分离手段，因此，既弥补了 2D 电泳技术不足，同时也实现了高通量、自动化蛋白质组分析的简化，并进一步提高了分析的准确性和快速性。

（二）电喷雾电离-质谱（ESI-MS）

电喷雾电离-质谱的基本原理见图 14.6。它是通过利用高电压对生物大分子样品加以电离化处理，之后进行质谱分析的一种分析技术。该技术的特点之一是可以和毛细管电泳、液相色谱等分离手段联用，并因此扩展了其在药物代谢、临床和法医学领域的应用范围。

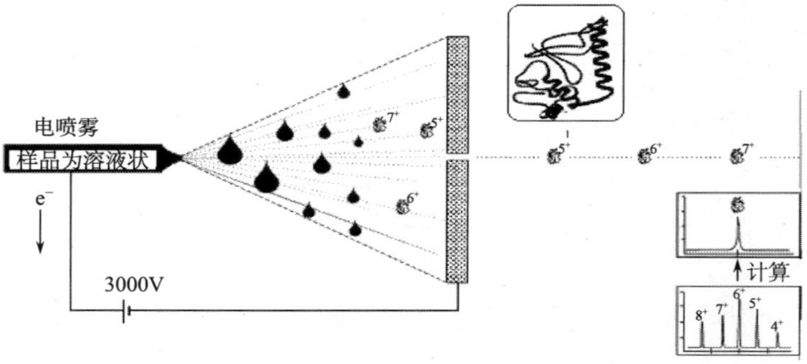

图 14.6　蛋白质组学研究中基质辅助激光解吸电离-质谱方法

（三）鸟枪质谱

鸟枪质谱（shotgun proteomics）是比较形象的描述二维（2D）电泳-质谱（MS）联用和液相色谱（LC）-质谱（MS）联用等一类蛋白质组学研究方法（图 14.7）。在分离纯化过程中，由于二维电泳和液相色谱总会首先得到多种蛋白质组分，之后利用质谱对同“shotgun”一样对各自的蛋白质组分的成分加以确定（图 14.7）而得名。

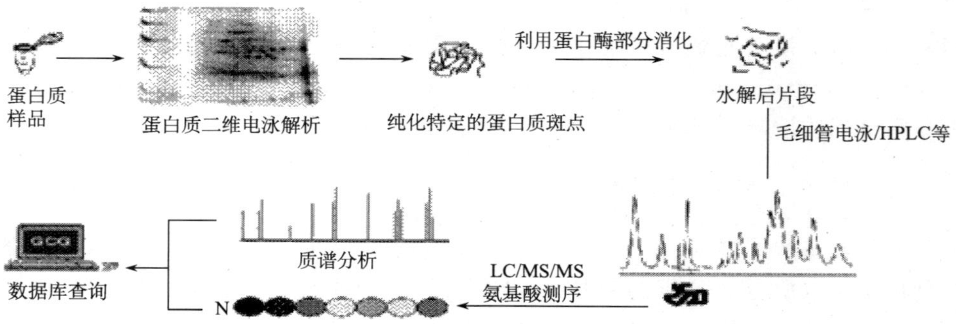

图 14.7　蛋白质组学研究工作中的鸟枪质谱流程示意图

（四）基质辅助激光解吸电离（matrix-assisted laser desorption ionization，MALDI）技术及质谱联用

MALDI 技术是将生物大分子样品溶于适宜的溶剂中，并与大量的基质混合。其目的是限制激光直接照射样品，以防止样品被破坏。基质（小分子有机物）必须是强烈吸收入射激光辐射的分子，基质分子吸收辐射后，吸收的能量在基质中诱发冲击波，从而释放出完整的大分子的气相分子离子。MALDI 中离子的形成，通常认为包括质子化、碱金属离子的加合和光离子化等（图 14.8）。其基本原理是将分析物放在基质分子（通常为尼古丁酸及其同系物）中形成晶体，然后利用激光照射该晶体（337nm 的氮激光），此时，基质分子首先吸收能量并促使待测样品解吸附，这个过程需要基质和样品之间发生电荷转移，并同时造成样品分子电离。此外，基质分子在吸收激光能量之后也会发生“气化”，把处于离子状态的样品带入气相（图 14.8）。由于整个过程中样品分子只是吸收了少量能量，因此分子之内的化学键一般不会出现断裂。需要特别说明的是，MALDI 使用脉冲式激光，因此每一脉冲激光都会产生一批样品离子，并得到一份质谱图。如果多次脉冲激光扫描则会造成质谱峰的叠加。而产生的离子与质谱图中的谱峰体现一一对应关系。

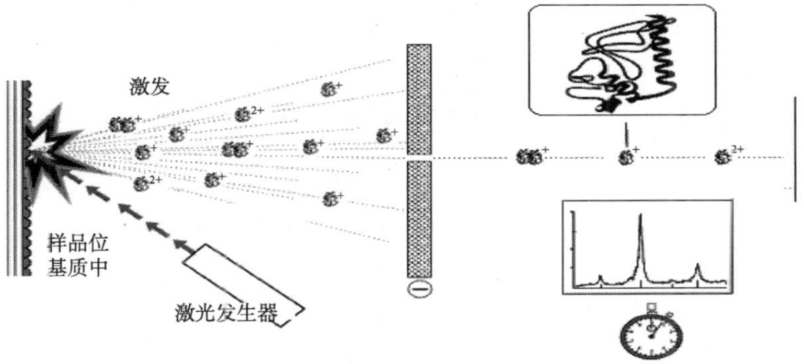

图 14.8　蛋白质组学研究中基质辅助激光解吸电离-质谱方法

在样品离子化之后到经检测需要一定的“飞行”时间。MALDI-TOF-MS 的检测器实际上就是样品离子的质量分析器，可以检测几百道尔顿到 100kDa 的样品离子。在实际过程中，离子化的生物大分子需要一个加速电场功能，获能样品离子进入一个高真空无电场飞行管道，离子在该管道内以在加速电场所获得的速度飞行，质量轻的离子飞行快，达检测器较早；较重的样品离子飞行速度慢，到达检测器也相应较晚。另外，基质辅助激光解吸电离（MALDI-TOF-MS）还有一个容易被忽视的特点，即对盐和添加物的耐受能力高。

（五）表面加强激光解析离子化飞行时间质谱（surface enhanced laser desorption-ionization timeof-flight mass spectrometry，SELDI-TOF-MS）技术

SELDI-TOF-MS技术系统，与MALDI工作原理相似。但包含有蛋白质芯片（含有样品的载体）、飞行质谱和分析软件3个组分。与MALDI不同的是，SELDI-TOF-MS技术检测精度更高，待测物分子质量可在0～500kDa；加之载体表面不同的化学成分可以利用区分（如利用一种未知蛋白质或利用抗原-抗体，或用其配体等）；而且采用了更为先进的离子化处理-SELDI技术。因此使SELDI-TOF-MS蛋白质检测的灵敏度、特异性，以及所需标本量和实验耗时、结果分析都有了长足改观。因而更能满足蛋白质组学对高通量筛选、小分子质量、低丰度粗样品检测等要求。

主要参考文献

Jungblut P R，Schaible U E，Mollenkopf H J et al. 1999. Comparative proteome analysis of Mycobacterium tuberculosis and Mycobacterium bovis BCG strains：towards functional genomics of microbial pathogens. Mol Microbiol，33（6）：1103～1117

Mollenkopf H J，Jungblut P R，Raupach B et al. 1999. A dynamic two-dimensional polyacrylamide gel electrophoresis database：the mycobacterial proteome via internet. Electrophoresis，20：2172～2180

Mollenkopf H J，Mattow J，Schaible U E et al. 2002. My-cobacterial proteomes. Methods Enzymol，358：242～256

Pleissner K-P，Eifert T，Jungblut P R. 2002. A European pathogenic Microorganism proteome Database：construction and maintenance. Comp Funct Genom，3：97～100

Pleissner K-P，Eifert T，Buettner S et al. 2004. Web-accessible proteome databases for microbial research. Proteomics，4：1305～1313

第七篇 细胞周期、细胞凋亡及其控制

第十五章 细胞周期及其工作机制

第一节 细胞周期概论

除病毒等“分子”生物之外，几乎所有生物个体都无一例外地由细胞组成。因此，细胞是绝大多数生命形式的基本单位。于是，生物个体的生长、繁殖本质上就是体现在组成它的一个个细胞的生长和繁殖上。在这个过程中，细胞所能表现出的生命运动可以体现周期性，即总是由一个细胞分裂为两个子细胞（daughter cell）。在细胞繁殖过程中需要经过一系列的生物学事件，包括 DNA 的复制、基因转录、主要细胞器的倍增等（图 15.1）。这些重要的生命运动都需要伴随着细胞的生长、繁殖周而复始地延续下去。因此，细胞运动必须和细胞周期控制机

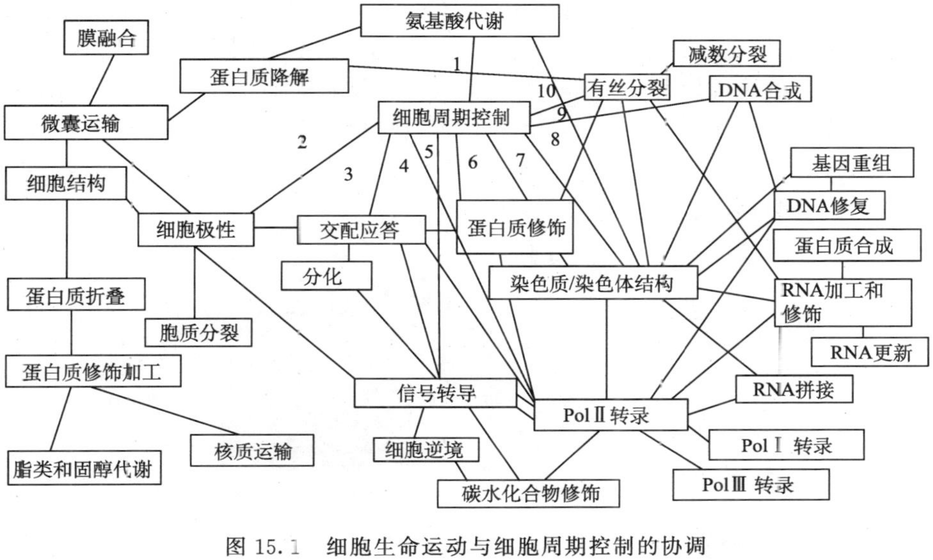

图 15.1 细胞生命运动与细胞周期控制的协调

1. 氨基酸代谢；2. 细胞极性；3. 交配应答；4. RNA 转录；5. 信号转导；6、7. 蛋白质修饰；8. 染色质/染色体结构；9. DNA 合成；10. 有丝分裂等与细胞周期控制密切相关

制相互配合才能体现出细胞生命形式的协调性、整体性和可控性的特点。

什么是细胞周期？细胞周期通常被定义为：一个细胞经过一系列有序的代谢事件，经过细胞分裂把原有的细胞变成为两个相同的子细胞的过程。换言之，一个新形成的细胞经过一系列有组织的事件，完成复制并分裂成为两个子细胞的过程。这样的过程，就是一个细胞周期。在每一个细胞周期结束之后，细胞数量会相应地增加，一个细胞会变成两个相同的子细胞。在本章中，我们将对细胞周期控制的分子机制加以介绍。

一、细胞周期时相的划分

从前文可知，细胞周期是指当一个细胞形成之后到该细胞经过一系列有序的生长、发育之后进一步分裂成两个新细胞的全过程。在这样的细胞周期过程中，绝大多数细胞都需要花费大部分的时间进行与自主生长有关的基因的表达，需要完成一次基因组 DNA 的复制。同时，也需要为细胞分裂作好一系列的物质准备。

根据细胞周期过程中所能够表现出的可辨别特征，通常把上述细胞周期过程分为细胞间期（interphase）和有丝分裂期（mitotic cell division）。其中，细胞间期又可根据 DNA 复制与否进一步分为 G_1 期、S 期和 G_2 期（这是针对一个标准细胞周期过程而言，实际上许多培养的细胞或肿瘤细胞可以不表现出某一特定的细胞时相，如快速生长的肿瘤细胞可能会失去 G_1 期等）。各自分别对应 DNA 复制前的间隔期（G_1 期），DNA 复制期（S 期）和 DNA 复制后的间隔期（G_2 期）。需要注意的是，细胞间期是细胞的生长期，可以在不同的物种间表现较大的时间差异。细胞周期的绝大部分时间需要处于细胞间期（约相当于整个细胞周期 95%的时间），而有丝分裂期（M 期）时间则相对较短（约占整个细胞周期的 5%）。因此，我们可以认为，一个细胞周期是由一个相对较长的细胞间期和一个相对较短的分裂期组成的（图 15.2）。

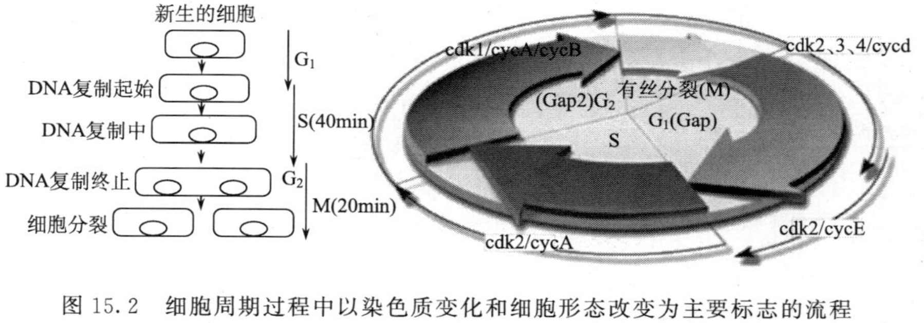

图 15.2 细胞周期过程中以染色质变化和细胞形态改变为主要标志的流程

原核生物和真核生物细胞都有细胞周期现象。G_1：Gap 1（时间可变）；S：DNA 合成；G_2：Gap 2；M：有丝分裂

（一）细胞周期的间期

完成DNA复制或染色质的倍增（四倍体化）是细胞周期间期所需要完成的最主要任务之一。据此，细胞周期中的间期又可以以其间DNA复制的具体情况或染色质倍增的情况为标志，进一步分为G_1期、S期和G_2期（图15.2）。G_1期，即DNA复制前的第一段“静止”期（gap phase）；而S期则为DNA复制期（DNA synthesis）；G_2期为DNA合成后的第二段相对“静止”时期（gap 2 phase）。其中，G_1期是细胞的主要生长期，所经历的时间在不同物种的细胞中可长可短，差异明显。在G_1期，细胞内亚细胞器数量需要倍增，同时，细胞也需要为将要发生的DNA复制准备有关的材料，如制造与DNA复制有关的蛋白质和DNA聚合酶等（见第七章）；在S期，DNA合成开始，该期进行的DNA复制将是细胞核内DNA量倍增的原因。而这种DNA数量上倍增的重要标志就是出现“姐妹染色体单体”；在G_2期，细胞最需要做的事情是为接下来的细胞分裂制造所需的蛋白质和制造相应的“工具”，如分裂所需要的动力蛋白（图15.1）（参见第三章）。

（二）细胞有丝分裂期

在一个典型的细胞周期过程中，细胞只要经过间期之后即有可能进入分裂期。但我们有必要明确，此时的细胞分裂即可以是有丝分裂（mitosis），也可以是减数分裂（meiosis）。只是由于在细胞周期研究过程中所得的结果绝大多数来自细胞有丝分裂，所以在下文中我们将主要以细胞进行有丝分裂研究的情形对细胞周期的分裂期进行介绍。“有丝分裂”是真核细胞进行无性繁殖的方式。它一般不会改变细胞内染色体的倍数，而只能增加细胞的数目。因此，有丝分裂是真核生物细胞数量增加的手段。例如，我们都知道人类个体是由精子和卵子融合形成的一个受精卵细胞，这样的受精卵细胞需要在母体内经过多次有丝分裂之后形成胎儿。据估计，胎儿出生时身体含有的细胞数可以达到10^{12}个。而至成人其身体总细胞数估计会增加到10^{11}个细胞左右。而重要的一点是如此众多的细胞全部是经有丝分裂而来的。进行有丝分裂过程的标志之一包括细胞质中出现纺锤体结构，这些纺锤体结构负责把含有遗传物质的染色体平均分配到两个新生的子细胞中。

二、细胞周期控制机制的发现和实验确定

在历史上，细胞周期过程中的各个时相次序是通过以下几个方面的实验加以确定的。包括细胞融合试验、生化分离和遗传学实验。

（一）细胞融合实验

1970年，Rao等率先使用细胞融合实验对细胞周期现象进行了研究（图15.3）。他们首次发现了处于M期细胞的HeLa细胞融合的间期细胞染色体会提前发生凝缩，并把这种现象称为染色体的提早凝集或早熟凝集染色体。在通常的情况下，由于位于细胞周期间期G_1期的染色体未经复制，所以在形态上表现为单线状态。而在S期，由于染色体上的DNA已经从多个部位开始复制，所以形态上表现为“粉末状”。而到了G_2期，由于DNA复制已经完成，所以该时相的染色体含有两个姐妹染色单体，故在形态上表现为“双线染色体”。

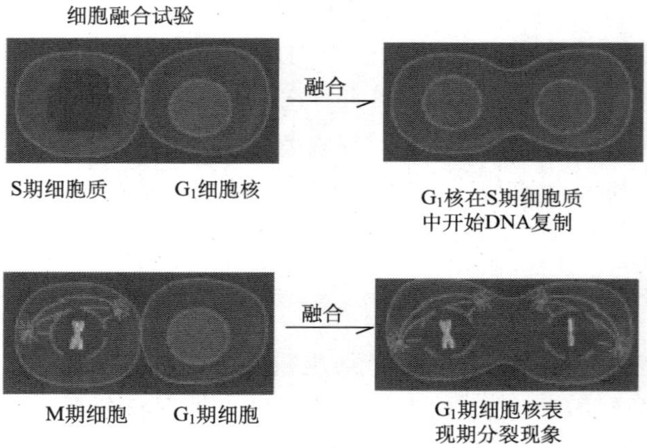

图15.3 利用细胞融合试验确定细胞周期时序

Rao等的发现表明，M期的细胞内含有可促进间期细胞进行分裂的因子，即所谓的成熟促进因子（MPF）。类似的融合试验进一步发现，如果把G_1期的细胞核转移到S期细胞质则细胞核被诱导进入S期，开始DNA复制；而把G_2期的细胞核转移到S期细胞质，则细胞核不会再次出现S期的DNA复制。表明，细胞周期间期中出现的两个“间歇期”顺序是G_1在S之前，而G_2在S之后；如果把G_1细胞核转移到G_2细胞质，那么细胞核既不表现S期，也不会表现出M期。因为此时的DNA尚未被复制倍增，而G_2期的细胞质又缺乏DNA复制所需要的环境，因此，被转移到G_2期的细胞核DNA既不复制，也不能被分配。同样，如果把G_2期的细胞核转移到G_1期细胞质，结果也一样。而当把G_1期、S期、G_2期细胞核分别转移到M期细胞质，发现细胞不进行正常的有丝分裂。这些细胞融合实验结果清楚地表明：

（1）G_1期核被S期细胞质诱导进入S期；

（2）G_2 期核不可被 S 期细胞质逆转进入 S 期；

（3）G_2 和 G_1 期细胞质不影响 G_1 或 G_2 期 DNA 复制和细胞分裂；

（4）M 期细胞质含有使细胞分裂的因子。

（二）MPF 因子的发现

有丝分裂促进因子 MPF（mitotic promoting factor）蛋白质复合体首次从成熟爪蟾（*Xenopus oocytes*）细胞质中分离到。20 世纪 60 年代，Yoshio Masui 发现成熟蛙卵的提取物能促进未成熟卵的胚泡破裂（germinal vesicle breakdown，GVBD）。Sunkara 等的后续研究发现，如果将不同时期 HeLa 细胞的提取液注射到蛙卵母细胞中，则 G_1 和 S 期的抽提物不能诱导胚泡破裂，而来自 G_2 和 M 期的抽提物则能够表现促进胚泡破裂的能力。后来，类似的现象相继在 CHO 细胞、酵母乃至黏菌中也得到了证实。由于这种现象与细胞有丝分裂促进有关，故把抽提液中的相应物质称为 MPF。

经过分析发现，MPF 蛋白质复合体的浓度在细胞周期过程中可以随着细胞发育而出现急剧变化。如果向滞留在细胞周期 G_2 期的卵细胞中注入纯化的 MPF 蛋白质复合体则可以使细胞周期经过 G_2 期进入有丝分裂期（M 期）（图 15.4）。进一步的生化分析表明，MPF 复合体是由 Cdc2 和 cyclin B 两个亚基组成的蛋白质复合体。其中，Cdc2 突变可以使细胞周期停留在 G_2。在 MPF 中，Cdc2 具有蛋白激酶活性，它的激活需要与细胞周期素蛋白结合之后才能发生作用（M-cyclin）。Cdc2 主要与细胞周期起始和进入有丝分裂期相关（图 15.4）。

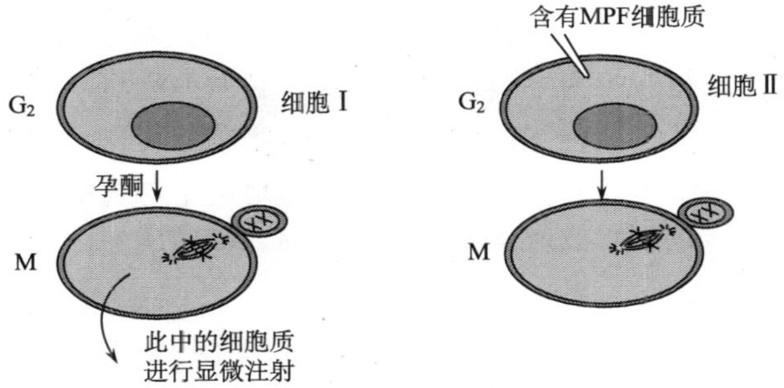

图 15.4　显微注射法研究 MPF 的功能

MPF 的活性依赖 cyclin B，该细胞周期素蛋白在细胞间期累积，而到了有丝分裂结束时快速降解。因此，表明 MPF 可能与细胞进入有丝分裂期诱导有关。Cdc2 在 S 和 G_2 期与 cyclin B 形成蛋白质复合体。Cdc2 上第 161 位苏氨酸的磷酸化是其活性所必需的，而酪氨酸 15（Tyr15）（在脊椎动物细胞中则为苏氨酸-

14，Thr14）的磷酸化修饰则抑制 Cdc2 的活性。Thr14 和 Tyr15 位的去磷酸化可以在 G_2 到 M 期转型时激活 MPF（图 15.5）。此后，活化的 MPF 将会因其中的 cyclin 素 B 在有丝分裂末期的蛋白质水解而相应终止。

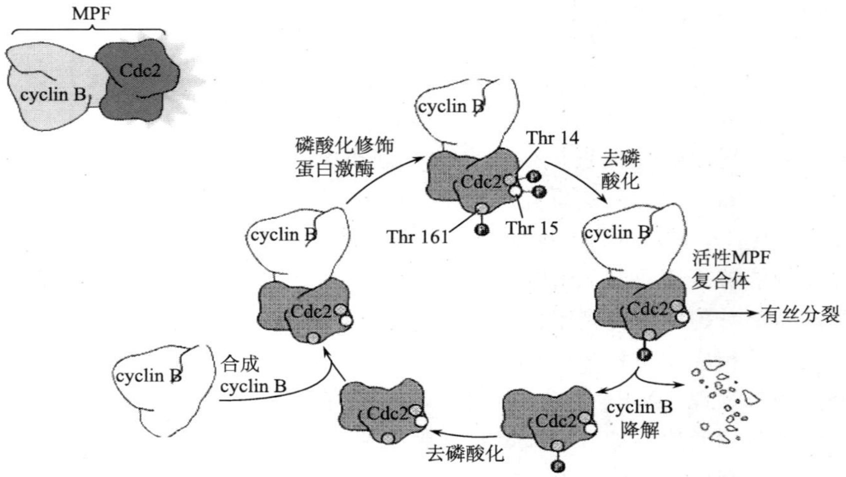

图 15.5 MPF 活性的调节

（三）细胞周期存在的遗传学证据

最早，几乎所有关于细胞周期存在的遗传学证据都是利用裂殖酵母细胞得到的（图 15.6）。因为裂殖酵母的细胞分裂和一般真核生物细胞的分裂方式相同，都是由一个母细胞分裂成为两个子细胞。其次，裂殖酵母具有相对清楚的遗传背景，每个细胞只含有三对染色体；与其他真核生物细胞相比，裂殖酵母是单细胞真核微生物，相对易于试验操作，可以比较容易地确定与细胞周期控制有关的基因突变体。因此，我们所了解的许多关于细胞周期控制的知识都来自对裂殖酵母的分子生物学研究。

酵母菌细胞分裂周期突变体可以造成细胞周期在特定时相的滞留，有些酵母基因突变体可以滞留在细胞分裂之前，出现不能分裂的大细胞形态，而有些细胞突变体则表现出快速的细胞核分裂（图 15.6）。类似的细胞周期突变体的获得，表明细胞周期是受特定基因编码产物控制的。Paul Nurse 等率先分离到 *cdc2* 基因突变体。经过遗传学分析发现，*cdc2* 基因产物在酵母到人类细胞中都具有广泛的保守性，而且彼此具有相同的细胞学功能。来自人类细胞系的相关基因可以对酵母细胞 *cdc2* 突变体表现互补效应，同样，利用酵母细胞内的 *cdc2* 也可以对人类细胞系相应突变体进行互补。揭示了 *cdc2* 基因在真核生物细胞中的功能保守性。

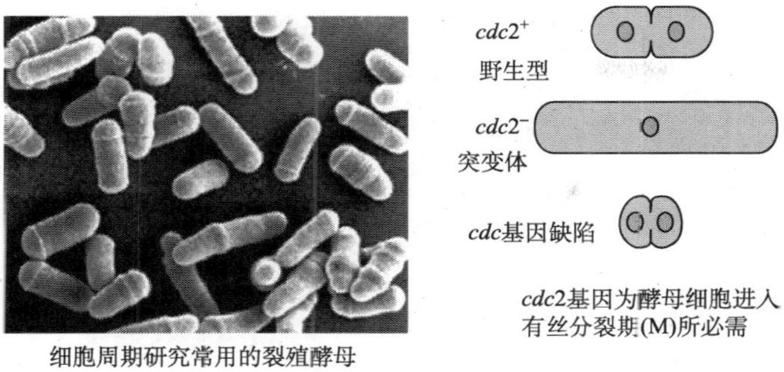

图 15.6 酵母细胞周期突变体

三、参与细胞周期控制的两大类蛋白质组分

细胞周期素 Cdc2 和 cyclin B 是一大类相关蛋白质的成员，不同的细胞周期素负责对细胞周期不同时相的控制。真核生物的细胞周期通过依赖多种细胞周期素和数种细胞周期素的蛋白激酶（cyclin dependent kinase，CDK）的作用对细胞周期的不同时相进行控制。在这个过程中，细胞周期素不但能够对所对应的 CDK 产生激活作用，它们还同时决定 CDK 在特定的时间、特定的地点将特定的底物磷酸化，从而推动细胞周期的前进。能够和 Cdc2 相关细胞周期素结合的蛋白激酶又被称为依赖于细胞周期素的蛋白激酶 Cdk（cyclin-dependent kinase)。其中，与 Cdc2 结合的依赖于细胞周期素的蛋白激酶为 Cdk1，而和其他细胞周期素结合的蛋白激酶则依次为 Cdk2、Cdk3、Cdk4、Cdk5、Cdk6、Cdk7 和 Cdk8。在酵母细胞周期过程中，控制通过起点“START”的细胞周期素是 Cdc2 和 G_1 细胞周期素 Cln1、Cln2 和 Cln3。之后，Cdc2 和 B 型细胞周期素（Clb）不同成员，如 Clb5、Clb6 等分别负责调控细胞通过 S 期、G_2 期，直到进入有丝分裂时相转由细胞周期素 Clb1、Clb2、Clb3、Clb4 和 Cdc2 一起进行控制（图 15.7)。

在动物细胞中，负责控制 G_1 限制点（restriction point）的依赖于细胞周期素的蛋白激酶和细胞周期素分别是 Cdk2、Cdk3、Cdk4、Cdk5、Cdk6 和 D 型细胞周期素。这些依赖于细胞周期素的蛋白激酶和相应的细胞周期素形成复合体，从而激活依赖于细胞周期素的蛋白激酶的活性，并通过此对细胞经过 G_1 限制点加以控制。Cdk2/cyclin E 形成的蛋白质复合体则负责对 G_1 期发挥控制作用，以及对细胞周期由 G_1 到 S 期的转换。到了 S 期，细胞周期的控制则转由 Cdk2/cyclin A 复合体负责，而 G_2 到 M 的转换则由 Cdc2/cyclin B 复合体负责（图 15.7)。现在，已经从面包酵母、裂殖酵母和各类动物中分离出了 30 多种周期蛋

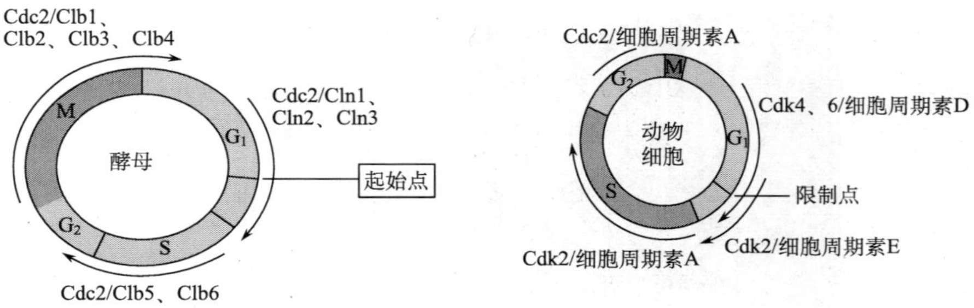

图 15.7　酵母和动物细胞周期过程中各时相细胞周期素的使用

白。在脊椎动物中分别为 A1-2、B1-3、C、D1-3、E1-2、F、G、H 等。这些细胞周期素可以根据各自作用特点被相应地分为 4 类，即 G_1 型、G_1/S 型、S 型和 M 型。各类周期蛋白均含有一段约 100 个氨基酸的保守序列，称为周期蛋白框。该保守序列与周期蛋白与 CDK 的结合有关。有关酵母和人类细胞周期素和细胞周期蛋白在细胞周期各时相的作用参见表 15.1。

表 15.1　酵母和人类细胞周期各时相所对应的细胞周期素和细胞周期素依赖的蛋白激酶

细胞周期时相	细胞周期素（酵母细胞）	细胞周期素和细胞周期素依赖的蛋白激酶（人类细胞）
S 期	CLB5-6	主要是细胞周期素 A 和 E、CDK2
G_2 期	CLB5-6	细胞周期素 BCDK1（cdc2）
M 期	CLB1-4	细胞周期素 BCDK1（cdc2）
G_1 期	CLN1-4	细胞周期素 D（D1、D2、D3） CDK2、3、4、5、6

（一）依赖于细胞周期素的蛋白激酶

参与细胞周期控制的依赖于细胞周期素的蛋白激酶（cyclin dependent kinase，CDK）存在于细胞周期的各个时相。一般均含有一个激酶结构域和一个调解结构域，它需要通过和细胞周期素结合才能发挥功能。存在于酵母到依赖于人类细胞周期的蛋白激酶在蛋白质序列上表现出进化上的高度保守性。现在已知与细胞周期 G_2/M 转型的依赖于细胞周期的蛋白激酶是 cdk1，它在出芽酵母中（budding yeast-*S. cerevisiae*）由 *cdc*28 基因编码，而在裂殖酵母中（fission yeast-*S. pombe*）由 *cdc*2 基因编码；在人类细胞中含有 *cdc*2 的同工基因 *p*34；依赖于细胞周期素的蛋白激酶 cdk2 则参与 G_1/S 过渡（transition）。参与细胞周期

G_1/S 转换的依赖于细胞周期素蛋白激酶在出芽酵母（budding yeast）（*S. cerevisiae*）中为 cdc28，在裂殖酵母（*S. pombe*）中为 cdc2（*S. form*），而在人类细胞中则为 cdk2 和 P33- PSALRE 基序（motif）。图 15.8 是依赖于细胞周期素的细胞周期蛋白激酶的作用流程。

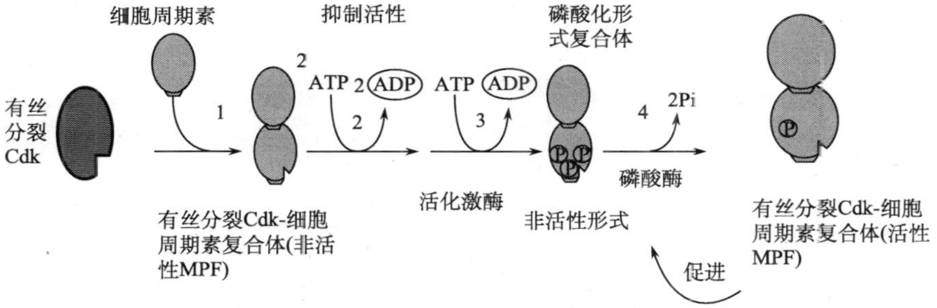

图 15.8　Cdk 的活性调节

依赖于细胞周期素的蛋白激酶的活化除需要通过与特定的细胞周期素结合之外，也可以通过对其上的某些氨基酸残基进行磷酸化修饰而进行调节（图 15.8）。除此之外，依赖于细胞周期素的蛋白激酶与某些抑制蛋白结合等也可以使其活性发生改变。例如，①通过对蛋白激酶第 160 位苏氨酸侧链上的羟基进行磷酸化修饰可以使相应的蛋白激酶得到活化；②通过对其第 14 位上的苏氨酸羟基的磷酸化修饰，以及对 15 位酪氨酸侧基上的羟基的磷酸化修饰使相应的蛋白激酶活性得到抑制（图 15.9）。需要特别强调的是，对依赖于细胞周期素的蛋白激酶第 15 位上酪氨酸残基的磷酸化修饰可以在抑制激酶活性的同时激活其潜在的磷酸水解酶活性；③与依赖于细胞周期素的蛋白激酶的活性还可以通过和一系列的蛋白激酶活性抑制（CDK inhibitor，CKI）蛋白结合而被抑制，这些蛋白质包括人类细胞中的 P21、P27、P57、P16、P15、P18 和 P19 等，以及酵母细胞中的 SIC1 和 rum1 等产物。在酵母中，SIC1 和 rum1 通常作用于细胞周期的 G_1 期。在细胞周期的 G_1 期，SIC1 和 rum1 特异地抑制 B 型细胞周期素的活性，从而保证有丝分裂有关的激酶的活动维持一个适当的时间。而进入 S 期之后，这种抑制作用能够被弱化。来自出芽酵母的研究发现，SIC1 在 G_1 期拥有活性，它也恰好对应 G_1 期的细胞周期素。但 SIC1 并不和 G_1 期的细胞周期素发生作用，而只能对 G_2 期的细胞周期素起抑制作用。G_1 依赖于细胞周期素的蛋白激酶对 SIC1 具有磷酸化修饰能力，而被磷酸化修饰的 SIC1 可以通过和 SCF 结合被降解。因此，SIC1 在 G_1 出现可能与防止细胞在 G_1 期表达 G_2 期的细胞周期素有关。同时，在 G_1 期也存在着一套降解 SIC1 蛋白的酶。

属于这种直接和细胞周期素相互作用并影响细胞周期的抑制剂在人类细胞已

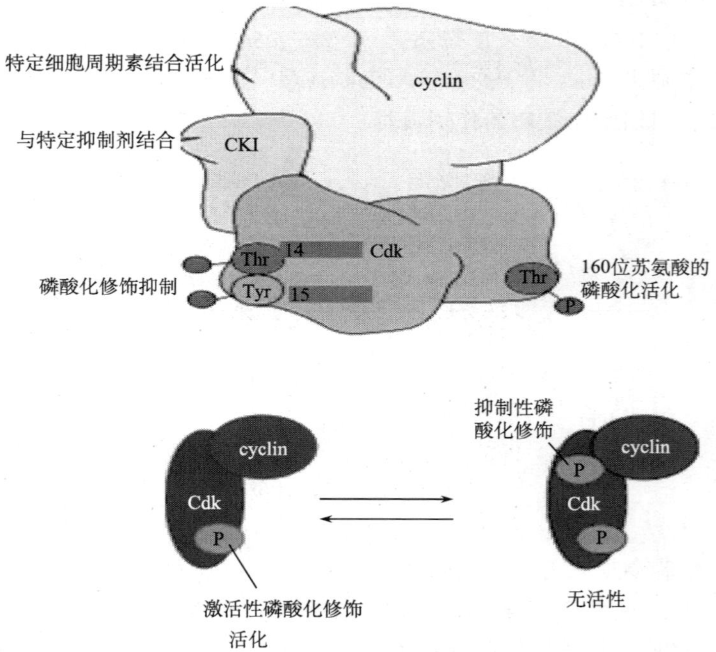

图 15.9　迄今发现细胞周期依赖的蛋白激酶活性的 4 种调节方式

经发现了两大类，一类属于 INK4（inhibitor of cdk 4）家族蛋白质，包括 P15（ink4b）、P16（ink4a）、P18（ink4c）和 P19（ink4d）等。这一家族的成员可以特异性地抑制 CDK4/CDK6/细胞周期素 D，主要参与细胞生长因子对细胞周期的调节控制过程；另一类是受 P53 诱导的 CIP/KIP 家族，包括 P21（$P21^{cip1}$-cyclin inhibition protein 1）、P27（$P27^{kip1}$-kinase inhibition protein 1）和 P57 等。这一家族负责 DNA 损伤应答过程中的细胞周期控制，能够抑制绝大多数的依赖于细胞周期素的蛋白激酶。此外，P21 还能直接与 DNA 聚合酶 δ 的辅助因子 PCNA（proliferating cell nuclear antigen）结合，直接抑制 DNA 的合成。在这里需要特别说明，P21 通常既可以看作是 INK4 家族成员，也可以被看作为 CIP/KIP 家族的成员。上述有关蛋白激酶活性调节机制见图 15.9。

（二）细胞周期素（cyclin）

细胞周期素本身不具任何可知的酶活性。但是，在细胞周期调节过程中，细胞周期素主要负责与特定的依赖于细胞周期素的蛋白激酶结合，形成细胞周期素-依赖于细胞周期素蛋白激酶的蛋白质复合体，并借此调解依赖于细胞周期素的蛋白激酶活性。因此，细胞周期素是依赖于细胞周期素的蛋白激酶活性所必需的。在整个细胞周期过程中，细胞周期素会随着细胞周期的变化反复经历合成-降解-再合成-再降解循环，表现出交替式的“出现-消失”现象。这一现象恰恰对应不同细胞周期时相，表明细胞周期素具有细胞周期时相特异性（图 15.10）。

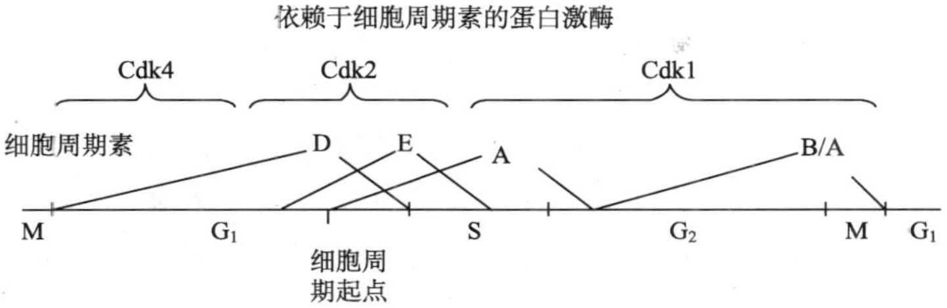

图 15.10　细胞周期素在细胞周期过程中的改变

从这个意义上讲，细胞周期素可以被看作是依赖于细胞周期素的蛋白激酶的调节者。现有的研究结果已经表明，细胞周期素 B 与 Cdc2 一起负责细胞周期 G_2/M 期的控制。细胞周期素 B 与酵母细胞内的 cdc13 和 CLB1-4 具有相同的功能；细胞周期素 A 与 cdk2 一道负责 S 期和 G_2 期的细胞周期控制，它可能相当于酵母细胞内的 cig2 和 CLB5、6；细胞周期素 E 与 cdk2 一起参与细胞周期 G_1/S 期的细胞周期控制，它相当于酵母细胞的 cig1 或 puc1 以及 Cln1、Cln2、Cln3；细胞周期素 D 和 cdk4、cdk5、cdk6 一道控制细胞周期间期的 G_1 期。目前尚不明确其酵母细胞中的同工物；而细胞周期素 C 存在于整个细胞周期的各个期，其中的亚基可能就是 RNA 聚合酶的 CTD；细胞周期素 F 所表现出的表达现象类似于细胞周期素 A，其稳定性和蛋白质裂解情况尚有待深入研究。细胞周期素 G 的表达可能受 P53 蛋白的调节。细胞周期素 H 可能是 CAK（with cdk7）的一部分。

（三）细胞周期素的水解

由于不同的细胞周期时相需要不同的细胞周期素，如果一旦上述细胞周期素在细胞周期中出现的时序发生紊乱，那么就会直接导致细胞周期的紊乱。因此准确无误控制这些细胞周期素的最后策略就是在某个特定的细胞周期时相结束之后把那些特异的细胞周期素彻底地水解掉，而确实这种机制是存在的。

四、细胞周期中的稳定状态

所谓细胞周期过程的稳定状态（stable states in cell cycle）实际上是指细胞周期中的稳定状态。细胞周期的稳定状态则是指在一个细胞周期中细胞可以暂时脱离细胞周期，停留在特定细胞时相的状态。这些稳定时期包括 G_0（位于 G_1 期早期）、S 出口（S exit）和 M 出口（M exit）三个主要的细胞周期点。其中，与 G_0 期有关的因素包括营养缺乏（nutrition depleted）、细胞之间彼此接触后的生长阻滞（growth arrested）、DNA 复制后（post-replication）等。这些因素都可以诱导细胞周期进入 G_0 期；细胞周期时间彼此协调以维持一个正常的时相顺序，表现为从 G_0/G_1、G_1/S、S 期出口（S exit）进入有丝分裂期（mitosis）。但是，处于某些特定情境下的细胞，如恶性转化/癌变的细胞中会改变上述细胞周期时相顺序。例如，DNA 损伤可能会导致 DNA 合成的失败，因此可能在细胞周期上不表现 S 期；或者细胞周期会相应滞留在 G_1/S 和 G_2/M 期。通常，G_2/M 转移比 G_1/S 相转移对细胞的存活影响较大。另外，细胞周期还存在着中期阻滞现象。所谓细胞中期阻滞是指细胞周期可以进入有丝分裂期，但不能脱离有丝分裂时相的一种细胞周期状态。处于这个状态中的细胞含有细胞周期素蛋白水解酶（cyclin protease）可以造成特定细胞周期素的水解，但却不影响染色体的分离。

五、与细胞周期调节控制密切相关的两条信号转导途径

尽管细胞周期各时相的直接负责者是细胞周期素和依赖于细胞周期素的蛋白激酶，但在细胞周期不同时相转换过程中也需要接受来自细胞内外的信号指令的控制。这些信号的感知、传递可以分为至少两条主要的途径：Rb 途径和 P53 途径。Rb 途径主要作用于细胞周期的 G_1 期。在这个途径中，Rb 途径和控制 G_1 期和 S 期的 D 型细胞周期素以及 D 型依赖于细胞周期素的蛋白激酶 CDK2、CDK3、CDK4、CDK5 和 CDK6 等通过直接的上下游关系进行偶联。通过调节依赖于细胞周期素的蛋白激酶的磷酸化修饰状态来改变该蛋白激酶的活性。与 Rb 途径不同，P53 途径则负责 G_1 期到 S 期，以及 G_2 期到 M 期的转换控制。

（一）Rb 蛋白和 Rb 途径

在人类基因组中，*rb* 基因编码产物与视网膜母细胞瘤的发生有关。在细胞周期调节过程中，Rb 蛋白受依赖于细胞周期素的蛋白激酶 4/CDK6 的磷酸化修饰。而其活性则受磷酸化修饰状态决定。

一般来讲，在 G_1 期的 Rb 是磷酸化的，而在 M 期之后的 Rb 则发生去磷酸化，呈非磷酸化修饰状态（图 15.11）。Rb 的这种磷酸化和去磷酸化的转换可以通过两种可能机制中的一种，调节转录因子 E2F 的活性：一种是 Rb 蛋白和 E2F 蛋白结合成蛋白质复合体，并随之抑制 E2F 的转录因子活性；或者是 Rb 蛋白和 E2F，参与核小体重新调整的 SWI/SNF 以及组蛋白去乙酰基转移酶 HD AC 等形成蛋白质复合体。这种多组分蛋白质复合体的形成促使 *e2f* 基因启动子区出现“异染色质”，并导致基因沉默，从而抑制 *e2f* 基因的转录。在真核生物细胞中存在许多需要 E2F 蛋白参与的基因转录。这些基因主要和 DNA 合成相有关，诸如

参与真核生物DNA合成“许可”调控的HsCDC6和MCM基因的转录、DNA聚合酶α的转录，以及组蛋白H2A的转录等（见第七章）。E2F蛋白是这些基因转录的调节因子之一。E2F蛋白可以和这些基因的启动子序列发生作用，从而调节这些基因的转录。细胞在生长因子的刺激下，G_1期cyclin D表达，并与CDK4、CDK6结合，使下游的蛋白质，如Rb磷酸化，磷酸化的Rb释放出转录因子E2F，促进许多基因的转录，如编码cyclin E、cyclin A和CDK1的基因。磷酸化形式的RB可以直接和E2F形成复合体，从而参与一系列基因的表达，见图15.11。

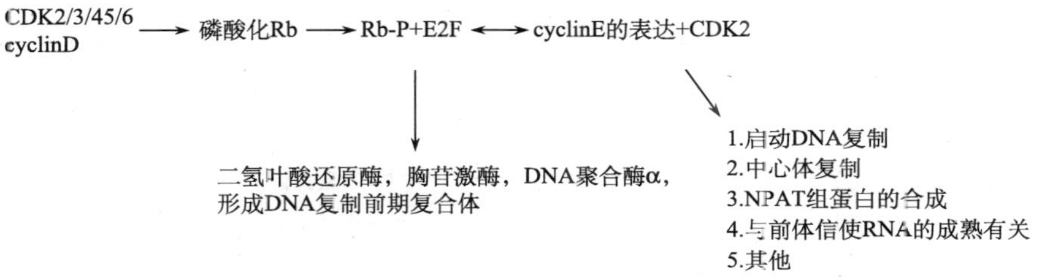

图15.11　细胞周期信号转导的Rb途径

（二）*p*53基因和P53途径

*p*53基因是迄今发现与人类肿瘤相关性最高的基因之一。人们对*p*53基因的认识至少经历了：癌蛋白抗原、癌基因和抑癌基因三个阶段的认识转变。现已基本上明确，引起肿瘤形成或细胞转化的P53蛋白是*p*53基因突变的产物，是一种肿瘤促进因子，它可以消除正常P53的功能，而野生型*p*53基因是一种抑癌基因，它的失活对肿瘤形成起重要作用。

1. *p*53基因的分布和组织结构及表达

*p*53基因广泛存在于人、猴、鸡、鼠等动物基因组中。人类的*p*53基因位于17p13.1、鼠的*p*53基因则位于11号染色体上。此外，在鼠的第14号染色体上存在着*p*53假基因。

现有的研究结果表明，不同物种基因组中的*p*53基因体现高度的进化上保守性。已经发现的来自不同物种的*p*53基因一般均由以下组织结构特征：①基因大约都为20kb；②均含有11个外显子和10个内含子；③第1个外显子不编码，而第1个内含子一般很长，约为10kb，而其余的外显子2、4、5、7、8、分别编码5个进化上高度保守的结构域。

*p*53基因的转录受两个启动子P1、P2控制。启动子P1大约400bp长，位于5′端第一外显子上游100～250bp处；而启动子P2则分布于距离P1启动子下

游约 1kb 的第一个内含子中。*p*53 基因的转录产物是一条长约 28kb 的 mRNA 分子，该转录过程受诱导调控。*p*53 mRNA 在停止生长或非转化细胞中水平很低，但刺激胞液后 mRNA 显著增加。持续生长的细胞，其 mRNA 水平不随细胞周期而出现明显变化，但经诱导分化后 mRNA 水平降低，部分是转录后调控。至少受转录及转录后两种水平的调控。在 *p*53 基因启动子中包含 1 个 NF1 蛋白结合位点和一个转录因子 AP1 相关蛋白质的结合位点，对正常 *p*53 基因的转录，不仅需要两个启动子的平衡作用，而且 *p*53 基因内含子也起作用，如内含子中有正调控作用，其调控有组织特异性。

2. *p*53 基因产物及功能

P53 是一个磷蛋白，由 393 个氨基酸残基组成。分子质量约为 53kDa，故名 P53 蛋白。P53 蛋白含有 5 个保守的结构域，分别是Ⅰ、Ⅱ、Ⅲ、Ⅳ和Ⅴ分别对应 P53 基因上 13～19、120～143、172～182、238～259、271～290 等 5 个高度保守区；这 5 个保守区分别编码外显子 4、5、7 和 8 的编码序列。P53 蛋白的五个结构域都具有明确的生物功能，其中，①TA 结构域和基因转录的激活（transcriptional activation，TA）有关。同时，这个结构域也是 MDM2、TATA 结合蛋白相关蛋白因子的结合部位；②富含脯氨酸的结构域（PRD），该结构与可能与 P53 蛋白的负调节部位；③DNA 结合结构域，这个结构与通常是肿瘤发生有关的突变热点部位。某些肿瘤病毒蛋白质和 P53 蛋白在这个结构与发生相互作用，并使之失去活性；④细胞核内定位信号结构域（NLS）。该结构域与 P53 到细胞核内的移送有关；⑤羧基端结构域（CTD）。这个结构域是 P53 蛋白形成二聚体和四聚体的部位。

P53 蛋白 N 端为酸性区，跨越 1～80 位的氨基酸残基，而 C 端则为碱性区，囊括 319～393 位氨基酸残基。

正常的 P53 蛋白在细胞中易水解，在不同类型细胞中的半衰期为 5～20min。而突变后的 P53 蛋白的半衰期会相应延长，可以达到 1.4～7h。P53 蛋白中的 TA 结构域位于其 N 端，其结构类似转录因子，与 GAL4 的 DNA 结合区重组时，这种长寿命的 P53 蛋白可以对细胞产生众多的影响。例如，融合蛋白能激活 GAL4 操纵子转录，激活功能定位在 P53 第 20～40 位密码子，表明 P53 蛋白直接参与其他基因的转录控制。

3. P53 与细胞周期控制过程中的信号转导

现在已经明确，P53 在细胞周期 G_1 到 S 期，以及 G_2 到 M 期的控制过程中起着重要的作用（图 15.12）。通过使用流式细胞仪，可以测定在细胞分裂刺激因子存在下的单个细胞的细胞周期中 *p*53 的表达水平。发现，*p*53 通常在细胞从 G_1 至 S 期，以及 G_2 到 M 期这个过程中增高。提示 *p*53 的表达与细胞周期的调节控制具有正相关性。

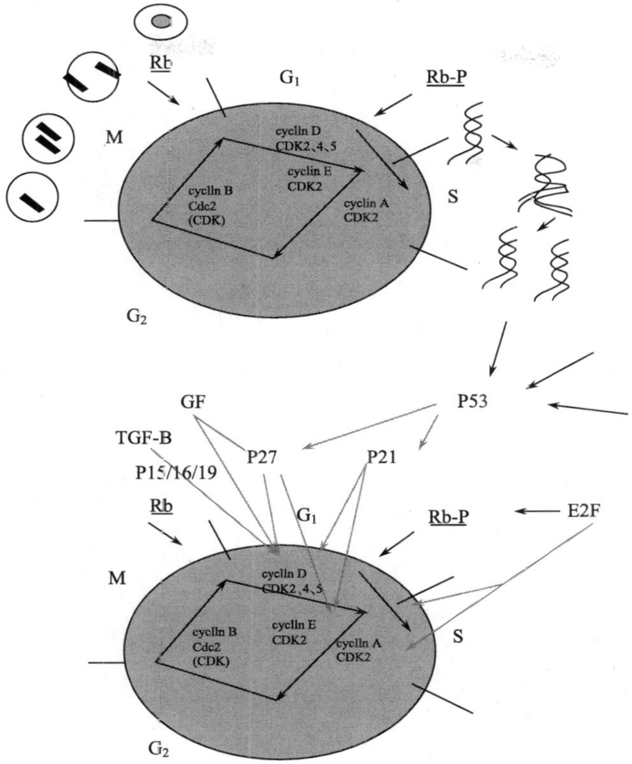

图 15.12　细胞周期信号转导的 P53 途径

P53 途径主要和细胞周期过程中的 G_1 到 S 期，G_2 到 M 期的转换控制有关

P53 在细胞周期中会出现波动，表现与细胞周期素类似。利用表达 *p*53 的反义 RNA 的质粒转染非转化细胞可使细胞生长停止。与此类似，向处于 G_0 期的静止细胞注入 P53 抗体可彻底抑制细胞进入 S 期，这表明 P53 可能决定 G_0/G_1-S 的转换。同时，也发现 P53 抗体对细胞从分裂至 S 期无作用，对 G_1 期细胞有抑制作用的二丁酸钠也相应抑制 P53 的合成，这些结果提示 P53 对细胞生长调控作用至少表现在从 G_0 至 G_1 期，或 G_1 至 S 期。

4. P53 蛋白活性的调节机制

P53 蛋白是一种半寿期很短的核蛋白，在大多数细胞中其半寿期仅为 5～20min。P53 蛋白与其他蛋白质的相互作用、*p*53 基因突变，都可以导致其体内正常生物功能的丧失。

在正常生理条件下，细胞内的 P53 通常处于较低的水平。但在细胞遭遇逆境的情况下，如离子辐射、紫外线处理，以及其他化学因子时，都可能对细胞内的 DNA 产生多种多样的损伤，这些 DNA 损伤可以通过 Brca1、ATM、ATR、DNA-PK、Ref-1 和 PARP-1 等多种途径促使细胞中的 P53 水平得到积累。P53 的积累可以通过正负两种方式实现，一方面 P53 蛋白自身可以在多达 18 个位点进行翻译后修饰，包括磷酸化、乙酰化和泛酸蛋白形成共价键结合产物等。例如，CHK1 可以在其第 6 和第 9 位丝氨酸进行磷酸化修饰，另外 CHK2 也可以在 DNA 损伤情况下激活 P53；ATM 和 DNA-PK 则能够在离子辐射时对其第 15 位丝氨酸进行磷酸化修饰。这些翻译后修饰可以在某种程度上保护 P53 免遭降解；同时，细胞中与 P53 代谢有关的蛋白质也需要进行修饰，从而降低它们和 P53 蛋白的结合能力。例如，与 P53 降解有关的蛋白 MDM2 需要经过 ATM 等的磷酸化修饰，从而避免它和 P53 蛋白的接触和对 P53 蛋白进行泛酸化修饰。而这种泛酸化修饰的 P53 可以被进一步水解。这些调节手段可以直接稳定 P53 的寿命，延长细胞中 P53 蛋白的半衰期。

此外，在 P53 蛋白促进基因转录的过程中可能还需要乙酰化修饰。有研究表明，属于组蛋白乙酰基转移酶家族的 p300/CBP 可以直接和 P53 蛋白结合，并促进它介导的基因转录。在这个过程中 p300/CBP 可以直接在 P53 蛋白的羧基端结构域对之进行乙酰基化修饰，这种修饰可能发生在第 382 位和 320 位的赖氨酸残基上。P53 蛋白的这种乙酰化修饰一方面可以促进它在转录过程中与特异性 DNA 序列结合，一方面也可以使 P53 介导的 DNA 损伤应答过程得到促进。而且许多迹象表明，经过 DNA-PK 磷酸化修饰的 P53 蛋白更容易被 p300/CBP 进行乙酰化修饰。

此外，正常细胞自身也存在着能够调节 *p*53 活性的蛋白质。研究的最为清楚的是 MDM2 蛋白。MDM2 蛋白是细胞内的一种依赖于泛酸化的 P53 降解蛋白质。在 P53 蛋白研究的早期，就已经发现了 MDM2 蛋白可以和 P53 蛋白结合并抑制 P53 基因的转录激活作用。后来进一步发现，MDM2 和 P53 蛋白的结合实际上可以加速 P53 蛋白的降解。一旦 MDM2 经磷酸化修饰，或 P53 蛋白经磷酸化修饰而造成两者不能结合，那么就会因此使 P53 水平得到积累。因此，MDM2 和 P53 蛋白之间的结合被人们理解为细胞对 P53 水平的一种调节手段。这种调节有利于通过 P53 途径启动 DNA 损伤修复。当细胞内 DNA 出现损伤时，P53 蛋白被磷酸化修饰，并因此不能和 MDM2 相互作用，启动 DNA 损伤修复机制，并同时启动细胞周期和细胞凋亡控制机制（图 15.13）。此外，细胞中可能还存在着其他蛋白质也能影响 P53 蛋白的稳定性，如在缺氧的情况下，细胞可以通过诱导 HIF-1α 蛋白的表达水平来增加 P53 蛋白的水平。其中，HIF-1α 可以和 P53 蛋白结合并增加它的稳定性。最近又有研究表明，在 P53 蛋白核质间穿梭过程中，MDM2 介导的泛酸化修饰可以进一步暴露 P53 蛋白的 C 端，并有利于 P53 蛋白向细胞核外输出。

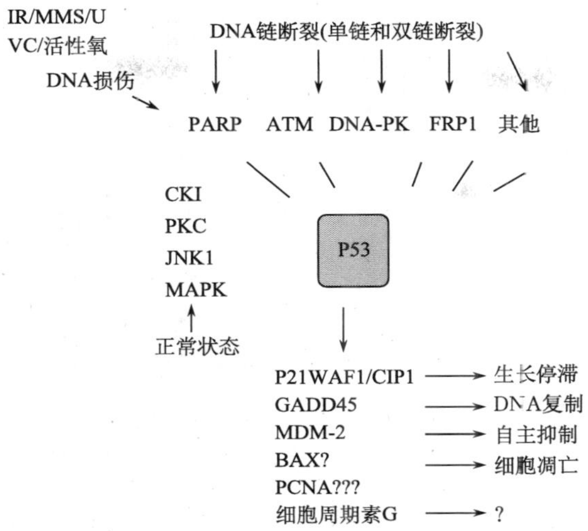

图 15.13　P53 在真核生物细胞逆境应答过程中的作用

六、有丝分裂末期促进因子复合体

在有丝分裂末期姐妹染色体之间的连接必须去除，以便容许两条姐妹染色体顺利地分配到两个子代细胞中去。这个过程需要有丝分裂末期促进因子复合体（anaphase-promoting complex，APC）的参与。APC 可以对姐妹染色体之间的连接蛋白加以水解除去。同时 APC 还负责水解细胞周期 M 期中的细胞周期素。与 APC 相类似的蛋白酶复合体还有特异性作用于细胞周期 S 期的 SCF。

SCF 由多个蛋白质亚基组成，酵母细胞中的 SCF 蛋白酶复合体含有 CDC53、SKP1 连接子蛋白和 CDC4 等。这些蛋白质可以和磷酸化之后的蛋白质结合并把这些磷酸化的蛋白质水解掉。

七、细胞周期各时相的控制

在细胞周期过程中，细胞周期素和依赖于细胞周期素的蛋白激酶之间通常要发生三种不同的相互作用：依赖于细胞周期素的蛋白激酶的磷酸化和去磷酸化作用；某些蛋白因子对 CDK 的特异性抑制，并以此对 CDK 的活性进行调节；细胞周期素和依赖于细胞周期素的蛋白激酶的降解破坏。上述与细胞周期有关的蛋白质组分和调节使得细胞周期中的各个特定时相都会拥有一套严密的可控制机制。例如，在细胞周期的 G_0 期，细胞 CDK2、4、6 因细胞周期素 D、E、A 的表达受到下调，同时，此时的 P27 蛋白并不具有活性。当这样状态的细胞在重新进入细胞周期时，需要在 G_1 期早期对 cyclin：D/CDK4、CDK6 复合体进行重

G_1期

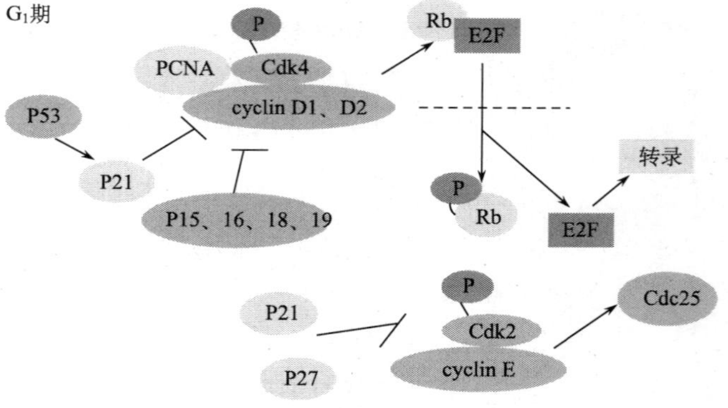

细胞周期过程中的G_1期的调节控制过程

S期

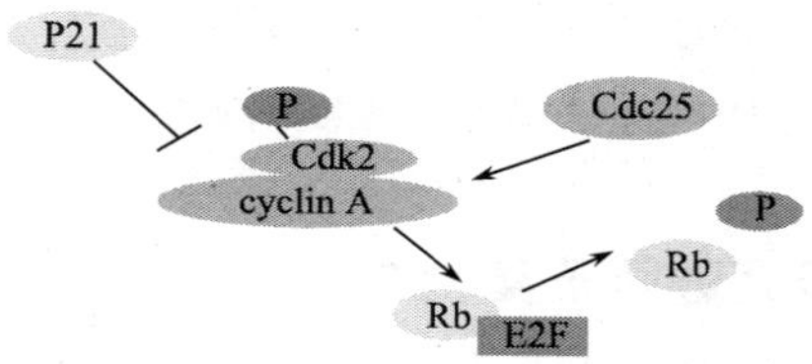

细胞周期过程中的S期的调节控制过程

G_2期

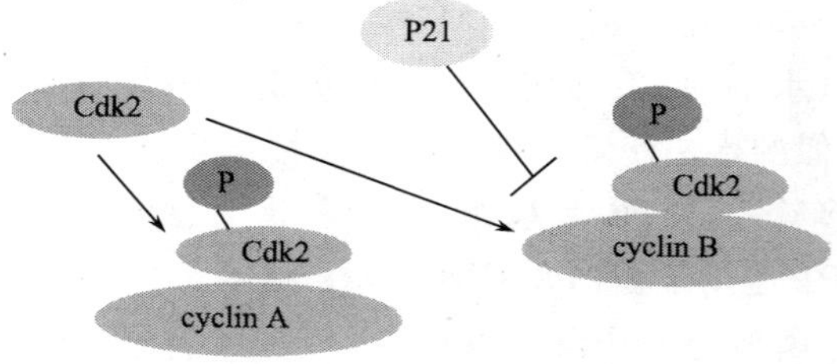

细胞周期过程中的G_2期的调节控制过程

M期

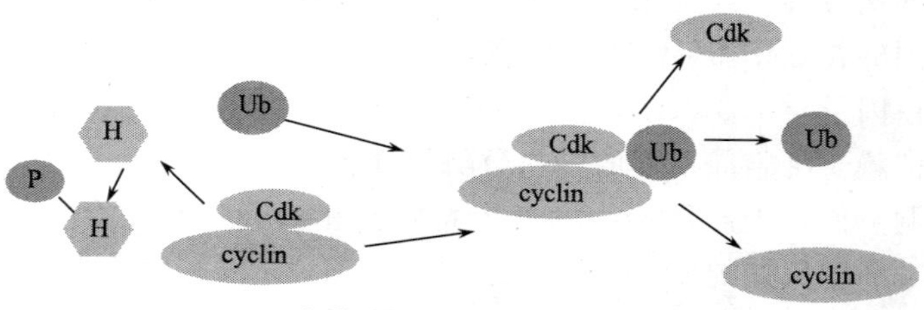

细胞周期过程中的M期的调节控制过程

图 15.14　细胞周期各时相的控制

新活化（图 15.14）。随后，这些 CDK 对 Rb 蛋白进行磷酸化修饰，被磷酸化的 Rb 进一步激活（释放）转录因子 E2F。而游离状态的 E2F 负责转录那些与 DNA 复制和调节细胞周期 G_1/S 转型的基因的表达。

到目前为止已经发现了 6 种不同的 E2F 因子，这些 E2F 因子分别和三类 DP 蛋白形成异二聚体，其中 E2F1～E2F3 的活性受磷酸化的 Rb 蛋白控制。而 E2F4 和 E2F5 则分别受 P107 和 P130 蛋白的控制，不受 Rb 蛋白的控制。E2F6 则是一个依赖于 E2F 的转录过程的抑制因子。

Rb 蛋白的完全磷酸化修饰需要细胞周期素 D/CDK4、CDK6 和细胞周期素 E/CDK2 的双重作用才能最终完成。其中 D 型激酶的磷酸化修饰在先，而且这个过程对随后的 E 型激酶的作用具有决定性影响。细胞周期素 E/CDK2 调节细胞从 G_1 期进入 S 期。之后，由细胞周期素 A/CDK2 控制 S 期的细胞周期过程（图 15.14）。最后细胞周期素 A/CDC2 和细胞周期素 B/CDC2 复合体一道使细胞进入 G_2 期和有丝分裂时相（M 期）。这一系列 CDK 的激活受细胞周期素在转录水平上的调控，以及 P15、P16、P18、P19、P21、P27 等蛋白水解活性的控制。其中在 G_1 期的中期细胞周期素 D 成员的消失首先从依赖于泛酸的细胞周期素 D1 的降解开始；与此类似在 S 期中细胞周期素 E/CDK2 活性的消失起始于依赖于泛酸的细胞周期素 E 的降解。当细胞周期进入到 G_2 期时，细胞周期素 A/CDK2 和细胞周期素 B/CDK2 复合体负责这个时相的细胞周期控制。在酵母和爪蟾细胞中，G2/M CDK 的活力可以经过有丝分裂末期促进因子（anaphase promoting complex，APC）中的泛酸修饰的蛋白连接酶复合体途径被关闭，这个过程可能也存在于哺乳类生物细胞有丝分裂过程中。APC 复合体主要负责破坏细胞周期素蛋白。

紧随在细胞周期间期之后是有丝分裂期 M 期。该期包括核的有丝分裂和相应的细胞质分裂（cytokinesis）。在核有丝分裂过程中，经过 DNA 复制的染色体之中的每一条姐妹染色体分开，被分配到两个新生的子细胞核中。之后，该细胞周期随着细胞质分裂的完成而结束。

第二节　细胞周期的抑制——细胞周期关卡

一、细胞周期关卡

细胞周期关卡本质上应该属于细胞周期监控的一种机制。细胞周期关卡可以理解为是细胞周期中负责“质量”检查的一套机制，通常是在细胞周期从一个时期进入到另一个时期时，负责对上一个时期的各种活动进行检查，保证上一个细胞周期所应该完成的各项工作都已经顺利结束。例如，在细胞周期的 S 期，细胞需要对自身携带的遗传物质进行忠实地倍增，因此细胞在进入 G_2 之前，需要对 S 期内 DNA 的合成质量和数量进行“验收”。如果发现 DNA 复制尚未结束，如细胞核内依然含有冈崎片段或 DNA 复制叉，那么细胞在这个时相的“检查”机制就会负责暂时停止细胞周期进入到 G_2 期。在此阶段，细胞需要等待冈崎片段被加工成为连续的后随新生 DNA 链，或者等到 DNA 复制叉在 DNA 复制结束后彻底消失之后才能容许细胞进入到 G_2 期。在细胞周期研究中，通常把类似的“检查点”称为 S-G_2 检查点或 S-G_2 细胞关卡。与此类似的还有负责 DNA 损伤的检查点/细胞关卡，负责有丝分裂期关卡（M）。迄今为止已经发现了 6 个真核细胞周期有关周期关卡，包括：①G_1 期的 G_1/S 检查点；②S 期中的 S/M 检查点；③G_2 期中的 G_2/M 检查点；④在进入减数分裂Ⅰ（有丝分裂Ⅰ）的检查点（减数分裂前期检查点）；⑤针对 DNA 合成的检查点，又称为 S 内检查点；⑥DNA 损伤修复蛋白的转录诱导关卡等。

（一）G_1 期到 S 期的调节控制与 G_1/S 检查点

在 S 期入口（G_1/S），主要针对有丝分裂是否完成？相关的信号-细胞周期素是否被降解？细胞生长/蛋白质合成（G_1 细胞周期素）的情况？有没有 DNA 损伤？

G_1/S 细胞周期检查点主要是由 P53 蛋白介导的。DNA 损伤可以升高细胞内 P53 水平，P53 则负责激活有关细胞周期蛋白激酶抑制剂的转录，如 *p21* 基因等的表达。P21 除参与 Cdk/cyclin 复合体抑制细胞周期之外，同时还可以直接和 PCNA 作用，从而直接抑制 DNA 的合成。在酵母中 MEC1 和哺乳细胞中的 ATM 分别是两个蛋白激酶，负责捕获 DNA 损伤信号。ATM 把 DNA 损伤信号传给 P53。之后 P53 再诱导 P21 的转录。P21 是细胞周期素 CDK 的抑制者。以 DNA 双链断裂为例，在其修复过程中，ATM 作用于 P53 蛋白的上游，可以通过对 P53 蛋白第 15 位丝氨酸进行磷酸化修饰。与此同时，对 P53 蛋白的降解者 MDM2 蛋白的磷酸化，这种调节可以提高细胞内 P53 蛋白的数量。

除此之外，细胞内还存在另一种 P53 的调节方式，即 ATM 对 JNK 进行磷酸化，之后，被磷酸化的 JNK 对 P53 蛋白第 37 位丝氨酸残基进行磷酸化。这种磷酸化的 P53 不能和它的抑制剂 MDM2 结合，从而提高细胞内 P53 的数量。

通过多种途径积累的 P53 蛋白可以充分诱导 *p21* 基因的表达，并通过 P21 抑制依赖于细胞周期素的蛋白激酶活性，并因此使细胞周期停止（图 15.15）。

在酵母中，经过 MMS 处理的细胞可以经过 Rad53p 蛋白激酶调节 Swi4p 和其调节者 Swi6p 的转录。借此抑制 G_1 细胞周期素有关的转录。它的磷酸化形式可以特异地抑制 CDK2/4/6 所依赖的周期素 D/E。因此 P27 具有和 P21 类似的功能。同时 P27 还可以受生长因子信号的调节（图 15.16）。

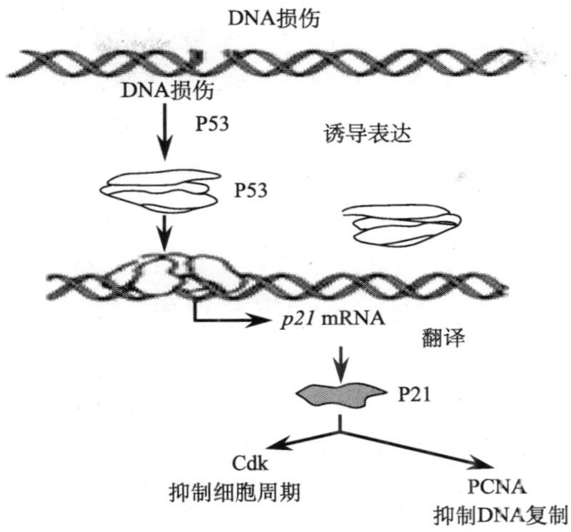

图 15.15　在 DNA 损伤状态下细胞关卡的 P53 途径

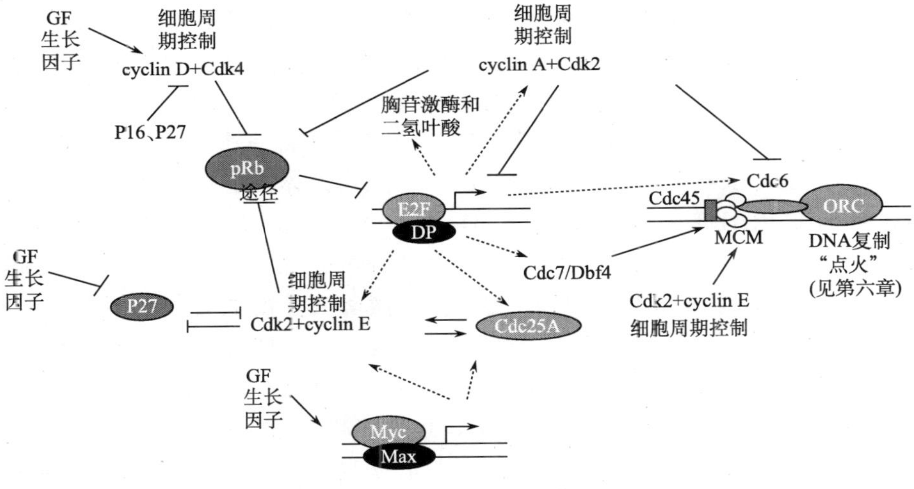

图 15.16　细胞周期控制、DNA 复制过程中生长因子的作用

生长因子是一大类与细胞增殖有关的物质，现已经发现了几十种之多，如表皮生长因子（EGF）、神经生长因子（NGF）等。大多数的生长因子不是由肌体内特定腺体分泌产生的，而是通过旁分泌产生的。肌体能够分泌的生长因子分子质量大小差异明显，如肝细胞所产生的生长因子（HGF）含有 674 个氨基酸残基、分子质量可达 80kDa；而相应的内皮素则只含有 21 个氨基酸残基。大多数生长因子仅由一条肽链组成，如 EGF、TGF-α、FGF，而 PDGF、NGF、TGF-β、肝细胞生长因子 HGF 由两条肽链组成。现已发现的生长因子绝大多数具有促进细胞增殖的活性，因此，这类生长因子又被习惯上称为有丝分裂原（mitogen）；而少数生长因子可以表现出对细胞增殖的抑制，如抑素（chalone），肿瘤坏死因子（TNF）等。而其他生长因子通常可以表现出双重作用，如转化生长因子 β（TGF-β）等，对某些细胞的增殖具有促进作用，而对另一些细胞增殖具有抑制作用。

生长因子对细胞增殖的影响可以通过两个方面加以体现，一是生长因子可以直接促进基因转录，包括 ras 途径、cAMP 途径和磷脂酰肌醇途径等。生长因子作用的 ras 途径主要包括对 MAPK 的激活，使 MAPK 进入细胞核，并促进细胞增殖相关基因的表达。与此同时，生长因子也可以直接抑制细胞周期素 D、E 和 Cdk4、Cdk2 的抑制剂之一——P27，对于 P27 蛋白的抑制可以引发上述细胞周期素和周期素依赖的蛋白激酶对 Rb 途径的活性抑制，从而促进胸苷激酶、二氢叶酸还原酶、Cdc6、Cdc7/Dbf4、Cdc25A、细胞周期素 A 等基因转录（图 15.16）。另一方面，生长因子还可以通过一种尚不清楚的方式激活 c-myc，使 c-myc 作为转录因子促进 cyclin E、Cdc25A、SCF、E2F 等与 G_1-S 有关的许多基因表达，促使细胞进入细胞间期的 G_1 期（图 15.16）。

最近发现，在爪蟾卵细胞和裂殖酵母细胞中，引物 RNA 的合成是 DNA 合成检查点控制的必需步骤。这一发现表明，参与 DNA 复制的复制器本身并不足以建立 DNA 合成的检查点控制体系。DNA 复制检查点紧密依赖于 DNA 的蛋白激酶活性。这种依赖于 DNA 的蛋白激酶活性包括人体细胞中的 ATM 和 ATR，裂殖酵母中的 RAD3 和出芽酵母中的 Mec1 等。在酵母中。依赖于 DNA 的蛋白激酶的活性是受调节的。其中裂殖酵母中的 RAD26、出芽酵母中的 Lcd1/Ddc2/Cip1/Pie1 具有调节各自细胞内的 DNA 蛋白激酶活性的能力。Rad1、Hus1 和 Rad9 可以形成一个功能类似于 PCNA 的异三聚体。RFC 蛋白质复合体含有 5 个不同分子质量的亚基，分别为 RFC1～RFC5（见第七章）。其中参与 DNA 复制检查点控制的 RAD17 类似于 RFC 亚基，且能够和 RFC2～RFC5 形成蛋白质复合体。因此，可以认为 RFC2～RFC5 可以和 RAD17 的蛋白质复合体一道负责把 Rad1、Hus1 和 Rad9 复合体引至 DNA 损伤或被阻断的 DNA 复制叉处，并启动对这些 DNA 损伤的处理。

在出芽酵母细胞中，Rad53 和裂殖酵母细胞中的 Cds1，以及人体细胞内的 Cds1（Chk2）和 Chk1 和 DNA 复制的控制有关。这些蛋白质分别受依赖于 DNA 的蛋白激酶修饰。例如，裂殖酵母细胞中的 Cds1 的第 11 位苏氨酸残基可以被 Rad3 进行磷酸化修饰（图 15.17）。而人细胞中，类似的修饰通常发生在 Cds1 蛋白第 68 位苏氨酸残基上。这种修饰可以发生在细胞周期过程中的任何时期，主要负责对离子辐射、紫外线辐射和羟基脲的应答。

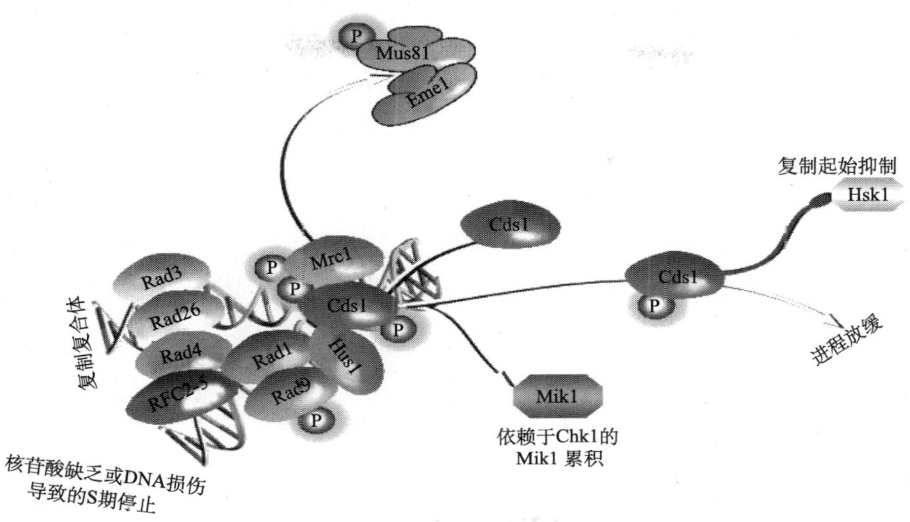

图 15.17　酵母细胞周期控制 S 期 DNA 复制关卡的信号转导

S 期特异的接头因子（adapter）Mrc1 可以调节 Cds1 和 RAD53 在 S 期的激活。Mrc1 只在细胞周期的 S 期表达，因此这个蛋白质的出现决定了 S 期细胞周期检查点的特异性。与 Mrc1 类似的蛋白质可能是爪蟾卵细胞中的 Claspin。

在真核生物细胞中，与有丝分裂期控制有关的细胞周期素是 Cdc2，对于 Cdc2 水平的控制也是细胞周期控制的主要方法。Cdc2 的活性受其 15 位上酪氨酸残基磷酸化修饰的影响。磷酸化的 Cdc2 的活性下降。其中酪氨酸激酶 wee1 和 Mik1 催化 Cdc2 的磷酸化修饰过程。这个磷酸化修饰的逆过程是磷酸酶 Cdc25 催化的脱磷酸基反应。脱去磷酸基团的 Cdc2 恢复细胞周期素活性。在细胞周期调节过程中，Cdc25 的活性通常被抑制。Mik1 在细胞周期的有丝分裂检查点控制过程中表达水平明显增加，从而促进 Cdc2 磷酸化而抑制细胞周期进入有丝分裂期。Mre11-Rad50-Nb 中的 Mre11 的外切核酸酶活性对酵母细胞 S 内检查点是必需的。失去了 Mre11-Rad50-Nb 蛋白质复合体的细胞中，至少针对 DNA 双链断裂的 S 内检查点机制会随之丧失（图 15.17）。

（二）S/M 检查点

在利用羟基脲造成细胞内缺乏脱氧核糖核苷时，细胞内的 DNA 复制通常被阻断，于是细胞开始 S/M 期的检查点。S/M 检查点所涉及的基因都是细胞生长繁殖所必需的。因此很难对这个检查点的组分进行比较清楚的研究。也正由于此，我们目前对 S/M 检查点的作用机制了解的并不清楚（图 15.18）。

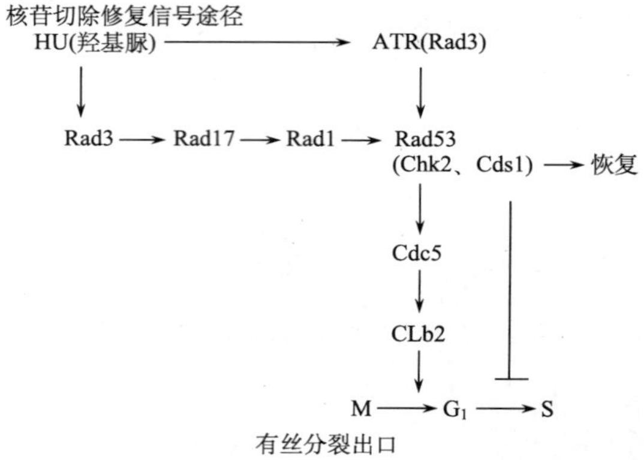

图 15.18　S/M 关卡的一种作用机制

（三）G_2 期到 M 期的调节控制

G_2/M 关卡实际上是设定在有丝分裂进口（G_2/M）的一套质量检查机制。这个细胞周期关卡，主要针对 DNA 复制是否完成？与细胞生长所需要的蛋白质是否已经“精确”合成？有没有 DNA 损伤？等进行检查。

在细胞周期的 G_2 期，DNA 合成已经基本完成。在此时期，细胞为进入有丝分裂作准备，也就是将要进入 M 期。这些准备除合成与有丝分裂有关的蛋白质组分之外，其中一个重要的任务就是确保 DNA 合成过程中出现的错误能够尽可能地被发现，并加以修复。这个机制就是 G_2/M 检查点控制。在裂殖酵母中，*Rad1*、*Rad3*、*Rad9*、*Rad17*、*Rad26*、*Hus*1 这些基因的产物可以形成三个复合体，包括①Rad3p/Rad26p 复合体，形成 ATR 途径（图 15.19）。ATR 是指裂殖酵母的 Rad3，或啤酒（出芽）酵母的 Mec1p。这些基因产物与 DNA 损伤信号的捕获、转导有关。从对细胞周期控制的机制来看，G_2/M 检查点实际上是通过 p34CDC2 蛋白的磷酸化来实现的，因此在 G_2/M 检查点的反应机制中势必包括了一种维持 p34CDC2 蛋白激酶活性的调节过程，同时也应该具备一种能够抑制 p34CDC2 激活因子的反应机制。在酵母细胞中，负责对 p34CDC2 蛋白进行磷酸化的蛋白激酶是 *wee*1 编码的蛋白激酶，WEE1 可以对 p34CDC2 进行磷酸化修饰；而能够把磷酸化修饰了的 p34CDC21 蛋白去磷酸化的磷酸水解酶则是 CDC25（图 15.19）。在反应过程中，DNA 损伤可以作为 WEE1 激酶的抑制因素，使得 p34CDC2 主要以非磷酸化的形式存在于细胞中。②裂殖酵母和哺乳动物细胞中的 Rad1p/Rad9p/Hus1p 复合体和出芽酵母细胞中的 Rad17p/Ddc1p/Mec3p 所组成的蛋白质复合体可以形成和 PCNA 类似的结构（见第五章）。它们负责识别细胞周期中出现的不正常的 DNA 结构形式。其中裂殖酵母中的 Rad17

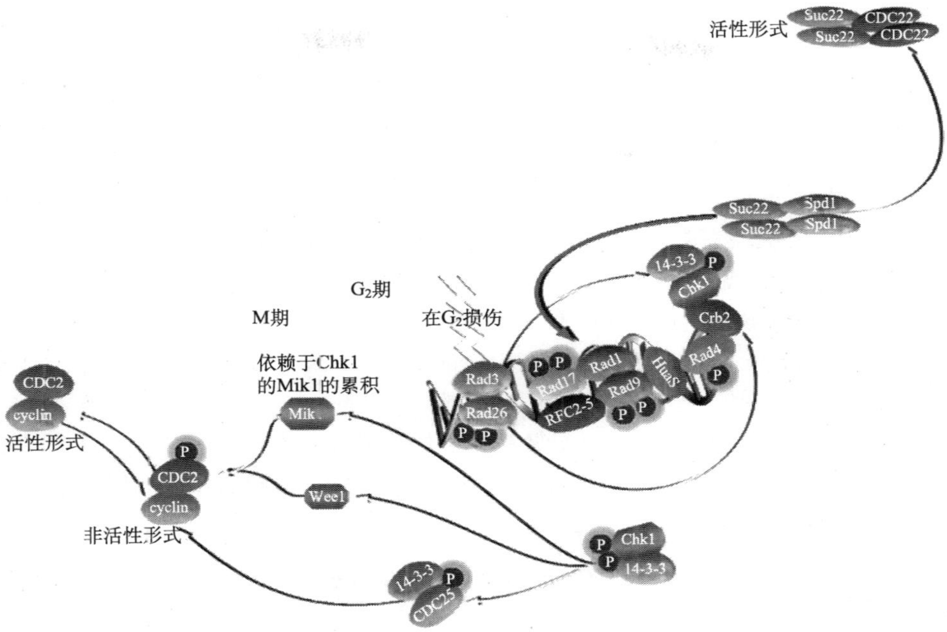

图 15.19　酵母细胞周期控制 G_2 和 M 期关卡的信号转导

和 5 种 DNA 复制蛋白 RFC1～RFC5 具有同源性。RFC1～RFC5 识别由 DNA 聚合酶（真核生物 DNA 复制过程中的引物酶）催化的 DNA 复制叉，并随后协助 PCNA 和 DNA 模板的结合。在这个过程中，Rad17 可以和 RFC 亚基一道介导 Rad1p/Rad9p/Hus1 蛋白质复合体和“畸形”DNA 结构的识别，并启动相应的细胞周期检查点机制。

（四）减数分裂前期检查点

减数分裂细胞周期的检查点控制通常出现在有丝分裂时期的 G_1/S 和 G_2/M。同时在减数分裂Ⅰ期还有一个与染色体分开有关的检查点。这个检查点主要控制同源重组的完成情况。对于那些没有进行完全的同源重组实行监控。最近的诸多研究表明，可能在细胞周期的 G_1 和 G_2 还分别存在着一套针对微管蛋白损伤（microtubule damage）和微管完整性（microtubule integrity）的“关卡”检查机制，这类关卡已经被初步定名为“有丝分裂后关卡”（postmitotic checkpoint）或有丝分裂出口（mitosis exit）。

（五）内S检查点的控制

S期内检查点负责DNA复制的检查控制，它是利用同步化处理之后的带有损伤的酵母细胞经过一个细胞周期时所表现出来的过程。含有DNA损伤的细胞DNA复制周期明显延长，但这种延长并不能出现于出芽酵母的mec1和rad53突变体、裂殖酵母的Rad3、Cds1以及人类和小鼠细胞中的ATR/ATM、Chk1/Cds1突变体之中，表明这些基因和DNA复制的检查点控制密切有关。和Rad9、rad24、ddc1等突变体相比，mec1和rad53的这种效应尤其明显。此外，在Cdc18、Cdt1、Cut5、DNA聚合酶α突变体裂殖酵母中，细胞可以绕过DNA复制而直接进入有丝分裂时相。此时细胞内的DNA不经过复制而直接进入细胞分裂阶段。这些突变体与DNA复制起始控制有关。

这些研究结果表明，与DNA复制有关的检查点机制涉及到DNA复制的起始机制，同时也和DNA复制过程中的延伸有关。mec1和rad53的作用可能与DNA复制起始的调控关系密切。

（六）与DNA损伤修复蛋白转录诱导有关的检查点

在第八章中，我们介绍了存在于原核和真核生物细胞针对生存逆境进行应答的SOS反应机制。在这个反应过程中，损伤的DNA可以作为信号诱导大量与DNA修复有关的蛋白质基因的表达。这种诱导涉及到细胞周期检查点控制机制。在这个检查点中，Hrr25蛋白激酶可以和磷酸化之后的SWI6转录因子作用，通过这个手段来调节和DNA损伤修复有关的基因的表达。

二、细胞周期关卡的信号捕获和传导

（一）ATM、ATR、Chk1和Chk2激酶

构成细胞周期检查点机制的蛋白质组分可以从所发挥的作用上分为三大类。第一类负责感知细胞周期各时相中DNA的合成、损伤和修复、遗传重组和细胞有丝分裂相关的具体情况。这一类蛋白质组分可以特异地识别那些没有完成的DNA合成、DNA损伤的修复，包括DNA的双链和单链断裂，有丝分裂过程中染色体在同源片段之间的配对等。因此它们属于感知蛋白。目前对于这一类蛋白质组分尚不十分明确。在裂殖酵母中的Rad1、Rad9和Hus1，出芽酵母中的Rad17、Ddc1和Mec3，哺乳类生物细胞中的Rad1、Rad9和Hus1等在目前被认为与DNA损伤信号的感知有关（见细胞周期关卡部分）。第二类蛋白质组分负责把所感知到的信号转导给其下游的效应子，以便对这些DNA损伤等做出必要的应答。该类蛋白质组分包括属于PI3K家族的ATM、ATR以及位于其下游和

细胞周期检查点有关的激酶 CHK1 和 CHK2 等。而第三类蛋白质组分就是控制细胞周期的效应子，它们可以根据上游的指令对细胞周期加以控制，包括与 DNA 损伤修复、基因转录等有关的几大类蛋白质组分。在这里我们将对 ATM、ATR、Chk1 和 Chk2 等分别加以介绍。

（二）ATM 和 ATM 途径

ATM 途径的得名源自一种人类遗传病——Ataxia Telangiectasia mutated。该病通常表现为毛细血管扩张性共济失调症，且伴随对离子辐射敏感，易发癌症等症状。

atm 基因位于人类 11 号染色体上（11q22～1123）。这类患者得肿瘤的概率远远高于其他人。*atm* 基因编码一个蛋白激酶，属于 PI(3)K 相关的蛋白激酶家族。ATM 结合在损伤的 DNA 上，其信号通路有两条，分别为：①通过激活 Chk1（checkpoint kinase)，使 cdc25 上的 216 位丝氨酸（Ser216）通过磷酸化修饰而失去活性，然后抑制 M-CDK 的活性，使细胞周期出现阻滞；②通过激活 Chk2，使 P53 蛋白得以磷酸化修饰激活，并作为转录因子促使 p21 的表达。然后通过 p21 抑制 G_1～S 期 CDK 的活性，引起细胞周期阻滞。

研究发现造成这种肿瘤高发的原因是因为 ATM 蛋白的突变，以至于影响了包括 P53 在内的多种与细胞周期调节控制有关的蛋白质的磷酸化修饰并最终影响了 P53 主导的细胞周期 G_1/S 检查点的作用（图 15.14)。

同属于 PI(3)K 家族的蛋白激酶还包括依赖于 DNA 的蛋白激酶和 ATR (Rad3 相关的)。ATM 的分子质量在 350kDa 左右，由一个 DNA 结合域和一个 PI(3)K 催化结构域组成。在原子力显微镜下可以观察到 ATM 和 DNA-PK 可以直接和游离的 DNA 末端结合。在细胞内，ATM 是基因组范围监护复合体中的一个组成部分（genome surveillance complex，BASC）在 DNA 损伤信号转导途径中居于中心位置。ATM 可能和至少 6 条 DNA 损伤应答信号转导途径有关，包括 DNA 链断裂的应答、氧化逆境应答、细胞周期控制、细胞周期检查点控制、DNA 的损伤修复等。同时，它又和细胞周期调节控制和细胞凋亡的调节控制关系密切。

细胞对 DNA 双链断裂的修复通常可以根据所处细胞周期的具体情况，或者使用同源重组修复，或者使用非同源末端 DNA 连接修复。其中，同源重组修复需要包括 RAD51 等在内的众多基因产物的参与。在哺乳动物细胞中发现，参与同源重组有关的 RAD51，以及它的类似物 hRAD51B、hRAD51C 和 hRAD51D 等可能有一些需要 ATM 催化的磷酸化修饰。

在离子辐射的情况下，RAD51 蛋白上的酪氨酸残基需要 ATM 和 c-Ab1 的磷酸化修饰，其中 ATM 催化的磷酸化修饰似乎是同源重组修复 DNA 双链断裂所必需的，而 c-Ab1 催化的磷酸化修饰则是可有可无的。RAD51 的磷酸化修饰可以进一步促进它和 RAD52 等蛋白质形成蛋白质复合体参与同源重组过程。但目前尚不知道这种 RAD51 磷酸化修饰是否和 BrcA2 之间的相互作用也有关系。尽管如此，在 DNA 双链断裂的重组修复过程中，BrcA1 需要经过 ATM 催化的磷酸化修饰，磷酸化修饰的 BrcA1 对于激活 G_2 期的细胞周期检查点所需要的 Chk1 是必需的。

除此之外，ATM 还可以在 DNA 双链断裂修复的早期催化组蛋白 H2AX 上 139 位丝氨酸残基的磷酸化修饰。这个过程可能更多地与 DNA 双链断裂处的染色质的重新调整有关。磷酸化之后的组蛋白 H2AX 可以进一步和参与 DNA 双链断裂修复的蛋白质进行作用，如磷酸化修饰之后的 H2AX 可以和 Nbs1 蛋白、P53、Bp1、BrcA1 等形成修复复合体。但是组蛋白 H2AX 的磷酸化修饰似乎并不影响 RAD51 对 DNA 双链断裂底物的识别作用。从上述分析可知，丧失了 ATM 的细胞突变体不只影响 DNA 双链断裂修复的非同源 DNA 末端连接，而且也会影响到 DNA 双链断裂的同源重组修复。

ATM 患者细胞对于离子辐射、博莱霉素（bleomycin）、限制性内切核酸酶和拓扑异构酶抑制剂非常敏感，而上述因子均可以导致 DNA 的双链断裂损伤，可见 ATM 主要与 DNA 双链断裂修复有关。有报道表明 ATM 在 DNA 双链断裂修复过程中可能和 c-Ab1 有某种程度的关系，但目前的数据彼此相互矛盾的地方比较多。

ATM 蛋白和 ATM 途径是所有细胞周期检查点所共有的信号转导途径之一。因此，ATM 突变体中所有的细胞周期检查点都应该失去功能。事实上确实如此，ATM 突变体细胞表现出 G_1/S 检查点、内 S 检查点、G_2/M 检查点等的一起失活。以 DNA 复制检查点的信号转导为例，ATM 所具有的蛋白激酶活性可以对 P53 蛋白 15 位丝氨酸残基上进行磷酸化修饰，被磷酸化修饰之后的 P53 蛋白不能被输送到细胞核外，并转而去调节包括 P21 在内的细胞周期素抑制剂蛋白的表达。在这个过程中，磷酸化的 P53 对基因转录的促进极有可能是通过和转录有关蛋白 CBP/p300 的相互作用实现的。CBP/p300 可以把 P53 蛋白的 382 位赖氨酸残进行乙酰化修饰，并因此促进 P53 蛋白和特异性的 DNA 序列结合。同时 ATM 又可以对 P53 蛋白的水解酶 MDM2 进行磷酸化修饰以抑制其活性，这会反过来增加细胞核内 P53 蛋白的水平。此外，JNK 强化对 P53 蛋白 37 位的丝氨酸的磷酸化修饰，这种磷酸化修饰可以进一步阻断 P53 和 MDM2 蛋白的相互作用。因此，细胞核内的 P53 蛋白的水平得以积累。经过这些修饰之后，被增加的 P53 蛋白可以进一步促进几大类基因的转录。除此之外，ATM 还可以对细胞周期检查点激酶 2（Chk2，在出芽酵母中为 RAD53，在裂殖酵母中相当于 Cds1）进行磷酸化修饰。在 DNA 损伤应答过程中，Chk2 可以对 P53 蛋白上

20 位丝氨酸残基进行磷酸化修饰，这种磷酸化修饰类似于 JNK 的修饰，可以阻断 P53 和 MDM2 之间的作用，从而避免被降解。经过这一系列的作用最终可以启动细胞周期检查点控制机制。需要强调的是，ATM 磷酸化催化的是一个受调节的过程。裂殖酵母中的 Rad26，以及出芽酵母中的 Lcd1/Ddc2/Cip1/Pie1 均可以以亚基的形式参与调节 ATM 的蛋白激酶活性。同时，在这个过程中，Rad1、Hus1 和 Rad9 在哺乳类和裂殖酵母细胞中也是必需的，但与上述蛋白质组分具有同源性的 Mec3、Rad17 和 Ddc1 却不为出芽酵母细胞所必需。

除了上述两个信号转导途径之外，ATM 对于细胞周期凋亡和细胞所遭遇的内源和外源的活性氧自由基的损伤应答过程也起着至关重要的作用。在细胞经受辐射处理时，ATM 可以受辐射信号或辐射之后产生的活性氧游离基信号的作用，通过直接或间接的方式对其下游蛋白质组分 P53 或 BF-KB 进行磷酸化修饰，从而启动细胞对辐射和活性氧的应答。

（三）ATR 途径

ATR 途径是 ATM 相关的一条信号转导途径（ATM-related）。它和 ATM 在调节 P53 蛋白的磷酸化修饰上可能具有重叠性。ATR 途径既可以对紫外线辐射做出应答，同时也可以对离子辐射做出应答（图 15.20），在这个过程中，ATR 的应答主要和 DNA 双链断裂的晚期修复有关，位于 ATM 应答之后。这一点有别于 ATM，ATM 主要对离子辐射做出应答，不对紫外线辐射具有应答能力。ATR 对 P53 的磷酸化修饰发生于 P53 的 15 位和 37 位丝氨酸残基上。此外 ATR 还对 Chk1 具有磷酸化激活作用。在紫外线辐射下，ATR 还可以对 BrcA1 进行磷酸化修饰，但所修饰的位点不同于 ATM 所能修饰的位点。

在酵母中 ATR 途径的第一个组分是与核苷切除修复途径中，DNA 双链开链有关的 RAD3（见第八章）。RAD3 可以把 DNA 损伤信号直接传递给 RAD53（见第九章）和 Chk2/CDS1，也可以先把信号传递给 RAD17，然后 RAD17 再传递给 RAD1（外切核酸酶，见第七章），然后 RAD1 再把信号传递给 RAD53 和 Chk2/CDS1。这个过程可以使细胞周期停止在 S 期。同时，根据不同的 DNA 损伤，RAD3 可以和 Chk1 作用，把信号传递给 CDC25，再经 CDC25 传递给 CDKS 和 RB，通过 RB 途径抑制 S 期（图 15.20）。细胞代谢过程中出现的 DNA 损伤可以作为“信号”经过 3 个主要的信号转导途径，包括 ATR 途径、ATM 途径和 Chk2 途径启动细胞周期调节控制的蛋白质，从而改变细胞周期的进程。在这里顺便指出，迄今为止尚未发现与 ATR 基因突变有关的人类疾病。

（四）Chk1 激酶

ATM 和 ATR 对于 DNA 损伤的应答部分依赖对 Chk1 蛋白激酶的修饰激

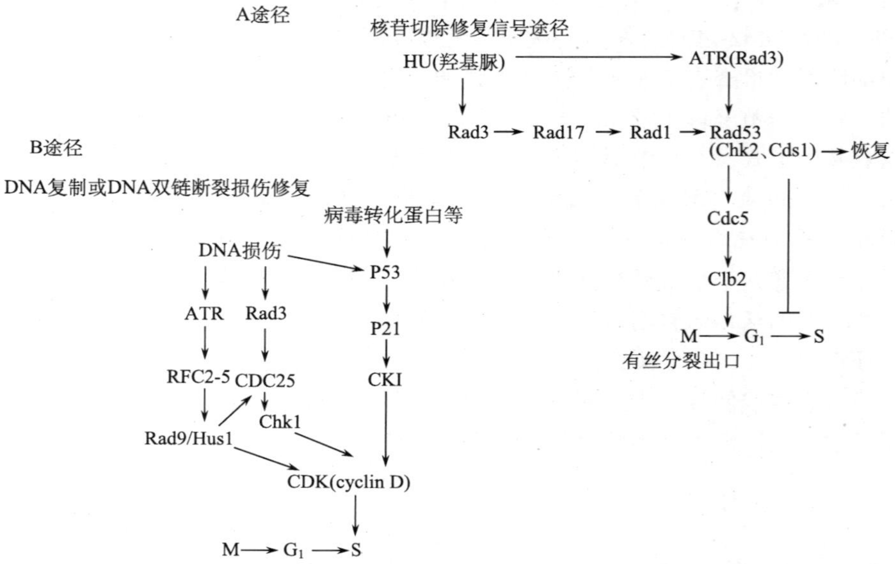

图 15.20 ATR 信号转导的两种可能途径

A 途径主要参与核苷切除修复有关的 DNA 损伤；而 B 途径则常见于与 DNA 复制或双链断裂等有关的 DNA 损伤的信号转导

活。Chk1 激酶在酵母细胞中主要与 DNA 损伤时细胞周期的停止有关。它的激酶活性一般不依 DNA 损伤或 DNA 复制所受到干扰的程度而改变。但是在酵母和哺乳类生物细胞遭离子辐射时，Chk1 确实可以在 345 位丝氨酸残基上被磷酸化修饰。尤其是当细胞处于紫外线辐射和羟基脲环境中时，这种 345 位丝氨酸的磷酸化修饰会变得非常明显。首先，细胞周期关卡蛋白可以形成蛋白质复合体负责识别复制不彻底的 DNA 中间体和受损 DNA。之后，激活蛋白激酶 Chk1。激活后的 Chk1 转而对 Cdc25 进行磷酸化修饰，并通过磷酸化修饰抑制 Cdc25 蛋白的磷酸酶活性。因此，被磷酸化失活的 Cdc25 不能对 Cdc2 进行去磷酸化和活化，故影响细胞周期（图 15.21）。

现在已经知道负责 CHK1 磷酸化修饰的是 ATR。因为同时缺失 *atr* 和 *chk1* 基因的小鼠表现出类似的表型，即 $chk1^{-/-}$ 小鼠也和 $atr^{-/-}$ 小鼠一样死于胚胎发育的早期。表明 *chk1* 和 ATR 属于同一途径。此外需要说明的是，由于 *chk1* 基因是一个发育所必需的基因，因此利用经典的遗传学敲除手法很难对这个基因的详细功能进行研究，期望今后能有人尝试利用 RNAi 或类似的技术对之加以研究。

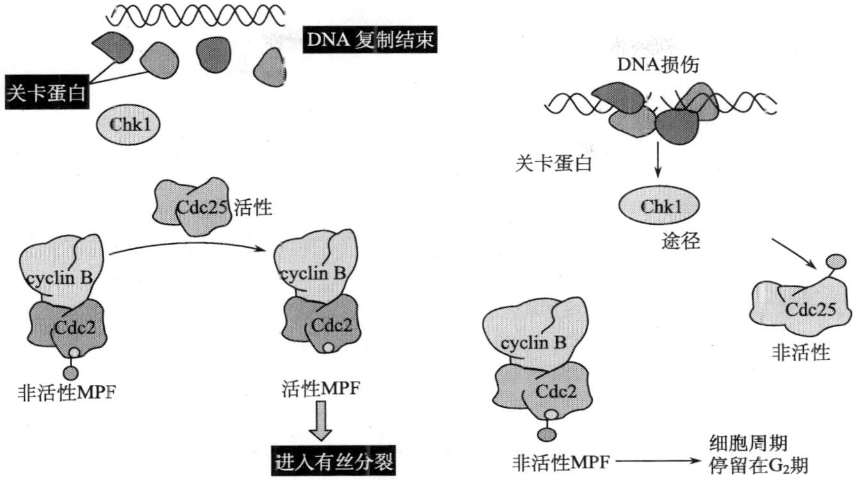

图 15.21　正常和损伤状态下细胞周期 G_2 期中关卡蛋白 Chk1 对细胞周期素和依赖于细胞周期素的蛋白激酶活性的调节

（五）Chk2 激酶

Chk2 和 Chk1 并不具有明显的结构相似性，但却和 Chk1 一样是一个丝氨酸/苏氨酸激酶。Chk2 的同源物在出芽酵母中就是 Rad53，而在裂殖酵母中则为 Cds1。Chk2 负责对离子辐射、羟基脲、MMS 等化学诱变剂所造成的损伤做出应答反应。在这些过程中，Chk2 需要 ATM 对其进行磷酸化修饰。此外，在针对其他逆境产生应答时，Chk2 上被 ATM 磷酸化修饰的位点也可以被 ATR 进行相应的磷酸化修饰。因此 Chk2 是 ATM 和 ATR 的共同底物。另外，Chk2 的激酶活力可以对 P53 蛋白进行磷酸化修饰，而 P53 的这种磷酸化修饰可以协助其自身免于 MDM2 的水解。

在细胞周期过程中，G_2/M 关卡的作用有赖于 Cdc2（p34CDC2/CDC28）的磷酸化状态。Cdc2（p34CDC2/CDC28）的磷酸化修饰会导致它的细胞周期活性丧失。这个状态的维持需要 Cdc2 激活蛋白 Cdc25 磷脂酶活性的持续被抑制，以及维持 Cdc2 上游激酶的活性。而负责抑制 Cdc25 抑制的激酶即为 Chk2 和 Chk1。这两个激酶都可以在 Cdc25 分子第 216 位丝氨酸上进行磷酸化修饰，从而使其磷脂酶活性被抑制。目前尚不知道是否 Chk2 或 Chk1 也负责对 Cdc2 上游激酶，诸如 Wee1 和 Myt1 等激酶具有调节作用。

主要参考文献

Alessandrini A, Chiaur D S, Pagano M. 1997. Regulation of the cyclin-dependent kinase inhibitor p27 by degradation and phosphorylation. Leukemia, 11 (3): 342～345

Amon A. 1998. Controlling cell cycle and cell fate: common strategies in prokaryotes and eukaryotes. Proc Natl Acad Sci USA, 95: 85, 86

Ando K, Ajchenbaum-Cymbalista F, Griffin J D. 1993. Regulation of G_1/S transition by cyclins D2 and D3 in hematopoietic cells. Proc Natl Acad Sci USA, 90 (20): 9571～9575

Bartkova J, Zemanova M, Bartek J. 1996. Abundance and subcellular localization of cyclin D3 in human tumours. Int J Cancer, 65 (3): 323～327

Barzilai A, Rotman G, Shiloh Y. 2002. ATM deficiency and oxidative stress: a new dimension of defective response to DNA damage. DNA Repair, 1: 3～25

Birrer M J, Farley J, Ozbun L et al. 2007. Cell cycle and related protein Dis Markers, 23 (5, 6): 433～443

Boddy M N, Russell P. 2003. DNA replication checkpoint. Current Biology, 11: R953～956

Cann K L, Hicks G G. 2007. Regulation of the cellular DNA double-strand break response. Biochem Cell Biol, 85 (6): 663～674

Carr A M. 2002. DNA structure dependent checkpoints as regulators of DNA repair. DNA Repair, 1: 983～994

Cho S G, Choi E J. 2002. Apoptotic signaling pathways: caspases and stress-activated protein kinases. Biochem Mol Biol, 35 (1): 24～27

Decker T, Schneller F, Hipp S et al. 2002. Cell cycle progression of chronic lymphocytic leukemia cells is controlled by cyclin D2, cyclin D3, cyclin-dependent kinase (cdk) 4 and the cdk inhibitor p27. Leukemia, 16 (3): 327～334

Ewen M E. 2000. Where the cell cycle and histones meet. Genes & Development, 14: 2265～2270

Giaccia A J. Kastan M B. 1998. The complexity of p53 modulation: emerging patterns from divergent signals. Gens & Dev, 12: 2973～2983

Gong J, Ardelt B, Traganos F et al. 1994. Unscheduled expression of cyclin B1 and cyclin E in several leukemic and solid tumor cell lines. Cancer Res, 54 (16): 4285～4288

Greider C, Chattopadhyay A, Parkhurst C et al. 2002. BCL-x (L) and BCL2 delay Myc-induced cell cycle entry through elevation of p27 and inhibition of G_1 cyclin-dependent kinases. Oncogene, 21 (51): 7765～7775

Hickman M J, Samson L D. 1999. Role of DNA mismatch repair and p53 in signaling induction of apoptosis by alkylating agents. Proc Natl Acad Sci U S A, 96: 10764～10769

Hirao A, Kong Y Y. Matsuoka S et al. 2000. DNA damage-induced activation of p53 by the checkpoint kinase Chk2. Science, 1284～1287

Hengstschlager M H, Braun K, Soucek T et al. 1999. Cyclin-dependent kinases at the G_1-S transition of the mammalian cell cycle. Mutat Res. 436 (1): 1～9

Juan G, Gong J, Traganos F et al. 1996. Unscheduled expression of cyclins D1 and D3 in human tumour cell lines. Cell Prolif, 29 (5): 259～266

Moore L, Lu X, Ghebranious N et al. 2007. Aging-associated truncated form of p53 interacts with wild-type p53 and alters p53 stability, localization, and activity. Mech Ageing Dev

Murray A W, Marks D. 2001. Can sequencing shed light on cell cycling? Nature, 409: 844～846

Nie L, Sasaki M, Maki C G. 2007. Regulation of p53 nuclear export through sequential changes in conformation and ubiquitination. J Biol Chem, 282 (19): 14616～14625

Resnitzky D, Reed S I. 1995. Different roles for cyclins D1 and E in regulation of the G_1-to-S transition. Mol Cell Biol, 15 (7): 3463～3469

Tam S W, Theodoras A M, Shay J W et al. 1994. Differential expression and regulation of cyclin D1 protein in normal and tumor human cells: association with Cdk4 is required for cyclin D1 function in G_1 progression. Oncogene, 9 (9): 2663～2674

Takimoto R, ElDeiry W S. 2001. DNA replication block adeimpaurs p53 transactivation. Proc Natl Acad Sci USA. 98: 781～783

Turowski P, Franckhauser C, Morris M C et al. 2003. Functional cdc25C Dual-specificity phosphatase is required for S-phase entry in human cells. Mol Biol Cell, 14 (7): 2984～2998

Uetake Y, Sluder G. 2007. Cell-Cycle Progression without an Intact Microtubule Cytoskeleton. Curr Biol, 17 (23): 2081～2086

Vaux D L, Strasser A. 1996. The molecular biology of apoptosis. Proc Natl Acad Sci USA, 93: 2239～2244

Wang Y, Cortez D, Yazdi P et al. 2000. BASC, a supercomplex of BRCA1-associated proteins involved in the recognition and repair of aberrant DNA structures. Genes&Dev, 14: 927～939

Werness B A, Levine A J, Howley P M. 1990. Association of human papilloma virus types 16 and 18 proteins with p53. Science, 248: 76～79

Zhou B-B S, Elledge S J. 2000. The DNA damage response: putting checkpoints in perspective. Nature, 408: 433～439

第十六章 细胞凋亡

一、细胞凋亡概论

细胞凋亡（apoptosis）由常被称为“程序化细胞死亡”（programmed cell death）。英文“apoptosis”一词源自希腊语，意思是“脱落”（falling off）的意思。细胞凋亡过程体现的是多细胞生物在发育过程中进化而得到的一种由基因控制的主动的细胞生理性自杀行为。

实际上，细胞凋亡机制是多细胞生物减少细胞数量的一种正常的生理机制，在这个意义上与细胞的有丝分裂意义相反。

（一）细胞凋亡的意义

细胞凋亡机制的存在体现如下两个方面的生物学意义：①作为多细胞生物免疫机制的延伸；②参与多细胞生物的分化过程。

1. 细胞凋亡与多细胞防御细胞损伤

对于已经发育成熟的个体而言，细胞凋亡机制可以用来维护细胞的正常新陈代谢。对于人体而言，初步估计每个人每天通过细胞凋亡而死掉的细胞可高达10亿左右。不止如此，由于细胞凋亡是一种细胞自有的、受控制的细胞自杀行为，所以它又是细胞对生理逆境做出的一种积极的反应。在细胞面对大量的不可修复的DNA损伤、病毒感染、畸形细胞分裂等情况下，这些具有癌变和畸形繁殖的细胞的自主死亡是一种积极而十分有意义的防范机制。否则，就会导致人体出现各种各样的肿瘤和恶性增生疾病。这些恶性增生性疾病可以影响器官形态、神经系统和免疫系统。

细胞凋亡可以起因于细胞受到了自身难以修复的损伤，或者细胞遭受某些病毒感染，或者细胞所处环境严重营养不足，使细胞处于饥饿状态等。另外，离子辐射和化学毒剂等也会通过肿瘤抑制基因P53蛋白诱发细胞凋亡。

细胞凋亡与否通常由三个方面决定，一是来自凋亡细胞自身；二是受周围组织的影响；三是受免疫细胞中的部分细胞影响。在上述情形下，部分细胞实施凋亡体现相应的正面意义，如在饥饿时，一部分细胞死亡可以节省营养供其他细胞应用；使病毒感染的细胞通过凋亡被除去，可以防止病毒在体内的进一步扩散。

细胞凋亡还可以预防癌症细胞的形成，如果因为基因突变或抑制细胞凋亡的过程，细胞就有可能通过分裂发展成为肿瘤细胞。例如，乳头病毒（papilloma viruse）感染后的细胞，由于病毒自身的蛋白质干扰被感染细胞内 P53 蛋白功能，故促生宫颈癌（cervical cancer）的出现。

2. 细胞凋亡与多细胞分化和发育

细胞凋亡机制在正常的生理条件下对组织和器官的分化、成型乃至于个体发育都必不可缺，在这些重要的发育过程中发挥着必不可少的作用。例如，在动物和人等的发育过程中，细胞凋亡对于形成正常的组织器官是必需的，如蝌蚪到青蛙的转型，以及人的手指和脚趾的形成等的都需要细胞凋亡机制发挥作用。细胞凋亡能力的丧失会引发许多与发育相关的问题。

（二）细胞坏死和细胞凋亡

在体内存在着两种截然不同的细胞死亡现象，一种是细胞凋亡，另一种是细胞坏死（necrosis）（图 16.1）。正如前文所描述的那样，细胞凋亡本身是一种受

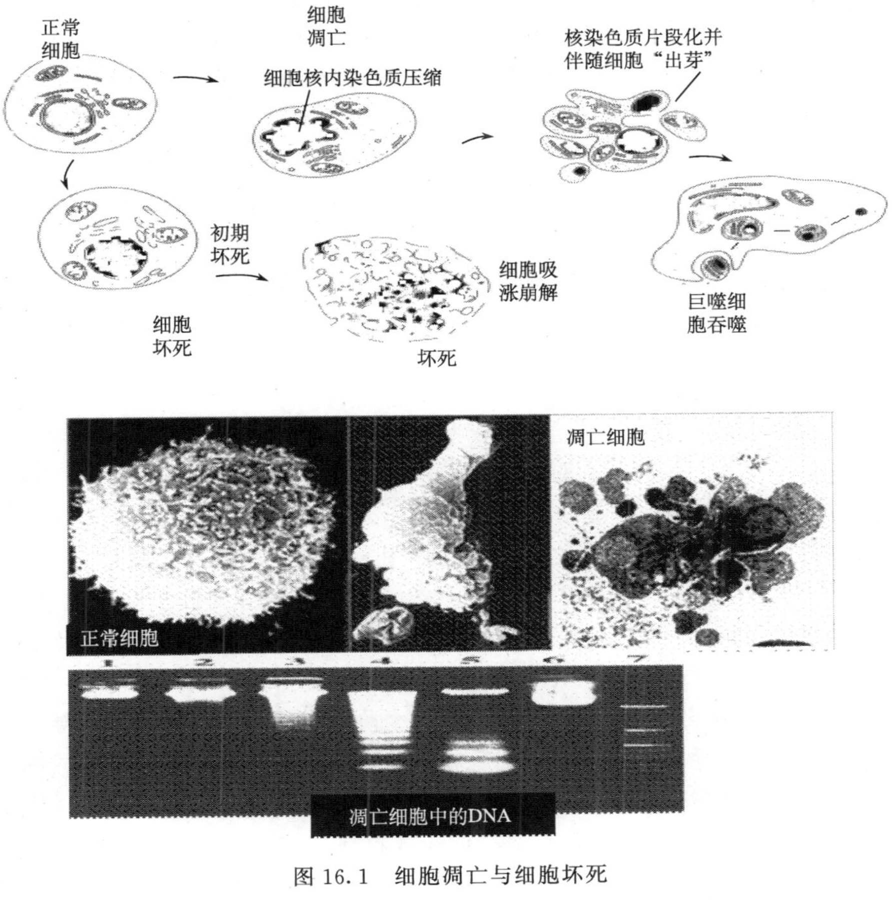

图 16.1 细胞凋亡与细胞坏死

到严格控制的死亡过程，通常伴随着细胞萎缩、脱水、细胞核断裂、整个细胞最终会被巨噬细胞以胞饮形式清除。与细胞凋亡不同，细胞坏死一般被看作是一个比较被动的细胞死亡过程。处于细胞坏死的细胞往往与细胞膜上的离子通道出现功能性障碍有关。因此，坏死细胞往往会表现为“融涨”裂解的现象。但是，最近有研究表明，利用顺铂诱导的卵巢癌细胞的坏死和凋亡可能会彼此之间发生转换。

通过前文可知，细胞逆境状态通常可以激活 P53，而被激活后的 P53 既可以促进细胞周期停止，也可以转而促进细胞凋亡。而当细胞周期被停止之后，一般会引发细胞的有丝分裂灾难（mitotic catastrophe），造成细胞出现独特的形态变化，使之成为一种被拖延的细胞死亡状态。研究者发现，P53 蛋白和天冬氨酸特异性半胱氨酸蛋白酶 2（caspase-2）都是卵巢癌细胞凋亡所必需的。顺铂可以引发天冬氨酸特异性半胱氨酸蛋白酶 2 向细胞质内转移，并和 P53 蛋白一起启动细胞凋亡过程。但当缺乏 P53 蛋白时，顺铂可以造成非依赖于 caspase-2 的细胞有丝分裂灾难，并转而进入细胞坏死途径（necrosis）。有意思的是，当再次瞬时表达野生型 P53 时，进入细胞坏死的细胞又可以转向细胞凋亡途径。

相关的研究也表明，细胞坏死的启动可能与细胞缺乏 Chk2 或 14-3-3σ 有关。Chk2 被抑制或 14-3-3σ 缺陷的细胞在经 DNA 损伤试剂处理时倾向于出现细胞有丝分裂灾难，并出现细胞坏死。但是，此时的细胞内由于 P53 蛋白和 Chk2 相关蛋白的表达而促进细胞坏死转向细胞凋亡（见第十五章相关内容）。因此，P53 蛋白和 Chk2 相关蛋白似乎在细胞坏死和细胞凋亡过程中起着“开关”作用。

二、细胞凋亡的一般过程

（一）细胞凋亡信号及其转导

凋亡应答是整个细胞凋亡过程的第一个阶段，主要标志为细胞针对来自内外环境中有关细胞凋亡信号的感知和转导。这个过程需要一大类被称为“死亡”受体和“死亡”受体识别的配体之间的协同作用来实现。细胞凋亡过程中的信号转导也是属于“双组分信号转导”之中的一类。现在已经得到较多已知的“死亡”受体和配体，包括肿瘤坏死因子受体和肿瘤坏死因子受体配体、Fas 及 Fas 配体、死亡受体 DR3、DR4 和 TRAILR1、生长因子受体、P53、糖皮质激素受体、肿瘤坏死因子受体等；细胞凋亡应答的第二个阶段主要是逆境信号的转导。细胞凋亡逆境信号的转导是由一条通过细胞膜上的死亡信号受体转导途径完成的。这个过程通过激活受体介导的死亡信号，经过信号转导激活天冬氨酸特异性半胱氨酸蛋白酶 8。第二条死亡信号转导途径源于线粒体。在逆境状态下的线粒体释放细胞色素 c、Apaf-1 和细胞凋亡起始因子，并随后激活天冬氨酸特异性半胱氨酸蛋白酶 9。这条细胞凋亡途径可以受一些抗细胞凋亡和亲细胞凋亡分子的调节，如 Bcl-2 家族蛋白就作用于这条途径上。通过这些作用 Bcl-2 家族中的蛋白质可以被 3-磷酸肌苷激酶和 AKT 加以磷酸化修饰。可以启动细胞凋亡的死亡信号主要是来自死亡细胞形态学上的改变，如通常位于细胞内膜的磷脂丝氨酸（phosphatidylserine，PtdSer）一旦暴露到外膜就成了细胞凋亡的一种信号；位于细胞膜表面的糖分子结构发生的改变也可以被视为一种细胞凋亡信号。与此同时，补体 C1q 等也可以成为细胞凋亡的识别信号。另外，活性氧自由基、生长因子、药物、核酸缺乏、辐射、细胞周期素失平衡、肿瘤坏死因子（TNF）等也可以诱发细胞凋亡。

（二）与自杀有关的蛋白酶

死亡信号经过传递进一步激活一系列与细胞自杀有关的蛋白酶，及其相关控制因子，如 Bcl-2 家族成员和多种蛋白质和核酸酶等。在这个过程中发挥作用的主要是一类含有半胱氨酸残基的蛋白酶。这些蛋白酶彼此拥有同源性，属于一类在进化上非常保守的天冬氨酸特异性半胱氨酸蛋白酶家族中的一部分。到目前为止，在人类细胞中已经发现了十几种天冬氨酸特异性半胱氨酸蛋白酶，其中约有 2/3 的天冬氨酸特异性半胱氨酸蛋白酶参与细胞凋亡过程。半胱氨酸位于这些天冬氨酸特异性半胱氨酸蛋白酶的活性中心，识别天冬氨酸以后的氨基酸残基，识别位点为 Asp-Xxx。根据各自的底物偏好性和一级序列的相同程度，以及空间结构的相似性，可以把这些天冬氨酸特异性半胱氨酸蛋白酶分成几类。参与细胞凋亡的天冬氨酸特异性半胱氨酸蛋白酶是以酶原的形式被表达的。天冬氨酸特异性半胱氨酸蛋白酶原含有一个 N 端酶原结构域、一个 p20 结构域和一个 p10 结构域。被活化的天冬氨酸特异性半胱氨酸蛋白酶通常含有两个 p20 和两个 p10 异二聚体的异四聚体。但是经常见到的活性天冬氨酸特异性半胱氨酸蛋白酶是以二聚体的形式参与细胞凋亡过程，目前尚不清楚它们形成异四聚体的生物学意义。天冬氨酸特异性半胱氨酸蛋白酶原可以经过 3 种方式被激活：第一种是可以通过天冬氨酸特异性半胱氨酸蛋白酶之间的自发激活；第二种是通过和死亡受体和配体形成复合体而被激活，如天冬氨酸特异性半胱氨酸蛋白酶 8 的酶原形式就可以和 Fas/FasL 形成复合体，并被激活。同样天冬氨酸特异性半胱氨酸蛋白酶 2 的酶原也可以通过类似的方式被激活。第三种激活天冬氨酸特异性半胱氨酸蛋白酶原的方式是通过调节亚基的作用，如天冬氨酸特异性半胱氨酸蛋白酶 9 可以和 Apaf-1 形成复合体后发挥作用，而 Apaf-1 就是天冬氨酸特异性半胱氨酸蛋白酶 9 的活性调节亚基。Apaf-1 和天冬氨酸特异性半胱氨酸蛋白酶 9 形成的蛋白质复合体（可能还含有其他蛋白质组分）就是通常说的“凋亡体”（apoptosome）。被活化之后的天冬氨酸特异性半胱氨酸蛋白酶可以选择性地作用于靶蛋白的氨基酸序列的一到几个 AspXx 位点，在这些位点处对靶蛋白质进行水解。天冬氨酸特异性半胱氨酸蛋白酶的这种水解，有些可以使靶蛋白质失去活性，但有些却可以进一步活化某些蛋白质。如天冬氨酸特异性半胱氨酸蛋白酶可以进一步活化一种可以在核小体之间降解 DNA 的 DNA 水解酶，这个 DNA 水解酶现在被称为过氧化物酶激活的 DNase 或 CAD。CAD 通常和它的抑制亚基 ICAD 以非活性形式存在于细胞中，天冬氨酸特异性半胱氨酸蛋白酶 3 可以水解其中的抑制亚基 ICAD，从而释放出具有活性的 CAD。经过几年的研究，现已发现接近 100 种可以成为天冬氨酸特异性半胱氨酸蛋白酶底物的靶蛋白。启动细胞凋亡过程的最后一步就是细胞的死亡，包括染色体出现核固缩（pyknosis）等结构性改变，并同时伴随 DNA 水解和细胞死亡。之后，这些死亡的细胞被巨噬细胞等清除。

三、细胞凋亡的分子机制

Horvitz 的学生 Ellis 和 Desai 等首次在线虫中发现了 ced-3 和 ced-4，并发现 CED3 突变体。细胞凋亡（apoptosis）可以人为地分作两个时期：激活期（activation phase）和执行期（execution phase）。所谓激活期是指细胞对“死亡信号”（death signal）的应答，同时通过执行死亡信号启动“自我摧毁”（self-destruction）的阶段。而在执行期则是主要指细胞死亡的实施。需要明确的是，凋亡中的细胞通常可以被吞噬细胞识别，因为通常在凋亡状态的细胞表明携带有“死亡”标记，这种“死亡”信号可以引导吞噬细胞对凋亡细胞自我吞噬（eat me）。最常见的“吃我”信号是位于凋亡过程的细胞膜外侧的磷脂酰丝氨酸分子。该分子可在细胞凋亡过程中通过“翻转酶”（flop-flipase）从细胞外侧翻转到内侧。

（一）天冬氨酸特异性半胱氨酸蛋白酶（caspase）的激活过程

迄今发现，参与细胞凋亡过程的天冬氨酸特异性半胱氨酸蛋白酶都是先以酶原形式被翻译出来的。这些天冬氨酸特异性半胱氨酸蛋白酶均含有一个 N 端酶原结构域（N-terminal prodomain），该结构域中的氨基酸序列具有高度可变的特点，在所有天冬氨酸特异性半胱氨酸蛋白酶酶原中不尽相同。除此之外，天冬氨酸特异性半胱氨酸蛋白酶由大、小两个亚基组成，其中，大亚基的分子质量为 20kDa，而小亚基的分子质量则为 10kDa。天冬氨酸特异性半胱氨酸蛋白酶原需要在细胞凋亡反应过程中被激活，这个激活过程通常伴随着天冬氨酸特异性半胱氨酸蛋白酶的级联放大（图 16.2）。细胞凋亡过程中需要天冬氨酸特异性半胱氨酸蛋白酶由非活性形式转化成活性天冬氨酸特异性半胱氨酸蛋白酶。这个过程需要衔接子蛋白的参与。衔接子蛋白能够和多个天冬氨酸特异性半胱氨酸蛋白酶原识别，并借机把多个天冬氨酸特异性半胱氨酸蛋白酶召集在一起进行酶原加工处理。

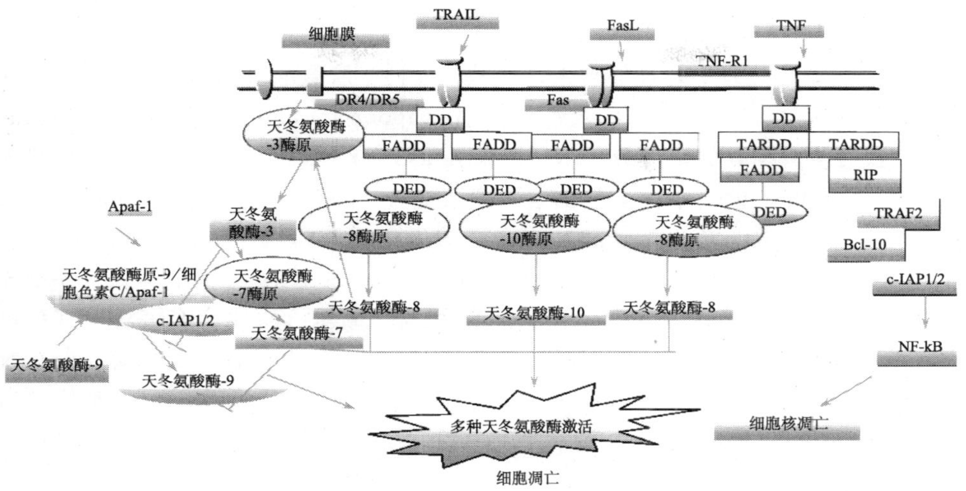

图 16.2 细胞凋亡过程中的天冬氨酸特异性半胱氨酸蛋白酶体级联放大效应

1. 三类天冬氨酸特异性半胱氨酸蛋白酶体（caspase）

与细胞凋亡有关的天冬氨酸特异性半胱氨酸蛋白酶可以依据其所发挥的功能分为三大类：①细胞凋亡起始者（apoptotic initiator）。这类天冬氨酸特异性半胱氨酸蛋白酶主要包括过天冬氨酸特异性半胱氨酸蛋白酶-2（caspase-2）、天冬氨酸特异性半胱氨酸蛋白酶-8（caspase-8）、天冬氨酸特异性半胱氨酸蛋白酶-9（caspase-9）和天冬氨酸特异性半胱氨酸蛋白酶-10（caspase-10）等。上述天冬氨酸特异性半胱氨酸蛋白酶体在细胞凋亡过程中主要负责启动凋亡反应的作用。②细胞凋亡执行者（apoptotic executioner）。这类天冬氨酸特异性半胱氨酸蛋白酶包括天冬氨酸特异性半胱氨酸蛋白酶体-3（caspase-3）、天冬氨酸特异性半胱氨酸蛋白酶体-6（caspase-6）、天冬氨酸特异性半胱氨酸蛋白酶体-7（caspase-7）和天冬氨酸特异性半胱氨酸蛋白酶体-14（caspase-14）（通常表现出形态变化）。这些天冬氨酸特异性半胱氨酸蛋白酶主要负责细胞凋亡执行者的作用。③炎性介导者（inflammatory mediator）。属于炎性介导者的天冬氨酸特异性半胱氨酸蛋白酶体-1（caspase-1）和天冬氨酸特异性半胱氨酸蛋白酶体-11（caspase-11）在细胞凋亡过程中具有炎性介导者的作用。

2. 细胞凋亡过程中天冬氨酸特异性半胱氨酸蛋白酶体的级联放大效应

在细胞凋亡过程中，天冬氨酸特异性半胱氨酸蛋白酶元可以通过蛋白质水解进行激活。体现天冬氨酸特异性半胱氨酸蛋白酶级联放大效应（caspase cascade）。

（二）caspase 的底物

在细胞凋亡过程中，能够被天冬氨酸特异性半胱氨酸蛋白酶作用的靶蛋白主要包括以下几类：细胞凋亡和炎性调节者（apoptotic and inflammatory regulator）；蛋白激酶和其他信号分子（protein kinase and other signal）；信号转导调节者（transduction regulator）；细胞质和细胞核结构蛋白（cytosolic and nuclear structural protein）；负责修复和"持家"的蛋白质和酶（repair and housekeeping protein and enzyme）；细胞周期调节者（cell cycle regulator），以及与疾病相关的因子（disease related factor）。到了细胞凋亡的执行阶段会有多达十几种的蛋白激酶参与，主要包括 FAK、PKC 和 Raf1 等。其中，FAK 主要参与凋亡细胞间细胞支持薄层蛋白（lamin）的去除。薄层蛋白的去除会相继引发细胞核薄层（lamina）的降解，引起细胞核的收缩；对于细胞结构蛋白 IF、肌动蛋白（actin）和 gelsilin 的降解可以引起凋亡中细胞形态的改变；凋亡过程中还可以诱导一系列细胞标记的出现，并促使携带有此类标记的细胞被吞噬细胞吞噬。

（三）天冬氨酸特异性半胱氨酸蛋白酶激活的 DNA 酶抑制者

天冬氨酸特异性半胱氨酸蛋白酶激活的 DNA 酶（caspase-activated DNAse，CAD）是一种内切核酸酶，通常以非活性形式位于细胞质中。在细胞凋亡过程中，CAD 的抑制者需要通过水解去除，并因此导致 CAD 被活化，被活化后的 CAD 从细胞之中被转移到细胞核内，在细胞核中负责把 DNA 切割成片段。

在细胞凋亡过程中，参与 DNA 修复的酶可以通过天冬氨酸特异性半胱氨酸蛋白酶体的降解被灭活。因为在细胞凋亡过程中的 DNA 损伤修复本来是维持细胞"自稳态"的活力，但在细胞凋亡过程中却需要解除细胞的这种自稳定能力。

四、天冬氨酸特异的半胱氨酸蛋白水解酶的调节

与细胞凋亡执行有关的过氧化物酶需要受到严格的、多方位的调节控制。包括在基因表达过程中的调节控制，在翻译后通过磷酸化修饰（phosphorylation）、亚硝酰基化修饰（nitrosylation）等。例如，人类细胞凋亡过程中的 caspase-9 活性就是通过 Akt 灭活的；与此类似，在 caspase 活性位点部位进行亚硝基化修饰也可以起到直接抑制相应 caspase 活性。除此之外，对一些 caspase 采取"隔离"的方法也可以阻止其各自相应的活性，这种调控方法常见于对 caspase-1、caspase-8、caspase-12 等的控制；Bcl-2 蛋白家族的"pro-"和"anti-"调控；caspase 的抑制者（inhibitor），主要包括 CrmA、p35、FLIP 和 IAP 等，这些抑制者可以直接对相应的 caspase 活性进行抑制。

五、细胞凋亡过程的分子途径

细胞过程的启动受多元化的细胞信号分子控制。能够启动细胞凋亡过程的细胞信号即可以来自细胞外也可以来自细胞内，一般称来自细胞外的凋亡信号为外源诱导子（extrinsic inducer），而来自内部的信号则称为内源诱导子（intrinsic inducer）。能够启动细胞凋亡的外部信号分子包括激素、生长因子、氧化氮或某些细胞因子等，由于这些信号来自细胞外部，因此在启动细胞凋亡过程中必须跨越细胞质膜进行信号转导。这些信号分子既可以促进细胞凋亡，也可以对细胞凋亡过程加以抑制。能够启动细胞凋亡的内部信号来自细胞内部，包括糖皮质激素、热辐射、营养剥夺、病毒感染和缺氧等都可以促使一个受伤害的细胞释放其内源性细胞凋亡信号。除此之外，某些细胞组分，如多聚 ADP 核糖聚合酶（poly ADP ribose polymerase）等都对细胞凋亡表现出调节作用。

在细胞死亡机制启动之前，细胞凋亡诱导信号必须经过一定的死亡途径传给与细胞自杀有关的酶，这样的死亡途径是由一系列调节蛋白组成的。到现在为止，已经发现了两条负责细胞凋亡过程可信号转导的“死亡”途径，即起因于外部信息的细胞凋亡途径和源自细胞内部的细胞凋亡途径。

（一）细胞凋亡的外部途径

外部途径（extrinsic pathway）是通过 TNF 受体家族（如 CD95）的受体与配体结合开始的。这些配体包括癌症坏死因子（TNF）和其他细胞因子，后者可以由 T 淋巴细胞分泌。在 FADD［Fas 偶联死亡区域蛋白（Fas-associated death domain protein）］的协助下，受体不断在细胞质中收集 procaspase-8。后者通过高密度自催化激活自身。活化的 caspase-8 将会引发所谓的 caspase 级联反应。细胞凋亡的外部途径通常是指 Fas 信号转导途径。该途径又被称为 Apo-1 或 CD95 途径。Fas 是肿瘤坏死因子受体超家族中的一员，所在的凋亡途径则为一种受体介导的细胞凋亡途径。细胞质因子 Bcl-2 家族包括 Bad、Bid 和 bax 等，这些蛋白质促使细胞凋亡；Bcl-X、Bcl-w 和 Bcl-2 这些蛋白质阻止细胞凋亡反应过程。细胞凋亡刺激因子包括 DNA 损伤、高 Ca^{2+} 和氧化逆境。

（二）内在凋亡途径

细胞凋亡的内在途径（intrinsic pathway）通常是指线粒体介导的细胞凋亡途径（图 16.3）。这条途径与细胞内多种“逆境”的应答有关。线粒体存在于多细胞生物细胞质中，是细胞氧化磷酸化的重要场所。一旦细胞缺乏线粒体就会因为不能进行有氧呼吸而很快死亡。作用于线粒体的细胞凋亡蛋白质可以通过不同的途径改变线粒体的生理状态，并最终导致线粒体遭到破坏。其中，细胞凋亡蛋白可以嵌入线粒体膜中，形成孔隙结构，导致线粒体溶胀；或者直接改变线粒体膜的通透性，导致线粒体内与细胞凋亡有关的效应物外溢。最近越来越多的证据表明，一氧化氮诱导细胞凋亡的机制与其对线粒体通透性的影响密不可分。一氧化氮可以在很大程度上提高线粒体膜的通透性。

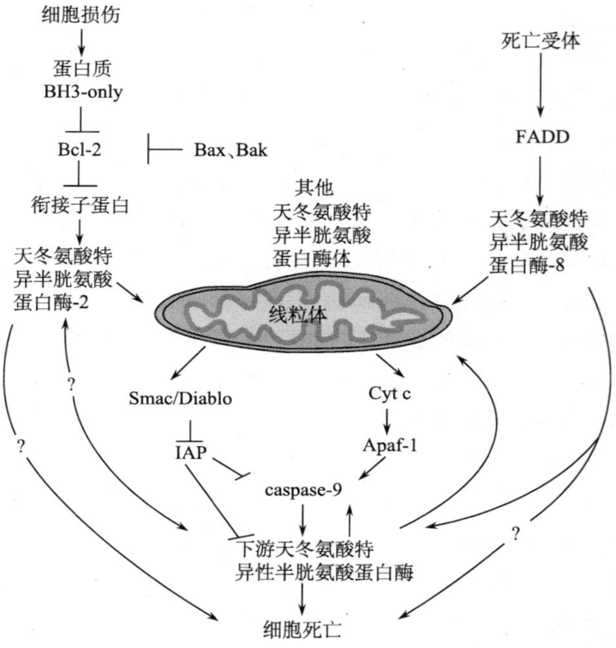

图 16.3　线粒体细胞凋亡途径

随着线粒体膜通透性的增加，线粒体中的一类被称为“SMAC”（second mitochondria derived activator of caspase）的蛋白质被释放到细胞质内。SMAC 蛋白随即与细胞凋亡蛋白抑制剂（inhibitor of apoptotic protein，IAP）结合，使之失去活性。由于 IAP 的失活，细胞凋亡相继被启动。通常的情况下，IAP 也负责对天冬氨酸特异的半胱氨酸蛋白水解酶的抑制。当 IAP 被 SMAC 蛋白失活之后，天冬氨酸特异的半胱氨酸蛋白水解酶就可以参与细胞凋亡过程中的降解过程。因此，细胞凋亡的内在途径与线粒体膜通透性改变关系密切。

伴随着线粒体膜通透性的增加，细胞色素 c 分子也会从线粒体内外溢到细胞质内，位于线粒体外膜上的 MAC，在凋亡过程中可以伴随细胞形态变化体现一种调节功能。外溢到细胞质内的细胞色素 c 分子可以与 Apaf-1 和 ATP 结合，然后与天冬氨酸特异的半胱氨酸蛋白水解酶原-9 一起组成“凋亡复合体”（apoptosome)。凋亡体随即把天冬氨酸特异的半胱氨酸蛋白水解酶转化为活性天冬氨酸特异的半胱氨酸蛋白水解酶-9，然后，天冬氨酸特异的半胱氨酸蛋白水解酶-9 激活天冬氨酸特异的半胱氨酸蛋白水解酶-3。MAC 的活性受众多蛋白质的调节，如哺乳类细胞中的抗细胞凋亡蛋白 Bcl-2 家族。Bcl-2 家族是一类抗细胞凋亡的蛋白质，相当于线虫细胞内的 *ced-9* 基因编码产物。实际上，Bcl-2 蛋白能够通过其自身直接与 MAC 作用促进细胞凋亡，或间接地通过与其他蛋白质的作用对细胞凋亡过程发挥抑制作用。此外，属于 Bcl-2 家族的某些蛋白质甚至在细胞色素 c 已经外溢的情况下抑制细胞凋亡。

内始式途径始于肿瘤抑制基因（如 p53，一个转录因子，它会受 DNA 损伤激发）。p53 能刺激 Bcl-2 家族中于细胞凋亡前起作用的成员（如 Bax、Bad）的表达。这将导致线粒体内外膜间的物质释放，如细胞色素 c 和 Smac/DIABLO，它们都是作用于细胞凋亡前的物质。细胞色素 c 和胞质中的 Apaf-1 以及 pro-caspase-9 共同组成所谓的凋亡体，其实就是 caspase-9 的活化形式。它和 caspase-8 一样引起 caspase 级联反应。

受多种类型的细胞逆境诱导，需要 Bcl-2 家族中 Bad 或 Bax 的参与。在这个过程中，Bad 或 Bax 往往需要嵌入到线粒体外膜之中，造成线粒体内外膜间的细胞色素 c 外逸。之后形成一种多亚基复合体，并引发天冬氨酸特异性半胱氨酸蛋白酶体的级联放大反应。

六、受到干扰的细胞凋亡途径

细胞内存在着由众多生化组分构成的众多类型的细胞凋亡途径。其中，许多凋亡途径的细节尚有待于进一步深入研究。这些凋亡途径的一个共有特点是每一条途径都由多组分构成，组分之间需要按照一定的衔接顺序彼此作用。如果因为某种原因造成其中的一种或几种组分出现问题，如被破坏、清除或被修饰失活等都会造成有关凋亡途径或与之关联的信号转导功能的丧失。

这些问题可能会对一个生活着的生物个体产生很大的问题，如导致该个体出现某种疾病或造成该个体某方面的生理机能紊乱。其中，可以共同体现出的特征包括正常途径的功能受到干扰或被阻断，并最终造成细胞不能实施所需要的细胞凋亡，常常因此导致肿瘤或其他一些严重疾病的发生。在这里我们将以肺癌 NCI-H460 细胞系的病理过程加以简单介绍。研究发现，人类肺癌 H460 细胞系中通常可以出现与 X 染色体连锁的细胞凋亡抑制蛋白因子（XIAP）的过量表达。其中，XIAP 具有与经过加工的 caspase-9 结合的能力。这种结合可以转而抑制细胞凋亡促进因子细胞色素 c 的活性。于是在 H460 细胞中，XIAP 过量表达可以促进细胞凋亡因子所需要的拮抗剂被消耗，并因此破坏了本来倾向于抑制细胞凋亡的细胞凋亡拮抗剂和促进剂之间的平衡，使 H460 细胞可以带“错误”

（DNA 损伤）复制，最终转化为肺癌。

（一）P53 失去调节

当细胞内 DNA 出现损伤时，其中的肿瘤抑制蛋白 P53 水平升高（见第八章和第十五章）。这种情况下的 P53 蛋白水平增高可部分归因于干扰素 α（interferon-alpha）和干扰素 β（interferon-beta）对该基因的转录促进。一般情况下，细胞内较高的 P53 蛋白水平有利于促进肿瘤细胞的凋亡。在第十五章中，我们介绍了 P53 蛋白介导的细胞周期关卡机制。在这个过程中，P53 蛋白介导的细胞关卡可以使细胞周期停顿在 G_1 期，终止细胞周期进程，并同时通过 P21 蛋白和 DNA 聚合酶的作用抑制 DNA 复制，为 DNA 损伤修复赢得时间。但是，如果 DNA 损伤的严重程度超过了细胞自身的修复能力，则会转而促进细胞凋亡的启动。因此，任何与 P53 调节或干扰素基因方面出现问题都有可能造成细胞凋亡能力的丧失或改变，并因此提高细胞向肿瘤细胞转化的机会。

（二）艾滋病病毒 HIV 感染对细胞凋亡的影响

人类免疫缺陷病毒（HIV）是导致人类罹患艾滋病（AIDS）的病原。在发病过程中，HIV 病毒可以通过破坏人体内的带有 $CD4^+$ 标记的辅助 T 淋巴细胞（T-helper/T4）而降低患者的免疫能力，表现为“获得性”免疫缺陷症状。在这个过程中，导致 T4 细胞过度死亡的原因之一即由细胞凋亡引起。这个过程可能需要经历如下几种途径：HIV 携带的蛋白酶类可使具有抗细胞凋亡的 Bcl-2 蛋白失去活性，与此同时，HIV 自身的蛋白酶还可以激活能够促进细胞凋亡的天冬氨酸特异的半胱氨酸蛋白水解酶原-8，使之转换为活性形式的天冬氨酸特异的半胱氨酸蛋白水解酶-8。尽管这个过程并不能直接造成细胞死亡，但是，它却可以帮助细胞在接到适当的细胞凋亡信号后启动细胞凋亡程式。另外，HIV 病毒也可能会提高宿主细胞中可与 Fas 介导的细胞凋亡相关的蛋白质水平，以促进辅助 T 细胞的凋亡。同时，HIV 编码的蛋白质还可以减少位于辅助 T 细胞膜表面上的 CD4 糖蛋白标记分子的数量，而释放到凋亡细胞外液中的病毒颗粒和蛋白质又可以通过 Nef 蛋白激发未受感染的防御细胞的程序性死亡。抑制剂盐酸法舒地尔可以阻断这一机制，因此造成艾滋病患者体内许多未受感染的白细胞出现凋亡。与此同时，HIV 病毒还可以降低细胞凋亡过程所需要的“标记”分子的数量，并以此为病毒自身的复制赢得时间，之后，还可以向周围组织中持续释放凋亡物质和成熟的病毒颗粒。被 HIV 感染的 $CD4^+$ 细胞可能也会接受细胞毒 T 细胞发出的“死亡信号”，并启动凋亡过程。除了诱发细胞凋亡之外，被病毒感染的细胞也可以直接因病毒感染而死亡。

（三）其他可干扰细胞凋亡的病毒

某些病毒可以促进被感染的细胞启动细胞凋亡过程。通常采用的作用方式有如下几种：①与特定的受体结合；②激活蛋白激酶 R（PKR）；③与细胞内 P53 作用。能够与被感染细胞表面主要组织相容性抗原结合的病毒蛋白质的表达有助于免疫系统中的免疫细胞，如自然杀伤细胞（natural killer）和细胞毒 T 细胞等对被病毒感染细胞的识别，这种识别可诱导被病毒感染的细胞进行细胞凋亡。有意思的是，自然界中的许多病毒都能产生抑制宿主细胞凋亡的蛋白质。例如，有些病毒可以制造 Bcl-2 样蛋白，如 Epstein-Barr 病毒蛋白 BHRF1 和腺病毒 E1B-19K 蛋白等。这些病毒蛋白质可以抑制促进细胞凋亡的 BAX 和 BAK 等蛋白。BAX 和 BAK 等蛋白质是细胞凋亡所必需的。

有些病毒可以表达天冬氨酸特异的半胱氨酸蛋白水解酶抑制剂，如牛痘病毒（cowpox virus）的 CrmA 蛋白等。这些蛋白质可以抑制天冬氨酸特异的半胱氨酸蛋白水解酶活性，因此可以相应地抑制细胞凋亡；而有许多病毒可以阻断肿瘤坏死因子（TNF）和 Fas，如黏液流病毒 M-T2 就可以与 TNF 结合，并因此阻止其与 TNF 受体的结合，并可同时诱导相应的应答反应。

此外，许多病毒又可以表达 P53 蛋白抑制剂。这种 P53 蛋白抑制剂可以和细胞内的 P53 蛋白结合，并抑制其转录促进活性（transcriptional transactivation activity）。由于这种抑制直接造成了许多促进细胞凋亡的蛋白质不能表达，故相应地抑制了细胞凋亡。例如，腺病毒 E1B-55K 蛋白和乙肝病毒 HBx 蛋白就可以直接抑制被感染细胞内的 P53 蛋白的转录促进活性，从而影响到细胞凋亡的促进蛋白的表达，而导致宿主细胞不能启动细胞凋亡。

除此之外，一些肿瘤病毒能够导致人类出现肿瘤和癌症，其中这些肿瘤病毒的蛋白质能与 P53 蛋白作用，导致其正常生物学功能的丧失，如 DNA 肿瘤病毒 16、HPV18、SV40 等编码的 SV40T 抗原、腺病毒 ELa、ELb、HPVE6 等“癌蛋白”能与 P53 结合。有工作表明，HPVE6 蛋白质可以和 P53 蛋白结合，并可以促进细胞内蛋白酶降解 P53，并以此降低 P53 的水平。而 SV40T 和腺病毒 E1A 并不能促进 P53 蛋白的降解作用，有研究表明这两种癌蛋白可以和 p300/CBP 乙酰基转移酶家族中的成员直接作用，而这种作用极有可能干扰了它们对 P53 蛋白的乙酰化修饰，以至于影响到 P53 蛋白所介导的几大类基因的转录控制。

有意思的是，病毒可以逃避凋亡中的宿主细胞对它们的降解，特别是在感染的后期更能表现出较好的逃避细胞凋亡执行者对其的“清除”，不仅如此，病毒颗粒还可以从细胞凋亡过程中形成的“凋亡体”（apoptotic body）内被输送出来。在这个过程中，凋亡体可以被巨噬细胞内吞，因此避免宿主细胞对凋亡体可能做出的应答。这个过程有利于病毒的扩散。

主要参考文献

Adams J M, Cory S. et al. 1998. The Bcl-2 protein family: arbiters of cell survival. Science, 281: 1322～1326

Ashkenazi A, Dixit V M. 1998. Death receptors: signaling and modulation. Science, 281: 1305～1308

Blanchard H, Kodandapani L, Mittl P R, et al. 1999. The three-dimensional structure of caspase-8: an initiator enzyme in apoptosis. Structure, 7: 1125～1133

Budihardjo I, Oliver H, Iutter M, et al. 1999. Biochemical pathway of caspase activation during apoptosis. Annu Rev Cell Dev Biol, 15: 269～290

Chang H Y, Yang X. 2000. Proteases for cell suicide: functions and regulation of caspases. Microbiology and Molecular Biology Reviews, 64 (4): 821～846

Degterev A, Boyce M, Yuan J. 2003. A decade of caspases. Oncogene, 22 (53): 8543～8567

Earnshaw W C, Martins L M, Kaufmann S H. 1999. Mammalian caspases: structure, activation, substrates, and functions during apoptosis. Annu Rev Biochem, 68: 383～424

Hay B A, Huh J R, Guo M. 2004. The genetics of cell death: approaches, insights and opportunities in *Drosophila*. Nature Genetics Reviews, 5: 911～922

Philchenkov A. 2004. Caspases: potential targets for regulating cell death. J Cell Mol Med, 8 (4): 432～444

Rich T, Allen R L, Wyllie A H. 2000. Defying death after DNA damage. Nature, 407: 777～783

Riedl S J, Shi Y. 2004. Molecular mechanisms of caspase regulation during apoptosis. Nature Molecular Cell Biology Reviews, 5: 897～907

Sakaguchi K, Herrera J E, Saito S et al. 1998. DNA damage activates p53 through a phosphorylation-acetylation cascade. Genes & Dev, 12: 1831～2841

Sheaff R J, Groudine M, Gordon M et al. 1997. Cyclin E-CDK2 is a regulator of p27Kip1. Genes& Dev, 11 (11):1464～1478

Scheffner M, Werness B A, Huibregste J M et al. 1990. The E6 oncoprotein encoded by human papillomavirus types 16 and 18 promotes the degradation of p53. Cell, 63: 1129～1136

Scheffner M, Munger K, Byrne J C et al. 1991. The state of the p53 and retinoblastoma genes in human cervical cell lines. Proc Natl Acad Sci U S A, 88: 5523～5527

Scheffner M, Munger K, Huibregste J M et al. 1992. Targetted degradation of the retinoblastoma protein by human papilloma virus by E7-E6 fusion proteins. EMBO J, 11: 2425～2431

Vakifahmetoglu H, Olsson M, Tamm C et al. 2008. DNA damage induces two distinct modes of cell death in ovarian carcinomas. Cell Death Differ, 15 (3): 555～566

Vaux D L. Strasser A. 1996. The molecular biology of apoptosis. Proc Natl Acad Sci USA, 93: 2239～2244

Zeiss C J. 2003. The apoptosis-necrosis continuum: insights from genetically altered mice. Vet Pathol, 40: 481～495

索引

X

Y

Z

英语部分

坎坷人生路

——程树榛自传

程树榛◎著

人民东方出版传媒
東方出版社

图书在版编目（CIP）数据

坎坷人生路：程树榛自传 / 程树榛 著 .
—北京：东方出版社，2015.5（2021.5重印）

ISBN 978-7-5060-8218-1

Ⅰ.①坎…　Ⅱ.①程…　Ⅲ.①程树榛—自传　Ⅳ.① K825.6

中国版本图书馆 CIP 数据核字（2015）第 118651 号

坎坷人生路：程树榛自传
（KANKERENSHENGLU：CHENGSHUZHENZIZHUAN）

作　　者： 程树榛
责任编辑： 简以宁
出　　版： 东方出版社
发　　行： 人民东方出版传媒有限公司
地　　址： 北京市东城区朝阳门内大街 166 号
邮政编码： 100706
印　　刷： 北京盛通印刷股份有限公司
版　　次： 2015 年 7 月第 1 版
印　　次： 2021 年 5 月第 6 次印刷
开　　本： 710 毫米 ×1000 毫米　1/16
印　　张： 26
字　　数： 520 千字
书　　号： ISBN 978-7-5060-8218-1
定　　价： 68.00 元
发行电话：（010）64258117　64258115　64258112

程树榛

1970年代在《钢铁巨人》电影海报前

主持《人民文学》工作

1980 年代

八十一梦

少年时代

大学时代

艰苦年代的写作

1960 年与郭晓岚新婚

2010 年金婚

最挚爱的母亲

与孙辈（左起天佐、天佑、天依、Leo）

八十年代与女儿（左起丹梅、丽梅、湘梅）

与女婿（左起洪涛、Stenfan、苏工）

全家福

金婚纪念日与亲朋好友

目录

第一章

凄苦伴随的少年时期

1. 我的家族及其由来

我的故乡是江苏省邳县（现改为邳州市）。邳州，古称邳国，后称下邳，有 3000 多年久远的文明史。她的文化底蕴纷繁而深厚，人文荟萃而精彩，更由于京杭大运河横贯其中，土地因而肥沃，是苏北著名的鱼米之乡。在运河边上有一个古老的村寨——程家圩。我们的家，就在那岸上住。

我们的程家家族，乃宋朝理学家程颢、程颐（世称“二程”）之后，论辈数，我是他们的第 27 代后人。据家谱和有关史料记载，我们的先祖程颢（1032—1085），字伯淳，是北宋嘉祐进士，曾任湖上元（今江苏南京）主簿、晋城（今山西晋城）令等地方官，熙宁初，被荐为太子中允、监察御史里行，元祐初，被召为中正承。他早年与其弟程颐（1033—1107）就学于北宋大哲学家周敦颐，同为理学的奠基人。他们最著名的哲学思想是“道是形而上，气是形而下”；说“天下只有一个理”，“理是心”，“天人本无二”，“天地之用，皆我之用”；他们还宣扬“气禀”说，认为“人有贤、愚之分”，宇宙为“阴、阳二气演化”。竭力维护“三纲五常”、“周孔之道”，也主张“灭私欲、存天理”。史学上都称“二程”，后来的南宋理学家朱熹，无疑是继承和发展了“二程”学说，并构成了完整的“程朱理学”体系，对后世 1000 余年的中国思想界产生了极大的影响。“程朱理学”思想的核心被历史学家和哲学家们称之为是唯心主义的，但也称道其中的合理与进步成分，对他们的评价，我想，应该用历史唯物主义史观来考量，非三言两语能够说清楚的。

有一个尽人皆知的“程门立雪”典故，一直为我们程氏引以为荣。它源于与“二程”同时代的大学者杨时、游酢年轻时求见程颐的故事。《宋史·杨时传》记载：“见程颐于洛，时盖年四十矣。一日见颐，颐偶瞑坐，时与游（酢）侍立不去。颐既觉，则门外雪深一尺矣。”明初思想家谢应芳著《杨龟山祠》有诗云：“卓彼文靖公，早立程门雪。”于是，“程门立雪”便成为国人尊师重道的典故。我们程家将这个典故作为一种家传古训予以世代传扬，历久不衰。我至今还记得一个小时候的情景是，在我们程家祠堂的大门楣上一直高悬着一块金匾，上边镌刻着“立雪堂”三个大字；每每过年时节，家家户户门前的那串串硕大的红灯笼，无一也不写着“立雪堂”的字样，耀眼生辉，气势宏大。

家谱上还有这样的记载，我们程家这一支原来居住在河南洛阳，后因躲避战乱，迁居到现在的江苏省邳州市，子孙繁衍，形成一个数百年的老村——程家圩。1934 年 7 月，我就在这个历史老村里幸运地出生了。由于祖上曾经官高爵显，故一直是名门望族，诗书传家，代代相袭，被誉为书香门第；直到我的祖父程作云，仍为前清的末代秀才，他才赋甚高，饱读诗书，是家乡的一代名儒。但是他恃才傲物，孤高自诩，故为世人所不容，一生怀才不遇，壮志未酬。于是便退而求其次，从事家乡教育，设塾于家祠，广招乡邻子弟，孜孜不倦地向他们传道授业，谆谆解惑，育以成才。因此，也桃李遍四方。而且祖父还以书法见长，先学柳公权楷体，后效王羲之行书，大篆一挥，笔走龙蛇，或如行云流水，或似天马行空。据说，当年来我们家向祖父求书者不绝如缕。遗憾的是，因饱受连年战乱与兵燹所苦，屡遭盗匪抢劫，以及几次浩大的火灾，不仅家财毁尽，祖父的墨宝亦荡然无存。

历经劫难，我们原为富庶的门庭从此便一蹶不振，到了我的父辈，即沦为平常百姓之家。幸有我的大伯父程之藻（字耀卿），继承父志，苦读诗书，学业有成，先是以教育为本，后又从事医疗事业；经过苦心钻研中、西医术，长期诊病疗伤实践，他成为当地的名医。他心慈量宽，厚德载物，广接善缘，胸怀国家。抗日战争爆发时，共产党领导的新四军开拔到我们家乡，与日本侵略者展开游击战，经常有伤病员前来请伯父就诊；伯父都及时地予以疗治，并且不收任何费用，从而得到父老乡亲和人民政府的热诚称赞。当中共在根据地实行“三三制”抗日政权时，伯父被推选为首届参议员。后来虽因时世多变，历经坎坷和多重磨难，但他仍活到百岁高寿，最后无疾而终。只是他的三个弟弟（包括我的父亲）和妹妹，均先后英年早逝，没有什么骄人的业绩。

我这一代，根据旧的封建家庭大排行，共有兄弟四人。长兄树槊，为二伯父之子，中学毕业后，恰逢日本鬼子侵略中国，出于满腔爱国热情，在“七七芦沟桥事变”后，便投笔从戎。因受时代所局限，他报考了黄埔军校，毕业后，成为国民党的一名军官。抗战八年，辗转于华中、西南各地，曾身经百战，与侵略者拼搏于疆场，多次负伤，也算为保卫祖国流了血；解放战争期间，他供职于傅作义将军部，随北平的和平解放而进入革命阵营。但后来因为厌倦军旅生涯，解甲归田，回到家乡后，又改行从事教育事业。但后来在教师的岗位上受到极“左”路线的迫害，死于“文化大革命”的浩劫中。

二哥树桬和三哥树荣都是大伯父的儿子。二哥从小聪慧，为伯父所钟爱，初中毕业后，考入清江（现在的江苏淮安市）医士学校，在20世纪30年代，算是苏北的医学最高学府了。毕业时，抗日战争爆发，遍地烽火，他难以去大城市的医疗部门就业，只好回到家乡在伯父开设的乡村医院“屈尊”当了医生。对这个乡村医院，伯父当时很低调，不事张扬，名曰“农民诊所”，门前贴有一副对联，上联是“诊病疗伤但求有所”；下联是“农村陋巷为便贫民”。其宗旨一看自明。但由于当时战乱中的农村缺医少药，诊病困难，伯父的这个农民诊所，就给家乡的那一带疾病患者，带来了求医的方便条件。加上伯父中医功底深厚，二哥西医的医疗水平较高，父子俩中西结合，许多疑难病症都可以疗治，以致臻于药到病除之效，因而每天患者来往不绝，一时名扬下邳。更可贵的是，这一对父子医生，思想并不保守。在我们家乡刚刚解放时，二哥便进入革命行列，成为我们县人民医院的业务领导。他率领全院医护人员，救死扶伤，不辞劳苦，受到群众和领导的广泛好评。但是，极“左”路线也没有放过他这个在生活上、工作上都曾经犯过“错误”的人，最终被迫害而死，使当地的乡亲失去一位非常信赖的好医生。

三哥树荣的命运虽平常而又坎坷。也是因为战乱的关系，他没有求学的机会，很早便辍学在家务农。他老实憨厚，勤于耕耘，使我们家的农田得以收获，以维持全家的生活，无饥馁之虞。但因家庭成分不好，在“以阶级斗争为纲”的年代，他吃的苦头也不少。好在他能熬过那艰难的岁月，耄耋之岁，仍很硬朗，在儿孙绕膝中，颐养天年，于2008年秋，驾鹤西去。

童年

在众兄弟中，我年龄最小，排行老四。

说起我的生平，尤为想说的是我那英年早逝的父亲。这个名程字之藩的父亲，是祖父最小的儿子。自小天资聪明，读书过目不忘，尤其喜爱绘画和雕刻，被祖父母视若掌上明珠，对其期以厚望。但他却生不逢时。年尚幼，祖父便去世了，家里灾祸频仍，使他没有能够受到完整的教育。不过，由于他过人的聪慧，而自学成才，及长，便成了一个多才多艺的青年。同样作为清末秀才的外祖父，慕我们程家的盛名和我父亲的才华，便把最心爱的女儿——我的母亲颜淑文，许配给我的父亲。外祖父是孔子有名弟子颜回的后裔，在家乡亦属名门大户，和我们程家也算是门当户对了，所以才会结成亲眷。母亲是外祖父十二个子女中倒数第二，乃属大家闺秀之列。与我父亲结婚后，夫妻感情甚笃，加上待人接物礼数周到，深受祖母和兄嫂的关爱，贤惠之名，闻于乡里。我的父母共育三个孩子，我排第三，不幸的是，我的哥哥和姐姐在出世不久便先后患病夭亡了，父母曾经为此非常悲伤；我的出生自然给他们带来巨大的喜悦，因此对我无比珍爱。为了我，父亲曾经花了数月时光，精雕细刻，做了一只小手推车，小巧玲珑，上面描龙绘凤，其工艺之精巧，不断受到人们热烈的称赞。那时父亲常常把我放在小车上，走街串巷，亲子之情，备受邻里的欣羡。但是，这种幸福的时日没有持续多久，就在我不到三岁时那年，父亲却意外地撒手西去。

父亲的早逝，与我大伯父有很大的关系。

当年，我们家乡因为水利失修，经常有洪水为患，每每田园歉收，乡亲们难得温饱。我们家原本大家庭聚居一起，但却分工严谨：大伯父在外工作，家事由我父亲掌管，他事无巨细，凡事必须过问，诚然是“里里外外一把手”。可是，在一年洪水围门、全家生活面临空前困难时，伯父突然从外地归来，提出分家的要求，而且因为对某件家事处理得未合他的意愿，从而对我父亲进行严厉的指责，使其陷于十分难堪的境地。在一时的愤激之下，性格刚烈的父亲，竟然用自杀来表示对兄长暴戾无理行为的抗议。父亲遽然长逝，让我年轻的母亲，如同天塌地陷一般痛不欲生。当时，我还不到三岁，刚刚牙牙学语。我已经记不清父亲去世时那些无限悲痛的日子的具体情景。朦胧中仅记得那一天有具硕大无朋的黑棺材，搁置在我们住房的正中，一身缟素的母亲，伏在棺材前号啕大哭。她捶首顿足，泪湿襟衫。据母亲后来告诉我说，她当时只感到一片渺茫，难以生存，一心想追随父亲而去。但是，亲戚邻居都在一旁苦苦相劝：“不看死者还要看活的，你若有不测，你这嗷嗷待哺的孩子，将何以生存下去？”而我当时亦似有所懂事，伏在母亲的怀里，双手搂紧母亲的双臂，痛哭不已。母亲这才从痛苦中有所省悟，也便紧紧搂住了我，当即盟誓般地对着父亲的灵柩说：“为了你的亲骨肉，我要活下去，把他抚养成人，继承你的遗志，如你所期盼的那样——光耀程家门楣。”

母亲坚强地活下来了，但痛苦并未稍减。封建大家庭的社会环境，传统的道德和礼教的束缚；特别是缅怀和我父亲的感情，使她未能也不想从一个未亡人走出我们程家一步。母亲把我当成她唯一的精神支柱，以维系自己青春的生命。此后的很多年，我们孤儿寡母，相依为命。几十年后，当我与我的一家又访问故里时，几位建在的父母亲友都满怀敬佩地赞扬我的母亲，说她是“坚强的人”和“英明的、了不起的妇女”。这让一同来的我的女儿们感动得泪流满面。

也许是出于某种自责吧，在我的父亲下葬之后，伯父顾念兄弟之情，痛悔昔日苛责弟弟之过，当即收回分家的成命，将我们母子收留在大家庭里共同生活，并且从此对我也另眼看待，呵护有加。我们也得以和伯父的家人一起，共享他事业发达的荫泽。

另外，我还有三个姐姐。大姐树芷、二姐树芳为大伯父所生，三姐树芬为二伯父之女。她们因受时代局限，均未能接受正规的学校教育。但因“书香门第”的耳濡目染，也都粗通文墨，可以阅读通俗书刊，并和亲朋有书信往来。她们对我都非常友爱，视若亲生兄弟。特别是三姐树芬，从小就对我呵护有加；我对她也充满依恋之情，直到她驾鹤西去，姐弟深情，也没有稍减。

2. 母子相依为命

母亲虽然坚强地活下来了，但孤独的痛苦却一直伴随着她。在那些不堪回首的日子里，母亲总是以泪水洗面，平日郁郁寡欢，沉默不语。每逢年节和父亲的忌日，便挎起食盒，拎起一筐冥钱，牵着我的手，到荒野之外，去为父亲上坟。她先是伏在坟墓前，哀哀痛哭，既则把冥钱烧化；最后把食盒内父亲平日爱吃的菜肴，摆在坟前的一方平地上，放好杯盘、碗筷，把酒杯斟满了酒浆，对空遥拜，口中轻声默念："你在天有灵，要保佑我们母子平安，保护儿子健康成长，读书习礼，早点长大成人。"然后，让我也跪拜一旁，教我向父亲祷告，乞求父亲在天之灵，佑护儿子身心康健，学业有成，鹏程万里。

当年，由于日本鬼子侵略中国，他们的铁蹄也践踏了苏北大地。侵略者烧杀抢掠，无恶不作，老百姓都处在水深火热之中，连年的兵荒马乱，使我们家乡的学校皆荒废而倒闭。对此，我母亲甚为忧虑。程家素称"书香门第"，诗书传家，父亲在世时对我的期望如何实现？我现在已到了入学年龄，尚未就读，怎么能成？不读书，难以成才，何以对得起九泉下的父亲？在无奈中，母亲遂央求我年长的叔伯哥哥、姐姐们，用他们现有的知识，教我读书习字。哥哥、姐姐并无现成的课本，他们只好东拼西凑一些儿歌、俚语，写在纸片上，教我诵读。至今，我现在还能记起当时所学的儿歌片段。一如：

绣花轿，门前到，锣鼓喧天真热闹，姑姑姨姨接到家，哥哥今天娶嫂嫂。

又如：

看看日头看看天，看看烟囱不冒烟，几家娘子喊吃饭，几家娘子借油盐。

……

而我母亲则把这些纸片装订成册，挂在我的脖子上，以便我能够随时翻看。

每天晚上，在临睡觉之前，母亲一定要我逐篇念给她听。在诵读时，稍有不通畅，她的脸上便露出不悦之色；如果在什么地方“卡壳”了，她会立即撂下脸来，对我严加斥责。对她这些表情，我往往并不十分在意。而我最畏怕的是，母亲因此而放下手中的活计，暗自饮泣流泪，这比任何惩罚都令我难以领受。“孟母断机”之典，而今方感同身受。因此，我只能乖乖地认真读书识字，丝毫不敢懈怠。

幸而不久，共产党领导的新四军来到了我们的家乡，建立了民主根据地，并且兴办了各类学校。程家圩随之也开办了一个小学。母亲当然不会放过这个机会，立即让我报名入学。由于有哥哥姐姐们教的学问垫底，开学时，我竟一下子插班直接进入二年级就读，并且成绩优异，屡屡受到老师的表扬。

当年的抗日民主根据地还建立了各种救国组织，诸如青救会、妇救会、儿童团等。我虽然年龄很小，却也怀有报国之志，便报名参加了儿童团，而且尽到了儿童团员一份责任：站在村头上，手持红缨枪，进行站岗、放哨、查路条等盘查过往行人的活动。这些活动我都做得很认真，也得到长辈们的赞许。

在本村上了一年学后，次年，我又考入了我们村西边的乾坤寺小学五年级。那时候，高小和初小是分开的，而升入高小，必须经过考试这一关，就像现在的小学考初中，初中考高中那样。

乾坤寺小学距离我们家大约有六七华里之遥，中间隔着一道小河，一片旷野，还有一处“乱葬岗”。对于我这个刚满10岁的孩子来说，起早贪黑走这么远的路去上学，实在是件不容易的事。我经常是胆战心惊，不敢前往。母亲为了不影响我的学业，每天很早便起来，为我做饭，并准备好当日的干粮，然后，亲自送我去学校。其时，天色尚早，到处黑黢黢地，只有一条白色的小路，在夜色中向远处延伸。母亲牵着我的小手，踏着弯弯曲曲的田间小道，一溜小跑，奔向学校。有时，走着走着便会见到几片磷火闪烁，间或听见有猫头鹰凄厉的号叫，吓得我毛骨悚然，不敢挪步。母亲便说：“孩子，别怕，有娘在这儿保护呢！”于是，我便把脑袋伸进母亲的衣襟之下，一趺一踬，艰难行走。走到学校时，天边才刚刚呈现鱼肚白色。往往是母亲一直把我送进教室，才兀自踅身回家。因此上，我总是少数几个最早到校的学生之一。（后来，这条路走熟了，习惯了，我便坚持不让母亲再送我上学）。有母亲如此坚持，我怎敢不用心读书？因此，我便成为班上成绩最佳的学生，老师也表扬不断。

在此期间，发生了一件趣事，我至今仍历历在目——

那是在一个冬天的早晨。前一天，刺骨的寒风一直刮个不停，树上的残枝败叶都被刮了下来。呼啸的吼声，从窗棂的缝隙中吹入室内，吓得我很久未能入睡。可第二天早上开门一看，眼前竟是一片银色的世界。皑皑白雪，铺天盖地；参差的房舍如琼楼玉宇；干枯的树木枝条上，都包上了银色的树挂；广袤的田野，更是银装素裹。我从来没见过这样的景象，顿时觉得进入一个神话天地。

面对如此大雪，母亲担心了，不想让我去上学了。她怕我倒在雪窝里爬不出来。可是，我怕耽误功课，执意要去。母亲拗不过我，只好用厚厚的棉衣把我包得严严实实的，并亲自送我走出村外。

出了村子，到了田野，精神更是为之一振。只觉视野更加开阔，白雪更加耀眼，四处杳无人迹，阒无声息，连飞鸟也不见影儿。但当我走到一条小河边时，忽有一个景象意外地映入我的眼帘：在小河拐弯处，停靠着一只小船，船上有一个老人，身披蓑衣，手持鱼竿在垂钓呢。他站在铺雪的甲板上，全神贯注，一动不动，俨如一尊雕像。我走近他时，方认出老人竟是我的一位本家爷爷。他是一位慈祥的老头，年已古稀，发须斑白，但仍精神矍铄，平日和蔼可亲，与我们这些孩子都很友好，我们对他也非常敬爱。谁知今天竟冒着严寒来河边钓鱼了。当我在靠近他时，他毫无所察，因怕惊扰鱼儿上钩，我未敢和他打个招呼。

早年坚强的母亲

刚刚迈进教室，上课铃声响了。这一节是作文课。语文老师是位年过五旬的老先生，他的国学底子很厚，平日除了按部就班教授我们课文外，还经常辅以古典的诗词歌赋和一些较浅的文言文，这使我们大为受益。今天早晨，他进教室后没有多说话，只在黑板上写了个大大的“雪”字，这是我们今天作文的题目。

这太符合我的心意了！我立即拿起笔，略加思索，便摊开作文簿奋笔疾书起来。刚才经过的那些画面，如电影镜头般地在我面前一一闪现；特别是那位老爷爷在小船甲板上垂钓的情景，也映入我的眼帘，流入我的笔下，我几乎是在描绘一幅风景画。

我酣畅淋漓，一挥而就，当场交卷。

老师正端坐在讲台上。我交上作文簿，他立即展卷评阅。少顷，他便站了起来，眼含慈爱的笑意径直走到我的课桌前，连声说道："这篇作文写得好！立意和叙述都很出色。"说罢，他又迫不及待地当着全班同学的面，宣读了我的作文，欣喜之情，溢于言表。同时，他还引用了唐朝诗人柳宗元的咏雪诗《江雪》，赞扬我的作文所蕴含的诗情画意。说着说着便摇头晃脑地高声吟诵起来：

千山鸟飞绝，
万径人踪灭。
孤舟蓑笠翁，
独钓寒江雪。

吟罢，他又再三向同学们说道："请大家品评一下，这首诗和这篇作文的意境何其相似！当然，这篇作文是不能和柳诗相比的，但我说的是'意境'，这是为文之本啊！"

课后，老师又鼓励我，要在语文方面多下功夫，"你的前途是很广阔的，望你好自为之！"

老师的鼓励，使我尝到了写作的乐趣，此后终生不改。

我的这篇作文竟不胫而走，迅速地在我们家乡流传开来，亲友们也广为称赞；因此也使我获得一户富裕人家的青睐，托人前来我家说亲，他的女儿成了我的未婚妻。此事的结果，容后再详细表述。

3. 借助亲戚，求学土山

苦星熬月，好不容易盼来了抗日战争的胜利。普天同庆，人们都认为国家会立即繁荣昌盛，老百姓可以过上太平日子。可是战火的硝烟未息，国共两党的内战又爆发了。蒋介石凭借美国的援助，向共产党领导的解放区发起了大规模的进攻。我的家乡，原为新四军的根据地，学校当然都是共产党所办。可惜，1946 年秋，解放军进行战略转移，家乡又被国民党的军队占领。由于时局巨大的变动，乾坤寺小学便随之解散了，我又不得已而辍学。

面对这种情况，母亲急了，对于一个正在求学的少年来说，一寸光阴一寸金哪！怎么能让时间从我身边白白流过呢？可是，附近的学校全部停办了，我无处可去了。

情急智生，母亲又有了新主意，并且当即有了新措施。她听说离我家 20 华里以外的土山镇，那里的高等小学已经恢复上课了。于是，我母亲便亲自去土山镇，找到了我的一位姓沈的表伯（我祖母娘家的侄子），流着泪向他倾诉了对我失学在家她内心的焦急，同时表述了我父亲“望子成龙”的遗愿，恳求允许我借住在他家，去就读土山小学。表伯也通文墨，他的两个儿子恰巧也正在那里读书。念及与我父亲的表兄弟旧情和我母亲的育儿苦心，特别是他还是我的媒人——经过他老人家的做媒，使我和前文所说的临近一个刘家村中的一位小姐订了婚，他当然和我家的关系又近了一层。有了上述几方面的原因，表伯欣然应允我母亲的要求，使我得以住在他的家里，在“土小”顺利地完成高小课程，并且留下一段温馨而难忘的记忆——

我就读这个“土山小学”旁边，确实有一座小山，它就是我国古典名著《三国演义》中第二十五回“屯土山关公约三事”里所描写的那个地方（我自豪我的家乡到处都散布着历史的古迹）。当年，关羽被曹操设计诱出下邳（即现在的邳州），就在土山为曹兵所困，不得不和曹营使者张辽进行谈判，而达成著名的“三项协议”。此后得以养精蓄锐，继而“挂印封金”、“过五关斩六将”在古城与刘备、张飞会合；刘、关、张终于又重整旗鼓，逐鹿中原，最后建立蜀国与北魏曹操、东吴孙权三足鼎立……这个故事在我们邳州老家是家喻户晓、妇孺皆知的，人们并以此为自豪。后虽经千余年的风雨剥蚀，沧桑巨变，但小小土山，依然如故。

其实，这土山虽名头很大，实际却甚小，海拔不足 30 公尺，面积也不到半平方公里。不过，它周围的风光却很秀丽。山下绿树环绕，浓荫蔽日；山上怪石嶙峋，虎伏熊立。峰巅建一小亭，飞角翘檐，雕梁画栋，金碧辉煌，玲珑剔透。檐下嵌一金匾，镌有“马迹亭”三字，盖因亭前的巨石上留有数个马蹄印儿故也。相传是当年关公的千里马踩出的印痕，小亭因而得名。更为难得的是，山脚下有一条小河，在此徐徐流过。小河名曰“芳亭河”，发源于我县一座称之为“巨山”而实际海拔不足百米的山涧，东流汇入横贯南北的京杭大运河。河水系山泉汇合而成，一尘未染，绿如碧玉，清可见底；两岸翠柳如屏，芦荡似墙，流波泻玉泛银，水声潺潺，长流不息。

我们的学校就建在这山水相连的关帝庙内。它依山傍水，沐浴在绿树喷泉之中，约定俗成，取名为“土山小学”。在20世纪的40年代中期，她得天独厚地成为那一方的“最高学府”，周围数十里的有上进心的少年儿童，对其皆向而往之。我母亲亦是仰慕其名而要我前去就读的。虽系中途转学，仍照例经过考试凭成绩录取而后插班随读。

由于我初来乍到，中途插班，再加我生性木讷，不善言词，疏于交往，故在班上有点儿离群索居，落落寡合。每当课余，辄独自一人踱到山脚下的芳亭河边，伫立在马迹亭旁凝思聚想。时而仰望天上流云，时而俯视河中倒影；面对水光山色、绿树红花，心中不禁触发少年人的浪漫情思。古今中外，人间天上，自思自想，其趣无穷。辄而诗兴萌发，不由随口吟了出来：

几番登临马迹亭，
缅怀先贤抒豪情，
人生当怀报国志，
丹心一片照汗青。

诗味显然尚且不足，但却表达了一个少年学子的情怀。

这一年夏天，我在土山小学毕业，然后返回家中。

4. 第一次金榜题名

从土山镇回到家里不久，我们的家乡因芳亭河决堤而被洪水包围。而这时恰巧又到了报考中学的时刻。二哥树棨出于对我的关爱，亲自陪同我前往徐州报考中学——因时局动荡关系，我们邳县没有一所中学，去徐州考中学几乎是我的必然选择。

当时，徐州的中学很多，公立的、私立的、教会办的、铁路办的，五花八门。可是，我的目标却是江苏省立徐州中学（简称“省徐中”）。这座学校，创办于1903年，它的前身是云龙书院，堪称历史悠久，加上师资雄厚，教学严谨，故成为苏北名校；特别是因为其为“省立”中学，收取的学费较少，因此成为众多学子向往的地方，理所当然成为我的“首选”。

二哥送我去徐州考学时，途经一个叫猫窝镇的地方。这个猫窝镇位于京杭大运河的西岸，是我们那个地方比较繁华的小镇，它的名字来源于这样一个故事：说是在隋炀帝开凿大运河时，在这个地方突然挖出一窝石头一般坚硬的小猫，一个个栩栩如生，煞是好看。后来人们觉得这里是一块不寻常的宝地，随之在此建设了一个小集镇，并称作“猫窝镇”。小镇背靠运河，交通便利，因此商贾云集，市场繁荣，生意兴隆。小镇上有一条主要街道，为青石板铺路，两侧的商店均为青堂瓦舍，最高的建筑仅有二层小楼；街道上绿柳成荫，花木扶疏，综观小镇全貌，倒很像电影《早春二月》中的那个江南小镇。

既然小镇是我们去运河火车站必经之路，所以我们出了家门，首先就来到这里。我们在大街上行走的时候，忽然被一个中年人拦住了那人还直呼二哥的名字。二哥立刻停下脚步，和他热情打招呼。经过一番介绍，我才知道他原来是二哥的一个朋友，名叫郭云飞，二哥让我称他“郭先生”。抗战期间，他在四川大学读书，毕业后在重庆教了几年书，胜利后回到家乡，一直没找到合适的工作，现在仍赋闲在家。好在其家境比较富裕，不愁用度。他的家住猫窝镇附近的郭庙，今天是前来“赶集”的。

他们二人相见后，非常亲热，随之郭先生便邀请我们兄弟到了一家有二层楼的小餐馆，想好好叙叙旧。估摸我们去车站登车的时间还来得及，二哥便和我一同随他登上二楼的“雅间”。雅间面向运河，只见一河碧水，滚滚奔流，点点白帆，飘扬而过，孤帆远影，赏心悦目。坐定之后，他便问及我们兄弟的去从。当他得知我要去徐州冀图专门报考省立徐州中学时，顿时显得非常高兴。认为我小小年纪立志报考鼎鼎大名的“省徐中”，其志可嘉。遂说：“我在川大是学数学的，现在出几道数学题你做做看，就算我先考考你。”随手便找了一张空白信纸，迅速地在上面写了几道题，就交给了我，然后诡谲地看了看我二哥一眼。

我接过一看，原是一些诸如“鸡兔同笼”等“四则杂题”，是不难解答的。于是，我拿了过来很快就做完了。郭先生接过来一看，连声高兴地对二哥说：“题目做得完全正确！令弟很聪明，考取徐州中学没有问题。”他说得很肯定，二哥自然也很高兴。

随后，这位郭先生请我们吃了一顿丰盛的午餐，说是为我们饯行。他还特别点了一道运河名菜——鲫花，以表吉祥之意，其诚可感。饭后，我们就和他告别了。

这本是件微不足道的小事。可是，谁也没有想到的是，十多年之后，他的亲侄女郭晓岚竟然成了我的爱人。每当我提起这件事时晓岚总是说："看来我们早就有缘分的。"

离开猫窝镇之后，我们便来到大运河的码头，乘船直奔运河车站（现在改称邳州车站），登上了去徐州的火车。

抵达徐州后，忽然听说省徐中招生延期了。二哥因为是医生，医院内医务繁忙，不能在徐州久等。于是，他便把我交给一位在这里工作的本家叔叔照应，径先回家去了。这位叔叔名叫程公权，是当时徐州唯一的一所高等学校——江苏学院的职员。但是，他家里的住房并不宽裕，只好把我安排在他的一间小仓房住下。需要强调的是，他还供我一日三餐。那时能够有此种待遇，我已经很知足，也很感激了。

在那个狭小的空间里，我抓紧时间进行复习功课。至于能否考取，当时，我心里没有一点把握。但是，努力拼搏一下，争取考中，这个决心是下定了的。

考期很快就来到了。考场设在夹河街省徐中的教室里。考试的那一天，校门口车水马龙，到处涌动着黑压压的考生，没人的身后几乎都有亲人陪伴着。只有我孤零零的一个人，尾随在众考生之后，到处转悠，寻觅自己应去的考场。最后，终于在一间教室里对着考号找到了我的座位。正好这时考试的铃声响了。

第一节考的是语文，其中作文的命题是《幸福要在自身去求》。

这个题目很对我的口味，容易让我在孤苦少年的理想追求与个人奋斗以及不屈于命运安排和顽强抗争方面发挥。因此，我拿起笔略加思索便奋笔疾书起来。因为文思如潮，不多会儿我便完成了。凭着一股意气方遒的劲儿，我抢先交了头卷。在潜意识中，似在向那些衣冠华丽的考生们挑战——也是一种示威：你们不是有钱有势吗？而我却有一只任我驱使的笔；谁能占先，试卷上见高低吧！

其他两门考的是算术和常识，考得也都很顺利，我心里暗自得意。

不过，一走出考场，我那“得意”的感觉便荡然无存了。因为在考场前迎候众考生的有小轿车、黄包车；至少也有亲人的笑脸，亲切地抚慰；随之，或走进高楼深院的大门，或步入旅馆的客房。而我呢，形单影只，依然只能走进那间窄矮的小仓房……

也许是因为我的幸运，也许是因为我确实在学业上下了功夫，我居然在80∶1的3000余名的考生中，考取了省立徐州中学。发榜之后，我小小的名字，远播邳县乡里。据说，那一年，邳县考取省徐中的只有我一个人。

听到这个消息后，呈现在我面前的是父老们赞扬的目光，儿时小友们钦敬的笑容；连一向不苟言笑的伯父，也展现出满意的微笑，连声说：“想不到啊，小小年纪，想不到——”我不知当年状元及第是何等地荣耀，反正在发榜后的那几天，前来我们家祝贺的亲友，络绎不绝，很有“门庭若市”之景象。

没有人能够真正和母亲分享儿子这金榜题名的喜悦，于大喜过望之余，悲伤也同时袭击着母亲，因为她又忆念起我的父亲来了。在送走祝贺的亲友之后，她又领着我来到荒郊野地里父亲的墓前，做着我熟悉的事情——首先焚化了筐中的冥钱，然后让我跪拜在纸灰旁对空祷告：“谢谢父亲在天之灵的保佑，使儿子得以升入省立名校。”而母亲则在深沉的哭泣之后，含泪倾诉：“孩子将要离家出外读书去了，你可要随时佑护着他，使他身子骨康健，早日学成归来，以继程氏祖业，以光程家门楣。”望着母亲挂满泪痕的脸，我当时只有一个心愿：一定发奋读书，决不能辜负母亲拳拳期盼之心。

由于堂兄姊们都已长大成人并生儿育女，那时，我们那个封建大家庭早已不堪重负而分家了，我和母亲也只得自立门户。孤儿寡母，本来日子过得就很艰窘了，再来供养一个中学生，是何其困难？特别是当时正值内战打得十分激烈的时候。国民党占领区，灾祸频仍，哀鸿遍野，民不聊生，物价涨到天文数字。因此，学校收取学杂费均以银圆折算，每学期至少需要数十块银圆。我们家当然没有这么多现成的钱财。为使我能够按时入学，母亲将当年所收成的粮食，全部变卖掉。但即使这样，犹嫌不足，只得又向亲友借贷。对此，有人好意地规劝母亲：“你寡妇失业的，怎么能够供得起一个中学生？还是让孩子下田习点农活，耕种祖上留下的几亩薄地，以求温饱吧！”

可是我母亲却断然拒绝了这样的劝告。她很果断，说：“谁不望子成龙？难得孩子自己还知道上进，考取了名牌学校，我怎么能因眼前一点困难而耽误了他的前程？那样既对不起程家祖先，也对不起他死去的父亲。我打定主意了：就是摔锅卖铁、租宅卖屋，也得让他上学！”

休看母亲平日柔弱寡欢，多泪少言，但要下决心办什么事，却有一种锲而不舍的韧劲。就在借贷无着中，母亲下狠心卖掉了靠近我们家园的几亩好地。这是旱涝保收的园田，是祖上多年遗留下来、轻易不允许易主的。当母亲手捧着地契送给买主而拿回我入学急需的钱钞后，她又拎着一筐冥币带着我来到了父亲的墓前。她一边烧化冥币、一边眼含热泪仰天祝告：“我对不起你和列祖列宗，把祖传最好的园田卖掉了，为了孩子的前程，我必须这么办。你在天有灵，一定要原谅我！”我听了此话，幼小的心像刀扎的一样难受。

在母亲的努力下，终于凑足了学杂费，我可以去徐州上学了。

徐州离我家不足200华里。但对于我这个未满13岁的孩子来说，可算是出远门了。母亲决定亲自送我到徐州入学。那时因为战乱关系，火车行车没有准头。为了在当天能赶上火车，那天夜里在第一次鸡鸣的时候，我们母子便起床了。我穿上母亲亲手为我赶做的新衣，母亲拎着连夜为我缝制的被褥，踏着朦胧的夜色，赶赴就近的运河车站。

世界上大概只有母亲能够如此呵护儿子：在那个秋雨绵绵的黎明，在坎坷泥泞的乡村小道上，母亲迈着畸形的小脚，背负着几十斤重的包袱，同时牵着我的手，步履蹒跚，行走得那么艰难！20余华里的路程，好像怎么也走不到头。等到我们娘儿俩到达大运河的渡口时，汗水和雨水早已把我们的衣衫都湿透了。母亲从包袱里取出毛巾来，用力擦拭着我的身子，同时拧干我的衣服，而她自己却听任湿冷的衣衫紧贴着前胸后背。在踏着登上渡船的跳板时，素来胆小怕水的母亲，战战兢兢地拉着我的手，瑟瑟缩缩地一抖一晃横着身子，忍受着那些急着过河人的厉声呵斥，好不容易才迈上渡船的甲板。在风急浪湍中，渡船摇摇摆摆，一溜歪斜地划行。我紧紧地偎倚在母亲的怀里，一动也不敢动；母亲则用力搂住我窄小的肩膀，一点也不敢放松。在风浪的颠簸中，渡船终于划到了对岸。但是，由于水流太急，渡船未能直接靠近码头，却在下游很远的地方搁浅停了下来。于是，乘客们只好下船趟水上岸。身强力壮的男人们，自是争先恐后地跳下水去，最后只剩下我们母子还滞留在船上不知所措。而船老板却在一旁厉声吆喝，催促我们快点下船。万般无奈，母亲只好牵着我的手，跪在船帮上，慢慢地滑下船来。然后，娘儿俩互相搀扶着，涉着齐腰深的河水，蹒跚地踱到岸上来。而这时候，已经时光过午了。

那时陇海线上几乎没有什么过往的旅客列车。我们是乘坐一种“闷罐子”货车来到徐州的。当时的徐州可没有今天这样繁华，战争留下来的是一片破败景象：到处断垣残壁，路塌桥斜，流浪的乞儿，逃难的难民，充斥着街头巷尾；从前线回来的伤兵，拄着双拐，横行于商店旅馆。我们当然无钱下榻于灯红酒绿的饭店，而是又去投奔我的那位本家叔叔。承蒙这位叔叔怜悯，仍然腾出那间小仓房，让我们母子栖息一夜。次日，母亲又亲自背着行李，把我送进省立徐州中学的大门。

现在正是学校开学新生报到的时间，校门来往的人更多了，其中许多人系学生家长送子女入学的。他们大都衣冠楚楚，神气十足。或将小轿车直接驶入校园内，或乘坐黄包车在门前傲然而下；或父兄陪伴子弟，或亲友眷顾晚辈，皆眉飞色舞，喜气洋洋。只有我是由寡母陪伴悄然而来的。在熙熙攘攘的人群中，我们找到了新生报到的地方，办好入学手续。

但是，报到后母亲仍然放心不下，又拐弯抹角，寻迹觅踪找到了我们未来的班主任，把我当面进行了交代。冒着对方的不快或嫌弃，详细地讲述了我们家境的艰窘和对我少小离家的担忧。幸亏那位至今还让我感念的班主任老先生，听了母亲的话之后，不但没有厌烦，反而萌生了同情和怜惜之心。他恳切地对我母亲说：“请你放心地回家去吧！我一定会把孩子照顾好的。”他还亲自把我领到宿舍，安排了我的铺位。母亲随即把行李打开，将被褥铺好，一切停当之后，才依依离开学校。当我把母亲送出校门，站在门楼下，看见母亲迈着畸形的小脚蹒跚而去，同时又一步三回头的身影，我幼小的心灵，不禁悸悸作痛，眼睛里的泪水，潮水般涌出。

开学上课之后，我内心便平复下来了，因为和同学们一同起居，一同游戏，大家年龄相仿，如同兄弟姊妹一样，反而减少了往日那种孤寂之苦。特别值得一提的是，在初中一年级的下学期，我们班上办起了一张墙报。因为我的作文比较优秀，被同学们推举为墙报的主编。我竟然欣然应允，并且为墙报起了一个刊名《激流》。我当时正在阅读巴金的《激流三部曲》，深深地被作品感动了，故而产生这个念头。征得同学们同意之后，我还为《激流》撰写了“发刊词”。这是我有生以来第一次当“编辑”，而且是“主编”。

编辑工作占据了我许多课余时间，但也使我感到生活的充实。只是心里还总是经常惦记着家乡的母亲，觉得没有我在她的身边，她一定会更加孤苦了。可是，面对这样的处境，我又有什么办法呢？我只能发奋学习，用优异的成绩，来告慰慈母了。

第一学年，我的成绩报告单上的功课是全优。

时为1947—1948年度。

5. 徐州的“天亮”前后

初中一年总算勉强过去了。但在新的学年开始时，我却面临辍学的危险。

这一年，国民党军队在前线处处失利，旧政权即将全面瓦解。于是，那些官吏们便越发横征暴敛，拼命敲诈勒索，人民陷于水深火热之中。在此情况下，我家的仓廪已空，无可卖之粟；土地荒芜，亦无购置之人。而现在，母亲怎么还能够交得起昂贵的学杂费呢？直到开学前夕，母亲尚未筹措到入学急需之款。我已经感到绝望了。

可是，母亲，我的母亲，她却顽强地驾起与命运抗争的小舟，在生活的惊涛骇浪中顽强搏击着。在筹措无门之后，她又去求助我的那位在徐州工作的叔叔。这位叔叔出于对我的同情和怜惜，又求助一位富裕的同事，在其家里为母亲谋取了一个女佣的位置。我那出身于大家庭小姐的母亲，现在要用自己的血汗去换取的微薄工资，维持儿子继续求学读书的机会！

对于母亲的此举我本来是坚决反对的。一则，我不忍母亲做伺候人的工作，虽然我们长期以来孤儿寡母，生活并不富有，但我们是独立的；二来，中学生的“自尊心”也不愿看到母亲寄人篱下，任人驱使。因此，我向母亲表示：情愿辍学回家，也不愿意看到她迈出这艰难的一步。母亲深切了解我的初衷，而对我晓以大义，示以利害。她说：“给人家当用人怕什么？这不是什么丢人现眼的事情；否则，你小小年纪便失学在家，将来还有什么前途？不把你培养成人，我愧对程氏祖先，愧对你父亲在天之灵，我活着还有什么意思？”

母亲把话说到这个份上，我还有什么话说！只能听从她的意愿。后来的事实证明，母亲此举是非常英明的行为，这既解决了当前的燃眉之急，又缓冲了母子离别之苦。但是，每当我前去那位有钱人家看望我母亲的时候，看到她那种无尽无休的辛劳之状，我内心的痛楚，非寸管所能形容于万一的。我永远不会忘记那么一天：朔风凛冽，大雪纷飞，滴水成冰，呵气成霜。人们在室内围炉而坐尚且感到冷不可耐，可是，我的母亲当时却坐在室外一个水龙头流水变成的冰砣子前，为人家洗涮食用的器皿。她的双手冻得像紫茄子一样，有的地方尚裂开长长的口子。看到这个情况，我抱着母亲的手臂央求道："娘，你快点离开这里吧！我决不愿你为我受这样的罪了！"

听了我的话，母亲用手默默地抚摸着我的头，半晌才说出话来："傻孩子，别这么说！只要你能够继续上学，有个立身之本，娘受什么苦、遭多大的罪，都值得。"

这就是母亲的心啊！正如一首古老歌谣所唱的那样：慈母心如三春晖，只有温暖只有爱……

由于时局的骤变，叔叔所在的江苏学院迁到镇江去了，母亲的雇主亦举家随之迁居江南。因此，母亲的雇用生涯没有持续很久便结束了。但是，在此后不久，我们母子又经历了一次危险的遭遇。

1948 年 11 月，全国范围的内战已经达到了一个关键时刻，国民党军节节败退，东北地区全部落入解放军之手，平津战役已经拉开序幕，而我们身边的淮海战役，呈一触即发之势。就在那几天，我因故请假回家。在返回学校时，母亲照例送我去运河车站。我含着眼泪登上西去的火车。谁知列车刚刚开过赵墩车站，运河方向的枪炮声便剧烈地响起来了。人们惊呼："共军追过来了！"我非常担心为我送行的母亲的安危，一路上忐忑不安。没承想我在徐州车站下车时却看见了母亲，她正在四处张望，当然是在寻找我的踪影。我赶紧跑了过去，叫了一声"娘"，并问："你怎么也来了？"母亲说："我看今天乘车的人太多，太乱，我不放心，就随后跟着上车了。"这又是为了我，我还能说什么？

当天晚上，母亲便把我直接送到学校。幸好当时由于时局紧张的关系，好多同学都随父母南迁了，宿舍空了许多。我便找了一间空房，让母亲住下，我也同时搬了过来，和母亲住在一起。

没承想，母亲来了之后，便回不去了。因为淮海战役已全面爆发，东陇海铁路成为国共双方争斗的焦点。黄伯韬兵团在碾庄被解放军团团围住，国民党王牌军邱清泉部从徐州前去解围，被堵截得寸步难行。如此险恶的路程，我母亲如何越过。在无可奈何之下，母亲只好住在那间已经走空了的学生宿舍，由我在学生食堂多买一点食品充饥。那时的艰苦自不待言。

这时，学校已经完全停课，只有很少无法回家的学生留在学校。周围炮火连天，我们白天都不敢走出房门，害怕为流弹所伤；夜晚更加恐怖，因为双方的战斗都更加激烈了，就像炮弹在我们周围爆炸一样。这时，我又像孩童时代那样，伏在母亲的怀里。而母亲便用衣襟护着我的脑袋，轻声告诉我："有娘和你在一起，别怕！"而听了母亲的话，我真的镇定了许多，感到安全很多。

在枪炮子弹的爆炸声中，我们母子胆战心惊地熬过了半个多月。黄伯韬兵团被歼灭之后，陇海铁路东段的战斗初步停息了。母亲决定从徐州回家。可是，这时铁路已经中断，步行近200华里的路程，是很不安全的，我实在放心不下。但是，任我怎么劝留她也不听。母亲的理由是，家总得有人守护。破家值万贯，今后还是我们栖息之地，不能撂下不管。母亲的理由也是充分的。我只好劝告母亲："路上要格外小心。"

母亲虽然没有多少文化，但却胆识过人，敢说敢做。决定回家之后，便亲自到我们的班主任家，恳切地把我托付给班主任老师，请他对我多加照顾。次日一大早，便起程回家了。据后来母亲告诉我，由于脚小，步履艰难，她整整走了三天三夜才回到家中。路上到处是弹坑车辙，随处可见肢体不全的军人的尸体，有时还有流弹飞过，一个人走起来实在是心惊胆怕。但是，母亲凭着她的毅力和勇气，硬是挺了过来，安全地抵达我们那百年老屋。亲邻们闻之无不向她表示庆幸和钦佩。我那勇敢的母亲啊！

母亲走后，我又搬回原来的宿舍，和同学们住在一起。现在已经到了11月底了，天气逐渐冷了起来，寒流伴着激烈的枪炮声，一齐逼向我们。解放军已经紧紧地包围了徐州市区。此时，我们袋里的米，快要吃空了，手中的钱，也要花光了，为了多维持一些时日，学校食堂每天只能供以稀粥和咸菜度日。大家伙儿几乎都持有这样一种急切的心情：解放军快点打进徐州城里来吧！不管平日是何种政治态度，不管是什么样的家庭出身，求生的欲望，已经压倒一切。我和几位曾经在解放区生活过的同学，希望则更加迫切。

11月30日，是个天气阴沉的日子。天上彤云密布，地面朔风凛冽；盐粒似的小雹和着丝丝细雨，无声地洒落在地上。我和同宿舍的一位同学，实在窒闷极了，就从校园中踱了出来，到了夹河街口一看，只见通向庆云桥的那条马路上，车水马龙，数不清的国民党官兵，拥挤在大道上，一个个神色仓皇，如丧考妣。我们不禁有点儿纳闷，他们这等模样是怎么了？正好，此时有一个报童走过来，手里抱着一叠新出的报纸，大声叫卖。我走了过去，顺手买了一张徐州出版的《徐报》。注目一看，只见报纸上头版头条通栏套红的标题是：

淮海战役第一阶段我军取得伟大胜利
徐州外围　固若金汤

看了这个标题，我心里不由咯噔一下，难道他们真的要死守到底了？我们俩立即跑回学校，把这个消息告诉了同学们。大家一听，眉头一齐皱了起来，这可怎么办呢？

谁知在当天夜幕刚刚降临时，突然从不远的地方传来了轰隆隆的爆炸声，开始时还时紧时慢，清晰可辨；后来则响成一片，分不清是枪声、炮声、炸弹声。这响声震得我们无法入睡，都惊愕不知发生什么事情了。

我们胆战心惊，通宵达旦。快到天明时，这爆炸声却奇怪地消失了。这又是怎么回事？正当我们惊疑不定时，只见一位同学急匆匆地从外面跑来，气喘吁吁地说："国民党军队从徐州撤退了，爆炸声是他们自己把云龙山下的火药库炸了。"

这大大出乎我们的意料。一位同学不禁欢呼了一声："阿弥陀佛！老天保佑咱们。"

我们又有点奇怪，《徐报》上不是说"固若金汤"吗？

充满了孩子好奇心的我们，立即走出校门。这时，黎明的晨曦刚刚退去，旭日从地平线上冉冉升起，大地一片晴明。忽然，远处传来了鞭炮声、欢呼声和歌声。这声音由远及近，随着这声音，大路上涌来了黑压压的人群，人群中间走着一支雄壮的队伍，他们迈着整齐的步伐，脸上洋溢着亲切的微笑。

啊，是解放军进城了，徐州解放了！

我们母子苦难的岁月随着淮海战役的胜利结束，也有了尽头。我们的家乡完全解放了，生活改换了新的天地。随着学校的复课我又随班上学了。由于家庭贫寒，我从初中三年级起，便享受了人民助学金，而且免收学杂费。母亲身上的重担，一下子减轻了不少。

解放初期，我们学校生活是丰富多彩的，除了上课之外，就是唱歌、跳舞，排练文艺节目，到街头巷尾进行宣传活动。其内容多半是宣扬解放战场上解放军的胜利捷报。当然，我们这些低年级的学生不是主角，只是在旁边摇旗呐喊罢了。我曾在一出话剧中扮演过一个角色，是个国民党军队的俘虏兵，但没有一句台词，可我自己还是觉得很满足的。

由于解放战场上解放军的节节胜利，形势发展很快，我的思想也逐渐趋向成熟，对共产党的认识也逐渐加深。因此，在中国新民主主义青年团宣告成立不久，我便向团组织提出了入团申请书。在 1949 年新中国成立的前夕，我的入团申请被批准，从而成为一个正式的新青团员。入团介绍人是我的同班同学黄保勤，他是个抗日烈士的儿子，年龄比我稍大，当然思想比我更成熟些，是我们学校第一批团员。参加团组织，是我政治生活中的一件大事，我把它看得很重。

就在次年（1950）秋，我初中毕业，顺利地考进了原学校的高中部。

6. 自行割断的“红丝绳”

由于程家号称“书香门第”，因此，我先辈历代的婚姻都讲门当户对，要反复挑选，方才成婚；而且根据家族的习俗，皆在很小的时候就须订下婚约，并且要求对方是名门大户。

由于年龄和学业的同时增长，我的婚姻问题也提到日程上来了。亲戚邻居都向我母亲进言：“把孩子的婚事早点办了吧，媳妇娶到家，既是个伴，也是个帮手。”多年生活孤寂的母亲，对这个意见倒颇为赞成，可我听到这个消息时，却难以平静了。

其实，这件事也一直是我母亲的心病。

我因为时乖命舛，父亲英年早逝，只有孤儿寡母相依为命，因此，我的婚姻也便搁浅了。家庭条件好的，嫌我们家江河日下，前途未卜，不肯俯就；家庭条件差的，我母亲又觉得门户不相当，有损程家门楣，也不愿轻易答应。虽然提亲者不断，皆未能达成“协议”。我那时正在少年朦胧中，对此浑然不觉，漠不关心，任凭命运安排。不过，老人们的那套嗑儿我却是相信的，月下老人手握的那条红丝绳，总会系在互有缘分的两个人的头上，谁也不能例外。“是婚姻棒打不退，不是婚姻巧说不成”，我就等着月老的“红丝绳”自动系过来吧！

可是，随着年龄和知识的增长，我对自己的婚姻逐渐从朦胧和混沌中走出来而有明确的冀求了。这主要是受旧小说的影响。

“书香门第”给予我最明显的“烙印”是较一般孩子过早地获得书本知识。如前所述，我虽系孤儿，但叔伯兄弟姐妹却很多，在大排行中我属最小，备受兄姊们的宠爱，他们便教我读书习字，使我很小时已能阅读诸如《三国演义》《隋唐演义》《说岳全传》《七侠五义》等通俗小说了，书中的才子佳人对美满婚姻的追求，开始给我以启迪。在懵懂中我逐渐模拟出未来妻子的形象：一个容貌端庄、知书明理、三从四德的大家闺秀。我母亲因同属名门之后，目光所及，也和我大体相同，故在我的婚姻上多有所挑剔，总认为，我们家虽属平民百姓，但祖宗余荫犹存，一般农家女是配不上我的；加上我小时念书的天资尚可，屡受师长表扬，认为未来必成大器，这亦为母亲在挑选儿媳妇的天平上增加了砝码。因此，童年的我在婚姻上便有“高不成、低不就”之议。

十岁过了，婚姻尚无着落，这在我们家乡“有身份”的人家中是少见的。我母亲也有了危机感。每见亲朋好友，总要提及此事，希望帮助我找到一个“合适人家”的女儿做媳妇。

合该我的“红鸾星”动，不久便有一位“有身份”的媒人来说亲了。此人就是我在土山镇借住在他家上学的表伯父。他年高德劭，家学渊源，那时正在私塾里教书。他是我祖母娘家的侄儿，父亲在世时，这对表兄弟友情甚笃，因之常来我家走动，二人相对而酌，一醉方休。父亲故世后，他仍经常看望我们母子，来后，总是抚摸我的脑袋爱怜地说：“呵呵，孩子长这么大来，快熬出头了。”后一句是对我母亲的安慰，当然，也总是顺口问上一句：“说亲没有？”

过去，母亲听到这话时，通常是这样回答：“还小呢，不忙。”一句话支吾过去了。然而，最近却不然了，立即恳切地答道：“都十岁过了，还没着落呢，请表伯帮个忙吧！”

表伯父是个热心人，立即欣然应曰：“好，这事包在我身上了，一定给你儿子找个好媳妇！”

开始，我们还以为这是表伯的一句戏言，没以为意；谁知过不多久，便从表伯处传来了好消息，他已经物色到了一家“合适人家”。原来，这个“合适人家”乃是表伯的一个远房亲戚，住在离我们村不远的刘家庄。他家有良田数十亩，镇上有茶食店一爿，为一殷实小康之家。主人年过半百，膝下只有一女，生得娇美端丽，老两口视为掌上明珠，今已芳龄十二，因攀门户，尚未找到婆家。日前表伯去他家做客，主人恰好也提出为女儿说媒的要求。表伯一听，正中下怀，当即把我们家的情况说了，除了宣扬我们如何家世久远和我母亲如何贤惠外，又特别把我美化一番：什么“年纪虽小，但天资过人、识书明理、将来必成大器”云云。主人对我们家族的内情也略知一二，兼又听到表伯对我的溢美之词，再加上早就知悉我那篇轰动乡里题目叫作《雪》的作文，当时便动了心。遂正式委托表伯从中作伐，使两家能够结为“秦晋之好”。

不过，从表伯的叙述中，我母亲也听出一点美中不足来：即这位“美若天仙”般的姑娘，没有上过学，目不识丁。这与我们程家的“书香门第”可不大相称，为此，我母亲有点犹豫了。但话还没有完全说出口，却遭到我表伯的严厉批评。他说：“古人云，‘女子无才便是德’，姑娘家认识几个字有多大用处？再说，凭你们这样孤寡人家，还能挑出个什么样的？过了这个村没有那个店，此等人家你们打着灯笼也没处寻哩！”

经表伯这番义正词严的“训导”，我母亲无话可说了，便点头应允；又是在表伯热心的催促下，很快地向对方下了聘礼。说来很惭愧，那个聘礼实在太简单了：一批大红缎子，两盒点心，外加一张书写生辰八字的红帖子。一对少年的“终身大事”就这样被决定了。而此时的我，还蒙在鼓里，过了很久，我才从别人的嘴里听到这件事。

正因为有了这层关系，所以表伯父后来才那样慷慨地允许我借住他家里，得以在“土小”读书。

对于将和我的命运紧密结合起来的那位闺中少女，我那颗少年的心里充满神秘的向往，多么想一睹她的芳容呀！特别是听到有关她生得如何美丽的传闻后，想亲眼见她一面的兴趣更加强烈了。

可惜我一直找不到这样的机会。因为刘家封建道德很浓，家教甚严，对女儿管束很紧；这位淑女也恪守家训，大门不出，二门不迈。有几次，我偕同二三学友出外野游，故意绕道从刘家庄经过，希望有幸与我的未婚妻邂逅，可是每次都落了空，留下一片怅惘。

我怎么也不甘心，好奇心充满我思想的每一个空间。但我又不好意思对别人说，只能默默地在心里忍受着煎熬。

左等右盼，终于找到一个机会。情况是这样的：我的一位堂嫂的姐姐和我的未婚妻住在同一个村子。有一天，这位姐姐来我们家看望妹妹，在闲谈中偶尔说到刘家小姐的情况，说姑娘最近身体欠佳，患了一种不可名状的疾病，久治不愈，正拟到附近的“猫窝镇”医院去就诊。如前所说，这“猫窝”镇虽然名字不起眼，但因其背靠京杭大运河，脚下有通向县城的公路，也算个小小的“水陆码头”，在当时，是我们那一带的商业中心。它两天逢一集，周围几十里的乡亲，都到这儿来“赶集”，或推销当地的土特产，或采购生活必须品；有的郎中也因而看中这个地方，在此开业行医，为周围的乡民治病疗伤。刘小姐到此求医，乃情理中的事。

在得知刘小姐要去猫窝镇瞧病的消息后，我便央求堂嫂帮助我打听她去医院的准确时间，同时也告知这种要求的目的。我的希望得到了嫂嫂的同情和支持，“情报”很快便获取了：刘小姐将于某月某日由父亲陪同，去镇上医院诊病。说来也巧，这一天正好是学校放春假的日子，因此，我有时间从容地进行这次美好的“侦察”活动。

阳春三月，是我们家乡最美好的季节。到处桃红柳绿，莺飞草长，暖融融的春风用温柔的手，抚慰着万物，大地一片生机。我怀着一颗忐忑而好奇的心，走向通往“猫窝镇”的大路上。

正好逢上赶集的日子。四面八方的行人都向镇子聚集。摩肩接踵，络绎不绝。由于是仲春天气，风和日丽，人们都着上了崭新的春装，特别是那些少女、少妇们，更是艳丽夺目，因此，每条路都像一道色彩斑斓的小河在流淌。我淹没在滔滔人流中，迈着匆匆的脚步，疾步而行。我怕错过了这大好的“相亲”时机，怦怦乱跳的心声和杂沓的脚步声在呼应。

来到镇上之后，只见万头攒动，人声鼎沸，我茫然四顾，不知所从。我努力地定了定神，然后打听去医院的方向。可是，当我到达医院门口时，我更加茫然了，我和这个号称是未婚妻的人从未见过面，到哪儿去找她？又能猜出哪位是她呢？面前是出出进进的人流，男女老少，工农商学，啥样人都有。我怔怔地站在那儿，两眼瞪得溜圆，注目过往的病人。现在，我只能凭感觉寻找要看的“对象”了。

从日出三竿到夕阳西斜，我的眼前闪过数不清的身影，脚步蹒跚的老人，步履艰难的孕妇，嗷嗷哭叫的孩童，满面痛苦的病夫……可是就没有我想象中的那个莲步轻移、窈窕多姿的美丽少女。有几次，远远看去，似乎来人就是“伊人”，但一到跟前，我自己便首先否定了，“她”怎么能是这个样呢？一连数次，都觉得无法对号，最后，不得不失望而归。晚上，当兄嫂弟妹们以好奇和戏谑的口吻打听我今天“侦察”的战果时，我竟羞臊地躲开了，什么也未对他们说。

此事曾在我的心中萦绕好几年，一直念念不忘，疑虑重重。一来我不满意这种封建包办的婚姻，同时也不希望一个目不识丁的妻子伴我终生。但母命难违，我又感到无能为力。幸而在新中国成立后不久的1950年春，国家颁布了《婚姻法》——婚姻自由成为青年人理直气壮的追求并受到法律保护，我才从疑虑中解脱出来。而且在此时，我已经是中学生了，知识和年龄的增长，使我有了一定的自信；当时，我在阅读巴金的小说《家》，其中主人公觉民和觉慧反抗封建家庭包办婚姻的故事，对我也有很大启发。于是，我下决心彻底解除这个婚姻关系，恢复我们双方的自由。

经过一番认真的琢磨，我于学校中写了一封措辞严谨的信，直接发向未婚妻的家。信中有这么一段话：

> ……这是一桩属于家庭包办的不自主婚姻，肯定不会为我们两人带来幸福。我希望早日解除这个婚约。此后，男婚女嫁，各不相干。愿以此信为凭。

在今天看来，这种单方面的毁约短信，很难具有什么法律效力，但在当时，却达到了我预期的目的。听说，收到这封信后，我未婚妻的一家便“炸营”了。还在封建婚姻桎梏下甘受其束缚的那位可怜的姑娘，哭得死去活来，痛不欲生。她悲伤的不仅因为失去我这个早已闻名乡里的“如意郎君”，而是害怕那封短信会给她的名声带来难以挽回的损失，就像她的父亲愤怒中所说的：“我女儿究竟在哪一点犯了‘七出’之罪，值得他写此一纸‘休书’？”

一向墨守成规的表伯父闻讯更是暴跳如雷。他一方面慨叹“人心不古”“世风日下”，又大加指责政府提倡婚姻自由“成何体统”“是何世道”？而且他还专门去我家兴师问罪，他当面斥责我母亲教子不严，治家不力，致使“竖子”居然有此无礼之举；同时又骂我“忘恩负义”，竟然做此荒唐之事。他说话的样子很是声色俱厉：“这孩子的书算白念了，竟会做出此等不忠不孝不仁不义之事，真是有辱程家门声！今后我和你们家一刀两断，再不来往！”话虽如此，此后表伯父一家仍和我们有亲密的联系；而我对他老人家给我的厚爱，也一直感念不忘。

那年暑假回家，母亲狠狠地埋怨我一通，但事已至此，她也无可奈何，只是慨叹地说了一句：“这或许是命中注定的！”就我而言，婚约的解除真是如释重负。但我也暗自疚歉：对那位始终未谋一面、未交一言的“未婚妻”，由于并非我的过错，使她少年的心灵受到不应有的挫伤，耽误了数年青春时光，也许还影响了对乘龙快婿的选择，着实过意不去。在当时，我只能暗暗祝福她，尊敬的姑娘，愿在未来的岁月中，盼你找到一个与你心心相印、倾心相爱、比我强得多的丈夫，建立一个幸福美满的小家庭。

半个多世纪过去了，我已年逾古稀，儿孙绕膝，每想起此事，仍觉心潮难平，这是我生命长河中的一朵小小的浪花，曾点缀了我的青春年华，总令我作甜涩的回味……

第二章

悲，喜，荣，辱？

1. 厄运常常不期而遇

新中国成立之初，由于上下领导者头脑都比较清醒，行事也较谦虚谨慎，又能体恤民情，因此，人民也比较能够安居乐业。我们的学校生活，比解放前活跃多了。

除正常上课外，课余的生活也丰富多彩，扭秧歌、打腰鼓、办墙报、演话剧这些活动我都积极参加，表现出极大的政治热情；也许我曾经在解放区生活过，对共产党有一种本能的信任，认定了只有共产党才能把中国建设好，能把国家引向更加美好的未来。因此，当中国新民主主义青年团宣布成立后不久，我就递上了入团申请书。同班同学黄保勤是个烈士后代，政治觉悟比我们都高，建团之初，他就入团了，他热情主动地当了我的介绍人。我的入团申请也很快就被批准了；和我同时入团的还有和我最要好的同班同学马德远，时在1949年新中国成立的前夕。算起来，我应该是新中国成立前参加革命的了。

与此相应的是，我们那个大家庭也发生了可喜的变化。伯父因为曾经是抗日根据地实行“三三制”的参议员，解放初期仍然受到地方政府的尊重，被视为开明绅士；大哥作为国军的校级军官，于著名的平津战役中，在北平追随深明大义的国民党华北“剿总”司令傅作义将军和平起义，经过改编成为中国人民解放军的一员，也算是进入革命阵营了；二哥审时度势，追随时代潮流，及时投入革命队伍，进入县人民医院工作，由于他的业务水平较高，医疗经验丰富，很快地被提拔为医院的医务主任，成为主要业务领导，俨然革命干部；加上我这个青年团员，全家的主要成员均进入革命行列。因此，伯父经常得意地向亲邻捻须自白：吾乃革命家庭也！

那时，我们全家也均以此为荣。

谁料想，过不多久，这“革命家庭”便发生了变化。首先，是我的伯父被打成“地主分子”。

在解放之后，我们原来的那个大家庭，因人口太多，不便管理，经过共同协商之后，便分家了。一分为三：大伯父一家；二伯母一家，我们母子一家。分家之后，家乡的土地改革就开始了。当时，伯父一家，仅分得土地不足 20 亩，全部由他的二儿子树荣（我称之为三哥）经营，三哥识字不多，是个纯粹的庄稼人，家里的农活全部包揽下来了，不用伯父过问。伯父主要管理他创办的诊所。根据土改政策，他应该是个自由职业者。可是，土改积极分子们，知道他开办医院多年，有不少积蓄和“浮财”，不把他划成地主，是无法分得他的财产的。经过仔细“策划”，还是决定把他划为“地主阶级”。开始时，伯父并不情愿，曾再三向工作队申辩，希望能够不成为土改对象。但是，在那种“暴风骤雨”的群众运动中，他的要求根本没有人理睬。地主的“帽子”还是强行给他戴上了。不仅如此，为了要他“情愿”献出“隐藏的”财富，积极分子们竟把他反剪双手、吊在房梁上要他“献出”全部财产，供贫下中农“平分”。可怜这位曾经热心为共产党的军队治病疗伤立下赫赫战功的“民主参政员”，在惨遭逼供拷打时，竟然没有一个人上前说一句“公道话”，令老人特别“寒心”。从此，他这个“民主人士”就成为“专政对象”了。

至于大哥、二哥的命运在此后也发生了“惨痛的”变化，容后再说。

现在，先叙述一下我的遭遇。

让我始料不及的是，我及早参加青年团的进步行为，在不久以后却给我带来了想不到的厄运，甚至影响了我的一生。

事情发生在 1950 年的暑假。我在徐州第一中学刚刚初中毕业，高中的升学考试很顺利。因为报考的仍然是自己的母校，考题都是平日见过的，没费多少劲就“金榜题名”了。接着便是放暑假回家休息。一般同学回家都很爽利，唯独我却多费了一道手：需要转“组织关系”——团支部书记交给我一张手写的学校团组织介绍信。信的内容很简单，主要证明我是青年团员，希望在回乡期间，请当地的团组织安排我参加组织活动，过组织生活。团支书告诉我这是“组织关系”，你要把它收好了，到家后交给当地的团组织。

我对这件事情很重视，回到家的当天，就把介绍信送交给我们村的团支部。我们那个村庄很特别，居住的全部是我们程氏家族，别无异姓人家。因此，掌握村里党政大权的当然全部是我们“一家子”，而团支部书记正是长我几岁的同族兄长。我把介绍信交给他后，他非常高兴，说：“你在学校里能这样进步，很好！暑假期间，你就参加咱们村里团支部的活动吧！”

果然，没过几天，他便叫人通知我参加一次团支部大会。会址在我们村的小学教室里。我进去一看，共有十几个团员，全部认识，他们都是我左邻右舍的兄弟姐妹；见我来了大家既高兴又新奇。高兴的是，早年在徐州城里念书、号称“程门第一小才子”的小青年也入了团；新奇的是，我这个家庭出身不好的“知识分子”，还能和他们这些“大老粗”走到一起来了。那会儿，人们好像都有这样的印象：参加党团的人多半是贫下中农出身的大白丁，知识分子走的是另一个道儿；我怎么倒是个例外？所以，他们纷纷过来和我握手言欢、问长问短的，很真诚，也亲热。

这次团支部大会的内容是学习《新婚姻法》。当时，《新婚姻法》刚刚颁布不久，乡亲们还有不少疑虑，党组织希望团员们先学习一下，带头宣传并贯彻执行。很显然，大家对此都很有兴趣——年轻人谁不关心婚姻问题？也许因为在场的只有我“文化水平最高”，团支部书记指定要我来带头宣讲。当仁不让，我欣然答应。在宣讲中，我着重批判了过去由父母包办婚姻的危害，阐述了《新婚姻法》提倡婚姻自由的好处。大家听得眉飞色舞，兴高采烈；后来又进行讨论，人们发言也非常热烈，争先恐后，都想说几句，以至于时间很晚了，还不愿散去。事后，我的那位团支部书记的兄长，对我大大夸赞了一番，说我宣讲得“很有水平”，使这次团支部大会开得非常好。

后来，又开了两次会，我和大家一同探讨、争论年轻人共同关心的问题，彼此亲密无间。因此，大伙儿对我的表现都比较满意。

这段时间，我们家乡正酝酿土地改革，需要丈量每一家的土地，并登记造册。因为村政府的人手不足，影响工作的进展。团支部又委派我协助，我当然积极响应。因此，这个暑假虽然我一点也没有轻闲，但我觉得过得很充实。

一个月很快就过去了。因为当时正处于农忙时间，团支部没有再搞更多的活动；而我开学的时间到了，临行前，我找到了村团支部书记，问他还要不要写介绍信转转“组织关系”？我那位兄长说：不用转了。你本来就是那里的团员，组织关系仍在你们学校，在咱们这里不过暂时过一下组织生活，还多费那道手续干啥？我一想，他说的也是这个理，因此，就没有再开什么介绍信。

没承想，我的这次疏忽却酿成了大错，令我遗恨终生。

回到学校之后，一开始，我和其他团员一样，继续参加团的活动，过组织生活，交纳团费，一切都很正常。团支部书记随意问了我一下回家的情况，我把在村里如何过组织生活的事和他说了，他听了很满意，还夸了我一句：“好，组织观念很强。”过了不久，因为工作需要，这位书记调到市学联去了，成为脱产干部。因此，又换了一位新书记（姑隐其名）。他和我同班，只不过他的年龄比我们大一些，家庭出身好（是城市贫民），人很能干，嘴巴也很厉害，政治上很强，阶级观点也比较鲜明，因此很受领导器重。他上任后的第一件事便找我谈话，他问我：“为什么组织关系没有转回来？”我如实汇报了上述情况。谁知他马上说：“那不行，你必须按规定办？”我问他：“按规定该怎么办？”他说：“你要从村里团支部开介绍信，经过乡的团组织、区团委、县团委，再转到咱们的市团委；经由市团委再转到咱们的校团委，最后由校团委转到我们的团支部，这才算合乎手续。而且这些手续必须由你自己亲自去办才成！”

我一听，脑袋大了，老天爷，这需要费多少时间才能办这么多的手续？我现在正在上学，怎么能允许我那样从容去办理呀！于是我辩解说：“我本来不就是咱们这里的团员吗？干吗还有这么转来转去的？”可他说：“暑假你离校时介绍信一开，就说明你不是这里的团员了，只有经过这些手续之后，我们才能承认你是团员。”一副公事公办的样子。

当时，我心里暗想，你不是借故刁难我吗？因为我知道，我和他之间曾经发生过一些芥蒂：在班上，平常和我比较接近的同学中，有几个家庭出身不太好，但功课却都很出色，并且和我一样，都是文学爱好者，因此，我们的共同语言比较多，也比较谈得来，于是聚在一起的时间相对地就多了一些。为此，这位后来成为新任团支书的同学对我很有意见，多次批评我立场不稳，政治界限不清，总和这些落后分子搅在一块儿，不像个团员的样子。我当时就反驳他："这些同学又不是敌人，大家整天生活学习在一起，为什么偏要人为地制造隔阂？作为一个团员多和他们接近，互相帮助，有什么不好？难道把'落后'同学甩开不管才对吗？"因此，我没理会他的那一套。在团组织会上，我为此和他多次交锋，始终没有向他让步。这样一来，他当然对我的意见更大，早就把我放进这"落后"的行列中了。以前，我和他是平等的一员，他也奈何我不得；现在，他大权在握了，于是，便借我转组织关系"失误"这个"把柄"来刁难我了。不过，当时我并没有把此事放在心上，觉得他不能把我怎么着。

但是，我过低地估计了此人的能量。谁知过不多久，他在一次团支部大会上，突然当众宣布："程树榛从家乡回来，没有按规定转移组织关系，时间已经超过三个月，根据团章规定，给以'自动脱团'处分！从今天起，他就不算我们的青年团员了！"

对我来说，这个突然袭击不啻当头一棒，一下子把我打蒙了。事先没有任何人给我打过招呼，因此，我没有一点思想准备。我完全处于无助状态。仅16岁的我，缺乏任何斗争经验，只好听其摆布。在团支书宣布"决定"后，我立即脚步踉跄地走出会场，回到宿舍，蒙头大哭起来。我认为，从此这一生算完蛋了。我本来是个有志向的青年，从小就有理想、有追求，希望将来能够做一番事业，所以才努力克服一切困难，在学业上努力上进，每门功课都名列前茅；在政治上要求进步，解放不久即参加了青年团。在同学中我也算个佼佼者。可是，现在竟一败涂地，失去了"组织生命"，我还有什么前途可言！我直觉得面前一片漆黑，灰心丧气达到了极点。当时我甚至想到了死的念头——还有什么面目活在世上！

但是，我的生活现实又不允许实践这个念头。因为我是个独生子，家中仅有寡母一个亲人与我相依为命，她的一切希望都寄托在我的身上，从我懂事之日起，便知道自己有一份无法推卸的责任：我的一切也为了母亲。因此，不管我的处境如何，面前的路多么险恶，我必须坚持走下去。

当时，我似乎想了很多，可以说什么样的后果都想到了，但是，唯独没想到向上级团委申诉；因为我有充分的理由可以挽回这种人为制造的结局。年龄和阅历以及和恶人斗争的经验的不足，局限了我，使我跌入了别人为我设下的政治泥沼，难以自拔。

此后，我的生存环境大大改变了，同学中不少人都另眼看我，有人故意制造我已经打入某种另册的氛围。

这一切也大大改变了我的人生走向，包括我的理想，我的追求，我的志向，我的性格，直到我的兴趣。我把生活看得复杂了，对人的交往变得审慎了，对团组织不再那么信任了，对前途看得淡薄了……我原来对文学有那么强烈的兴趣，梦想将来成为一个作家。现在，我想和文学疏远它了。因为我觉得我这个失掉了“政治生命”的人，没有资格当一个优秀的作家。我曾经对自己的未来做过多少美丽的梦啊，现在，完全破灭了。我想，就让自己做一个平凡的人，将来做点平凡的事，最后，平凡地了此一生吧！从此，我像换了一个人。我不苟言笑，郁郁寡欢，昔日那个性格开朗、敢作敢为的我不见了，代之为一个沉默寡言、小心翼翼的人。而且，小小的年纪竟然开始失眠了。它不仅给我留下终生的遗憾，而且，还给我留下一种长期难以治愈的病症——失眠症。

在此后的两年中学生涯，我也曾试图改变一下我的境遇：重新申请入团。为此我做出极大的努力，从而博得同班同学和团员的谅解和支持，1952 年夏，团支部大会一致通过了我的申请。可是，当报请上级团组织批准时，却被无情地否决了。没有任何原因，只是当年力主处分我的那个人，现在成为学校的团组织的书记了。大权在握的他，怎么会让曾经和他作对并被他打下去踩在脚底的人重新挺起腰杆往生活的高处攀登呢？

如果事情的结局仅仅到这里也算对我宽宏大量了。让我万万没有料到的是，在我高中毕业的档案里，他竟然又塞进了这样的内容：我和其他几个被其认为落后的同学，是一个“反动小集团”（？！）在1957年的反右派斗争中，它是我反党的一大罪状；而到了后来的“文化大革命”中，造反派则以此作为一颗重磅炸弹对我猛力地一击，几乎置我于死地。此人用心之狠，可见一斑了。这是后来我申请入党时，我的介绍人告诉我的。

2. 发表第一篇散文

某些人的叵测用心，毒辣的手腕，虽然给我的身心带来巨大的伤害，但是，并没有完全摧垮我的意志。抚摸一下伤口，我又向厄运抗争了。

在学业上，我一直孜孜不倦，努力以赴，争取有较好的成绩，我必须争这口气，有的人正希望我一蹶不振呢，不能让他们看我的笑话；课外我加强了阅读文学作品的力度。我挤出大量的时间，借来了学校图书馆内古今中外的文学名著，如饥似渴地一一捧读，有的在认真消化，有的是囫囵吞枣，有时是随意浏览，有时却认真钻研。其目的一方面是想充实我的知识库存，另一方面，也是解脱我受到伤害后的痛苦；许多作品中的主人公的种种遭遇，给我无形的精神力量。因此，我才那样徜徉在书海中而乐此不疲。可以肯定地说，我的文学基础知识，就是在那段时间里奠定的。

同时，我还加强了写作的练习。除了认真做好每一篇作文外，我又偷偷地进行课余文学创作。为了避免同学们善意的讥笑，我总是一个人躲在某个角落里，在稿纸上进行练笔并向报纸投稿。终于在 1951 年 10 月的一天，上海出版的《青年报》发表了我的一篇散文，题目是《我们的幸福是怎样得到的》。其中心思想是歌颂中国人民志愿军的。那时候，朝鲜战争正在激烈地进行，中国人民组成了志愿军奔赴朝鲜前线，抵抗美国的侵略。他们英勇杀敌，浴血奋战，保卫了祖国的安全，使祖国人民能够在和平的天底下，过着幸福的生活，建设自己的国家。因此，人们把志愿军称作“最可爱的人”。我以一颗少年的心，用美好的语言，赞颂志愿军的丰功伟绩，把我们的和平幸福生活，与志愿军在前线的流血牺牲紧密地联系起来——

> ……每当我坐在明亮的教室里，静听老师讲课的时候；每当我躺在舒适的卧室里，愉快地阅读喜爱的小说时……我便感到这是一种幸福，而这些幸福都是志愿军流血牺牲换来的……

这是我在文学创作道路上发表的第一篇文章。作品发表后，在学校的校园内引起热烈的反响，众师友们纷纷向我表示衷心的祝贺，希望我再接再厉，写出更好的作品。

一次小小的成功，对我也产生了很大的鼓舞。于是，我在课余在文学上更加下功夫了。不管是阅读和习作都认真对待，毫不马虎，毫不懈怠。功夫不负苦心人，就在次年的国庆前夕，《青年报》又在显著位置——以“国庆 3 周年的征文选登”的名义发表了我的习作，题目是《从童养媳到医生》。作品记述了一个贫苦的女孩子，在共产党领导的新中国翻身解放、由一个任人蹂躏的童养媳，经过自己的刻苦努力，成为一个救死扶伤的医生的过程。这确是一个真实的故事，主人公是我的一个不太远的亲戚，所以在作品中充满了我的感情，具有一定的艺术感染力。

这篇作品的反响更加强烈了，不仅在我们中学的校园，连远在100公里以外的我的家乡都引起了轰动。于是，我的名字也被广泛地传扬，有的甚至给我戴上“小作家”的桂冠。

3. 给《人民日报》写信

在新中国成立初期，由于当时党中央的领导进城带有“赶考”的心理，执政比较谦虚谨慎，各级领导的头脑也较为冷静，行事检点，因此全国上下政治比较清明，党风也较端正；在这样较为宽松的氛围下，老百姓还敢于说点真话，甚至对某些不良现象直接进行批评，从而促进了社会进步，呈现了欣欣向荣的新气象。

我亲历过这样一件事，足可证明。

是1952年的秋天，作为徐州高中学生的我，放暑假回家乡邳睢县（那时，邳县和睢宁县合并为一个县）。有一天，忽见邻里四舍的父老乡亲惶惶然四处奔逃，我以为发生什么大的变故，但一打听，却原来是一件小事引起：县里的卫生防疫工作队下乡给群众注射预防伤寒霍乱疫苗。但是，这种防疫针注射时比较疼痛，而且会红肿好几天，当时正值秋收大忙季节，寸时寸金，百姓们怕打针误了农时，都不愿意注射。可是，防疫队有上边的命令在身，必须按期完成。因此，他们忘记了“群众自愿”的原则，强行老百姓留在家里进行注射，有人躲避逃走，便去追赶，甚至动用民兵，加以阻拦，以致搞得人心惶惶。本来是一件好事，却出现相反的结果。

我看到这种现象，很不以为然。出于一个青年团员的责任感，直接给《人民日报》写了一封信，反映了这个情况。信的全文如下：

> 编辑同志：今年七月间，邳睢县卫生工作队下乡给群众注射霍乱伤寒疫苗。卫生工作队事先没有向群众进行宣传动员工作，没有充分地把注射疫苗的好处说清楚，因此，很多群众不愿意注射疫苗。有些人说，注射疫苗“又痛又耽搁生产”，于是就藏起来了。卫生工

作队发现了群众这种思想情况，还不积极进行宣传工作；而为了早日完成“任务”，他们甚至采取强迫注射的办法。有些队员竟半夜翻墙进入群众的家里，抓人打针。我建议邳睢县领导机关教育卫生工作队改正这种不良作风。

那时年轻单纯，没有顾虑，是率性而为。令我始料不及的是，我的信发出不久，《人民日报》就在8月13日全文发表出来了，文前还加了个标题：

苏北邳睢县卫生工作队　强迫给群众打针造成不良影响

同时还加了编者的按语，全文如下：

编者按：给群众注射疫苗，本来是一件好事情，但邳睢县卫生工作队把它办坏了。主要的原因是没有把道理给群众说清楚。领导机关应该对于各种工作作出正确的决定，执行任务的工作人员必须有高度的为人民服务的热情；但仅仅这样是不够的，还必须十分讲求工作方法。我们的工作方法就是群众路线的方法，就是“有事和群众商量”，以便把领导方面的意见变成群众的意见，使群众自觉地向领导机关指出的道路前进。否则，就有可能弄得“事与愿违”，甚至引起群众的反对。

《人民日报》的这个举措和态度，立刻在我们的家乡引起强烈的反响，人们拍手称快，好多亲友向我竖起大拇指，称赞我小小年纪竟敢于向中央（因为《人民日报》是党中央的机关报）反映群众意见、批评领导不正确的工作方法和作风，敢作敢为，有出息。而我们的邳睢县人民政府，也雷厉风行地行动起来。首先，派了县卫生院的领导带两个助手，下到我们的村庄进行调查了解事实情况。说来也巧，这位院领导竟是我的亲堂哥（和我是同一个祖父母），名叫程树椠（他排行老二，我排行老四），他回到村里见了我第一句话就说：“小老四你真行，竟然向党中央告你二哥我的状！真是大水浇了龙王庙——自家人不认自家人了。这倒好，让我吃不了兜着走了。”我笑着对他说：“谁让你官僚主义，没有好好地教育你的部下的呢？把好事办坏了；你现在老老实实地向父老乡亲们检讨认错吧！”

他们一行三人调查得很认真但也很顺利，因为事实是明摆在那里，不难搞清楚。他们在结束调查之后的临行前，又召开了群众大会。二哥首先详细地讲解了注射防疫疫苗的意义和作用，希望大家积极接受注射；同时对卫生队工作的错误做法向乡亲们做了深刻的检讨，并代表县卫生院真诚地承认错误，最后鞠躬致歉，恳请乡亲们谅解。

事情不仅是圆满结束了，而且后来又有了一个更令人惬意的尾声：就在当年 11 月 5 日的《人民日报》上，又发表了“中共邳睢县委员会关于程树榛对该县卫生工作队批评的来信”。来信说：“程树榛同志的批评，除个别地方不符外，但大部分是正确的。我县卫生工作队为群众打针时宣传解释工作做得不够，方法简单生硬，的确造成了不好的影响。我们对干部教育不够，应该深刻检讨。此外，我们建议县人民政府责成卫生科和人民医院进行检查，并向群众宣传注射疫苗的好处，以消除不良影响。”

现在看来，这其实是很小的一件事，可是当时却引起中央党报和当地县委的高度重视。处理得那样圆满，既合情又合理，各方都很满意，因而党的威望进一步提高了。由此对比以后多年和现在的党风，又不禁令人感慨万端。试想，如果能够一直沿着那种党风走下去，人民随时敢于批评党和干部的某些不良作风，党组织和各级领导也乐于接受群众的批评并及时改正自己的错误，那么，过去几十年的种种重大失误，以致给国家和民族带来空前浩劫的运动，也许就不会发生。

4. 究竟上什么样的大学

1953 年秋天，我高中毕业了，和其他同学一样，我也在积极准备高考。

那时，全国的高等学校经过大规模的院系调整，已经开始实行全国统一考试录取学生。每一个考生都面临着一种严肃的选择：报考哪一个大学？学习哪一门专业？我的理想和志愿本来是早已确定了的：报考北京大学中文系，将来当作家。老师和同学们也几乎都这样认定。可是，事到临头，我却犹豫起来。因为当时国家大规模的经济建设已经开始，国民经济实行第一个五年计划，国家迫切需要大批的科技人才。而且国家也明确地号召：希望高中毕业的同学报考有关的工程技术专业。

我们班上的同学也都摩拳擦掌，准备将来到科技战线大显身手，很少有人在议论如何选择文史系科。这对我是个极大的冲击。多年来，我虽然特别喜欢文学，在这方面也显示出一点才华。但是，我的数理方面的功课一点也不比别人差，我为什么就不能当一个国家最需要的技术专家呢？这是此其一；另方面，在那段时间，我阅读了许多前苏联出版的文学作品，例如：《钢与渣》《士敏土》《收获》《远离莫斯科的地方》等等长篇小说。而它们的作者几乎都是工程师出身的作家。这对我也是很大的震撼。当时有这样的一个口号："苏联的今天就是我们的明天"，全国各行各业，都在学习苏联。那么，中国文学的走向，自然也是以苏联为榜样了！何况，那时的文坛特别强调深入生活，尤其是火热的工业战线的生活，强调文学家要学习工农兵，为工农兵服务，要努力直接反映工农兵的精神风貌；那么，要真正做到这一点，最好是直接参加到热火朝天的建设生活中去，而当一个工程师那是最有利的条件了。我为什么却要学习文科，将来从事教育工作和文学理论研究呢？因为在"升学指导"上明确说明，大学文科学生的毕业分配方向是教学和理论研究。第三方面，在我的心灵上还有一个深深的创伤，我被个别人无辜地进行了"脱团"的处分。我的"政治生命"已经被他们扼杀了，凭我现有的政治条件，怎么能够进行意识形态很浓的文学创作呢？不如努力学好一门专业，懂得一项技术，先有个安身立命之本，至于个人的爱好，以后再说吧！

基于上述种种考虑，最后我不得不重新选择我的升学志愿。正好，那时报考大学最热门的专业是机械制造，它被称为"工业之母"，机械工程师是国家当前最需要的技术人才。于是，我便义无反顾地在升学志愿书上，填写上了"机械制造专业"，而且是第一志愿！

经过紧张的准备，艰苦的努力，我走进了高考的考场。老实说，由于当时我的处境不好，因此精神状态不佳，在考试时临场发挥得并不太好。不过，我还是被天津大学机械系录取了。因为天津大学的前身是著名的北洋大学，能够被她录取，心里仍然是很高兴的。

至今，我还记得当年我考取大学后发榜的情景：

正是1953年的秋天。因风调雨顺，乡亲们又迎来了一个丰收年。那一年，庄稼生长得特别好。稻穗飘香，豆荚摇铃，玉米咧嘴大笑，西瓜遍地翻滚，谷子在风中摇头摆尾，萝卜直往地底下钻。加上解放初期的那几年，国家工作人员，上下都比较廉洁，脑袋还较清醒，懂得谦虚谨慎，因之政通人和，国泰民安，到处充满祥和幸福的喜悦。乡亲们无不浸沉在这种喜悦的氛围中，等候着收获时节的到来。

我就是在这样的时候接到大学的入学通知书的。

那是一天傍晚。夕阳已坠入西山，留下一片橙红的光芒，与晚霞相辉映。人们都已吃完晚饭了，各自寻找乐趣。而我的几位童年时代的伙伴，又相继来到我们的家院中的老槐树底下玩耍。这棵老槐据说已有数百年的树龄了，高出在房屋之上。虽老干虬枝，但仍枝繁叶茂，绿荫如盖，是家人避暑纳凉的好去处。我因高考已过，在家休息，其实是等待着发榜。故每天都有人前来和我聊天，这儿也便成为招待“客人”的地方。而晚间，则是本村朋友聚会之处。由于我们程氏这个大家族，聚居在一个村庄里，所以来这儿的多半是同族的兄弟姐妹，虽然有的是已经出了“五服”的远房，因为大家年龄相仿，青梅竹马，知根知底，玩耍起来毫无拘束和隔阂之感。经常还由我操琴弄弦，其他人吹笛品箫、放声高歌，唱的多是苏北的地方戏曲，民间小调，间或也演唱一点流行的革命歌曲。每天都是笙管齐鸣，歌声盈耳，充满青春乐趣。由于只有我是高中生，似乎高人一筹，平日都由是我充当主角，带头铺排，众人随和，演唱进行得有条不紊。

不过，那几日为等待高考发榜消息，我总有点儿心神不定，演奏经常走调，惹得伙伴们的嗔怪。记得那一天，我们演奏的是歌剧《小二黑结婚》中的插曲。弹拉吹得正来劲儿，我的二胡却出了不和谐的音调，扰了大家，只好暂时停了下来。

一位本家小妹妹撅着嘴说：“你大概又想你的‘小芹’了吧，老是心不在焉的。”其实她是在和我开玩笑，因为那时我并没有谈恋爱，哪来的什么小芹？

另一个小弟弟马上纠正她说：“不！树榛哥是在等着高考发榜的喜报呢！”

我连连摇头说：“都不是，都不是，你们不要瞎猜，我一时走神了，再重来！”

于是，我连忙调琴对调，又一同演唱起来。

正在这时，突然有人从大门外闯了进来，手摇一张报纸，高声叫道：

“快来看呀，树榛高中了！”

乐曲戛然而止，人们一齐把眼睛盯在来人身上。摇报纸的人乃是我的一个本家哥哥，在乡政府工作。这时，他已经走到槐树底下，对着惊讶的大伙儿，摊开了手中的报纸，说道：“喏，你们看，这儿印着呢！”

这是一份新到的《人民日报》。在那一版上登载着当年全国高等学校录取新生的名单，密密麻麻，整齐排列着——当年，高考发榜照样都要登报的。我的名字排在天津大学录取名单那一栏里，名字下面用粗粗的红笔勾画着。伙伴们一看，立即“哇”地一声欢呼起来，同时一齐涌过来向我祝贺，有的和我握手，有的与我拥抱，有的扯我的胳膊，有的拉我的手臂；几个近房的小姐妹高兴地在一旁流眼泪。不知是谁，到深院的屋里把我的老母亲请出来了，大家又一齐转向她老人家，向她报喜。

与此同时，这消息竟不胫而走，迅速传遍全村。不多会儿，左邻右舍的父老乡亲都闻讯赶来了，把我们家的小院挤得满满登登的。恭喜声、祝贺声、赞美声、夸奖声、不绝于耳，“嗡嗡嗡”响成一片。在一片赞扬声中，几位年轻的兄弟们竟把我抬了起来，举过头顶，在空中抛来抛去，直到有人高呼“别吵吵了，族长爷爷来了”，人们才把我放在地下。

大家赶紧闪开一条道，让族长走进院里来。族长乃一族之长，通常由我们程氏家族里辈分最高、年龄最大的德高望重的老人充任。这位族长系我爷爷辈，他现在年已过八旬，头发全白，一绺长须，飘在胸前。他因年事已高，一般不出家门，只有在全族中发生重大事情时，才屈尊莅临；今日我被大学录取的事竟惊动了他老人家的大驾，实在令人感动。他手持拐杖，颤颤巍巍来到院内，母亲早已把我们家中唯一的一把太师椅搬出来，请老人坐下。老族长把我招呼到他的跟前，用手亲切地抚摸着我的头，同时用嘶哑的齿音说道：“好，好。为我们程氏家族增了光，好！”转身又向我母亲说道：“你的心血没有白费，把孩子拉扯成人，寡妇失业的，不容易呵！孩子高中了，也有你的一份光彩。”

一番话说得我母亲泪水涟涟。是呵，我幼年丧父，孤苦伶仃，是母亲用苦涩的汗水，把我养育长大，方有今天。老族长心里有一本账呀！然后，老人又讲起了我们不知听了多少遍的一套磕儿：我们本是宋朝理学家程颐、程颢的后代，祖先也曾光辉过，位高爵显，出人头地；直到清朝末年，族中还有人考中举人和秀才，民国之后才沦为平民。你们要像树榛那样好学上进，重振家风，光宗耀祖，为程家争气……说到最后，老人家还号召，为了庆贺程氏家族高中第一名大学生，家家户户，张灯结彩，悬挂书写“立雪堂”的红灯笼。

我母亲自然是首先响应，她立即把收藏在柜子中的大红灯笼拿了出来。多年来，由于父亲早逝形成的孤苦氛围，这灯笼很少挂出过，今天母亲一反往日的愁绪，挂起红灯笼，其高兴的心情可见一斑了。

是夜，我们家里人来人往，络绎不绝；整个村庄也像过节一样，家家门前灯火耀眼。“金榜题名”的盛况，让我有了足足幸福的感觉。

几天之后，我便负笈北上，走进了天津大学的校门，掀开了我生活崭新的一页。

5. 大学时代

天津大学的前身是著名的北洋大学，创建于1895年，是我国第一所高等学府，历史悠久，学风严谨，声名远播海内外，许多名流、学者、大家由此脱颖而出。只是因为她为“北洋”二字所累，以致在全国高等学校院系大调整时，被教育行政部门硬性改了名字，以天津命名，简称“天大”。可是，她的老名声依然存在，仍然被众多学子所向往和追求。而我能够考取“天大”，也算如愿以偿了。

就在当年9月初的一个早晨，告别了亲爱的母亲，告别了可爱的家乡，我背上了简单的行囊，踏上了大学之路。这次是出更远的远门了，母亲恋恋不舍地亲自把我送到运河车站，目送着我上了车。直到火车开动走了很远，她还站在站台上，目送火车一直到消失。

经过十余个小时的行程，我和同时考入“天大”的几个同学，来到了向往已久的北方大都市天津。

新中国成立初期的天津，是全国仅次于上海的经济重镇，市容繁华，市场繁荣，人口稠密，交通发达。我们抵达天津到学校报到之后，便乘公共汽车去劝业场等繁华闹区游览。到了那里放眼一看，到处车水马龙，人头攒动，我们就如同刘姥姥初次走进大观园，彷徨四顾，不知所措。地地道道乡下人的感觉。在闹区转了一阵，然后心满意足地回到校园。

天津大学从原来的津沽区，搬到了西郊的七里台。现在正值建校时期，除了几座刚刚落成的教学楼以外，整个校园几乎是个大工地。到处是高高的建筑塔吊，遍地是密密麻麻的脚手架，随处可见忙碌的建筑工人。我报到后被安排在第21号宿舍楼106室居住，房间住6个同学，分上下铺。条件虽然不十分理想，但对于我这个来自乡下人来说，已经很满足了。特别是食堂的伙食，出人意料的丰富，每餐都是四菜一汤，馒头大米饭任选，而且分文不收。当年，因为大学生比较稀罕，被国家看作是宝贝，不管家庭贫富贵贱，一律享受全额的人民助学金。我因为家庭贫困，还有特殊待遇：每月另发4元津贴，衣服和被褥都由国家补给，甚至连近视眼镜都让公家报销；这一切对我来说，如同一下子从地下登到天上。那时候，我确实感到新中国的温暖，从心眼里感谢共产党对青年的关爱。

一开始，我对大学生活有点不大适应。特别是对全部都是枯燥的数理化课程也比较乏味，自己文学的特长没有一点发挥的余地，还曾经一度后悔报考了工业大学，甚至产生想转学南开大学改学文科的念头。但是，那时候这种想法是非常不现实的，是不允许产生的；而转南开大学更是不可能的，当时的学生根本没有这个自由。因此，我很快地也必须地步入了正常的学习轨道，和同学们一块按部就班学习我的机械制造专业。

可是，我对文学的兴趣依然故我。正像大文豪郭沫若先生所说，我虽然在学习自然科学，而文学却像暗娼那样来吸引我（大意如此）。于是，在课余时间我又捡起了文学创作的爱好。在图书馆的期刊阅览室，我成为一名常客；在校刊上又可以看到我发表的文章。特别是当时的学校领导，很注意满足同学们不同的爱好，在共青团组织和学生会的支持下，学生中的文艺社团如雨后春笋般地建立起来。如合唱团、戏剧团、舞蹈团、摄影社、管弦乐队，我则和一些志趣相投的同学发起创办了文学社。由于我们几个“骨干”分子的努力，我们的文学社搞得很活跃，活动内容丰富多彩。我们举办文学报告会，举行诗歌朗诵会，参加天津作家协会组织的各种文学活动，邀请生活在天津的一些名作家如李霁野、李何林、鲁藜、阿垄等人给我们座谈、讲课；同时，我们手刻蜡版用油印的方式创刊了一个文学刊物，名曰《七里台的钟声》，我被推举为主编；另外，又在校刊上开辟了文学副刊专栏，专门发表同学们的文学习作。我还兼任了校刊的编辑和记者。

由于我们文学社的成绩显著，天津作协把它作为联系青年业余作者的重

在天津大学与文学社的同学

点，并专门成立了青年文学创作组，我被推举为首任组长。于是，我对业余创作的热情更高了，除了校刊以外，在《天津日报》《天津青年报》以及《新港》《东海》等报纸杂志上，都有我的习作发表。就在这段时间里，我结识了作家鲍昌先生，他当时任天津作协副秘书长兼《新港》文学杂志编辑部主任，对初学写作者充满热情与关怀，认识他，对于我以后的文学创作产生了深远的影响。

在此期间，我的个人情感方面，也有了一场难忘的经历。

此事还应该从中学时代说起。早在“抗美援朝”运动中，我因为响应党的号召，给中国人民志愿军写慰问信，表达祖国人民对英雄儿女的敬爱，从而结识了志愿军某军文工团的一位姑娘。她是歌舞团的演员，浙江杭州人。从她寄给我的照片上可以看得出，她生得眉清目秀，身材窈窕；来信写得娟秀细腻，富有文采。我们似乎是心有灵犀，在通过几封信之后，彼此都有了好感。于是，鱼雁传书，不绝如缕，感情亦逐渐升温。当然，那只是在字里行间表露出来的。因为遥隔千里，烽火连天，也无法约会。但是，我们却在信中相约凯旋回国之日，便是两情相订之时。我们都在做着罗曼蒂克的梦。1953 年秋，当她得知我考取大学之后，立即来信祝贺，其喜悦之情，溢满信笺，几乎要从小小信封中冲出。那时，朝鲜已经停战，双方正在进行谈判，我们都在期盼着谈判快点成功，志愿军早日凯旋归国。

停战谈判后来是达成协议了，但是，她却没有及时回国，而是延迟到 1955 年。那时，我已经是大学三年级的学生了。虽然身边不断有姑娘，对我投过来宝贵的“丘比特”，可是，我都委婉地躲过去了，因为我信守着那个未成文的盟约，我的心早已飞向遥远的异国，那里的金达莱的芬芳，对我更具有强烈的亲和力。

但是，我们的联系不久却中断了。我频繁发出的一封封急切的信都石沉大海，一去无踪。我忐忑不安，生怕出了意外的危险。因为那时的朝鲜虽然停战了还很不安宁，擦枪走火的流血事件还时有发生。在不得已的情况下，我向她的所在单位的她的一位朋友（是她在和我通信中无意告诉我的）发去了一封信，委婉地询问她的情况。不久，那位朋友回信了，隐约地告诉我："她在两个月前已经奉组织的要求，和单位的一位领导结婚，现在回国度蜜月去了。"她似乎知道一点我们的情况，因此在信中暗示我："她是不得已而为之，要理解……"

这一段令人憧憬、极富浪漫色彩的、长达五年之久的"恋情"，就这样简单地结束了，没有留下一点痕迹。

这件事让我有了一点认识，现实生活是那样的复杂诡谲，并不总是人们所想象的纯洁透明的啊！

到底是年轻单纯，我很快地便抚平了心灵的创伤，又纳入了正常的生活轨道。

此后，我也与另一位姑娘相互有过好感。她是我们同系同专业低两年的同学，酷爱戏剧，被推举为一个文艺社团的负责人。因为我是文学社的领导成员，大家经常在一起活动，彼此比较熟悉，也有许多共同语言。虽无花前月下之会，山盟海誓之约，但亦有惺惺相惜之意。可是，后来因为我国政治风云的变化无常，也影响了我们友情的发展，最后无果而终。

值得特别一提的是，在1956年春天，我又被接纳为共青团员了。因为在此前不久，我向班上的团组织提出了申请。在申请书上，我如实地说明了中学时代给我的那个不公正的"处分"，要求重新回到团组织中来。团支部对我的要求很重视，经过多次研究，认为我已经达到了一个共青团员的条件，但是对当年中学给我的处分还有些疑虑，尚需要进一步调查和了解。于是，我想到了中学的同班同学蔡敦九，他现在正在南开大学物理系求学，当年他曾经是我们的班长，到大学后很快就入党了，他应该能够证明我在中学的各种表现。

团支部接受了我的要求，很快便和蔡敦九取得了联系，在说明情况后，敦九立即详细地全面地介绍了我的情况，并且对给我的那个"处分"表达了自己的看法。敦九的介绍，起了关键的作用。团支部很快召开全体团员大会，一致通过了我的入团申请。

就这样，我又重新回到了团组织的怀抱。当时的感觉就像离开母亲多年流落他乡的孩子，历经坎坷，又来到了母亲的身边，心里充满了幸福……

6. 长篇小说《大学时代》这样诞生了

20 世纪 50 年代中期，国家的政治生活相对平稳，第一个五年计划在顺利进行，社会上的“三大改造”基本上也受人民拥护；其中的农业合作化方面，进展得非常迅速，有些出人意料，也不乏微词。但是，因为党和毛主席当时的威望很高，人们的信任度也较高，也还是顺利地进行了。我就曾经写信给我在故乡的母亲，天真地要求她要带头参加农业合作社，让我们的家乡像苏联的农村那样，早日进入集体农庄。

那时，人们都确信苏联的今天，就是我国的明天。对苏联的相信，可以说达到迷信的程度。尽管我在放假回家后所看到的情况，并不像报纸上宣传的那么美好；尽管土地普遍减产，牲畜存栏数下降，树木被砍伐得很严重，一些游手好闲的人和那些善于种地的人在享受同样的待遇，生产力遭到破坏；可是，我却认为这是个别现象，并和一些对此不满的亲朋争辩得面红耳赤，竭诚在为农业合作化辩护。对于城市里一窝蜂似的“公私合营”，我也从各种渠道听到了不同的声音，但是，我却绝对相信党的政策是完全正确的，不同的意见是出自个人的利害关系的考虑，是不足为凭的。因此，当全校同学敲锣打鼓去大街游行庆祝天津“进入社会主义”时，我是积极的参加者和拥护者。我想，毛主席多么英明伟大呀，一下子就把全中国人民带入了社会主义社会。这大概是 1955 年发生的大事。

这一年的中国还发生了另外一件大事，那就是“肃清反革命分子”（简称“肃反”）的运动。此运动的发端起于批判胡风的文艺思想。那时，我并不知道胡风的详情，仅从报刊上了解一点皮毛，他本是个进步的文艺理论批评家，曾经为鲁迅所赏识。不知为什么报纸上突然公布了他和其他一些人通信的信件（最早是作家舒芜提供的），而且一批比一批多，每封信后边都加了“按语”，上的纲越来越高，最后高到成了反革命集团的头头儿，成了全国批判的对象，进而发展成为全国范围的“肃反”运动。按理说，我们是工业大学的学生，和胡风不应该有什么牵连。可是，都怪我这个人，不该学了工科偏偏还爱着文学，并且带头发起成立了天津大学文学社；特别是不该让文学社与天津市文联挂了钩、与文联主席鲁藜结识了并且请他来天津大学给同学们讲课；鲁藜不但自己来了还把自己的诗集《红旗手》赠给了我们。这位老先生还善良地“多事”，推荐诗人阿垄来和我们认识，这个阿垄到学校给我们讲了课。而后来的“事实”证明：鲁藜和阿垄都是“胡风集团的骨干分子”。这下子可糟了，我们居然和胡风也沾了边！那还得了？我们都有些心惊胆战了。生怕“肃反”的火也烧到我们的身上。我尤其感到惊慌，因为是我这个文学社的头头“引狼入室”的，因此我格外惶恐不安。幸亏当时的学校领导运动的负责人还比较讲政策，并没有把我怎么样，只是让我代表文学社在全校“声讨胡风集团罪行”的大会上发言，表示自己的无知，险些上了“贼船”。

后来，“肃反”运动也深入到我们班上。有一个同学思想比较“落后”，把功课看得过重，不大和同学们交往，有时候还说几句怪话。这下子成了班上的“肃反”对象，被多次进行“帮助”，要他交代问题，甚至让他自己“独居一室”，不准和他人交往。可是，不管怎么“帮助”，他也讲不出什么实质性的问题。越讲不出问题，越得下功夫“帮助”。当时，眼瞅着班上同学们“帮助”他的那个阵势，我原来以为他的问题一定很严重。心里曾经暗想，怎么？反革命就在自己的身旁，我怎么就一点没看出来呢？政治警惕性太差了！怪不得自己会被“胡风分子”迷惑住，以后可得努力提高认识啊！可是，令人奇怪的是，隔了一段时间，那位被“肃”的同学没事了，一切都不了了之。啊！政治很奇怪，叫人摸不透呀！

1955 年就这样过去了，新的一年刚刚开局就和往年不一样。过了年不久，党中央就在北京召开了“知识分子会议”，全国各类知识分子代表济济一堂，共商国是。周恩来同志代表党中央在会上做了激动人心的报告，号召全国知识分子向科学进军。消息传到天大校园，大学生们的心一下子沸腾了，大家拿着周恩来同志的报告，争先传阅，同时议论着、争论着，在宿舍、在教室、在饭厅、在大礼堂，它成为人们谈话的主题。大学生们都在思忖着“如何响应党中央的号召，向科学进军”！

不久，人们的议论变成了行动：科学研究小组，如雨后春笋般地在各系科、各专业、各年级建立起来了。我们班的同学也不甘落后，前后成立了机床科研小组和刀具科研小组。学术空气在校园里逐渐浓厚起来。这是非常可喜的现象。中国知识分子多少年来不就是盼望着这样的一天吗——努力钻研科学，攀登高峰，为自己的祖国服务，使祖国尽快繁荣昌盛起来，让人民都能过上丰衣足食的幸福生活。现在，中国共产党为知识分子创造了这样的条件。这是千载难逢的良机啊！

那时，我的心情和大家一样地兴奋着、激动着。

随后不久，即在 1956 年 8 月，又召开了中共第八次全国代表大会，大会的政治报告指出，中国大规模的疾风暴雨式的阶级斗争已经结束了，今后的主要任务是进行经济建设，改善人民的物质文化生活；大会还提出反对个人崇拜，发扬社会主义民主的新议题。党的这些宣示都深得民心，受到人民衷心的拥护。因此，党在人民心中的威望又大大地提高了。接着，毛泽东又提出了关于繁荣文艺创作和学术研究的“百花齐放、百家争鸣”的口号（即著名的“双百”方针），立即受到全国知识界和其他各界人士的热烈拥护。人们无不赞扬人民领袖的英明伟大，认为这是前无古人的创举，是中国共产党人独有的博大胸怀；认为中国从此将走向民主、富强、康乐之道。大家都觉得生活在毛泽东时代真是无比幸运。

“双百”方针提出后，人们的思想普遍活跃起来，全国的政治气氛逐渐随之宽松起来。

“春江水暖鸭先知。”敏感的大学生们似乎对这种宽松的政治气氛感受得更为及时深切。很快地，大学校园也自然而然地宽松起来，一扫去年政治运动带给人们的心理压力，欢声笑语充满了校园的每一个角落。姑娘们的服饰也很快起到了变化，她们打扮得花枝招展，如孔雀开屏一样，到处显示自己的美丽。

那时候，我所偏爱的文坛好像也显得宽松起来。北京召开了全国青年作家创作会议，很热烈、很成功。天津市也随着召开了青年文学创作会议，听取了市作协领导的讲话，和参加全国青年作家会议的代表进行的传达；我也有幸代表天津大学文学社参加了会议，听取了传达。心里当然备受鼓舞。觉得同辈青年都能够在文学创作上取得那样的成绩，我为什么就不能？于是，心里憋着一股劲：我要努力赶上去！于是，便产生了创作描写大学生生活的长篇小说《大学时代》的念头。

此前，我虽然已经在上海和天津的报刊上发表了一些文学作品，不过，那都是小打小闹，没有像样的“大块文章”。现在企图创作长篇小说，有什么根据呢？第一，我认为自己有这方面的生活体验，我本身就是大学生，大学生的酸甜苦辣我都有深切的感受，不是说“生活是创作的源泉”吗？有了源泉还怕什么？第二，我自认为阅读了大量的文学作品、特别是古今中外的名著，已经初步掌握了创作长篇的规律；第三，大概也是最重要的一条：初生牛犊不怕虎！没有资历，也就没有了包袱，没有了顾虑。觉得别人能写我为什么就不能？以上三条，今天看起来很可笑，很幼稚，可是，当时却是我真实的心态。

好在“大三”过去，功课已经不像以前那么紧张了，专业课比较轻松，课外作业也不多了，我有了比较多的课余时间，再加上节假日，那么，归我自己支配的时间相对充裕得多。于是，就在1956年的寒假，开始酝酿创作我的长篇。开头，比较顺手，提纲很快便拉出来了，自我感觉良好。然后，就正式进入写作状态。

这一年春天，是我大学时代的最后一个学期。根据学校的教学计划，应该进行毕业实习并做毕业设计（因为我学的是机械制造专业，不做毕业论文）。我们毕业实习的地方选择了无锡柴油机厂。这个工厂在当时的江南很负盛名，不仅历史悠久，设备齐全，产品结构复杂，质量也比较优秀，远销国内外。这些特点对于我们这些未出茅庐的工科大学生来说，是进行实习的理想之地。再加上工厂位于风景秀丽的江南名城无锡，它又成为我们向往的地方。我们都感谢学校的这个选择。

那一年春节刚刚过去，我们班的同学便从四面八方汇集到无锡来了。初春的无锡给我的第一印象是罕见的美丽。青石板铺出的马路两旁，排列着错落有致的青堂瓦舍，到处绿枝滴翠，红萼吐蕊，她像一个风姿绰约、婀娜多姿的少女，玉树临风般地亭立在波光浩森的太湖之滨。实习指导老师非常懂得我们青年人的心意，同学们聚集工厂后并没有立即进入车间实习，而是放了我们两天假，让我们游览一下无锡的名胜古迹。

老师的这个决定，大家自然非常高兴。那两天，我们三五个同学结伴而行。有的去梅园赏梅，现在梅花正在绽放，枝头上花团锦簇，满园粉香馥郁；有的去寄畅园览胜，那里亭榭剔透端丽，曲径通幽；有的去鼋头渚眺望太湖风光，这里碧水蓝天，一望无际；有的到惠山去采购泥塑，山脚下摆满了形态各异的泥人，它们形象逼真，栩栩如生。畅游了二日之后，觉得这儿到处美不胜收，令人心旷神怡，旋即愉快地投入了毕业实习中去。

宜人的春色春意，优美的生活环境，不仅使我们的实习和毕业设计顺利地进行，而且还激发了我的文学创作灵感。

我本来是一个文学爱好者。早在读中学的时期，我已经开始发表了文学作品；进入大学以后，虽然功课很忙，但我仍然坚持课余创作，不断有习作问世，用我年轻的笔，讴歌欣欣向荣的祖国和日新月异的社会生活。现在，来到这风光如画的无锡，文学这一“缪斯”更加猛烈地撞击我满怀青春激情的心灵。于是，来此不久，我便给当时的《无锡日报》投寄了诗歌和散文作品，承蒙报社编辑的厚爱，均先后予以发表了。之后，我的创作激情越发不可遏止了，又利用毕业实习的余暇时间，来洗印我青春生活的剪影——长篇小说《大学时代》从我毕业设计的空隙中流淌出来了。我用一颗赤诚的心，描绘了一群有理想、有志气、有献身精神的莘莘学子，为了科学、为了理想、为了爱情，勇于在艰难险阻中跋涉、敢于在崎岖坎坷中攀登，不畏强权、逆流而上的精神风貌。

创作条件应该说是比较艰苦的。每天上午我和同学们一同去车间操作机床进行机械加工实践，下午借助工厂的设计室进行毕业设计，晚上有两个小时的自习，余下的才是我的文学创作时间。差不多在同一个宿舍的同学已经入睡了，那么，我的写作空间只能在床的上面。我用一个厚厚的讲义夹子，作为“写字台”，稿纸是绘图纸的背面，借着宿舍微弱的灯光，我洗印着我们这一代大学生青春的剪影。

文思如泉涌，倾洒在一张张背面渗着线条的“稿纸”上。好在那时工厂熄灯的时间没有限制，我可以任意“加班加点”。为了不影响其他同学的睡眠，我用绘图纸把电灯泡围上，其光照仅仅落在我的面前那一小块地方，直写到瞌睡虫逼得我睁不开眼睛了，我才熄灯入睡。此外，公休和节假日，我也不去游览了，而是一个人躲到无锡图书馆里，找一个僻静的角落，埋头写起小说来。图书馆的管理员认识我了，还摸清了我的规律，经常为我创造一个较好的创作条件，表现出无锡人的诚朴和热情。午饭也来不及回工厂去吃了，而是花8分钱买一碗阳春面，聊为充饥，然后接着继续写下去。我写得那么开心，激情飞扬，而且一点也不吝啬对我们大学生活的赞美：

在北方大学校园东南角的绿树丛中，有一座古老的建筑，金碧辉煌的琉璃瓦，覆盖着红色的墙壁。这座楼是机械系学生聚居的地方……

我没有放过假期回来后的好情绪：

> 开学的前一两天，从火车站开往北方大学的公共汽车忽然拥挤起来，车上的乘客，清一色是北方大学的学生。他们度完了愉快的寒假，告别了故乡和亲人，带着浓烈的乡土气息，带着父兄的殷切嘱咐，带着饱满的战斗激情（那时候什么都是战斗），继续踏上向科学高峰攀登的征程……

我沉湎在小说所营造的氛围和人物的命运中，如痴如醉。我经常为自己塑造的人物所感动，并且和他们同甘苦共命运。有一段写主人公刘向明手捧印有特大黑体字号的《人民日报》。那是1956年1月30日的《人民日报》，头版头条是周恩来在中共中央召开的关于知识分子问题会议上的报告。我把我的感觉写了进去：

> 宿舍静悄悄的无一人，刘向明把报纸珍重地铺开，端端正正地放在桌上，屏声敛息地读起来……报告从一开始就紧紧扣住了刘向明的心弦："在社会主义时代，比以前任何时代更需要充分地提高生产技术，更需要充分地发展科学和利用科学知识。因此，我们要又多、又快、又好、又省地发展社会主义建设，除了必须依靠工人阶级和广大农民的积极劳动以外，还必须依靠知识分子的积极劳动……我们现在所进行的各项建设，正在愈来愈多地需要知识分子参加……"一句句，一段段，刘向明（我的也是）心脏随着眼帘里的字句跳动……

我还写到了毕业的美景，这里有高班毕业晚会的印象，更有自己的想象，这是毕业生的诗：

> 亲爱的母校，
> 愿在你的怀抱中，有无数红色专家茁壮成长。

多年后，当我们共庆你的功勋时，
千百个英雄模范拥抱在你的身旁：
这个拿出研究所的奖状，
那个捧出科学院的勋章，
还有无数的发明创造、科研成果，
——珍贵的礼物，各种各样。
大家齐声说：亲爱的母校，我们没有辜负你的哺养……

我已经把自己毕业时要发表的感言写了出来。

当然，我的这个行为，在同学中也有人非议，认为我这是“不务正业”。还有个别人偷看了我原稿的个别章节并加以取笑，但是，我都是漠然置之，未以为意。

艰苦奋战三个月，我创作出40余万字的《大学时代》初稿。值得一说的是这部小说的最后一章。当时，我苦思冥想好久找不到好的情节作为小说的结尾。但是，有一天的锡山之游，却赐给我一个“神来之笔”。那天，实习队的老师，考虑我们毕业设计的过于紧张，想让我们放松一下，于是便组织我们全体同学游览无锡著名的名胜之一——锡山。那天，晨光熹微我们就出发了，来到锡山脚下，太阳才刚刚露头。我们没有停留，立即向山上攀登，当我们达到山的顶峰时，一件意外的事情发生了，山上的高音播音喇叭突然响了，播送中央人民广播电台的重要消息：“青年团第三次全国代表大会胜利闭幕，大会宣布，中国新民主主义青年团正式改名为中国共产主义青年团。”听到这个消息，我们年轻的心顿时沸腾了，因为我们早已就期盼着这一天的到来。因此，我们在山顶上欢呼、拥抱，庆贺我们成为年轻的共产主义战士。而在此的前一天，我们刚刚看过电影《上甘岭》，其中的插曲《我的祖国》已经被我们学会了。就在热烈的欢呼后，那优美雄壮的旋律，自然地从我们的口中流出，于是，漫山遍野响起了热情的“一条大河波浪宽”的歌声……

这一天，我们过得无比愉快。特别是我，为小说找到了理想的结尾。细心的读者可以看到，《大学时代》的尾声就在一座名曰“东秀山”的山顶上，一群年轻的大学生，眼望祖国大好河山，同时展望自己的和祖国的美好前程而放声高歌。小说的结尾是这样写的：

这一天，山山水水，草草木木，都变得那样美好，使大学毕业生们感到：这无限美好的一天，一定是为他们这群年轻人安排的。为了他们获得共青团员的称号，为了他们即将走上战斗的生活岗位，太阳更加明灿，天空更加澄蓝。鸟儿在歌唱，花儿在开放，大海在奔腾，万物在茁壮生长。整个广阔、光辉、丰丽无比的宇宙，展现在他们的面前，祝颂他们在战斗的人生旅程中奋勇前进……

幸好毕业设计的老师对我们要求不严（他仅仅是比我们高一班的毕业生），设计的工作量不大，因而被我钻了空子。我的进展飞快。在此期间，我还给《无锡日报》投寄了一些诗歌和散文稿，承蒙编辑厚爱，也都发表了。我们的毕业设计是在6月底结束的，而我的《大学时代》也在同时完成了（初稿）。略加整理后，我把它便直接寄给天津作家协会的秘书长兼《新港》文学杂志副主编鲍昌同志处，请他为我的作品把把关。

此前，我因为业余创作经常参加天津作协的活动并给《新港》投稿而结识了这位大作家，曾经得到他热情的帮助，所以对他特别信任。我之所以敢于在当时创作长篇小说，也是受到了他的鼓励。稿子寄出去了，我一下子感觉轻松了很多。正好，我们的毕业设计也在这段时间内完成了，然后便放假回家，拟在8月初回到学校，进行设计“答辩”，然后或许还要朗诵我的诗歌……

7. 突变

就在我们毕业实习这段时间内，我们国家的政治生活又发生了剧烈的变化。

年初，党中央向全党、全国发出了通知，共产党进行一次全党性的整风运动，目的是整掉“官僚主义、宗派主义、教条主义”的坏作风，发扬正气，领导全国人民进行伟大的社会主义建设。党中央号召全国人民特别是民主党派和知识分子，积极帮助共产党整风。而且提出一个响亮的口号：“知无不言，言无不尽，言者无罪，闻者足戒。”同时要求党、团员带头给党提意见。这是一个伟大的举措，受到了全国人民特别是知识分子的欢迎。人们更加感到毛主席、党中央的伟大、英明、正确。世界上还有哪一个党派和领袖能够这样大公无私，敢于让全国人民大胆揭露自己的缺点和错误？只有不讳疾忌医的人才能保持健康的体魄！一个政党更是这样。人们由衷地感到中国未来的前途是无限美好和高明的；我们这些大学生们更加感到生活在毛泽东时代的幸福，感到生活在新中国无比自豪。但是，由于我们远离学校，仅仅是20个人的实习小分队，无法参与校园内轰轰烈烈的整风运动，又感到有点遗憾。为了弥补这个遗憾，我们实习小分队决定出版一个黑板报，作为大家发表意见的园地。这个决定受到全体无锡实习小分队的同学的一致赞成。当然，编辑黑板报的任务似乎顺理成章地落在我的身上，实习队决定让我这个已经被大家誉为“业余作家”的人来任主编。责无旁贷，我只有应承。

此事我是认真对待的。在征得大家的意见后，我给黑板报起了一个名字《争鸣》，意为“百家争鸣”也！在《争鸣》出版的第一期上，我还郑重其事地、精心地写了个“发刊词”，阐述了黑板报的宗旨和方针，头一句就是“不平则鸣”。（就是这不起眼的4个字，为我此后的20年带来了沉重的政治包袱和种种磨难。）

虽然有了“争鸣”的园地，毕竟篇幅太小，没有引起什么大的波澜；加上我们是“寄人篱下”，没有大学校园里那样的热烈氛围，我们似乎是平静地度过了那个“不平凡的夏天”。

6月底，我们的实习任务结束，大家纷纷回家度假。我也随即回到家乡和母亲团聚。此时，我们母子都很高兴。因为我将大学毕业了，可以独立生活了。我告诉母亲：“毕业后一旦条件允许，我便把她接出来，不再受孤独和劳作之苦。”这也是亲朋好友对我多年的期盼。

不久，我接到了作家鲍昌的来信，对我寄给他的长篇小说《大学时代》给予肯定，认为生活气息浓厚，有时代感，已代为转给天津的一家出版社。对此消息，我当然十分高兴，我在做小说出版的玫瑰色的梦。

但是，没过几天，我突然接到学校的紧急通知：“要求尽快返校参加运动！”

我不敢怠慢，立即告别母亲，日夜兼程回到天津。来到学校一看，令我大吃一惊。目光所及之处，都是各种形式的“大字报”和大标语，内容皆是批判“右派分子”的“罪行”的。那些右派分子有的是我的老师，有的是我的同学，还有许多生疏的名字。他们都被冠上各种各样的“反党、反社会主义”的罪名。这个情况太出乎我意料了。这处处充满火药味的地方，哪里像一个平静的大学校园呀？

我忐忑不安，来到了我们的宿舍。同室的同学已经先我回来了。我们见面时，丝毫没有别后重逢的喜悦，一时竟陷于相对无言的尴尬中。显然，彼此都有一种不祥的预感。校园内的大字报给人们以难以捉摸的警示，谁也不知道自己将会有什么样的命运。

次日，我们班上的反右派运动便正式开始了。先是互相揭发。大家都绞尽脑汁在回忆在既往的岁月里，谁曾经发表过“反党、反社会主义”的言论或者是某种“越轨”的行动。可怜我们这些涉世未深的年轻人，第一次被迫对自己的同伴进行昧着良心的相互寻找彼此的错误言行。有人不得不挖空心思将对方曾经无意说出的私房话也抖了出来进行指责；而在说这些私房话的时候，当事人并没有动过多少心思。可是，现在一经“上纲上线”，就变成另外一种含义了。

还有一事更为蹊跷。天津大学的前身是北洋大学，是我国兴办的第一所高等学府，在国内外都有巨大的影响，现在改名为天津大学，其影响力显然是下降了。因此，在整风运动起来时，有人提议要恢复北洋大学的名称。这个提议得到了全校广大师生的热烈响应，纷纷贴出大字报表示支持；我们班上有的同学也情不自禁地进入支持的行列。但是，当运动转入“反右”之后，一个尖锐的问题便被有心人出来了：为什么有些人那样热衷于“北洋”这个名称？须知，它是“北洋军阀”的代名词。你要求恢复“北洋大学”的名称，还想回到那个令人诅咒的年代吗？你是站在哪个阶级、哪个立场上说话？一经这么分析，问题的性质马上就变了，是阶级敌人妄图颠覆新中国，回到旧时代。那么，这样的人不是典型的右派分子吗？纲这么上，是出乎人们意料的。

不过，此时此地就我的感觉而言，不管揭发者还是被揭发者，其内心的痛苦和尴尬是难以用笔墨来形容的。因为他们是被迫而为。所谓“复杂、尖锐的阶级斗争”，就是这样被制造出来的。

经过这样的揭发，有的同学的问题当然变得严重了。于是，“右派分子”也随之露出水面。人们当然是揪着不放，穷追猛打。一下子就抓出三个可以戴帽的人。其中有一位姓王的女同学，她的帽子仅仅缘于她的一个行动和一句话。此前，她和本班的一位男同学热恋上了，已经达到谈婚论嫁的程度。可就在这个时候反右派运动开始了，而她的男友第一批落了马，成为“右派分子”。领导动员她揭发男友的反动言行。可是，她不但一言不发，反而在宣布其男友成为“右派分子”的时候，她却向全班同学正式宣告：“要和这位男友当天结婚，希望同学们前去参加他们的婚礼。”这不是明目张胆地对抗运动、和党组织唱对台戏吗？因此，“右派”的帽子立即扣在她的头上。虽然当场大家都义愤填膺地批判她的错误，可是，在暗地里人们心里无不钦佩她的勇敢和勇气。

打了几个“右派”，班上的大多数同学都以为运动搞得差不多，可以喘一口气了。谁知，领导却认为，阶级斗争的盖子还没有彻底揭开，需要进一步深入下去。于是，大家又重新进行揭发活动，找出班上的“死角”。人们的精神又突然紧张起来，生怕被谁抓住了辫子。我自然也心惊胆怕。

正当我惶惶不安之际，祸事突然从天而降。一天，在我们班正在举行“深入揭发右派言行”会的时候，突然有一位同学质问我：“你在无锡实习时主编的黑板报《争鸣》，在发刊词上头一句就是“不平则鸣”，包含什么意思？”还没等我寻思过来如何回答，他又紧接着问：“我们现在是社会主义的新中国，只有被推翻的国民党反动派、被打倒的地主和资产阶级才会感到不平；你程树榛有什么不平的？”

一下子问得我瞠目结舌，哑口无言。是啊！那位同学说的话千真万确，质问得也非常有道理。因为那个黑板报办得太突出了，而它的发刊词是我精心“创作”的，很有文采，几乎人人都记得；可是，我有什么“不平”的呢？会场上立刻沉寂下来，静得掉下一根针都可以听到。同学们都一齐怔怔地望着我，等待着我的回答。

我又怎么回答呢？

但又必须回答！躲，那是躲不过的。隔了半晌，我才吞吞吐吐地说：“我，我没有什么不平的，当时是顺笔写出来的，没有仔细思考。”

这样的回答当然不能令人满意。马上便有人站起来反驳我：“你这话说得太轻松了吧！就凭你这个‘大作家’，会顺笔写出不经思考的文字？”

过去因为我总爱给报刊写稿，而且有不少发表了，平时就有同学善意地称呼我“作家”，现在则是明显地挖苦了。

立即又有人接上了茬儿：“40多万字的长篇小说都写出来了，一篇小小的黑板报“发刊词”没有仔细思考，可信吗？”

由于有人提出创作长篇小说的事，立即又引出另外一个老话题：“不务正业”的错误也顺理成章地被拎出来了，不过，现在升级为“名利思想”了。

这个会让我被动透了！我被批得没有任何“招架之力”。

此后几天专门开我的批判会，逼我交代“不平则鸣”的真实思想。但是，我到哪里去寻找这个“真实思想”呀？万般无奈，我只好顺水推舟，上纲为“名利思想”在我的脑袋里作怪。我说自己总想“成名成家，出人头地”，才会有此表现。

“恐怕不仅仅是个‘名利思想’吧？”又一个平时和我比较接近的同学在批判会上向我发难了，“请问：你在小说里为什么把团总支书记写成一个反面人物？而且他还是个党员；你居心何在？”出于好奇，这位同学在无意中看过我的稿子，谁知他竟然记住了其中的内容。

这又是一个突然袭击，而且打在“要害部位”。

略加思考，我还是作了应对。我辩解说：“那是在写小说，是编出来的，是故事情节的需要，不是生活中存在的事实。”

马上又有人追问：“你为什么要这样编？你的真实思想是什么？”

又是“真实思想”！我实在难以回答了，只好保持沉默。

最后，又有几个同学“揭发”了我其他的错误言行，有的是我偶尔发的一个牢骚；有的是我评价某大领导的一句玩笑；有的是我对党报社论的一个戏言——鸡毛蒜皮，酸甜苦辣，无所不有。发言者无不装作慷慨激昂，义愤填膺。一个个脸红脖子粗。我几乎不认得他们的真面目了。

但是，事到如今我只有豁出去了：一言不发。

这样，会议无法进行下去了。主持人沉思片刻说暂时休会！又转头对我说：你回去进行书面检查。根据你的认罪态度，再研究做何处理。

我便埋头写检查了。当然，无论我写成什么样，也认为是不深刻的；哪怕违心地把自己骂个狗血喷头，审查的人也认为不够“分量”。最后，眼看毕业分配的时间到了，主持批判我的人也在忙着自己前途的事，才把我的检查交上去。但却再三警告我：“你的态度很不老实，后果你自负吧！”

我那时时刻捏着一把汗，等待自己的“后果”。在那些难熬的日子里，我寝食不安，彻夜难眠，不知命运之舟将把我载向何方。眼瞅着同窗学友一个个离校而去，我心里像热锅上的蚂蚁那样在忍受煎熬。如前所述，我曾喜欢一个下一届的女同学，经常在一起走走、谈谈，两人虽未山盟海誓，但已心心相印。现在，毕业在即，即将劳燕分飞，多么想向她抒发一番内心的苦恼，同时交流一下未来的心路历程。可是，我怀此获罪之身，还有何面目、何样的心态去找人谈情说爱！我只有苦苦地等呀等……

终于在 9 月初的一天，等到了结果：不知是哪位领导的宽宏大量，最后给了我一个“团内严重警告”处分。天可怜见的我竟然没有戴上那顶可怕的帽子。

心里尽管不是滋味，但总是悬心落地了。关于《大学时代》书稿的命运，出版社的消息似乎很灵通，迅速获悉了我的上述情况；加上推荐人鲍昌早已“挂冠”而去，谁还会冒险出版这样的书？很快便将原稿退还给我。退稿信中有仅附上两句话：“尊稿内容不合时宜，奉还，请自处。”我当然懂得这“不合时宜”的含义。

正好，我毕业后的去向也已经确定了（根本没理会我的志愿）。三天之后，我办理了离校手续。

对于一个青年人来说，大学毕业应该是生命长途中一个欢乐的里程碑，就像我描写的那样，该有年轻人的欢呼、歌唱、隆重的庆祝……可是，现在对我来说，却像在命运的重要部位上压了一块大石头，我心里感到无比的压抑和沉重，前途一片渺茫。

在那痛苦的时日，我也曾徘徊在心爱的姑娘所住的宿舍楼前的窗下，冀图窥见那熟悉娉婷的倩影，也想当面向她倾诉我痛苦的心曲。可是，我没有这个勇气。那时候，人们把那些犯了“右”倾错误的人，视为洪水猛兽一般，避之唯恐不及；我害怕在她那鲜活而美丽的面颊上出现一副冷冰冰的样子，或者是哪怕稍纵即逝的鄙夷的目光，从而抹去昔日美好的记忆。我决定保留这份记忆，我们从此再没有见上一面，如今也仅仅是模糊的影像了。

当时和我受到同样处分的，还有另外几位同学。算起来，我们这个不到 30 人的小班，同时受到不同处分的竟有一半以上；而我们都是新中国培养起来的新一代知识分子，年龄刚刚 20 岁出头，本来都是纯真无邪、思想单纯的青年；当初是满腔热情进入大学，希望将来能够学有所长，报效祖国。谁知却落得今天这样的下场。悲夫！

清算完我们这些“异己”分子之后，已经到了 9 月中旬了。毕业分配工作也在前一阶段和运动同时进行。现在也都尘埃落地了。那些运动表现好的或能够勇于揭发他人的同学，多半留在京津等地的科研高教单位，我们这些犯了错误的人，则被分配到边远的地区或城市。我和另外几位命运相同的同学，作为“处理品”具有发配性地分到黑龙江省北满草原一个地图上暂时还找不到名字的富拉尔基一个新建的工厂——重型机器厂。

1957 年大学毕业在北京故宫

分配名单宣布之后，我们便被通知离校了。没有掌声，没有聚会，没有庆祝的诗歌，虽是大学毕业，连个毕业典礼都没有举行。当然，谁也不想在这里多待下去。就在一个阴沉沉的傍晚，我们几个各自背着沉重的政治包袱，登上了北去的列车。

我就这样告别了我的大学时代。

第三章

走向北大荒

1. 富拉尔基是什么地方？

这是一个我从未听说过的地方：富，拉，尔，基！我一字一顿地念它，充满了陌生的疑惑，这个听起来不是汉语的地名是我被分配的去处，因为我只有到那个荒凉的北大荒去进行锻炼和改造的份儿。

我是带着一种懊丧、凄楚的心情登上北去的列车的。和我一路同行的还有另外几位同学，他们和我有大致相同的命运。

火车在华北大平原上隆隆驰过。其实正是锦秋如画的季节，举目望去，高粱举起一束束火把，大豆摇着一串串响铃，玉米咧着大嘴龇牙大笑，金色的稻穗迎着太阳放光，大地一片丰收景象。这片片美景我却无心欣赏，只顾低头想着无限的心事：南国依闾而望的老母正在等着我的喜讯吧？我三岁丧父，没有任何兄弟姐妹和其他亲人，只有孤儿寡母相依为命。母亲含苦茹辛，把我培养成人，自己一直省吃俭用，孤苦伶仃20余年，寡居于百年老屋中。原本希望我毕业之后，能够马上成家立业，把她从贫困的家乡接出，过上几天舒心的日子。可是，没承想我却以戴罪之躯，只身投向荒凉的北国边陲，何时才能和老人家欢聚一堂呢？再瞅瞅包裹中那摞被出版社退回来的原稿，心里倍加沮丧。这可不仅是简单的耗费半年心血的结果啊！现在首要思虑的是，我今后业余创作的路子将要如何走下去。过去我一直自认为有这个"天才"，虽然学的工科，心里总惦念着文学这个"缪斯"，做着"工程师兼作家"的梦。可今天惨痛的事实告诉我你的"天才"毫无用场，你做的乃是

“黄粱美梦”。这对我是个巨大的打击。再一想头上所系的那个怕人的“紧箍咒”和将要去的那个令人望而生畏的地方——北大荒，听说那儿历来是犯人流放的地方，千百年来，不知留下多少白骨；流放到那里，没有几个能够回来的。我此去未来的前途是多么的渺茫！

前思后想，心灰意冷，脑海里一片混沌。因此当列车经过山海关时，尽管列车广播员用极其抒情动人的语言在描绘这“天下第一关”的奇观妙景，而我只是机械地尾随其他乘客到站台上转了转，面对如此壮丽风光，竟没有激起我素有的那股火烫的激情。以往，看到这样的情景，我内心总是诗意盎然的。我看到其他几位同学也没有离开座位。

出关之后，风光变了。铁路两旁的林木，已无葱茏茁壮之气，只见枝叶凋零，黄叶遍地；光秃的远山，呈暗灰色，全无生机和绿意；道边的田野，庄稼早已收割完毕，只留下一堆堆枯禾秫秸，散放在那里；人烟稀少，大地荒芜，令人心中产生一种萧条、肃杀之感。于是，我不再凭窗远眺，伏在案上沉沉睡昏。此时心里已是一片空白，不再作任何瑕想，只有一个念头：让命运之舟载着我在颠簸起伏的海洋里随意漂游吧！漂到哪儿就是哪儿。生活既然不能按照个人意志来安排，我何必强求呢？想到这儿，心里反倒安定下来，很快地进入梦乡。

走了不知多少时候，正在我迷蒙地在梦乡中徜徉的当儿，只听有人推了我一下并且轻声地说：“同志，你们到站了。富拉尔基站到了。”是列车员在提醒我们。

我和另外几位同学，各自连忙从行李架上取下简单的行囊，匆匆地走下车来。出了站台，用目一看，这哪儿像个车站呀？一所破烂的小砖房，孤单地立在铁路旁边，周围是不规则的木篱笆，缺口处偶尔有行装各异的旅客。车站前寂寂寥寥，没有多少行人，也没有宽敞的道路，只有茫茫草原与远天相接。

当然，更没有现代化的交通工具。我们等了半天，方有一辆马车行驶过来，我走向前打听，知道他是接送旅客的车老板，我们急不可耐地登上了马车，向我们将要安身立命的地方驶去。

马蹄嘚嘚。马车沿着一条荒瘠的泥土小道行进。当驶过一个岔路口之后，马路宽阔起来，路上的车辙逐渐变宽变深了。远远看去，在马路的尽头，有黑黢黢的一片，如山峦般起伏；走着走着便清晰起来，注目一看，原是一个硕大无朋的建筑工地。展现在眼帘中的是，一排排高耸入云的塔吊，参差不齐的脚手架，高高低低的厂房，以及停放在露天仓库中的大小集装箱。再往前行，则听到震耳欲聋的轰响。马路上车水马龙，人流如潮，满载水泥、钢铁、木材和机器的汽车、马车、牛车、人力车、手推车，在马路上滚滚而过。汽车的喇叭，骡马的嘶鸣，机械的碰撞，人们的喊叫，加上“咚咚”震耳的打桩声，组成一阙无比雄浑的交响乐。

我顿时被这沸腾的建设景象震呆了，这哪里是荒无人烟的草原，它是多么雄伟的建设图景呵！正在我目不暇接的时候，赶车的马车夫突然向我说道：小伙子，你们是新毕业的大学生吧？“我向他点了点头，只听他又高兴地说：你们来得正是时候，咱们这儿正在大建设，可需要人哩！”

赶车人是个五十来岁的老汉，听口音是本地人。他一边赶着马车一边和我们唠嗑。他说，这个富拉尔基呀，本来是个不足200人的小渔村，是达斡尔族老乡聚居的地方。原来，富拉尔基的意思是“红色之岸”，一是因为这个地方就在松花江支流嫩江的岸边，二是表明达斡尔人渴望渡到幸福彼岸。赶车人还说，当然喽，地图上都找不到它的名字。过去这个地界是一片荒野和水泡子，人烟稀少，野兽出没，除了犯人流放到这里以外，只有打狍子的猎人和捕鱼的渔民才到这里转悠。不知多少年了，人们都是这样打发日子。只是新中国成立后的这几年，国家大建设开始了，它才逐渐改变了模样。打从去年，听说这里要建造一个大工厂，成千上万的建设大军，从四面八方开到荒甸子来，各种机器也运来了，这里开始变得热闹了，连我这个赶马车的老汉，也跟着忙活起来。接客载货，一会儿也闲不下来。这些日子，天天都有大学生下火车后，坐我的车去工厂，都是从北京、上海那些大城市出来的。往天，一下子能接上十几个哩！今天又碰上你们几个人……你瞅着吧，我们这里非大大地变样不可！

听他滔滔不绝的话语和刚刚亲眼目睹的景象，使我一下子从沮丧中振作起来了，心头不由一亮，我的前方似乎不完全是坎坷、崎岖的险峻、难测的畏途。偌大的工地还没走完，天色渐渐暗了，不一会儿，淡墨似的夜光用黑色的羽翼泼向大地。突然，工地上骤然亮了起来，如九天银河泻向大地，到处流光溢彩，无数盏电灯缀成最亮的星群，勾勒出各种美丽的图案。电焊的火花在钢铁的森林里盛开，处处花团锦簇；熔炉内的钢流铁焰，映照得宇宙又红又亮；无数台打桩机，高举巨大的铁拳，把长长的钢桩楔入地心深处；

来回的车灯，如流星般在眼前飞来驰去……无比壮丽的美景，令人目不暇接，给人心灵以震撼。置身于此，我像步入了神奇世界，辨不出天上人间。于是，我的心头顿时感到有一种难以言传的兴奋和激动，这不正是我曾经朝思暮想的地方和所要投身的事业吗？当年我之所以会以一个痴情于文学的青年人，决心报考工业大学的机械系，不就是想不做一个只会咬文嚼字、以爬格子为唯一职业的空头文人吗？不就是要投身祖国大规模工业建设的洪流，以一个当事者的身份，写出自己生活和战斗中的真情实感，为新中国的文坛增加崭新的内容吗？现在，“生活列车”竟意外地把我带进了可以实现我的理想的地方，岂非天助我也！这不仅出乎想对我惩罚者的意料，也出乎我自己的意料。“塞翁失马，焉知非福。”我还有什么理由灰心丧气、自怨自艾甚至怨天尤人呢？我应该感谢生活对我的厚遇，用对理想锲而不舍的追求，对事业驰而不息的努力，来驾驭自己的命运之舟，一直航行到光辉的岸边。……想到这儿，我的身心不禁陡然一振，顿时感到身上充满无穷的活力，思想也像插上翱翔的双翼，向无尽的远天飞驰。其他几位同学有什么想法，我没有问，恐怕是各有所思吧！

呵，生活的天地原来是这样辽阔！现在，我才感觉到我们真正地“走向生活”了。

当天晚上，我们住在工厂临时的招待所里，草草睡了一觉。次日，正式到工厂的人事处报了到，随后便带着行李去寻找我们的宿舍。

说老实话，在未到富拉尔基之前，我们虽然心里很沮丧，但也曾经怀着一种美丽的憧憬。以为到了这样一个靠近苏联的大工厂，等待着我们的一定是富有异国情调的俄罗斯式的市街，高大舒适的宿舍大楼，宽敞明亮的办公室；再配上辽阔的草原、壮丽的嫩江，红色的岸边，那应该是很浪漫的……可进厂的第二天，放眼一看，这些美丽的幻想，便像肥皂泡似地破灭了。这里哪有什么大街呀？只有一条被各种车辆和行人踩压得凹凸不平的泥土路，上边充斥着牛粪和马尿。路两边匍匐着低矮的小草房，在萧瑟的秋风中，显得那样委琐；而分配给我们的宿舍呢？我们拿着工厂人事处发给的通知单，找了好久也没找到地方，最后，还是一位好心的达斡尔族老乡，把我们领到一间矮小的窝棚前，才算对上号。

这可怜巴巴的肮脏所在，是我们这些来自繁华的天津城的大学生难以想象的。墙壁全是不规则的土坯砌成，周围连个窗户都没有；房顶是一层高粱

初到东北

秸，上边敷以厚薄不匀的稻草；房梁用几根九曲十八弯的木檩条交错搭就；地面如丘陵起伏，坑坑洼洼；室内没有床铺，只有一方大土炕，占据了全室三分之二的面积。炕上蒙着一层厚厚的尘土，用手轻轻一拂，满把污黑。苍蝇是室内的活跃分子，成群结队地“轻歌曼舞”；悬在上空的那盏不足20瓦的电灯泡，被苍蝇的排泄物涂得满满的，拉开开关，几乎看不出它的光亮。窝棚的大门，是用板皮拼成而以铁钉固定的，铁钉的一端，穿过板皮伸了出来，我们必须大哈腰方可出入。我这一米八四的大个子，因为不小心，刚刚买来不久的新上衣，竟被门上的铁钉挂了个三角口子，心里直觉得晦气……

“这哪里是人住的地方？”一位姓刘的同学首先说话了，他的家境很好，曾是天津巨富，分配来此，本不大情愿，今日见此光景，哪能忍受？“得要求厂里马上给我们换地方，否则，我们就回天津！”

“那样怕不好吧！”说这话是位姓张的同学，他是一位老教师的儿子，祖籍来自山西，“工厂才刚刚动工，职工一下子调来这么多，哪有那么多好房子住？”

“老张的话有道理，听说党委书记和厂长刚来时还住窝棚哩！”老杨同学说，他是我们中间年龄最大的，是我们学校建筑系毕业的，平日性格豁达开朗，爱说爱笑，“将就住下吧，将来条件好了，我设计一座漂亮的宿舍大楼，让你们的老婆孩子都搬进去！”

“还孩子呢，在这个鬼地方，只怕连老婆都找不到！”老刘顶撞了老杨一句，“老许不是个样子吗？因为分配来北大荒，连女朋友都告吹了。”他指着一旁默不作声的一位姓许的同学说。

此话不假。老许原有个热恋中的女友，前不久两人已经到了谈婚论嫁的时候了，就因为老许毕业后没留在天津，他的女友就将过去的山盟海誓全扔到爪哇国了。因此，这一阵儿，老许一直闷闷不乐，现在听了老刘的话，便狠狠瞪他一眼："请少提我的事！"

"诸位，别怨天尤人了！这是生活对我们的惩罚。"我忍不住也说话了，"谁让咱们前一阵子'鸣放'那么起劲呢！"我坦率地指出问题的要害：在反右斗争中，我们几个都不是干净的人物，此次分配来边疆，带有一定的"流放"性质。我的话起到了镇定作用，大家都不响了，也许各自在衡量自身的政治分量吧？为不使他们泄气，我又补充一句："塞翁失马，焉知非福。兴许咱们在这里还能有点作为呢！"

我说的也是心里话。反右中我虽然也犯了"错误"，但被分配来富拉尔基时也有我自愿份儿。当时填表时我就想，既然无法在京津等大城市里，那就远走高飞去边疆吧。

"谁和你比，你是想体验生活写小说！"老刘也不客气地回敬我一下，"不过，老兄别好了疮疤忘了疼！"他悻悻地看了我一眼。

他的话当然是指我在毕业前夕写的那部叫《大学时代》的长篇小说被退回，尤其在反右中个别有心人硬是把它和"右派言论"挂上了钩，加上那个"不平则鸣"的四个字，因而受了处分，在学校里这已经成为众所周知的"佳话"。

人怕揭短，特别又揭到了痛处，我只好闭上了嘴。但是，我在沉默中率先打开了行李，铺在炕上。我想睡觉了。

由于我的"带头作用"，其余几位也纷纷解开行李，铺床就寝。只有老刘坐在那里未动，呆呆地想心事。

夜深了，疲劳战胜了愤懑，都相继进入梦乡。不知睡了多久，在朦胧中突然有人叫了一声："呃，老刘呢？"大家都被这叫声惊醒了。我睁眼一看，阳光已经从门缝中挤了进来；再一细看，躺在炕上的只有我们四个人，老刘连同他的行李，都无影无踪了。

他不辞而别。一时我们均无言以对，半晌，老杨自言自语地说了一句："我早已看出来了，他是留不住的；人家怎么能吃这样的苦？"

剩下我们这四个人，慨叹一番，牢骚一番，怨气一番，最后还得各自按时去新岗位上班了……

一开始，我被分配在工厂的设备处工作。从处领导的介绍中我才知道：我们这个工厂是苏联援建的156项大型企业之一，建成后，将要生产各种重型机器，为国家的经济建设和国防建设服务，地位非常重要。厂址选择在这里，是党中央决定的，一方面是地理条件好，另一方面是因为它距离苏联很近，便于接受苏联老大哥的直接援助。那时的中苏关系正处在“蜜月”时期。

领导的话陡然增加了我的光荣感，觉得正是报效国家的好机会，而且更觉得来这里正确。心里顿时踏实很多。

紧张的生活随即开始了。最初交给我的任务是验收从外边进来的非标准设备。因此，我每天都泡在大批机器停放的编组站里，对照图纸，一个个清点验收国内外运送来的机器零、部件，排上队、编上号。它们多半是我在学校和书本上没有见到和听到的，既需体力，也需脑力。一天下来，感到非常疲劳。不过，繁忙的工作，各式各样的机器，又使我的知识眼界大开，因此心情也很愉快。

我很快适应了工厂的生活环境。我深深地被这里壮丽的建设场面所吸引了：数百台打桩机的吼声，划破了北大荒千年的沉寂，它们举起了万钧“巨拳”，将无数钢桩楔入地心深处；从全国各地运来的钢梁铁架，竖在地面上，有如大兴安岭的原始森林那样密密丛丛；一座座红色厂房在江岸边拔地而起，如海洋般波浪起伏；钢花怒放，铁水奔流，耀眼的焊花，映红了草原上空的天宇……如此波澜壮阔的建设图景，不正是我一直所向往、所憧憬的生活吗？能够在这样的地方用自己所知所学报效祖国，岂不是我多年来所追求的最高理想？因此，什么艰难困苦，什么政治包袱，此时都不放在我的心上了。

2. 灵感是生活激发出的

宏伟壮阔的火热生活，又激发了我的创作热情，点燃了我的青春火焰，触动了我的艺术灵感，如泉的文思，涌上我的心头。在繁忙的工作之余，我又拿起了我青春的笔，我要描绘荒原日新月异的巨变，歌颂建设者坚苦卓绝的奉献精神和改天换地的英雄风貌。

我来到富拉尔基后写的第一篇作品是一首诗歌，它发表在齐齐哈尔市文联新创办的文学月刊《嫩江》(即现在的《青年文学家》)上：

……

不知多久了，我便揣着这样的梦想，
曾经多少次和校长恳切的商量，
——富拉尔基，我终于投入你的怀抱，
看，我周身披着喜悦和南国的春光。

嫩江，森林，草原，红色之岸……
吸引我的并非是这些美丽的景象，
是因为嗅到了沸腾的大建设气息，
“重机厂”——这诱人的名字使我向往。

青春的火花在大学里就已经燃起，
来到这里为的是使它放射光芒，
意志的矿石是党多年的培育，
来到这里为的是将它冶炼成钢。

我是怀着无涯的爱情来的，
“重机厂”是我久已倾心的姑娘，
而且，我还有一颗诗人的心，
富拉尔基遍地都蕴有诗的矿藏。

诗和爱情都将是劳动的结晶，
劳动又将为“红岸”换上美丽的容装，
我的青春生活也将更加绚丽，
因为生活中充满了诗、爱情、阳光……

啊！富拉尔基——红色之岸——绿色的城，
我为你钟情、为你歌唱，
愿为你献出全部青春，
使你在共产主义史册上永放光芒。

这样的诗今天读起来显然非常幼稚、浅显，缺乏艺术魅力，甚至会引起大诗人们的嘲笑。可是，它确实是我当年真实思想的流露，是那个时代青年人理想的写照。

此后，在当地和全国各地的报刊上不断地见到我的作品。由于生活的丰富多彩，各种艺术形式，我都进行了尝试。不仅写诗歌、散文，而且写短篇小说和报告文学。当年，还有这样一个小插曲：1958年春天，我在工厂的厂报上发表的一篇散文《幸福颂》，内容是抒发我参加火热的大建设生活的感受的，竟然被天津的《新港》杂志选载了，从而在我的母校——天津大学的校园里，到处传阅，并且在学校广播站早晨的广播中向全校师生播送；在我们工厂团组织的生活会上，也时常被人们朗诵，用以激励青年人的斗志。

由于发表的作品遍及全国许多报刊，我也因而引起当地文化部门的注意。有一则小笑话很有趣：齐齐哈尔市文联的一位负责同志，阅读了我的一些作品，不知因为什么缘故，竟然认为我是一位从北京下放到这里体验生活的女作家。有一天他专门从齐市到我们工厂来访问我，谁知见面一看，站在他面前的原来是一个刚从大学里毕业的毛头小伙子。当时，他虽然有点失望，可是，他又觉得很高兴——他发现了本地区还一个有创作潜力的青年业余作者。从此，我便在齐齐哈尔文坛上挂了号。

其实，这位同志的猜测也有一定的道理。由于当时富拉尔基火红的建设生活，确实吸引了全国的许多文艺家到这里采风并体验生活，报刊上不断地有这方面的报道。比如大作家、中国作家协会的领导刘白羽，就是在那个时候，在火热的生活召唤下，来到富拉尔基的。宏伟的大建设图景，激发了作家的灵感，他很快地便写出了一篇优美的散文——《从富拉尔基到齐齐哈尔》，发表在《人民日报》上。消息不胫而走，人们争先传阅。我们这些年轻的建设者，都被作家那种滚烫的文字深深地打动了。

此后不久的一天，我突然接到齐齐哈尔市委宣传部的一个通知，要我去市里参加欢迎刘白羽同志的座谈会。我心里十分高兴。因为谁都知道刘白羽的大名。

富拉尔基在齐齐哈尔市的远郊。我是乘坐早班火车来到开会会场的。开会的人多半是市里的专业文艺工作者和部分业余作者，主持会议的是市委文教书记张蒲家，听说他是个诗人，已经有诗集问世。

会议开始后，首先由刘白羽同志讲话，他着重介绍了全国的文艺形势，同时谈了他来到富拉尔基的一些观感。他讲的话的确像诗人，慷慨激昂，热情澎湃，很有感染力。然后，大家又进行了座谈。当市委书记介绍到我这个从富拉尔基重型机器厂来的业余作者时，刘白羽同志特别走过来和我紧紧地握了手，并勉励我珍惜现在的火热生活岗位，努力搞好业余创作，反映我们这个伟大的时代。他的那种他对战斗在生产第一线的业余作者厚爱的态度，很让我受鼓舞。当然，我做梦也没有想到，在30多年之后，我竟和他一同主编《人民文学》这个被人们称作“国刊”的文学杂志。

于是，我的创作热情更高了，发表的作品也多起来，外省、市许多报刊投以不少关注，纷纷向我约稿。

1958年夏天的一个下午，辽宁作家协会主办的《文学青年》的编辑，突然来到我们工厂，通过厂工会找到了我，当面向我为他们的刊物写稿，内容要求是直接反映富拉尔基建设风貌的。我欣然应约并很快地完成了这个任务。这就是发表在该刊1958年国庆专号上的那篇散文——《草原上的钢铁之母》。我是用我年轻的语言充满自豪地赞美我们建设者的工作：

> 同志！你看过钢铁的森林吗？假如没见过，还是请你到我们铸钢的工地来参观吧！这里如长白山密密丛丛的古松一样，遍地耸立着钢梁铁架，那蛛网般的钢筋，组成浓密的枝叶，那电焊姑娘点燃的火花是开不败的五色灿烂的花朵，而那植树者——打桩工人施展着无比的神威，把一棵棵“树”栽得更牢……

这篇作品在社会上反映很好，《文学青年》也非常满意，从此我便和辽宁作协主办的刊物和辽宁的作家朋友，建立了密切的联系，经常给他们的刊物写稿；他们也一直逐期给我寄赠刊物，数十年如一日，直到不久以前为止。

1959年初，我从工厂的设备处下放到车间劳动锻炼。名曰“向工人学习，和工人结合”，实际上还是针对我在反右派运动中所犯的错误的一种继续惩罚，我只能是愉快地服从。当时，有很多青年技术人员，都要经过这一关，这是上边既定的政策，谁也不能违背。

恰好在这个时候，我母亲由一位叫郭晓岚的美丽姑娘陪同，从家乡江苏邳县千里迢迢来到了富拉尔基。

郭晓岚是临近我们村庄的姑娘，他们郭家是当地的“大户人家”，曾经富甲一方。她的父亲郭子刚，为杨虎城将军的部下，和邳县的老资格共产党人宋绮云有亲戚关系。受宋绮云的影响，郭子刚名为国民党的将军，实则为共产党工作，是对革命有贡献的人。只是因为种种错综复杂的原因，在解放后反而成为人民政府的阶下囚。这是极“左”路线带来的恶果。当然，他的女儿也不能不受到影响，生活得并不如意。好在她当时年幼，寄养在叔父家，读书成人。由于她也比较爱好文学，很早知道我的情况，和我建立了通信关系。鱼雁往来，产生了爱意，以致舍弃学业，陪同我的母亲来到北大荒。

母亲和女朋友的突然到来，我自然缺乏必要的思想准备，但这又有其必然性。因为在“大跃进”、人民公社化之后，农村的生产力遭到极大的破坏，土地歉收，社员生活极端恶化，几乎达到衣不蔽体、食不果腹的地步。母亲孤身一人，实在无法忍受饥馑交集之苦，所以很愿意随着儿子的这个好姑娘到她大学毕业的儿子这里来。其实，我多少知道一点家乡这些年遭遇之苦，本来也早就应该把母亲接出来生活的；只是当时我才刚刚开始工作，还是个单身汉，和八个同事合住在一间宿舍里，哪有条件接待母亲安家落户？可是，现在面对这个事实，我只好恳求单位领导帮助解决。幸亏领导尚能体察我的具体困难，向厂里为我申请一间住房，使我临时安了一个家，使我们母子有个安身之处。后来，郭晓岚成了我的妻子，我真的就在富拉尔基成家立业了。

现在再说说我在车间劳动的情况。由于我在大学里学的是机械制造专业，多次在工厂实习，因此，下放到车间开机床，是件轻松的活儿，而且，现在业余时间比在处室里工作更多了，使我得以放开手脚进行业余创作，精神上反倒很愉快。

可是，不久我的生活又有了变化。1959年适值新中国成立十周年，全国都在准备进行庆祝活动。我们工厂为了迎接国庆，也在精心筹备。其中一项重要的庆祝活动，就是要编排文艺节目供职工们欣赏。厂工会知道我是个业余作者，常在报刊上发表一些文学作品，于是就责成我创作一个大型话剧，由工厂的业余文工团演出。

说起这个业余文工团真还有些来历。由于富拉尔基地处边塞，专业文艺演出团体很少“光顾”这里，因此，职工的文化生活非常贫乏。有鉴于此，工厂的领导便决定组建一个业余文工团，要求他们自编自演一些文艺节目，供职工们观赏，弥补一下文化生活贫乏的缺憾。当时，分配来厂一大批转业军人，其中有不少是部队文工团出身的，均有很高的演艺水平，只是因为他们有家庭出身不好，社会关系复杂，个人历史不清等原因，被淘汰“出局”，来到了边疆，其中当然蕴含着“贬”的意味。另外，国家分配来的大专毕业生中，亦不乏多才多艺的人才。于是，便由这些人组合起一支较有演艺实力的队伍，不仅可以演出短小的文艺节目，还能够排演国内外的著名剧目。因为我也喜爱文艺，不时舞文弄墨，发表作品，故和那些文工团员们兴味相投，过从较密。有这样的关系，所以工厂的领导才“相中”了我，委我如此“重任”。

初生牛犊不怕虎，我居然应承下来。经过认真思考，我选择了工厂研制万吨水压机和大型轧钢机的过程所发生的故事，作为基本素材，因为当中的许多人和事我都有所了解，不用另外去体验生活。

工厂的工会也给我创造了比较好的条件，特别是和单位商定，让我脱产创作。对我来说，这是空前优厚的待遇。因为没有其他事情牵挂，我得以全力以赴编写剧本。经过一个多月的“艰苦奋战”，我按时交了卷——写出了四幕六场的大话剧，取名为《草原上的钢铁巨人》。寓意为经过中国工人阶级和知识分子的共同努力，奋发图强，勇攀高峰，伟大的中国像巨人一样，屹立在世界的东方。

剧本送交工厂有关部门领导审查，一下子就通过了，随即交付厂文工团进行排练。由于文工团的演职员们都有很好的艺术素质，又都是本厂职工，对生活熟悉，所以排练得非常顺利，就在国庆十周年时，在工厂的文化宫里正式上演。其中一句主人公的话我至今仍然牢记在心：

> 什么样的尖端产品，我们中国人都能制造出来！

也许是剧本的内容是工厂发生的事，大家感到亲切，加上演员们出色的表演，话剧演出，盛况空前，场场爆满，并久演不衰，以至于职工们人人都能说剧中台词。

由此，许多同事和朋友公认为我有写剧本的“天才”。于是，我在工厂的名声大振，成为家喻户晓的“名人”。因为这个缘故，我被工厂技术室的一位资深的领导所赏识，把我提前从下放的车间调到他领导的技术室工作。不久，因为工作需要，又转入产品设计处做设计师。而我创作的那个剧本，后来被黑龙江的佳木斯市的专业剧团排演，并被调到省会哈尔滨演出。这是后话。

3.“泄露国家机密”

随之，进入了20世纪60年代。

1960年年初，因为工作需要，我从技术室调入工厂的产品设计处搞设计工作。具体的工作单位是机械强度研究室光弹研究小组，专门从事产品中的零、部件的光测弹性研究，这项课题研究在我们国家，也是刚刚开始。我现在正在进行的是12500吨水压机（简称万吨水压机）横梁的测定。这台机器在世界属于尖端产品，当时只有美国和苏联才有能力生产这种产品，我国是第一次研制；它是国家经济建设特别是国防建设必需的产品，系中央直接下达的任务。我们都以能够参加这项设计和研究工作为荣，这是一个技术人员千载难逢的机遇，我能够参与其中当然也感到非常荣幸。因此，和全体设计人员一样，我每天都紧张地投入这个工作中去，力争为这项重大任务尽一点心力。

这台万吨水压机在1960年制造成功。这是我国科技人员独立自主、自力更生设计制造的世界尖端产品，是工业战线的一件大事，我们当事者都感到骄傲和自豪；此事按常理应该在全国大力宣传，以壮国威，鼓舞民气。但是，全国所有传媒却无声无息，大多数人几乎都不知道有这么回事。但是，到了1964年，全国传媒却铺天盖地宣传上海江南造船厂“用蚂蚁啃骨头”的办法制造出来的一台万吨水压机，其声势之大，前所未有。它不仅写进国家总理在全国人大的政府工作报告中，还列入了中学教科书里，这种异常情况，实在出人意料。政治上的波诡云谲，也出现在科技领域，这也是“中国特色”？这是我国当代历史上一点小的插曲，直到现在也没有人能够说得清楚。谨在这里存疑吧！

如前所说，我的业务工作是很繁忙的，我当然全力以赴。但是，我还没有忘记文学。就在这年的春天，我的业余创作也迎来一个小小的“喷发”期。1960年1月号，上海的《萌芽》，辽宁的《文艺红旗》(《鸭绿江》前身)，黑龙江的《北方文学》和广东的《羊城晚报》，分别发表了我的散文、小说和诗歌；特别是《萌芽》杂志，那是全国青年作者心目中的顶尖文学刊物，居然在本期的重要位置，刊登了我的散文《红色之岸》。

在这篇散文里，我热情地歌颂了富拉尔基这个边塞小城在祖国的大建设年代所发生的天翻地覆的变化，我说："嫩江水涨了又落，塞北草原绿了又黄……时代的脚步迈得多快啊，曾几何时，这个不满五千人的达斡尔的渔村，今天成为二十万人口的现代化工业城市……"我还特别描述了我们重型机器厂的职工在建厂过程中那种战天斗地、坚苦卓绝的献身精神。看来，《萌芽》的编辑同志也对这篇作品很赞赏，在这期刊物的编者的话中郑重向读者推荐，说：

> "……（本文）充满了社会主义激情……报道了钢铁新城富拉尔基以惊人的建设速度在北大荒的旷野里成长起来，令人振奋不已。"

《萌芽》编辑部还寄给我一封热情洋溢的信对我表示祝贺和鼓励。

在富拉尔基，这篇作品也引起了很大的轰动。职工同志们奔走相告，争先传阅，均以先睹为快；在共青团的集会上，青年们自发地进行朗诵，表达他们作为边疆建设者自豪的感情。周围的朋友们也都为我这个小小的丰收表示由衷的高兴和欣羡；成功的喜悦，也给我带来小小的满足，鼓舞着我奋力向前，攀登新的高峰。与此同时，厂长办公室的一位朋友告诉我：黑龙江省作家协会，因看到了我最近创作的成绩，特别是《萌芽》发表的那篇作品，已经将会员申请表寄到我们工厂的党委宣传部，征求党委意见，意图发展我为省作协会员。对于我这也是值得高兴的消息。那时候，作者把参加作家协会的事看得很重，认为这是被社会承认你是一个作家的标志。

但是，谁也没有想到这篇作品竟在我们的工厂——富拉尔基重型机器厂引起了轩然大波。

就在文章发表不久的一天，我所在的单位——产品设计处的人事干事突然告诉我说："工厂保卫处找你谈话。"我有点奇怪地问他：'保卫处找我干吗？"但他讳莫如深，不肯说明，只是说："你去那里之后，自然就知道了。"

在那个年月，工厂的保卫处是直接抓阶级斗争的地方，人人都望而生畏，何况我还是个有"前科"的人；对前去那样的地方自然更是忐忑不安了。

但不去是绝对不成的。在去保卫处的路上，我的心像怀揣十五只吊桶，七上八下，不知命运的小船又要遭受何等颠簸。

保卫处一位姓安的科长接待了我。此人虽曾谋面，但并不熟悉。只见他的脸上充满着阶级斗争的严肃，在他面前的写字台上，放一本崭新的1960年第一期《萌芽》杂志，从那半掩的书页上，我看到了我写的那篇文章《红色之岸》。安科长劈头一句话便严肃地问我："你给上海的《萌芽》杂志投稿了吗？"

我说："投了。"

"是这一篇吗？"他用手指着那篇《红色之岸》。

"是的。"我点点头。

"是谁'指使'你写这篇文章的？"他的脸更加严肃了。

我一听，他问的这话味道不正啊！也便严肃地回答："是我自己写的稿，不用别人'指使'。"

"你倒很坦率，"他阴笑一下，"你知道你这篇文章的错误吗？"

我心里一愣，这篇文章有错误？奇怪！"不知道。"

"那就请你复习你写的这两段！"安科长指着杂志上他用红笔画出的地方。

我注目一看，第一段是文章的开头部分："嫩江，像一条玉带束住辽阔的北大荒原野。全国闻名的重工业基地——富拉尔基就在它的旁边。"另一段是："在那呵气成霜，唾水成冰的寒冬，吊装工人们攀上了耸入云霄的脚手架。他们吹着哨子，挥着胳膊，指挥着吊车的转动。74米高的塔式吊车，像顶天立地的巨人，吊着预制的屋面板，传递给屹立云端的吊车工。暴风在耳边狂啸，白云在身旁奔跑。他们拂去胡须上的冰碴，待迟起的太阳升上地平线时，40余米高的厂房已经落成了。"

看完这两小段文章，我没有作声，因为我实在看不出其中有什么"错误"。

"你知道吗？这篇文章严重地泄露了国家机密！你犯了严重的错误！"他厉声提醒我，声音较前高了8度。

我很紧张，连忙说："我不懂你的意思。"

"我的意思很明白！"安科长的脸拉得更长了，"首先，你泄露了我们工厂的地址，说出了富拉尔基的位置；其次，你泄露了我们工厂厂房的高度，说它的烟囱有40多米高。这些都是违反我们工厂的保密条例的！"

哦，原来如此！我心里倒踏实了："安科长，这不算什么泄密。前几年，《人民日报》和《人民画报》以及许多报刊都宣传过我们工厂，比我写的还要详细、具体得多呢！”我说的这些话都是有充分根据的，那些报刊的文章和图片我都亲眼目睹过；因此，同时我又补充一句：“我的这篇作品还是受那些记者的通讯报道的启发写出来的！”

“你可不要狡辩！”安科长马上制止我继续说下去，“那都是过去的事。现在的形势不一样了。由于‘帝、修、反’联合反华，我们工厂改成保密厂了！根据新的保密条例，你的文章严重泄露了国家机密，你要作严肃检查！”

说罢，他站了起来，从旁边的卷柜里取出几张带红格的纸，放在我的面前，一字一句地说：“你把写这篇文章的动机，受何人指使，连同你对所犯错误的认识都写出来，要毫无保留地交代清楚！”

“这个交代怎么写？”我也不懂，问他。

“你那么‘漂亮’的文章都能写出来，这小小的‘交代’还能难住你？”安科长的话我听得出来，是连讽刺加挖苦并且带着嘲笑。

我不作声了。我知道，现在的知识分子，在这些人的心目中是没有任何分量的。

“另外，把你过去发表的文章，包括最近投递出去的作品，都要老老实实交代出来！”他是一直板着面孔说的，丝毫不允许我进行任何分辩，“我还要提醒你一句：写交代时，要狠挖你犯错误的阶级根源，要联系你的剥削阶级家庭出身，以及你在历次运动特别是19 57年反右派运动中所犯的错误。”

我脑袋“嗡”地一下。又是家庭出身，又是反右时的错误！这些年，多少回了，动不动就拿这个说事儿，它是我永远洗刷不掉的“红字”。

我无话可说了，接过那几张红格纸一看，原来是一种案犯交代自己罪行的专用纸，看来，他把我也当成“罪犯”了。我实难忍受。还没等我回话，他又把更难听的话扔了过来：“党的政策你是知道的：坦白从宽，抗拒从严！好好掂量掂量吧！你暂时回去，回去，明天一上班把检查交来！”

没有任何辩白的余地，我就这样被撵出来了。

在那个年代，像我这样一个小技术员，是没有任何尊严可讲的，我只好按照安科长的指令去写检查交代。联系我祖宗三代“剥削”历史，联系我1950年的“自动脱团”，联系我1957年的“不平则鸣”……

可是，无论我怎样检讨，并努力“上纲上线”，安科长也认为不深刻；还说我“避重就轻，企图蒙混过关”，就像1957年我因为“右派言论”被强迫做的检查那样，无论怎么痛骂自己，怎么往自己的头上泼污水，也难通过。

一次次交上去，一次次打回来，反反复复，来来回回，搞得我筋疲力尽，焦头烂额。

我实在没有办法了，只好求救于我们年高德劭的设计处的老处长马员生同志，请他替我说情，帮我过关。

说起这位马处长，他可是一个不简单的人。他不仅是一名资深的共产党员，还有一段不平凡的传奇经历。他原籍河南，年纪很轻时便参加革命，早在 1925 年，就由董必武和王若飞介绍入了党。大革命失败后，他在新婚之夜逃离国民党特务的追捕，流亡苏联，进入莫斯科的中山大学学习。但在那儿因与当时在苏联的中共领导人王明、康生等人意见不合，对斯大林的专横与滥杀无辜也有不满情绪，被打成“托派分子”，被送到西伯利亚劳动改造。在“劳改”中他是个另类，他苦心钻研，竟然学会了技术，成为机械专家。斯大林去世后，苏联新的领导人为过去大批蒙冤受屈者平反，他的冤情也被昭雪。此时，新中国早已成立了，大规模的经济建设已经开始。他立即申请回国，参加祖国的社会主义建设来了。回到北京后他见了许多当年的老朋友，而现在他们多半成为国家要员，身居高位。他本来可以通过老朋友的关系，要求留在北京，讨个闲差，过几天舒适的生活；可是，当组织征求他对今后工作的意见时，他竟毫不犹豫地说：“我要到生产的第一线去，直接做技术工作。”有关部门了解了他的经历后，满足了他的要求，便把他分配到了新建的富拉尔基重型机器厂，任工艺处长。根据他的业务水平和资历，上级原本想提拔他当副厂长的，但因为他对“大跃进”有看法，说“这是发虚火”，又引用俄国的谚语发牢骚，说：“快就是慢！”所以也遭到了严厉的批判。幸亏他是从国外归来的“海归派”，所以对他来了个“处理从宽”。后来，“三年困难时期”到了，绷紧了的阶级斗争的弦稍稍有点儿松动，根据工作需要和他的业务能力，又让他当了产品设计处的处长，主管全厂的产品设计工作。而我恰好就在他的手下当技术员。

由于他国学底子厚实，又很喜欢文学，因此和我这个业余作者很谈得来。茶余饭后，节假日，我经常到他的办公室或家里，与他促膝谈心。我多半要求他讲述当年在苏联的传奇故事，他则要我向他介绍一些当前的文坛情况，我有时还请他指正我新发表的作品，其中就包括在《萌芽》上发表的那篇散文；他看了之后，大加赞赏，说：“很有文采，很有激情啊！”

我们成了忘年交，我把他当作良师益友。我们无话不谈，有时谈得时间晚了，还和他一起品尝几杯葡萄酒，这是他的喜好。但是，我从来没有因为个人的私事去麻烦他。现在，命运中遭到如此难以逾越的坎儿，我考虑再三，觉得只能向他求助了。当我把目前的困难处境告诉他以后，他听了非常同情，并且对保卫处的做法很不以为然。先是愤愤地说了句："这些人真是吃饱了撑的，没事找事！一篇小散文，能有什么'泄密'？！"随后又说："我们整个工厂都是苏联专家帮助设计的，全套设备由苏联供应；前不久，有100多位苏联专家分布在全厂的每一个单位，你能够对'苏修'保密？美国的人造地球卫星每天都从咱们的头顶上经过，地面上的一个小螺丝钉都能看到，他们难道不知道你这厂房有多高？真是自欺欺人！"最后他感叹地说："这才是秀才遇到了兵，有理说不清。"说罢，无奈地摇了摇头。

不过，他还是慨然答应为我解围。

他先找到了保卫处长，没有说通；后来又亲自登门"拜访"主管保密工作的党委副书记，说："这个年轻人写这样的文章，动机还是好的，宣传富拉尔基的大好形势嘛！以后要他注意就是了！"

党委副书记总算给老处长一个面子，和保卫处打了招呼，这才让我勉强过关。不过，当即给我下了道死命令："此后再也不能随便给报刊投稿了！"更绝的是，保卫处还根据我交代的投稿"线索"，向有关报刊一一发出了公函，除了说明我们工厂的保密程度，还特意介绍了我的家庭出身和政治表现；公函要求他们："今后不得随意发表程树榛的作品！实在要发，必须经过工厂保卫处同意！"

实际上，他们把我所有发表作品的路全部堵死了。试想，那样的年月，文艺报刊的编辑几乎都是政治运动的惊弓之鸟，谁会自讨没趣发表我这样的作者的作品！因此，在其后的数年内，我在报刊上几乎没有任何作品面世。不仅如此，我还在保卫处挂上了号，成为"内控对象"。只要社会上兴起任何一点风浪，我的一举一动，都要受到严密的监视。"无产阶级专政"的铁拳，时刻悬在我的头上。

当然，参加黑龙江省作家协会的事也随之泡汤了。在"政治挂帅"的口号喊得震天的时候，作家协会怎么能够吸收我这样的人做会员呢？此后，我赌气再也没有申请加入省作家协会，直到1979年全国作协恢复工作首批发展我入会后，我才自然转成了省作协会员。这是后话。

尽管这样，我还是非常感谢老处长在危难的旋涡中拉了我一把，使我没有“沉”下去。遗憾的是，他自己却未能逃脱“文革”的厄运。运动开始时，他就被造反派揪出来了，仍然是斯大林时代的罪名：“托派分子”；加上后来反对“三面红旗”的言行，“新账老账一齐算”，于是，就把他的“老命”算“走”了。呜呼，哀哉！

这就是一篇文章给我带来的厄运。现在说起来，简直如同天方夜谭，无法令人置信，可这却是无情的事实！几十年过去了，我至今回忆起来，还像噩梦一场，心头犹颤颤发抖，余悸难消。

4. 荒野里的珍贵豆子

经过上述那个沉重的打击之后，我曾经消沉一段时间，情绪非常低落。特别是已经进入了“困难时期”，连饭都吃不饱，自然也没有激情创作。

我国的“三年困难时期”，说是“严重自然灾害”造成的，实际上是某些人头脑发热搞什么“大跃进”和“人民公社化”、违反社会发展规律、经济严重失调带来的恶果。

当时，我们所居住的地方在黑龙江省的北满大草原上。按说以这里的田多人少，土地肥沃，那几年风调雨顺，人们吃饱饭应该是没有问题的。谁知偏偏突然来了个“困难时期”，于是，便也“困难”起来了。因此，和全国其他地方一样，我们工厂的职工，也在忍饥受饿，在贫困中备受煎熬。很多人因吃不饱而疾病缠身；浮肿几乎降临每一个瘦弱的肌体上。非常凑巧的是，我的大女儿偏偏在这个时候出生了，多病而羸弱的妻子，除了填不饱辘辘的饥肠外，尚需给嗷嗷待哺的孩子哺乳；加上年逾花甲的老母亲，一家四口，这口粮的缺额就更大了。那时商店里虽有高价食品出售，可是，我们那一点微薄的工资哪里买得起呀！面对这种艰窘无助的境况，我确实感到为难了。这样的日子怎么熬过去呢？

正在这当儿，我们的邻居老刘，来我家串门。老刘也是四口之家，两个孩子都已经上了小学，正在长身体的时候，饭量大得很，那点粮食定量更是不足以果腹，比我困难得多。他时任工厂的团委宣部部长，由于他也是个文学爱好者，和我一样，有时还舞文弄墨，在报刊上发表点小文章；惺惺相惜，气味相投，故平日我们俩过从甚密，有很多共同语言。他虽然是贫农出身，根红苗壮，又有官位，但是他对于我这个家庭出身不好，社会关系复杂，和曾经在反右派斗争时犯过“严重错误”的人不歧视、不避讳，说话时能够平等相待、推心置腹；他有时还敢当面顶撞错误的领导，背地讥讽扭曲的时政；因此益发加深了我对他的感佩，同时也增进了彼此之间的友谊。现在，又有在“困难”中的共同感受，因而常常相互造访促膝谈心。

有一天，在一个阴郁的公休日，我们俩又凑在一起“倾诉”一番“困难的衷曲”后，他突然对我提出一个建议：咱们到大田里捡黄豆去，来补补肚子！我不明白，到那儿去捡？哪有那样便宜的事？他悄悄向我解释说，日前有人告诉他，公社化之后，农民吃大锅饭，干农活不怎么认真了，因此在收获庄稼的时候，丢三落四，大田里还留下不少“残余”，咱们城里人可以去“捡捡漏”。我说，有这等好事，人家公社社员不去捡，还轮到咱们了？他的话倒很在理，“鱼过千重网”，总会落下一点吧，我们不妨前去试一试。

受饥馁之苦，我当然没有理由拒绝老刘这样好的建议，而是欣然同意。于是，就在此后工厂的又一个公休日，我们俩便一同“出征”，到大田里捡黄豆去了。目的地是10公里以外的“黑岗子”，据说那里有一大片黄豆田。

那是冬天的一个早晨。我和老刘很早便起身了，我们都进行了全方位的包装：头戴一顶厚厚的狗皮帽子，身穿里子带羊毛的棉大衣，足蹬一双垫有乌拉草的棉鞋，脸上蒙一个特制的大口罩。为此，我的近视眼镜不得不取下放在兜里。为表示对我此行的大力支持，妻子还专意给我烙了一张白面糖饼，以为犒劳——其实，她的这番好意，恰恰也增加了我的心理负担：此行必须有所收获才是！

老刘也和我享受了夫人给以同样的待遇，当然也带有同样的负担。

那天正好进入“三九”时节。从西伯利亚吹过来的寒流，到这里就变成一种“大烟炮儿”，像利刃一样直往你身上钻。全身虽然进行了全包装，但是，脸部总是有面罩盖不到的地方，寒风从缝隙中钻进来，像刀子割的一样的痛。

这当然阻止不了我们的决心。出了家门，便沿着一条羊肠小道向黑岗子方向走去。我们走的不是正而八经的宽敞大道，而是抄近走的农民收种庄稼时在阡头陌尾临时踩出来的羊肠小径。高高低低，弯弯曲曲，走起来很是吃力。特别是当时我们肚子里油水不多，都患有浮肿病，心虚腿软，就更加步履艰难了。一开始，我们俩还有闲心唠点嗑儿，说点笑话，发点牢骚，评点时政，以解劳顿。但走着走着，便都不作声了。怕话说多了伤了元气，妨碍下一步的重要“业务”活动。

我们一边走一边用眼睛瞅着路两旁已经收割完毕的庄稼地，这里多半种的是高粱和玉米，那是没有什么“油水”可取的，因为它们穗儿大，目标也大，谁会舍得落下？直到走过了黑岗子，才算找到一块黄豆地。

这黑岗子本来是一片凸起来的大土丘，海拔不足30公尺，不知是在多少亿万年前，地壳变动时不经意间甩下的一点小渣滓形成的“产物”。但因为过去岗子上面栽植了许多松柏和一些自发生长的灌木，日久年深，长得密密丛丛，遮天蔽日，远远望去，黑黢黢的一片，人们就把它称做“黑岗子”。据说，它曾经有过一段“光辉的历史”哩！狼群出没在丛林中，虎豹争雄在岗顶上；飞龙在白桦树上筑巢，百灵在椴木枝头垒窝；密林深处有绿林好汉的足迹；岗凹下面有流放者的残骸。特别是东北抗日联军曾在这里宿过营，并以此为据点，偷袭日本小鬼的军车，截取他们的给养，打得敌人心惊胆战，每经过这里便惶惶不安……但是，随着岁月的流逝，这里的林木也逐渐流失了许多；尤其是经过“大跃进”时期连根带梢的彻底砍伐——名曰“开荒造田”，现在已经是光秃秃的一个土岗子了。那片黄豆地就是在岗子的半坡上伐木后的新生的“硕果”，面积至少有好几垧。乍一看去，遍地光溜溜的，似乎也收割得比较干净，我有些失望了，但老刘眼睛比我这个近视眼好使，却发现在垄沟里还有散落的豆粒儿，于是立即蹲下来用手捡起，同时转脸向我说：“老程，有门儿！”

听此，我也顾不得冷风刺面，摘下口罩，戴上近视镜。果然，我也看到了那黄金般的豆粒儿，欣喜地蹲下身去，脱下厚厚的棉手套，捡了起来。

不过，这些“小东西”还很会隐藏。有的埋在垄沟深处，有的藏在根茬儿底下；有的单独栖息豆叶丛中，有的仍聚集在豆荚里。我们俩沙里淘金般地仔细“搜捕”，一粒一粒地捡起来，然后小心翼翼地放进兜子里。此时，我们早已忘却寒风的袭击面颊，顾不得双手冻得揪心地疼痛，强迫随风舞动的身子站稳脚跟，忙不迭地扒开冻土茬子和黄豆叶子，寻找那亲爱的“小宝贝”。我每搜捕到一粒，心头便会激动一阵儿：觉得又可为我正在坐月子的妻子增加一点营养，为那新生的小女儿增加了一滴乳汁。于是，我备尝了“收获”的喜悦。

不知不觉，两个多小时过去了，饥饿像无数毛毛虫一样紧挠着我的肠胃，我实在忍受不住了，就向老刘建议道："老兄，歇一会，慰劳一下肚子吧！"

老刘欣然答曰："好！这肚子早就向我提抗议了。"

于是，我们各自从贴身处取出了白面糖饼，对坐在沟垄上吃了起来。其时，糖饼已经被冻得梆梆硬了，咬一口像啃一块冰碴子，但是，含在嘴里，咽在腹中，却觉得香甜无比。我们俩大口吞啖，相视而笑。这也算苦中有乐了。

触景生情，我突然来了灵感，随即和着古诗的韵脚，顺口占一小诗：

捡豆随风舞，
手抠禾下土，
须知囊中豆，
粒粒皆辛苦。

老刘听后，说："好！"停了片刻，他忽然说道，"我也瞎诌了几句，请你赐教"：

风调雨又顺，
何曾有天灾？
世事多蹊跷，
令人犯疑猜。

我听后，连忙用手掩口示意说："噤声！"然后我严肃地对他强调："老兄，这话可说不得！"老刘一伸舌头。

甜甜蜜蜜地把那块糖饼啃完了，身上也增加了不少热量也长了些许力气，又重新投入刚才的"战斗"，以便扩大"战果"。现在，寒风吹得更猛了，站都站不稳。但是，我们却毫未退缩，老刘还不断地念叨着"下定决心，不怕牺牲，排除万难，去争取胜利"的毛主席语录，以鼓"士气"。如此这般又奋战了两个多小时，布兜里的黄豆粒儿已经撑得鼓鼓的，说明"战果不菲"了。本想继续"战斗"下去，只是东北的冬天光照时间短，不到四点钟，那个怕冷的太阳，已经迅速地遛近地平线下躲起来了，我们也不得不忍痛割爱，走向回家的路。

或许是因为胜利的喜悦和囊中黄豆的鞭策，我们返回去的路走得很快。但是，由于夜影逼近，路径不清，我们只能高一脚、低一脚地颠踬前进，临近工厂宿舍区的时候，我的身子简直像快要散了架似的寸步难行了。老刘也和我一样，脚步蹒跚、气喘吁吁。当迈入我们居住的楼门口时，我忍不住调侃了一句：“这老天爷搞的自然灾害，确把咱们害苦了。”

没想到老刘却冷不丢地白了我一句：扯淡，什么天灾？完全是人祸！说罢，趔趔趄趄地进了他的家。

我赶紧回头瞅了一下，幸好周围无人，我也急忙回到家中。这时，母亲和妻子正等着哩。见我“安全”归来自然非常高兴，一齐问我怎么样？我顾不得和她们说话，把兜子向地下一扔，甩掉大衣和狗皮帽子，一下子仰卧在床上。我实在太累了。

母亲和妻子连忙过来验收我的“战果”。她们把兜子里的黄豆倒出来，只听娘儿俩高兴地欢呼：“哎呀，这么多！足足2斤还要挂零！”

有今天这个“战果”垫底，晚上全家破例吃了一顿饱饭。

尝到了甜头，我和老刘此后又去捡了两次黄豆。可是，“战果”一次比一次少了。原因很简单，我们的“秘密”行动，很快地被其他职工发现了，他们也纷纷出行黑岗子，进入捡黄豆的战斗行列。但是，僧多粥少，任凭怎么奋战，也难获“战果”了。

20世纪60年代

既然此路不通了，那就另辟蹊径吧！我们在动脑筋寻求新的“收获”门路。不久，就果然找到了“门路”。

那时，为了减轻长年的饥馁之苦，我们发现有人在墙角路边进行开荒种地，而且颇有收获。因为北大荒的黑土太肥沃了，不管是什么庄稼，只要种下种子，便会长出茁壮的禾苗。于是，我们也受到了启发。是我的老母亲首先发现我们住房外边的一小块荒地，老人及时地用镐头进行了开垦。她除了每天筹划我们一日三餐的饭菜，喂饱孩子之外，便是挥动镐头，把那块小荒地深挖勤翻，之后，又播上种子，随时锄草浇肥。每天忙得不可开交。经常是怀里抱着新生的小孙女，用另一只手锄地。累得汗流浃背，气喘吁吁。我和妻子下班回来了，她仍然在那里忙个不休。妻子劝她别累坏了身子。可是，母亲却说："没事，我在家忙惯了，闲不住。"我和妻子想帮她一把，她也不让，说："你们上班已经够累的了，又吃不饱饭，多歇会儿吧！"而在吃饭时，她都是尽着我们夫妇先吃，她最后吃点我们剩下的饭菜。老人总是时时处处为儿女着想，就是不考虑她自己。

母亲的辛勤劳作，得到了可喜的收获。当年秋天，那块小荒地居然为我们贡献了30余斤粮食和数十斤蔬菜，给我们贫瘠的生活做了意外的改善，连我小女儿的营养也有了补充。此后几年，母亲一直继续耕耘这一小块荒地，当然，我和妻子也尽量帮助浇水施肥，收获也大为增加。这样就当真使我们比较平安地度过了"困难时期"。

5.《钢铁巨人》遇到了难产

经过工厂保卫处的批评和审查之后，我这只历次政治运动的"惊弓之鸟"，"翅膀"不得不收敛了。按照安科长的吩咐，我把发表过的全部作品送交保卫处，同时，把寄出去的稿子排列出来并附上这些报刊的名称和地址。保卫处据此向有关报刊发去了公函，要求他们"以后不许随便发表程树榛的稿子；如果需要发表，一定要经过工厂保卫处的同意"。公函同时附上了能够说明我的政治情况的材料。

有了这样的背景，哪家报刊还会自讨麻烦、自讨没趣呢！我也只能沉默下来。

可是，我对文学过于钟情了，可以说是"恶习难改"；随着"困难时期"的渐行渐远，我那被冰封的创作热情又开始复苏了。我想，既然短小的作品在报刊上难以发表，那么，我就来点"重头货"吧！于是，我酝酿着创作长篇小说。因为我有现成的题材——那个四幕六场话剧剧本不是很好的长篇小说基础吗？

说干就干，很快我便动起笔来。我重新翻阅了剧本的内容，充分运用了我几年来工厂生活的积累，同时调动了我青少年时代的库存，结构出一个较详细的写作提纲。

在当时所处的工作环境和生活氛围中，我的写作只能秘密进行。在那个年代，著书立说是一种见不得人的“冒险行为”，如果被有心人发现了，立即会被扣上“不务正业”“个人主义”“名利思想”“成名成家”等资产阶级的帽子，轻则受到批评和歧视，重则会遭到批判和处分；何况我还有那么多的“前科”？因此，我的创作长篇小说完全是“地下工作”式的，除了我的家人外，没有任何人知道。

当然，创作条件非常艰苦。白天上班需要提前半小时学习毛主席著作，八小时的工作时间都是满负荷的，晚上下班后还要参加各种各样的会议：团的小组会，工会生活会，政治学习会，等等。回家吃完饭都要九十点种了。现在才是我自己可以支配的时间，可以用来写作。但是，当时我们居住的条件非常困难：一家四口三代人住在一间不足14平方米的房子里，连个写字的桌子都摆不开。我只好在厨房的炉台上铺开一块木板，把稿纸放在上面“爬格子”。为了不影响家人，特别是新生女儿的睡眠，我必须小心翼翼，不出动静来。“没有人说话，只听马达在轰响，只见轧辊在转动。”这是小说里的描述。它跟我的创作状态很相似，是的，没有人说话，只有我的笔在稿纸沙沙响。

但是母亲和妻子对我这样的创作方式也是不赞成的，因为她们怕损害我那已经不十分健康的身体。但是，她们又劝阻不了我的固执，只好在我工作两三小时之后，强行关掉厨房的电灯，逼迫我上床休息。

由于创作的素材都在我每天的生活中，所以进展得比较顺利。写到结尾处时，小说中大型轧钢机的试运转的情形几乎就是我的心境：“运转良好，一切正常！”

当时已经到了1963年年底了。

恰在这时，我又意外地碰见另外一件事，这事可说是不幸中的幸运——

由于国家遭遇到“暂时困难”，上边的阶级斗争弦似乎松动了一些，文艺界也出现了某些新气象。就在1964年年初，黑龙江作家协会突然决定要在哈尔滨举办了一个青年业余作者学习班。不知是谁人推举，我竟然成为参加学习班的人选之一。省作协发给我们工厂党委一个通知，希望能够批准我前去参加。而这次工厂的党委宣传部居然也发了善心，竟然允许我参加这项活动。于是，我便于 4 月初乘火车来到了哈尔滨。

4 月的哈尔滨是个美丽的季节，处处丁香吐蕊，垂柳绽绿，一派勃勃生机。我们学习班的地点在省文联大院内。这里原来是苏联驻哈尔滨总领事馆，是一座独具特色的俄罗斯建筑，院内古树参天，花木扶疏，进入其中如同到了另外一个世界。在中苏友好时期，这里经常有高级人士出入于此，而且门庭若市，车水马龙，非常红火。后来因为在意识形态方面意见不合，中苏交恶，兄弟之邦，反目成仇，以致兵戎相见，水火不容。于是，苏联驻哈总领事馆被迫关闭，房产为我方接管。当年省城里的很多单位曾经觊觎这个大院，希望到这里办公，享受一下俄罗斯人的高雅生活。但是，时任省委书记的欧阳钦同志，比较重视文艺工作，他力排众议，将这个领事馆交付给黑龙江省文联使用。应该说，这是一个了不起的创举。

于是，这里便成为作家、艺术家们生活和创作活动的场所。

现在，我们这些来自全省穷乡僻壤的业余作者，能够进入这个大院学习，见到这样的世面，真是三生有幸了。

学习班得到省委宣传部副部长兼文联主席延泽民的支持和关怀，办得很有生气：有名家讲课，名人辅导，比如大诗人严辰，小说家林予等人，都和我们面对面进行座谈；大家还可以自由交流思想，互相切磋写作技巧。因此，一个月的学习，我们每个人都有很大的收获，甚至有茅塞顿开之感。在学习班上我竟然不慎泄露了我的“秘密”——谈了我创作长篇小说的想法，当即得到了很多朋友的鼓励，特别是林予先生，对我勉励有加，盼我成功。林予是名作家，早在 50 年代便以电影《芦笙恋歌》蜚声文坛，后来又创作了长篇小说《雁飞塞北》名扬四海，能够得到他的鼓励，我暗自高兴。然而，高兴一阵之后，我却有点后悔了：一怕传到我们的单位里去，惹出新的麻烦；二怕将来写不出来或写得不好，成为人们的笑柄。那个年代的知识分子真是谨小慎微又顾虑重重啊！

但是，顾虑归顾虑，收获归收获。这次学习给我增添了信心和勇气。回到富拉尔基之后，我创作长篇小说的速度加快了。

没几天，一位不速之客突然来到我简陋的家中。他就是人民文学出版社上海分社（现在的上海文艺出版社）编辑范政浩同志。此前，他从上海来哈尔滨组稿，拜访了作家林予先生。在闲谈当中，林予告诉老范，富拉尔基重型机器厂有个青年业余作者程树榛，正在创作一部反映工业战线的长篇小说，可以寄予希望。

老范是个非常敬业的编辑，得到这个消息后，不辞辛苦立即乘坐火车由哈尔滨来到了富拉尔基，而且很快找到我的住处。那时的我，实在寒伧得很，一间不足14平方米的斗室，接待这位大上海来的贵客，心里着实过意不去。但是，年纪刚刚30岁出头的老范，似乎一点也没有计较我的窘态，而是以极为朴素的语言谈到了林予先生的介绍，直截了当地向我约稿，希望我正在撰写的那部长篇小说交给他们的出版社出版。边说边从手提包里取出两份约稿合同，让我签字。

作为一个名不见经传的业余作者，哪里见过这样的阵势，我有点受宠若惊了。望着那精致的道林纸印制的空白的约稿合同，我半晌没有说出话来，颤抖的手，不敢签上我的名字。老范似乎看出了我的心态，鼓励我说："请签上大名吧！有了合同就有了压力，你就会更快地完成任务了。我可是在上海等待阅读你的大作呢。"

难得老范如此恳切，如此信任，我随即在合同上签上我的名字。这是我有生以来，第一次和出版社签约。

次日一大早，那个时代上海来的老范编辑，未在我家吃一顿饭、喝一杯茶、抽一支烟，便离开富拉尔基了。他留给我的是鞭策和鼓励。此情此景，我终生难忘。

诚如老范所说，我立即感到了巨大的压力。过去写稿，都是兴之所至，下笔为文，有空即写，无暇则罢。现在不同了。白纸黑字的合同，有你的名字，有时间要求，有字数限制，有质量标准；再加上无形中的个人信誉，我怎能掉以轻心！于是，便加速马力，奋力"拼搏"起来。

好在我已经有了一个详细的提纲，有了较好的开头，顺着原先的思路，抓紧一切业余时间，我奋笔疾书。

应该说，我写得很快，很顺手，不到5个月，30余万字的初稿，一口气"端"出来了。但是，那是什么样的"初稿"啊？废旧绘图纸的反面，脏兮兮的小学生练习本，残缺不全的公文信笺——就是没有正规的稿纸——因为那时"困难时期"刚过，纸张比较匮乏；而涂在这些乱纸头上的，是匆忙的急就章。我就把它们原封不动地一股脑儿寄给了出版社。

说老实话，我对这部稿子没抱多大希望，只是表达一个"签约者"的真诚与守信，特别是想对得起那位不远千里而来向我约稿的范政浩同志。

稿子寄出之后，“社教”运动就开始了，工作队高举“阶级斗争”的大旗，进驻了我们工厂。一进门就访贫问苦、扎根串联，那架势咄咄逼人。我这个在历次政治运动中屡遭批判的“老运动员”，自然又成了惊弓之鸟。生怕这“运动之火”，哪一天会突然烧到我的头上，而且我现在更加害怕的是我寄出去的那部稿子——如果编辑先生从里边发现什么错误并突然转到我们单位来怎么办？因为社会上已经开始批判一大批我过去读了后一直觉得很好的文学作品，或看了后也曾经激动不已的影片；还有一批我平日一向敬重的老作家。那些批判文章的语言“上纲”到惊人的高度。于是，我对写出来并寄出去的这部稿子的行动有些后悔了。

在心惊肉跳中，我挨过了 1964 年。谁知新年刚刚过去不久，上海文艺出版社突然派专人到我们的工厂来了。他就是当时任出版社现代文学编辑室副主任的张军同志。张军来厂后并没有直接到我的陋室去见我，而是通过在工厂搞“社教运动”的工作团把我叫到工厂的党委宣传部。当我怀着忐忑、畏怯的心情来到会客室时，想不到看到的竟是一张陌生的却是和善可亲的面孔。张军同志自我介绍后亲切地握着我的手说：“你写了一部很好的长篇小说，思想上、艺术上都很有基础，但还需要进一步加工，我们准备请你去上海进行修改。”

这太出乎我的意料之外了！我一时不知说什么好了，只是不安地搓着我那刚刚放下绘图笔的手，望着张军同志呆呵呵地傻笑。坐在旁边的党委宣传部的同志从旁告诉我说：“你就准备起程去上海改稿吧！张军同志已经代你办好请假的手续了，工厂党委、社教工作团党委已经研究批准，同意你去上海修改稿子。”

事后我才知道，张军同志此行费了不少周折。是他用一个共产党员的名义代表出版社做出保证，才说服了那些阶级斗争观念极高的社教工作队员，使他们确信程树榛写的这部稿子不是反党大毒草，而是歌颂党的奋发图强、自力更生方针、努力攻克尖端技术的好作品。经过他反复的解释、保证，有关领导这才为我去上海改稿而开了绿灯。

尽管这样，我还是拖到 4 月中旬才动身去上海。原因是我的妻子患病住院，高烧不退，一时查不出是什么病症。我心里很着急，但是还得耐着性子去伺候病人。妻子很理解我的心情，有一天她对我说：“你还是赶紧去上海改稿吧！这个机会对你太难得了，不可耽误了！”我说：“我走了你怎么办？”她故作轻松地笑着说：“看来我这是慢性病，没有多大危险，何况这里有大夫随时照看；你那件事可是拖不得。”她知道我对文学的执着，也知道我处境的艰难，她也深刻懂得这次机会来之不易，因此，坚决动员我抓紧时机，从速成行。

我感谢她对我的理解，决定按照她的意愿去办。我首先向大夫表达了我的希望，同时向母亲解释我的内衷。母亲历来是支持我的一切要求的，她说她知道我的心思，放心地去吧，她会把母女照顾好的。这期间我的二女儿也诞生了，两个小女儿都才刚刚牙牙学语，时刻需要有人照看，再加上住院的病人需要一日三餐送饭，老人家的担子太重了。可是，母亲很坚强，她那无私的母爱，让她毅然挑起这副重担。

就在同年的 4 月 19 日，我来到了号称远东第一大城市上海。初到大上海，我像刘姥姥走进大观园一样目不暇接。鳞次栉比的高楼大厦，流光溢彩的霓虹灯光，都使我感到这个现代化大都市的气派。可是，当我走进绍兴路 74 号那幢造型迥异、娇小别致的上海文艺出版社的办公楼时，正像 4 月的上海天气给人以舒心、愉悦、温馨一样，我也感受到春天的温暖。接待我的是一位中年女编辑同志，名字叫江鹜，她和蔼可亲，平易近人。从见面的第一刻起，便像一位大姐姐般地关怀着我。她热情地对我说：“出版社非常欢迎你来沪改稿，指定我做你的责任编辑——因为向你约稿的范政浩同志被抽调去搞‘社教’了；从现在起，你就要安下心来，专心致志地修改稿子。”

当天，出版社为我安排了一个舒适的住所，位于绍兴路 5 号人民出版社院内的二层小楼的一间套房。我清楚地记得室内的一切情形：宽敞明亮，各种家具一应俱全，还有专用的卫生间。这在当时来说，条件相当地优越了。据给我打扫房间的老师傅讲，当年这曾是上海大亨杜月笙的一个小妾住所。老实说，作为一个小青年，住在这样豪华的房间，我心里非常过意不去，可是我也不好推脱这样的安排。我想，只有努力改好稿子来报答出版社的美意了。

此后，江鹜同志每天都亲自来到我的住处和我一同商量如何修改稿子。她工作耐心、细致，要求严格，对作品的每一个情节、每一个细节、每一句话，都帮助我进行仔细推敲。但是，她又从不代替我直接动笔，用她的话说，就是要充分调动我的“潜力”，通过改稿提高我的写作水平。

据后来的其他编辑同志告诉我，江鹜是一位很小就参加革命的女同志，有着传奇般的经历。她曾经女扮男装，担任我军的游击队长，出生入死，身经百战。但是她又酷爱文学，革命胜利后，坚决要求到文艺部门工作，组织上满足了她的要求，分配她到上海文艺出版社来做文学编辑。她现在是出版社现代文学编辑室的长篇小说编辑组长。有这样一位老大姐给我做责任编辑，我感到非常荣幸。

张军同志也非常关心我的工作，经常忙中抽闲与我促膝谈心，把他阅读稿子的体会，毫无保留地告诉我。他阅历广，思路宽，他的意见给了我很大的启发。从他那里，我得知为我能够顺利地来到上海修改作品，他在我们工厂费了多少唇舌，方才说服那些掌握我的命运的官员们。因此，我更加珍惜现在的大好时光。

出版社的老社长蒯斯曛同志，出于老前辈对青年作者的关爱，以花甲之年，迈着蹒跚的脚步，亲临我的住所，和我做了两个多小时的恳切谈话，他语重心长地嘱咐我："你写的是一个大题材，很有意义，你要努力把作品改好了，对文学是一个贡献。"老先生的话使我听后心里热辣辣的。

范政浩同志听说我来到上海了，专门向社教工作队的领导请了假，前来看望我。他以不能亲自做我的责任编辑而遗憾，因为这是他组的稿子。但是，他却谦虚地说："江鹜同志是老编辑，比我的水平高，对你的帮助会更大。"就在我来上海的第一个星期天，老范还把我邀请到他的家里做客；他的夫人亲自下厨，为我做了一桌丰盛的具有苏州风味的菜肴，让我美餐一顿。在老范那温暖的家庭中，我充分地享受到友谊的温馨。

来沪不久，上海作协的领导哈华同志，还专门接见了我一次。他早已听到出版社对我情况的介绍，对我选择这样的题材进行创作大加赞赏，慰勉有加。我没想到像我这样一个小小的青年业余作者写出一点作品，会惊动这样的大作家、老领导。我真是受宠若惊，同时也备受鼓舞。

此后，出版社又邀请了几位青年作家来上海修改作品。他们是广东的王杏元、辽宁的扬大群、四川的克非、湖北的李德复、黑龙江的郑加真，都住在绍兴路54号。这下子出版社可热闹了。在工作之余，我们在一起谈天说地，交流思想，互相切磋琢磨，不仅增加了友谊，也促进了改稿的进程。特别是他们对我创作的这部作品表示厚爱，并寄予很大的希望，又令我十分感动。从此以后他们都成为我很好的朋友，彼此音信不断。

在改稿任务快要完成的时候，突然意外地接到著名电影演员张瑞芳女士的邀请：去她家做客。我当即愉快地接受了。一个周末的下午，她派人把我请到她的家中。她和她的先生——电影导演严历先生一同在大门前迎接我，而后在客厅落座。客厅宽敞明亮，朴素大方，有一种温馨的感觉。略为寒暄之后，张瑞芳女士便向我说明邀请我前来做客的意思，原来她从朋友那里听到了一个消息，黑龙江的一位青年作者写了一部工业题材的长篇小说，完全贴近现实生活，场面宏大，人物众多，题材重大而新颖，因此，她对此小说很感兴趣，希望作品出版后，能够尽快搬上银幕；他们夫妇现在就预先“订”下了。这件事完全出乎我的意料，但也使我内心颇为高兴，立即表示非常乐意与二位大艺术家合作。在张家待了两个多小时，他们还准备留我吃饭，但被我婉言谢拒了。遗憾的是，新书出版不久，就爆发了“文化大革命”的浩劫，这个美好的愿望成了泡影。

此事过后，想不到又有一位女士意外地到出版社我的住处访问我。她就是《收获》杂志的资深编辑欧阳文彬。她在我的房间落座后便直截了当地对我说：“我们得悉你创作的长篇小说的内容，我们杂志很感兴趣，希望在新书出版前，先在《收获》上发一下，请你支持。”我马上说：“作品能够在贵刊上发表，我当然高兴，但是，我必须取得出版社领导的同意（我当时对出版作品的“规矩”太缺乏了解了）。”欧阳女士笑了笑，然后说：“好吧！我听你的信。”谁知当我把欧阳女士的意思告诉责编江鹜时，她立即表示：出版社的领导绝不会同意《收获》编辑的意见，因为出版社是用这部新书向北京即将召开的青年文学创作会议献礼的。当时文艺界都已经知道：“中央要在当年11月在北京召开第二次全国青年文学创作会议，《钢铁巨人》是出版社的重点献礼作品，怎么能够让《收获》首发呢？”当然他们不会知道，由于人为的因素，此书后来没有按时出版，当然也没有献上什么“礼”，而我却和《收获》杂志失之交臂了，这也许是我终生的遗憾。

此是后话。

面对各方领导、编辑、朋友如此热情、如此关心、如此期望，我怎么能不全身心地投入到改稿中去？！

经过4个半月的努力，在江鹜同志的直接帮助下，稿子终于修改出来了，正式定名为《钢铁巨人》。这个寓意是，在中国共产党的领导下，中国人民经受了严峻的考验，像巨人一样站立起来了。在作品里，我调动了20余年的全部生活库存，倾注了我的青春和智慧，用深沉的爱，抒发了一个年轻人对生活、对祖国、对党、对人民的忠诚。

出版社以超乎寻常的速度和效率，排印了这本书稿。当我从上海回到富拉尔基没几天，《钢铁巨人》的校样便寄到了我们工厂。面对那本厚厚的还带了油墨气味的校样时，我几乎难以相信，这就是我自己写出来的书。周围的同事和宣传部的领导，也用怀疑的目光打量着我：这样厚重的一本书，能是这个小青年写的？

也是出于“政治挂帅”的需要，不知是何人做出这样一个英明的决定：任何书稿必须经过作者所在单位党委审查后，方能付印并出版。《钢铁巨人》当然也不能例外！

也许是工厂的领导对这本书过于厚爱了，竟然责成党委宣专部组织一个以部长为首的班子来进行审阅。部长极为重视这件事。他虽然文化程度不高，但政治觉悟却特别的高。坚持审查必须从头做起，作者本人首先成为审查对象。从家庭出身到社会关系；从个人历史到现实表现；从政治思想到工作态度；从道德品质到生活作风——由表及里、从根到梢，彻头彻尾，又拉一次全面“大检查”。等到这一切进行完了之后，才开始对书稿本身进行逐字逐句地审查。出版社本来和工厂约定，一星期后便将校样退还出版社的。因为过不多久，在北京要召开第二次全国青年创作会议，出版社是要用这本书向大会献礼的。谁知宣传部审阅了两个星期也没有结果。据审稿的人向我透露：他们对本书的内容很有看法，他们竟然将书中的人物和工厂现实生活的具体人逐一对号入座；同时把书中的故事情节和工厂的实际生活挨个儿对照，于是便得出结论：“《钢铁巨人》歪曲了现实生活，不能允许出版！”

这个消息让我一下子慌了手脚。除了迅速给责编江鹭同志写信外，便是向审稿人做力所能及的解释。我说：“小说里的人物和故事都是虚构的，没有一个是真人真事，请不要对号。”可是，任凭我怎样解释，人家也不理我这一套。审查者说：“你就生活和工作在咱们工厂里，再怎么虚构，也跑不出这个圈儿。”任凭出版社怎么恳求，审查者也无动于衷。他们理直气壮地说：“作者是我们工厂的人，一切都得听我们工厂的，你们出版社无权决定此事！”

真是秀才遇上兵，有理说不清，何况我遇到的都是那个年代阶级警惕性极高的政工干部！

此事持续了好几个月，来回扯皮不知多少回合，也没有结果。

在此期间还发生这样一件事：在北京召开的全国青年创作积极分子大会的前夕，黑龙江省作家协会得知我长篇小说即将出版的消息，给我们工厂发来公函，要求允许我赴京参加这次大会。但是，却被工厂断然拒绝了，他们派出的是另外一个从来没有发表过作品（在车间黑板报上写过小通讯）的工人，前往北京开会了。

我彻底绝望了，从而致信出版社领导，告知他们事已至此，请他们不要再枉费心机了。我当时的沮丧心情是可想而知的：一个年轻的业余作者，好不容易创作一部长篇小说，眼看就要出版了，却生生地被莫名其妙地扼杀了，岂不痛心疾首！但是，在那阶级斗争的疾风暴雨即将到来的60年代中叶，作为一个轻如草芥、浑身又有不少政治疤痕的小技术员，又能够有什么办法？

眼看着“山穷水尽”了，谁知道突然来了个“柳暗花明”——正在这个时候，工厂党委宣传部部长易人了。老部长因为突出政治有功，另有高就；接替他的是一位在工厂里号称“小诸葛”的蔡家盛同志。此前，他是工厂工会的宣传部长，继任模型车间的党支部书记。在他任工会宣传部长的时候，和我有过多次交往，对我的业余创作比较赞赏和支持，思想比较开明。现在由他接任党委宣传部长。

就在蔡家盛同志履新不久，我怀着碰碰运气的想法又找到了他，向他汇报了我的书稿被搁浅的经过。他听了后没有立即表态，只是简单地说了句：“容我了解一下再说。”

蔡家盛同志没有食言。随后便向有关人士详细地询问了此事的来龙去脉；了解清楚之后，他便干脆利落地发表了带有决定性的意见：“对于出书的事，比起出版社来说，咱们是外行；出与不出，应该由出版社来决定。要相信人家也是共产党领导的嘛！”

老蔡一锤定音。宣传部随即致函出版社，内容很简单：此书如何出版，请贵社全权处理！

有了这个态度，出版社自然就很好“处理”了。已经排版的书稿立即付印，不到一个星期，样书寄来了。当我拿到那还散发着油墨芳香的新书时，百感交集、感慨万端！中国的事情就这么奇特，要办一件事说难可真难；说容易又那么容易，就在于关键人物一句关键的话。

不过，我对蔡家盛同志还是充满感激之情的。没有他那一句关键的话，哪会有这本书的起死回生？ 当我向他表达这种心情时，他却谦虚地笑了，然后说了一句在当时是振聋发聩的话：“是外行，就老老实实当外行，别硬充内行干蠢事！”

《钢铁巨人》的出版，对我此后的生活与创作产生了决定性的影响，甚至影响了我整个的命运。而这均归结于蔡家盛同志的一句话。因此，我始终感念他对我的厚爱之情，直到现在——

第四章

形势一片大好的动乱年代

1. 工厂里的运动很邪乎

1966 年的上半年，我们整个国家的形势已经是“山雨欲来风满楼”了。文化上、政治上以及社会诸领域，都处于十分紧张的状态。因为从报刊上、广播里到处可以看到、听到那种紧张到令人头皮发麻的气氛：毛主席的最高指示不断地发表，形势一片大好的同时，各界头面人物的纷纷落马，大批判的文章上的纲越来越高……不过，我们工厂里却很平静，职工们照样上班下班，照样开机床、照样做实验、照样绘蓝图，为完成国家的生产任务而辛勤工作着。我当时已经被调到设计处一个新的科室，做技术情报的搜集和梳理工作。

也许我们这里地处边疆，天高皇帝远，远离政治斗争旋涡，所以，人们的心里倒没有多么大的翻腾。对全国报刊上所展开的对新编历史剧《海瑞罢官》的批判，对“三家村”的声讨，觉得与自己距离很远，也未太以为意。可是，到了 6 月初，当中央人民广播电台全文广播了北京大学聂元梓等人所写的第一张“马列主义大字报”、《人民日报》发表了《横扫一切牛鬼蛇神》的社论之后，紧随全国各地的潮流，富拉尔基也迎来了“文化大革命”的热潮。大字报铺天盖地地贴出来了，游行的队伍上街了，揪斗当权派、抄家、戴高帽的“时尚”也毫不落后。特别是因为当地也有一所高等学校——东北重型机械学院（哈尔滨工业大学富拉尔基分校），敏感的大学生们，更是紧跟全国形势，小小富拉尔基也被他们闹得翻江倒海。东北重机学院和我们工厂是紧邻，是因为这里建设重机厂，哈尔滨工业大学将其重机系分出来而在此专门建立的一所高等学校，体现教育和劳动相结合的毛的教育方针，它曾经一度隶属“一重”领导，其毕业生多半分配到“一重”，所以彼此关系非常密切。工厂的运动当然受到学校的强烈的影响，大字报也随之贴出来了。

出人意料的是，我们工厂的第一张大字报竟是针对我的。这张贴在工厂招待所门前显著位置的大字报写道：“程树榛炮制了《钢铁巨人》这株‘大毒草’，美化资产阶级知识分子，丑化工人阶级，流毒全国，应该严肃批判。”署名：王天。

工厂招待所的大门前，是职工们上下班的必经之地。因此，大字报的内容很快便在厂内传开了。我所在的产品设计处，也闻风而动，立即成立一个《钢铁巨人》“审读小组”，准备对我进行批判。

刚刚浸沉在出书的喜悦中还没来得及“醒过腔来”的我，一下子又被这突如其来的闷棍砸蒙了。我陷入恐惧和不安之中。

工厂开始骚乱起来，“造反”成为时髦的名词和行动。设计处是个知识分子成堆的地方，设计人员的家庭出身多半不大好，多数人都持观望态度，虽然惶惶不安，但却按部就班地上下班，努力完成自己分担的工作任务。只有少数贫下中农出身的人比较活跃，他们带头采取了革命行动，如张贴大字报，批判当权派，参加抄家活动等。

我当时是绝对不敢乱说乱动的；一切言行总是规规矩矩，小心翼翼，拉出一副等着挨整的姿态。所幸的是，工厂不是文化部门，人们的兴奋点不在我这样的小文化人身上，而是盯着那些技术权威和领导人员。因此，运动开始时，我仅仅挨了一些大字报的批判，并没有受到太大的冲击。当时，我们科里的活跃人物只有两个，一个是仅有小学文化的描图员，另一个是工作一贯吊儿郎当的计划员。他们都出身好，历史清白，而且政治觉悟高，阶级斗争观念强，理所当然地成为运动的领导。可能他们感觉自己过去一直受“压制”，没得到重用，心里憋屈得很，现在该是扬眉吐气的时候了。他们最欣赏毛主席“书读得越多越愚蠢”的那段语录，认为自己才是最聪明的。尽管语无伦次，可是他们写的大字报最多，在批判会上发言最踊跃。我们这些“黑五类”出身的人，只好听他们摆布。

在此期间，人们没有单独召开对我的批斗会，但是，当批判我们的老处长马员生时，我总是被“邀请”陪斗。如前所说，这个马员生是个1925年参加共产党的老党员，和我有亦师亦友之谊。

运动一开始，他便被揪出来了，罪名又是“老托派”，而且新账老账一齐算。以我和他的关系，当然便定为“知情人”“黑爪牙”，造反派逼着我揭发他的“反动罪行”。许多人在大字报中点了我的名，勒令我与他划清界限，“立功赎罪”。

我实在不知道他有什么反动罪行。绞尽脑汁也想不起来。但仔细一琢磨，某些蛛丝马迹也还是可寻的。比如，他曾经对“大跃进”的反感，对彭德怀元帅遭遇的不平，对日益猖獗的个人迷信的厌恶；并多次和我谈过斯大林在1930年代大清洗时草菅人命、滥杀无辜的种种暴行，以及他在劳改营里所遭受的非人待遇——可是，这些话我能够揭发吗？人家把你视同知己，说点真心话，你把它揭发出来邀功请赏，那么，你的良心何在？人格何在？我当然不能做这种狗彘不如的肮脏事。而且，回顾过去各种运动所发生的事例，进行这样揭发的人没有一个有好下场的。最典型的是，那个当年把私人信件上交给领导、出卖胡风而酿成全国最大冤案的舒芜，后来还不是照样被戴上了“右派”的桂冠，一直为人们所不齿。

尽管如此，可事到临头，我如何敷衍过去呢？须知，没有表示是绝对过不了关的。经过反复琢磨，我挖空心思，挑出了马员生的一件不那么大的“罪行”：在“三年困难时期”，老马曾经在工厂的厂报上发表过一首古体诗，其中有这样二句：“鞠躬尽瘁学诸葛，奋发图强效老泉。”从正面理解，诗当然是有积极意义的，无可指摘。我说，马员生作为共产党员，不提倡学习雷锋和焦裕禄，却向封建时代的代表人物学习，居心何在。我本希望这个驴唇不对马嘴的说法是个聪明之举，不给老马造成大害，同时我也能蒙混过关。造反派看了很满意，认为我的批判“水平比较高”。为此我感到耻辱，我的良心一生都为此痛苦和煎熬，并一直无法原谅自己。“文革”对人性的戕害，对社会的破坏，是罪恶的渊薮，因此，它的始作俑者当然被人们所憎恶，永远无法得到人民的谅解。

这里，我还想说一说我的一位比较要好的同事惨遭致死的情况：

他名叫刘西戎，毕业于四川大学，是一个业务精湛、肯于钻研的技术员。而且他还爱好文学，和我有许多共同语言，因此，我们彼此很谈得来。但是，他又是一个很有个性特点的人。平日孤高自许，落落寡合，不大与人来往，特别是不怎么靠近党、团组织，再加上家庭出身不好，社会关系复杂，一直被看作是落后分子、“白专”典型；自然成为历次政治运动批判的对象。这次“文革”运动刚刚开始，他就理所当然被列入“横扫”的范畴，很快地便被揪了出来，当作重点的“专政对象”，并关进“牛棚”。

这样的牛鬼蛇神肯定要被抄家的，而且是第一批。可是，他是一个单身汉，住在集体宿舍内，是无家可抄的。但那些久经锻炼的“文革”积极分子们是有智慧、有办法的，他们从集体宿舍里把他唯一的“家底”——一只皮箱找了出来，翻个底朝上。不过，令积极分子们失望的是，箱子里除了一些长久未拆洗旧衣服和已经有味道的鞋袜之外，别无长物。可老天不负苦心人，翻查到最后，终于又有了新的发现：有20余本装帧精美的日记本放在箱子的最底部。

积极分子们当然是如获至宝。随即把这些“战利品”带回“清查室”，又以高度的革命热情和极高的工作效率连夜进行审核。这些东西一经积极分子们用“革命的显微镜”仔细查看，立即能从中发现了大问题：原来这些日记，是刘某在解放前夕到现在的全部生活记录。这家伙不但工作细致严谨，日记也记得有条不紊。20余年的思想活动和社会活动（包括他的恋爱活动）都毫无遗漏地、极为工整地记载在那一幅幅雪白的篇页上。特别值得人们高兴的是，他竟把解放初期自己对党和政府某些政策的不满，对周围的同事，尤其是对某些积极分子们的鄙视和不屑，也毫不隐瞒地暴露出来。于是，这个“反动家伙”的狐狸尾巴一下子被抓住了。积极分子们不禁弹冠相庆。前一阵子连日紧张地批斗，都被他狡猾地用长久的沉默和简单的“没有”混过去了，现在，有你的反动日记在此，白纸黑字，铁证如山，看你还有什么话说？

这个“顽固堡垒”就这样一下子被突破了！人们把日记中那些反动的段落，抄写在大字报上，张贴在办公室的走廊上，供广大革命职工阅读和批判。

与此同时，对刘某的批斗也就更加严厉、更加频繁了。积极分子们（现在已经称作造反派了）不仅狠狠地触及了他的灵魂，也狠狠地触及了他的皮肉。

老刘本是个身体羸弱多病的人，哪里经得起无产阶级专政“铁拳”的如此严厉地“痛击”？就在一次“牛棚”放风的时候，这个已被打翻在地、步履艰难的“牛鬼蛇神”，居然出人意料地以迅雷不及掩耳的速度，逃脱看守者的“守护”，爬到附近一个高达数十公尺的大烟囱上，而后纵身一跳，摔得粉身碎骨。

当我们这些和他同一科室工作的幸存者被召集到死者的现场对其“自绝于人民”的罪行展开批斗时，他已经血肉模糊难以辨认了。当然，他也听不到人们义愤填膺的批判了。

看到刘某这样的下场，曾经和他朝夕相处的“臭老九”们，无不心惊胆战；由于我平日和他过从较密，更是惊悸不安，心潮难平。追根溯源，这不都是记日记给他自己惹的祸吗？我不禁突然想起我的家里仍然藏匿在一个“黑暗的角落”的十几本日记，那可是埋在我身边的定时炸弹呀！必须及早清除！否则，落到造反派手里，后果不堪设想。因此，尽管批斗会开得热火朝天，口号喊得震天响，我只顾暗自心惊肉跳地想自己的心事，一句也没有听进去。好不容易盼到批斗会散场，我以最快的速度溜回我的家中，气喘吁吁地对我的妻子说：“快把那些东西拿出来烧了！”

“什么东西？”妻子问我，“没头没脑的。”

“我的那些日记。”我仍惊魂未定。

“烧它做什么？那可是你的宝贝疙瘩呀！”妻子是了解我的，因为我平日把这些日记看得比什么都贵重，谁也不许随便动它们一下。

于是我惊悸地对她叙述了刘西戎悲惨的下场。顿时，她的脸也吓得变颜色了，立即说道：“那就赶快处理掉吧！只是太可惜了。”

我说：“保命要紧，其他什么也别想了。”

就在这一天夜晚，我们俩将这些“宝贝疙瘩”放在烧饭的灶眼里，一点一滴地烧为灰烬，未留下片纸只字。看到最后一页日记燃烧完毕时，我才惊魂甫定，但一种无名的眼泪不禁夺眶而出。它们对于我来说是无比珍贵的呀。在那些不起眼的一页页纸片上，记载了我少年的欢乐、青春的情愫、事业的烦恼、创作的甘苦、爱情的得失和命运的坎坷……我幻想着当进入耄耋之年再来回首往事时，重新翻阅那已经发黄的篇页，有多少鲜活的画面会在我昏花的眼帘里回映？面对绕膝的儿孙，向他们讲述我青年时代的逸闻趣事，该是多么地惬意！而今，这一切都灰飞烟灭了。我一时陷入无尽的悲哀中，眼前真是难测的茫茫险途。

妻子见我此时的情状，怜惜地抚慰我说：“别难过了，过去的一页就让它永远地翻过去吧，一切从头开始。”

哪里还有什么“开始”？从那一天起我再也不记日记了。在此后那波澜壮阔而又荒唐的十年，有多少值得记述的人和事、情和景啊！但，除了一沓沓检讨和认罪书外，我一个字也没有留下来。

还有一位同事，名叫历工，他死得更加蹊跷。

历工原是设计处的动力专家，被任命为动力科的科长。此人曾留学苏联，思路敏捷，业务出众，是被工厂领导信任的权威，经常被派遣到国外考察，为我们工厂设计、制造重型、尖端产品，做出了突出的贡献。但是由于当年国家高层对知识分子的歧视，长期不给这些人评薪升级，以致他仍然是个技术员，连工程师的名号都不愿给他。可是，这次运动来了，却把他当作“反动技术权威”进行批斗。在无产阶级专政的铁拳下他吓破了胆，居然主动地交出他收藏多年的画册，其中致命的一张照片竟是蒋介石当年出任中华民国大总统的彩色巨照。这下子可不得了了！新中国成立这么多年了，经过这么多政治运动，你历工真是胆大包天，竟然对这样的独夫民贼崇敬有加，可见你还在期盼着蒋家王朝卷土重来，继续做你先辈骑在劳动人民头上作威作福的美梦。面对这样的场面，他浑身是口也难以说清当初那点纯粹出于好奇与收藏的癖好而保留的这张照片。在造反派日夜的轮番批斗下，他实在难以忍受这样非人的折磨，就在看守他的人员稍稍疏忽的情况下，他悬梁自尽了。

历工的死，并没有博得人们多少同情，却使广大科技人员更加噤若寒蝉了。

进入 8 月份，党中央在北京开了八届十一中全会，公布了“十六条”，传出了毛主席“炮打司令部”的大字报，运动一下子进入了新高潮。得悉毛主席在天安门检阅百万红卫兵的热烈场景，加上不断传来的各种小道消息，许多大人物的纷纷落马，我这时才隐隐约约地感觉到原来中央还有两个司令部。

当时，工厂里的各种造反派组织像雨后春笋般地成立了。组织人马，拉上大旗，闹闹吵吵，呜呜哑哑，到处都像开锅粥似的喧腾。我本来是打定主意不参加任何群众组织的。可是，在那样的情况下，已经身不由己了。无奈之下，我只好选择了一个不太惹眼的组织——“东风兵团”。它的主要组成人员为工程技术、文化教育方面的知识分子，其主要宗旨是努力学习毛泽东思想，紧跟毛主席的战略部署，把无产阶级“文化大革命”进行到底。而且我事先声明：“我只是普通一兵，决不担任任何职务。”谨小慎徽之行状，可见一斑。

此后，“文革”中的那些斑驳陆离的场景，都在我们工厂里上演了，我当然也全部观看到了。别人开我的批斗会，我也参加批斗别人的会；你批我，我斗你，互相斗争，完全是一场大混战。特别令人不解的是，我们工厂的厂长赵东宛竟然是最大的斗争对象。他是一个 12 岁就参加革命的“红小鬼”，初始参加共产党创办的河南孩子剧团，积极为宣传抗日战争而演出于街头、乡间，后来又奔赴革命圣地延安，毕业于延安的自然科学院，解放战争期间，他出生入死，为人民解放事业、建立新中国贡献了自己宝贵的青春年华；后来被组织派去苏联学习，回国后即来到北大荒投入富拉尔基重型机器厂的建设，先后出任我们厂的总工程师、第一副厂长、厂长，领导全体职工，在荒凉的旷野，建成了一个现代化的大工厂，为国家生产了许多尖端产品，填补了我们国家机器制造方面的空白。就这样一个有功之臣，成了工厂的“头号走资本主义的当权派”，受到了造反派残酷的批斗，被打得遍体鳞伤。他的“罪行”，甚至株连了他已经去世的父母。造反派竟然掘开其父母的坟墓，劈开棺材，将尸骨取出任意抛撒，真是凶残绝伦！而平日跟随他一同在此战天斗地的左膀右臂、四梁八柱，现在都成了他的“复辟资本主义的黑干将”，也通通打翻在地，纷纷被关进“牛棚”。当然，造反派们出于无产阶级的义愤，不仅触及了他们的灵魂，更是触及了他们的皮肉，他们中的许多人都被整得妻离子散、家破人亡。我当时仅仅是赵东宛领导下的一个小技术员，平日和他没有多少直接联系，倒没有受到他的株连，但出于对他的敬佩和同情，在他受难期间，我曾竭力给他一点精神上的安慰。多年后我奉调来北京，与他接触多了起来。他虽然是部级的高官（国家人事部部长），对我这个故人却视为知己，我们成为亲密无间的朋友。这是后话。

与重机厂老厂长赵东宛夫妇

再说当年运动高潮中更为残忍的，还有工厂的二位副总工程师活活地被迫害致死。他们都是学有所成、建国后从海外归来的专家，他们放弃了国外优厚的待遇，怀着崇高理想和满腔热情，希望能够报效祖国，建功立业，没承想“文革”来了却给他们带来塌天大祸，落得非常悲惨的下场，令人愤懑，也使人感慨万端。

还有许多技术人员，也因为家庭出身和社会关系诸多因素，而被“无产阶级专政的铁拳”砸得尸骨无存、家破人亡。凡此种种，不胜枚举。这种对知识分子的法西斯残暴行为，恐怕希特勒也要甘拜下风了。

就这样，我们这么好端端的一座现代化大工厂，被造反派们搞得乌烟瘴气，鸡飞狗跳，墙倒屋塌，破败不堪；机床停止了转动，炼钢炉里的火熄灭了，装配车间变成两派武斗的现场。现在，职工几乎都去闹革命了，各级当权派全部被打倒了，生产处于完全的瘫痪状态。这样的局面给国家造成多么巨大的损失啊！据说，当时全国各地的情况都大同小异。中华民族，神州大地，亿万黎庶，陷入了空前的深重灾难之中。

可是，北京的大领导人却说“全国的形势大好，不是小好”，“群众真正发动起来了”。翻手为云，覆手为雨，指鹿为马，颠倒黑白，是政治家的拿手好戏。

不管人们再如何折腾，光阴照样流走，时序照样更替，女人照样生孩子。眼看到了 1969 年的 4 月的某一天，突然从无线电波里传来一个惊人的消息：党的“第九次全国代表大会”在北京胜利召开了。事先谁也不知道这件大事，可见当时保密工作做得多么好！当然，这样的大喜事，应该热烈庆祝喽！马上，到处锣鼓喧天，鞭炮齐鸣，红旗招展，游行的队伍络绎不绝，人们欢呼无产阶级“文化大革命”取得了决定性的胜利。刘邓的资产阶级司令部彻底垮台。

在热烈欢庆胜利的时刻，富拉尔基的百姓们还别有一番滋味在心头：广播里播送九大新闻的时候，人们还听到在新当选的中央委员中有一个他们都非常熟悉的名字——王白旦。于是，人们争先传告：“听到广播没有？‘王八蛋’当了中央委员了！”

原来这个王某，本是位于富拉尔基的北满钢厂的一名炼钢工。因为他名叫王白旦，文化程度不高，性格上有点“二愣子”，人们便戏称其为“王八蛋”。时间长了，大家都这么叫他，他也便应承了。“文革”开始后，他仗着家庭出身好，很早参加了造反团，并成为其中的一个小头头，冲锋陷阵，打砸抢抄，很有点造反精神，确实令人刮目相看。但人们做梦也不曾想到，“王八蛋”会成为共产党的中央委员。“中央委员”，那是多么神圣而崇高的称呼和职务啊！一般人谁能攀得上？因此，就难怪人们感到吃惊了。

我听到这个消息时也惊愕一阵子，便想，时代肯定在大变动，领袖肯定最英明、最伟大、最先进了！我们这些平凡人的思想无论如何也难跟上了。当然，有关“王八蛋”这个中央委员，后来还衍生了不少有趣而荒诞的故事，听起来也非常有意思，会产生许多联想，我另外有专文叙述此事，因与本书主题关系不大，在此只好割爱了。

九大闭幕后，“文革”进入了一个新的“斗批改”阶段。经过反复折腾，我们工厂也成立了“革命委员会”。随着新生的革命委员会的诞生，一大批新的领导上台了，自然也有了新的章程。原来的规章制度全部被废除，技术科室通通被砸烂，技术人员除了出身好、历史清白的以外，全部下放劳动改造，有的被放到农村或农场，有的下放到车间。我当时因为体弱多病，承蒙新领导高抬贵手，没让我去农村，而是留在工厂的工具车间开机床。

说来有点滑稽，当时居然给我们设计处也派了“工宣队”（全称是工人毛泽东思想宣传队）。为首的是北满钢厂的一个目不识丁的老工人。他本来是河北省某农村的农民，自幼因为家贫，没有上过一天学，白丁一个。因为1958年的“大跃进”搞得国民经济大失调，导致饿殍遍地，民不聊生，他在老家生活不下去了，便偷偷跑到北大荒谋生，当时被称作“盲流”；后来竟然幸运地进入了位于富拉尔基的“北满钢厂”当了工人。使他意想不到的是，在“文化大革命”中他参加的造反派掌权了，凭着他的机灵和造反精神，他成了一个单位的小头头。随之又身负重任，选拔到工宣队到我们工厂的设计处领导我们斗批改。让一个文盲来对受过高等教育的技术人员进行再教育，也算是一种创造！休看此人虽然没有文化，可是整治我们这些“臭老九”却是很有办法的。特别是对那些家庭出身不好的技术员，更是毫不留情。他的一句口头禅是：“俺们贫下中农生来就是你们这些狗崽子的死对头！”还说：“毛主席给了俺们生杀大权，谁不服俺就整死谁！说到做到！”在他“领导”设计处那一阵儿，居然整死几个技术员。此人还有这样一个特点，他每主持一个会议之初，除了“三敬”“三祝”外，必须高唱一首不知道他从哪里淘来的歌曲，其歌词是这样的：“新缮的房 / 雪白的墙 / 墙上挂着毛主席的像 / 贫下中农看见你呀 / 心里就亮堂堂 / 看了毛主席的像 / 好像看到亲爹娘 / 贫下中农热爱您呀 / 心中升起红太阳。”

其曲调特别别扭，也不好听，但是你必须会唱！否则就要追究你对毛主席的态度和感情问题。因此，那一阵子，设计处的“臭老九”们终天胆战心惊，生怕犯在他的手里，都希望快点离开设计处。我算比较幸运的一个，成了第一批下放人员。说来倒应该感谢那位工宣队师傅，他曾经在多次批判会上指着我的鼻子警告我：“我看了你的档案，你在57年表现得很不好，有不少右派言论，按理该给你戴右派帽子的，不知被什么人包庇了。你应该是个“漏网右派”，要彻底劳动改造！所以，我给领导建议：第一批下放你！你要记住：那顶右派帽子就悬在你的头上，随时可以落下来！”

恰在此时，我伯父从家乡给我来信说：你大哥树椝因为曾经是国民党校级军官，最近被造反派戴上“历史反革命”的帽子，你母亲被补划为富农成分！于是，我们这个当年被伯父引以为荣的“革命家庭”，摇身一变为“地、富、反、坏、右”五类俱全的“反动家庭”——当今社会的“阶级敌人”。

由此我不禁朦胧地感觉到：为什么当前我国的阶级敌人这么多、这么泛滥，都是这样“制造”出来的啊！我这才明白“以阶级斗争为纲”路线的真谛。

虽说是被扣上“漏网右派”而被下放，我却因祸而得福。因为我因为体弱多病被一位好心的领导照顾，没有去农村修理地球，而被下放在本厂的工具车间当工人。谁知竟有不少同事却颇为羡慕我的“幸运”，他们说：“老程的祖先烧了高香了，才有这么好的结果。”当然，我自己更是暗自高兴：及早离开设计处那个是非之地。

到车间一开始，让我给一个老师傅打下手，干一些擦擦机床、扫扫铁屑的杂活儿。后来，我和这位师傅的关系搞好了，他便放手让我独立操作了。因为我在大学里学的是机械制造专业，开机床当然难不住我，干起来得心应手，老师傅没少夸奖我。

在车间里干活，比在设计处时心情舒畅多了。因为设计处是个知识分子成堆的地方，人员成分复杂，各种关系不容易理清，身上都不大干净，多多少少都有这样或那样的问题，被工宣队称之为“庙小神通大，池浅王八多”的地方。因此“斗、批、改”的任务非常严重。批斗会几乎每日每时都在召开，搞得人们晕头转向，心惊肉跳，简直不是人过的日子。而我现在的车间呢，每天三班倒，下了班就回家睡觉。睡醒之后，既不读书，也不看报，当然更不会写什么劳什子文艺作品了，而是学习打麻将、做木工活儿。

在车间里

那时，职工们几乎都不怎么上班，有的是空闲时间。除了那些造反派之外，人们就是打麻将、下象棋、打扑克，有的人在打家具。对前边那几项娱乐，我均不感兴趣，于是，就购买了一些简单的木工工具，拼凑一点木料，无师自通地打起家具来了。经过一段时间的摸索和实践，我居然打出了一对沙发！老母亲和女儿们都大为欣赏，夸奖我的手艺精湛哩！争着坐上去“享受”。我心里也暗自得意。那一阵儿，虽然身子劳累一点，可是精神上却放松多了，我体重居然增加了几公斤。我不禁产生了这样一种想法：从此以后，当一辈子工人也不错，彻底脱离“臭老九”的身份，可算真正地脱胎换骨了。这不就是某些大人物的真正愿望？

就这样愉快地当了两年工人，无情的时光仍在其轨道上行进，于是又进入了 1971 年。

这一年在中国历史上可是值得大书特书的一年。

伟大领袖的亲密战友、被党章指定的接班人、人们整天敬祝“永远健康”的林副统帅，居然阴谋陷害毛主席，企图抢班夺权。由于伟大领袖的明察秋毫，及时觉察了他的罪恶图谋，采取果断措施，使其阴谋未能得逞。此人只好仓皇出逃，他所乘坐的“三叉戟”飞机，在蒙古国的被称作温都尔汗的地方坠落下来，最后落了个“折戟沉沙”，死无葬身之地。这就是后来被人们特殊称作的“九一三”事件。

“九一三”这一异常事件，狠狠地撞击了亿万中国人民的心。经过这次撞击，人们似乎一下子从盲目的迷蒙中清醒了许多。心中的偶像渐渐失去了那炫目的光环。生活呈现出另外一种颜色。有不少人也开始学着独立思考了。林彪的口是心非，成为现实生活中最好的反面教员。好多人情不自禁地产生了这样的怀疑：“中国肯定不仅仅只有类似林彪这样的唯一典型人物吧？那些靠造反起家、同时善于溜须拍马、阿谀逢迎而攀上高位的大大小小的新贵们，还会猖獗多久呢？这样荒唐的岁月还会持续多久呢？”人们都在拭目以待。

“九一三”事件发生不久，上边又有了新的动向：开始批判以林彪为代表的极“左”思潮。对“文革”发动起来后发生的那些破坏性的作为，开始进行某些纠正。据说，这是周恩来总理提出来的。这种批判是很得人心的。因为人们已经厌倦了那种打倒一切、全面内乱的现象，希望快一点过上人的正常生活。

这一段日子大家过得相对比较平静。因为上边主要清查林彪集团的种种罪恶行径，和一般老百姓没有多大关联，人们除了在各种会议上表示一点廉价的义愤外，也不可能有什么作为。我仍然是照常开我的机床，上班下班，倒也省心自在。现在，工厂也开始恢复正常的生产秩序，被砸烂的规章制度逐渐发挥作用，一些技术处室纷纷重建，因此，被下放的技术人员一个个地被抽调回去重操旧业。领导也曾征求过我的意见，问我愿不愿意重新回到设计处工作，被我婉言拒绝了。我说：“旧的思想在我身上太严重，我还需要继续劳动锻炼。”其实，是想求得个清闲，落得个清净。至于什么前途、志向，早就抛到爪哇国去了。

那时，社会上的政治生活也有点松动了，个别娱乐场所偶尔可以听到过去曾经流行的革命歌曲。电影院除了放映八个样板戏外，“老三战”（《地雷战》《地道战》《南征北战》）也陆续和观众见面了。有的地方还办起了内部文艺刊物；传说出版社准备出版新书，电影制片厂打算拍摄新电影，连《人民文学》也有复刊的意向——这都是那个年代的新鲜事。世界好像走到了尽头又开始折回来了。

尽管如此，我仍然心如止水，对这一切无动于衷。

可是，一件意想不到的事却突然打断了我的平静生活。

2.“甜蜜”的折磨 不幸的“幸运”

（1）长影要拍我的小说

那是1971年冬季的某一天。那天和平常日子一样，早晨上班之后，我换上工作服，在机床上用扳手紧上了活儿，打开电门，机床转动起来，我怡然自得地坐在旁边的凳子上，聆听着刀具切削工件的“沙沙”声，眼瞅着铁屑像一道细小的彩色喷泉在涓涓流淌。那时，我非常庆幸我离开知识分子成堆的设计处，和普通工人一样干活儿。我很欣赏这样的平凡劳动场景，幸福地享受这样的生活待遇。

忽然，车间的人事干事来到了我的身边。他向我招呼一声：“老程，你跟我到车间革委会来一趟，有要紧的事跟你说！”

我大吃一惊。我又犯什么事了？那年头，不知何时何地是何缘故便会祸从天降。我不情愿地按下了机床的电钮，马达也不情愿地停止了转动，我拿过棉纱擦了擦满是油污的双手，怀着惊恐万状、忐忑不安的心情，紧随着人事干事来到了车间的最高权力机关——革委会的办公室。

办公室内坐了几位衣冠楚楚的陌生人，这就更增加了我的恐惧感。

车间革委会主任郑重地把我向客人做了介绍并介绍了客人。原来他们是长春电影制片厂（以下简称“长影”）的编辑人员，是来工厂组稿的。落座之后，客人向我说明了来意：

原来，万马齐喑的文艺界，最近也因林彪集团的垮台有所复苏，早已被造反派砸得稀巴烂的长春电影制片厂的一批年轻的文艺工作者得到了“解放”。在周恩来总理号召下，他们也跃跃欲试地想重整旗鼓拍摄电影，以填补一下早已成为空白的银幕，满足一下群众起码的对文艺的需求。要拍电影，首先得有剧本。可是，这时有名的很多剧作家都被打趴下了，现在还没有站起来，没有写作的权利；“文革”中新发现的工农兵剧作家，一时也难以创作出像样的作品。于是，他们只好翻箱倒柜在“老皇历”中寻找线索。但是，找来找去也是无所收获。在失望之余的偶然间，忽然在被造反派砸烂之后、多年已无人问津、落满灰尘的资料室里，一个极不引人注目的地方，发现一本崭新的、从没有人翻阅过的长篇小说《钢铁巨人》。初看，作者程树榛，乃无名之辈也；这个名不见经传的小人物，大概与刘少奇的“文艺黑线”挂不上钩；再一认真阅读一下，觉得小说的内容颇为可取：它既未有牵涉久远的历史问题，也没有触及敏感的政治人物。主要写一个边疆的大工厂自力更生制造尖端产品的故事，与“两个司令部”的斗争相差甚远；掂量来掂量去，觉得搞这部作品，不会有太大的风险。于是，初步决定，先拿这本书探探路。

几经调查研究，寻找蛛丝马迹，顺藤摸瓜，最后，竟然把《钢铁巨人》的作者的我，从茫茫人海中“打捞”到了——此人是富拉尔基重型机器厂的一名年轻的技术员，正在下放车间进行劳动改造，虽有错误，但仍属于“人民内部矛盾”。于是，便派三个年轻的编辑，千里迢迢地来到了这里……

听了他们如此这般的介绍和说明来意后，我紧张的心弦顿时松弛下来：他们是对我构不成威胁的陌生文化人。

不过，我又有点不相信自己的耳朵：怎么，我“炮制”的那株大毒草居然能够搬上银幕了？我用怀疑的目光看了看这几位不速之客，半晌没说话。

编辑同志似乎觉察出我的心意，忙做解释：我们来找你，是受“长影”革命委员会的委派、经过齐齐哈尔革命委员会批准的，不信，齐市文化局还专门派人和我们一同前来落实呢！果然，旁边那位正襟危坐、表情极为严肃的客人立即证实道：“是这样！我是受市革委领导委托而来。”

噢，原来如此。这一下，我倒真有点受宠若惊了，一时找不到适当的语言来应对。还是市文化局的那位干部认识水平高，思想敏捷，又站得高，也看得远，当即严肃地向我指出：“长影”交给我市的这项任务，是关系到我们执行毛主席革命文艺路线的大事，你必须引起高度的重视，决不可掉以轻心！经市革委会和厂革委会慎重研究决定：从现在起，把你从工厂里正式抽调出来，参加电影《钢铁巨人》创作组工作。同时，他又从提包里掏出一张打印的文件向我宣布说：“市革命委员会研究批准，成立创作领导小组，成员包括：市革委的政治部主任、市文化局长、工厂的革委会主任和宣传部长，另外还附上我们车间的革委会主任，以及一大串其他方面的有关人员，再加上创作组组成的人员，其阵容之大，足可构成一个‘加强排’”。

宣布完毕，车间革委会主任立即向我命令道：“你现在就回工段交代工作，准备正式接受新任务！”

当然，我只能听从命令。

当我回到我的机床旁边时，工段长早已等候在那里，车间领导已经通知了他，因此，没费多少唇舌我便把工作交代完了。离开相依为伴三年之久的机床，我有一种若有所失的感觉，心里空落落的。我不知道自己现在是喜是忧；摸不清前边是祸是福。

我木然地回到家里之后，便把这个消息告诉了仍在休产假的妻子，她这时正在为出生不久的小女儿哺乳。听了我的话她大吃一惊，还没等我说完，便停止哺乳，把孩子抱转过来，冲着我问：“你答应了？”

我说：“不答应，现在还能怎么着？”

她叹了一口气说："这就像是要你在刀尖上跳舞啊！"还没等我回应，她又接着说："就怕你将吃不了兜着走；弄不好，连我们娘儿几个都得跟着倒霉！"

我哑然无语。她的话是有道理的，决不是危言耸听。试看当今活跃在文坛上的都是些什么人？老一点的文艺工作者有几个站得住脚的？哪一个不是闹得身败名裂、家破人亡？我的此举会有好下场吗？

当晚，我的几个老同学和知己朋友也闻讯赶来了。他们虽然七嘴八舌，众说纷纭，但几乎都表达了同一个意思：怕你这样做等于"飞蛾投火"。

可是，事态已逼到这种地步，谁也没有解救的良方。最后，比我年长的一位老同学沉重地说：我看树榛已经别无选择了，那就听天由命吧！

（2）剧本是这样出来的

电影剧本《钢铁巨人》创作组，经过齐齐哈尔市有关部门的七拼八凑，把几个平日毫不相干的人组合起来，算是正式成立了，组长由一个从来和文学不沾边的转业军人担任，我仅是其中的一个普通成员。当然，这些人都是由市革委会的有关单位反复审查批准的。除了我这个非常不干净的"臭老九"外，其余的人都是"红五类"。政治上完全可靠的，没有一点"疤瘌"。

创作组成立后，首先进行集训，先是学习毛主席的有关文艺方面的论述，学习江青的许多关于"样板戏"创作和排练过程中的讲话，用以武装我们的头脑，提高我们的认识，坚定我们捍卫毛主席革命文艺路线的决心；然后，便应长春电影制片厂之约，集体去"长影"观摩"参考片"。

那些年，在全中国（港、台、澳除外）的银幕上，除了放映八个"样板戏"之外，就是"老三战"，别的影片一般人是无权或无法看到的。只有上层某些特殊人物，可以观看一些专门为他们提供消遣的外国影片；再就是后来电影制片厂获准为开始搞业务的人员开放的部分老影片，即所谓"参考片"。因此，到"长影"去看"参考片"，就成为一种令人羡慕的殊荣。

1972年的春节过后，《钢铁巨人》的创作领导小组和创作组经过反复筛选，又经市领导批准，挑选了十几个人，正式前往长影观摩"参考片"。

有此殊荣，这支浩浩荡荡的队伍的每一个成员心里都充满了某种额外的幸福感。特别是到了长影后，又被安排在鼎鼎大名的"小白楼"招待所里居住，这些人几乎有点飘飘然了。小白楼！这可不是一般人住宿的地方。"文革"前，有多少名人雅士和他们种种非凡的事迹出现在这里而被传为文坛佳话呀！它几乎是常人可望而不可即的艺术之宫。今天，它那神秘的大门，居然对这些来自穷乡僻壤的无名之辈敞开了，安知这不是毛泽东思想的又一伟大胜利？恐怕要载入“长影”和齐齐哈尔市的史册了。

头一天晚上，我的几个同行的伙伴，躺在席梦思床上，几乎都激动得彻夜未眠。“小白楼”的一砖一瓦、一石一木、一门一窗、一阶一蹬，对他们来说都是新鲜的、好奇的、不可思议的；有的人甚至几天之后还迷迷瞪瞪地以为自己在做梦呢！心里不断地在嘀咕：“嘿！这地方……真是……太那个了……”出门以后，走起路来，都不知先迈哪只脚了。好在前些年我在大上海改稿时，多少还见过一点儿世面，因此脉搏跳动得还比较均匀。

于“幸福的激动”中，我们在长影住了一个多星期，看了十几部“参考片”。它们多半是苏联四五十年代和中国解放初期拍摄的旧片子，如《列宁在1918》《乡村女教师》《渡江侦察记》《英雄儿女》等，虽然这些片子已经老掉牙了，但对于我们这群精神食粮的饕餮者来说，仍然是一种丰足的享受，因为大家“饥饿”的太久了。同时，还隐隐有一种阿Q式的精神满足感——咱也做了一次“特权阶层”嘛！

我的收获可能更多些。因为在此次观摩中，我结识了苏里、胡苏、纪叶、王家乙、张天民等饮誉影坛的艺术家，他们以后都给过我很多的帮助；著名作家马烽同志也是在这次活动中认识的。当时，他和孙谦同志刚刚从“牛棚”里“解放”不久，便奉命创作一部反映“农业学大寨”为主题的影片，也住在“小白楼”里。初次见面，便得到马烽同志坦诚的帮助。当我向他请教如何完成剧本改编任务时，他建议我说：“既然已经有了小说，就应该忠实于原著，忠实于生活。”这剀切的忠告，我牢记在心。在此后30余年的岁月长河里，马烽同志一直是我的良师益友。

尽管观摩的是旧影片，我还是比较认真的（因为我有使命在身，不是为了娱乐）。因此使我大开了眼界，思路也得到了开阔；特别是对电影艺术，有了初步的了解，对电影剧本的创作，也有了基本认识，为我以后的改编剧本工作，帮助是很大的。

虽然有那么多人前去看“参考片”，但具体写作的任务还得我一个人承担。从长影回来之后，我便投入紧张的创作中去。由于小说是我自己写的，对生活比较熟悉，改编起来难度并不太大。当然，我牢牢记住了马烽同志的建议。

作为纪念毛主席《在延安文艺座谈会上的讲话》发表30周年的“献礼”，我在当年的“五二三”之前，把剧本“突击”出来了。在创作组和创作领导小组内部顺利通过了，并且得到很高的评价；市革委的一位领导还为此专门设家宴款待了我，以资鼓励。

这位领导是齐齐哈尔的原市委书记张蒲家，是在“文革”中最先被打倒的“走资派”之一。他对文艺比较内行，“文革”前曾经有诗集出版。他似乎一直关注我的创作，并了解我的一些情况，因此，我们在以后成为了很好的朋友，我经常是他的座上客。虽然他的年龄远大于我，却丝毫没有影响我和他的交往。我们常常推心置腹，说一些当时人们都不敢说的“私房话”；此后一段很长时间，我和他建立了很深的友谊，直到他因病过早地去世。

现在，他刚刚获得“解放”，领导上又指定他来领导电影剧本创作工作（上边还有人在领导他）。有他对剧本的首肯，我心里似乎有了点底儿。（按：因为这个本子是我个人创作的，所以后来被我收入《程树榛文集》里）。

当然，在自己“家”里通过是不算数的，关键是人家长影说了算；幸好，几位责任编辑和总编室的领导也都肯定了它。但是，一经长影厂领导审查时，却没有通过。其主要问题是，未达到“样板戏”创作所要求的“三突出”原则。于是，又打回来让作者继续修改提高。

这却让我为难了。因为改编这一稿，我已经尽到了最大的努力，除了忠实于原著之外，我还又回到我所在的工厂和车间进行了采访，并到本市几个同类工厂去补充生活，对剧本加进去不少新的内容；我觉得自己的才气已经用尽了，我还能提高什么？说实话，我觉得那个“三突出”创作原则，实在是太难了，我真的无法深刻领会它的奥妙，也无法对它有特殊的兴趣。该怎么达到那样高的水平呢？思之再三，我想打退堂鼓了。我觉得与其在这里活受罪，还不如回到机床旁边摇摇把更舒心些。我这么想的，也就这么去向领导表达了这个要求，说时尽可能委婉。领导一听火了，对我加以斥责，同时严肃地向我指出，创作好这部电影剧本，是捍卫毛主席革命文艺路线的实际行动；创作的成功与否，是对毛主席的态度问题，“事关重大，你要慎重对待！”他还隐约地提醒我应该明白，你的家庭出身和过去的政治表现，都不允许你有任何的不符合现实的想法，能够让你参加此项工作，可以说是对你格外“施恩”了，你不要不识抬举。谈话最后，领导还升上了一个“纲”，他再三强调说：“忠不忠，看行动！现在就看你的行动了。”

问题的性质提高到如此高度，我只好庄严而虔诚地表态：“我一定听领导的话，全力以赴，争取早日完成任务，决不辜负组织对我的信任。”

也许是对我的表态还不十分托底；也许还有其他更深层次的原因；市革委的领导又对创作组的成员进行了调整，补充了领导人员，充实了创作组的力量，“阵容”也为之一新。

现在，我是一点也不敢掉以轻心了。努力搜集有关“样板戏”的创作资料，细心地加以琢磨、领会，动笔后，也尽量往“三突出”原则上靠，主要人物能拔高的使劲拔高；反面人物能贬低的狠狠贬低；不管他生活原型是什么样子！

创作领导小组也呕心沥血地为我们出招儿了，他们高屋建瓴地指出，你们创作组的几个人生活面太窄，眼界不够开阔，所以作品站的角度不高，现在需要走出去，扩大生活视野；特别是听说上海正在搞一部电影，叫《钢铁洪流》，你们应该去取取经；人家上海是“样板戏”的发源地，是“一月革命风暴”的发源地，是江青同志的“试验田”，你们至少应该到那里感受一下革命的气氛。思想境界提高了，作品自然也会提高的。

遵照领导的指示，我们创作组的人会同长影的责任编辑，便开始了“扩大生活面”的远征——

第一站是鞍山。因为鞍山钢铁公司是我国最大最老的钢铁基地，是工人阶级集中的地方，自然是我们“扩大生活”的首选之地。“鞍钢”在前些年也遭到很大的破坏，生产一度处于瘫痪状态，现在刚刚开始恢复。“鞍钢”的领导对我们的到来给以热情的欢迎和关照，不仅让我们参观了工厂、车间，使我们领略了钢水奔腾的宏伟场面，并且组织了“劳模”等先进人物和我们座谈，让我们对这个号称“钢都”的来龙去脉和兴衰荣辱有了全面的了解。同时，我们还专门前去拜访了工业题材创作的老前辈、新中国第一部电影《桥》的编剧于敏同志，请他给我们以指导。

于敏同志当时也是刚刚获得“解放”，但精神状态尚好，很有长者风范，对我们的拜访给予热诚的接待。他用自己长期深入于“鞍钢”的独特体会，告诉我们许多直到现在看来还是真知灼见的创作经验。遗憾的是，老先生对“三突出”的创作原则只字不提，似乎还在有意回避，我们当然也不能强求；不过，总的来说，鞍山的这一行，对我们当时的创作任务是有很大的帮助的，对我个人的创作，更有着深远的影响。

第二站是美丽的海滨城市大连。我是第一次来到这里。只可惜，由于任务在身，大好的海滨风光和旅顺口丰富的古迹都顾不得欣赏，而忙着去大连重型机器厂和大连造船厂参观访问。

“劫后”的工厂，就像当时人们的心情一样，懒散得无情无绪；不过，在召开座谈会时，听说我们是搞电影的，与会的人多少增添一点兴致。有用的素材提供得不多，倒是听了不少让人忍俊不禁的笑话。一位老师傅当着我们的面说：“现在人们中间流行这样的顺口溜，不知道你们听见了没有？”随后，他便给我们念了出来：

阿尔巴尼亚电影搂搂抱抱，
朝鲜电影哭哭笑笑，
越南电影枪枪炮炮，
中国电影新闻简报。

他还补充说，新闻简报里也只有“西哈游客”；请问，咱们国家什么时候才能拍出一部好看点的故事片呀？

这里需要说明的是，当年由于“四人帮”所搞的极“左”路线的倒行逆施，我们国家在国内则是民生凋敝、万马齐喑；在国外，则是形单影只，茕茕孑立 。地球上除了“帝、修、反”之外，革命的国家，只剩下“一大一小，两个半拉”了。其中“一大”自然是我们国家，“一小”就是阿尔巴尼亚；“两个半拉”指北朝鲜和当时尚未统一的越南。因此，在文化的严密禁锢中、稍稍闪点缝儿后可以容许放映的外国影片，也只有这几个国家的革命电影了；而我国的“新闻简报”，多半是各地迎送那位因国内发生政变无法归国的柬埔寨国王西哈努克，由于他遍游我国的名山大川，老百姓便以“游客”来戏称他了。其实，人们讽刺的并非那位备受人民尊敬的国王，而是对“四人帮”推行文化专制主义的极端不满。

听了这样的话，我们只能是啼笑皆非。不过，对我们也有所触动：中国确实应该有自己的故事片了，稍稍满足一下精神食粮饕餮已久的十亿中国人。看来，我们现在的工作不是毫无意义的。

离开大连，我们就乘船越过波涛汹涌的海洋，直奔第三站大上海。这是我们此行最重要的目的地——要在这里取回“真经”以供借鉴——那时，上海正在创作一部正面歌颂毛主席无产阶级革命路线的电影《钢铁洪流》（后来公映时改名为《火红的年代》），和我们的创作正对口径。谁知这个“真经”太难取得了，比唐僧到西天取的那个“经”还要难。那个老和尚虽然历经“九九八十一难”，但是到了西天总算还见到了佛祖，拿到了经卷；可是，我们到了上海之后，根本无法接触到《钢铁洪流》剧组的人，更不用说看到剧本了，尽管我们手持齐齐哈尔和长影两家革委会的介绍信，人家丝毫不理这个茬儿，连剧组大门朝向哪里都没有摸清。万般无奈，我便想去求救我小说的责任编辑江鹜同志，她是我在上海唯一可以信赖的人了。如前所述，这是一位具有传奇色彩的老革命。年轻时曾经女扮男装参加我党领导的游击队，身居政委之职，有“现代花木兰”之称。由于她爱好文学，革命胜利后，转业到上海文艺出版社做了文学编辑。她热情大方，业务精湛，我那部长篇小说所以能够出版，得力于她的鼎力扶持。现在，我改编电影剧本了，她一定还会全力帮助我的。待到我去出版社一打听，不仅使我大失所望，而且还大吃一惊。出版社的一位朋友告诉我：这位老编辑在不久以前，被造反派活活打死了！原因很简单，造反派因为她经历丰富险峻，过去从事革命工作时曾经遭遇过不少失败和挫折，因而在“文革”开始后，莫须有地怀疑她是叛徒。但任凭怎样对她严刑审讯和逼供，她都拒不承认。最后，造反派黔驴技穷了，便对她下了毒手。其方法是，将她的身子高高托起，然后猛地摔在地上，于是便真的“粉身碎骨”了……

这个叙述，令人毛骨悚然；也让我知道了“一月风暴”发源地上的上海造反派们并不怎么文明！他们竟能如此残暴地对待那位杰出的编辑大姐！

我很痛苦，我们创作组也落得个无功而返。

回去后我们不敢向上边如实“反映情况”，还得硬着头皮说“大有收获”。领导说，好啊，既然“大有收获”，就重新进入战斗状态吧！于是，又重打鼓另开张，新起炉灶，像领导所指示的那样“日夜兼程，勇攀高峰”。

这回，我提出一个新建议：别老让我一个人“瞎折腾”了，大伙儿轮流“坐庄”，每个人都试试吧，发挥集体智慧嘛！

没有人反对这个意见，就这样一齐“投入战斗”了。

费了九牛二虎之力，终于又搞出来一稿；先在“自家里”打磨好几遍，主要人物更加突出了，一副“雄心壮志冲云天”的架势，头上笼罩着一道道光环；另外，又加上一条阶级斗争的线，阶级敌人既阴险又狡猾，可仍很虚弱；各种“纲”都上得很高。我们琢磨，这回是憋足了劲搞出来的，大概差不多了吧？

谁知，往长影一送审，又给打回来了。仍然是原来那些高深莫测的原则性指示，而具体意见，一条也没有。

此后，我们创作组便与长影的有关方面展开了长时间的“拉锯战”。

我们改了一稿，送了去；审查，通不过；再改，再送去；再审查，仍然通不过；再打回来，再改，再送审……如此这般，反反复复，创作组的成员加了又减，减了又加；责任编辑和导演，换了过来，又换了过去；我们由齐齐哈尔去长影，跑了一趟又一趟；神秘的“小白楼”，已经不再神秘，看“参考片”，也已经不再“稀罕”；和长影的上上下下各色人等几乎都混熟了，看见我们离多远便打招呼：“哦，你们又来了！”只是剧本还是通不过。至此，我们多少也能猜出一点个中的“奥秘”：对“三突出”的标准谁也吃不准，当然谁也拍不了板。因此，只好悬在那儿。

日月如梭，一晃两年过去了。我对这部电影的命运，既失去了信心，也失去了兴趣，就暗自打主意想找个机会，找个缘由，溜之大吉；创作组的其他人呢，本来就是来凑凑热闹、混个名声的，一看这种局面，觉得也难弄个什么名堂，纷纷寻找离开的机会；就连创作组长，原先的那点儿捍卫毛主席无产阶级革命文艺路线的“雄心壮志”，也随着时间的推移而逐渐淡薄；看样子，创作组要“荒摊”了。

（3）长影小白楼的灯火

谁知“天意”难测。1974年的春节刚过，长影突然发来电报：要求“《钢铁巨人》创作组的全体成员，立即来长影听命！”

不知道这封电报是祸是福。反正得听从指挥。于是，我们一行数人立即星夜赶赴长影。出人意料的是，这次居然有人——几位责任编辑亲自前来接站。这种“破格”的待遇，我们都有点儿受宠若惊。还没等我们询问，责编就以异常兴奋的表情告诉我们上头来了新精神，为纪念《讲话》发表42周年，各电影厂要抓紧拍出一批“献礼片”来。《钢铁巨人》有幸被列入“献礼片”之一。现在要加快脚步，争取早日摄制出来，在“五二三”放映。

这意外的惊喜，给我们那已经疲惫不堪的神经注射了一支兴奋剂，我们几个人顿时精神昂奋起来。还没到达驻地，便一个个摩拳擦掌，神采飞扬，拿出要大干一番的劲头。正如俗语所说，“童养媳做花被——有了奔头了”！

这时的长影正像报刊上经常形容的那样，“呈现一派紧张的战斗景象”。“小白楼”内住满了来自全国各地的作者（有许多现在已经是闻名遐迩的大作家了）。大家都在为向“五二三”献礼而“日夜奋战”。不用说，都是一副兴高采烈的样子。那年头，能够参加“献礼”，也是一种光荣。你看吧，编辑和导演们进进出出，会议室里一茬儿接一茬儿地开会，“小白楼”夜以继日，灯火通明，连空气都被人们的情绪烘热了。

我们创作组此次备受重视。总编室的领导纪叶亲自坐镇主持剧本修改方案。这位来自延安的老作家，曾经创作了好几部饮誉影坛、轰动全国的电影（他的代表作是《智取华山》）。有他来直接指导我们，并亲自动笔修改剧本，不是我们得天独厚的幸运吗？另外，长影的军代表，也亲自出马抓我们这个剧本，不时地做出具体的指示。据说人家还是个军级干部哩！做派气宇轩昂，说话高屋建瓴，一派运筹帷幄、决胜千里的气势。就在一次有30余名长影编辑和我们创作组全体人员参加的剧本修改讨论会上，这位军代表做出了振聋发聩、空前绝后的发言，他说，《钢铁巨人》这个剧本，不姓张，不姓王，也不姓程，它姓共！是人民共同的精神财富。因此，谁都可以出主意，谁都可以动笔修改；我们现在是大兵团作战，要大打一场修改剧本“人民战争”！大家要下定决心，排除万难，去争取最后的胜利！他只是没说“不怕牺牲”。

经军代表这样的战地动员，我们这只创作大军顿时士气大振，由老总编率领，立即行动起来，几十个人聚集在一间大会议室里，七嘴八舌，将原剧本一句句肢解开来，一字字进行推敲、剖析；然后再七拼八凑，又将肢解的剧本，“合成”在一块儿。经过这样一番“修改”，彻底改变了原剧本的面貌，距小说《钢铁巨人》更是是远得十万八千里了。

这是名副其实的“集体创作”。因为与会的人全是执笔者。剧本的每一句台词，都经过集体讨论、集体通过。找不出任何一点个人创造的痕迹。这真是空前绝后的“创作实践”。所以，当剧本重新打印出来交到编辑们和创作组人员的手中时，听到的是一片叫好声。有人把这样的集体创作成果说成是“文化大革命”的又一新鲜事物，要很好地进行总结，进行推广。

而我这时的心态是，只能用四个字来形容：哭笑不得。一种说不出来的感觉是：我自己被肢解了。当然，我的这种情绪，是一点也不敢流露的。在讨论剧本如何署名时，我坚持一定要标明是集体创作，不署个人名字，更坚决反对署我的名字。我不能贪天之功据为己有。

这当然不是出于谦虚，而是一种打了门牙往自己肚子里咽的痛苦事实的无能为力的接受。

（4）拍摄电影

剧本已经胜利完成，并且获得“一致好评”，于是，拍摄准备工作也便加速进行了。

首先，从刚刚恢复的长影演员剧团抽调出一大批尖子演员来扮演剧中的主要角色。那是多么耀眼的电影明星榜啊！有演过《我们村里的年轻人》的李亚林，有演《英雄儿女》里王成的刘士龙，有扮《平原游击队》中游击队长孤胆英雄李向阳的郭振清，还有《祖国花朵》《徐秋影案件》的被称为60年代“二十二大明星”之一的张圆等；担当导演的是一位早在30年代就已经出了名的名导。此前也曾经确定过两个导演，他们在电影界都是很有名气、技艺很高的艺术家，导演过很多深受观众喜爱的影片。他们都曾经和我接触过，彼此也还谈得来，并且到我们的工厂体验过生活，可不知为什么都却莫名其妙地离开了；而现在请的这位导演（事过境迁，姑隐其名）是“拉郎配”。因为他根本不熟悉工业，对导演这部电影也很不感兴趣，并时不时地表现出不情愿的劲头来。这在当时是绝对不允许的！为捍卫毛主席的革命文艺路线，还讲什么个人兴趣？显然是不识时务！

当时的长影的领导，不愧是忠于毛主席的好干部，及时地采取了果断措施。为打通这位老导演“不情愿”的思想，新成立的摄制组马上进行“火线整风”，对老导演的错误思想作了刨根寻底的批判，认为他思想深处还有刘少奇的文艺黑线在作祟，以致对毛主席的革命文艺路线缺乏感情；有的人甚至把“文革”初期揭发批判他的老账都翻了出来，说他是“旧病复发”，是“阶级斗争新动向在文艺领域的表现”。幸亏老头还比较识时务，思想弯子转得很快，再加上大伙儿的“热情帮助”，思想很快地通了，表示“愉快地”接受任务，“尽快地”拍摄出让革命群众满意的电影，向“五二三”献上一份厚礼！作为实际行动，他主动率领由数十名演职员组成的摄制组，星夜兼程浩浩荡荡地开赴富拉尔基重型机器厂拍摄外景。

真是“阶级斗争，一抓就灵”啊！

我作为一个小小的业余作者，亲眼目睹了这场“戏外戏”演出的全过程；

第一次体察到专业文艺团体内部人际关系的复杂、斗争的险恶，从而进一步发展了我对涉足文艺界的恐惧感，这也是我后来迟迟不肯“弃工就文”当专业作家的重要原因之一。此是题外话。

如前所述，号称远东第一大厂的富拉尔基重型机器厂，是“钢铁巨人”的诞生地，我的小说就是以这里为背景创作出来的，它也是我生活和工作十余年的地方。《钢铁巨人》要拍电影，工厂的职工早已家喻户晓了。因为那些一台台被誉为“钢铁巨人”的尖端产品，都是他们亲手制造的，有着很强的荣誉感；他们在国庆10周年时，几乎都看过我创作的话剧《草原上的巨人》。而长篇小说《钢铁巨人》就是以话剧剧本为基础创作出来的。它所反映的故事情节和生活场景都是广大职工所熟悉的，因此，小说出版后，他们都争先传阅；特别是批判此书的大字报，人人多半都看过，那时是当作“大毒草”来讨伐的，现在怎么又突然变成香花了？人们也感到很奇怪。就是出于种种错综复杂的原因，他们对这部影片的关切，丝毫不亚于长影的当事人。

也许正是出于这个原因，数万名职工敞开了高兴的大门，热烈欢迎长影摄制组的到来。精神上饥渴难耐的劳苦大众，对拍摄电影的新鲜感，远远超过在工作时间免费观看“样板戏”电影的兴趣。再说了，一次来了这么多大牌电影明星，过去只能在银幕上看见他们的美丽形象，现在来到身边了，谁不想零距离地“瞻仰”一下他们的风采呀，这可是个难得的机会。“追星族”其实早已就“诞生”了。

市革委会和工厂的领导对摄制工作非常重视，厂党委还专门发了文件，要求各单位全力支持摄制组的工作，当作政治任务来完成。因此，全厂上下，无论官方和“私方”，都对摄制组大开绿灯。由于早已就不进行经济核算了，各个部门都表现得格外大方，无偿地提供车间厂房作为拍摄的外景地，各种设备任凭当道具来使用；有几个重要的大厂房，为了拍摄需要，不惜停产数小时。工厂唯一的招待所，将全部客房都贡献出来了。原住宿的客人为“顾全大局”，自动迁居到街里的小旅馆；连临时借住在所里的工厂党委书记，也特意将房间让出来给导演专用，自己搬到办公室里搭铺就宿；服务员们还写下了保证书，坚决为拍好电影《钢铁巨人》而尽职尽责。

因为拍电影需要大批群众演员，各单位更是慷慨大方，人们争先恐后，任其挑选。那些被挑选上的职工们，以极大的荣幸感，在冰天雪地下冒着刺骨的寒风任劳任怨地听任导演指挥，他们得不到任何报酬，甚至连吃饭都得

与电影《钢铁巨人》摄制组演职人员

回到自己家里去啃冷窝窝头；即使这样，还有人去走我的“后门”，希望我去向导演说情，也能争取一次上银幕的机会。那些天，我的家真是“门庭若市”了，求情的人络绎不绝。我真的够“荣耀”的了。

总之，工厂的上上下下、里里外外，都为了拍摄《钢铁巨人》电影而忙得团团转，甚至超过了当年我国第一台万吨水压机制造成功时人们紧张而又欢乐的情景。职工们看作是工厂“最盛大的节日”，是工厂的光荣。这样的好事，“千载难逢”哪！

再没有比这里更好的客观条件了。摄制组的演职员们都深为感动，因此，也干劲十足，夜以继日、不辞劳苦地赶进度。老导演这回动真格的了，他的眼睛都熬红了也不愿休息，还自嘲地说：轻伤不下火线。可见“火线整风”还是有“效果”的。因而拍摄外景的工作进展得很顺利。不到半个月，几百个镜头的外景全部拍完了。

当然，这又是毛泽东思想伟大的胜利——当摄制组即将“班师回朝”、领导进行总结讲话时，就是这么说的。朴实的工人师傅们，敲锣打鼓、夹道欢呼，为摄制组的同志们送行。

送走了摄制组的朋友们，我大大地松了一口气。此时，我以为一切都“万事大吉”了，两年多来紧绷的神经应该松弛一下了，下一步等着看电影吧！

我还在做玫瑰色的梦。

（5）追查刘少奇在《钢铁巨人》中的影子

真是天有不测风云。谁也未曾想到的是，摄制组满怀胜利的喜悦，刚刚回到长影，正准备进入已经搭设好了的内景棚，一举完成全部拍摄任务之际，一声炸雷凌空响开了，它把长影的职工全都震傻了——具有很大权力和很高权威的国务院文化组（当时还没有成立文化部）向长影发布命令：电影《钢铁巨人》立即停拍，接受审查！

事情原来是这样的：正当人们在林秃子“折戟沉沙”之后，喘口气，过上几天安稳日子的时候，谁知又开展出一个“批林批孔”运动，还硬是把2000多年前在周游列国时到处碰壁的一个糟老头子的只言片语，与不久前曾经红极一时的前副统帅在像发烧、打摆子时所讲的一些莫名其妙的话混在一起批判，是有些匪夷所思的。有号召，便有人响应，于是又“轰轰烈烈”地在全国铺开了运动。那位“一人之下、万人之上”的“旗手”，得风气之先，同时率领她的一帮亲信，气势汹汹地杀将上来，矛头直接指向深受全国人民爱戴的周恩来总理。

敏感的人们一看形势，便知这个运动大有来头，无不惊悸。唯恐天下不乱的“反潮流”英雄们也早就按捺不住这一阵子的“寂寞”，开始窥伺方向，待机而动了。但是，只是把空炮打向早已望不见踪影的孔老二和死无葬身之地的林秃子是没有多大实际意义的，而必须在身边寻找具体的打击目标，那才赶劲儿。正在这时，闹闹哄哄的电影《钢铁巨人》摄制工作撞在了一位（或者几位）“反潮流”干将的枪口上了。这是个目标较大，容易找到突破的“缺口”，而且这些“反潮流”的“战士”又是久经锻炼的、斗争经验丰富的；所以这些人很快地便从中找到了所需要的“缺口”——在小说《钢铁巨人》的第18章中，有这样一个情节：在北方机器厂制造尖端产品进入关键时刻，一位中央首长来工厂视察工作。在视察过程中，首长在某个车间现场遇到一个青年工人，和他进行了亲切的谈话。首长鼓励这个青工，要和全厂工人一道，发扬艰苦奋斗、自力更生的精神，勇攀高峰，早日攻克科学尖端，填补我国机器制造业的空白，为祖国争光，为民族争气……中央首长来厂视察并和工人谈话的消息，很快地传遍全厂，给广大职工以极大的鼓舞。

找到这个情节后，这些人如获至宝，便展开了丰富的联想：时任国家主席的刘少奇，曾经在1961年来过黑龙江，还到富拉尔基重型机器厂视察过；而这部小说写于1964年，1966年年初出版，书中所描写的那位中央首长肯定是刘少奇无疑；自然而然，这部小说是为刘少奇歌功颂德、树碑立传的了。目标抓得正着！经过了史无前例的无产阶级“文化大革命”，刘少奇作为“叛徒、内奸、工贼”已经被打倒并且已经批臭了，长影居然把这样一部小说搬上银幕，居心何在？意欲何为？更何况现在还有这样一个重要的背景：以正面歌颂毛主席无产阶级革命路线的另一部电影《钢铁洪流》，也正在上海电影制片厂拍摄，《钢铁巨人》岂不是和《钢铁洪流》唱对台戏吗？南边歌颂毛主席，北边歌颂刘少奇，一南一北，双峰对峙，立场鲜明，这是何等严重的政治事件！电影《钢铁巨人》的炮制者的用心何其毒也！……

某有心人在做出这样的“科学分析”之后，于“义愤填膺”之余，便投书国务院文化组，呼吁严肃处理这件事，还要揪出制造这个事件的阶级敌人。

国务院文化组接到这封异乎寻常的检举信之后，极为重视，立即批转给长影领导，命令长影严肃查处此事。见文化组的批示，长影领导一下子慌了手脚，整个长影顿时炸了锅，跟刘少奇都沾了边，那还了得？刘少奇是谁？用老百姓的话来说，他是毛主席的“头号大敌人”，“文化大革命”天下大乱，不就是为了搞掉刘少奇吗？现在，你长影居然还敢于公开地为刘少奇树碑立传，想要干什么？吉林省委也很快被惊动了，专门派人前去质问长影领导：出了这样的大事，你们怎么连个招呼都不打？你们的政治警惕性到哪里去了？赶快抓紧处理，弄清情况，不得延误！

长影的造反派也正为没有抓住领导像样的辫子而急不可耐呢！现在发生了这件事，真如天上掉下来馅饼般地兴奋，立即闻风而动。一批反潮流斗士包围了厂的领导，要他们向广大革命群众说清楚，否则，要采取革命行动！摄制组内的演职员更是人心惶惶，他们只顾高兴能够重返银幕，捡回失去多年的艺术青春了，谁知竟陷入这么一场巨大的政治阴谋之中，岂不冤枉哉！他们也派代表质问领导：你们这些人是干什么吃的？随便让别有用心的人钻了空子！连累我们也跟着上当受骗，你们一定要还我们一个清白！

长影领导一时陷入重围，四面楚歌。他们连夜开会，商议对策。对策一：

摄制组的工作全部停止，全体人员举办学习班，对电影剧本和和小说《钢铁巨人》重新进行细致的阅读和剖析，“像在鸡蛋里挑骨头”那样，寻找其中尚未发现的“定时炸弹”。对策二：也是最重要的——根据国务院文化组的指示，抽调有水平、有权威的人员，组成调查组，进行全面的调查。

调查组迅速组成。人们只要看一看调查组的成员名单，便知有关方面重视的程度。其中有长影革命委员会副主任贺来生，由他亲自挂帅。贺来生是班子中最年轻、最有活力、最受上级和革命群众信任的干部；其他组成人员也不一般，有艺术片室的主任，乐团的党支部书记，政治上都是很强的人；加上电影的责任编辑之一李方钧，他最年轻，始终参与剧本的改编工作，对各方面的情况都比较熟悉。阵容是够坚强有力的。

调查组雷厉风行，成立之后，立即行动。就在 1974 年 4 月 9 日，他们一行四人，肩负重任，奔赴黑龙江省。第一站是省会哈尔滨。

经过“文化大革命”战斗洗礼后的东方名城哈尔滨，虽然那座标志性建筑——喇嘛台被造反派砸得稀巴烂，连废墟也没有留下，但随着冬去春来时序的更替，大自然不可抗拒的法则使然，丁香花还是照常开放了。中央大街两旁的花坛里，松花江长长的堤岸上，火车站前边的广场，一簇簇、一团团盛开的丁香，如紫色的雾笼罩着这个美丽的城市。可是，调查组的人却无心欣赏这旖旎风光，下了火车之后，便心急火燎地直奔省委办公大楼，求见省委主要负责人。

到底是长影人的面子大，那位手握全省党政军大权的封疆大吏，很快地便和调查组的人见了面。当他听到这几位长影人此行的任务时，竟然也大吃一惊：怎么？现在居然会发生这样的事？而且直接与本省的人有关？！这可不是一件小事情，是不可怠慢的！

这位大首长临危不乱，当机立断，立即召集有关人等开会研究。稍事商讨，马上决定：认真接待长影调查组的同志，有关部门要好好地配合；同时责成当年那位迎候并陪同刘少奇来黑龙江视察的省委副书记李 XX 向调查组全面介绍情况，并且负责回答相关问题。

这位前省委副书记刚刚获得“解放”，对于不久前挨批斗的滋味仍余悸未消，接受这样的任务，心里直打鼓——闹了半天，怎么又和刘少奇挂上了？少不得要小心翼翼地来和长影的调查组打交道。

调查组的人直奔主题：请他详细叙述一下 1961 年刘少奇来黑龙江视察的

前前后后接触的人和事，特别是到达富拉尔基的情况。

前省委副书记立即开动了全部的回忆机器，回想当年陪同刘少奇视察黑龙江各地的每一个细节，特别是抵达富拉尔基重型机器厂以后的情景。但是，任凭他绞尽脑汁，也想不起来被揪出的前国家主席（现在的叛徒、内奸、工贼、中国的头号走资本主义当权派）与那个数万人的大工厂中的小技术员程树榛有什么联系。调查组的人很客气，并没有像本省造反派过去那样对他吹胡子瞪眼，更没有触及他的皮肉，只是严肃地向他说：时间过去很久了，有些事情难以记得很清楚了，请你回去再好好想一想，还可以查一查当年的有关资料，明天再接着谈。

次日，前省委副书记早早就赶到省委大楼来了，等着长影调查组的人。不过，今天他仍然没有提供什么有价值的材料，只是又重述了他陪同刘少奇视察的全过程，补充的也是一些鸡毛蒜皮的琐碎小事。调查组的人很失望，但是也没有办法，在这个老当权派身上也实在是没有什么油水可挤出的。

在失望之余，调查组又想起了文化部门。黑龙江省的文联和作家协会，在“文革”前是很有名的，是东北作家群的大本营，早年的萧军、萧红、罗烽、白朗、舒群，后来的巴波、林予、严辰、逯斐，以及流放到这里的丁玲、艾青、陈沂……一大批享誉全国文坛的名家，都曾经在这里生活创作、劳动改造过，也可以说是文艺黑线的重要根据地。程树榛在黑龙江工作那么多年，怎能与这些黑线人物没有联系？需要沿着这条线深挖一下。

可是，一经打听，这里的省文联和作协，早被砸烂了，人员流散到各地，连他们的老窝——原苏联驻哈尔滨总领事馆。这个曾经是那样幽静典雅、独具风格的俄罗斯建筑，也面目全非了。中苏交恶后，苏联撤销了这个领事馆，原省委领导出于对文艺工作的关心，批给当时的省文联做办公和专业作家住宿之用。这件事曾经作为黑龙江省委重视文艺的美谈，在全国各地还广为传诵。但是，因为“文化大革命”首先是“革”文化的命，文联首当其冲被造反派砸烂，其办公用的地方，当然不能幸免于难。不过，造反派厌恶文联里的文艺家，但对这座建筑并不厌恶，他们争先恐后地一齐来占据这块地盘。最后，是那些有本领、有心计的造反派捷足先登，获得了这个胜利果实。他们各尽所能，各取所需，很快便把它瓜分殆尽。经过这场战斗的洗礼，文联大院，已是伤痕累累，断壁残垣，早已就无人问津了。

没想到，今天这个大院竟受到长影调查组的青睐。他们走近大院前边瞅了一眼，到处是一片狼藉，空荡荡的不见有人走动，只是在几堆垃圾旁边，一群麻雀在那儿啄食残羹剩饭。调查组的一位成员“文革”前曾经来过这里，目睹过它的壮丽辉煌，今天看到这种情景，不禁感慨万分，竟说出这样一句耐人寻味的话：“我们不仅善于破坏一个旧世界，也善于破坏一个新世界。”其余几个人一齐瞪了他一眼，但什么话又没说。

看样子，在这里是“调查”不出什么东西了，那么，就去文化局吧，那是“文革”后硕果仅存的一些旧文人和新成长起来的文人“收容”单位，兴许有点蛛丝马迹可寻。可是，到了那里一了解，仍旧是一无所获。因为一群已经变成惊弓之鸟的老文人，对调查组的到来都退避三舍，连见一面都不情愿；后起之秀，也不愿理这个茬儿；新上来的几个头头，更是一问摇头三不知。因为，无名小卒程树榛在这个新衙门还没有挂上号呢！

虽然在哈尔滨没有收获，但是，调查组也不能打道回府，两手空空回去是交不了账的。现在，他们又“马不停蹄”地向齐齐哈尔进发。这是他们此行的重点，因为富拉尔基重型机器厂的地面也归齐市管辖，作者是它的市民；重头戏应该放在这里。何况，市领导始终大力支持搞这部电影，如果有问题，他们也脱不了这个干系。

齐齐哈尔是一座具有800余年历史的古城，旧名“卜奎”“龙江”，曾经是黑龙江省的省会，也有过辉煌的一页。但是，自从黑龙江和松江二省合并之后，省会迁移到哈尔滨，齐齐哈尔的地位就大大地下降了，被人们戏称为“东北大屯子”。那时就有一小段对它的描述歌谣：一条马路一座楼，/一个警察一个猴。听起来确实够寒碜的。

老实说，齐齐哈尔的领导和群众是不甘心于这种尴尬形象的，多次想下力气重振雄威，再现辉煌。“文革”前，他们凭借着许多国营大厂迁移或在建于这里的优势，市领导提出要把齐市建设成“钢铁机器城、鱼米瓜果乡”的口号，而且做出了详细的城市规划；此外，还加强了文化建设。组建了好几个专业剧团，扩大了马戏团，创办了文学刊物《嫩江》杂志，真拿出大干一番的架势。但是，天不从人愿，规划刚刚开始实施，“文化大革命”的狂飙卷来了。那些城市的规划者和实践者，几乎全部成了“走资派”，被打翻在地，斗倒斗臭；追随者也都没有什么好下场。这里的造反派的革命精神也特别突出，打、砸、抢的劲头，丝毫不亚于全国其他城市，因此，经过“文革”“战斗洗礼”过的齐市，确实是遍体疮痍，成为名副其实的“大屯子”了。

新的“红色政权”建立之后，个别雄心勃勃的当权者，又跃跃欲试地想“恢复”齐齐哈尔大城市的地位和名声。恰巧长影发现了本市一个业余作者的小说可以拍电影，是正中市领导的下怀的。他们非常重视这件事情。想想看，整个中国文化界还在万马齐喑之时，齐齐哈尔作者的作品居然被选中了并且搬上银幕，岂非本市的一个殊荣？全力支持应在情理之中。现在已经成功在望了。和广大市民一样，市领导也在等着电影早点放映为齐市增光哩！

但是，他们做梦也没有想到会出现这么一码事——这部电影居然是为刘少奇树碑立传的！这等于在他们的头上爆炸了一颗原子弹。因此，当长影调查组来到他们面前并说明来意时，这些领导几乎个个目瞪口呆，一时都说不出话来。还是长影的同志提醒他们，请尽快安排调查组和当年陪同刘少奇到此视察的领导见面，了解一下当时的具体情况。巧得很，那时的市委副书记张立信正是陪同刘少奇视察的主要人员之一，他已经被“结合”进了市革命委员会“官复原职”了，现在正好在座。好，那就请张书记介绍情况吧！

在劫难逃，这位新的市委老领导难以推脱了。只好承认他确实陪同刘少奇视察了富拉尔基，并且重点参观了重型机器厂，在好几个车间转了一大圈，其中恰恰就有小说《钢铁巨人》着意描述的铸钢车间。

调查组的人一听此话，大喜过望——这正是他们所希望“调查”的。于是，便要求老书记详细谈谈。

饱经运动锻炼的老书记，觉得不能轻易叙述这样重大的问题，需要认真思索一下。“祸从口出”，说错了可不是闹着玩的。就虚晃一枪说：“事情过去十多年了，我得好好想一想，请调查组的同志先住下来，明天我再向诸位汇报。”

这话说得合情合理，谁也不能反对，只能这么办。当即由办公室安排调查组在本市最好的宾馆——湖滨饭店住下，等候与老书记交谈。

次日，老书记准时来到宾馆，态度谦虚、诚恳而又热情。但是，他对于调查组所提出的种种疑问，几乎都没有正面回答。不过，他比省城那位前省委书记还是更实在一些。在调查组的再三要求下，他亲笔写了一份囫囵材料。兹全文抄录如下，以飨读者。

关于叛徒、内奸、工贼刘少奇来齐齐哈尔的情况

一九六一年八月份，叛徒、内奸、工贼刘少奇由当时黑龙江省委书记李剑白陪同，从海拉尔市来我市富拉尔基车站，约上午十时到站。前去火车站迎接的有陈一凡（当时市委第一书记）、章林（当时市委书记、市长）、孙韬（当时市委常委、副市长），还有重机厂的杨殿魁（当时厂党委书记）、一机部罗副局长。赵东宛（当时厂长、后为中央人事部长——作者注）去没去我记不清了。上火车后，陈一凡给我们介绍一下，杨殿魁向刘少奇介绍了重机厂的生产和建设情况。大约在上午十点钟多一点，刘少奇下火车到重机厂参观，同去的约有三、四十人。

到重机厂后，一走一过地看了一、二、三、四、五车间。当时工人都在生产，没有组织人员欢迎，刘少奇也没有同工人讲话，只是杨殿魁、罗副局长等边看边介绍情况，场面是冷冷落落的。在看的过程中，听说刘少奇还讲了叫工人小开荒和工资奖励等问题。大约到十二时左右，刘少奇上了火车到大庆去了。

当时王光美也来了，还领着两个孩子。

张立信

一九七四年四月十五日

这是市委副书记经过认真回忆后而仔细推敲写出的“证言”的全文。就是用高倍显微镜和放大镜来阅读，也难以从它的字里行间找到丝毫刘少奇此行与程树榛有任何些微联系的痕迹；除此之外，张立信再也提供不出来其他和刘少奇有关的材料了。调查组又大大失望了。

当然，他们绝不会就此罢休。本着锲而不舍、坚韧不拔的精神，调查组一行四人又来到了市革委办公室，查阅原市委交际处的接待工作档案。但是，这里早被造反派多次洗劫而变得空空荡荡了。即使如此，调查组也并不甘心，仍然翻箱倒柜再仔细查找一番。结果是，仅仅找到从 1959 年年初到 1964 年 7 月 30 日一些中央负责同志来到齐齐哈尔视察的一纸清单；从这些清单上，根本看不出任何有关的问题。

最后，调查组只能寄希望于富拉尔基重型机器厂了，那里是作者程树榛生活、工作、成家立业、居住十几年的地方，是调查的重中之重。他们准备在这里安营扎寨，一定要查个水落石出。

(6)方均报信儿

在调查组来到富拉尔基之前，发生了一段很有意思却又令我永远难忘的小插曲。

调查组的成员李方钧，是《钢铁巨人》的责任编辑之一。是他在长影被造反派砸烂的资料室里，在一个不引人注目的角落首先发现这部小说的，也是他和另外两位编辑一同来到富拉尔基找见了我这个正在车间劳动锻炼的业余作者的。在两年多曲曲折折的改编电影剧本的过程中，我与方钧结下了深厚的友情，经常抵足而眠，促膝谈心，切磋琢磨，相互勉励，可以说达到了推心置腹、无话不谈的地步，有一种患难与共的情怀。因此，发生眼前这件事，方均别说多为我着急了。但是，受纪律约束，他又不敢给我通风报信。那年月，凡是与刘少奇沾边的政治事件，都有身家性命之忧的，避之唯恐不及；当然，凭我们之间的友谊，他是不会“避之”的。但又苦于无法与我沟通，因而他内心的焦灼，几乎与日俱增。待到调查组抵达齐齐哈尔时，他再也无法安心坐在宾馆的沙发上倾听那些不沾边的人做种种不沾边的情况“汇报”了。就在市革委招待调查组看文艺节目的当儿，方钧偷偷地溜出文化宫，登上公交车来到富拉尔基。好在我家的地址他是熟悉的，下车之后，直奔我的住所，敲响了我家的门环。

在做玫瑰梦的我，现在正和家人谈心，算计着距离“五二三”还有多少天，电影会在何时何地首映，会举行何种仪式；不用说，大家谈的是十分开心的。此时对这位大编辑的到来，虽感到有些突然，但是，却以为是给我带来喜讯的呢，立即喜上眉梢，笑脸相迎，并示意夫人快点沏茶“伺候”。我知道方钧的爱茶如命的嗜好。

谁知，笑意经常挂在脸上的李编辑，这会儿连一点笑模样也没有，相反地，却严肃到与他平日爽朗的性格完全不相称的地步。他用手推开我递给他的茶杯，迅速递过一个眼色。之后，便把我从房的外间拽到内室，细细地向我耳语起来……

就像晴空突然一声霹雳，几乎把我给震昏了，半晌没说出话来。方钧见我如此模样，连忙安慰我说：“先不要着急，快点想想怎么应付这件事。”还没等我来得及回答他的话，他便起身向我告辞了，说：“我在此不便久留，否则，会引起别人的怀疑，再节外生枝，就更麻烦了。”

他没让我送他。那年月，人们的革命警惕性太高了，对任何陌生人的行迹，都会产生某种非常的联想。我只好停下脚步，转回房内。不过，对方钧的感激之情，非笔墨所能形容，在这种时候，他能够这样做，是多么难能可贵！这才叫够朋友。

回到家，我立即把房门掩紧。妻子似有所感，忙趋前询问：老李火急火燎的干什么来了？我只好如实以告。她听了后，颓然坐下，半晌才说出一句话：最害怕发生的事到底还是发生了……

我向她摆了摆手，不让她继续说下去。

考虑到当前的严峻形势，我请过来古稀之年的老母，叫来三个还不大懂事的女儿，立即召开了“家庭会议”，商量对策。

我简要地向全家说了这个“突发事件”的缘由。为避免家人的惶恐不安，我尽量装作若无其事的样子，还故意露出坦然无虑的笑容；但我又不得不向家人预示下述情况：一、现在全国正处在“批林批孔”运动的高潮之中，咱们这里的造反派也动起来了，大字报已经上街，社会上又重新批斗“牛鬼蛇神”，我很可能被造反派揪出去批斗。对此，家里人应该有充分的思想准备，不必惊慌失措。我特别嘱咐我那七旬老母，切勿为此吓坏了身子。“文革”初期，那么大的风浪都闯过去了，这次也还会闯过去的。二、考虑到我是个著书立说的文人，终日以书籍、稿纸为伴，一旦这件事情公开化，公诸于社会，那些激进的“反潮流”勇士，一定会来抄家（这是他们的拿手戏），搜寻他们所需要的文字材料，以证实我的罪行。对此，家里人决不要进行拦阻，任其抄去。反正家里没有什么值钱之物，也没有什么大不了的“毒草”。因为“文革”前买的那些文学书刊，已经烧的烧，丢的丢，所剩无几了，无须害怕。这话是对我妻子说的。她是个性情刚烈的人，平时总压不住火，眼里揉不得半点沙子，这次可得把持住。此后，我又嘱咐

70年代与小女儿湘梅（蘼眉）

两个正在上小学的女儿：不管爸爸遇到什么情况，你们一定要好好读书。“读书无用”只是暂时现象，从长远来看，学问总是立身之本，读书是不会吃亏的。最后，我很郑重地对妻子提出要求：请她一定要照顾好这个家，照顾好老母、弱女，不论发生什么不测，我都会咬着牙挺过来，你要相信我。

这些话虽然讲得很平静，但也不无悲壮意味。妻子流了眼泪，母亲在抽泣，两个大女儿愣愣地看着大人，两岁的小女儿，吓得在她妈妈的怀里直撇嘴。

随后，我便在家里静候其变了。

（7）挖地三尺找证据

神不知、鬼不觉，李方钧又回到了调查组的住地。一向大大咧咧的李编辑，这次行动却很缜密、周到，丝毫未露马脚，几乎赶上了 1971 年夏美国总统尼克松的特使、美国家安全助理基辛格博士的中国之行了。

次日，他又很镇静地像什么也没发生似地同调查组的全体人员一道来到了富拉尔基，目标明确，直奔重型机器厂。远远地他们便看到，一片高大的厂房，如山峦般起伏，一排排烟囱直矗云天，袅袅烟云在高空织出黑牡丹，其雄伟气势，不愧称为远东第一大厂。宏大的厂前广场，巍立着毛主席的不锈钢塑像。据说，这是全国最高大的塑像，共用了国家稀有的贵重的钢材——不锈钢重达 200 余吨，表明这个工厂的革命群众对领袖无限忠诚、无限热爱的情感是多么的深厚！现在，雕像毛主席正挥着巨手，直指前方；前方有一群革命造反派，高举红旗，呼着“批林批孔”的口号，在向“正在走的走资派”游行示威。调查组的成员们不禁想，连这样遥远的边城都出现这样的情况，足见运动又发动起来了，那么，他们调查组的担子和压力更大了。这次决不能无功而返。

重机厂的领导一听来意，自然也是大吃一惊。党委书记虽然是位“三八式”的老干部，久经锻炼了，但也被这件不寻常的“变故”，搞得色变神乱——怎么会在他的身边发生这样的事情呢？太不可思议了！果真如此，程树榛这个小技术员的胆子也太大了，居然敢为刘少奇树碑立传？当即他指示办公室，要好好地接待调查组的同志，为他们的工作提供一切方便条件。这可是个态度问题，轻慢不得。

听了书记的指示，办公室主任知道调查组来头不小，因而对客人肃然起敬，待如上宾。招待所内仅有几间带卫生间的房间，都为调查组的客人打开，并通知厨房的大师傅，把伙食标准提高到部里领导到来时的水平。

调查组并未马上直接找我谈话，而是进行“外围战”。首先，自然要查阅我的档案材料。这里边有我的列祖列宗的全面记载，有我的远亲近邻的详细介绍；有我来到这个世界上三十余年的大事小情；还有我妻子那个祖系的阶级分析，特别是围绕她的那位曾是国民党将军的父亲周围的情况，更是要认真掂量一番的。此外，我 1957 年在天津大学上学时，曾在“鸣放”会上大放“厥词”，受到过团内严重警告处分，而且一直被当作“漏网右派”看待；其中一定有不少生动而有价值的材料；其他的尚有历次政治运动的表现……材料，材料，还是材料，至少有好几大纸口袋，纵即一目十行，一天也难以看完；何况彼此还需要交换情况，作重点考量呢。

遗憾的是，查来查去，都与调查组所需要的东西不沾边，不但没有关于小说《钢铁巨人》的记载，更是连刘少奇的影子都没有。

当然，重中之重是要调查了解当年直接接待过刘少奇的有关人员。可惜，由于这位前国家主席来此地时把时间卡得太紧，来去匆匆，与工厂见面和直接接触的人太少了，故而可供查询的线索不多。原党委书记杨殿魁早已调到北京，当了部长，“文革”中造反派曾经把他揪了回来，批斗几个月，又送回北京了，现在不知道“解放”了没有，当然无法找他对质；厂长赵东宛，是工厂的头号走资派，被造反派批斗得七死八活，遍体鳞伤，正在外边治病，现在到哪儿找他去？其余多少沾边的人，不是下农场，就是进干校，连个准地址都没有，谁给你去查证？何况又是那种捕风捉影的事。

幸好，当年那位接待科长现在还在厂里，这可是个宝贝，赶紧把他请来吧！谁知这位老兄，不晓得是装疯还是卖傻，一问摇头三不知。经过调查组再三询问，软硬兼施，憋了半天，才拉出一张建厂以来国家领导人来厂视察的明细表，什么内容没有，只是一堆豆腐账；有关刘少奇的到来，仅写了不足百字的“证言”材料。全文如下：

> 刘少奇于一九六一年七月八日上午由齐市委原第一书记张立信（根据原省委书记李某某的证言，应是陈一凡——作者注）等（陪同）乘专车直开到厂区一车间门口下车由我厂原党委书记杨殿魁等陪同看了一二三四车间然后乘专车出厂走了。

“证言”是一气呵成的，中间连个标点符号都没有。原接待科长仅有小学文化，能够写成这样，也难为他了。

这样的“证言”等于废纸一张，没有任何参考价值。调查组又深深地失望了。拿这些扯淡的材料，怎么回长影交账呢？

他们处于为难之中。那位年轻的一向乐观的原来信心很足的调查组组长，竟也愁得咳声不断，叹气不断。他可是重任在肩哪！其他人也是大眼瞪小眼，没辙了。

“还是直接找作者本人谈谈吧！”责任编辑李方钧适时地提出了建议。这次出来他很少言语，因为他和作者朝夕相处两年多，人们都知道他们的关系不错，虽为调查组成员，但为了避嫌，他是尽量少说话，“言多有失”，他懂得这个道理；现在眼看山穷水尽了，大家都愁眉苦脸的，他觉得应该提点想法了，当然，话说得很谨慎，“兴许他能拿出一点有说服力的材料。”

“好吧！”调查组长无可奈何地同意了，“总得和作者见一面呀！”

于是，他们便向厂办提出了这个要求。

当天晚上，保卫处一个不大不小的干部来到了我的家中，他什么情况也没讲（自然是为了保密），只是说：“请你到招待所去一趟，有人找你谈谈。”

其实，我心里全都明白，这个时候终于来到了。此时，我似乎已经从惊恐中平静下来，坦然地望了老母、妻子和孩子们一眼，一句话也没说，便随着保卫处的来人走了。老人和孩子尚未反应过来，妻子却未能沉住气，我走出家门很远了，她又追出去，给我送了一件厚毛衣。我看得到她眼睛里流露出的关切和依恋之情，只差念上那个“风萧萧兮易水寒”的诗句了。

保卫人员把我领到调查组长住的房间，几位大员都严肃地端坐在那里候我。由于我在长影来往次数太多，住的时间较久，彼此都见过面，所以都很客气；李方钧还装作和我第一次见面似的向我伸出了手，并问候了我的家人。我不禁暗自笑了，这家伙演得还很像呢！

几句寒暄之后，谈话便进入了正题。调查组长首先向我说明了来意。尽管他说得很委婉、很温和，却掩饰不住那种字斟句酌、故意加重语气和努力造成严肃氛围的用心。我立即感到谈话的无形压力，从而有一种被提审般的感觉，于是便正襟危坐、洗耳恭听。

组长说罢，就让我介绍情况。我简单地述说了我的经历和来厂工作后的概况。然后，便详细地叙述了长篇小说《钢铁巨人》的创作过程，当谈到那个“要害问题”时，他们几个人都神情专注，目光的焦距一齐对准了我。我当然意识到这一点，因而我也加重语气，庄严申明：“小说中所描写的中央首长是泛指，不是对某个具体人物而言。”我的理由是，这些年来到工厂参观、视察的中央领导人很多，除了毛主席之外，几乎都来过；我掰着指头一一作了介绍。

此时，调查组的人对我的话更加注意了，似乎还不断交换眼色。我刚刚说罢，调查组长便紧接着对我进行“启发”性的询问：“根据你所谈，确实有许多中央领导人到工厂视察过，那么，在你的脑海中印象最深的应该是职务最高的人物吧？自然而然，在创作时引起你联想的也应该是他了。”

我意识到这种启发的“威胁”，马上表示：“我没有这样的‘印象’，也没作这样的‘联想’。”

组长又问：“是不是有过那么极短暂的一闪念？”

我立刻回答：“从来没有过。”

组长随后又提出几个“启发”性的问题。

我一一作了否定。

看见我这样“执迷不悟”，又“顽固不化”，组长似乎又和其他几位交换了眼色，遂又重新向我交代了政策：“程树榛同志，请你不要害怕，党的政策历来是坦白从宽、抗拒从严的，只要你如实地讲出来内心的真实想法，会得到组织和革命群众的谅解的，因为你创作这部小说是在1964年，当时刘少奇还没有暴露嘛！还是国家主席嘛！更没有被揪出来嘛！你是不应该承担责任的。”

看来，他们是非往刘少奇身上靠不可了，我暗自警觉起来：可决不能上这个圈套！如果承认了这一点，那么，接下去他们就可以追问：写小说是在1964年，可是让你改编电影却在1972年，那时刘少奇的三顶帽子已经戴在头上，党已经做出决议：永远把他开除出党，为什么你不及时申明？居心何在？那我就难以回答了。因此，我连忙再次重申：我写的小说与刘少奇没有任何关系！

壁上的挂钟敲响了十下，时间不早了，调查组的一位胖子因连日劳累，有些困乏了，一连打了几个哈欠；其他的人似乎也精神不振，现出昏昏欲睡的样子；组长合上了笔记本，也有“告一段落”的意思，但是又不好骤然让我走。稍稍沉默一会儿，其中一位伸了伸懒腰，然后对大家说：“天已经很晚了，咱们也别争了！争来争去也没什么结果。”我以为他在打圆场，暂告结束；谁知忽而又转身直冲我说：“老程，我们有足够的理由可以说你书里当时写的是刘少奇——你的书是在1966年出版的嘛！可你有什么理由证明不是这样呢？哪怕你能说出一点点来就可以了。”

显然这是一次突然袭击；不过，对我却是一个很大的启发：是啊，口说无凭，应以事实为证。我脑子里立即翻腾起来，这些年的往事，顿时一一呈现在我的面前。忽然，我抓住了一个镜头，定格——

1959年国庆10周年，厂业余文工团排演了我创作的四幕六场话剧《草原上的巨人》，其中有这样一个场面：一个青年工人，绘形绘声地向他的伙伴们讲述他巧遇来厂视察的中央首长，首长又怎么和他握手言欢的情景。而我的小说就是以话剧剧本为基础丰富发展写成的，书中中央首长前来视察的情节，就是根据话剧中那个场面描写出来的。

一下子，豁然开朗，我找到了为我证明的依据。

于是，我立即向调查组陈述了这个“依据”。我振振有辞地说：“话剧写于1959年，而刘少奇来厂视察是1961年，我纵有通天的本事，也无法在两年前会预料到国家主席此后的行踪。”

经我这么一说，调查组的人全不作声了。你们不是口口声声让人家拿出证据来吗？呶，人家现在拿出来了，怎么办吧？他们你看着我，我靠着你，不知说什么好。

少顷，李方钧说话了：“既然是这样，老程，你能不能把你当年创作的那部话剧剧本拿来，让我们看看。”

方钧这番话显然是为我好，但是，却将了我一军。时隔15年了，我到哪儿去找这个剧本呀？那时的印刷条件很差，剧本仅油印了若干份供演员排练用，我这个编剧，人家是不拿当一回事的。不过，我的记忆中，还隐隐约约残留一点儿印象：在庆祝国庆10周年的活动结束时，我曾经向一位演员要了一本剧本，带回家中。可是，这些年，我挪了几个窝，搬了数次家，特别是又经历了无产阶级“文化大革命”的战斗洗礼，害怕惹祸招灾，清理和处理了不少废纸旧书。这个剧本会不会也被“处理”掉了呢？

因此，我只好说了个活话：“剧本不见得能够找到了，但当时演这个话剧的演员多半还在厂里，如果信不过我的话，可以问一问他们。”

方钧为解脱我，马上接着说：“这样也好，那是活证明嘛！你快一点提供一个名单，我们找一找他们看看。”

凭着我的记忆，列出一串长长的与话剧《草原上的巨人》有关的人员名单，特别注明戏中与中央首长对话的那个演员。

谈话到了现在这个份儿上，调查组长这才松口：“老程，那就请你先回去吧，需要的时候我们再找你。”当然意味着事情远远没有结束。我默默地点了点头，然后站起身来，和他们告辞。

李方钧把我送出招待所，他嘱咐我说：“老程，你回家之后，再好好找一找，最好能够把当年演出的剧本找出来，那最有说服力了。”

我感激地与方钧握手告别，匆匆地回到家中。

一家人都在倚窗而望。

自我被叫走之后，全家人都像热锅上的蚂蚁，坐立不安。妻子用织毛衣来排遣内心的焦虑，但织了拆，拆了织，一个晚上也没有一点儿进展；两个大女儿的家庭作业也做不下去了，你瞅着我，我瞅着你，在愣神儿，她们年纪虽然很小，但是见过揪斗“牛鬼蛇神”的“大世面”——那种场面是惨不忍睹的，她们懂得为爸爸犯愁了；两岁的小女儿，看见全家人都愁眉锁眼的，也便失去往日的活泼，伏在祖母怀里一声不吭；最揪心的还是我母亲。我三岁丧父，是母亲含辛茹苦把我扶持成人，几十年来母子相依为命，老人的心一直吊在我身上，今日儿子有此危难，她怎么不惶恐不安！万一有个三长两短，她将何所依托？

现在见我平安而归，她们总算松了一口气，几乎同时都站了起来。小女儿从祖母的怀里急忙跑过来，紧偎在我的身边，双手紧紧抱住我的腿，我弯下腰，一把抱在我的怀里，亲着她的小脸。我很激动，强忍着没让眼泪流出。

“怎么样？”妻子迫不及待地向我询问，眼睛流露焦灼的光。

我简单地向她作了介绍，然后又急不可耐地问她：“你还记得我的那个剧本在什么地方吗？现在那可是一根救命的稻草！”

她沉思了一会儿然后说：“在上次搬家时，我仿佛在哪儿见过一眼，因为是你创作的东西，我没舍得扔掉；但保存在哪里，现在一下子也想不起来了。”

我连忙说：“你快点好好想一想！我们一定得把它找出来，哪怕挖地三尺，也得找！”

（8）取证不易

调查组的人在紧张地、高效率地忙碌着。次日一大早，他们便把意图和厂领导说了，厂里自然遵命照办。“厂办”很快就把当年主持职工俱乐部的两位主任找来了，其中一位是“四清”下台干部，“文革”中虽然是“死老虎”，也被触动了，现在正下放车间劳动改造；这次被叫了来，以为又犯了什么错，进了招待所，吓得腿肚子直哆嗦，回答问题时，驴唇不对马嘴，过去的事儿好像全都忘却了。好在另一位主任头脑尚清楚，虽然“文革”中也因为过去在文艺活动中大搞“封资修”那一套而被造反派斗得不亦乐乎，但记忆还保存着，他向调查组证实：在国庆十周年时，本厂业余文工团确实排演过一个名叫《草原上的巨人》的多幕剧，剧本也确实是本厂技术员程树榛创作，但是，由于日久年远，内容记不起来了。最后，他仅仅留下一个演员名单（经对照，和程树榛提供的名单是一致的）和一纸什么问题也说明不了的“证言”，便走掉了。

我们严密的组织系统在关键时刻还是很起作用的。不到一天的功夫，工厂保卫部门便将所有能找到线索和有关人员都找到了。调查组的成员分别在房间里单独接见他们，详细询问当年他们各自出演话剧《草原上的巨人》的情况。但遗憾的是，这些人不知是因为健忘还是出于害怕惹火烧身，几乎异口同声地表白，他们确实参加排演过这个话剧，但是内容却回忆不起来了。我原来寄希望于扮演与中央首长对话的青年工人的那位同志，他是个非常聪明的技术员，多才多艺，并且和我比邻而居，彼此的关系也不错，在此关键时刻，应该能够说句公道话，助我一臂之力，帮我解围；谁知他的忘性更强，对专门跟他谈话的调查组长说，他这几年脑子特别臭，老爱忘事，关于那次演剧所说的台词，现在一点印象也没有了。

人家忘了，你还有什么办法？在此动辄得咎、多事之秋，人们对一些敏感的问题采取“忘却”的态度，是可以理解的，谁愿意无故给自己添麻烦呢？因此，我毫不怪罪这些同志。

不过，这项“取证”工作又泡汤了，这个“症结”还没法解开。

工厂党委宣传部的同志，这次很够意思。出于对我的关怀，希望能帮助我解脱困境，他们煞费苦心地从档案柜里查找出来当年出刊的工厂厂报，居然查到了一点线索：有一张厂报上登载了有关纪念国庆十周年文艺晚会的海报，海报上确凿无误地印着在工厂文化宫10月1日晚将上演话剧《草原上的巨人》的消息。显然，这个情况对我是有利的，我很高兴，当即“跟踪追击”，继续查阅；可惜，海报没有刊登话剧的内容，与此前后的报纸上，再也没有相关的报道。因此，仍然无助于解决我的问题。

而在这个时候，全厂上下差不多都已经知道长影调查组来厂的消息。人们争先传告这一“特大新闻”，它与前一阵长影来厂拍摄外景时的热烈情况相对应。因而调查组下榻的招待所门前，车水马龙，门庭若市。人们怀着不同的目的、不同的想法，前来探听“新闻”，并相互传播、交流从各种渠道得来的信息，从而不时爆出“冷门”“热话”。人群中有人扬言：“文革”初期，我们张贴大字报批判小说《钢铁巨人》，事实证明：大方向完全正确！是什么人把这样的“大毒草”当成香花，又推荐给长影搬上银幕？应该严肃追查，是谁在指使这样做？谁是他的后台？还有人准确地透露：厂内的“反潮流”战士，正在准备与有关单位串联，要对这件事情进行“干预”，他们声称：“文化大革命”发展到今天，重机厂居然有人胆大包天，敢为刘少奇树碑立传、敢与上海的《钢铁洪流》唱对台戏，是可忍，孰不可忍？应该把这样的阶级敌人揪出来示众，批倒、批臭、再踏上一只脚，让他永世不得翻身！

真是“山雨欲来风满楼”。

（9）有了结果

这时的我，仍陷于一片绝望之中。不少好心的同事和朋友，偷偷地到我家里来看我，他们多半在夜深人静之后，尽量不让邻居或其他什么人看见，非常时期，是需要避嫌的。朋友们为我叫屈，为我不平；他们搜肠刮肚为我出主意，想办法，盼我尽快走出困境。但想来想去，还是那条唯一的出路：找到话剧剧本，让事实说明问题。

我何尝不知道问题的关键！但我和妻子翻遍了家中所有的地方，也没有见到剧本的影儿。有几次，我决绝地说：“算了，甭找了，听天由命吧！”可是，妻子却执着地说：“别急，再找找看，万一找到了呢？”她是个性格很固执的人，轻易不改变主意。

找啊，找，箱子里沉睡多年的破铺陈、烂棉花翻出来了；柜子里长期不见天日的老皮袄、旧被褥倒出来了；床底下落满灰尘的瓶瓶罐罐找出来了；重点是书柜里的藏书，每一本都拿过来从头翻到尾；那些发黄的稿纸——有字的、无字的一页一页地揭……找啊，找……

终于，在一个谁也料想不到的、极不起眼的角落里，找到了！是我妻子首先发现的——天可怜见的，原来是她亲手装在一个纸口袋里，塞在天花板上的夹缝中；当时是为了躲避造反派抄家时拿走它作为我的罪证而藏匿于此，她怎么就忘记了呢？

就是它！我一眼就看出来了。

“漫卷诗书喜欲狂”。我拿起来迅速地翻着，很快便找到了那个“要命的”篇页，上边这样写着：“一个青年工人在车间休息室绘形绘色地向他的同伴讲述中央首长来到工厂视察的情景以及他和首长对话的内容。”纸张已经发黄、字迹也很潦草，但内容却清晰可辨。我随即又将它和小说第十八章所描述的情景加以对照，情节完全相同，甚至连对话都一字不差。我生怕自己看走了眼，又让妻子仔细进行核对，确信正确无误（如果当时有今天的扫描技术，我们早就不用这样收藏了）。

高悬在半空的心放下来了，妻子的眼里流出了激动的泪。我顾不得向她表达并和她分享内心的喜悦，拿起剧本，以最快的速度跑进了招待所，敲响了调查组长的房门。

此时，调查组长正在和他的下属细心研究这一天某些当事人所写的证言材料。看样子，他们也是很为焦急。因为“家”里边还急等着他回话哩！现在，长影革委会与北京的国务院文化组保持着紧密的热线联系（吉林省委也在等着最后的消息），一会儿一个电话。据说，连组长吴德都很着急，要求长影尽快调查出结果来，然后上报中央领导，进行严肃处理。吴德同志会不会知道：这个被调查的对象，还是在 1957 年之前他在天津担任市长并兼任天津大学校长时的机械系学生呢！当年，他身居天津市长高位，每年的开学典礼和毕业典礼，总是要到学校去讲讲话，并和同学们见见面；有时还降尊纡贵到学生食堂或宿舍和大家聊聊天，说什么“在市里我是市长，来学校我是校长，和你们在一起，我又是你们的师长，算是师生关系吧！将来碰见什么为难之事，不妨找找我，兴许能够帮你们一把呢”！您现在还能记得您说过的这番话吗？当年蔡元培先生主政北京大学，为了营救被北洋军阀政府抓走北大的学生而到处奔走呼号，后来甚至愤而辞职离京南下；那时的民族精英为爱护自己的学子可以大义凛然、舍生忘死；您这样的号称全心全意为人民服务的共产党高官，怎么不念“师生之谊”、对自己的“学生”网开一面呢？

我气喘吁吁。

方钧立即迎上前来问："怎么，有新的情况？"

"找到了！"我没头没脑地说。同时，把那个残破的剧本递了过去。

调查组的四位同志立即围了上来，当他们翻看到那关键的几页时，都一齐开心地笑了。

方钧紧紧握住我的手，一句话也说不出来。

当晚，调查组便与他们的"家"里通了电话，报告了调查的新进展。他们得到指示："立即返厂汇报情况。"

调查获得"圆满"结果，"胜利"而归。

我得到彻底"解放"。

重机厂的"反潮流"战士却失望了……

四天之后（1974年4月20日），长影调查组向国务院文化组并吉林省委写出了长篇调查报告，兹择要摘录如下：

> ……
>
> 经过调查，排除了怀疑，厂党委于四月十六日做出决定，影片继续拍摄。摄制组广大革命群众与全厂广大群众，正为拍好《钢》剧，向"五二三"献礼而紧张地战斗着。
>
> 长春电影制片厂调查组
>
> 1974年4月20日

文坛上这个鲜为人知的"奇案"，就这样结束了。

现在听起来，这个故事无异于天方夜谭。是绝顶荒唐的。但它的荒唐，恰好证明那个荒唐的年代会给无辜的人们带来多么可怕的灾难。但愿这荒唐的故事在我们国家永远不再会发生，这荒唐的年月，永远不会再来！

3.《钢铁巨人》再版前后

经历了那么一场惊心动魄的风波，我身心都感到疲惫不堪，多么想找个机会好好休整一下，恢复一点元气。可是，我当时的岗位已经到了工厂的党委宣传部（属于借调性质），具体工作是厂报编辑，电影方面的事情搞完了，应该回去正正经经地为工厂干事了。何况那里的人手较少，领导正等着我呢！我这个纯粹的业余作者是没有理由还在外边“晃悠”的。

真是吉人自有天相。正当我为此犯愁的时候，上海人民出版社给我们工厂的领导发来了公函：“贵厂作者程树榛所著《钢铁巨人》一书，经我社研究，并向有关上级领导请示商定，拟于年内进行再版，但再版前需要作一些修订，请作者于近期前来上海，与我社编辑共同商讨该书的修订事宜。请贵厂大力支持！”来函附告：“‘文革’前的人民文学出版社上海分社，现在已经并入上海人民出版社，所以该书的版权，也自然归属现在的出版社了。”

当年出书可不像现在这样简单方便。全国一年也出版不了几部长篇小说。出版社的来函对工厂来说，可算一件大事了。好在《钢铁巨人》电影闹的那场风波人们记忆犹新，对程树榛的情况也已经了然于胸，不需要进行什么审查了，何况，人家已经和上级有关领导打过招呼了，那就顺水推舟吧！因此，厂领导这次倒挺干脆，出版社来信不久，便通知我前去上海修订书稿，并且嘱咐要努力完成任务，为我们工厂增光。

一下子，我觉得肩上的担子重了好多。此行并不轻松啊！

我高高兴兴地但又忐忑不安地来到了大上海。出版社派了一位编辑去火车站迎接我。他就是后来与我长期合作的资深编辑张森同志，老张是湖南人，也是从部队专业的。见面之后，他便和我说：“我以后就是这本书的责任编辑。这件事本来应该是江鹜同志来做的，可惜她在‘文革’中被迫害而去世了。”他又痛心地向我讲述了江鹜惨死的过程，表示出极大的义愤。最后他说：“我知道你和江鹜合作得挺好，我想，我们也一定会合作得很愉快的。”听话听音，我立即感觉到张森同志是一个实在人，正派人，可以信赖的同志，于是，我们间的距离立即缩小了。等到他把我送到打浦桥45号出版社的招待所时，我们好像已经是认识多年的老朋友了。

我本来想借到上海改稿的机会休整一些日子的，但是，张森却告诉我出版社因为很长时间没有出版长篇小说了，希望这本书能够早点出版，营造一点气氛，使更多的作家拿起笔来创作新作品。他说，这是社领导的意思。而现在的社领导就是当年前往富拉尔基向我约稿的范政浩同志，他对我寄予厚望。

次日，老范便亲自来到招待所看我了。他还是那样年轻，不过额上增加了几许成熟的皱纹。我们应该是老朋友了，这些年一直联系不断，现在见面，彼此都非常高兴。互相问候之后，谈话便进入了主题。他说，现在社会上人们都在叫唤没有书读，我们感到压力很大，希望尽快地出版一批图书，以满足读者的要求。所以就把你请来了。大家认为，这本书能够被批准改编电影，政治上肯定没有问题；我们现在来再版，是走了一条捷径。知道你前一阶段搞电影很累，但是，为广大读者着想，只好再让你受累了。

恭敬不如从命，我只好说："我一定尽力而为。"

紧接着，张森便来和我研究修订方案。原来，老张已经胸有成竹。他说："在你没到上海之前，我们有几个同志在一起碰了碰，觉得全书的框架不必大动，但是，在内容上得加强路线斗争和阶级斗争的分量。现在上边特别强调这个问题，是回避不了的。当然，还要吸收样板戏的创作经验：对人物的描写要'三突出'。"

路线斗争！三突出！这两年，我不是一直陷在这个怪圈里难以走出来吗？怎么现在又要走进去了。我便把这个意思向张森说了，坦率地表达了我的顾虑：这"三突出"太难了，我怕"突出"不了。我把这两年搞电影的可怕的经历详细地向他描述了，看得出来我现在还心有余悸呢！

老张一听乐了，说你别紧张，咱们尽力而为吧！能突出个什么样就算什么样，我们不会为难你的。这不是稿电影，婆婆没那么多。他还培示我老范不是那种"激进"的人。我听后，心里踏实很多。

既来之，则安之。什么也不说了，动笔改稿吧！就在打浦桥那个古旧的院落里住下来了。

几天住下来便熟悉了情况。原来这里一处私家房，主人不知去向（！），现在为上海人民出版社管理，用为接待过往客人。现在主要用作作者改稿的临时住所。当时这里还住着许多作者。有年长的孙景瑞同志，是广州部队来的作家，他也在修订一部旧作，名曰《难忘的战斗》，是描写部队生活的，我们在一起很谈得来，以后成为很好的朋友，直到现在还有联系；和我同岁的李学诗是安徽来的作家，新写一部长篇小说叫作《矿山风云》，是煤矿上发生的故事，当时我们相处得也很融洽，可惜后来却失去了联系。叶辛也是在这里认识的，他和另外一个上海知青共同创作一部儿童题材的小说，出版后叫做《高高的苗岭》。当时他还不到30岁，大家都叫他小叶。他读的书很多，谈吐很有见地，对生活总有自己的见解。现在他已经是文坛上遐迩闻名的大作家了，可那时还在贵州乡下插队。他和我一见如故，以后成了忘年交。张抗抗也是在那时认识的，她当时还是一个小姑娘，听说我也是从黑龙江来的，便格外亲切些；也许我年龄比她大得很多，对我也很尊敬。她在修改一部名叫《分界线》的长篇小说。四川的克非的名作《春潮急》，也是在这里完成的。我们“文革”前就认识，当时都住在绍兴路54号，修改自己的作品。因为“文革”的突然到来，他的书没有能够及时出版，现在终于面世了，历程也是不平坦的。郑加真的《江畔朝阳》经过“文革”的磨难，现在终于也完成了，我们一同来自黑龙江，现在算是老朋友了，我为他的多年心血成了“正果”而衷心的高兴。《江畔朝阳》出版后，社会反响很大，被日本人翻译出版。当然，它也带有那个时代的痕迹，被人非议，这也是正常现象。

“铁打的营盘流水的兵”，这里不断地有各地的作家出出进进、来来往往，比如安徽的郎栏，江苏的张盛荣，以及后来成为上海作协领导的孙隅，鼎鼎大名的王周生等，都是在这里结识的。

由于有这么多的作家朋友同在这里爬格子，茶余饭后相互走动，谈天说地，海阔天空，生活倒也不觉得枯燥无味，加上从四面八方带来的一些有趣的信息，思路反倒开阔了不少。因此，书稿改得还算顺利。当然，也有不少卡壳的地方，一个是所谓“路线斗争”，我实在缺乏这方面的生活实践，生编硬造出来的一点故事情节，自己看了都很乏味；所以搞得我很吃力。另一方面就是哪个莫测高深的“三突出”了。责任编辑虽然没有像电影厂的编辑那样较真，但是我实在是感到力不从心。经常向张森发牢骚，表示对这种劳什子创作方法的不满，老张是个好脾气，总是温和地劝告我说：“没办法！现在上边就喜欢这一套，下边也流行这么个套数，不随着不行。你好歹也活泛点，差不多就过去了。”既然人家责编都说出这样的话了，我还能说什么！就努力“突出”吧！

有人也许会说，至多是此书不再版了吧，你何必违心地进行这样的修改呢？

我当时何尝不这样想？但是，现在这件事已经不能由我来做主了。因为《钢铁巨人》的再版，省、市和厂领导那里都挂上号了，都通过各种方式和渠道和我打招呼：“必须努力完成再版的任务，大家都在期盼着看到新书。”甚至有人把纲上得很高，说这本书能否再版，是对毛主席革命文艺路线的态度问题，你要全身心地投入，丝毫不得掉以轻心。试想，领导如此重视，提高到如此高度，我敢撂挑子吗？

因此，我还得硬着头皮撑下去。

70年代全家照

一直拖到年底，任务还没有完成，以致1975年的春节我的没有回去。为了减少我的思家之苦，我爱人从富拉尔基赶到上海来陪我过春节。那时，囊中羞涩，没有办法让家人都来上海。这样，可就苦了我那高堂老母。已经70多岁的老人，带着三个幼小的孙女在异乡过年。当时，我的大女儿和二女儿刚刚上小学，生活还不能完全自理，处处需要大人照顾；那个小女儿才刚满三岁，动不动都要老人抱着她。主食、副食供应困难，一切都要凭票，一切都朝不保夕，其艰窘情状可想而知。可是，为了支持儿子的“事业”，老人硬是用坚强的背膀，苦撑苦熬，度过那段困难的日子，现在想起来，我仍然感到心里酸楚，觉得对不起她老人家。为那样一本书，让老人经受那样的艰难，值吗？

那时，不会也不敢想得太多。“文革”搅乱了人们的思维，扭曲了人们的灵魂，只能是浑浑噩噩，难得清醒过日子。

长夜漫漫，终于熬出了头。1975年的春天，书稿改出来了，出版社通过了，老实说，书中“左”的痕迹更加浓重了，我也更加不满意了。

但是，我和张森都如释重负，大松了一口气。

在我离开上海的前夕，范政浩同志还专门设家宴为我送行，以表老朋友之谊。老范向我说：“这本书的基础很好，写这类题材和主题的作品，在‘文革’前的17年，在全国这还是第一部，再版一下，很有必要；你花点时间来修订，也是值得的。”老范是出版社的领导，当时当地这么说，也是真心话，我也心领了。

我回去后不久，修订后的书稿便出版发行了，据张森同志后来告诉我，此书很受读者欢迎，全国有四个省（市）的出版部门重印，总计其发行量不下于 200 万册。这也是特殊时期的特殊情况，并非作品本身多么优秀，对此，我是有自知之明的。不过，令我稍稍感到欣慰的是，在“文革”结束之后，书店里仍然继续发行，图书馆照常借阅，说明它虽然有“左”的伤痕，其艺术生命并没有完结。

可能是因为此书再版一事对我的表彰，这一年夏天，我从工具车间正式调到工厂的党委宣传部工作，任务是编辑工厂的厂报。由于当时我仍然是个“非党”人士，在党委部门仅可做点具体文字工作而已，也算是用我这个“臭老九”的“一技之长”吧。

第五章

顺心也有九曲十八弯

1.《淬火集》创作出版经过

1975年夏，我的工作关系正式转到党委宣传部之后，本想坐下来务点“正业”，谁知又接受了一项新的任务：为工厂的业余作者编一本文学创作集。

从上个世纪50年代中期起，我们工厂便成立了一个有数十名业余作者参加的文学创作组。我是发起人之一。但是，由于政治上的原因，我虽然在创作上成绩比较突出，却不能担任创作组的领导，而是由政治可靠的人当组长，尽管组长不懂创作。实际上我又成了带头人。当时正值建厂初期，到处都是热火朝天的建设场景，荒原的原始风貌也变了，这些都很吸引作家们。一时间，全国各地的作家纷纷前来这里体验生活，发表了许多动人的作品。像大作家刘白羽、严辰、逯斐等人。他们从这里回去后，都有佳作问世。受他们的影响，我们一些文学爱好者也创作了许多习作，虽很稚嫩，却很茁壮。因此，引起了工厂宣传部门的注意。为满足了广大文学爱好者的希望，并加强对他们的领导，所以很快批准成立这个文学创作小组。

小组的成立，又促进了工厂的业余作者的创作积极性。那时，本地的报刊经常发表我们工厂作者的作品。刚刚创刊的《嫩江》文学月刊（齐齐哈尔文联主办，现在易名为《青年文学家》），几乎每期都刊有我们小组成员的习作，而且占有重要篇幅；其他如哈尔滨出刊的《北方文学》，辽宁出刊的《鸭绿江》，也时有我们的作品发表。于是，在黑龙江，我们的创作小组很有点名气。特别是我的长篇小说《钢铁巨人》出版后，几乎是名声大震了。只可惜“文化大革命”的狂飙卷来后，摧残了这些茁壮的幼苗，很快便纷纷枯萎了。

到了“文革”后期，也就是1975年，我们工厂的这些幼苗又“返阳”了。这与全国的政治大气候不无关系。一是中央重新启用了邓小平同志，大力进行整顿，全国的各项工作都有很大的变化，被“文革”破坏的局面，也大有好转。另外，与电影《钢铁巨人》的拍摄也有关系。工厂的人们似乎都有这样的感觉：程树榛能够写长篇小说并且搞出了电影，我们为什么不能？他又没有什么“三头六臂”。于是，原来的创作小组的成员加上后来产生的新苗，这支创作队伍又活跃起来。特别当时是工农兵作者正吃香的年头，所以更加引起了各方的关注。那几年，黑龙江省和齐齐哈尔市的文化部门，不断地到工厂来召开座谈会、讨论会，甚至是现场会，以推广并总结我们工厂业余创作的经验。当时的动静之大，甚至引起了北京有关方面的注意。

就在这年夏季的一天，突然从北京来了一批客人到我们工厂参观访问，他们都是文化人。其中有《人民日报》的名编刘甲，人民文学出版社的编辑李景峰，北京电影制片厂的编剧高时英等。他们说是“慕名而来”，因为听说工厂有一批具有创作潜力的业余作者，当然，我也位列其中。他们来到后，首先指名要见我。

由于我已经调到党委宣传部工作，接待他们本身就是我的任务，见面是理所当然的。

照例是参观车间，然后进行座谈。座谈时我把创作组的主要成员都请来了，约有二十来人。客人一看吃了一惊，竟然有这么大的阵容！而且这些作者一点也不怯阵，在客人面前侃侃而谈；所谈的问题也是头头是道，一点也不外行。这就使客人更加惊讶了：一重厂真是藏龙卧虎之地呀！人民文学出版社的编辑李景峰灵机一动，当即建议请工厂的业余作者们为出版社创作一本短篇小说集！他说：“在中国这将是一个创举，我们一定要促成这件事。”

需要特别说明的是，这是我第一次和李景峰同志见面。当时，他是人民文学出版社当代文学编辑室小说北组的组长，是一位年轻热情的编辑，他毕业于吉林大学中文系，现在负责联系“三北”的作家，这次来富拉尔基，是他计划中的重要行程。我和他一见如故，如久别重逢的老朋友一样融洽。从此，我和他便接下了深厚的友谊，直到他去世前夕，我们都保持了密切的联系。

这次他决心要为我们工厂出一本书，应该说，也含有我鼓动的成分。其他客人见李编辑如此举动，也纷纷仿效，向我们约稿——这属于个人行为，不多赘述。

这里重点谈一下小说集的创作经过。

送走客人之后，我立即向宣传部的领导进行了汇报。领导对此颇为重视，甚至上报了工厂的最高领导——党委书记。当时，这位书记虽然是位老革命，但其本人具有一定的文化知识，所以对工厂的宣传文化工作一直很关心。听了汇报后，马上指示宣传部的负责人，一定要按出版社的要求，把这本书搞出来！而且要有专人负责。

理所当然，我便成为主要的负责人了。于是，我便向领导建议举办一个专题创作学习班，把有一定创作潜力和水平的作者们，集中起来，互相学习和切磋创作技艺，自报题目，自选题材，然后分头进行创作。责任落实到个人，才有可能完成任务。领导同意我的建议，并且立即付诸行动。于是，分布在全厂各单位的20多名业余作者们，第一次有较充裕的时间集中在一起，商讨创作问题。大家的热情很高，兴致也很浓，都非常珍惜这样一个难得的创作和学习机会。因此，学习班的成效也非常显著，大家无一例外地认领了创作任务。综合起来一看，各样题材都有，基本上可以反映出一个工厂的全貌。

和其他文友一样，我也认领了一篇作品，这就是后来被北方文学发表的短篇小说《期望》。

省、市的文化领导部门，对这部小说集的创作非常重视。他们先后派出了几位专业作家前来我们工厂进行辅导，而且时间很长，少则半月，多则数月，尽心尽力，

70年代与重机厂的业余作者在一起

诲人不倦。其中有省里的专业作家王忠瑜、萧英俊和市文化局的陈靖等。他们将自己丰富的创作经验，毫无保留地传授给我们这些业余作者们。受到他们的启发，我们大家都进步很快，创作的作品，很快地达到了一定的水平。

在此期间，国内的政治形势发生了大的逆转。最高领导又突然转向了，发起批判"右倾翻案风"，矛头指向邓小平同志。这股风也刮到了边城富拉尔基。我们工厂开始了新的动乱苗头，个别造反派又蠢蠢欲动，企图搞点名堂与上头呼应。但大多数人已经厌倦了折腾，所以没发生什么大乱。我对这"新折腾"很反感，但又不敢明显地表现出来，我便转弯抹角地向创作组的同志们说："咱们得抓住领导给我们这个集中时间的创作机会，把自己承担的作品搞出来，最好别受外界的干扰耽误了时机！"大家也都心照不宣，并认为我的意见很有道理，便集中精力推敲自己的作品，没有介入社会上的那个"批判风"，都如期完成了自己的任务。

全部作品经过认真筛选并由作者本人进一步加工后，有点"初具规模"。随后，我们便携带着这些稿件直接来到北京的人民文学出版社，向那些大编辑们当面请教。

这次来京是我和工厂厂报负责人刘自让二人同行。此时已经到了1976年的3月。那时敬爱的周恩来总理去世不久，整个北京还沉浸在一片肃穆和悲哀之中。李景峰同志热情地接待了我们，并且安排我们在出版社的红星胡同招待所住下（一同住在这里的作家还有河北的单学鹏、新疆的沈凯等人）。景峰因为当时工作太忙，分不过身来，就专门请资深老编辑张木兰同志做本书的责任编辑。张木兰是一位来自上海的老文化人、文学评论家许觉民同志的夫人，她娇小玲珑，办事爽快，语言犀利，行动迅速，一看便知是一个有个性的人。不久我们还又得知，她在出版社还有一个绰号叫"小辣椒"，足可以说明她的个性。

张木兰同志和我们俩一起，对带来的稿件一篇篇进行分析讨论，有时在朝内大街166号的编辑部，有时在红星胡同的招待所。她丰富的编辑经验给我们不少的启发。过不多久，时任当代文学编辑室主任的屠岸同志，也直接介入了这部作品的编辑工作。屠岸同志是位40年代就已经发表作品的著名诗人，他态度和蔼可亲，说话言简意赅，服饰整洁朴素，充满儒雅之风。他的学识和学养都堪为我们的老师，他直接指导我们，使我们倍觉荣幸。此后，我们便一直在这二位老编辑的直接帮助下修改稿件。

就在此次来京的改稿过程中，我亲历了那次具有伟大历史意义的事件——“四五运动”。

在3月底，我们便听说在天安门前有异常的事情发生，许多人不断自发地来到英雄纪念碑前送花圈悼念周总理。一开始出于好奇，我和刘自让也去了天安门。因为红星胡同离天安门不远，吃了晚饭，溜溜达达就来到了。走近英雄纪念碑前一看，果然，在碑的周围放有许多花圈，上面几乎都有这样的字样“献给敬爱的周总理”，下边署名的是各式各样：工人、农民、学生、机关干部。而且花圈越送越多，越送越大；过了一两天又有人在碑前发表演讲，演讲的内容多半是对周总理深切的怀念，同时颂扬周总理的丰功伟绩。演讲者声泪俱下，我们听者无不动容。回到招待所后，我们立即将天安门前的见闻，告诉了其他也是被出版社约请来京改稿的同志。于是，他们也和我们一起到天安门前“散步”了。

每天到这里的市民也越来越多了，人群和花圈把纪念碑密密层层地围了起来。而且，演讲的内容逐渐扩展了：有的含蓄地指责“四人帮”陷害周总理的罪行，有的直接揭露他们篡党夺取的阴谋；还有的隐隐约约地在为邓小平评功摆好（在许多树木的枝条上悬挂了一些小的玻璃瓶子，其寓意不言自明），实际上是与当前的“批判风”唱反调。常常是大家听后，均报以热烈的掌声，以示同情和支持。

眼看清明节快要到了，天安门前变成人群和花圈的海洋，到处人山人海，如潮水般涌动。连广场周围的树枝上，也挂满了悼念的小白花和诗词。那些诗词水平甚高，多为古体格律，不仅合辙押韵，而且气势磅礴，读后令人热血沸腾。许多人都抄它们，我和刘自让也抄了不少，而且回到住处后还相互补充。我们都认识到了这绝不是一种寻常的现象，它蕴含着深刻的政治意义。人们不约而同地感到中国人已经从麻木状态下清醒了，黎明前的黑暗快要过去了。

4月4日那一天是清明节，我们因为在编辑部研究稿子时间太晚了，没有去天安门广场。但是，根据从那里回来的文友们说，就在当天的晚上，那里出事了：有关当局出动大批人马，强行驱赶在广场的人群，并且运走了纪念碑前所有的花圈。文友们在叙述这件事时，都显得非常气愤，大家一致觉得，这完全是一种法西斯行为。那时传媒还没有现在这样先进、普及，真实的画面我们虽然没有完全看到，但同样感到义愤填膺。

可是，我并不甘心。第二天一大早，我独自一人又来到了天安门广场。只觉宏大的广场杳无人迹，到处静悄悄的。我又踱到纪念碑前，只见碑的周围好似被水冲洗过，湿漉漉的，花圈全部消失了。就在我感到惊诧之际，忽听广场的喇叭里传出了一种哭号般的声音，仔细一听，原是北京市长吴德在宣读要求北京市的市民迅速离开广场的通令。我连忙走下纪念碑，迅速回到红星胡同招待所。当我把在广场的最新见闻告诉大家时，文友们一齐指责我：你也太大意了，竟敢在这个时候去天安门广场，要是被有关人员盯上了，恐怕你吃不了兜着走！

他们说得我很后怕。因为，党中央已经正式宣布天安门广场悼念周总理的群众活动为反革命事件，现在的北京已经陷入了一片恐怖状态：天安门广场每天都清场，不许人们随意走动；各单位各部门到处追查清明前后曾经去过天安门的人，同时追查传抄纪念碑前诗词的人。出版社的领导也不敢落后，由政治部门派人到红星胡同登记去过那里的作者。幸亏李景峰同志比较机警，替我们二人打了掩护，说他们一直在埋头改稿子，哪里也没有去。并且在我们离京返回工厂时，写了同样内容的证明信。

由于有这样一个证明，回厂后也没有遭到太大的刁难。保卫部门只是公事公办地询问了我们一些在京的情况，而且是带有好奇式地询问，并非想追究点什么。可见，现在上边某些大人物的倒行逆施、违反党心民意的举动，已经没有人认真理睬了，说明他们是多么不得人心。不管他们打谁的旗号，以谁的名义，都不灵了；他们威信扫地了！

回来后，把北京改稿情况向领导做了详细汇报，领导听了甚为满意。指示我们很快把书稿的作者聚集起来，再一次进行艺术加工。值得高兴的是，我们刚刚集中不久，人民文学出版社的编辑张木兰同志便奉领导之命来到富拉尔基，具体辅导作者对作品的修改。

张木兰编辑，心直口快，平易近人，和我很投脾气，我们把她安排在工厂简陋的招待所里，她丝毫也不嫌弃，始终乐呵呵的。她的到来大大提高了作者们的士气，更加用心修改自己的作品了。我当然也努力做好服务工作，为大家创造了非常方便的条件。

过不多久，屠岸先生也从北京赶来了，表示与作者们一起共同修改稿子。这样的大作家不远千里亲自出马到边疆来帮助工厂的业余作者修改作品，对黑龙江文艺界也是一种大震撼，更不用说我们工厂的领导了。于是省里又纷纷派遣专业作家一同协助；齐齐哈尔市文化局的一位老编辑，不辞辛苦，也来和我们大家一起跌打滚爬好几个月；当然，他们也有向北京来的专家学习的意思。那时候，对北京来的客人可是另眼看待的啊！

屠岸先生和张木兰同志在富拉尔基辅导了两个多月，当时是这里最热的季节，吃的是粗茶淡饭，住的是简陋房间，他们和业余作者们同止同息，对每一篇稿子都认真进行推敲，工作细致耐心，任劳任怨，表现出国家出版社编辑的大家风范。特别使我感到意外的是，这二位大编辑很少要求我们在作品中一定要加上“阶级斗争”和“路线斗争”的内容，也不要求作者“三突出”，而是再三强调“一定要从生活出发”，在当时来说，能够这样做，是很不容易的。尤其难能可贵的是，他们对作者们的友善态度，因为他们面对的这些人多半是生产第一线的普通工人，粗手笨脚，语言粗砺，不善于讲究礼仪，可是大家在一起相处有如家人和朋友，许多作者还邀请他们去简陋的家里做客，他们都乐于前往，有时还共同饮一杯当地土产的“高粱烧”，共吃一餐“粗茶淡饭”，足见在感情上大家已经融合在一起了。直到很久以后，我奉调到北京工作，每当见到屠岸先生的时候，他还念念不忘在富拉尔基的愉快时光，并亲切地询问那些业余作者们的情况。

就在这个期间，河北的唐山市发生了七八级的大地震，死伤数十万人，整个城市变成一片废墟，东北一带都有强烈的震感，大家对有些胆战心惊。从北京传来的信息是，受震灾侵袭，市民都不敢住在自己家的房子里，还有人说连毛主席都搬出了中南海。但屠岸、张木兰这二位老师，却丝毫没为这些吓人的消息所动，所惊慌，仍坚持留在富拉尔基，没有流露一点想回北京去的意思。这种敬业精神，实在令我们这些穷乡僻壤的业余作者们既佩服又感动。

在北京和省、市的专家帮助之下，所有稿件基本上都完成并被编辑通过了，大家皆大欢喜。这本书终于在1976年的年底，由人民文学出版社正式出版了，屠岸先生专意为它取名为《淬火集》，既有很深的内涵，又符合工厂气息。而且此时已经是粉碎“四人帮”之后了，作者们看到自己的作品能够在国家级的出版社出版，都觉得是喜上加喜，无上光荣；工厂领导还把新书散发到车间和处室，当作工厂的一件喜事。

该书在社会上反响也很好，并引起各方的注意。当然，用现在的眼光来看，或者有人认为这样出书是不是可取？值不值得？甚至有点“左”的嫌疑。到底应该如何评价，见仁见智吧！我个人认为，从丰富职工文化生活、培养工厂的业余作者、繁荣工业题材文学创作的角度来看，这样的做法也不能说毫无意义。尤其是，假使没有像人民文学出版社屠岸先生和张木兰女士那样的文化团体、出版部门和编辑部的专业人士，尽心帮助有一定生活积累和写作才能的基层人员的话，靠那些普通职工自己，是很难步入文学这个殿堂的。

总之，1976 年在中国是令人难忘的一年。先是周恩来总理去世，然后是“四五”天安门事件。不久，开国老元勋朱德又驾鹤西去。紧接着，又发生了唐山大地震，一座名城变成废墟，几十万人进入了阴曹地府，这一系列的灾难，使全国人民陷入极大的恐怖之中，人们对时局更加绝望了。有人甚至说，这是当局的倒行逆施，惹的“天怒人怨”。

可灾难还没有结束。就在同年的 9 月 9 日，党的领袖毛主席也去世了。全国人民陷入更大的痛苦和迷茫中，不知道未来将是一个什么样的处境。我也和所有人一样充满了担心。

令人万分庆幸的是，过不多久，党中央里的健康力量，举起了降魔巨剑，一举降服了那几个作恶多端的恶魔。铲除“四人帮”的伟大意义，对于中国人民来说，怎么估价都不为过。十多年来，这帮丑类大搞法西斯专政，使中华民族和中国人民陷入人类最黑暗、最痛苦的深渊当中；使得本来能健康前进的国家，几乎坠入全面崩溃的边缘。

历史是无情的，历史又是公正的。

2. 知遇改革家宫本言

除掉“四害”，普天同庆。富拉尔基重型机器厂的广大职工也和全国人民一样，沉浸在胜利的欢乐中。人们几乎同时都预感到一个新的时代要开始了。

但是，“文革”所带来的恶果太多，工厂的各项工作迟迟地难以恢复，生产久久处于半瘫痪状态。对此，上下都很着急。领导班子一茬儿换了一茬儿，厂长换了一个又一个，但是工作总是不见起色。职工们感到非常失望，纷纷调换地方和单位，寻找好的出路。我当时也有些心动，觉得在这里工作已经20余年了，各个方面都感到不大理想，特别是人际关系不很顺通，入党问题长期得不到解决，前途一片渺茫。因此，也想换个新地方重新干起，强似在这里耗费光阴。

那段时间，有我这种想法的技术人员不在少数。加上外边许多单位（多半位于东南沿海一带）在招兵买马，笼络人才，于是，我们这个号称“藏龙卧虎”之地的大工厂，就成为外单位“挖墙脚”的主要对象，不断地有人调出工厂。受此影响，人心浮动，见异思迁，形成一股势不可挡的“孔雀东南飞”的潮流。

人心散了，工厂怎么能够搞好呀？

有鉴于此，中央有关部门不得不下狠茬子了。调任一个号称“宫大胆”的宫本言来“一重”当厂长。

其时，宫本言在机械工业战线已经有些名气，正担任着齐齐哈尔第一机床厂的厂长，素以敢想敢干著称。我从在该厂工作的大学同学、高级工程师邓时俊那里，知道了他不少感人的事迹。

宫本言本来是山东省文登一个识字不多的贫苦农民子弟，少年参加革命，成为当年八路军创办的军工厂的工人，在工作中，他刻苦自学，博采众纳，很快地成了业务娴熟的机械行业的行家里手。由于他在各方面进步都很快，到“文革”前，已经被选拔为工厂的副厂长。运动初期，当然也被造反派当作“走资派”打倒了。可是，他一天也没有屈服过，和造反派死顶硬撞。因为他家庭出身好，历史清白，作风清廉，造反派抓不住什么大的把柄，也奈何他不得，便把他“解放”了，让他主抓生产业务工作。当然，这已经到了运动后期了。

谁知他重新工作后，不仅没有接受过去的教训，反而干起了几件惊世骇俗的事情来：第一，他让那些被罢了官的当权派纷纷恢复了工作，一个个安插在生产关键部门；而让那些靠造反起家的新官们回到原来岗位上干活去。第二，不知上边的大人物当年出于何种考虑，工厂的技术人员，好多年不评定技术职称，不管毕业多久、贡献多少，一律称作“技术员”。人们几乎把评定职称的事忘却了。可是，宫本言“恢复”工作后，一下子提升十几位技术骨干为工程师，其中还有几个出身“黑五类”的。第三，他居然在一线工人中搞起来按劳分配——实行“定包奖”，捡起了被早已批臭的“物质刺激、金钱挂帅”的制度。

现在看来，这些都不过是寻常小事，可是，在“文革”期间，这可都是大逆不道的行为。有人听这些情况竟吓得伸出的舌头都收不回来了。还有人说宫本言吃了龙肉长了天胆了，竟敢跟上边对着干！可宫本言却说：“让我出来工作，想把生产搞上去，我就得这么着，要不，我也没法干！”

他这样干的效果还真灵验。在那极端混乱的年代，齐齐哈尔机床一厂的生产居然搞上去了，在全国也是个奇迹，因此，“宫大胆”从此声名远扬了。

可是，尽管干出了很大的成绩，宫本言也没落个好。后来，“批邓、反击右倾翻案风”的运动刚刚开始，又把他给打下去了，罪名是“邓小平的忠实信徒”。直到粉碎“四人帮”之后，他才被重新起用。不多久，这个机床厂又完全变了样。

有了这样的经历，所以上级领导决定派他到那个“老、大、难”的“一重”来当厂长。

初到工厂，他没有搞人们想象的“新官上任三把火”，而是沉到最基层搞调研；一沉就是“七七四十九”天，也没有露面。职工们都觉得奇怪，不知这位新厂长在搞什么名堂。

当他摸清工厂的基本情况之后，便雷厉风行地干起来了。他的工作方法完全是崭新的一套，和过去的那些领导是两个路数。他提出了这样一个口号：“说了算，定了干，干就干好，决不失信于民！”

一年之后，工厂真的大大地变了样。

宫本言对待人的态度也不同于其他领导。对“孔雀东南飞”的现象，他说：“敞开大门，让大家飞呗！绝不为难谁。”可对有些人的去留，他还是在私下里做了工作，动之以情，晓之以理，劝其留下，共同治理工厂。

我的情况，厂长似乎也很留意。有一天，他让一位和我比较接近的同事给我传过话：“作家人才难得，我们这样的大工厂还养不起一个作家？请他留下来吧，有他写的！想写什么，就写什么；想怎么写，就怎么写！”

我乍听这话，觉得很新鲜，想不到一个工人出身的厂长能说出这样的话。

但是，我没有直接回答他的话，我想等一等，观察观察再说。因为正好这时，我应人民文学出版社之约，来到北京修改我的长篇小说《大学时代》。

3. 聚集在人民文学出版社招待所里的作家们

如前所述，我在 1957 年春夏之交，完成了这部描写当代大学生生活的作品。当时因为风云突变，被出版社退稿。“文革”起来后，被造反派强行从我的家里抄走。幸运的是，工厂的造反派们热衷于对技术权威们的批斗，夺取工厂各部门的实权，对我这个小技术员那部显得非常杂乱的文学草稿，没有多少兴趣，抄走之后，随便扔进一个破仓房，“关”了 10 年“禁闭”，谁也没有翻阅一眼。

粉碎“四人帮”之后，政治气候变了，造反派中有人心里有愧，又悄悄地将手稿送还给了我。我备感庆幸的是，稿子原封未动，保存得完好无缺。现在时隔二十余年，天地又变了，它的命运也应该变了。正好，人民文学出版社的编辑李景峰在一次偶然的谈话中，得悉我手头有这样一部稿子，很感兴趣，便执意向我索要看看。盛情难却，我便把那非常不像样的一捆烂草稿交给了他。景峰是一位极为负责的编辑，稿子拿到手之后，就认真火速地看了起来。令我始料不及的是，他看后非常感兴趣，认为解放后我国文坛像《大学时代》这样正面描写大学生生活的稿子不多，出版社有意出版这部作品。但是，由于当年我撰写该稿的时候，条件太差，连正经的稿纸都没有，好多篇幅用的是废旧图纸的背面，现在应该誊清一下，顺便也润色润色，于是，就把我招呼到北京来了，安排我住在朝内大街 166 号，安心修改。

80 年代在北京

这里正是大名鼎鼎的人民文学出版社办公的大楼。房子虽然很旧，却被作家们看作是崇高的文学殿堂。它的旁边是很有权威的人民出版社。因为在新中国成立后的几十年里，中国那些享誉世界、脍炙人口的书刊，都是从这里走出去的。进入这个大门，所碰到的编辑们，都是赫赫有名、耳熟能详的学者和名流，如：严文井、韦君宜、秦兆阳、李曙光、屠岸、牛汉、孟伟哉、王笠云、龙世辉等等，还有外请的为帮助修订《鲁迅全集》广东作家秦牧和北大教授严家炎等大家。和我当时一同住在这里修改稿件的是来自全国各地的作家，多半是中青年后起之秀，记忆所及，有湖南的古华、莫应丰；四川的王群生；新疆的沈凯；河北的单学鹏；天津的冯骥才、李定兴；内蒙的冯苓植、安徽的张锲、萧马；辽宁的木青；吉林的朱春雨；黑龙江的刘亚舟和我，上述这些作家住的时间较长，其他还有一些短暂停留的则难以记述了。我们这些人先是挤住在前楼的一间办公室内，后来又搬进后楼新盖的四层红砖小楼，和新创刊的《当代》杂志比邻，条件改善了不少，2—3 人一间。由于长期朝夕相处，同吃同住，我们大多成为了很好的朋友。如大个子冯骥才和小个子木青，二人一高一矮，相差悬殊，却形影不离，亲如兄弟，令人羡慕：张锲一边改稿一边谈恋爱，而且经常在这里约会，有一次被我碰上了，老张很不好意思，介绍说那位优雅女士是“表侄女”，这被大伙儿后来一直善意地取笑。古华是为修改他的长篇小说《芙蓉镇》来的。他才华横溢，作品的乡土气息极其浓郁，尤其是南国口音总是滔滔不绝，我和他相处得很融洽，经常在一起促膝长谈。当时，我的大女儿丹梅正在北大上学，星期天常来出版社看我，古华见了总是乐呵呵地叫她“干女儿”；他后来定居在加拿大，很久未见有新作面世，我实感遗憾。朱春雨性格活泼开朗，说话妙语连珠，常常让大家忍俊不禁，他本是长影的导演助理，话语总离不开他的职业特点，他常常对我们说：“当一个好演员很容易，只要在演戏时能够拉下脸来‘造’就可以了！这个秘诀，屡试不爽。”他不幸英年早逝，殊为可惜。老作家秦牧，因年龄关系和我们很少交谈，但是他慈祥可亲的面容，高尚的人品和文品，都令人肃然起敬。

住在这里的作家们，由于受到大编辑们的精心帮助，作品修改的都很顺利，写作水平都有明显的提高。需要特别说明的是，当时的北京思想非常活跃，各种敏感的信息纷至沓来。比如，关于“真理标准”的讨论，中央“理论务虚会”的各种论点，“西单墙 ”的大字报内容，这些冲击波不断地从各个渠道传了过来，大大地活跃了我们被长期禁锢的思想，开阔了我们创作的思路。尤其是四次文代会的召开，我们之中或是正式代表，或列席旁听（我是其中之一），都直接感受了大会所传递的激动人心的信息，亲眼看到了那些被极“左”路线迫害的老作家和艺术家们带着病残之躯所做的血泪控诉，心灵上受到了极大的震撼；我们还一同聆听了邓小平同志代表党中央对大会的祝词，当他讲到党的领导对作家和艺术家“怎样写，写什么，不要横加干涉”字字千钧的语句时，我们都拍红了手掌，回到住处时仍然激动不已。大家痛彻地感到人们所期盼的文艺的春天终于来到了。

在此期间，我们也体察到文坛上更直接的早春气息。比如青年作家卢新华发表在《文汇报》上的《伤痕》、刘心武的小说《班主任》、蒋子龙的《乔厂长上任记》等，像一朵朵报春花展示出崭新的时代气息，使人们眼界和心界都大大地开阔了。受此影响，住在出版社的作家们都在努力更新自己作品的内容，使之更加贴近新的时代。灵思敏捷的作家，则另辟蹊径创作了新的作品，如冯骥才的中篇小说《铺花的歧路》便是一个典型事例。我因为作品题材的限制，不宜随意更新内容，但在新的形势感召下，也另起炉灶，创作了一篇新的中篇小说《假如生活欺骗了你》，揭露“文革”中一群善良的青年和老干部所遭受的迫害与觉醒，在一家刊物发表后，曾被多次转载，受到了读者的好评。

3. 北影小住和《大学时代》出版

此后，我便全力投入对《大学时代》的修改中去。

不知怎么，我的这部作品的内容，传到了北京电影制片厂。该厂的编辑高时英同志对此非常感兴趣，她通过李景峰同志和我商谈：表达欲将小说改编成电影的意向。景峰欣然同意，征询我的意见，我也表示可以考虑。为了表示诚意，高女士邀请我住到北影招待所改稿，她说：“那里的生活条件好一些，更有利于作者工作。”景峰也表示赞同，于是，我随后不久又转移到北影的招待所了。

高时英同志在招待所的二楼，为我专门开了一个房间。这里环境优美，宽敞明亮，生活用品齐全，自然舒适多了。住下之后，我发现左邻右舍还有许多作家和演员。他们中间有邓友梅、刘真、任彦芳、柳城和戈悟觉等人，大家都一见如故，相处得非常愉快，茶余饭后，谈天说地，良有情趣；特别是在大礼堂每天晚上都放映外国的“参考片”，可以观摩到各种题材、各种风格、各种流派的影片，这种“特殊待遇”，不仅使我们大饱了眼福，同时也大开了眼界，着实受益不少。不仅如此，我们还有机会“欣赏”到一些当红演员银幕下的“风采”，其中比较知名的有刘晓庆、陈冲和潘虹等，常有作家在食堂的饭桌上愿意和明星们搭搭讪，很新鲜，也很荣幸的样子。不过，我却碰到另外一段小插曲：当时北影正在拍摄故事片《小花》，摄影棚经常传出影片中美妙的插曲，是红遍中国的歌星李谷一演唱的。我喜欢李谷一演唱的歌曲，很想有现场聆听的机会。作家柳城因为是哈尔滨人，和我有一种“同乡”之谊，故彼此过从甚密。有一天他对我说：“你不是老想现场听李谷一唱歌吗？今天晚上你在房间里等着，让她给咱们俩演唱，唱什么歌曲由你来点。”我感到很奇怪，便问他：“你怎么有如此神通？”他这笑着告诉我：“她是我爱人的亲妹妹！哦，原来如此！”

不巧的是，我当天有事外出了。在北大上学的女儿，来电话说身体不适。我听后很着急，立刻动身前去看她，直到很晚才回到招待所。柳城埋怨我说：“你老兄怎么这么晚才回来？我下午便把李谷一请到招待所，等你来，可惜久候不到，只好让她走开。”他还笑着说：“我今天专门上街买了一只烧鸡，是为了咱们见面后一同吃点便饭、然后再请她唱歌而买的，可惜我‘白搭’了！”我听了感到很遗憾，我怎么就这么没福气，没能近距离地听到歌唱家美妙的歌声。柳城连忙安慰我说：“别太遗憾了，以后再找机会。”可是，不久我便离开这里了，哪里还有什么机会？

由于写作条件好，心情愉快，我改稿工作进行得很顺利，过不多久，便完成了任务。但是，因为原稿用的稿纸比较粗糙，加上修改时的添补，看起来比较吃力，因此，我没有立刻交稿，而是回到富拉尔基家中，让我的大女儿丹梅代我誊写一遍，她因为生病已经休学回家。这孩子从小便注意练习练笔，字迹娟秀，笔画整齐，她现在在家疗养比较清闲，主动要求为我誊写稿件，于是，便省却了我紧促的业余时间。

稿子誊写完毕后，我立即专程去北京向出版社交了卷，李景峰同志是个责任心极强的编辑，拿到稿子之后，以惊人的速度数日之内便阅读一遍，他高兴地对我说：“这次修改我很满意，马上送审！”在这期间还发生一段动人的故事，我必须补充进来：不久前，景峰因为感觉胃肠不适，前去医院就诊，经过检查，大夫认为他的胃部有癌变的嫌疑，要求他认真进行复查。就在他到协和医院排队就医的空间，他还从提包里取出《大学时代》的原稿，认真进行阅读。听此，我非常感动。这样好的编辑到哪儿去找啊！

令我高兴的是，景峰经过检查身体没有大碍；《大学时代》被终审通过。

值得一提的是，终审这部稿子的是出版社的副总编孟伟哉同志。我和老孟早在20世纪50年代初就有所接触。当时，我在天津大学机械系读书，他在南开大学中文系求学，这两所大学紧密相连，同学间交往密切。我们同是文学爱好者，经常在一起搞文学活动，因此就认识了。毕业后天各一方，没承想又在这里重逢了。但是，现在他已经是“皇家”出版社的大领导，我则是来自边远地区的一个业余小作者。承蒙这位仁兄厚爱，放了我一马——终审顺利通过。当然，老孟并非顾念“旧情”，而是公事公办。尽管如此，我还应该对他表示感谢。这是1979年年底的事。

《大学时代》终于在人民文学出版社正式出版了。如前所述，此书写于1957年，时年我23岁；出版于1980年，我已经是46岁的中年人了，时间相隔正好又是23年，这在我的文学创作史上可算是小小的佳话，然而又是多么苦涩的“佳话”。

《大学时代》出版后，立即成为当年的畅销书，受到读者特别是大学生们的热烈欢迎。当时分别就读于北京大学和北京师范大学的两个女儿不断反馈给我一些信息：在他们学校的图书馆里，这本《大学时代》总是被同学们排着长队抢着借阅，而她们手头从家里带去的这本书，都被她们的同学“抢阅”而“撕烂”了，她们也被周围的同学“另眼看待”。那时，全国的好几家广播电台都在联播这本书，因此该书被出版社一再重印。我收到的读者来信也是源源不断。信中充满了天真的溢美之词，他们多半是大、中学生。此是后话。

《大学时代》稿子终审通过后，我也该“打道回府”了。就在这个时候，时任《当代》大型文学杂志的副主编朱盛昌同志找到了我。因为我是出版社的“常客”，就住在《当代》编辑部旁边，我和他彼此已经很熟悉了。老朱手持一张《工人日报》对我说：“这上边登了一篇通讯，是写富拉尔基一个大工厂近来的变化，其中重点写了工厂的新厂长的干练，很有点意思；你是富拉尔基来的，知道不知道这个情况。”我笑着对他说：“这就是我们工厂发生的事，我怎么会不知道？”他说：“那好啊！这是一篇很好的报告文学的题材，你来写一下怎么样？”我说：“我从来没写过报告文学，可不敢接受这个任务。”老朱说：“你长篇小说都写了好几部了（其实仅仅两部），报告文学怎么不能写？何况又是发生在你身边的事，我看没问题！”

老朱辞恳意切，把我打动了，我对他说：“那我就试试吧！”他说：“别试了，咱们就敲定了！”

4.《励精图治》获全国报告文学奖

离开工厂仅仅两个来月，回去后，我就感觉眼前一亮：厂内厂外，焕然一新。一些朋友前来看望我、谈起工厂的现状时，无不眉开眼笑，对新厂长宫本言赞不绝口。有人说他思想解放，敢作敢为；有人说他尊重技术、尊重人才；有人说他深入群众，深入下层；有人说他求真务实，不说空话；有人说他关心职工生活，心里想着群众的利益……总之，是一个大有作为的好厂长。谁和我讲起这些情况时，谁都能举出生动的事例。一下子，我的灵感来了，决定立即行动起来，创作关于宫本言的报告文学。

素材似乎不用着意去搜集，随手拈来，俯拾即是。这里，我要特别说一下刘明学同志，他给我提供了大量的生动的鲜活的材料。刘明学是我在宣传部的同事，他比我年轻很多，却和我很谈得来。一方面是因为他也爱好文学，对我比较敬重；另一方面，他这个人在政治上很敏感，且是非分明，因此我们共同语言比较多，我们成了忘年交。他听说我要写宫本言的报告文学，非常赞成，主动向我贡献了他所了解的有关情况。同时，他还亲自带着我和宫本言见面并交谈。因为在此之前，我还没有正式和宫本言接触过。

我清楚地记得，我是在工厂的招待所一间客房和宫本言见面的。

因为工厂职工宿舍比较紧张，新厂长的家眷没有接来，他只好住在简陋的招待所里。令人感到奇怪的是，初次见面，我们谁也不觉得生疏，竟像多年未见面的老朋友似的，一下子便敞开了彼此的心扉。他的年龄比我大，级别比我高，这都没有构成我们推心置腹谈话的障碍。我先向他介绍了首都各界思想活跃的情况，对过去那些年代的反思，对极“左”路线的深恶痛绝，对新的历史时期的期望；他非常注意倾听，并不时地做做点评，看来他很留意首都的政治动向；然后我们又联系国家的某些现实情况，做了较深层次的探讨。首先，我们对新中国的历史、现状的分析，看法几乎完全一致；对国家未来的发展，我们的见解和思路也似乎不谋而合。一席愉快的交谈，形成了深入的思想交流，彼此都有相见恨晚的感觉。最后，趁着火候，我才告诉他我准备写一篇关于工厂近年巨变的报告文学，因为这个变化对大型工厂企业很有典型意义。他听后稍微思索一下，立即投了赞成票，并且说："'一重'的这个变化，值得一写，让人们了解一下我们的工厂全面情况，对我们的工作给以恰当的评价，沿着正确的轨道继续向前走大有好处。不过，请你注意：一定要写广大职工的精神风貌，不要只表扬某个人！"我笑着对他说："你放心，我会掌握这个分寸的。"顺着谈兴正浓，我们便天南海北地闲聊起来。从工厂的兴衰历史，谈到他来此后的所见所闻；从工厂当前的状况，谈到它未来的发展趋势；从工厂的人浮于事，谈到关键人才的紧缺。虽是闲聊海谈，我却从中看到一幅庞杂的多侧面的现实图景和一幅令人鼓舞的工厂发展蓝图。于是，我深深地感到这个人绝非一般的只有朴素的阶级感情和鼓足了干劲的工农干部可比，而是头脑清晰，胸有沟壑，眼光深邃，志高视远的具有远见卓识的领导。因此，我顿时找到了要创作的报告文学的"魂"。

与宫本言夫妇

夜深了，我正要起身告别。似在无意间，他突然谈起听说我想"换一个地方干一干"的问题。他有深意地说："留在这里继续干吧！是英雄自有用武之地。'一重'的天地很大，需要你这样的人。"他的话朴实、恳切，没有半点虚妄之词。我也很开心地对他说，现在我已经打消了这个念头。

在此后的一些日子，我们又有了几次深入的长谈；同时又跟着他在基层单位转多次，听了一些人的汇报，处理了几个积淀很久的问题。于是，整个作品的轮廓便形成了。

创作阶段进展顺利，速度也很快，半个月的时间，一篇40000余字的报告文学便完成了。征询了一些同事的意见，也让宫本言本人过了目——我只是要求他核实一些细节和重大的事例，随后便寄发给《当代》编辑部。

编辑部对此稿处理很快，不到两个星期，他们便来信通知：稿子决定采用，同时要我速去北京商讨稿件的修改事宜。需要说明的是，当年不论给哪个报刊编辑部投稿，几乎都需要作者去编辑部和编者一同研究修改，作进一步的提高。老作家秦兆阳同志（时任人民文学出版社的副总编辑和《当代》杂志的主编）有句名言："好的作品不是写出来的，是改出来的！"所以，每当我来到人民文学出版社的时候，便可以碰到许多前来修改作品的文友。

我此次重来出版社，受到了较高的礼遇：我独住一间（过去都是二人或三人合居），说明编辑部对这篇作品的重视。见面后，《当代》的副主编朱盛昌同志便告诉我作品准备发在1980年的第二期，放在头条位置。我听了自然是很高兴。因为《当代》杂志创刊不久，便因为发表了一批名作、佳作，而深受读者欢迎，在社会上影响很大，作品能够发在它的头条，是件很荣幸的事。但是，当次日我和这篇作品的责任编辑见面后，我却有点失望了。原因是那位老先生出于一番好意，对作品进行了较大的删改；原来的40000余字，改成了20000多字，删去一大半，其中不少我认为是重要的、感人的细节，都被简单地一笔带过；特别使我不快的是，作品题目由我精心构想的"励精图治"，改成"闯将"这样一般化的字眼。我心里很别扭，但我仅仅是个从边远地区来的业余作者，说话还没有分量，尽管心里十二万分的不同意，却不好在情绪上表现出来。面对已经编辑加工的一摞原稿，我静静地凝望了整整两天。最后我索性不看了，自怨自艾地叹息道："算了，随它去吧！"然后，便上大街去代人采购商品去了。那时，从边远地区来北京出差的人，照例要受亲邻委托，买一些当地缺乏的商品，我当然也不能例外，何况我自己家里的小女儿正等着爸爸替她们采购花衣裳呢！

就在我买好返程的火车票准备"打道回府"的时候，新的情况出现了：

那是1980年的3月31日早晨，我刚刚吃过早饭回住处，《当代》的常务副主编孟伟哉突然来到我的房间。老孟和我很熟悉，彼此也不客套。他见了我什么闲话都没有说，只简单地告诉我：我们的老主编秦兆阳同志，想亲自找你谈谈稿子，你现在就和我一同到他的家里去。

听说秦兆阳同志亲自约见我并谈意见，我喜出望外，当即随着老孟来到了居住在南长街一个小胡同里的秦兆阳同志的家。

我万万没有想到，这位当代著名作家的住所竟是那么“寒伧”：低矮、破旧的院落，油漆班驳的门窗，饱经风雨剥蚀而变得极不修整的砖墙、瓦顶，令人有隔世之感；一堆蜂窝煤堆在庭院的一个角落，杂乱而无序。会客室是一间低矮的北房，光线艰难地从门窗逸入，照在主人花白的头发上。室内显得很阴冷，虽然已经接近4月的天气，可主人仍然穿着一身旧棉衣，乍看起来，秦先生像一个老农，脸上刻着朴实亲切的笑纹。

兆阳同志热情地接待了我，亲自沏了一杯茶放在我的面前。简单地寒暄之后，谈话便切入正题：关于我写的这篇报告文学存在的问题与不足。他一章一节地进行剖析，耐心而又细致地指出必须修改和补充的地方。看得出他是认真阅读并且深入思索过的。

我听了之后，心里异常兴奋和高兴。因为他的这些想法和我是完全一致的，需要修改和补充的地方正是责编删去的段落。我向他委婉地表述了我对稿件被删改后的意见。他听了之后立即干脆地表态说：“那就请你立即恢复过来！”但是，我也表达了我的顾虑：“清样已经排出，版面有限，再补充和修改，怎样处理？”

秦兆阳同志当即表示：“不受版面的限制，根据作品本身的需要而定。”

坐在一旁的孟伟哉同志连忙说道：“老程，完全按兆阳同志的意见办，你不必多虑！”

意见谈得差不多，我就起身告辞了。秦兆阳同志亲自把我送出大门，并多有鼓励，同时还再三交代：作品的名字仍然叫《励精图治》，这个题目想得好，我们现在就是“励精图治”的时代嘛！

他说的完全是我的心里话，我是那么愉快地接受了。回宿舍后我立即动笔修改、补充，好在这些内容我已经烂熟于心，不需要多加考虑，很快地便交了稿。老孟看后觉得很满意，笑着对我说：“任务完成得不错，你可以回家了！”

不久以后，《励精图治》在这一年的第二期《当代》上登出，被放在头条位置。

文章发表后，立即在“一重”内引起强烈反响，人们争先传阅，相互传告，赞成的人和反对的人态度都很鲜明。赞成的人高兴地说，文章道出了他们淤积多年的心里话，找出工厂前进中的症结——只有改革和整顿，才能求得工厂的发展；对宫本言厂长为代表的新领导，做了实事求是的宣传，是篇有棱有角的好文章。反对的人（他们多半在文章里被批评过）则说，文章歪曲事实，模糊历史真相，伤害并打击了许多原来的和现在的工厂领导；对宫本言进行了无原则的吹捧，以改革之名，行“砍旗”之实，是一株地地道道的“大毒草”。双方皆可谓立场坚定，旗帜鲜明。有的人向我竖大拇指，有的人则对我侧目而视，连我的家人也被一些人指指戳戳地议论，我妻子则担心，怕我又惹祸了。

虽然双方泾渭分明，但是，赞成的人仅仅高兴并拍手称快而已；而反对的人却采取了迅速有力的行动。他们向省、市党委和第一机械工业部（简称“一机部”）的领导写控告信，到《人民日报》社上访，到《当代》编辑部进行斥责，甚至投书党中央，要求“恢复事物的本来面目”，让舆论还他们一个“公道”。

他们的告状受到了各方面的重视，并采取了有力的措施。为此，一机部成立了以人事司司长为组长的调查组，专门调查《励精图治》所描写的情节是否与事实相符。调查组分别到了黑龙江省、齐齐哈尔市、重点是到“一重”的有关部门，和有关职工和干部，对照着那本《当代》杂志，进行细致的调查和分析；同时对宫本言其人和文章的作者，进行全方位的了解。他们甚至当面质询宫本言：“你对这篇作品作何评价？”宫本言坦言相告：“文章所写的人和事完全属实。”言语铿锵，毫不含糊！

调查组经过将近一个月的调查和了解，对事实进行了反复的核查和分析，最后得出结论：“文章所涉及的人和事，与现实中的情况是完全一致的，《励精图治》是一篇歌颂改革开放的好作品，作者应该受到鼓励和支持。”

此后不久，时任党中央总书记的胡耀邦同志，在来黑龙江考察工作期间，曾亲临“一重”考察，宫本言一直陪同，在边走边看的过程中，胡耀邦同志突然向宫本言问道：“老宫，你的眼睛现在好些了吧？要注意保护！”宫本言有点奇怪，总书记怎么知道我的眼睛不好呢？耀邦同志笑着向他解释说：“我是从一篇文章里知道的。”宫本言和我后来共同猜测：这篇文章大概是指《励精图治》，因为在文章里我曾多次写到宫本言由于过于劳碌，眼疾经常复发。

随后，黑龙江省委组织部的一位处长又来到我们工厂考察干部——主要是考察宫本言可否提升和重用的问题。他在找我个别谈话时说："我们这次考察老宫的依据，主要就是你写的那篇《励精图治》，因为它已经被上级领导和广大群众所认可了。"另据一位可靠的权威人士透露：时任中共中央总书记的胡耀邦同志，确实阅读了这篇报告文学，对作品描写的主人公颇为赞赏。

一场风波就这样过去了，坏事却变成了好事。从此，宫本言和"一重"的名声大震，远播海内外。

那时，正处在改革开放的初期阶段，是否要改革、如何改革是人们注视的焦点。宫本言的励精图治精神，集中体现了这个焦点的精髓。因此，机械工业乃至整个工业战线就把目光凝聚在"一重"和宫本言所推行的改革上来了。那些日子，来工厂参观学习的人络绎不绝，其中有工厂企业的领导人，有传媒界的编辑记者，有文艺界作家和演艺人员。他们成群结队而来，工厂接待科的同志，简直应接不暇了。

最典型者要数"八一"电影制片厂的编剧史超和李平分了。他们读了报告文学《励精图治》之后，感到富拉尔基是一个文艺创作的"富矿"，决心到这里深入生活，创作反映工业题材的电影。他们通过"长影"的副厂长胡苏同志介绍和我认识，提出要求；我很快便和宫本言同志商定：欢迎他们前来我们工厂深入生活，并在招待所专门为他们准备了两个房间，供他们使用。史超和李平分来到"一重"后，如鱼得水，感到大有收获。过了不久，史超甚至把他的夫人也接来同住，将他的儿子送到工厂的子弟中学读书，因为这所中学在全黑龙江省和齐齐哈尔市的升学率都是靠前的，远远超过他儿子在北京就读的那所中学。

史超等人在"一重"生活了两年多时间，和宫本言朝夕相处，和工厂的业余作者广泛接触，特别是和我有深入的交流，获得了丰富的创作素材，后来以此创作了两部电影：《生活没有单行道》和《在被告后面》，受到观众的普遍好评。此是后话。

《励精图治》在《当代》杂志发表后，被全国很多报刊转载，收入许多丛书之中，北京电视台作为专题进行了连续广播，这是很少见的。感到意外的还有，它还获得了全国首届优秀报告文学奖。

进入新时期以来，全国文学界进行了评奖活动，先后评选了短篇小说和中篇小说奖，一些名篇佳作获得了这个殊荣。1981年年初，又对1977—1980

年以来发表的报告文学进行了评选。当时中国作家协会还没有正式恢复活动，评奖由《文艺报》和《人民文学》联合举办。评委都是文学界的名家和领导，具有很高的权威，如周扬、张光年、冯牧、袁鹰、刘剑青、李春光等。获奖作品一共评定30篇，都是在社会上产生广泛影响的名篇，如徐迟的《哥德巴赫猜想》、刘宾雁的《人妖之间》、黄宗英的《大雁情》、柯岩的《船长》、理由的《扬眉剑出鞘》、张锲的《热流》等，作者中还有后来成为全国人大副委员长的王晨同志。我在报告文学创作方面，可以说是初出茅庐，能够获此奖项实出意外。

1981年5月，在北京举行了隆重的颁奖典礼，中、短篇小说、新诗和报告文学同时颁奖，因此盛况空前，老中青三代获奖作家、诗人和那些德高望重的评委们济济一堂，真有点“群贤毕至”的味道了。我专程从富拉尔基赶到北京，参加了这个盛会。

颁奖典礼在首都著名的京西宾馆里举行，周扬、张光年等文艺界的领导向作者一一颁发了奖状和奖金，同时发表了热情洋溢的讲话。张光年同志做的是开幕词，题目是《发展百花齐放的新局面》，巴金先生因为身体不适未能亲自与会而做了书面发言，题目是《文学的激流永远奔腾》，周扬同志在会上发表了题为《按照人民的意志和艺术科学的标准来评奖作品》的长篇讲话。这三位文学界的前辈兼领导，在讲话中无不语重心长，言之谆谆，使我们这些获奖作家和其他与会者都深为感动。

颁奖典礼当晚，在民族文化宫举行了盛大的联欢晚会。金碧辉煌的宴会大厅里灯火通明。5月的夜晚，煦风和畅，花香馥郁，沐浴着和煦的熏风，作家们齐集于这美好的时光中，心情格外愉悦、舒畅，欢声笑语洋溢在宽敞明亮的大厅里，老友新朋，共叙幸福的感受。

正在这时，忽然在大厅门口响起了热烈的掌声，人们不约而同地向大门望去，原来是邓颖超同志和王震同志走进大厅来了，两位老人面带慈祥的微笑，一直向人群中走来，向大家招手致意，大家顿时都激动地鼓掌并呼叫：“邓大姐”！“王震将军”！

一位领导站起来说：“现在，请邓大姐给我们讲话！”在雷动的掌声中，邓颖超同志向大家摆了摆手，说：“好，我就随便讲几句吧！”然后走到竖立的麦克风前，声音很亲切而洪亮地说：“今天得到通知要来参加你们这个会，我非常高兴！我很想看看大家，我知道大家也想见到我……你们要我讲话，尽管我没有准备，但是也抑制不住见到了你们高兴和激动的心情，简单地说几句……”邓大姐说：“首先，我表示热烈的祝贺！第二点我希望你们以后在成绩面前不骄傲，失败了不气馁，继续勇于创作，谦于修改，争取有更多的好的成功的作品，献给我国各族人民……你们在座的有小说家，有报告文学家，有诗人，还有儿童文学家……不过，我想再补充一点，在这些家的前面，再加一个革命家……”

邓大姐这段话说得真好，听起来沉甸甸的，也意味深长，既是策勉也是激励。大家用掌声表示拥护。邓大姐还说：“刚才丁玲同志说我没有老。我要告诉大家，我已经老了，但是我不敢言老。这是指思想、精神、革命意志说的——前些天我在电视节目中听到一位获奖的演员朗诵了一首诗，我最喜欢的几句现在还记得——春天的后面不是秋，何必为年龄发愁？只要在秋霜里结好你的果子，又何必在春花面前害羞？人民的事业与世长存，谁的生命与它结合，白发就上不了他的头。”

大家顿时都被邓大姐这赋予深切感情的背诵深深地感染了，而且震惊和佩服老人家居然有这么好的记忆力！当场有的作家迅速地拿笔记录下来。

在讲话快要结束时，邓大姐又真诚而谦虚地说：“我是一个非常尊重、非常热爱你们的读者。当我受到你们的作品感染和教育的时候，我想到了你们对人民的贡献，对我们国家的贡献．我感谢你们，祝贺你们！”

听了邓大姐这样语重心长的话语，看见她亲切慈祥的面容，人们不由得想到了敬爱的周总理。在座的作家中有不少人见过周总理，亲自聆听过总理的教诲，并荣幸地成为他的朋友；今天有幸和邓大姐欢聚一堂，如同总理音容再现了。

邓大姐的话刚一讲完，作家们便一齐围拢过去，向她问候，纷纷要求与她合影留念，邓大姐都一一满足了大家的要求，最后，又和全体与会作家合了影。这张照片一直被我珍藏着。

颁奖大会结束之后，我立即返回富拉尔基。我向宫本言同志汇报了北京开会的盛况，厂长也甚为高兴，勉励我继续努力创作，能够再上一层楼。

这位大厂长自己呢，也并没有躺在已有的成绩和荣誉面前睡大觉，而是更加解放思想，并且收到了显著的成效。媒体上经常出现他工作的进展和业绩的消息。老作家秦兆阳和《当代》杂志也密切地关注着“一重”的变化和宫本言的动向。一次，当宫本言来北京开会时，秦兆阳同志亲自出面邀请宫本言到《当代》编辑部和编辑们见面并座谈，他冀图让改革家的心智激励并开阔编辑们的视野，从而使《当代》杂志与生活更加贴近，与时代更加息息相通。这位老作家为办好刊物，用心良苦矣！

此后不久，当秦兆阳听说宫本言又有新的业绩和追求时，他又让《当代》副主编朱盛昌同志约我撰写了报告文学《励精图治续记》，我也应约如期完成任务。这篇作品后来发表在1982年第一期的《当代》上，同样引起读者的广泛关注。

另外，住在出版社帮助修订《鲁迅全集》的北大中文系教授严家炎同志，在经过前一段时间的相处，和我已经成为朋友。他读了《励精图治》之后，颇为赞赏，对宫本言厂长的改革精神也非常钦佩。为了使他所供职的北大中文系对现实生活和国家改革开放的大局有比较真切的了解，热情邀请我去北大和全体中文系老师座谈。我应约前往。在座谈会上我详细介绍了宫本言厂长的生平事迹，着重讲述了他敢于天下先在工厂大刀阔斧地进行改革开放的创举，以及广大职工对厂长的拥护和支持，顺便我也介绍了《励精图治》的创作经过，以及我对当前文学创作动向的一些看法，当场有了非常愉快的思想交流。座谈会开得很成功，获得与会教师们一致的赞许。

随着思想解放的深入人心，改革开放已逐渐被广大群众所接受。因此，宫本言在“一重”所推行的整顿和改革，也被社会认知，为人们所器重。一机部和黑龙江省委都看上了宫本言这个不可多得的人才，都想调动他的工作并付与他以重任，为本部门或本地区的领导班子增加新的活力。但“近水楼台先得月”，在自己的辖区内，黑龙江省委取得了优先权。于是，就在1982年的年初，一纸调令便将宫本言调进了省城哈尔滨，进入省委领导班子，主管工业生产；随之而来的是，在中国共产党第十二次全国代表大会上，他又被选举为中央候补委员（据说是胡耀邦同志亲自提名）。有不少人认为，宫本言同志的升迁，是报告文学《励精图治》发挥了作用，但我却说，应该归功于宫本言同志个人顺时应势的出类拔萃的才干和他突出的贡献，我不过是个记录者和宣传者罢了。而且更确切地说，是党的十一届三中全会召开以后的大气候，使宫本言这样敢想敢干的人，有了施展才能的空间，也就是人们常说的“时势造英雄”。

这个大气候，也改变了我的命运。1978年年末，天津大学致函第一重型机器厂，正式给我平反，公函认定：1957年在反右派运动中给我的处分是错误的，应该予以改正！这样，我背了20余年的沉重的政治包袱，一下子被卸除了。我感到如释重负，身心都感到无比的轻松，而且觉得天地竟是这样的辽阔，生活是这样值得人爱恋啊！接着，经过有关部门严格考核，我被正式授予机械工程师职衔，享受与之相应的待遇；几乎与此同时，黑龙江省作协通知我，我被接纳为中国作家协会会员。20年前，我连填表申请加入黑龙江作协的资格都被剥夺了，而现在没有经过我个人的申请，却由省作协直接推荐被吸收为全国作协会员，想起来心里虽然不是个滋味，但却确实感到时代变了。

就这样，我年轻时天真的幻想——工程师兼作家的愿望，真真切切地实现了！

随后不久，又有一件喜事临门——宣传部党支部召开全体党员大会，一致通过我为中国共产党党员。这也是我多年的夙愿。从中学时代，我便向党组织表达了我这个崇高的理想。但是，20多年来，经过种种磨难和波折，这个理想反而距离我越来越远了。在60年代初期，我的一个在人民解放军工作的表弟去黑龙江看望我的母亲，在和我促膝谈心的时候，他听到我仍怀有要求入党的想法，便笑着恳切对我说："亲爱的表哥，你就彻底打消这个念头吧！根据我所了解的党的政策，像你这样的知识分子是不可能入党的！"听了他的话，我心里顿时凉了半截。因为表弟早在上军校时就入党了，现在已经是一个军官，政治上应该是很成熟的了。只因我是他的亲表哥，他才会有这样挖心掏肺的告白。后来的事实证明他的话是正确的。因为不管我在工作上是怎么努力，在政治上怎么积极，向党组织表示怎样忠诚，然而都得不到任何回应；到了无产阶级"文化大革命"暴发之后，知识分子已经被排在地、富、反、坏、右、叛徒、特务、走资派的后边，沦为"臭老九"，我几乎是彻底死心了！

在粉碎"四人帮"特别是十一届三中全会召开之后，人们又闻到一种政治上的浓浓春意，因此，我的旧日梦想又复苏了。我郑重地重新向党支部重申了我的入党申请。可是，政治上的障碍解除了，人为的阻力又出来了：党支部有一二个党员总是看着我不顺眼，制造各种借口，千方百计地阻挠我入党，而其中一人还是我们业余创作组的重要成员。有人说，他阻挠我入党是出于嫉妒，因为他私下里曾对别人说过程树榛要是入党，不是如虎添翼了吗？我宁愿不相信他真的会是这样，我总觉得人的心地不见得是那么坏的。现在，在工厂党委和宫本言同志的直接关心下，我所在的党支部终于改变了对我的种种苛求态度，获得了绝大多数党员的认同，我的入党问题终于解决了。一颗悬心落了地。多年的理想和追求实现了。在那幸福而又激动的日子，我曾经有好几天彻夜难眠。我对自己说，一定履行入党时的誓言，决不玷污共产党员这个光荣的称号！

入党之后不久，党委便在我的肩上加了重担。我被任命为党委宣传部副部长，成为工厂的中层干部。在此之前，我虽然身在党委宣传部，但却一直是个“打零工”的角色，哪里需要就塞在哪里去“堵窟窿”。现在不同了，党组织认识并承认了我的能力和水平，给了我发挥自己才智的空间，我当然珍惜这个重要的岗位。我认为，现在党需要我带领好工厂的宣传队伍，努力为“一重”的改革开放事业，摇旗呐喊，擂鼓助威。我就自觉地努力履行着自己的职责。

80年代在东北

在领导的支持和同事们的帮助下，“一重”的宣传工作有声有色。宫本言同志对我也更加信任，我们俩经常进行思想交流，从国家大局的走向到工厂各项改革的举措，无不痛快淋漓地倾心诉述，且毫无隔阂。当然，我也是倍加谨慎，决不随意妄言，我不能辜负这种可贵的信任。应该说，这是我有生以来心情最愉快的时候，宫本言同志的知遇之情，我刻骨难忘！

就在这段时间内，我的家庭也发生了很大变化。我的大女儿丹梅以齐齐哈尔地区的高考最高分被北京大学国际政治系录取。次年，二女儿黛眉以同样的高分，考取了北京师范大学的中文系，姐妹俩品学兼优，被富拉尔基地区的人们传为美谈。妻子晓岚在我们当地的一所高等学校工作，因其父亲系国民党军队的将领，长期被打入另册，一直劳动锻炼；现在，形势变了，她被安排在学院的学报编辑部担任编辑，各方面的待遇均有所提高。

写到这里，我还要提起当年的一段小插曲：由于党的十一届三中全会召开之后，施行的好政策改变了广大知识分子的命运，几乎每一家都好事连连。我家的“好事”似乎更多一些。文坛上好心的朋友为我进行了总结，认为那两年我欣逢“十大好事”。因此，我的一位朋友戏谑地誉我为“文坛福将”。当时我想，对我来说，富拉尔基是一块福地，我今生今世，将在这里生活下去了。

4.“我们在庐山相亲相爱”

20 世纪 80 年代初期，文坛上的朋友经常有机会聚会。因为当时的文学报刊和出版社为了约到优秀的稿件，常举办各种笔会、研讨会，约集一批年富力强、有创作潜力的作家，聚合在一起，研讨并交流创作心得和体会。编辑们在这种场合中穿梭地组稿约稿，一般说来不会空手而归。作家收获更是不小。

我当时正当盛年，处于创作活跃时期，因此，经常有机会参加这样的聚会。现试举参加庐山笔会的一些感受，以记其收获。

时值 1981 年夏，江西出版社主办的文学期刊《百花洲》给我发来一封邀请函，内容是该社拟在庐山搞一次作家笔会，邀请我参加。

我收到来信感到格外高兴。因为庐山不仅是我国著名的旅游胜地，风景优美，气候凉爽；而且是古老的人文佳境，古今中外多少人物曾经光临这里，演绎了许多惊天动地的故事，能够有机会到此一游，岂非人生一大快事？

于是，我根据来函的要求，如期启程赴会。那时，航空业还不太发达，我只好乘火车前往。我首先来到江西省会南昌。南昌是历史名城，著名的滕王阁就坐落在长江边上，“八一南昌起义”纪念馆，矗立在市的中心，它们都是令我十分向往的地方，但是，因为时间所限，我只能割爱，仅在这里匆匆住了一宵，次日一大早便乘汽车经过九江而后登上了庐山。因为是登山，汽车行走很慢，使我可以充分领略沿途风光。古今那些名人咏赞庐山的诗词，不由得一齐从记忆深处冒出。但是，我觉得最有气势的还是毛泽东的那首

《登庐山》(七律):“一山飞峙大江边，跃上葱茏四百旋。云生九派浮黄鹤，浪下三吴起白烟。冷眼向洋看世界，热风吹雨洒江天，陶令不知何处去，桃花源里可耕田?”真是气势磅礴。我当时就想，不管这位老人晚年犯过多大的错误，给国家和民族带来多少灾难，功过如何评说，但是，他的一些诗词值得称道。

我按照会议指定的地方签了到。届时大部分与会的文友都差不多同时到达了，他们是蒋子龙、陈国凯、古华、张弦等，都是老朋友了，现在见面当然分外亲热、高兴；随后，又看见了温小钰、汪浙成夫妇，莫应丰是带着新婚妻子来的，上海的才女戴厚英是第一次见面，其实她早已蜚声文坛了；张抗抗似乎是单独前来的，文坛上的活跃分子戴晴也来了，像一阵风似的和朋友们握手、拥抱;《百花洲》的社长带着多位年轻的编辑，为笔会服务。

我们这次参与笔会的作家，都享受了很高的待遇，因为这次会址是从前召开中央全会的地方，我们的住宿的房间都是过去中央首长的住所，分配给我的那套房子据说是李先念同志曾经住过的，自然是宽敞、明亮，舒适得很。因此，大家都互相开心地说:“我们也做一回中央首长了。”

由于大家多半是初次登上庐山，因此，笔会的前两天都用来参观这里的名胜古迹。比如，蒋介石夫妇住过的美庐，毛泽东为江青题照的仙人洞，中共中央召开全会的旧址等等；在游览途中，一位编辑同志提了一架收录机，随时播放着正在偷偷流行的邓丽君演唱的歌曲，此时听了格外悦耳，因为当时邓丽君的演唱被视作靡靡之音，不允许在人们中间流传，可是在这里，大家无拘无束地听了。同时，我们还专门去观赏了李白笔下的庐山瀑布，有几位朋友还专门跳到瀑布下的水池里游泳，很有豪情。我的兴致也很高，随朋友们一道跳入。水池很大，水流汹涌，但清澈见底，水草和游鱼均清晰可辨。我们在水中互相以泉水相泼，无比惬意。

每到一处，大家便聚合在一起，留影纪念。在拍照时，女作家温小钰特别活跃，总是由她指挥，让大家摆出非常随意的姿态。记得在一处特别优美的地方拍照时，她要每个人都亲切地手拉着手，然后高声说道:“这次庐山笔会的主题就是‘让我们在庐山相亲相爱!’”她的话大伙儿同声叫好。

游够了、玩足了，大家这才坐下来进入这次笔会的正题：探讨中国文学创作的现状和发展趋向。在这样自由宽松的氛围里，大家当然是百无禁忌，口无遮拦，信马由缰，海阔天空。大家一致认为，现在是新中国成立以来政治上最宽松的时期，作家的思想从来没有像今天这样活跃，因此文学作品也是最丰收的季节。今后我们应该思想更加解放，作品的内容应该更加深刻，形式更加多样，要博采众纳，不拘一格，创作出无愧于时代、无愧于生活的传世精品来。大家还相互勉励：我们这些人现在正处在年富力强的时期，生活阅历比较丰富，创作上也有了一定的实践经验，生存环境也比较稳定，是应该能够写出较好作品的时候，要抓紧这样难得的好时机，努力创作，争取尽早得到丰收。《百花洲》的编辑朋友，也再三表示：要为作家们的优秀作品，开辟丰足的园地，使《百花洲》像真正的百花竞放的大花园。

在整个笔会期间，大家玩得很尽兴，谈得也很尽兴，因此，身心都感到特别舒畅，所以在笔会结束大家即将握别的时候，都有点依依不舍。特别是其中几对朋友，在这短短的数日，感情还碰撞出了火花。在分手时，那真是别有一番滋味在心头了。

笔会结束时，子龙约我同行，我当然十分高兴；张弦听说后，也要和我们搭伴，戴晴女士也来和我们凑热闹，于是，我们一行四人，下山之后，在九江小住一晚，共同乘船顺流而下。这是我第一次乘船畅游长江，登船之后，我们几个人不约而同地来到甲板上，观赏大江风光。只见江水浩荡，滚滚东流，两岸景色像画家的调色板似的时刻变幻着不同的画面和色彩，使我们应接不暇；江面上往来的船只络绎不绝，有时呈现孤帆远影，有时又见鹰击长空，壮丽的景色使我们都浸沉在那无限美好的意境中去了。

过不多久，张弦突然向我和子龙提议：他在芜湖有一位好友，现在身居要职，请他顺路一访，叙叙别情。张弦有意约我们三人同往，观赏一下那个名城的风光。戴晴首先响应，表示乐意前往，子龙说可以考虑，我却婉谢了。因为我当时正和江苏作协联系，拟调动工作，此次要去南京，和江苏的朋友商讨具体调动事宜，因此，便不能奉陪了。他们三位听了我的话，都说我这是头等大事，不可耽误了，那就自便吧！我谢了他们的理解，船到芜湖之后，我们也依依握别了。

到了南京之后，我先后拜访了省作协主席艾煊同志和党组书记海笑同志，商讨我希望调回江苏的事。他们高兴地告诉我：省委有关领导已经同意，此事大局已定，你回去听候信息吧！因此，我在南京也没有久留，很快就返回工厂了。

5. 离开富拉尔基？做出这个抉择真难

回到富拉尔基后，我便翘首以盼江苏方面的信息。

说起我想调回江苏的念头，其实由来已久了。当年，各种文学团体和报刊，经常召开文学性的笔会，众多作家聚集在一起，交流信息，切磋学问，同时游览名胜古迹，开阔眼界，增加见识，颇有收获。我有幸也常常被邀请参加这样的活动，从而结识了许多作家朋友。由于江苏是文学大省，知名作家较多，每次笔会，都会遇到一些江苏老乡作家。在交谈中他们经常会向我提出这样的建议：回到家乡来吧，别在外边“漂泊”了。

这有意无意的交谈，倒是真触动了我神经中某个敏感的部位：是啊！我早已“人到中年”，应该“叶落归根”了。这也特别是我高堂老母的夙愿：老人家实在难以适应黑龙江的严寒气候，总是希望我调回江苏工作，和亲友们团聚，以颐养天年。当我把这个意思向江苏的朋友表达后，得到了一致的同情和支持。经过他们和江苏作家协会领导（当时，省作协主席艾煊、党组书记海笑）的商讨，均对我的“动议”表示欢迎。后来，省作协又正式开会研究决定，并报请省委有关部门和主管领导同意：决定调程树榛来江苏从事专业创作。所以，当我此次去南京时，作协的两位领导才那样肯定地说：“大局已定。”

但是，我回去过不多久，南京方面又传来了新的消息：由于当时江苏作协的住房比较紧张，正在向上级申请拨款建房。因为房子没有落实，无法尽快向黑龙江发“商调”函。经过再三商讨，有人提出这样的建议：调回江苏后，先在徐州落一下脚，在这里“过渡”一下，然后再调转南京。

一位热心的朋友很快地和徐州市委取得了联系。说来也巧，时任徐州市委主管文教的书记王光炜同志竟然是我中学时代的同学（高我两届），他对我在文坛上的成绩已略有所闻，因此，对江苏作协的想法给以热情支持，当即向这位朋友说，欢迎程树榛回故乡工作。徐州文联主席已经到退休年龄了，正愁没有适当的人来接班哩！容我们商量一下，尽快答复你。

我的这位老同学历来办事是认真的，次日便告诉那位朋友：经我们市委研究决定，同意程树榛调回家乡工作，市委准备推举他为徐州文联主席。至于去省里当专业作家的事，以后看情况再定。调令很快就可以发出。

这个信息很快传到我那里，让我动心。这不是我一直梦寐以求的事情吗？母亲更是喜出望外，催促我赶快回答对方。老人家恨不得马上成为事实。可一想到我马上要离开我们的重型机器厂、离开我的老本行，离开工业战线，这个变动太大了！我又有些犹豫了……

正在我踟蹰难定的时候，我要调动的事被黑龙江省委有关领导知道了，他生气地问道："怎么？文学界也有'孔雀东南飞'（即人才外流）了？不行！这样的现象不能继续发展下去！"省委当即给我们工厂下了一道"死命令"：不许程树榛调出省外。

工厂党委迅速向我传达了省委的"命令"。我现在是党员了，得听组织的。反过来一想，这样也好，那就安心在工厂干吧！富拉尔基不是一块福地吗？那就还让它赐给我幸福吧！

我的几位老同学闻讯也一齐来我家劝慰我：你本来就是学机械制造的嘛，工厂才是你安身立命之处。你不是一直这样考虑的吗？他们说得不假，这个想法本来也是我当初报考工业大学的初衷：不做一个单纯的文人，而要有一个切实的职业寄托。

谁知世事难料。时隔不久，省里却直接下达了让我"到省文联工作"的调令。

它真的要彻底扭转我的"初衷"了？

沉下心来，我发现，我现在面临的真是一个艰难的选择——是继续留在工厂搞技术业务，还是离开工厂改行专门从事专业创作？

从我 1957 年大学毕业来到富拉尔基重型机器厂做技术员，到现在已经 20 余年了。在这儿已经深深扎根儿了，娶妻生子，成家立业，早就融入这个集体中了，为它献出了全部青春年华。这里的机器、厂房和它的一砖一瓦，一草一木，都和我有不解之缘，有深厚的感情。从某些方面来说，我在这里可以说是"如鱼得水"。现在，工厂又委我以重任，亲朋好友也对我寄予厚望，希望我能够对工厂的改革继续出谋划策，宣传鼓动。我清楚地知道，和全国一样，我们的工厂也面临一场改革的攻坚战，其难度丝毫不亚于初建时期的战天斗地；同时，我们还要设计和制造一大批重型尖端产品，满足"四化"大业的需要，填补国家科技方面的"空白"。所有这些工作都是空前的，我都想直接参与其中。阅历是人生最宝贵的财富。特别是工厂改革的深化，对我的本职工作与业余创作，都有极大的挑战性、诱惑力与吸引力。而且，工厂的厂长还亲自对我说："你是我们富拉尔基重型机器厂的'招牌'，你的文章使得工厂名扬天下，你成了咱们工厂的'宝贝疙瘩'，这里可少不了你！你不要打离开我们的主意，我是不会放你走的！"

这极富感情色彩的谈话，使我心里感到热辣辣的。我着实舍不得离开工厂、脱离本行，而去其他地方，从事另外的行业。

但是，现在形势逼人。据工厂党委办公室的一位知己朋友告诉我：省里已经几次三番催促厂党委，要我尽快办理调动手续，早点去省文联报到。

我一直迟迟未动，我在有意无意地拖延时间。

省里文学界的一些好朋友闻讯后都捎书传信给我，希望快一点痛下决心，办理调动手续，早日来哈尔滨聚会，共同为繁荣黑龙江的文学事业出把力。他们还真心实意地劝导我说："根据你的具体情况，也应该转到文学方面来了，别人千方百计地想来还来不了呢！别再犹豫不决了！"

我懂得他们所说的"具体情况"，说白了就是我在文学创作上的一点成就。当时，我已经出版并发表了三部长篇小说：《钢铁巨人》《大学时代》是"文革"前创作的，最近又写了一部新的长篇小说《春天的呼唤》。《钢铁巨人》面世后，先后改编为话剧和电影，在本省上演，在全国公映，均曾引起巨大反响；紧接着小说又进行再版，在上海、江苏、四川等地印刷，累计发行200余万册，影响可谓大矣！《大学时代》是人民文学出版社80年代的畅销书，深为广大大学生欢迎，曾一版再版，反响也不错。近期，又创作了一部新的长篇小说《春天的呼唤》是反映工业战线的改革生活的，具体描述了一个大型工厂在落实知识分子政策方面的曲折历程。南京出刊的《钟山》大型文学杂志全文予以发表，反应很强烈，除在全国电台进行广播外，北京电影制片厂也看中了它，并且和我签订了改编协议；著名导演林农主动表示要把它搬上银幕亲自导演此剧。特别应该提及的是，这部作品还得到了老作家、时任文化部副部长陈荒煤同志的赏识，他在《光明日报》发表了长篇评论，给予很高的评价。此外，我还创作了其他一些作品，有中、短篇小说，散文和报告文学等，结集已有十余部，共有300余万字，从表面现象上看，确实已具备从事专业创作的条件了。

朋友们同时还帮助我分析，说我现在已经有比较丰富的生活阅历，精力充沛，正处于创作的“高峰”期；此外我还有许多很有价值的、业已成熟的创作计划，都该尽快地把它们完成；但是，这需要比较完整的时间进行创作。他们还说：你现在工厂却身负重任，不能总是请创作假吧？时间长了，工厂的领导和周围群众，也会对你有意见的。那时，你将何以自处？

朋友们的这番话，撞到我的心窝上去了，这确实是个实际问题。不管你当工程师也罢，做宣传部长也罢，总应该首先搞好你的本职工作吧！老是请假搞创作岂不本末倒置了？你担负的那摊子业务怎么办？其实，我已经听到一些人们对我的微词了。

两种选择，实难两全！从大的形势来看，改行似乎是必须的选择了。

可是，一想到进入文化部门，专门从事文学创作这个行当，我的内心实在是感到有些“恐怖”。因为解放以后的历次政治运动我都亲身经历过了。而每一次运动，几乎都是首先在文化界发难，拿文化人开刀的。多少名扬海内外的作家、艺术家，被碾轧在政治家的战车下面，成为可悲的牺牲品！特别是不久前的“文化大革命”，主旨就是“革”文化的“命”的。全国的大、小文化人，几乎全部在劫难逃。在运动中有的身败名裂，有的家破人亡；侥幸得以劫后余生的，也是创痕累累，肢体不全，只能在隐蔽的一隅，用舌尖舔医自己的伤口。而我自己这十来年也是险象环生，如履薄冰，差一点像个蚂蚁似的被那战车的巨轮轧得粉身碎骨，直到现在仍然余悸未消。

难道今天却要去自投罗网？

思来想去，我踌躇难决。尽管哈尔滨的调令下来很久了，可是我仍在拖延时间。

省里的一些知己文友见我如此犹豫不决、举棋不定，生气了。他们说：你还在等什么？省文联连房子都为你准备好了。你不应该把眼睛老盯着过去！党的十一届三中全会之后，那可怕的一页已经永远翻过去了，上上下下的人都长记性了，有谁（包括一些大人物）还会抚摸着自己身上的累累伤痕，留恋那黑暗的可耻的年月？当机立断吧！

了解内情的朋友还告诉我，调动的事连省委书记杨易辰都过问了。在党的十二大召开期间，省委常委在北京开了一次会，专门研究黑龙江人才外流问题，而且还拿程树榛当了典型。省委书记说：“快点把他调到省里来！如果不服从调动，问他还要不要‘党票’？”因此，那位朋友强调说，还是服从吧，你可不要敬酒不吃吃罚酒！

已经调到省委工作的宫本言同志也再三规劝我说："你不要太固执了，省委的第一把手可不是和你开玩笑！"

看来，问题确实严重了。我这样一个普通小人物的工作调动，竟然惊动了省委的大领导，不能掉以轻心了！

经过了多番权衡和激烈的思想斗争，形势所迫，最后，我还是服从了组织的安排——弃工就文，到省文联当专业作家。是福还是祸，是祸躲不过！我想起了这个古老的谚语。

那就听天由命吧！

由于工厂领导已经知道事情的全过程，所以调动手续很快就办妥了，而且迅速成行。

在离开工厂的那一天，我的心情很激动，感情也十分复杂。

那几天，我的家门庭若市。前来送行的有老同学、老同事、共同切磋的文友、南邻北舍的伙伴，厂长和党委书记，以及我下放车间劳动时的工人师傅；你来我走，络绎不绝。

20余年了，我和他们朝夕与共，在一起摸爬滚打，曾经有过多少幸福的憧憬和成功的喜悦！当然，更多的是各种磨难带来的痛苦，特别是政治运动中的难以名状的压力；酸甜苦辣，五味杂陈。在此境况下结出的友情，是刻骨难忘的。现在就要分手了，真是依依难舍啊！有朋友在为我祝福，说希望我能在事业上更上一层楼。但更多的朋友是为我捏一把汗。因为他们都知道：这年头，文艺这一行，是个危险的职业，是在刀尖上跳舞。我此行祸福难卜，吉凶难料啊！因此，他们都再三叮咛："今后的工作要谨言慎行，千万不可粗心大意！"

相濡以沫

我怀着无限依恋之情，告别了众多的亲朋好友，告别了生活和工作 26 年的亲爱的工厂，告别了美丽的“红色之岸”——富拉尔基。

东去的嫩江流水该记得：这里留下过我青春的身影，爱的心语，开心的笑声；

北满大草原该记得：这里记录着我艰难的步履，沉重的足迹，理想的火花……

是的，顺心也有九曲十八弯呢。

第六章

冰城八年

1. 初到哈尔滨

南去的列车把我和我的全家送到号称“东方莫斯科”的哈尔滨。

初夏的冰城，是最美丽的季节。杨柳刚刚吐绿，长长的枝条，披散开来，如少女披肩的秀发，根根风流；丁香花正在开放，马路两旁，街心花园，一丛丛、一簇簇，挂满枝头，有如紫色的雾，到处飘香，令人赏心悦目、心旷神怡。省文联的同志，派专人到火车站盛情迎接我进入了省文联大院。

这个大院是我比较熟悉的地方。它本是原苏联的驻哈尔滨总领事馆，始建于19世纪末叶，为沙俄的驻哈机构；在20世纪50年代中苏关系“蜜月”时期，为苏联的总领事馆，负责全东北地区的外交事宜。那时这里曾经非常红火，每天来客纷纷，络绎不绝。到了60年代中期，由于意识形态的分歧和一些一下子很难说清楚的原因，中苏两党、两国之间，由笔战、舌战，以致兵戎相见，最后发展到势不两立、水火不容的地步。这里当然便沉寂起来，门可罗雀，无人问津，苏联驻哈机构也失去存在的价值，被迫撤除。但是，领事馆的建筑无法搬走，只能仍然搁置在那里。

当时，黑龙江省的许多部门，都觊觎这所美丽的大院，打它的主意。可是，时任省委书记的欧阳钦同志，出于对文化工作的重视，力排众议，毅然决定，将它交与省文联使用。就这样，领事馆成了文联大院。

原来的大院，是个非常美丽的地方，在哈尔滨独树一帜。院内古木参天，遮天蔽日，花木扶疏，姹紫嫣红，怪石嶙峋，曲径通幽；古老的楼舍，造型别致，具有浓厚的俄罗斯风格。1964年春天，我作为一个青年业余作者，曾经在这里参加省作协举办的创作学习班，“享受”过一个多月的“特殊待遇”，印象极深。后来又多次到这里开会，大院景色令我和许多伙伴们流连忘返。

但是，经过“文化大革命”的“洗礼”，这里也确实起了翻天覆地的变化。文联内造反派的造反精神，丝毫不亚于著名的哈尔滨军事工程学院的红卫兵小将们，他们觉悟早、信息灵、行动快，特别是对领袖更加崇拜；他们不仅很早就彻底砸烂了这个“裴多菲俱乐部”，而且也彻底破坏了大院的建筑和花木。当时的情景是，花木被铲除掉，雕塑被砸烂，一片断壁残垣，破败之状惨不忍睹。文艺界的造反派，虽然头上戴有很多美丽的桂冠，但决不比社会的其他各界别具某种“温良恭俭让”精神，或者稍稍文明一些。相反地，他们瓜分这片“胜利果实”的贪婪，也决不比非文化人“略逊一筹”。以至于“文革”过去很久，文联和各协会已经恢复了活动，这里被破坏得不堪入目的房舍、家具，仍然被一些造反英雄霸占着，直到有关部门向上级申请了不少经费，花了很大的工夫，全面加以修整，才勉强可以在里边办公了。尽管这样，我进入大院后，仍有今非昔比之感。文联的同志告诉我现在已经多少有个机关的样子了。

承蒙领导关照，我调来后便搬进一座新盖的作家宿舍，名曰“高知楼”，分给我三室一厅的房子，墙上贴着壁纸，门窗嵌有双层玻璃，窗外有宽大的阳台，室内有设备齐全的卫生间，远比我在富拉尔基的住所要宽大和“阔气”多了。房间宽敞而又明亮，一家人各得其所；我还第一次有了盼望已久的书房。

但是，无功受禄，我心里却又有些惴惴不安。我只想努力创作出一点有分量的作品，以谢组织的厚爱与关怀。

还未收拾停当，文联的领导便正式找我谈话。大大出我意料的是，他竟然宣布了一个决定：让我主持省作家协会的日常工作。

当时，省作协还隶属于省文联领导，干部都由文联安排，故有这样的举措。我当即摆手表示我才调来，人地生疏，恐怕不适合做这项工作，请组织另作考虑。可是这位领导却强调说，这是文联党组集体的决定，并且还请示了省委宣传部。任我再三申明难以胜任的理由，可领导还是再三地说，组织的这个安排，实属工作需要，是经过反复慎重研究的，认为我是现在比较合适的人选。作为共产党员，该服从组织的安排！

我这个人的组织观念是很强的，一向听从党的决定，既然领导把话说到这个份上，我也只好接受。

事后，一位知己朋友悄悄向我透露：省委所以着急调你来“文联”，就是为了让你接手作协这个“摊子”。由于历史的原因，黑龙江省的专业作家较多，“文化大革命”这么一折腾，原来的作家之间产生了许多矛盾，一时还难以摆平。考虑再三，只好找你这个“局外人”，比较超脱，便于“收拾”这个局面。哦，是这样！

形势逼迫我很快地调整心态，进入角色。幸有省委领导的关怀和广大作家朋友支持，开局还算顺利。根据文联的计划安排，要马上筹备召开第二届黑龙江作协会员代表大会。我也想利用这个机会，更快地了解作协机关干部以及作家们的要求，心里多少会有点底儿。

大会代表完全由各地会员采取无记名投票方式选举产生，我们没有作任何硬性规定，这种做法是民主的，获得了作家们的好评。

1983 年年底，代表大会在哈尔滨的北方大厦正式召开。

可以说，它是一个大大“迟到”召开的会议，距离第一次代表大会已经 20 余年了。饱受磨难、历尽沧桑的作家们，终于迎来了人生的第二个春天，因此，人人对这个大会充满了热情和期待。

近 200 位黑龙江的老中青三代作家代表，欢聚一堂，共谋黑龙江文学创作大计。省委领导和各方面人士参加了大会，无不显示出重视与关切。大会开得又隆重又热烈，内容也十分丰富。经过充分的酝酿和协商，我被选举为省作协副主席（主席由省文联主席鲁琪兼任）。同时被选举为副主席的还有巴波、林予、刘亚舟等同志，在研究具体分工时，文联党组明确由我主持作协的常务工作，看来，我是无法推脱的了。

就这样，我完成了弃工就文的“历史性”转变。由一个工程师转变为作家协会主席，命运跟我开了个挺严肃的玩笑。

我觉得担子很重。因为文化部门正处于拨乱反正时期，省作协是“文革”中的“重灾区”，派系林立，思想状况复杂，要处理的棘手问题很多。我是个“外来户”，对许多事情的来龙去脉不是很清楚，要想把问题处理得当，必须细心了解和调查研究。这样，就得花费大量时间和精力，才能达到预期的目的和要求。有一阵子，我忙得连吃饭、睡眠的时间都不能保证，苦不堪言。

好在有上下的信任和支持，加上当时的大环境也比较宽松，所以，不少看似十分困难的问题，都得以妥善解决。比如，给有些作家落实政策，给个别作家遗属解决困难，给个别人员安家落户，刊物经费的申请和调拨，等等，甚至给刚刚病故的作家办理后事，我也亲自去张罗……幸好，这些问题都解决得比较圆满，从而给人们初步留下了这样一个印象，即程树榛是一个实在人，他办实事，他不会要嘴皮子。省委领导和文联领导给了我不少好评。

在繁忙的工作之余，我还没有扔下我的笔。这是我立足的根本，决不可疏忽了。1983 年，我又抽时间完成了新的长篇小说《生活变奏曲》的创作。

当然，这又是一部关于大型企业的故事，但这次是改革生活的作品。它的生活面更广阔了，从工厂到高等学校，从车间班组到省委大院；人物众多，工人、技术员、厂长、大学校长、省委书记，各色人等；矛盾冲突尖锐复杂：职工之间、朋友之间、夫妻之间、父子之间、上下级之间、厂校之间，都有解不开的疙瘩和冲突，很贴近现实。作品的主人公是一位厂长。毫不讳言，这个主人公又是以宫本言为模特儿的，书中的很多故事情节，都是围绕着那位厂长而展开的。这其实也是我身边发生或是工厂曾经发生的熟悉事儿。素材丰富而又现实。加上酝酿已久，因此在构思和创作上都很顺手。

对这部书我确实又是下了苦功夫的。因为我现在是名义上的专业作家，尽管平常的工作繁杂，但比起在工厂工作来，写作的时间相对地还是比较充裕了，因此可以从容地进行打磨。

初稿完毕后，自我感觉良好。果然，寄到上海文艺出社之后，立即被编辑部肯定了，决定尽快出版，他们致函于我，希望尽快赴沪与编辑商定出版事宜。

比较痛快的是，现在我请假去出版社改稿是理直气壮、名正言顺的事了儿，不必像以前在工厂时那样“偷偷摸摸”“羞羞答答”了。我真的初步尝受了当专业作家的甜头。

上海接站的是责任编辑张森。老张是老朋友，他也是《钢铁巨人》再版时的责编，我们合作得很愉快。这次又让他来做我新作的责编，我当然很高兴。张森直接把我接到出版社刚刚建成的创作室。那是一座三层小楼，建造得小巧玲珑，位于建国西路的一个弄堂里，非常幽静。老张对我说：你是住在这里的第一位客人。

管理员安排我住进一间朝阳的房间。室内陈设简洁朴素大方，一应俱全，很温馨，也很舒适。老张的意见是让我先休整一天，然后再谈稿子。可这样优美的工作环境已经让我旅途的疲劳一扫而空。我说我想立即开始工作。张森也不见外，同意了我的意见。于是，我们二人马上便摊开了稿纸。

看来老张早已胸有成竹，他很快地拿出了修改方案。不过，这次修改的工作量很小，除了个别枝节外，老张基本上没有提出更多的意见。因此，我这次上海之行很是轻松。不到一周，就基本定了稿，交给张森。

任务完成后，我本来准备很快返回哈尔滨的，但却被另外一件事拖住后又耽搁了数日。

主要原因是老朋友蒋子龙近日来到上海。他是上海《文学报》邀请的客人。我们俩是多年的至交了，彼此是可以推心置腹交流思想的人。他来到上海后，听说我正在上海改稿，便立即让《文学报》的同志和我联系，希望见面交谈。我得知后异常高兴，希望立即聚会。《文学报》的同志很会办事，随即安排我们共同游览上海郊区新建的淀山湖的“大观园”。在饱享上海的“红楼胜景”之后，子龙又约我去华东医院看望我们共同的领导和朋友孙友余同志。

孙友余原是一机部副部长。他早年毕业于上海交大，后来投笔从戎，参加革命，新中国成立后，转入工业战线，在机械工业部门身居要职，是我们

与蒋子龙

党可数的专家型干部之一。早在20世纪60年代，便是一机部的主要领导之一，“文革”后又成为常务副部长、党组副书记。他风度翩翩，一表人才，加上业务精湛，知识丰富，思想活跃，深受部属们的敬爱，特别是女性们的青睐。女作家张洁是其中最突出的一位。

孙友余是党的十一届三中全会决议的坚决拥护者和实践者。他思想解放，积极主张机械工业改革开放，因此，他热情支持宫本言在“一重”所进行的大刀阔斧地改革与整顿，对报告文学《励精图治》给予了强有力的肯定和赞扬。此前，他对蒋子龙的小说《乔厂长上任记》在遭到某些思想僵化人的反对和围攻时，也旗帜鲜明地支持。记得在改革开放初期，为了开阔我们的视野，扩展我们的思路，了解上头精神，他经常特别邀请我们参加一机部召开的有关会议。除了我和蒋子龙外，还有作家张洁和李陀。当年我们四个人都是全国首批文学大奖的获奖者，曾有“一机部四作家”之誉。因此，我们与他早就是息息相通了。

友余同志平等待人，平易近人，尊重知识，爱惜人才，我们当然也乐意和他交往。于是，顺理成章地我们便成为了他的朋友（他和张洁曾恋爱至结婚，后来又分手了），经常在一起促膝谈心，交流思想，使我们获益匪浅。他还曾经有过这样的想法：把我们这几个在创作上有点成绩的人，都调进一机部，专门成立一个创作组。后因种种变故，这个美好的创议未能实现。

这次他来上海住进华东医院，主要是进行心脏搭桥手术，据说手术很成功。子龙说，我们和孙部长已经好久不见了，挺想念的，何不就趁此机会前往医院探视一番？我完全赞成，欣然前往。

华东医院有专门的高干病房，条件比较好，但探视的规矩很严。在《文学报》的同志帮助下，我们还是达到了目的。不过医生特别嘱咐我们：考虑到患者的健康状况，会见不得超过半小时。

我们的出现，有点出乎孙友余同志的意料。但他立即现出喜出望外的样子，竟还艰难地坐了起来。握手寒暄之后，我们便询问了他的病情。他表现得轻松而乐观，说我想去马克思那里报到，但是他还不愿收留我，我只好回来继续和大家一起搞改革开放。那时，心脏搭桥手术还不多见，因此我们也询问了一些情况。见他如此达观，也就放心了。随后，他又关心地询问了文学界的现状和我们俩的创作情况，我们都尽可能地做了回答。对于子龙不断有新作问世，以及我又有新的长篇小说出版，他均为高兴，同时勉励我们努力创作反映改革开放方面的作品，多对社会有所贡献、有所促进。

半个小时很快就到了，护士催促我们离开。可是，老部长谈兴未尽，再三挽留。我们只好又陪他聊了起来，而且越说越多，似乎有说不完的话题。但为了他的健康，我们只能和他依依告别。出了医院的大门，子龙感慨地说："老部长真有人情味啊！"我说："那当然，要不张洁能够那样地爱他！"

和子龙握别后，我们都陆续离开上海，返回自己的工作岗位。

回哈尔滨之后，上边交给我一项最重要的任务便是抓省作协的整党工作。这是全党的头等任务。当时的省作协在省文联的建制之内，因此，整党工作也由文联统一部署。根据省委的要求，文联整党的首要任务是"清除精神污染问题"。其实这也是当年全国整党工作的重点，特别是意识形态部门，"清污"尤为重要。

第一次以领导的身份去做这样的工作，我觉得棘手。以前几十年都是别人在"运动"我，现在反过来了。说实在的，我有些怯阵。可我是单位的负责人，无法回避，更不能表现出能畏难却步的样子，故只好硬着头皮上阵。好在作协的工作人员和专业作家都表现出积极的合作态度，我便不觉得太要命。

首先，大家都很认真地"检查"了自己近年发表的作品，反思有没有"精神污染"的表现，同时也检查了自己日常的行为，有无"出格"的地方。我没有遵循过去历次的政治运动那一套，搞"人人过关""个个检查"，而是听凭自便：有话即长，无话即短，随心所欲，畅所欲言。尽管如此，由于过去"运动"的惯性所致，大家还是都认真地进行了发言的准备。

但是，人们挖空心思、绞尽脑汁也没有找到上级文件所界定的"污染"的言行。我自己当然也认真地进行了反思。可是想来想去，觉得我的所有言行，没有什么"出格"的问题，而是思想不够解放的问题。于是，我带头向大家亮出了我的这种"活思想"。谁知听了我的发言，大家觉得都有同感。经过多番议论，得出了一致结论：黑龙江作协不存在"精神污染"问题，而是普遍存在思想解放不够的问题。

至于其他某些枝枝节节、鸡毛蒜皮的小事就不值得一提了。本着这样一个思路，大家都认真地进行了"检查"。然后，根据大家的"检查"，我整理出一个"整党小结"，上交给文联党组。当时，我心里没有底儿，生怕我们的认识不合党组的要求。没承想，这个“小结”却顺利地通过了。党组一位副书记私下告诉我：你们的整党小结写得很好，切合黑龙江省全省文艺界的情况，大家都表示赞成。我的一颗悬心落了地。

这场“运动”就这样过去了。令我高兴的是，运动没有伤害任何人，也没有留下什么后遗症。一些友好的同事为此赞扬我“领导有方”。这真是过奖了。实际上，一是因为上边的政策界限随着“运动”的进展，逐步划得较清楚——这次整党不是以整人为目的的；二是我自己有过切肤之痛——过去的历次运动我总是处于挨整的份儿上，那滋味着实地不好受！那么，我现在掌权了，还能重新如法炮制再来整别人吗？不能。

1983年就这样过去了，由于工作和创作都有了些许成绩，我心里很踏实。春节时，在北京上大学的两个女儿都回到哈尔滨来过年了，一家六口团团圆圆，其乐融融，年过八旬的老母亲感觉特别开心，我心里也稍觉安慰。眼看年近半百了，在哈尔滨这样的大城市有这样的安乐窝，也该心满意足矣！

新的一年（1984年），生活过得很平稳，如同一泓平静的水，没有兴起什么波澜。但还有几件小事值得一说。

第一件是上半年我到北京参加一次全国作协召开的工作会议，各个省、市都有负责人参加，因此得以会见许多文学界的新、老朋友，大家在一起切磋工作和创作体会，还是有所收益的；同时结识了中宣部和全国作协的一些领导，听取了他们对当前文学工作的一些指示和意见；这对我当下的工作和创作，不无启迪和指导。

第二件是参加了人民文学出版社在山东烟台举办的笔会。一批富有活力的中青年作家欢聚一堂，探讨创作问题，很有意义。因为都是出版社的作者，都曾经住在出版社的招待所里改过稿，彼此都很熟悉，现在聚首烟台，所以格外亲切。总编辑、老作家韦君宜同志亲自坐镇烟台，以示重视；副总编辑李曙光同志戏谑地对大家说，这次参加笔会的朋友，可以算作是人民文学出版社的“基干民兵”，出版社以后全靠你们诸位了。笔会议程安排得很宽松。上午座谈，大家畅所欲言，纵论天下大事和文学创作；下午又到大海里中流击水，嬉游于浪花之上，波涛之中，感到身心都无比的舒畅。笔会结束回到哈尔滨后，我觉得身体健康情况有很大的改善。

这一阶段，我还把发现培养年轻一代作家当成了我工作的重点之一。就在这年初夏的一天下午，我参加《北方文学》一个编前会。《北方文学》是黑龙江作协主办的唯一的文学刊物，历史悠久，人才荟萃，曾经发表过许多蜚声全国文坛的佳作，很受读者喜爱和领导重视。我现在作为作协主要负责人，当然应该把工作重点放在这本刊物上。因此，我经常参加编辑部召开的会议。

这天的会议主要议题是研究如何发现和培养文学新人的问题。大家在发言中指出：近年来随着党的政策的宽松，随着改革开放的深入发展，黑龙江这块文学沃土也萌发了许多茁壮的文学新苗，我们要加意发现和培养。编辑们议论纷纷，提出不少好的意见和建议。其中一位名叫宋学梦的年轻编辑的发言，特别引起了我的注意。他说，近日他去大兴安岭地区组稿，发现一个文学女青年，很有发展前途。她是一位二十出头的小姑娘，叫迟子建，在一所中等专科学校任教。最近写了一篇作品，叫作《沉睡的大固其固》，很有新意，基础很好，值得我们编辑部重视。

小宋的发言，引起了我的注意。会后，我便把那位女作者的作品要了过来，认真读了一遍，果然像小宋说的那样：小姑娘出手不凡，整篇作品充满灵性。我马上做出决定：把作者请到哈尔滨来，由编辑帮助修改，尽快推出。正好，作协准备近期举办一个青年业余作者学习班，约请一些有培养前途的青年作者齐集省城，脱产进行培训提高，因此，我马上决定：请迟子建参加这个学习班学习。

宋学梦办事很认真，时过不久，就把迟子建约请到哈尔滨来了。简单地交谈后，我感觉这位年轻的业余女作家很有发展前途，随后，便由编辑部的同志安排送她到学习班报到学习。

过了不久，北京的《人民文学》杂志来了两位编辑到哈尔滨组稿，他们是资深老编辑崔道怡和青年编辑朱伟，我与他们见面稍作叙谈知其来意之后，便向他们俩推荐了迟子建。我说，这个小姑娘很有潜力，请直接向她约稿，她不会让你们失望的。

崔道怡先生后来告诉我：他们见面后谈得很融洽，对迟子建的印象很好，当即向她约了稿。

果然，过了不久，《人民文学》便推出了迟子建的新作：《北极村童话》，在读者中引起了非常大的反响。

发现这样的文学新人，对于我们这个偏远省份来说，无比欣喜，我们决心大力加以扶持。此后，作协送她去北京鲁迅文学院，紧接着是西北大学作家班和鲁迅文学院研究生班……三十年过去，通过她的才华和努力，这棵文学幼苗已经变成中国文坛的参天大树了。

因为年龄和认知上的相通，小迟和我二女黧眉成为非常好的知心朋友，她们经常在一起说悄悄话。我调到北京后，她回哈尔滨省作协工作，因为没有住的地方，我便安排她与我的小女儿同住在我的家里，她们一起度过了一段情同手足的日子。

这一年，我还出版了两本书：一本是上海文艺出版社出版的报告文学集《励精图治》，书中收集了两篇作品，即《励精图治》和《励精图治续记》，老作家秦兆阳为本书写了序；另外一本书是《春天的呼唤》，由百花文艺出版社出版，陈荒煤同志写了序。这二位老作家都是当代文坛德高望重的大家，他们各自以其鲜明的个性，真挚的感情，朴实的笔触，中肯的语言，对我的作品给予了热情的表扬，老一辈作家对年轻一代的期望和勉励尽显无余，颇使我备受鼓舞。

另外，根据中国作协的部署，要在这年年底召开第四次作家代表大会。这样，我又忙着代表的选举工作。代表如何产生呢？我征求了广大作协会员的意见，大家一致希望，不要由领导包办，应该充分发扬民主，选上谁就是谁。为此，我专门请示了文联党组，并且得到省委宣传部的认可，最后取得一致意见：集中全省会员在一起，不预定候选人，由大家无记名投票选举。

选举的结果大家比较满意：获得多数票的同志，多半是多年来创作上成绩比较突出的作家，比如长篇小说《雁飞塞北》的作者林予，著名话剧《千万不要忘记》的编剧丛深，电影《勿忘我》的编剧鲁琪和他的妻子诗人刘畅园，获奖小说《笨人王老大》的作者王毅，《淡淡的晨雾》的作者张抗抗，长篇小说《男婚女嫁》的作者刘亚舟，另外还有老作家关沫南、巴波和方行等同志。出于大家对我的信任，我的选票是最多的一个。有些资深的老同志，因为各种原因，发表的作品较少或影响较小，从而落选，我感到遗憾，但也没有补救的办法，只好委屈这些同志了。

同样地根据中国作协的要求，我们黑龙江省应该产生两位作协理事。这项工作由文联党组和省委宣传部来协调，最后，经过反复研究并征求了广大作家的意见，确定鲁琪同志（他当时是省文联主席兼作协主席）和我二人为理事候选人，同时上报全国作协备案。

不知出于何种局外人难以说清的原因，四次“作代会”竟拖到年底才在北京召开。凑巧的是，它和黑龙江省的第二次文代会竟然重叠了。这次省文代会离上次的文代会已经过去十多年了，是一次备受各方关注和重视的会议，各项筹备工作均已就绪，通知已经发出，万事俱备，只等开会，会期实在是来不及更改了；而四次“作代会”的代表中，有几位还是省文联领导成员的候选人和大会主持者。怎么办呢，直到大会开会前夕，省委领导经过反复研究，最后做出决定：到北京出席四次“作代会”的黑龙江代表团，由程树榛任团长并兼任临时党支部书记，鲁琪、方行等同志留在哈尔滨主持省文代会。

我做梦也没有想到黑龙江作家代表团团长这个“艰巨”的重担，竟落在我的肩上。后来发生的事，在我的脑海里留下了难以磨灭的记忆。

2. 参加四次“作代会”的感受

黑龙江作家代表团一行是在1984年12月26日于哈尔滨起程，次日早晨抵达北京的。当即由中国作协的同志迎接到京西宾馆下榻。大会的主会场也设在这里。这是中国人民解放军下属的一个高级宾馆，中央军委的许多高级会议都是在这里召开的。室内宽敞明亮，陈设舒适大方，环境幽雅，大家自是异常兴奋。

全国各地的作家代表，也多半住在这里。因此，一出房间便遇见文学界的朋友，彼此握手言欢，互叙阔别之情，大楼内到处充满了欢声笑语。我虽然涉足文坛不久，但在报刊和出版社改稿并参加一些笔会的过程中，也结识了许多文友，现在这里聚会了，自然感到非常亲切。

入住大会后的第一项议程是开预备会，听取传达中央首长对四次作代会的指示精神。此前，中央主要负责同志对如何开好作代会，向文学界的主要领导做了原则指示，其要点是，要开成一个民主的团结的大会；“反对资产阶级自由化”和“清除精神污染”的口号不要再提了；原来确定的有关四届作协领导的候选人，既非指令性，也非指导性，而是无效性，由代表自由选举，选到谁，就是谁……预备会上，主持人照本宣科，全文传达，一字未落。

这个指示精神一传达，会场立即像炸了锅似的，热闹起来。因为它太出乎代表们的预料了，谁也没有这样的精神准备。“反对资产阶级自由化”，原本是中央领导同志一再强调的，怎么又说不要提了呢？对此，作家们心里多半是赞成的。但是，大家于兴奋和欣慰中又多少有些困惑，不少人在猜测：是不是中央对此有新的说法？特别是有关作协领导班子的选举问题，更加引起代表们的注意和兴趣，因为这样才真正地体现了民主精神；但是，同时也感到有些茫然。因为根据我们国家历来的习惯做法，不管什么机关团体的领导，都是事先确定候选人然后由代表无记名投票“选举产生”的。另外，据说作协的各方面领导的候选人，本来已经在中宣部召开的有关会议上“协商”确定下来了；理事分配名额，也经过各个代表团所在地区的党委和文学界推选出来。黑龙江省就推选鲁琪和程树榛为理事候选人，我们代表团的代表们也都是清楚的。但是，现在一切都“无效”了，怎么回事呢？于是，各个代表团都人心浮动，议论纷纷。

大会开幕式隆重而热烈。中共中央总书记胡耀邦同志莅临会场。耀邦同志是深受人民爱戴的领袖人物，思想解放，作风朴实，是党内改革开放的先驱，作家们对他很有好感，他能够亲自出席大会，大家自然非常兴奋，热烈鼓掌，表示欢迎；到会的还有其他中央领导，如习仲勋、万里、乔石、谷牧、王兆国等。胡启立同志代表党中央向大会致祝词，受到代表们的热烈欢迎。

文坛的领军人物周扬同志，因病住院未能到会，却发来了语重心长的贺信，博得全场代表热烈而长久的掌声；此前，也宣读了胡乔木、邓力群同志发来的贺信，不知为什么却掌声寥寥。下午，作协前党组书记张光年同志向全体代表做了大会主题报告，洋洋洒洒数万言，内容很丰富。但是由于人们的注意力已经转移到“候选人”的选举上面去了，所以没有引起多大的反响。以后几天某些名作家的大会发言和小组讨论，更加没人感兴趣了，有时偌大的会场，显得很空旷。我还亲眼看见了大会的这样一个镜头：

12 月 28 日那天下午，会议议程是大会发言，我作为大会的主席团成员，也坐在主席台上，“执行任务”。安排大会发言者是著名老作家李伯昭同志，她已经白发苍苍，步履艰难，是由大会工作人员搀扶着走上主席台的。她将准备好的发言稿摊开在面前，郑重其事地讲演起来。遗憾的是，这时的会场里听讲的代表却只有寥寥数人（代表们都去进行选举事宜了，没人有兴趣听报告了）；我们在主席台上的人需要“主持”会议，是不便离会的，大家都正襟危坐、装模作样地在那里履行主席团成员职责。说来令人难以置信：当时坐庄主席台上的人竟然多于台下会场中的“听众”。执行主席感觉过意不去，走到李伯昭同志面前，低声向她说：“鉴于现在会场的情况，可否请您将讲稿留下，作为书面发言？”谁知老人却倔犟地说：“就是会场的人全部走光了，我也要把这个发言进行到底！”看见老作家如此认真，态度如此坚决，我们也只好奉陪到最后。

会议开成这个样子，实在出乎我的意料之外，这是神圣而又庄严的全国作家代表大会呀，在我们这些外地作家，特别是来自边远地区的作家眼里，认为这种大会是具有无上权威的，开成这个样子，让我感到既困惑又有点失望。

正在大家都感到非常茫然的时候，我们省代表团中的一位作家突然向我提出一个要求：她希望能够成为这届作协的理事候选人！她个人认为：她的创作成就和知名度丝毫不比其他代表团已经推选出来的理事候选人差，现在既然前此确定的候选人已经“无效”，那么，她理所当然应该提出这个要求。我觉得她的这个要求不无道理，也无可厚非，但却使我很为难：因为原定的候选人是省委宣传部和省文联党组商定并征得全省作家认同的，现在她自己提出要当“候选人”，我一个人怎么做主？说心里话，平日我与这位作家没有芥蒂，相反关系一向很好。早年她还是“知青”的时候，因为她的领导不批准她请创作假，我还特意找到当时她所在农场的团委书记，在我的家里，我夫人给团委书记做了一桌丰盛的佳肴，最后帮助她圆满地解决了这个问题。不仅如此，她与我的家庭我的女儿们也有着很好的情谊。现在如果是我能说了算，谁想当就当吧！可偏偏我是一个讲组织性纪律性的人，我个人不能擅自改变省委的决定。思考良久，难以决定。

后来，我终于想出了一个办法：召开代表团临时党支部委员会进行讨论。

党支部的几位委员也觉得这个问题很棘手，一致认为，我们几个人也无权做出决定。后来，一位委员提出一个被大家都完全认可的建议：请示大会党组定夺。因为我是代表团长兼党支部书记，这请示的任务自然就落在我的身上。

次日一大早，我便敲响大会党组副书记 F 的房门，开始执行这个“艰难的任务”。这位 F 领导是一位德高望重的老作家。对于他我十分尊敬，他对许多青年作家的扶持，对一些新作中肯的评论，都给我留下很深的印象。特别是在 1980 年冬在云南召开的“当代文艺思想座谈会”上，我和他有过一面之识。在他主持的大会开幕式中轮到我发言时，他曾经热情地向代表们介绍过我的情况，并对我的作品也给予了令我感到汗颜的评价。因此，我对他虽然不太熟悉但却非常信任。为把事情做得妥帖一些，我临时又邀请中国作协创联部的一位同志陪我前去。这位女同志是哈尔滨人，和我们来自黑龙江的代表有一种“老乡”的情谊，故欣然答应了我的要求。

敲开房门后，F书记正在洗漱，我们等候了一会儿，才得以和他交谈。我开门见山地向他说明了来意，并且倾诉了我们代表团的难处。F书记听了，随口说道：她怎么突然提出这样的要求？太缺乏自知之明了！如果她要当上了作协理事，对她的告状信会像雪片一样飞到作协来。现在，告她状的信已经够多的了（关于她的问题，F还讲了几句言辞很重、不太中听的话，在此不便详述）。

F书记的话是有所指的。不久前，由于我主持黑龙江作协的工作，全国作协就转过来许多封“状告”这位作家的信。因为那个年代，人们的思想还处于保守时期，许多人对于所谓的“男女关系”还持有各种意见。因为此类问题太敏感，作为领导确实不好处理，于是这些信件都被我压下了。现在F书记所指，仍属于这个范畴。稍停一会儿，F书记又自语般地说：“她怎么不学习张某（略去具体名字——作者）呢？”张某是某省的一位著名作家，以短篇小说和电影剧本饮誉文坛和影坛，但因婚恋处理上，有某些被当时一些人不大认可的地方，为了不给组织上添麻烦，他主动放弃了作协理事候选人的资格，受到各方面的赞赏。所以F书记才有此说法。我对F书记的话未加评论，只是向他请教道：“现在此事迫在眉睫，我们怎么办？”

F书记想了一想说：“这位作家还很年轻，从爱护她出发，不当理事比当理事更为妥当！但她既然提出来了，也应该认真对待。这样吧，你们代表团可以采取投票方式决定，谁的票数多就推举谁；这个意思你可以在你们临时党支部会上议论一下。”

有了领导这样明确的指示，我心里有数了。回到代表团之后，我原原本本向临时党支部的同志传达了F同志的意见，大家都表示赞成。随后，我便召开了黑龙江代表团全体会议，唯一的议题就是选举理事候选人，采取无记名投票方式进行选举。选举的结果是，程树榛、鲁琪、林予3人超过半数，那位女作家得2票，我们只好以此上报大会。

对此选举结果，那位作家非常不满，尤其是一反以前的友好，陡然对我个人愤慨起来，当面指责我不应该如此处理这件事，要我另行改正。我说，这是群众的民主意见，我只能尊重。她愤而直接质疑大会领导，认为程树榛对此事处理不当，希望大会领导直接干预，设法改正现在的“错误做法”。

大会领导不知出于何种考虑，竟然接受了她的意见，立即召开主席团会议来进行审议。我因为是主席团成员，当然也有资格参加审议。会议主持人王蒙同志让我坐在会场中间，准备接受咨询。

王蒙同志说明今天的会议议题后，便展开热烈的讨论。有的同志说，这件事应该尊重黑龙江代表团的意见，因为人家更了解情况；有的同志说，这个问题具有代表性，主席团应该认真讨论研究，慎重做出决定。会场议论纷纷，莫衷一是。此时，忽然有人提议：请黑龙江的同志说明一下情况，为什么你们代表团不同意她做理事候选人？主持人立即示意让我发言。我这个人生性木讷，不善言辞，一般不愿在大庭广众下发言，现在为情势所迫，不得不进行回答。而且我也别无选择，只能实话实说，说明这是全体代表投票选举的结果。我的话还没有说完，便遭到某著名人物的严厉驳斥。他说：“想不到你们黑龙江作家的观念还这么落后！男女关系现在算个啥？”怎么会影响做理事候选人！主席团应该改正他们的错误观点和做法！他的话立刻得到西北一位作家的响应，他也慷慨激昂地做了类似的发言。这两位主席团成员有此意见并不出人意料，但奇怪的是，北京的某作家也跟着附和，对黑龙江代表团进行指责，这与他往日的言行大不一致；当然，这是他神圣的权利，无可非议。会议既然出现了两种截然不同的意见，就只好诉诸民主表决了。由于是采取举手表决的方式，谁是什么态度也就一目了然了。表决的结果是，赞成这个女作家做理事候选人的只有上述发言的3位，其余的人都表示反对。

于是，黑龙江代表团的选举结果就被主席团所认可了。

我原以为事情就此了结，谁知落选的这位代表，大力展开了会外活动。她当面指责F书记，为什么要给黑龙江代表团那样的建议（不知代表团临时党支部的哪一位把F书记的指示透露给她了）？最奇怪和出乎预料的是，F书记在此时竟然矢口否认，说他根本没有进行这样的建议。这让我惊愕不已！！如此一来，“罪责”便完全落在我的身上。这位代表便更加愤怒了，她认为自己的落选，是因为程树榛为了整她而向黑龙江的代表“假传圣旨”造成的。程树榛是在搞极“左”！这让我实在无法理解，前面说过，我一直与这位作家多年相识，两个家庭的关系都很好，按理她该了解我的为人，况且在本省的工作中，我也是一直支持她的。想不到她能马上翻脸。她运用自己超凡的活动能力，将这个说法向其他省、市的代表团散布，使那些不明真相的人都信以为真；有许多和我熟悉的朋友向我当面兴师问罪，他们指责我："你为什么要这么做？怎么改革开放到了现在这样的形势，你还在搞极'左'、整人？"我只有耐心地进行解释，并且谈出了我的苦衷。不少朋友们了解其中的"奥秘"后，谅解了我。但是，我又不能召开一个新闻发布会，详细说明情况，因此，仍然有很多人对我产生了误解，以至于在正式选举理事时，他们均相约不投我的票，使我们黑龙江的候选人全部落选。一个文学大省连一个全国作协理事都没有，怎么向社会交代？况且对工作也不利。为了进行补救，大会又进行了补选。在补选前，我曾向大会负责同志表示我放弃作为理事候选人的人选，但是未获同意。选举结果是我和林予二人当选，而作为省文联主席兼省作协主席的鲁琪同志却落选了。对此，鲁氏夫妇对我也很有意见，认为我工作不力。啊呀，这样上下都不落好，真是冤乎也哉！

在这里需要加以说明的是，我叙述这个事实，只是想把当年这个在四次作代会上有一定影响的事件，较详细地介绍出来，使不明真相的朋友了解一下当时的真实情况，绝无对任何人进行褒贬的意思，30年过去，是非曲直任人评说吧！

当然，这次选举还有许多微妙的结果——在理事会选举主席团时，有好几位被认为是文坛巨匠如曹禺、刘白羽、贺敬之、欧阳山等的副主席候选人都落选了，著名老作家丁玲的票数也岌岌可危，而不是候选人的某人却以高票当选副主席。据作家们私下里议论：这是文学界各种派系斗争的结果；有的却又不这样认为，说是另有深层含义。而我辈边远地区来的局外人，是很难说清楚的。

这次大会后来在文坛上还引发不少风波，甚至上了中央文件。直到现在，仍然众说纷纭，莫衷一是，它的是非功过，只有历史来评说了。

我却因参加这次代表大会，见到了"大世面"，原来中国文学界内部竟会是这样复杂和险恶！这是我远在边疆所没有预料的。但是，我想即使当时谁在我的这个位置，面对一边是省委做出的决定，一边是大会党组副书记的指示（他后来不承认曾经说的话，当然这让我对他的尊敬大打折扣），同时还有民主投票，他 / 她也只能这样做：你能说按民主选举的结果是极"左"？而且这极"左"的帽子看来也就是以得罪了谁而扣的，这不正是我们过去所经历的和今日要避免的吗？这样做不仅太无原则，太随便，太不负责任，太伤害人，也太不严肃了！

至此，我对中国作家协会的“崇拜”，也历史性地结束了。

这件事后，有不少朋友说我整个一个被冤枉了，为此还受这么大的委屈。我呢，是这么想的：在创作上，人的想象可以恣意驰骋，信马由缰，但在做人上，我永远恪守：真诚，厚道，规规矩矩。

需要说明的是：1987 年，黑龙江作协分立之后，在推举作协副主席候选人的人选时，尽管许多人反对，身为作协主席的我，依然力排众议，提名那位女作家为候选人。我说这些，并不是想表白什么，而是将真实的自己放在历史中，客观、真实地对人对物。对此，我的女儿们都说我过于善良了。

3. 黑龙江省作协改革和东三省联谊会

北京的作代会结束后，我没来得及探亲访友，甚至也没有和两个女儿聚一聚（她们均已经大学毕业留在北京工作），立即随代表团的同志一起，回到了哈尔滨。

抵家后，我才知道省文代会已经胜利闭幕，鲁琪同志被选举为主席，我被选举为副主席；被选举为副主席的还有江南、关荣玉等同志，关键任秘书长。稍后，新班子做了分工，让我分管作家协会、书法家协会、戏剧家协会、电影家协会、电视家协会和曲艺家协会，还有其他一些机关分内的工作。这样一个大摊子突然压在我的肩上，我顿觉有点难胜其任，但是，到了现在这个份上打退堂鼓是不行的，也只有勉强上阵了。为了有效地进行工作，我给自己的全部工作内容做了这样的安排：重点抓作协，其余几个部门充分发挥其负责人的主导作用，机关的工作尽量请秘书长代劳。

新的工作任务很是纷杂，但第一项我却从作协的专业作家改革做起。

由国家出资供养专业作家，这是苏联和我国等社会主义国家的特有现象。一个作家写了一些好的作品，便由作家协会审核批准，从原单位抽调出来，从事专业创作。只要你坐上这把“交椅”，占了这个位置，以后的一切生活待遇便有了可靠的保障。不管是升级提干还是调资，都和其他部门的干部一样，不会落下；也许你此后一本书也没出，甚至一个字也没写，种种生活待遇都不受到影响。有段时间，人们称一般干部捧的是“铁饭碗”，而专业作家则被认为捧的是“金饭碗”。因此，它是非常受人们羡慕的职业，作家们都是千方百计地希望进入到这个队伍中来。

那时，黑龙江作家协会共有专业作家近30人，可是真正有创作活力的则不太多，但矛盾却很多，似乎有打不完的官司告不完的状。我来到哈尔滨主管这方面的工作后，就经常收到告状信或者矛盾双方写来的诉状。显然，这种体制造成的这个现象是非常不利于作家创作的，同时也是很不合理的，应该逐步加以改革，才能符合当前改革开放的时代精神。有鉴于此，我建议：党组尽快采取改革措施。

文联党组的同志也都有共同的体会，大家一致同意尽快改变现状。于是便研究出一个基本方案，明确责成我来执行。

改革方案的内容是这样的：首先，对现有专业作家进行精减。精减的原则是，自愿去留。去的人另行安排适合于他们特长的工作；留下的人，仍称专业作家，但每月仅发给70%的基本工资，如果有作品发表，则由作协补发相同数额的稿费。这样，专业作家看似得到的名义工资少了，可是，对那些作品写得多同时又写得好的作家，实际报酬要多得很多。这是对作家创作的一种鼓励。

有十余名作家正式申请：不再留在专业作家队伍中，要求分配其他工作。最后，专业作家只剩下10人，他们都是比较年轻，创作力旺盛，频有作品问世的人。这个情况与我们预想的差不多。党组正式批准了这些作家的申请。同时，和有关单位协商，把离开专业作家队伍的同志，安排到适当的岗位，尽量做到人尽其才，各方满意。由于得到各方面的支持和大多数作家的合作，因此，这次改革进行得很顺利，有关改革措施很快就确定下来，而且立即付诸实施，行动迅速，干脆利落，没有拖泥带水。

后来的实践证明：这次改革还是很有成效的，对推动黑龙江省的文学创作起到了积极作用，社会影响也很好。时任中国作协机关报《文艺报》新闻编辑室副主任的高洪波同志，曾经到哈尔滨就这项改革对我进行了专访，回京后做了专题报道，充分肯定了我们的改革。当然，有个别退出专业作家队伍的同志，曾经对此颇有意见并多有微词，认为是程树榛新官上任，想搞点什么名堂。我听后也只能一笑置之了。既然在这个位置上，又担负这样的责任，那就必须认真地去做点工作；否则，前怕狼后怕虎，瞻前顾后，那就让开，不要担那个虚名。这是我做人做事的准则！另外，你在作品中讴歌改革、拥护改革，在工作实践中也应该贯彻改革的精神。否则，说一套，做一套，何以为人、何以服人？

工作稍微告一段落，我和文联主席鲁琪应约参加了中国作协组织的访粤代表团，去广东参观学习。

这是一次具有非常重要的学习活动。事情的缘由是这样的：广东省是我国最早实行改革开放的地区，形势发展很快，变化也非常迅速，得到了人们的普遍赞成。但是，也有不少人持反对态度。更有甚者，说什么“辛辛苦苦三十年，一夜回到解放前”。为了让全国人民了解真实的情况，宣传改革开放的大好形势，破除某些思想僵化者的陈腐观念，时任广东省委书记的任仲夷同志，主动和中国作协协商，拟邀请全国各地作家前来广东，实地考察一下作为改革开放前沿阵地的广东现状，用他们的笔真实地记录下来并广泛宣传。

中国作协的领导欣然赞成并很快采取了实际行动。参观访问活动分批进行。第一批作家集中后由周扬同志亲自率领前往广东，参访半个月，收到了很好的效果。我们集中的是第二批作家，由张光年同志任团长，成员是中国作协和来自全国各地的作家。这些人也都分别担任各省、市文联和作协的负责人。其中还有中国作协的领导成员和驻会作家，如唐达成、鲍昌、韶华、玛拉沁夫、丁宁、李纳等同志。来自地方的则有马烽、高缨、晓雪、杨佩瑾、陈继光和我等，共有 20 余人，浩浩荡荡开进了广东。

访问的第一个行程是广州市。广东省委对我们给以高规格的接待，不仅由主要负责同志设宴接风，而且安排在广州第一家五星级宾馆——白天鹅饭店下榻。那时全国的五星级宾馆还很少，我们多半是初次入住，很有刘姥姥初进大观园的情形，但我们初尝了广东改革开放的气势。次日，主人便安排了我们到工厂企业和农村参观。

“不看不知道，一看吓一跳。”放眼一看，耳目一新，别有一番天地，跟我们当时所生活的地方截然两样。主人告诉参观的我们，这个新面貌出现的时间并不太长，是改革开放的最初成果。

随后，我们又相继参观了珠海、东莞、开平、新会、深圳等县市，眼界不断大开，如同进入了一个崭新的世。特别是深圳，印象尤其深刻。它本来是一个名不见经传的小村镇，几年工夫，如神话一般崛起在南国国门，成为一个现代化的大都市，而且与香港紧紧毗邻。

说深圳和香港毗邻，是有特殊意义的。据说在过去不久的年代，深圳人因羡慕香港的富裕，生活水平高，挣钱容易，曾经有不少人冒着生命的危险，偷越边境，到香港谋生。那时是“以阶级斗争为纲”，这些偷跑的人自然都是阶级敌人，被抓回来的都没有好下场。或坐牢、或劳改，甚至有被杀头的。但是，即使这样严酷，也还有偷跑的，屡禁不止。可是，现在呢，当地人自豪地说，改革开放了，人们凭自己的本事可以发家致富了，再没有偷跑的人了；相反地，香港人倒有不少返回深圳安家落户的。这个故事很发人深思。

此次赴广东参观学习，我们每个人都像上了生动一课，也有“胜读十年书”之感。对党的改革开放政策更加赞成并衷心拥护了，认为这是我国走向富强康乐的唯一之路，全国都应该步广东的后尘，奋力赶上；文艺战线也不应该落后，而且要用改革开放的精神，做好我们自己该做的事。

回到哈尔滨后，我追忆这十余天的见闻和感想，写了一组散文，发表在全国各地报刊上，反响不错。秉着这种感受，我又创作了反映企业改革艰难历程的中篇小说《相逢时难》，发表在上海出版的《小说界》上，也算是这次广东之行的副产品吧。

接着，我们又办了一次大活动：举办首次东三省作家联谊会。

因为历史渊源，东北三省的作家一向联系比较密切，交往也很频繁，因而友谊较为深厚。为了加深这种联系，有的作家建议：三省的作家应该定期举行联谊活动，促进交流，增进感情，扩大作家的视野，繁荣东北的文学创作。也是作协改革开放的一个措施。

此事一经提议，便得到东北三省广大作家的热烈响应。于是，三省的作协负责人很快地在一起研究商定：每年举行一次东北作家联谊会，分别由各省的作协负责召集，经费由主办单位负责筹措，同时决定：第一届联谊会在黑龙江举行，由黑龙江作协筹办。当时，辽宁、吉林二省的作协已经与文联分开，独立建制，只有黑龙江还没有分开，我是分管作协的文联副主席，顺理成章，这件事该由我来具体操办。

因为是第一届联谊会，必须办得像个样子。于是，我们成立了专门的工作班子来操持。

经过紧锣密鼓地筹划，东北作家联谊会第一次会议于1985年夏天于哈尔滨如期举行，三省主要作家都云集冰城。其中代表性人物有辽宁的韶华、金河；吉林的鄂华、王恳；黑龙江是我和刘亚舟、刘畅园等共20余人。另外还邀请了北京、上海等地的报刊、出版社的客人，如孙景瑞、韩春旭等同志。

作家们首先在省创作之家举行了座谈。大家对东北三省过去的文学创作进行了回顾，认为东北作家有着光荣的传统并有巨大的成绩。当年，萧军、萧红、舒群、白朗、端木蕻良、马加、公木、方冰等前辈为代表的东北作家群，对全国的文学创作有着重大的影响，一直延续到今天，仍是说不完的话题。大家对现在东北三省的创作状况做了综合分析，认为和全国各地一样，改革开放的春风吹拂下，也出现了人才辈出发展繁荣的好势头，无论小说、诗歌、散文、报告文学都有在全国范围内值得称道的名篇佳作；对未来的创作态势，也进行了展望，一致认为，在东北这块丰饶的沃土上，既有丰富的物产和矿藏，也是作家进行创作的富矿，经过辛勤的耕耘和采掘，一定能够开放最灿烂的花朵，结出丰硕的果实，为中国文学增光添彩。

经过这样的分析和讨论，大家对东北三省的文学创作充满了信心，决心为本地区的文学繁荣尽一份力量。

在座谈会期间，作家们还游览了太阳岛，领略了它充满野趣的自然风光，这个“城市里的乡村”，别有意味，令作家们流连忘返；而漫步在青石板铺路的中央大街，在这条被誉为“亚洲最长的步行街”上，欣赏着街两旁风格各异的多国建筑，更让作家们心旷神怡。

在哈尔滨没有久留，随后，便由我带队，到外地参观访问。根据预定计划，作家们要经过牡丹江、佳木斯等城市然后沿黑龙江顺流而下，在合江市观赏三江合流的壮美景观，最后返回哈尔滨，会议在这里结束。

在牡丹江的那几天，大家过得非常愉快。由于连日多雨，镜泊湖的水量很大，所以这里的瀑布非常壮观。绵延近白米长的水帘，居高临下，倾盆而泻，大有“银河落九天”之概，令人赏心悦目。有人荡舟镜泊湖，观赏水光山色；有人在湖游泳，与水鸟竞赛；都在尽情享受大自然的恩惠。因此在离开牡丹江的时候，大家均有点依依不舍的意味。我格外高兴的是，我的二女儿黧眉受《青年文学》杂志之托，也来参加我们的联谊会，使我们父女难得有机会在镜泊湖相聚数日，这也是生活中一件意外的乐事。

不过，就在我们离开牡丹江来到佳木斯市的时候，却遇到了特大的暴风雨。翌日，佳木斯旁边的松花江江水陡涨，滚滚波涛，如山呼海啸一般，猛烈地冲击着江堤，两岸岌岌可危。所有的机关、团体，都全力以赴抗洪，人们都日夜奔忙在大堤上，防止洪水决口泛滥；而我们也不愿意在此时打扰当地的领导和文友，便决定尽快离开佳木斯。可是，与后面的有关城市联系后，被告知下游的水势更为凶猛，抗洪防汛的任务更重，有鉴于此，我立即和辽、吉二省的朋友商讨对策，经过认真讨论，最后一致决定：联谊会在此地暂告结束，大家于佳木斯握手告别。

与二女儿丽梅（黛眉）一起参加笔会

办这次联谊活动很辛苦，我的身心都很疲惫。回到哈尔滨后，本来想好好休息一下，但作为省文联驻会副主席，是没有这样的“休闲”时间的。很快地又转入正常的也是烦琐的工作状态。每天早 8 点上班，晚 5 点下班，和机关干部一样，要干好干满 8 小时。工作的内容，无非是参加大大小小的会议，批阅各种文件和条子，对上汇报工作，对下听取汇报。另外，还要迎来送往，参加各种各样的应酬，赶赴这样和那样的宴会，处理种种意料之内、意料之外的矛盾……一天到晚，忙得不可开交，经常还要加班加点。对此情况，我感觉不大适应，甚至有些烦恼，因为它大大影响了我的创作；而我当初之所以愿意调到文联，最重要的目的是想专心创作——我脑海里装着大量的创作素材等待着我把它们尽快形成作品，有的几乎是呼之欲出了。可是，现在我的绝大部分时间，都耗费在一些琐碎的事务工作中去了。我甚至觉得这简直是“浪费生命”。

其实，有好多同志还非常羡慕我担任的这个职务。认为这是身居高位，名利双收，还有什么不满足的？然而人各有志，这样的苦衷谁能理解呢？当时我常想：有些同志是非常想干同时也是适合做这个工作的，让他们来干岂非更好？我曾经把这个想法和知己的朋友谈及，可他们却说，你这是一种天真的想法，对生活的复杂性太缺乏了解了。既然把你安排在这个位置，自有其必然的逻辑，它不是以你个人意志为转移的！他们让我最好收起这个念头，把本职工作做好就是，别辜负大家的信任。

可我仍然是想不通，觉得生活不应该是这个样子的。

尽管如此，我的情绪并没有影响正常工作，我认真地严肃地对待每一件属于我工作范围的事情。

4. 意外地受省委书记的接见

我努力使自己的生活与工作，都纳入“文联副主席”的轨道。先是重点抓了本省“影协”和“视协”的换届选举，调解“书协”的内部纠纷；继而，又抓了“曲协”的《章回小说》杂志的创刊工作。经过多方协调和努力，这个通俗文学刊物终于得以问世。由于办刊同志的敬业，刊物办得有声有色，直到现在，仍然深受读者欢迎。

因为“主业”太多，而创作又成为我的“业余”了。尽管如此，忙中偷闲，我还是写了一些作品，如发表在《人间》杂志上的中篇小说《假如生活欺骗了你》，在《中国》杂志发表的报告文学《塞外奇葩》，在《小说导报》上发表了短篇小说《温暖的雪夜》，在《人民文学》上发表了散文《万绿丛中》。同时完成了电影文学剧本《春归》（根据长篇小说《春天的呼唤》改编，北影的导演林农同志也参加了意见），发表在黑龙江电影家协会编辑的《黑龙江电影剧本选》上。还算小有成绩。

不久后，发生了这样一件意外的事情：大约在初秋的某一天下午，我突然接到省委办公厅打来的一个电话，要我去107（省委招待所的代号）一趟，省委书记孙维本同志要见我。黑龙江省委书记易人我已经知道了，原书记李立安同志调中央工作，刚刚从辽宁调来一位新书记，他就是孙维本同志。

但是，省委书记找我做什么呢？我和他以前并不认识，而且我又不是省文联的一把手。我有点犯猜疑。

不过，疑虑归疑虑，见面还是要去的，对方是省的最高领导呀！

我按照电话所嘱，来到了位于中山路的省委招待所。“107”的建筑很宏伟，门面很壮观，周围戒备森严，我是第一次走近它。正好，门前有一位同志在等候我。问明情况之后，他便直接带我走进了省委书记的住所。书记的家还没有完全来，故临时住在这里。

敲门进屋之后，我自我做了介绍。省委书记约有60岁的年龄，满头华发，却没有一点儿皱纹。他见了我很高兴，笑容可掬，亲切热情地让我坐在他对面的沙发上，就像接待一位老朋友。等我坐定后，他又亲自给我倒了一杯茶，放在我的面前。一见如此，我的拘谨之情顿然消失了。

简单地寒暄几句之后，维本同志便进入正题。他说："请你到这里来，没有什么事情，就是和你聊聊咱们省文艺方面的情况。"我原来在辽宁工作，和那里的作家都认识，有的交情还比较深。他随便说出几个人来，如韶华、金河等作家，我说，他们都是我的朋友。

孙书记随即说："我离开沈阳时问过他们，我到黑龙江工作，那里的文艺界有哪些同志可以深一步谈谈？他们一致回答我：有事情你就找程树榛好了，这个同志人品文品都值得信任。所以，我现在就把你请来了，见见面，认识认识，同时聊聊这里的文艺界的情况，不是汇报工作，是聊天儿。"

他这么说让我更加放松了。我首先简单地介绍了我个人的情况，坦率地对书记说，其实我也是刚刚进入文艺界。当听到我讲述了弃工就文的经历时，维本同志显得非常感兴趣，连声说，你这个生活阅历很有意思，比单纯文化人好。

随后，我又和他漫谈了黑龙江文艺界的历史和现状，同时谈及了一些有代表性的作家和作品。他特别问到黑龙江的文坛比较辽宁和吉林的差异。我说，各有所长，也有所短，总体来说，不相上下。当然，我列举了一些例证来加以说明。

我们的谈话很投机，一下子就两个多小时过去了。在谈话快要结束的时候，维本同志又似随意地问了一句："有什么问题需要我来帮助解决的吗？"我想了想，也是随意说道："根据上边的精神，各省的文联和作协最好是分开建制较好；辽宁和吉林都分开了，就是黑龙江还合在一起，这件事请省委考虑一下。"维本同志反而问我："你的意见呢？"我说，还是分开的好，这样有利于创作。他听后稍稍沉思了一下，然后说，过一段时间，你们可以文联的名义向省委打个报告，说明一下此事的利弊，由省委通盘考虑。

告别时，孙书记送我到电梯口，随口对我说："以后你有什么事情，可以直接来找我，不用通过秘书。"

在回家的路上，我不禁想道，这可是我生平遇到的最大的首长了，没想到他是这样平易近人，而且我们彼此又是这样的投缘，我真"三生有幸"。

在此后的文联党组会上，我曾经试探性的谈了文联和作协的分开问题，常务副主席江南似有默认的意思，其他人没说什么，主席兼党组书记鲁琪同志却坚决反对。他说，大家在一起，集中力量发展繁荣黑龙江的文艺，有什么不好？其实，我知道他并没有什么恶意。只是他像过去大家庭的老家长，总希望一大家人团团圆圆在一起过日子，那才有乐趣，而怕分家，破坏了这种大团圆的氛围；可是，他不了解，“儿孙”长大了，都希望独立生活，不希望在老人眼皮底下，因为那样会舒展不开，事业得不到发展。

不过我心里明白，现在解决这个问题的火候不到，不宜多说，欲速则不达，说多了反而起反作用。

时间过得很快，不知不觉国庆节又要到了。有一天，我突然接到天津大学的一个请柬，打开一看，竟是母校发来的邀请：参加学校的90周年校庆。请柬说，这年10月2日，是天津大学的前身——北洋大学建校90周年，学校准备隆重庆祝，并借此机会恢复北洋大学的校名，希望老校友前来参加这个盛典，共襄盛举。

请柬唤起了我深远的回忆。

1957年夏，我在天津大学读书，就在毕业前夕，赶上了那场知识分子难以忘却的“运动”。前一阶段因受毛泽东“双百”方针的鼓舞，人们的思想很为活跃，掀起了“大鸣大放”的热潮。当时，许多人都认为北洋大学是我国创建的第一所高等学校，在国内外有着广泛的影响，不应该改名。便大鸣大放之机，部分师生发起联合签名，要求恢复北洋大学的名称。这个倡议很快得到人们的热烈响应，纷纷参加签名活动。但是，没过多久风向变了，整风运动变成反右运动，那些为恢复“北洋大学”而签名的师生，后来都以反党反社会主义的罪名被打入另册。20多年来，他们都背着阶级敌人的恶名，饱尝了无产阶级专政的滋味。以致后来人们绝口不谈什么北洋大学的话题。谁知时过境迁，现在学校竟然大张旗鼓地庆祝北洋大学的生日，并要求正式恢复它的名称。真是天道轮回，日月倒转了。这样的现实怎么不令人感慨万端？

我决定前去参加校庆。9月30日晚动身，同行的还有哈尔滨科技大学的汪校长等20余人。由于大家都是天津大学的校友，有许多共同语言，因此，旅途不觉得寂寞。抵达天津时，母校派车迎接在天津宾馆下榻。

10月2日一大早，我们便来到了天津大学校园。离开母校20多年了，现在一看，真是“旧貌换新颜”了。所到之处，彩旗招展，人流如潮，很有一派节日景象。大会主席台设在办公大楼门前，会场为新命名的北洋广场，到处都有明显的“北洋”标志，似乎恢复校名已经水到渠成了。我还非常荣幸地被推举为大会主席团成员，坐在主席台上。

庆祝大会开的隆重而热烈。各方人士都讲了话。很多演讲者都在呼吁恢复北洋大学的名称，有的甚至认为现在已经成为事实了。但是，不知出于何种原因，有关部门没有批准这个要求。

这不过是个插曲，人们欢庆校庆的热情并没有稍减，都卷入劫后重逢的喜悦之中。我在会后马上找到了过去共同创办天津大学文学社的两位老同学张润生和王景祜。在学校期间，我们三人经常在一起研究文学社的活动内容，同时切磋创作的心得体会，因此结下了深厚的友谊。分别多年，一直未通音信，现在相逢在母校校庆的欢乐时刻，彼此当然都异常高兴。如今，他们一个是现在《天津大学学报》的主编，一位是上海汽车发动机厂的厂长，都身负重任。我们三人一边沿着过去熟悉的路径漫步，一边回忆已经消失的峥嵘岁月，各自也谈到了现在的生存状况，无不感慨，但又庆幸在经历了那场空前的浩劫之后，年近半百，还能够赶上比较开明的盛世，可以为国家尽一点绵薄之力，又多少有某种欣慰之感。

最后，我又回到机械系的办公大楼，看见了当年众多的同窗学友。他们一个个都已鬓发斑白，皱纹满脸，有的甚至变的对面相逢不相识了，这让我颇生感慨。一晃分手 20 多年了，大家天各一方，不闻音信，但思念之情从未稍减，母校重逢，真是别有一种滋味在心头。要知道，因为我们毕业在那个特殊的年代，有着非常的遭际，都是带着无言的心灵创伤离开母校的。抚今思昔，能不感慨万端！好在我们都已经成熟了，流血的伤口，已经擦干了、抚平了，重逢的喜悦，代替了潜在的忧伤，我们都尽情地欢笑着。在谈笑之间，突然有一位发鬓斑白的老同学来到我的面前，一把拉住我的手说：“老程，对不起！当年是我愚蠢无知，揭发了你主编黑板报时写的那个成语——不平则鸣，使你委屈了几十年。”他的手哆嗦着，面红耳赤。

我仔细一看，原是我们当年在无锡一同做毕业实习的老同学邓某某，1957 年反右时确实是他第一个揭发的我，20 多年过去了，他仍然记着这件事，真是难为他了。我连忙攥紧他的手，亲切地说：“‘度尽劫波兄弟在，相逢一笑泯恩仇’！老邓，过去的事就让他过去吧，不要再想它了！”

这是一个小插曲。

我们也和当年的授课老师见了面。在和我们的专业教师、现在的系主任晤谈时，老教授居然提到了我的长篇小说《大学时代》，并且颇为赞赏，又使我十分感动。足见老师对学生的眷爱是无微不至的。

当晚，我又参加了学校举办的校庆庆祝晚会，观赏了在校同学演出的文艺节目。这些节目无不充满了浓郁的生活气息，表现了新一代大学生的精神风貌。他们那富有无限青春活力的英姿，使我不由得回想起当年我们的大学生活。我非常羡慕他们，遗憾的是我已经青春不再了。

在学校整整待了两天，第三天，我就不参加校庆活动了，由学校派车到天津作协看望一下老友蒋子龙，他现在主持天津作协工作。我们晤谈了一会儿，各自诉说了自己的近况，然后便告辞了。下午，乘车去北京，大女儿和二女儿前来接站，随后我就近住在车站附近的一机部招待所，这里是我过去来京常住的地方，人熟地熟，行动方便。父女们难得能在这里欢聚了几个小时，并在招待所里共同进了晚餐。

这次来京没有什么具体任务，只是访亲问友而已。中国作协、人民文学出版社、工人日报社等部门都走了走，分别看望了陈荒煤、鲍昌、韶华、孟伟哉、李景峰、何家栋等同志。这些人都是老朋友了，所以大家见了面，都有说不完的话；一机部的孙友余部长亲自到招待所来看望了我，很让我受宠若惊。他依然是那样的亲切、热情，视我如同家人，所以谈锋均健。我还特别问了一下他和张洁的爱情进展情况，他只是笑了笑说："顺其自然吧！"他不愿意多说，我也不便多问，随即绕开了这个话题。

几天之后，我又回到了哈尔滨，投入烦琐的日常事务中去。对于那些无效劳动，我实在是觉得乏味得很；而官场上的那些应酬，又觉得非常无聊，因此萌生去意。希望找一个比较清静的地方，坐下来认认真真写点作品。我和一些朋友谈了我的心事，他们都说我太天真，不现实，现在没有想象中的那种世外桃源，还是回到现实中来为好。

但我仍不甘心，总是想改变一下当下的生存状态。有一天，我参加"书协"的一个颁奖会，遇到省委宣传部长戚贵元同志，他问我："你经常参加这样的会议吗？"我点头称是，并无奈地对他说："是我主管的工作，不参加不行啊！"他却说："你主要的精力要放在创作上，这样的活动以后少参加！"我感激地答应了，这样的宣传部长是个明白人。在此后不久的一次党组会上，我谈了戚部长的这个意思，可是，没有得到明显的支持。不过，我自己却是努力掌握这个分寸，许多不必要的活动我都婉拒了，倒也争得不少时间，进行创作。

1986年的上半年很快地过去了，除了与北京来的陆某某商讨了电视连续剧《生活变奏曲》的改编工作外，其他没有什么值得记述的事情。创作上只是零打碎敲地写了一些短小的作品，但是，脑子却没有闲着，在酝酿另外一部长篇小说。

9月中旬，中国作协书记处书记张锲从北京打来电话，约我和其他一些文友去海南岛游览。那时，张锲刚刚当官不久，架子不大，对我们这些昔日的老朋友，还没有忘记，我们也乐意与他交往。这次他又组织了“海南笔会”，约集了十几位作家，多半是像我这样属于“哥们儿”的人，他在电话里告诉了我与会者的名字，我当然高兴地应约前往了。我先乘飞机直接去了广州，然后又改乘大巴到湛江与他们会合。先期到达的有海笑、鄂华、杨匡满等老朋友，以及朱小平、黄蓓佳、陈真等年轻的作家，和我见面后都是非常的亲切、热情，一同握手言欢，畅叙别情。随之便乘船跨海，直奔海南。到了海口，我们没有停留，而后即驱车抵达著名风景名城三亚。

那时，作家在社会上还比较受人待见，我们竟下榻在过去中央首长居住过的亚龙湾旁的几座别墅里。我住的那个房间据说是当年具有很高职位的老同志住过的地方。

亚龙湾的环境确实是优美无比，到处绿树环绕，浓荫蔽日，花团锦簇；院内有天然的小山坡，怪石嶙峋，亭榭依势而建，小桥流水，曲径通幽，如人间仙境！热闹了多半宿，次日清晨起来，大家见面笑曰：“想不到我们也做一回中央首长。”

午后，我们便下海游泳。亚龙湾的海滨更是奇妙无比，细细的沙子，像面粉那样柔，那样软，双脚踩在上面，感到异常舒服、惬意。我也随着大伙儿一起慢慢走进海里。只见这海水清澈透明，一眼可以望到海底；水温恰到好处，投身其中，温婉而舒适。冲着这样美好的海水，我们都尽情地游了起来。我虽略识水性，但仍不敢大意，游到一定的地方，便折转回来。鄂华等文友，比我勇敢多了，竟游向大海深处。回岸躺在柔软的沙滩上，我们都纷纷用细沙盖住赤裸的肌肤，其惬意真是无可名状。

游罢归来，又大饱了口福。因为三亚盛产海鲜，餐桌上摆满了刚刚从海里捕捉的海鲜。面对这美味佳肴，傍着众多知心的朋友，人人都吃得尽情，聊得也尽情。餐桌上觥筹交错，妙语连珠，大家都浸沉在深浓的友情之中。

在欢快的海泳之余，我们也没有忘记游览三亚独特的自然风光。镌刻着“天涯海角”的大石块，成为我们每个人留影的背景，热带园林的芒果和椰子，不仅留在口中，也印在相册里。当然，我们更不会忘记我们这些人自己的人生主题：文学。在那些愉快的日子里，我们不管走到哪里，总是在讨论着这个永不枯竭的话题。大家谈古论今，由中及外，有人纵论现实主义的千古不衰，有人赞美现代主义的青春活力；有人欣赏朦胧诗的含蓄，有人赞扬后现代的空灵；有人评论当前改革文学的发展趋势，有人褒扬寻根文学的底蕴——人们漫无边际，无遮无拦，尽情倾吐内心的真情实感。在谈论中经常会发生意见分歧，为某一个问题而争论不休，特别是几位年轻的朋友，火气正旺，他们有时会吵得面红耳赤，似乎要拳脚相加了，但稍纵即逝，他们又同声一笑了。这才是真正的百家争鸣啊！

在三亚尽兴地“玩要”了十余天，我们都有点“乐不思蜀”了。9 月底我突然接到一个哈尔滨打来的长途电话，是从省文联办公室打来的，那位同志告诉我：刚刚接到中国作协通知，要我参加中国作家代表团去南斯拉夫访问，10 月 6 日就从北京出发，希望我速回哈尔滨，准备按时随团出国。

这当然是一个意外的好消息。当年，中国人难得有出国的机会，这是一种待遇，一种荣誉。禁锢太久的中国人，谁不想走出国门，开阔一下眼界，长长见识！但是，获得这种“待遇”的人太少了！我对此亦向往久矣，现在终于盼到了这个机会，内心自然也是高兴的。众文友都向我表示祝贺，有人现出欣羡的神情。

我只好提前结束这次愉快的旅行，告别诸文友，依依不舍地离开三亚，赶赴哈尔滨，准备出国。

5. 异样风光别样情——去当时的南斯拉夫

10 月 8 日，我从哈尔滨乘坐火车，来到了北京，旋即到中国作协报到，与出访的其他作家会合。这是我第一次出国访问，心情有点儿激动，特别是出访南斯拉夫。

我对南斯拉夫早就非常向往。不仅是亚德里亚海滨迷人的风光，也不仅是多瑙河边铺满鲜花的原野和森林，而是她那英勇不屈的伟大形象，强烈地吸引着我。他们的人民曾经饱受苦难，他们却坚忍不拔，用自己的力量赶走了外国侵略者，推翻了国内的压迫者和剥削者；此后，又顶住了霸权主义者的高压和大国沙文主义的欺凌，像巨人一样，屹立在巴尔干半岛。尤为可贵的是，在“共产主义的万花筒”里，早在20世纪50年代就从这里响起了第一声改革的春雷，对斯大林的苏联政治经济模式发起了挑战，像一枝傲霜斗雪的迎春花，迎着严寒开放，为中国人民所钦佩。此外，南斯拉夫与我国之间，曾经历过复杂、微妙的关系，也增加了我对她的神秘感。

代表团团长是上海作协副主席王西彦先生。他已经72岁高龄，是我国文坛宿将，我和他曾经多次见面，算是老朋友了。见面后他便对我说：“我去过北美洲、大洋洲的许多国家，唯独对南斯拉夫最感兴趣，现在算如愿以偿了；古稀之年，了此夙愿，此生足矣！”

陈村是我们之中年龄最小者，刚满32岁，是上海刚刚崛起的文坛新秀。此前一同参加过笔会，彼此也不陌生。他对我说：“让我出国访问，出我意外；访问南斯拉夫，则是意外的意外。因为我刚刚读过依万·安德里奇的小说，对他描写的多瑙河风光，真是神而往之，想不到这么快就实现了。看来，向往和现实的距离并不遥远啊！”

从年龄来看，这是个有趣的组合：王老，72岁；程树榛，52岁；陈村，32岁。

10月9日我们正式起程。波音707以其超音速的神威，在很短的时间内便把我们送到万里以外的另一个半球上，横跨欧亚大陆11个国家，经过无数名山、大川、沙漠、草原。因为我们的飞机是在追逐太阳飞行，虽然历经十多个小时，当我们在贝尔格莱德机场着陆时，仍然是阳光灿烂。迎接我们的是我国驻南斯拉夫的大使谢黎和文化参赞柴盛萱二位先生。对此盛情我们实在过意不去，可谢大使却笑着说：“王西彦同志是我国著名老作家，我在学生时代就读过王老的作品，属于晚辈了，怎么不来迎候呢？你们两位（指我和陈村），根据国内的资料介绍，是很有名气的作家，也理应迎接嘛。”

大使亲切热情的话语，使来到异国他乡的我们，备觉温暖。更使我们喜出望外的是，谢大使还给我们带来一位翻译。在北京时，作协外联部的同志告诉我们国内懂得塞尔维亚文的人很少，不能另派翻译人员了，请南斯拉夫作家协会协助解决。一路之上，我们还为此发愁哩，没有自己的同胞做翻译，访问将是很困难的。谁知，刚下飞机，这个问题便迎刃而解了。出现在我们面前的是一位身材娇小、面目清秀的年轻姑娘。大使介绍说：这位张国镇同志，是在这里进修塞文的研究生，她业务娴熟，对这里的地理环境也不生疏，一定会和诸位配合得很好。张国镇随即应道："我受谢大使委托，为各位服务，一定尽力，请多关照！"同时和我们一一握手。

说话间，南斯拉夫作家协会的朋友匆匆赶来了，为首的一位大胖子名叫艾乌根，是作协的负责人之一，见了我们他幽默地说；实在抱歉，我们来迟了一步。不过，这不能怪我们，得怪贵国的飞机提前进港了，我们准时来接，反而晚了。说罢双肩一耸，双手一摊。

随着艾乌根一同迎接我们的是布巴女士，她是作协外联部的秘书，年轻而美丽，风姿绰约，光彩照人。我们从北京临行时，中国作协主管外事的书记邓友梅先生说"你们到南斯拉夫后，处处可以依靠布巴女士，她热情能干，友好大方"；同时风趣地补充一句："见面时不用介绍，表现得最热情，长得最漂亮的就是她！"现在一见，果然如此。布巴见了我们第一句话便说："我访问过中国，非常喜欢你们的国家。对中国朋友的到来，我由衷地高兴。"真诚的喜悦，溢于言表。

我们下榻在南斯拉夫大饭店，这是贝尔格莱德最好的饭店，据说是专为接待外国的国宾和政要而建。房间宽敞、明亮、舒适，服务人员彬彬有礼，很文明和有教养。当晚，南斯拉夫的朋友就在饭店为我们接风洗尘。饭菜简单而实惠，陪同者仅是艾乌根和布巴 2 人。不像我们国家，陪客的人要超过客人好几倍，饭桌上菜山酒海，连一半也吃不完。

在南斯拉夫

由于时差的关系，我一夜没睡好，次日不到 6 点，我就醒了。稍作洗漱，便想出去走走。刚一出大门，便碰见了王西彦先生。他也是一宿未能安睡，早早醒了，现在也想一睹多瑙河风光。

早晨的多瑙河美极了。淡淡的雾霭轻纱般地笼罩着河面。河水波平如镜，倒映着岸边的森林和楼厦。水面上不时飘起一股岚气，如烟如雾，呈现出朦胧的氤氲。俄而，旭日从地平线下渐渐升起，穿过丛林，筛出片片姹紫嫣红，顾盼之间，朝阳如一团火焰脱颖而出。就像被一只神奇的巨手，倏地拖起。顿时，大地披锦，河水涂金，弥漫在空中的晨雾，被染成绛紫色；几片淡蓝的云，变成朵朵彩霞。未几，云开雾散，天空澄明，一片灿烂。那青、那景、那林、那水、那船桅、那建筑，简直是气象万千。观赏着这异国奇特的景色，我们的身心都沉浸在静谧和美的意境中，心旷神怡，半晌竟相对无言。

回到宾馆后，陈村已经起来，我们一同去餐厅用餐。随即，布巴和司机已经来到宾馆，开始了我们正式访问的行程。

第一站是瞻仰已故总统铁托的故居和陵墓。故居的面积很大，掩映在一片浓荫蔽日的森林里，异常幽静。故居中摆放了铁托生前的遗物和各个历史时期的图片。从这些图片和遗物中，我们能看出这位传奇人物波澜壮阔的一生。那座简单的棺椁上面刻着：

Te tɔ　1892—1980

既无高大的墓碑，又无烦琐的碑文，朴实无华，令人肃然起敬。

在此后的日子里，我们还走访了塞尔维亚社会主义联盟所在地，参观了多瑙河河边中世纪的古城堡和一所展品陈列丰富的博物馆。看着人家对历史遗存的珍视和保护，令我们这些刚从十年浩劫走过来的人产生不少感慨。

除了访问首都贝尔格莱德之外，我们还去其他城市参观，如斯曼德热窝、诺维萨特、达斯姆雷斯卡等。在这些地方，参加了国际文学晚会，结识了许多外国作家朋友，还朗诵了各自的作品。

我们还兴致勃勃地参观了南斯拉夫的监狱，这里虽然是围墙高耸、戒备森严，但监狱的自然环境竟然是那样的幽静、美丽，亲眼看到了犯人们所享受的种种人道主义待遇，感觉这些都充分体现出了社会的文明。

主人还专意安排我们游览了“游击队山”。这里重峦叠嶂，林木密布。当年铁托就是凭借着这样的自然环境，与法西斯侵略者周旋、顽抗，最后以此为根据地，向四周突击，终于解放了全国。我当时觉得这有点像我国的井冈山，毛泽东等同志不就是在那里燃起革命的燎原之火的吗?

以后，我们还到农村进行了参观，对南斯拉夫的农民生活也有了初步的印象。那里的农民们生活得很富裕，劳动和居住条件也都已经现代化了，从谈话中可以觉察他们对中国都有不同程度的了解，这也反映了农民有较高的文化水平。

访问其他一些地方和城市之后，我们又回到贝尔格莱德，参加十月国际作家会议。这是我们此次访问南斯拉夫的主题。

会议是在首都的国际会议专用会场“萨瓦中心”召开的，这是一所风格迥异、造型奇特的建筑，成不规则的锯齿形，四面八方均可采光，因此，会场显得宽敞、明亮、舒适、大方。与会代表200余位作家，分别来自25个国家和地区，遍及全世界。会议由迎候我们的艾乌根主持，他幽默而风趣的开场白，使会场变得轻松而活泼。

中国代表团团长王西彦被邀请第一个发言。老作家这天衣冠楚楚，气宇轩昂。他在长篇发言中，着重介绍了改革开放中的社会主义中国作家所享受的创作自由。经过漫长的冬天之后，迎来了百花齐放的春天，作家们正用自己的笔，讴歌社会主义的美好事物，鞭挞一切丑恶的腐朽行为，从而赢得了人民的信任和尊敬。

王老的讲话，总被热烈的掌声所打断；他走下主席台时，外国朋友都争先与他握手，祝贺他演讲成功。特别是一位苏联作家，激动地走上前去，紧紧地握住王老的手说:“您讲得太好了！你们国家的现实令我们羡慕，你们的‘双百’方针，非常正确，我们国家应该向你们学习！”

这一天，王老成为大会的明星。除了众多外国同行的致意外，许多媒体纷纷围着他采访、为他录像。在当天南斯拉夫的报纸和电视屏幕上，充满了中国代表团团长的镜头。

我和陈村也引以为骄傲。

大会整整进行了3天，内容丰富多彩。有座谈会、报告会、研讨会、诗歌朗诵会、与读者见面会，我们都尽可能地参加了，和外国同行们进行了广泛的交流。在握手告别时，我们都交换了名片，相约今后多加联系。

大会闭幕之后，我们的访问日程也接结束了。在临行前，假我国驻南斯拉夫大使馆，我们举行了告别宴会，答谢南斯拉夫作家协会的朋友。南方一共来了3人，有亚历山大（作协主席）、艾乌根和布巴；谢黎大使也应邀作陪。

宴会的主菜为中国的火锅涮羊肉。鲜嫩的羊肉片，五味俱全的佐料，主客们都吃得很美。饭后又在一起促膝长谈，无拘无束，谈笑风生，非常投机，直到天色很晚，才依依惜别。次日一大早，我们就离开了南斯拉夫，回到祖国。

南斯拉夫经过多年的动乱和战乱，已经彻底解体，变成若干个国家，留在我脑海中的那些美好的印象，早已不复存在；南斯拉夫已经成为了历史上的一个国名。可见人世间的沧桑巨变，多么迅速，多么惊心动魄！每念及此，不禁感慨不已。因此，备感一个国家、一个社会，保持长久的安定团结是多么地重要，饱经各种动乱之苦的中国人民，需要百倍地珍惜我们来之不易的已经形成的国泰民安的大好局面。

从南斯拉夫回到北京，到作协进行了例行公事的汇报之后，又和已经大学毕业并分配在北京工作的两个女儿聚会一番，然后便迅速返回哈尔滨。此后即参与了黑龙江作协和省文联的烦琐而复杂的分立工作。

6. 省作协和文联的分立

关于黑龙江省文联和省作协的分立，在黑龙江文学史上是件大事，在这里需要多说几句。

黑龙江是一个文学大省。早在 30 年代，哈尔滨便是东北作家荟萃的地方。著名的女作家萧红便诞生在哈尔滨郊县的呼兰河畔，后来和萧军结成伴侣，其传奇的经历和他们的作品名扬华夏；此后如骆宾基、端木蕻良、舒群、白朗等作家，也都在哈尔滨落地生根，创作了许多脍炙人口的传世佳作。在解放战争期间，众多作家又云集哈尔滨，几乎形成东北地区的文学中心。只是到了新中国成立后，作家们多半汇集到北京、上海等地，黑龙江的文坛稍感冷落了些。

1957 年因反右斗争，不少著名作家如丁玲、艾青、陈沂、吴祖光、唐因、严辰、逯斐、巴波等下放黑龙江，或劳动改造，或安家落户；1958 年“大跃进”，十万官兵开发北大荒，又有一大批部队作家随同来到黑土地，于是，这里的文坛又“热闹”起来。当然，对这段历史应该进行认真的反思，其得失如何，另当别论。可是，这么多的文化人集中到这里，在社会上不能不引起强烈的效应。此后长篇小说《林海雪原》《雁飞塞北》（包括拙作《钢铁巨人》）的相继问世，丛深的几部话剧的走红，白辛的电影的轰动，加上王书怀的乡土诗，韩统良的短篇小说，谢树、林青的散文，在全国也形成一种小小的气候。新时期以来，许多文坛新秀如张抗抗、刘亚舟、蒋巍、贾宏图、王毅、迟子建等，纷纷脱颖而出。他们大显身手，不仅走出黑龙江，而且在国内外引起广泛的注意。因此，作家们不断向文联和作协的领导反映，省作协应该适应我们省文学发展的形势，自立门户，独立活动。

我们通过各种渠道向省委表达了作家们的意见，很快地引起了省委领导的重视。一天下午，省委书记孙维本同志专门把我找去，要我据实汇报文联内部的想法。由于有了上次愉快的交谈和另外几次的亲切见面，我在书记面前已经可以无话不说了。我如实地反映了我们领导班子中的不同见解，也讲了一般干部的意见，并且传达了广大作家的要求。同时，我特别强调中宣部曾经为此专门下发了文件，希望各省、市作协与文联创造条件，进行分立，这样有利于繁荣文艺。

孙书记对我的汇报都听得非常认真，并且在他面前的小本本上记下点什么。但我感到最能引起他注意的是，全国其他各省特别是辽、吉两省作协已经分立的事实。他听了后说：“看来是形势逼人了，东三省就我们落后了。好吧，咱们就赶了过去。”

我一听这话，心里有底了，省委是支持作协分立的。书记日理万机，我不愿多占用他的宝贵时间，就自觉地主动告辞。在我离开他的办公室的时候，他又嘱咐我一句：“近日省委要召开常委会，你们的事情将列入议程，开会时你可以列席，阐述一下你们的意见，你心里要有个数。”

果然，过不多久，省委办公厅便通知江南同志和我，列席省委常委会，汇报有关我省的文艺工作情况。（顺便说一句：此前不久，鲁琪同志辞去了文联党组书记的职务，已经不抓具体工作了）

省委常委会在极为庄重的省委会议室举行，我是有生以来第一次参加这样级别的会议。看到那么多高级领导和他们对我质疑的情态，心里多少有些紧张，但当我看到省委书记投过来的鼓励目光，我便立即平静下来。

会议有好几项议程，第一项便是讨论省作协和省文联分立的问题。省委书记简单地说明一下情况后，便让我具体介绍有关这个议题的来由。我讲的还是上次向省委书记汇报的内容，不过我更加有了条理，逻辑性也更强，理由更充分些；江南同志代表文联发表了肯定性的意见。在常委们议论时似乎没有产生什么歧见，多半是询问一些有关的情况，我们都一一地做了解答。最后，组织部长提出了一个难题：我们省的编制正局级单位已经满了，再添一个省作协，编制怎么解决？经他这么一说，大家都不好说话了。稍稍沉默一会儿，孙维本同志发言了，他说："这是一个特殊问题，就特殊解决吧！特别申请一个编制好了。"省委书记以其睿智和坚毅，"一语定乾坤"，议题当场通过。

事情说起来就这么简单。呛呛好几年悬而未决的问题，在这里不到半个小时就解决了。

省委的决定，很快地便传达到文联和各协会，这个消息在文艺界引起极大的震动。作家们都表示热烈拥护；其他各界也议论纷纷，大多表示赞成。也有个别人不十分高兴，但大局已定，只好默认。文联党组当时已是常务副主席江南主政，他是力主作协分立的。因此，省委通知下达后，他便立即付诸于行动。经过省委宣传部同意，作协分立筹备组正式宣告成立，我被任命为组长，韩梦杰为副组长，负责全部筹建新作协事宜。

我马上召集了全体成员开会，研究下一步的工作安排。大家经过热烈的讨论后一致决议：第一项工作是筹备召开省作家协会会员第三次代表大会（简称"作代会"），选举产生新的作协领导班子。省第二次作代会是 1983 年召开的，在 1987 年召开第三次作代会是合适的，通过这次会议，作协正式分立也就顺理成章了。因此，在此后一段时间内，我主要的工作就是抓这件事。

由于得到领导的有力支持和广大作家的热情帮助，我们的筹备工作进行得很顺利。因为主要精力放在这方面，在创作上我只好先放一放。因此，在这段时间内，我的作品很少见之于报刊。

在筹划召开省作代会的过程中，有许多烦琐的问题需要一一解决，比如房产的分配，报刊的归属，其中有不少与文联扯皮的难题。但最令人伤脑筋的是，关于未来新作协的人事安排问题。不少热心于文学事业的作家（包括个别非作家），都希望能够进入作协的领导班子当中来，以便发挥自己的才智。于是，我家里经常有些不速之客，他们登门造访，陈述自己的主张和良好愿望。而且我发现，有的人对职位升迁的渴望，远比创作一部好的作品的愿望更强烈，作协虽然不是政府"衙门"，可是对某些人来说，如同"官场"

有同样的吸引力。我想，这大概与我们这个社会的“官本位”体制是分不开的。不过，我还是真诚地告诉那些求助于我的朋友:“领导班子的确定，我是做不了主的，一切都由上级领导部门研究决定。”

正因为由上级领导决定，所以就被有一个素来和文学没有任何瓜葛的“能人”钻了空子。在后来的一些时日，他得到了不应该获得的权位，这给作协的工作带来了许多困难和损失，也给我个人的身心也造成很大的伤害。虽然是由上级确定的，但我缺乏对人的了解，一时被某些假象所惑，也是值得汲取的教训。此是后话。

经过紧张的筹备，黑龙江省作家协会第三次会员代表大会于 1987 年 6 月 15 日在哈尔滨隆重召开，省委以孙维本书记为首的主要领导，都出席了大会，表示祝贺。我在会上做了题为《努力奋斗，开创黑龙江文学创作新局面》的报告；大会选举产生了新的作协领导班子，我被选举为作协主席，一个非作家的原省委宣传部干部处长为驻会副主席，另有刘亚舟、张抗抗、郑加真、王毅等七位作家为社会职务的副主席，任命韩梦杰为秘书长。鲁琪同志被推举为名誉主席。

大会开得紧张而热烈。作家们回顾了黑龙江文坛过往的光辉历史，议论了当前创作的大好形势，展望更加美好的丰收前景，无不欢欣鼓舞，信心百倍；同时，他们对新的领导班子寄予厚望，这增加了我精神上的压力。

大会一共开了三天，圆满闭幕。

7. 本不该有的烦扰

万事开头难。分立后的作协，有许许多多的问题需要我及时处理。但是，使我料想不及的是，就在这重要时刻，我却被另一件事困扰了很久，浪费了我不少的精力。

事情是这样的。1985 年仲夏的一天，哈尔滨电视台长 Z 和该台文艺部负责人李德道来到了我的办公室。他们说，读了我的长篇小说《生活变奏曲》之后，印象特别好。认为小说以改革为背景，主题、人物、故事都好，现实意义强，是当前不可多得的作品，希望我能够同意改编为电视连续剧搬上屏幕。我告诉他们：外省的一家电视台已经和我联系，人家早有此意，我已经答应了——意向已经谈妥，最近就要签订协议。不好再给你们。

但Z等人不放弃，他们向我恳求说，哈尔滨电视台建台多年，一直没有推出一部像样的电视剧，现在要打翻身仗，苦于没有好本子，希望我能够体谅他们的苦心，谢绝外省电视台的要求，支援他们一下。同时，他们最后还搬出了宫本言同志，说“我们已经向哈尔滨市市长宫本言汇报了，宫市长很高兴”，还说“程树榛同志一定会支持你们的”。

这里需要补充一下：党的十二大闭幕后，作为中央候补委员的宫本言同志，被任命为黑龙江的副省长，主管工业生产；不久，因为工作需要，他又改任哈尔滨市长。现在，我们的交往更密切了，虽然没有直接上下级关系，却更成为推心置腹的好朋友。许多人都了解这个情况,Z等人恰好利用这一点，向我提出要求。

经他们这么反复地恳求，我的心软了。便说，你们先回去，容我考虑一下。

送走他们，我确实认真“考虑”起来。考虑到他们的态度如此恳切、真诚；考虑到我是省文联副主席，分管电视家协会，支持本省电视台的工作是应有之义；特别是又有宫本言同志的话，我觉得不好拒绝了。于是，便决定答应他们的要求，同时向外省的电视台婉言说明原委，请予鉴谅。

Z自是对我千恩万谢。立即责成李德道物色作家着手改编电视剧本。李德道又找到了我，请求我为他出主意并直接参与改编剧本的工作。他们同时还找到了哈尔滨的专业作家刘子成。刘子成与我很熟，他早已读过这部小说，当即欣然表示愿意参与改编。但是，我却向他们说，因为文联的日常工作太忙了，我难以全身心地投入改编中去，就以刘子成同志为主吧！事后，子成又找到了我，共同商定了改编方案，确定由他拿出剧本的初稿，我来二次加工。

时间过去几个月，子成的剧本迟迟没有交出，哈电视台有点不满；正好在这个时候，中国电视剧制作中心（以下简称“中心”）的一个负责人出差来哈，从他的朋友赵那里听到了这个信息。“中心”负责人对此很感兴趣，立即搞到了小说《生活变奏曲》进行突击阅读。他读后对小说大加赞赏，认为是“不可多得的本子”，强烈希望“中心”与哈尔滨电视台合作。哈台Z台长当然是求之不得，欣然同意，当即拍板决定两家合作共同拍摄《生活变奏曲》。Z台长还应“中心”负责人的要求，“另起炉灶，重新派剧作家改编”。

“中心”负责人信誓旦旦地表示，要把《生活变奏曲》当作1986年该“中心”的重点剧目来抓，他亲自抓，一抓到底！在哈尔滨电视台宴请“中心”负责人的时候，他的两位助手（姑隐其名）则表示：要找最好的导演、演员、最好的设备来拍摄此剧。三人一齐说：“此剧包在我们身上了。”

我当时出于对“中心”的信任，同意了他们的要求。但我对他们说，你们应该征得刘子成同志的认可，人家可是你们最先约请进行改编的。他们表示：决不会亏待刘子成的。我当时又力劝Z台长：“对电视界的一些人要谨慎，有的人往往言行不一，文过饰非，经常会‘店大欺客’，以势压人，不可不小心。”我建议他与“中心”负责人等人签订文字合同，以免中途出现变故时，无所依据。但是，由于Z对“中心”负责人盲目信任，又片面听信赵的巧言令色，根本听不进我的劝告，反而把原来主抓这项工作的李德道一脚踢开，让“中心”负责人的密友赵来“全面负责”。就这样，他们达成了共同合作摄制电视剧《生活变奏曲》的口头协议。

“中心”负责人此时倒还实在。回到北京后，和“中心”的其他领导商定，很快地便派遣一位作家（此人现已是“名人”）L来哈尔滨与我共同改编。这位L我并不认识，只知道他曾在上海的《朝霞》上发表过一个话剧剧本，其他别无所知。但是，又是出于对“中心”和负责同志的信任，我对他的到来持欢迎态度；同时出于通力合作的良好愿望，以一片至诚，亲自为其安排食宿，提供创作的一切方便条件。此后，为了补充生活细节，我又亲自陪同他到哈尔滨有关企业参观访问，采访了哈尔滨的主要领导同志，以及小说中的几个人物的原型。另外，我还派专人陪同他去小说涉及的地方如大庆、富拉尔基等地厂矿访问。不仅如此，我还把我有关的创作素材（包括录音资料）毫无保留地供他使用。

L在哈尔滨“深入生活”一个多月，耗费了我大量的精力。在此期间，他嫌招待所的伙食不好，经常来我家“改善生活”，我夫人均热情款待。在他即将离哈回京的前夕，我和他一同拟订了初步的改编方案。在此，我又一次把我对小说的创作过程、对改编的想法和其他有关素材提供给他。他当时对我也是千恩万谢，表示回到北京后，尽快拿出改编初稿，过几个月，携稿来哈，由我对初稿进行加工。并一再重复表示：“保证按时完成任务！”

我一向相信正派人的承诺，因此我当时也相信了L的“保证”。

可是，我等了很久，也没有见到任何信息。这年春节后，“中心”的负责人来哈，我问及剧本改编事，他用不满的语气说，那位L工作抓得不紧，我回去再催促他，尽快搞一个初稿，以便讨论。

后来的事实说明，这位“中心”负责人是在欺骗我。因为就在这段时间，那位拿走我的长篇小说和我补充素材的L，对我的小说进行改头换面的“加工”，另外搞出一个剧本来，并且扬言：“这是他去黑龙江体验生活以后写的，与程树榛无关。”而“中心”的那位负责人，竟然也将自己的大名与这位作家并列于剧本之上。可笑至极。而更令人难以置信的是，他们居然还组成了剧组，于1987年7月浩浩荡荡开进哈尔滨来拍摄外景。

我得知此消息后，感到既震惊又震怒，堂堂“中心”竟擅自置合同于不顾，做出如此不齿之事！我立即向哈尔滨市委的有关同志进行了通报，说明事实真相。哈尔滨市委主持正义，当即命令该剧组停机。

“中心”和L等人一下子慌了手脚，他们连夜飞到哈尔滨，随后便与我通话，要求与我见面商讨处理办法。我当时正患病住院，不愿与此等不讲信义的人打交道。但中心负责人再三恳求，我才勉强答应，但是，我严正指出：“基于L行为过于卑劣，我不屑与之见面。”中心负责人当时表示同意。

晤谈时，邀请了哈尔滨市委宣传部的同志、哈市电视台的负责人和省作协主持工作的副主席屈兴岐同志参加。

我首先介绍了改编《生活变奏曲》的经过，当即得到哈电视台李德道和省作协屈兴岐同志的证实。正在这时，L突然闯入会场，要求发言，我本欲马上离去，但出于礼貌，我留下来听完了他的话。他在发言中，不得不承认，他是为改编《生活变奏曲》而来哈的，并在各方面得到我的帮助；不得不承认，我向他提供了大量的创作素材；不得不承认，这个剧本是在来哈之后创作出来的。当然，他也为自己的背信弃义做了辩解。

屈兴岐同志立即尖锐地指出：没有程树榛的《生活变奏曲》便没有他L的那个剧本，好比人造卫星上天，是靠火箭推进的。大家都赞成这个说法，连“中心”负责人和L当时也默认了。

由于我当晚要赶赴北京诊病，晤谈没有继续进行下去，但相约在北京再继续商谈。可是，我在京停留20余天，根本没见那些人的影儿。

原来他们在哈尔滨碰壁之后，又以偷天换日的手法，到齐齐哈尔去招摇撞骗，利用“中心”这个金牌子和齐市电视台不了解事实真相之机，达成共拍的协议。他们原想去富拉尔基重机厂拍外景，但因该厂党委了解内幕，严加拒绝，他们不得不走开。

此后，为了维护作家的正当权益，并和这种不正之风做斗争，我曾经多次致信“中心”，要求他们严肃处理此事，可是都如同石沉大海。后来，北京知情朋友告诉我“中心”负责人和那位L都有很硬的后台，“中心”负责人怎会处理“自己人”呢？再说人家大名不是也署上了？你就吃个哑巴亏吧！此事就这样不了了之。可当时我不禁这样想，这等之人为什么敢于在电视界横行霸道？他们利用自己的特权只是为自己的一己之私服务，为什么无人敢于出面干预一下？长此以往，“中心”将何以取信于广大作者与电视观众？遗憾的是，我当年没有去使用法律手段。

世事难料。在后来的岁月里，L有一阵飞黄腾达。他大言不惭地到处炫耀自己的“创作经验”，唯独不谈关于东北的那最不光彩的剧本。不久前，我在某报纸上，又看到有人揭露其剽窃他人作品的行为。我想，习惯成自然，他这个“特长”改也难了。此是题外话。

上述这件事对我的身心伤害都很大，以致很长时间缓不过劲来。好在不久之后，我被选举为党的第十三次全国代表大会的代表，到北京出席了这个历史性的盛会，置身于这样伟大的行列中，个人心里的一点块垒，也自然地化解了。

8. 参加党的十三次全国代表大会

当选为党的十三大代表，出乎我的意料，因为我刚刚调入文联不久，资历较浅。

当年，十三大代表的产生，是比较民主的。首先是由省作协党支部大会提名，后又经过各级党组织层层选拔之后，最后由省党代表会议差额选举，我成为文艺界唯一的代表。文联曾经有个别领导同志表示异议，但省委领导坚持说：我们是民主选举，必须尊重民意！

1987年金秋，我们黑龙江代表团乘专机赴北京开会。

10月的京城，天高气爽，繁花似锦。为迎接党代会的召开，到处张灯结彩，红旗招展，一片浓浓的节日景象。良好的氛围，也给我带来了好心情。到了北京之后，我们代表团下榻在辽宁饭店。这实际是辽宁省建造的“驻北京办事处”，和大宾馆没有什么区别。全国各省市都在北京建有这样的“饭店”，便于地方来京“跑步（部）向前（钱）”。此种现象也属于中国特色吧。

除了省委书记受到特殊待遇独居一室外，其余代表都是两个人一个房间。和我共居一室的是哈尔滨工业大学的一位教授。他虽然是理工科的专家，和我却有许多共同语言，因为我本来就是学工的出身嘛！从他那里，我了解到许多高等学校里许多鲜为人知的情况。由于他对问题都有自己独到的见解，我听后觉得很有启发。当然，我也向他介绍了文坛的一些概况，他对此也很有兴趣。

在辽宁饭店下榻的还有辽宁省的出席十三大代表团。我的一位好朋友、作家金河恰好也是代表，想不到我们在这里意外地见面了，在走廊里我们俩热情地拥抱起来，随后又到房间里畅叙，感到格外地兴奋。和我一样，他现在是辽宁作协的主席，肩上也担负着沉重的担子。谈起各自现在的处境和某些棘手的问题，竟有“同病相怜”之感，因此，我们俩有说不完的话。

两天之后，党的十三次代表大会在人民大会堂正式开幕，全国各省市近2000名代表聚集在这里，聆听总书记的政治报告。会场上庄严肃穆，座无虚席；主席台上端坐着邓小平等中央领导同志。我们能够近距离地接近这位传奇式的小个子伟人，很好奇也很激动。感谢他的英明决策，改变了中国人的命运，从“以阶级斗争为纲”的苦海里，走上了奔向富裕的康庄大道。老百姓对他怀着由衷的感激。能够和他坐在一起开会，那份荣幸是无法用语言说清的。

当时的报告人是党的总书记赵紫阳。（对于这个大起大落的政治人物，我辈难以评说，由历史做结论吧。）他作的政治报告是一篇高屋建瓴、气势恢宏的纲领性的文件，内容丰富、内涵深刻，论点新颖，为我国的改革开放和四个现代化建设绘出了一幅无比壮丽的蓝图，至今还有着深刻的现实意义。

报告引起代表们浓厚的兴趣，大家对此进行了热烈的讨论，表示一致拥护。会后，全体代表又合影留念。我们有幸与党和国家领导人一起照相。这张照片我珍藏至今。

次日，各代表团分组讨论总书记的报告。出乎意料的是，全国人大委员长万里和其他中央负责同志如康世恩等人，都编入我们代表团，要和我们一起讨论报告。在会议工作人员安排座次的时候，出现了一个小插曲：万里同志当然坐在正中间，左边是省委书记孙维本；可是谁坐在万里同志的右边，却难以安排了。那些省委副书记和部长们都谦虚地摆手（不好意思），互相推托，一时无法决定。见此光景，省委书记发话了。他说："既然大家都不去坐在这里，那么，就让我们的作家（他用手指着我）挨着万里同志坐吧！怎么样？"大家一致表示："同意！"我心想，既然书记说话了，我就顺水推舟吧！反正我是个作家，没有什么官衔，和任何人都是可以平等交往的，也没有什么其他的顾虑和顾忌。于是，座次就这样排定了。

中为万里（时任全国人大委员长），右为孙维本（时任黑龙江省委书记），左为程树榛。

万里同志来到会场后，立即与代表们握手言欢。当孙书记介绍到我说"这是作家程树榛同志"时，万里同志马上和我亲切握手，连声说："和作家一块讨论报告，好啊！"落坐下来之后，趁着小组会还没有正式开始，万里同志兴致勃勃地和我交谈起来。当时，西部某位作家的一部作品，在社会上引起很大的争议，万里同志对此事颇感兴趣。他问我："有人说，这部小说是色情作品，是大毒草，你怎么看？"我说："我不这样认为。文学作品中有性的描写，是故事情节发展的需要，是很正常的。作品引起争议，也属于正常现象，百家争鸣嘛！当然，缺点是有的，但不能说是毒草。"他笑着说："你的话有道理，应该这样看。"

我们的对话，引起代表们很大的兴趣，都凝神倾听。在正式开会时，万里同志还不时地与我对话，而且彼此都谈笑风生，自由随便，使我感到中央领导同志的平易近人。

这本来是很平常的事情，却又产生一段小插曲。因为当天晚上，中央电视台的新闻联播节目，把我们的小组会开会的情况作为头条新闻播出，屏幕上出现了万里同志、省委书记孙维本和我一同谈话的特写镜头。这件事，据说在黑龙江竟然引起强烈震动。当时有人甚至猜测说，看来程某某开完十三大，一定会受到重用并且高升了。他们并不知道，这个插曲竟是这样产生的。

在此后的几天里，我和其他代表一样，忙着开会、听报告、写提案、提建议、讨论中央委员的候选人名单，忙得不亦乐乎。其间，中国作协还搞了一次招待会，招待来自全国各地的党代表。其中有中央机关的唐达成、王蒙，山西的焦祖尧，陕西的陈忠实、湖南的谭谈，辽宁的金河等（记得不全了），大家借这个机会叙谈文情和友情，感到非常愉快。

会议期间，丹梅、黧眉和丈夫洪涛，都来到我的驻地看望我，与孩子们在这里见面，当然也是很高兴的。他们觉得能够在电视上看到我和国家领导人一起开会讨论，也觉得很有意思，只是受大会纪律约束，我没有能够留他们在饭店里吃饭，又觉得很遗憾。

这次大会开得隆重而热烈，通过的文件，标志了一个新时代的开始。大会明确提出，我们国家现在正处在社会主义的初期阶段，这个阶段要持续很长时间。人们再也不会头脑发热，动不动就说什么“向共产主义过渡”了，老老实实地搞经济建设吧，谁也别想再折腾了！看来，建设社会主义任重道远啊，我虽是普通一个代表，但也觉得责任重大。

大会最后一个议程是选举产生中央委员会。这次采取差额选举，有不少选择的空间，因此，结果有一些很有名望的候选人落选了，其中最典型的人物就是邓力群同志。这也说明，我们党内的民主生活有了进步。

大会在选举出新的最高领导人之后，便胜利闭幕了。我们代表团仍然乘坐专机飞回哈尔滨。我想不到在机场竟然排列着那么多欢迎的人群：省里的党政军的负责人（去北京开会者除外），几乎都聚集到机场来了，其中包括我们作协的其他领导成员。

回到单位第一件事就是向群众传达党代会的精神。作协自然由我来传达了，而且，我还担负着向社会传达的任务。分配给我的是向电机学院全体师生传达。我原来还有点儿发怵，感到大会内容那么多，不知如何说起。但省委及时地发下了统一口径的大会传达内容纲要，于是，我心里就有谱了，因此顺利地完成了这个重要的传达任务。当然，在传达中我也适当地加了一些自己的体会，尽量使用自己的语言，少说套话。听众似乎还算满意。

由于自己是大家选举的代表，参加了这样的盛会，无形中感到自己的责任心重了。因此，完成传达任务后，我便立即召开了作协的领导班子和各部门的主要负责人的联席会议，以及专业作家的座谈会，一同商讨作协下一步的工作部署和具体安排。大家提了不少好的建议与意见。根据这些建议和意见，我认真地梳理，最后归纳成若干条，以便具体实施。

我首先抓了组织建设。因为作协刚刚从文联分立出来，属于新建单位，一切都要从头开始，可以说是百废待兴。我们首先健全了组织机构：成立了创研部、组联部，办公室，改组了机关刊物《北方文学》编辑部。

这些事情说起来简单，但做起来却令人特别伤脑筋。因为作协升格为正局级了，需要提拔一批干部。许多人都盯着各个部门的位置，希望自己能"更上一层楼"。但是，"僧多粥少"，很难满足一些人的欲望。那些日子，我的家几乎是门庭若市，直到午夜还得不到休息。特别有个别"官迷"，死缠住你不放，大有"不达目的决不罢休"之势。不过，经过艰苦的努力，还是把这一关"闯"过来了。使作协机关得以正常运转。

自然，我也因此得罪了一些人。在不久之后，这些人便借机向我"发难"了。此事以后再谈。

9. 一个新的创意

作协工作纳入正轨之后，我们又正式成立了"作家、企业家联谊会"。

此前，我们顺应时代潮流的发展，感到企业家将是社会的中间力量，于是，我们号召作家与企业家交朋友。我由于来自企业，和一些企业家早就有了密切的交往，并把这些关系带进了作协。因此，在新的作协分立前夕，许多作家已经和自己熟悉的企业家挂上了钩。为了加强这方面的工作，我们拟在作协内部，专门成立了一个办事机构，以便更充分地与企业家交往。

在从事作协的服务工作中，我有一个非常明确的指导思想，就是应使作家应该紧紧地贴近时代，与现实生活息息相通。而与企业家交朋友，是实现这个目标的有效途径。我们第一步，先安排一批作家分别到哈尔滨、齐齐哈

黑龙江省作家企业家联谊会成立大会上左 1 程树榛 (时任黑龙江省作协主席); 右 1 陈云林 (时任黑龙江省委副书记)

尔等著名的工矿企业进行参观访问，让作家们初步感受改革开放后最能体现时代精神的气息，而且我亲自带队，以示重视。此次活动成果显著，过不多久，一批反映这些企业的文学作品便问世了，我们把它们编辑成册，结集出版，取名为《绚丽的潮头》，特别约请了时任黑龙江省委副书记的陈云林同志写了序言。陈云林同志和我一样来自齐齐哈尔的工业战线，本为某工厂的一个年轻的技术员，因为表现突出，被提拔为齐齐哈尔市委副书记，不久，又晋升为省委副书记，我们彼此过从甚密，互相视作朋友，所以他对我的工作非常支持，此次请他作序，他欣然应承。他在序言中说：

"改革开放的大潮，汹涌澎湃，奔腾在神州大地，古老的中华，正以崭新的姿态在东方崛起，世界为之瞩目……今天，一个必须承认的现实摆在我们的面前，这就是必须重新估价和认识企业在当代社会中的作用。无数的事实已经或将要告诉我们，一大批有胆有识的企业家，作为一个阶层，在改革的洪流中不断地涌现，充满活力的企业经济，将使经济取得迅速的发展和长足的进步。从某种意义上讲，没有企业的发展，也就没有社会的进步。"

序言还说，"企业是现代社会发展的基石……我们的改革宏图，赋予我们一项历史的任务，就是造就一代无愧中华民族的企业家队伍……对于锐意进取、勇于开拓的企业家，我们应当歌颂，应当为他们树碑立传……”

我节选这段话，是想说明陈云林同志的远见卓识。他后来调到中央，负责对台工作，成绩卓著，也是一种证明。

《绚丽的潮头》出版后，立即受到社会广泛的好评。

然后，我们又组织一批精干的中青年作家深入到大庆油田采访。大庆位于黑龙江省，是50年代末60年代初在我国极为困难的时期开发的大油田，英雄的大庆人当年头顶蓝天，脚踏荒原，手拉肩扛，克服巨大的困难，用大无畏的“铁人精神”，一举摘掉了中国石油落后的帽子，为我国的社会主义建设做出了突出的贡献。大庆人的业绩，震动了全世界。毛泽东所提出的“工业学大庆”的口号，是深入人心的。但是，改革开放后的大庆是个什么样子呢？这不仅是中国人关心、也是全世界都关心的问题，作为黑龙江的作家，大庆就在自己的眼皮底下，怎么能不闻不问呢？我早就思考了这个问题，但以前是力不从心，难以如愿。现在新的作协建立了，我可以在自己的职权范围内，以偿这个夙愿了。

这个问题在作协内部一经提出，便得到广大作家和群众的热烈赞成和支持。很快地我们便组织了一批精干的中青年作家队伍，进入了大庆市。对于这样的活动，我认为自己必须率先垂范、以身作则，不能以领导者自居；因此，我处处和作家们一起行动。

也许因为我和大庆石油管理局局长王志武同是党的十三大代表的原因，更重要的是这次作家们的集体行动非常引人注目，大庆的各级领导对我们的到来，都表示热烈的欢迎，并为作家们的采访活动，创造了非常方便的条件。根据我们的既定计划，我们的采访活动分头进行，每个作家根据自己的具体情况，自行挑选想要采访的人物和单位。但我提出一个建议：在采访中，大庆的各方面的主要人物和单位尽量接触到。对此大家都表示赞成。

但是，挑选到最后，只有一个难题无法解决——必须有作家专门采写大庆的第一把手王志武，而现在谁也不敢“碰”这位大领导。我也就“责无旁贷”了——描述王志武和大庆的全貌的部分，由我来执笔。

那段时间，我们的作家们的足迹遍及整个油田。从王铁人生前所在的1205钻井队，到展览地质地貌梦幻般的“地下宫”；从荒郊野外的“磕头机”，到油田最边远的“猫儿洞”；以及与炼油相关的各种化工厂——到处都有我们的作家在采访，而且很快地都大有收获，并迅速地撰写出了文章。

不过，我的采访却不十分顺利。因为王志武的工作太忙；同时，他又是个非常谦虚谨慎的人，据说，他怕见记者，从来不接受采访。所以，我和他约谈多少次都没有成功。怎么办呢？我有些为难了。苦思良久，我想出了一个办法：先打“外围战”。我找到了他的同学、同乡、同事，和他当年一同参加会战的战友，“文革”一同受难的难友。

一谈，兴趣有了；再谈，兴趣浓了；三谈，兴趣强烈了。原来当今这位大庆油田的“统帅”，是一个有独特性格的人，有自己追求的人，有根据自己的生活道路而形成的有理想和抱负的人；不是官场上那种哼哼哈哈像泥鳅一样滑的党棍、官油子。

但是，我仍然希望与他当面交谈。我故意将了他一军。我通过一位副局长转告他：如果他不和我面谈，我写他的时候只好“捕风捉影”了。

这个方法果然奏效，他终于同意和我面谈了。

见面后他很客气。他笑着说：“在北京开会时咱们已经认识了，是老朋友了。”我也笑着说：“在北京开会进行大会选举时，我还投了你一票呢！”

他是十三大的中央候补委员候选人，后来正式当选了，所以我才这样说。然后我又接着说：“正因为是老朋友，才想找你谈一谈的。”

他有点歉意地说：“说实在的，这么久没来看你，倒不是全因为忙，主要是不知道怎么和你这个大作家交谈。”

我说：“既是老朋友就随便唠唠吧！说点什么都行，反正我已经采访了一些和你熟悉的同志了。”

我努力打破他的疑虑，不谈正题；我只想捕捉一下关于他的印象，印证一下我采访的内容。

我们的谈话轻松愉快，我既没有录音，也没有记录一个字，面对面坐着，完全像一对老朋友在唠家常。

他终于向我敞开了胸怀。他谈了自己的坎坷经历；谈了大庆这几十年的艰苦创业历程；谈了大庆现在面临的繁重任务；谈了大庆当前的严峻形势；时也谈了大庆令人鼓舞、也令人忧虑的未来。他的思路清晰，头脑清醒，虽是漫谈，却头头是道。

可惜交谈的时间还嫌太短了。不到一个小时，中间还来了两次电话找他。

打电话的人消息真够灵通的，竟然这么快寻找到他们首长的行踪了。

没有办法，他实在太忙。他怀着歉意向我告辞："实在对不起，还有个会，我必须参加！你不是还要来吗，那时再畅谈吧！"

我送他到电梯门口，他紧握着我的手恳切地叮嘱："老程，别写我个人，写大庆的群众，写大庆的集体，写大庆的班子，没有他们哪有今日的大庆。"

我听了他的话，但没有完全听。我以他的业绩为主，写了一篇报告文学，题目是《创业雄谱》。

后来，我们把作家们这次大庆之行所写的文章，编辑成为一本报告文学集，叫作《今日大庆》。我是这部作品的主编。全国人大委员长万里同志亲笔题写了书名；省委书记孙维本同志做了题为《举世瞩目》的序言。他文章的开头是这样写的：

> "改革时代的大庆人，在想什么？在干什么？今天的大庆有怎样的变化？这是许多人都关注的，特别是对于存留'工业学大庆'记忆的人们，是更为关注的。现在，我们看了摆在面前的《今日大庆》这部书，我相信是可以得到回答的……"

这部报告文学集出版后，社会反响很大。《东北作家》文学期刊以整本篇幅全文转载；《人民文学》为首的100家杂志联合举办的全国报告文学征文中，《今日大庆》荣获二等奖；在上海《文学报》举办的全国企业报告文学征文中，它又获得一等奖。

我们的这个活动，也引起了全国作家的兴趣。吉林的作家顾笑言、北京的女作家彭名燕、北影电影导演王为正，他们也强烈要求加入我们的行列，去大庆深入生活。我们高兴地满足了他们的希望。他们来到大庆后，便一头扎进油田火热的生活中去，后来均满载而归。彭名燕还以"今日大庆"为背景创作了一部电视连续剧，在全国公演。

从此，我们便与大庆的朋友建立了紧密的联系，彼此成为家中的常客。

以上述活动为契机，报请省委批准，我们正式成立了黑龙江作家企业家联谊会。联谊会推举了省委副书记陈云林同志为会长，省委书记孙维本同志为名誉会长，哈尔滨市长宫本言同志为顾问，我被推举为主持日常工作的常务副会长。

为了郑重起见，我们在省创作之家举行了隆重的联谊会成立大会，省里主要负责同志和100余位企业家（包括大庆油田的领导、哈尔滨三大动力的领导）以及许多著名作家，都应邀出席了大会，陈云林同志代表省委讲了话。他在讲话中强调：作家和企业家联谊，是改革开发的新生事物，应该坚持搞好，为发展和繁荣黑龙江的文学创作做出贡献。

大庆油田管理局的周副局长代表企业家讲了话，也充分表达了对联谊会成立的祝贺与支持。

至此，分立后的作协工作全面铺开了，黑龙江的文坛出现空前的繁荣景象。

10. 大型文学期刊《东北作家》的创刊

作协工作的顺利开展，大大调动了广大作家的创作积极性。为适应这种大好局面，我们又筹划创办一本大型文学期刊。

由于创作队伍的逐渐壮大，作品的日趋繁荣，作家们纷纷向我们提出要求：希望省作协能够适应形势发展的需要，为广大作家发表作品提供更广阔的园地。省作协仅仅有一本《北方文学》期刊，是很难满足当前创作形势的需要的，创办新的大型文学期刊势在必行。于是，我们便向省委宣传部和省新闻出版局分别正式打了报告；私下里我又找到省委书记孙维本同志，请他支持。孙书记欣然应允，答应帮助我们做工作。于是，刊号很快便批下来了。经过反复研究，征求各方面的意见，刊物定名为《东北作家》。它立足于黑龙江，面向东三省，辐射全中国，这是我们为刊物的定位。

省委宣传部主管我们作协的某负责人，本来是不赞成我们创办这个刊物的。他的主要理由是经费不足，编制缺乏。但是，我对他说，经费由我们作协自筹，不增加人员编制；加上省委书记的鼎力支持，他最后还是勉强同意了。

经过我们领导班子研究并报经省委同意，《东北作家》由我任主编、评论家黄益庸和编辑家鲁秀珍共任副主编。编委有巴波、关沫南、刘亚舟、张抗抗、林予、鲁琪等著名作家。开始，我并不同意由我来任主编，我认为已经是作协负责人了，多兼一个职务没有必要。但是，作家们和上级领导仍然坚持，认为这样安排能够增加刊物的权威性。为顾全大局，我只好同意。不过，我再三强调：刊物的主要编辑工作由黄、鲁二同志来做，具体工作我就不参与了。

《东北作家》的创刊得到了黑龙江省委和全国作协的大力支持。省委书记孙维本同志和中国作协党组书记唐达成同志都亲笔为创刊号题了字。孙维本同志的题词为："随人作计终后人，自成一家始逼真。"唐达成同志的题词是："愿东北肥沃的黑土上，生长起参天的文学大树。"

发刊词有这样一段话很值得一读：

> "我们立足于这块土地上，面向全国全世界。视一切与这块土地有直接关系和间接关系的作家、作品为最基本的支持者。把扶植文学新人、推出文学力作、繁荣东北及全国文化事业为根本职责。若干年后，如果到这里来过的朋友们说，这里出现了更多的不愧于这块土地的作家，出现了更多的不愧于这块土地的好作品，而《东北作家》曾在这巨大的造山运动中，尽过自己的绵薄之力，那就是对我们的最高奖赏了。
>
> 以上便是我们创办这本刊物的缘起。"

作家们也纷纷将自己满意的新作寄到编辑部来。创刊号上发表了王毅、张林等中年名家的中篇小说，发表了著名美籍华人作家陈若曦的散文，特别是还发表了30年代就已经蜚声文坛的东北老作家塞克的诗歌，真是洋洋大观。因此，《东北作家》以自己独特而崭新的带着浓厚黑土气息的面孔，出现在中国文坛上。它一出世，便受到作家和读者热烈的欢迎。

后来，《东北作家》又陆续发表了金河、邓刚、韩作荣等知名作家的新作；发表了评论家张炯的长篇论文；广东诗人韩笑寄来了长诗，上海女作家陆星儿寄来了长篇小说，均先后在刊物上发表了。陆星儿的长篇小说《灰楼里的童话》，我非常喜欢，立即决定刊用。我和我的编辑部同仁都未把她和某位在改编《生活变奏曲》时伤害我们作协的某人联系在一起。我知道陆星儿的人品文品都很好，她还是从我们黑土地上走出来的作家。

继《东北作家》创刊之后，我们又创办了另外一本刊物《企业文化》。当时我们从和企业家广泛的接触中感到，企业在改革开放的过程中，都在努力开发本企业的文化底蕴，而且各有所长，各具特色。但是，他们往往处于不自觉的状态，需要进行认真的梳理，使之成为企业发展的有机组合。因此，我们认为创办这样的能够为企业服务并且激发企业职工思想活力的文化刊物，是当前形势发展所需要的。

我们的创议，得到了省委书记孙维本同志的首肯。于是我们便通过省新闻出版局正式打报告给国家新闻出版总署，总署的工作效率还不错，报告很快便批复下来，同意我们创办这样的刊物。可是，当我们向省新闻出版局正式提出申请报告时，却意外地遇到了阻力，迟迟不给答复。其内在的原因是，省新闻出版局在请示主管我们作协的某位宣传部负责人时，他不赞成创办这个刊物，但又不便明说，只好摆在那里拖延时间。新闻出版局，也便听之任之，不作答复。后来，孙维本同志知道了，非常生气，明明是件好事为什么拖着不办？于是便亲自给出版局局长打电话，责成他尽快批复，不要再耽误时间了！这样，新闻出版局长有了省委书记的令箭，立即正式批准，允许《企业文化》出世。这一件小事的曲折过程，说明了许多问题：想认真做点事并做出点成绩来，何其难哉！总有人握有实权不做事，还不喜欢别人做事！

由于作协的工作有了起色，省里各部门都对我们刮目相看。正好这一年（1988 年）政协、人大都要换届，各单位都要推举政协委员和人大代表的人选。省里有关部门意欲推举我出任人大代表和政协委员。可是都被我婉言推却了。因为我觉得自己已经做了党的全国代表了（听说还准备推选我为省的党代会代表），不愿把这些具有荣誉性的社会职务都揽在自己的身上。于是，我便竭力推荐《北方文学》的一位女主编为省人大代表，一位专业作家为政协委员。他们都很好地尽了自己的职责。大家对我这样处理问题是赞许的。

1988 年秋，中共黑龙江省召开了第六次党代会，我被推选为代表。在进行代表资格审查期间，我得到一个确切的消息：我将是这届省委委员的候选人。因为在当时我被公认为黑龙江省文艺界的代表人物，省委委员中应该有文艺界的代表，顺理成章，我应该是这样的代表。当然，我自己也希望成为事实。

不久，大会在哈尔滨隆重开幕了，在预备会上，我被推选为大会主席团成员。看来，我当选为省委委员已经没有什么悬念了。不少代表朋友提前向我表示祝贺，我嘴里说这不算什么，但心里还是乐滋滋的。谁知当选票发给代表时，却没有我的名字。大家都感到惊诧，这是怎么回事？有人甚至怀疑程树榛临时出了什么问题了？省委组织部的领导后来找我谈话，告知我事情的原委。原来在选举前夕，新闻界的一位负责人向省委提出了意见，认为黑龙江偌大的新闻队伍，在省委委员中应该有一席之地，现在空缺是非常不合理的。这种意见还很强烈，理由也很充分。于是，大会临时研究并做出决定：将文艺界的委员名额，转给新闻界。组织部的领导安慰我说："那位同志（指新闻界的负责人）年近花甲了，就让他担任这一届的委员吧！你年纪轻，来日方长，下一届再当委员也不晚。"

事情既然这样了，我没有什么好说的。我表示：我没有意见，一切听从组织安排。此事过后不久，省委主管组织工作的一位领导私下里告诉我实际上是宣传部的那位主管我们作协的领导，搞突然袭击，坚决反对选举我为省委委员，而且提出了个一时难以查证的"理由"，搞得省委书记也没有办法，所以才会出现这样的结果。后来经过有关部门了解，这个"理由"是莫须有的。但时过境迁，也无法挽回了。

其实，我对这件事情虽然感觉遗憾，但并没有十分放在心上。因为我总认为，对于一个作家来说，最根本的成就是他创作的作品，其他再高的职位和头衔，也没有多大意义。因此，我没有表示出任何的沮丧情绪，仍然一如既往地工作，同时尽可能地挤出时间创作。在这段时间内，我连续出版了三本书，一本是北方文艺出版社出版的散文集《万绿丛中》，一本是中国工人出版社出版的中短篇小说集《假如生活欺骗了你》，还有一本是中国文联出版公司出版的《程树榛小说集》。其他还有一些散文、小说等短小作品发表在全国各地报刊上。

对于我的这种态度，省委领导曾当面表扬我说："能够有这样的胸怀，很好。"

11. 率领黑龙江作家代表团访问日本

为了加强与国外作家的交流，开阔黑龙江省作家的视野，经过省委领导同意、外事部门批准，省作协由我率团去日本国访问。

日本是发达的资本主义国家，与我国有难以说清的历史渊源，和黑龙江省又点特殊关系，所以省主管外事领导将日本作为我们作家出访外国的首选。

这是我省第一次组织作家出访外国，省里非常重视，专门划拨经费并配备了专职翻译。团员是经过反复磋商协调而决定下来的，除我之外，他们是潘青、王忠瑜、屈兴岐、刘亚舟，连同翻译小苑共6人。

我们是10月26日由北京直飞日本的福冈市的。不到3个小时就到达了，真是“一衣带水”了。福冈位于日本南部，背靠大海，城市不大，却整齐清洁，显得小巧玲珑，到处林木葱茏，花团锦簇，令人赏心悦目。在福冈机场迎接我们的是两位同姓井上的朋友，他们并非政府官员，而是福冈中日和平友好会的民间组织成员，虽然都已年逾花甲，但身体却很健壮，行动敏捷，看似中年的壮汉。那位年纪稍长的井上先生，曾经参加过侵华战争的日本军队，但早在1945年初，他便觉醒了，认识侵略战争之不义，便从日本关东军中反戈一击，成为我军抗战的一员，调转头来，打击日本侵略者。在我军建军40周年纪念时，他曾被邀请来华参加纪念活动。因此，他高兴而风趣地向我们说，他也算个“老八路”哩！另一位井上先生，亦对战争早有悔悟，战后曾经在我们黑龙江省的牡丹江航校做过教练，直到1958年才返回日本，对中国有着很深的感情。这次我们来福冈，一切接待经费，都是由他们这些民间友好人士共同筹措的。在此后的几天，我们就是在他们的陪同下，尽情地游览了福冈风光。乘螺旋升降梯登高望海，依回转展望台观赏海上来往的舰船；进玄海了望塔，在40米的深海里观看海下水晶宫；蹲在被波涛冲刷的礁石上，捡拾海栗子。待到进入具有日本庭院式的、含有温泉汤的大丸饭店里，我们又亲如家人般地围坐在一起，叙谈中日两国人民的传统友情。现在，再也闻不到硝烟弥漫的火药味儿，再也见不到刀光剑影的惨烈场景，大家的身心，都融入到浓浓的友好情谊中了。在这里我们看到了真正的日本人民的内心世界。福冈留给我的是亲切的、美丽的、友好的记忆。

从福冈乘飞机，飞越了大半个日本国土，我们来到了北方城市札幌。刚出机场，便看到黑龙江文化界的老朋友工藤欣弥先生迎候在那里。工藤先生是北海道文学馆的常任理事，不久前曾率北海道文化代表团到哈尔滨访问，我代表作协接待并宴请过他，在推杯换盏中，我们相约在札幌重新聚首。他回国后便给我来信说，欢迎黑龙江作家朋友尽早访问日本，而且一定去北海道做客，他正翘首以待。所以，今天见到我们，彼此都备感亲切，他甚至和我拥抱起来。然后，我们便下榻在京王广场饭店。饭店整洁而明亮，宽敞而舒适，是工弥先生亲自选择的。为朋友可谓用心良苦了。

在札幌前后待了4天。我们拜会了北海道知事，游览了札幌市容，参观了“浮世绘”，访问了市立八轩西小学——这座学校和哈尔滨的兆麟小学结为友好学校，所以去这里访问成为我们重要的议程。最后与“北方圈”的作家朋友会面并座谈。这是我们此行札幌的“重头戏”。

那天前来会面的作家很多，足有50人。有年高德劭的老教授，有风华正茂的文坛新秀，有气宇轩昂的名家，也有风姿绰约的女作者。有的浓妆艳抹，光彩照人，有的衣着简洁，朴实无华。但是，他们都带着亲切友好的笑容，见面后便和我们热烈握手，极尽欢迎之热忱。座谈的内容丰富而广博，都是关于文学方面的，大家争先恐后地发表意见，热情而直率，没有出现任何挑衅性的语言或向我们提出刁钻、敏感的问题。可见，日本的绝大多数人士对中国还是友好的。

离开札幌，我们直飞本州的新潟。从一个气势恢宏的现代化建筑与大山莽林、大海长天相拥的大都会，突然来到一个有如我国江南水乡般的温柔、绮旎、恬静之地，有一种难以言喻的惬意。新潟坐落在日本名河信浓川的入海处，有“水的新潟，八千八川”之誉。她的景色妩媚流畅，日本韵味特别浓厚，当地的朋友告诉我们：新潟有三白——米白、雪白、姑娘白。几天之后，我们便体会到了。吃了几餐端上来的米饭，香喷喷白得耀眼，米白确实是名不虚传；我们所到之处见到的姑娘们，也个个婀娜多姿，肤如凝脂，面若梨花；遗憾的是，没有赶上下雪，但我们都可以肯定：那落雪也一定是洁白无瑕的。因为这里的环保工作做得特别到位，蓝天白云，空气如洗，偌大城市我们没看见一个烟囱。

在新潟负责接待我们的是日中友好协会的理事长奥村俊二先生。他是一个中国通，曾经多次访问我国，对中国的许多事情都了如指掌，毕生从事中日友好事业。在他的办公室里，我们发现有我国已故人大副委员长廖承志先生亲笔写给他的条幅，上面写着：“千年友好，此志不渝！”表达了中日两国人民的深挚感情与永恒的期盼。

我们访问日本的最后一站是首都东京。这是一座繁华的国际大都市，人口1000多万。楼厦林立，市井繁华，车水马龙，人头攒动，处处让人眼花缭乱，目不暇接。和我们刚刚访问过的那三个城市绝然不同。主人有意把我们安排在新宿区的一家饭店里下榻。这里是东京最热闹的地方，有流光溢彩的银座，有倚红拥翠的红灯区，有商品琳琅满目的大型超市。这是典型的资本主义的花花世界。面前的一切都使我们大开眼界。

不过，短短的几天，我们既看到了她非凡的繁华，也看见了隐藏在繁华后的丑恶；既看到了她超常的富有，也看到富有中不易觉察的贫穷；既有清新的空气，也有令人掩鼻的污秽。总之，她是一个充满矛盾的地方，会使人产生许多遐想。

为了增加“见识”，我们还远远地瞧了瞧东京的“红灯区”。这里是另一种世界：奇装异服的女子和花天酒地的男人，在一所所名称“香艳”的酒吧、旅馆、饭店门前出出进进。我们很快地离开了那个地方。也许是我们“少见多怪”吧？

在东京最难得的是我们游览了著名的富士山。这个号称日本“圣岳”的山岭，相当于我国的泰山。它的海拔并不太高，但是，在日本却是最高的山峰了。它距离东京大约200余公里，所以我们为登临富士起了个大早，因为怕路上塞车。但是我们还是走了好几个小时，才来到山脚下。

汽车沿着盘山道一直开到山半腰便停留下来。这里到处绿树丛生，苍翠欲滴，山花似锦，芳香馥郁，和风拂煦，丽日高照，一派赏心悦目的景象；可是，再一徒步攀高几十米，便像到了寒冷的冬季：白雪皑皑，朔风凛冽，花木凋零，人烟稀少。衣着单薄的我们，冻得瑟瑟发抖，确有高处不胜寒之感。站在那里向远方遥望，东京城似乎就在脚下，其他山川河流，城市乡村，也都是如在眼前。但是，由于忍受不了寒风的侵袭，我们只好从山上下来，原路返回东京。

“梁园虽好，不是久恋之家”，次日，我们便离开日本，返回祖国。

此次访问日本，仅仅10天左右，时间虽短，我们的收获却很多。新鲜而又庞杂的异国景象，充满了脑海，具体内容和内涵，一时也难以捋清。但对于作家来说，见一见这样的世面，是完全必要的。所以作家应该走出去，多接触一些生疏的、鲜活的生活场景，让自己思路开阔一些。当时，我就想，今后这样的活动作协还要多有一些，应该让更多的作家参与进去。作家在社会上都是平等的一员，不应该有高下贵贱之分，更不应该由主管这方面工作的人员用自己的好恶来安排作家出国的机会。

从日本回国后，我将访问期间的日记整理一下，创作了4篇游记，分别记述了我们去过的这4个城市的印象和自己一些特殊的感受；我着重论述了中日两国人民的友谊。它们陆续在报刊上发表，算作我访问东瀛的一点纪念吧。

12. 后院起火了

出访归来，虽很疲劳，但我没有休息，立即又紧张地工作了。要办的事情实在太多了。

首先，要筹划出版黑龙江作家40年选集的事。1989年是新中国成立40周年，对这样的盛大的纪念节日，作协不能无所作为。经和一些同志研究，并征求作家们的意见，大家一致认为，40年来，黑龙江作家的队伍壮大了许多，创作是丰富的，可以说是硕果累累，人才辈出。作协应该认真进行总结一下，借以进一步推动黑龙江文学的繁荣。而总结最好的办法，就是把这40年来黑龙江作家的代表作精选出来，编纂成多卷集，一则展示作家们的创作成果，二则丰富黑龙江读者的精神食粮。于是，我们组织了一个编选文集的班子，开始工作。

此外，我想重点做一些作协的基建工作。到现在为止，作协还挤在一户家属宿舍楼里办公，我这个作协主席连一间独立的办公室都没有，和员工个别谈话都找不到地方。这是由于“分家”不公造成的。省作协从文联分立出来，理当分得自己的一份房产和家具，但是文联个别领导硬是把持不让，而宣传部有关领导不知出于什么原因，不敢碰硬，任凭文联随意而为，于是，作协只好在这样的困境中工作。

后来，我找到省委领导“诉苦”，希望能够改善一下作协的工作条件。领导理解我们的苦衷，答应给我们另行解决，而且示意让我先物色一块地方，以供建设办公场所之用。正好，大庆油田领导和另外几位企业家，他们对新成立的作家企业家联谊会的工作很是热心，也有意集资为联谊会建造一座办公大楼的意向。此种雪中送炭之举，当然得到我们衷心的感谢和赞成，这就更增加了我们要尽快地建设办公场所的决心。

为了选好建设的地址，我找到了哈尔滨市长宫本言同志，说明了事情的原委，请他给予支持。宫本言同志是我的老领导，也是老朋友，一向亲密无间。当我把想法对他直接表达之后，他以一贯的豪爽作风，立即慨然应允，说:“松花江畔还有几块好的地段，可以考虑给你们作协盖办公大楼；不过，我有言在先，你们搞的这个建筑必须精心设计，建成后要成为哈尔滨一景，否则，你们就另找出路！”他说得很认真，我也没有含糊，立即向他保证说：“一定按您的意见办！”

心里有了上述这样一个底儿，我马上便开始筹划起来。

但是，正当我紧锣密鼓地张罗建造作协办公大楼的时候，我们作协机关的后院起火了。我的一位副手手持短刃从背后向我猛烈刺来。

这位副手原是省委宣传部的一位处长，虽读过师范大学中文系，但几乎未发表过文学作品。他过去和作家们很少来往，我和他几乎也不认识。由于他在省委宣传部工作，对文化界的信息比较灵通。很早便获悉省文联和作协将要分立的消息，当然也知道作协需要补充一批干部，特别是局级干部。对于他这个处级干部来说，这是一次难得的机会。因为我将要主持作协工作，几乎成为人们的共识（我已经是作协筹备组的组长）。于是，他首先向我“攻关”，极其谦恭地找到我，表达他的希望：非常愿意做我的副手，协助我做好作协的事务工作。他说：“您是一个年富力强的作家，正处于创作的巅峰时期，不能陷入琐碎的行政工作中去，以致影响您的创作，我愿代您把这副担子担起来。”同时，他还谦虚地说，他不是搞创作的材料，已经搞了半辈子行政工作，甘心为作家们的创作服务。

他的这番谈话，很对我的胃口。我正为此事发愁哩！因为当了两年多的文联副主席，已经吃够了行政事务的苦头，如今作协分立出来，我再也不想陷在那些与业务无关的官场应酬当中了，而今有人甘愿把这摊子兜揽过去，岂不是件好事！但我知道这不属于我的职权范围，也不好骤然答应。只能表个态说：“我个人表示欢迎，但这必须由省委决定。”他说：“当然，当然。不过您的态度很重要，请多关照吧！”

随后，他又拜访了一些有影响的专业作家，表达愿意为作家服务的强烈意愿。于是，作家们反复向我进言，陈述该人已经表达过的观点，并且说了他不少的好话。总之，希望我能够接纳他，做我未来的副手。

此间，还有几位作家朋友，也表达了他们希望来省作协工作的愿望。他们说，情愿牺牲自己的创作，为繁荣黑龙江的文学贡献绵薄之力。我了解他们的一番苦心，表示愿意向领导转达他们的意愿。但是，他们的活动能力，毕竟和宣传部处长位置的那位相比稍逊一筹。近水楼台，此人最后达到了目的。在省委批复的作协组成人员的候选人的文件上，他位居其中。为了使他能够顺利进入作协，理事会临时召开了会议，专门批准他为省作协会员。作家代表大会进行选举时，只是走了过场而已。这也是我们中国“官场的特色”，大家已经习惯了，也没有什么说的。而且他早出晚归，勤勤恳恳，博得了大家和我的好感。于是，我便放心放手地让他主抓作协机关的日常工作，甚至某些人事安排也让他拿出初步意见；而我把主要精力用来抓作家的创作、新刊物的创办和作品的艺术质量的提高上面。同时还抓了作家与企业的联谊活动。

但是没多久，矛盾便隐隐的产生了。他在处理作协的许多重要事情时，常常不同任何人商量，而是直接向省宣传部某负责人汇报，还特别喜欢背地里告我的状，说我不愿接受党组书记的领导，自行其是等等。本来我和这位书记的关系就有点不协调，经他这一挑拨，书记自然是对我就更加不满意了。

初始，这个情况我还蒙在鼓中。

后来我才知道，此人在作协机关里亲一些人疏一些人，拉一派打一派。凡是平日和我比较接近的，他就变着法儿打击；凡是对我有所不满的，他则千方百计地加以拉拢。这样，本来好端端的一个机关，让他折腾得四分五裂，甚至大家都乌眼鸡似的彼此不说话。我非常恼火，但我还是多次善意地提醒他注意“工作方法”，对干部一定要一视同仁，保持机关干部的团结。可是，他对我的提醒置若罔闻，依然按自己的意志做下去。

当然，我在工作中肯定会有考虑不周之处，更会有得罪他人的地方。但是，在重大的原则问题上，我认为我还是能够掌握分寸的。因此，他虽然费了不少气力，却收获不大。于是，他便采取了“迂回战术”，从其他渠道寻求我的漏洞。

果然，他终于找到了可以对我下狠茬子的地方。

我们在作家企业家联谊会（以下简称“联谊会”）下面，推选一个秘书长。他本是老文联的干部，作协分立后留在作协工作。此人工作能力很强，热情很高，有事业心；缺点是工作不扎实，爱说大话，轻信人。他出任秘书长后，我曾经再三提醒他，要谦虚谨慎，什么事都要一步一个脚印，不可疏忽大意。他应承了，但在实际工作中，老毛病又犯了。他在未经领导的同意下，为联谊会招聘了几个工作人员。可是，没过多久，他又把这些人辞掉了。这几个人再三请求留下，保持一个饭碗，他却无动于衷，丝毫不松口。于是这帮人恼羞成怒，一下子把他给举报了。说他以联谊会的名义，搞了许多钱，都装进他的腰包里了。

上级有关部门对这个举报非常重视。因为涉及到钱的问题，而且数目巨大，便责成作协进行核查，以便搞清楚真相。我的那位副手认为这下子整我的时机到了，他亲自到上级有关部门"汇报"，不仅不设法澄清事实，反而夸大其词，添枝加叶，把这个没有任何事实根据的举报，变成了一件"大案要案"；在宣传部某位领导的支持下，此人成了清查这个"大案要案"的负责人。说起来令人难以置信，根据我们的分工，联谊会归此人直接领导，而他却在那位领导的"协调"下，由他牵头清查此案，岂不是等于自己清查自己吗？

当然，用意很明显：矛头是对着我来的。因为这联谊会是我意图改革作协衙门化的一个举措，下大力气搞起来的，那位秘书长是在我主持的会议上推选的。于是，我就成了他的"后台"。表面上是清查他，实际上是在清查我。

身正不怕影子斜。我当然是不怕任何人以任何方式清查的。但是，由于发生了这样的事情，就把我们正常的工作程序打乱了。加上那位副手的虚张声势，经常用旁敲侧击的方法故意"泄露"一点"内幕"。于是，不大的机关内便谣言四起，人心惶惶了，使我们的每项工作开展起来都很被动。

我知道这正是此人所需要的结果：作协的工作越乱、越办不成事，就越证明程某人的无能。因此，我千方百计稳住阵脚，耐心地向那些思想、作风比较正派的同志做工作，希望他们坚守岗位、按部就班地做好自己应该做好的工作，不要听信一些道听途说的传言。如果谁有问题，查到谁，谁就自己负责，该受什么惩处，自有党纪国法在，任何人也逃脱不了。大家要各司其职，既对得起工作，也对得起良心。

我的这些话，起到了定心丸的作用，大家果然安下心来按部就班地工作了。

这样，作协机关就形成两种现象：一部分人埋头在搞业务工作，使作协得以正常运转，因为人手少，事情多，大家都紧张得很，这些人是以我为首；另一部分人在"搞运动"（群众用语），整天内查外调，像"文革"时那样，阶级斗争的弦绷得很紧；这些人也忙得不亦乐乎，他们是以我的那位副手为头。还真有两军对垒、阵线分明的架势。

当时，我抓得最紧的还是庆祝新中国成立40周年的黑龙江作家文集。

因为时间紧，工作量大，经费比较紧张，哪一件事都需要我亲自去跑，因此也感到很累；幸亏秘书长韩梦杰对我鼎力配合，与我同心协力，其他编辑人员也尽心尽力，所以这套文集终于在国庆节前出版了。全书一共10卷，包括了黑龙江有代表性的作家及其有代表性的作品，有短篇小说、诗歌、散文、报告文学、儿童文学，艺术样式齐全，洋洋数百万言。为了避嫌，文集仅选了我一篇作品，即报告文学《励精图治》，有人还推荐了我的小说和散文，均被我婉拒了。

文集的出版，受到了广大作家和读者的热烈欢迎，同时也得到省委领导的赞扬，认为这是为黑龙江文坛办的大好事。

但是，我却感到很累。

因为经过这段时间工作上的和精神上的劳顿，再加上随时感受着那位可爱的副手不遗余力的“文革”式的折腾，使我的身心很为疲惫。于是，就在1989年的夏天，我被省里的有关部门安排到北戴河疗养。住在属于黑龙江省管辖的疗养院里。

这是我第一次来到这著名的避暑胜地。夏天的北戴河确实是别有洞天，到处浓荫蔽日，凉风习习，大海敞开它博大的胸怀，迎接着八方游客。我被安排在海滨疗养院中的一间宽大的面朝大海的房间。这里距离大海很近，走不多远就到了海滨浴场。因此，我每天都要到大海里游两三个小时，高兴时游到距离岸边很远的深海处，仰伏在大海的怀抱里，任凭海浪的冲击，漂来漂去，惬意极了。游累了，便回到疗养院休息。这里的伙食很好，大师傅每天变着花样给大家烹调可口的饭菜，让疗养者吃得口角噙香。饭后稍事休息，便和其他一些伙伴们打牌取乐。这样的生活，令人忘记了一切内心的烦恼和外部俗务的纠缠，身心都得到彻底的休息。

在北戴河小住了20余天，像神仙过的日子。由于疗养的时间有一定的限制，在满期之后，我便自觉地离开了，随后我去了一趟北京，和女儿丹梅黧眉及女婿洪涛欢聚了几天；同时，又走亲访友，9月底才回到哈尔滨。

国庆节到了，省里举行了隆重的庆祝活动。我们这些参加党的十三大的代表们，都被邀请参加了许多重要的集会。省委领导见面时总是在鼓励我：要挺起腰杆抓工作，省委是信任你的，思想上不要受到干扰。

光阴荏苒，很快地到了11月底。一天，我突然接到的中共中央宣传部下达的一个通知：中宣部拟于近期召开邓小平文艺思想座谈会，希望我能够按时参加。我拿了这个通知到了省委宣传部，找到了主管我们的那位副部长，向他请示前去北京参加座谈会的事项。谁知他看了通知之后，沉思了一会儿然后肯定地说："年底的工作很多，这个会你不用去参加了。"我说："这是中宣部召开的座谈会，不去不好吧！可他说：我们会给他们打招呼的。"

对他的这种态度，我当然不能接受。考虑再三，我径直找到了省委书记孙维本同志，我把情况向他做了汇报。孙书记听了非常生气，说："中宣部召开的会，他有什么权力不让参加？你根据中宣部通知的要求，按时到会，不要延误！"我说："某副部长要是有意见怎么办？"孙书记说："你就说是我要你去的。"

到了北京报到之后，我才知道这次会议是讨论学习中宣部编的《邓小平论文艺》，该书收录了近年小平同志关于文艺方面的论述，对指导当前的文艺工作非常及时，非常重要；中宣部召开这个座谈会就是要在一个新的历史时期，认真贯彻邓小平的文艺思想，发展繁荣社会主义文艺创作。与会的同志多半是各地作协或文联的负责人。我因此又会见了许多老朋友，大家一同交流各个地区的文艺情况和作家的思想动向，同时又听取了宣传和文艺界领导的发言和报告。

会议要求与会者回到本地区后，要及时向省委汇报并且认真传达贯彻会议精神。因此，我从北京回来后，立即向那位副部长做了汇报。我告诉他省委书记要我一定参加这个会议，所以我就去了。他对此未置可否，只是说，你最好直接向孙书记汇报一下，之后，再向作协的干部和作家们传达，多余的话，他一句没说。

这也是一场小风波吧，就这样过去了。我知道，我和这位领导的疙瘩是越结越大了，以后的工作可就更难进行了。尽管有省委领导的信任和支持，可毕竟隔着一层啊！因此，我内心产生了退意。

谁知就在此后不久，我的工作产生了出人意料的变化。

第七章

出任《人民文学》主编

1. 意外的调令

1990年悄然来到。这段时间，我一直在忙于向文艺界传达贯彻中宣部座谈会的精神。

经过那场政治风波，中央的各项政策（包括文艺方面）都会有些什么变化，人们心里都没有底；现在听了传达，知道一切都没有变，还要坚定不移地执行改革开放的政策，心里便踏实了。

元旦刚刚过去不久的一天，我正在省作家协会办公室主持召开一个会议，内容是如何纪念《北方文学》创刊40周年的活动。经过讨论，大家一致认为，纪念活动应该隆重而热烈。《北方文学》是黑龙江省在新中国成立后创刊的第一本刊物，培养了一代又一代作家，发表了许多好作品，不仅在我省，即便在全国也颇有影响，作家们对她是很有感情的。会议开到中午接近12点才结束，我正在准备下班回家吃饭，突然，办公桌上的电话铃声响了，拿起话筒一听，是省委办公厅打来找我的，内容是，请您在今天中午12点半，准时到达省委常委会议室门前等候，省委领导找您谈话。

我听后有点儿纳闷，省委领导为什么非要选择这个时间找我谈话呢？那可是午休时间呀！有什么重要事情？但是，不管我如何揣测，领导找我我得去。于是，便向车队要了车，准时来到了指定的地方。

此时恰好是12时半。一位和我熟悉的省委书记的秘书走过来向我打了招呼，他说："省委正在开常委会，马上就要散会了，您先在旁边的接待室稍候片刻。”显然，他是知道我应约而来的。

不一会儿，会散了，常委们纷纷从室内鱼贯而出。省委一位主管我们工作的领导走进接待室，向我笑了笑。还没等我说话，他先开口了，说：“今天请你来，有件要紧的事要跟你说：中宣部给省委来了电话，要调你去北京的一个文艺部门工作。最近，中央有个精神：需要抽调一批地方的同志去中央充实国家有关部门，不得讲价钱。老实说，根据省作协的情况，我们是不想放你的，但是，中央的精神必须服从，我们只好‘忍痛割爱’。刚才常委会研究了，你回去准备一下吧，估计调令很快就要下来。”

谈话很简单，随后，他便站起身来，和我握手告辞。

回家之后，和家人说起此事，小女儿拍手赞成，说：“这太好了！您调到北京，我们全家可以在京城团聚了。”她的话是有根据的，因为我的另外两个女儿，大学毕业后都已在北京工作，一个在《光明日报》作记者，一个在《青年文学》杂志当编辑。小女儿虽然在哈尔滨上大学，但心里也是向往北京的。但妻子却持反对态度，她说：“人们常说，京官难做，何况又去文艺界，那可是是非之地，你两眼一抹黑，一点根基都没有，匹马单枪，能对付得了？不像在哈尔滨，地面小人也熟，还能干点事；就这样，你不是还有好多事情也感到棘手难办、想打退堂鼓吗？”

她的话不无道理。

我由一个普通的业余作者，在工业大学毕业后，一直从事技术工作，获得了工程师的头衔。后因写了一些反映工业建设方面的文学作品，得到了读者的好评和社会的承认，被调到黑龙江省文联工作。我曾因惮于文艺界的情况复杂，事难做，人难处，故迟迟未能奉命，直到省委主要领导发话，我才不得不在 1983 年弃工就文，从边远的富拉尔基来到省城哈尔滨。

本来我只想调到文联后当一名专业作家，利用比较充裕的时间，扎扎实实写几本像样的作品。但谁知调来后不久，便因为工作需要，进入文联的领导班子；省作协和文联分立后，省委又安排我主持筹备省作办工作，此后，又被选举为省作协主席。初始虽然很艰难，但由于有省委领导的信任，并得到作家同行的帮助和广大群众的支持，工作还算顺手，为省作协做了一些实实在在的事情，取得了一些成绩，先后被推选出席了省里和全国的党代会，成为文艺界的代表人物之一。但在此期间，也被一些不做事但喜欢捣乱人的算计，使作协的工作受到了影响，对我的身心也造成了很大的伤害。鉴于文艺界的复杂与工作的难度。我确实有点想“急流勇退”了，觉得这顶“乌纱帽“太重，压得我喘不过气来，不如甩掉它，无官一身轻，沉心创作省心。妻子是理解我的“心事”的，故有此话。

可是，现在是中央宣传部发来的令，话又说得那么肯定，还是那句话：我作为一个党员，只能遵从。但我还是忐忑不安。于是，我又去晋见省委书记孙维本同志，表明我的心意。维本同志属于知识型的领导干部，礼贤下士，人情味很足，平日对我非常关心，拿我当朋友相待，可以说心里话。现在碰到如此重要的人生转折关头，我当然应该对他倾诉一下心曲。

他听了我的表白之后，率真地说：“从个人关系和省里的工作需要来说，我并不想让你走，可是“上命难违”啊！我看还是服从分配吧！首都是政治经济文化中心，可以得到更好的锻炼，说不定会有点作为的。”末了，他还半开玩笑地说：“人家还说要重用你呢！”

听他如此一说，我不好再讲什么价钱了。不过，我却向他建议：“我走之后，作协的领导班子需要调整，现在这个样子是做不了什么工作的。孙书记问我，你感觉谁来接替你的工作比较合适呢？我想了想然后说，我提出两个人选，供领导参考。一个是贾宏图，他现在是哈尔滨市委办公厅主任；另一个是蒋巍，现任哈尔滨市文联主席。他们都年富力强，在创作上很有成绩也很有实力。”

孙书记点了点头说：“这两个人我都听说过，那就让组织部和宣传部考察一下吧！”

考察的结果是，作家和有关部门都倾向于作家贾宏图。认为他办事比较沉稳，工作比较踏实，各方面的关系摆得比较正。但是，也有人投反对票，说得最重的是他在“文革”中的一点小过失。后来孙书记又为此征求我的意见，我说：“‘文革’时，贾宏图还是个上初中的孩子，受当时那种狂热的极‘左’思潮影响，即使做出了某种出格的事，也是不奇怪的，这个账不能算在他们的身上。”孙书记同意我的看法。为此，我又分头找了其他几位常委表达了我的意见。后来，省委终于选定了贾宏图。此是后话。

现在，再来继续叙述我工作调动的事。

我要调到北京的消息，不知经过什么渠道，很快便传开了。许多朋友闻讯到我家来看我，同时纷纷阐述自己的观点，对我这件人生大事，备述利害关系，要我慎重选择。我总是随口对他们说：“事儿还没有完全定下来呢，等着看吧！”因为根据常有的惯例，调动工作有一套繁杂的手续，要通过好多关口，不是短时间能够实现的事。当年，我由富拉尔基的工厂调到省作协时，是省委主要领导“交办”的，还拖了一年多呢！

谁知春节刚过，大年初三忽然接到中国作协打来的电话，要我在初五以前，务必来到北京，中宣部和作协领导要和我谈话，同时告诉我说：“届时由一位办公厅副主任前去接站，作协招待所已经安排了你的住处。”

我感到惊诧了，事情怎么来得这么快？

我是个组织观念比较强的人，对组织的话向来照办不误。随即让办公室的同志代我买了车票，带着过年未尽的遗憾，不情愿地但却是准时来到北京；可惜与接站的副主任未碰上头，我自己便根据电话指示，直接住进了作协的八里庄招待所（后来的鲁迅文学院学员宿舍）。

招待所的同志似乎已经知道我要住到这里，一进门便把我领进洒扫过的房间，同时对我说，马烽同志也刚来不久，就住在隔壁，现在上班去了。

马烽同志我是认识的，在过去这些年，我们曾有过多次愉快的接触和交谈，每次都使我很受教益，印象非常深刻。对这样一位德高望重的老作家，我一直非常敬重，并且高兴地知道他不久前被中央任命为中国作协的党组书记。因此，一听马烽同志住在这里，当时心里便有某种踏实的感觉。我站在窗口翘望，等待着马烽同志下班回来。

我是在吃过晚饭之后才去敲马烽同志的房门的。

一如过去，马烽同志依旧那样慈眉善目、平易近人，对我的来访，显然很高兴，说：“好，这么快就到了。”我说：“我是奉命赶来的。”简单地叙了寒温之后，他便直奔主题，说：“准备调你来北京工作，岗位就是做《人民文学》杂志的主编。”

我听后，大吃了一惊。做《人民文学》主编？这我连做梦都没有想到。我的脑海里迅速闪过一长串文学界与这个杂志有关联的鼎鼎大名的泰斗式人物，他们的名字，照亮了中国当代文学史。我怎敢跻身于他们的行列？我连忙向马烽同志说：“这可不行！我哪里有资格担任这样的重任？”我当即说出了我的心情和顾虑。

听完我的话，马烽同志笑了，然后说：“你的顾虑不是没有道理。不过，你也不要太自谦了！组织上是在充分了解你的情况之后，才做出这个决定的。”他历数了我在创作上和工作上所取得的一些成绩，看得出他是经过一番“调查研究”的。而且他还说：“在文学战线上，你也是‘一路诸侯’嘛，是可以胜任这个工作的。何况中央还准备安排刘白羽同志和你共任主编，你心里还没有底？”

听了这话，我眼睛不由一亮。我和刘白羽同志本人虽不熟悉，但他的声望和文学造诣我是知道的，也是当今文坛顶尖人物之一。虽然文坛上对他有各种议论，各种评价，我不想、也不愿意对那些议论进行品评，文坛上的一些旧账谁也无法理清。但作为革命老前辈、文学界的老领导，我对他还是很尊重的。“背靠大树好乘凉”，我心里似乎顿觉踏实多了。说到这里，马烽同志又把话题岔开了，他说：“其实，我也不想调到北京来工作，在山西，我已退居二线，清闲自在，优哉游哉，无忧无虑，无牵无挂，含饴弄孙，正好颐养天年。可是，我又是共产党员，还得听从组织分配；你也是一样。如果组织上让你到西藏工作，你不是也得去吗？”

一个老同志这样推心置腹地和你谈话，你还能说什么？但我仍然恳切地对他说：“请组织上再重新考虑一下，选择更加合适的人选。”他没有正面回答我的话，只是说：“我今天的话还不是最后决定，中宣部的领导还要亲自和你谈话，有什么想法，去和他们谈吧！”

回到房间，已经10点多钟了，在床上辗转反侧，一夜也没有睡好，心里充满了一串串未卜吉凶的问题，想得很远、很多。我想到了自己几十年坎坷的道路，想到了艰难创作的经历，想到了多舛的遭际；现在，命运之舟将在这颠簸起伏的生活海洋里把我载运到一个什么样的码头呢？

果然，次日我便被召到了中宣部。对我来说，这是极为神圣又神秘的地方。这个党中央的重要部门，几十年来，在这里演绎了多少惊心动魄的故事！许多次来京出差，我从它的大门前走过，从未想过要亲身走进这里，而且要和这里的领导谈话。在我的心目中，他们都是一些大人物！今天准备接待我的这位领导，也是我久仰的大作家。他的那些脍炙人口的作品，一直是我所喜爱的，有许多名章佳句，我至今还耳熟能详，甚至倒背如流。我将怎样和他对话呢？

可以说，我是很惶恐地迈入了中宣部那个庄严肃穆的大门。

想不到接见我的领导很平易近人，一点架子也没有，见了我就像见到一位老朋友似的亲切自然；而且，还和我叙说起乡谊之情。渐渐地，我紧张的神经松弛下来了，谈话变得十分容易。他简单地告诉我组织上要调我来京工作的因由，谈到了我未来的工作岗位的重要性，勉励我挑起这个重担。在征求我的意见时，我又恳切地谈到了我的惶恐、顾虑和想法，特别强调，我长期生活在边疆，虽然写了一些作品，但在文坛上没有任何根基，在京城也认识不了几个人，来到这样重要的部门，局面怕是难以打开。他听了之后，很理解地说："你能够想到这些，很好。我们也都想到了。经过认真研究，觉得这个担子，你还是可以挑起来的，当然要用大力气；其实你说的和文坛上没有多少瓜葛，这倒是你的长处，组织上看中你的，恰恰也就是这一点。不介入团团伙伙，没有框框，不先入为主，工作起来更方便。至于说到创作成就，不能说你比别人高多少，但也不能说差多少，这是不能用尺子量或者是用秤称的，起码你创作的路子比较正，这是难能可贵的。"说到这里，他特别强调一句："考虑到这项工作的难度，我们还请刘白羽同志再次出山，要他分神管管刊物。有白羽同志为你做后盾，有作协党组的全力支持，相信你会完成任务的。"紧接着他又帮助我分析了我来京工作的有利条件和不利因素，最后，十分亲切地说："不要推辞了，这是组织的安排。"

我还能说什么呢？我们这一代人，受党多年的教育，对组织的信任，往往变成生活的自觉信条；崇高的社会责任感，常常超过个人得失的选择，因此，我只能接受组织的安排。

随之，作协的有关部门，对我的生活也给予了特殊的安排：派一辆小轿车供我出行使用；另外，还请了一位老厨师，为我做饭，"鲁院"食堂旁边的一间小餐厅，供我用餐。这位老厨师已经年近花甲，曾经为某高级首长做过饭，厨艺非常高超，所做的菜肴非常可口；这样的照应，说明作协领导对《人民文学》的特殊关怀，使我既感到温暖，但又加重了的我思想负担，今后的工作，只能做好啊！

过不几天，中宣部的正式任命下达到中国作协，和刘白羽同志一道，我被任命为《人民文学》杂志的主编，《人民日报》还在头版的正中央，发表了这个消息（据说外国传媒也有报道），足见上边和各界对这个岗位多么的重视。

在未正式上任之前，马烽同志还亲自陪我去拜访了刘白羽同志。

白羽同志是赫赫有名的大作家，也是一位老革命。其实，早在 30 多年前我就和他有一面之缘。

那是在 1958 年春天，那时，我刚刚大学毕业不久，在黑龙江省富拉尔基重型机器厂做技术工作。因为平时喜欢文学，在业余时间也创作一些文学作品，也有点小名气。当年，富拉尔基非常红火，全国重点建设的156项企业，这里就有了3项。使这个原来名不见经传的达斡尔族同胞聚居的小渔村，变成了全国著名的新兴工业重镇。大建设火红的场景，吸引了全国的文艺家前来采风和体验生活。刘白羽同志在火热的生活召唤下，也来到了富拉尔基。宏伟壮丽的图景，激发了他的灵感，很快地便创作出来一篇优美的散文——《从富拉尔基到齐齐哈尔》，发表在《人民日报》上。我们这些年轻的建设者，都被作家那火烫的文字深深激动过。就在那次齐齐哈尔市委宣传部通知我去参加欢迎刘白羽同志的座谈会上，我第一次见到了他。

记得当市委书记介绍到我这个来自富拉尔基重型机器厂的业余作者时，白羽同志特别走过来和我紧紧地握了握手，勉励我要特别珍惜现在的火热的生活岗位，努力搞好业余创作。表示出了他对战斗在生产第一线的业余作者的厚爱。

生活的安排经常是出人意料的，想不到经过30多年岁月的沧桑，我竟然和他走在一起来了。这是不是命运的巧合？

刘白羽同志热情地接待了我和马烽同志，并让我们在他的小书房里谈话。马烽同志首先向他简单介绍了我。看样子白羽同志已经多少知道我的情况，亲切地说："从遥远的地方来的，而且来自基层，我表示欢迎！看来还很年轻嘛！"我连忙说："不年轻了，已经50多岁了！"他又说："搞文学创作50多岁正当年。"他当然记不起来30多年前那次到齐齐哈尔时曾和他紧紧握手的那个毛头小伙子，我也没有提及此事。

谈话很快进入正题，新主编上任后怎样办好《人民文学》杂志？马烽同志首先明确："白羽同志年事已高，只是请您把关掌舵，具体工作由树榛去做。"同时马烽同志叮嘱我："要多向白羽同志请示、汇报。"至于办刊方针，一致确认：一如既往，坚持"二为"方向和"双百"方针。白羽同志特别强调一句："《人民文学》一定是人民的文学，不是哪一家、哪一派的刊物，因此，要注意团结全国各族各方面的老中青作家，成为展现中国文学最高水平的'窗口'。"他还形象地比喻：我们发表的作品是主旋律下的星光灿烂。最后商定：我们在3月8日和编辑部的同志正式见面。

回到招待所之后，冷静下来，心里也产生一些顾虑：因为在此之前，我也听到一些有关对刘白羽同志的说法，认为他的文艺思想比较"左"，在文坛上有"左王"之称，而我过去曾经犯过"右"的错误，长期受到不公正的待遇，现在虽然情况变了，被组织信任，但一直是对“左”还是比较反感的。而马上又要和刘白羽这样的老同志共事，免不了会产生矛盾，我将怎样处理呢？沉思良久，我给自己定下了一条原则：在生活和工作上尽量尊重他，业务上学习他的专长，思想上秉着自己的良心，正确的一定遵从，有分歧时尽量设法避开，决不发生正面冲突。实在绕不开，就去请教马烽同志，请他来化解。我对马烽同志还是充分信任的。总之，这道难题我必须小心处理，不致影响刊物的正常运转。以后的事实证明我的想法和考虑是正确的，效果是正面的。我和他一直友好相处，直到他和我先后退出那个岗位。

1990 年 3 月 8 日是一个晴朗的日子，阳光很灿烂。党组书记马烽和副书记玛拉沁夫二位同志亲自送刘白羽同志和我去位于中国文联大楼第五层的《人民文学》杂志社就任新职。杂志社除个别人员外，全部按时上班了。大家齐集在会议室内，个个神情肃然，端然就坐。我过去虽然在《人民文学》上发表过文章，也认识几位编辑朋友，但来到编辑部还是第一次。哦，这就是号称“国刊”的所在地，是中国文学最高的“殿堂”！想到这里，心头多少也有些拘谨和紧张；然而又想到这里将是自己长期生活和工作甚至是安身立命的地方，遂镇定了许多。

马烽同志首先讲话。他在宣读了中宣部的任命后，立即把刘白羽同志和我介绍给大家，希望大家今后多多支持我们的工作，办好《人民文学》杂志，以不辜负全国作家的厚望！他的话就像他的作品一样，简单，朴素，明确，实在，毫无虚饰之词，绝不拖泥带水。然后，白羽同志作了认真的发言。显然，他的发言是有准备的，内容高屋建瓴，词语激昂雄阔；说得有条有理，头头是道。他全面阐述了《人民文学》今后的办刊方针和方向以及编辑们应该遵循的原则和方法；显示了他一贯热情严肃的大家风范（特别使我高兴的是，我没有觉出有“左”的味道）。他的这个发言，后来形成我们上任后所编辑的第一期刊物（1990 年 7、8 期合刊）的编辑部文章:《九十年代的召唤》。文章热情号召作家们在伟大的90年代这一新的历史时期，投身到祖国“四化”建设大业和改革开放的“绚丽多彩、波澜壮阔的生活”洪流中去，与时代同步，与人民同呼吸，与祖国共命运，“为我中华，为人类，做出新的无可泯灭的贡献，奉上新的鲜活真切的文学”。这篇文章被许多重要报刊（包括《人民日报》）转载，在文坛上产生重大影响。

在这次会上，我也做了简单的发言。我说，该说的话，马烽同志和白羽

与刘白羽

同志都讲了，我没有更多的话要说。我在这里仅仅表个态，今后我将在党组的领导下，充分尊重刘白羽同志的意见，依靠和团结编辑部全体同志，办好《人民文学》，不辜负党和同志对我的信任。

从这一天起，我正式走上了《人民文学》主编的岗位。

当时由于作协没有闲余的宿舍，我只能住在作协的八里庄招待所里（即当时的鲁迅文学院）。有关部门对我非常厚待，专门分配我一个带有卫生间的大套间，各种生活用具，一应俱全；那位老厨师继续为我服务。特别使我高兴的是，我的房间紧挨着马烽同志的住房，他虽然是“高干”而且是党组书记，也被临时安排在招待所里，他的夫人段杏绵同志陪同他住在这里。我们比邻而居，朝夕相处二年有余，彼此推心置腹，无话不谈。在日常交往中，他从来不摆大领导的架子，更没有居高临下的语气，因此，我在他面前，也没有丝毫的拘束，有什么问题，对他直抒胸臆，毫无顾忌；他对我也没有任何戒备，一切顺乎自然，他有什么不顺心的事，常常向我倾吐；他的夫人我称呼为段大姐，把我视为家人，只要她为马烽同志做了新鲜的菜肴，总把我也叫过去，和他们一同享用。因此，他们夫妇成为我真正的良师益友，那段珍贵的时光，令我终生难忘。

当时的招待所和鲁迅文学院是同一所楼房。因此有机会和鲁院师生有了密切的接触。特别是院领导唐因（院长）和周艾若（教务长）同志都在黑龙江工作过，早就是多有交往的朋友，唐因同志在落难北大荒期间，屈尊任《北方文学》编辑部主任时，还亲自做过我一篇文章的责任编辑，曾经专门去富拉尔基我的寒舍看过我，帮助我修改作品；后来，我还为他和他的女友传书递笺，算是比较知心了。艾若是周扬同志的大公子，原是黑龙江大学教授、文学评论家，在哈尔滨曾多次与我共同参加有关文学方面的研讨会，常常促膝谈心，算是老朋友了。因此，我来此之后，他们便来看望我，表达了热情的问候，并且相约以后相互多多支持。我当然欣然同意。

果然，此后过了不久，他们俩便交给我一个任务：做鲁院的写作指导老师，"辅导"几个学员的写作。这是学院多年推行的教学惯例：每个学员入学后，都聘著名作家为写作辅导老师，如秦兆阳、李准、王蒙、孟伟哉等许多同志，都曾担任过。这期学员中有3名学员原系军旅作家王愿坚的学生。不幸的是，王愿坚同志重病缠身，难以承担这项工作。于是，唐因同志便把这个任务转交给我了。事情来得很急迫，我曾一再婉拒，但最后盛情难却，只好应承。这3个学员是：浙江的张坚军，总装备部的彭志超和福建的贝奇女士。这3位同志学习和创作都很勤奋，后来都创作了许多优秀作品，张坚军同学在小说、散文、影视作品等方面，都不断有佳作面世，而且始终以老师尊称我。20余年我们联系不断，师生情谊深厚浓重。

鲁院的这一届还有点特殊性：是鲁院和北师大合办的研究生班。这个班的学员，都是当时各地文坛上青年作家中的佼佼者，他们当中有莫言、余华、洪峰、海男、迟子建、毕淑敏、萌娘、陈红、千华、寇宗鄂等，他们均有大量作品面世，社会上大都有了名气。因共同居住在一所大楼内，使我有机会和他们都有或多或少的联系和交往，有的还是常来常往的座上客，或直接送来新作，或毫无保留地跟我倾吐创作上的心得体会。他们一个个充满青春活力的学习和创新精神、多姿多彩的创作风格，像一股股飓风冲击着当时的中国文坛，同时也深深地感染了我，对我此后的创作和编辑工作也大有裨益。

此外，他们还经常通过我求教马烽同志。马烽同志从不像有的人喜欢摆"领导尊严"——求见时必须通过秘书，获允后方可见面；马烽同志则不然，谁都可以直接敲他的门。求教者，有话即长，无话则短，表达心意之后，随即离去。这种作家式的互动，

与马烽夫妇

是一种思想的交融，无高下之分，更无官本位式的衙门作风，实在是文学界的优良传统，值得后来者继承和发扬。

2. 举步维艰、如履薄冰

正式上班后的次日，刘白羽同志便和我商量：我们两人是新上任，应该有一点新举措，刊物应有点新面貌。于是，我们当即决定：1990 年的 7、8 月的刊物出一个“合刊”，以丰实的内容，来体现我们的办刊意图。首先，以我们两个人的名义，向全国有影响、有实力的作家，发出约稿信，希望他们支持我们的工作，给《人民文学》寄来自己满意的新作。

因此，上班之后，我便把出刊 7、8 月合刊的事向编辑部做了布置。大家对此表示完全的赞成，并立即付诸行动，约稿信随即由总编室发出。

我上班后的第一项“举措”，说了可能有人不信，就是要全体同志对办公室来一次彻底的大扫除。因为我第一天所看到的编辑们工作的办公室，实在目不忍睹：垃圾成堆，乱纸遍地，门窗幽暗，灰尘铺满桌椅，有损“国刊”的气度。因此，我向我的同事们说：“请大家把自己办公的地方打扫得利索点，既让自己工作舒心，也让别人看了舒服。”

使我高兴的是，大家都愉快地响应了我的要求，立即动手洒扫，经过一番劳动，办公室变得窗明几净、整齐清洁起来。一位资深的编辑同志高兴地对我说：“您这个开头很好，这叫做‘润物细无声’。”

总的说，编辑部的同人们对我的到来是欢迎的，在工作上都采取支持态度；特别是几位副主编（时为周明、崔道怡、王朝垠 3 同志），对各项工作都积极配合，因此，局面很快地打开了。7、8 月合刊顺利出刊，作家的阵容相当可观，绝无任何宗派痕迹，从下列主要名录可见一斑：

小说作者有：管华、刘绍棠、浩然、邓友梅、贾平凹、范小青、航鹰、何立伟、聂金森等。

诗歌作者有：王久辛、王建平等。

散文作者有：赵剀、沈仁康、周涛等。

报告文学作者有：江万柳、薛晓康等。

还有一些其他作家的作品，阵容蔚为壮观。他们都是当今文坛上具有实力和广泛影响的作家。

由于发稿时正值政治敏感期，对来稿的编审都特别慎重，虽然都经过三审，我还是每篇都认真地校阅一遍，生怕出现什么漏洞。不是我们胆小怕事，实在是我们国家对意识形态极端重视，是国情决定了的，谁也不能背离。

在审阅定稿的过程中，贾平凹的小说《美穴地》中个别地方可能需要做点小改动，编辑认为平凹同志是大家，不好处理。我说："由我直接处理吧，责任由我承担。平凹是个通情达理的作家，他会体谅我们的。"于是，我亲自对稿子做了些许必要的改动。

合刊出版后，在社会上和作家中间获得广泛的好评，零售市场上读者购买得也很踊跃，还有不少读者直接向杂志社索购。

有人曾经担心贾平凹同志会有不满的表示。其实，这种担心是多余的，平凹是个很有涵养的人。在我和他以后的交往中，他从未提及此事，对我本人和编辑部的其他同志，一如既往地友好相待。

在此后的一段时间，文坛上的一些老朋友，体恤我的难处，纷纷伸出了友谊之手，给我有力的支持；有的甚至顶着很大的压力，把力作和新作寄到《人民文学》编辑部。我当时也给自己的工作确定一个准则：选稿不带任何偏见，坚决排除宗派主义的"团团伙伙"意识，绝对不搞任何小圈子，公正地对待各方来稿。因为我是奉党组织之命来当主编的，不属于任何派别，不受任何人的影响；我个人没有任何对立的人群，不排斥任何人；当然，谁也不能够操纵我、指挥我、左右我。

应该承认，刘白羽同志虽然德高望重，威权很大。但是，对我还是平等相待的，什么事情都是共同商量、取得一致意见后方去实行。有一个很简单的例子：白羽同志曾有意在每期刊物上发表一些针砭时弊和文弊短论的同时，他还亲自向一些有名望的作家约了稿。我在阅读了这些来稿之后，觉得有些如果发表出来，可能对刊物会带来某种负面影响，或不利于团结方方面面的作家。斟酌再三，我向白羽同志提出建议：是不是暂时不发表这些作品？当然，我向他坦诚地陈述了我的想法。经过认真的思考之后，他接受了我的意见，决定在刊物上不设这个栏目，对已经寄来的稿件，一一退还给了作者，他还亲自向作者说明情况，表达了歉意。

还有一个例子也能说明这个问题。有一位将军诗人，寄给编辑部一首政治抒情诗，写得气势磅礴，文情并茂，我们决定予以发表。但有位副主编却持不同态度，他在我们和白羽同志共同研究编辑部的工作时，突然提出说“这篇政治抒情诗是非马列主义的”。这种突然袭击式的意见，让我和编辑部另外的同志很被动，一时不知如何解释。可白羽同志却很冷静平和地说：“你们回去再仔细研究一下，最后由树榛同志定。”尴尬的局面一下子被打破了。回去以后，经过我们再三推敲，认为这是一篇思想性和艺术性都很不错的作品，仍然如期发表了。后来的读者反映，也正如我们所预料的那样，是积极的，正面的，良好的。这位作家后来不断地给《人民文学》寄来新作，成为与我们积极的合作者；他的作品影响也越加扩大，在军事文学上占有一席之地，成为名家。

当时，由于某种误解，也有个别作家不愿意给《人民文学》写稿，甚至发出一些不和谐的声音。这给我们的组稿工作带来一定的困难。可是，我们没有采取针锋相对的态度，而是报之以真诚和友好。马烽同志亲自向我交代：《人民文学》对作家要有宽厚的胸怀，不要计较人家的某些只言片语；对于误解，可以暂时放一放，该约稿的还要约稿，写信、打电话，甚至登门拜访，拿出赤诚来。精诚所至，金石为开。只要我们尽到了努力，总会有收获的。

秉持这种精神，我们编辑部的同志采取了切实有效的行动，分头去全国各地拜访各方面的作家，广泛宣传编辑部对于办好《人民文学》的决心和态度，表达我们真诚团结和依靠广大作家的愿望。我们的努力得到了许多作家朋友们的理解，从而大大扭转了最初的某种被动的局面。

在我正式上班后不久，曾经获悉这样一个消息——机关党委的一位同志向我透露：上边准备任命我为作协党组成员，但因我党的关系还没有转来，一时难以兑现；他建议我快点回到黑龙江，正式转移组织关系，勿错失时机。可是，我却缺乏这样的政治敏感，没有立即听从他的建议，只顾忙于眼前的工作，以致此事后来无果而终。

这年的 8 月底，中国作协人事部通知我：中央组织部正式调动我的调令已经下来了（此前因为工作需要，只是由中宣部下了任命书，开始工作，不算正式调动）。调令明确说明调我来中国作协工作，我的家人（包括我的母亲、妻子和小女儿）随调。当时因为工作太忙，我竟然迟迟未动。马烽同志为此还善意地批评了我，他要我从速回哈尔滨，尽快办理调离手续，并将家人搬迁来京。

我接受他的建议，立即照办，这是我生活长途中的又一件大事，我是应该认真对待的。我把编辑部的工作安排了一下，旋即回到哈尔滨。

因为我的调动早已成为事实，这次回来办手续，人们并不感到惊异。不过，在我对工作进行移交的时候，还是有许多同志表示了惋惜之情，特别是秘书长韩梦杰和其他一些同志；不仅是惜别，还有点忧心忡忡。他们非常不希望我离开黑龙江作协，认为我的调离，会给作协的工作带来一些困难；实际上他们是担心我的那位可爱的副手。

韩梦杰同志在当时黑龙江作协的领导班子中是比较年轻的。他生性耿直，待人真诚厚道。但生活阅历比较单纯，有时不大善于处理复杂的人际关系，在工作中常常是办了好事却得罪了人。不过，他和我倒相处得很和谐，很少发生矛盾。而和那位副主席，则经常因意见不一，吵得面红耳赤。

我充分理解他的心情。我直截了当地告诉他，省委已经有了全面的考虑。我这时已经确切地知道，省委已经决定调贾宏图同志来作协工作了。贾宏图是个作风正派、精力旺盛、在报告文学创作方面很有成绩的作家。他的工作能力很强，和各方面都有很好的关系，相信他到作协来，会很快改变目前的被动局面。黑龙江作协还是大有可为的。

听了我的介绍，韩梦杰等同志，心里多少踏实了一些。

一切安排就绪后，我准备离开哈尔滨了。非常凑巧的是，选择告别的时间竟是9月8日。也就在33年前的9月8日，我从天津大学毕业，踏上黑龙江这块热土。那时，我才是20岁刚刚出头的毛头小伙子。先是在富拉尔基，在那亘古荒凉的达斡尔小渔村，摸爬滚打了26年，尝尽了生活的艰辛；后来，因为工作需要，我又被组织调来了哈尔滨，在文联大院，一住8年，组织上委以我文联和作协的重任，使我和黑龙江的文艺工作者一道，共同为繁荣北疆的文艺、改变本省文艺的滞后状态，贡献出一点绵薄之力；同时，也为黑龙江的改革开放的宏伟事业做了一点鸣锣开道的工作，得到了群众和领导的赞扬。我本想，下半生将要在这座北疆名城度过了，没想到，生活又做出意外的安排——突然调我去北京工作。生命又进入一个新的轨道。今天告别这个“第二故乡”，实是心怀依依，有一种难以割舍的情怀。

前来送行的亲朋络绎不绝，他们从文联大院，一直送到火车站。其中有相知多年的挚友，有心心相印的同志，有彼此可以信赖的同事，有知我爱我的读者。当然，他们中也有待我有如家人的领导，也有把我视为兄弟的下属。

一声声词诚意恳的嘱咐，一片片依依惜别的友情，一瓣瓣殷殷祝福的心香，一张张亲切诚挚的面孔……令我感动，令我惆怅，令我欣慰，也令我鼓舞。我是含着泪跟他们告别的，我告诉他们，我不会辜负朋友们对我的期望和厚爱。未来的岁月将证明，我是个珍惜友情的人，珍重信义的人。我将牢牢记住在黑龙江30多年美好的日子，把它们永远铭刻在记忆深处。

全家来到北京后，因为作协没有多余的房子，我仍然住在作协的招待所里。母亲暂时住在大女儿丹梅（黛眉）处，她在《光明日报》有一间宿舍。这样，从小由祖母带大的孙女，借此机会又一次重温了祖孙挤在一起的快乐；二女儿丽梅（黧眉）和她的丈夫住在青年出版社临时分给的一间房；小女儿湘梅（黡眉）因为正在黑龙江大学读书，还留在哈尔滨；只有妻子郭晓岚和我一同住在招待所里。现在，我辞谢了作协为我专门安排的厨师，自家开火做饭了。晓岚到来后很快便和马烽同志的夫人段杏绵相处熟了，她们常一同切磋厨艺（当然她们还有其他许多共同的爱好），倒也自得其乐。

晓岚随我来京后，人事关系先落在《人民文学》杂志。但考虑我是杂志社的领导，夫妇在一个单位有诸多不便。后经和马烽同志商量，又把她转到作协创联部，编辑《作家通讯》，后来又改做会员联络工作。她是个能够随遇而安的人，便听从组织的安排了。在哈尔滨时，她已经是一家杂志的编辑部副主任，到了中国作协，直到退休，职务和级别一直原地踏步，可见我们多么不善于处理人际关系。

晓岚来京不久，白羽同志专门在一家饭店宴请我们夫妇，并请他的夫人汪琦同志作陪。在宴席上，他勉励晓岚多多支持我的工作。他语重心长地说：树榛身上的这副担子很重，我老了，力不从心了，帮不了他多少，你要多分点心，使他把《人民文学》杂志的工作做好，使读者满意，让党放心，也算为社会主义文学出力了。

老人的话，使晓岚很受感动。事后她对我说："白羽同志的责任心真强，什么时候也忘不了党的事业，我会按照他的嘱咐去做的。"她还着意说了一句："我看他也不像有些人所说的那么'左'嘛！"我不经意地说："社会上的种种流言，不能太认真了，姑妄听之吧！"

家搬来了，我更心无旁骛了，全心全意扑在工作上。到这一年的年底，《人民文学》的人员也基本上定下来了：崔道怡同志仍然留任副主编。老崔1956年毕业于北京大学中文系，后即调入《人民文学》杂志社当编辑，中间除了“文革”停刊外，他始终没有离开这个刊物。几十年来经过他的手编发了许多名家的名作，发现和培养了一大批文学新人，是一位资深的编辑家，被不少作家誉为北京“四大名编”之一（其余三人分别是龙世辉、章仲锷与张守仁）。虽然还有人对此说不以为然，持有异议，但他留任《人民文学》副主编，却是无可非议的。

另外，出于落实政策的原因，一位原文学界领导的大公子调入《人民文学》任副主编。此人原系留学苏联的理工科大学毕业生，回国后因为父亲被打成右派，自身待遇一落千丈。他本来学习尖端科学，按理应该分配在国防工业部门工作，但在“以阶级斗争为纲”的年代，怎么会重用他这样的人？于是，他一直没有从事自己的专业，而是在一些非业务部门打零杂儿。粉碎“四人帮”后给他落实政策，先是在某大型文学期刊做编辑，因和其他人有矛盾，后来又在丁玲主编的文学杂志做编辑。后该杂志停刊，他便赋闲在家。“八九”政治风波之后，他参加一个“清查”小组，被派遣到《人民文学》搞“清查”工作，因为我对此项工作始终没有介入，对其功过、得失，难以评价。这项工作结束后，该人士以要求落实政策为名，希望为他安排新的工作（指名想到《人民文学》杂志）。考虑他多年的颠簸和受父亲株连的悲情经历，以及一定的编辑实践，组织上满足了他的要求，并且破格任命他为《人民文学》副主编，列崔道怡前边。原来的副主编周明，则被调入作协创联部任常务副主任。

在《人民文学》编辑部内，我过去只是和周明比较熟悉。他很早毕业于兰州大学中文系，也是《人民文学》的资深编辑。为人热情活泼，交游广泛，和全国许多知名作家都有交往，曾经组织编发了许多名家的作品（如徐迟的《歌德巴赫猜想》、黄宗英的《小木屋》等），在社会上引起强烈反响，被人们戏称为“文坛的基辛格”。他的这个特点，是办好刊物不可多得的人才，因此，我曾向领导再三表示：希望周明继续留在《人民文学》。但是，领导却和我说：创联部现在更需要周明；调去不久，就可以升为正局级了，而在《人民文学》只能是副局级。对此领导是有意安排的。我仔细一想，留下来耽误人家的前程，也说不过去，那么，我只好“忍痛割爱”了。

现在，刊物逐渐走入正常轨道，人们各得其所，工作也都很努力，编辑部基本上很平静，尚没有出现有些人所预料的“动荡”。来稿逐渐多起来了，原来不愿意给《人民文学》写稿的人，除了个别成见较深的作家，也都纷纷应约来稿了；我有些忐忑的心绪，也开始平静下来。和刘白羽同志相处也比较融洽，他对我的工作既很信任，又很放手，对编辑部的事情基本上不过问，全权交付我来处理；马烽同志由于和我比邻而居，经常和我促膝谈心，有什么问题，随时和他交流，听取他的意见，总能得到满意的解决。因此，我心里也感到很舒畅。

工作渐渐进入"状态"。讵料，一天晚上，我突然发病了，高烧接近40摄氏度，尿里伴有鲜红的血液，晓岚顿时非常着急。因为刚来北京，对医院都很不熟悉。我急中生智，马上想到了在天坛医院工作的老同学王恩真，她是我中学时代的同班同学，毕业于浙江医学院，业务娴熟，主攻麻醉学科，任该院的麻醉科主任（有"中国第一麻"的美称），和我一直保持联系。我随即打电话给恩真，告诉病情，请她帮忙。她接电话后马上回话说："立即送来天坛医院，听我安排。"

当找到司机开车把我送到医院时，已经是午夜时分了。王恩真等候在医院门口，见到我之后，直接送到一间单人病房。她已经把我住院的手续全部办好了，足见她对老同学的真诚与热诚。经大夫初步诊断，我患了急性前列腺炎。当即打针服药，此时，已经到次日的黎明了，整整折腾了一夜。恩真临走时，亲切地对我说："没有大问题，你就安心治病吧，我会随时来看你。"我只有心里表示感激，什么话也没说，因为说什么都见外了。

在我住院期间，单位有不少同事来看我，表示慰问，给我送来同志的关怀。隔一天，作协党组书记马烽同志亲自来医院探视。他首先亲切地对我慰问一番，之后又向医生垂询了我的病情，回头向我传达了，说："此病无大碍，烧退了就好了。"他在此待了一个多小时，再三关照之后，这才离开病房。

张锲同志也来看我，还带来不少食品，言语间充满友好之情。当时，他的官还不大，对老朋友还能真诚相待。那时，我对他也是真心感激的。

想不到刘白羽同志手拄拐杖也亲自前来医院看望我了。他坐在我的病床前，详细地询问了我的病情，然后叮嘱我安心养病，工作的事不要想，单位的事情自有安排；同时告诉我爱人，好好照顾好病人，早日恢复健康。

由于医院的医疗条件好，又有老同学关照，病情很快便被控制住了。

虽然生了一场病，但身心都感到很温暖，觉得自己和组织与同志之间更近了。于是，身体稍稍感觉好一点，我便要求出院了。我知道好多工作都在等待着我呢，怎能安心躺在病床上？

3. 求教文坛老前辈

在身心稍感舒泰、工作有序地进行之后，我又专意拜访了文坛上的几位德高望重的老作家。

我首先拜访的是秦兆阳同志。因为他曾经主编过《人民文学》，当然还会关心这本杂志的生存和发展；另外，由于我一直是他主编的《当代》杂志的老作者，特别是我的报告文学《励精图治》是经过他亲自处理的，并且还为其单行本出版时做了序，似乎就有了一种特殊的亲近感，所以，我选择一个星期日专意去他家里拜望。

简单地叙罢寒温之后，我便告诉他我已经奉调来北京在《人民文学》工作了，现在想听一听老前辈的意见。他笑着说，什么老前辈呀，不过是个老编辑而已。然后又说，你来北京的消息我早已听说了，虽然众说纷纭，但我是投赞成票的，我多少对你还是有所了解嘛！不过，这可不是一个轻松的岗位，你得有充分的思想准备。我说，我有，准备碰硬钉子。他听后笑了，又接着说，这是个锻炼人的地方，在那里锻炼一下也好。但他又一再叮嘱我说，一定要注意团结各方面的作家，能容百家之言，特别要注意发现和培植新人，看见好苗子就加意培养，我们那会儿就这么做的。随之，他历数了许多当年在《人民文学》上崭露头角现在已经成为名家的人。接着，我们又随意谈起当前文坛的现状。当时的文坛像打摆子似的，热一阵、冷一阵；各种流派、艺术主张，异彩纷呈；这个潮、那个热，沸沸扬扬，好不热闹；各路风云人物“你方唱罢我登台”“各领风骚若干天”，气象万千，令人眼花缭乱。对此现象，他表现出非常的淡定。他随口说，热闹点比冷清好。但一个成熟的作家，一定要保持冷静，要有自己的主见，不要随波逐流，要走自己的路。文人就像天上的星星，各有自己的位置、自己的轨道，至于亮度如何，则靠自己发出的光和热了。我还注意到，对于文坛上的某些论争和多年恩恩怨怨所形成的复杂的人际关系，秦兆阳同志完全是一种超然物外的态度。他说，有些是非掺杂一些历史的纠葛，斩不断，理还乱，很难一下子说得清楚，你们年轻人千万不要陷进去，如把前一辈的矛盾继承下来，文坛就永无宁日了。大家都要宽厚一些，既让自己活，也让人家活。

与艾青

兆阳同志的话，确如阵阵春雨，润湿了我的心田。这次拜访真是不虚此行。

此后不久，我又去看望了大诗人艾青同志。他当时正在生病住院，由他的夫人高瑛同志陪伴。但随行的同志向他介绍了我的情况后，他高兴地和我亲切地握手并以他一贯的幽默和风趣的话语和我交谈。当他得知我是从一个大工厂工程技术人员的岗位进入文学战线时，随即笑着说，你这个工程师来抢我们文学的饭碗，你得把它端稳了，否则我们还会把它夺回来的！我连声说，一定要在你们这些老前辈帮助下，好好干！随后我又简单地介绍了《人民文学》的现状，他听得很认真，频频点头。因怕影响他的休息，我很快就向他告别。以后，在他搬进新家之后，我又和编辑部的几位同志，前去祝贺他乔迁之喜，在喜气洋洋的氛围中，度过一个多小时难忘的时光，留下了美好的记忆。

当年秋天，适逢老作家冰心老人 90 华诞。我和副主编周明相约共同前去向老人拜寿。周明和冰心老人非常熟悉，他直接把我领到老人的家中。当时，老人正端坐在她简朴的客厅里。她慈眉善目，和蔼可亲，对我们笑脸相迎。周明代表我们献上了鲜花之后，便把我向她做了介绍。老人高兴地握了我的手，让我在她的身旁挨着她坐下。我说：“今年是您老人家 90 诞辰，我代表《人民文学》编辑部全体同仁给您老拜寿。一来感谢您长期以来对《人民文学》的支持和厚爱，二来祝福您健康长寿，为读者再贡献新作品，全国读者都在等着呢。”老人笑着频频点头，连声说：“《人民文学》办得好，我对它是有感情的；谢谢你们来看我！”说罢，一招手让她的女儿吴青女士端来一盘寿桃，亲自放在我们的手中，要我们品尝。我们当然就敬谢不敏了。然后，我们和老人便随意交谈起来，一点没有拘束。老人亲切地嘱咐我：“要注意培养新人，发现新作品，发表好作品，给全国人民好的精神食粮。”

老人的话温婉慈祥，令人听了暖融融的如沐春风。最后，老周又拿出相机来，吴青女士热情地为我们拍照。因此，我留下了珍贵的纪念。

与冰心

此外，我还到北京医院中去看望了陈荒煤同志。我结识文坛上的这位老前辈已经多年了。如前所述，在80年代我的长篇小说《春天的呼唤》刚发表时，便得到他的鼓励和赞扬．他还主动地为这篇作品写了评论，给予很高的评价，并热情地向北影的老导演林农推荐；林农同志阅后很感兴趣，大加赞赏，随后和我一同改编为电影剧本，得到荒煤同志的认可，林导演很快地写出了分镜头剧本，同时物色了主要演员，可惜由于某种错综复杂的人事纠纷而中途夭折了，荒煤同志曾经表示很为遗憾。后来在此书出版时，他又亲自写了序言，令我深受鼓舞。若干年前，当我仅仅是一个蛰居边疆的作家时，和他并不相识，能够得到他这样热情的关怀，更使我感动。在我另一部长篇小说《生活变奏曲》出版时，他又主动地向“长影”推荐，希望把它搬上银幕，并且得到一位著名导演的欣然接受。此事虽然由于个别“有心人”从中作梗，未能实现，但对荒煤同志的关怀和厚爱，我一直心怀感激。奉调来京工作后，一直想去他家拜望，并向他请教，但由于琐事缠身，没来得及实现。直到我听说他生病住院了，才专门抽出时间去医院看望。

荒煤同志当时住的是北京医院的一个单间病房。室内宽敞明亮，除了中间一张病床外，周围放满了图书和报刊，可见病中的他，并没有安心养病，还在读书写作。但从他那清癯的面孔看去，显然没有昔日那样康健了。他对我的到来非常高兴，热情地让我在他的对面坐下，我还没有来得及问他的病情，他却首先问我来京的工作情况和感受。我如实地向他说了当时的繁忙处境和困难的局面。他听后笑了笑说：“京官难做嘛，知道滋味了吧？”我连忙说：“我这算什么官啊？小小芝麻官。”他摆手说：“官不小了，堂堂《人民文学》杂志主编嘛！别看轻这个位置，是个重要的岗位，要认真去干！”随之，便亲切地鼓励我：“一定要把这个全国最重要的文学刊物办好，作家们的眼睛都盯着你哩，不要辜负大家的期望。”对他这种中肯而剀切的嘱咐，我快乐地接受了。那天我还带给他一部我新出的散文集，请他指教。他翻看了后高兴地说：“看来你还没有丢下手中的笔，这很好，作家总得不断地有新作贡献给读者，不管你冠什么头衔；遗憾的是，好久没看见你的小说新作了，你的长篇小说还是很有特点的嘛，特别是工业题材。你的生活底子很厚，要珍惜这一点。”听了他的话，我感到很惭愧，这几年，琐事、俗事缠身，原来葆有的一点灵气，在不知不觉中消退了，以致早就酝酿的长篇系列，刚刚写出一部便停笔了。老前辈提醒得好啊！我连忙说，我一定接受您的意见，继续努力。因怕他劳累，我赶紧就告辞了，他把我送出门外一直到电梯口才转身回去。我原准备有机会再去看他，谁知过不多久，他便驾鹤西去，闻讯之后，我感到非常悲伤，专心写了一篇小文，祭奠他的在天之灵。

4. 难忘的湖南行

1990 年 11 月初，我接到了老朋友、时任湖南作协主席谭谈的来信，约我去湖南走一走、看一看，并且会见一些湖南的作家朋友。我对此邀请很感兴趣。湖南有一支很优秀的实力很强的作家队伍，号称“文坛湘军”，他们与《人民文学》有很密切而友好的关系。为刊物计，应该去湖南看望一下这些朋友，并听取他们的意见。因此，我立即回信给谭谈，非常感谢他的邀请，即将择日前往。

也为了同时组稿，负责联系湖南地区作家的编辑向前与我同行；另外，工人出版社的编辑叶梅珂也同时接受了谭谈的邀请。小叶是我一本中、短篇小说集《假如生活欺骗了你》的责任编辑，已经是老朋友了，和她结伴而行，当然是件很愉快的事。

我们乘飞机直飞长沙，谭谈亲自迎候我们，然后在长沙一家很舒适的宾馆下榻。对于我们的湖南一行，谭谈做了精心的安排。谭谈是个实在人，矿工出身，不善言谈，但为人厚道。我们俩已经相识多年，因为都是创作工业题材的作品，故有更多的共同语言。我们曾经多次一同参加有关文学创作的会议，相处甚洽，特别是共同参加党的第十三次全国代表大会，似乎感情又近了一步。他这次约我来湖南，亦含友情相聚的成分。

在长沙我会见了各方面的作家朋友，如作协副主席水运宪、肃育轩等，还会见省文联的几位朋友。除了向他们对《人民文学》大力支持的表示谢意外，同时也表达了我们的期望：希望他们一如既往地关心和支持《人民文学》，使它真正成为广大读者喜爱的有中国作风、民族气派、为人民服务的文学刊物。

这些朋友对我出任《人民文学》主编都真诚地表示欢迎，并对我寄予厚望；同时，他们还对办好刊物提出了许多很中肯的意见，使我很受启发。另外，我还专门看望了作家莫应丰的夫人。莫应丰是首届茅盾文学奖获得者，他的长篇小说《将军吟》深受读者欢迎，在文坛曾经引起很大的反响。他是我相交多年的老朋友，多才多艺，热情活泼，待人诚恳，创作上很有潜力与实力，遗憾的是，英年早逝，是文坛的一大损失。我向他的夫人表达了衷心的问候和我对老莫深切的怀念之情。

在忙中抽暇，我还去看望了我的二姐树芳。二姐和我是同一个祖母的堂姊，是伯父的二女儿。因我早年丧父，孤苦伶仃，二姐对我甚为友爱，视同亲兄弟。她的丈夫，抗日战争中，出于满腔爱国热情，投笔从戎，参加了新四军，并成为优秀的指挥员。在一次激烈的反扫荡战斗中，与日寇遭遇，由于寡不敌众而壮烈牺牲。从此，二姐便守候年老的婆婆和幼小的子女，含辛茹苦，度过20余年的艰苦岁月。新中国成立后，得以享受烈属待遇，生活才有好转。晚年，她跟随大女儿来到长沙居住，一去许多年；而我又背井离乡，长期漂泊关外，很久没有还乡，因此，我们已经很长时间没有见面了。现在有机会来到长沙，我当然应该去看望她，以慰多年离别之情。

好在我手头有二姐的住址，很快就找到了她的家门。她的女儿、女婿以及外孙女，都在湖南省政府部门工作，住在省政府的大院中。他们居住在一所老式院落里，到处都显得很宽敞，老式家具，给人一种古朴的感觉。二姐已年近古稀，但并不显得苍老，一下子便认出我来了。姐弟相拥而泣，然后便痛陈别情。说起老家和故乡，说起一个个去世的亲人，又不禁怆然泪下。二姐对晚年的生活很满意，女儿夫妇和外孙女对她都很孝敬，她的身体也很健康，只是心里还时刻惦念远在江苏的儿子，特别怀念我的母亲——她的四婶母。她说，四婶是这个世界上和她唯一亲近的老人了。我也向她报告了家庭情况，并表达了我母亲对她的思念之情，期盼有生之年还能见上一面。二姐深情地说：“我心里就盼望着这一天呢！”

深情的话语像长长的流水，总也流淌不尽，不知不觉，几个小时过去了，二姐坚决留我吃饭。我当然不能拂却她的一片亲情美意，便高兴地留了下来。她知道我的习性，专门做了几样我爱吃的菜肴，使我美美地享受了一番家庭团聚般的气氛，直到夜阑，我才依依告辞二姐，返回宾馆。临别时，二姐说了令我辛酸良久的话。她说：“姐弟这一分别，又是天各一方，不知何时再能见面？只怕这是最后一面了。”说罢泪如雨下。我听了，心里也难过得隐隐作痛，但却劝慰她：“来日方长，我们还会见面的，等我下次来长沙，一定好好陪你多过几天。”可是，二姐的话不幸而言中，从此长沙一别，由于俗事缠身，到处奔波，没有再去湖南，因此和二姐再也没有见面，直到她辞世，在我心头留下长久的遗憾。

在长沙盘桓数日，然后便由谭谈等朋友陪同，去湘西著名风景胜地张家界游览。谭谈为了让我欣赏一下湖南的美丽风光，他好意地找了一辆中巴让我们乘坐，沿着公路去张家界。沿途走走停停，遇有著名的人文和自然景观，就停下来观光一番，如常德的丁玲故里，桃源县的桃花源，贺龙的家乡天子山，湘西的猛洞河，都给我们留下美好的印象。

到了张家界时，正好赶上阴雨天，烟雾迷茫，看不到张家界的真面目。不过，蒙蒙细雨中的山峦，更别有一番意趣。在若隐若现中，那些形状奇异的山峰，变幻出多姿多彩的形态，扑朔迷离，令人产生无限遐想。山下小溪，流水淙淙，鹅卵石潜于底，美丽的野花浮于岸，鱼儿戏于水面，沿小溪而行，赏心悦目，心旷神怡。我们下榻的宾馆，就在山坡上，推开窗户，张家界全部在望，从山上飘下来的岚气，氤氲在我们的周围，又有一种如幻如梦的感觉：这里简直是神仙洞府，不是凡人居住的地方，我们就是做一次神仙了。

游罢张家界，我们又重新返回长沙。但是，我们没有在这里多停留，而是驱车到湘潭观光。首先，参观韶山冲的毛泽东故居。我们看了故居的每一个房间和每一件文物，感受了这位中国领导人青少年成长的脉络。走出故居的大门，又回头纵览它的全貌——觉得这不过是一所平常的农家院落。于是，对这一代伟人似乎又有了新的认识：毛泽东原来也是一个平凡的人，生在平凡之家，饮食起居均和平常人一样，并没有什么特殊的光环笼罩着这里的人和物，是不宜把他放在神坛上让人们顶礼膜拜的。

随后，我们又到距此不远的花明楼——刘少奇故居参观（是“文革”后重新修复的）。对于刘少奇，我们每一个中国人都怀有一番特殊的感受。这位共和国的国家主席，曾经那样辉煌过，一人之下，亿万人之上，一言九鼎，如日中天；他的照片甚至和毛泽东并列过，差一点被山呼万岁了。可是，“文革”一来，他就被毛泽东的一张《炮打司令部》的大字报打翻在地，后来头戴三顶大帽子，成为“不齿于人类的狗屎堆”，人人贬之骂之。“四人帮”倒台——特别是党的十一届三中全会召开后，世道轮回，他又成为全国第一大冤案，重开追悼会，恢复一切名誉。

刘少奇故居，显得平凡而朴素，虽不如毛泽东故居宽大、显赫，倒也开阔大方。到此参观的游人也是来往不绝，有的人甚至还特意手持鲜花，献在故居前凭吊。

两位伟人的故居让我的心情很复杂。

此次湖南之行，游山观水，广见博闻，老友新朋，谈文论艺，还是很有收获的。因此，我非常感念谭谈这位老朋友的盛情邀请，对那片古老而美丽土地我至今不能忘怀。

5. 编辑部的故事

1990年很快过去了。对于我来说，这一年是我的生活发生巨大变化的一年，是举家团圆的一年。这一年的春节，全家一起在北京度过的。我向作协办公厅临时在招待所申请两间房子，让母亲和孩子们都聚集到这里；大女儿和二女儿本来就在北京，小女湘梅，也在寒假中从哈尔滨回到京城，加上二女婿洪涛，一家人团团圆圆过了个幸福的大年。

春节过后，我们又开始忙碌起来。领导班子有了变动，又增加了不少新的成员，无论业务工作和思想工作都需要进行很好的协调；其中某人总想借《人民文学》调入新人之机，把自己过去在某杂志的几个贴心的“哥们儿”拉进来，形成一股势力；但他又和一些老编辑们离心离德，因此编辑部又潜藏着新的矛盾；再加上社会上还有些许人对我们新班子的误解，一时又难以消除，所以也增加了我工作的难度。当然，我仍然秉着以不变应万变的原则，对待和处理这些新的矛盾和问题，努力化解某些矛盾的萌芽。

年初，根据刘白羽同志的意见，曾经想更换或调整一些人员的职权。但是，为了稳定人心进而稳定编辑部的工作，我不大赞成在目前情形下进行人事的调整。我向刘白羽同志谈了我的想法，他同意了我的意见。经过商量，决定尽量不做大的变动；实在要动，也只做“微调”，决不大动干戈，以免引起人心的浮动。过了不久，有一天白羽同志笑着但却郑重地对我说：“我再三考虑，你的意见是对的。”

过年后不久，发生一件值得一说的事。

《人民文学》是个历史悠久的文学刊物，受到各方面的重视，包括中央领导同志。而每期刊物出版后，都照例要送呈中央有关部门和领导审阅，这几乎成为制度。1991 年初，因为刊物经历换班和整顿，赠阅刊物的事情稍稍拖延了一些时间。有一天，突然我接到胡办（胡乔木办公室）直接打来电话，问：“为什么到现在还没有收到本期的《人民文学》？乔木同志一直在问，请主编快点过问一下。”我赶快告诉总编室主任，尽快给乔木同志寄刊物；其他领导同志也同样办理。后来，我从侧面了解到：乔木同志非常重视《人民文学》等刊物，几乎是每期必看的。看后，对某些作品的意见，有时转告编辑部，有时直接和作者交流。他是通过《人民文学》来了解文坛的动向的。于是，我感到自己的责任更重了——你所负责的不是一般的工作。

同时，我也告诫其他同事引起重视，并加强责任感。

当时，杂志社除了正常的编辑工作外，还搞了一个函授部，也占用了我不少的精力。那些年，文学在人们特别是在青年人的心目中，分量还是很重的（还没有“边缘化”），他们试图通过各种渠道，进入作家的行列。为了适应这个要求，满足人们的需要，《人民文学》杂志社在几年前就创办了函授部。因为有“国刊”这块金牌子，报名参加函授的人非常踊跃，最多时达到数万人。其中有不少是很有才能的文学青年。于是，《人民文学》便分出来一部分编辑力量，专门从事这方面的工作。诸如召开笔会，聘请教师，修改稿件，编写教材，邮寄资料，忙得不亦乐乎。待到我出任主编时，函授的高潮已经过去，但是，还有许多文学青年，执着于这个事业，差不多还有上千名学员。我向我的同事说：“人们这样信任我们杂志社，对编辑们寄予厚望，我们要负起责任来，决不能误人子弟！”

我们又调整并加强了函授部的工作。为了活跃并开阔青年学员们的思路和视野，1991年的春夏之交，我们决定在西安郊区的临潼，举行了一次以改稿为中心内容的笔会。

我参加了这次笔会。在这里我亲身领会了学员们对文学创作的热情，对这个并不容易成功的事业的追求，对美好未来的向往，特别是对作家们由衷的敬仰。被我们邀请来讲课的作家，也被学员们的真诚感动了。他们尽最大可能向这些求知欲很强的青年人“传道、授业、解惑”，敞开心扉畅谈了自己在创作中的甘苦，希望年轻人在这条崎岖的小道攀登时，少走弯路。我也和学员们有了近距离的接触，毫无保留地谈了自己几十年业余创作的艰苦历程，凭着自己的赤诚，对他们勖勉有加。我们共同的努力，得到广大学员们热诚赞扬和由衷的欢迎。

借初次来到西安的机会，我忙中抽暇分别拜望了陕西的一些老作家，如杜鹏程、胡采、王汶石、李若冰等老同志，还有陈忠实、贾平凹、京夫、白描等中青年作家。平凹还专门到我的住处看望我，表达他对《人民文学》的厚爱，并送我一幅他亲笔书写的条幅，上书“众妙之门”四个大字，笔锋独特，意蕴深远，颇为我喜爱。在会见那些新老作家过程中，我除了向他们表示问候以外，着重介绍了《人民文学》的现状，介绍了我和刘白羽同志主持杂志社工作后的一些做法和想法。使我高兴的是，我的介绍得到他们充分的理解，并对刘白羽同志和我的工作表示完全的信任和支持，对刊物最近一年的作品，也都给予充分的肯定。这使我感到甚为欣慰。

感谢陕西朋友的盛情款待，我也趁机游览了西安周围的名胜古迹。

首先，参观了秦始皇的陵墓。陵墓气势恢宏，林木葱茏，站在墓前放眼望去，真的感受到了秦皇被誉为“千古一帝”的威严。

随后我又参观了规模宏大的兵马俑遗迹。对之早已闻名，且向往已久，今天实地一看，一下子就被这号称“世界第八个奇迹”深深地震撼了。它不仅场面宏大，布阵整齐，排列有序，而且造型逼真，个个威严勇猛，形象栩栩如生。我无比惊叹我们祖先在艺术上的造诣与智慧，以及宏大的气魄；同时，对秦始皇的穷兵黩武、文治武功也有了新的认识。

我们还专门游览了埋葬唐太宗李世民的昭陵，以及埋葬武则天和唐高宗李治的乾陵。这两个陵墓都保持得很完整，未被盗掘。据说昭陵里藏有无数绝世珍宝文物，考古学家对其兴趣极大，一再要求掘开墓穴，让国人一饱眼福，同时充分研究唐代文化。但是，国家考虑到我们现在的科技水平还难以保证出土的文物不受损害，坚决不予批准。从国家大局出发，这样的决定是正确的，我们不能因小而失大，只顾眼前利益而不考虑子孙后代。对此是有好多教训值得汲取的。

乾陵依山而建，显得非常雄伟壮观。墓前排列着各种服饰的石人雕像，形状各异，无不表明唐代与外界交往上的很活跃。遗憾的是这些石雕有不少已经缺胳膊少腿，有的脑袋也被砍掉了，殊令人惋惜。我们一些不肖的后人，对祖先留下的无价珍宝竟这样不加珍惜，反而图小利而去破坏它，真让人痛心！

在参观中我特别对墓前那座无字碑感兴趣。这是女皇武则天惊世骇俗的杰作，真真叫人赞叹称绝。一块巨大的墓碑上竟然是了无痕迹，它既使人浮想联翩，又让人回味无穷。人们不禁要问，武则天这样做用意何在？她留给后人的是什么样的精神遗产？谁也难以得出肯定的结论。我在这里徘徊良久，也只有慨叹而已。

从乾陵北行，我们又来到了刚刚被开发的胜迹法门寺。法门寺国人早已耳熟能详，因为有一出京剧就叫《法门寺》，我也曾多次欣赏过。以前总以为这是一个被作家演绎出来的地方，而现在却实实在在地呈现在面前，不仅地面上有一个辉煌的大寺院，而且在地下还有一个硕大而恢宏的地下宫殿。这个“地宫”工程浩大，有层有次，并且金碧辉煌；墙上有各种壁画，色彩鲜艳，形象逼真；各层都藏有珍贵的文物，特别是最深层还珍藏着佛祖的舍利子，被一个纯金的锦盒盛装着。友人介绍说，这是我国的绝世珍宝，在全世界也是绝无仅有的。幸运的是，它没有被盗贼窃取，也没被“文革”浩劫所毁，使我们今天能够看到它，乃国人之幸也！

临潼笔会，由于编辑部同志们的通力合作，在陕西作协的大力协助下，完满地结束，众文友高兴地握手告别。

6. 倡导与鼓励短篇小说创作

临潼笔会结束后，我并没有立即返回北京，而是和副主编崔道怡同志一道，径奔山西太原，参加《人民文学》主办的另一个笔会。这个笔会以提倡和繁荣短篇小说创作为目的而和山西作协共同举办的。我们编辑部的部分同志已经先期到太原进行准备，一切均已安排停当。

短篇小说向来是《人民文学》的强项，刊物也一直以发表短篇小说为主。自创刊以来，发表了一大批享誉国内外的精品佳作，国内绝大多数作家短篇的成名作、代表作、获奖作几乎发自《人民文学》。但是，最近几年，人们热衷于中、长篇创作，短篇小说似乎受到了冷落。这不是个好现象。其实，创作短篇小说的艺术功力，丝毫不亚于中长篇小说，一部好的短篇，也能够反映出博大而深邃的时代内容，就如同一棵老树的横截面，同样可以通过它而窥其全豹。比如，中国的鲁迅、俄国的契诃夫、法国的巴尔扎克等名家大师的许多短篇作品，都是彪炳千秋之佳作，现在我们读起来仍然感到深刻隽永，受益匪浅。为什么新的短篇却被人们冷落了呢？这是不应该也是不正常的！我希望通过我们的努力，在这方面做些力所能及的事。此次《人民文学》和山西作协共同举办这个笔会，就是具体的举措之一。由于笔会由杏花村酒厂所赞助，故又名“杏花村笔会”。

我和老崔“马不停蹄”地经过太原，然后直奔杏花村酒厂而去。来到这里，举目四望，只见山清水秀，风光如画，同时也让我想起唐代著名诗人杜牧的那个名篇佳句“借问酒家何处有，牧童遥指杏花村”。

此时，参加笔会的各地作家都已经到达杏花村，他们中有焦祖尧、铁凝、陈冲、蒋韵等数十位作家，都是创作短篇小说的高手。端庄秀美的铁凝既有朝气又很深沉，我和她虽是第一次见面，但谈得很融洽，她的谦和、内敛给我留下很好的印象。与老相知、新朋友见面后，大家都非常高兴，有说不完的话，叙不完的情。

开会时，大家对所要讨论的议题都很感兴趣，一致认为，这次会开得很及时，很必要。短篇小说的创作确实应该引起作家们的注意了。现在正处于社会大变革时期，人们的生活节奏加快了，工作的压力大了，一般地没有时间去阅读鸿篇巨制，短小精悍的短篇小说，颇受人们的青睐；而且及时地反映现实生活，给改革者以心灵的愉悦和思想的启迪，完全是当前时代和读者所需要的，作家和文学刊物应该满足人们这种艺术需求。这也是作家的社会责任感所要求和体现的。因此，作家们纷纷表示：回去以后，一定要在短篇小说上花一些力气，下一番功夫，争取早日出现一个比较繁荣的局面。他们还说：在这方面，我们寄希望于国刊《人民文学》杂志！

我代表编辑部也做了郑重承诺：《人民文学》愿为作家为繁荣短篇小说

创作尽最大的努力，提供更大的园地，创造更好的氛围，决不辜负作家们的厚望。

笔会开的生动活泼，大家畅所欲言，直抒胸臆，同时坦诚地对刊物提出了不少好的意见和建议，我们都感激地领受了。

在会议期间，作家们还应邀参观了杏花村酒厂，看了厂史陈列馆，了解了酒厂发展的历史，同时也品尝了酒厂储存的陈年佳酿，最后尽兴而分手。

回到北京后，我专门召集小说编辑室的编辑们开了会，研究落实山西笔会作家们所提的意见和建议，制定切实可行的措施；大家都表示：一定要尽我们最大的努力，使短篇小说的创作能够有一个新的起色。

全国各地的许多作家，对我们的构想，都给予有力的支持。如北京的邓友梅、刘绍棠、浩然、梁晓声、叶楠，上海的叶辛、王安忆，陕西的贾平凹、陈忠实，江苏的范小青、储福金，山东的莫言，浙江的余华，黑龙江的阿成、迟子建，贵州的何士光、李方定等同志，都很快地寄来了他们的力作。

后来的事实也证明，我们的努力还是很有成效的。比如不久以后河北文坛出现的“三驾马车”（作家关仁山、谈歌、何伸），他们都是在《人民文学》“起家”的，而且代表作皆是短篇小说。

马烽同志对我们提倡短篇小说尤为支持。他多次找我谈话，说，繁荣短篇小说，《人民文学》一定要带好这个头，要坚持下去，不要半途而废。《人民文学》应该对人民负责，所以要坚持发表短小精悍的作品，在全国起个“示范作用”。

7.《沂蒙九章》的发表及其影响

与提倡短篇小说的同时，我们还着重抓了一下报告文学。

报告文学在我国是一种非常奇特而独特的文体，它既与新闻联姻，又与文学接轨；一脚踏在真实的土地上，一脚又飞翔在想象的空间；既弥补了新闻的不足，又丰富了文学的体裁，同时拓宽了文学的领域，满足了不同读者的心理需求。这种被称为文学轻骑兵的形式，能够及时反映当下发生的引人注目的事件和人物，作家通过报告文学的创作，可以更好地深入现实，更好地体察迅速变革中人的生活和精神世界，对此，《人民文学》有着很好的传统，她曾经发表过不少在社会上产生巨大影响的作品，诸如黄宗英的《小木屋》、徐迟的《歌德巴赫猜想》、柯岩的《船长》、刘宾雁的《人妖之间》、李延国的《虎年通缉令》等，勾勒出新时期各色人物所交织的绚丽的社会变革色彩。这些作者和他们的作品，和我国改革开放的历史同步，为这具有划时代意义的历史转型期留下了生动的画卷。因此，我们觉得现在的社会生活瞬息万变，新事物层出不穷，应该有特别提倡一下报告文学的必要。刘白羽同志也非常赞成我们的想法。因为他本身就是一位著名的报告文学作家，可以说对这种文学样式情有独钟。于是，他亲自致函部队作家李存葆，约请他为《人民文学》撰写报告文学作品。李存葆同志不负所望，他和山东作家王光明同志，深入沂蒙山区，很快地便创作出一部十余万字的作品《沂蒙九章》。我们编辑部打破惯例，用那期刊物一多半的篇幅，全文刊发了这部作品。

《沂蒙九章》发表后在社会上引起巨大反响，特别在山东的沂蒙老区，反映尤其强烈。为了扩大这种影响并唤起人们对沂蒙地区改革开放的关心，我们决定召开两次作品讨论会，对作品进行深入的研讨。先是在北京的人民大会堂举行，由刘白羽同志亲自主持。这次研讨会开得隆重而热烈，几十位首都的作家和山东的作家，齐集一堂，对《沂蒙九章》进行认真的研究和分析，大家一致认为：这篇作品真实地反映了沂蒙山区历史性的变化，表现了革命老区人民对改革开放的拥护与实践，以及在实践中焕发出来的热情与智慧。同时，我们还特别请到了作品中所描写的代表人物——一位乡镇企业家，来到会场，让他现身说法以证实作品的真实性和感人的艺术力量。这位与会的沂蒙老乡，后来成为沂蒙地区劳动致富的典型，被选举为全国人大代表。

另一次作品讨论会是在临沂市召开的，我去了并主持。编辑部还派了3位同志的临沂协助我工作。这次研讨会开的也很隆重热烈。在开会前，我们和外地（主要是山东）来的作家，首先参观了作家所描写的对象和他们的生存环境，包括个体作坊、乡镇企业，以及大小果园、农家场院，最后去了老乡家里，了解了他们的饮食起居状况，并和一些乡亲拉了家常，了解了他们生活的变化。后来的会议开得很活跃，大家都认为，这样与实际紧密结合的研讨会开起来才有意义。不少作家说，同一篇作品，在京城和在故事发生的地方分别举行，有不同层次的作家和读者参与，是别开生面的、与众不同的，以后的作品研讨会都应该争取这样进行。

北京和临沂的这两次研讨会开得圆满成功，各方面都很满意，从而也大大提高了刊物的威望。虽然编辑部内部矛盾重重（以后重点叙述），但是由于大多数同事还能坚持自己的岗位，尽力做好自己的本职工作，各项工作也还是有序地进行着。于是稿源也明显地增加了，作家们也都以正常的目光来关注《人民文学》。

8. 一件缺乏“组织性、纪律性”的行为

报告文学《沂蒙九章》的强烈反响，提高了我对现实题材的认识和兴趣，便有意在刊物上加大这种作品的分量。恰好，此后不久就有了这个机遇。一天，二编室主任韩作荣拿来一篇稿子，他说，他已经看了，觉得内容很好，现在交给主编审阅并最后定夺。我拿过来一看，作品的题目是《梦巴黎》，作者徐刚。

关于徐刚这位作家，我多少了解一些。他原是崇明岛上的一位知识青年，后来因为爱好文学，并致力于此，发表了不少作品，在上个世纪80年代，已经小有名气。但是，“八九政治风波”，他也卷了进去，此后又在“高潮”中从国内出走，逸入法国巴黎。在那人地生疏的地方，又语言不通，当然难以溶入那个社会，生活很是困难，由此而生悔悟之心，从而通过有关渠道要求回国。经过国家相当高级领导和部门的批准，他得以顺利返回祖国怀抱。回国后不久，他根据自己的亲身感受，撰写了《梦巴黎》这部纪实文学作品。因慕《人民文学》的名气，很快送到我们的编辑部里来。

我认真地阅读了这部作品，它的内容是，一个中国人因对现实的某些不满，充满对西方社会的向往从而来到有世界花都之称的巴黎。但是，进入这个城市不久，他的幻想便破灭了。因为现实根本容不得他这个中国人，生活中少不了被歧视、被排斥的屈辱。活生生的事实告诉他，过去对西方美好的幻想，只是一场梦。痛定思痛，感觉还是祖国好，遂毅然决然地返回祖国。作品文笔通畅练达，内容厚重，耐人寻味，是一篇爱国主义的好作品。我当即拍板在《人民文学》上发表。

作品面世之后，反响很好，由人及文，读者充满了兴趣。我们编辑部的同仁也都感到很高兴。

可是，作协的一位领导对此却大为光火。有一天在作协开会，会后，他把我留下来，突然问我：你们发表这篇作品（指《梦巴黎》）是经过谁同意的？

我有点惊讶，但却郑重回答他："是我同意发表的？"他又严肃地问："你向领导请示了吗？"我回答："发一篇作品还得向领导请示？没必要吧！没听说有这个规矩。"他说："这是例外。他这个人的作品是不能随意发表的。你知道他的背景吗？"他又反问我。我回答说："略知一二。"他又责问："既然知道怎么可以随意发表其作品？"我向他解释："既然此人是通过正常渠道回国的，就是中华人民共和国的公民了，那么，他就有权在《人民文学》上发表文章嘛！"他沉下脸来说："你应该知道，他和一般公民是不一样的，上面对他有说法……"最后，他又强调一句："你这是严重的无组织、无纪律行为！你听候上边的意见吧！"

话就说到这里，不欢而散。此后，我心里一直在嘀咕：上边会怎么处理我呢？谁知以后一直没有下文，那位领导多次见到我也没有再提及此事，因此，也就不了了之。

但是，后来却有人告诉我：你们发表的那篇作品，不仅在国内影响很大，在国外也引起了震动，一家外国通讯社报道说，发表这篇作品，肯定是经过"最高领导"批准的。因为他们把中国有关部门近期释放某位在"政治风波"中知名政治人物的背景联系起来了。

9. 奉命重返龙江

就在这一年的 8 月，作协党组副书记玛拉沁夫提议组织一个作家代表团去黑龙江参观访问，借以体察一下边远地区改革开放的现实情况，也是要求作家贴近现实的一个措施。玛拉沁夫自己亲自担任代表团团长，他要我担任代表团的副团长。

我一开始不想参加这个活动。因为我刚刚离开黑龙江不久，家里的事情又这样多；而且我对旧地重游的兴致不高。但是，玛拉坚持要我参加，特别是黑龙江省委书记孙维本同志，闻讯之后给我打来电话，希望我和代表团一同前来黑龙江，并且再三嘱咐：仍然要以黑龙江作家的身份帮助接待来访的客人。我知道老书记的拳拳之心，当然不能辜负他的美意，最后还是接受了玛拉的建议。

代表团由十余位作家组成，除了玛拉夫妇之外，其中尚有周明、杨匡满、刘茵、王素蓉、彭蕴锦和我等，到哈尔滨后，又增加了贾宏图、蒋巍等作家。

在哈尔滨受到了黑龙江省委的热情接待。省委书记孙维本同志亲自宴请代表团的全体同志，还发表了热情洋溢的讲话。维本同志透辟地分析了黑龙江的省情和现状，以及她在全国所处的地位；畅谈了黑龙江省关于“南联北开”等一系列改革开放的设想，勾画了一幅宏伟的北疆发展蓝图，展示了“黑天鹅”展翅高飞的雄姿。作家们听了备受鼓舞。在宴会进行期间，还有一个小插曲：代表团长玛拉沁夫突然说今天是他的生日。于是，孙维本同志立即让办公厅的同志购买了一个巨大的生日蛋糕，送来为玛拉祝寿。玛拉感到特别高兴，手舞足蹈，意气风发，妙语连珠，使宴会一下子进入了高潮。

随后，我们又游览了著名的太阳岛，徒步观赏了中央大街和斯大林公园，到呼兰县瞻仰了萧红故居，乘车浏览了哈尔滨市容。当时正值仲夏的哈尔滨，到处繁花似锦，绿荫滴翠，空气凉爽，和风宜人，大家对哈尔滨都留下了美丽的印象。

在此期间，我还抽空去省作协看望那些老朋友们。他们是那么热情，争着和我握手、拥抱。他们首先告诉我：贾宏图上任后，努力恢复作协的优良传统，狠抓创作，注意团结新老作家，谦虚谨慎，使作协的工作大有起色。我听了感到非常高兴。省委的安排很及时啊！我勉励老同事们，多多配合贾宏图，与他一道，为繁荣并振兴北疆文学事业做出新的贡献。然后，我便辞别老朋友们，回到代表团的驻地。因为次日我们就要告别哈尔滨了。

离开哈尔滨，我们便乘火车直奔边城黑河而去。

黑河，是一座“小而美”的城市，被人们誉为“黑龙江畔的明珠”。我们走近一看，果然名不虚传。街道整齐清洁，建筑结构也新颖别致，高楼大厦与砖房茅舍并存，现代化设施与原始生存条件同在；宽阔的柏油马路尽头，则见狭窄的石头小巷…… 令人欣慰的是，20余个兄弟民族，近20万同胞，聚居在这里，共同开发这块丰饶的宝地，在100余年的岁月长河中，用自己的汗水和智慧，为祖国遥远的边陲，嵌上一颗璀璨的明珠。现在，黑河又面临国家全面改革开放的好时机，当时苏联还尚未解体，中苏关系雨过天晴，由冷变暖，天时地利，都被他们赶上了。胡耀邦同志来这里视察的时候，应黑河同志请求，他题了词“南深北黑，比翼齐飞”。就是要求黑河像广东的深圳那样，快马加鞭，并迎头赶上。题词对黑河的人民起到了巨大的鼓舞作用。因此，黑河人的干劲很大，决心奋起直追，有朝一日，一定要和深圳“比翼齐飞”。所以，现在我们眼睛里的黑河，就是一个建设的大工地，用日新月异来形容她的变化与进步，是一点也不为过的。

在黑河的数日，我们除了参观市容并和当地的文友座谈外，代表团还去了黑龙江对面的苏联远东第二大城市布拉戈维申斯克（以下简称“布市”）进行游览。当地人把这项活动称之为“对苏一日游”。

中苏两国本是友好的邻邦，人民之间有着悠久的传统友谊，又有着漫长的边界，本应该像亲戚一样常来常往，和睦相处，可是，由于最高领导人持有不同的意识形态和个人追求，反目成仇，结果让两国人民也跟着互相敌视起来。咫尺之隔，却几十年互不往来，令人遗憾。现在，仇恨的一页终于翻过去了，人们又在友好的气氛中交往了，人数越来越多，阵势越来越大，来往的贸易也越做越红火。于是，趁着这个热火劲，当然也是出于对“现代修正主义”的好奇，我们代表团也想到对方那里看一看，开开眼界。瞅一瞅生活在“已经变修”的“苏联老大哥”，是处在何等“水深火热”之中的。

我们是乘着一艘豪华的油轮横渡到“布市”的。上、下两层，装修得富丽堂皇，座位宽敞舒适，只是游人太多（那些人多半是贩卖土特产“倒爷”），个别国人的陋习难改：声音粗，嗓门大，故船舱内又显得有些喧闹。好在船速很快，不一会儿就抵达对岸了。

苏联的海关人员对我们中国游客表现得很友好，不但笑脸相迎，同时还不时地说一声汉语：“您好”“谢谢”等以表达亲切之意。我在30年前曾经学习过一点俄文，本来早已淡忘了，谁知置身于当时的情景中，竟也“福至心灵”，冒出几句磕磕巴巴的日常生活用语来。于是就更博得对方的好感，破例提前对我们放行。

我们首先被导游领到列宁广场。这里仍矗立着一座高大的列宁塑像，我们都正襟危坐地在塑像下照了相。其他游人也都有同样举动。

自由活动主要内容多半是购物。因为这里有许多商品比我国便宜好多，比如金银首饰，裘皮衣领，呢绒布料，机械钟表，以及俄罗斯特有的工艺品。此前我们在黑河已经兑换了卢布，所以购买物品时也很便当。这里到处是俄罗斯人摆设的货摊，花样繁多，种类杂陈，令人目不暇接。因为我们这些人主要还是游览性质的，显得比较悠闲；可忙坏了那些有备而来的倒爷们，他们手提肩扛怀抱着从国内带过来的小商品，一一地卖给专门来这里采购的俄罗斯人，然后买下他们早已认定的俄罗斯便宜货，大包小裹，恨不得把人家的市场全部搬走。在这各取所需的一买一卖中，市场显得繁荣而活跃。这比过去的那些年大家都剑拔弩张、互相敌视的局面，真有天壤之别了。当年，为了谁也说不清的各自标榜的纯而又纯的马列主义，争当世界革命的领袖，闹得兵戎相见，民穷国衰，何苦来哉！现在回头一看，演的真是一场闹剧。

我们代表团在“布市”整整待了一天，一个个也是满载而归。只不过我因为不善于采购物品，买的便宜货不多，但是能够到对面看一看，多少了解两国间的差别，确实长了许多见识，也很满足了。

在黑河期间，我们还到附近的瑷珲陈列馆参观了一下。这个地方，对我们每个人的心理都有很大的触动，因为这里记载了我们民族一段屈辱的历史。就在130余年前，腐朽的满清政府，在沙俄的强权威逼下，签订了丧权辱国的《瑷珲条约》，一次割让了黑龙江以北60余万平方公里的土地，同时将乌苏里江以东40余万平方公里的领土，划为“中俄共管”，两年以后，又被沙俄鲸吞而去。1900年的“八国联军”入侵我国，沙俄不仅是其重要的一员，和其他7个伙伴一同陷我京城，杀我同胞，掠我珍宝，还同时出兵占领我东北主要城市，在瑷珲地区制造了震惊世界的“海兰泡惨案”和“江东六十四屯惨案”。他们烧杀抢掠，无恶不作，其滔天罪行，令人发指。列宁当时曾经义正词严地指出：“沙皇政府在中国的政策是一种犯罪的政策。”

陈列馆有大量的图片和实物，我们看了实在是心潮难平。中华民族的深重灾难，曾经是那样地任人宰割，历史是应该永远记住的。前事不忘，后世之师。因此，我们代表团在陈列馆的留言簿上郑重地写上这样一句话：

“历史在这里沉思……”

在黑河参观访问之后，我们又改乘轮船，沿着黑龙江，顺流而下。

我们是在曙光初照的早晨，告别黑河的。上船之后，大家便一齐来到甲板上，尽情地观赏黑龙江两岸的风光。

早晨的黑龙江真是美极了！阳光照在滚滚奔流的江面上，金翅金鳞，熠熠生辉。随着流水的波动，有层次地映现出各种色彩：金黄、湛蓝、碧绿、幽黑，如同游动的调色板。遥望两岸，全是绿的世界，就像两道绿色的长廊，把江水拦在其中。

青山滴翠，田畴泛金，海鸥翩翩，水鸟声声，油轮破浪驰行。偶有苏方船艇迎面而来，彼此皆相互招手致意；有时还挥动旗帜，表达问候之情。处处充满了祥和安宁的气氛。

不一会儿，太阳升起来了。顿时，高高的天空，浩浩的大江，无边的绿野，一齐被阳光映照着，显得无比辉煌灿烂。江水在炎炎烈日下，蒸腾出片片雾霭，远远望去，像一道宽阔的银链，铺展在绿荫之上。天地间一片迷蒙，真是如诗如画，如梦如幻。

作家们都流连在甲板上，从船头走到船尾；从这一侧踱到另一侧，不愿进入舱内。他们或浅吟，或低唱，或引吭高歌，或开怀畅笑。面对祖国锦绣山河，大家无不心旷神怡，精神焕发。

于飞逝而去的万千景象中，不时闪出有特别意趣的小镜头：船过逊克码头不远，忽见对岸有几处形似哨所的建筑，但均已颓倒在地，间或有个别完好者，其中也空空荡荡，不见人影儿。据说，若干年前可不是这样。而是岗哨林立，枪上弦，刀出鞘，虎视眈眈，剑拔弩张。在另外不远的一个地方，停放着一辆坦克，长长的炮筒；而炮口却是向内的，此种现象也耐人寻味。而在我方一侧的了望塔旁，偶尔见有人民解放军在走动，但也是一副轻快、安详的神态。不仅如此，在沿途中还常常看到广袤的田野里，收割机在运转，康拜因在轰响，农民们在唱歌。这些和平景象，是两国人民友好相处的标志。我在心里暗暗祝愿：让那些敌对的阴暗的日子，永远别再出现了；让我们的子子孙孙，永远生活在和平的阳光之下，各自建设自己幸福的家园。尊敬的领导者们，你们别再因为各自的政治理念不合，而破坏我们小老百姓的和平生活吧。

在愉快的气氛中，时间也显得非常匆忙，不知不觉已到黄昏了。此时的黑龙江又是一番景象：两岸被晚霞辉照，像是镀上一层金，为宽阔的江面，染上七色华彩。夕阳在江水中滚来滚去，沉下升上，有如多彩的火球。俄而夕阳西下，沉入了地平线，但余辉仍冉冉不尽，染得江岸和水面如铺上红色彩绸，被微风掀起层层皱褶，更加美轮美奂，让人无比欣羡大自然的精美创作。

不久，夜之神降临了。她用黑色的羽翼，覆盖了大地，江水笼罩在浓浓的黑纱之中，两岸被夜色抹去其鲜明的轮廓，呈现出黑黢黢的一片。江风袭来，觉得有些凉意。这时，我们从甲板上回到船舱里来，纷纷躺在各自的铺位上。大家现在才感到确实有些累了，不一会儿，都进入甜蜜的梦乡。

一觉醒来，游船已经靠岸了，来到了久负盛名的树海金城——嘉荫市。在睡眼朦胧中，伊春市和嘉荫的党政领导和文艺界的朋友，已经登上甲板，走进船舱，向我们伸出热情的欢迎之手。在人群中，我首先发现了相识多年的老朋友、伊春市文联主席董玉振先生。十几年前，在北京人民文学出版社那简陋的招待所里改稿时，我和老董曾经共居一间陋室，一同享受“爬格子”的苦与乐。他修改的是他的长篇小说《苦恼人的笑》，我修改长篇小说《大学时代》，后来都相继出版了，我们也在这里结下了深厚的友谊。老董这个人厚道老实，不善于交往，总是沉默寡言，基本上是特立独行，唯独和我还能谈得来。由于他在文学上的成绩斐然，伊春市推举他为市文联主席。这次听说北京的作家来嘉荫采风，其中还有我，所以他便连夜赶过来了，在此迎候我们。见面后，他除了和其他一些作家寒暄外，就是和我一起叙谈别情了。我们沿着黑龙江的大堤，边走边谈，边欣赏边塞小城的美丽风光，只见处处古木参天，枝繁叶茂，一片苍翠碧绿，引人入胜，顿时觉得心里很是惬意。

随后，我们又在市领导的导引下参观了嘉荫的市容，并且到郊区观赏了出土不久的恐龙化石。不知是何原因，这里的化石很多，它们形状各异，散落在江岸边，使我们长了不少见识。但是，由于时间所限，在这里未能久留，旋即乘车投入小兴安岭的怀抱。

号称千里林海的小兴安岭，横跨黑龙江省的东北部。背靠黑水，面临松江，与大兴安岭首尾相连。这里的森林资源极为丰富，松、杉、柏、杨、椴、榆、柳、槐等，树种繁多，品类齐全。同时，无数珍禽怪兽，隐没其间，是我国珍贵的生物宝库，人们把它称作是祖国项上的一块绿宝石。

由于道路平坦，我们的车速很快。凭窗远眺，令人目不暇接。随着阳光的强弱，云层的厚薄，远近山峦也不时变幻出不同的色彩。浅的像随意渲染的疏淡水墨，浓的像金碧青绿的工笔重彩；而随车行进的一路景色，连起来则像绵亘不绝的长卷。不过，偶尔，我们也能看到某些不尽如人意的地方。由于个别人缺乏远见，急功近利，只采不育，山岭上常常出现光秃秃的一片，与周围郁郁葱葱的山林很不协调。大家都为之惋惜不已。

中午，我们的汽车抵达萝北县城。这也是个山清水秀的地方，是经国务院批准的对苏贸易口案，到处车水马龙，客商往来不绝如缕，呈现一派生机勃勃的繁忙兴旺景象。因为时间关系，我们没有在此多加停留，而是继续前行。夕阳西下时，我们来到了被誉为龙江的“花城”富锦市。由于旅途疲劳，虽然是万家灯火，处处流光溢彩，也无心欣赏了。

次日早晨起身一看，觉得这“花城”果然名不虚传：只见街道整洁，马路修长，建筑风格迥异，市民服饰新颖，到处花团锦簇，绿荫浓郁，于徐徐凉风中飘来阵阵馥郁的芬芳，一下子，我们被小城的美倾倒了。几位文友端起随身携带的照相机，不断地把那些美丽的画面，摄入了镜头。遗憾的是，由于时间所限，在此未能多留，而是匆匆而过，直到二江相汇的同江，我们才住了下来，尽情地欣赏了这个城市的独特风光。

同江市是黑龙江和松花江汇合的地方。早在1909年，作为满清帝国的林江府便闻名于世；近百年来，几经变迁，数易其名，最后才定名为同江市。

这座小城果真美丽，满城红花，艳而不俗。稍稍浏览了一下她的市容，我们便迫不及待地来到著名奇观——双江汇合处。只见黑得发亮的黑龙江水自西向东奔流而来，金黄金黄的松花江水由南向北飞荡而去，流到同江口，便汇聚在一起了。但它们互不相让，各自紧紧地收拢自己的“队伍”，猛烈地向对方冲击，企图击溃对方，独领风骚。就在进行“殊死”的搏斗中，二者仍然泾渭分明，一黑一黄，有着明确的界限。远远望去，形成一条长长的弧线，久久不散。此种奇观，令我们惊叹不已。

但是，大自然的规律又是不可违抗的。尽管二江之神在那里殊死撕拼，可谁也无法将对方降服，最后只好携起手来，合二为一，共同汇入大海。于是，双江汇合处的下游，又形成完全不同的色彩的水流，奔向远方。

观赏了“同江”奇观之后，我们又分别到居住在这里的赫哲族乡亲家中访问，领略了这个我国人数极少的少数民族同胞的生活习俗和改革开放后的巨大变化。我们的到来，受到了乡亲们热情的接待。大家一边欣赏了他们的歌舞，一边品尝了他们的菜肴，身心都感到非常舒畅。

当晚，同江市的有关领导又专门设宴招待我们。因为今日恰逢玛拉沁夫同志的阴历年生日，主人还为此举办了歌舞晚会进行祝贺。我们大伙儿也跟着沾光，尽兴乐了一回。

离开同江，我们来到了此行的最后一站：佳木斯市。她是黑龙江省东部的一座名城，在人民解放战争期间，各方人士荟萃于此，各路将领于此运筹帷幄，曾有“东北小延安”之誉。过去的若干年，我曾经数次公出来到这里，因为行色匆匆，加上当时心绪不佳，故印象不深。谁知这次采访，却大出意料，我几乎认不出她的模样了。到处高楼林立，商厦栉比，市场繁荣，街道整洁，处处呈现生机勃勃的景象。当然，这也是改革开放的成果。

在这里，我们听取了市委书记关于佳木斯市情况的介绍，因而对她的未来充满了美丽的憧憬。在参观了那雄阔的市容后，又专门访问了“养鸡大王”梁风颖，并在她的家里做客。这位原来目不识丁的农妇，当年曾经穷得衣不蔽体，食不果腹，朝不保夕。但在党的富民政策的感召下，冲破重重阻力，带头设圈养鸡，成为最早的养鸡专业户。而今腰缠万贯，富甲一方。在党的十三次全国代表大会上，我和她同属黑龙江代表团，听了她讲述自己发家致富的故事，深为感动。一别数年，而今又在佳木斯见面，我们都感到分外高兴。她虽然还是旧时模样，现在却显得更加成熟了。

在她家中那宽敞明亮的大会客室里，我们听着她叙述这些年的生活历程。她的故事都很生动，说明党的政策正确与否对普通老百姓会产生多么巨大的影响。极“左”路线让人民饥寒交迫，哀鸿遍野；而一旦正确路线得到贯彻，人民马上就富裕起来，过上幸福康乐的生活。对比之下，真是两种路线两重天哪！在这里我们又受到一次极为深刻的“路线教育”。

佳木斯的新面貌，给我们作家代表团留下了美好的印象。我们的行程至此全部结束了。大家各自从这里快乐地分手回到自己的岗位。而来自北京的我们，也乘车返回。

10. 平静中有波澜

从黑龙江回来之后，由于身心舒畅，自我感觉甚好，以为编辑部内部很和谐，一切工作似乎都比较顺畅；加上外部环境得到了一定的改善，因此，我觉得可以轻松地喘一口气了。

但是，我错误地估计了形势。杂志社的内部却在短暂的沉寂之后，突然风云变幻。

事情的起因很简单，我主持杂志社工作后，建立了一些必要的工作制度，其中之一就是每周召开一次主编碰头会（社委会），决定杂志社比较重大的事项。参加人为主编、副主编以及经过党组批准的个别编辑室主任；总编办公室主任列席。这个制度坚持一年多，很有成效。大约在 9 月（1991 年）的一次主编碰头会上，我根据一段时间工作实践的体会，希望明确一下杂志社几个主要负责人的职责。因此便说出了我的想法：由我主持杂志社的全面工作，后调我社的那位副主编侧重抓行政方面的事宜；崔道怡侧重抓一下业务工作。

那位副主编曾经深夜到我的住所，诚恳地向我表示："以后一定当好您的助手，一切听从您的指挥，同心协力把刊物办好！"他还恳切地希望我在党组征求意见时，不要提出否定的意向。他认为我的"这一票"至为关键。我相信他是真诚的，也希望我们同心合力干一番事业，也真诚地向组织推荐了他。

组织对他委以重任，让他担任副主编兼任杂志社的党支部副书记（书记原来由清查组长谢真子担任，不久前小谢调回作协创联部，暂时空缺，副书记其实是实际意义上的党支部书记），除了和另外一位副主编轮流发稿并终审外，他还分管人事、财务、发行和函授部的工作。所以，他实际上也是《人民文学》的"实权人物"。

实事求是地说，在就任前后一个较短阶段，他对工作还是比较认真的，也取得了我和一些同志的信任。当然，也有一些不满意的地方。由于他的水平所限，对许多送交他终审的稿子拿不准，常常让别的编辑"代劳"。这不符合《人民文学》历来的"三审制"发稿机制，是绝对不允许的。不过，他的这个做法是在私下里进行的，比较"隐蔽"；当我得知这个情况后，曾严肃地指出他最好不这样处理稿件！如对稿子判断有困难，可和我及老崔商讨。

可是，他并没有接受告诫，反而巧立名目，弄出个"一人一票"的"会审制"，要求由"群众说了算！"他还把这样的做法形容为"创举"。显然，他的这个"创举"仍然是违背"三审制"原则的，而且也不符合国务院所批准的、新闻出版总署颁发的有关报刊编辑条例。此外，他还有一些不懂装懂、且又故作高深的表现，引起大家的非议。

另一位副主编崔道怡，是我十分尊敬和欣赏的老编辑，他从 1956 年北大中文系毕业后，一直在《人民文学》做编辑工作，业务娴熟，经验丰富，经他手编发了不少很有影响的作品。因此，我希望他侧重抓杂志社的业务工作。此前，大概在 1991 年 3 月，我曾经对此分工在一次主编碰头会上吹过风，说，我和马烽同志商量过，根据每个人的特点，那位副主编和老崔在日常工作中应该各有侧重，即是指上述的分工。当时大家都未有异议。经过最近几个月的实践，我越发觉得这样的分工是非常必要的，所以，我才在这次主编碰头会上正式宣布这个决定，并要求付诸实施。

使我始料不及的是，这个决定竟引起那位副主编的极大不满。他先是深夜来到我的住处，直接向我表达他的反对意见，声称他是杂志社的第一副主编，不仅要抓行政工作，业务工作也要管，我的决定是剥夺了他的权力。我马上纠正他说："你只是副主编之一，无'第一'之说；抓全面工作的是主编，而副主编之间应该是有分工的。但分工不分家，是'分工合作'。"

这一晚，他在我处谈了5个多小时，反复陈述他反对的理由，一再表达对我的"忠诚"；但是，我的主意已定，当然不会轻易改变；而是向他说明：我是多方面权衡利弊并和领导商量后才做出的决定。由于我的理由比较充分，最后总算勉强把他说通了。

其实，他根本没有"通"。回去之后，便来了个剧烈的反弹。就在这一年的国庆前夕，他约集了几个人，联名向刘白羽同志写了一封"告状信"，信中只字未提副主编分工的事，而是列举了我在工作中的种种"失误"，要求白羽同志直接进行"干预"，以"纠正"我的"错误"。需要说明的是，在此之前，白羽同志只是定期听取我关于杂志社一些重大事情的汇报，有时给予某些建议，从来不过问编辑部的具体工作。看到他们的联名信感到很惊讶，同时也很重视，当即在电话里告知我新发生的这件事。他对信中所谈的内容未加可否，而是建议我尽快召集写信的成员，直接听取他们的意见，采取"有则改之，无则加勉"的态度，化解已经产生的矛盾。

给刘白羽同志写信，究竟是为了什么？是何用意？对于发生的这件事，我既感到突然，也感到不快。我是这样看的：既然大家一起工作，有意见尽管当面来提，我自信不是那种刚愎自用、听不进不同意见的人，大可不必兴师动众联名"告状"？

尽管如此，我还是接受白羽同志的建议，召开了联名写信人的座谈会，倾听他们的意见。座谈会是于1991年10月4日在《人民文学》杂志社的会议室内举行的，包括写信的，共十余人。

我建议副主编崔道怡以及赵国青同志（时任党支部委员）和我一同参加座谈会。

会议由我来主持。我的开场白很简单，直截了当地说："大家给白羽同志写信，对我本人和一些同志提出了许多意见，今天就是要直接听一听大家的真实想法，请大家消除顾虑，敞开思想，畅所欲言。"

他们似乎是早有准备，一个个争先恐后，慷慨激昂，发表他们对我的意见。（本来对他们的发言有一个详细的记录，为崔道怡先生当场所记，现在时过境迁，后来他们当中的不少人已经对此有了较之以前不同的认识与态度，为有利于和谐共事，故不再披露。）概括起来，他们的意见不外乎两点：一我对领导分工决定不当，有轻某人而厚崔道怡之嫌；二过于重用几位老编辑，有右的倾向。

我当时未作解释，只是倾听而已。需要说明的是，他们发言的语气都很尖锐，会场气氛激烈，很有些“文革”中造反派的架势。

此后，几个人又折腾了很久，甚至成群结队去作协领导的家中大吵大闹。当他们围攻马烽同志时，这位温厚的党组书记曾经劝告：“要适可而止，不要走得太远。”后来，他们的矛头又升级了：本来是集中火力冲着我来的，现在又转向刘白羽同志了。万变不离其宗，他们又把“极左”的帽子扣在这位老同志的头上，编造一些离奇的诬蔑性的谎言，竟然说刘白羽是“整罢老子又整儿子”。

很多人都知道此人的父亲曾是一位著名的文艺理论家，上个世纪 30 年代就入党的老革命，因受极“左”路线的残酷迫害，及早离开人世。对于我党这位唯一参加过“长征”的革命文艺战士所遭受到的极不公正的待遇，人们无不愤慨，并对他充满了尊敬和同情。这是一个时代的悲剧。据了解情况的人说，这位老同志当年遭受迫害时，刘白羽和他不是一个单位，而且级别比他还低，不可能直接处理他父亲的问题；决定其命运的应该是更高层的人物。怎么可以将“迫害”的罪名随便往不相干的同志身上安呢？至于“迫害儿子”的说法，就更不值得一驳了（关于这个问题，刘白羽同志曾经和我这样谈过：在“极左”之风盛行的年代，他确实积极贯彻执行了上边的政策和指示，伤害了许多文艺界的人士，心里一直感到非常愧疚，但是，他当时身在其位，也难以脱身。至于此人父亲的遭遇，不是他造成的，因为他没有这么大的权力）。相反，正是因为取得刘白羽同志的同意和支持，此人才得以来到《人民文学》，并出任副主编，其中含有为他父亲“落实政策”的成分（那位人士自己后来在 1991 年 12 月 14 日上午 9 时 30 分至 11 时 30 分，假作家出版社办公室召开的“《人民文学》党支部扩大会议”上，亲口说到是刘白羽提出要他到《人民文学》……）不仅如此，此人还要制造更大的事件——让《人民文学》停刊。

一次，趁我公出在外之机，他和几个同好，把已经编辑加工好的、拟刊发在 1992 年第一期的稿件，扣压在柜子里，不让值班副主编发稿。事态十分严重。因为《人民文学》从创刊以来，还从未发生无故临时停刊的先例（“文革”的特殊时期例外）。党组领导得知这个情况后，立即把他和值班副主编一同找到办公室，一方面严厉批评了其错误行为，同时要求他尽快把有关稿件交给崔道怡，立即发稿，使刊物按时出刊，不得延误！如果刊物不能如期出版，他们承担一切责任！

在此情况之下，他不得不将稿件拿出来，交给崔道怡编排发稿。经过编辑部一些顾全大局的编辑同志的共同努力，刊物得以按时出刊。

不仅如此，此人还提出一些无理要求。比如主编碰头会他借口有韩作荣的参加而拒绝出席。其实，韩作荣参加主编碰头会，是经过作协党组批准、刘白羽同志同意的。目的是培养和锻炼青年干部，使其尽快适应较大的工作局面，以便将来担负较重要的担子。作为杂志社的“二把手”，此人理应支持。但是他却处处掣肘，时时设障，千方百计排斥韩作荣；同时还制造各种流言蜚语，贬低韩作荣的人品和文品。遭受攻击的韩作荣主动向我提出，为避免是非，他不再参加主编碰头会。他的要求当即被我拒绝。我说：“这不是你个人的事情，这是组织的决定，别人无权改变这个决定！”

韩作荣听从了我的劝告，照常参加碰头会，积极做好本职工作。但是，此人和几个人仍然采取不合作的态度，甚至他们中有人居然将一些作家寄给《人民文学》的稿子擅自转给其他杂志。至于挑拨作家与《人民文学》的关系的事例，则难以尽述了。

在这样的情况下，我只得采取非常措施，动员杂志社那些识大体、顾大局的同志，多分担一些任务，多尽一些心力；同时向一些知近的作家好友求助，盼他们寄来自己满意的新作，以保证刊物按时出版。

首先给我以支持的是被此人攻击为“老左”的刘绍棠同志。绍棠少年时代便写出轰动文坛的作品，并誉为“神童”作家。50 年代我在江苏读高中时，也是个文学少年，在报刊上发表了一点小文章。因慕绍棠之名，曾给他写过信，向他求教，他也曾回过一封短信。但此后不久，他便在“五七劫难”中陷入困境而在文坛上消失了，我也在同时因犯右的“错误”，被打入另册，流落到关外。谁知 20 余年后，我和他因为一次参加同一个笔会而意外地相逢了。在相互介绍中，绍棠居然提起我们少年时代的那次通信，一下子拉近了我们俩的距离。那时，我仍工作在遥远的北方，但我们彼此书信往来不断，并经常互赠新作。当然，我的作品从数量和质量上都不能和他拉平，可他却不见弃，我来京公出时，多次成为他家的座上客，推心置腹，无所不谈。我奉调来京主持《人民文学》工作时，他表示："我每年至少给《人民文学》写一篇小说，并且是我最满意的。"同时他还对我说："你不要顾虑没有人给你们写稿。中国地方这么大，作家这么多，我不相信《人民文学》会没有好稿子！"绍棠没有食言。他把最好的作品寄给了我们。比如，中篇小说《黄花闺女池塘》，写得多么好啊！该文一经发表，便好评如潮，上海文艺出版社很快地便把它收入当年的全国优秀小说选集中。需要特别指出的是，当时绍棠大病未愈，这篇小说是他半躺在床上用仅能活动的一只手写出来的。此后，他不断地寄来新作。不仅如此，还有很多作家朋友，都寄来作品，支持《人民文学》。

那位人士的种种举动在社会上产生了很恶劣的影响，尤其是对《人民文学》的形象起到了很大的破坏作用。为此《人民文学》曾召开过"党支部扩大会议"，希望大家和衷共济，把《人民文学》办得更加让作家和读者满意一些。我的家人和朋友，也都为我捏了一把汗，担心这几个人会对我造成更大的伤害。

我可以肯定地说，这几个人什么招儿都用了，什么都想了，偏偏不想办杂志的事。最后，作协党组和中宣部，采取了及时和有力的措施。为首的人被调离；其他人有的辞职另寻高就，有的主动离开编辑部，有的承认错误继续安心本职工作。《人民文学》杂志社又得以正常运转。

当然，有些人并没有停歇，除了去作协人事部表示"抗议"，要求"收回成命"外，其中个别人还以"境外人士"的名义，撰写了"《人民文学》社到底发生了什么？"为题的长篇匿名信，把发生在《人民文学》的事，描绘成为一幅那位人士和他同伴的"受害图"。他们甚至还利用在《人民文学》的工作之便，把匿名信夹在向全国作家赠阅的《人民文学》中，寄到了作家们的手中，使他们杜撰的那些谣言很快地在作家中和社会上流传开来，造成了非常恶劣的后果；而那位人士呢，则以"刚被撤职的《人民文学》副主编"的名义，炮制了一封《致中国作家协会主席团》的信件，邮寄到各主席团委员的家中，此外他们还炮制出一份《致文学界朋友的公开信——我们作证》的文字材料。那个"公开信"语言功夫之差，很难想象是出自文学工作者之手，同时，还诬蔑和颠倒黑白的手法共用，很"文革"。

编辑部这潭水不浅呀！

但是，经过各方努力，编辑部这潭水还是平静了下来。工作在纳入正轨后，刊物的艺术质量随之稳步提高，在全国刊物发行量普遍下滑的情况下，《人民文学》的印数还保持比较平稳的态势。

事态平息之后，我认真地总结了“经验教训”。我想起在来京工作之前，常听人们说起“京官难做”的话题，但没有亲身体会，感触不深；在经历了杂志社的这场小“风波”之后，我确感到这话绝非虚妄之谈，而有着实实在在的内容。我这个“官”虽然不大（局级干部，在有些人的眼睛里几乎不算个什么官，不是有这样的俗语吗：“不到北京不知道自己的官小”），可是，一旦卷入某种矛盾的旋涡中去，是很难自拔的。在有的人眼里，你是外来户，是局外人，怎么可以占有这个被众多人觊觎的位置？把你放在这里，他人怎么办？特别是有些“胸怀大志者”，他们有着很重要的背景，有很硬的后台，当然会把你这个无根基的外来户视为眼中钉、肉中刺，欲拔之而取而代之。因此，你的一举一动，都会被他们所挑剔、所指责，如果你在无意之间有妨碍他们利益的地方，他们会找出各种借口来攻击你、诽谤你，处处找你的茬儿，让你无法正常工作，难以立足；而一般的人呢，往往是冷眼旁观，看你到底有多大的能耐，有多强的抵抗力，在大局已定时，才会有个稍稍倾斜的态度。只有个别主持正义之士，在某个关键时刻，会挺身而出，说句公道话，这就是对你最大的支持了。当然，最重要的是，在矛盾白热化的时候，你自己应该挺得住、站得稳、守住基本的阵脚，坚持最基本的原则，决不可自己乱了方寸，否则，你就会被他们轻而易举地排斥掉，从而灰溜溜地败下阵来，任人摆布。

我想，我之所以没有被打趴下，还有一个重要的原因，是领导的信任。他们中都是正派人，是明辨是非的人，是有丰富生活和斗争经历的人。

可以坦率地说，马烽同志就是这样的人。他的支持，起到了决定性的作用。这位名副其实的老共产党员，襟怀坦白，待人真诚，思虑缜密，看问题入木三分，而又事事出以公心。休看他平时老成敦厚，言语不多，关键时刻，却能一语中的，扭转危局。如果没有他的坚决支持，在这场搏击中，我很可能是难以持久坚守自己的阵地的。因此，我对这位老同志充满了感激之情。其他还有一些主持正义的老同志，都给了我很多的帮助，我也是心里有数的。

当然，既付出了那么大的代价，也等于我交了学费了。我懂得在这个岗位上如何待人接物了，再也不会像从前那样傻呵呵地总是不设防地与他人交往了。所谓“吃一堑、长一智”，盖指如此吧。

那位人士离开编辑部之后，杂志社的领导班子进行了适当的调整。原来的一编室主任王扶提升为副主编。这位女同志是一位资深的编辑了，来《人民文学》已经20余年，工作勤勤恳恳，认真负责，这些年来，经过她的努力，推出了不少好的作品，发现并扶植了不少有创作实力和培养前途的作者；她性情耿直刚烈，作风正派，在这次编辑部的“风波”中，能够主持公道，始终坚持岗位，支持杂志社的正常工作。这样的同志，应该担负较重的担子。经过我和刘白羽同志商量，并报请党组研究，她被任命为副主编。在商谈、研究的过程中，虽然也有不同的意见，不同的声音，但是，我们没有受到影响，坚持原议，不为所动。领导班子的调整与充实，对杂志社的工作，发挥了积极的作用。

10. 新难题

我的前任是著名作家刘心武同志，是被誉为“改革开放报春花”《班主任》的作者。他当然还有更多名篇佳作。1987年，他接替王蒙同志任了《人民文学》主编之职。刘心武年富力强，思想敏锐，很有开拓精神，他在任期间，发表许多富有创新精神的作品，获得社会广泛的好评。由于种种原因，他陷入有重大争议的“舌苔事件”中去，此事在社会上震动很大，他也受到连累；继之，他又卷入那个政治风波之中，引起上层领导的关注，要求作协给他一定的处分。我继任主编后，有关领导曾要求我处理这件事。我当时以“新上任、不了解情况”为由推脱了。后来由于编辑部内部某些人的折腾，大家的注意力都集中到他们身上了，刘心武的处分问题便放在一边，几乎无人过问。

但在此期间还是发生了一些令人作难的事，说来其实很简单，某外国文学团体，向刘心武发出邀请去该国访问。可不可以去、应不应该去，过去完全由作协外联部决定，本单位无权过问。可是，现在外联部却把权力“下放”给我们了，要我们决定是否“放行”。于是，就把球踢到《人民文学》来了。他们将刘心武应约出国访问的申请表首先送到我的面前，让我签署意见。当时，我是这样考虑的，刘心武是有影响的作家，不应该剥夺被邀请出国访问的权利。因此，我便在其出国申请表上签了“同意本人申请，请外联部核准”！

球又踢回去了，你外联部还得最后承担责任。本来就是你职责范围的事，你怎么推脱得了呢？

据说，外联部还是没有同意。作家自己最后投书中央有关负责同志，终获批准，从而得以如约出访某国。

后来我兼任了《人民文学》杂志的党支部书记。有一天，作协的机关党委书记突然找到了我，他说：“现在《人民文学》内部平静了，刘心武处分的问题不能再拖了，上级因为此事已经批评我们了。”我问他：“我们应该怎么办？”他说：“你按照上边的要求，召开党支部大会通过一下就可以了。”我推脱说：“这件事我办不了。”他惊讶地问：“为什么？”我向他申述了理由：“一、‘政治风波’发生时，我不在北京，对《人民文学》的人员的表现一无所知，开会时，如果有人提出异议，我无法回答；二、现在的党员思想都很活跃，不再是什么‘驯服工具’，不会处处听从上级的安排，如果党支部大会通不过，我怎么向党委交代？因此，这件事我无法主持。”他听了我的话似乎觉得还有道理，没有再说什么，我们就分手了。

谁知过不多久，这位书记又找到了我，他说：“党委又研究了那件事（还是关于给刘心武的处分问题），觉得你们可以召开支委会的方式来解决，三个支委便很容易通过。”

我立即否定了他的建议，我说：“党章上可没有这样的规定，支委会可以处分党员。”

他反而问我：“这也不行，那也不行，你说到底该怎么办？”

我诚恳地对他说：“我实在没有办法，还是请党委设法解决吧！”

此事最后还是由党委自行召开党委会根据上边的要求来解决了，我的心事也随之放下了。但党委书记为此却大为不满，有一次，竟在党委扩大会上公开指责我们，说《人民文学》党支部对刘心武的问题是不坚定的。由于事情已经过去很久了，我也没有找他理论，心想，就吃这个哑巴亏吧！

奇怪的是，时隔两年之后，新的党组书记上任之后不久便找刘心武同志谈话，当刘心武谈到党委给他的处分，他个人不同意，因此未在有关文字材料上签字。谁知这位新书记却说：“你没有在上面签字，这个处分就不算数了。”

此事就这样不了了之，说来真有点滑稽。

至今我也不知道，党章上哪一条有这样的规定？如此说来，当时《人民文学》党支部的做法又有什么“不坚定”的呢？

此事到底应该如何处理？看来谁也说不清楚。

11.《人民文学》理事会的成立

商讨研究成立《人民文学》杂志理事会的这件事本来早就酝酿了。

进入 90 年代之后，商品经济大潮已经势不可挡地进入中国的每一个生活领域，文学期刊面临着严峻的挑战。上级的拨款，刊物的销售，已经很难满足杂志社逐步增长的对经费的需求，刊物要想很好地生存和发展下去，必须创造另外的经济收入渠道。在我调入《人民文学》后不久，就提议创立一个理事会，吸收社会名流和企业家参加，一则扩大刊物的社会影响，另外增加杂志社的经济来源。这个倡议得到大多数同志的支持，但是，因有当时某些人的横加阻挠，使工作未能及时进行。现在，这个设想实现了。

第一届理事会由我牵头任理事长，做实际工作的韩作荣任秘书长，另外还聘请了贺捷生等社会名流和多位企业家任理事。在刊物上，他们的名单与编委会人员并列，表示我们对此的重视。

在酝酿成立理事会的过程中，还有一件小插曲，应该在这里补叙一下。

成立理事会一事在杂志社内部酝酿成熟后，曾经报一位领导予以批准。谁知这位领导却不赞

与贺捷生

成，说《人民文学》是国家级的刊物，怎么可以成立与商品经济挂钩的理事会呢？于是，便把我们的申请报告压着不理。我为此很着急，多次找他并作了恳切的解释，但他就是不肯批准，结果拖了一段时间。后来他患病住院时，我们又找到另外一位负责同志，说明情由，得到了这位领导的理解和认可，理事会方得正式成立，可惜拖延了一段时间，使我们杂志社受到一定的损失。

其他尚有两件对我们刊物大有裨益的好事，也因他的阻止，终未实现。一是深圳一家企业欲协办《人民文学》，将在经济上给我们以有力支持，条件已经谈好了，只等双方签订协议。但这位领导又搬出上述理由，不予批准，使这项协议最终泡汤。第三件事是中国延安文艺学会主办的刊物《中国风》，因为人力物力的不济，办不下去了。学会的有关领导和我商讨：希望能够和《人民文学》合办——主要由《人民文学》杂志的同志操作，他们只要求挂个名。当时的《人民文学》编辑力量比较强，财力也还说得过去，有足够的能力办好这个刊物；当我拿到主编碰头会上研究时，获得一致赞同。大家认为，《中国风》是一个大文化刊物，是作协的“缺门”，只要下功夫去办，社会效益和经济效益都不会错，值得承办。于是，我便出面和有关方面商谈，很快地取得了一致意见，并草签了协议。我们遂将申请报告送交上级领导审阅，开始时被顺利通过，有关领导还批示“要下功夫办好这个刊物”；可是，最后一关，又被那位领导否决了。我们瞎欢喜一场。

碰了这几个钉子，我心里犯了嘀咕：看来这位领导对《人民文学》有特别的看法，或者有自己的打算，否则怎么会这样对待我们的那些并非不合理的要求呢？这个疑团，直到几年之后在处理《人民文学》杂志的领导班子时，我们才稍稍得以省悟。文坛和政坛的诡谲，如出一辙，令人心悸也使人心寒。

《人民文学》编辑部发生的那个“风波”过去不久，马烽同志便辞去中国作协党组书记的职务，回山西太原去了。

对于马烽同志的辞职一事，众说纷纭。但从我和他的接触中，觉得他确实是不想担这个重担了。一则他感到自己年老力衰，精力不济；二来觉得北京文坛各种关系实在太复杂，难以应对，用他自己的话来说：“许多应该我管的事我管不了，不该我管的事又非要我来管，实在是力不从心。”所以他坚决要求回到山西去，那里地熟人熟，儿孙满堂，更适合他颐养天年。

在离京前夕，他专门到我当时居住的亚运村家里去了一趟。他再三叮嘱我，今后在工作中，一定要注意团结各方面的作家，慎勿陷入某种宗派或文坛小圈子中去，以致难以自拔；要我尽量找机会到下面走走，多接触实际生活，尽可能地多创作一些有点分量的作品。他语重心长地说，作家是靠作品说话的，职位再高，权力再大，都不能代表一个作家的水平；我们是个“官本位”的社会，名利场还是有诱惑力的，但要把持住自己，不去追求那些虚名，多做点实事，多写点好作品，这样也就算没有虚度年华了。

我一直牢记马烽同志的这番话，努力去身体力行。

在上个世纪的90年代，中国文坛各种流派纷纷涌现，确是“你方唱罢我登台，各领风骚若干天”。我们拥护并执行“双百方针”，坚决摈弃文化专制主义的“一花独放”的非常状态。同时我们认为：现实主义根深叶茂，源远流长，能够较好地反映现实生活，贴近读者群众，也符合我们现实的中国国情。因此，我们有意识地在刊物上提倡这种创作方法，并努力编发比较优秀的作品。而我自己的创作，依然按照原来的路子走下去，从没有动摇过。

第八章

经受文学期刊在转型期的阵痛

1. 文坛上的“三驾马车”与现实主义回潮

在经过一场风波之后，《人民文学》内部逐渐平静下来。工作开始步入正轨。

作家们对《人民文学》和我个人也有了新的认识，纷纷寄来满意的新作，热情地支持我们的工作。因此，刊物上陆续发表了一些有影响的优秀作品，如:《梦巴黎》《乡村情感》《镇长之死》《宝钢，世纪之谜》《荒弃的家园》《学习》《迷沼》等等，在社会上引起了较大的反响。特别是河北省的三位青年作家（何申、谈歌和关仁山）的作品，如:《年前年后》《大厂》《醉鼓》等，都有着很强的现实性，其中以《大厂》的反映最为强烈，有人甚至把它比作新的《乔厂长上任记》。他们关心群众疾苦，反映群众呼声；艺术上具有中国作风、民族气派，雅俗共赏，有很强的可读性；他们三人被誉为河北文坛的“三驾马车”。由于他们都采用现实主义的创作方法，于是，在文学界掀起了一股现实主义的回归热。作家们普遍认为，现实主义有着强烈的生命力，仍然是我国文艺创作的主流，各地报刊纷纷刊载作家们的现实主义力作。当时的《上海文学》主编周介人专门给我来信，表示对《人民文学》此举的赞许，相约今后南北呼应，让这个潮流长盛不衰。实事求是地说，在这个方面，《人民文学》再一次领风气之先。

但是，对此现象看法也并不完全一致，我们就听到不同的声音，工作上遇到些许阻力。说来也很简单，就是作协有个别领导认为《大厂》等作品不足为范。当《大厂》普遍受到读者欢迎、我们编辑部也加大对其宣传力度的时候，某领导却严肃地直接对我说："《大厂》对现实生活的阴暗面反映得过多，对工厂企业当前所遇到的困难，表现得过于严重，影响不好，应该引起你们的注意。"

作协书记处的常务书记张锲出于一番好意也当面警告我说："某领导对《大厂》等作品另有看法，你们不要再加以宣扬了。"我问他对此怎么看，他避而不答。

当时，我左右为难，读者们和作家普遍看好的作品，领导却持有另外的看法，而我们既不能违背广大读者的意愿，又不能有悖于领导的指示精神。怎么办呢？我甚为苦恼。

然而，就在这个关键时刻，我们遇到了"转机"。

一天傍晚，我在家中，忽然接到中宣部文艺局的同志打来电话："请尽快将刊载《大厂》的那期《人民文学》凑足10册，送到中宣部，然后由我们转送北戴河。中央领导正在那里开会，需要参阅这篇作品。"

我们当然照办不误。当时对此举尚觉不解，心中非常忐忑。事隔不久，我们便听到准确消息：有一位中央领导同志，无意中看到了《大厂》这篇小说，甚感兴趣，认为小说真实地反映了当前工矿企业的困境和广大职工的精神状态，很有参考价值，故要求中宣部尽快将这本杂志送到他正在北戴河主持召开的一个会议上去，供与会领导同志参阅。不久，中宣部的内部简报上，还发表短论，专门赞扬了这篇作品。

这么一来，《大厂》的命运立刻被改变了。我也立刻如释重负。

值得高兴的是，原来批评我们的那位领导的态度转变得也很快，立即随声叫好，以后再也没有批评我们不该发表这样"倾向不好"的作品，反而对河北省的"三驾马车"大加赞扬了。在《小说选刊》召开的一次表彰"三驾马车"的会议上，他还亲切地接见了《大厂》的作者，表扬他思想敏锐，创作了一篇优秀的作品。"知错就改"，这也是我们中国人的传统美德，这位领导的态度，是值得称道的。

后来，我又责成小说的责编李敬泽同志约请作家谈歌写了《大厂》的续篇。初稿很快完成了，但大家读后都不太满意，后和作者一同商量，经过多番修改，在《人民文学》上发表。虽然反响不如前一篇强烈，但也得到读者的好评。一般地说，某些较好作品的续篇，都不如前一篇受读者欢迎，包括我自己的作品在内。因此，我个人觉得不宜提倡作者为自己的作品撰写续篇。

经过几年来的工作实践，我们认为编辑部年轻的小说编辑小李，是一个很有发展前途的青年，不仅业务是出类拔萃，勤恳敬业，善于联系作者，而且为人也正派，是个好苗子。我们想让他多担负点工作，多经受一些锻炼，以便将来挑起更重的担子。于是，我向作协人事部提出报告：拟任他为小说编辑室副主任。本来，按照作协党组的决定，《人民文学》有权任命室（处级）主任，只要报请人事部备案就可以了。可是，人事部一直不愿放权，所以这项任命还要经过他们的批复才被认可。我们也只好照办，正式报请人事部审批。

我们报上去很久，却迟迟不见批复，这其中有很多“奥妙”。说来也很让我感慨，这么一件本来很容易的，也是为杂志发展前途着想的事情，却经过了很多周折之后才最终落实。

好在此后，刊物的工作也有所进展。

但是，随着整个国家进入由计划经济而转变为市场经济的新格局，各方面的工作都面临着某种转型的阵痛。文学刊物当然也不例外。与我们有“切肤之痛”的事情，就是国家不像过去那样把我们全部“包”下来了，而是要求我们逐步自谋生路，最后达到自负盈亏。而今的权宜之计是实行“差额补贴”的办法，以支持刊物的正常运作。

另外，由于社会上报刊的数量不断增加（尤其是趣味性很浓的“文化快餐”），发表作品的园地自然就增多了，加上电影、电视、网络的影响逐渐扩大，人们对文艺的选择就有了较大的空间。过去，《人民文学》被读者“首选”的优越性，受到了明显的挑战；自然而然，她从前那种“皇帝女儿不愁嫁”的优势，也逐渐失去了。因此，刊物的印数逐步下降，曾经引以为荣的150余万订户的局面也一去不返了。这当然直接影响杂志社的经济收入。此外，再加上职工医疗费的转移，纸张、印刷费、发行费的上涨，诸多因素的合成，便为杂志社带来了沉重的负担。我们再也不能像过去那样高枕无忧了，需要处处经济核算并且精打细算。否则，就要出现亏空，就要拉饥荒，日子就没法过下去。作为刊物的“当家人”的主编，除了需要保证刊物的“导向”不出问题，并且继续保持她在全国文学的高品位的地位之外，还需要进行经济创收活动，以补充财政的缺口。

如何创收？新成立的《人民文学》理事会提供了一定的条件。

就在我们想做一些具体事情的时候，作协外联部通知我，这个年初，让我参加中国作家代表团到印度访问。

印度是世界著名的文明古国，有悠久的历史和灿烂的文化，我国古典名著《西游记》所描写的玄奘大师去西天取经的"西天"就是印度，令人向往。现在我能够去"西天"一游，当然觉得异常高兴。

2. 真实的"西天"之行

这次访问印度，是一次文化交流活动，邀请方是印度文学院。

我们的代表团一共由5位作家组成。作协前党组书记、著名的文学评论家唐达成为团长，团员除了我之外，还有湖南的作家萧育轩，安徽的女作家王英琦，外加一位年轻的女翻译王晓蓝。这些人彼此都比较熟悉。

我们是1995年1月8日从北京出发的。唐僧西天取经历时14年有余，经受"九九八十一难"，方才到达那方"圣土"，可是，我们抵达"西天"只花了仅仅十余个小时。随着高科技的发展，地球变小了。

我们是乘坐泰国航空公司的飞机取道曼谷而飞往印度的。可惜在曼谷仅仅停留3个小时，又不许离开机场，所以未能很好地欣赏一下美丽的泰国风光。

午夜2时，我们由曼谷登上了去新德里的班机。飞机起飞后，我却毫无倦意。凭窗远眺，只见如洗的碧空，繁星点点，茫茫云海，在机翼下飘卷。俄而，眼帘下的云团又变成幽深的碧海，水天相接，连成一片。不用问，我们已经飞抵印度洋的上空了。这时，忽见远天出现一片淡红的霞光，形成长长的一道弧线；移时，这霞光由淡而浓，逐渐变成橙黄色，云海也被镀上一层金边；随着霞光渐渐明亮，突然，有一处云彩似火焰般地燃烧起来，同时放射出千万条霭霭的金线，把整个天空织成一片锦绣，而在那金线的最浓最密处，凝聚成圆圆的一团火焰——旭日冉冉腾空了。整个天宇，于是都被炽红的霞光所笼罩，无边的云海，也变成彩色的织锦，我们如同进入一个神话般的世界……

正当我在迷离的神话世界中心醉神痴时，飞机却徐徐下降了——印度的首都新德里到了。

根据主人——印度文学院专门派来的接待人员的安排，我们飞抵新德里之后没有停留，立即又转机飞到印度的南方名城班加洛尔。

班加洛尔属于热带气候。我们从北京登机时，正是三九严寒、滴水成冰的季节，而班加洛尔却是绿荫蔽日、烈日炎炎的“酷夏”，俨然另外一个世界。

我们下榻在一所名为“舒适”的宾馆里。这里果然异常舒适，真是名副其实了。宾馆造型美丽，娇小玲珑，宛如一位印度少女，身披白色的纱丽，亭亭玉立在绿荫丛中。我顺手打开临街的窗口，只见修长整洁的大街，相间排列着一棵棵热带特有的棕榈树，枝叶繁茂，青翠欲滴。还有那艳红的叶子树，在阳光照耀下，红得耀眼。大街上，行人和车辆来往如织，显示出城市的繁荣与生机。最使人感兴趣的，还是身着各种彩色纱丽的少女，她们赤着脚，扭动婀娜的腰肢，在马路上穿行，与两侧的绿树红花相映生辉。

稍事休息，“班市”文学院的朋友便来陪同我们并开始了参观访问活动。

首先参观市容，路上印度朋友向我们介绍：在1947年印度独立时，这里原来是个不足2000人的小镇，经过几十年的努力，她已经成为一个市场繁荣、科技发达的现代化大城市。印度的许多高科技（包括外层空间研究）的科研机构，都设在这里，故而班加洛尔又有“科技之都”的美名。

在游罢市容后，我们被主人引导到一座庙宇参观。印度是一个笃信宗教的国家，各种庙宇遍及全国。班加洛尔虽为新兴城市，寺庙建筑也毫不逊色。我们参观的是一所印度教的庙宇。它的造型奇特而雄伟，大理石的廊柱和墙壁上，雕刻了千姿百态的神像。

根据印度对参观文物的要求，游客必须脱掉鞋袜赤足而行。入乡随俗，我们当然照办。可是，女作家王英琦因为穿了一双时髦的厚底的高根皮靴，不大情愿脱去鞋袜；但经不起眼前这难得一见的景象的吸引，最终还是展露了“三寸金莲”，和我们一道，拾级而上，进入庙堂。而且，她比我们谁都虔诚，跪在神座前，顶礼膜拜，口中念念有词，只是我们未能听到她的声音。但翻译王晓蓝小姐却肯定地说，她是希望神灵保佑，能够找到心目中的白马王子。因为这位著名的女散文家，当时还是一位单身贵族哩！

在参拜神像之后，我们凭栏休息。印度朋友趁机向我们讲述了一个美丽的神话故事：喜玛拉雅女神，爱上了火神湿婆（印度教徒最崇拜的三大神灵之一）。湿婆开始不为所动，但女神的爱情持久不渝，为表明自己的心志，在苦修期待。后来，湿婆终于被其感动，便与之举行了婚礼。说罢，那位朋友指着一幅壁画告诉我们，这画就是根据这个故事雕绘的。于是，我们便走上前去，仔细观之，觉得栩栩如生。由此我不禁想到：神仙虽然不食人间烟火，但也有七情六欲啊！

此后，我们又游览了这里的公园，观览了一些古今的建筑，回到宾馆时，已经灯火阑珊了，疲劳和困倦催促我们很快地进入梦乡。遗憾的是，我们未能领略到这里高科技的场景。

访问了班加洛尔之后，我们又乘飞机来到印度第四大城市马德拉斯。印度朋友似乎理解我们对喧闹的市区不十分感兴趣，便专门安排我们去市郊的艺术石窟参观游览。

车行2小时，我们便到达了一处硕大而古老的石窟旁。石窟依山而雕，凹进巨石中，廊檐厅柱均浑然一体。岩壁上雕刻着神态迥异的各种神像：有的端庄垂坐，目不斜视；有的眉开眼笑，表情幽默；有的怪模怪样，似人非人；有的怒发冲冠，气冲斗牛。更有一座神像耐人寻味：他一半像男人，另一半似女性。据介绍，此为印度教最崇拜的神灵之一，即阴阳合一、天神合一，表达了一种神秘莫测的宗教哲学思想。这种神像，我们在以后的参观中曾多次见到，虽有各种解释，其意蕴但皆大同小异。

石窟中除了神像外，还有各种动物的雕像，如大象、犀牛、羚羊、雄师、蟒蛇等，无不生动逼真，栩栩如生。导游向我们解说，这石窟中的雕像，系7世纪所造。在1300多年前，印度的造型艺术便如此发达，足见这个民族有多么悠久的历史文化传统！

随后，我们又被导引到一个小山村参观。这里竹林茅舍，花木扶疏，特别有意思的是家家户户都有一个小作坊，人们在此制作各种佛像和被尊崇的动物雕像。有的在石块上凿绘，有的熔化铜锡铸造，也有的在树根上精雕细刻。他们把自己的作品都摆放在庭院中，看起来琳琅满目，眼花缭乱，置身于此，似进入艺术之宫。特别是它们都物美价廉，我们随即选购了一些自己所喜爱的艺术品，准备带回国内。

离开这个充满艺术品味的小山村后，我们又来到位于孟加拉湾之滨一所庙宇，这儿被称为“海滨艺术宫”。因为在它的墙壁上，布满了各种雕塑和绘画艺术，与我们前边所观览的绝然不同，而是另有一番艺术形象，更觉精彩。据导游介绍，它们都有1000余年的历史，现在却保持得非常完整。令我们感触至深的是，为了保护这些文物不受损害，游人每到一处名胜古迹游览，必定赤足而行，小心翼翼，这几乎是约定俗成、自觉遵守的公约。

触景生情，我们不禁想起我国一些古老的艺术宝窟和陈设于其中的艺术品。它们完全可以和印度的这些艺术品媲美的。可是，多年来，它们不是被国内外不法之徒盗窃而流落国外，就是毁于“文革”的浩劫之中，都变得破损不堪，有的甚至变成一堆乱石废墟，令人不忍目睹。我们这些祖宗的不肖子孙应该感到汗颜啊！好在国内一些有识之士，正在做亡羊补牢之举，使尚侥幸留存下来的国宝，得到善视。

访问了马德拉斯之后，我们又风尘仆仆地来到了印度第二大城市加尔各答。这个城市对我们最大的吸引力，因为这里有印度文坛泰斗泰戈尔的故居。

泰戈尔是我们中国读者非常热爱并熟悉的作家。早在学生时代，他便是我的崇拜者。他的许多抒情诗被抄录在我的日记本上，刻在我的记忆里。至今，我还能背诵他的一些脍炙人口的诗句。比如《情人的礼物》中的一节，我会脱口而出——

> 如果我拥有天空和空中所有的繁星，以及世上无穷的财富，我还会要求更多的东西；然而，只要她是属于我的，给我地球上最小的一角，我就心满意足了。……

对爱情执着的追求，对情人刻骨铭心的爱，跃然纸上。

又如《流萤集》中的名句——

> 真理爱她的界限，
> 因为它在边界上遇到美。

《流萤集》为泰翁游历中国时所写。那时，中国正处于内忧外患的风雨飘摇之中，泰翁的诗作，对为祖国生存和解放而战斗的人们，是一种巨大的鼓舞，掌握真理的人民是不畏任何艰难困苦的。

当然，我更欣赏泰翁的长篇小说《沉船》。他将人性美、爱情美、山水美、民俗美和民情美集于自己的笔下，创造出一曲扣人心弦的悲歌，揭示了人间的不平和阶级矛盾的残酷，激励人们为追求美好的生活而英勇抗争。这部人世绝唱，一直在我的心灵深处回响……

今天，不远万里来到了泰翁生于斯、长于斯的故居，我内心怎么不万分激动？

我们首先饶有兴趣地参观了故居的情景。

故居在加尔各答市区内闹中取静的一座两幢楼房的庭院里。现在也是以泰戈尔命名的专门培养音乐、舞蹈人才的艺术学校和博物馆。庭院内的风景非常优美，花木繁茂，碧草如茵。楼前端坐着泰翁的半身铜像。披着长发，蓄着美髯，凝神聚思，似在构思精美的诗篇。

我们中国作家的到来，受到全院师生的夹道欢迎。

我们怀着崇敬的心情听取了故居负责人对泰翁的介绍，从而对这位文学泰斗的生平与创作有了更加全面的了解，越发引起我们对他的尊敬与爱戴。

此后，我们又游览了加尔各答的市区。市区热闹繁华，高楼林立，到处流光溢彩，有大都市气派。但因受时间所限，我们没有做更多的停留，然后便急匆匆地赶赴首都新德里。旋即去距此不远的泰姬陵参观。

泰姬陵是印度伊斯兰教建筑艺术的瑰宝，是举世闻名的胜迹。有人说，不去泰姬陵就等于未去印度。因此，我们来到新德里的次日，便赶赴那里参观游览。在途中，印度友人向我们介绍了泰姬陵的来历。

泰姬陵建于印度莫卧尔王朝执政的年代，建造者是它的第五代皇帝沙杰汗，他有一个与他同甘共苦却又绝顶美丽的妃子叫阿姬曼、芭奴。为了表示他对她的宠爱，便赐给她一个美丽的封号“慕姆泰姬、玛哈尔”，是“宫廷的王冠”之意，简称泰姬。但不幸的是，泰姬在一次难产中去世，沙杰汗感到异常悲痛。为了纪念这位爱妃，皇帝花费了 22 年时间，以倾国之资，为她建造了这座举世无双的豪华陵墓，名曰泰姬陵。

果真，我们来到了陵墓前一看，立即被这座美轮美奂的建筑惊呆了。啊，世界上竟然有这样美丽的陵墓！整个建筑完全采用白色的大理石构建而成，不仅气势恢宏，而且庄重豪华，透出一种难以言传的美。我们的代表团长、著名评论家唐达成先生不禁赞叹说，在这儿，再美的语言也变得苍白无力、无法形容、无法表达了。的确，参观者的心都被它的美震住了，嘴被它的美封住了，只能惊讶、赞叹。

在这个盖世绝伦的古建筑内，我们观赏了好几个小时，实际上是接受了一次美的熏陶，经受了一次美的洗礼，对印度这个文明古国，不能不刮目相看了！

观赏了泰姬陵之后，我们又直接回到印度首都新德里。这是我们此行的最后一站。

在新德里，我们应约和印度文学院的作家们举行座谈。他们都是新德里的文坛名流，包括他们的文化部长，也以作家身份和我们晤谈。

因为是同行，大家畅所欲言，谈笑风生，心情都感到非常愉快。此前，在其他被访问的城市也曾召开了类似的座谈会，但我觉得这次前来与会的作家规格最高，座谈的内容最丰富，真正具有文化交流的性质；特别是其中还有两位华人作家，因有同胞之谊，彼此备感亲切，谈兴更浓，因此，这次座谈，收获颇丰。

在新德里我们还参观游览了很多地方。她确实具有世界大都会的风度，许多标志性的建筑都很雄伟而独特，尤其是总统府附近，恢宏的气势，富丽的表象，令人赞叹。不过，与之相距不远的贫民窟，建立在垃圾堆上，其脏乱的情态，与前者形成巨大的反差，又不禁使人慨叹贫富之不均了。

至此，访问印度的日程就全部结束。

这次来印度访问共15天，经过了6个大城市，对印度有了比较深刻的印象。从那丰富而稀有的文物来看，觉得印度不愧为世界文明古国；对国家建设的成就也很突出，许多国情与我国相似，有不少值得借鉴的地方。但是，这里的贫富差距太大，有的富可敌国，有人贫无立锥之地；特别是那些居住在贫民窟的人们，其生活惨状，令人目不忍睹，而那些贫穷的乞儿，比比皆是，到处向游人摇尾乞怜，也让人感慨万端。这些，都值得我们很好地借鉴并应引以为戒的。

回国后，写了几篇访问印度的散文，基本上记述了我们在印度的见闻和发自内心的某些感受，它们陆续发表在一些报刊上，有些朋友读了，感觉还不错，我也聊以自慰了。

3. 大女儿远嫁德国

从印度回国后，正好赶上大女儿丹梅（黛眉）的婚礼。随后，她就要远去德国定居，这也是我们家庭中的一件大事。

我的这个大女儿，自幼聪慧伶俐、颇有灵气，小学读书时，她的作文经常被当作范文在同学中宣读；不少文章还在报纸上发表。高考时以齐齐哈尔地区“状元”的高分，被北京大学国际政治系录取。学习政治不是她的志愿，因为她从小就爱好文学，本来报的是中文系新闻专业和历史系考古专业，但却被分到国际政治系，她非常不情愿，希望能够转到中文系去。我因为文学创作关系，和北大中文系任教的严家炎、张钟等先生熟识，于是便求教于老朋友，能否帮忙让孩子转系，以满足其对钟爱文学的愿望。他们经和系里商量后告诉我：根据丹梅的具体情况，可以让她转系，不过，必须经过国际政治系领导同意方可。于是，我便去国政系协商。当时国政系系主任是沈仁道先生（后来的北京市政协主席），友好地接待了我，听我说明来意后，便诚恳地和我进行了讨论。他真诚地向我解释说，国政系的许多基础课和中文系是相同的，学习国政并不影响她对文学的爱好，她的这个特长更有利于她现在的专业，毕业后分配的路子更宽，发展前途更好，比单纯学中文还要好些，因此，他希望孩子仍留在国政系。他说：“留在国政系，丹梅将来就是双料人才。”他的这句话把我说服了。

我随即把情况如实告诉女儿，她也表示认同，因此，打消了转系的念头。但是，她在国政系学习期间，并没有放弃对文学的爱好，后又参加“五四文学社”，发表了不少散文和小说，有的作品后来还被改编为电视剧。北大毕业后，她被分配在中央一家大报做记者。由于她笔头来得快，思路较敏捷，工作成绩颇为突出，在首都新闻界，也小有名气，报社领导对她也很器重，所以很早便被评为副教授级主任记者。因此，朋友们都戏说大女儿是我们夫妇的“杰作”；当然，我们也引以为荣。

但是，她的婚姻问题却让我们一致挂心。虽然有朋友频频介绍，也有不少优秀男青年对她表示好感，但都被她拒绝。我曾多次劝导她别挑三拣四的，可她说：“这是我的终身大事，我自有主张。”

女大不由父，我们只好听她自便。

可是，就在此后没多久，她突然告诉我，她结识了一位外国朋友：“你赞成吗？”

“跨国婚姻？ 不，不赞成！”我断然表态。在当时，很难设想，我的女儿会嫁到外国去。

女儿随即默然而退。但没过多久，她突然告诉我：“明天有一个朋友来咱家做客，希望你们能热情接待！”

我和妻子都暗自高兴。女儿终于有了男朋友，又是北大毕业生，我用不着再为“跨国婚姻”担忧了。

次日，是星期天。我们仍在睡意朦胧中，女儿便起来把房间、客厅都收拾得很整洁。因这是她一贯的习惯，我们也未以为意。

不久，门铃响了。我连忙前去开门。这一看让我大吃一惊：来人竟是一位身材高大、蓝眼睛、黄头发、英俊的外国人。

进门后，这位外国青年向我礼貌地问候：“您好！”嗬，汉语竟然说得十分标准。

女儿连忙为我介绍：“这是德国的施先生。”又告诉客人：“这是我父亲！”同时指着她妈说：“这是我母亲！”

我一时有点儿蒙了，不是说的是老同学吗，怎么忽儿冒出个外国人？倒是妻子显得机敏，连忙彬彬有礼地让客人在沙发上落座。

开始，我们都有点儿陌生，找不到适当的话来说，女儿及时过来解围：“爸，他的德文名是Stefan，他在北大留过学，会讲中国话，你们可以随意交谈！”又补充一句：“我们算是老同学，也是老朋友了！”

施先生连忙插了一句：“是朋友，但并不老！”

小伙子幽默的一句话，把我们都说乐了，一下子大家都解除了拘束；加上他中文如此流利，语言的隔阂也消除了。我也更加放松下来，便问他：“施先生，你在北大是学什么专业的？”

他却笑着说：“请别叫我先生，叫小施就行。”那口气，俨然一个中国人！然后，他说他原来在德国专攻历史和汉语，在北大留学时，学的是宋史。

一说这个，我们立即找到共同语言了。我对历史也很感兴趣。当然，我们便就有关宋史的话题攀谈起来。

从谈话中我才得知他在北大读的是硕士研究生，后来又转入汉堡大学攻读博士学位。一边工作，一边学习。在无意中他告诉我，和丹梅早就认识了，两人很谈得来，现在是很好的朋友。话虽如此说，我倒觉得实际是征求我对他们两人关系的意见。

但是，我却避而不谈此事。因为我把这件事情看得很重，怎能轻易表态？遂巧妙地把话题岔开，转而问他：“宋史浩如烟海，你攻读的是哪方面的内容？”

客人并不愚钝，一点即破，立即顺着我的话题谈了下去。他告诉我：对宋史中的程朱理学最感兴趣。他认为程朱学说影响深远，不仅在中国，在日本和东南亚诸国，也不无影响。他甚至说这个学说，不亚于孔孟之道，博大精深，值得钻研。

他讲得头头是道，思路清晰，说明他不仅仅是入门，而可算得上一位理学专家了。当然，我也就自己所知、所学、所闻和见解与他作了交流。他听后，十分高兴，说："想不到在这儿遇到了知……"我猜得出他本想说遇到了"知音"，但不好意思，临时又改了口"……遇到了专家。"

我连说："我可不敢妄称专家，只是个爱好者而已。"我又笑着问他："你知道为什么我对程朱如此感兴趣吗？"

他做洗耳恭听状。

"因为二程也是我们的祖先呢。"我说。

他睁大了碧蓝色的眼睛。惊讶地望着我："真的吗？"

我满足了他的好奇心。我说："二程即程颢、程颐，是我们程氏远祖，我们乃一脉相传，论起来，我是他的第 28 代后人了。"

说到这儿，女儿也感到惊讶了，连声问："爸，这是真的吗？"

"这还能开玩笑？"我说，随即走到我的书房，从书柜里取出厚厚的一册 16 开的线装本，向他们说道："这是咱们程氏家谱，老家寄来的，你们翻阅一下吧！"

以前我只听祖辈说，我们系"二程"后人，从洛阳迁居而来，小时候家里挂的灯笼和祠堂门楣都有"立雪堂"或"程门立雪"的字样。近年来，国泰民安，续家谱成风，故乡族人也委派专人搜集材料，寻根追源，终于出版这样一个完整的家谱。族人把它们编印成册，寄我一本，作为纪念，以便让我和家人切勿数典忘祖之意。

女儿感到格外地高兴，特别是当她在家谱上也找到我和她的名字时，她几乎跳了起来，大声对德国小伙子嚷道："你看，我和爸都写在上面了！爸爸，是二程的第 28 代，我是第 29 代。"

"想不到我竟研究你们的家族历史来了！"小伙子又幽默地说了一句，惹得大家齐声大笑起来。

一下子，气氛更加活跃了。于是，我们不由引发开来，一会儿谈程朱哲理的深邃，一会儿谈起"程门立雪"的佳话。女儿忍不住遗憾地说："'文革'时候我们都说程朱理学如何如何坏，比如存天理灭人欲什么的，反正总认为二程一股子霉味儿。”

我纠正她说：“你的话不全面。我读一首程颢的诗让你们听听，你会转变看法的。”于是，我顺口背诵了老祖先的那首《春日偶成》。诗曰：

云淡风清近午天，
傍花随柳过前川。
时人不识余心乐，
将谓偷闲学少年。

我还向他们解释道：“这首诗其实是表现春天的无限妩媚，一个孜孜不倦的老人都为之荡漾起‘春心’，傍花随柳到河边来了，似乎要‘聊发少年狂’呢？”

随后，我还说了程颢的另外几首诗，其中如《秋月》《郊外即事》等。

谈谈笑笑，乐趣横生，不知不觉几小时过去了，我们欲留小施吃午饭。他也毫不客气，欣然同意。

这个周日因小施的到来，大家都很愉快，待到他告别时，我们都有点儿依依不舍了。临行时，他又用西方人的幽默，希望把我们的家谱复印一份，带回去当作“资料”。

送走小施，女儿回来有深意地问我：“爸爸，印象如何？”

“挺不错的小伙子，不过……”

不过，我还是说出了我的顾虑：“跨国婚姻，应格外慎重，在中国生活可以，到德国去你能适应吗？”

不久，我这种顾虑也被消除了。因为小施回国后不久，便发出邀请，让丹梅前去德国访问。

丹梅去德国待了3个多月，回来后见了我第一句话便说：“爸爸，我在那儿好极了，一切都能适应；他们家里的人待我有如亲人，包括他的父母、兄弟和外公外婆。他们都很爱我。”

话说到这个份上，我还能说什么；我可不是长着花岗岩脑袋的封建老古董。

关系很快确定下来了。就在1995年的1月，小施带着他的父母和亲友团，共20余人，浩浩荡荡开来北京。在崇文区涉外婚姻办事处，我们和未来的亲家陪同孩子领取了结婚证。德国亲友还当即在办事处外边撒了彩条、载歌载舞了。晚上，中外双方两家亲友在当时天坛旁边“御膳饭庄”的一间古色古香的厅堂里，济济一堂，将美好的祝愿，送给了他们两人。年轻的京剧表演艺术家、也是丹梅和小施好朋友的王蓉蓉也来了，她给大家唱的几段京剧选曲让来自德国的亲友惊叹不已。

大女儿的婚礼

在婚礼上，披着红盖头的女儿和穿着西装领结的德国小伙子分别给我们当父母的施了大礼。自称从不流泪的妻子忍不住热泪盈眶。她偷偷地告诉我：她是因高兴、幸福而流泪的，我的眼睛也湿润了。

此外还有一件让我们全家都对这个德国女婿十分满意和刮目相看的事，那就是我那年近九旬的母亲的表态。事情是这样的：一次，家里的人都上班了，只有老母亲一人在家，我们把陪老太太的任务交给了这位洋小伙儿。母亲十分开明，她说过，只要孙女喜欢的她就喜欢。但是她还是对这个“会不会说咱中国话”的德国小伙儿很见外。这一天下午，母亲按照惯例要看电视里的戏曲节目，那是她老人家的最爱，但是，由于耳朵渐渐不好使了，常得有人给她念屏幕上的字幕，否则她只能凭记忆猜测唱词。这天又碰到了这个情况。但是，比较运气的是，这个小施也是个中国戏剧戏曲迷，老奶奶想看，他就自然并且很乐意地充当了念词的人，而且一念就是一下午。待晚上大家下班回家，母亲喜上眉梢地告诉我们：这个德国小伙儿小施不仅懂咱们的语言，而且把那京剧的故事叙述得头头是道，让她大大享受了一次京剧。

就这样，德国小伙子以其强大的、无可抗拒的引力磁场把我亲爱的女儿“吸”走了……

经过再三考虑，女儿决定要到德国汉堡定居。可是，亲骨肉远别离，又不能不有所依恋。德国与中国相距万里之遥，虽然现在交通发达，但团聚一次，决非易事。特别是她的祖母已经年逾九旬，虽十分喜欢孙女婿，但对孙女远嫁国外又喜又悲。倒是她的母亲心大量宽，泰然处之，无任何忧戚之情。

4. 潭柘寺会议与《人民文学》的定位

回过来再说一下刊物的事。由于大家的共同努力，杂志社出现了良好的势头。但考虑到当时存在的某种复杂状况，我觉得有必要对杂志社进行一番基础性的业务梳理，并且对今后工作做一次较完备的安排，以适应形势的需要。为此，我召开了主编碰头会说明了我的意向。大家都赞成我的想法。征得刘白羽同志的同意后，形成决定：在近期召开一次全体员工的业务工作会议，集思广益，制订杂志社近期工作安排和长远规划。

我建议远离市区，找一个比较安静的地方开会，时间稍为充裕一点。总编办公室的同志为此很动了一番脑筋，经过调查研究，最后选定了北京西郊的潭柘寺作为开会地址。大家对这个地方都颇感兴趣，觉得在这里既可以安心地商讨问题，又可以游览一下这个闻名于世的古刹名寺，一举两得。

会议时间定为 1996 年 8 月 12—14 日。

为了开好这次会议，我向全体同仁提出了这样的要求：每个人都要发言，谈出自己对杂志社的建议和希望，而且事先都要写出来发言稿，不许做即兴式地应付。

其实，我也想借这个机会让大家躲避暑热，休整一下。杂志社的人员素质都很高，工作的自觉性也比较强，平时难得有一个完整的休息时间。潭柘寺虽然在北京近郊，名闻遐迩，但大多数人都没有来过。因此，当大家步入寺院的大门时，都有一种愉快的新鲜感。

正值炎夏。京城内到处骄阳如火，酷热难耐，而寺内却凉风徐徐，清爽宜人。殿宇幽深邃阔，庄严肃穆；院内花木葱茏，枝叶茂密；古老的松柏，躯干遒劲挺拔，枝叶遮天蔽日。我们选择了寺院附设的福海饭店下榻。我和副主编崔道怡一室。房间周围，修竹森森。老崔高兴地说，咱们俩好像住进“潇湘馆”了。为避免特殊化，其他同志也都是两人一个房间，各得其所，颇为高兴。

会议一开始便非常热烈，大家争先恐后，各抒己见，畅所欲言。因为有了充分的思想准备，均言之有物。大家一致认为，《人民文学》是和新中国同时掀开历史篇章的。作为共和国第一家全国性的文学刊物，早在诞生之日，便受到党中央的亲切关怀和高度重视。应首任主编茅盾先生之请，毛泽东主席亲笔为创刊号题了词“希望有更多好作品出世”。这一点，我们应该时刻牢记在心。

有的同志深切地说：我们《人民文学》的定位就是人民的文学，始终是和人民同命运共呼吸的。近半个世纪以来，不论新中国成立初期那严峻的日子，还是在大规模经济建设火红的年代，以及改革开放崭新的岁月；也不论是阳光灿烂的春天，还是寒凝大地的严冬，甚至在那被扭曲的荒唐时日；《人民文学》都以其热情而真切的篇章，勾画了中国人民前赴后继、改天换地、艰苦卓绝的精神风貌，展现了中华民族敢于自立于世界民族之林的铮铮铁骨和巍巍雄躯，她所描绘的无数生动画面，构成了一幅色彩斑斓的新中国编年史。这是举世公认的，对这个优良传统，我们决不能丢掉！

还有的同志不无自豪地说，《人民文学》以其特殊的权威地位，从创刊之日起，便是新中国文学的窗口和展示中国文学最高水平和最新成果的殿堂。人们通过她不仅可以看到新中国各个历史时期文学园地里艳丽的花朵，同时可以嗅到峥嵘独秀、奇花异葩的芬芳。那些轰动全国的名篇，那些有口皆碑的佳作，那些被人们争论不休、评家难做定论的新作，无不在《人民文学》上崭露头角，从而为世人所公认。这样的地位我们必须继续保持下去，现在的势头有些下降，希望引起杂志社的领导的注意！

有的同志说，我们《人民文学》是当之无愧的新中国作家的摇篮。半个世纪以来，一批又一批、一代又一代作家在这里脱颖而出。目前活跃在中国文坛的许多著名作家，他们的处女作、成名作、代表作、获奖作，几乎都发表在《人民文学》上。在这里确立了他们在文坛中的位置，树立了他们在读者中的形象，并从此走出国门走向世界。现在刊物多得数不清，有的刊物有超过我们的趋势；因此，我们的权威地位受到严重的挑战，决不可掉以轻心！今后我们既要团结老作家，更要关注新作者，让人们感受到：《人民文学》是新老作家共同的园地。

一位老同志语重心长地接着说，大家所说的这都是《人民文学》过去的辉煌喽！当年我们刊物的印数高达150余万份，各地邮局还要对读者限额订阅，真有点“洛阳纸贵”之概。但是，“俱往矣”！进入90年代以来，由于市场经济、商品大潮所带来的社会经济形态的新变化，大一统的文化市场也出现了新情况：刊物如林，五花八门；影视如潮，五彩缤纷；人们眼花缭乱，目不暇接。读者和作者向四面八方分流而去，文学面临着严峻的挑战。而我们《人民文学》过去那种“皇帝女儿不愁嫁”的特殊地位早已不复存在，现在的订数还不到过去的零头。其实这并不奇怪。在读者面前，只有他觉得喜欢、好看，才会掏自己的腰包买你的刊物，不管你资格多老，牌子多响。不仅如此，上级还明确无误地告诉我们国家将不再包揽刊物的经费，我们必须要面向市场，自负盈亏。我们除了保证刊物按时出刊外，还要“养活”几十号人。不仅要开工资，还要发奖金；日益增长的昂贵的医疗费要报销；还要向国家缴纳各种各样的税金……面对这种空前严峻的形势，我们的刊物将何去何从？领导必须心里有数，做到未雨绸缪！否则，临渴而掘井，就要被动了。

这些同仁发言很有代表性。其他的发言，几乎都是围绕这几个问题，发表自己的看法，并且提出了许多很好的意见和建议。还有不少同志就版面、组稿、编稿、发稿、校对、栏目设置、封面设计、出版发行等具体工作的成功和不足之处，进行了认真的评估和探讨。

会议整整进行了两天，每个人都发表了自己的意见，就连吃饭和休息甚至在睡眠的时候，大家也仍然浸沉在会议的热烈氛围中，继续着会议的话题，在议论在思考。正如有的同事所说：“大家都进入角色了。”这也说明，《人民文学》杂志社的员工，都有很强的使命感和责任感。会议的效果远远超过我们的意料，我内心也由衷地感到高兴。

这一切，我们都记录在案，留待回去认真研究。

会议的最后“议程”，就是让大家尽情地畅游潭柘寺。我们专门请了寺内的一位僧人给我们导游，领着大伙参观了寺内的全部景观，了解了这座古老的皇家寺院的历史，以及关于它的逸闻趣事。大家不仅饱了眼福，还获得了知识，都感到非常满意。当我们返回城里的时候，同志们都觉得此行是“乘兴而来，满载而归”。

回来后的第二天，我便召集了“主编碰头会”，对会议的成果进行认真的梳理。我们几个人审时度势，反复思考，一致认为，同事们在会上所提出来的意见和建议，都很有价值，《人民文学》必须适应当前的形势，知难而进，再创新局面。为此，我们综合大家的意见和建议，对本刊的总体形象进行了定位与设计。除了坚定地执行“二为”方向、贯彻“双百”方针外，根据本刊的性质和特点，归纳为：“三性”“三史”和付诸于实现的“三意识”。

三性：时代性、权威性和群众性。我们把这“三性”作为《人民文学》的基本品格。就是说，《人民文学》应该紧紧地贴近时代，与时代息息相通，具有鲜明的时代精神；《人民文学》应该思想性和艺术性高度结合，发表高品位的精品佳作，引领着文坛的艺术走向；《人民文学》应该博采众长，兼容并蓄；力争具有中国作风和中国气派，为广大群众所喜闻乐见，面向人民大众；不要“曲高和‘寡’”，要“曲高和‘众’”；以此争取更多的读者。

三史：编年史、心灵史和风俗史。我们把这“三史”作为本刊内容的主要特征。就是说，《人民文学》刊发的作品，应该像共和国编年史似的反映出中国人民在革命、建设、改革开放中天翻地覆的变化，反映这些年代人们心灵上的和心理上与时俱进的历程，反映出各个历史时期我国各族人民丰富多彩的习俗和风物人情，满足各方面读者的多种趣味和需求；以此参与市场竞争，与兄弟刊物一决雌雄。

为了达到上述目标，我们要求全体同仁应具有三意识：政治意识、精品意识和市场意识。即在编辑工作中自觉地从四化建设和改革开放的大局出发，扣紧时代的脉搏，和着祖国前进的脚步，与人民同呼吸、共命运；要团结全国各族老中青作家，破除门户之见，杜绝“关系”稿，下大力气组织、扶持精品力作的创作与发表，真正成为中国文学最高水平的窗口；以素有的艺术高品位，努力与市场接轨，放下“国刊”的架子，走出文学“殿堂”，与社会各界建立广泛的联系，在市场经济的大舞台和商品经济的大潮中，在广阔的丰富的文化市场中，勇敢地拼搏，积极地竞争，于刊物如林中立于不败之地。

我们要求全体员工，都要牢牢记住上述各点，在工作实践中体现出来。

这就是《人民文学》潭柘寺会议的成果。

潭柘寺会议之后，杂志社有了明显的成效。出勤率很高，工作效率也远胜于往日；来稿情况也令人鼓舞，刊物上佳作不断。编辑部内部，也有个别郁郁不得志者，我当然知道他们的所思所想，也便顺其自然，不去勉强他们做其不愿做的事情。我这个人，心肠比较软，不愿意也不想做那种铁腕式的领导人物和领导方式。从某种意义上说，这是我的优点，但也是我的弱点。

以后的实践证明，这次会议所确定的内容，获得较好的效果。就在大多数刊物订数普遍下滑的情况下，《人民文学》的读者仍给她以厚爱，在那几年，本刊的订数每年以近 10% 的速度递增。

5.《人民文学》生存与发展的思考

在一段时间内，我根据对全国文坛态势的观察和对一些作家及其作品的理解，撰写了几篇随感式的议论，阐释了文学刊物今后的生存与发展之道，论及有关中国文学怎样融入世界的一些不太成熟的看法。在一期《人民文学》的编者的话里，我论述了文学创作应该“贴近时代、贴近人民、贴近生活”的必要与途径（与中央后来提出的文艺工作要“三贴近”是一致的）；此后，在上海的《解放日报》上，我发表了“《人民文学 》的生存与发展”一文，具体构想了今后如何办好这个被人们誉为“国刊”的期刊。其中有对远景的规划，也有近期的具体实施措施，实际上是我内心的一幅刊物发展的蓝图，其中特别提到了在潭柘寺会议上所总结的那个“三性”“三史”与“三意识”；同时，又在《文学报》上发表了《小说应该与什么接轨》的文章。在文中我特别引用了作家谈歌的一番话：“当我们大声疾呼‘中国文学和世界接轨’时，我们是不是应该想想小说先与大众接轨？近年来，有人在试验着高扬各种旗帜，但能引起社会反响的小说越来越少了。我们可以人为地制造各种小说的热点，但是，读者似乎冷漠的近乎残酷。小说如果脱离了大众，便容易走入绝境。不管什么时代，大众需要小说为自己代言……”

谈歌是河北省文坛上的“三驾马车”之一。他的代表作《大厂》以及其他的一些作品，都是按照他的“为大众”的艺术观来创作的。所以《人民文学》在刊物上不断推出他的小说，就是出于对广大读者热切呼唤贴近时代、贴近生活的作品回应。我曾经多次和谈歌交谈，希望他沿着自己选定的创作道路，坚定不移地走下去。

当然，我知道我的这些文学主张，并不一定百分之百切合时宜，也不一定为作家们广泛接受。不过，既然作为刊物的主编，我必须有自己的观点和主张，在我力所能及的情况下，还是努力推行我的这个意图。细心的读者，如果翻一翻那些年的《人民文学》是可以看到一些端倪的。当时的那股“现实主义回归热”，与此有密切的关系。

但是，我还是感到有些力不从心。由于前一阶段部分人的折腾，使编辑部伤了一些元气，有加强和补充的必要。于是，我想从外边物色适当的编辑人员，来充实一下杂志社。有一次在作协开会，无意间和时任《小说选刊》的社长柳萌谈起了我的这个想法。谁知却引起了这位老兄的注意。他当即向我推荐了一个人选，说：“中国期刊协会下属的《期刊文萃》杂志副主编杜卫东，是个办刊物的好手，他现在所在的那个刊物施展不开，你可以把他调到《人民文学》来，肯定会成为你得力的助手。”

听他这么一说，我的兴趣来了。于是便向柳萌说：“我想见一见这个杜卫东，你代我和他约一下。”柳萌是个爽快人，办事也认真。很快地就把我的意向告知了杜卫东，于是，我们便很快地见了面。

交谈之后，杜卫东给我留下很好的印象。我觉得他在编辑刊物方面很内行，经验很丰富，特别是在当前如何办好文学刊物方面，与我有许多相同的理念。从谈吐上，我觉得他真诚，爽直，我们谈话进行了两个多小时，彼此都很愉快。于是，我便打定主意：把他调到《人民文学》来。

事不宜迟，我很快地向作协人事部提出了这个意向。

人事部的负责同志这次倒很干脆，没和我打官腔，而是说：“我们将认真考虑你的意见，争取能够达到你的愿望。”

我知道，人事调动是个很复杂的事情，是急不得的，只好耐心等待吧！

6. 江南9月

正在这个时候，我接到了老朋友、军旅作家任斌武的电话。他对我说，他现在宁波一家民营企业体验生活。这个企业是搞服装的，老板是位文学爱好者，热心公益事业，对《人民文学》杂志很景仰；他写了一篇有关这个企业发展壮大的报告文学，希望我亲自来宁波一趟，结识一下这位企业家，同时审阅这篇作品。他还说，宁波在改革开放的年代里，发展很快，也值得好好看一看，你这个“国刊”的主编，不能只号召别人，你自己也应该贴近生活呀！

老任是《人民文学》的老作者，他的代表作《开顶风船的角色》就发表在我们的刊物上，在上个世纪60年代初期，这篇作品，曾经有较大的反响。他同时也是我的老朋友，所以才会这样直接地“将”了我一军。他还盛情地邀请我的夫人郭晓岚同行。

我很欣赏他的建议，于是，便很快地回了他的信：“我将应约前往。”

当年9月底，我把编辑部的工作进行了妥善的安排，然后便和晓岚一同前去宁波。这是我来北京工作后她第一次与我结伴外出。

我们第一站先乘火车到达南京。因为我的老同学王光玮希望我能够在宁停留一下，叙叙别情。光玮是我在徐州一中读书时的同学，比我高两班，先后任职徐州市委副书记、江苏省委宣传部副部长、代部长，从政坛退下来后，又被选举为省文联主席，并兼任省作协的党组书记。这些年来，不管他在哪一个岗位，我们一直交往不断，友情甚笃；当他听说我要去宁波一行，便再三叮嘱我一定在南京停留，聚谈聚谈。

我们到达南京后，由江苏作协的同志安排了住宿，当晚，光玮便亲自出面宴请了我们夫妇。他还邀请作家赵本夫前来作陪。本夫是江苏丰县人，属徐州市管辖，算是小同乡了。他是我早已认识的朋友，他的代表作《卖驴》发表后曾经在全国引起很大的轰动，此后又写出不少被文坛推崇的作品，现任省作协副主席兼任《钟山》文学杂志的主编，因他和我与光玮同属苏北老乡，故见面之后，彼此都感到很亲切。这顿饭吃的时间很长，因为大家所谈的话题很多，特别是对当前文坛上的一些风风雨雨、是是非非，都有相同或近似的看法，所以就有了共同语言。从谈话中，我才了解到，光玮的工作有时不十分顺心。一则江苏文坛非常复杂，经常面临一些棘手的问题，需要他去处理；二来有个别作家自恃甚高，总爱给他出一些难题，甚至还有的人当面对他出口不逊，让他很难堪。因此，他想辞去所兼任的职务，在家里读读书，颐养天年。

当时，我真诚地劝慰了他。我说，文坛的情况到处都是那样，人们都说，文人聚在一起，总爱生出一点是非，没有什么大不了的问题，淡然处之，不必过于认真；至于个别人有意给你为难，你不用去理他，时间长了，他自己便觉得无趣而淡化了。听了我这番并不高明的劝告，他似乎也有些释然。

次日，光玮委托赵本夫同志陪同我们参观了南京的一些名胜古迹。因为其他地方过去都曾经游览过，这次特别游览了古城墙。

南京的古城墙还是非常壮观的，保存得比较完好，大为古城增色；在上边踱了几圈，看了那些古老的城剁和城墙上班驳的痕迹，不禁令人发古之幽情。同时，我又联想起北京的城墙。北京的城墙是非常雄伟的，应为世界的奇观。但是，当年由于某人的一意孤行，不听专家们的苦心劝阻，硬是强行拆除掉了，使古老的北京城，丧失了一道最亮丽的风景，让后人惋惜并抱恨无穷。

当日夜晚，我们还游览了秦淮河。它是南京著名的古老河流，是古城的游览胜地，许多文人墨客以优美的诗文描绘过它。现在的秦淮河更是今非昔比了。河的两岸，更加繁华，高楼林立，人流如织，人头攒动，到处灯红酒绿，流光溢彩；河里的游船上还不时传来悠扬悦耳的歌声。这里是南京最热闹的地方。在游览秦淮胜景时，触景生情，不由得使我又想起唐代诗人杜牧那首脍炙人口的《夜泊秦淮》诗篇：

烟笼寒水月笼沙，/夜泊秦淮近酒家。/商女不知亡国恨，/隔江犹唱后庭花。

这是一首耐人寻味的七绝。诗人客居这个歌管笙箫之地的六朝古都，有感而发；妙在即景寓意，令人憬然深思，从繁华欢娱的现实中清醒过来，重温历史上因为荒淫纵乐而招致亡国的惨痛教训。我们从极“左”路线所造成的极端贫困中走了出来，现在正在从温饱向小康社会过渡，国力日盛，经济逐渐繁荣。可是，奢靡腐败之风也在与日俱增，不少人耽于声色犬马之中，不思进取，这种现象，应该引起国人的警惕啊！

在南京仅仅住了二日，由省作协拨了一辆小轿车并派一位办公室主任陪同我们继续到苏南各地参观学习。当时，沪宁高速公路刚刚建成，路面平滑如镜，小车在路上全速前进，有如快艇划行在海面上。现在正值江南9月，公路两侧，风景如画。丰收在望的秋禾，在金色的阳光照耀下，现出丰硕的笑容。各种不知名的野花在竞相开放，异彩纷呈；中央那条隔离带，栽植一排整齐的青松，形成一道没有尽头的绿墙，加上相隔不远便有一座立交桥，如同龙交凤接，层层叠叠，构成了一幅壮丽的彩色图案。坐在车上，向外边眺望，的确赏心悦目，心旷神怡。开车的司机向我们介绍说，这条高速公路被称作“黄金通道”，是国内连接大中城市最多的道路。西从南京，途经镇江、常州、无锡、苏州，东接上海，把“长三角”经济最发达的地区连接在一起，上海这个“龙头”，才真正可以带动“龙身”飞腾起来。您瞧好吧，这锦绣江南有了这条高速公路，将更加美丽富饶。

车驰如飞，不多一会儿便来到了江阴市地界。在经过号称“中华第一村”的华西村时，我们即兴下车到村中进行了短暂的参观。由于时间关系，我们没有惊动主人，径自登上了华西的标志性建筑塔楼的顶层。出我们意外的是，一同登楼的还有一群身着奇装异服的外国游客，他们兴高采烈，和我们共同凭栏远眺。只见到处是富饶的田畴，比肩而立的厂房，高高的烟囱，呈现一派勃勃生机。一座座别墅式的小楼，鳞次栉比，宽阔的马路上，车马如潮，其富庶的情状看见一斑了。

离开华西村，我们便向张家港市进发，夜幕降临时，来到了张家港，通过市文联的关系，我们住进了一家星级宾馆。

次日，即在市内参观游览。

张家港是一个新兴的城市，街道宽阔修长，两边花木扶疏，楼房整齐，空气清新。大街上的行人不多，但都井然有序，特别是能够自觉地遵守交通规则，目光所及处，都很有规范，令人感到非常惬意。

我们还专意参观了这里的汽车制造厂和钢铁厂，其生产规模和现代化的水平，都大大地出乎我们的意料。据当地朋友介绍，张家港最近几年发展很快，各个方面都有长足的进步，这一方面仰赖于改革开放的好政策带来的机遇，同时，又因为这里有一个坚强的领导班子。市委的一把手，是个敢想敢干的角色。上任之后，励精图治，革故鼎新，在他的带领下，全市人民心往一处想，劲往一处使，工农业生产，齐头并进，算得上日新月异了。现在，张家港市在苏南的县级市中，各个方面都名列前茅。时势造英雄，这位书记的才能得到充分的发挥，是赶上好时候了。

张家港的一切，我们都非常感兴趣，真是不情愿很快离开这里。但是，时间有限，任务在身不能久留。在这里仅仅住了一天，我们便又驱车奔向常熟市。

常熟是我早就向往的地方，不仅是她位于生产大闸蟹的阳澄湖畔，不仅她身边有闻名遐迩家喻户晓的沙家浜，而且还因为她是一座历史文化古城。

接待我们的是文联的一位朋友，非常友好热情。他亲自陪同我们游览了常熟各个名胜古迹，诸如谭嗣同等名人故居、旧的状元府第；还攀登了市内一座小山。小山虽然海拔不高，但却风景秀丽，古木参天，怪石嶙峋，亭榭端秀，处处给人以美的享受。

另外，我们还专门参观了常熟的农茂市场。这里更是商贾云集，热闹非凡。各种商品数量品种之多，真是丰富多彩，令人目不暇接。据说，这个市场已经与世界接轨，商品不仅流通到五湖四海，而且漂洋过海，行销西欧北美。因此，常熟显得那样富足，人们的精神面貌，是那样地充满生气与活力。这都是改革开放给人民带来的福祉，看到这一切，我真正体会到了“全凭着劳动人民一双手，画出了锦绣江南鱼米乡”的优美境界。

离开常熟市，我们又驱车来到苏州。苏州我已经来过数次，她美丽的园林，古老的寺院，独特的名胜，几乎是耳熟能详了。但是，所见所闻总觉得常来常新，一次一个样，有着不同的感受。现在的苏州，距离上次所见所闻，又有很大的变化，一改旧时园林城市的模样，完全是一个繁华的现代化的大都会了。

接待我们的是著名女作家范小青夫妇。小青我是比较熟悉的，她是我们刊物的热情作者，她的许多作品都在《人民文学》上首发后推向全国的。她的爱人徐阳升却是第一次见面。他原来也是一位有名气的作家，思想比较活跃，和小青二人珠联璧合，比翼齐飞，在江苏文坛传为佳话。在商品大潮的影响下，小徐下海经商了，现在一家外企中任总裁助理。我们来后就下榻在他们企业所属的宾馆里，受到热情的款待。

稍事休息后，小青便征求我的意见：“程老师，此次来苏州想看看什么地方？”我说：“时间有限，只能待一天，你来安排吧！”她沉思一下又和她丈夫稍作商量，随即说道：“就参观一下新建成的太湖大桥吧！这是最新的景点了。”

次日，由小徐亲自开车，我们便从所在的宾馆直奔大桥开去。沿途上再也看不到过去那种小桥流水、青堂瓦舍的曲径小巷了，展现在我们面前的是一座座高楼大厦，一片片商场洋行；特别是苏州的工业园区，是与国外合资兴建的，更是空前的繁华。到了太湖之滨的东山脚下，则是整齐地排列着一幢幢小别墅，它们沐浴在绿树丛中，异彩纷呈地争奇斗艳，显示苏州人的富裕生活情景。

车抵太湖跟前，我的眼睛不由一亮。只见碧波万顷、烟波浩淼的湖面上，一桥飞架南北，汉白玉的栏杆，银灰色的水泥路面，像一条玉带一直伸向太湖中心。我们沿着大桥向湖心踱步，放眼望去，湖水在阳光下金翅金鳞般地闪烁，点点白帆，漂荡在湖面上，充满着诗情画意。侧耳一听，远处飘来优美的歌声：

“……太湖美，太湖美，美就美在太湖水……”

这也是我非常喜欢的歌曲！“此曲只应太湖有”，这是我当时最独特的感受。

兴尽归来，身心都觉得十分舒畅，当然，对二位主人的精心照料，也充满了感激之情。

7. 中国有个“雅戈尔”

在苏州一共待了两天，随后，我们便改乘飞机飞往宁波。这是我们此行的最后目的地。在飞机上仅仅待了 20 余分钟，便抵达了宁波机场。任斌武同志在此迎候我们，旋即乘车径去雅戈尔集团公司。

任斌武同志是一位军旅作家，祖籍山东，年未弱冠便参加了革命，是一个“红小鬼”。因为爱好文学，自学成才，写出了不少引人注目的好作品。总共已经发表了 400 余万字，结集 10 余部。虽然年事已高，体弱多病，仍然坚持深入生活，笔耕不辍。现在，他紧跟改革开放的时代脚步，又在宁波的雅戈尔集团扎下了根。

原来老任和宁波有一种特殊的关系，怀有一种特殊的感情。1949 年 5 月，作为人民解放军的一名战士，是随军第一批进入宁波而解放这座城市的。当年的宁波，为兵燹所苦，到处颓墙残壁，破败不堪；而今天翻地覆，山河巨变，成为浙东繁荣昌盛的名城。因此，他要扎根在这里，用那支战士的笔，来描绘崭新的生活画卷。而平地起家的雅戈尔公司的老板李如成，为人热情好客，对文学情有独钟，所以老任就在他这里住下来了，并荣任雅戈尔集团公司的文化顾问。经过一段时间的体察，他对李如成的创业史，有了深入的了解，于是，便动笔写出了一篇报告文学。

据任斌武介绍，这个李如成很富有传奇色彩，生平事迹很值得一写。

李如成本是“文革”中一位下乡知识青年。他颇有才华，很有抱负，但由于家庭出身不好，一直被打入另册，不许返城，不为重用，只能在乡下干一些体力的活儿。直到党的十一届三中全会召开之后，他才被允许返回宁波。回城后，他以两万元的“知青”安置费，开办了一个小小的服装店。经过多年的惨淡经营，艰苦创业，发展成为具有数十亿资产的大型企业集团。这应该是一个非凡的人物。

可是，当任斌武介绍我与他认识时，我又感到他平淡得出奇。中等身材，朴素的中装，言谈举止，朴实而自然；话语不多，但却很实在，一点也看不出那种大企业家的派头。他引我们参观了集团下属的一些单位。同时，讲述了他们的功能和历史。经过参观，我确实感到李如成是个有思想的人，胸中有沟豁，脑海有宏图，对国内外的同行业的状况，了如指掌，我心想，老任真是独具慧眼了。

在此后的几天中，我又和李如成有不少的接触。特别凑巧的是，我们此行恰逢中秋佳节，蒙这位老总的厚爱，把我们夫妇请到他的家里和他共同赏月。因为是在家里，李如成言谈更加随意了。我们一同谈天说地，讲古论今，彼此无拘无束，畅所欲言，感到非常愉快。特别是，他对我国和世界当前的政治形势和经济形势，很有自己的看法；联系到中国企业家今后的特殊使命，更有独到的见地，使我也更进一步感受到他内心世界与精神世界深层次的一面，越发觉得任斌武选择的这个题材是很具有时代意义的。

经过这样一番体察，我这才正式阅读任斌武所撰写的报告文学。

文章的题目很有气势:《中国有个雅戈尔》。

这是一篇全景式的反映雅戈尔集团公司创业过程的纪实作品。它倾注了作者对李如成等一代青年创业者深厚的感情。老任告诉我，他在写作过程中，经常为被他记述的这些人物的感人事迹而激动得不能自已；因此，我在阅读作品的时候，似乎也同时和他经历了雅戈尔人艰苦的创业历程，并且分享了他们成功的喜悦，进而体察了党的改革开放的政策的英明与正确。当然，我也根据这几天在雅戈尔参观学习的亲身体会，提出了我对文章的修改意见，老任都虚心地接受了，并立即动笔修改。

经过几个小的反复，同时又征得作品主人公的认可，这部作品基本上便确定下来了。

在此后的几天，我们又应主人之约，畅游了宁波市。

我们首先游览了宁波的市容，见证了这个城市的繁荣与丰裕的实景；同时，又参观了一些名胜古迹，诸如名流的陵墓，以及装潢特别富丽的庙宇；我们特别仔细观赏了“天一阁”藏书楼的全貌：先贤范钦用自己的全部家产、一生心血，营建的这座藏书万卷的特殊建筑，使我国许多古传的珍贵孤本得以保存并流传后世，实在令人钦敬。由此，我感到宁波不仅有深厚的商业根基，而且还有丰厚的文化底蕴。

另外，我们还游览了具有特殊意味的地方——奉化。这里是中国当代赫赫有名的人物蒋介石的故居。

奉化依山傍水，山清水秀，到处绿荫滴翠，繁花似锦，如彩色的画卷平铺在大地上，处处景色宜人。我一边观赏这美不胜收的景象，同时也不禁浮想联翩，感觉这个地方出现蒋介石这样的人物，也算是“人杰地灵”了。不过，这个人又曾经做了那么多的被我们大陆史家称作的“坏事”，冠以“独夫民贼”的称号，由此推论起来，似乎又有辱这里的锦绣山河了。近年来，海内外的一些学者本着“百家争鸣”的精神，用“一分为二”和“实事求是”的观点，来历史地评价老蒋的功过，似有为其辩解之嫌。恐怕在短时间内，是难以说清楚的，还是等待后人来评说吧！可见对某些人物是盖棺也难以论定的。

我们比较仔细地参观了奉化的各处景点与胜迹，比如，蒋经国的出生地及其因母亲被日寇炸死所作题字处，张学良将军被老蒋幽禁的地方，以及埋葬蒋母的陵墓，等等。这些“古迹”，都会使人产生丰富的联想，觉得历史决不是某些人简单记录的符号，而是蕴含着深层次甚至是多层次的意蕴。来到这里的游人很多，怀有我这样想法的游客应不在少数。

游罢奉化，我想返回北京了。但是，主人李如成先生却盛情劝我游览一下普陀山。他说，普陀乃我国佛教四大名山之一，距离宁波这么近，你这个文化人不可不游；老任也从旁大加鼓励，要我不可失去这样难得的增长见识的机会。

既然朋友们如此热情，我不好辜负他们的美意，只好说：“恭敬不如从命，我就领情吧！”

从宁波去普陀，路途虽然不算太远，但是却要横渡一道海峡。我们早晨出发，抵达普陀时已经是傍晚时分了。下船后，在宾馆内稍事休息，我们便登山游览了。普陀四周环海，像一座小小的海岛。在夕阳西照中，我们漫步于山脚下。水光岚影，金翅金麟，其风景真是美不胜收；当夜幕低垂时，又见山色海影，幽暗晦明，层次忽隐忽现，似觉如诗如画。因此，我们迟迟不愿归去。但陪同的朋友力劝说：白天的景色更美，还是早点回宾馆休息吧。我们只好依依而归。

不巧的是，我在当晚居然发起烧来了，同时上吐下泻，折腾了一夜。但是，次日我仍然挣扎着和其他朋友一道，登上了普陀山。白日的山峰，果然另有一番情景。到处古木参天，绿荫蔽日，一座座庙宇，都掩映在绿色的浓荫之中。这些殿堂都修葺得非常完好，各路神仙也衣饰鲜艳，个个神采奕奕，栩栩如生。我们朝拜了那些主要的寺庙，同行的朋友还一一虔诚地烧香拜佛，默默地祷告许愿。我是个无神论者，只是在一旁观摩而已。由于我病体难以支撑，中午便回到宾馆躺下了，没有走完全程，我一直感到遗憾。

我是抱病回到宁波的。幸亏主人用心为我调理，老友任斌武也热情呵护，病情很快便痊愈了。之后，又和老任认真打磨一番他的文章，取得各方共识，随即向主人告别，乘机返回北京。

这次来宁波，时间虽然不长，却增长了很多见识，特别是对于大型民营企业的发生和发展，以及其对国民经济、国计民生所产生的影响，有了新的认识。在中国的现实，民营企业决不是可有可无的，更不是什么“资本主义的产物”，而是对国营经济不可或缺的补充，应该大力促进其发展，这是推行市场经济不可或缺的举措。

有鉴于此，我回京后不久，便在《人民文学》隆重推出了报告文学《中国有个雅戈尔》，并召开了这篇作品的研讨会。

研讨会在北京人民大会堂举行。雅戈尔的老总李如成亲自率队从宁波赶到北京与会；同时，我们还邀请了国家领导人王光英和一些中央有关部委的领导、部队的将军莅临大会；在京的一些著名作家也应邀踊跃参加并对作品进行了认真的评述。他们都对作品和作品所描写的主人公给以很高的评价。认为李如成开辟了民营企业走出中国的先河，对国家的现代化建设做出了突出的贡献。

在不久后召开的第八届全国人民代表大会上，李如成破例地被浙江省选举为全国人大代表，开创了民营企业老板参政的先例。此举具有划时代的意义。它不仅仅表明了民营企业的合法地位，也具体地体现了社会主义初级阶段中国多种经济共存的局面的现实与合理性，对旧的计划经济模式是一次有力的冲击，充分说明了市场经济在中国已经冠冕堂皇地正式存在了。

8. 杜卫东终于调入《人民文学》

如前所述，对杜卫东的调动，已经酝酿很长时间了，但因为种种原因，还拖在那里。我虽然心里很急，但也没有办法。这是我们的体制决定的。用人的单位，急需的、经过多方了解、有专长的人才，硬是无法很快顺畅地调进来；而你不需要的人，倒是可以随时硬塞给你，你必须接受！这样的事例太多了，也不是作家协会的“专利”。我虽对此无能为力，但还是不死心，想努力争取一下，希望有个好的结果。

恰好，机会来了。作协的领导，突然灵机一动，出了一个新主意（他经常有这样的“灵感”），要给每一个报刊社配备一名负责行政管理的副社长，而且是采取公开招聘的办法来实现。《人民文学》当然也不例外。于是，我希望杜卫东参加应聘。

卫东欣然答应，愿意试一试。

在公开进行考核之前，我又动员了作协的其他两位重要报刊的领导张胜友和柳萌，和我共同举荐。他们二位先生，也对杜卫东的为人和能力比较欣赏，乐观其成。这样，就形成了三个正局级的负责人，联合推荐一名应聘人员。形势对杜卫东的调入是有利的。

那一阵，作协为公开招聘人才的事，搞得很热闹，因此，报名应征的人员很多。作协还成立了由各方面领导和专业人员组成的考核小组，我也荣幸地忝列其中。

经过严格的考核，包括口头答辩，杜卫东顺利通过。于是，人事部门便通过正式手续，把杜卫东调任为《人民文学》副社长。

我们这个刊物历来是主编负责制，没有社长的编制，而现在突然出现了一位副社长，标在刊物上，多少有点滑稽。但是，领导的个人意志如此，我们也只能顺水推舟了。

另外，我告诉杜卫东，你不要管是什么名堂的职务，调进来之后，工作怎么安排，还是我们杂志社自己说了算的。事实上，杜卫东调入杂志社后，一直做的是与编辑业务有关的工作，和副主编一样对待。在工作中，他和我配合得很默契，经常提出不少好的创议，并且收到良好的成效。比如，贵州茅台集团协办《人民文学》杂志，就是在他不懈的努力下促成的。他除了分工《人民文学》部分业务外，后来还主抓了附属于《人民文学》杂志的《中国校园文学》，也成绩斐然。

《中国校园文学》，原来是北京某单位主办的刊物。但是，因为内部人事关系复杂，意见难以统一，加上其他一些一时难以说清楚的原因，刊物办不下去了，经过中间人的介绍和撮合，就把它转交给《人民文学》来主办了。我们杂志社领导班子经过慎重研究，决定接受下来，并全权委托杜卫东操办。

杜卫东未孚众望。他受命之后，殚精竭虑，夙夜匪懈，全身心地投入到工作中去，表现出他一贯的“拼命三郎”风格，终于使这个刊物起死回生，进入良性循环的轨道，最好时候发行达十多万份；一举扭转了刊物的被动局面，在青少年读者当中产生了很好的影响。正是从这个岗位上，使作协领导看到了他的才能和品德，从而在不久之后调任他担任《小说选刊》的主编。此是后话。

9. 1997 年的广东之行

年初，广东的作家陈伯坚先生，约我和晓岚去珠海一游。

老陈时任珠海特区报文艺部主任，是多年的老朋友了，为人热情诚恳，人品和文品都令人称道。我们结识后，经常有书信来往，交情甚笃。这些年，珠海一直走在全国改革开放的前头，各方面都有很大的变化，伯坚非常希望我亲自去看一看，具体体察一下改革大潮中珠海的新面貌。可是，他又不愿意假公济私——以报社的名义邀请我，而是掏自己的腰包。这是一笔不小的开支，我最初不愿他如此破费，再三表示谢绝。可是老陈向我说，他最近因为买股票，行情不错，发了一点小财，所以有条件请我出来玩一玩，散散心。情不可却，我和晓岚接受了他的邀请。正好，中国期刊协会要进行换届，地址也选在广州。我是期刊协会的副会长，必须参加，时机巧合。因此，我便先行去广州开会，晓岚随后直接从北京飞赴珠海。

中国期刊协会的换届会进行的简单而顺利。

这个协会是3年前成立的，是个全国性的学术团体，它的成员是国内所有的期刊（包括自然科学、文学艺术和社会科学等方面的刊物）。我是《人民文学》的主编，算是文学方面期刊的代表，所以在协会成立时，把我选为副会长之一。会长是《求是》杂志的主编，常务副会长是原新闻出版总署期刊司的司长，实权人物还有中宣部出版局的领导。很惭愧地说，我只是挂个名，没做多少贡献。

几年来，中国期刊协会还是做了一些事情。比如，为期刊界谋了不少福利，对困难的期刊给予很大的支持，对加强中外期刊的交流也做了有益的工作，得到了期刊界的好评。

这次期刊协会换届，我本来向有关方面表示，不再担任领导成员了。但是，上级领导机关认为，我仍在《人民文学》主编的位置上，是一方面的代表（中国作协亦有此意），还是继续任职为好。我不能拗着领导的想法，就顺其自然吧！因此，我还是如期来到广州，参加大会的各种活动，认真发言、讨论有关办好期刊的思路和办法，聚会了各方面期刊的人士，交流了当前办刊的体会和苦衷；顺便也会见了广东的一些文学界的朋友。

特别该一提的是，在这里我竟然和分别多年的老朋友张润生见面了。他现在是天津大学学报的负责人，也是这届期刊协会的理事候选人。当年，在天津大学读书的时候，他读的是电力系。但是，由于他也非常爱好文学，便成为我们文学社的重要成员了。那时，我和他很谈得来，经常在一起切磋业余文学创作和阅读某些作品的心得体会，同时交流文学方面的信息，于是彼此便成为了好朋友。但我毕业后，由于背上了“右”的政治包袱，不愿意和朋友通信，所以和他也便失去了联系，直到校庆90周年，才在母校匆匆见上一面，未能深谈。现在，能够在广州见面握手叙话，实在是意外的收获。

润生向我详细叙述了当前母校的情况和一些当年老同学的遭遇。言谈中颇多感慨，过去几十年的沧桑巨变，阅尽了生活中的人情冷暖，世态炎凉；他觉得我现在的“地位”和处境，是一个较好的“结局”。我也向他表述了内心的苦衷，特别谈了过去几十年被荒废的宝贵时光和种种坎坷与磨难。他听后也不胜感慨，说，中国知识分子都有一段“苦难的历程”，也算是时代的悲剧吧。

和现实中国所有学术机构换届的会议一样，中国期刊协会这次代表大会也认真地走了一个过场，所有候选人均全部当选，自然是“胜利闭幕”了。

然后，我便由广州来到了珠海，正好晓岚也从北京飞来这里。老友陈伯坚为我们安排了非常舒适的住所，下榻于海滨的望海楼宾馆。随之，他便和他的夫人一同陪伴我们参观游览珠海的名胜古迹。先是乘船围绕澳门转了一圈，对澳门有了初步印象，后来又去珠海港参观。据港口的负责同志介绍，这个海港是人工填海造出来的，现在可以停放万吨巨轮。移山填海、改天换地，并非神话。

距离海港不远处，就是历史上有名的零丁洋。当年，民族英雄文天祥为抗击异族侵略，被俘后途经这里，曾经写下了著名的诗篇《正气歌》，其中“人生自古谁无死，留取丹心照汗青”的诗句，成为千古绝唱。

随后，我们还参观了许多具有珠海特色的地方。在参观过程中，也引发我不少联想。

我第一次来珠海是在 1985 年 5 月。那时我还在黑龙江作协工作，随同以张光年同志为团长的中国作家代表团，到广东参观访问，也访问了珠海。当时，改革开放才开始不久，她还在初建阶段，印象不深。可是，现在到了珠海后，顿觉眼前一亮，其繁荣昌盛的风貌，完全改变了我脑海中往昔的印象。到处高楼林立，商厦栉比，霓虹流光溢彩。那条滨海大道，沿途都是绿树红花，是一道美丽的风景线，美不胜收。原来就听说珠海是一座花园城市，现在，身临其境，觉得真是名副其实了。据伯坚说，改革开放之前，这里仅仅是一个名不见经传的小县城，人们的生活水平极为低下，不少人为了谋生，纷纷逃亡澳门，当局使用武力都阻拦不住。而现在的情况则完全改变了旧时的格局，澳门的居民纷纷前来珠海定居。可见党的政策的正确与否，会产生多么大的差别。

在珠海期间，我还去了一趟澳门。是伯坚费了很大的力量，给我搞到的去“澳门一日游”的票证，随同一个旅游团队去的。

澳门本是我国的领土，但当时仍然被葡萄牙殖民统治。现在快要回到祖国的怀抱里了，又是令人庆幸的事。澳门比起内地一些名城，实则一般。真是“看景不如听景”了。不过，横跨海湾的那座大桥，倒是颇为壮观。由于时间很短，我们只是简单地浏览了一下市容，出于好奇，我们又到了赌场“观赏”一番。

博彩业是澳门重要的产业，典型的资本主义的“特殊产物”。这里好似是另外一个世界。只见人流如潮不断地进进出出，很远就听到人们在大声喧哗，吆喝的声音震耳欲聋。走近一看，方知那是赌徒们在下赌注时亢奋的吼叫，输赢时的情感的一种宣泄。他们大把大把地赢，大把大把地输，眼睛睁得圆圆的、大大的，瞅着旋转的轮盘狂呼乱叫。这是澳门一道独特的风景。

看见了，留点感性认识。我对它兴趣不大。次日一早，便重返珠海。

在珠海住了数日之后，我们又乘船去了深圳。这也是伯坚专意为我们安排的旅程。登上了一条大游轮，驰航在去深圳的海湾里，沿途看见不少国内外的商船，来往游弋在海面上，象征着这里的贸易的兴旺发达。据说，这里未来将建造一座跨海大桥，从香港经珠海直达澳门，长约数十公里，为世界之最，到那时，从澳门到香港只需半个小时就够了。人们对此充满美好的向往。

游船抵达深圳后，《特区文学》主编戴木圣先生已经在岸上迎候。他是伯坚的好朋友（我和老戴也有过交往，还蒙他寄送几年的刊物），是受伯坚的委托来接待我们的。在迎接到我们之后，便直接把我们送到已经安排好的南国宾馆下榻。老戴的热情令我们深为感动，所选择的这个宾馆，不但在深圳市中心，交通方便，而且专门选订了一个豪华套房，宽大、明亮、舒适，使我们得以饱览这座新兴的名城风光。

深圳这个城市，我已经多次来过，但是，每来一趟都觉得有很大的变化，高楼更高了，马路更长了，商厦更多了，市场更加繁荣了。现在则更觉得她生气勃勃了。戴木圣先生还给我们介绍了深圳的巨大变化过程。现在，我才确切地知道深圳本来是一个小小的渔村，曾经有过苦涩的既往。它和香港仅一水之隔，但曾经是穷、富两个天下。香港那一边，是资本主义的世界，可人们生活得非常富裕。香港那边一个普通工人一天的工资，顶得上深圳这边村民一年的收入。这边虽然是“社会主义”的天下，而百姓们却穷得衣不遮体，食不果腹。为了能够喂饱肚子，他们不得不偷越过海，逃往香港谋生。可是，当地政府怎么能够听任他们往“资本主义”的火坑里跳呀。于是，就设法拦阻。先是进行劝阻，劝说不成，就来硬的一手：强行拦截！先是干部拦，后是民兵拦，还是拦不住，最后只好动用了野战军荷枪实弹武力拦截。但是，人们不顾死活，继续逃亡，有的村庄逃的只剩下一个党支部书记。这件事后来让邓小平同志知道了。小平同志感慨地说：“用军队是拦不住的，是我们的政策有问题！”

小平同志的话说到根本上去了。那些年，极“左”路线猖獗，“以阶级斗争为纲”，搞得到处饥寒交迫，民不聊生。人们为了能够过一点像人一样的日子，当然要逃生了。惨痛的教训呀，我们应该永远汲取！

可是现在深圳变成了特区。各方面都有了长足的发展，人民也因此富裕起来了，富得超过人们的想象。还有谁还会再越海逃往香港？相反的，香港人反倒来深圳打工了。真是两条路线两重天呀！看来，毛泽东有的话还是对的，路线确实是个“纲”。只可惜，他的“纲”用反了。

在深圳很尽兴。不仅游览了市容，还特别观赏了“锦绣中华”的景观，在一方小小的园林里，浓缩了祖国的名山大川和名胜古迹，这真是深圳人一个很有意思的创造。另外，我们还专门登上了国贸大厦的旋转餐厅，吃早茶，了望周围的景致；据说，邓小平同志每次来深圳，都要到这里观赏一番深圳的新面貌，感到十分欣慰。

在这里住了两天之后，我们又驱车到广东作协主席陈国凯家里。国凯是我相识多年的好朋友，彼此非常能谈得来，每次来粤，总是要在一起聚一聚的。这次，我们也早已约定要在深圳见面的，而且还准备参加他在佛山主持的一项文学活动。

国凯长期住在深圳，虽然挂个广东作协主席的名，实际上不坐班，不抓具体工作，只管埋头搞自己的写作。这几年，他发表了不少有影响的作品，我们这些朋友都很羡慕他。

国凯夫妇正在家里等候我们。他的夫人朴实大方，是我徐州的小老乡，因此见面后显得格外亲切热情。他们家的陈设简单大方，既没有贵重的家具，也没豪华的装修，完全是一户普通人家，从这里可以看出国凯对生活的态度。我们在这里坐了一会儿，叙叙家常，随后便一同乘车去广州，因为那里还有其他一些朋友等着和我们会合去佛山。

广州距离深圳不远，沿着高速公路一个多小时就到了。国凯先安排我们夫妇在广州宾馆住下，想不到，老友蒋子龙已经来到那里了。大家见面自然是十分高兴。晓岚初次来广州，我带着她到大街上随意走了走，观赏一下广州的市容。由于她游兴不浓，很快就返回宾馆了。

当天晚上，老朋友沈仁康专门到宾馆看望我。

仁康是江苏老乡，来广东工作已有多年。早在 1988 年秋，蒙江苏作协党组书记海笑同志的邀请，沈仁康、焦祖尧与我，四人共同乘坐一辆小汽车访问了江苏全境的主要城市，留下了非常愉快的记忆。老沈早年任职于《中国青年报》，后来，随同夫人来广东定居，现在是这里的专业作家。我们畅谈了一个晚上，他向我详细介绍了广东文坛的情况。由于领改革开放风气之先，这里的作家思想都很解放，并且都在埋头创作，没有太多的矛盾。这是很难得的。他特别还说起了陈国凯的为人，说他厚道诚朴，事事出以公心，不谋私利，很得作家们的赞扬。

次日，我们和国凯等人一同乘坐一辆小中巴来到了佛山市，住在警备区的招待所。接着李国文、何启治等北京作家和广州的刘斯奋、饶凡子也先后到达。这么多老朋友聚集在一起，顿时热闹起来。

这次活动的中心内容是：广东作协要从全国中青年作家中，选拔一批佼佼者聘为广东的合同作家，以充实广东的作家队伍，及时反映广东改革开放中的巨大变化和广大群众的精神风貌。陈国凯把我们这些人请来，是作为评委帮助他来评选“合格”的作家的。方法是，先由广东作协拿出来一个名单，经过大家认真的讨论，然后进行无记名投票推选。投票结果，九位青年作家得票过了半数，其中有谈歌、关仁山、王海玲与毕飞宇等。这些作家后来都非常有建树，写出了很多好作品，名扬海内外，足见我们这些评委的眼力还是不错的。

这次任务当然是轻松愉快的，很快就完成了。此后便是参观游览了。初到佛山，可供游览的地方很多，我们只是走马观花地看了看，随即握手告别了。

半个多月的广东之行，圆满结束。

回到北京后，即转入杂志社的日常工作。现在，整个杂志社运转得比较正常，人们各司其职，情绪也比较稳定。不久，由作协党组主要负责人安排，作家肖复兴由《小说选刊》调入《人民文学》任副主编。

10. 陪同刘白羽同志去杭州看望巴金先生

1997年国庆刚过，刘白羽同志便和我商量去上海普东新区参观并专程去杭州看望巴金先生的事。

这件事白羽同志考虑已久了。一个原因是，他在耄耋之年，创作了一部新的长篇小说，名曰《风风雨雨太平洋》，从腐朽的晚清到改革开放的今天，时间跨度100余年，人物从国内到国外，主人公最后越过太平洋，叶落归根回到了上海的普东新区。现在，这部60余万字的小说就要杀青了，作者想亲自到浦东感受一下那里这些年天翻地覆的变化，让小说有一个完满的结尾。这是很有新意的。另外一个原因是，他和巴金先生是相知相交半个多世纪的老朋友，情谊深厚。但是，已经多年未见面了，他也想在有生之年，和巴老再聚一聚，叙谈叙谈。因此，他要趁此机会，从上海就近去杭州和巴老见面，因为巴老常年住在杭州休养，很少回上海。

不过，白羽同志做事向来低调，此次去上海他不愿惊动“官方”，想私下成行。他和我商讨，让我想一个好的解决办法。

经过认真思考，我想出了一个主意，先和上海的作家叶辛联系，让他以个人名义出面，在上海接待刘白羽同志。

叶辛和我相识多年，彼此交情甚笃；同时，他对白羽同志也一直很为敬重，一经我联系，他欣然应承，而且很快就做了具体安排。于是，在约定好时间之后，我便陪同白羽同志前往上海。

我们所乘的飞机在虹桥机场刚刚着陆，便见叶辛热情地迎候在机场的候机厅大门口。出了大门后，我们便乘上了小汽车，直接前往浦东驻地，一路上崭新的景象令人目不暇接。

几年前，我和白羽同志曾经一同来过浦东。那时，浦东刚刚开发，在一栋普通的平房里，新区管委会的负责同志曾接待了我们。他指着一幅手绘的大地图，对照着硕大的沙盘，向我们介绍浦东开发的前景。此时邓小平同志的南巡讲话刚刚发表不久，上海人民正热烈讨论总设计师对中国特别是对浦东改革开放的最新设计，议论着如何实现老人要求上海“一年一个样，三年大变样”的期盼。

以后，我们一直关注着上海的信息。从报刊和影视的宣传中，从友人的来信和面叙中，不断感受到上海日新月异的变化。但是，总也没想到，当亲临其境时，呈现在我们面前的竟是这样一幅壮观的图画。车过杨浦大桥时，在桥上桥下绕了那么多圈圈，我几乎辨不出东西南北了。及至到了浦东的陆家嘴，穿过如林的楼群，仰望一座座摩天大厦时，像是走进了一个梦幻般的世界。此时，我已经找不到一点几年前记忆中的影子了。叶辛似乎觉察到我们的惊讶，从旁说道：“我从贵州回来之后就住在浦东，这里变化之大，变化之快，连我这个老上海也经常辨别不出方向。”

说话之间，来到了我们下榻的地方，这是叶辛专意安排的陆家嘴金融贸易区的一家宾馆。由于叶辛的多方关照，加上刘白羽同志的盛名，宾馆的主人对我们非常友好热情，饮食起居都安顿得非常舒适。因为旅途的劳顿，晚饭后，大家便分头休息了。

我进入卧室内推窗一看，眼前是一片灯火辉煌的楼厦，通体透明，映得星月都显得暗淡无光。绚丽的夜景，激动得我一宵的没有睡好。清晨起来后白羽同志对我说，他一连几次服了安眠药，才合上一会儿眼。睡不着啊！

次日一大早，便开始紧张的参观活动。

大概是主人有意安排让我们先从“低处”看起，第一“站”是陆家嘴绿地。这里四周是林立的高楼，中间一片硕大的绿茵草坪，草坪的中心是一池碧水；从铺着鹅卵石的羊肠小道穿过去，走到绿波荡漾的池边，在长长的木椅上坐下来，瞅着水里撒欢嬉戏的鱼儿，听着从碧草丛中流传过来的轻柔的乐曲，此时的心境似在阅读一首充满温馨和美的“梦幻之诗”。闹中取静，这儿真是幽雅极了，令人身心舒畅。

位于黄浦江畔的、鼎鼎大名的“东方明珠”——上海电视塔。现在来到它的身边，觉得比想象的还要雄伟壮观。塔尖高耸入云，下面十一个大小不同、高低错落的球体从蔚蓝的空中串联到如茵的绿草地上，两个巨大的球体宛如两颗红宝石，晶莹夺目，令人产生“大珠小珠落玉盘”的遐想。听介绍：整个塔高四百六十米，居世界第三，属亚洲第一，由三根直径为九米的擎天立柱、太空仓、上球体、下球体、塔座和广场组成。我们乘电梯登上了直径为四十五米、高为二百六十三米的上球体，鸟瞰全市景色。举目远眺，全上海在望。今天正好风和日丽，能见度很高，近看浦江两岸，楼厦如山峦起伏，错落跌宕，二座斜拉大桥，飞架东西，如双龙摆尾，蔚为奇观；远望大江东去，波涛汹涌，佘山、崇明，隐约可见。我们围绕旋转大厅走了一圈，从各个不同方位观赏了大上海的宏伟风貌。

在金桥出口加工区和外高桥保税区，我们参观了这儿的生产着各种现代化的机器产品和家用电器设备的工厂。它们已远非我脑海中工厂的概念了。既听不到隆隆的机器轰响，也看不到浓烟缕缕的烟囱，更嗅不到各种刺鼻的气味；而是绿树浓荫下的碧草坪，造型迥异的“楼堂馆所”，窗明几净中的“白衣天使”，处处显示着高科技的魅力。

在华夏文化旅游区，我们看到的完全是另一种风姿、另一种格调的情景。不论是繁花似锦的文化公园，还是风格古朴的浦东名人馆，抑或是丝竹之声不绝于耳的华天娱乐中心，都充满了浓郁的文化气息。当我们走进吴昌硕纪念馆时，又感受到一种浓重的艺术氛围。

吴昌硕是我国近代诗、书、画、印艺术承前启后、继往开来的艺术大师，被人们尊为“四绝”画家，是上海画派的领袖人物，其艺术成就在海内外具有深远的影响。大师生前曾在浦东生活、创作过。为纪念这位建树卓著的一代宗师，弘扬祖国传统的书画艺术，繁荣浦东新区文化事业，华夏公司建造了这座风格独具的纪念馆。馆内陈列了大师生前各个时期的代表作——多是他的原作；还有他的后人捐献的他生前使用过的文房四宝。我们由大师的嫡孙吴长邺先生带领，系统地观赏了馆藏珍品，既长了见识，又是一次艺术享受。白羽同志深沉地说，在此高度现代化文明的地方，建立这样具有我们民族传统的艺术馆，是很有意义的创举，东西方文明的结合并融会贯通，乃是建设中国特色社会主义文化的应有之义。

当晚，浦东的农民企业家山佳明在他所开办的“由由大酒店”接待了我们。山佳明原为浦东严桥镇的党委书记，在开发浦东的过程中，他领风气之先，率领当地农民走改革开放的致富之路，以土地换资本，创建“由由实业总公司”；采取多种所有制形式，采用多种分配方式，经营多种企业，并开办了“由由大酒店”。他告诉我们他们的公司和饭店的名称所以冠以“由由”二字，是取种田人出了头之意。浦东开发，不仅壮大了上海，造福于国家，也使庄稼人走出农家田畴，走出独门小户，进入工业社会，发了财，出了头。

我们从由由大酒店出来，意犹未尽，还想看一看浦东夜景。于是，再一次登上东方明珠的上球体观光层。凭栏四望，全然是另一个世界。举目浦西外滩，万家灯火，辉煌夺目，七色霓虹灯，流光溢彩，如同天上银河泻地；琼楼玉宇，宛如神仙洞府。低头浦东滨江大道，灯光为黄浦江镶上璀璨的花环，熠熠生辉，映照着鲜花盛开的花坛和江上灯火通明的游船，构成一幅硕大无朋的油画。在浦江大桥上，来回奔驰的汽车，组成一道道蜿蜒曲折的彩色长龙；回观新上海商业城的座座摩天大厦，灯光勾画出一幅幅无比壮丽的图景，幻化出一个无法描绘的童话世界。此情此景，令白羽同志异常激动，他连声说，太美了！太美了！而后又像朗诵诗似的赞美道：“这是一块年轻的土地，也是一块英雄的土地，更是一块最富有希望的土地；这是20世纪留给人类的最后一块璞玉，经过上海人民的精心雕琢，成为世界上最瑰丽的艺术品。”

次日下午，叶辛亲自陪同我们参观了上海图书馆。图书馆的几位领导都在大门前迎候，表达了对我们的礼遇和对白羽同志的敬重。简单寒暄之后，随即引领我们参观各个图书藏室和阅览室。图书馆的设施很完善，舒适、宽敞、明亮、大方，馆藏内容丰富，处处都是为了方便读者；管理人员风度翩翩，彬彬有礼，一切都显示了与上海的形象相匹配的大家风范。白羽同志不禁频频点头称好。最后，图书馆的领导希望白羽同志将新写的长篇小说手稿赠给他们保存，其理由是，他们已经收藏了鲁迅、郭沫若、巴金、老舍、丁玲等老一辈作家的手稿了，作为当代大家的刘白羽也应该有自己的位置。白羽同志谦虚一番后，欣然同意他们的愿望。临别前，他们还希望白羽同志为上海图书馆题字，白羽也满足了这个要求。他们同时也希望我题字留念，我开始婉言谢绝，但是图书馆领导再三表示希望，我也只好献丑，用毛笔题写了四个字的条幅“知识宝库”。

随后，白羽同志又去了章靳以先生家里，看望他的家人。

靳以先生也是白羽同志相知相交几十年的老朋友，白羽对他特别敬重和怀念，我经常听到他回顾当年的友情。现在虽然靳以先生仙逝了，白羽仍然惦念他的家人。果然，在见面之后，靳老夫人和她的女儿楠楠，对白羽的来访深为感动，老人握着白羽的手热泪盈眶，楠楠则亲切地称呼白羽刘叔叔。他们在一起叙谈了近两个小时，才依依告别。

晚上，上海作协的领导宴请我们。白羽同志本来不想叨扰“官方”的，但因叶辛本身就是上海市作协副主席，出于对客人的尊重，他仍然表示要尽地主之谊。盛情难却，我们也只好“从命”。

宴请我们的地方叫作“梅龙镇酒店”。据说这是上海最著名的饭店之一，距离繁华的南京路不远，可见叶辛用心之诚挚。前来作陪的有上海作协的党组书记徐俊西、副主席赵长天，前者是著名的评论家，后者是著名作家，我和他们都是认识的，大家也算是老朋友了。最难得的是，叶辛还把张军同志也请来了。早在1964年，我和张军同志就认识了。当时他是《人民文学》出版社上海分社的现代文学编辑室主任。是他首先阅读了我的长篇小说《钢铁巨人》的初稿并提出了修改方案。为了使我能够顺利到上海修改作品，他专门从上海到了黑龙江省的边塞富拉尔基，代我向我工作的工厂党委请创作假。由于那时我的处境相当不好，他费了很大的工夫才说服工厂党委准了我的假，得以及时来到上海，完成了小说的修改任务。那是我出版的第一部长篇小说，它奠定了此后我进入文坛的基础，也改变了我的命运。因此，我对张军同志充满了感激之情。

叶辛知道我们有这样一种特殊关系，所以专门把他请来作陪。老张现在是作协的书记处书记，也很高兴在这里和我见面，在宴会上我特别向他敬酒致意，表达我的感谢，提起往事，我们都不禁感慨万端。

宴会中白羽同志也很高兴。谈笑风生，妙语连珠，对此次上海之行，感到非常满意，盛赞上海改革开发中的巨大变化，因此，他乘兴满饮了两杯茅台酒。

宴罢，我们又游览了南京路。现在是夜色正浓的时候，万家灯火，流光溢彩，一派热闹繁华的景象。回到宾馆，已经夜深了。

次日，按预订计划，我们去杭州看望巴金先生。

我一直是巴金作品的崇拜者。小学时，便开始阅读《家》《春》《秋》（激流三部曲），而且一下子读得着了迷。当时虽然年少学浅，有点儿囫囵吞枣，但却读得津津有味，手不释卷。其中有一个特殊原因，就是我那个封建大家庭很早为我包办订了婚约，我对此非常反感。因此，那“三部曲”中的主人公觉民和觉慧对“家”的反抗，就成为我学习的“榜样”；后来，我也确实是从书中获取了精神力量，挣脱了封建婚姻的枷锁，成了“自由人”。从此，我便如饥似渴地阅读了我所能得到的巴金的其他作品。因文及人，我也就成为巴金的崇拜者。及至读了他晚年写的《随想录》，则更加倾慕他伟大的人格了。因为那不仅是他个人的反躬自省，而且是对我们整个民族的提醒。

我虽然在文学创作上起步很早，但是，因为我工作在工业部门，故而正式步入文坛很晚，又长期蛰居边疆，一直无缘和巴金先生本人见面；待我奉调来京主持《人民文学》工作后，虽直属他的“部下”，可巴金先生（那时人们已经习惯地称他为“巴老”）因健康关系，已不能到京理事，因此，我难以见到这位尊敬的长者。直到现在，由于刘白羽同志思念老友心切，专程去杭州看望巴金老人，我有幸全程陪同，才得以补偿了我几十年的渴望。

我因和刘白羽同志“共事”较长时间，相处比较和谐，以致无话不谈。在聊天中，他经常回忆半个多世纪所经历的文坛往事。当谈起他在文学起步的时候，总是深切地说，是巴金同志扶持我走进文学这个终生无悔的人生长途的。

事情的经过是这样的：1936 年，刚满 20 岁的刘白羽，将他的处女作《冰天》，寄给巴老主编的《文学》季刊，不久便发表了，后来又陆续发表了几篇习作。该年年底，白羽初次来到大上海，在北四川路的一家广东小饭馆里，由靳以先生引荐，第一次见到了他久仰的巴金先生。这位年龄大他一旬、文坛上已久负盛名的大作家，一点也没有他想象中的威严和架子，而是非常平易近人、和蔼可亲；更出他意外的是，在就餐后巴金先生说，他主持的文化生活出版社想要出版白羽的一本小说集，问他同意不同意？

白羽一听喜出望外，这样的好事哪有不同意之理？不过，在高兴之余，他又有点着急地说："我身边连一篇现成的稿子都没带来，怎么出书呀？"而巴金却不慌不忙地从身边取出一个纸包，递给白羽说："我已经给你编好了，你只要自己再看一遍，看看有没有要修改的地方。"白羽拿过来打开一看，原来是他近一年来发表的六篇小说，已经被剪贴得整整齐齐。这就是鼎鼎大名的大作家对一个文学青年的扶持与爱护！

此情此景令刘白羽终生不忘。他因此常对我说道："无论是作为作家和作为编辑，巴金先生都是我们的楷模，值得永远学习！"

斗转星移，一晃 60 多年过去了，越过长长的时间隧道，而今都成为耄耋老人。但时间的长河，并未能冲淡他们的情谊，相反地，却像陈年老酒那样，时间越久，其味越醇。因此，白羽早就决定要来上海一趟，专意看望巴老，叙一叙世纪深情；而他也深知我仰慕巴老已久，所以让我陪同前往。就在我们赴沪前夕，白羽突然又收到了巴老从杭州托人专门带给他的一束鲜花，这就更增加了他对巴老的怀念和见面的心切。他觉得巴老正在杭州向他招手。

在去杭州的途中，白羽同志又和我们讲起了和巴老相识的那些难忘的时日。除了深情地忆念巴老为他选编第一本小说集的动人情景外，还叙述了几十年来他们亲切相处的种种往事。其中有解放初期他们为繁荣新中国文学事业一同呕心沥血的谋划；有共同发起创办大型文学期刊《收获》的初衷；有在历次国际作家会议中并肩作战的默契；有在荒唐岁月中身陷囹圄时彼此刻骨铭心的思念；有共赴东瀛时为维护祖国统一、坚持一个中国的微妙斗争的配合。白羽还特别动情地谈到了他的爱子因患不治之症来沪求医时巴老和他的夫人萧珊所给他们全家无微不至的关怀……当他叙说这些往事时，感情是那样的投入，那样的深挚，以致珠泪盈盈。

抵达杭州，未及休息，白羽同志便急切带着我前往西湖的汪庄，看望巴老。小车沿着绿荫夹道的湖滨马路，来到了丛林滴翠、菊花吐秀、丹桂余香未尽的汪庄。这是一个幽静而美丽的大院落，秋日的阳光温暖地照耀着浓密的林木和碧毯般的草坪，巴老居住的小楼沐浴在绿树浓荫之中。我们乘坐的小车一直开到小楼的门口。楼门敞开着，巴老精神矍铄地端坐在轮椅上，雪白的头发覆盖着黑红的面孔，亲切地望着远道而来的老友。白羽同志迅速走了过去，紧紧地握住巴老的双手，亲切地叫了声："巴金同志，我看您来了，您好吗？"

巴老连声说："谢谢你，这么老远来看我，我很好！"

然后，白羽同志又把我介绍给巴老。老人似乎知道我的一点情况，握着我的手说："还年轻嘛，很好；要下工夫把《人民文学》办好！"我连忙说："我一定努力！"

我和白羽同志一同在巴老身旁坐下，白羽侧着身子紧凑着巴老，亲切地叙谈起来。我肃穆地恭听着这两位文坛老前辈轻声慢语的友情的交流。只听白羽说道："我们相交整整六十年了，给我留下的都是美好的记忆。"巴老频频点头，表示赞同。随之，他们似乎一同浸沉在悠远的岁月长河中，回味着那些共同度过的愉快时光。深情的话语，像潺潺流水从他们的心头轻轻流过，笑意不断地荡漾在他们的脸上，不时发出会心的笑声。看见他们这样敞开心扉、倾心交流着沉积在心灵深处久远绵长的浓浓友情，我感动得眼角湿润了。

原定只会晤半小时，可是过了一个钟头两人仍然话犹未尽，考虑到巴老的身体状况，我们不得不站起身来告别，相约明天再来辞行。

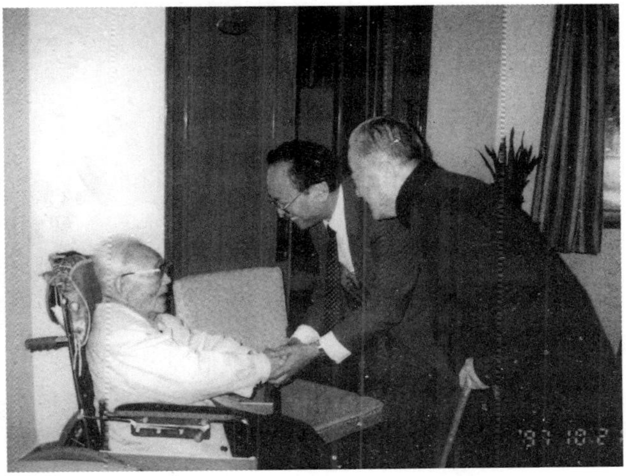

看望巴金

在回宾馆的路上，白羽同志和我未交一语，他仍然沉湎于与巴老重逢的激动中，我自己也在回味与巴老见面的幸福心情。晚饭后，我们在西湖边上散步。此时已夕阳西下，夜光如黛，柳丝低垂，远眺苏堤和断桥的迷蒙暗影，真是如诗如画。面对如此美景，竟未能冲淡白羽深远的思绪，只听他自语般地对我说：“九十多岁的人了，记忆还是那样的好，思路还是那样的清晰……”

次日，在返京之前，我们又去和巴老告别。巴老坐着轮椅迎了出来，拉着白羽的手久久不放，一副依依不舍的模样。只听巴老说：“今天握别，不知何时再见面？”白羽朗声答道：“相会在21世纪！”巴老高兴地笑了。在充满了浓浓的友情叙话之后，白羽便要告辞了，巴老坚持要送出门外。我们簇拥着他的轮椅，把他推出到楼门外的院子里。这时，阳光灿烂，照耀着西子湖，水光山色，斑斓多姿，令人心旷神怡。白羽傍着巴老，沿着湖滨小道，边谈边走，长长的路，绵绵的话，把两位文坛老人的友情，融成一幅动人的图画。

这是我第一次和巴老见面，也是最后一次见面，但这个动人的情景，永远留在我的记忆中；如今二老均相继作古，愿他们在天之灵，一同遨游于友谊的天国……

11. 返回徐州一中共祝校庆

从杭州回来后不久，我又去徐州一趟。母校徐州第一中学80周年校庆，准备隆重庆祝，希望历届毕业的学子回校聚会。校方很早就给我发了邀请函。我因为公务太忙，最初曾表示谢绝，但是，校领导再三来信来电，热诚希望我能够参加校庆典礼；在北京的校友们也一再向我恳劝，希望与他们同行。考虑再三，最后还是服从了老同学们的建议。

我们是共同乘坐直达火车抵达徐州的。学校派了大巴把我们接到了宾馆。稍事休息，便去母校参加庆祝大会。大会热烈而隆重。因为徐州一中是江苏名校，历史悠久，人才辈出，声名远扬，所以来宾很多。不仅当地的党政要员都应邀出席，连南京方面的许多重要人士也从省城赶过来了。我被大会领导盛情请到主席台上，代表校友们发表了祝词。虽然是即兴之作，但是却充满了我深挚的感情，同时也表达了广大校友对母校的热爱与祝福，受到了校友们真切的好评。

大会上各方面的来宾都做了热情洋溢的讲话。他们盛赞徐州一中自从创办以来，培养了大批有用的人才，各类精英遍及五洲四海，为祖国的建设事业做出了巨大的贡献。我们听了这些讲话，心里都感到热辣辣的，深为母校的荣誉而骄傲。

会后，众校友和来宾们一同参观了校园。在参观的路上，我觉得一切都是那样的熟悉，那样的亲切。因为我曾经在此生活学习了整整6年，金色的年华都是在这里的宿舍、教室和操场中度过的，到处都有我青春的足迹。但是，面前的一切又都是那样的陌生，因为她已经彻底改变了旧时的模样，一砖一瓦，一草一木，都呈现新的容貌。这些年来，学校的全部建筑彻底翻新了，由表及里，都几乎找不到昔日的影子。只有在那座小小的假山，还依稀葆有过去的一点痕迹。

假山是我们在学校读书时经常去的地方。它是我青春岁月的一个抹不去的亮点。我曾在一篇小文里专门描写过它，发表在上海的《文汇报》上。因此，我今天又专意攀登上去。展现在我面前的假山，也和过去大不一样了。山上花木扶疏，怪石嶙峋，有阶梯可登，有石凳可坐。陪同我们参观的校领导笑着告诉我这座假山所以能够保留并且又重新加以装扮，纯粹是因为你在《文汇报》发表的那篇文章所致。大家都觉得这座假山非常有纪念意义，所以我们决定永远保留并维护好它，让广大校友心里对母校有个念想。听了这话，我非常感动也非常高兴。我想起了那篇文章，那是一次我回母校，看到我少年常去的假山已经面目全非地成了一个小土堆，很失望，于是发了一通子感慨。

有趣的是，为庆祝校庆，学校还在校园内建造了一座碑林。众多著名社会人士如贺敬之、孙家正等的贺词，都被镌刻在石碑上，是一道有意义的令人赏心悦目的风景线。幸运的是，我写给母校的一句话，也被刻在其中。这句话是“念兹在兹”。它表达了我对母校刻骨铭心的怀念。

次日，我谢绝了母校安排的集体庆祝活动，和同班校友在校外一家饭店聚会。这次聚会的老同学比较多，留在徐州的，在南京、北京以及全国其他各地工作的同学加起来共有30余人。大家自1953年高中毕业时分别后，就天各一方，已经有40多年没见面了，现在能够有机会于母校校庆时重逢，自然是分外亲切。虽然都已经发须染霜，两鬓斑斑，貌似生疏，可是仔细一看，还能够分辨出少年时代天真的模样，过往的岁月，忽然又来到眼前。

这几十年来，国家处于大变动时期，沧海桑田，天翻地覆，人人都尝尽

与贺敬之、李希凡

了生活中酸甜苦辣的况味。因此，大家似乎都有说不完的离情别绪，说动情处，不少人潸然泪下。

当年教我们的老师、之后又成为学校副校长的王汉英先生也闻讯赶来了，他毕业于当年的河南大学，曾经亲自教授我们的数学课，他学术高超，为人热情，教学认真，深受我们的尊敬；他是在徐州人大常委会副主任的职位上退休下来的，现在正在家中颐养天年。他的到来使我们的聚会增加了更加丰富的内容。我们就像一群孩子似的围在他的身边，和他握手、拥抱、问候。瞅着我们对他的爱戴，老先生激动得热泪盈眶，半晌说不出话来。

遗憾的是，还有几位一直留在徐州的老同学出于某种难以说清楚的原因，不愿意前来和我们聚会。

但是，因为少年时代的友情太重，分别这么久，现在近在咫尺却不能见面，大家并不甘心。于是，临时做出决定，派遣代表，坐了出租车直奔他们的家中，强行把他们拉了过来。其中一位名叫李凡典的老同学，曾经有过非常惨痛的经历，说来令人备觉辛酸。他在我们班上属于品学兼优的一类，是当年中考的状元。抗美援朝战争爆发后，他出于一腔爱国热情，报名参加军事干部学校。后来因为工作需要，他被分配在国家安全部门工作。1957 年的反右派运动中，由于传阅了一张北京大学的大字报（是一个后来被打成右派分子的学生写的），于是，也被株连成为反党反社会主义的右派分子，不仅开除党籍和公职，而且被遣返回乡劳动改造。在无产阶级专政的铁拳下，他受尽了人间的苦难，被摧残得身心交瘁。直到我们聚会时，还没有完全为他落实政策，以致仍然是一个普通的农民。当同学把他接到我们聚会的地方时，他说感觉像做梦一般。而他自己也蓬头垢面，衣衫褴褛，像是从另外一个世界过来的人，哪里是当年那个心高志远、指点江山的青年才俊啊！看到他的这般光景，我们的心酸楚而痛。这是刚刚过去不久的那个时代造成的悲剧呀！但愿这样的时代永远不要再来了。

还有两位同学到底没有请来。他们可能比李凡典的遭遇还要凄惨，以致心灰意冷，想要与世隔绝了。

随后我们便一同聚餐。在餐桌上推杯换盏，觥筹交错，尽情畅饮，同时畅叙别情。由于大家的谈性太浓，想说的话太多，这顿饭足足吃了七个多小时。后来因为时间过长，以致饭店的服务员都不高兴而拉下脸来了，我们这才不得不依依握别。第二天，我就乘车回京了。

12. 仅仅是设想了

从徐州参加校庆回来之后，我便考虑《人民文学》的改革问题。

如前所说，随着国家经济体制的转型，随着影视业和网络的迅速发展，随着“快餐文化”的泛滥，随着一些作家的作品与人民的疾苦拉开的距离越来越远，读者也越来越少，文学刊物的订户普遍存在着下降的趋势。《人民文学》也不例外。由过去最高时期的150余万订户，降到现在已经不足10万份。再加上作协已经不给刊物以“全额拨款”，杂志社的经济状况是每况愈下了。此前我们已经进行了一些尝试，但仍然是捉襟见肘，不能从根本上解决问题；现在，形势逼人，必须采取有力措施来改变这种被动局面。

当然，唯一的出路就是改革——和我们整个国家的形势一样，改革旧的体制，是摆脱困境最好的办法。因此，我和编辑部的同志多次商量并仔细研究，最后商议了一个改革方案。具体内容就是，将杂志社的全部工作分成两大部类。一为编辑部，负责整个刊物的来稿的处理与加工，包括版式设计和封面包装，即打理编辑工作的全过程，选任主任一人（可由副主编兼任）副主任二三人，将现在的一、二编辑室合建而成。一为经理部，负责杂志社的出版发行、经营管理，后勤服务，对外联络，即包揽全部的财政收支和行政事务，这方面的工作也选任主任一人（可由副社长兼任）副主任二三人，以总编室和三编室为基础进行组建。对于这项改革，我们领导班子取得共识；总编室和编辑室的主任们，态度都很积极，他们还提出了许多具体建议，并得到杂志社大多数同事的赞成。只等制订出具体实施方案，报请作协领导批准实行。

但是，就在这个关键时刻，出现了新的情况，作协某主要领导，突然提出要调整《人民文学》的领导班子。调整的主要目标就是要我从主编的位置上退下来，选派另外的人担任。

对于卸任主编这个问题，我早就有思想准备了。一是主编工作太累，我已不胜负担，加上酝酿已久的长篇小说，总在撞击我的思想空间，所以早萌退意；二是，近年来出于种种难以述说的原因，有的领导一直对《人民文学》另眼看待，许多有利于《人民文学》的活动，难以顺利开展；我的存在，显然不合某些人心意（对此我一直很奇怪）。但一时又找不到合适的理由，故拖延下来。现在，这个“理由”找到了——我也到了退休年龄，从主编的职位上退下来没什么可说的，名正言顺。

其实，担任现在这个职务，本来就不是我自己的选择，更没有想方设法投门子，走巧路，谋求这个被文学界认为是“炙手可热”的职位，而是组织根据工作需要的安排。在这个岗位上，我兢兢业业，努力工作，牺牲了个人的创作，耗费了宝贵的年华，使刊物在非常困难的情况下，健康而正常运行；在各种思潮涌起、各种流派纷呈、各种主义杂陈的时候，《人民文学》仍然沿着自己的传统，贡献出受读者欢迎的作品，在文坛上独树一帜，代表着中国文学的最高水平，这一点，是被人们所公认的。虽然，我多年来经受了许多莫名奇妙的、不公平的待遇，也受到某些人的责难和误解，但我无怨无悔，无疚无愧。现在，要我退出这个职位，我心态非常平和，思想特别平静。所以，当作协的一位领导“受命”正式找我谈话的时候，我立即表示愉快服从。

但是，我觉得这任免程序上有些蹊跷。因为当初对我的任命是由中宣部做出的，现在作协主要领导决定我的去向是咋回事？我到底该听谁的？

尽管如此，我表态我愿意退休。我可不想赖在这个位置不走。不过，我也严肃地跟这位领导说："以前对我种种不公正的做法，是错误的；我所以隐忍不发，是我从工作出发，顾全大局，并非个人的软弱。现在，我没有任何非分的要求，只重申根据当年我奉调来京时当面向作协主要领导提出的希望：在不担任《人民文学》主编时，回到专业作家的队列中去。"我要求作协的现领导，兑现这个承诺。

那位领导当场表示，我的这个要求是合理的，可以考虑，回去就和作协主要领导研究决定。

《人民文学》杂志社得知作协的这个决定，大为吃惊。好多同志没有这个思想准备，因为刊物的改革刚刚开始，"临阵换将"是兵家的大忌，作协某领导为什么不从工作出发而慎重做出合理的安排呢？所以，他们闻讯后很快地找到作协的有关领导，希望让程树榛同志稍晚一点退，以便使《人民文学》的改革方案，能够尽快得到实现。他们甚至提出具体时间：就推迟一年，到庆祝《人民文学》创刊50周年的活动结束为止。同时，他们还申述了另外一个理由：专业人员退休的年龄不一定和行政人员一样看待，可以具有一定的弹性，根据工作需要而定，就像高等学校的"博导"那样，适当地予以延长。

尽管我再三劝阻我的同事们，但他们依然很天真，希望用自己的真诚和道理，让领导改变决定。此后的事实证明：他们的建议根本不可能被采纳，因为它是违背某人某种既定方针的；何况作协某领导早已经向有关人士"许过愿"了，现在怎么能够言而无信呢？（很抱歉那个被许了愿的人士，我对他没有任何成见，相反我很尊重他的才能，我丝毫没有阻止他来接班的意思，关键是，让谁来接班我也说了不算啊！）

让人们始料不及的是，上级领导机关没有批准这位领导的决定。因为《人民文学》主编的任免，历来都是由中宣部决定的，作协无权自行安排。现在，中宣部不认可，作协就无法正式宣布。于是，我就这样被"挂"在那里了。

我觉得更不妥的是，那位作协领导太欠考虑，给人家平白许了诺。

第九章

进退维谷

1. 不得已而为之

有谁处在过这样的位置呢：中宣部对作协领导免去《人民文学》主编的决定不予批准，新的主编难以上任。我呢，还得继续留在这个职位上。啊呀，我太不想这样了！

你想啊，我怎能正常履行我的职责呢？人家已经和我正式谈了话，并且也在《人民文学》编辑部宣布了；可是，现在上级不批准决定；作协碍于面子，又不愿正式向群众说明情由，又不愿让我继续履行主编的职责，因此，我便处于进退两难的境地：对杂志社的工作，抓也不对——明明有人已经正式宣布我将“退下”，怎好继续“发号施令”？不抓也不对——上级没有正式免去我的职务，而决定权又在上级那里。到底怎么办呢？真让人挠头。考虑再三，我决定采取这样的“办法”：继续抓工作。但只抓大事，不管日常工作。具体的做法是，每周一上班，召开主编碰头会，研究安排本周的工作，由有关负责人分头处理；校样一般我不再审阅（除非他们找到我，另行决定）；三审后由常务副主编（当时作协已经口头指定了肖复兴同志暂时负责）即行定稿发排。这样做法虽然很不正常，但我也是不得已而为之。

应该承认，编辑部的同志仍然一如既往地和我相处，尊重我的领导，许多同志还照例向我请示汇报工作，有的同志，比过去表示更加信任我（这令我非常感动）。但是，我都用比较恰当的方式表达了我的态度。我既没有继续揽权，也没有随意地放权，尽力使刊物正常运行，责任心使我不能负气而撂挑子；我又必须做得恰如其分，既不能使工作受损失，又不能给他人留下话柄。

我原来以为这样的局面不会持续太久，有关领导会尽快采取措施，改变这种不正常的情况。谁知过去了几个月，依然故我，没人明确表态。在此期间，我曾经询问上级有关部门，说明我的难处；但回答我的是，你是中宣部任命的干部，只有中宣部才可以决定你的去留，你应该继续履行主编的职责！话说得很肯定，让我无法辩解。可是，作协的有关领导也没有新的解释。看样子事情是“卡”在那里了（到底是哪个环节上出了问题，直到现在我也搞不清楚），反正，我被一直“挂”在那里。

最初，我感觉很不是滋味，也很不好受。但是，时间长了，反倒觉得很“轻松”了。因为我身上的担子，实际上已经被领导卸掉一半了。于是，我反倒有时间来考虑自己的创作，同时享受天伦之乐了。正好，此后不久，我的大女儿丹梅从德国回京探亲，还带来一个活泼可爱的小外孙 Leo 利奥（德语为“狮子”的意思）。小家伙的中德血统，凝聚了他父母的优点，模样非常可爱，一天到晚笑口常开，且一点也不认生，谁抱要谁，因此人见人爱，我们全家都非常高兴；特别是我那 90 多岁的高堂老母，更是乐得合不上口。老人家孤苦一生，现在见到了曾孙，满足了“四世同堂”的夙愿，心里的快乐怎么形容都不为过。当然，我自己已经年过花甲，有了第三代，心情也是异常欣喜的。工作上的不安，情绪上的不快，都被抛开了。

与长孙 Leo

那一阵，我们全家都浸沉在幸福的天伦之乐中，每天都是围着小外孙转，听他天真无邪的笑声。二女儿、三女儿都非常珍爱这个小外甥，将他视为已出。她们虽然也为我遭到的莫名其妙的、不公正的待遇而愤愤不平，但是却一再劝慰我别为那些无聊的人事纠葛而自寻烦恼，放下不愉快，和亲人共享美好时光！

孩子们的话，使我领悟到祛除心灵块垒的轻松。于是，我便愉快地规划今后如何打发领导赐予我的"悠闲"的日子。

我立即想到了那个酝酿已久的创作长篇小说的计划。本来在哈尔滨工作时，我就开始琢磨一部新作了，那是我心路历程中感受极为深刻的一段经历。可以说腹稿早就孕育了，本来早就应该完成的。但是，因为工作和环境的变动，从哈尔滨来到北京，从省作协主席到《人民文学》主编，新的职务，新的岗位使我不得不用全部心力完成新的职责。因为这是一个非常重要的岗位，各方面的人士都睁大了眼睛盯着我，我不能掉以轻心，我要兢兢业业，全力以赴。即使这样，有时还感到力不从心，哪里还顾得写长篇小说？现在好了，身上的担子减轻了，可以从容地进行创作了。于是，我开始酝酿动笔。

既然被"挂"起来，我的自由度当然也大多了，对作协的一些会议，我是能推即推，实在推不掉的，也让现在主事的人和我一同去。比如，参加作协召开的一年一度的务虚会我就是这样处理的。

说起这个"务虚会"，乃是作协某主要领导上任后的"得意之作"。每年年初，他便召开一次这样的会议：要求各个单位的主要负责人一定参加，并且在会上阐述对本单位全盘工作的考虑（包括总结过去和设想未来），也可以对作协的工作提出自己的意见和建议。其主观动机，不能说是没有合理的成分。但是，年年如此这般，则形式大于内容了。追求形式上的"成绩"，是当前某些部门的某些领导向上邀功请赏的重要方法。

1998年的"务虚会"在作协的大会议厅内举行。各单位负责人准时进入会场，在自己的名签旁坐下。现在，作协不论开什么会，办公厅人员都按级别的高低安排座次，摆放好与会人的名签，一字排开，绝不含糊。这是某领导来到作协后订立的新规矩。

在过去，作协的干部开会，都是随意落座，不分职位高低上下，不排座次。其实，与会者大都是作家，在形式上论资排辈，则是对作家平等自由追求的亵渎。但是，某些人非要追求这种可以显现尊卑的形式，是其威权思想使然、"官本位"的具体体现，作为被领导的我们，也只好顺应。中国知识分子缺乏一种抗争意识，在这里也是如此。大家虽然对此做法，很不以为然，背后亦有议论，可从来也没有人当面表示过不同意见，包括我自己在内。

我估计自己是最后一次参加这样的“务虚会”了，所以我的发言，虚的东西少了些，内容比较实在。我着重谈了三个问题。一、《人民文学》应该始终保持高雅的品位，代表中国当代文学的最高水平，具体要求是“曲高和众，雅俗共赏”；同时，也应该与市场接轨，这就需要我们“放下（国刊的）架子，用好（国刊的）牌子”。二、作协领导应该给《人民文学》以必要的重视，切莫忽视甚或轻视这个刊物。这些年，有的领导对《人民文学》重视是不够的。在人事安排和对外交流方面，《人民文学》的负责人都没有得到应有的体认。三、《人民文学》的生存与发展，当然应该以刊物自身为本，把作品的质量搞上去，把发行工作搞好，争取有较好的效益，但作协应该给予必要的补贴，不要因为经费问题影响刊物的质量。

这些话招不招听我不管，从工作出发嘛，我必须讲出来。我即将退下，我怕啥，我没包袱，现在不说，以后就再没有机会陈述这些意见了（尽管我知道没有人会认真听取并采纳这些意见的）。

这个务虚会，仍然是“务虚”而已，会后一切依然故我。

作协某领导的“得意之作”，除“务虚会”而外，还有其他一些花样。比如在全国各地建若干“创作中心”的名堂。开始时大张旗鼓，轰轰烈烈，排名次、任职位，似乎真的要以此干出一番大的事业来似的。但过不多久，就销声匿迹了，没有人再提此事。还有，在中心城市和边远地区，搞“创作基地”，在举行“挂牌”仪式时，动员许多著名作家和官员前去助阵。但是，“挂牌”之日，就是“闭幕”之时，从此再也听不到它的动静了。因为没有哪位作家，会千里迢迢跑到你这个“基地”来进行创作。可是这些形式主义的东西，却没有人正面提出不同意见。这也是耐人寻味的事。

我可不总去找烦恼。图啥呢！这段时间我更换了新居，从亚运村那喧嚣的闹区，搬到潘家园一处比较安静的新地段。呵呵，说是安静，其实并不安静。你想啊，小区的对面就是著名的潘家园旧货市场，这里进行着古今中外的各类艺术品和古玩的交易。一开始，似乎没有引起人们的注意，但是，后来发展得很快，人越聚越多，摊子越铺越大，销售的古玩也越来越广泛，以致无奇不有，品种繁杂；不仅北京市民参与买卖，而且招徕了全国各地的商人参与，及至到了21世纪初，它已经成为世界性的古玩市场了。每逢开市（周六和周日）之日，商贾云集，万头攒动，其中不乏各种肤色的外国人。连我的那个德国女婿每次来北京时，都要到旧货市场走一走，看一看，经常买上几件小玩意儿，带回国后送给朋友。我偶尔也去那里转一转，主要是到旧书摊前浏览一番——那里的陈列是非常丰富的，古今中外的书刊，都有出售，我间或挑选一二册有用的旧书，购回家中仔细阅读，这给我增加不少乐趣。

2. 北京——富拉尔基同乡会

1998年春节过后不久，原“一重”宣传部的同事刘明学来北京，到我家做客。明学比我年纪小十多岁，但和我却很合得来，在我于工厂受压抑不得志的那些年月，并不歧视我，反而同情我、尊重我，支持我的业余创作；特别难能可贵的是，为我的入党问题奔走呼号，亲自内查外调，搞清了我的家庭出身和社会关系，促进了党组织对我的了解，并主动充当我的入党介绍人，为我后来终于加入党组织奠定了坚实的基础。在宫本言同志奉调来“一重”任厂长后，又是他主动向厂长介绍了我的情况，使宫本言同志对我由了解而全面信任，由信任而言听计从，最后成为莫逆之交。因此，明学和我有一种特殊的感情。但是，由于他锋芒太露，过于自信，以致和一些人的人际关系不十分融洽，影响了他的“进步”。我曾向宫本言同志介绍了他的这些情况，厂长应允在适当时机给以适当的安排。但是，因为宫本言同志不久便调离工厂，此事就搁浅了。好在刘明学大大咧咧，对此也没有多么在意，仍然乐呵呵地忙于本职工作。

我奉调黑龙江省文联工作时，他曾和有关领导和朋友一同千方百计地挽留我，希望已经成为工厂中层领导的我继续留在工厂工作，为工厂的改革开放发挥更大的作用。但是，上命难违，我未能如其所愿，对此他感到深为遗憾。后来，我因工作需要调到北京工作，他却竭诚赞同了，认为这里有我更加广阔的天地。

我虽然离开工厂，但和他始终保持经常联系。特别是来到北京后，由于一重是中央直属企业，他来北京公出的机会很多，因此，和我的联系更加密切了，经常给我带来工厂里发生的新鲜消息。

1998年年末，明学又来北京，见到我之后，他向我传达一个信息：富拉尔基地区的领导，为了扩大本地区的影响，有意利用曾经在富区工作过后来调到北京一些担任领导职务的同志，组织一个同乡会，继续为富区的建设和发展做贡献，拟议让我来牵头做这项工作，并且提出了具体职务的安排，由我任会长，原国家人事部部长赵东宛同志（原来“一重”的厂长）和时任全国政协副主席周铁农同志（原来东北重机学院副教授）任名誉会长，同时提出了一些曾任国家司局级的领导同志做副会长；富拉尔基是我的第二故乡，在这里我生活和工作26年，贡献了我宝贵的青春年华，对其有深厚的感情，现在要继续为它的发展做贡献，责无旁贷，我只好应承。

就在次年春节之后，明学和富区的主要领导一同来到北京，随即约请赵东宛、周铁农同志和我，以及其他一些有关同志，聚集在一起，正式宣布“北京——富拉尔基同乡会”成立，我和另外二位名誉会长当即正式就任。成立大会开得很隆重，有近60余名富区的老乡热情参与，在我致了简单的开幕词后，赵东宛、周铁农以及许多同志都发表了热情洋溢的发言，大家都回顾了在富拉尔基生活和工作的那些难忘的岁月，纷纷表示要尽其所能继续为家乡的建设做贡献，有人当场献计献策，提出具体建议，富区来的同志都感动地记录下来。成立大会开得很成功，大家都非常满意。

此后，每年春节过后，都要召开一次这样的大会，总结过去一年的工作，策划新的一年活动内容，与会者都感觉这件事办得很有意义，参加同乡会的

回到富拉尔基重机厂

人也越来越多了，有一次前来开会的人竟达到百余人。同乡会也确实为富区办了一些有益的事情，受到各个方面的好评。3年之后，富区的领导邀请一些同志回乡“探亲”，并让我带队。我们一行十余人（包括曾经在这里体验生活的电影剧作家史超夫妇），满怀激情回到了故乡，受到乡亲们热情的欢迎和款待。

大家参观了城市建设新的面貌，会见了老友新朋，有人专门回到旧时的住地，唤起了童心儿绪和青春的回忆，不禁心潮起伏，感慨万端。我也趁机会见了一些老同事和当年一同从事业余创作的老朋友，重新到工厂浏览了一遍，还回到我当年住过的老房子，看望了几位老邻居，心里觉得暖烘烘的。最后，大家又集中在一起，共叙回乡观感，畅谈富区的巨大变化，无不热情洋溢，有人甚至热泪盈眶，激动不已。

再回东北（1999.12）

这次大家是乘兴而来，满意而归。

同乡会以后又搞了几次活动，大家的兴头未减。只是由于后来富区的领导大换班，对这件事似乎兴趣不大了，我因为年纪已过古稀，加上身体健康欠佳，也无力张罗，这个同乡会也就“无疾而终”了，不过，还是留下许多美好的记忆。

3. 参加期刊主编团访问台湾

本来我以为从此和作协不会有多少重要联系了，谁知在当年（1998）的10月，外联部不知出于何种考虑，竟然意外地通知我，要我参加大陆主要文学期刊主编组成的期刊代表团赴台湾访问。团长为《文艺报》的主编郑伯农同志，其他还有《十月》《收获》《上海文学》《萌芽》《花城》等文学期刊的负责人；另外，社科院一位专门研究台湾文学的研究员也作为代表团的成员一同前往。

这次访台的主要任务是和台湾的同行们进行文化交流。由于这是大陆地区第一次组织这样有较高权威的文学期刊负责人组团赴台，又恰好和台湾的海基会董事长辜振甫先生率团访问大陆、并和大陆的海协会董事长汪道涵先生进行“汪辜会谈”时间重合，所以备受各方面人士的关注与欢迎。在台湾为时十余天，行程数千里，从台北到高雄，从美浓到花莲，足迹遍及全宝岛。以文会友，所到之处，都受到盛情款待。我们和岛上各地的文友们交流了文学信息，沟通了各自的办刊经验，切磋了创作的技艺，探讨了文学的未来和发展，推心置腹，畅所欲言，感受丰富，收益良多。

（一）暴雨猛不过热情

我们的行程是从北京取道香港去台北的。飞机刚刚在香港降落，便得悉强台风侵袭台湾的消息。机场的电视屏幕上不断显示由香港到台北的班机，相继延迟或被取消。而我们乘坐的那趟班机，恰恰属于被取消之列。大家都感到非常着急。香港临时接待我们的有关人士，立即和台北方面联系后告诉我们，已经和受海基会之托负责接待我们的《幼狮文艺》主编陈祖彦小姐接上头，她在电话中说，一切都已安排就绪，只等客人到达。同时告知台风已经在登陆，台北遭暴风雨袭击，去桃园机场的高速公路车辆难以行驶，今晚如能成行，请在机场的过境旅馆休息。说明主人已有周密的考虑。

经和机场方面反复协商，终于获准乘坐最后一个航班飞往台北。不过，我们的悬心并未放下，因为同行的乘客们纷纷议论，在暴风雨中飞机能够安全降落吗？

我们乘坐的是国泰航空公司的班机。一进机舱，便受到飞机服务人员的热诚欢迎。空中小姐纯粹而娇柔的国语，亲切和蔼的笑容，令人备感温馨。坐在我身边的一位年事稍长的乘客，端详了我一下而后便问：“从大陆来的？”我点点头。他立即伸出手来与我紧握着，并连声说：“太好了，欢迎之至！”随后便嘘寒问暖，叙谈起来（那时两岸交流处刚开始阶段）。虽素昧平生，却似一见如故。飞机起飞后，又和我继续亲热地攀谈。他高兴地自我介绍，他是刚从大陆探亲途经香港回台湾的。离开家乡近半个世纪了，回去一看，全都变了，走了好几个地方，真是看不够啊！家乡的父老乡亲，对他这个远方游子，给予亲切的关爱，使他乐而忘返，临行时亲友们再三嘱咐，要多回家乡来看看。谈到这里，他不无遗憾地说，亲朋故旧这么多，趁有生之年，当然想多回来几趟，可是，每次都要经那么多关口，绕这么远的路，实在是不方便，要是能够直航，一个多小时就到了，那该多好！我说，是呀，如果这样，我们早就在台北的宾馆躺下了，何必等到现在顶风冒雨迎台风！他听后摇了摇头，苦笑一声说，这都是人为的障碍，但愿早点能够消除。触及到这个话题，他沉默了一会儿，稍停，突然把话一转说，现在，辜振甫先生正在上海和北京受到热情款待，你们这个时候来台湾，赶得非常巧，一定会得到很好的礼遇。言谈之间，他对辜先生的大陆之行抱有很大的期望。因此，我们谈得很投机。

时间过得很快。一个小时之后，飞抵台北上空。此时，强大的气流，使飞机上下颠簸地很厉害，广播员一遍又一遍地叮嘱："请一定系紧安全带！"大家都有些紧张起来，生怕出什么意外。新结识的那位朋友安慰我说："您尽管放心，吉人自有天相，咱们会安全着陆的。"果然，过不一会儿，飞机在盘旋几圈后，便在跑道上滑行了，他又对我会心地一笑，说："还好，有惊无险。"我们都长吁了一口气。当我们走出机舱之后，便见外面狂风大作，雨流如注，天呼地吼，令人胆战心惊。过去只是从传媒上看到或听说台风之凶猛，今日身临其境，才窥其真面目，果然非比寻常。这时，我们倒有些发愁了，这样的狂风暴雨，人们行走是很困难的，我们出了机场怎么办？可是，一语未了，迎接我们的几位先生已来到面前。他们浑身都浇湿了，头发直往下滴水。他们是受陈祖彦小姐之托，专门前来接待我们的。而且车辆早已准备好了，在候机厅外等候。

我们顺利地出了候机厅，来到机场的过境旅馆。大厅里挤满了中外旅客，他们都是因台风影响而不能按时起飞或去台北的，人头攒动，声音嘈杂。而我们却非常从容，因为房间早已订好，一切都已安排就绪。进得房来，但见窗明几净，冷暖适度，泡上一杯香茗，清冽沁人。顿时，我们皆有宾至如归之感。而这一切，都是陈祖彦小姐亲自嘱办的。未见面我们已经感受到这位女主人的热心与细心。

午夜已过，但仍风狂雨骤。隔着厚厚的玻璃窗，可听到狂风瘆人的怒吼。不过，在此舒适的房间里，我们都酣然入睡，很快进入甜蜜的梦乡。

一觉醒来，天已大亮，而《幼狮文艺》主编陈祖彦小姐和"海基会"的梁月秋小姐，已冒雨来到宾馆大厅内等候我们。其实我和陈小姐早已认识。

这年夏天，她到大陆访问，我们曾在一起聚谈，当时就相约在台北重逢，今日一见，备感亲切。在她的精心安排与指挥下，我们从桃园机场顺利地来到台北的富都饭店——我们的下榻处。在路上，从车窗里我们又一次领略了台风的凶猛。只见狂风裹着暴雨，刮得天昏地暗，一株株大树被连根拔起，一座座房屋浸泡在水中，高速公路上烟雨弥漫，积水成流，仅有我们一辆大巴在艰难地行驶。抵达宾馆后，打开电视，方知这次台风之凶猛为半个世纪以来所未见，已有许多房屋倒塌，山上出现了泥石流，不少人失踪……人民生命财产遭受重大损失。上面已有通知，今天台湾全岛休假一日，工人停工，市场停业，学生停课。而我们代表团下榻的宾馆门前，也是雨水过膝，难以驻足；路旁的树木，被吹得东倒西斜，落叶遍地。至此，我们方体会到，陈小姐为接待我们，冒了多大风险、费了多少心血！这种同胞情谊，又是多么深厚！我们感激之情真是难以言表。

因受台风的影响，我们参访的日程被打乱了，当天只好在宾馆休息。可是，住在台北的我的几位好朋友却闻讯顶风冒雨前来看我。

第一位是挚友王贤忠先生。他是台湾资深的作家和编辑家，现任台湾作家协会的常务理事，曾是中国国民党的中央委员。1993 年我们在北京第一次见面时，便一见如故，言谈之间互有相见恨晚之感。他对祖国之爱，对故土之亲，对朋友之诚，对两岸交流之切，对祖国和平统一之盼，都给我留下深刻的印象。此后，他每次回大陆来北京，都要和我见面并到我家中和我全家共聚一堂。我们海阔天空，无所不谈。谈家庭、谈生活、谈文学创作、谈一国两制、谈祖国统一……我们谈的是那样投机、那样和谐；我的妻子和孩子们也把他视若亲人，在他面前无拘无束，无所顾忌。他热心于两岸的文化交流，是最早来大陆进行访问并及时把大陆的真实情况传递到台湾去的作家；他夫人的全部著作都拿到大陆的出版社出版；全国五次作家代表大会，他是被特别邀请的台湾作家之一。他和大陆的同行们聚集一堂，讨论繁荣中国文学艺术之道，听取江泽民总书记的讲话并一起联欢，他是我们许多大陆作家尊敬的朋友。今天，刚知道我来到台北，便顶着狂风暴雨前来看我，可以体察他是多么地重视友情。他一进房门，我们便紧紧拥抱起来。然后即畅叙别情，从北京说到台北，从夫人说到孩子，从台风的凶猛，说到西北利亚寒流的危害；从大陆的文学现状，说到台湾报刊的举步维艰，从“汪辜会谈”说到我们的台湾之行……整整三个小时，我们都陷入绵长的情谊交流中，谁也舍不得分手。此后，由于我们活动的日程安排得很紧，未能再次畅谈，但在我们离开台北的前夕，他又抽空来到我们住的宾馆，专意给我送来了御寒的夹衣。他说：“现在台北气候很暖，你回到北京时刚下飞机时一定很冷，把这件衣服穿上就不怕了。”他的深厚友情使我感动不已。

随后，也是顶着风雨来看我的是年近八旬的墨人先生。这位著作等身的老作家，曾多次回大陆探亲并参观访问，对祖国的和平统一有着执着的期盼，对大陆同胞怀着一片赤诚。早在90年代初，我们便在北京相识，此后鱼雁往来，不断互赠新作，友情愈发浓重。他是从台北的报纸上得知我到达台北的。虽然风狂雨骤，也阻止不了老朋友重逢的渴望，于是，他不顾年迈体衰，带着多病之躯，前来宾馆与我叙旧。他见我的第一句话便说：“风雨故人来，太好了！我早就盼着呢。”然后就打开“话匣子”畅谈起来。我们两个虽年龄相差较大，属于“忘年交”，但因有文学和祖国统一这个共同语言，使我们的友情升华得和谐、真诚而又密切。

我的小同乡张腾龙先生深夜来访。我们是在北京初次见面时叙上同乡之谊的，从那时起，在彼此心中就刻下深深的烙印。我来台北后，恰逢他去欧洲公干。他回到家中的当晚，一翻报纸，知道我的行踪，忘记了长途跋涉之苦，立即驱车前来看我，等他到达我住的宾馆时，已经接近午夜了。先是简单的叙旧，随后就要领着我去吃夜宵；我虽再三婉言谢绝，但他执意不从，盛情难却，我只好随他到楼下咖啡厅，边饮边谈。此时，我方知道，他不仅是个作家，而且还是个有着相当资本的企业家。早在两岸解冻交流之初，他便冲破重重阻力，到大陆兴办企业，十余年来，酸甜苦辣备尝，曾遇到许多挫折和不愉快的事，但是，对祖国的一片赤诚不改，仍然频繁地出入于大陆各地，寻求他能够发挥作用的地方和契机。今天和我这个同乡重逢，还念念不忘自己的这种心愿，并和我相约，尽早和我在北京见面，向我报告心想事成的好消息。已经午夜两点多了，我们两个都还言犹未尽，但因次日一大早我们尚需要赶乘去高雄的班机，才不得不依依告别。

主人的盛情接待，老友的亲切重逢，使我刚踏上宝岛这块热土，便深切感受到融融的同胞之情。

（二）文学山水之约

台湾朋友将我们此行定名为“文学山水之约”，所以和文友的聚会和交流，都与青山碧水联系在一起。从台北来到高雄之后，我们首先便在风景优美的中山大学与余光中教授等朋友晤谈。

中山大学依山面水，矗立在大海的怀抱中。校园内花红叶绿，浓荫蔽日，宿舍和教学楼都掩映在绿树碧荫之中，有如仙山琼阁。负责接待我们的简锦松教授，身着中式白绸长衫，举止潇洒飘逸，有如世外之人；而那位文学院的院长锺玲女士，美丽端庄，玉树临风；余光中先生鹤发童颜，清癯安详，令人敬仰。

我们在简教授的书房中，看到他很丰富的藏书。他得意而自豪地说："这些书的绝大多数都来自大陆的出版社，价廉物美，内容扎实厚重，是我最宝贵的财富，祖国丰厚的文化遗产，使我受用不尽。"炎黄子孙的骄傲之情溢于言表。

女教授锺玲的同胞之情，则表现在另一方面。她把我们请到她那幽雅的办公室里，以丰盛的茶点招待，并将她几部新著，逐一馈赠给我们；同时道出了她对两岸文学交流的热望。她自豪地说："我每年都要回大陆一次，每次都会激起我新的灵感，再投入创作中去。祖国是我们的艺术创作之'根'呵！"

我们和余光中教授共进午餐的地方，是主人专意安排的一个面向大海的餐厅。余先生妙语连珠的谈吐，使我们在座的两岸文友们都如沐春风。先生是海峡两岸家喻户晓的诗人，他的著名诗篇《乡愁》，人们都耳熟能详。现在，老先生即将欢度七十大寿，但思维之活跃，语言之犀利，丝毫不像古稀之人。他笑着说，咱们中国人有句古话"人生七十古来稀"，但现在已不适合了。七十、八十岁的人已属常见，大陆的许多老作家皆很高寿，如冰心今年九十九岁，巴金已九十五岁，苏雪林就更大了（当时这几位老人都还健在），一百零两岁了吧？活到 2000 年，她就跨越三个世纪了，着实不易，后人若是读到她的年表，说不定还以为"印错了"呢！大家听后都乐了。

这顿午餐完全是中国人的习惯吃法，边吃边喝酒边品茶边聊天，无拘无束，海阔天空。有的谈到两岸文学刊物的处境和生存发展之道；有的则关心新诗的方向和前途；有的对当前散文专业化的趋势比较担心。简教授非常关心三峡工程的进展。因为这年寒假他准备前往四川的奉节考证杜甫的诗所描述的地方，为他的杜诗注释寻找根据，他害怕水位高涨后会改变了地形。

余老先生兴致勃勃地谈起超现实主义和现实主义的异同和它们之间的关系。他认为，每一种主义的兴起，都要颠覆前一个主义，不过，后现代颠覆得更甚，有点儿不分青红皂白，令人觉得它只强调技巧而非价值和内容。当我们同行的社科院研究员古继堂先生向他问及新诗发展的方向时，老先生却做出了意外的回答。他说，对这个问题很难说。因为不仅是新诗，所有的文学品类都面临着共同的敌人——电子媒体：电视、电脑、网络……其表达方式与以往大不相同了。古人讲究博闻强记，可现在一打开电脑，资料马上显现，智慧成了资料，甚至有人认为看书都没有必要了。我们从老先生谈话的底蕴可以领会到，他还是强调多读书，特别是要多读中国的古典文学的。他说：它们是那样的博大精深，每个中国作家决不可数典忘祖。尤其是他对我们祖先汉文字造形这个独领风骚这个世界奇葩的钟爱。由此，我不禁想起曾从报纸上看到过的一篇文章，文中谈到了余老先生对他旅居各地进行文学创作的生动比喻。他说，大陆之对于他好比是母亲，台湾则像妻子，香港似为情人，欧美却是婚外恋了。这些话语似在开玩笑，但细品起来，则同咀嚼橄榄，嚼得越久，味道越浓。今天，面对这位遐迩中外的文坛长者，再聆听他对祖国悠久文化的独特见解与热爱，对两岸文学交流的热切与投入，一方面肃然起敬，一方面又思绪万千。

简教授对我们招待之热情，令人感佩。在带领我们观赏中山大学美丽的校园之后，他又在高雄港口找到了他的驾驶游船的好友，让我们免费乘坐他的游船，围绕着海湾畅游了一个多小时。船主人听说我们是大陆同胞，显得格外热情，他谢绝了一切其他乘客，偌大的游船，仅让我们代表团八人乘坐；上船之后，便亲切地向我们介绍高雄港的概况，并且边行驶边畅谈整个海湾的特点，使我们充分饱览了这个被誉为世界十大港口之一的雄姿。分手时，他亲自送下船来，还嘱我们以后再来高雄时，仍乘他的游船。

游完港口后，简教授又把我们领到他精心策划的、他所创办的中国古典诗学研究会（实际就是在他的家里）品茗小憩。他今天专门让我们品尝一种特制的“唐宋煮茶”——是他根据黄庭坚、苏东坡的诗句，一步步试验而摸索出来的煮法：先用石碾或木槌把置于巨碗中的茶叶捶成粉末，再选用流动水（江水或泉水）以能吐出火焰的活火煎之，直到水面上冒出鱼眼大的气泡，即刻将茶叶末轻轻撒了进去。茶煮好后，先闻茶香，再看茶色，便可饮用了。关于这种茶的妙处，简教授引用了唐朝诗人卢仝的诗句，曰：“一碗初润喉，二碗破孤闷。三碗搜枯肠，唯有文字五千券。四碗发轻汗，平生不平事，尽向毛孔散。五碗肌骨清，六碗通仙灵。七碗吃不得也，唯觉两腋习习清风生。”

一边饮茶，一边听他充满情趣的解说，其乐融融。这茶味话味都非比寻常。有人还记下了简教授的“唐宋煮茶”法，准备回去之后如法炮制。

品茶之后，我们又浏览了简教授个人的十几书架的藏书。他自豪地说，这些书绝大多数都是大陆的出版社出版的，多为我国古典名著，也有现代作品，内容扎实厚重，和所说的茶道一样，都是祖国丰厚的文化遗产，也是我的最宝贵的财富，我一生受用不尽。最后，他又给我们放了一盘极为有趣的录像，内容是他所策划的一次最有中华民族特点的中秋赏月的情景：西子湾海滩皓月当空，海滩上燃起一排排熊熊的火把，火把旁乐手们在演奏着中国古典乐曲，在习习海风中四处飘荡。游乐的人们欢快地做着各种有趣的游戏：投壶、蹴鞠、猜灯谜、地滚球……均是从中国古书中搬下来的，即“事出有典”之义。最受欢迎的是一座古诗词迷宫，一幅硕大无朋的白布，围成一个圆帐，上面标着一首首古典诗词，迷宫内隐隐有火把的光亮，欢乐的人们特别是青少年，在宫内游弋、猜度。这个节目一举两得，既有赏玩的乐趣，又能普及古典诗词，也算“寓教于乐”了。据简教授说，整个活动都是免费的，故深受人们欢迎。其经费多为社会和个人赞助，工作人员均属义务劳动，被称之为“义工”，简教授自称是“终身义工”。他团结一大批“义工”，协助他搞类似上述的赏月活动。他的这种奉献精神，很令人赞赏。

简教授这种饱含文人雅兴的有着特殊情趣的款待，特别是品尝他特制的茶，使我们身心愉快。

（三）黄蝶翠谷访先贤

在高雄我们没有就地下榻。陈祖彦小姐独出心裁地安排我们到附近的农村去投宿。汽车穿过丛林，越过狭谷，走过崎岖的山道，来到一座美丽的小山村。陈小姐告诉我们，这里是高雄市郊有名的德望山庄。

此时，夜幕低垂，夜色用黑色的羽翼，覆盖着大地，点点灯火，显示山村的神秘和幽邃。我们分别进入一栋栋小木屋休息。小木屋玲珑剔透，室内窗明几净，被褥整洁，躺下之后，于万籁俱寂中，只听不远之处，泉水叮咚，有如佳人轻抒玉腕，缓缓弹奏一曲动人的音乐，将人慢慢带入梦乡。

当黎明从晨曦中苏醒过来时，但听屋顶鸟声啁啾，婉转动听。起身到外面一看，只见周围绿树环绕，林木参天，各种颜色的野花，争奇斗艳；远山上的岚气正在散去，朝霞映照，现出七彩虹霓；近处一道山泉奔流而下，撞在块块碎石上，激起片片水花，如流银泻玉，颇有入仙境之感。俟大家都已起身共赏这幅奇绝的图画时，一同赞不绝口。有一位先生若有所感地说："如此美地佳境，应孕育出文学大家、产生传世美文才是。"

一语未了，陈小姐马上接着说："就在山庄附近，诞生一位台湾乡土文学大家，名叫锺理和，我们今天正要到他的故居（也是纪念馆）参访。"

原来主人心中有数已早作安排。

吃完早饭，我们便步行去锺理和纪念馆。在途中，陈小姐向我们介绍了锺理和的故事。原来这位老先生是一个世家子弟，其父辈富甲一方。年轻时他和一位同姓的青年女工相爱了。两人爱得如胶似漆，死去活来。但是，根据当时的族规，同姓人是不许结合的，因而他们的婚姻也遭到父母的坚决反对。真正的爱情是阻止不了的。于是，这对年轻的恋人便私奔了。他们先去了祖国的辽宁沈阳，以打工和卖文为生；沈阳被日本侵占后，他们又流落天津，颠沛流离，苦不堪言。然而苦难的经历，也激起锺理和的如泉文思，他的好多作品就是在这种情况下写出的。情真意切，有感而发，自然是荡气回肠的好作品。

台湾光复后，他们才返回故乡。可是，出于某种说不清道不明的原因，锺先生的作品在其生前长期不为有关方面所容，因而得不到应有的传播和评价。直到近年，政治上松动了，这些佳作才得以重见天日。刚刚面世，便受到读者的强烈喜爱。浓重的乡土气息，真挚的情感，使人耳目一新，因之在文坛上大放异彩。于是，由作家的儿子发起，在他的家乡建立一座纪念馆，供人瞻仰……

说话之间，纪念馆到了。只见一座朴素的二层小楼，依山而建，被绿树浓荫笼罩，一条碎石小道，蜿蜒曲折通向山脚下。我们走进馆内时，锺理和先生的公子、中学老师兼作家锺铁民在迎候我们。他热情地带领我们参观了纪念馆的全貌。

纪念馆内布置得朴素大方，陈列着作家的全部作品的各种版本，以及他生前的遗物，同时展示众多参观者的观感。令我们感兴趣的是，其中不少为大陆文化人的留言，他们都真诚地称赞老先生的人品和文品，赞扬他弘扬中华文化的杰出贡献。为此，我们代表团也在一个专门纪念册上写下了真实的感受：

"乡土文学的骄傲，中华民族的英才。"

锺铁民先生特别高兴，破例地把我们请到他的家中品茶小坐，同时把他的高堂老母请出来和我们见面。老人家身直体健，话音朗朗，面目清秀，笑容可掬。我们不禁想到，六十年前，她一定是一位美丽而勇敢的少女，所以才博得锺理和先生那样强烈的爱，并为了爱情，义无反顾地双双出走。因此，我们对老人肃然起敬，纷纷和她拍照留念。

在我们离开纪念馆时，小锺先生依依不舍，硬是把我们送出很远的地方。边走边和我们讲解：这个地方叫“黄蝶翠谷”，是台湾有名的风景胜地，广大旅游者特别是文人墨客们，都爱来此游览。听后，我们放眼一望，果然是青山滴翠，林木葱茏，丛丛野花中黄蝶纷飞，景色十分壮美。小锺先生告诉我们：要是春夏之交来此，则是另外一番情景，那时蝴蝶成群结队而来，处处花团锦簇，真是美不胜收，希望诸位再来欣赏。

告别小锺先生之后，我们又乘坐汽车从南向北而行，参观了美浓镇的纸伞工艺，观赏了美浓窑的瓷器，拜会了南华管理学院，这些都给我们留下深刻印象。特别是在明道中学，我更有了意外的收获。

（四）意外的收获

明道中学是台湾最大的一座民办中学，有学生15000余名。它历史悠久，师资雄厚，设备齐全，教学谨严；广阔而美丽的校园里，还创办一个文艺刊物《明道文艺》，创刊40余年，享誉海内外。发行人汪广平先生乃大陆河北人士，是一位德高望重的教育家，明道中学和《明道文艺》均为他所创办，现因年事已高，校长已为他的公子汪大永继任。

小汪先生从海外留学归来，亦献身于教育事业，深受人们的尊敬。《明道文艺》的社长陈宪仁是一位资深教育家、作家和编辑家，1998年夏天，率团访问大陆，我们有幸相识。今天是老友重逢，都备感亲切。他和我见面的第一句话是：“我们的作者来了，热烈欢迎！”同时把我介绍给汪广平先生父子。汪老先生紧握我的手说：“我们正等着您呢！这期《明道文艺》有您的大作。”

原来在那年夏天，陈宪仁先生在访问北京与我相识晤谈时，热情向我为他主编的《明道文艺》杂志约稿；随后我便应约寄去一篇散文，题为《温馨的回忆》，是回忆我童年生活的。谁知这篇文章正好发表在我们来访的十月号的《明道文艺》上，刊物和我们同时到达校园里，真是“无巧不成书”了。围绕这篇小文的来龙去脉，我们谈话的内容更加丰富了。因为这是最好的

"文化交流"呀！

此后，陈宪仁先生又带领我们参观了学校。给我们的印象是，校园美观大方，井井有条；到处欢声笑语，书声琅琅。最使我们感兴趣的是电脑教学。陈先生告诉我们学校编制了一套古典文学教学光盘，很受学生欢迎。他向我们进行了现场表演，在一个大教室里，我们坐在大屏幕前，灯光暗淡后，屏幕上出现了苏轼的《前赤壁赋》，同时响起一个男高音仿古的吟唱，声音苍凉雄浑。随之，他一点鼠标，屏幕上又出现了作者的生平；游动的箭头，标出这位文学家的为官之处和他被贬谪的地方。看去一目了然，生动活泼，令人感受深刻，牢记不忘。陈先生深切地说："我国古典文学博大精深，应该要学生从小学起，长大自能融会贯通了。"

台湾各级学校对中国古典文学都特别重视，所以台湾的文友们古文的功底都比较厚实，这一点很值得我们大陆方面好好学习。

在以后的几天里，不管是在台北的大歌剧院，还是在东华大学的校园里，或是在花莲的太平洋西岸的海滩上，我们和台湾的同行们，都能找到共同语言，共同的话题，大家几乎处处息息相通、心心相印。在一次晚餐中，我和老作家司马中原同桌共饮，不自觉中，我们竟叙起同乡之谊。同在苏北地，共饮运河水，一下子便把我们的心拉近了。《十月》主编王占军与老作家罗兰的一席交谈，便结下深厚情谊，也令人感动。在花莲的原野牧场，我和诗人叶日松不约而同地比肩而坐，始料不及的他竟是我们《人民文学》的作者。谈到今年一月号发表的他的那篇游览三峡的散文，我们俩顿觉心近情切，有他乡遇故知之感。所以王占军先生不禁由衷地说："在台湾真是处处有知音呵！"

（五）荡舟日月潭

我们访问团来到台湾之后，很希望游览日月潭。主人非常理解我们的心情，就在访问明道中学后，不顾旅途的疲劳，又带领我们一行，连夜赶奔这个著名的台湾旅游胜地。

日月潭是我们大家久已向往的地方。早在小学的教科书上就读到了她，在地图上经常看见她，以后又不断地在广播里听到她。为了使我们更多地了解她，在汽车行驶的途中，随行的导游先生特意向我们讲述了有关日月潭的传说。

这位导游先生叫李凤祥，是个很有风趣的人，胖胖的身材，大大的眼睛，黑黑的眼圈。他也很自嘲，见了我们的面就说：“我长的样子非常像大陆的熊猫，你们干脆叫我熊猫好了！”李先生的父亲原籍是山东人，来台湾之前，在内地有个美满的家庭，父母健在，儿女双全。只身来台后，又重新组合了家庭，生下了李凤祥兄弟三人。他们和老家相隔四十年，音信全无，彼此毫无所知，直到80年代，两岸关系松动后，才重新联系上。当李老先生第一次收到大陆的妻子寄来的照片时，竟误认是自己的母亲，顿时流着眼泪对高兴的儿女们说：“想不到你们奶奶还活着呢！”可仔细一看，方辨认出原是自己的结发妻子，不禁又号啕大哭起来。

“演了一小出人间悲喜剧！”李先生乐呵呵地笑着说。

李先生曾经多次回山东老家，与大娘和同父异母的兄姊们团聚，并学会了几句山东方言，讲得虽很生硬，但一路之上不断学说，既亲切又有趣。当给我们介绍日月潭的故事时，开始又用山东人的腔调“俺就给你们说说（xue）这（jie）个日（yi）月潭”，他先兀自笑了，然后改用标准的台湾式的普通话讲了起来。我记录之——

在很久很久以前，这个地方突然出现大旱年景，庄稼颗粒不收，饿殍遍地。居住在这里的高山族同胞，便烧香念佛乞求上天，降水以解危难。上天被人民的诚心感动了，便派遣两位神仙下来设法解救。他们一位是太阳神，一位是月亮神。二神商量之后，决定在此掘出两个大水潭。太阳神一显神威，便掘出个形如日轮的水潭，水为红色；而月亮神则掘出个形似弯月的水潭，水为碧波。于是便形成了日、月二潭。从此，这里的旱情便彻底解除，风调雨顺，五谷丰登。当年二潭中间被一条道隔开，这个道叫光华道。后人曾有一副对联来形容它们，联曰：“色分丹碧东西易；象判阴阳日月同。”又不知过了多少年，人们因修建大水库，把中间的光华道扒开了，使二潭连成一体，于是就形成了今天的这个日月潭，现在潭的中心还有个光华岛，就是那个光华道留下的标志。光华岛不仅风景秀丽，岛上还有月下老人像，专为青年男女婚恋搭桥牵线；故南投县的县长每年都要在此处为众多的新婚夫妇证婚……

介绍到这里，李先生又冲着我们笑着说：“此行诸位若是想在台湾再找个如意之人，明天可去光华岛向月下老人求助。”他的话把大家都逗乐了。

我们这次是到潭旁特设的小木屋投宿的。一栋栋小木屋匍匐在山坡上，在黑魆魆的夜空下，给人一种朦胧的美。我们各自找到自己的房号，从山脚下拾级而上，手扶木栏杆，低头而进。进门之后，豁然开朗，里面完全是现代化设施，只不过更加宽敞，更加舒适了。这儿很幽静，听不到任何喧嚣和嘈杂，似进入了另外一个世界，当然很快便梦见周公了。

次日，我醒得很早，独自一人踱出室外，这时才得以看见外面的风光。只见周围被高高的树木所环绕，枝叶繁茂，郁郁葱葱，树下面芳草如茵，被修剪得坦平如毯；笔直的道路把碧毯一片片切开，我们住的小木屋就坐落在上面。小屋门前都竖立一块木牌，分别用花卉的名字标注其上，实即各座小屋的名字。我住的是“菊”斋，其他尚有“梅”“荷”“兰”等斋，非常富有诗意。早晨到处仍很幽静，没有行人，只有几只小松鼠在小道上蹦蹦跳跳，我走近它们时，它们毫不在意，只顾自得其乐。

用过早点，我们便驱车前去游览日月潭。站在潭边一看，眼前的风光亮丽得耀眼。它的周围青山滴翠，岚气氤氲，晨光从山谷中斜射过来，照得水面金翅金鳞，分外悦目。潭水清可见底，碧波荡漾，水天一色，不愧是人间佳境。为“亲临其境”，我们十余人租了一只游船，在潭内游览。船老大是一位年过半百的当地人，得知我们来自祖国大陆，显得格外热情，满脸皱纹一下子全都绽开了，立即解缆启航，直奔湖心。

早晨的日月潭，游人不多，因此，我们的游船前后左右自由驰骋，畅行无阻。当驶抵光华岛时，已经红日当空，阳光普照。光华岛如一个绿色的圆球嵌在潭心，葱茏的林木，密密丛丛裹成一团，令人不禁产生一种神秘感。因而有一位文友突发奇想地问道：“这潭里有水怪吗？”

船老大笑而答曰：“水怪曾未听说过，但是却有不少情侣到这里幽会。”

又问：“要拜月下老人吗？”他想起导游李先生讲的故事。

回答：“那是自然的了！”

大家均笑。船老大还向我们介绍，这里还有不少景点，诸如，供奉孔子、关公和岳飞的文武庙；饲养孔雀和各类珍禽的孔雀园；台湾山地文化中心，以及玄奘寺、慈恩塔等。它们多半从中原文化移植而来。听了这些介绍，更可体会到台湾的一切根都在何处。可惜，我们因日程和时间所限，未能尽情游览这些名胜，颇以为憾。

不过，当我们弃舟登岸，来到德化社时，却又有了新的收获。原本生活在日月潭中的邵族人，因潭中兴建发电厂，水位高涨，原处无法居住，便迁移到德化社。据说，邵族目前仅有600人，以销售邵族特产与歌舞表演为生。

我们先行来到一家邵族老店，店老板独出心裁在门前免费提供原住民服饰，让游人们拍照留念借以招揽顾客。我们抓住这个机会，一一地都换上新装，集体留影；更为有趣的是，我们还被特别邀请到歌舞厅内，和正在表演的邵族的少男少女们一同翩翩起舞。台下观众对我们这些远自大陆来的游客，报以热烈的掌声表示欢迎。我们也乐融融地浸沉在同胞之情的温馨中。这可算作今天游览日月潭的高潮了。

（六）交流的不同形式

在各地进行了参观访问之后，我们又回到台北市，仍然下榻在富都宾馆。就在这里，主人安排了一次非常好的文学创作和办刊经验的交流会。

与会的人员很多，除了我们大陆期刊代表团外，台湾的主要作家和文学期刊的负责人全到会了。如著名女作家施叔青、司马中原、罗兰、焦桐、高天恩等先生；《联合文学》《中外文艺》《明道文艺》《幼狮文艺》《台湾诗学》等文学期刊的主编们和《联合报》《民生报》《中华日报》《中国时报》等报纸的副刊主任们，大家济济一堂。有人说，今天是“文人雅集、群贤毕至”；也有人说，如此众多的名家和名刊聚在一起，堪称“文坛群英会”了。

会议开得生动活泼。大家无拘无束，畅所欲言。但概括起来，又都没有离开“两岸文学杂志发展与交流的远景”和“两岸的文学成就与未来”两个议题。有人着重讲了“文学杂志的背景和走向之间的关系”，有人则对“文学新生代的力量”发表看法；有人在探讨“文学杂志同中求异的历程”；有人却对“两岸文学现状及因应之道”津津乐道；对“两岸文学的未来”大家各执己见，谈得很是热烈。但是，谈得更多的则是两岸“如何进行具体的文学交流活动”。

几乎所有的与会者都对这些问题感兴趣并发表了意见。有的大声疾呼，有的小声议论；有的慷慨激昂，有的痛哭流涕。大家一致认为，我们都是中华儿女，同属炎黄子孙，有共同的文字，共同的语言，应该携起手来，共同繁荣中国文学。因此，交流和合作是理所当然的，是必不可少的，是迫不及待的！而且不能仅仅停留在一般议论上，停留在官样文章中，甚至是外交辞令上，应该有具体措施，具体目标，排到有关部门的日程表上。台湾的文友当场便提出很多切实可行的建议，我们内地去的几家期刊负责人也没有落后，当即积极响应，表示先易后难，回去就给台湾的兄弟杂志寄赠刊物，然后进一步落实交流的具体措施。《萌芽》杂志的副主编桂未明女士当场发布“最新消息”:《萌芽》和《幼狮文艺》已经决定：共同在两岸举行评奖活动。他们的这个创举，获得全体与会者经久不息的热烈掌声。说明人同此心，心同此理，大家有着共同的期盼和希望。多好!

会上讨论得如此热烈，会下更是酣畅淋漓。在和海基会副秘书长张良荏先生会见的时候，在散文家丘秀芷女士招待的午宴上，在幼狮公司举办的青少年征文颁奖会后，在文建会宴请两岸作家的宴会厅里，大家对两岸文学交流的话题百谈而不厌。共同的语言，表达共同的希望，期盼共同的结果。所有这一切都充分证明：共同的文化认同与传承，和由这种文化孕育的共同的民族意识，是一根牢不可破的精神纽带，它把我们两岸作家们的心紧紧地扭结在一起，什么力量也难以分开。

因时间关系，会议仅仅开了一天，但却是真诚的，有成效的，不说大话的，有具体建议的，感人的和富有前景的。当晚，大家在激动中握手告别。次日，我们也乘飞机离开宝岛，取道香港返回北京。在回来的飞机上，我长时间回味着这次交流中的每一个细节。

在台湾这十余天与文友们所结下的友情，将永远温暖着我们的心。

4.《人民文学50年精品文丛》的策划

访问台湾回来之后，我虽然仍旧去上班。但是，编辑部的具体工作我不大过问了，实际上由肖复兴同志承担起主要责任。作协的有关会议，我基本上也不去参加，老肖回来和我打个招呼，不打招呼我也不去询问。特别是当有人说起某些需要解决的问题时，有关同志便说“等某某同志上任后再说吧！”之后，我就更加不愿意多掺乎杂志社的事了。多省心!

但是，有一件事我还是必须过问的：那就是编选《人民文学50年精品文丛》的事。因为这项工作时间性很强，我也一直筹备了，是无法等待的。

《人民文学》自1949年10月创刊到1999年10月，已经过去50年了。半个世纪以来，和共和国同龄的《人民文学》，走过了一条长长的不平凡的道路。她培养了几代优秀的中国作家，发表了大量的影响深远的优秀作品。当代著名作家的处女作、代表作、成名作、获奖作，几乎都出自《人民文学》，在这里确立了他们在文坛的位置，树立了他们在广大读者中的形象。不少作家和他们的作品是通过《人民文学》走向全国并走向世界的。因此，《人民文学》自然地成了新中国文学的窗口，被誉为展示文学最高水平和最新成果的殿堂、中国优秀作家的摇篮。现在，《人民文学》创刊50周年就要到了，为了纪念在中国文学史上具有划时代的日子，杂志社必须有所表示。我经过反复认真思考，并和社委会的同志们商量，取得刘白羽同志的同意，觉得应该将这些年《人民文学》发表的优秀作品，汇集起来，编辑成集，以便展示刊物的发展历程和新中国文学发展的轨迹，并满足广大读者对文学精品的渴求。这是对《人民文学》50周年最好的纪念。

50年的刊物，卷帙浩繁，编选起来工作量是非常巨大的，必须发动全体同事共同进行。

首先，我们确定了编选的卷目，经过多番研究和商讨，最后拟定为6卷，分精装和平装两种版本印行。内容大体为下述几个方面，并进行了具体分工：

短篇小说卷，定名为《岁月流金》，汇集各个时期引起较大社会反响的短篇小说，因内容较多，决定分上、中、下3册，由崔道怡同志负责，并撰写序言。

中篇小说卷，定名为《雪月风花》，编选历年发表的那些发人深省又引人入胜的中篇小说，分上、下2册，由王扶同志负责，并撰写序言。

诗歌（新诗）卷，定名为《光的赞歌》，荟萃半个世纪来本刊发表的各种风格、流派的诗的华章，分上、中、下3册，由韩作荣同志负责，并撰写序言。

散文卷，定名为《汗与泪痕》，集历年各种题材、体裁、丰富多彩的散文精品之大成，分上、下2册，也由韩作荣同志负责，并撰写序言。

报告文学卷，定名为《中国报告》，这些优秀的作品，向世人报告了发生在新中国的一些重大事件的内幕真情，分上、下2册，由肖复兴同志负责，并撰写序言。

儿童文学卷，定名为《紫薇童子》，是多年来各种体裁儿童文学创作的优秀作品集中展示，分上、下2册，由杨筠同志负责，并撰写序言。

同时研究决定，由刘白羽、程树榛担任总主编，程树榛撰写总序，由崔道怡撰写全书的《编撰说明》。编辑的原则是，坚持“二为”方向，贯彻“双百”方针，对各个民族、各种风格、各种流派，兼容并蓄，一视同仁；对过去的作家和作品，应该用辩证的目光，历史的角度，予以审视，决定取舍。

经过编辑部同志的共同努力，这套“文丛”于1998年年底胜利完成，1999年4月，由广东的新世纪出版社正式出版发行。丛书虽然分精装、平装两种版本，但装帧均美观大方，加上内容丰富，所以出版后深受广大读者和作家的欢迎。因为恰逢新中国诞生50周年，这也是我们编辑部献给共和国50华诞的一份厚礼。看着那一落精美的文丛，杂志社的同人都欣喜地感到，这是我们对自己刊物创刊50周年最好的纪念。而我自己也把它看作是我这些年来在《人民文学》工作一个最理想的总结。

5. 去德国走亲戚

大女儿丹梅自1995年远嫁德国之后，一直希望我能够去德国走一走，看一看，一则亲人团聚，二来领略一下德国风光。但是，由于在岗位上工作太忙，总是抽不出时间来。自从我被“挂”起来之后，顿时感到肩上的担子卸下了很多，自我感觉也轻松多了。女儿得悉这个情况，再三建议我去德国探亲，以了却她的孝顺之愿。正好，我也想出去走走。就在当年（1999）暑期，偕同夫人一道，前往德国。

此前，即1999年年初，党中央在全国范围内发起一场“运动”——在干部中进行“三讲”（讲学习、讲政治、讲大局）活动，作家协会当然也紧锣密鼓地紧跟了，各个单位也都安排了活动计划，命定“第一负责人”来主持这项活动。根据上边规定，在活动进行期间是不允许请假外出的，我当时还是《人民文学》的主编，我想，我应该是《人民文学》的“第一负责人”，我不能骤然离开北京去德国。不过，某位领导此时却让另外一个不属于《人民文学》的同志来担任“第一负责人”了；这倒正合我意！我想，您既然不按组织原则办事，任意而为，那么，我当然就有不按原则行事的自由了。于是，我没有向上边的任何人打招呼（不过，我却向所在的党支部请了假，表明我的组织性），于当年的6月7日起程去了德国。

我们搭乘的是芬兰航空公司的航班取道赫尔辛基抵达德国汉堡的。早晨10时起飞，行程十余个小时，中间在赫尔辛基机场停留两个多小时；因为我们的飞机和地球的转动同一个方向，所以，到达汉堡时仅仅是傍晚时分，太阳仍然高悬在天空。女婿亲自开车把我们迎到家中。

女儿的一家住在汉堡郊区一座别墅式的小楼内。他们是不久以前才从市中心搬到这里的。现在，德国人都惮于城市的喧嚣，纷纷从城市走向乡村。这是当前德国人的时尚。女儿夫妇都是年轻人，自然不甘落后，及时地在郊外买了这栋别墅。女儿在电话中早已告诉了这个消息，因此我对此颇感兴趣。今天来一看，觉得比我想象的还要好——别墅周围，绿树环绕，竹篱为屏，青松为墙，满地绿茵，鲜花盛开。因为远离市街，显得异常幽静，真是居住的好地方。汽车一直开到家门口，女儿抱着小外孙远远迎了过来，小家伙一下子扑到我的怀中，直叫爷爷，叫的我的两行老泪不禁潸潸而下；他然后又投入老伴的怀里，亲热地喊着姥姥，老伴更是老泪纵横，抱着外孙亲不够。人们常说，隔代人更亲，此言不谬也！

此后的数月时日，我们就在女儿的别墅住下了。三代五口欢聚一堂，除了享受天伦之乐外，我们还顺便到德国各地进行了参观游览。

在德国尽享天伦

首先，女婿施特凡带我们就近观赏了汉堡风光。这是一个港口城市，到处绿树成荫，空气新鲜而湿润，足见其环保做得特别到位。汉堡位于著名的易比河畔，河水清澈，可见游鱼，桅杆林立，舟船来往不断。岸边的马路上汽车和行人都不多，没有我们国内的城市那样的喧闹。我们或在马路上浏览，或在易比河边漫步，尽情领略了这个港口城市的独特景色。

随后又到汉堡的周边地区进行了游览，如著名的铁血宰相俾斯麦的博物馆；美丽小城吕北克我也十分喜欢，那是德国“盛产”诺贝尔奖获得者的地方：和平奖获得者德国前总理勃兰特和文学奖获得者作家托马斯·曼均出生于此，同样文学奖获得者君特·格拉斯居住于此；而茨威的沃普斯维德艺术家村庄给我的印象也颇深，那是影响德国19世纪末20世纪初绘画艺术之地，因为女婿的好朋友在那儿拥有一个艺术家故居，后由女婿的哥哥担当设计师（他是建筑设计师）重修扩建成了宾馆，它吸引了很多热爱艺术和艺术家的德国游人前去参观、小住，那里的陈设均按当年的样子布置，老的家具和瓷器无不是艺术品，我们在那儿享受了美景和咖啡和点心。我真喜欢德国这些不同风格的地方，它们老建筑保持完好，新楼宇风格相符，尤其注意维护前人留下的遗址，体现出深厚的人文底蕴。

柏林的游览花了整整一天时间，可以说基本上浏览尽了这座世界名城的风采。比如那座著名的国会大厦，真是一座风格独特的建筑。人们都知道，当年希特勒在此制造的纵火案，曾经改写了世界历史。现在这座建筑是重新修建起来的，一切都依照原来的格局和样式，仍然为德国国会用的大厦。虽然是决定国家大事的神圣场所，但平日却是对外开放的，允许人们随意参观。

那天，我们随着世界各地前来柏林旅游的游人，一同走进大厦内部，浏览了各个部位和角落。一方面欣赏了大厦的宏伟壮观的景象，同时也欣赏了德国人的自由开放精神，没有对人的信任和尊重，是不能这样做的。

那一天，我们还专门参观了“柏林墙博物馆”，这也是重要的历史遗迹。正是当年的“柏林墙”，不仅隔开东德和西德同胞，也成为东西方两大阵营的分界线，是冷战的特殊标志。在那个年代，这里曾经演绎了许多惨烈的悲剧。后来，它轰然倒塌，历史随之发生了巨变。观看陈设在博物馆中那些旧物展品和影像时，我的心里产生了无限感慨，有句话叫“历史该在这里沉思”。

在我女婿的提议下，我们又驱车到柏林的郊区波茨坦游览。这里实际是一个硕大而美丽的花园。园内百花竞放，粉香馥郁，亭榭楼阁，有序排列，其格局有如中国的园林。在它的角上有一座看似平常的建筑，但却是举世周知的波茨坦会议的旧址。当年，在苏联红军攻克柏林、希特勒法西斯集团覆灭后，盟军“三巨头”（罗斯福、斯大林、丘吉尔）在这里聚会，他们三个人商讨的内容，发表在著名的《波茨坦公告》上，决定了二战后世界的格局；对我国有特殊意义的是，这次会议明确了被日本侵略的中国领土如台湾、澎湖等岛屿（包括钓鱼岛）回归中国的历史事实。

我们还抽空到附近的波罗的海去中流击水。这里也令我们大开眼界。海滩上搭满了各色临时小布房子，如一朵朵鲜花开放在海滩上。被海水冲积上来的沙子细白而松软，赤脚踏在上面有一种不可言喻的快感。最让我们感到新奇的是，泳者多半上半身裸露着，不管是男女老幼，裸游于海水中，旁若无人，展示着天然。这也是西方人的一种文明。

面对碧蓝的大海，我们一家也不禁跃跃欲试了。女婿抱着外孙，一往无前地向深海游去，我也紧随其后，在海浪上起伏飘荡，头枕波涛，眼望蓝天，身心感到无比舒畅，直到感觉有些疲劳了，便游回岸边我们自己租赁的小布房前，仰身躺在沙滩上，尽情地享受阳光的拂煦；同时用沙子把四肢覆盖上，像是覆盖一床柔软的绸缎，真是惬意极了。傍晚到临了，海风吹来，稍稍觉得有点凉意，这时，我们才重新下海，冲洗掉身上的沙子，收拾衣物，乘车返回家中。

又过了数日，女儿对我说："我公公和婆婆的家住在不来梅，离汉堡不远，你和妈妈应该去看看他们，也算是走亲戚嘛！"

我听了之后连声说："应该去，何况我们还是老朋友呢！"

说来话长，在女婿施特凡和女儿丹梅二人举行婚礼的时候，女婿的父亲海尔曼和母亲海尔歌，专程来到北京，参加儿子的婚礼。

婚礼完全按照中国的习俗举行。这是我女儿的主意，当然，小施也十分赞成，想不到德国的两位亲家更是坚决支持，他们说："入乡随俗，当然按照中国的规矩办。"因此，婚礼办得热烈而欢快。

婚礼那天，海尔曼发表了热情洋溢的同时带着日耳曼人的幽默的讲话。他说："当我从第一眼看到丹梅那个时候起，就毫不怀疑地认定：这是我未来的儿媳！我向我的夫人海尔歌说：我们的家族又添了一位杰出的新成员……勇敢地到我们德国来吧！我们不会亏待你的。美丽的山川，灿烂的阳光，芬芳的鲜花都会现出欢迎的笑容。"

德国人一向以严肃、古板著称，而我的这位身为官员的亲家，却很有诗人的风采，令我这个中国作家也深为赞赏。在婚礼进行的高潮中，中外来宾们，不禁离开座位翩翩起舞，以表欢庆之情。海尔曼夫妇也双双走到舞厅中间，跳了起来。他们或"快三"，或"慢四"，或"探戈"，或"伦巴"，自然娴熟，潇洒飘逸，充满年轻人的风姿，毫无花甲人的老态，来宾们无不交口称赞。

婚礼之后，我请他们夫妇到我们家做客。经过女儿和女婿的翻译，我们进行了愉快的交谈，虽是初次见面，但却有一见如故之感。临别时，他们向我们夫妇盛情相约在德国再叙友情。

现在，我们已来到汉堡，距不来梅仅百里之遥，怎么能不如约见面呢？

正好，次日就是双休日，便决定“全家”由女婿驾车前往不来梅。

6月，正是德国最美丽的季节：风光旖旎，气候宜人。那日，天气格外地晴明，天空碧蓝如洗，阳光温暖灿烂，到处花红草绿，浓荫蔽日，令人心旷神怡。我们乘坐的小轿车从汉堡郊区女儿的住所开出，顺着笔直的高速公路，向不来梅进发。沿途的道路两侧，林木参天，绿荫夹道，像是一道绿色的长廊直通远方。德国人讲究效率，生活节奏甚快，因而高速公路的汽车，也都加足马力，风驰电掣，飞速前进。从汉堡到不来梅100余公里的路程，不到一个半小时便到了。在行进的途中，从女儿那儿我知道了不来梅的一点城市概况。

不来梅也是德国的港口城市之一，也是北欧主要工业城市之一。威悉河从市区蜿蜒而过，距离北海仅仅70公里，与相距不远的海港，组成了德国最小但经济地位极为重要的不来梅洲。它历史悠久，早在787年，西罗马皇帝查理曼便在此建立不来梅教区，城市由此初具规模；1538年加入汉萨同盟之后，便发展成为德国北部宗教和商业中心；1815年，作为自治共和国加入德意志联邦。不久，又加入德国海关联盟，一跃而为国际贸易和船运中心，其重要的经济地位，近百年来历久不衰。说到这里，女儿还着重加了一句：“现在它还是与咱们中国进行贸易往来的重要城市呢！”

女婿听了不禁笑道：“你是三句话离不了中国呀。”

“那当然，中国是我的祖国嘛！”女儿说得理直气壮。她虽然入籍德国，总还以中国人自居。

说话间，小车已经趋近了不来梅。远远望去，但见一片绿色的海洋，偶有红色的屋顶和铁塔，高出在绿树的喷泉之上；进入市区之后，只见街道横平竖直，整洁如洗；鳞次栉比的楼厦，为现代和古典建筑的混合体，它们错落有致，整齐地排列着。市中心巍立着11世纪建造的大教堂，屋顶高耸入云，鹤立鸡群般地显示其独特的风姿；与之相毗邻的哥特式的市政大厅和议会大厦，造型迥异，二者如双峰对峙，呈现出两道靓丽的风景线。女婿告诉我说：这两座建筑物并立于此，是当年教会与议会斗争的产物。远在18世纪初叶，教会的势力非常强大，教皇发号施令，对国家和人民进行专制统治，不给人民以任何自由；人民（实际上是资产阶级——笔者注）不堪忍受其压迫，奋起反抗，建立起自己的议会，与教会分庭抗礼，经过艰苦的斗争，最后终于取得胜利。作为胜利的标志，就是在教堂旁边建立了这座议会大厦。用我们的习惯说法，就是进行了一场资产阶级民主革命。于是，我忍不住对这两座建筑物多看了几眼，觉得它们都很雄伟，各有千秋，相互对峙，虎视眈眈，不愧是标志性建筑。

此外还看到了教堂外面的一座铜塑，那儿吸引着很多游人，特别是孩子们。这铜塑原自德国童话《不来梅街头音乐家》。故事讲的是一头驴、一只狗、一只猫和一只大公鸡不满意自己在主人家的苦待遇，纷纷出走，它们在路上相遇后互相同情并决定一起到不来梅去当街头音乐家。在前往不来梅的路上，它们成功地用自己的歌喉吓跑了一群在农舍里偷吃的强盗……这个故事在德国家喻户晓，雕塑的样子很可爱：驴身上站着狗，狗身上站着猫，猫身上站着大公鸡，尤其是那只狗的腿，已经被人们的抚摩给磨得锃亮。我的小外孙也得意地站在上面，摸了又摸。

德国的楼舍一律比较低平。它们整齐地排列在马路的两侧，房前屋后，均广植花木，到处花红叶绿，浓荫如盖，真乃名副其实的花园城市，令人目不暇接。可惜由于我们是乘车前进，未便停留驻足观赏。看见我流连难舍的样子，女婿笑着对我说："爸爸，您不要遗憾，明天我们专门来参观市容，让您看个够！"于是，我也暗自释然了。

小车穿过大半个城市，越过繁华喧闹的市区，我们来到了一个幽静的所在。女儿高兴地叫道："瞧！海尔曼已经在那里等候我们了！"按照德国的习俗，儿媳妇对公婆是直呼其名，女儿故而这样说。

小车一直开到海尔曼跟前方才停下，我第一个走下车来，与亲家热烈拥抱，并用半生不熟的英语向他问候；接着，他又和我老伴握手见面；还没等我们说上话，我那不满三岁的小外孙利奥，迫不及待地扑向海尔曼的怀里，咿咿呀呀地用德语和爷爷交谈起来。说来也怪，小家伙一路上和我们都说的是中国话，转瞬间便改变了腔调。后来女儿对我说，他们给小利奥立下这样一个规矩：在和妈妈及中国亲人说话时，一定说汉话；与爸爸和爷爷奶奶等德国亲人一律说德语；为的是使他从小便能够掌握"双语"，两不耽误。由此，我想起了几天前发生的一件趣事，那天是星期天，女儿夫妇因事一同出去了，家里只留下我们老俩口和外孙。老伴在客厅看书，我陪着利奥在一旁玩积木。突然，桌上的电话铃响了，我顺手拿起话筒一听，对方是德国人，说的话我一点也听不懂；正在我为难之际，利奥却把电话抢过去了，并且和对方讲起话来。撂下电话后，他对我说：“是找爸爸的，我告诉他爸爸和妈妈都不在家，只有爷爷姥姥在，可他们‘不会说话’。”我一听，乐了，脸前俨然是一个活脱脱的小翻译！只可惜他竟说我们俩“不会说话”。

走不多远，便来到了亲家的家门口。那是一个花团锦簇的小门楼，女亲家海尔歌乐呵呵地从大门里迎了出来；她虽然年近花甲，看去却像四十多岁的中年妇女，年轻漂亮，风姿绰约，落落大方。她和我们一一握手、拥抱，然后拥着我的老伴儿进入大门。进门之后，我的眼睛不由一亮，只见宽敞的客厅里，窗明几净，灿烂的阳光从门外的树丛中照射进来，照得粉壁生辉。我们被安排在几个大沙发前坐下后，主人立即捧出丰盛的茶点。这时，我们才正式叙谈起来。好在面前有两个“大翻译”和一个“小翻译”，对话便毫不困难了。

德国亲家

我们都深情地回顾了前年在北京相聚的情景；海尔曼特别说到了他对北京的深刻印象。他说，曾经到过世界上好多国家和大城市，但觉得北京最有特点。他谈到了长城、故宫、天坛、颐和园等名胜古迹，如数家珍般地描述了它们的雄伟和美丽，觉得中国不愧是世界文明古国；海尔歌则从另一角度，谈起了北京菜肴的奇特，花样的繁多，味道的鲜美。当然，我们还共同回忆了丹梅和斯特番的婚礼的盛况。虽然事过境迁，但仍历历在目，觉得如在眼前。可是，再看了看那个正在一旁嬉闹的小利奥，又感到时间过得太快，一晃已经过去五年了。瞅着这个活泼可爱的小家伙，大家的脸上都漾起了欣慰的微笑。我心里不禁暗中感慨，生活的航船，真是不可思议，谁也无法猜测它会如何行驶、并驶向何方？我们这中德异国两家结成亲眷，并诞生这可爱的“跨国”新一代，在以前的若干年能够想象吗？这也是人类社会的一大进步呢！

小叙一会儿便到了吃中饭的时间。看来主人早有准备，很快地便摆满了一桌丰盛的菜肴：德国的炸牛排、新鲜的奶酪、整煮的土豆、红烧肉丸子……虽是异国风味，但我吃起来却满对口味；德国的啤酒是有名的，我平日并不善饮，今天也开怀畅饮一大杯。饭桌上觥筹交错，热烈而又亲切，两家人溶于浓浓的亲情之中。

饭后，稍事休息，女儿便发出倡议，到不来梅的郊外森林去野游——这丫头知道我平日的喜好：热爱大自然并喜欢在森林里漫步。倡议立即得到女婿的大力支持。于是，便一同开动了两辆小车，奔郊区驶去。

不来梅的郊外真是美不胜收。一望无际的原始森林，覆盖着大地，万物都沐浴在绿色的海洋之中，一幢幢形色各异的建筑，如一艘艘航船，游荡在绿色的波涛里。我们在一幢白色的古建筑前停了下来，然后一齐下了车。只见这栋建筑，造型雄奇，风格独特 。海尔曼告诉我们夫妇，它本是一位德国皇族的行宫，建于18世纪末叶，已经有200余年的历史，虽经世纪风雨的剥蚀，具有浓重的沧桑感，但仍被保护得完好，壁上图案清晰，色彩鲜艳。爱护文化遗产，是德国人的一大特点。我们在汉堡、吕贝克等地，曾经看到不少历经数百年的古建筑及其他古代遗存，都被人们精心地保护着；甚至被战争破坏得面目全非的遗迹，也重新加以修复，使之完好如初。这个特点非常值得我们中国人学习。我国有几千年的文明史，老祖宗给我们留下了无比丰富的宝贵遗产，可惜完整保存下来的却寥寥无几，绝大部分被那些不肖的子孙败坏掉了。尤为可悲的是，到了20世纪，人类文明已经到了高度发达的时代，我们竟然发生“文化大革命”这样荒唐的浩劫，它不仅摧毁了人们纯洁的心灵，还摧毁了无数价值连城的国宝。想起来真叫人痛心疾首。这也是中华民族的奇耻大辱！我们应该永远引以为戒。

既然来到这饱经数百年沧桑的古建筑前，当然不能不参观一番。走进去一看，里边竟是各种古老的家具，它们奇形怪状，琳琅满目，令人看了兴味盎然。但我们的小外孙对此却不感兴趣，催促我们快点出去，大家只好“服从”。

之后，我们便沿着一条小河，向森林密处走去。

小河水平如镜，清澈见底，鱼儿在水中来回驰骋，唼喋有声。河的两岸绿树成行，形成天然屏障。水面上有一群乳鸭在自由地遨游，这引起小利奥的兴趣，对着小鸭招手呼唤。女亲家似乎早有准备，立即从手提兜里掏出一块面包来，用手掰碎，丢在水中，小鸭马上争先恐后地游了过来，抢食碎面包；与此同时，河里的鱼儿也来凑热闹，与鸭儿争食，有的小鱼却因贪吃而成了小鸭口中的牺牲品，真有点“得不偿失”了。小鸭和小鱼的争抢，搅得河水泛起朵朵浪花，煞是好看，逗得小外孙拍手嘎嘎大笑，我们也随着开心地笑了。见此光景，我不禁心想，好一幅天伦行乐图呀！

小河的尽头是茂密的林丛，有的树干高矗云天，枝叶蔽日；有的枝条匍匐在地，与野草并栖。草丛中不时有幼小的动物出没，树枝上有鸟儿飞来飞去，它们看见游人毫不畏惧，一副“我行我素”的模样；特别是那些欢跃的小松鼠，竟旁若无人地在我们的面前跳来跳去。小利奥高兴地前去逗耍它们，它们也不躲藏，瞪着两只眼睛，调皮地望着他。女儿笑着对我说：这里的人对动物都很爱护，从不无故伤害它们，大家和平共处，相安无事，所以谁也不怕谁。在未来德国之前，便听说德国人注意生态环境的保护，今天实地一看，果然名不虚传，甚至比我想象的还要好。因为在我所到之处，皆是绿茵铺地或浓荫蔽日，几乎很难看到裸露的空地。这一点也是值得我们中国人认真学习的（来德国，每每看到什么，总让我心不平静，我整个一个忧国忧民！）。回想我国百余年来，由于天灾人祸不断，兵燹之害频仍，生态环境遭到极大的破坏；建国后的很长一段时间，因为上边指导思想的失误——要不就来个“大跃进”，妄图一步登“天”；要不搞什么“大革命”，奢求思想“净化”，甚至发动全民对麻雀进行“歼灭战”，以致无节制地砍伐森林，破坏植被，伤害动物，搞得天不蓝，水不清，树不生，草不长，鸟不叫，兽不鸣，国疲民穷，生灵涂炭，民不聊生………当然，这一页已经掀过去了，但这个惨痛的教训值得后人永远记取啊！

我们在绿树丛中，脚踏茸茸草地，沐浴着绿色的喷泉，瞅着小动物自由地戏耍，听着鸟儿悦耳的鸣啭，真是赏心悦目，心旷神怡，脑袋里残存的一切烦恼、不平、不快以及一些不值一顾的俗想、杂念，通通甩到爪哇国里去了，剩下的全是亲情和友情以及对大自然的欣赏。

愉快的时光总是过得很快的，不知不觉几个小时过去了，但大家都没有任何疲劳和厌倦的意思，包括小利奥，他仍然在草地上欢蹦乱跳。可时间不等人，我们只好依依不舍地离开那里，从原路返回。

吃完晚饭之后，已经八点多钟了，但是，天色仍然很亮堂。德国的夏天日照特别长，差不多晚十点才日落西山。因此，我们便齐集到小花园里来乘晚凉。亲家的花园位于住房的后面，周围用木篱笆圈起，绿色的草坪剪裁的平平整整。现在，满园盛开着各种鲜花，特别是那几株玫瑰，所有的花骨朵都绽开了，芬芳扑鼻。海尔曼临时在园中支起一把白色的遮阳伞，伞下放了一张圆桌，海尔歌端上来茶具和水果，于是，大家便围桌而坐，品茶谈心。

两家变成一家，朋友成为亲戚，当然是无拘无束、无所不谈了。从天下事谈到国事、家事；从北京谈到汉堡、不来梅；古今中外，海阔天空，畅所欲言。海尔曼向我问起这几日来对德国的观感，我对他说，印象非常好，德国经济的繁荣，风光的美丽，都比我想象的还要好。想不到在二次世界大战中饱经战争破坏的国家，会变得如此兴旺发达！我不由好奇地问："你们重新崛起的诀窍何在呢？"

他略微沉思了一下便侃侃地谈了起来。他说："二战结束时，我们国家确实是破坏得很厉害，盟国飞机的狂轰滥炸，苏军炮火的猛烈轰击，到处是断壁残垣、一片焦土啊！当然，这是我们应得的惩罚。因为是希特勒领导下的德国法西斯，首先侵略了别人，把魔爪伸向人家的神圣国土，铁蹄践踏了人家的家园，破坏了这些国家人民的和平生活，罪有应得。我们只应该痛加忏悔，引以为戒，永远不再重犯这样的错误。这是我们全国人民的共识。"

这也是德国人的忏悔意识。这一点表现得很突出。我来德国之后的这些天，经常能够听到类似海尔曼的这样发自内心的忏悔。不管是政府官员还是平民百姓，正视历史，异口同声，悔过认错。这是一个国家和人民成熟的标志：勇于承认自己国家对人类所犯下的过错并决心进行改正，这也是人类的一大进步。对此，我不禁又联想到我们那个"一衣带水"的邻邦。当年他们穷兵黩武，打着"东亚共荣"的旗号，对邻国进行疯狂的侵略，我国是受害最大者，同胞被杀害数千万，财产损失几千亿美元，社会发展倒退了几十年。可是，至今他们的某些当权者和派别，仍然死不认账，千方百计进行抵赖：甚至歪曲并篡改历史，美化他们先辈的侵略行为；某些政府要员，明目张胆地参拜放置战犯灵牌的靖国神社；甚至跃跃欲试地扩军备战，妄图染指他国内政。这些作为，丝毫不能说明他们的"伟大"，只能证明他们的渺小；尽管他们的国家"财大气粗"，貌似强大，但却遭到邻国人民的蔑视和反对，最终也不会有好下场的。当然，这都是我的"心理活动"，没有当场表现出来。

海尔曼意犹未尽，继续和我说："正因为我们有这样的思想基础，这几十年，我们不再参与世界性的军备竞赛，心无旁骛，集中全力进行和平建设，所以才能很快地医治好战争创伤，振兴了经济，出现了现在的繁荣昌盛局面。”

我说：“这也是一条宝贵的经验，值得好好借鉴。”同时，我也在暗想，建国之后，我们也有几十年的和平岁月。开始时，我们还认真地搞了几年经济建设，取得很好的成效；可是，不久便开始瞎折腾了，搞什么“大跃进”“大革命”“大斗争”“大批判”……运动一个接一个，人们把宝贵的年华和精力都用在整人上，今天你整我，明天我整你，整到后来，全国动乱，人人自危，好端端一个国家，搞到崩溃的边缘。幸亏党内的有识之士，看到了这个危害性，用历史的巨腕挽狂澜于既倒，拨正航向，走出困境，获得了今天的大好局面。

海尔曼可能猜出我的心思，转而笑着对我说：“中国这些年集中精力搞经济，发展得也很快，我前年看到的北京，就很繁荣嘛！处处充满了活力。”听到这里，女婿插话说：“这几年我常去中国，觉得全国就像个大工地，一天一个样，称得起是日新月异了。”小施是个中国通。他因工作业务关系，又常到中国出差，亲眼看到中国的发展和变化，所以说话是有点“权威性”的。

女亲家忍不住也插话了：“我在电视上爱看中国的新闻，觉得你们进步真快，北京已经远远超过我们的柏林了。”

女儿听到公婆和丈夫如此盛赞祖国的进步，当然非常高兴，连忙说道：“你们说得一点也不假！我去年春天回到北京时，出门都认不得路了。我已经不是‘老北京’了！”

看见众人说得这么热闹，一直伏在姥姥怀里的小外孙也说话了：“妈妈，我还想去北京看大熊猫，你明天就带我去吧！”

小家伙的一句话，把大家都逗乐了。老伴连忙拍着外孙的脑袋说：“好宝宝，又想北京了，这次姥姥就把你带回北京看大熊猫去！”

将近10点种，西下的太阳，已逐渐进入西山，晚霞从树林的缝隙中，射到我们这小小的庭院，花木都镀上一层玫瑰色的光彩，斑驳的树影，归巢的小鸟，都预示夜幕渐渐笼罩大地。但我们的绵绵话语，仍如潺潺泉水，在徐徐流淌着，滋润着每一个人幸福的心田，愉快的笑意漾在大家的脸上，这真是一次幸福而愉快的聚会，谁也不忍说散去。这时，小利奥突然打了一个长长的哈欠，于是，女儿提议说：“天不早了，咱们该休息了。”

大家闻声不约而同地都站了起来，互道晚安，各自进入卧室。我和老伴在主人为我们准备的温馨的小房内，酣然走入梦乡……

5. 欧洲八国，走马观花

从不来梅回汉堡后，忽然接到《人民文学》杂志社副社长杜卫东同志的来信。他在信中通知我说，《人民文学》为广泛联系作家并为作家深入和扩大生活视野，创办了一个作家俱乐部，参加的人很踊跃，根据作家们的希望和要求，俱乐部最近组织了一个作家赴欧洲考察团，拟于近期访问欧洲已经对我国开放的9个国家，社里决定由他任领队，并让我担任“团长”，一同赴欧洲考察。他要我做好准备，一同在意大利的罗马会合，然后共同访问意大利和其他国家。

我得此消息当然十分高兴，立即要女婿帮我购买去罗马的飞机票，准备成行。

1999年7月30日上午，我和夫人由女儿送到汉堡机场，然后直飞意大利的首都罗马。下了飞机之后，出门便看见前来迎接我们的导游小姐安娜丽莎，这也是卫东事先就安排好的。这位小姐美丽大方，热情活泼，会讲一口流利的普通话；出了机场大门，安娜丽莎随即陪同我们搭乘出租车来到了已经预订好的供我们考察团下榻的宾馆。据安娜丽莎说，这个宾馆是罗马专门为中国旅客安排的住处，从中国来的游人大都住在这里。进门一看，果然有许多中国人在出出进进。还像在国内一样，他们大声喧哗，旁若无人；在我们登上电梯前，门口醒目地贴着一张白纸条，上面用中文写着：请勿随地吐痰。显然，这是针对中国旅客写的，我看了后直感到脸上发烫。我们可爱的同胞总是保持这样的坏习惯，而且屡教不改，让人家都忌讳到国外去了。我心里感到特别不快。

由于飞机晚点，杜卫东等一行人，直到半夜才飞到罗马。来到宾馆后，他们没有叫醒我。次日早晨，我们才正式见面。他向我一一介绍了考察团的成员，除了《散文百家》的主编（也是河北省作协副主席）秦兆彬（笔名尧山壁）外，我大多都不认识，他们似乎都知道我的名字；因为大家都是同行，所以很快便都熟悉了。

早饭为自助餐，很丰盛，大家都很满意。饭后便集体乘车去罗马市内参观。

罗马城始建于公元前6世纪，有2000余年的文明史，当年的罗马帝国，曾经征服了大半个欧洲，是无比显赫的。经过长长的时间隧道，饱经历史的沧桑，现在是意大利的首都。也许因为罗马太过于古老了，所以她的市容并不十分壮观，马路不太宽敞，两边的楼舍参差不齐，多显得有些陈旧。但是，当我们走进罗马大教堂，眼睛却骤然一亮，其宏伟壮丽之景象，令人头晕目眩；而那闻名世界的斗兽场，更是气势磅礴，造型之怪异，皆出人意料，其斑驳的断壁，有着深厚而悠久的历史感。意大利是一个拥有几千年历史的文明古国，是欧洲文艺复兴的发祥地，今日实际一看，确实是名不虚传了

中午，我们在一家中餐馆用餐，是中国人开办的。餐馆内外的装饰，全部是中国式的，到处古色古香，很有一种特殊的亲切感。老板娘是一位中年中国妇女，充满着生意人的爽利劲，对我们的到来，非常热情，嘘寒问暖，一副自家人的派头。不过端上来的饭菜，其味道实在不敢恭维。我们草草地填饱了肚子，算是完成任务了。

下午没有休息，紧接着去位于罗马的国中之国——梵蒂冈游览。这地方与它的特殊位置、特殊地位、特殊的身份有关——是世界天主教的最高领袖——教皇居住的国家。我们首先来到圣彼得广场，它阔大、雄伟，到处人头攒动，往来如织。大多是从世界各地前来观览这独特胜景的游人。我们跟着参观的人群进入了圣彼得大教堂，注目一看，突然觉得如同到了另外一个世界。它金碧辉煌，无比壮丽，当时给我的感觉就是，无论什么样的形容词，到这里都失去了光彩。这是一个挺神奇的地方，我觉得是一个人来到红尘后可看一看的地方。可惜由于参观的游人太多，我们在这里停留不久，未能尽兴地观赏教堂里的景物，只好带着惊讶和遗憾离开了这里。

由于日程的安排，我们在罗马仅仅待了两天，因许多名胜古迹都想看一看，因此，只能是走马观花了。

在离开罗马去佛罗伦萨的途中，我们顺便参观了著名的比萨斜塔。这也是一个古老的建筑，高高的塔身，倾斜得很明显，看似摇摇欲坠，实际上是不会倒的，她的这种姿态已经很多年了。因此，看来别有意趣。

然后，我们便来到了著名的城市佛罗伦萨。这里给我的印象最深的是主教堂及其布鲁奈斯基作的大圆顶。据说它设计建造于1421年至1434年，这个空中巨构没有拱架，而是用一种新颖的鱼骨结构以椽固瓦的方法从下往上

递次砌成的。圆顶呈双层薄壳形，高 90 余米，最大直径 45 米，坐落在一个巨大的鼓形体上，造型迥异，又富丽堂皇，极为壮观。其中陈列着各种艺术品，特别是绘画艺术，是我们从来见所未见、闻所未闻的人间奇葩，同行的文友们都感觉是大开眼界了。随后，我们又集体瞻仰了但丁故居。这位伟大诗人的作品《神曲》，是我们都曾经拜读过的，因此对他的故居也充满了崇敬。这里存放着诗人的手稿和其他作品，我们兴味盎然地在此流连良久，不愿离去。

接着我们又到了威尼斯游览。这更是意大利的文化古城，是欧洲文艺复兴的发祥地。整个城市由纵横交错、宽窄各异的水道隔开的众多小岛组成，市区离陆地 4 公里，距离海滨仅 2 公里，一切建筑如街道和教堂都似乎悬在水上。这里的名胜古迹之多，数不胜数，令人目不暇接。我们仅仅选择几处比较知名的、典型的地方观赏一番，随即离开了。

在意大利仅仅待了 3 天，好多景点，都是匆匆而过。面对这个文明古国的瑰丽景色，浏览一下，当然是意犹未尽，但因受时间所限，也只好如此。

离开意大利的国境，我们驱车直接进入了奥地利。根据我个人的意愿，希望能够到维也纳一游，遗憾的是，考察团的日程上没有这样的安排，我们仅仅在离奥地利国境不远的小城因斯布鲁克逗留了一天。不过，这座小城出人意料的美丽，也弥补了我们的遗憾。她依山傍水，景色如画，全部建筑沐浴在绿树喷泉之中，马路上林荫夹道，青枝滴翠，红萼吐蕊，处处都幽静得使人心旷神怡，在这里居住，一定会有超凡脱俗之感。当晚，我们在一家中餐馆就餐，老板又是我们中国的同胞，对我们非常热情，亲切有如家人。他告诉我们，有许多中国游客都对这个城市很欣赏，包括一些国家领导人，到此后都流连忘返。于是，更增加了我们的游兴。

根据日程，次日一大早，我们便离开这里，实际上也离开了奥地利，来到了德国的慕尼黑。慕尼黑也是世界名城，其中一个重要的原因是在二战前曾经在这里召开一次著名的“慕尼黑会议”。就在这个会议上，英国首相麦克米伦出卖了东欧人的利益，使希特勒兵不血刃地侵占了东欧各国，留下千古骂名。不过，现在它却以盛产啤酒而闻名于世了。我们在这里仅仅停留一天，参观了著名的名胜仙女堡，玛利亚广场，新市政厅，以及一所王宫和“御花园”，同时游览了市容。所到之处，都呈现出繁荣、整洁的景象，令人赏心悦目，加上凉爽的气候，就更觉得身心舒畅了。在我们驻地不远的一条街道，它竟然是以卡尔、马克思命名的，这使我们一些文友觉得大为惊奇：德国是典型的资本主义国家，怎么会对马克思如此敬重呢？关于这个问题，我在汉堡女儿家中，曾经和一些德国朋友探讨过。德国朋友说，马克思是德国的一位重要的哲学家，他的理论是“一家之言”，当然值得德国人认真研究，只不过不像你们中国把他的思想看得那么神圣、唯一地敬重和尊崇罢了。还有朋友开玩笑般地说，马克思的名著《资本论》，其中的“资本”留在德国，使我们的经济发达起来；而你们中国只把“论”搬走了，变成指导你们一切行动的准则。虽是笑谈，但令人玩味。

离开慕尼黑之后，我们乘坐了近 8 个小时的汽车，进入有“古堡之国”之称的卢森堡。卢森堡国土很小，除梵蒂冈外，是欧洲最小的国家了。但是，这里却到处古堡林立，型、色各异，而它的首都卢森堡就像一个大城堡。可是，从造型上看，它又显得玲珑剔透，妩媚动人，不仅景色如画，而且还流传着许多动人的故事。在此，我们就听到这样一个传说，远在 1637 年，卢森堡城被敌军攻陷，敌酋因该市的市长曾经率领市民进行顽强的抵抗而怀恨在心，便下令放火焚烧城市，同时还要处死市长。市民们为了避免城毁人亡，便向敌酋献上最好的美酒。敌酋喝了后甚为高兴，便宣称：如有人能够一口气喝下 1 桶美酒，就可以不焚城、不杀人。市长听后，立即挺身而出，一口气把 1 桶酒喝得精光，从而使全市百姓幸免于难。为纪念这位市长的壮举，后来的市长每晚都要换上古装，在市政大楼前，畅饮美酒，与民同乐。传说很是动人，不过，我们在此却没有观赏到这个情景。

这里的旅馆非常窄小，设备也不那么先进，呵呵，我们把它称作“县级招待所”。

次日，用罢早餐，我们便急不可耐地离开了卢森堡，向下一个目的地荷兰首都阿姆斯特丹进发。这段行程 400 余公里，历时 5 个多钟头。好在沿途的风光特别优美，隔着车窗观看，像是浏览一幅幅美丽的图画，因此途中并不感觉沉闷和疲倦。

中午，我们抵达了阿姆斯特丹市区。因为赶时间，首先参观了著名的古迹“流泪塔”和王宫广场，它们虽不十分显赫，却另有一种情趣。随后，我们又参观了一家宝石加工厂。幸运的是，讲解员竟然是一位中国女同胞，因此，听起来觉得格外亲切。她对各种宝石的特点及其加工过程，都进行了详细的讲解，并且当场做了表演，令我们大大增长了见识。不过，当工厂的老板向我们兜售宝石时，由于价格太贵，我们却不敢问津了。

吃罢午饭之后，我们继续参观，主要是浏览市容，观赏城市的建筑。总的感觉是，这里的特点不大突出，缺乏某种历史的纵深感，略觉有些失望。不过，许多地方公开悬挂着“同性恋”的标志，表示它存在的合法化，又使人对其另眼相看了，它表现出这个社会的宽容和人性化。

在阿姆斯特丹市度过了一个平静的夜晚，次日一大早便离开了，随之驱车向海牙开去。途中经过一个典型的风车村，村中布满了大大小小古老的风车，蔚为壮观。及至到了海牙之后，又觉得耳目一新了。这个城市虽然不大，但却感到很美，从建筑风格到市容的整洁上，都远远超过阿姆斯特丹。海牙虽小，名气却很大，因为国际法庭等许多国际组织都在这里，故形成了国际都市，前来游览的客人很多。

在海牙我们没有久留，吃了午饭后，继续向比利时进发，当晚便抵达比利时的首都布鲁塞尔。进入市区后，我们的眼睛不禁为之一亮。因为呈现在我们面前的是花团锦簇的街心花园，鳞次栉比的现代化建筑，其名胜古迹遍及全市，如旧的王宫、古堡、教堂，都非常壮观。因为“欧盟”的总部设在这里，所以它又有“欧洲首都”之称。

布鲁塞尔历史悠久，建城已经有千年有余，这里流传着许多陈年佳话，非常有趣。比如，我们来到后便听到这样一个传说，相传在很久以前，布鲁塞尔遭到了外国侵略，人民奋起反抗，打败了侵略者。但是，侵略者不甘心失败，在他们败退时，点燃了通往市政厅地下火药库的导火索，企图将这座城市夷为平地。此时，有一个名叫于连的小男孩发现了这个情况，他急中生智，立即撒泡尿把导火索浇灭了，从而挽救了布鲁塞尔。因此，人们对小于连充满了感激之情。为纪念这个小男孩的功绩，在1619年由比利时的雕塑大师捷罗姆、杜克斯精心创作了一尊雕像：一个裸体的小男孩站在那里作撒尿状；从此，小男孩被誉为布鲁塞尔第一公民。1698年，巴伐利亚总督来访，听了这个故事后，专门赠送小于连一套刺绣的礼服，意为让其用来抵御风寒。以后，来访的宾客纷纷仿效，赠送的衣服不胜枚举，它们都被陈列在市中心的博物馆里。我们中国的来访者，更加慷慨，一次赠送了两套服装，一套是人民解放军的军服，另外一套是中国民族形式的对襟裤褂。为了不虚此行，我们每个人都买了一个裸体的小于连铜雕，以为纪念。

另外，在王宫广场的一个角落，有一家小商店，门口悬挂着一个不显眼的小木牌，上面写有“雨果故居”字样，说明雨果曾经在这里居住过。对这位法国大作家我们当然都是十分敬仰的，因此纷纷在此处摄影留念。可惜只徒有其表，没有实际内容，又令人遗憾。

离开布鲁塞尔之后，我们进入此次考察的最后一个行程：前往法国巴黎游览。这是我们此行的重点，因此我们大家的心情都很兴奋。法国是欧洲的文明古国，是现代最发达的资本主义国家之一；巴黎被誉为世界上最美的城市，为欧洲文明的中心，谁不对之充满着美丽的憧憬？

从布鲁塞尔到巴黎约有 4 个小时的路程。沿途风光如画，令人目不暇接；高速公路两旁，古木参天，形成的绿荫夹道，有如一道无尽的绿色长廊，欧洲自然环境之美，在这里显得更加突出，令我们感到惊艳。我们同行的一位杭州文友，把他的摄像机一直对准窗外，尽情地拍摄下眼前闪过的美景。

到达巴黎后，正值中午时分，我们没来得及休息，便排队登上了闻名世界的埃菲尔铁塔，而且乘兴登到了塔顶。从这里俯瞰巴黎，景象绚丽。那参差起伏的造型各异的建筑，密如蛛网般的街道，都沐浴在绿树丛中。

从塔上下来后，我们便去了凯旋门。它也是巴黎的一道著名的胜迹，结构宏伟，巍峨壮丽。这座雄伟的建筑是为纪念拿破仑 1806 年 2 月在奥斯特尔里茨战役中打败俄、奥联军而建的，12 条大街以凯旋门为中心，向四周辐射，气势磅礴，形似星光四射，所以，被称为“星形广场”。当年的拿破仑肯定不会预料今日的人会对历史上的他如此重视。这里的游人如织，争先摄影留念，我们也好不容易找到一个空当，各自拍了照片。随后，我们又和众多游人一道，步行观赏了繁华的香谢里舍大街。

此后，我们又登上了游船，游览塞纳河。这是一艘专供游人观赏风景的船舶，航行速度很慢，使我们得以尽情地欣赏塞纳河的两岸风光。过去常常听说这里的景色如何地美丽，真是百闻不如一见。及至晚上回到下榻的宾馆，大家仍然在议论塞纳河的美丽壮观呢！

次日，我们继续在巴黎游览。一大早，我们便来到了著名的巴黎圣母院。应该说，人们对它已经很熟悉了，在文学作品里，在影视的屏幕上，特别是那个同名电影，在中国久映不衰，对那些美丽的镜头，对那些栩栩如生的人物，我们几乎都耳熟能详。今天，来到了我们倾慕已久的恢宏建筑，内心洋溢着幸福与激动。那场面、那装饰、那些雕塑和美术作品，其壮观真是无与伦比，笔墨难以形容。诚乃法兰西的绝世之宝也！

紧接着，我们又走近了国家大剧院跟前。它也是世界最著名的建筑之一，从外观上看过去，感觉造型奇特，巍峨、雄伟，壮观，只是由于剧院正在修缮，我们没能够进入内部观赏，至感遗憾。

随即我们又步行到罗浮宫前。只见这里人山人海，人头攒动，他们都是从世界各地来此参观的游客。我们只能随着长长的队伍后面，排队进入大门。进门后，立即感觉是走进了至美的艺术殿堂，无数艺术珍品，令你茫然四顾，目不暇接。在这里我们看到了真实的断臂维纳斯，看到了蒙娜丽莎的微笑，同时也看到了那些著名的大艺术家如米开朗琪罗、毕加索等的原始美术作品，真是大饱了眼福。当然，我们同时也看到了流落在异国他乡的我国的一些珍贵艺术品。望着它们，我们既感到耻辱，也感到愤慨，又觉得十分地无奈；我们应该如何地奋发图强，振兴祖国，使这一页屈辱的历史，永远翻了过去，而重新书写崭新的篇章呢？

晚饭后，大家分散活动，纷纷走出宾馆，观赏巴黎的夜景。

第二天一大早，我们便从宾馆出发了，去凡尔赛宫参观。这里是另外一样的美观，同样是美的夺人心魄。它向人们展示了法国历代国王的生活场景，以及他们使用的家具和供其赏玩的艺术品的豪华。从这里，一方面可以看到法国悠久文明的历史，也看到了统治者骄奢的世界，与我国北京的皇宫比较，大清王朝的统治者和法国的王室实有异曲同工之妙。遗憾的是，来此参观的游人太多，无法驻足观赏，甚至连拍照的机会都很难找到。此种现象，却可以和我国的故宫媲美了。

随后，我们离开凡尔赛宫，就便走进法国一代大文豪巴尔扎克的故居参观。它与前者落差之大却是令人无法想象了。巴氏故居位于一个十分简陋的地方，建筑比较矮小，其中的陈设除了作家的著作极其部分手稿之外，几乎没有其他什么装饰品，甚至墙壁和地板都有许多地方被损害了，也无人进行及时的修补。这一切都表现了文人的落魄与无奈，参观之后令人感慨系之。

在巴黎游览了 3 天，主要的名胜古迹都走马观花般地看到了。考察团的其他同志，还要继续到瑞士去游览，我因为没有办理赴瑞士的签证，只好在巴黎与杜卫东等同志互道珍重，握手告别，而后重新返回德国，继续我的探亲之旅。

6. 体会德国人的生活

我们没有再远游，而是享受在德国与小外孙利奥在一起的快乐。

利奥是个十分聪明的小家伙，玩儿起来也不含糊，他把地下游戏室里的Lego玩具摆得跟小博物馆似的：有两个中世纪对垒的城堡，城堡上彩旗猎猎，城楼和城墙间古炮座座，各式各样服装和姿势的骑士们，威武地手持武器遥看前方。城堡院里也应有尽有：养鸡的场院，挑水的井，甚至还有厨房和卧室……那些小人儿被外孙有声有色地描述出了名和姓，甚至还有带情节的故事。听得我们哈哈大笑。

不仅如此，他的游戏室里还有带暗道机关的古埃及金字塔，半人高的海盗船，18世纪的老马车，里面坐着衣着各种式样服装的王公贵族，此外当然少不了现代的能转好几道弯的电动飞车。那“嚓嚓嚓”的声音不仅仅从飞车道上发出，也是从小家伙的嘴里发出的。最让我喜欢的，是这个博闻强记的孩子，能把一个《小书耗子的歌》唱盘里的儿童歌曲从春夏秋冬、1月元旦到12月的圣诞节不打唪儿地从头至尾唱一遍。我和老伴常常在他的鼓动下击掌伴奏。那些歌虽然我不懂，但是久了，竟然也能跟着哼几句，后来我还专门请教过小家伙，他给我用汉语解释了，我感觉十分中听，其中有这么一段，叫《五月，有趣的五月》，歌词唱道：

五月，五月，有趣的五月，
哗啦啦地来了。
我跑到灌木丛里，找出了一个五月，
这个五月是绿色的……

还有一首是说秋天的：
多彩是那森林，
金黄是那梯田，
秋天开始了。
红叶落下来，

棕色的云彩翻卷，
风带来了凉意……

小鸭子的歌是这样的：
所有我的小鸭子在湖里游玩，
脑袋身在水中，
尾巴翘得老高……

女婿说，这些歌都是老的传统儿歌，一个叫祖科夫斯基的德国儿童作曲家整理了它们，并亲自演唱，大受孩子们的喜爱（丹梅还采访过他），可以说是家喻户晓。别说孩子喜欢，我听了也喜欢，像是回到了童年。每一首，都自然、朴实，充满了童趣，绝没有我们所谓的教育词句或者革命的意义。老伴觉得既然孩子给我们唱了，她也得尽职，在利奥的询问之下，于是搜肠刮肚地找到了两首不带“标签”和“主义”的歌。一首是：

太阳光，金亮亮，
雄鸡唱三唱；
花儿醒来了，
鸟儿忙梳妆。
小喜鹊，盖新房，
小蜜蜂，采蜜忙，
幸福的生活哪里来？
要靠劳动来创造！

还有一首是电影插曲，叫《小燕子》：

小燕子，穿花衣，
年年春天来这里，
我问燕子你为啥来？
燕子说，这里的春天最美丽……

嘿！老伴儿年轻时是有名的金嗓子，多年不唱了，现在给外孙唱，居然还像当年那样动听。我这边听她一句一字教，那边小家伙跟着摇头晃脑地学……这是多美的一幅祖孙游戏图啊！我那些天，真逍遥自在，乐不思蜀！

除了在女儿家逗外孙玩，我们还和女儿家三口一道，不断地到一些亲戚家里拜访。可以说，这也让我十分放松。

所到之处，均受到真诚而热烈的欢迎，其中印象最深刻的是到女婿的叔父阿尔弗雷德家所看到的情景。阿尔弗雷德虽在一家公司里工作，但住在汉诺威附近的乡下一个美丽的村庄里，周围被绿树环绕，处处红花吐蕊，道路清洁，房舍齐整，有赏心悦目之感。进入他们的家中后，目光所及，也是一片葱绿，一座二层小楼，为绿荫笼罩，家中各种设施均和城里人家一般现代化，而且样样俱全。我特别欣赏他们家的花园，不仅宽阔美丽，布局特有艺术韵味，园中不但种植了花草树木和各种菜蔬，而且还有一个小湖养殖着金鱼，此外，因为花园大，他们喂养了鸡鸭猪等家畜家禽；特别是还有专供孩子们运动的秋千架和篮球架。那修剪得非常整齐的花木，连同别具一格的小楼，总体看去，这哪里像田舍农家，分明是城里的官吏府第！阿尔弗雷德家人的谈吐，也是温文尔雅，彬彬有礼，和女婿的父母有着同样的风度。而所吃菜肴，甚至比城里人更加丰盛。

饭后，我们去田里散步，但见各种农业机器在忙着耕作和收获，没有见到谁在进行繁重的体力劳动。通过这一行的观察，心里不禁生出许多感慨，这里根本看不到什么工农差别了；当然，所谓体力劳动和脑力劳动的差别也不见了；而且，这里农民的居住条件比城里人更宽敞、更舒服；街道和商店，和城里几无二致，那么，城乡的差别也看不到了。人们不禁要问，难道德国现实的社会是我们理想中的社会主义吗？德国人从来没有这么说，而我们也不会承认。到底它是什么样的社会形态呢？它和我们国家过去整天宣传的那些论调有什么可以认同之处？这都是令人难以破解的难题。事实告诉我们，对那些夸夸其谈的好听的空头理论和某些不实事求是的宣传，再也不能盲目地相信了。我们究竟应该如何理解马克思的一些经典理论和著作以及毛泽东的许多论述，对“什么是社会主义”确实需要结合现实和生活实践，认真地进行思考了。

随后，我们还走访了女婿的一些亲戚，都给我留下不同的但却是很好的印象。他们都是普通的公民，从事普通的职业。可是他们却都那么有教养，那么具有高的文化素质。特别是从和他们的交谈中，我还得出这样的特殊的感受：德国人普遍都具有一种“现代文明意识”，我初步归纳一下，大体表现为这样几个方面：

首先是环保意识。德国人是很注意美化环境的。整个国家都被森林覆盖着，到处是青山绿水，碧毯铺地。不仅是公共场所、官宦人家，即使是普通老百姓所居住的宅前屋后，也都种植了各种花草树木，总是绿色葱茏，生意盎然。在这里，除了各种道路之外，几乎看不到裸露的土地。因此，处处景色如画，令人赏心悦目。这一切，当然有赖于国家的重视和投入的力度，但更重要的是人们高度自觉的对自然环境的精心保护。这种意识他们好像是与生俱来的。比如，我那个不满两岁的小外孙，在他和我们一同外出的时候，从来不践踏一棵小草，不乱摘一片树叶，不惊扰一只小鸟。在路上，如果看见任何一点小垃圾，他总是用小手轻轻地捡了起来，然后把它送到垃圾箱里边，而且还不要别人代送。这孩子还特别爱护小动物。他们家的房檐下的紫藤枝蔓中，栖息着一窝不知名的鸟儿，有四只刚刚出生；连同它们的父母，“一家”六口，过得和和美美。这紫藤蔓爬得很低，人们触手可及，鸟儿们的一举一动，都看得清清楚楚，这是一道美丽的风景线。小外孙每天总是要大人把他抱起来，瞅一瞅鸟儿们在做什么；虽近在咫尺，他从来也不动它们一下。因此，鸟儿们便在这里“安居乐业”并可以自由自在地飞来飞去，有时甚至飞到花园中的长桌上，啄食我们留下的点心渣儿。小家伙在旁边看了，拍着小手哈哈大笑，这样的场景非常动人。女儿告诉我说，这里的人们对小动物都是这个态度，对它们关爱备至，和睦共处。在人们的饭桌上，除了常见的猪、牛、羊的日常食用的肉类外，很少看见用其他野生动物做的菜肴。不像我们国内一些大城市里的大宾馆，在宴席上经常摆放着珍禽异兽，是那样的“丰富多彩”。和德国对比起来，我们显然要“阔气”多了。其实，这正是人家的优点。对我们来说，虽然食品丰富了，可是大自然却贫瘠了。得和失不是显而易见的吗?

其次，强烈的忏悔意识。在第二次世界大战中，以希特勒为代表的德国法西斯，给世界特别是欧洲各国人民带来无穷的灾难。现在，德国人对此无不愧悔万分。我在德国时，曾经有机会接触各种人士，他们有着不同的阶层出身和文化教养，可是他们在谈起这件事时，几乎有着共识：德国人确实给人类带来一场浩劫，是一笔永远还不清的债。在女婿的姥姥家做客时，我遇到一位年逾八旬的老人，他是主人的老朋友，原是希特勒德国的空军驾驶员。二战时，曾经驾驶飞机轰炸苏联而被苏军俘虏过。我们一同交谈时，他坦率地向我说起了他的那段痛苦的经历。他说，是我们德国军队首先向人家苏联发动了突然袭击。但是，我们遭到了顽强的抵抗，我就在这种抵抗中负了伤，做了俘虏，战后才得以平安回家与亲人团聚。后来，每当我想起此事便感到非常惭愧，我们做了一件多么荒唐而愚蠢的事呀，平白无故地侵略人家的国土，破坏人家的幸福生活，这不是造孽吗？因此，我现在经常告诫我的儿孙们要永远记住这个历史教训，记住我们曾经给人家带来的痛苦和不幸，要永远和邻国人民友好相处，再也不能动不动就兵戎相见侵害人家了。这几乎是我所见到的德国朋友的共识。一方面，他们痛恨希特勒法西斯的残暴，同时，也一直反思为什么在德国会产生希特勒法西斯的气候和土壤，他们认为这样血的教训，应该永远牢记在心，并传之于子孙后代。因此，我深深地感觉到，这是一个伟大民族觉醒和成熟的表现，是值得敬佩的，不像某个国家的某些派别和人物，他们对自己国家过去曾经给邻国带来的苦难和灾难死不认账；要么肆意篡改历史，甚至加以美化。这种行径和德国人的自觉忏悔精神，对比起来相去何远？

其三，自觉的纳税意识。这一点给我的印象特别突出。在德国的那几个月，每当和亲友相聚、有意或无意谈起个人收支情况时，他们首先会告诉你，每月照章纳税若干，其次才谈其他收支；在日常生活中，不管他们有何等收入，最先想到的是缴纳税款，然后才考虑别的用途。至于说逃税、漏税的行为，都看作是一件非常耻辱的事，谁要是有此种行为，便会为众人所不齿。因此，自觉纳税便蔚然成风。比如，女婿的一位朋友，在国外旅游时，偶然为一家公司办了一件事，意外地获取一笔报酬。此事他自己要是不说，谁也不会知道，可是，他回国之后，首先到税务部门去交纳税款。有人曾经当面问他，这种偶然收入何必如此“认真”？而他却认真地说，纳税是一个国民起码的责任，国家的建设和福利事业，就是靠纳税人支撑起来的。如不自觉纳税，国家怎么进行建设？怎么来为人民谋福利？他说得清淡而自然，毫无矫饰自炫之意。我听后，深有所感，这样的话，道理虽很简单，却是至理名言。联系到德国的经济建设发展的迅速，社会福利的丰厚，都与德国人的这种自觉的纳税意识有直接的关系。而这也正是值得我们国人学习的地方。在我国，由于法制尚不健全，纳税还没有形成习惯，因此，生活中常常听到发生个人或集体的逃税、漏税的行为，看似小事，实为大事，因为它直接影响我们的四化建设事业和整个的社会福利事业。

以上我所看到的几种情况，有人总结为“德国人的现代文明意识”，我觉得还是很恰当的。作为现代社会的现代人，理所当然应该具有这些文明意识，它不仅是一个社会文明的标志，也是一个国家或民族成熟的标志。我们不是总在强调加强“精神文明建设”吗？上述现代文明意识，是值得我们很好借鉴的。需要强调一句：“德国并非一切都好、处处都好，尚有许多不如人意之处；不过，取人所长，补己之短，是每一个人的做人之道，而且，这不也正是我们中华民族的美德吗？”

8 月 29 日，我们离开德国，转道赫尔辛基返回北京。

这次德国之行，前前后后有 3 个月的时间，游览了许多城市和乡村，观赏了好多名胜古迹，走进了许多亲朋的家庭，和不少亲友进行了深入的交谈，对德国比较有了全面的观察和了解。因此，在我回到北京对我的这次探亲和考察仔细地进行回顾时，觉得收获很大，比起一般的出国访问和旅游所得到的表面印象，真不能同日而语。

7. 国刊、国酒携手，友谊天长地久

离开北京 3 个多月，回到单位之后，原以为对我的去留问题应该有了明确的说法了，但还是“外甥打灯笼”——照旧（舅）。

需要说明的是，编辑部的日常工作我虽然不加过问，但是，重大的事情我还得着力去做。比如与贵州茅台集团签订协办《人民文学》杂志的协议。

在上个世纪 80 年代，经过有关人士撮合，《人民文学》曾经和茅台酒厂共同举办过一次评奖活动，有不少著名作家参与，反应也不错。但因无后续的协议，以后就没有什么来往了。但却有过一个小故事，说来也颇有意思，军旅作家徐怀中同志创作了一篇短篇小说《西线轶事》，获得了全国优秀短篇小说奖，影响很大。在这篇小说中，作者随意间写了这样一个情节，战士们在饮庆功酒时，突然有一个战士捧着手里的酒杯说：“此酒赛过茅台。”作家的“无意”，却引起了茅台酒厂的“特别注意”。因为他们认为自己生产的茅台酒号称“国酒”，是其他酒无法相比的，现在居然在

“国刊”《人民文学》发表的作品里，出现“赛茅台”的字样，那是多么“严重”的“事件”！于是，茅台的领导亲自来到北京，走进《人民文学》编辑部，就此事表示强烈的“不满”。《人民文学》杂志的负责人当面进行了委婉的解释，说明编辑部和作家都不是故意“贬低”茅台（实则是抬举茅台，以茅台为最好的标准），这是文学作品中的戏言，请不必在意。为了“补救”，编辑部又约请作家写了另外一篇小说，在人物的对话中，为茅台“正了名”。这个小插曲，换来了皆大欢喜。不过，以后彼此就再没有什么来往了。

在《人民文学》杂志社作家考察团到欧洲时，在团员中有一位贵州作家赵建平，是遵义市文联副主席。他在与领队杜卫东闲聊中，提出《人民文学》与茅台集团合作的建议，表示愿意从中做些促进工作。卫东当即向我汇报此事，我感到这个建议甚好，表示完全赞同，即责成卫东与赵建平协商与茅台酒厂携手合作互利双赢事宜。

回国之后，卫东为此进行了不懈的努力。经过赵建平同志的从中斡旋，多次往返于北京和贵州之间，上下沟通，左右协调，最后终于达成了茅台集团协办《人民文学》的协议，并于2003年春节过后不久，在北京的人民大会堂举行了协议签订仪式。我代表《人民文学》杂志社，茅台集团的董事长季克良先生代表茅台集团，共同在协议书上签了字。仪式隆重而热烈，除了北京一些著名作家出席外，还请来了许多高级领导，甚至全国政协副主席也应邀出席。真可谓群贤毕至，少长咸集，共同祝贺文坛的这个盛事。在会上人们这样说，贵州的茅台有着上千年的历史，历来是樽中的极品，老熟醇厚，回味悠长，享誉海内外，号称“国酒”；而与共和国同龄的《人民文学》，品位高雅，海纳百家，是新中国文学的窗口，是当代中国作家的摇篮，世界瞩目，素有“国刊”之誉；现在“国酒”协办“国刊”，堪称“珠联璧合”，此举是新世纪的文坛佳话呢！

其实，茅台集团和《人民文学》携手并进，是符合中国酒文化的传统的。有的评论家说，文人和酒历来关系密切，翻开中国文学史，可以说页页酒香袭人。王羲之醉写《兰亭序》，书圣之名垂青史；李白斗酒诗百篇，诗仙美名传万代；范仲淹岳阳楼把酒临风，不忘“忧天下之忧”；欧阳修借酒抒怀，《醉翁亭记》誉贯古今；白居易以酒解愁，浔阳江愤撰《琵琶行》；苏东坡对酒当歌，《赤壁赋》成为千古绝唱。在当代，周恩来对酒挥毫“大江歌罢棹头东”，豪情冲霄汉；郭沫若酒后写《屈原》，英气贯长虹；田汉在浓浓的酒意中，写出了《义勇军进行曲》，是鼓舞中国人同仇敌忾、抗日救国的号角，真是“一卷诗书一壶酒”，自古文豪多酒豪。现在，我们的国家进入了改革开放时期，国运日隆，全国人民在为民族复兴的伟大事业中奋勇前进，因此，文和酒的结合就富有新的内容、新的含义。那么，茅台集团和《人民文学》的联手，就必然成为文坛的一大喜事、盛事，当然，也就倍加为人们所瞩目了。

当年七月，为答谢茅台集团盛情之请，《人民文学》杂志社，约集了几位文坛有名作家：邓友梅、陈建功、雷达、杜卫东、肖复兴等，冒着炎夏酷暑，前往茅台学习、采风，我作为《人民文学》主编，自然也名列其中，且挂名采风团团长。

在贵州文友的热情导引下，我们首先参观了茅台集团所在的革命圣地遵义城，瞻仰了那个影响中国前途和命运的遵义会议旧址，抚今思夕，不禁浮想联翩，慨叹胜利果实来之不易；然后，又沿着赤水河追寻革命遗踪，在娄山关的陡壁前，在“四渡赤水”纪念塔下，在仁怀县的红军居住过的茅屋旁，我们缅怀革命先辈艰苦卓绝的功勋，同时，也听到了有关茅台酒的发展历程和种种逸闻趣事。特别是参观国酒文化城，更让我们大开了眼界，千百年古今中外的佳酿史，也让我们收获不小；我煌煌中华古国灿烂的酒文化，与秦皇汉武的滔滔武功、唐宗宋祖的巍巍雄绩、成吉思汗的弯弓射雕，康、雍、乾的开疆拓土，均巧妙地展示出华夏与美酒相伴而长的文明，都让人自豪和遐想……

短短几天的行程，于耳濡目染中，真正体会到茅台酒作为“国酒”的深厚底蕴。

茅台酒源远流长。有史书载：早在公元前135年，古属地茅台镇就酿造出使汉武帝称之为“甘美之”的枸酱酒，千余年来，盛名于世，历代名人雅士，贩夫“酒徒”，无不品之如痴，甘之如饴。据说到了1915年，在巴拿马举行的万国博览会上又荣获金奖。对此，曾传有一段趣事，在此次博览会的评酒会上，某些评委出于对中国民穷国弱的歧视，或因背后没有什么特殊的“表示”，加上我们在包装上的“土气”，因而对我国送展的诸多纯酒佳酿，一个也没评上。我国代表对此不公平的评比实在无法容忍，一怒之下，将参展的一瓶茅台酒猛掷于地。顿时，瓶碎酒散，浓郁的酒香立即弥漫出来，让在场的评委大为惊异，马上要求进行饮尝。经反复品尝后，一致认为“茅台”是世界白酒中的最上品，应获头等金奖。但是因为第一名早已定下，不便更改，只得来个折中：让茅台酒获金奖第二名。真是“怒掷酒瓶扬国威”，摔出了中国人的尊严，从而向世界贡献出盖世珍品。此后，茅台又先后 14 次荣获国际金奖，蝉联国家名酒之冠。

在参观中，我们也有幸品尝了保存了数十年的陈年佳酿。那味道之甘美，真是无与伦比，连我这个从来滴酒不沾的人，竟也满饮了一杯，顿觉口角噙香，回味无穷。乘着酒兴当地文友告诉我们茅台酒是我国大曲酱香型白酒的鼻祖，是酿造者以神奇的智慧，独特的工艺，提高粱之精，取小麦之魂，采天地之灵气，汲日月之精华，捕捉特殊环境里不可代替的微生物，发酵、糅合、升华而成；是集灵秀水于一身的赤水河特殊的红壤，高温湿润的气候，以及淳朴、善良、善饮的民风，借中华民族的酒文化孕育而成的。茅台酒的产地也是名副其实的“独一处”。当年，一位好心的领导，为满足广大人民的需要，拟扩大茅台酒的产量，在距茅台镇不远的另外一个地方，选取同样的材料，同样的水源，同样的土质，由同样的老师傅，用同样的工艺，酿制新的茅台酒。但是，无论作怎样的试验，都难以达到“老茅台”的品味，最后只好放弃这种努力。可见，天地、日月、山川对茅台镇情有独钟，物华天宝、人杰地灵，茅台酒算是“得天独厚”了。这么一参观，我这次可真长了见识。

联想到我们的《人民文学》，几乎有与茅台酒同样的幸遇。领袖的垂青，作家的厚爱，国内外读者的关注，天时、地利、人和，使其在文坛上有着独特的不可替代的位置。所以，这就更增加了我们《人民文学》与茅台集团合作的浓厚兴趣。在和集团领导晤谈的过程中，我们都真诚地互相表达了这方面的意向。因此，我在告别茅台酒厂的时候，题写了这样一帧条幅：

国刊国酒携手　友谊天长地久。

虽然我从小临摹颜体和柳体，到老也有了自己一“体”，平日在自己的书法室里不断磨炼，现在，字写得不敢说好，但也得到了在场朋友们热情的掌声。我想，我写的内容确表达了双方共同的心愿了。

我们这些作家是带着心满意足的心情回到北京的。

8. 小女安排的瑞士之旅

小女儿湘梅在旅游部门工作，因业务关系，总是到国外考察，出国成了家常便饭。有一天，她突然向我说："爸爸，人家不是不安排你出国访问吗，那么，就由我来'安排'吧！让你和妈妈去世界上最美丽的国家——瑞士访问。"

哦，她是指我调来中国作协后10多年，仅去过印度访问一次。尽管我应该了解、借鉴一下国外一些国家管理文学期刊的经验，且和我处在同一情形的同事们，多次出访。不过，没关系，我不在乎。

可是女儿非要为这个事打抱不平。难得她有这番孝心，那么就依着她吧！

我们夫妇是和国际旅行社组的旅行团一同去瑞士的。

瑞士的确是我非常向往的地方。早在中、小学课本上，我便知道了世界上有这样一个国家，山川秀丽，美轮美奂，有世界公园之美誉，实在是神而往之。

高科技使地球变小了，相距万里之遥的瑞士，仅仅8个小时便飞到了。由于我们和太阳同方向行进，虽然是下午14时起飞，到达瑞士时，天空仍然红日高照。在宽大的波音747飞机的机舱里，美丽的瑞航空姐，竟然用中文向旅客们嘘寒问暖。虽然说得结结巴巴，其谦虚热情还是可以体会到的。到达苏黎世机场——这是世界闻名的国际机场——时，我竟然丝毫没感到它有多么豪华和阔气，我们的首都、上海、深圳等地的机场与之相比，也毫不逊色嘛！心里立马窃为自豪。

到达苏黎世时我们没有停留，而是立即转机去日内瓦——根据旅行社的安排，我们要从这里开始游览。飞机在日内瓦上空盘旋时，凭窗俯视，只见在夕阳夕照中，它像一个未施粉黛的少女，静静地伫立在莱蒙湖畔，望着阿尔毕斯上的皑皑白雪沉思。机场离市区很近，不到半个小时，我们的汽车便进入日内瓦城。我在出游前，曾查询过关于这个著名之地的介绍，但途中导游的介绍，则更让我能记住……

日内瓦本是一座历史悠久的古城。早在公元前已经出现在阿尔毕斯山下的莱蒙湖畔，是欧洲最古老、最有特色的城市之一，是著名思想家卢梭的出生地和伏尔泰的避难地，为欧洲启蒙运动名人荟萃的中心。由于瑞士的安全受到中立国地位的保护，日内瓦成为一个不受任何侵扰的世外桃源，许多国际组织都设在这里。因此，她又成为世界旅游观光的胜地。

但是，过去到这里旅游的中国人却很少，即使偶尔能见到个别中国人，也多半是执行公务的官员；那些黑头发黄皮肤的游客，都是日本人和韩国人。可最近这些年情况改变了，大量的中国人——多半是普通老百姓，来到这里旅游，“作为一个中国人我感到非常高兴。这都是改革开放给中国人带来的福祉啊！”导游小姐深为感慨地说。原来，这位小姐生在宝岛台湾，移民到瑞士已经20多年了，现在日内瓦定居。她那一口漂亮的普通话，使我们感到非常亲切……

汽车进入市区时，夜色已经覆盖了城市的上空，点点灯火，从那参差高低的建筑的门窗里晶莹闪烁。奇怪的是，我们既没有看到车灯形成的彩色长河，也没有看见霓虹灯交织的火树银花的世界，而是像进入沉寂的山谷。这哪里有人们想象的国际大都市的风采呀？导游小姐似乎看出我们的心思，她笑着告诉大家，今天是这里的双休日，人们都去外地度假或者在家里和亲友欢聚，很少有人到大街上去活动，所以才显得如此冷清。啊，原来如此！是我们的“观念”有问题。

我们下榻在一家名叫波尔尼的宾馆，虽属闹市，却很安静。它距离著名的莱蒙湖仅一街之隔，导游小姐对我们说，如果大家不感觉太累，明天早晨可以到莱蒙湖上看日出，那是很有意思的。

次日一大早，我们均忘记了时差带来的疲困，很早便起床了，来到了莱蒙湖边，准备观看日出的奇景。

我们面前的莱蒙湖，波平如镜，倒映在湖面上的山峰和树影，有如一幅硕大无朋的中国泼墨山水画，令人赏心悦目。大约6时许，只见晨雾渐开，高高的阿尔毕斯山的雪峰上面，出现一缕红光，随之，红光逐渐扩大，染红了云彩，变成漫天彩霞。忽而，彩霞又闪现出千万条金线，像无数纤夫举着千万根纤绳，把一轮红日从遥远的地方“拉”了出来，先露出一角，如半个煮熟的蛋黄；然后喷薄而起，顿时，放出万道光华，立即染红了天地万物。皑皑山顶，镶上了橙红的边框，红白相映，无比奇伟壮丽；而山上的其余晦明幽暗处，也映现出各种色彩，成为斑斓多姿的油画。此时，莱蒙湖上则呈现出另外一种瑰丽景象，微微荡漾的波面，被霞光映照得金翅金鳞，周边的林木，也披上了七彩衫裙，枝枝叶叶，流光溢彩，连遨游在水面上的水鸟，全部插上了金色的翅膀，游动起来，身后留下一道道彩色波纹。

距离我们不远的地方，有一座英国公园。虽是三九严寒，园中依然花木扶疏，在旭日的照耀下，如红花开满枝头，果实累累藏于叶丛中。巍立在公园正中的卢梭雕像，也罩上一圈璀璨的光环。这位伟大思想家的不朽精神，越过长长的时间隧道，仍然光照人寰，催人憬悟世道沧桑……现在站立在湖畔上的我们这些游客，浑身上下似乎也被这旭日映得着上七彩衣襟，大家相视而笑。

我兴之所至，择一高坡去环顾日内瓦，我看到，整个城市似乎都被满天的霞光笼罩着，鳞次栉比的建筑物上也都披金挂银。不多会儿，日上三竿，天空变得更加明亮起来，宇宙一片灿烂，万物陡地换上另外一种装束……美！

现在，湖畔上的游客已经越来越多了，各种服饰，各路口音；注目一看，有不少人竟是我们自己同胞的面孔。异国相逢，虽然生疏，但也感到十分亲切，忍不住相互攀谈几句，均以作为一个普通中国公民能够到此一游为幸。只听近处一个游客操着浓重的四川口音赞叹道，来到瑞士，仅仅看一回莱蒙湖上的日出景象，也就不虚此行了。

这让我很感慨，开放的中国，正大步跨入开放的世界……

来到日内瓦的第二日，根据计划安排是游览观光市容，重点参观联合国（欧洲）总部和其他国际组织的所在地。如果说瑞士有“欧洲的微缩景园”的美称，那么，日内瓦则是这“景园”中最奇美的一景了。

日内瓦娇小玲珑，市区紧凑，她既没有摩天大楼，也没有宽阔的街道，但是，却有着各式各样、造型迥异的古老建筑；她得天独厚地背靠世界著名的阿尔卑斯山，拥抱着西欧最大、最美的莱蒙湖。现在虽是三九严冬，却到处林木葱茏，青枝滴翠，碧草芊芊，举世闻名的花钟前，花红叶绿，生意盎然，竟有蜂蝶翻飞于花丛间。这里没有冬的寒意，却有春的气息；尤其是莱蒙湖上如镜的水波，倒映着阿尔卑斯山上的皑皑白雪，和周围参差的建筑群，呈现着人间罕见的奇特景观，湖光山色，如诗如画，令人击节叫绝，流连忘返。

为了尽情观赏莱蒙湖的风光，我们不惜围着莱蒙湖畔步行了很长一段路程；跨越连接两岸的大桥后，我们来到了伸入湖中一个半岛上的英国公园，瞻仰了屹立在公园里的卢梭雕像，向这位伟大的思想家默默致意。

生于日内瓦的卢梭，是18世纪中叶欧洲思想解放的先驱，是我极其敬佩的历史伟人之一。在青年时代我便读过他的不朽名著《忏悔录》，曾被他那超前而犀利的思想锋芒所深深震撼。在当时的欧洲，他的著作和思想，曾经激励了无数革命者向腐朽的封建王朝进行猛烈的冲击，鼓舞了一代代有识之士（包括中国知识界的先驱们）勇敢地主张、参与和领导社会变革；作为哲学家，他试图综合基督教与理性主义和唯物主义，创造了被革命导师恩格斯誉为“智者的辩证唯物主义”。在那神权和皇权紧密结合统治着欧洲禁锢得人们无法喘息的年代，卢梭的思想无疑是一种从暗夜里透出的一束亮光，给人们以斗争和前进的勇气。直到现在，他的思想还对世人起着深刻的启迪作用。尽管我们在那荒唐的年代，曾经愚蠢地批判过他，这只能说明我们当时的荒唐和荒谬，丝毫无损于他的伟大。今天，站在这位伟大的智者面前，我用默默的沉思来表达一个中国知识分子对他的景仰和崇敬。

雕像不知出自哪位艺术大师之手，底座和身躯浑然一体，线条清晰，自然流畅，轮廓分明，睿智的头颅微微前倾，目光直视远方，似乎要透过面前广阔的莱蒙湖和高高的阿尔卑斯山，穿越时间的隧道，翘望着人世间遥远的未来。我想，如果这位先贤地下有灵，能够看到这些年来古老的中国因思想解放而挣脱了僵化了的教条的束缚，由表及里所起到的深刻变化，也一定会感到非常欣慰的吧。

我们依依不舍地离开景色绮丽的莱蒙湖，驱车直奔联合国欧洲总部（有人把它称之为“万国宫”）所在地。在“万国宫”的周围，还坐落着众多的国际组织，诸如，世界粮农组织，世界裁军组织，国际红十字会，世界银行组织，世界卫生组织，以那些年被搞得世界都沸沸扬扬、人们议论最多的热门话题世界贸易组织（WTO），被人称为经济联合国的地方。

对于这个国际组织，我们尤其熟悉和敏感，为了成为它的正式成员，我国整整消耗了 14 年宝贵时光，和有关国家进行旷日持久的谈判；为了求得公平、公正，维护我们国家的根本利益，我们的谈判代表，反复地在和他们讨价还价。有的谈判人员从风华正茂的青年，谈到满头白发，直到 2001 年 12 月，我国终于正式成为这个国际组织的成员。这既考验了我们的意志和决心，也表明了我们中华民族的韧性和不达目的决不罢休的顽强精神，最重要的是体现了我们的实力和国力。“弱国无外交”从这件事情上反复得到了证明。今天站在这所十分不起眼的建筑物前，我真的很骄傲地感到，我们坚持了真理和正义，维护了应该属于我们的权益。

我发现，其他的那些国际组织所在地，也统统不是什么高楼大厦，均是普普通通的四五层建筑，周围连个院落都没有，比起我们北京的那些广场和上海新区的那些楼厦，简直是小巫见大巫了。可是，它们却偏偏在世界人民的心目中占着这么大的位置，可见，不论什么，都是不能“以貌取人”的呀！

最后我们来到了联合国欧洲总部即万国宫前。这同样是一所普通的三层楼房，只不过门前有一个不大的广场，广场上旗杆如林，飞扬着所有联合国成员国的国旗。初看起来真令人眼花缭乱，目不暇接。但是，我们还是很快地找到了我们的五星红旗。在那如林的旗帜丛中，它灿烂夺目。

在五星红旗下面，我们都肃立起来。五星红旗能够高悬在这里，也曾经历过长长的斗争历程。从 1949 年 10 月中华人民共和国成立之日，到 1971 年 11 月联合国恢复我国的合法席位，前后有 22 年多的时光。在那漫长的时间长河中，在联合国这样的世界组织中，居然听不到有 10 亿中国人的声音，这同样是极端荒唐而又荒谬的事。记得当联合国大会以压倒的多数通过恢复中华人民共和国的合法席位时，作为一个中国人，我曾经是那么激动和喜悦！虽然当时仍然处于“文革”的荒唐年代，我还是和众多人一道，自觉而真诚地参加了当时的庆祝游行行列之中。

想不到在 30 年后的今天，我站在这里，我不禁反思，我们国家迟迟地未能恢复在联合国的合法席位，这固然是某些霸权主义者的蓄意阻挠，而我们自己就没有值得深刻检讨的地方吗？用卢梭的“智者辩证唯物主义”思想来检验一下，我想，是可以找到许多教训呢！

在日内瓦的一天，我上了人生很好的一课。

此后十多天，我们遍游了瑞士的广大城乡，她的别具一格的美，给我们留下深刻的印象。特别是登上了阿尔比斯山的巅峰，欣赏那里的雪景时，如同进入了另外一个世界。用“赏心悦目”这样词句来形容是远远不够的了。

回到家里，女儿问我此行有何感想，我说：“孩子，谢谢你，这是你给父母最好的新年礼物！”

9. 我那《遥远的北方》

现在我有比较充裕的时间进行创作了。除了参与《人民文学》一些必要的工作外，我把大部分精力投入到长篇小说《遥远的北方》的创作上。

这部小说我酝酿已久，从上个世纪70年代我就思考撰写这部作品。因为我有着痛切的感受，构思时间比较长，思考的问题也比较深入，故事情节和人物关系早已储存在脑海里，所以写起来比较顺利，可以说是一气呵成。作品完稿于2001年3月，10月定稿。中国作协主办的大型文学期刊《中国作家》选登了主要章节（原拟全文刊载，后因篇幅所限，改为选登）；齐齐哈尔出版的《鹤城晚报》用一年的时间进行连载;《长篇小说选刊》刊登了小说的“缩写”；2002年9月，由作家出版社正式出版，责任编辑为资深编辑张懿翎女士。

小说出版后，引起各方面的注意。为此，作家出版社召开了作品讨论会。我提出自己的建议，讨论会的规模越小越好，坚决不搞什么仪式，不作空洞的赞美。出版社尊重我的意见，就在他们的会议室，召开了范围很小的座谈会。参加会议的有李国文、张炯、刘锡诚、张胜友、崔道怡、李敬泽、王文平等文友，蒋子龙、林希专门从天津赶来的；另外，还有会议的组织者胡殷红和张懿翎二位女士。会议不搞会标，不排座次，不论职位的高低，都是以朋友的身份参加座谈的。所以，会议上大家都畅所欲言，陈述作品的得失，均发自肺腑，绝无一般作品讨论会上的那种令人生厌的溢美之词，因此我感到非常满意。根据我的原意，是不见报的。但是，作为《文艺报》的记者胡殷红女士，还是在《文艺报》上发表了简短的消息。这当然是出于她的好意，我表示尊重，也谢谢她。

关于这部作品的立意、创作意图、时代背景、人物的塑造,《中国作家》的编辑张倩女士，曾以记者的身份对我进行了一次书面采访，题为:《作家程树榛就长篇小说〈遥远的北方〉答记者问》，对上述问题有过较详细的说明，现在把这个“答问”照录于后：

记者：程树榛先生，最近我在《中国作家》杂志上看到您的长篇小说《遥远的北方》，这是一部描写上个世纪60年代知识分子的生活状态与奋斗的故事。是什么样的生活经历激发您的这种创作冲动？这次创作与前几部作品的创作有什么不一样的地方？

程树榛：这部书是我试图站在时代和历史的高度，对我青年时代一段刻骨铭心的经历进行了认真的反思而描绘的一个故事。40多年前，我从一所工业大学毕业，分配到祖国遥远的北方一家刚刚兴建的大型机器制造厂从事技术工作。这个工厂是我国第一个五年计划期间属于“156项”的骨干企业。它的职工来自祖国的四面八方，技术力量十分雄厚，都是各方面的拔尖人才。虽然当时的生活条件极为艰苦，但是，大家的工作热情却很高，决心将自己的才智贡献出来，为祖国建功立业。一开始，这种努力也曾大见成效：我们设计制造一批属于世界水平的机器产品，填补了国家许多技术上的空白。但是，随着极“左”路线的形成与发展，我国的社会生活（包括我们工厂）出现了极不正常的情况。一大批年富力强、才华横溢的技术人员被视为异己分子，有的甚至成为专政对象。数不清的政治运动，他们被翻烧饼似的反复折腾着，他们动辄得咎，报国无门，痛苦万状。哪里还有心思去赶超世界先进水平？我当时就是其中的一员，和他们一样，在苦涩的长途中备受煎熬。这是中国知识分子的“苦难的历程”。当时，在各级领导中也不乏有识之士，他们也不满意这样误国误民的政策，在自己的职权范围内，也企图做一些力所能及的修正，但毕竟是“胳膊拧不过大腿”，“杯水车薪”，无济于事。

这是一段人们心灵被扭曲的历史，我的心灵同样被扭曲着。早在30余年前，我就曾经想把当时我之所见、所闻、所思、所想，艺术地描述出来，以示后人，以警来者。但是，我无法写出来。一则，我缺乏概括这样庞杂生活的能力和必备的艺术功力；二则，生活没有提供可以让灵感的翅膀自由翱翔的空间，我只能把它深埋在心里。

党的十一届三中全会的召开，把祖国从危难中挽救过来，给中国人民特别是广大知识分子带来了生命的春天，随着改革开放大潮的兴起，中华大地起了天翻地覆的变化，回想过去那逝去的岁月，如同一场被扭曲的梦。30多年的生活实践和创作实践，使我有可能清醒地来审视那段难忘的历史了，而且可以站在时代和历史的高度，把它们放在理性的天平上，好好地予以掂量。经过深沉的思考，我决心把蕴藏在我内心深处几十年的那段感触艺术地描绘出来——这就是《遥远的北方》的由来。

这部作品和我过去创作的几部长篇小说不同之处在于，它和现实生活有了30多年的距离，而不是同步的；酝酿时间之长，构思时间之久，写作时间之多，对历史反思之深，思想内涵之丰富，对于我来说都是空前的；其最大的特点是在文学上填补了那段历史时期的空白。可以毫不夸大地说，这种题材的作品只有我这样有工程师经历并曾经直接卷入矛盾旋涡中的作家才可以写得出来。

记者：您小说的历史背景不是20世纪60年代初吗？为什么所描写的“阶级斗争”与“文革”那么相似呢？是否有记忆的偏差？

程树榛：这部小说的历史背景在“文革”前夕，当时已经是“山雨欲来风满楼”了，极“左”路线已经接近于“完备”；因此，其“阶级斗争”的模式，给“文革”做了充分的“热身演练”，实践就是如此，记忆并无偏差！

记者：小说中的主人翁周向明和萧奇的“荒诞”的爱情故事是您虚构的呢，还是生活中有这样的原型？

程树榛：周向明有这样的“原型”，我的一个同学有过类似这样的经历，他的爱情和婚姻悲剧一直使我同情；而萧奇则没有这样的“原型”，不过，也并非完全虚构，她的性格特点，在我熟悉的几个女性身上都有体现。

记者：小说为什么偏选取上个世纪60年代初刚从大学毕业进入工业战线的这批知识分子来进行刻画和描写？有什么特殊意义吗？

程树榛：主要是我对这些人比较熟悉，我和他们几乎是同时代的人，对他们的所思、所想，所追求，感同身受，写起来既真实又顺畅；另外，这段时间国际和国内的斗争比较复杂，工业战线尤其尖锐，陷入这样环境中的年轻人其性格和品格都会在严酷的考验中凸现出来；特别是，这些人都是新中国培养起来的知识分子，尚且有如此遭际，极“左”路线的荒谬可见一斑了。

记者：厂长赵风这个人物在作品中是一个正派、正直、综合素质很高的领导干部，女技术员萧奇应该说是赵风手下科技攻关的得力助手，当她被诬陷发配劳改，由领导表态决定的时候，赵风的态度与他的人品相符吗？为什么？

程树榛：赵风是一个饱经人间沧桑的领导干部，深谙政治运动的特点和规律。鉴于自己也是这次运动被整的对象，他越是想保护谁，谁就会被整得更厉害；因此，他只能采取迂回的办法。而他又是一个老党员，对党信任而忠诚，他只能依靠党组织。于是，他先是找运动工作团团长为萧奇等求情，后又直接去找市委书记，而且还准备去找省委甚至到北京“告御状”，他的态度是符合他的性格的。

记者：小说中的另外一个人物也给我印象较深，就是工厂的干部处长林德。当熟悉内情的老职工告诉新分配来的大学生：别着急，等着干部处的林处长给你们“过完秤”再说。“过完秤”这个比喻既形象生动又充满意味，您一定对这样的人物感触很深吧？

程树榛：是这样。过去的那个年代，由于处处时时“以阶级斗争为纲”，“唯成分论”几乎是人事干部奉为圭臬的用人基础，而档案袋里的材料又是他们使用干部的唯一根据；林德是这方面比较典型的一个。他的“过秤”就是审查档案。用这样的方法任用干部，不会是人尽其才的，往往是庸人和小人当道，对事业危害极大。

记者：从您这部小说中，能给21世纪新的一代年轻人有怎样的思考和记取？

程树榛：历史是一面镜子，鉴古可以警今。年轻人了解那段沉重的历史，知道我们前进的道路是多么坎坷与曲折，会对极“左”路线有更加形象的认识，从而对其深恶痛绝，决不能再走回头路；同时，也会更加珍惜党的改革开放政策给我们带来的初见端倪的开明盛世，从而为祖国更加美好的未来而继续努力奋斗。

本书出版后，曾经有过很多评论，都让我很有长进，其中有著名编辑家章仲锷的评论。老章是号称京城“四大名编”之一的人，学识渊博，见多识广，曾经编发了许多优秀的作品，发现并培养了不少文学新人，从不人云亦云、投人所好，而是实事求是，有自己独到的见解。他对我的另外一部长篇小说《生活变奏曲》有过很中肯的评论。由于我们结识多年，又是邻居，彼此之间有许多共同语言，因此，我很看重他的评论。

仲锷先是在《中国作家》上看了《遥远的北方》的删节本，接着又阅读了全书的。看完之后，他高兴地对我说：“感觉非常好。对你的创作而言，有‘更上一层楼’之感。我要好好地写一篇评论。”没过几天，他的评论文章先后在《中国文化报》和《文艺报》上发表了。他在文章中写道：“欣赏之余，不仅感到作者在创作上有‘更上一层楼’的进展，文字技巧更见老到和对生活的把握愈加深广，更重要的是，对所反映的那段历史时期的真实再现和深沉的反思，使得像我辈这样的‘过来人’，备感亲切，感慨良多。”他还说，“一般而论，工业题材的小说是个难点，长篇佳作不多，近期更是罕见。《遥远的北方》却石破天惊，以一种令人震撼的图景，填补了‘“文革”’前夕的那段历史时空。”文章在最后说：“作者的语言流畅典雅，描述简洁蕴藉，人物对话本色自然，恰如其分。它没有前卫式的直露粗鄙、绘声绘色的情爱摹写，也没有‘超现代’的暧昧隐喻和猥言亵语，全篇给人一种舒卷自如的民族韵味和审美高雅的书卷气。”

我没想到老章会对这部作品有如此高的评价，也是我不敢承受的，正如他在文章结尾所强调的那样：“这恰是我所偏爱和认可的。”能够得到这样的名编的“偏爱”，我深为荣幸。

非常令人痛惜的是，2008 年秋，老章遽然长逝，驾鹤西去，但他在评论中对我的鼓励，我将永远铭刻在心。

写完这部长篇小说，我感觉体力和精力都有了很大的消耗，以后不再打算创作这样长的作品了。

10. 新领导来了

21 世纪到来后不久，作协的主要领导易人了。中央从上海调来一位新的党组书记，他原上海市委宣传部部长金炳华同志。

我和金炳华同志素不相识。但在见面后却对他印象非常好。新书记温文儒雅，知识分子的味道很浓。他尊老爱幼，礼贤下士，有谦谦君子之风。

金炳华同志上任后不久，便亲自来到《人民文学》编辑部和大家见面。在我们那简陋的会议室里，我们进行了简单的交谈。这是马烽同志离职后，作协的主要领导第一次到编辑部里来，因此，杂志社的工作人员全部到齐了。我们向炳华同志简单地汇报了《人民文学》杂志的过去和现状，也提出了困难和要求，他都很认真地听了，并在随身的小本子上做了记录。

然后，这位党组书记对杂志社的同志表示了致意。他说，《人民文学》是我们国家最重要的文学刊物，曾经为发展、繁荣社会主义文学事业做出很大的贡献，受到各个方面的重视；现在刊物在比较困难的情况下，大家仍然能够同心协力把刊物办的有声有色，着实不容易。希望大家再接再厉，使刊物更上一层楼。至于存在的困难，作协一定设法帮助你们解决，咱们共同努力，把《人民文学》办好！

话不多，但是说得很实在。

此后，炳华同志还个别地对我说：“你当年出任主编时，是‘受命于危难之际’，坚持下来不容易，组织上是了解的。”听了这样的话，我心里很热。我想有些苦衷，他以后会了解的。

2001 年冬天，在北京召开了中国作协第五次全国会员代表大会。中国作协机关组成了一个代表团。邓友梅被推举为团长，我和舒乙为副团长；我还被推举为大会主席团成员。需要特意说明的是，因为我在 1984 年的作代会上，是黑龙江作家代表团团长，被推举为大会主席团成员。不过，在 1996 年召开的五次作代会上，我身为《人民文学》主编，却在大会主席团之外。当时很多作家朋友对此感到不解，觉得这很不正常。我当时的态度呢，是悉听尊便。

2002 年秋天，第二届鲁迅文学奖启动了。根据作协的整体安排，各类奖项分别由各刊物主持，《人民文学》负责短篇小说的评奖活动。我是《人民文学》主编，理应主持这项工作。但是在宣布评委会委员名单时，却奇怪地将我安排为报告文学的评委。我后来对党组书记金炳华暨其他党组成员提出了不理解。党组很快就做出决定：仍然让我主持短篇小说的评奖工作，由中国作协副主席铁凝同志任评委会主任。

在 2003 年的元宵节，中国作协派出了 3 名代表参加了党和国家领导人与在首都各界代表在人民大会堂的联欢，这 3 个人是分别是金炳华、高洪波和我。联欢会隆重而亲切，代表们围桌而坐，促膝谈心；中央领导同志轮番到各个圆桌前向与会者表

在欢送作协党组书记金炳华会上金炳华夫妇和作者夫妇合影

示致意和慰问，同时观看台上精彩的文艺演出。

在以后的几年里，金炳华同志曾多次到我家里看望，问寒问暖，推心置腹，交流思想，同时表示帮助我解决生活中可能发生的实际困难。这也是继马烽同志以后，又一位作协主要领导亲临寒舍了。同样地，这件事说明了我奉调来到北京，艰难地挑起那个重担，是被组织上所认可的，领导的心里是有数的。

尊重是双方面的。现在作协领导对我表示信任和关心，我也应尽可能地担负起应有的责任，力所能及地做一些属于主编职责内的工作。做到适可而止，问心无愧吧。

11. 不得不管的事

我本来想，处在我现在这样的位置，杂志社的事情，我能够不管的尽量不管，由现任的副主编和副社长去管好了。但是，现实情况是有些事情又不得不管。

21 世纪初，有同志向我反映，《人民文学》有散文化倾向，即在每期版面上，散文占据的篇目过多，篇幅过长，而小说所占的比例较之过去，大大减少了，可以说太少了；他们建议我这个名义上仍然是主编的人，一定要过问一下。

我考虑再三，觉得我应该接受这个建议。因为这的确不是件无足轻重的小事情，而是跟刊物今后的发展趋向和在文学界的定位有关系的问题。于是我先开了一个社委会，我是这么提出我的意见的，我说，《人民文学》自从创刊以来，一直以发表小说特别是短篇小说为主的，几十年来中国文学的发展也见证了这个事实，而且被社会和作家们认定了；而《人民文学》也确是这样定位的。散文在我们刊物上是一个栏目，也应有重要的位置，但不能取代小说的位置。刊物的版面应以小说为主，否则，我们无法向全国作家交代。

我的意见得到了大多数同志的认可。后来经过多方努力，反复工作，终于取得了共识。

另外一件是人事安排问题。《人民文学》的小说编辑室主任小李，是北京大学中文系的高材生。毕业后先是在《小说选刊》当编辑，未几，《小说选刊》停刊，他便转到《人民文学》杂志社任小说编辑。由于他文学基础厚实，工作认真，学习刻苦，又博览群书，思路开阔，所以在业务上很突出，加上他为人比较正派，所以我们认定他是一个好苗子，作为接班人加以培养。因此，先让他担起小说编辑室主任的重任。在这个岗位上，他工作努力，得到广大作家特别是青年作者的好评。谁有了新作，首先送给他评议，所以《人民文学》的稿源不断。他善于结交文友，颇得作家们的喜爱。当年甚至流行这样一个趣谈，凡是外地来京的青年作家都会做这样三件事：逛长城、吃烤鸭、见小李。虽是笑谈，但小李和作家们的关系可见一斑了。

就是这样一个人才，哪个单位都是感到应该珍惜的。因此，小李成了首都文学界的热门人物，都希望能够挖到本单位来工作。人民文学出版社的领导瞅准了时机，趁《人民文学》杂志领导班子处于特殊情况之际，提出商调小李的意向。他们的说法很有吸引力，出版社所属的《当代》大型文学期刊缺少一位常务副主编，小李可担此重任。当时《人民文学》杂志临时常务负责人竟答应了这个要求，也没和我打个招呼。其实，不打也说得过去，因为我已经没有“实权”了。

我从其他渠道得知这个信息。一下子急坏了，不能够啊，《人民文学》怎么能发生这样的事呢？编辑室主任要调任外单位（何况又是这样重要的业务骨干），主编竟然不知道。事情紧迫，我立即给党组书记金炳华同志通电话，希望尽快见到他，有要事汇报。炳华同志答应次日早晨接待我。

见到炳华同志后，我迫切而又详细地汇报了关于小李调动的事，同时全面介绍了小李的情况和《人民文学》的编辑人员现状。我再三强调，小李决不能调出《人民文学》杂志，这里更需要他，而且还应该来担负更重的担子。我希望他直接过问这件事。

金炳华同志完全理解并同意我的意见，答应尽快开会研究这个问题。

党组书记说到做到。小李的外调之事被终止了，而且此后不久，党组正式下令，聘任小李为《人民文学》副主编。

我的一颗悬心总算放下了。

2004年7月，我整整70周岁，经过中宣部批准，我正式办理了退休手续，由韩作荣同志接任《人民文学》主编。

其实，在此之前，作荣已经以常务副主编的名义在主持杂志社的日常工作。编辑部举行了正式交接仪式，金炳华同志亲自参加会议。编辑部的同事们在会上对我这15年的主编工作，给予了很高的评价，说了许多令我受之有愧的赞扬的话；金炳华同志也在会上讲了话。他再一次说明我“受命于危难之际”，在一个特定的时期主持刊物的工作，为社会主义文学事业做出了积极的贡献，而今，《人民文学》是作协在各方面工作都比较满意的单位，刊物在全国文坛仍然有很高的权威，为广大作家和读者所看重，是难能可贵的，也是与树榛同志的努力分不开的。炳华同志希望我今后仍然关注《人民文学》的工作，发挥余热，为繁荣我国的社会主义文学再立新功。

从1990年2月起，我被中宣部正式任命为《人民文学》主编，到2004年7月正式办理退休手续，长达15年之久，我是在这个岗位上时间最长的人。这些年来，我经历了许多难以想象的困难，经受了种种没有预料到的历练，碰到了特别复杂的人际关系，备尝了酸甜苦辣咸五味杂陈的况味，可以说是我人生中最有色彩的一页。在此期间，我从未动过攀登新待遇阶梯的脑筋，而是牺牲了很长一段宝贵的创作时间，但是，我无怨无悔。我还要感谢生活给我这样不可多得的机遇，有了这番不寻常的经历，使我对现实生活有了较深层次的认识。丰富的生活阅历是作家最可宝贵的财富，拥有这段难得的阅历，我应该感到庆幸。

至此，在我坎坷的人生长途中画了一个差可满意的句号。

第十章

我快乐的源泉

经过多年磨难，我和共和国一起迎来第二个春天；经过多半生的飘泊，我最后在京城安居；特别是有一个幸福和快乐的家。上有高寿老母，下有三个女儿和她们养育的四个外孙子和外孙女，我们四世同堂。我和老伴同甘共苦，相濡以沫，这个家一直就是我晚年幸福的快乐之源泉。

我们看重家庭的意义，这首先是从母亲那里树立起来的概念。她老人家在我们为“革命”不分早晚贡献力量的时候，亲手将我们的三个女儿抚养成人，以至于很多年以来，孩子们跟奶奶的亲情胜过跟父母，这是我们完全理解的。

继大女儿丹梅（黛眉）生下第一个外孙 Leo 后，二女儿丽梅（黧眉）也在 2001 年生下我的双胞胎外孙天佐和天佑，因为二女婿也姓程，所以俩外孙就变成了内孙，非常在意程家家门传承的老母，无论走到哪里，都骄傲地对人说：“这是我的

四世同堂（2005 年）

两个亲孙子！”

就在母亲高兴得整天合不拢嘴的三年之后，小女儿湘梅生下我们家唯一的小公主，我们给她取名为“天依”，小姑娘美丽活泼，得到全家人的宠爱，一直到2007年老母亲以百岁高龄辞世，我们一家四代，一直生活在幸福美满的大家庭里。每当周末，女婿洪涛会把我们接到郊外的别墅里，大家在春天的花园里摘葡萄吃，中秋佳节的夜晚在花园里赏月，冬天到三亚去畅游……

那一段时间，我突然明白人的一生，有一个美满的家有多么快乐，难怪古人云“有子万世福，无官一身轻”。含饴弄孙的享受我是知晓了，感谢上帝，为我带来四个可爱的小天使，让我的晚年生活充满了温馨和温暖，对于我这个3岁丧父的人来说，幸福的晚景弥补了我幼年的不幸。

一直想说说我的三个女儿名字的由来：

长女丹梅出生时，因为眉毛很黑，我们就为她取名为“黛眉”，《红楼梦》第三回“林黛玉抛父进京都”中，宝玉在品评黛玉的名字时说，《古今人物通考》上有“西方有石名黛，可代画眉之墨”一解，黛眉的名字出自于此；同样，黧眉出生，也顺延了这个意蕴，而小女儿黡眉中间的“黡”字，已经是《新华字典》里剩下唯一的一个类型字了，极端生僻。之所以用“黛、黧、黡”，还有一层意义：她们三姊妹都出生于黑龙江，这三个字都有“黑”字，而我与孩子们的母亲，是在“大跃进”年代到黑龙江的，我们以此来纪念我们年轻时代的生命轨迹。

后来，因为“文革”，孩子们的名字被批判为“四旧”，相继分别被改为“丹梅”“丽梅”“湘梅”，其中二女倔强，坚持要改回她原来的名字，于是她在发表作品时，就恢复到了“程黧眉”这个最初始的纪念；大女儿偶尔写文学作品时也将原名当笔名用用。

我不敢说自己教女有方，但是在几十年家庭共同生活的日子里，我的三个女儿都显示出她们极高的天分和品行：大女儿丹梅当年以齐齐哈尔市文科状元的身份考上北京大学国际政治系；二女黧眉则以富拉尔基地区的文科状元成绩考入北京师范大学中文系；而小女湘梅也因外语的天分考上了她最喜欢的黑龙江大学英语系。大女儿后来在《光明日报》成为一名优秀的记者，活跃在新闻领域；二女也成了中国青年出版社的资深编辑，在全国的文学编辑中有很高的威信；小女儿是外企的高管，周游列国是她的工作。三个女孩子并驾齐驱，纷纷在文学创作和翻译作品中取得优异成绩，其中大女儿丹梅出版了四部体裁不同的作品，她热爱祖国，期望将国外的好经验介绍给国人，使之得以借鉴，《德国，缺自行车的鱼》《德国人怎样度过青春期》就是她思考的结果，二女儿黛眉上个世纪 90 年代就已经是比较知名的散文作家了，除了散文创作上很有成绩外，她还以她的出生地为背景，出版了她的第一部长篇小说《红岸止》，受到读者广泛的好评。小女湘梅，翻译出版了英国著名作家约翰·罗斯金的《金河王》和美国著名作家西顿的小说《两个小野人》等。

三个女儿如花似玉

最让我欣慰的是，三姊妹都有自己幸福美满的家庭，女婿们都事业有成，爱护妻子和孩子，对我和妻子更是孝敬有加，而我们也对他们视如己出，每当一家人团聚，我都觉得时光格外美好。

2009 年夏天，在我 75 岁生日的时候，所有的孩子们都聚集到二女家的别墅里，他们给了我们一个美好的“突然袭击”：一个庆祝我生日的家庭音乐会！

那是一个有蓝天白云的日子，当时我们还很少使用或者知道“雾霾”这个词。黛眉花园里的葡萄架上果实累累，枣树也都“成绩斐然”了，满园的玫瑰花盛开着。我们先是坐在秋千上聊天，吃了孩子们订的蛋糕，然后，音乐会就开始了。

黛眉的客厅是阶梯形的，这就使台阶上面的半个房间有一种舞台效果。关键是，那个“舞台”上还有一个著名的挪威油画家和一个德国画家的油画作背景，那是二女婿的藏画，有很长一段时间，他热衷于这个很有审美的爱好。画前，是两个外孙子的三角钢琴，能照出人影来的红地板和棕黑色的钢琴在顶灯的照耀下，优雅而精致。气氛真是好极了！

我和老伴就被孩子们安排在台阶下面的观众主座席的沙发上，我们好奇并饶有兴致地等待着孩子们的“把戏”。

首先"上场"的是丹梅、丽梅（黧眉）和湘梅姐妹仨。她们要来个诗朗诵。她们一张口，我就激动了，原来她们朗诵的是60多年前我发表在《齐齐哈尔日报》上的一首诗。虽然明显带着年代的烙印，可是却那么真挚，那么喜庆。孩子们说，这首诗她们的祖母生前最喜欢，她们每人都给奶奶朗诵过，以至于老母亲直到去世前还能一字不差地念叨这首儿子写的小诗呢！现在，由三个女儿齐声朗诵出来：

太阳落到屋角下，
二丫放学回到家。
进得门来咧嘴笑，
小脸红得似早霞。
……

我看着女儿认真的样子，听着她们调皮的背诵，我的眼角湿了。还有什么比得上家庭的幸福更让人幸福的呢?！况且女儿们那么理解父母，体谅父母，不仅仅从生活上的一点一滴，重要的是，她们为父亲的乐而乐，对父亲所做的一切表示他们的支持和理解，甚至是赞赏……

家庭音乐会

女婿们也都有很好的表现。德国女婿Stefan唱了一首德国歌曲，二女婿和二女儿合唱了一首中国民歌，小女婿呢，嘿，吹起了拿手的萨克斯管儿！

小孩子们也不示弱。Leo弹了一首巴赫，双胞胎天佐天佑弹了他们最拿手的曲子，小外孙女天依唱的是北京奥运会的歌曲《北京欢迎你！》：

我家大门常打开……

我也来了劲儿，拉了一段二胡，老伴儿唱了她拿手的黄梅戏唱段“树上的鸟儿成双对……”

我们都是老鸟儿了，依然成双对呢！多好！

那天家庭音乐会的高潮是，孩子们冲出客厅，到花园摘了一束玫瑰花回来，献给了我这个寿星老……

歌唱

是的，我家大门常打开。那晚我们打开门之后去卡拉OK了。二女婿订了一个包间，我们的亲戚都来了，大家跟着唱到了半夜，三个女儿分别陪着我跳了华尔兹……

何止是这些！

2010年的10月，在我和老伴结婚50周年金婚之际，大女儿丹梅和女婿Stefan以及外孙Leo专程从德国返京，孩子们这次又给我们轰轰烈烈地操办了一个金婚庆典。

为了给我们一个意外的惊喜，丹梅和妹妹丽梅秘密筹划了庆祝活动的每个细节与步骤，他们体察我们不喜张扬的作风而仅替我们小范围地邀请了几位亲朋好友；二女婿洪涛为我们找来了技术高超的摄像人士；心脏专家的小女婿苏工和外企当经理的三女儿湘梅专门挑选了位于鸟巢和水立方对面“盘古七星饭店”里最好的宴会厅，使我们能视野开阔地在欣赏夜空下的两个精彩建筑的同时，享受一个圆满放松的宴会。

节目安排得那么有声有色，以至于时至今日我们对当时的每个情景依然记忆犹新。

二女黧眉（丽梅）主持的庆祝会，丹梅作为长女致了贺词。贺词是这样的：

贺父母金婚

父母金婚，亲朋好友相聚庆贺，令我们感到无比幸福。

有什么能比生活一起50年，不弃不离，相互谅解，配合默契更让人羡慕的呢？

有什么能比坚守着这个家，为子孙的快乐而快乐更让人心底踏实的呢？

我们的父母，不是文章和小说中的那种楷模夫妻，但这绝不影响他们成为天生的一对，地造的一双。

在我们的祖母还在世的时候，她就曾津津乐道过我们父母的自由恋爱。对此，我妹程黧眉曾在我们全家合集《程门立雪》中这样提到："母亲是我有记忆以来最美的女人，她出身名门，是典型的大家闺秀，她的父亲是国民党的将军，同时是共产党的地下工作者，中共第一台印刷机就是他亲自送到延安的……母亲在这样的家庭长大，她冰雪聪明，能歌善舞，同时又任性、叛逆。但要命的是她年轻时是个狂热的文学女青年。那时父亲在当地以惊人的才华声名远扬，她怀着一颗崇拜的心离家出走，带着我的祖母经过了3天2夜的辗转，奔向遥远的北方——我年轻的作家父亲的怀抱……那是最艰苦的地方——北大荒，听爸爸说，当时他们正在建设全国第一大的重型机器厂，住的是草棚，吃的是大楂子、高粱米、土豆和白菜。但是妈妈却在那里唱歌演戏，打篮球。常常是爸爸拉二胡，妈妈唱戏，这个场面经久地印在我脑海了。那时妈妈已经发表了不少诗和小说，我觉得她最适合的体裁是诗，她天生具备诗人的纯真和率性。"

在说到父亲时，我妹妹这样写道：

爸爸1957年天津大学毕业。毕业前夕他完成了长篇小说《大学时代》；后因为"右派"言论发配到北大荒，艰苦的生活并没有泯灭他的文学热情，24岁，他创作了大型话剧《草原上的钢铁巨人》，引起轰动。后又据此创作了长篇小说《钢铁巨人》，同时被长春电影制片厂拍成同名电影搬上银幕。后来，爸爸又创作出影响深远的报告文学《励精图治》，紧接着又有大量作品问世。爸爸被调到了哈尔滨，出任黑龙江省文联副主席、省作协主席，曾被选举为党的十三大代表。后来爸爸又奉调北京，出任《人民文学》主编。这期间爸爸还被选为中国作协第四届理事、第五届全委会委员、第六届名誉委员，并兼任几个文学性的学会的领导。身兼许多社会职务，但是爸爸从来不以物喜、不以己悲。淡泊名利是我们爸爸的做人态度。我们三姊妹也一直以他为榜样。

我记得父母的家也是我们家变换的几个地址：黑龙江省齐齐哈尔市富拉尔基区铁西区8街区8栋2门36号；8街区4东2门37号；哈尔滨市南岗区作协大院1门6楼1号，北京市亚运村、直到现在的北京市潘家园华威北里……我们对它们充满了美好回忆。在这些回忆里，我们姐妹总有念叨不完的场景：

比如，我们在遥远的北方黑龙江，那时，家里有一件大家具：一辆上海永久牌自行车。那简直就是今天的宝马！那辆自行车很重，很结实，车把前“永久”像两个美术篆字似的那么好看，它们紧紧地贴在一起，“永”的左撇和“久”的右撇拉长了，画出两个环，像一对戒指。父亲当然是骑车的人，前面大梁上坐着我，后座上是妈妈抱着丽梅，嗬，我们竟有像今天杂技团里演员那样的本事全部坐在上面，然后直奔嫩江的江岸。

比如，父亲有一把胡琴，他将它放在腿上拉开时，母亲就能唱上一曲。在“文化大革命”单调的生活中，这无疑给了我们特殊的快乐。

比如，东北重机学院的教授曲叔叔或者母亲的同学孙叔叔来和父亲下围棋后，母亲就会变戏法儿似的做出几样饭馆里也没有那么讲究的美味来招待客人……这种例子举不胜举。

……

如今我们都有了自己的婚姻，有了自己的子女，父母的家却依然让我们留恋。我想将托尔斯泰的话做一点儿修改，那就是：幸福的家庭其实不是一样的。

但是究竟幸福和美满意味着什么呢？看了我父母，我总结出了：婚姻

是一个人觉得好笑，另一个人准笑起来。

是一个人不在家，另一个人就寂寞。
是一个人说不舒服，另一个人马上知道为什么。
是一个人作诗，另一个人用毛笔将它写出来。
是一个人看京剧，另一个人也跟着看并且一唱一和。
是一个人急，另一个比他还急。
是一个人说，我想吃……另一个人马上就说，烙煎饼！
是你打过电话去问："爸，金婚怎么庆祝？"回答："问你妈去！"

婚姻哪，其实就是习惯，是容忍，是懂得，是坚持，一直坚持到金婚、钻石婚、直到永远……婚姻还是两个人的足球队，防守、进攻、守门、暂停，一样不少，全由自己玩，并且同样有成就感。

父母真的就金婚了，50年！有什么比50年的休戚与共更值得纪念和庆幸的呢？我喜欢一首歌，这首歌我和我丈夫Stefan都喜欢，我们曾在我们的婚礼上共同唱过：

因为爱着你的爱
因为梦着你的梦
所以悲伤着你的悲伤
幸福着你的幸福
我们为父母的金婚而高兴，更为他们而自豪……

金婚与孙辈们

孩子们的话说得那么让人感动！我也为我们的孩子们自豪。好友杨匡满说，女儿的致辞写得非常好，都够格拿去发表呢。外孙子外孙女不仅给我们献上了50朵玫瑰，Leo还用宴会厅里专门拉来的立式钢琴弹了一首很有气势的Aram Chatschaturjan作曲

的 *Toccata*，天佐、天佑也分别演奏了钢琴曲，小天依奶声奶气地背诵了一首古诗词。

前来贺喜的多年挚友贺捷生用唐人的著名诗句《画眉深浅入时无》做题，给了我们一个美好的贺辞。她是这样说的：

“正是春暖花开时节，程树榛、郭晓岚伉俪送我一部别具情趣的作品集，书名叫《程门立雪》，初看封面，我以为是教导读者、学习宋代杨时程门立雪、尊师重道、以求学习进步的读本。仔细翻阅，方才晓得：程树榛是史上二程的第 27 代后人，好生了得，难怪他这么有才！我读了一辈子书，这本书可称世所罕见。令我感到新鲜、有趣的是，它竟是一家 5 口：程树榛、郭晓岚和他们的三个女儿、又称“三双黑眉毛千金”的文学杰作，程家可是满门文豪啊！按照五个程门作家，郭晓岚女士也被称为程郭晓岚。

过去的 50 年，程树榛与郭晓岚“执子之手，与子偕老、甘苦共度，相濡以沫，相敬如宾，双双耕耘于共同追求的文学理想事业和美满和谐的生活里；双双敬奉着慈祥而至人瑞的母亲；双双抚育出三枝俏丽而光彩夺目的梅花，也称为“三双黑眉毛亮丽风景”的女儿；双双开心地与绕膝的孙辈嬉戏，而其乐融融……

这所有的天伦情景，不禁令我想起唐代诗人周庆余的一首别具情趣的诗句来：“昨夜洞房停红烛，待晓堂前拜舅姑，妆罢低声问夫婿，画眉深浅入时无？”这虽然是诗作者探问考试结果的隐喻诗，可是移到今天的金婚盛典上，我觉得倒也很为合适。程树榛、郭晓岚伉俪，从 50 年前的洞房花烛夜开始，男耕女织，携手并进，共同画出三双亮丽的黑眉毛，分别取名：黛眉、黧眉、黡眉。在社会和时代的进程中，他俩画工不浅，夫唱妇随，含辛茹苦，屡屡显示出深浅入时的妙手偶得，和巧夺天工的收获！在这当中，郭晓岚女士十分贤惠和谦虚。这样秀外慧中的女性，为了成全程树榛的文学事业和培养程门迭出的立雪后人，循守中华女性传统美德，收敛了自己年轻时的艺术才气和浪漫追求，专心致力于相夫教子、敬奉婆婆，应该说，程树榛的‘军功章’，有着郭晓岚的一半。”

捷生是那么满怀豪情，她居然还要祝愿我们如昨夜新婚时光，洞房刚刚停了红烛……还说让我们相约：10 年后再次欢聚一堂，她要参加我们二位钻石婚的盛典！

捷生和我相知相交 30 余年。她虽然是帅府小姐（贺龙元帅的长女），但是从无“贵族”架子，我们坦诚相待，成为能够推心置腹的挚友。特别值得一说的是，她不仅关心我们夫妇，而且由她牵线，还成就了我们三女湘梅（黡眉）与她丈夫苏工的姻缘。她情切意浓的美好祝辞，不仅我们全家深为感动，也让在座的宾客无不为之动容。我的小外孙天佐、天佑听后直说：“这个奶奶了解姥爷那么多！”

同时让我们深切感念的是，著名雕塑家张德蒂、张润垲夫妇，也从远郊赶来，赠送了一座张得蒂先生亲手制作的精美铜雕，张润垲先生还当场展开洪亮的歌喉，来了一曲京剧清唱，惊动四座……我们的老友和同事宋新月夫妇也来了，新月自弹自唱了一首优美的歌曲；来宾中还有我们的好友于子平夫妇、我的邳州小同乡“表侄”朱虹子、一直各方面关照我的年轻人程利、孟跃利韩艳丽夫妇，黧眉的同窗好友钱晓鸣等。当然，还有我们的亲家母华付建华女士。大家济济一堂，欢声笑语，直到夜阑方依依而别。

2007 年春节前夕，我最挚爱的母亲以 101 岁的高龄，驾鹤西去。我 3 岁丧父，别无亲人，几十年来，孤儿寡母相依为命，母亲用全部心血扶我成人，育我成才，后来又亲手抚育我 3 个女儿茁壮成长，并成家立业，生活幸福，为了我，她老人家倾注了宝贵的一生。我曾经写过一篇文章《寸草难报三春晖》，来表达我的哀思。当年清明节，我们夫妇偕 3 个女儿和二女婿，手捧老人的骨灰送往老家江苏邳州，与我父亲的棺椁安葬在一起，让分别 70 余年的二位老人在天之灵得以团聚。

与 90 岁的母亲

母亲去后，我的身体也大不如前了，经过几次大病的磨难，动了两次大手术，从死亡的边缘又返了回来。但是，我并没有垮下来，而是顽强地和病魔斗争，力争活得更加有尊严、有意义。

孩子们对我们孝敬有加，呵护不断。不仅如此，他们以各自的不同形式来表达对父母的爱戴与尊敬。他们喜欢的我书法，常常会带着他们的下一代以讨教的形式聚集我的书法间，帮我研墨，观我挥毫，跟我探讨习字的经验，我过去临摹的不少碑帖都被他们索要走了。

不怕人笑我，我学写书法可以说坚持70余年了。可能与祖父的擅长书法的遗传基因有关，加上早年的伯父大人程耀卿先生给过直接的指教，我从小就爱上了书法艺术。我也曾先后临摹过柳公权和王羲之的碑帖。少年时代倾心于柳体。柳公权吸取了颜真卿、欧阳询的所长，在晋人劲媚和颜书雄浑之间，形成了骨力劲健的柳体；一本柳氏玄秘塔碑帖，几乎被我翻烂了。但后来看到王羲之的《兰亭集序》，立刻对这位书圣的洒脱飘逸的笔锋着了迷。当年，我中学时代的一位老师曾经告诉我说：王羲之善隶、草、楷、行诸体，他摆脱了汉、魏笔风，广采众长，自成一家，备精诸体，冶于一炉；风格平和自然，笔势委婉含蓄。他勉励我对其作品要努力精研体势，心摹手追，一定会大有收获。我领会了老师的教诲。因此，我最后的落脚点就在他的楷、行体上。我当然不敢说已经学到了这位千载书圣的真髓，但我的努力却是至诚的。关于我书法的长进倒应该“感谢”史无前例的“文化大革命”。因为在那些非常的岁月里，我经常被要求为一些人抄写“大字报”。有些出身“红五类”的造反派，他们几乎不会使用毛笔书写“大批判”稿，于是便有求于我为之“代笔”。以我当时的处境，不能违命。大量的抄写工作，给了我一个极好的练字机会，我的书法因而有了很大的进步，说来也算“因祸得福”了。

出于亲情和偏爱吧，女儿和外孙子孙女总有“讨字”的要求，我当然是有求必应。如今他们每个家里都有我写的条幅或者横幅。他们要去的字，都找最好的装裱师傅裱好了。尤其我的大女儿丹梅，每次回国，箱子里总要为我的“墨宝”（她的语言）留有地方，她没少把我的字装裱后送给德国朋友们，当然得到了不少的赞赏。中国的书法艺术，能够得到异国朋友的喜爱，使我甚为高兴，也有一丝得意。

我和老伴均酷爱京剧艺术。女儿知道我们的这个爱好，经常帮我弄些名家演唱会的票，供我们现场欣赏。大女儿的好朋友、京剧名家王蓉蓉曾赠过我们不少折子戏和整本戏票，使我们很是享受一番。

由于孩子们都各有喜好，在我们团聚时也别有意趣，因此，每当节假日全家欢聚一堂时，她们都乐此不疲，花样翻新。

家庭的幸福永远是支持我的动力。我手中的笔，虽然退休了仍然没有丢下。就在2008年秋，在我二女儿黧眉的全力协助下，将我过去近60年发表并出版的作品，汇集起来，编成了10卷本的《程树榛文集》，在女婿洪涛和友人于子平的支持下，由百花文艺出版社出版了，这也算我暮年生活中一件值得一提的事情，是对我整个创作生涯的一个总结。我把它们奉送给亲朋好友，得到了他们的好评，使我很感欣慰。让我引以自豪的还有，在我们家，不只是我有作品，我们家每人都在这方面都颇有成绩。妻子早年发表过旧体诗和中篇小说，加上长女次女和小女的作品。多年来，曾一直有出版社对我们全家出文集有兴趣并提出好的建议，最终在2010年，我们全家的《程门立雪——一个文人家庭的作品集》出版，果真受到了很多好评。我把我的10套文集捐赠给了大女儿丹梅教书的汉堡大学汉学系，汉学系主任弗里德里希教授向我表达了真诚的谢意，并希望能作为教学的参考；汉学系的德国讲师梅如诗女士则还以我们庭家成员为例，多次组织学生用《程门立雪》中的作品为教材材料。我都把这些看作是一种文化交流吧！

现在，我虽依然沉屙压身，但仍坚强地生活着、学习着、创作着，手中的那支拙笔，变成电脑了。每天，我愉快地敲打着键盘，写下我对生活的一些感受，它们陆续地在各地报刊上与读者见面，令我高兴的是，还有不少读者喜欢它们。日前，我将它们集结成书，名曰《忆往抒怀》，作家出版社不久将面世。

我想，只要我一息尚存，我就准备一直写下去，继续我一贯的创作宗旨：歌颂真善美，鞭挞假丑恶，尽到一个中国作家的社会责任。

是非得失、成败利钝，任人说去，非所计也！

2009年12月4日于北京潘家园
2012年9月18日修改
2013年6月18日再改
2015年1月8日定稿

后　记

这部作品断断续续写了3年，现在终于脱稿了。想说的话在书中均已表达，这里只想说点题外话。

首先想说的是，作品之所以能够完成，应该感谢我的家人。这几年，我身患多种疾病，动了几次大手术，多亏亲人特别是我的夫人郭晓岚的悉心照料，以及女儿女婿们的精心呵护，方得转危为安，并在他们的鼓励下，重新拿起笔来，撰写这部自传。作品初稿完成后，他们又帮我反复修改，仔细打磨，特别是大女儿黛眉、二女儿黧眉，还亲笔助我推敲、补充内容，编排图片，使作品较为完满地记述了我80年来的坎坷人生长途。在某种程度上说，它是我们全家的一部集体创作。

其次，我这一生，坎坷多难，每每在绝望中，总有好心的领导和师友帮助化险为夷，他们的援手，不仅使我摆脱困难处境，甚至改变了我的前途和命运，我对他们充满感激之情。在书中我本想努力表达一下我的这点心意，但限于水平和行文的局限，实在难以尽意。这里，谨请他们相信，我没有忘记他们曾经给予我的友情和泽惠。

再次，作品涉及到许多人和事，有的是亲朋故旧，有的是乡谊文友，我在行文中，努力凭客观事实说话，力求保持原汁原味原情原貌，但文学作品都带有很浓重的感情色彩，因此在字里行间，难免会触及个别有关朋友的痛处，因此，希望这些朋友能够谅解。时过境迁，我现在对任何人都无贬责之意，彼此心里有数就行了。

最后，我还要感谢东方出版社对拙作的厚爱，在此致意。

我已年近耄耋，且沉屙在身。但是，我对生活的热爱依然如昨。只要一息尚存，我仍会笔耕不辍，歌赞真善美，鞭挞假丑恶，努力尽到一个中国作家的神圣职责。

去年在我 80 岁生日的时候，我曾经写了一首诗曰《八十抒怀》，以表达我内心深处的一点感受，现在把它抄录于后，以飨读者朋友：

韶光瞬逝已八旬，发疏齿摇霜染鬓。
曾经乱象多磨难，喜迎盛世又逢春。
少小难作遵命诗，晚岁畅写自在文。
耄耋之年不服老，犹执拙笔颂黄昏。

程树榛

2015 年 5 月 24 日

于北京潘家园陋室